Landesrecht
Nordrhein-Westfalen

Öffentliches Recht in Nordrhein-Westfalen

Verfassungsrecht
Kommunalrecht
Polizei- und Ordnungsrecht
Öffentliches Baurecht
Verwaltungsprozessuale Grundlagen

Eine prüfungsorientierte Darstellung

von

Univ.-Prof. Dr. iur. Johannes Dietlein
Heinrich-Heine-Universität Düsseldorf

und

Univ.-Prof. Dr. iur. Johannes Hellermann
Universität Bielefeld

8. Auflage 2021

C.H.BECK

www.beck.de

ISBN 978 3 406 76782 1

Wilhelmstraße 9, 80801 München
Druck: Druckerei C. H. Beck, Nördlingen
(Adresse wie Verlag)

Satz: jürgen ullrich typosatz, 86720 Nördlingen
Umschlaggestaltung: Druckerei C. H. Beck, Nördlingen

CO_2 neutral
chbeck.de/nachhaltig

Gedruckt auf säurefreiem, alterungsbeständigem Papier
(hergestellt aus chlorfrei gebleichtem Zellstoff)

Vorwort zur achten Auflage

Erneut haben die Verfasser für die überaus freundliche Aufnahme der im Jahre 2019 erschienenen Vorauflage dieses Werkes zu danken, das seit 2006 einen festen Platz in der Ausbildungsliteratur für Studierende sowie für Rechtsreferendarinnen und Rechtsreferendare in Nordrhein-Westfalen einnimmt.

Wesentliche Änderungen der Gesetzeslage in Nordrhein-Westfalen, namentlich die jüngste grundlegende **Reform des Polizeigesetzes** sowie die **Änderung der Landesbauordnung**, konnten bereits in der siebten Auflage berücksichtigt werden. Hier liefert die Neuauflage weitere Vertiefung und Aktualisierung. Eine dynamische Entwicklung ist namentlich für die seit dem 1. Januar 2019 eröffnete **Individualverfassungsbeschwerde zum Verfassungsgerichtshof NRW** zu verzeichnen. Die neue Rechtsschutzform bringt erwartungsgemäß zahlreiche neue Problemstellungen mit sich, die zunehmend auch in Ausbildung und Prüfung Relevanz gewinnen. Nicht zuletzt hat die **akute Corona-Pandemie** ihre Spuren auch in den hier behandelten Rechtsgebieten hinterlassen, insbesondere im Polizei- und Ordnungsrecht, aber auch im Verwaltungsprozessrecht. Die dort erst jüngst erfolgte Erweiterung der (ober-) verwaltungsgerichtlichen **Normenkontrolle nach § 47 VwGO** hat ihre praktische Bewährungsprobe in zahlreichen Antragsverfahren gegen die CoronaschutzVO NRW gefunden und bestanden. Auf die zentralen Fragestellungen wird an den einschlägigen Stellen näher eingegangen.

Erneut sei an dieser Stelle auf das als Ergänzung zu diesem Werk konzipierte **Klausurenbuch Öffentliches Recht in Nordrhein-Westfalen** verwiesen, das soeben in der dritten, grundlegend überarbeiteten Auflage erschienen ist. Das um Vorträge zum öffentlichen Recht erweiterte Klausurenbuch bereitet die zentralen Themen dieses Lehrbuchs auf und liefert damit einen weiteren wichtigen Baustein für eine erfolgreiche Examensvorbereitung.

Der Dank der Verfasser für tatkräftige Unterstützung bei der Erstellung der Neuauflage gilt namentlich Herrn Akad. Rat *Sascha Peters* sowie Herrn cand. iur. *Lucas Walge* (Universität Düsseldorf) sowie Herrn wiss. Mit. *Julius Bockermann,* Herrn wiss. Mit. *Robert Gmeiner,* Frau stud. iur. *Christina Huf,* Frau stud. iur. *Franziska Peitzmeier,* Herrn stud. iur. *Leon Scherff* und Frau stud. iur. *Laura Wagner* (Universität Bielefeld).

Sollte die Freude am Öffentlichen Recht, die alle an der Entstehung und Aktualisierung des Buches Beteiligten motiviert und mitgetragen hat, auf unsere Leser überspringen, wäre das der schönste Lohn unserer Arbeit.

Düsseldorf/Bielefeld, im Oktober 2020

Prof. Dr. J. Dietlein
Prof. Dr. J. Hellermann

Aus dem Vorwort zur ersten Auflage

Anders als das Strafrecht und das Zivilrecht ist das Öffentliche Recht in weitem Umfange landesrechtlich geprägt. Dies gilt namentlich für die verwaltungsrechtlichen Pflichtfächer Kommunalrecht, Polizei- und Ordnungsrecht sowie öffentliches Baurecht. Länderübergreifende Darstellungen können den landesstaatlichen Eigenheiten naturgemäß nur bedingt Rechnung tragen. Für die Studierenden ergeben sich hieraus zusätzliche Schwierigkeiten bei der Erschließung der einschlägigen Rechtsgebiete. Mit dem vorliegenden Lehrbuch soll die skizzierte Problematik in der Lehrbuchliteratur überwunden und den Studierenden an den nordrhein-westfälischen Hochschulen eine auf ihre spezifischen Lernbedürfnisse zugeschnittene Darstellung der zentralen Fach- und Prüfungsgebiete des öffentlichen Rechts an die Hand gegeben werden.

Besonderer Wert wurde dabei auf eine verständliche und übersichtliche Aufbereitung des Stoffes sowie auf eine reiche Fallanschauung gelegt. Weiterführende Hinweise am Ende eines jeden Abschnitts ermöglichen eine rasche Erschließung spezieller Problembereiche. Zahlreiche Kontrollfragen mit beigefügten Antworten geben Aufschluss über den konkreten Lernstand und verhelfen so zu einer gezielten Behebung noch vorhandener Wissenslücken.

Konzipiert wurde das Buch zur vorlesungsbegleitenden Mitarbeit sowie zur systematischen Vorbereitung auf die erste juristische Staatsprüfung im Lande Nordrhein-Westfalen. Zugleich ermöglicht es aber auch den Rechtsreferendarinnen und Rechtsreferendaren in Nordrhein-Westfalen eine schnelle Wiederholung der zentralen Lerngebiete des Öffentlichen Rechts.

Inhaltsübersicht

Inhaltsverzeichnis

Seite

§ 2. Kommunalrecht

(Hellermann)

Seite

Seite

Abkürzungsverzeichnis

a. A.	anderer Ansicht
aaO, a. a. O.	am angegebenen Ort
Abb.	Abbildung
AbfG	Abfallgesetz
Abl. EG	Amtsblatt der Europäischen Union
Abs.	Absatz
AEG	Allgemeines Eisenbahngesetz
AEUV, AEU-Vertrag	Vertrag über die Arbeitsweise der Europäischen Union
a. F.	alte Fassung
AfK, AFK	Archiv für Kommunalwissenschaften
AG	Amtsgericht, Aktiengesellschaft
AGBAföG	Ausführungsgesetz zum BAföG
AGTierSchG	Ausführungsgesetz zum Tierschutzgesetz
AGVwGO	Ausführungsgesetz zur Verwaltungsgerichtsordnung
AktG	Aktiengesetz
Alt.	Alternative
a. M.	am Main
Anm.	Anmerkung
AöR	Archiv für öffentliches Recht
Art.	Artikel
Aufl.	Auflage
Bad.-Württ.	Baden-Württemberg
BAföG	Bundesgesetz über individuelle Förderung der Ausbildung
BauGB	Baugesetzbuch
BauGB-AG	Gesetz zur Ausführung des Baugesetzbuches in Nordrhein-Westfalen
BauGB-MaßnahmeG	Maßnahmengesetz zum Baugesetzbuch
BauGB DVO	Verordnung zur Durchführung des Baugesetzbuches
BauNVO	Baunutzungsverordnung
BauO	Bauordnung
BauPrüfVO	Bauprüfungsverordnung
BauR	Zeitschrift für das gesamte öffentliche und zivile Baurecht
BayObLG	Bayerisches Oberstes Landesgericht
BayVBl.	Bayerische Verwaltungsblätter
BayVerfGH	Bayerischer Verfassungsgerichtshof
BayVGH,	Bayerischer Verwaltungsgerichtshof
BBG	Bundesbeamtengesetz
Bbg	Brandenburg, brandenburgisch
BbgVerfGH	Verfassungsgericht des Landes Brandenburg
BBodSchG	Bundesbodenschutzgesetz
Bd.	Band
BDSG	Bundesdatenschutzgesetz
BeckRS	beck-online.Rechtsprechung
ber.	berichtigt
Berl	Berlin, Berliner

BerlVerfGH	Berliner Verfassungsgerichtshof
BesVerwR	Besonderes Verwaltungsrecht
BGB	Bürgerliches Gesetzbuch
BGBl.	Bundesgesetzblatt
BGH	Bundesgerichtshof
BGHZ	Entscheidungssammlung des Bundesgerichtshofs in Zivilsachen
BImSchG	Bundes-Immissionsschutzgesetz
BImSchV	Verordnung zur Durchführung des Bundes-Immissionsschutzgesetzes
BRAO	Bundesrechtsanwaltsordnung
BRRG	Beamtenrechtsrahmengesetz
BRS	Baurechtssammlung
BSHG	Bundessozialhilfegesetz
BT-Drs.	Drucksache des Bundestags
BtMG	Gesetz über den Verkehr mit Betäubungsmitteln
BVerfG	Bundesverfassungsgericht
BVerfGE	Entscheidungssammlung des Bundesverfassungsgerichts
BVerfGG	Bundesverfassungsgerichtsgesetz
BVerwG	Bundesverwaltungsgericht
BVerwGE	Entscheidungssammlung des Bundesverwaltungsgerichts
BVWPr	Baden-Württembergische Verwaltungspraxis
BW	Baden-Württemberg
bzw.	beziehungsweise
CDU	Christlich-Demokratische Union
DAR	Deutsches Autorecht
DDR	Deutsche Demokratische Republik
ders.	derselbe
DFK	Deutsche Zeitung für Kommunalwissenschaften
DGO	Deutsche Gemeindeordnung
d. h.	das heißt
Diss.	Dissertation
DJT	Deutscher Juristentag
DÖV	Die öffentliche Verwaltung
DRiG	Deutsches Richtergesetz
Drs.	Drucksache
DSchG	Denkmalschutzgesetz
DV	Deutsche Verwaltung
DVBl.	Deutsches Verwaltungsblatt
DVP	Deutsche Verwaltungspraxis
EAG Bau	Europarechtsanpassungsgesetz Bau
ebda.	ebenda
EDV	Elektronische Datenverarbeitung
EEWärmeG	Gesetz zur Förderung Erneuerbarer Energien im Wärmebereich (Erneuerbare Energien-Wärmegesetz)
EG	Europäische Gemeinschaft; EGV
EGBGB	Einführungsgesetz zum Bürgerlichen Gesetzbuch
EGGVG	Einführungsgesetz zum Gerichtsverfassungsgesetz
EGMR	Europäischer Gerichtshof für Menschenrechte
EGV	Vertrag zur Gründung der Europäischen Gemeinschaft

Einschl.	Einschließlich
EMRK	Europäische Menschenrechtskonvention
EnWG	Energiewirtschaftsgesetz
ESVGH	Entscheidungen des Hessischen Verwaltungsgerichtshofs und des Verwaltungsgerichtshofs Baden-Württemberg mit Entscheidungen der Staatsgerichtshöfe der beiden Länder
etc.	et cetera
EU	Europäische Union
EUV, EU-Vertrag	Vertrag über die Europäische Union
EuGH	Europäischer Gerichtshof
e. V.	eingetragener Verein
EWG	Europäische Wirtschaftsgemeinschaft
f.	folgende
F. D. P., FDP	Freie Demokratische Partei
ff.	fortfolgende
FFH-Richtlinie	Flora-Fauna-Habitat Richtlinie
FG	Festgabe
FGO	Finanzgerichtsordnung
Fn.	Fußnote
FS	Festschrift
FSHG	Feuerschutzhilfeleistungsgesetz
FStrG	Fernstraßengesetz
G	Gesetz
GebG	Gebührengesetz
GEG	Gesetz zur Einsparung von Energie und zur Nutzung erneuerbarer Energien zur Wärme- und Kälteerzeugung in Gebäuden (Gebäudeenergiegesetz)
gem.	gemäß
GemHVO	Gemeindehaushaltsverordnung
GewArch	Gewerbearchiv
GewO	Gewerbeordnung
GG	Grundgesetz
ggf.	gegebenenfalls
GKG	Gerichtskostengesetz
GkG	Gesetz über kommunale Gemeinschaftsarbeit
GmbH	Gesellschaft mit beschränkter Haftung
GmbHG	Gesetz betreffend die Gesellschaften mit beschränkter Haftung
Gms-OBG	Gemeinsamer Senat der obersten Gerichtshöfe des Bundes
GoA	Geschäftsführung ohne Auftrag
GO	Gemeindeordnung
GO-LT	Geschäftsordnung des Landtags
GRUR	Zeitschrift für gewerblichen Rechtsschutz und Urheberrecht
GS	Gedächtnisschrift
GVBl.	Gesetz- und Verordnungsblatt
GVG	Gerichtsverfassungsgesetz
GV.NRW	Gesetz- und Verordnungsblatt
GWB	Gesetz gegen Wettbewerbsbeschränkungen
Hbg.	Hamburg, hamburgisch
HdbKWP	Handbuch der kommunalen Wissenschaft und Praxis

HdbPolR	Handbuch des Polizeirechts
HdbStR	Handbuch des Staatsrechts
Hess.	Hessische(r)
HessVGH	Hessischer Verwaltungsgerichtshof
HG	Hochschulgesetz
Hg.	Herausgeber
h. M.	herrschende Meinung
Hrsg.	Herausgeber
Hs.	Halbsatz
i. d. F.	in der Fassung
i.d.F.d.B.v.	in der Fassung der Bekanntmachung vom
i. d. R.	in der Regel
i. E.	im Einzelnen
i. e. S.	im engeren Sinne
IFG	Informationsfreiheitsgesetz
inkl.	inklusive
Insbes.	Insbesondere
iS.	im Sinne
i. S. d.	im Sinne des/dieser
i. S. v.	im Sinne von
i. Ü.	im Übrigen
i. V. m.	in Verbindung mit
i. w. S.	im weiteren Sinne
JA	Juristische Arbeitsblätter
JAG	Juristenausbildungsgesetz
JhbÖffSich	Jahrbuch öffentliche Sicherheit
JhbUTR	Jahrbuch für Umwelt- und Technikrecht
JMBl.	Justitzministerialblatt
JöR	Jahrbuch des öffentlichen Rechts
JR	Juristische Rundschau
JURA	Juristische Ausbildung
JuS	Juristische Schulung
JustG	Justizgesetz
JZ	Juristenzeitung
K	Kammerentscheidung
KAG	Kommunalabgabengesetz
KfZ	Kraftfahrzeug
KGSt	Kommunale Gemeinschaftsstelle
Komm.	Kommentar
KommJur	KommunalJurist
KostenO	Kostenordnung
krit.	kritisch
KritV	Kritische Vierteljahresschrift für Gesetzgebung und Rechtswissenschaft
KrO	Kreisordnung
KrW-/AbfG	Kreislaufwirtschafts- und Abfall-Gesetz
KrWG	Kreislaufwirtschaftsgesetz
KVR	Kommunalverband Ruhr
KWahlG	Kommunalwahlgesetz
KWahlO	Kommunalwahlordnung

LAbfG	Landesabfallgesetz
LBG	Landesbeamtengesetz
LG	Landgericht; Landschaftsgesetz
LHO	Landeshaushaltsordnung
LHundeVO	Landeshundeverordnung
LImschG	Landes-Immissionsschutzgesetz
lit.	littera
LKV	Landes- und Kommunalrecht
LOG	Landesorganisationsgesetz
LPlG	Landesplanungsgesetz
LReg	Landesregierung
LSA	Land Sachsen-Anhalt
Lsbl.	Loseblattsammlung
LT	Landtag
LT-Drs.	Drucksachen des Landtags
Lto	Legal tribune online (online-Zeitschrift)
LV	Landesverfassung
LVerbO	Landschaftsverbandsordnung
LZG	Landeszustellungsgesetz
m.	mit
m. E.	meines Erachtens
MG	Meldegesetz
Mrd.	Milliarden
MV	Mecklenburg-Vorpommern
mwN	mit weiteren Nachweisen
NachbG	Nachbarrechtsgesetz
NdsOVG	Niedersächsisches Oberverwaltungsgericht
NdsVBl	Niedersächsisches Verwaltungsblatt
n. F.	neue Fassung
NGO	Non Governmental Organization
NJ	Neue Justiz
NJW	Neue Juristische Wochenschrift
NJW-RR	Neue Juristische Wochenschrift-Rechtsprechungsreport
NordÖR	Zeitschrift für öffentliches Recht in Norddeutschland
Nr.	Nummer
NRW	Nordrhein-Westfalen
NSDAP	Nationalsozialistische Deutsche Arbeiterpartei
NuR	Natur und Recht
NVwZ	Neue Zeitschrift für Verwaltungsrecht
NVwZ-RR	Neue Zeitschrift für Verwaltungsrecht-Rechtsprechungsreport
NW	Nordrhein-Westfalen
NWVBl.	Nordrhein-westfälische Verwaltungsblätter
NZBau	Neue Zeitschrift für Baurecht und Vergaberecht
NZV	Neue Zeitschrift für Verkehrsrecht
o. Ä.	oder Ähnliche/s
OBG	Ordnungsbehördengesetz
o. g.	oben genannt
OLG	Oberlandesgericht
ÖPNV	Öffentlicher Personennahverkehr
OVG	Oberverwaltungsgericht

OVGE	Entscheidungen der Oberverwaltungsgerichte für das Land Nordrhein-Westfalen in Münster sowie für die Länder Niedersachsen und Schleswig-Holstein in Lüneburg
OWiG	Ordnungswidrigkeitengesetz
Oz.	Ordnungsziffer
ParteienG	Parteiengesetz
PBefG	Personenbeförderungsgesetz
PlanzV	Planzeichenverordnung
POG	Polizeiorganisationsgesetz
PolG	Polizeigesetz des Landes Nordrhein-Westfalen
PresseG	Pressegesetz
PreußGO	Preußische Gemeindeordnung
prK	Preußisches Konkordat
PrOVGE	Entscheidungssammlung des preußischen Oberverwaltungsgerichts
PsychKG	Gesetz über Hilfe und Schutzmaßnahmen bei psychischen Krankheiten
PUAG	Gesetz zur Regelung des Rechts der Untersuchungsausschüsse des Deutschen Bundestages (Untersuchungsausschussgesetz)
RdE	Recht der Energiewirtschaft
Rdnr.	Randnummer
RGZ	Entscheidungen des Reichsgerichts in Zivilsachen
Rh.-Pf.	Rheinland-Pfalz
RiStBV	Richtlinien für das Strafverfahren und das Bußgeldverfahren
Rn.	Randnummer
ROG	Raumordnungsgesetz
Rspr.	Rechtsprechung
RVR	Regionalverband Ruhr
RVRG	Gesetz über den Regionalverband Ruhr
S.	Satz; Seite
s.	siehe
Saarl.VerfGH	Verfassungsgerichtshof des Saarlandes
Sachsen-Anh.	Sachsen-Anhalt
SachsAnhVerfG	Landesverfassungsgericht Sachsen-Anhalt
Sächs.	Sächsische(r)
SächsOVG	Sächsisches Oberverwaltungsgericht
SächsVBl.	Sächsische Verwaltungsblätter
SBauVO	Verordnung über Bau und Betrieb von Sonderbauten (Sonderbauverordnung)
SchulVG	Schulverwaltungsgesetz
scil.	scilicet (nämlich)
SGB	Sozialgesetzbuch
SGG	Sozialgerichtsgesetz
Sitzg.	Sitzung
Slg.	Sammlung der Rechtsprechung des EuGH
sog.	sogenannt(e/en/er/es)
SoldatenG	Soldatengesetz
SparkassenG	Sparkassengesetz
SPD	Sozialdemokratische Partei Deutschlands
st.	ständig(e)

Sten.-Ber. .... Stenographische Berichte
StGB .... Strafgesetzbuch
StGH .... Strafgerichtshof
StPO .... Strafprozessordnung
str. .... streitig
StrWG .... Straßen- und Wegegesetz
StuGR .... Städte- und Gemeinderat
StVG .... Straßenverkehrsgesetz
StVO .... Straßenverkehrsordnung
StVollzG .... Gesetz über den Vollzug der Freiheitsstrafe und der freiheitsentziehenden Maßregeln der Besserung und Sicherung
StVZO .... Straßenverkehrszulassungsordnung
sub .... unter
TA Lärm .... Technische Anleitung zum Schutz gegen Lärm
Thür. .... Thüringer
ThürOVG .... Thüringisches Oberverwaltungsgericht
ThürVBl. .... Thüringer Verwaltungsblätter
u. a. .... unter anderem
u. ä. .... und ähnliches
UAG .... Untersuchungsausschussgesetz
UmwRG .... Gesetz über ergänzende Vorschriften zu Rechtsbehelfen in Umweltangelegenheiten nach der EG-Richtlinie 2003/35/EG
u. ö. .... und öfter
UPR .... Umwelt- und Planungsrecht, Zeitschrift für Wissenschaft und Praxis
u. U. .... unter Umständen
UVPG .... Gesetz über die Umweltverträglichkeitsprüfung
UVP-Richtlinie .... Umweltverträglichkeitsprüfungs-Richtlinie
UWG .... Gesetz gegen den unlauteren Wettbewerb
Var. .... Variante
v. .... von; vom
v. a. .... vor allem
VA .... Verwaltungsakt
VBlBW .... Verwaltungsblätter für Baden-Württemberg
Verf .... Verfassung des Landes Nordrhein-Westfalen
VerfG .... Verfassungsgericht
VerfGH .... Verfassungsgerichtshof
VerfGHG .... Gesetz über den Verfassungsgerichtshof
VersG .... Versammlungsgesetz
VerwArch .... Verwaltungsarchiv
VG .... Verwaltungsgericht
VGH .... Verwaltungsgerichtshof
vgl. .... vergleiche
VgV .... Vergabeverordnung
VIVBVEG .... Gesetz über das Verfahren bei Volksinitiative, Volksbegehren und Volksentscheid
VO .... Verordnung
VOB/A .... Verdingungsordnung für Bauleistungen, Teil A
VOF .... Verdingungsordnung für freiberufliche Leistungen

VOL/A	Verdingungsordnung für Leistungen, Teil A
Vorbem.	Vorbemerkung(en)
VR	Verwaltungsrundschau
VVDStRL	Veröffentlichungen der Vereinigung der Deutschen Staatsrechtslehrer
VwGO	Verwaltungsgerichtsordnung
VwVfG	Verwaltungsverfahrensgesetz
VwVG	Verwaltungsvollstreckungsgesetz
VwZG	Verwaltungszustellungsgesetz
WahlG	Wahlgesetz
WahlPrüfG	Wahlprüfungsgesetz
WaStrG	Bundeswasserstraßengesetz
WHG	Wasserhaushaltsgesetz
WiVerw	Wirtschaft und Verwaltung
WRV	Weimarer Reichsverfassung
WuW	Wirtschaft und Wettbewerb
ZAR	Zeitschrift für Ausländerrecht und Ausländerpolitik
z. B.	zum Beispiel
ZfBR	Zeitschrift für deutsches und internationales Bau- und Vergaberecht
ZfWG	Zeitschrift für Wett- und Glücksspielrecht
ZG	Zeitschrift für Gesetzgebung
ZHR	Zeitschrift für das gesamte Handels- und Wirtschaftsrecht
ZParl.	Zeitschrift für Parlamentsfragen
ZPO	Zivilprozessordnung
ZRP	Zeitschrift für Rechtspolitik
zw.	zweifelhaft

§ 1. Verfassungsrecht

Literaturhinweise: *Bertrams* (Hrsg.), Verfassungsgerichtsbarkeit in NRW, FS zum 50-jährigen Bestehen des VerfGH NRW, 2002; *Dästner,* Die Verfassung des Landes NRW, 2. Aufl. 2002; *Dietlein,* Landesgrundrechte in NRW, in: Papier/Merten (Hrsg.), Handbuch der Grundrechte, Bd. VIII, 2017, § 254; *ders.,* Die Verfassungsentwicklung in NRW in den vergangenen 25 Jahren, in: JöR 2003, S. 343 ff.; *Geller/Kleinrahm* (Hrsg.), Die Verfassung des Landes NRW, Lsbl., 3. Aufl., 2. El. 1994; *Grawert,* Verfassung für das Land NRW, 4. Aufl. 2020; *Grimm/Papier* (Hrsg.), Nordrhein-Westfälisches Staats- und Verwaltungsrecht, 1986; *Heusch/Schönenbroicher* (Hrsg.), Die Landesverfassung NRW, Kommentar, 2. Aufl. 2020; *Jacobi,* Die Verfassung des Landes NRW, 1950; *Löwer/Tettinger* (Hrsg.), Kommentar zur Verfassung des Landes NRW, 2002; *Menzel,* Landesverfassungsrecht, 2002; *Pieroth,* Die Verfassungskommission des Landtags NRW 2013–2016. Eine kritische Bilanz, NWVBl. 2016, 485 ff.; *Präsident des Landtags NRW* (Hrsg.), Kontinuität und Wandel – 40 Jahre Landesverfassung NRW, 1990; *ders.,* Konflikt und Konsens – 50 Jahre Landesverfassung, 2000; *Reutter,* Verfassungsändernde Gesetzgebung in NRW, ZG 2018, 145 ff.; *Sachs,* Zur Entwicklung des Landesverfassungsrechts in NRW, NWVBl. 1997, 161 ff.; *Teipel,* Die Rechtsprechung des Verfassungsgerichtshofs für das Land NRW, NWVBl. 2002, 92 ff.; *Traumann,* Die Verfassung des Landes NRW, 1951; *Vogels,* Die Verfassung für das Land NRW, 1951; *Wittreck,* „Preußen im Westen" – Vom Verfassungsobjekt zum heimlichen Nachfolgestaat, NWVBl. 2020, Sonderheft 70 Jahre LV NRW, 9 ff.; *ders.,* Verfassungsrecht, in: Schlacke/Wittreck, Landesrecht NRW, § 1, 2. Aufl. 2020.

A. Verfassungsgeschichtliche Grundlagen

I. Bund und Länder nach dem Zusammenbruch des Reiches

An der Wiege des Grundgesetzes vom 23.5.1949 standen die Länder. Sie waren es, 1
die von den westlichen Alliierten in den sog. **Frankfurter Dokumenten** zur Einberufung einer verfassungsgebenden Versammlung auf Bundesebene aufgefordert worden waren und über ihre Landtage Mitglieder in den Parlamentarischen Rat (1948/49), die verfassungsgebende Versammlung des zu reorganisierenden Staates, entsandt hatten. Der maßgebliche Beitrag, den die Länder am Zustandekommen des Bonner Grundgesetzes und damit an der Reorganisation des deutschen (Gesamt-)Staates hatten, darf freilich nicht dahin missverstanden werden, dass die Länder gleichsam die „Gründungsväter" der Bundesrepublik Deutschland gewesen seien. Denn der Zusammenbruch des Deutschen Reiches im Mai 1945 hatte völkerrechtlich keineswegs den Untergang des deutschen Staates zur Folge gehabt. Vielmehr hatten die Regierungen der vier alliierten Siegermächte nach der bedingungslosen Kapitulation des Deutschen Reiches gleichsam treuhänderisch für das deutsche Volk *„die oberste Befehlsgewalt (...) einschließlich der gesamten Machtvollkommenheit, die die deutsche Regierung (...) und jegliche Landes-, Kommunal- und örtliche Regierung oder Macht besitzen"*, übernommen (sog. Berliner Erklärung vom 5.6.1945) und hierdurch vermieden, dass durch den Fortfall deutscher Staatsgewalt ein konstitutives Element der Staatlichkeit (vgl. die sog. „Drei-Elemente-Lehre": Staatsvolk, Staatsgebiet, Staatsgewalt) entfallen wäre. Insofern kann jedenfalls hinsichtlich des deutschen Staates nicht von einer „Stunde Null" gesprochen werden. Der deutsche Staat mochte zwar als handlungsunfähig eingestuft werden, war aber durch die bedingungslose Kapitulation am 8.5.1945 nicht als Staats- und Völkerrechtssubjekt untergegangen. Folgerichtig sah auch der Parlamentarische Rat das neu zu organisierende Gemeinwesen in der **staats- und völkerrechtlichen Kontinuität des Reiches.** Die Länder waren damit aber bereits vor der Konstituierung des Grundgesetzes Gliedstaa-

ten eines – wenn auch vorübergehend handlungsunfähigen – deutschen (Gesamt-)Staates. Ihr Zusammenwirken im Rahmen der Verfassungsgebung des Bundes war kein Akt originärer Staatengründung, sondern Mitwirkung an der Reorganisation des seit Bismarcks Reichsgründung (1871 bzw. 1866 in Gestalt des „Norddeutschen Bundes") fortdauernden deutschen Staates.

2 Eine abweichende Entwicklung nahm freilich die **Sowjetische Besatzungszone,** deren Länder sich im Jahre 1949 zu der – zunächst gleichfalls föderal strukturierten – Deutschen Demokratischen Republik (DDR) zusammenschlossen. Denn anders als die Bundesrepublik Deutschland betrachtete sich die DDR – nach anfänglichem Schwanken – zumindest seit 1950 explizit als staatliche „Neugründung", leugnete also jegliche Kontinuität mit dem Deutschen Reich, aber auch jede Haftung für die Schulden des Reiches (hierzu bes. das Oberste Gericht der DDR, NJ 1951, 222). Die mit dieser Staatsdoktrin angestrebte Sezession und Dismembration der DDR vom (gesamt-) deutschen Staat wurde indessen von Anfang an durch die fortdauernde „Vier-Mächte-Verantwortung" der Alliierten über Deutschland als Ganzes staats- und völkerrechtlich blockiert. Noch vor dem **beitrittsbedingten Untergang der DDR** am 3.10.1990 wurde der Sezessionsversuch abgebrochen, spätestens mit dem Ersten Staatsvertrag zur Währungs-, Wirtschafts- und Sozialunion vom 18.5.1990 (hierzu BVerfGE 77, 137 ff.).

II. Zur Entstehung des Landes Nordrhein-Westfalen

3 Die politische Entscheidung zur Gründung des Landes Nordrhein-Westfalen fiel am 21. Juni 1946 in *10 Downing Street,* dem Londoner Regierungssitz der u.a. für die ehemaligen preußischen Provinzen Rheinland und Westfalen zuständigen britischen Besatzungsmacht. Das Protokoll der Ausschusssitzung des britischen Kabinetts unter Leitung von *Clement Attlee* hält fest: *„The Comitee (...) agreed that the balance of advantage lay on the side of establishing the proposed new Province with the larger area comprising the existing Westphalia and North Rhineland Province (...)"* (zit. nach *Ribhegge,* Preussen im Westen, 2008, S. 646 Rn. 261). Rechtlich erfolgte die Bildung des Landes noch vor der Reorganisation des deutschen Gesamtstaates durch Dekret der britischen Besatzungsmacht vom 23.8.1946 (VO Nr. 46). Unter dem Decknamen *„operation marriage"* vollzog die Besatzungsmacht zunächst die Vereinigung der im Juni 1945 in ihrer Zone gebildeten Provinzen Nordrhein und Westfalen zu dem neuen Land NRW. Durch Verordnung Nr. 77 wurde schließlich mit Wirkung vom 21.1.1947 der ehemalige Freistaat Lippe nach intensiven Verhandlungen mit dessen Landespräsidenten *Heinrich Drake* in das neu gebildete Land eingegliedert. Im Gegenzug wurde das wesentliche Vermögen des Freistaates in den hierzu eigens gegründeten Landesverband Lippe, einer Körperschaft des öffentlichen Rechts, überführt.

Über die Motive für die Errichtung des großen Flächenstaates innerhalb der britischen Zone ist viel diskutiert worden. Neben parteipolitischen Überlegungen und Aspekten der (Lebensmittel-)Versorgung des Ballungsraums Rhein-Ruhr dürften vor allem außenpolitische Erwägungen maßgeblich gewesen sein. Mit der Bildung Nordrhein-Westfalens sollte den namentlich von Frankreich und der UdSSR entfachten Bestrebungen um eine Abtrennung und Internationalisierung des Ruhrgebietes entgegengetreten werden. Zugleich verfolgten die Briten das Ziel, den befürchteten Zugriff der kommunistischen Machthaber auf den deutschen Gesamtstaat mit der Bildung eines großen und bevölkerungsstarken Landes als starkes Gegengewicht abzuwehren. Allerdings gab es innerhalb der britischen Regierung auch Kritiker dieses Konzepts, namentlich den seinerzeitigen Minister für deutsche und österreichische Angelegenheiten, *John Hynd,* der vor einem zweiten *„Preußen im Westen"* warnte. Jedenfalls kann das Land NRW ohne Weiteres als *„Kind des Kalten Krieges" (Chr. Nonn)* bezeichnet werden.

Auch wenn die deutsche Politik einen zunächst eher geringen Einfluss auf die Gründung des neuen Landes besaß, bleibt zu beachten, dass die Grundentscheidung für ein großes Bundesland im Westen durchaus auch in Deutschland entschiedene Befürworter gefunden hatte. Zu erwähnen sind insbesondere die Entwürfe des nordrheinischen Oberpräsidenten *Robert Lehr* sowie des Münsteraner Oberstadtdirektors *Karl Zuhorn,* aber auch die Denkschrift des Kölner Oberbürgermeisters *Hermann Pünder* vom 25.5.1946. Auf wenig Gegenliebe stieß die Entscheidung der Briten allerdings bei dem Chef des Oberpräsidiums Westfalen und späteren ersten Ministerpräsidenten des Landes, *Rudolf Amelunxen,* der – ebenso wie *Kurt Schumacher* – eine Fusion des nördlichen Rheinlandes mit Westfalen bis zuletzt zu verhindern suchte. Immerhin aber bot sich mit den Planungen der Briten die Gelegenheit, die Geschicke des Landes zumindest teilweise wieder in die eigene Hand nehmen zu können. Echte Begeisterung kam freilich nicht auf, als *Amelunxen* am 2.10.1946 im Düsseldorfer Opernhaus die erste Sitzung des Landtages eröffnete. Die Einwohner des neuen, noch immer weithin in Trümmern liegenden Landes hatten ohnehin andere Sorgen – es waren die letzten Tage vor Einbruch des eisigen Notwinters 1946/47, in dessen Verlauf der damalige Kölner Kardinal *Frings* die Plünderung von Kohletransporten durch das frierende Volk für gerechtfertigt erklären sollte.

III. Zur Entstehung der Landesverfassung Nordrhein-Westfalens

„Am Anfang stand die Ohnmacht!“ *(K. Fischer).* Über nahezu vier Jahre hinweg blieb **4**
Nordrhein-Westfalen ein Land ohne Verfassung. Bis zu den ersten freien Wahlen am 20.4.1947 fungierten 200 von der Militärbehörde auf Vorschlag der Parteien ernannte Volksvertreter als Abgeordnete des Landtages, je 100 aus der Nordrhein-Provinz und aus der Provinz Westfalen. Deren eher dürftige Kompetenzen bestimmten sich nach einer von der Militarregierung erlassenen Verordnung über die „Befugnisse der Regierungen und gesetzgebenden Körperschaften in der britischen Zone“ (VO Nr. 57 v. 1.12.1946), der faktisch die Funktion einer provisorischen Landesverfassung zukam. Gesetze konnte der Landtag aus eigener Kompetenz nicht erlassen, sondern bedurfte hierzu jeweils der Zustimmung durch die Militärregierung. Bestimmte Sachbereiche blieben – unter offensichtlicher Anlehnung an die föderalen Kompetenzabgrenzungen der Art. 6–11 der Weimarer Reichsverfassung – von vornherein der zonalen Militärregierung vorbehalten. Auch die von der Militäradministration ernannten Kabinettsmitglieder besaßen Exekutivgewalt lediglich in den Grenzen der Anordnungen der Militärregierung. Für den weiteren Auf- und Ausbau des Landes war somit die Erarbeitung einer Landesverfassung eine zentrale Aufgabe, auch wenn die Vorschaltrechte der Militärregierung rechtlich bis zum Inkrafttreten des Deutschlandvertrages am 5.5.1955 fortdauerten. Die Arbeiten an der Landesverfassung zergliederten sich dabei in eine vorgrundgesetzliche (Rn. 5) und eine nachgrundgesetzliche Phase (Rn. 6).

1. Verfassungsberatungen vor Inkrafttreten des Grundgesetzes

Spätestens mit Erlass der Verordnung Nr. 57, die ihrerseits auf die baldige Erarbeitung **5**
einer Landesverfassung drängte, begannen verstärkte Vorbereitungen auf Landesebene.

Noch in der ersten Legislaturperiode des (ernannten) Landtages legte Ministerpräsident *Amelunxen* den von Innenminister *Walter Menzel* (SPD) erarbeiteten Entwurf eines **„Vorläufigen Landesgrundgesetzes für das Land NRW“** vor (LT-Drs. I/50), der indessen in der laufenden Legislaturperiode nicht mehr zum Abschluss gebracht werden konnte. Ebenfalls auf Vorarbeiten Menzels ging der in der zweiten Legislaturperiode bzw. der ersten Wahlperiode unter dem nunmehrigen Ministerpräsidenten *Karl Arnold* (CDU) im November 1947 in den Landtag eingebrachte Verfassungsentwurf (LT-Drs. II/166) zurück. Er unterschied sich insofern maßgeblich von dem ursprünglichen Entwurf eines „Vorläufigen Landesgrundgesetzes", als es sich nicht lediglich um ein sog. „Organisationsstatut" handelte, sondern um eine **„Vollverfassung"** mit einem eigenständigen Grundrechtsteil und einer Ordnung des Gemeinschaftslebens.

Auch dieser zweite Anlauf zur Verfassungsgebung blieb zumindest zunächst ohne den erhofften Erfolg, sondern verlor sich im Sog der anlaufenden Verfassungsberatungen auf Bundesebene. Nicht nur mit Blick auf die personelle Einbindung namhafter Landespolitiker wie *Konrad Adenauer* (CDU), *Walter Menzel* (SPD) und *Hermann Höpker-Aschoff* (FDP) in die bundespolitische Diskussion, sondern auch und vor allem zum Zwecke der inhaltlichen Abstimmung beschlossen Landtag und Landesregierung, die eigenen Verfassungsberatungen auszusetzen, um die bundesrechtlichen Vorgaben abzuwarten.

2. Verfassungsberatungen nach Inkrafttreten des Grundgesetzes

6 Mit Abschluss der Verfassungsgebung auf Bundesebene trat die Verfassungsgebung in NRW in ihre zweite, entscheidende Phase. Erneut war es Innenminister *Walter Menzel,* der einen **neuen Entwurf** als Kabinettsvorlage erstellte, ohne allerdings die Unterstützung des Koalitionspartners CDU, insbesondere des amtierenden Ministerpräsidenten *Karl Arnold* zu gewinnen. Meinungsverschiedenheiten entzündeten sich namentlich hinsichtlich der **Grundrechte,** deren Normierung *Menzel* in Anbetracht der umfassenden grundgesetzlichen Garantien für entbehrlich hielt, aber auch im Hinblick auf Fragen des **Schulwesens,** der **Wirtschaftsordnung** und des **Staatsaufbaus,** namentlich des seinerzeit heftig diskutierten Subsidiaritätsprinzips. Unter Mitwirkung der späteren Staatssekretäre *Karl Mohr* und *Wilhelm Loschelder* sowie des ersten Präsidenten des Oberverwaltungsgerichts und Verfassungsgerichtshofs NRW *Paul van Husen* arbeitete *Arnold* schließlich einen **eigenen Verfassungsentwurf** (LT-Drs. II/1359) aus, der gemeinsam mit dem Entwurf *Menzels* in den Landtag eingebracht wurde. Die textliche Verbindung der beiden Entwürfe veranlasste den FDP-Fraktionsvorsitzenden *Middelhauve* zu der wenig glücklichen, gleichwohl berühmt gewordenen Bezeichnung der Vorlage als „siamesischen Zwilling" (Sten.-Ber., 117. Sitzg. v. 14.12.1949, S. 3690). In drei Spalten wurde dabei zwischen Minderheitsvorschlägen, Mehrheitsvorschlägen und konsensualen Bestimmungen differenziert. In den Verfassungsberatungen konnte sich der sog. Mehrheitsentwurf *Arnolds* nach zahlreichen Modifikationen am 6.6.1950 mit 110 gegen 97 Stimmen durchsetzen. Mit gleicher Mehrheit entschied der Landtag, die für den 18.6.1950 anstehenden Landtagswahlen mit einer Volksabstimmung über die Landesverfassung zu verbinden. Mit 3,6 Mio. Ja-Stimmen gegen 2,2 Mio. Nein-Stimmen nahm die Landesverfassung auch diese letzte Hürde und konnte am 10.7.1950 im Gesetzes- und Verordnungsblatt des Landes verkündet werden.

IV. Anhang

7 **Literatur:** *Christ,* Verfassung und Verfassungsentwicklung in Nordrhein-Westfalen, Diss. Köln 1951; *Dästner,* Nordrhein-Westfalens Verfassung: Entstehung – Profil – Entwicklung, in: Konflikt und Konsens, hrsg. vom Präsidenten des Landtags NRW, 2000, S. 11 ff.; *Dietlein,* Landesgrundrechte in NRW, in: Papier/Merten (Hrsg.), Handbuch der Grundrechte, Bd. VIII, 2017, § 254; *Hüttenberger,* Nordrhein-Westfalen und die Entstehung seiner parlamentarischen Demokratie, 1973; *Kleinrahm,* Verfassung und Verfassungswirklichkeit in Nordrhein-Westfalen, in: JöR n. F. 11 (1962), S. 313 ff.; *Köhler,* Die Entste-

hung der Landesverfassung, in: 30 Jahre Verfassung Nordrhein-Westfalen, hrsg. vom Minister für Wissenschaft und Forschung NRW, 1980, S. 9ff.; *Kringe,* Machtfragen. Die Entstehung der Verfassung für das Land Nordrhein-Westfalen 1946–1950, 1988; *Lange,* Vor 40 Jahren: Geformt aus dem territorialen Erbe Preußens – Die Entstehung der Länder der britischen Zone und ihrer Verfassungen, Das Parlament 36 (1986), Nr. 40/41, S. 9f.; *Meyer-Heitmann,* Die Entstehung des Landes und der Landesverfassung von Nordrhein-Westfalen, 1965; *Peters,* Die Verfassung von Nordrhein-Westfalen, DVBl. 1950, 449ff.; *Pfetsch,* Die Verfassungspolitik der westlichen Besatzungsmächte in den Ländern nach 1945, Aus Politik und Zeitgeschichte 1986, B 22 S. 3ff.; *ders.* (Hrsg.), Verfassungsreden und Verfassungsentwürfe, Länderverfassungen 1946–1953, 1986.

B. Verfassungsrechtliche Grundlagen

I. Staatsqualität und Verfassungshoheit im Föderalstaat

Wesensmerkmal des Bundesstaates ist es, dass sowohl dem Gesamtstaat als auch den **Gliedstaaten** (Ländern) **Staatsqualität** zukommt (zweigliedriger Bundesstaatsbegriff). Hierdurch unterscheidet sich der Bundesstaat zum einen von einem bloßen Staatenbund, der zwar von einzelnen Staaten getragen wird, für sich genommen aber keine Staatsqualität aufweist, zum anderen aber auch von einem sog. Zentral- oder Einheitsstaat, der selbst zwar Staatsqualität besitzt, aber keinerlei Untergliederungen mit eigener Staatsqualität kennt. Das Grundgesetz konstituiert in Art. 20 Abs. 1 GG einen Gesamtstaat mit einer bundesstaatlichen Ordnung. Nicht nur der Bund besitzt somit Staatlichkeit mit allen hierfür erforderlichen Elementen (Staatsvolk, Staatsgebiet, Staatsgewalt), sondern ebenso jeder seiner Gliedstaaten, die das Grundgesetz kurz als **„Länder"** bezeichnet (Art. 28 Abs. 1 GG). Das Land Nordrhein-Westfalen bekennt sich in Art. 1 Abs. 1 S. 1 Landesverfassung (LV) ausdrücklich zu seinem „gliedstaatlichen" Charakter, womit zugleich die Eigenstaatlichkeit des Landes herausgestellt wird. 8

Das aus heutiger Sicht weithin selbstverständliche Bekenntnis zu den Ländern als „Staaten mit eigener, nicht vom Bund abgeleiteter, sondern von ihm anerkannter staatlicher Hoheitsmacht" (BVerfGE 1, 14, 34) darf freilich nicht darüber hinwegtäuschen, dass die These von zwei Staaten auf ein und demselben Territorium in den vorangegangenen Jahrhunderten Gegenstand **erbitterter Theorienstreitigkeiten** war. Namentlich der bedeutende bayerische Staatsrechtslehrer *M. von Seydel* (1846–1901) hatte – ähnlich wie vor ihm bereits *S. von Pufendorf* (1632–1694) – die Teilbarkeit staatlicher Souveränität grundsätzlich in Frage gestellt und die Auffassung vertreten, dass „alle staatlichen Gebilde, die man mit dem Namen Bundesstaat zu bezeichnen pflegt, [...] entweder einfache Staaten oder Staatenbünde sein [müssen]". Eine dogmatisch befriedigende Lösung der von *von Seydel* zutreffend erkannten Widersprüchlichkeit der sog. Souveränitätslehre lieferte erst sein großer „Gegenspieler" *P. Laband* (1838–1918). Dieser entkoppelte den Staatsbegriff von tradierten Souveränitätsvorstellungen und „rettete" den Staatscharakter der Länder, indem er sie für „nicht souverän" befand. Seine Lehre mündete in die moderne Erkenntnis, dass das Verhältnis zwischen Bund und Ländern **staatsrechtlicher**, **nicht** aber **völkerrechtlicher Natur** ist. Die Länder besitzen im Rahmen der grundgesetzlichen Ordnung Staatsqualität, weil und soweit das Grundgesetz diese anerkennt. 9

Aus der staatsrechtlichen Fundierung der Gliedstaatlichkeit der Länder ergibt sich zugleich, dass den Ländern eine uneingeschränkte „äußere" (völkerrechtliche) Souveränität nicht zukommen kann. Diese nämlich richtet sich allein nach völkerrechtlichen Regeln, denen zufolge im Interesse der Rechtsklarheit allein der Gesamtstaat als uneingeschränkt souverän gilt. Immerhin gesteht das Grundgesetz den Ländern in gewissem Umfang zu, mit anderen Staaten völkerrechtliche Vereinbarungen zu treffen (Art. 24 Abs. 1a, Art. 32 Abs. 3 GG). 10

II. Verfassungshoheit und verfassungsgebende Gewalt

11 Maßgebliche Konsequenz der Eigenstaatlichkeit der Länder ist deren **Verfassungshoheit,** gelegentlich abschwächend auch als „Verfassungsautonomie" bezeichnet. Die Länder besitzen mithin eine originäre, von den Bindungen der Art. 70 ff. GG freigestellte Kompetenz, ihre verfassungsmäßige Ordnung nach eigenen Vorstellungen zu gestalten, ohne dass diese mit den Ordnungsvorstellungen des Grundgesetzes in allen Punkten synchron laufen müsste. Aufgrund ihrer prinzipiellen Organisationsautonomie können die Länder insbesondere eine eigene (Landes-)Verfassungsgerichtsbarkeit ins Leben rufen, um die landesstaatliche Verfassungsordnung – im Grundsatz unabhängig von den Zuständigkeiten des BVerfG – zu gewährleisten. In der Logik des grundgesetzlichen Modells der Bundesstaatlichkeit liegt es somit, dass die **Verfassungsräume des Bundes und der Länder** grundsätzlich **selbständig** nebeneinander stehen (BVerfGE 22, 267, 270; 96, 345, 368).

12 Das grundsätzliche Nebeneinander der Verfassungsräume des Bundes und der Länder darf freilich nicht dahin missverstanden werden, dass die Verfassungsgebung auf Landesebene – ebenso wie jene auf Bundesebene – Ausfluss einer originären verfassungsgebenden Gewalt *(pouvoir constituant)* ist. Denn während die gesamtstaatliche Verfassungsgebung in der Tat dem rechtlich ungebundenen *pouvoir constituant* der Nation entspringt, erweist sich die gliedstaatliche Verfassungsgebung in vielfacher Hinsicht als eingebunden in die gesamtstaatliche Verfassungsordnung (vgl. hierzu unten Rn. 69 ff.). Insbesondere Art. 1 Abs. 3 und Art. 28 Abs. 1 GG (s. Rn. 13), aber auch Art. 31 GG mit dem generellen Vorrang jedweden Bundesrechts vor jedwedem Landesrecht (einschließlich dem Landesverfassungsrecht, hierzu Rn. 17) setzen der verfassungsgebenden Gewalt in den Ländern bundesrechtliche Grenzen, die jene zu überspringen nicht in der Lage ist. Entsprechendes gilt für die spezifisch grundrechtliche Kollisionsregelung in Art. 142 GG (unten Rn. 16). Hinter der Verfassungshoheit der Länder verbirgt sich somit letztlich eine **verfassungsgebende Gewalt „sui generis"**, die zwar gewisse Eigenschaften des *pouvoir constituant* besitzt, sich aber durch die notwendige Einbindung in die gesamtstaatliche Ordnung zugleich grundlegend von jenem unterscheidet.

III. Grundgesetzliche Bindungen des landesstaatlichen Verfassungsgebers

1. Die Homogenitätsregel des Art. 28 Abs. 1 GG

13 Zentrale bundesrechtliche Bindungsnorm für die gliedstaatliche Verfassungsgebung ist Art. 28 Abs. 1 GG. Das hier verankerte Homogenitätsprinzip verpflichtet die Länder, im Rahmen ihrer Verfassungsgebung „den Grundsätzen des republikanischen, demokratischen und sozialen Rechtsstaates im Sinne dieses Grundgesetzes" zu entsprechen, wobei Satz 2 der Bestimmung als Konkretisierung der demokratischen Grundsätze zu verstehen ist. Als „Normativbestimmung" mit Richtliniencharakter gilt Art. 28 Abs. 1 GG nicht „in" den Ländern, sondern „für" die Länder (BVerfGE 1, 208, 236; 6, 104, 111; 22, 180, 204). Die Homogenitätsbestimmung des Art. 28 Abs. 1 GG ist folglich nicht selbst normativer Bestandteil oder – für den Fall defizitärer Umsetzung – subsidiärer Inhalt der Landesverfassungen, sondern lediglich eine an die Adresse primär der Landesverfassungsgebung, aber auch der sonstigen Landesgesetzgebung (s. insbes. S. 2–4) gerichtete **Pflichtenregelung.** Die Begrenzung der inhaltlichen Bindung auf „Grundsätze" verdeutlicht den zumal im staatsorganisatorischen Bereich bewusst weit gehalte-

nen Gestaltungsspielraum des Landesverfassungsgebers, der z. B. nicht zwingend auf ein parlamentarisches Regierungssystem festgelegt ist (BVerfGE 9, 268). Nicht Uniformität, sondern lediglich ein Mindestmaß an **Gleichgerichtetheit im Grundsätzlichen** ist das Ziel der Bestimmung. Soweit es um die Wahrung des „Grundsätzlichen" oder Wesentlichen geht, bleibt die Bindung der Länder freilich eine „ausnahmslose", nicht eine nur „grundsätzliche" (hierzu auch unten Rn. 69 f.). Als „negative Kompetenzvorschrift" impliziert die Regelung zugleich die Nichtigkeitssanktion hinsichtlich „ultra vires" (in Überschreitung der Befugnisse) erlassener Verfassungsregelungen auf Landesebene. Eines Rückgriffs auf Art. 31 GG bedarf es insoweit richtigerweise nicht (so wohl auch BVerfGE 36, 342, 362).

Ungeachtet der dargestellten Homogenitätsbindungen bleibt zu beachten, dass Art. 28 Abs. 1 GG von einer grundsätzlichen **Verfassungsautonomie der Länder** ausgeht. Dies bedeutet, dass die Länder ihr Verfassungsrecht und ihre Verfassungsgerichtsbarkeit nach eigenem Ermessen ordnen können. Nach Auffassung des BVerfG sind die Länder „nicht einmal verpflichtet, sich überhaupt eine formelle Verfassung zu geben" (BVerfG, NVwZ 2018, 140, 142). Für die Bindungen des Art. 28 Abs. 1 GG ist es freilich im Ergebnis nicht von Belang, auf welcher Normebene die materielle Verfassungsordnung eines Landes ausgestaltet wird.

Eine die Homogenitätsvorgaben des Art. 28 Abs. 1 GG inhaltlich „spiegelnde" landesverfassungsrechtliche „Selbstverpflichtung" findet sich seit 2002 explizit in Art. 69 Abs. 1 S. 2 LV. Diese sog. **„Identitätsgarantie"** verbietet Änderungen der Landesverfassung, die den Grundsätzen des republikanischen, demokratischen und sozialen Rechtsstaates i. S. d. Grundgesetzes widersprechen (unten Rn. 131). Die materielle Regelungswirkung der Identitätsgarantie erscheint nicht ganz eindeutig. Denn als nachträgliche Ergänzung der Landesverfassung wäre Art. 69 Abs. 1 S. 2 LV – anders als etwa die vom Verfassungsgeber auf Bundesebene erlassene Regelung des Art. 79 Abs. 3 GG – keineswegs „änderungsfest", sondern könnte durch nachfolgende (ranggleiche) Verfassungsänderungen – ggf. auch „konkludent" – ganz oder teilweise wieder geändert oder gar aufgehoben werden. Insofern konnte bezweifelt werden, ob Art. 69 Abs. 1 S. 2 LV als originärer Prüfungsmaßstab für Verfassungsänderungen in Betracht kommt. Andererseits formuliert Art. 69 Abs. 1 S. 2 LV Grenzen für Verfassungsänderungen, die sich aus der gesamtstaatlichen Verfassung ohnehin ergeben. Hinzu kommt, dass die Homogenitätsvorgaben des Art. 28 Abs. 1 GG nach Auffassung des VerfGH NRW (NWVBl. 1999, 383 f.; 2009, 185, 186) bereits über Art. 1 Abs. 1 S. 1 LV rezipiert werden und damit seit jeher Teil der originären Verfassungsgesetzgebung des Landes sind. Vor diesem Hintergrund kann Art. 69 Abs. 1 S. 2 LV durchaus als Ausformulierung dieser originären Verfassungsvorgabe und damit als materieller Maßstab für spätere Änderungen der Landesverfassung interpretiert werden (i. E. auch VerfGH NRW, NVwZ 2018, 159). Verfassungsprozessual ergibt sich hieraus die Konsequenz, dass der Verfassungsgerichtshof befugt ist, Änderungen der Landesverfassung in eigener Zuständigkeit auf die Wahrung der genannten Staatsprinzipien zu überprüfen (s. Rn. 89 und 131). **14**

2. Homogenität im Bereich der Grundrechte

Eine weniger auffällige, in der Sache allerdings kaum minder bedeutsame Bindung der landesstaatlichen Verfassungsgeber normiert Art. 1 Abs. 3 GG speziell zur Wahrung der **grundrechtlichen Homogenität** im Bundesstaat. Hiernach binden die Grundrechte des Grundgesetzes „Gesetzgebung, vollziehende Gewalt und Rechtsprechung" nicht nur des Bundes, sondern auch der Länder. Entsprechend der Regelungsintention des Art. 1 Abs. 3 GG, alle unter der „Herrschaft des Grundgesetzes" stehende Gesetz- **15** gebung dem grundrechtlichen Verbindlichkeitsanspruch zu unterwerfen, erfasst die Vorschrift als **unmittelbare „Durchgriffsnorm“** auch die Verfassungsgebung der Länder, ohne dass es hierzu eines weiteren Transformationsaktes bedarf. Ungeachtet dieser Durchgriffswirkung hindert Art. 1 Abs. 3 GG die Länder nicht daran, eigene landesstaatliche Grundrechte zu gewähren, die – auch im Falle einer Rezeption der Bundesgrundrechte (Art. 4 Abs. 1 LV) – keine mit dem Bundesgrundrecht „identischen“ Gewährleistungen verbürgen, sondern eigenständiges „genuines“ Landesrecht darstellen (nachfolgend Rn. 21 ff.).

16 Gegenstand vielfältiger Diskussionen ist die Frage, ob und inwieweit das Grundgesetz der Grundrechtshoheit der Länder über die Durchgriffsregelung des Art. 1 Abs. 3 GG hinaus Grenzen setzt. Die Lösung dieser Problematik wird gemeinhin in der **Sonderregelung des Art. 142 GG** gesucht. Nach dieser Regelung, die entgegen ihrer systematischen Stellung nach h. M. nicht lediglich als „Übergangsrecht“ anzusehen ist, bleiben Bestimmungen der Landesverfassungen ungeachtet der Vorschrift des Art. 31 GG auch insoweit in Kraft, als sie **in Übereinstimmung mit den Art. 1 bis 18 GG Grundrechte** gewähren. Freilich lässt sich der Regelung des Art. 142 GG zunächst lediglich entnehmen, dass eine inhaltliche Übereinstimmung bundes- und landesstaatlicher Regelungen – entgegen einer in der Weimarer Zeit verbreiteten Rechtsauslegung – zumindest im grundrechtlichen Bereich kein Anlass für eine Derogation des Landesverfassungsrechts durch das Bundesverfassungsrecht sein soll. Sinn dieser Klarstellung war es – und insoweit rechtfertigt sich die Kodifikation der Norm im Abschnitt „Übergangsrecht“ –, den Fortbestand der vorgrundgesetzlichen Grundrechtsverbürgungen auf Landesebene einschließlich ihrer prozessualen Absicherungen vor einer möglichen Derogation nach Art. 31 GG durch gleichlautende Gewährleistungen des Bonner Grundgesetzes zu bewahren. Heute wird Art. 31 GG allerdings ohnehin insofern restriktiv ausgelegt, als dass diese Norm keine Anwendung findet, wenn Bundesrecht und Landesrecht bei der Regelung desselben Sachverhalts zu gleichen Ergebnissen kommen. Somit kommt der Bestimmung des Art. 142 GG in Bezug auf inhaltlich übereinstimmende Grundrechte **kein eigentlicher „Ausnahmecharakter“** mehr zu. Nicht ohne Grund wurde denn auch vielfach deren Streichung empfohlen. Das **BVerfG** hat den Anwendungsbereich des Art. 142 GG dagegen **ausgeweitet** und sieht die Norm als zentrale Kollisionsregel im Bereich der Grundrechte an: Landesgrundrechte bleiben danach in Kraft, wenn kein Konflikt mit Bundesgrundrechten besteht (hierzu im Einzelnen Rn. 22). Jenseits des Art. 142 GG bleiben zusätzlich etwaige Regelungskollisionen des Landesgrundrechts mit sonstigem, insbesondere einfachem Bundesrecht zu prüfen (Art. 31 GG).

3. Art. 31 GG als allgemeine Kollisionsnorm

17 Losgelöst von ihren grundrechtlichen Facetten bleibt die allgemeine homogenitätssichernde Funktion der **Kollisionsnorm** des **Art. 31 GG** hervorzuheben. Ihre verfassungsrechtliche Bedeutung wird deutlich, wenn man sich vergegenwärtigt, dass Normenkollisionen zwischen Bundes- und Landesverfassungsrecht auch außerhalb des Bereichs der Grundrechte oder der durch Art. 28 Abs. 1 GG abgesicherten Staatsstrukturprinzipien auftreten können. Auch die nordrhein-westfälische Landesverfassung wirft – namentlich im Kontext der sog. „Staatszielbestimmungen“ – vereinzelt die Frage nach ihrer Vereinbarkeit mit der Bundesverfassung auf; so etwa mit dem Sozialisierungsgebot des Art. 27 Abs. 1 LV, dem Recht auf Arbeit in Art. 24 Abs. 1 S. 3 LV, nach der umstrittenen Kruzifix-Entscheidung des BVerfG (BVerfGE 91, 1 – hierzu unten Rn. 58 f.) aber auch mit dem Erziehungsziel der „Ehrfurcht vor Gott“ in Art. 7 Abs. 1

LV. Dürften die beiden letztgenannten Bestimmungen durchaus einer bundes(verfassungs)rechtskonformen Auslegung zugänglich sein, wird man Entsprechendes für die Regelungsanordnung des Art. 27 Abs. 1 LV nicht mehr ohne Weiteres annehmen können.

Ohne ein entsprechendes Konfliktpotential sind dagegen die zahlreichen Staatszielbestimmungen im Bereich des Kulturwesens, die – wie etwa die Kultur- und Sportförderung (Art. 18 LV) – besonderer Ausdruck der eigenstaatlichen Identität des Landes sind.

4. In das Landesverfassungsrecht „hineinwirkendes" Bundesverfassungsrecht?

Ein besonderes Phänomen der Verfassungsgebung im Bundesstaat stellt das von **18** Teilen des Schrifttums, aber auch der verfassungsgerichtlichen Rechtsprechung (z. B. HessStGH, ESVGH 32, 20 ff.; BerlVerfGH, NJW 1993, 515) wiederholt angenommene partielle Hineinwirken des Bundesverfassungsrechts in den Bereich der Landesverfassung dar, in dessen Folge das Bundesrecht „Bestandteil" des Landesverfassungsrechts werden soll (sog. **„Bestandteilstheorie"**). So wurden namentlich die Gewährleistungen der Art. 21 und 5 Abs. 1 GG vom BVerfG aufgrund „ihrer fundamentalen Bedeutung" als Teile der in die Landesverfassung hineinwirkenden Bundesverfassung bezeichnet (BVerfGE 13, 54, 80; 60, 52, 60). Bei Lichte besehen stellt die „Bestandteilstheorie" eine **unverhüllte Zweckkonstruktion** zur Erweiterung der landesverfassungsgerichtlichen Kontrollbefugnisse dar, die weder mit den Grundprinzipien der Rechtsquellenlehre noch mit dem Grundsatz der getrennten Verfassungsräume von Bund und Ländern in Einklang zu bringen ist. Zwar trifft es zu, dass die politischen Grundentscheidungen der verfassten Gliedstaatlichkeit nicht allein in den jeweiligen Landesverfassungen, sondern auch und zumal durch das Grundgesetz getroffen werden. Diese partielle „Durchgriffswirkung" der gesamtstaatlichen Verfassung darf freilich nicht iS. einer Metamorphose fehlgedeutet werden, die den Verfassungsgeber auf Bundesebene in die Lage versetzte, genuines Landesrecht zu setzen. Gerade darin liegt die wesentliche Konsequenz der Eigenstaatlichkeit der Länder, dass diesen die originäre Kompetenz zukommt, „je ihre eigene, von ihnen selbst bestimmte Verfassung" zu besitzen (BVerfGE 36, 342, 360). Die gesamtstaatliche Verfassung mag daher verbindliche Vorgaben oder auch Detailentscheidungen für die Verfassungsordnung der jeweiligen Gliedstaaten treffen; allein diese materielle Wirkung bundesverfassungsrechtlicher Normen bewirkt indessen nicht deren Transformation in Landes(verfassungs)recht.

Unberührt von dieser grundsätzlichen Trennung der Verfassungsräume des Bundes **19** und der Länder bleibt die auch vom nordrhein-westfälischen Verfassungsgeber mehrfach (vgl. Art. 4 Abs. 1, Art. 8 Abs. 4 S. 1 sowie Art. 22 LV) genutzte Möglichkeit, grundgesetzliche Garantien kraft eigener Entscheidung zu rezipieren und damit einer zusätzlichen normativen Absicherung als Landesverfassungsrecht zu unterziehen. Über diese Regelungen werden letztlich zwei normativ eigenständige Gewährleistungen geschaffen; die tradierte Deutung der Rezeptionsanordnung als doppelte Absicherung ein und desselben Grundrechts erscheint demgegenüber nicht überzeugend. Als Rezeptionsanordnung deutet der VerfGH NRW u. a. auch das landesverfassungsrechtliche Bekenntnis zur Gliedstaatlichkeit des Landes in Art. 1 Abs. 1 S. 1 LV. Mit dieser Rezeptionsklausel werden danach die wesentlichen Grundentscheidungen des Grundgesetzes (z. B. Art. 21 Abs. 1, Art. 70 ff. GG) zugleich als Normen der Landesverfassung übernommen (vgl. VerfGH NRW, NWVBl. 1994, 453, 454; NVwZ 1993, 57 ff.).

IV. Anhang

20 **Literatur:** *Böckenförde/Grawert,* Kollisionsfälle und Geltungsprobleme im Verhältnis von Bundesrecht und Landesverfassung, DÖV 1971, 119 ff.; *Dietlein,* Zum Verhältnis von Bundes- und Landesverfassungsrecht, in: FS VerfGH NRW, 2002, S. 203 ff.; *Grawert,* Die Bedeutung gliedstaatlichen Verfassungsrechts in der Gegenwart, NJW 1987, S. 2329 ff.; *Hufen,* Die Bedeutung gliedstaatlichen Verfassungsrechts in der Gegenwart, BayVBl. 1987, S. 513 ff.; *Jutzi,* Landesverfassungsrecht und Bundesrecht, 1982; *Kühne,* Ehrfurchtsgebot und säkularer Staat – verfassungswidriges Verfassungsrecht?, NWVBl. 1991, 253 ff.; *Löwer,* Zur Hineinwirkung von Bundesverfassungsrecht in Landesverfassungsrecht, NdsVBl. 2010, 138 ff.; *März,* Bundesrecht bricht Landesrecht, 1989; *v. Mutius,* Zum Verhältnis von gleichlautendem Bundes- und Landesverfassungsrecht, VerwArch. Bd. 66 (1975), S. 161 ff.; *v. Pestalozza,* Art. 142 GG. Landesverfassungsbeschwerde nach Karlsruher Regie?, in: Macke (Hrsg.), Verfassung und Verfassungsgerichtsbarkeit auf Landesebene, 1998, S. 245 ff.; *Sachs,* Die Bedeutung gliedstaatlichen Verfassungsrechts in der Gegenwart, DVBl. 1987, S. 857 ff.; *ders.,* Das Staatsvolk in den Ländern, AöR Bd. 108 (1983), S. 68 ff.; *Starke,* Aufhebung von Landesgesetzen durch Landesverfassungsgerichte wegen fehlender Gesetzgebungskompetenz?, SächsVBl. 2004, 49 ff.; *Storr,* Das Grundgesetz als „mittelbare Landesverfassung"? – Zum Prüfungsmaßstab der Landesverfassungsgerichte, ThürVBl. 1997, 121 ff.; *ders.,* Verfassunggebung in den Ländern, 1995; *Graf Vitzthum,* Die Bedeutung gliedstaatlichen Verfassungsrechts in der Gegenwart, VVDStRL Heft 46 (1988), S. 7 ff.

Kontrollfragen:

1. Worin liegt das Wesensmerkmal des Bundesstaates?
2. Worin unterscheiden sich die verfassungsgebende Gewalt des Bundes und des Landes NRW?
3. Welche Bindungen legt das Grundgesetz der Verfassungsgebung in den Ländern auf?

C. Die Grundrechte

I. Das Verhältnis von Bundes- und Landesgrundrechten

21 Das grundsätzliche Nebeneinander der Verfassungsräume des Bundes und der Länder bringt es mit sich, dass Grundrechte nicht nur durch die Bundesverfassung, sondern ebenso durch die Landesverfassungen garantiert werden. Lediglich beiläufig klingt das Selbstverständliche in Art. 142 GG an, dem zufolge Bestimmungen der Landesverfassungen ungeachtet des Art. 31 GG auch insoweit in Kraft bleiben, als sie in Übereinstimmung mit den Art. 1 bis 18 GG Grundrechte gewähren. Mag die Bestimmung auch, wie der systematische Standort verrät, zunächst als bloße „Übergangsvorschrift" für die vorgrundgesetzlichen Grundrechtsverfassungen wie namentlich jene Bayerns und Hessens konzipiert worden sein, spiegelt sich in ihr doch zugleich das Bekenntnis der Väter und Mütter des Grundgesetzes zugunsten einer **„vertikalen Grundrechtskonkurrenz"** zwischen Bund und Ländern einschließlich ihrer verfassungsprozessualen Konsequenzen wider.

22 Ungeachtet dieses grundsätzlichen Entscheidungsgehalts des Art. 142 GG wirft dessen rechtsdogmatische Erfassung nicht unerhebliche Schwierigkeiten auf. Diese ergeben sich aus der Intention des Art. 142 GG, eine Verdrängung von Landesgrundrechten durch gleichlautende Bundesgrundrechte zu verhindern. Denn nachdem eine Anwendung des Art. 31 GG auf Fälle der inhaltlichen Übereinstimmung jedenfalls von Bundes- und Landesgrundrechten nach heute einhelliger Rechtsauslegung ohnehin nicht in Betracht kommt (oben Rn. 16), hat sich der Regelungszweck des Art. 142 GG in der Sache erledigt. Eine Streichung des Art. 142 GG wäre insoweit durchaus konsequent. Angesichts der dogmatischen Konstruktion des **Art. 142 GG** als **„lex specialis"** gegenüber Art. 31 GG kann es gleichwohl nicht überzeugen, die Bestimmung be-

reits de lege lata für unwirksam zu erklären. Umgekehrt dürfte es aber auch zu weit gehen, Art. 142 GG – wie vom BVerfG (BVerfGE 96, 345, 365) angenommen – als abschließende Kollisionsnorm für das Verhältnis von Bundes- und Landesgrundrechten zu qualifizieren. Denn nach dem eindeutigen Wortlaut der Bestimmung soll die in Art. 142 GG angeordnete Rechtsfolge des „In-Kraft-Bleibens" nur für solche Landesverfassungsnormen gelten, die „in Übereinstimmung mit den Art. 1 bis 18 dieses Grundgesetzes Grundrechte gewährleisten". Das Schicksal derjenigen Landesverfassungsbestimmungen, die nicht in inhaltlicher Übereinstimmung mit den Art. 1 bis 18 GG Grundrechte gewährleisten, also andersartige, weitergehende oder aber auch weniger weitgehende Rechte gewährleisten, regelt sich daher richtigerweise nach der allgemeinen Kollisionsregel des Art. 31 GG. Dabei sind „Mehrgewährleistungen" im Verhältnis Staat-Bürger in der Regel unproblematisch, soweit und solange sie sich nicht in Widerspruch zu bundesrechtlichen Normen (gleich welchen Ranges) setzen. Lange Zeit umstritten war immerhin die Behandlung solcher Landesgrundrechte, die hinter dem Schutzniveau des Grundgesetzes zurückbleiben („Mindergewährleistungen"). Sah die vormals h. M. – ebenso wie der Parlamentarische Rat – in den Grundrechten des Grundgesetzes eine **Mindestgarantie,** deren Unterschreiten ohne Weiteres zur Grundgesetzwidrigkeit des entsprechenden Landesgrundrechts führe, verneint das BVerfG heute einen derartigen Automatismus. Auch die nur partielle „Doppelung" der Grundrechte des Grundgesetzes in einer Landesverfassung bleibt danach beanstandungsfrei, solange die Landesverfassung den weitergehenden Schutz durch das Grundgesetz nicht in Frage stellen will (BVerfGE 96, 345, 365 f.). Die Problematik des Umgangs mit sog. „Mindergewährleistungen" wird in Nordrhein-Westfalen freilich kaum virulent werden. Zwar ist auch im Hinblick auf die aus der Bundesverfassung rezipierten Landesgrundrechte von einer autonomen Auslegungsbefugnis des VerfGH NRW auszugehen, so dass das Auftreten von „Mindergewährleistungen" auf der Ebene des Landesverfassungsrechts auch in Nordrhein-Westfalen methodisch nicht per se ausgeschlossen erscheint. Andererseits aber ist es gerade das Ziel der Rezeptionsklausel aus Art. 4 Abs. 1 LV, den grundgesetzlichen Schutzstandard vollumfänglich in die Landesverfassung zu übertragen, so dass eine Interpretation von Landesgrundrechten dahingehend, dass diese hinter dem Schutzniveau der grundgesetzlichen Parallelgewährleistungen zurückbleiben, wohl allenfalls in seltenen Ausnahmefällen erfolgen wird.

II. Art. 4 Abs. 1 LV als „dynamische Rezeption"

Während die frühen vorgrundgesetzlichen Landesverfassungen wie jene Bayerns 23
oder Hessens – ähnlich übrigens wie die nach 1990 in Kraft gesetzten Verfassungen der neuen Länder – reiche Kataloge an Landesgrundrechten formulierten, fallen die Grundrechtsaussagen der frühen nachgrundgesetzlichen Landesverfassungen eher spärlich aus. Zu dominant wirkte die junge Bundesverfassung mit ihren modernen Grundrechtsaussagen, als dass daneben ein hinreichender Platz für ein wirkliches „Eigenleben" landesstaatlicher Grundrechte erkennbar blieb. Die Verfassungsväter und -mütter des Landes NRW verzichteten dementsprechend weitgehend auf eine selbständige Grundrechtskodifikation und erklärten stattdessen „die im Grundgesetz für die Bundesrepublik Deutschland in der Fassung vom 23.5.1949 festgelegten Grundrechte und staatsbürgerlichen Rechte" zum **„Bestandteil dieser Verfassung"** und zu unmittelbar geltendem Landesrecht (Art. 4 Abs. 1 LV). Ergänzende partikulare Rezeptionsanordnungen finden sich in Art. 8 Abs. 4 LV (Privatschulen) und in Art. 22 LV (Übernahme der Garantien des Art. 140 GG). Die en-bloc-Übernahme der Bundes-

grundrechte stellt eine historisch nachvollziehbare Kompromisslösung dar: Einerseits sichert sie den Charakter der Landesverfassung als echte „Vollverfassung", andererseits vermeidet sie potentielle Regelungskonflikte mit den Bundesgrundrechten.

24 Trotz ihrer scheinbar klaren Regelungsaussage waren Sinn und Funktionsweise der landesverfassungsrechtlichen **Rezeptionsanordnungen** in der Vergangenheit wiederholt Gegenstand kontroverser Auffassungen. Teilweise herrschte die Vorstellung, mittels der Übernahmeanordnung sollten die Bundesgrundrechte in ihrer Gestalt als Bundesrecht – also gleichsam als bundesrechtliche „Regelungsenklave" – in die Landesverfassungen integriert werden. Andere Autoren gingen davon aus, dass die Übernahmeklausel angesichts der bereits über Art. 1 Abs. 3 GG vermittelten Grundrechtsbindung aller (bundes- und landes-)staatlichen Gewalt lediglich als „juristisch leerlaufende Deklaration" verstanden werden müsse oder aber zumindest juristisch wirkungslos sei, da es jenseits der Kompetenzen des Landesverfassungsgebers liege, die Bundesgrundrechte ihrer bundesrechtlichen Gestalt zu entkleiden und in Landesrecht zu überführen. Alle diese Interpretationen haben sich heute als nicht tragfähig herausgestellt. Ziel der landesverfassungsrechtlichen Rezeptionsklausel ist nicht eine (deklaratorische) Verweisung auf die Grundrechte des Grundgesetzes und deren ohnehin umfassende Verbindlichkeit, sondern die Schaffung von originärem Landesverfassungsrecht. Entgegen früherer Interpretationen hat die Übernahmeanordnung der Landesverfassung erst recht keine Auswirkungen auf den in Bezug genommenen Normenbestand des Bundesverfassungsrechts. Dieser wird – schon aus kompetenzrechtlichen Gründen – weder im Sinne einer Transformation „in Landesrecht überführt" noch sonst wie verändert oder reduziert. Vielmehr werden die Grundrechtsgarantien des Grundgesetzes bezüglich aller die Landesstaatsgewalt treffenden Bindungen zusätzlich als Garantien der Landesverfassung verbürgt. Miterfasst sind dabei zugleich die Begrenzungsvorbehalte zugunsten des Landesgesetzgebers. Da die Bundesgrundrechte nur insoweit übernommen werden, als sie die Landesstaatsgewalt betreffen, bedarf es jeweils einer präzisen Ermittlung des konkreten Gewährleistungsgehaltes der Rezeptionsgrundrechte, der nicht in jedem Falle aus dem Wortlaut des parallelen Bundesgrundrechts abgeleitet werden kann (hierzu unten Rn. 30). Die Übernahme der Bundesgrundrechte durch Landesverfassungsrecht bewirkt im Ergebnis eine **„Verdoppelung" des Grundrechtsschutzes,** indem das jeweilige Rechtsgut nunmehr sowohl bundes- als auch landesverfassungsrechtlich einen eigenständigen Schutz erfährt.

25 Besondere Schwierigkeiten wirft die Rezeptionsklausel der nordrhein-westfälischen Landesverfassung insoweit auf, als diese explizit auf das „Grundgesetz der Bundesrepublik Deutschland in der Fassung vom 23. Mai 1949" Bezug nimmt. Angesichts dieser ausdrücklichen zeitlichen Eingrenzung des zu rezipierenden Normenbestandes stellt sich die Frage, ob spätere Änderungen des Grundgesetzes – wie etwa im Bereich des Asylgrundrechts – überhaupt auf die Landesverfassung „durchschlagen" konnten. Gegen ein „dynamisches Verständnis" der Rezeptionsklausel wird neben der Formulierung des Art. 4 Abs. 1 LV ins Feld geführt, dass es dem Demokratie- und Bundesstaatsprinzip des Grundgesetzes widerspräche, dem Bundesverfassungsgeber durch eine antizipierende Normenübernahme den Zugriff auf den Normenbestand des Landesverfassungsrechts zu eröffnen. Im Ergebnis freilich kann die **rein statische Auslegung** der verfassungsrechtlichen Rezeptionsklausel des Art. 4 Abs. 1 LV **nicht überzeugen.** Die Rezeptionsanordnung war und ist von der Intention getragen, ein höchstmögliches Maß an inhaltlicher Übereinstimmung zwischen den Grundrechtsaussagen des Bundes- und Landesverfassungsrechts sicherzustellen. Mit der Anknüpfung an den Zeitpunkt der Verkündung des Grundgesetzes sollte in den frühen Jahren der Landesverfassung lediglich sichergestellt werden, dass eine kurzfristige wiedervereinigungsbedingte Aufhebung des Grundgesetzes oder seines Grundrechtskataloges nicht zu einem ersatzlosen Wegfall

des durch die Rezeption entstandenen Landesgrundrechtsbestandes führt. Dieser historische Konnex legt es nahe, die unzweifelhaft vorhandenen statischen Elemente der Rezeptionsklausel einschränkend im Sinne eines **Wiedervereinigungsvorbehalts** auszulegen, der für den Fall einer – kurzfristigen – einigungsbedingten Aufhebung der Bundesgrundrechte den Mindeststandard von 1949 absichern sollte, im Übrigen aber einer dynamischen Anpassung des Landesgrundrechtsbestandes nicht entgegensteht. Auch verfassungsrechtliche Gründe zwingen nicht dazu, eine dynamische Interpretation der landesverfassungsrechtlichen Rezeptionsklauseln zu verwerfen oder gar von der Rechtsfigur der dynamischen Rezeption insgesamt Abschied zu nehmen. Denn natürlich verbleibt dem jeweiligen Normgeber stets die Möglichkeit, seine Rezeptionsanordnung zurückzunehmen und den eigenen Kompetenzbereich so gegenüber unerwünschten Normrezeptionen abzuschirmen.

Bundesverfassungsrechtliche Beschränkungen der Verfassungs- und Grundrechtsho- **26**
heit des Landesverfassungsgebers ergeben sich abgesehen von den insoweit nicht einschlägigen Bestimmungen der Art. 1 Abs. 3 GG und Art. 31 GG grundsätzlich nur aus der Homogenitätsregel des Art. 28 Abs. 1 GG, der die Landesverfassungsgeber auf die Einhaltung der Grundsätze des republikanischen, demokratischen und sozialen Rechtsstaates im Sinne des Grundgesetzes verpflichtet. Diese „Grundsätze" werden durch die Wahl des gesetzgebungstechnischen Mittels der dynamischen Rezeption von Bundesgrundrechten nicht in Frage gestellt – dies umso weniger, als das Bestreben um eine weitgehende Harmonisierung der Grundrechtsbestände von Bund und Ländern letztlich der „Kollisionsvermeidung" und damit dem Erhalt der durch die Kollisionsvorschrift des Art. 31 GG existenziell bedrohten Landesgrundrechte dient. Der Gesichtspunkt der Kollisionsvermeidung erscheint insbesondere deshalb hervorhebungsbedürftig, weil sich das Landesverfassungsrecht durch die Abkoppelung von Änderungen des Bundesgrundrechtsbestandes allzu leicht in einen geltungsvernichtenden Widerspruch zu den Regelungsanordnungen des Bundesverfassungsrechts stellen würde (Art. 31 GG). Der „dynamischen" Interpretation der landesverfassungsrechtlichen Rezeptionsklausel ist daher bereits unter dem Gesichtspunkt der geltungserhaltenden **„bundesrechtskonformen Auslegung" des Landesverfassungsrechts** der Vorrang einzuräumen.

Die Landesverfassung zielt damit letztlich auf eine **„dynamische Rezeption"** der **27**
Bundesgrundrechte. Unabhängig hiervon behalten die rezipierten Grundrechte uneingeschränkt ihre normative Eigenständigkeit als Landesrecht. Ihre Auslegung wird durch die Auslegung der parallelen Bundesgrundrechte rechtlich nicht abschließend präjudiziert (so auch VerfGH NRW, NWVBl. 2014, 336, 338), mag eine Synchronisation der Auslegung auch faktisch naheliegen. Insoweit unterliegt das Landesverfassungsgericht bei einer vom Bundesgrundrecht abweichenden Auslegung des durch Rezeption geschaffenen parallelen Landesgrundrechts grundsätzlich nicht der Pflicht zur Divergenzvorlage nach Art. 100 Abs. 3 GG. Dass die Auslegung des Landesgrundrechts bei alledem nicht in Widerspruch zu den Bundesgrundrechten (Art. 1 Abs. 3 GG) und sonstigem Bundesrecht (Art. 31 GG) stehen und zudem der VerfGH NRW im Rahmen der Vorprüfung der Grundgesetzkonformität der eigenen Landesgrundrechtsauslegung nicht ohne Divergenzvorlage von der Auslegung des Grundgesetzes durch das BVerfG oder durch andere Landesverfassungsgerichte abweichen darf (Art. 100 Abs. 3 GG), ist selbstverständlich.

III. Inhaltliche Reichweite der Rezeptionsanordnung

Eine parallele Gewährleistung als Landesverfassungsrecht ordnet Art. 4 Abs. 1 LV für **28**
alle im Grundgesetz festgelegten Grundrechte und staatsbürgerlichen Rechte an.

Hiermit erfasst sind in jedem Falle die als **subjektiv-öffentliche Rechte** ausgestalteten Gewährleistungen des Grundgesetzes, gleichviel ob diese im Grundrechtskatalog des Grundgesetzes verankert sind oder nicht (VerfGH NRW, NWVBl. 2014, 336, 338). Auch die **justiziellen Grundrechte** der Art. 101, 103 und 104 GG zählen somit zum Bestand der rezipierten Grundrechte. Zu den in das Landesrecht übernommenen grundrechtlichen Gewährleistungen gehören auch die akzessorischen Verfassungsbindungen für gesetzliche Grundrechtseingriffe (sog. „Schranken-Schranken"), namentlich also das Verbot von Einzelfallgesetzen nach Art. 19 Abs. 1 S. 1 GG, die Wesensgehaltsgarantie des Art. 19 Abs. 2 GG sowie nicht zuletzt das **Zitiergebot** des Art. 19 Abs. 1 S. 2 GG.

Vor diesem Hintergrund dürfte der Umstand, dass sich der Landesgesetzgeber bei grundrechtsbeschränkenden Regelungen regelmäßig mit der **Zitierung** allein der betroffenen Bundesgrundrechte begnügt, die **Landesgrundrechte** dagegen unberücksichtigt lässt, sehr kritisch zu bewerten sein. Angesichts der autonomen Auslegung von Landesgrundrechten, aber auch der teilweise „überschießenden" landesgrundrechtlichen Verbürgungen, kann eine auch auf die Landesgrundrechte zu erstreckende Zitierpflicht auch nicht als Formalismus abgetan werden (für eine Zitierpflicht jedenfalls landesgrundrechtlicher Mehrgewährleistungen auch *Kamp*, in: Heusch/Schönenbroicher, LV NRW, 2. Aufl. 2019, Art. 4 Rn. 30).

29 Scheinbare Doppelungen und Überschneidungen ergeben sich dort, wo die Landesverfassung zusätzlich zu den durch Rezeption geschaffenen Landesgrundrechten eigene subjektiv-öffentliche Rechte des Bürgers formuliert. Entsprechendes ergibt sich etwa im Bereich des Datenschutzes, wo neben dem allgemeinen Recht auf informationelle Selbstbestimmung aus Art. 4 Abs. 1 LV i. V. m. Art. 2 Abs. 1, Art. 1 Abs. 1 GG (BVerfGE 65, 1, 41) das originäre Datenschutzgrundrecht des Art. 4 Abs. 2 LV steht, aber auch im Bereich des elterlichen Erziehungsrechts (vgl. hierzu Art. 8 Abs. 1 S. 2 LV bzw. Art. 4 Abs. 1 LV i. V. m. Art. 6 Abs. 2 S. 1 GG). Gleiches gilt etwa für den Sonntagsschutz nach Art. 25 LV, soweit ihm, ebenso wie der (über Art. 22 LV nochmals rezipierten) Parallelbestimmung des Art. 140 GG i. V. m. Art. 139 WRV, als Konkretisierung der Schutzpflicht aus Art. 4 Abs. 1 LV i. V. m. Art. 4 Abs. 1 und 2 GG eine auch subjektive Rechtsqualität beigemessen wird. Auflösen lässt sich diese offensichtlich nicht gewollte und sinnwidrige Doppelung genuin landesstaatlicher Grundrechtsverbürgungen, indem der Anwendungsbereich der einschlägigen Rezeptionsklausel entsprechend dem Umfang der spezialgesetzlichen Verbürgungen der Landesverfassung teleologisch reduziert wird.

30 Einer „maßstäblichen Verkleinerung" der durch Rezeption kreierten Landesgrundrechte bedarf es schließlich dort, wo das betreffende Grundrecht – wie etwa im Rahmen des Art. 11 GG – seine Freiheitsverbürgungen auf das gesamte Bundesgebiet erstreckt. Im landesstaatlichen Kontext kann es hier richtigerweise nur um eine **Rezeption der speziell die Landesstaatsgewalt in NRW treffenden Bindungen** des Bundesgrundrechts gehen.

Beispiel: Hinsichtlich des über Art. 4 Abs. 1 LV rezipierten Grundrechts der Freizügigkeit (Art. 11 GG) bedeutet dies, dass das Land vor allem die Freizügigkeit im eigenen Hoheitsgebiet zu gewährleisten hat, dies durchaus für alle Deutschen und nicht nur für „NRW-Bürger". Darüber hinaus wird man freilich Freizügigkeitsbeschränkungen auch insoweit am Maßstab des Landesgrundrechts zu messen haben, als sie von Trägern der Staatsgewalt des Landes außerhalb der Landesgrenzen vorgenommen werden. So wäre es landesgrundrechtswidrig, wenn Polizeibeamte des Landes einen Grundrechtsträger im Rahmen eines Einsatzes außerhalb des eigenen Landes (vgl. zur Nacheile unten § 3 Rn. 38) unzulässig festsetzen. Die „maßstäbliche Verkleinerung" des rezipierten Grundrechts ist daher nicht notwendig rein geographisch zu interpretieren.

Von der Rezeptionsanordnung des Art. 4 Abs. 1 LV erfasst werden neben der abwehrrechtlichen „Urfunktion“ der Grundrechte auch deren **objektiv-rechtliche Grundrechtsgehalte** wie Einrichtungsgarantien (Art. 14 GG), Organisations- und Verfahrensgarantien sowie die grundrechtlichen Schutzpflichten des Staates. Dies gilt umso mehr, als diesen sog. „objektiven“ Grundrechtsgehalten nach heute herrschender Auffassung ihrerseits subjektiv-rechtliche Elemente innewohnen (z. B. „Grundrecht auf Sicherheit“ als Ausfluss der staatlichen Schutzpflichten). Entsprechendes gilt im Ergebnis auch für den **Grundrechtsverwirkungstatbestand** des Art. 18 GG (vgl. auch die Erwähnung des Art. 18 GG in VerfGH NRW, NVWBl. 2014, 336, 338), der freilich insoweit besondere Probleme aufwirft, als weder die Landesverfassung noch das Verfassungsgerichtshofgesetz des Landes ein Verwirkungsverfahren vor dem VerfGH NRW explizit erwähnen (hierzu unten Rn. 52). 31

Die **Prüfung** der Vereinbarkeit **von Landesgesetzen** mit den Grundrechten der Landesverfassung, wie sie im Rahmen abstrakter oder konkreter Normenkontrollverfahren zum VerfGH NRW erforderlich wird (s. Rn. 224 ff. und 233 ff.), als „inzidente Normenkontrolle“ aber auch Gegenstand der neu etablierten Individualverfassungsbeschwerde zum VerfGH NRW sein kann (Rn. 252), erfolgt – ebenso wie bei der Prüfung von Bundesgrundrechten – in drei Schritten: Zunächst ist festzustellen, ob ein Eingriff in den Schutzgegenstand der Grundrechtsgewährleistung vorliegt. Hieran anschließend erfolgt die Rechtfertigungsprüfung, die zunächst bei der Frage anzusetzen hat, ob das Grundrecht einen (einfachen, qualifizierten oder „verfassungsimmanenten“) Begrenzungsvorbehalt aufweist. Abschließend ist die formelle und materielle Verfassungsmäßigkeit des konkreten Eingriffsgesetzes zu prüfen. Im Zentrum der materiellen Verfassungsmäßigkeitsprüfung steht dabei die Frage nach dem verfolgten Gemeinwohlzweck sowie die Wahrung der Verhältnismäßigkeit des Eingriffs. Die Prüfung erfolgt indes weniger „statisch“, als dies im Rahmen der verwaltungsrechtlichen Verhältnismäßigkeitsprüfung der Fall ist. Denn dem Gesetzgeber steht speziell bei der Frage der Geeignetheit und Erforderlichkeit einer Maßnahme, einschließlich der Bewertung von Handlungsalternativen als „gleich geeignet“, ein weiter Einschätzungs- und Prognosespielraum zu, der erst dort endet, wo die Erwägungen des Gesetzgebers „so offensichtlich fehlsam sind, dass sie vernünftigerweise keine Grundlage für gesetzgeberische Maßnahmen abgeben können“ (z. B. BVerfGE 77, 84, 106 ff.). Die hier vorzunehmende Verhältnismäßigkeitsprüfung weicht insoweit deutlich von jener bei Maßnahmen der Verwaltungsbehörden ab, bei denen das Verwaltungsgericht eine umfassende eigene Bewertung vornimmt (unten § 3 Rn. 132). Insgesamt ergibt sich für die Grundrechtsprüfung damit folgendes Prüfungsschema: 32

Prüfung legislativer Grundrechtseingriffe:

1.) Liegt ein Eingriff in den Schutzbereich bzw. Schutzgegenstand eines Grundrechts vor?

– Sachlicher und persönlicher Schutzbereich (Wen und was schützt z. B. die „Berufsfreiheit“?)
– Liegt ein Eingriff vor?
  = Zielgerichteter – finaler – Eingriff?
  = Mittelbarer Eingriff?

2.) Enthält das Grundrecht einen Begrenzungs- oder Gesetzesvorbehalt?

– Keinerlei Beschränkungsmöglichkeit für den Schutz der Menschenwürde nach Art. 4 Abs. 1 LV i. V. m. Art. 1 Abs. 1 S. 1 GG („unantastbar“); Folge: Jeder Eingriff ist verfassungswidrig!
– Gesetzliche Eingriffsmöglichkeit bei Grundrechten mit allgemeinem oder qualifiziertem Begrenzungsvorbehalt (Art. 4 Abs. 1 LV i. V. m. Art. 2 Abs. 1 GG – „Schrankentrias“)
– Bei sog. „vorbehaltlos“ gewährleisteten Grundrechten (z. B. Religionsfreiheit nach Art. 19 LV) gesetzliche Beschränkungen nur zulässig zum Schutz kollidierender Verfassungsgüter

3.) Ist das Eingriffsgesetz verfassungskonform
– Formelle Verfassungsmäßigkeit
  = Gesetzgebungskompetenz des Landes/Gesetzgebungsverfahren
  = Zitiergebot/Verbot des Einzelfallgesetzes
– Materielle Verfassungsmäßigkeit
  = Legitimer Zweck
  = Wahrung der Verhältnismäßigkeit, also Geeignetheit, Erforderlichkeit und Zumutbarkeit des Gesetzes (unter Wahrung von Einschätzungs- und Prognosespielräumen des Gesetzgebers)

Diffiziler ist die Prüfung der Grundrechtskonformität von Akten der Exekutive und der Judikative des Landes, wie sie namentlich bei sog. **„Urteilsverfassungsbeschwerden“** Gegenstand der neu etablierten Individualverfassungsbeschwerde zum VerfGH NRW (unten Rn. 252) sein kann. Ebenso wie bei Urteilsverfassungsbeschwerden zum BVerfG geht es hierbei nicht (im Sinne einer „Superrevision“) um die Kontrolle der einfachrechtlichen Richtigkeit fachgerichtlicher Urteile und Beschlüsse, sondern allein um die Frage, ob das Fachgericht bei der Auslegung und Anwendung des einfachen Rechts „in spezifischer Weise“ das (Landes-)Verfassungsrecht verletzt. Eine solche **spezifische Verfassungsrechtsverletzung** ergibt sich außer im Falle der Anwendung einer verfassungswidrigen Norm namentlich dann, wenn das Fachgericht bei der Anwendung des einfachen Rechts die Anwendbarkeit oder die Reichweite von (Landes-) Grundrechten in ergebnisrelevanter Weise verkannt hat. Weitere denkbare Varianten einer spezifischen Verfassungsrechtsverletzung sind etwa das Überschreiten der Grenzen richterlicher Rechtsfortbildung (keine richterliche Rechtsfortbildung im Bereich des Vorbehalts des Gesetzes!) oder im Ergebnis untragbare (willkürliche) Entscheidungen. Eine Urteilsverfassungsbeschwerde zum VerfGH NRW kommt dabei im Grundsatz allerdings nur dort in Betracht, wo es um die **Auslegung und Anwendung von Landesrecht** durch die Gerichte des Landes geht. Dagegen ist eine Urteilsverfassungsbeschwerde nach den Vorgaben des § 53 Abs. 2 VerfGHG unzulässig, soweit die öffentliche Gewalt des Landes Bundesrecht ausführt oder anwendet. Anderes gilt immerhin, soweit Fachgerichte des Landes **Prozessrecht des Bundes** anwenden. Zur Wahrung einer einheitlichen Auslegung des Prozessrechts hat das BVerfG hier freilich enge Vorgaben für eine landesverfassungsgerichtliche Prüfung fachgerichtlicher Entscheidungen am Maßstab der Landesgrundrechte gemacht (BVerfGE 96, 345 ff.; hierzu im Einzelnen unten Rn. 252 ff.).

IV. Die einzelnen Grundrechte

33 Als Folge der Rezeptionsanordnung des Art. 4 Abs. 1 LV gelten die in Bezug genommenen Bundesgrundrechte zusätzlich als Grundrechte der Landesverfassung. Die Notwendigkeit einer Anpassung an den landesspezifischen Kontext ergibt sich dabei zum einen insoweit, als Bindungsadressat der Landesgrundrechte allein die Landesstaatsgewalt sein kann (s. oben Rn. 30). Zum anderen können Feinjustierungen dort notwendig werden, wo die Landesverfassung bestimmte Ausprägungen der Bundesgrundrechte ausnahmsweise spezialgesetzlich normiert hat (z. B. die informationelle Selbstbestimmung in Art. 4 Abs. 2 S. 1 LV). Eher seltener anzutreffen sind eigene **„überschießende“ Garantien** der Landesverfassung, Zu ihnen gehören etwa das Recht auf Schulgeldfreiheit aus Art. 9 Abs. 1 LV, die schulischen Mitwirkungsrechte des Art. 10 Abs. 2 LV, aber auch das Selbstverwaltungsrecht der Hochschulen des Art. 16 Abs. 1 LV, soweit diese Garantie auch den nicht genuin wissenschaftlichen Bereich er-

fasst. Im Einzelnen stellt sich der Grundrechtsbestand der Landesverfassung damit wie folgt dar:

1. Schutz der Persönlichkeit

a) Menschenwürde

Ebenso wie das Grundgesetz verbürgt auch die Landesverfassung die Unantastbar- 34
keit der Menschenwürde als echtes Grundrecht. Angesichts des absoluten Geltungsanspruchs der Menschenwürde („unantastbar") ist dem Grundrecht zudem eine **unmittelbare Drittwirkung** beizumessen. Dem Absolutheitsanspruch der Menschenwürdegarantie entspricht ferner, dass staatliche Eingriffe in den Schutzbereich des Grundrechts a priori verfassungswidrig sind. Die bei anderen Grundrechten mögliche und erforderliche Rechtfertigungsprüfung entfällt mithin (zum Streit um die sog. „Rettungsfolter", die entgegen teilweise vertretener Auffassung ebenfalls mit der Menschenwürdegarantie unvereinbar sein dürfte, s. § 3 Rn. 244). Die Konturierung des Begriffs der Menschenwürde erfolgt traditionell vom Verletzungsvorgang her. Eine ansatzweise Begriffsdefinition enthält die von *G. Dürig* entwickelte **„Objektformel"**, der zufolge die Menschenwürde dann verletzt ist, wenn der Mensch zum Objekt, zur vertretbaren Größe degradiert wird. Nach der Rechtsprechung des BVerfG zu Art. 1 GG soll dies nur dort der Fall sein, wo die Subjektqualität des Einzelnen prinzipiell in Frage gestellt wird (BVerfGE 30, 1, 26). Entsprechendes hat das BVerfG etwa für den Fall des Abschusses von gekaperten und als Waffe gegen terrestrische Ziele verwendeten Verkehrsflugzeugen angenommen (NJW 2006, 751). Dagegen wird im Falle des sog. „finalen Rettungsschusses" (s. § 3 Rn. 244) die Subjektqualität des betroffenen Angreifers nach h. M. nicht in Frage gestellt.

Anders als das Grundgesetz enthält die Landesverfassung NRW keine dem Art. 79 Abs. 3 GG 35
vergleichbare „Ewigkeitsgarantie" zugunsten des Schutzes der Menschenwürde. Insbesondere erfasst die Rezeptionsklausel des Art. 4 Abs. 1 LV nicht die Ewigkeitsgarantie des Art. 79 Abs. 3 GG. Unberührt hiervon bleibt die durch das Grundgesetz auch für die Länder unwiderruflich festgeschriebene Pflicht zur Achtung der Menschenwürde. Auch die durch Art. 69 Abs. 1 S. 2 LV neu eingefügte Grenze für Verfassungsänderungen entspricht materiell-rechtlich gesehen den durch Art. 28 Abs. 1 GG ohnehin vorgegebenen Schranken gliedstaatlicher Verfassungsgebung (unten Rn. 69 ff.).

b) Schutz von Leben, Gesundheit und Freiheit der Person

Als Landesverfassungsrecht rezipiert werden auch die grundrechtlichen Gewährleis- 36
tungen von Leben, körperlicher Unversehrtheit und persönlicher Freiheit, die damit zugleich dem Begrenzungsvorbehalt aus Art. 4 Abs. 1 LV i. V. m. Art. 2 Abs. 2 S. 3 GG unterstehen. Beschränkungen der grundrechtlichen Freiheiten sind daher auf landesgesetzlicher Grundlage möglich, soweit legitime Gründe bestehen und die Verhältnismäßigkeit gewahrt bleibt. Solchermaßen gerechtfertigt ist etwa der nach nordrhein-westfälischem Polizeirecht zulässige **„finale Rettungsschuss"** (siehe § 3 Rn. 244). Im Falle der Entziehung der persönlichen Freiheit gelten die besonderen Rechtfertigungsvoraussetzungen des Art. 4 Abs. 1 LV i. V. m. Art. 104 GG.

c) Freie Persönlichkeitsentfaltung

Von der Rezeptionsanordnung erfasst wird auch das Grundrecht auf freie Entfaltung 37
der Persönlichkeit (Art. 2 Abs. 1 GG), das, auch wenn eine inhaltliche Präjudizierung durch die Rechtsprechung des BVerfG nicht besteht, hier ebenfalls iS. einer „allgemeinen Handlungsfreiheit" zu interpretieren ist. Über das **„subsidiäre Auffanggrundrecht"** der allgemeinen Handlungsfreiheit schafft somit auch die Landesverfassung ein

System des lückenlosen Grundrechtsschutzes, das etwa zugunsten von Ausländern dort greift, wo bestimmte Grundrechte nur deutschen Staatsangehörigen vorbehalten bleiben (zur besonderen Problematik der Gleichstellung von EU-Ausländern vgl. BVerfGE 129, 78, 98 ff.). Mit dem weiten Schutzgegenstand des Landesgrundrechts korreliert eine entsprechend weite Beschränkbarkeit durch formell und materiell verfassungsgemäße Gesetze. Das vom BVerfG als Derivat der Art. 1 Abs. 1 und Art. 2 Abs. 1 GG entwickelte allgemeine Persönlichkeitsrecht ist ebenfalls von der Rezeptionsanordnung des Art. 4 Abs. 1 LV erfasst. Zu beachten bleibt, dass das vom BVerfG als Ausprägung des allgemeinen Persönlichkeitsrechts angesehene **Recht auf informationelle Selbstbestimmung** (BVerfGE 65, 1, 41 ff.) in der Landesverfassung **spezialgesetzlich** geregelt ist (Art. 4 Abs. 2 LV). Auch für die Auslegung des Art. 4 Abs. 2 LV entfaltet die Rechtsprechung des BVerfG zwar keine unmittelbare präjudizielle Wirkung, kann aber immerhin als Interpretationshilfe herangezogen werden.

2. Kommunikationsgrundrechte

a) Die Grundrechte des Art. 4 Abs. 1 LV i. V. m. Art. 5 Abs. 1 GG

38 Eine uneingeschränkte parallele Verbürgung als Landesverfassungsrecht erfahren über Art. 4 Abs. 1 LV weiter die Kommunikationsgrundrechte des Art. 5 Abs. 1 GG, namentlich also

- das Grundrecht der Meinungsfreiheit,
- das Grundrecht der Informationsfreiheit,
- das Grundrecht der Pressefreiheit sowie
- das Grundrecht der freien Berichterstattung durch Rundfunk und Film.

Soweit das BVerfG in der sog. „Wunsiedel-Entscheidung" vom 4.11.2009 aus Art. 5 Abs. 1 und 2 GG einen (ungeschriebenen) grundgesetzimmanenten Vorbehalt für meinungsbeschränkende Regelungen abgeleitet hat, die dem propagandistischen Gutheißen der nationalsozialistischen Gewalt- und Willkürherrschaft Grenzen setzen (BVerfGE 124, 300 – hierzu auch § 3 Rn. 301), wird man diese Auslegung auch auf das rezipierte Landesgrundrecht erstrecken können, so dass entsprechende Regelungsmöglichkeiten auch dem Landesgesetzgeber zukommen. Kein eigenständiges Grundrecht, sondern eine bloße Schranke des Begrenzungsvorbehalts aus Art. 5 Abs. 2 GG (sog. „Schranken-Schranke") enthält dagegen das Zensurverbot des Art. 5 Abs. 1 S. 3 GG (offenlassend BVerfGE 27, 88, 102), das im Ergebnis freilich ebenfalls von der Rezeptionsanordnung des Art. 4 Abs. 1 LV erfasst wird.

b) Versammlungs- und Vereinigungsfreiheit

39 Zu den durch Art. 4 Abs. 1 LV rezipierten Kommunikationsgrundrechten des Grundgesetzes sind daneben auch die Versammlungs- sowie die Vereinigungsfreiheit zu zählen. Soweit diese Grundrechte im Grundgesetz als sog. „Deutschengrundrechte" gewährleistet werden, kommt eine maßstäbliche Verkleinerung des Kreises der Grundrechtsberechtigten speziell auf die Bürger Nordrhein-Westfalens nicht in Betracht. Vielmehr hat die nordrhein-westfälische Staatsgewalt die Grundrechtsbindungen gegenüber allen Deutschen zu beachten.

c) Brief-, Post- und Fernmeldegeheimnis

40 Als Kommunikationsgrundrechte gleichermaßen parallel verbürgt sind schließlich

- das Briefgeheimnis,
- das Postgeheimnis und
- das Fernmeldegeheimnis.

Eine randscharfe Trennung der Schutzbereiche dieser speziellen Kommunikationsgrundrechte ist nicht immer möglich. Überschneidungen ergeben sich namentlich zwischen dem objektbezogenen Briefgeheimnis und dem Postgeheimnis, das die Übermittlung der **individuellen Kommunikation** betrifft. Ähnliche Probleme ergeben sich für die Zuordnung schriftlicher Kommunikation mit den Mitteln moderner Übertragungstechnik (E-Mail, Telefax). Da es sich hierbei um eine „unkörperliche" Übertragung individueller Kommunikation handelt, erscheint deren Einbeziehung in den Schutzgegenstand des Fernmeldegeheimnisses folgerichtig (s. auch BVerfG, NJW 2009, 2431, 2432). Im Bereich der klassischen Telefonie hat das BVerfG die Fernmeldefreiheit insbesondere gegenüber einer zu undifferenzierten **Vorratsspeicherung von Verbindungsdaten** in Stellung gebracht (BVerfGE 125, 260, 310ff.). Abseits des Zugriffs auf die Individualkommunikation wird die **Vertraulichkeit und Integrität informationstechnischer Systeme** wie etwa moderner Smartphones und PCs nach der neueren Rechtsprechung des BVerfG als Bestandteil des allgemeinen Persönlichkeitsrechts nach Art. 2 Abs. 1 i.V.m. Art. 1 Abs. 1 GG geschützt (BVerfGE 120, 274, 303ff.).

3. Wirtschaftsgrundrechte (Berufs- und Eigentumsfreiheit)

Im Wege der Rezeption landesverfassungsrechtlich gewährleistet sind weiter die Be- 41
rufsfreiheit (Art. 4 Abs. 1 LV i.V.m. Art. 12 GG) sowie die Eigentumsfreiheit (Art. 4 Abs. 1 LV i.V.m. Art. 14 GG). Während die parallelen Grundrechte auf Bundesebene mangels spezieller „Wirtschaftsverfassung" die entscheidenden Koordinaten für das wirtschaftspolitische Handeln des Bundes darstellen, stehen die betreffenden Landesgrundrechte in einem inneren Verbund mit speziellen Verfassungsbestimmungen zur Ordnung des Wirtschaftslebens (Art. 24ff. LV; hierzu Rn. 66ff.). Die dem Grundgesetz vielfach zugeschriebene **„wirtschaftspolitische Neutralität"** (zu Recht krit. dagegen *Kloepfer,* JURA 1993, 583f.) gilt für die nordrhein-westfälische Landesverfassung nicht ohne Weiteres. Allerdings unterliegen die landesverfassungsrechtlichen Regelungen dem Erfordernis einer den Konflikt mit Bundesrecht vermeidenden „bundesrechtskonformen" Auslegung (vgl. Art. 31 GG), so dass die landesstaatlichen „Eigengewächse" überwiegend dem Unitarisierungsdruck des Bundesrechts zum Opfer gefallen sind. Dies gilt namentlich für das **Sozialisierungsgebot** des Art. 27 LV (unten Rn. 66). Auch das in Art. 24 Abs. 1 S. 3 LV verbürgte **„Recht auf Arbeit"** (hierzu unten Rn. 53) gewährt entgegen seinem missverständlichen Wortlaut kein „einklagbares" subjektiv-öffentliches Recht, sondern formuliert eine bloße Staatszielbestimmung dahingehend, dass das Land die vor allem rechtlichen und politischen Rahmenbedingungen für die Schaffung und Erhaltung von Arbeitsplätzen durch die private Wirtschaft zu gewährleisten hat. Eine Überarbeitung dieses in weiten Teilen veralteten Verfassungsabschnittes erschiene allemal angezeigt.

4. Religiöse und kulturelle Rechte

Eine deutliche (teleologische) Reduktion erfährt die Rezeptionsanordnung des 42
Art. 4 Abs. 1 LV hinsichtlich der religiösen und kulturellen Grundrechte des Grundgesetzes. Eine Übernahme der Bundesgrundrechte kommt hier unter systematischen Aspekten nur insoweit in Betracht, als die Landesverfassung, wie etwa im Bereich der Kunstfreiheit, keine autonomen Festlegungen trifft.

a) Religions- und Gewissensfreiheit

Eine eigenständige landesverfassungsrechtliche Garantie findet die Religionsfreiheit 43
(Art. 19 LV). Auch wenn die Bestimmung ihrem Wortlaut nach lediglich „die Freiheit

der Vereinigung zu Kirchen oder Religionsgemeinschaften" gewährleistet, dürfte die **ungestörte Religionsausübung** ebenfalls Teil der Garantie sein. Der Schutz der Gewissensfreiheit jenseits kirchlich-religiöser Betätigungen wird dagegen über Art. 4 Abs. 1 LV i.V.m. Art. 4 Abs. 1 GG abgesichert. Als Ausprägung insbesondere religionsgrundrechtlicher Schutzpflichten und damit als individuell durchsetzbare Schutznorm interpretiert das BVerfG den **Schutz** der Arbeitsruhe an **Sonn- und Feiertagen** gem. Art. 139 WRV i.V.m. Art. 140 GG (BVerfGE 125, 39, 78ff.; krit. *Dietlein,* FS Morlok, 2019, S. 125ff.), der in Art. 25 Abs. 1 LV eine eigenständige Garantie erfahren hat.

b) Wissenschaftsfreiheit

44 Ebenfalls einen eher „korporativen Ansatz" zeigt die Selbstverwaltungsgarantie zugunsten der Universitäten und ihnen „gleichstehender" Hochschulen (Art. 16 LV). Für die „akademische" Selbstverwaltungsgarantie i.S.d. Art. 16 Abs. 1 LV lassen sich ähnlich zur kommunalen Selbstverwaltungsgarantie aus Art. 78 LV (s. Rn. 174ff.) drei grundlegende Garantieebenen unterscheiden:

– Die **institutionelle Rechtssubjektsgarantie** sichert den institutionellen Bestand der Hochschule als staatliche Einrichtung verfassungsrechtlich ab. Allerdings sind einzelne Hochschulen in ihrer individuellen Existenz nicht geschützt, so dass die Auflösung oder der Zusammenschluss mit anderen universitären Einrichtungen grundsätzlich möglich bleibt.
– Die **objektive Rechtsinstitutionsgarantie** schützt die eigenverantwortliche Selbstverwaltung in eigenen Angelegenheiten. Der Gesetzgeber ist damit zur Schaffung normativer Organisationsstrukturen verpflichtet, die eine eigenverantwortliche Erfüllung der akademischen Aufgaben durch die Mitglieder der Hochschule ermöglichen. Namentlich dem „Senat" der Hochschulen in NRW muss damit von Verfassungs wegen eine starke Position zukommen. Die Etablierung eines überwiegend mit auswärtigen Mitgliedern zu besetzenden „Hochschulrates" wird gemeinhin als vereinbar mit der landesverfassungsrechtlichen Selbstverwaltungsgarantie angesehen (für Bayern s. BayVerfGH, BayVBl. 2008, 592; a.A. für NRW aber *Sieweke,* NWVBl. 2009, 205ff.). Umgekehrt gilt zugleich, dass sich aus dem Grundrecht der Wissenschaftsfreiheit eine Garantie zugunsten der Wissenschaftler und Wissenschaftlerinnen ergibt, an allen wissenschaftsrelevanten Entscheidungen der Hochschulen in hinreichendem Umfange beteiligt zu werden. Eine beliebige „Hochzonung" wissenschaftsrelevanter Entscheidungen auf die Leitungsorgane einer Hochschule ist also nicht zulässig (BVerfGE 136, 338, 363ff.).
– Mit dem Selbstverwaltungsrecht der Hochschulen korrespondiert die Beschränkung der Aufsichtskompetenz des Landes auf die bloße Rechtsaufsicht.
– Mit der **subjektiven Rechtsstellungsgarantie** erhält die Hochschule eine subjektive Rechtsposition, die es ihr erlaubt, ungerechtfertigte Eingriffe in das Selbstverwaltungsrecht gerichtlich abzuwehren. Allerdings sah das nordrhein-westfälische Recht für die Hochschulen im Vergleich zu kommunalen Selbstverwaltungskörperschaften bislang weder eine Individualverfassungsbeschwerde noch einen der Kommunalverfassungsbeschwerde entsprechenden verfassungsgerichtlichen Rechtsbehelf vor, was einem unmittelbaren Rechtsschutz der betroffenen Hochschule vor dem VerfGH NRW entgegen stand. Mit der Einführung der Individualverfassungsbeschwerde zum VerfGH NRW zum Jahre 2019 hat sich diese Situation nunmehr geändert. Möglich bleibt – bei Ausdehnung des Schutzbereichs von Art. 5 Abs. 3 GG auf den korporationsrechtlichen Status – alternativ die Verfassungsbeschwerde zum BVerfG.

Der Schutz von Forschung und Lehre wird unabhängig hiervon jedenfalls über Art. 4 Abs. 1 LV i. V. m. Art. 5 Abs. 3 GG auch individuell gewährleistet. Eine (objektive) Staatszielbestimmung der Wissenschaftsförderung enthält Art. 18 LV.

5. Personale Rechtsstellung und personales Umfeld

a) Ehe und Familie

Im Bereich Ehe und Familie trifft die LV zahlreiche eigenständige Regelungen 45 (Art. 5 und 8), die innerhalb des durch sie geordneten Bereichs einer Rezeption der Bundesgrundrechte entgegenstehen. Dies gilt etwa für den besonderen Schutzanspruch von **Ehe und Familie** nach Art. 5 Abs. 1 S. 2 LV oder den Schutz des elterlichen Erziehungsrechts gem. Art. 8 Abs. 1 S. 2 LV. Ob und inwieweit Ehe und Familie in Art. 5 Abs. 1 S. 1 LV einen über die Schutzgarantie des Art. 6 Abs. 1 GG hinausgehenden Schutzstatus dadurch erfahren, dass sie hier als „die **Grundlagen der menschlichen Gesellschaft** anerkannt" werden, ist nicht abschließend geklärt. Namentlich in Abgrenzung zu den rechtlich verfestigten gleichgeschlechtlichen Lebenspartnerschaften ist zu beachten, dass das BVerfG eine (zumal vermögensrechtliche) Privilegierung der Ehe nicht ohne Weiteres zulässt, sondern von hinreichend gewichtigen Rechtfertigungsgründen abhängig macht, um eine gleichheitsrechtlich zu beanstandende Anknüpfung der Gesetzgebung an die sexuelle Orientierung zu verhindern (BVerfGE 124, 199, 222). Ob und inwieweit die zwischenzeitlich vollzogene einfachgesetzliche Öffnung der **Ehe auch für gleichgeschlechtliche Paare** (§ 1353 Abs. 1 S. 1 BGB) zugleich zu einer parallelen Erweiterung des grundrechtlichen Ehebegriffs in der Bundes- und der Landesverfassung NRW führt oder geführt hat, wird derzeit lebhaft diskutiert. In seinem Urteil vom 17.7.2002 hat das BVerfG die Verschiedengeschlechtlichkeit der Partner noch zu den wesentlichen und vom Gesetzgeber zu beachtenden Strukturprinzipien des grundgesetzlichen Ehebegriffs gezählt, dabei allerdings auch auf die Möglichkeit des gesellschaftlichen Wandels und einer damit einhergehenden Änderung ihrer rechtlichen Gestaltung hingewiesen (BVerfGE 105, 313, 345 f.). Eine dem weiten zivilrechtlichen Ehebegriff entsprechende Fortentwicklung des verfassungsrechtlichen Ehebegriffs ist insofern bislang höchstrichterlich nicht belegbar, dürfte allerdings im Ergebnis wohl nur eine Frage der Zeit sein.

Beachte: Eine durchaus spannende Frage ist, ob das Landesgrundrecht des Art. 5 Abs. 1 LV eine entsprechende Erweiterung bereits vor einer Fortentwicklung des grundgesetzlichen Ehebegriffes erfahren könnte und dürfte. Denn immerhin sieht das BVerfG den durch Art. 6 Abs. 1 GG garantierten „besonderen Schutz" der Ehe zwischen Mann und Frau bislang darin, dass allein die Ehe als Institut diesen verfassungsrechtlichen Schutz erfährt und damit nicht zur Disposition des Gesetzgebers steht, wohingegen aus diesem Status kein Anspruch auf eine rechtlich privilegierte Ausgestaltung dieser Lebensform abgeleitet werden könne (BVerfGE 105, 313, 348). Angesichts der weitgehend parallelen Formulierung des Art. 5 Abs. 1 S. 2 LV erscheint eine parallele Verfassungsinterpretation in NRW durchaus plausibel und folgerichtig. Ob sie verfassungsrechtlich zwingend ist, erscheint allerdings fraglich. Denn der vom BVerfG konturierte Sonderstatus der Ehe würde durch landesstaatliche Erweiterungen erkennbar nicht infrage gestellt, zumal hieraus keine Bindung des Bundesgesetzgebers abgeleitet werden könnte.

Soweit Art. 5 LV hinter den familienspezifischen Gewährleistungen des Grundgesetzes zurückbleibt, werden die grundgesetzlichen Verbürgungen uneingeschränkt von der Landesverfassung rezipiert. Dies gilt etwa für den Schutz vor zwangsweiser Trennung von Kindern und Eltern (Art. 6 Abs. 3 GG) oder das Gleichstellungsgebot für eheliche und nichteheliche Kinder (Art. 6 Abs. 5 GG).

b) Schule

46 Eigenständige landesverfassungsrechtliche Regelungen finden sich namentlich für den Bereich der Schule einschließlich des Religionsunterrichtes (Art. 7 ff. LV). Soweit die betreffende Materie eine landesverfassungsrechtliche Ausnormierung gefunden hat, bleibt eine Anwendung der Rezeptionsklausel des Art. 4 Abs. 1 LV ausgeschlossen.

c) Freizügigkeit

47 Eine „maßstäbliche Verkleinerung" erfährt das Grundrecht der Freizügigkeit, das in seinem landesrechtlichen Kontext die Freizügigkeit innerhalb des Landes NRW gewährleistet und die Grundrechtsberechtigung auf die im Lande NRW lebenden bzw. sich dort aufhaltenden Deutschen beschränkt (oben Rn. 30). Dem Gedanken der **maßstäblichen Verkleinerung** entspricht es, dass der freie Zug von NRW in ein anderes Land zwar in den Schutzbereich des Bundesgrundrechts nach Art. 11 GG, nicht aber in den Schutzbereich des Landesgrundrechts aus Art. 4 Abs. 1 LV i. V. m. Art. 11 GG fällt (anders wohl *Dästner,* Art. 4 Rn. 54). Einschlägig wäre insoweit aber das Landesgrundrecht der freien Persönlichkeitsentfaltung (allgemeine Handlungsfreiheit). Dem Landesgesetzgeber sind nach Maßgabe des Begrenzungsvorbehalts aus Art. 4 Abs. 1 LV i. V. m. Art. 11 Abs. 2 GG Beschränkungen des Grundrechts möglich. Ungeachtet des (missverständlichen) Art. 73 Abs. 1 Nr. 3 GG sind derlei **Grundrechtsbeschränkungen** auch im Kompetenzbereich des Landesgesetzgebers denkbar, so namentlich etwa **im Bereich des Polizei- und Ordnungsrechts** (z. B. Aufenthaltsverbote nach § 34 Abs. 2 PolG, hierzu unten § 3 Rn. 163 ff.).

d) Unverletzlichkeit der Wohnung

48 Das Grundrecht der Unverletzlichkeit der Wohnung (Art. 4 Abs. 1 LV i. V. m. Art. 13 GG) erfasst ebenso wie das parallele Bundesgrundrecht alle privat und gewerblich genutzten **Wohn- und Betriebsräume** von privaten (unmittelbaren) Besitzern. Der Schutz der Wohnungsfreiheit erstreckt sich dabei auch auf **Laden- und Verkehrsräume.** Parallel zu Art. 13 GG ist zwischen Durchsuchungen (Art. 4 Abs. 1 LV i. V. m. Art. 13 Abs. 2 GG) und sonstigen „Eingriffen und Beschränkungen" (Art. 4 Abs. 1 LV i. V. m. Art. 13 Abs. 7 GG) zu differenzieren, die hiernach zugleich unterschiedlichen Legitimationsanforderungen unterliegen. Soweit das BVerfG für ein Betreten von Ladenlokalen während der Öffnungszeit einen Eingriffscharakter i. S. d. Art. 13 Abs. 7 GG verneint und das Betreten einzig am Maßstab der allgemeinen Handlungsfreiheit prüfen will (BVerfGE 32, 54, 76 f.), vermag dies kaum zu überzeugen. In Anbetracht der dynamischen Interpretation des Art. 4 Abs. 1 LV zählen auch die nachträglich in das Grundgesetz eingefügten Regelungen zur **Wohnraumüberwachung** (Abs. 3 und 4) zum Bestand der Landesgrundrechte. Insoweit ist allerdings zugleich von der Verbindlichkeit der restriktiven Norminterpretation durch das BVerfG (BVerfGE 109, 279 ff.) auszugehen.

e) Auslieferung, Ausbürgerung, Asyl

49 Eine primär gesamtstaatliche Dimension weisen die Grundrechte nach Art. 16, 16a GG auf, weshalb das „Ob" und „Wie" ihrer Rezeption durch Art. 4 Abs. 1 LV nicht eindeutig erscheint. Dies gilt namentlich für das in Art. 16 Abs. 1 GG normierte **Schutzrecht gegen Ausbürgerung,** das mangels förmlicher Landesstaatsangehörigkeit einer maßstäblichen Verkleinerung richtigerweise nicht zugänglich ist. Auch das

Asylgrundrecht dürfte einer maßstäblichen Verkleinerung in dem Sinne, dass politisch Verfolgte stets einen Anspruch auf Asyl in NRW besäßen, nicht ohne Weiteres zugänglich sein. Dies gilt umso mehr, als eine derartige Auslegung mit einfachgesetzlichen Bestimmungen des Bundesrechts kollidierte und insoweit gem. Art. 31 GG zur Nichtigkeit eines entsprechenden Landesgrundrechts führte. Eine unmittelbare Anwendung als Landesverfassungsrecht kommt dagegen für das **Auslieferungsverbot** des Art. 4 Abs. 1 LV i. V. m. Art. 16 Abs. 2 GG in Betracht, dessen Schutz auch auf solche Deutsche zu beziehen ist, die ihren Wohnsitz außerhalb von NRW haben.

6. Gleichheitsrechte

Gegenstand der Rezeptionsklausel des Art. 4 Abs. 1 LV sind ferner die allgemeinen 50
und besonderen Gleichheitsbindungen des Art. 3 GG, namentlich also der allgemeine Gleichheitssatz des Art. 3 Abs. 1 GG, der dann verletzt ist, wenn eine Norm zwischen Adressatengruppen differenziert, obwohl zwischen den Gruppen keine solchen Unterschiede vorliegen, dass sie nach Art oder Gewicht die ungleiche Behandlung rechtfertigen könnten (sog. „neue Formel“, vgl. etwa BVerfGE 55, 72, 88). Immerhin finden sich autonome Regelungen für den Bereich der **Gleichstellung von Mann und Frau.** So verbürgt Art. 5 Abs. 2 LV, auch wenn der Norm eher die Qualität einer Staatszielbestimmung als die einer echten Gleichheitsgewährleistung zukommen dürfte, die Gleichwertigkeit von Familien- und Erwerbsarbeit sowie die gleichberechtigte Teilhabe an der Familien- und Erwerbsarbeit. Art. 24 Abs. 2 S. 3 LV schließlich normiert das Gebot der Lohngleichheit für Männer, Frauen und Jugendliche.

7. Justizielle und staatsbürgerliche Rechte

Von der Rezeptionsanordnung des Art. 4 Abs. 1 LV erfasst werden schließlich auch 51
die justiziellen Rechte bzw. Justizgrundrechte des Grundgesetzes, insbesondere also
- das Recht auf den gesetzlichen Richter (Art. 101 Abs. 1 S. 2 GG),
- der Anspruch auf rechtliches Gehör (Art. 103 Abs. 1 GG),
- das Verbot des *„ne bis in idem“* (Art. 103 Abs. 3 GG),
- das Gebot *„nulla poena sine lege“* (Art. 103 Abs. 2 GG)

sowie im Bereich der staatsbürgerlichen Rechte
- das Widerstandsrecht des Art. 20 Abs. 4 GG und
- die speziellen Gleichheitsrechte des Art. 33 GG.

Hinsichtlich der Rechtsschutzgarantie des Art. 19 Abs. 4 GG bleibt zu beachten, dass die Landesverfassung in Art. 74 LV zumindest die Inanspruchnahme **verwaltungsgerichtlichen Rechtsschutzes** autonom gewährleistet, sodass die Reichweite der Rezeptionsanordnung entsprechend zu reduzieren ist. Ebenfalls gesondert geregelt ist die **Wahlrechtsfreiheit** (Art. 31 LV), sodass eine Rezeption des – ohnehin im landesrechtlichen Kontext gegenstandslosen – Art. 38 GG entfällt.

8. Grundrechtsverwirkung

Bislang nicht abschließend geklärt ist die Frage, ob und inwieweit der Verwirkungs- 52
tatbestand des Art. 18 GG von der Rezeptionsklausel des Art. 4 Abs. 1 LV erfasst wird. Berücksichtigt man, dass der Verwirkungstatbestand die Reichweite der Grundrechte mitprägt, erscheint die Annahme seiner Rezeption als Landesverfassungsrecht durchaus folgerichtig. Allerdings kann der **Verwirkungsausspruch** aufgrund der getrennten Verfassungsräume des Bundes und der Länder insoweit richtigerweise **allein vom**

VerfGH NRW, nicht aber vom BVerfG ausgehen (*Dietlein,* AöR 120 (1995), S. 1, 16 f.). Auch wenn ein entsprechendes Verfahren vor dem VerfGH NRW bislang weder in der Landesverfassung noch im VerfGHG kodifiziert ist, wird man über Art. 4 Abs. 1 LV i. V. m. Art. 18 GG doch von einer kraft Rezeption entstandenen Zuständigkeit des VerfGH NRW ausgehen müssen.

V. „Soziale Grundrechte" und „Lebensordnungen" in der Landesverfassung

1. Zur Kategorie der sozialen Grundrechte

53 Wie die meisten Landesverfassungen kennt auch die nordrhein-westfälische Verfassung neben den „klassischen" Freiheitsverbürgungen zahlreiche Gewährleistungen, die nach herkömmlichem Begriffsverständnis der dogmatisch schillernden Kategorie der sog. „sozialen Grundrechte" zugeordnet werden. Hierzu zählt etwa das in Art. 24 Abs. 1 S. 3 LV normierte **„Recht auf Arbeit"**. Die rechtliche Problematik dieser Verbürgungen liegt darin, dass sie entgegen ihrem Wortlaut keine (einklagbaren) subjektiven Leistungsrechte gewähren, sondern sich in lediglich objektiv-rechtlich verbindlichen **„Staatszielbestimmungen"** erschöpfen. Dies dürfte, ungeachtet des scheinbar gegenläufigen Wortlauts, auch für den in Art. 8 Abs. 1 S. 1 LV verbürgten **„Anspruch auf Bildung"** gelten (str.). Das in vielen anderen Länderverfassungen ebenfalls als soziales Grundrecht formulierte **„Recht auf Wohnung"** wird in Art. 29 Abs. 2 LV dagegen explizit als (objektiv-rechtliche) Staatszielbestimmung formuliert, wenn es hier heißt, dass das Land die Aufgabe hat, „nach Maßgabe der Gesetze neue Wohn- und Wirtschaftsheimstätten zu schaffen …".

Beispiel: Unter Berufung auf Art. 24 Abs. 1 S. 3 LV erhebt der Arbeitslose A Verfassungsbeschwerde zum VerfGH NRW (Rn. 252). Da das geltend gemachte „Recht auf Arbeit" indes keine individuell einklagbaren Rechte vermittelt, sondern lediglich eine „objektive" Politikverpflichtung enthält, ist die Verfassungsbeschwerde mangels Beschwerdebefugnis unzulässig.

Die inhaltliche Steuerungskraft sozialer Grundrechte bleibt rechtlich wie tatsächlich regelmäßig von geringer Bedeutung, wie sich namentlich im Hinblick auf das umstrittene „Recht auf Arbeit" zeigt. Denn in einer freiheitlichen Verfassungsordnung, in der sich Produktionsmittel und Arbeitsplätze weitgehend in privater Hand befinden, fehlen dem Staat von vornherein die rechtlichen und tatsächlichen Möglichkeiten, jedem Einwohner einen Arbeitsplatz zu gewähren. Aufgabe des sozialen Grundrechtsstaates kann es somit nur sein, die rechtlichen Rahmenbedingungen für eine günstige soziale und wirtschaftliche Entwicklung des Gemeinwesens zu schaffen, um drohenden Fehlentwicklungen entgegen zu wirken. Mag daher das „Recht auf Arbeit" – entgegen früher vorherrschender Auffassung – auch mehr sein als ein unverbindlicher „Programmsatz", erschöpft sich seine Bindungskraft letztlich doch in dem lediglich höchst eingeschränkt justiziablen **Auftrag** an die Landesstaatsgewalt, insbesondere den Landesgesetzgeber, auf eine tatsächliche Realisierung des Zieles „hinzuwirken". Hinsichtlich der **Wahl der Mittel** hat der Gesetzgeber dabei einen extrem weiten politischen Entscheidungs- und Beurteilungsspielraum. Ähnlich der grundrechtlichen Schutzpflichtenlehre wird (verfassungs-)gerichtlich allenfalls überprüfbar sein, ob der Gesetzgeber dem verfassungsrechtlichen „Untermaßverbot" genügt und jedenfalls Mindestmaßnahmen zur Umsetzung des jeweiligen Ziels vorgesehen hat. Soziale Grundrechte sind in der Praxis dementsprechend gerade so viel wert, wie die jeweilige parlamentarische Mehrheit aus ihnen macht.

2. Lebensordnungen und Staatsziele

Neben den klassischen sozialen Grundrechten widmet sich die Landesverfassung ferner zentralen Lebensbereichen des Gemeinwesens, hinsichtlich derer konkrete „Lebensordnungen" konzipiert werden. Solche Lebensordnungen bilden geradezu einen Schwerpunkt der nordrhein-westfälischen Landesverfassung und eröffnen zugleich einen „tiefen Einblick in die weltanschaulich-politische Werkstatt des Verfassungsgebers" (*Hans Peters,* DVBl. 1950, 449, 450). Zu nennen sind namentlich die Bereiche Familie, Schule und Erziehung (Rn. 55ff.), Staat und Kirche (Rn. 61ff.), Wissenschaft, Kunst und Kultur (Rn. 65) sowie Arbeit und Umwelt (Rn. 66). 54

a) Familie, Schule und Erziehung

Bereits erwähnt wurden die besonderen Unterschutzstellungen von Ehe und Familie als die „Grundlagen der menschlichen Gesellschaft" (Art. 5 Abs. 1 S. 2 LV – oben Rn. 45). Ausdrücklich garantiert die Landesverfassung dabei die **Gleichstellung von Mann und Frau**, die „entsprechend ihrer Entscheidung an Familien- und Erwerbsarbeit gleichberechtigt beteiligt [sind]" (Art. 5 Abs. 2 S. 2 LV). Mit der auf eine Verfassungsänderung aus dem Jahre 1989 (GVBl. NRW, S. 428) zurückgehenden Formulierung adaptiert die Verfassung zumal die Judikatur des BVerfG, das die Entscheidung über die Aufgabenverteilung in der Ehe zur grundrechtlich geschützten Freiheit der Eheleute erklärt hatte (BVerfGE 6, 55, 81f.; 53, 257, 296). Ein grundsätzliches Bekenntnis zur **Gleichwertigkeit von Familien- und Erwerbsarbeit** formuliert Art. 5 Abs. 2 S. 1 LV. Ihm wird als Staatszielbestimmung die Verpflichtung des Landes entnommen, diejenigen Rechtsstrukturen zu schaffen, die für die gleichberechtigte Beteiligung von Frauen und Männern am Erwerbsleben erforderlich sind. Auch insoweit griff die Landesverfassung somit dem erst im Jahre 1994 im Grundgesetz verankerten Gleichstellungsgebot des Art. 3 Abs. 2 S. 2 GG zeitlich voraus. 55

Ihre inhaltliche Abrundung finden die familienbezogenen Schutzgewährleistungen in den erst seit dem Jahre 2002 in dieser Form verbürgten sog. **„Kinderrechten"** des Art. 6 LV – einer Regelung, die unter systematischen Aspekten eine nicht unbedenkliche Verquickung von Abwehrrechten, Schutz- und Förderpflichten aufweist. 56

Als eine der klassischen Domänen des Landesrechts widmet sich die Landesverfassung in ausführlicher Weise dem Schulwesen. Besondere Bedeutung kommt hierbei der durch Art. 9 Abs. 1 LV gewährleisteten **Schulgeldfreiheit** zu, aber auch der **institutionellen Garantie von Grundschulen.** Die früher in der Landesverfassung enthaltene Garantie der **Hauptschule** als notwendige Elemente der Volksschule (Art. 12 LV a. F.) wurde auf der Grundlage des sog. „Schulkonsenses für Nordrhein-Westfalen" (LT-Drs. 15/2428) zwischenzeitlich gestrichen. Mit dieser Verfassungsänderung hat sich das bislang aus Art. 12 LV herausgelesene Verbot an die Adresse des Landesgesetzgebers erledigt, die Hauptschulen in andere Schulformen zu überführen und damit abzuschaffen (so noch VerfGH NRW, OVGE 37, 203ff.: Gesamtschule). Über Art. 8 Abs. 4 LV i. V. m. Art. 7 Abs. 4 und 5 GG werden schließlich die **Privatschulen** landesverfassungsrechtlich (institutionell) abgesichert. Darüber hinaus räumt Art. 8 Abs. 4 S. 3 LV den Privatschulen ein subjektiv-öffentliches Recht auf Förderung in Form von öffentlichen Zuschüssen zu den Gesamtkosten ein, deren konkreter Umfang freilich durch einfaches Recht näher zu bestimmen ist. 57

58 Ein besonders sensibler Bereich liegt traditionell in der Festlegung der **Erziehungsziele.** Als zentrale Erziehungsziele benennt Art. 7 Abs. 1 LV **„Ehrfurcht vor Gott, Achtung vor der Würde des Menschen und Bereitschaft zum sozialen Handeln".** Die verfassungsrechtlichen Vorgaben richten sich primär an die schulische Erziehung einschließlich der privaten Ersatzschulen, beanspruchen nach der systematischen Stellung des Art. 7 LV Geltung aber auch für die elterliche Erziehung, ohne dass insoweit ein Verstoß gegen Art. 6 Abs. 2 S. 1 GG anzunehmen wäre. Als problematisch mit Blick auf das Grundgesetz hat sich – zumal nach dem umstrittenen Kruzifix-Beschluss des BVerfG vom 16.5.1995 (BVerfGE 93, 1) – freilich das sog. „Ehrfurchtsgebot" erwiesen, das zweifellos in einem gewissen Spannungsverhältnis zu der grundgesetzlich begründeten Neutralitätspflicht des Staates steht. Berücksichtigt man, dass das Ehrfurchtsgebot nicht mit Konfessionalität gleichgesetzt werden kann, also keine Parteinahme für eine bestimmte Konfession enthält, und Bundes- und Landesverfassung zudem ein ausdrückliches Bekenntnis zum Religionsunterricht als ordentlichem Lehrfach enthalten (Art. 7 Abs. 3 S. 1 GG; Art. 14 Abs. 1 S. 1 LV), lässt sich eine Verletzung der durch Bundesrecht vorgegebenen Neutralitätspflicht nicht belegen. Insbesondere darf die Neutralitätspflicht des Staates nicht mit einer laizistischen Distanz des Staates gegenüber den religiösen Bindungen seiner Bürger gleichgesetzt werden, die eine „Privatisierung des Religiösen" beabsichtigte. Im Gegenteil zielen Grundgesetz und Landesverfassung – wie das Beispiel Religionsunterricht oder der öffentlich-rechtliche Status der Großkirchen belegen – auf eine nachhaltige **Kooperation zwischen dem Staat und den großen Religionsgemeinschaften.** Dieser Kooperationsbereitschaft liegt die nach wie vor zutreffende Erkenntnis zugrunde, dass der Staat von Voraussetzungen lebt, die er nicht selbst garantieren kann *(E.-W. Böckenförde).*

59 Dass namentlich der **Kruzifix-Beschluss** des BVerfG diese Sensibilität des Grundgesetzes nicht hinreichend erfasst, ist im Schrifttum deutlich herausgestellt worden (vgl. *Merten,* FS Stern, 1997, S. 987 ff.). Weniger deutlich erkannt worden sind demgegenüber die negativen Auswirkungen der Entscheidung des BVerfG auf die **föderative Schulhoheit**. Beispielhaft kann insoweit auf Art. 12 Abs. 3 LV rekurriert werden, der – ähnlich wie die schulrechtlichen Regelungen anderer Länder auch – zwischen Gemeinschaftsschulen, Bekenntnisschulen und Weltanschauungsschulen differenziert. Der entscheidende Unterschied zwischen den verschiedenen Schultypen liegt dabei in der divergierenden Bindung an religiöse Bekenntnisse: Während „in Gemeinschaftsschulen [...] Kinder auf der Grundlage christlicher Bildungs- und Kulturwerte in Offenheit für die christlichen Bekenntnisse und für andere religiöse und weltanschauliche Überzeugungen gemeinsam unterrichtet und erzogen [werden]" und in Bekenntnisschulen Kinder nach den Grundsätzen des Bekenntnisses einer bestimmten Religionsgemeinschaft unterrichtet und erzogen werden, ermöglicht die sog. Weltanschauungsschule die Erziehung in einer beliebigen, auch bekenntnisfreien Weltanschauung (sog. „bekenntnisfreie Schule"). Betrachtete man aber im Sinne des BVerfG jegliche Hinwendung einer staatlichen Pflichtschule zu den Bekenntnissen oder auch nur Symbolen einer Religionsgemeinschaft als Verletzung der staatlichen Neutralitätspflicht, würde dies in letzter Konsequenz bedeuten, dass als verfassungskonforme Ausgestaltung nur jener Schultyp verbliebe, dessen Erziehungsauftrag die geringsten, wenn nicht sogar überhaupt keine religiösen Bezüge aufweist, nämlich die sog. bekenntnisfreie Schule. Der Kruzifix-Beschluss des BVerfG übersieht somit nicht nur die positive, auf Kooperation ausgerichtete Grundhaltung des Staates gegenüber den großen Religionsgemeinschaften, sondern schwächt mit seinen schulrechtlichen Nivellierungen die föderative Ordnung an einem für die Länderstaatlichkeit besonders sensiblen Punkt. Bemerkenswert ist in diesem Kontext im Übrigen, dass die Große Kammer des **Europäischen Gerichtshofs für Menschenrechte** in einer dem Kruzifix-Beschluss zeitlich nachfolgenden Entscheidung keine grundrechtlichen Bedenken gegenüber der Anbringung von Kruzifixen in Klassenzimmern geltend machte (EGMR, NVwZ 2011, 737). Der Gerichtshof sah – im Gegensatz zum BVerfG – insbesondere keine Anhaltspunkte, „die für einen möglichen Einfluss eines religiösen Symbols an den Wänden der Klassenzimmer auf die Schüler sprechen".

Der Gedanke der Kooperation prägt auch die Verfassungsnormen zum **Religionsunterricht.** So verlangt Art. 14 Abs. 1 S. 2 LV eine Bevollmächtigung der Religionslehrer durch „die Kirche oder die Religionsgemeinschaft", Art. 14 Abs. 2 LV ein Einvernehmen mit „der Kirche oder Religionsgemeinschaft" bei der Bestimmung der Lehrpläne und Lehrbücher. Eine bloß staatliche oder auch konfessionsübergreifende Organisation und Inhaltsbestimmung wäre demnach nicht zulässig. Dagegen wird man einen öffentlich-rechtlichen Status der betreffenden Religionsgemeinschaften nicht als unabdingbar voraussetzen dürfen (str.). 60

b) Staat und Kirche

Deutlicher noch als das Grundgesetz sichert die Landesverfassung den besonderen Status sowie die besondere Stellung der **Kirchen** und **Religionsgemeinschaften** im staatlichen Gemeinwesen. Dies gilt nicht nur für den **Kernbereich** des eigenverantwortlichen Wirkens der Kirchen (vgl. Art. 19 Abs. 2 LV, Art. 22 LV i. V. m. Art. 140 GG i. V. m. 136–139, 141 WRV), sondern ebenso für vermeintliche **Randbereiche** wie etwa jene der **Familienpflege** und der **Jugendfürsorge,** für die Art. 6 Abs. 4 LV ausdrücklich ein Mitwirkungsrecht der Kirchen und Religionsgemeinschaften vorsieht. Daneben enthält die Landesverfassung noch weitere, über das Grundgesetz hinausgehende staatskirchenrechtliche Regelungen, die die Schulen (Art. 7 ff. LV), Universitäten (Art. 16 LV), Anstaltsseelsorge (Art. 20 LV), Staatsleistungen an die Kirchen (Art. 21 LV) und den Schutz der Sonn- und Feiertage (Art. 25 LV) betreffen. 61

„Als geltendes Recht anerkannt" werden durch Art. 23 Abs. 1 LV schließlich die Bestimmungen der Verträge mit der Katholischen Kirche und der Evangelischen Kirche der Altpreußischen Union, die im früheren Freistaat Preußen Geltung hatten. Hierbei handelt es sich namentlich um das Preußische Konkordat (prK) mit dem Heiligen Stuhl vom 14.6.1929 sowie den Preußischen Staatskirchenvertrag mit den Evangelischen Landeskirchen in Preußen von 1931 (vgl. *v. Hippel/Rehborn,* Oz. 85, 87). 62

Rechtsdogmatisch sind Verträge mit dem Heiligen Stuhl regelmäßig als (quasi-)völkerrechtliche Verträge einzuordnen; demgegenüber sind Verträge mit den Evangelischen Landeskirchen als Staatsverträge sui generis bzw. aufgrund des Abgrenzungscharakters zwischen staatlichem und kirchlichem Bereich als Verträge zu qualifizieren, die weder das Staats- noch das Völkerrecht betreffen.

In territorialer Hinsicht wird die (Fort-)Geltung der betreffenden Verträge freilich auf jene Gebiete des Landes beschränkt, die vormals dem Freistaat Preußen zugehörten, was insbesondere für Lippe nicht der Fall ist. Zu beachten ist ferner, dass die verfassungsrechtliche Anerkennung den betreffenden Verträgen nicht selbst Verfassungsrang verleiht. Immerhin aber untersagt Art. 23 Abs. 2 LV als Ausprägung des allgemeinen Rechtsgrundsatzes *„pacta sunt servanda"* ein einseitiges gesetzgeberisches Abweichen von den in Abs. 1 genannten Verträgen. Art. 23 Abs. 2 LV ordnet für die Änderung dieser Kirchenverträge und den Abschluss neuer Verträge außer der Zustimmung der Vertragspartner das Erfordernis eines Landesgesetzes an. Dasselbe Verfahren muss schließlich für mögliche Änderungen neu abgeschlossener Verträge gelten, auch wenn sich Art. 23 Abs. 2 LV insoweit nur auf Altverträge i. S. d. Abs. 1 bezieht. Auch neu abgeschlossene Verträge genießen Vorrang vor einfachem Gesetzesrecht.

Namentlich innerhalb des Verfahrens zur Bestellung von Diözesan(-erz-)bischöfen treten einzelne Fragen zur Vereinbarkeit des Konkordatsrechts mit dem Landes- und Bundesverfassungsrecht zu Tage. Dabei ruft insbesondere die sog. politische Klausel des § 6 Abs. 1 S. 3 prK, wonach der Heilige Stuhl niemanden zum Bischof bestellt, gegen den seitens der Landesregierung „Be- 63 denken politischer Art" bestehen („Vetorecht"), verfassungsrechtliche Bedenken im Hinblick auf Art. 19 Abs. 2 S. 2 LV bzw. Art. 140 GG i. V. m. Art. 137 Abs. 3 S. 2 WRV (auch i. V. m. Art. 22 LV) hervor. Danach hat die Ämterverleihung „ohne Mitwirkung des Staates" zu erfolgen. Lässt sich auf der Ebene der Landesverfassung eine etwaige Unvereinbarkeit mit Art. 19 Abs. 2 S. 2 und Art. 22 LV womöglich noch durch die Anerkennung des preußischen Konkordats als geltendes Recht gemäß Art. 23 Abs. 1 LV rechtfertigen, wird man Entsprechendes in Bezug auf das Grundgesetz nicht mehr ohne Weiteres annehmen können. Da sich ein mögliches Vetorecht der Landesregierung auf die Verhinderung der Amtsvergabe selbst bezieht, liegt insoweit ein Eingriff in den Schutzbereich des Art. 140 GG i. V. m. Art. 137 Abs. 3 S. 2 WRV vor. Für die verfassungsrechtliche Rechtfertigung ist hierbei fraglich, ob eine vertragliche Vereinbarung wie das preußische Konkordat das Recht auf freie Ämterverleihung überhaupt in zulässiger Weise einschränken kann. Insofern wird im Schrifttum kontrovers diskutiert, ob die Kirche nach dem Grundsatz „volenti non fit iniuria" befugt ist, in die Beschränkung ihrer eigenen Rechte einzuwilligen oder ob ein solcher Verzicht unzulässig ist. Gegen eine Verzichtbarkeit spricht, dass das Recht auf freie Ämterverleihung nicht nur dem individuellen Interesse der Kirche, sondern auch dem allgemeinen Interesse an der „Neutralität" des Staates dient.

64 Die besondere Anerkennung der genannten Kirchenverträge in Art. 23 Abs. 1 LV darf freilich nicht zu der Annahme verleiten, das nordrhein-westfälische Staatskirchenrecht basiere auf einer einseitigen Hinwendung zu den großen christlichen Konfessionen. Vielmehr ergeben sich relevante Rechtsbeziehungen zu zahlreichen kirchlichen Gemeinschaften und Organisationen. Insbesondere existiert eine Vielzahl sonstiger Religionsgemeinschaften, denen durch Landesgesetz oder ministerielle Entscheidung der Status einer **Körperschaft des öffentlichen Rechts** verliehen wurde. Die Verleihungsvoraussetzungen werden in einem eigenen „Gesetz zur Regelung der Verleihung und des Entzugs der Rechte einer Körperschaft des öffentlichen Rechts an Religions- und Weltanschauungsgemeinschaften in NRW" geregelt (problematisch dort allerdings das „Selbsteintrittsrecht" des Gesetzgebers bei der Verleihung, vgl. allg. BVerfG, NVwZ 2015, 1434). Mit Verleihung dieses **Rechtsstatus** sind die betreffenden Religions- und Weltanschauungsgemeinschaften allerdings **lediglich formal, nicht aber materiellrechtlich** der staatlichen Sphäre zugeordnet, insbesondere sind sie keine Körperschaften im verwaltungsrechtlichen Sinn. Ein grundsätzlich materiell-öffentlicher Gesamtstatus, der namentlich sakrales Handeln, öffentliche Äußerungen und karitative Tätigkeiten dem öffentlichen Recht zuordnet, lässt sich folgerichtig nicht begründen. Insbesondere sind Religionsgemeinschaften, auch soweit ihnen der Status einer öffentlich-rechtlichen Körperschaft zukommt, grundsätzlich nicht Grundrechtsverpflichtete, sondern Grundrechtsberechtigte. Sie üben insbesondere keine Staatsgewalt aus. Kritische kirchliche Äußerungen – etwa gegenüber sog. Jugendreligionen – bedürfen mithin keiner gesetzlichen Ermächtigung. Immerhin aber eröffnet der Status einer Körperschaft des öffentlichen Rechts weitreichende öffentlich-rechtliche Konstruktionsmöglichkeiten z. B. im Bereich des Dienst- und Disziplinarrechts sowie des Steuerrechts. Auch geht die Rechtsprechung bei öffentlich-rechtlich organisierten Religionsgemeinschaften von der Vermutung des öffentlich-rechtlichen Charakters ihres Handelns aus, so dass sich Unterlassungs- und Haftungsklagen nach den einschlägigen öffentlich-rechtlichen Normen bestimmen (str.).

Beispiel: Die Äußerungen eines kirchlichen Sektenbeauftragten sollen nach allerdings durchaus streitbarer Auffassung des BayVGH amtliche Äußerungen der Kirche sein, die dem öffentlichen Recht zuzuordnen sind. Unterlassungsansprüche können lediglich auf der Grundlage des öffentlich-rechtlichen Unterlassungsanspruchs vor den Verwaltungsgerichten geltend gemacht werden. Das Recht der Kirchen zu kritischen und auch überspitzten Äußerungen in religiösen Angelegenheiten ergibt sich aus dem Grundrecht der Religionsfreiheit (BayVGH, NVwZ 1994, 787).

Gesellschaftspolitisch verhindert der Körperschaftsstatus eine Abdrängung von Religion und Religionsgemeinschaften in den rein privaten Sektor.

c) Wissenschaft, Kunst und Kultur

Die durch Art. 4 Abs. 1 LV i. V. m. Art. 5 Abs. 3 GG normierten Freiheitsrechte im 65
Bereich Kunst und Wissenschaft (vgl. oben Rn. 44) finden eine objektiv-rechtliche Ergänzung in den **Staatszielbestimmungen** des Art. 18 Abs. 1 LV. Diese verpflichten Land und Gemeinden zu einer aktiven Pflege und Förderung von Kultur, Kunst und Wissenschaft. Ein konkreter Förderungsumfang oder gar subjektive Förderungsansprüche lassen sich aus den Staatszielbestimmungen nicht ableiten. Die Umsetzung der Staatszielbestimmungen unterliegt vielmehr in weitem Umfang politischer Einschätzung und Entscheidung. Eine Verletzung der Staatszielbestimmungen lässt sich erst im Falle einer evidenten Untätigkeit der Verpflichtungsadressaten annehmen („Untermaßverbot"). Als **Unterformen der Kulturpflege** können auch die in Art. 18 Abs. 2 und Abs. 3 LV normierten Verfassungspflichten zugunsten des **Denkmalschutzes** und der **Sportförderung** interpretiert werden. Zu beachten ist, dass Art. 18 LV teilweise unterschiedliche Verpflichtungsadressaten benennt. So werden durch Art. 18 Abs. 1 und 3 LV allein das Land und die Gemeinden in die Pflicht genommen, während die Zielbestimmung des Art. 18 Abs. 2 LV auch an die Gemeindeverbände adressiert ist. Ob die Nichterwähnung der Gemeindeverbände im Rahmen der allgemeinen Kunst-, Kultur-, Wissenschafts- und Sportförderung als bloßes Redaktionsversehen gewertet werden kann, erscheint in Anbetracht des differenzierten Aufgabenbereiches der Kreise (s. Rn. 194) eher fraglich.

d) Arbeit und Umwelt

Recht eigenständige und durchaus weitreichende Normierungen prägen das Rege- 66
lungskonzept der Landesverfassung zur Ordnung des Wirtschaftslebens in Nordrhein-Westfalen. In ihnen spiegelt sich der **historische Streit um die „Wirtschaftsverfassung"** des Bundes und der Länder wider, das lange Ringen um eine privatwirtschaftliche oder gemeinwirtschaftliche Gestaltung der Wirtschaft – ein Ringen, das im Zuge der Grundrechtsentfaltung durch das BVerfG, aber auch durch die europäische Integration mit ihrem Bekenntnis zugunsten einer **„offenen Marktwirtschaft"** heute eindeutig zugunsten einer freiheitlichen Wettbewerbsordnung gelöst ist. Angesichts des grundlegenden Wandels der rechtlichen und tatsächlichen Ausgangslage muten einige der im Kontext der Wirtschaftsordnung zu lesenden Staatszielbestimmungen freilich etwas „verstaubt" an. Dies gilt etwa für die Förderung des Kleingartenwesens (Art. 29 Abs. 3 LV), aber auch das Sozialisierungsgebot des Art. 27 Abs. 1 LV, das aufgrund seiner eindeutigen Präferenz für eine Sozialisierung von „Großbetrieben der Grundstoffindustrie" sowie bedeutsamen Unternehmen mit monopolartiger Stellung kaum mit Bundesverfassungs- und Europarecht zu vereinbaren sein dürfte. Da überdies die angesprochenen Regelungsbereiche weithin durch Bundesrecht sowie europäisches Gemeinschaftsrecht determiniert sind, erscheint eine **Revision** der einschlägigen Regelungen und deren zeitgemäße Neukonturierung dringend **geboten.**

Immerhin weist die Landesverfassung im Rahmen der Ordnung des Wirtschaftsle- 67
bens durchaus auch sehr **moderne Zielvorgaben** aus, so etwa das **Gebot der gleichen Entlohnung von Mann und Frau** (Art. 24 Abs. 2 S. 2 und 3 LV) oder das **Gebot der Mittelstandsförderung** gem. Art. 28 S. 1 LV. Besonders hervorzuheben ist auch die Unterschutzstellung der **natürlichen Lebensgrundlagen** durch Art. 29a Abs. 1 LV, der bereits im Jahre 1985 (GVBl. NRW S. 255) und damit nahezu zehn Jahre vor der Normierung des Umweltschutzes im Grundgesetz (Art. 20a GG) Eingang in

die Landesverfassung fand. Die auf den ersten Blick eher ungewöhnliche Platzierung des Art. 29a LV in dem zuvor mit dem Titel „Arbeit und Wirtschaft" überschriebenen Abschnitt der Landesverfassung soll den engen sachlichen Zusammenhang von Ökonomie und Ökologie hervorheben (LT-Drs. 9/3628, S. 3). Dass die Landesverfassung das Ziel des Umweltschutzes gleichwohl nicht auf den Bereich des Wirtschaftslebens beschränken will, belegt Art. 7 Abs. 2 LV, der die Verantwortung des Einzelnen für die Erhaltung der natürlichen Lebensgrundlagen zu einem der vorrangigen Erziehungsziele erklärt. Ebenfalls noch vor der entsprechenden Erweiterung der Bundesverfassung wurde in Art. 29a LV auch der Tierschutz als Staatsziel verankert (Gesetz v. 22.6.2001, GVBl. NRW S. 456). Gleichzeitig wurde der Tierschutz – wie zuvor der Umweltschutz – in den Kanon der Erziehungsziele nach Art. 7 Abs. 2 LV aufgenommen. Mit der Normierung des Staatsziels Tierschutz sollte zugleich den seinerzeit stockenden Reformbestrebungen auf Bundesebene neuer Schub verliehen werden, wo schließlich im Jahre 2002 eine parallele Regelung in Art. 20a GG aufgenommen wurde. Wesentliche verfassungsrechtliche Folge der Staatszielbestimmungen des Umwelt- und Tierschutzes ist die Zulässigkeit einer gesetzlichen Beschränkung sog. „vorbehaltlos gewährleisteter Grundrechte" wie insbesondere der Religions- und Forschungsfreiheit (Art. 4 Abs. 1 LV i. V. m. Art. 4 und 5 Abs. 3 GG) aufgrund eines „verfassungsimmanenten Begrenzungsvorbehalts" (oben Rn. 32). Nicht zuletzt entfaltet das Staatsziel Tierschutz Folgewirkungen auch für die Verordnungsgebung, indem die Missachtung einfachrechtlicher (tierschutzgesetzlicher) Vorgaben für die Verordnungsgebung nach Auffassung des BVerfG dort als Verstoß zugleich gegen das Staatsziel zu betrachten ist, wo die betreffenden einfachrechtlichen Regelungsvorgaben das Zustandekommen materiell tierschutzgerechter Verordnungen sicherstellen sollen (BVerfG, NVwZ 2011, 289).

VI. Anhang

68 **Literatur: Zu I:** *Bethge,* Die Grundrechtssicherung im föderativen Bereich, AöR Bd. 110 (1985), S. 169 ff.; *Dietlein,* Die Rezeption von Bundesgrundrechten durch Landesverfassungsrecht, AöR Bd. 120 (1995), S. 1 ff.; *ders.,* Landesgrundrechte im Bundesstaat, JURA 1994, 57 ff.; *Jutzi,* Grundrechte der Landesverfassungen und Ausführung von Bundesrecht, DÖV 1983, S. 836 ff.; *ders.,* Landesverfassungsrecht und Bundesrecht, 1982; *Lindner,* Landesgrundrechte – Bedeutung, Dogmatik, Klausurrelevanz, JuS 2018, 233 ff.; *v. Olshausen,* Landesverfassungsbeschwerde und Bundesrecht, 1980; *Peine,* Verfassungsgebung und Grundrechte, LKV 2012, 385 ff.; *Sachs,* Die Grundrechte im Grundgesetz und in den Landesverfassungen, DÖV 1985, S. 469 ff.; *Tjarks,* Zur Bedeutung der Landesgrundrechte, 1999; *Wahl,* Grundrechte und Staatszielbestimmungen im Bundesstaat, AöR Bd. 112 (1987), S. 26 ff.: *Wermeckes,* Der erweiterte Grundrechtsschutz in den Landesverfassungen, 2000; *ders.,* Landesgrundrechte – Bestandssicherung durch Kollisionsvermeidung, DÖV 2002, 110 ff.

Zu II und III: *Dietlein,* Landesgrundrechte in NRW, in: Papier/Merten (Hrsg.), Handbuch der Grundrechte, Bd. VIII, 2017, § 254; *Martina,* Die Grundrechte der nordrhein-westfälischen Landesverfassung im Verhältnis zu den Grundrechten des Grundgesetzes, 1999; *Winkelmann,* Das Verhältnis der religionsrechtlichen Bestimmungen der nordrhein-westfälischen Landesverfassung zu den Regelungen des Grundgesetzes, DVBl. 1991, 791 ff.

Zu IV: *Emenet,* Verstößt die „islamische Unterweisung" in NRW gegen die Verfassung?, NWVBl. 2004, 214 ff.; *Ennuschat,* Verfassungsrechtliche Bemerkungen zur Reform der Schulaufsicht in NRW, NWVBl. 2018, 89 ff.; *Franzke,* Die Bestellung von Diözesanbischöfen in Nordrhein-Westfalen, NWVBl. 2002, 459 ff.; *Kriele,* Zur Amtshaftung der Kirchen, NJW-Sonderheft für H. Weber, 2001, 28 ff.; *Kühne,* 45 Jahre Landesverfassung Nordrhein-Westfalen – Jubiläumsbemerkungen besonders zu ihrem Kulturstaatsteil, NWVBl. 1996, 325 ff.; *ders.,* Ehrfurchtsgebot und säkularer Staat – verfassungswidriges Landesverfassungsrecht?, NWVBl. 1991, 253 ff.; *Oebbecke,* Reichweite und Voraussetzungen der grundgesetzlichen Garantie des Religionsunterrichts, DVBl. 1996, 336; *Pottmeyer,* Schule und Hochschule in der Rechtsprechung des Verfassungsgerichtshofs, in: FS VerfGH NRW, 2002, S. 245 ff.; *Schwarze,* Das Grundrecht auf Datenschutz in der Verfassung des Landes Nordrhein-Westfalen, 1989; *Stern,* Verfassungsrechtliche und verfassungspolitische Grundfragen zur Aufnahme des Sports in die Verfassung des Landes Nordrhein-Westfalen, in: FS Thieme, 1993, S. 269 ff.; *Stock,* Folgenreflexion in

Hochschulen und Studentenschaften: Ein Grundsatzurteil des VerfGH NRW über Wissenstransfer, Folgenverantwortung und „politisches Mandat“, NWVBl. 2000, 325 ff.

Klausurbearbeitung: *Dietlein/Hellermann,* „Werkfeuerwehr – für Externe verboten?“, in: Klausurenbuch Öffentliches Recht in NRW, 3. Aufl. 2021, Fall 1; *dies.,* „Das Asia-Restaurant nebenan“, ebda., Fall 2; *dies.,* Videoüberwachung, ebda., Fall 3; *Hermes/Leimkühler,* Schulschließung und Schulaufnahme, JURA 1996, 34 ff.

Kontrollfragen:

1. In welchem Verhältnis stehen Bundes- und Landesgrundrechte zueinander?
2. Worauf zielt die sog. „Rezeptionsklausel“ des Art. 4 Abs. 1 LV und wie wirken sich spätere Änderungen des Grundgesetzes auf den Normenbestand der Landesverfassung aus?
3. Auf welche inhaltlichen Gewährleistungen des Grundgesetzes bezieht sich die Rezeptionsklausel?
4. Sind das in Art. 24 Abs. 1 S. 3 LV normierte „Recht auf Arbeit“ oder der durch Art. 8 Abs. 1 S. 1 LV verbürgte „Anspruch auf Bildung“ (einklagbare) subjektive Leistungsgrundrechte?
5. Welche eigenständigen Schwerpunkte kodifiziert die nordrhein-westfälische Landesverfassung für die zentralen Lebensbereiche des Gemeinwesens?

D. Strukturprinzipien der nordrhein-westfälischen Landesverfassung

I. Bedeutung des Art. 28 Abs. 1 GG

Natürliche Konsequenz der Eigenstaatlichkeit der Länder ist deren Verfassungshoheit. **69** Diese Verfassungshoheit wird durch Art. 28 Abs. 1 GG nicht eigentlich „begründet“, sondern von diesem inhaltlich „vorausgesetzt“ (oben Rn. 11 f.). Die Länder besitzen folglich die Kompetenz, ihre verfassungsrechtliche Ordnung grundsätzlich nach eigener Vorstellung zu gestalten, ohne hierbei notwendig in allen Punkten mit den Ordnungsvorstellungen des Grundgesetzes synchron laufen zu müssen. Gerade im Bereich der grundlegenden Staatsstrukturentscheidungen wird die Verfassungshoheit der Länder freilich durch die Bundesverfassung, namentlich Art. 28 Abs. 1 GG, erheblich eingeengt. Denn um der inneren Einheit des Ganzen willen, zur Vermeidung eines Auseinanderdriftens des Bundes und seiner Gliedstaaten, ist die **Einigkeit im Grundsätzlichen** unerlässlich. Die Vorgabe dieser fundamentalen Grundsätze des bundesstaatlichen Miteinanders ist aber naturgemäß Aufgabe der Bundesverfassung, die hiermit zugleich die Verfassungsordnung der Länder entscheidend mitprägt, ohne freilich dadurch selbst den Rang von Landesrecht einzunehmen. Gleichwohl lässt sich plastisch formulieren, dass die **Grundordnung der Länder** sowohl **durch die Landesverfassung** als auch **durch die Bundesverfassung** gestaltet wird. Diese spezifische Einbindung der Verfassungsgebung der Länder in die Strukturvorgaben der Bundesverfassung ist – wie oben Rn. 11 f. dargestellt – der Grund dafür, weshalb die Verfassungshoheit der Länder von dem originären, in keiner Weise gebundenen *pouvoir constituant* des Gesamtstaates strikt differenziert werden muss.

Was die durch das Grundgesetz konkret vorgegebenen Staatsstrukturprinzipien an- **70** geht, verpflichtet Art. 28 Abs. 1 S. 1 GG die Landesverfassungsgebung auf die Wahrung der „Grundsätze des republikanischen, demokratischen und sozialen Rechtsstaates im Sinne dieses Grundgesetzes“. Auffallend an dieser Formulierung ist zunächst die Verwendung des mehrdeutigen Begriffs der „Grundsätze“. Denn einerseits könnte dieser Begriff im Sinne einer Offenheit für Ausnahmen verstanden werden, andererseits aber auch im Sinne einer (ausnahmslosen) Bindung an das „Grundsätzliche“. Das BVerfG hat die Frage in letztgenanntem Sinne entschieden und sich damit für eine inhaltlich zwar „enge“, in dem fixierten Umfang aber eben doch umfassende Bindungswirkung der Homogenitätsklausel ausgesprochen (BVerfGE 90, 60, 85). Art. 28 Abs. 1 S. 1 GG normiert folglich nicht etwa eine (nur) „grundsätzliche Bindung“ an die genannten Prinzipien, sondern eine Bindung an das „Grundsätzliche“ dieser Prinzipien (s. oben Rn. 13).

Auffallend an der Formulierung des Art. 28 Abs. 1 S. 1 GG ist weiterhin, dass sich die Bindung auf die Grundsätze des republikanischen, demokratischen und sozialen Rechtsstaates *„im Sinne dieses Grundgesetzes“* bezieht. Sinn dieser „Einschwörung“ auf das Prinzipienverständnis des Grundgesetzes ist es, einer interpretatorischen Aushöhlung der einzelnen Strukturprinzipien wie etwa des seit jeher höchst unterschiedlich interpretierten Demokratieprinzips nachhaltig entgegen zu wirken. Im Einzelnen stellen sich die Homogenitätsbindungen des Grundgesetzes wie folgt dar:

1. Das republikanische Prinzip

71 Das republikanische Prinzip bildet historisch betrachtet den Gegenbegriff zum sog. „monarchischen Prinzip“, wie es bis zur Revolution im Jahre 1918 im Deutschen Reich Verbindlichkeit beanspruchte. Unzulässig und nichtig wären somit landesverfassungsrechtliche Bestimmungen, die eine Rückkehr zur Monarchie enthielten, gleichviel, ob es sich um eine Erb- oder Wahlmonarchie handelte. Da das Wesen der Republik darin liegt, das Staatsoberhaupt auf Zeit zu wählen, wird man unabhängig von der Begrifflichkeit jede Form der zeitlich unlimitierten Ausübung von Staatsgewalt für unvereinbar mit dem republikanischen Prinzip ansehen. Aus grundgesetzlicher Sicht unproblematisch wäre dagegen etwa die Einführung eines Landes- oder Staatspräsidenten nach dem Vorbild des Bundespräsidenten. Entsprechende Überlegungen wurden anfangs im Freistaat Bayern angestellt, später aber wieder fallen gelassen.

2. Das demokratische Prinzip

72 Besondere Bedeutung kommt dem demokratischen Prinzip zu, das in seinem Kern die legitimatorische Rückbindung aller staatlichen Gewalt an das Volk (Art. 20 Abs. 2 GG) verlangt. Näher konkretisiert wird das Demokratieprinzip des Grundgesetzes hierbei namentlich durch Art. 28 Abs. 1 S. 2 GG, der mit seinen spezifischen Anforderungen an Landtags- und Kommunalwahlen zugleich auf eine Synchronisation der demokratischen Legitimationsgrundlagen im Bundesstaat abzielt. Namentlich die **Gleichheit der Wähler** sowie die hieraus abzuleitende **(Status-)Gleichheit der gewählten Abgeordneten** zählen damit zu den integralen Bestandteilen des demokratischen Prinzips im Sinne des Grundgesetzes. Sind hiermit etwaige Beschränkungen auch nicht von vornherein ausgeschlossen, müssen sich diese doch durch hinreichend gewichtige Gemeinwohlbelange rechtfertigen lassen (s. *Dietlein,* FS Ehlers, 2015, S. 39, 49).

Beispiel: Indem Art. 28 Abs. 1 S. 2 GG die Wahrung der Gleichheit auch bei Gemeinderats- und Kreistagswahlen festschreibt, steht das demokratische Homogenitätsprinzip in Satz 1 dieser Norm ungerechtfertigten Eingriffen in diese Wahlrechtsgleichheit auch dort entgegen, wo diese unmittelbar durch die Landesverfassung angeordnet werden. Eine kommunale Sperrklausel kraft Landesverfassungsrechts muss sich damit ebenso gleichheitsrechtlich rechtfertigen wie eine einfachrechtlich normierte Sperrklausel (hierzu aus der „Binnensicht“ des Landesverfassungsrechts auch unten Rn. 89; zum Sonderfall einer Sperrklausel für die von Art. 28 Abs. 1 S. 2 GG nicht erfassten Wahlen zu „Bezirksversammlungen“ VerfGH NRW, NVwZ 2018, 159, 169 ff.; Hbg. VerfGH, BeckRS 2016, 40220).

Die Verpflichtung der Länder auf die demokratischen Grundsätze „im Sinne dieses Grundgesetzes" (Art. 28 Abs. 1 S. 1 GG) formuliert zugleich eine klare Absage an die staatstheoretischen Konzepte einer Räte- und Volksdemokratie kommunistischer Prägung.

a) Direktdemokratische Elemente

Ob die Länder durch die Festlegung auf das Prinzipienverständnis des Grundgesetzes zugleich auf das **repräsentative parlamentarische Regierungssystem** des Bundes („repräsentative Demokratie") festgelegt und „basisdemokratische" Ordnungen also a priori ausgeschlossen werden, ist bislang nicht abschließend geklärt. Einerseits spricht die Regelung des Art. 28 Abs. 1 S. 2 GG gegen die Zulässigkeit einer Verdrängung der Länderparlamente aus den zentralen Funktionen der Staatsleitung, andererseits bleibt zu beachten, dass Art. 20 Abs. 2 S. 2 GG mit dem Begriff der „Abstimmungen" durchaus **auch direktdemokratische Elemente** als mögliche Legitimationsform staatlicher Willensbildung für zulässig erachtet. Vor diesem Hintergrund dürfte es zu weit gehen, Art. 28 Abs. 1 GG als absolute Sperre gegen direktdemokratische Elemente auf Landesebene zu deuten. Umgekehrt lässt sich aus Art. 28 Abs. 1 S. 2 GG allerdings die bundesrechtliche Entscheidung zugunsten einer Vorrangstellung der Repräsentationsgremien in Ländern und Kommunen ableiten, deren besonderer Status durch plebiszitäre Elemente nicht unterhöhlt werden darf. Volksabstimmungen dürfen daher auch auf Landesebene letztlich stets nur punktueller Natur sein, das Modell der repräsentativen Demokratie also nicht grundsätzlich unterlaufen (vgl. *Dietlein,* FS VerfGH NRW, 2002, S. 203, 210; Hbg. VerfGH, NVwZ 2005, 685, 687). Parallele Schlussfolgerungen entnimmt der BayVerfGH für die kommunale Ebene zugleich der kommunalen Selbstverwaltungsgarantie, die die grundsätzliche Handlungsfähigkeit der kommunalen Organe und insbesondere des Rates auch gegenüber direktdemokratischen Handlungsformen absichere (z. B. NVwZ-RR 1998, 82, 85 f.). 73

Zu den verbindlichen „Grundsätzen" des demokratischen Prinzips sind somit vor allem die **Sicherstellung der Volkssouveränität** über eine **frei gewählte Volksvertretung,** das **Mehrheitsprinzip** sowie die Garantie einer **effektiven Opposition** zu rechnen. Überschneidungen mit dem republikanischen Prinzip ergeben sich dabei insoweit, als auch das Demokratieprinzip von dem Gedanken der „Macht auf Zeit" getragen ist und daher einer zeitlich unlimitierten Ausübung von Staatsgewalt entgegensteht. 74

b) Ausländerwahlrecht

Weitreichende Folgen hat das BVerfG dem demokratischen Prinzip darüber hinaus für die Frage der **Teilnahme von Ausländern an den Wahlen** für Volksvertretungen auf Landes- und Kommunalebene entnommen. Unter Hinweis darauf, dass die in Art. 20 Abs. 2 S. 1 GG verankerte Volkssouveränität allein das deutsche Volk als Legitimationssubjekt benenne, erklärte das Gericht, dass auch „die den Bundesländern zukommende Staatsgewalt (...) nur von denjenigen getragen werden (kann), die Deutsche im Sinne des Art. 116 Abs. 1 GG sind" (BVerfGE 83, 37, 53). Ausdrücklich sah das Gericht dabei die Souveränitätsvorgaben des Art. 20 Abs. 2 GG als durch Art. 28 Abs. 1 S. 1 GG auch gegenüber dem Landesverfassungsgeber als verbindlich festgeschrieben an. Eine Entschärfung hat der Streit durch die Änderung des Art. 28 Abs. 1 GG durch Gesetz vom 21.12.1992 (BGBl. I S. 2086) erfahren. Mit der Einführung des heutigen Satzes 3 wurde die Grundlage für die Teilnahme von EU-Ausländern an den Wahlen und Abstimmungen (s. BayVerfGH, BayVBl. 2004, 17) in Kreisen und Gemeinden geschaffen. Die Teilnahme von Ausländern aus Nicht-EU-Ländern an Kommunalwahlen, 75 aber auch die Teilnahme von Ausländern an den Landtagswahlen, scheitert dagegen auch weiterhin an den auch für den Landesverfassungsgeber verbindlichen Strukturvorgaben der Art. 20 Abs. 2, Art. 28 Abs. 1 GG.

c) Arbeitnehmermitbestimmung

76 Ein über lange Zeit hinweg heftig umstrittenes Thema betrifft die Vereinbarkeit **arbeitnehmerischer Mitbestimmung** in staatlichen und kommunalen Unternehmenseinheiten mit dem Demokratieprinzip, insbesondere soweit es um die Bestellung von Mitgliedern in staatlichen oder kommunalen Gremien geht. Hatte namentlich der VerfGH NRW anfänglich eine Beteiligung demokratisch nicht legitimierter Personen insbesondere an Wahlentscheidungen zur Besetzung von Sparkassengremien pauschal für verfassungswidrig erachtet (DVBl. 1986, 1196), votiert das BVerfG in neueren Entscheidungen für eine differenzierende Betrachtung, die – zumindest in bestimmten Abstufungen – Raum für eine Beteiligung der Beschäftigten an der Wahrung ihrer Belange und zur Mitgestaltung ihrer Arbeitsbedingungen belässt (BVerfGE 93, 37, 66 ff.). Auch bei der Bestellung eines Amtsträgers dürfte dabei die Mitwirkung von Arbeitnehmern nicht grundsätzlich ausgeschlossen sein, wenn und soweit die die Entscheidung tragende Mehrheit aus einer Mehrheit unbeschränkt demokratisch legitimierter Mitglieder des Kreationsorgans besteht (BVerfGE 93, 37, 68). Noch weitergehende Beschränkungen ergeben sich für den Bereich der sog. „funktionalen Selbstverwaltung", deren demokratische Legitimation sich mangels eines „Verbandsvolkes" i. S. d. Art. 20 Abs. 2 GG primär über die gesetzliche Steuerung sowie über die Aufsicht durch personell demokratisch legitimierte Amtsträger vollzieht (BVerfG, NVwZ 2003, 974, 977).

d) Wahlprüfung

77 Die besondere Bedeutung des demokratischen Prinzips hat das BVerfG zumal im Rahmen seiner Entscheidung zum Hessischen Wahlprüfungsgericht hervorgehoben, in der das Gericht aus Art. 28 Abs. 1 GG eine Pflicht der Länder ableitete, „ein Verfahren zur **Prüfung ihrer Parlamentswahlen** einzurichten". Verstieße es danach einerseits gegen das grundgesetzliche Homogenitätsprinzip, schwerwiegende Verstöße insbesondere gegen die Grundsätze der Freiheit und Gleichheit der Wahl sanktionslos zu belassen, verbiete es das Erfordernis des Bestandsschutzes einer gewählten Volksvertretung andererseits, Wahlbeeinflussungen einfacher Art und ohne jedes Gewicht zu Wahlungültigkeitsgründen zu erheben (BVerfG, NJW 2001, 1048 ff.).

3. Das Sozialstaatsprinzip

78 Eine gegenüber dem Demokratieprinzip eher schwache Bindungswirkung entfaltet die Verpflichtung der Länder auf die Grundsätze der Sozialstaatlichkeit. Die Ursache dieser geringen Determinierung liegt in der **„Situationsoffenheit"** und **Unbestimmtheit des Sozialstaatsprinzips** begründet. Immerhin dokumentiert die Aufnahme des Sozialstaatsprinzips in den Katalog der Strukturvorgaben für die Landesverfassungsgebung, dass das Grundgesetz das Streben nach sozialer Gerechtigkeit als unentbehrliches Element des gedeihlichen Zusammenlebens und maßgebliches Bindeglied zwischen Bund und Ländern ansieht.

4. Das Rechtsstaatsprinzip

79 Eine erhebliche Bindungskraft entfaltet neben dem Demokratieprinzip auch das Prinzip der Rechtsstaatlichkeit, das zugleich eine inhaltliche Affinität zum demokratischen Prinzip aufweist. Kernelement des sog. materiellen Rechtsstaates i. S. d. Grundge-

setzes ist das Streben nach materieller Gerechtigkeit. Zu den für den Landesverfassungsgeber bindenden Einzelausprägungen der Rechtsstaatlichkeit dürften dabei zu rechnen sein

- die Wahrung des Grundsatzes der Gewaltenteilung sowie
- die Sicherstellung der Gesetzmäßigkeit der Verwaltung (Vorrang des Gesetzes/Vorbehalt des Gesetzes).

Aus der unmittelbaren Durchgriffswirkung des Grundgesetzes etwa im Bereich der Grundrechte (oben Rn. 15ff.), aber auch der Rechtsschutzgarantie (Art. 19 Abs. 4 GG) oder der Staatshaftung (Art. 34 GG) ergibt sich dabei, dass die Landesverfassungen einer selbständigen Normierungspflicht dort nicht unterliegen, wo das Grundgesetz rechtsstaatliche Postulate auch mit Wirkung gegenüber den Ländern bereits festgelegt hat. Insbesondere eine generelle Pflicht der Länder zur umfassenden Positivierung eigener Landesgrundrechte wird sich vor diesem Hintergrund nicht annehmen lassen (str.). Nach der sehr weitgehenden Auffassung des BVerfG sollen die Länder gar völlig auf die Kodifikation einer formellen Verfassung verzichten können (BVerfG, NVwZ 2018, 140, 142).

5. Das bundesstaatliche Prinzip

Von Art. 28 Abs. 1 S. 1 GG nicht gesondert erwähnt, gleichwohl ohne Weiteres vor- 80
ausgesetzt ist das bundesstaatliche Prinzip. Es verpflichtet den Landesverfassungsgeber zur Beachtung des gliedstaatlichen Charakters der Länder, so dass etwa landesverfassungsrechtliche „Sezessionsoptionen" ultra vires (in Überschreitung der Befugnisse) erlassen und damit nichtig wären.

II. Strukturprinzipien der nordrhein-westfälischen Landesverfassung

Die Verfassung des Landes Nordrhein-Westfalen folgt in ihren strukturellen Grund- 81
entscheidungen uneingeschränkt den Vorgaben des Art. 28 Abs. 1 GG, die nach der Rechtsprechung des VerfGH NRW über die Gliedstaatklausel des Art. 1 Abs. 1 S. 1 LV zudem Bestandteil der Landesverfassung sind (krit. *Heusch,* NWVBl. 2020, 177, 181). Ausdrücklich bekennt sich das Land zu seiner Gliedstaatlichkeit und damit zu seiner unlösbaren Verbindung mit dem Gesamtstaat Bundesrepublik Deutschland (Art. 1 Abs. 1 S. 1 LV). Nochmals aufgegriffen werden die grundgesetzlichen Grenzen der Verfassungsautonomie des Landes durch Art. 69 Abs. 1 S. 2 LV, dessen (Selbst-)Bindungswirkung aufgrund der nachträglichen Einfügung der Norm durch ein verfassungsänderndes Gesetz aus dem Jahre 2002 freilich diffus bleibt. Der Grundsatz der Volkssouveränität als zentrale Forderung des republikanischen und demokratischen Prinzips ist in Art. 2 LV verankert. Explizit gewährleistet werden zudem die demokratisch-rechtsstaatlichen Postulate der Gewaltenteilung (Art. 3 LV), der Gesetzmäßigkeit der Verwaltung (Art. 77 LV), der Unabhängigkeit der Gerichte (Art. 3 Abs. 3 LV) sowie der Vertretung des Volkes durch das Parlament (Art. 3 Abs. 1, Art. 30 LV). Bezüglich des letztgenannten Punktes ist freilich zu beachten, dass die Landesverfassung – anders als das Grundgesetz – im Bereich der Gesetzgebung in nicht unerheblichem Umfang **direktdemokratische Elemente** („Volksgesetzgebung") realisiert (hierzu ausführlich unten Rn. 162ff.). Diese Offenheit gegenüber plebiszitären Elementen, die vor Inkrafttreten der Landesverfassung bereits einfachgesetzlich verbürgt waren (Gesetz über das Verfahren bei Volksbegehren und Volksentscheid v. 27.7.1948, GVBl. NRW S. 241), geht freilich nicht soweit, dass durch sie die Bedeutung und die Stellung des Landtages ernstlich gefährdet würde. Auch insoweit bleibt die Landesverfassung mithin innerhalb

der demokratietheoretischen Vorgaben des Art. 28 Abs. 1 S. 1 GG. Die sozialstaatliche Grundausrichtung der Landesverfassung zeigt sich schließlich in den auf die Wahrung sozialer Gerechtigkeit ausgerichteten „Lebensordnungen" (oben Rn. 54ff.), namentlich in den Bereichen Familie (Art. 5f. LV), Bildung, Religion und Kultur (Art. 7ff. LV) sowie Arbeit, Wirtschaft und Umwelt (Art. 24ff. LV).

III. Anhang

82 **Literatur:** *Barley,* Das Kommunalwahlrecht für Ausländer nach der Neuordnung des Art. 28 Abs. 1 S. 3 GG, 1999; *Görisch,* Die Inhalte des Rechtsstaatsprinzips, JuS 1997, 988ff.; *Fischer,* Kommunalwahlrecht für Unionsbürger, NVwZ 1995, 455ff.; *Leisner,* Schwächung der Landesparlamente durch grundgesetzlichen Föderalismus, DÖV 1968, S. 389ff.; *Schoenemann,* Zusammenlegung von Kommunal- und Europawahlen in NRW, NWVBl. 2009, 165ff.

Klausurbearbeitung: *Dietlein/Hellermann,* „Kommunalwahlrecht für alle?", in: Klausurenbuch Öffentliches Recht in NRW, 3. Aufl. 2021, Fall 6; *Mückl,* Das ruhende Mandat, JURA 2001, 704ff.

Kontrollfragen:

1. Welche Staatsstrukturprinzipien hat die Verfassungsgebung auf Länderebene zu beachten?
2. Inwieweit ist die Teilnahme von Ausländern bei Kommunal- und Landtagswahlen zulässig?

E. Die Verfassungsorgane

83 Wie jede juristische Person handelt auch das Land Nordrhein-Westfalen, das juristisch eine Gebietskörperschaft des öffentlichen Rechts darstellt, durch „Organe" (vgl. *órganon* [gr.] bzw. *organum* [lat.]: Werkzeug). Unter ihnen kommt den sog. **Verfassungsorganen** besondere Bedeutung zu. Ihre herausgehobene Stellung ergibt sich daraus, dass es sich bei den Verfassungsorganen um die in der Verfassung selbst vorgesehenen und eben dort mit speziellen Befugnissen ausgestatteten, obersten Staatsorgane handelt. Zu den im dritten Teil der Landesverfassung behandelten Verfassungsorganen zählen der **Landtag,** die **Landesregierung** sowie der **Verfassungsgerichtshof für das Land Nordrhein-Westfalen.** Die organisatorische Struktur der Landesverfassung ist insoweit wesentlich überschaubarer als jene des Grundgesetzes. Insbesondere verzichtet das Land, wie im Übrigen alle sonstigen Länder der Bundesrepublik Deutschland auch, auf die – durch Art. 28 Abs. 1 GG durchaus eröffnete – Möglichkeit eines eigenständigen Staatsoberhaupts (oben Rn. 71). Keine Erwähnung in der Landesverfassung finden auch die politischen Parteien, die zwar als gesellschaftlich fundierte Gruppierungen keine eigentlichen „Staatsorgane" darstellen, gleichwohl für die „Rückkoppelung zwischen Staatsorganen und Volk" eine entscheidende Bedeutung besitzen (BVerfGE 91, 262, 268). Ihr besonderer Status wird freilich durch die Bundesverfassung umfassend sichergestellt, ohne dass es eines vermeintlichen „Hineinwirkens" des einschlägigen Art. 21 GG in die Landesverfassung bedürfte (oben Rn. 18f.). Mit der ausdrücklichen Einbeziehung des VerfGH NRW in den Kreis der Verfassungsorgane hebt sich die Landesverfassung zudem deutlich von der insoweit etwas unklaren Konzeption des Grundgesetzes ab. Immerhin hat das BVerfG selbst seinen Status als „Verfassungsorgan" im Rahmen seiner Rechtsprechung deutlich herausgestellt (BVerfGE 7, 1, 14; 65, 152, 154). Nur folgerichtig wird denn auch das BVerfG allgemein dem Kreis der Verfassungsorgane des Bundes zugerechnet (vgl. auch § 1 Abs. 1 BVerfGG: „allen übrigen Verfassungsorganen gegenüber").

I. Der Landtag

1. Der Landtag im Verfassungsgefüge

Der Landtag ist gem. Art. 3 Abs. 1, 30 Abs. 1 LV die Vertretung des Volkes und als solche das oberste Organ demokratischer Willensbildung. In ihm verkörpert sich das durch Art. 28 Abs. 1 GG im „Grundsatz" vorgegebene **System der repräsentativen Demokratie** (oben Rn. 72 ff.). Nur folgerichtig ordnet die Verfassung dem Landtag die zentrale Rolle im Rahmen der Gesetzgebung des Landes zu (Art. 65 ff. LV). Ihm allein obliegt die Feststellung des Haushalts als einer der „klassischen" Hoheiten des Parlaments (Budgethoheit), vgl. Art. 81 ff. LV. Über die zwingenden Homogenitätsbindungen des Art. 28 Abs. 1 GG hinausgehend misst die Landesverfassung dem Landtag ferner die entscheidende **Vermittlungsfunktion für die demokratische Legitimation** der übrigen Verfassungsorgane bei, namentlich also der Landesregierung (Art. 52 LV) und des Verfassungsgerichtshofs (Art. 76 Abs. 2 LV: Wahl sämtlicher Mitglieder). Jenseits der Verfassungsorgane erfolgt auch für die Mitglieder des Landesrechnungshofes (Art. 87 Abs. 2 LV) und den Landesbeauftragten für den Datenschutz (Art. 77a Abs. 1 LV) die erforderliche demokratische Legitimation durch den Landtag. **84**

Die – auch über die reguläre Wahl des Ministerpräsidenten hinaus fortdauernde (Art. 61 LV) – Bindung der Landesregierung an das Vertrauen des Landtages ist dabei zugleich Ausdruck des durch die Landesverfassung realisierten sog. **„parlamentarischen Regierungssystems"** als Gegenbegriff zu dem sog. „Präsidialsystem", in dem die Regierung ein zweites vom Volk gewähltes und vom Vertrauen des Parlaments weithin freigestelltes Verfassungsorgan darstellt (vgl. *Stern,* Staatsrecht I, § 22 II 3). Anders als die Bundesverfassung räumt die Landesverfassung dem Parlament ein **Recht zur Selbstauflösung** ein (Art. 35 Abs. 1 LV). Erforderlich hierfür ist lediglich die Zustimmung der Mehrheit der gesetzlichen Mitglieder („absolute Mehrheit"), also nicht etwa das in anderen Ländern übliche Quorum einer $^2/_3$-Mehrheit. Nach der Auflösung muss die Neuwahl binnen neunzig Tagen stattfinden. Eine Auflösung des Landtages konnte sich nach früherer Verfassungslage auch als Folge eines Volksentscheides nach Art. 68 Abs. 3 LV a. F. ergeben, wenn die Landesregierung ein von ihr eingebrachtes, vom Landtag jedoch abgelehntes Gesetz erfolgreich zur Entscheidung brachte (hierzu unten Rn. 168). Der frühere Absatz 3 wurde im Rahmen der Verfassungsreform des Jahres 2016 ersatzlos gestrichen.

2. Wahl des Landtages

Die Wahlperiode des Landtages beträgt fünf Jahre (Art. 34 S. 1 LV) und endet – auch im Falle der Auflösung des Landtags nach Art. 35 LV – mit dem Zusammentritt des neuen Landtags. Die Abgeordneten des Landtages werden „vom Volke" gewählt (Art. 30 Abs. 1 S. 1 LV). Entsprechend den zwingenden Vorgaben des Demokratieprinzips (oben Rn. 72 ff.) unterfallen dem Volksbegriff nur die im Land ansässigen deutschen Staatsangehörigen (§ 1 Nr. 1 WahlG). Das aktive Wahlrecht beginnt gem. Art. 31 Abs. 2 S. 1 LV mit Vollendung des 18. Lebensjahres, das passive Wahlrecht („Wählbarkeit") gem. Art. 31 Abs. 2 S. 2 LV mit dem Eintritt der ebenfalls an das 18. Lebensjahr geknüpften Volljährigkeit. **85**

a) Wahlrechtsgrundsätze

Die Wahl der Abgeordneten erfolgt in allgemeiner, gleicher, unmittelbarer, geheimer und freier Wahl (Art. 31 Abs. 1 LV). **86**

- Der Grundsatz der **Allgemeinheit der Wahl** verlangt, dass das Wahlrecht grundsätzlich allen Bürgern zusteht.
- Die **Gleichheit der Wahl** verlangt, dass jede Stimme – im Rahmen des jeweiligen Wahlsystems – das gleiche Gewicht hat.
- Das **Unmittelbarkeitspostulat** verbietet die Zwischenschaltung eines weiteren Wahlgangs zwischen der Stimmabgabe des Wahlberechtigten und der Ermittlung des Abgeordneten (vgl. „Wahlmännersysteme").
- Der Grundsatz der **Geheimheit der Wahl** untersagt jede offene oder gar öffentliche Stimmabgabe, gleichviel, ob sie freiwillig oder durch Zwang erfolgt.
- **Freiheit der Wahl** bedeutet schließlich, dass jeder Wahlberechtigte seine Stimme ohne fremde Einflussnahme oder Kontrolle in eigener Entscheidung abgeben kann (was eine gesetzlich angeordnete Wahlpflicht – auch wenn sie auf Bundes- und Landesebene nicht besteht – keineswegs ausschließen würde!).

b) Wahlsystem

87 Keine eigene Entscheidung trifft die Landesverfassung hinsichtlich des anzuwendenden **Wahlsystems.** Dieses wird gem. Art. 31 Abs. 4 LV durch einfaches Recht geregelt, namentlich durch das Gesetz über die Wahl zum Landtag des Landes NRW (Landeswahlgesetz) und das Gesetz über die Wahlkreiseinteilung für die Wahl zum Landtag NRW (Wahlkreisgesetz). Weitere Regelungsvorgaben finden sich im Gesetz über die Prüfung von Wahlen zum Landtag des Landes NRW sowie in der vom Landesinnenminister erlassenen Landeswahlordnung. Ähnlich wie auf Bundesebene sehen die einschlägigen Regelungen des Landeswahlgesetzes dabei ein Mischsystem aus Persönlichkeits- bzw. Mehrheitswahl und Verhältniswahl (sog. **„personalisierte Verhältniswahl"**) vor, das freilich nach bisher geltendem Recht die Akzente etwas in Richtung des personalen Elementes verschob. So kannte das Landeswahlgesetz bislang keine „Zweitstimme", sondern gewährte jedem Wähler lediglich eine Stimme, die er für einen der jeweiligen Wahlkreisbewerber sowie – falls es nicht ausnahmsweise um einen parteiunabhängigen Einzelbewerber ging – für die von ihm repräsentierte Partei abgeben konnte (§ 26 Abs. 1 S. 1 WahlG). Ein „Stimmensplitting", wie es das Bundesrecht durch die Einräumung von Erst- und Zweitstimme ermöglicht, entfiel somit bisher auf Landesebene.

88 Mit Gesetz vom 20.12.2007 (GVBl. 2008 S. 2) wurde nunmehr ein Zwei-Stimmen-Wahlrecht eingeführt. Die Änderung ist zum 9.1.2008 in Kraft getreten.

89 Zunächst erhalten die in den 128 Wahlkreisen mit relativer Mehrheit gewählten Bewerber unmittelbar einen Sitz im Landtag (§§ 13 Abs. 1, 32 Abs. 1 WahlG). Das Element der Verhältniswahl kommt erst bei den Landeslisten zur Anwendung. Unter Zugrundelegung einer Parlamentsstärke von 181 Abgeordneten (§ 14 Abs. 2 S. 2 WahlG) werden die noch zu vergebenden Sitze entsprechend dem landesweiten Proporz der Zweitstimmen auf die am Verhältnisausgleich teilnehmenden Parteien verteilt (§ 33 WahlG). Hat eine Partei durch die (Direkt-)Wahl von Wahlkreisbewerbern mehr Abgeordnete, als ihr nach Maßgabe ihres Zweitstimmenanteils zustehen (sog. **„Überhangmandate"**), sieht § 33 Abs. 5 WahlG eine Erhöhung der Parlamentssitze vor, bis sämtliche Parteien entsprechend dem Wählervotum im Parlament vertreten sind. Für die derzeit laufende 17. Wahlperiode führt dies zu einer Gesamtzahl von 199 Abgeordneten. Bei der Zuteilung von Sitzen auf die Landeslisten bleiben insgesamt solche Parteien unberücksichtigt, die weniger als 5 vom Hundert der Zweitstimmenzahl erhalten haben (sog. 5%-Klausel, § 33 Abs. 2 S. 2 und 3 WahlG). Allerdings behalten Wahlkreisbewerber ihr direkt gewonnenes Mandat auch dann, wenn ihre Partei an der 5%-Hürde scheitert. Die **5%-Klausel** enthält einen nicht unerheblichen Eingriff in das

Grundrecht der Wahlrechtsgleichheit (Art. 31 Abs. 1 LV). Gerechtfertigt wird dieser Eingriff nach h. M. indes durch das Ziel, den mit einer Zersplitterung der Parteienlandschaft verbundenen Gefahren für die Funktionsfähigkeit des Parlaments entgegenzuwirken (vgl. etwa BVerfGE 82, 322, 338 f.). Die Erforderlichkeit einer Sperrklausel darf dabei aber nicht auf unabsehbare Zeit abstrakt und schematisch beurteilt werden, sondern ist – jedenfalls soweit eine Überprüfungsbedürftigkeit erkennbar wird – darauf zu kontrollieren, ob sich die Verhältnisse so wesentlich geändert haben, dass eine Korrektur erforderlich wird.

Beachte: Auf **kommunaler Ebene** hatte der Gesetzgeber die Fortführung der Sperrklausel nach dem Wechsel des Gemeindeverfassungssystems (unten § 2 Rn. 15) nicht mehr hinreichend begründet, was der VerfGH NRW zu Recht beanstandete (DVBl. 1999, 1271). Eine entsprechend restriktive Betrachtung hat der VerfGH NRW auch in Bezug auf sog. „faktische Sperrklauseln" auf kommunaler Ebene an den Tag gelegt, bei denen durch eine Modifikation des Sitzzuteilungsverfahrens vergleichbare Wirkungen erzielt werden sollten (NVwZ 2009, 449). In Reaktion auf diese Entscheidungen beschloss der Landtag im Juni 2016 die Implementierung einer **kommunalen (2,5 %-)Sperrklausel** unmittelbar **in der Landesverfassung** (Art. 78 Abs. 1 S. 3 LV, vgl. LT-Drs. 16/9795). Auch dieser Versuch scheiterte im Jahre 2017 vor dem VerfGH NRW (NVwZ 2018, 159). Überzeugend verwies das Gericht auf die wahlrechtlichen Homogenitätsbindungen aus Art. 28 Abs. 1 S. 1 und 2 GG, die durch die Landesverfassung rezipiert werden (Art. 69 Abs. 1 S. 2 LV, hierzu oben Rn. 14) und einen „zwingenden Grund" auch für landesverfassungsrechtliche Beschränkungen der Wahlrechtsgleichheit bei den Gemeinderats- und Kreistagswahlen (s. Art. 28 Abs. 1 S. 2 GG) verlangen. Die hiernach erforderliche substantielle Darlegung einer Bedrohung der Funktionsfähigkeit der Gemeinderäte und Kreistage vermochte der Gerichtshof zu Recht nicht festzustellen. Soweit der VerfGH NRW die Erkenntnisse des Sperrklausel-Urteils im Jahr 2019 auf den Themenkomplex der Direktwahl der kommunalen Hauptverwaltungsbeamten erstreckt und die vom Gesetzgeber im Jahre 2019 beschlossene **Abschaffung der Stichwahlen** aufgrund einer unzureichenden Berücksichtigung der zunehmenden Parteienzersplitterung für verfassungswidrig erklärt hat (NWVBl. 2020, Sonderheft 70 Jahre LV NRW, 30 ff.), erscheint dies aufgrund der Andersartigkeit von Rats- und Bürgermeisterwahl schwerlich begründbar. Unberücksichtigt bleibt zumal, dass die Steigerung der Zustimmungsquoren im Stichwahlverfahren primär mit den mathematischen Gesetzmäßigkeiten einer auf zwei Kandidaten verengten Stichwahl zusammenhängt. Bislang völlig ausgeblendet wird zudem, dass das Konstrukt der Stichwahl ein Instrument zur zielgerichteten Aussonderung von Bewerbern ist und damit seinerseits einen massiven Eingriff in die Wahlrechtsgleichheit enthält (s. *Dietlein*, BeckOK KommR NRW, 2020, Syst. Einf. zum KommR Dtld., Rn. 133.2). Dieser Eingriff kann entgegen der Auffassung des VerfGH NRW auch nicht als Ausfluss des Wählervotums „neutralisiert" werden. Denn die Wähler äußern im ersten Wahlgang allein eine Präferenz für „ihren" Kandidaten, erteilen aber keine „Starterlaubnisse" oder „Startverbote" für die Teilnahme anderer Bewerber an einem etwaigen zweiten Wahlgang.

c) Wahlprüfung

Weitgehend der Landesgesetzgebung überantwortet wird in Art. 33 Abs. 4 LV auch der Bereich der **Wahlprüfung,** die in Abs. 1 immerhin als „Sache des Landtags" institutionell abgesichert ist (hierzu auch oben Rn. 77). Dementsprechend ist das Wahlprüfungsverfahren zweistufig ausgestaltet: Es besteht eine Primärzuständigkeit des Landtags; dessen ablehnende Entscheidung kann nach § 10 Abs. 1 WahlPrüfG durch Beschwerde beim VerfGH NRW angefochten werden. Soweit das BVerfG früher den Schutz speziell der (subjektiven) Wahlrechtsgleichheit parallel zu Art. 28 Abs. 1 S. 2 GG durch Art. 3 Abs. 1 GG gewährleistet und insoweit die Möglichkeit der Individualverfassungsbeschwerde – etwa auch gegen Wahlprüfungsentscheidungen des VerfGH NRW – für ge- 90 geben sah (NVwZ 1992, 257), hat das Gericht diese Rechtsprechung zwischenzeitlich aufgegeben (BVerfGE 99, 1). Danach gewährleisten die Länder den subjektiv-rechtlichen Schutz des Wahlrechts bei politischen Wahlen in ihrem Verfassungsraum grundsätzlich allein und abschließend (BVerfG, NVwZ 2019, 1274, 1275).

d) Wahlkampfkosten

91 Zu den ewigen Streitthemen des Staatsrechts gehört neben der Abgeordnetenentschädigung und der Parteienfinanzierung auch die Frage der Wahlkampfkostenerstattung; dies freilich nicht zuletzt deshalb, weil sich die Wahlkampfkostenerstattung im Laufe der Zeit zu einer teilweisen Basisfinanzierung der Parteien entwickelt hat. Unzweifelhaft erfüllen die Parteien durch die Mitwirkung an Wahlen eine zentrale verfassungsmäßige Aufgabe, so dass es durchaus folgerichtig erscheint, wenn ihre Landtagswahlkosten zu einem erheblichen Teil aus öffentlichen Mitteln finanziert werden. Auch nach der grundlegenden Karlsruher Rechtsprechungswende zugunsten einer zumindest partiellen staatlichen Finanzierung der Parteien (BVerfGE 85, 264, 286) dürfen freilich die konkreten Wahlerfolge bei der Bemessung der Kostenerstattung nicht ausgeblendet werden. Zu Recht hat der VerfGH NRW daher – in Übereinstimmung mit der Rechtsprechung des BVerfG (a. a. O.) – sog. „Sockelbeträge", die jede Partei mit einer Mindestanzahl von Wählerstimmen als Bestandteil der Wahlkostenerstattung erhielt, für unzulässig erklärt (VerfGH NRW, NWVBl. 1992, 275 ff.). Der Landesgesetzgeber hat dieser Entscheidung – ebenso wie dem dortigen Verdikt der überhöhten Pauschalbeträge pro Wählerstimme – inzwischen durch eine Neufassung der Gesetze Rechnung getragen.

e) Wahlverbote

92 Von praktisch nur geringer Bedeutung bleibt schließlich das durch Art. 32 LV verfassungsrechtlich festgelegte **Wahlverbot** für „Vereinigungen und Personen, die es unternehmen, die staatsbürgerlichen Freiheiten zu unterdrücken oder gegen Volk, Land oder Verfassung Gewalt anzuwenden". Der Wahlverlust, der das aktive wie das passive Wahlrecht betrifft, bedarf der (konstitutiven) **Entscheidung des Verfassungsgerichtshofes.** Antragsberechtigt ist neben der Landesregierung eine parlamentarische Minderheit von fünfzig Abgeordneten. Dieses geringe Quorum zeigt die Entschlossenheit der Landesverfassung im Kampf um die Freiheit („wehrhafte Demokratie"). Zu beachten bleibt, dass das Verbot nicht auf politische Parteien erstreckt werden darf. Denn diese werden durch Art. 21 GG einem besonderen Schutz (Parteienprivileg) unterstellt, der zugleich spezielle Anforderungen an ein Parteiverbotsverfahren stellt (Art. 21 Abs. 2 GG i. V. m. § 13 Nr. 2, §§ 43 ff. BVerfGG).

3. Die Landtagsabgeordneten

a) Das freie Mandat

93 Art. 30 Abs. 2 LV gewährt den Landtagsabgeordneten ein sog. „freies Mandat". Danach stimmen die Abgeordneten „nach ihrer freien, nur durch die Rücksicht auf das Volkswohl bestimmten Überzeugung; sie sind an Aufträge nicht gebunden". Das freie Mandat ignoriert und leugnet nicht die vielfältigen faktischen Abhängigkeiten der Abgeordneten insbesondere von den durch sie ebenfalls mitvertretenen politischen Parteien. Es gewährt ihnen aber die Freiheit, den eigenen politischen Standort mit Blick auf das Gemeinwohl stets neu zu justieren und zu definieren. Es enthält die **Absage** an jedwede Form eines **„imperativen Mandats"**, sei es in der „klassischen" Form der Rätedemokratie oder auch der ständischen Vertretung, sei es in Formen eines „Rotations-" oder auch „Fraktionszwangs". Auch die von den „Regierungsparteien" abgeschlossenen **Koalitionsverträge** reichen angesichts der verfassungsrechtlichen Entscheidung zu Gunsten des freien Mandats nicht über bloße politische Absichtserklärungen hinaus. Sie gewähren insbesondere keine „Durchgriffsrechte" der Parteien oder Fraktionen auf die einzelnen Abgeordneten und Regierungsmitglieder. Unberührt hiervon bleibt die Möglichkeit des Fraktions- oder Parteiausschlusses, der indes – ebenso wie der von Seiten des Abgeordneten erklärte Austritt – keinen Einfluss auf den Fortbestand des Abgeordnetenmandats hat (vgl. unten Rn. 107 f.).

b) Flankierende Rechte zum Schutz des freien Mandats

Abgeschirmt und ergänzt wird die verfassungsrechtliche Entscheidung zugunsten des freien Mandats durch eine Reihe flankierender Regelungen, zu denen namentlich das Behinderungsverbot des Art. 46 LV, die Grundsätze der Indemnität und Immunität nach Art. 47 f. LV sowie der Anspruch auf Entschädigung gem. Art. 50 LV zählen. **94**

aa) Das Behinderungsverbot

Gemäß Art. 46 Abs. 1 LV dürfen Abgeordnete an der Übernahme und Ausübung ihres Mandates nicht gehindert oder hierdurch in ihrem Amt oder Arbeitsverhältnis benachteiligt werden. Insbesondere verbietet es die Verfassung, Abgeordnete aus diesem Grund zu entlassen oder ihnen zu kündigen. Das Behinderungsverbot greift bereits mit der Bewerbung um ein Mandat, wobei ohne Bedeutung bleibt, ob ein Direktmandat oder ein Listenplatz angestrebt wird. Nicht ohne Weiteres anwendbar ist die Schutzregelung auf freiberuflich tätige Bewerber oder Mandatsinhaber, deren Gesellschaftsverträge somit u. U. gekündigt werden können (so auch *Dästner,* Art. 46 Rn. 1). Die Regelung des Art. 46 Abs. 1 LV entfaltet unmittelbare Drittwirkung. Aufgrund ihrer Verankerung im formellen Verfassungsrecht bestehen kompetenzielle Bedenken gegen diese Regelung nicht (oben Rn. 11 f.). **95**

bb) Indemnität und Immunität

Ebenfalls in engem thematischem Bezug zum freien Mandat des Abgeordneten steht der Grundsatz der Indemnität, der darüber hinaus zugleich die Arbeits- und Funktionsfähigkeit des gesamten Parlaments sichern soll. Er verhindert, dass ein Abgeordneter „zu irgendeiner Zeit wegen seiner Abstimmung oder wegen Äußerungen in Ausübung seines Mandats gerichtlich oder dienstlich verfolgt oder sonst außerhalb der Versammlung zur Verantwortung gezogen werden" kann (Art. 47 S. 1 LV). Als geschützte Äußerungsformen kommen auch nonverbale Meinungskundgaben in Betracht, nicht dagegen bloße Tätlichkeiten. **96**

> **Beispiel:** Der Wurf eines Farbbeutels auf einen Soldaten auf der Zuschauertribüne kann nicht als konkludente Äußerung des wütenden Abgeordneten gewertet werden (s. BVerwGE 83, 1, 16), wohl aber dessen demonstratives Sitzenbleiben beim Empfang eines hochkarätigen Staatsgastes im Parlament.

Ausgenommen vom Indemnitätsschutz bleiben allein verleumderische Beleidigungen. Zu beachten ist, dass der **Indemnitätsschutz** zwar mit dem Erwerb des Mandats beginnt, jedoch nicht mit dem Mandatsverlust endet. Auch blockiert die Indemnität nicht allein **strafrechtliche Sanktionen** (vgl. § 36 StGB), sondern jede (außerparlamentarische) beeinträchtigende staatliche Maßnahme einschließlich **zivilgerichtlicher Maßnahmen** (Unterlassungsklagen etc.). Die Indemnität schützt dagegen nicht vor innerparlamentarischen Maßnahmen, die der Landtagspräsident in Ausübung seiner Ordnungsgewalt ausspricht. Im Gegensatz zum Grundgesetz, das die Indemnität lediglich für Äußerungen „im Bundestag oder in einem seiner Ausschüsse" gewährleistet (Art. 46 Abs. 1 S. 1 GG), besteht nach Art. 47 S. 1 LV umfassender Indemnitätsschutz für Abstimmungen und Äußerungen **„in Ausübung des Mandats".** Entscheidend ist allein der funktionelle Bezug zur parlamentarischen Arbeit. Mit der bewusst weitreichenden Formulierung können durchaus auch Äußerungen außerhalb der reinen Parlamentstätigkeit vom Normzweck umfasst sein, etwa auch Presseerklärungen zu landespolitischen Angelegenheiten. Keinen Schutz genießen nach h. M. dagegen Äußerungen in Fernsehsendungen (z. B. Talkshows).

Nach wohl h. M. soll der Schutz der Indemnität allerdings nicht greifen bei Äußerungen, die ein Abgeordneter in Ausübung eines parallel wahrgenommenen Ministeramtes getätigt hat (OVG NRW, DVBl. 1967, 51, 53). Die praktische Durchführbarkeit der hiernach erforderlichen **„funktionsbezogenen Qualifizierung"** der jeweiligen Äußerung erscheint allerdings nicht unproblematisch.

Beispiel: Der Abgeordnete A hat sich dem Kampf gegen religiöse Verführungen der Jugend verschrieben. Im Parlament ruft er mehrfach dazu auf, einzelnen namentlich benannten „Jugendsekten das Handwerk zu legen". Nach seiner Ernennung zum zuständigen Ressortminister wiederholt er diese Äußerungen in einer Presseerklärung und wird von einer der genannten Gemeinschaften auf Unterlassung verklagt. Der Indemnitätsschutz greift gegenüber den ministeriellen Äußerungen nicht mehr; das Gericht gibt der Unterlassungsklage statt (OVG NRW, NVwZ 1985, 123).

97 Der Abwehranspruch gegen verleumderische Beleidigungen durch einen Abgeordneten kann vom Betroffenen grundsätzlich als Unterlassungsanspruch nach §§ 823 Abs. 2, 1004 BGB analog geltend gemacht werden. Da die betreffenden Äußerungen eines Abgeordneten dem öffentlich-rechtlichen Funktionskreis zuzuordnen sind, ist der Anspruch richtigerweise im Wege der allgemeinen Leistungsklage vor den Verwaltungsgerichten durchzusetzen.

98 Der **Immunitätsschutz** nach Art. 48 Abs. 1 LV besagt, dass kein Abgeordneter ohne Genehmigung des Landtags während der Wahlperiode wegen einer mit Strafe bedrohten Handlung zur Untersuchung gezogen, festgenommen oder verhaftet werden darf, es sei denn, er wird auf frischer Tat oder im Laufe des nächstfolgenden Tages ergriffen. Im Gegensatz zu Art. 46 Abs. 2 GG fallen auch hier verleumderische Beleidigungen nicht unter die Sonderregelung. Über den bundesrechtlichen „Transmissionsriemen" des § 152a StPO ist die Beachtung der landesverfassungsrechtlichen Immunitätsregel auch den übrigen Ländern sowie dem Bund zur Pflicht gemacht. Schon die **Einleitung zielgerichteter Ermittlungen** unterliegt dem Immunitätsschutz, wobei jedoch Ermittlungen, die vorbereitend der Feststellung dienen, ob die Genehmigung des Landtages, also die „Aufhebung der Immunität" zu beantragen ist (sog. „Vorermittlungen"), richtigerweise außer Betracht zu bleiben haben.

99 Nach heute h. M. besteht Immunitätsschutz auch für solche Strafverfahren, die zeitlich vor der Erlangung des Abgeordnetenstatus eingeleitet worden sind (sog. **„mitgebrachte" Verfahren**). Da der Wortlaut der Verfassungsnorm eine strafbare Handlung voraussetzt, erfasst der Immunitätsschutz dagegen nicht die zivilgerichtlich angeordnete Verwirkung einer Vertragsstrafe bzw. die Auferlegung eines Ordnungsgeldes gem. § 890 Abs. 1 ZPO. Immerhin unterliegt die Anordnung der Ordnungshaft als Beschränkung der persönlichen Freiheit dem Erlaubnisvorbehalt des Art. 48 Abs. 2 LV. Ob der Immunitätsschutz auch die Verfolgung von Ordnungswidrigkeiten und die Durchführung beamtenrechtlicher Disziplinarverfahren blockiert, erscheint angesichts des Wortlauts von Art. 48 Abs. 1 LV („wegen einer mit Strafe bedrohten Handlung") zweifelhaft. Immerhin aber unterfallen Disziplinarstraftatbestände dem Begriff der strafbaren Handlung, so dass ein darauf gerichtetes Disziplinarverfahren vor Aufhebung der Immunität blockiert ist (BVerfGE 42, 312, 326; teilw. anders BVerwGE 83, 1 – wenig überzeugend).

Nach tradierter Rechtsauffassung handelt es sich bei dem Schutz der Immunität 100 ebenso wie bei der Indemnität nicht um ein genuin (subjektives) Recht des einzelnen Abgeordneten, sondern **vornehmlich** um ein sog. **„Parlamentsrecht"** (BVerfG, DVBl. 2002, 193ff.; so auch § 86 Abs. 1 und 5 GO-LT i. V. m. der RL zur Aufhebung der Immunität von Landtagsmitgliedern). Richtigerweise weist der Immunitätsschutz neben dem objektiv-institutionellen Element des Erhalts der Arbeits- und Funktionsfähigkeit des Parlaments indes zugleich einen engen Bezug zur Freiheit der Mandatsausübung auf, so dass Art. 48 Abs. 1 LV eine auch **subjektiv-rechtliche Komponente** beizumessen ist. In diese Richtung tendiert auch das BVerfG, das zwar weiterhin in erster Linie auf das Parlamentsrecht rekurriert, dem einzelnen Abgeordneten aber immerhin einen Anspruch darauf einräumt, dass das Parlament bei der Entscheidung über die Aufhebung der Immunität den repräsentativen Status des Abgeordneten berücksichtigt und sich nicht von sachfremden, willkürlichen Motiven leiten lässt (vgl. BVerfG, DVBl. 2002, 193ff. m. Bespr. *Wiefelspütz*, ebda., S. 1229ff., offenlassend VerfGH NRW, NWVBl. 2006, 12ff.). Letzteres ergibt sich für das Land Nordrhein-Westfalen aus Art. 47, 48 i. V. m. Art. 30 Abs. 2 LV. Ob die im (politischen) Ermessen des Parlaments liegende, zur Strafverfolgung erforderliche Genehmigungserteilung den verfassungsrechtlichen Anforderungen genügt, kann dementsprechend von dem betroffenen Abgeordneten im Wege des **Organstreitverfahrens vor dem Landesverfassungsgericht** zur Prüfung gestellt werden.

cc) Abgeordnetenentschädigung

Ein politisch wie verfassungsrechtlich besonders sensibles Gebiet ist das der Abge- 101 ordnetenbezüge bzw. – tradiertem Sprachgebrauch entsprechend – der Abgeordnetenentschädigung. Die gilt für das Landesverfassungsrecht ebenso wie für das Bundesverfassungsrecht. Folgt man der Rechtsprechung des BVerfG, gelten die Kerninhalte der grundgesetzlichen Entschädigungsregel (Art. 48 Abs. 3 GG) über die Vermittlungsnorm des Art. 28 Abs. 1 GG mittelbar auch für die Länder. Denn das Gericht zählt die Autonomie des Parlaments, in eigener Sache über die Entschädigung der Abgeordneten zu entscheiden, zu den „Essentialen des demokratischen Prinzips" (BVerfGE 40, 296, 319). Richtig an dieser Überlegung ist, dass die Freiheit des Mandats auch der **Absicherung gegenüber wirtschaftlichen Abhängigkeiten** des Abgeordneten bedarf (VerfGH NRW, DVBl. 1995, 921). Richtig ist auch, dass es in einer parlamentarischen Demokratie keine wirkliche Alternative zu einer autonomen Festlegung der Abgeordnetenentschädigung durch das Parlament gibt. Erhebliche Unsicherheiten verbleiben immerhin hinsichtlich der Frage, ob und inwieweit die auf der Bundesebene entwickelten Grundsätze zur Abgeordnetenentschädigung auf die Landesebene übertragen werden können. Dies gilt namentlich im Hinblick auf das für die Abgeordneten des Deutschen Bundestages mit der Diätenentscheidung des BVerfG v. 18.6.1975 angenommene Gebot der angemessenen „Vollalimentation" (BVerfGE 40, 296, 315f.; deutlich zurückhaltender BVerfGE 76, 256, 341ff.). Ihm zugrunde liegt die Vorstellung eines „*Full-time*-Mandats" – eine Vorstellung, die in Bezug auf Landtagsmandate teilweise als „Mär" bezeichnet wurde (vgl. *v. Arnim*, ZRP 2005, 77). Ungeachtet dieser scharfen Zuspitzung ist zu konstatieren, dass der über die vergangenen Jahrzehnte zu verzeichnende Anstieg der Abgeordnetenentschädigung auf Länderebene in einem gewissen Kontrast zu den Zuständigkeiten der Länderparlamente steht. Immerhin hat die Föderalismusreform des Jahres 2006 zwischenzeitlich zu einer Belebung der Gesetzgebungstätigkeit in den Ländern geführt. Unabhängig hiervon bleibt zu bedenken, dass die Entschädigung nicht im Sinne eines **arbeitsrechtlichen Entlohnungsanspruchs** missdeutet werden darf. Denn die Abgeordneten schulden keine „Dienste", sondern nehmen ein Mandat wahr (BVerfGE 40, 296, 316). Aus dem gleichen Grund verbietet sich auch eine Angleichung der Entschädigung an den herkömmlichen Aufbau eines Beamtengehalts (BVerfGE 40, 296, 316).

102 Im Ergebnis wird die Akzeptanz der vorrangig politischen Entscheidung über die Bemessung der Entschädigung ganz wesentlich von der **Offenheit und Transparenz des Entscheidungsverfahrens** abhängen. In der Vergangenheit hatte die Festsetzung der Entschädigung, die aus einer Grundalimentation bestand und durch ein kaum mehr durchschaubares System von pauschalierten Aufwandsentschädigungen, Übergangsgeldern und Versorgungsansprüchen ergänzt wurde, dazu wenig beigetragen. Insoweit waren die von der sog. Diätenkommission des Landtages im März 2002 vorgelegten und am 17.3.2005 vom Landtag verabschiedeten Vorschläge zur Reform des Entschädigungsrechts im Ergebnis zu begrüßen (hierzu *Geerlings,* NWVBl. 2003, 129ff.). Getragen von den Leitmotiven „Transparenz, Gleichbehandlung, Angemessenheit und Nachvollziehbarkeit" wurden insbesondere die steuerpflichtigen Bezüge und steuerfreien Aufwandsentschädigungen zusammengefasst, die Übergangsgelder beschränkt und die bisherige staatliche Altersversorgung abgeschafft. Zum Ausgleich dafür war eine spürbare Erhöhung der monatlichen Abgeordnetenbezüge von vormals 4.807 Euro auf insgesamt 9.500 Euro vorgesehen. Das Land erhoffte sich durch diesen grundlegenden Systemwechsel Einsparungen in Höhe von ca. 2 Millionen Euro jährlich. Dabei wurde entsprechend der gesetzlichen Regelung eine jährliche Anpassung der Abgeordnetenbezüge durch Parlamentsgesetz aufgrund eines auf Daten des Landesamts für Datenverarbeitung und Statistik basierenden Angemessenheitsberichts vorgenommen. Nach Maßgabe des im Jahre 2008 neu gefassten § 15 AbgG NRW erfolgt nunmehr eine automatische jährliche Anpassung der Abgeordnetenbezüge nach einem „verobjektivierten" Verfahren auf der Grundlage einer Erhebung des Landesamts für Datenverarbeitung und Statistik über die allgemeine Lohn- und Gehaltsentwicklung sowie die Lebenshaltungskosten und Einzelhandelspreise im vorausgegangenen Jahr. Aktuell liegen die Abgeordnetenbezüge nach § 5 Abs. 1 S. 1 AbgG NRW bei 9.330,22 Euro zzgl. des als Pflichtbeitrag in das Versorgungswerk des Landtags einzuzahlenden Versorgungsbeitrages nach § 5 Abs. 1 S. 2 AbgG NRW in Höhe von 2.290,29 Euro.

c) Parlamentarische Mitwirkungsrechte

103 Seit der Verfassungsreform des Jahres 2016 enthält Art. 30 Abs. 3 S. 1 LV eine Aufzählung der wichtigsten **parlamentarischen Mitwirkungsrechte** der einzelnen Abgeordneten, die der Sache nach freilich schon zuvor gewährleistet waren. Hierzu gehört namentlich das aus dem allgemeinen Gedanken des Parlamentsrechts abzuleitende **Rederecht,** das **Recht an Wahlen und Abstimmungen teilzunehmen** sowie **das Frage- und Antragsrecht**. Mit dem Recht, **parlamentarische Anfragen** einzubringen, korrespondiert eine im Grundsatz umfassende Antwortpflicht der Regierung.

Beachte: Ein paralleler Informationsanspruch besteht für den Landtag sowie die Ausschüsse des Landtags. So impliziert deren in Art. 45 Abs. 2 LV verankertes Recht, die Anwesenheit jedes Mitglieds der Landesregierung verlangen zu können, zugleich die grundsätzliche Pflicht der Landesregierung zur Beantwortung von Fragen und der Erstattung von Berichten.

Thematisch erstreckt sich der Informationsanspruch der Abgeordneten auf alle Bereiche, für die die Landesregierung verantwortlich ist. Eine Befassung mit staatsanwaltschaftlichen Ermittlungsverfahren ist damit ebenso vom Informationsrecht gedeckt wie die Behandlung von Fragen der Polizeiarbeit. Die Verweigerung einer Beantwortung kommt nur in engen Grenzen in Betracht, der VerfGH NRW spricht insoweit von einem „Regel-Ausnahme-Verhältnis" zwischen Antwortpflicht und Antwortverweigerung (NWVBl. 2016, 371, 373). Verfassungsimmanente Grenzen der Beantwortungspflicht können sich ergeben aus der Funktion des Fragerechts als einer Arbeitshilfe für die parlamentarische Mandatsausübung des Abgeordneten, aus dem Rücksichtnahmegebot mit dem hieraus abzuleitenden Schutz eines „Kernbereichs exekutiver Eigenverantwortung" sowie nicht zuletzt dem Gemeinwohl („Staatswohl") und den grundrechtlichen Schutzpositionen privater Dritter. Hierbei kann allerdings kein pauschaler Vorrang etwa von Persönlichkeitsrechten Dritter vor dem Informationsrecht des Parlaments angenommen werden; vielmehr bedarf es einer einzelfallbezogenen Abwägung der kollidierenden Interessen. Gerade Konfliktlagen mit Aspekten des Gemeinwohls oder individuellen Grundrechtspositionen Dritter werden sich häufig über vermittelnde Lösungen wie die vertrauliche Information klären lassen und insoweit keine generelle Antwortverweigerung rechtfertigen.

Beispiel: Der Abgeordnete A möchte von der Landesregierung wissen, welche Örtlichkeiten von den Kreispolizeibehörden in NRW als „verrufene Orte" iS. des § 12 Abs. 1 Nr. 2 PolG NRW geführt wurden oder werden. Die Landesregierung befürchtet im Falle einer Offenlegung Nachteile für die Polizeiarbeit und verweigert die Antwort - zu Unrecht. Da die Polizei eine unter der Verantwortung der Landesregierung stehende Angelegenheit des Landes ist (§ 1 POG), erstreckt sich der Informationsanspruch des Abgeordneten gegenständlich auch auf die Polizeiarbeit. Die Effektivität der Gefahrenabwehr ist zwar ein wichtiger Gemeinwohlaspekt, so dass eine drohende Schwächung der Polizeiarbeit als Rechtfertigung für eine Antwortverweigerung in Betracht käme. Indes kann eine Gefährdung der Polizeiarbeit durch Offenlegung der Orte nicht generell unterstellt werden. Zudem bestünde die Möglichkeit, einer Beeinträchtigung der Polizeiarbeit im Wege einer vertraulichen Information des Abgeordneten entgegen zu wirken (vgl. VerfGH NRW, BeckRS 2020, 4659, hierzu *Dietlein/Peters,* NWVBl. 2020, 353 ff.; zuletzt VG Düsseldorf, Beschl. v. 19.8.2020, 20 L 1629/20 zum Anspruch des Rechtsausschusses auf vertrauliche Information über ein laufendes Ermittlungsverfahren gegen einen Prominenten).

Eine weitere, verfahrensrechtliche Begrenzung der Antwortpflicht kann sich, zumal soweit die Beantwortung der Fragen mit einem unvertretbaren Arbeitsaufwand verbunden sein sollte, aus dem ebenfalls verfassungsrechtlich fundierten Interesse an der Aufrechterhaltung der Funktions- und Arbeitsfähigkeit der Landesregierung ergeben.

Beispiel: Bei thematischer Übereinstimmung einer Anfrage mit dem Untersuchungsauftrag eines kurz bevorstehenden parlamentarischen Untersuchungsverfahrens ist der Verweis auf die dort stattfindenden Aufklärungsmaßnahmen grundsätzlich zulässig, um einen doppelten Arbeitsaufwand der Landesregierung zu vermeiden. Ebenso wird im Falle des Bestehens allgemein zugänglicher Informationsquellen ein kurzer Hinweis auf diese Quellen ausreichen und eine umfängliche Antwort erübrigen.

Eine nähere Ausformung erfahren die parlamentarischen Mitwirkungsrechte der Abgeordneten in der **Geschäftsordnung des Landtags,** die nach h. M. die Rechtsqualität einer **autonomen Satzung** besitzt. Namentlich das Rederecht der Abgeordneten findet hier – unter Auffächerung in die Gesamtredezeit, die Fraktionsredezeit sowie die **104** individuelle Redezeit – eine detaillierte Regelung (§§ 27ff. GO-LT NRW). Die z.T. recht rigiden Beschränkungen der individuellen Redezeit sind verfassungskonform und rechtfertigen sich aus der Befugnis des Parlaments, jederzeit den Schluss einer Debatte beschließen zu können. „Ohne dieses Recht kann kein Parlament auf Dauer arbeitsfähig bleiben, weil es sonst der Obstruktion jeder Minderheit und selbst einzelner Abgeordneter ausgeliefert wäre" (BVerfGE 10, 4, 13). Allerdings darf die eigentliche Aufgabe des Parlaments, „Forum für Rede und Gegenrede" zu sein, durch die Regelungen der Geschäftsordnung nicht preisgegeben werden (BVerfGE 40, 296, 316).

4. Die Fraktionen

105 Seit der Reform des Jahres 2016 finden nunmehr auch die Fraktionen Erwähnung in der Landesverfassung (Art. 30 Abs. 5 LV). Sie waren freilich auch schon zuvor als notwendige Einrichtungen des Verfassungslebens in einer Parteiendemokratie anerkannt und vorausgesetzt (BVerfGE 10, 4, 14 – st. Rspr.). Als (partei-)politische Gliederungen des Landtages sind die Fraktionen in die organisierte Staatlichkeit integriert und daher mehr als ein bloß zivilrechtlicher Verbund einzelner Abgeordneter. Mit Blick auf die in der Geschäftsordnung des Landtages verbürgten Rechte der Fraktionen erscheint es folgerichtig, diesen eine **rechtliche Doppelnatur** – einerseits als Organteil des Landtags, andererseits als selbständige Vereinigung des Zivilrechts – beizumessen. In diese Richtung tendiert auch § 1 Abs. 3 S. 1 FraktionsG, der Fraktionen als mit eigenen Rechten und Pflichten ausgestattete Vereinigungen im Landtag definiert, die am allgemeinen Rechtsverkehr teilnehmen. Entsprechend den einschlägigen Regeln der Geschäftsordnung des Landtags müssen Fraktionen die Stärke von mindestens **5% der Mitglieder des Landtages** aufweisen (§ 11 Abs. 1 S. 2 GO-LT). Eine gemeinsame parteipolitische Zuordnung ist rechtlich nicht gefordert, entspricht aber der parlamentarischen Praxis. Zu den wesentlichen Organrechten, die den Fraktionen durch die Geschäftsordnung des Landtages gewährt werden und die diese ggf. im Organstreitverfahren vor dem VerfGH NRW durchsetzen können, zählen namentlich

- die Bestimmung der Ausschussmitglieder (§ 49 Abs. 2 GO-LT),
- die Antragsrechte auf namentliche Abstimmung (§ 44 Abs. 1 GO-LT), Sitzungsunterbrechung (§ 39 Abs. 2 GO-LT), Durchführung einer dritten Lesung (§ 78 Abs. 1 S. 2 GO-LT) und Durchführung einer aktuellen Stunde (§ 95 Abs. 1 GO-LT) sowie
- die Berechtigung zur Einbringung großer Anfragen (§ 91 GO-LT).

Von besonderer **Klausurenrelevanz** sind Fragen des Fraktionszwangs und der Fraktionsdisziplin (a) sowie die Problematik des Ausschlusses einzelner Abgeordneter aus der Fraktion (b).

a) Fraktionszwang – Fraktionsdisziplin

106 Wie oben Rn. 93 dargestellt, steht das Prinzip des freien Mandates jedweden rechtsverbindlichen Aufträgen oder Weisungen an die Abgeordneten entgegen. Die Freiheit des Mandats besteht dabei auch und zumal gegenüber der eigenen Fraktion des Abgeordneten. Einen **„Fraktionszwang"** im rechtlichen Sinn kann es somit nicht geben, es handelt sich also verfassungsrechtlich gesehen um ein „Scheinproblem". Unabhängig hiervon besteht ein berechtigtes Interesse der Fraktionen, ihre Mitglieder auf einer gemeinsamen politischen Linie zu halten. Zu diesem Zweck darf die Fraktion bestimmte Verfahrens- und Verhaltensregeln für ihre Mitglieder aufstellen (BVerfGE 10, 4, 14). Zwar erzeugt die von den Fraktionen insoweit legitimerweise eingeforderte **„Fraktionsdisziplin"** keine rechtlich durchsetzbaren Verhaltenspflichten der Abgeordneten. Wohl aber kann die Fraktion berechtigt sein, auf ein Ausscheren einzelner Parlamentarier aus der Fraktionslinie zu reagieren, etwa durch einen **Fraktionsausschluss** oder die Abberufung eines Abgeordneten aus einem Parlamentsausschuss. Umstritten ist die verfassungsrechtliche Zulässigkeit eines „Ausschussrückrufs" trotz Beibehaltung der Fraktionsmitgliedschaft. Immerhin spricht § 49 Abs. 2 S. 1 GO-LT, demzufolge die Fraktionen in freier Entscheidung die Ausschussmitglieder bestimmen, für die Zulässigkeit des Rückrufs.

b) Der Fraktionsausschluss

Schärfste und letzte Form der Sanktionierung eines Abgeordneten ist dessen – gerichtlich überprüfbarer – Ausschluss aus der Fraktion. Angesichts der eher begrenzten Einzelrechte der Abgeordneten (hierzu vor allem Rn. 103) bedeutet der Fraktionsausschluss eine erhebliche Minderung der parlamentarischen Mitwirkungsmöglichkeiten des Betroffenen, zumal dem Fraktionsausschluss regelmäßig die Abberufung aus den Ausschüssen, denen der Abgeordnete angehört, nachfolgt (BVerfGE 80, 188, 233). Zu Recht gehen Rechtsprechung und Literatur dementsprechend davon aus, dass ein Fraktionsausschluss nur bei Vorliegen **besonders gravierender Umstände** unter gleichzeitiger Wahrung verfahrensrechtlicher Vorgaben (insbesondere einer Anhörung des Betroffenen) erfolgen kann, namentlich soweit der Fraktion ein weiterer **Verbleib** des betreffenden Abgeordneten in ihren Reihen **nicht zuzumuten** ist. **107**

Das Parlamentsmandat des Abgeordneten wird durch den Fraktionsausschluss ebenso wenig berührt wie durch einen Parteiausschluss oder auch einen freiwilligen Austritt aus Partei und Fraktion. Dies gilt auch dann, wenn der Abgeordnete im Vorhinein einen Mandatsverzicht schriftlich oder mündlich zugesagt hat. Entsprechende Vereinbarungen sind wegen Verstoßes gegen das freie Mandat nichtig. Dagegen kann der Ausschluss von Abgeordneten für die Fraktion u. U. den Verlust der Fraktionsstärke zur Folge haben. **108**

5. Die Opposition

In der Landesverfassung nicht explizit erwähnt ist auch die Opposition, die freilich – anders als eine Fraktion – keine eigentliche organisatorische Untergliederung darstellt, sondern als **politischer Begriff** die Gesamtheit jener Abgeordneten erfasst, die nicht im „Regierungslager" stehen. Besondere Schwierigkeiten bereitet die Konturierung des Oppositionsbegriffs im Falle sog. „Minderheitsregierungen", die von Abgeordneten mitgetragen werden, die formal nicht im Regierungslager stehen (LVerfG LSA, LKV 1998, 101 ff.). Obgleich die fundamentale Bedeutung einer Opposition im parlamentarischen Regierungssystem unbestritten ist, liegt deren rechtliches Potential letztlich in den **(Minderheits-)Rechten,** die den Fraktionen und Abgeordneten zukommen. Durchaus als „Oppositionsrechte" können zudem die in Art. 40 Abs. 1 LV neu geregelten **Informationsrechte** des Parlaments gegenüber der Landesregierung interpretiert werden, deren Ziel es ist, Informationsdefizite vor allem bei der Opposition zu beheben. **109**

6. Die Ausschüsse

In der parlamentarischen Praxis spielen die Ausschüsse traditionell eine bedeutende Rolle. Sie finden eine ausdrückliche Erwähnung in Art. 30 Abs. 4 LV. Ihre wesentliche Funktion liegt in der Vorbereitung von Parlamentsbeschlüssen, namentlich im Gesetzgebungsverfahren (unten Rn. 129 ff.). Eine Delegation von Entscheidungsbefugnissen auf Ausschüsse ist als Durchbrechung der **statusrechtlichen Gleichheit der Abgeordneten** nur unter engen Voraussetzungen möglich, die inhaltlich weitgehend jenen **110** entsprechen, wie sie für Beschränkungen der Wahlrechtsgleichheit gelten (s. *Dietlein,* Lib. amicorum für D. Ehlers, 2015, S. 39 ff.). Soweit die Verfassung, wie etwa für Gesetzesbeschlüsse, einen **„Plenarvorbehalt"** statuiert, kommt sie von vornherein nicht in Betracht. Traditionell werden die Ausschüsse den Ressortzuschnitten der Landesregierung „nachgebildet". Die in die Ausschüsse berufenen Abgeordneten **spiegeln** hinsichtlich ihrer politischen Ausrichtung die **Machtverteilung im Plenum** („Plenum im Kleinen", vgl. Art. 30 Abs. 4 S. 2 LV), was nicht ausschließt, dass Minderheitsfraktionen bei kleineren Ausschüssen im Einzelfall unberücksichtigt bleiben (BVerfGE 70, 324, 364). Ausnahmsweise können in sog. „Enquêtekommissionen" (§ 61 GO-LT) auch externe Mitglieder berufen werden, die dort die gleichen Rechte haben wie Abgeordnete.

111 Die Landesverfassung behandelt in den Art. 41 und 41a LV den **Petitionsausschuss** als sog. „Pflichtausschuss" sowie die bei der Aufdeckung von Missständen fakultativ einsetzbaren **Untersuchungsausschüsse.** Die genannten Bestimmungen enthalten keinen abschließenden Katalog möglicher Landtagsausschüsse. Vielmehr folgt aus der Geschäftsordnungsautonomie des Landtages, dass dieser nach Bedarf auch weitere Ausschüsse einzurichten befugt ist (z. B. **Haushalts-** und **Finanzausschuss, Rechtsausschuss, Sportausschuss** usw.).

a) Beteiligung fraktionsloser Abgeordneter

112 Von erheblicher **Klausurenrelevanz** ist die Frage der Ausschussbeteiligung fraktionsloser Abgeordneter (z. B. nach einem Fraktionsausschluss). Entspräche es einerseits dem Grundsatz der „Spiegelbildlichkeit" der Ausschüsse gegenüber dem Plenum, lediglich fraktionsgebundene Abgeordnete in die Ausschüsse zu entsenden, kann andererseits fraktionslosen Abgeordneten der Zugang zu den politisch hoch bedeutsamen Ausschüssen doch nicht völlig verschlossen bleiben (Art. 30 Abs. 4 S. 3 LV; hierzu auch BVerfGE 80, 188 ff.). Das BVerfG geht daher vermittelnd davon aus, dass jeder Abgeordnete zwar einen **Anspruch auf Mitwirkung in einem Ausschuss** mit Rede- und Antragsrecht hat, ihm zur Wahrung des Proporzes allerdings ein darüber hinausgehendes Stimmrecht verwehrt werden kann. Die Zuweisung fraktionsloser Abgeordneter zu einem Ausschuss erfolgt durch Entscheidung des Ältestenrates.

b) Untersuchungsausschüsse

113 Besondere politische Bedeutung unter den Ausschüssen kommt den nach Art. 41 LV einzusetzenden Untersuchungsausschüssen zu, deren konkretere Ausgestaltung sich gemäß Art. 41 Abs. 1 S. 6 LV nach einfachem Recht richtet (UntersuchungsausschussG [UAG]). Wiewohl über ihr Beweiserhebungsrecht (Art. 41 Abs. 1 S. 2 LV) scheinbar staatlichen Gerichten angenähert, handelt es sich bei den Untersuchungsausschüssen doch keinesfalls um Organe der Rechtspflege oder gerichtsähnliche Einrichtungen, sondern um **Instrumente der politischen, parlamentarischen Auseinandersetzung** (OVG NRW, DVBl. 1987, 610: „Hilfsorgane des Landtags"). Dementsprechend unterliegen die Ausschussmitglieder keinen wie auch immer gearteten Neutralitätspflichten. Zudem sind die Beschlüsse der Ausschüsse gerichtlicher Kontrolle entzogen (Art. 41 Abs. 4 S. 1 LV).

114 Rechtshistorisch geht Art. 41 LV in wesentlichen Zügen auf die Weimarer Reichsverfassung und die Verfassung des Freistaats Preußen vom 30.11.1920 zurück. In Übereinstimmung mit den dortigen Regelungen ist das Recht der Untersuchungsausschüsse auch im Land Nordrhein-Westfalen vor allem als ein **Minderheitenrecht** konzipiert. So hat der Landtag auf Antrag von einem Fünftel der gesetzlichen Zahl seiner Mitglieder die Pflicht, einen entsprechenden Ausschuss einzusetzen (sog. **„Minderheitsenquête"**).

Mit dem Antragsquorum von einem Fünftel der gesetzlichen Zahl seiner Mitglieder bleibt die Landesverfassung unter dem vom Grundgesetz (Art. 44 GG), aber auch von anderen Landesverfassungen (z. B. Art. 79 LV Saarl.; Art. 35 LV Bad.-Württ.) festgelegten Schwellenwert von einem Viertel der Parlamentsmitglieder.

Erforderlich für einen solchen Einsetzungsbeschluss ist dabei, dass der Untersu- **115** chungsauftrag hinreichend bestimmt ist (vgl. §§ 2 Abs. 1, 3 Abs. 1 UAG) und sich zusätzlich auf einen zulässigen Untersuchungsgegenstand bezieht. Die gängige Unterscheidung verschiedener Untersuchungsgegenstände (Kontroll- und Missstandsenquêten, Gesetzgebungs-, Kollegial- und Skandalenquêten) verdeutlicht zwar durchaus anschaulich die möglichen tatsächlichen Betätigungsfelder für Untersuchungsausschüsse, bleibt aber rechtlich ohne Gewinn. In jedem Fall darf sich der Untersuchungsausschuss nur mit Angelegenheiten befassen, die den **Aufgabenbereich des Landtags** betreffen (sog. „Korollartheorie", vgl. BVerfGE 77, 1, 44). Außerhalb des zulässigen Betätigungsfeldes von Untersuchungsausschüssen des Landtages bleiben damit Angelegenheiten, die in den ausschließlichen Kompetenzbereich des Bundes bzw. eines anderen Bundeslandes (Bundesstaatsprinzip) oder in den alleinigen Kompetenzbereich eines anderen Verfassungsorgans des Landes (Gewaltenteilungsprinzip) fallen. Mit Blick auf das Gewaltenteilungsprinzip kommt namentlich der Landesregierung ein „Kernbereich exekutiver Eigenverantwortung" zu, der einen nicht ausforschbaren Initiativ-, Beratungs- und Handlungsbereich umfasst.

Beispiel: Unzulässig wäre die Einsetzung eines parlamentarischen Untersuchungsausschusses mit dem Ziel, eine ständige Überwachung der Exekutive herbeizuführen, denn hiermit würde die grundsätzliche Selbständigkeit der Exekutive gegenüber dem Parlament ausgehöhlt. Da sich die Kontrollkompetenz des Landtages lediglich auf bereits abgeschlossene Vorgänge erstreckt, ist ein Untersuchungsausschuss ferner nicht befugt, in laufende Verhandlungen und Entscheidungsvorbereitungen einzugreifen.

Keinen zulässigen Untersuchungsgegenstand bilden auch solche Angelegenheiten, an **116** deren parlamentarischer Behandlung nicht wenigstens ein öffentliches Interesse von einigem Gewicht besteht (BVerfGE 67, 100, 139 f.). Dementsprechend setzt auch § 1 UAG voraus, dass die Sachverhaltsaufklärung im öffentlichen Interesse liegen muss. Allein der Wille zur Bekämpfung des politischen Gegners genügt diesen Voraussetzungen nicht. Ein solches Aufklärungsinteresse fehlt aber auch dort, wo der Sachverhalt bereits offenkundig ist (BayVerfGH, NVwZ 1986, 822, 824). Auch für die Untersuchung von Missständen im privaten bzw. gesellschaftlichen Bereich kann im Einzelfall zweifelhaft sein, ob ein öffentliches Interesse besteht. Insgesamt verbleibt dem Parlament bei der Bewertung des öffentlichen Interesses gleichwohl eine weitreichende Einschätzungsprärogative.

Fehlt es an einer der genannten Voraussetzungen, hat der Landtag die Einsetzung des **117** Ausschusses abzulehnen. Hält der Landtag einen Minderheitenantrag für teilweise unzulässig, kann er diesen grundsätzlich **nur in seiner Gesamtheit ablehnen,** darf ihn also nicht gegen den Willen der Minderheit abändern oder ihm teilweise stattgeben (VerfGH NRW, NWVBl. 2001, 12 ff.; teilweise anders nunmehr § 2 Abs. 3 PUAG-Bund). Untersagt ist es dem Landtag ebenso, dem Minderheitenantrag durch **thematische Veränderungen** gegen den Willen der Antragsteller eine andere Zielrichtung zu geben. Grundsätzlich zulässig bleiben solche Ergänzungen, die den Untersuchungsgegenstand im Kern unverändert lassen und lediglich einer umfassenderen Aufklärung dienen (BVerfGE 49, 70, 87 f.). Allerdings darf durch die Erweiterung des Untersuchungsauftrages keine wesentliche Verzögerung des Verfahrens provoziert werden.

118 In seiner (parteipolitischen) Zusammensetzung spiegelt der Untersuchungsausschuss – wie jeder Landtagsausschuss – den Proporz des Plenums wider (§ 4 Abs. 1 S. 4, 5 UAG, Art. 41 Abs. 1 S. 5 LV – „Verhältniswahl"). Die antragstellende Minderheit verbleibt daher regelmäßig auch innerhalb des Ausschusses in der Minderheit, wird allerdings mit besonderen Rechten ausgestattet (Art. 41 Abs. 1 S. 2 LV, §§ 7 Abs. 1 S. 2, 13 Abs. 2, 16 Abs. 2 UAG). Eine Einschränkung dieses Minderheitenschutzes findet sich in Art. 41 Abs. 1 S. 3 LV, sowie in § 9 Abs. 2, 4 und 5 UAG, die für einige verfahrensleitende Entscheidungen eine Zweidrittelmehrheit vorsehen. Insbesondere hat die Minderheit keinen Anspruch auf Übernahme des Ausschussvorsitzes. Die Beschränkung des § 4 Abs. 1 S. 3 UAG, wonach nur Mitglieder des Landtages dem Untersuchungsausschuss angehören können, ergibt sich auch ohne ausdrückliche verfassungsrechtliche Verankerung unmittelbar aus der Verfassung selbst (str.).

119 Ebenso wie die Einsetzung richten sich die Befugnisse und das Verfahren der Untersuchungsausschüsse im Wesentlichen nach dem nordrhein-westfälischen Untersuchungsausschussgesetz. Danach kann der Untersuchungsausschuss innerhalb der Beweiserhebung (§§ 13 ff. UAG) etwa

- Zeugen und Sachverständige vernehmen und ggfs. vereidigen (§§ 19 UAG),
- die Festsetzung bestimmter Zwangsmittel gegen Zeugen und Sachverständige beim zuständigen Gericht beantragen (§ 16 i. V. m. § 26 UAG),
- die Anordnung anderer Beweismittel (Beschlagnahme, Durchsuchung) beim zuständigen Gericht beantragen (§ 20 i. V. m. § 26 UAG) sowie
- von der Landesregierung, den Landesbehörden und anderen öffentlichen Rechtsträgern den Zutritt zu den entsprechenden öffentlichen Einrichtungen, die Erteilung von Aussagegenehmigungen und die Vorlage von Akten verlangen (§ 14 UAG).

Insbesondere bei der Zeugenbefragung können Konflikte mit dem Bundesstaatsprinzip zu Tage treten, etwa bei der Vernehmung einerseits von außerhalb des Landes wohnhaften Personen und andererseits von Funktionsträgern des Bundes bzw. eines anderen Landes. In Bezug auf den erstgenannten Personenkreis lässt sich die Zeugnispflicht damit begründen, dass die Betroffenen als „Bundesbürger" zu einem einheitlichen Bundesstaat gehören (BVerwGE 79, 339, 342). Demgegenüber ist die Zeugenvernehmung der genannten Funktionsträger differenzierter zu beurteilen und nur unter der Voraussetzung zulässig, dass sie der Aufklärung eines Sachverhalts mit spezifischem Landesbezug dient (vgl. BVerwG, NJW 2000, 160 ff.). Die dem Ausschuss eingeräumten sehr weitreichenden Befugnisse (vgl. etwa § 21 UAG: Vereidigung) erscheinen angesichts des rein politischen Charakters der Ausschussarbeit bzw. der fehlenden Unbefangenheit und Neutralität der Ausschussmitglieder rechtsstaatlich keineswegs unbedenklich. Durch die Einsetzung eines parlamentarischen Untersuchungsausschusses werden parallele staatsanwaltschaftliche oder gerichtliche Verfahren nicht blockiert.

7. Präsidium – Landtagspräsident

120 Besondere Bedeutung als Organteil des Landtags kommt dem durch Wahl bestimmten Präsidium zu, an dessen Spitze der Landtagspräsident steht. Der **Landtagspräsident beruft den Landtag ein** (Art. 38 Abs. 3 LV) und **leitet** dessen **Sitzungen** (Art. 39 Abs. 3 LV i. V. m. § 22 Abs. 1 GO-LT). Abweichend hiervon wird die erste, konstituierende Sitzung des neugewählten Landtags bis zur Wahl und Amtsübernahme des Landtagspräsidenten von dem Alterspräsidenten geleitet (Art. 37 Abs. 2 LV). Der Landtagspräsident übt das Hausrecht und die Polizeigewalt im Landtagsgebäude aus (Art. 39 Abs. 2 S. 3 LV), wobei das Prinzip der Öffentlichkeit der Parlamentssitzungen

(Art. 42 LV) nicht mittels des Hausrechtes unterlaufen werden darf. Werden Parlamentssitzungen durch Zuhörer gestört, greift allein die Sitzungsgewalt des Landtagspräsidenten (Art. 39 Abs. 3 LV i. V. m. § 37 GO-LT). Für die Ausübung des Hausrechtes verbleiben damit in der Regel die Störungen außerhalb der Sitzungen.

Beispiel: Während einer laufenden Landtagssitzung pöbelt Zuhörer Z von der Tribüne aus Mitglieder der Landesregierung an. Der Landtagspräsident kann Z in Ausübung seiner Sitzungsgewalt aus dem Plenarsaal entfernen lassen. Randaliert Z anschließend in der Kantine des Landtages, kann ihn der Präsident unter Inanspruchnahme des Hausrechtes aus dem Landtag verweisen.

Schwierige Rechtsprobleme stellen sich im Hinblick auf die Ausübung der **„Polizeigewalt im Landtagsgebäude“** durch den Landtagspräsidenten. So ist bereits fraglich, ob Art. 39 Abs. 2 Satz 3 LV eine „verfassungsunmittelbare“ Eingriffsermächtigung darstellt oder ob Eingriffsmaßnahmen des Landtagspräsidenten einer zusätzlichen formalgesetzlichen Eingriffsermächtigung entsprechend dem Vorbehalt des Gesetzes bedürfen (offenlassend für die Parallelregelung in Art. 40 Abs. 2 S. 1 GG BVerfG, BeckRS 2020, 13857). Aber auch wenn man die Norm als verfassungsunmittelbare Eingriffsermächtigung ansieht, unterliegen Polizeimaßnahmen, namentlich soweit sie gegen Landtagsabgeordnete gerichtet sind, strengen Verhältnismäßigkeitsanforderungen. So stellt etwa die Integrität der Büros der Abgeordneten ein wesentliches Element ihres freien Mandats (s. Rn. 93) dar mit der Folge, dass polizeiliche Maßnahmen in diesen Räumen nur in engen Grenzen zumutbar und damit zulässig sein werden.

Beispiel: Der Abgeordnete A hängt ein Plakat in DIN A 4 - Format an das Fenster seines rückwärtig gelegenen Abgeordnetenbüros im Landtag, auf dem der Präsident eines Landes in provokanter Form kritisiert wird. Der Landtagspräsident lässt das Plakat wegen einer Verletzung der Hausordnung durch ihm unterstellte Sicherheitskräfte des Landtags entfernen. Die Maßnahme wird i. d. R. als unverhältnismäßig einzustufen sein, da die Nachteile für die freie Mandatsausübung außer Verhältnis zu dem Ziel einer Wiederherstellung der Hausordnung stehen (Fall nach BVerfG, BeckRS 2020, 13857).

Schließlich überträgt Art. 39 Abs. 2 LV dem Landtagspräsidenten die Leitung der Landtagsverwaltung, die zwar nicht im eigentlichen (organisatorischen) Sinne (Exekutiv-)Verwaltung ist, wohl aber eine Behörde im funktionellen Sinne. In Rechtsgeschäften und Rechtsstreitigkeiten der Landtagsverwaltung vertritt der Landtagspräsident das Land (Art. 39 Abs. 1 S. 1 LV). Eine entsprechende rechtsgeschäftliche und prozessuale Vertretung obliegt dem Präsidenten ebenso in Bezug auf den Landtag selbst. Namentlich im Hinblick auf verfassungsrechtliche Streitigkeiten des Landtages ist in Ermangelung einer speziellen Verfassungsregelung die allgemeine Regel des Art. 39 Abs. 1 S. 1 LV entsprechend anzuwenden. Einer besonderen „Bestellung“ der Präsidenten bedarf es somit nicht. Der Landtagspräsident unterliegt bei seiner Amtsführung der **Pflicht zur Unparteilichkeit.** Da das Präsidium und der Landtagspräsident außerhalb des politischen Wettbewerbs stehen, lässt sich aus dem Prinzip der gleichen Mitwirkungsrechte der Fraktionen kein Anspruch der Fraktionen ableiten, mit einem Präsidiumsmitglied („Vizepräsidenten“) im Landtag vertreten zu sein (VerfGH NRW, NWVBl. 2017, 144). Die parallele Ausübung eines Regierungsamtes bleibt den Mitgliedern des Präsidiums aus Gründen der Gewaltenteilung versagt.

II. Die Landesregierung

121 An die Spitze der Exekutive stellt die Landesverfassung in Art. 51 ff. LV die Landesregierung. Diese bzw. der Ministerpräsident vertritt zugleich das Land Nordrhein-Westfalen nach außen (Art. 57 LV). Die Landesregierung besteht aus dem aus der Mitte des Landtags gewählten **Ministerpräsidenten** und den von diesem ernannten **Ministern** (Art. 51 f. LV). An der Auswahl und Ernennung der Landesminister ist der Landtag nicht beteiligt; immerhin aber obliegt dem Ministerpräsidenten die Pflicht zur unverzüglichen Information des Landtages (Art. 52 Abs. 3 LV), auch wenn die Wahrung dieser Informationspflicht keine Wirksamkeitsvoraussetzung für die Ernennungen ist. In der Landesregierung führt der Ministerpräsident den Vorsitz. Er leitet deren Geschäfte und gibt bei Stimmengleichheit den Ausschlag (Art. 54 LV). Der Ministerpräsident bestimmt die Richtlinien der Politik und trägt dafür die Verantwortung **(„Richtlinienkompetenz“)**, während die Minister innerhalb dieser Richtlinien ihren jeweiligen Geschäftsbereich selbständig und unter eigener Verantwortung leiten **(„Ressortprinzip“)**, vgl. Art. 55 LV. Die Richtlinienkompetenz beschränkt sich nicht auf die Festlegung allgemeiner Rahmen- oder Zielvorgaben, sondern rechtfertigt im Einzelfall auch konkrete, formlos erteilbare Weisungen an die Adresse der zuständigen Minister.

Beispiel: Nach einer heftigen öffentlichen Debatte um die vorläufige Suspendierung eines hohen Landesbeamten weist der Ministerpräsident den betroffenen Minister an, den nachweislich zu Unrecht verdächtigten Beamten zu rehabilitieren und mit der Wiederaufnahme seiner Amtsgeschäfte zu betrauen.

122 Die Bedeutung der Richtlinienkompetenz des Ministerpräsidenten liegt freilich weniger in ihrer rechtlichen als vielmehr in ihrer politischen Kraft. Eine rechtliche Unterstützung findet sie in der Befugnis des Ministerpräsidenten zur (jederzeitigen) Entlassung der Minister (Art. 52 Abs. 3 S. 1 LV). Die in der Befugnis zur Ernennung und Entlassung der Minister zum Ausdruck kommende **„Personalgewalt“ des Ministerpräsidenten** umfasst nach einer kontrovers diskutierten Entscheidung des VerfGH NRW nicht von vornherein eine umfassende **„Organisationsgewalt“** des Ministerpräsidenten zur Festlegung der Geschäftsbereiche der Landesregierung (DVBl. 1999, 714, 716). Zumindest jenseits des „Kernbereichs“ der Organisationsgewalt der Regierung besteht danach zum einen ein mögliches (fakultatives) Zugriffsrecht des Landesgesetzgebers, zum anderen unterliegen bestimmte „wesentliche“ Organisationsentscheidungen von vornherein dem Vorbehalt parlamentsgesetzlicher Regelung. Eine solche „Wesentlichkeit“ nahm der VerfGH NRW speziell für eine vom Ministerpräsidenten angeordnete Zusammenlegung der Ressorts Inneres und Justiz an, da hierdurch der Grundsatz der Gewaltenteilung, die Unabhängigkeit der Gerichte sowie das Rechtsstaatsprinzip berührt würden (VerfGH NRW, a. a. O.; krit. *Brinktrine,* JURA 2000, 123, 131).

Beispiel: Die Oppositionsfraktion als „Organteil“ des Landtages (§ 43 VerfGHG) wehrt sich im Wege des Organstreitverfahrens vor dem VerfGH NRW gegen die vom Ministerpräsidenten durch Organisationserlass verfügte Fusion des Innen- und Justizministeriums. Der VerfGH NRW wertet den Organisationsakt als Verletzung von Vorbehaltsrechten des Parlamentes („Vorbehalt des Gesetzes“), da eine solche Entscheidung aufgrund ihrer „Wesentlichkeit“ nur vom Parlament hätte angeordnet werden dürfen. Die Organklage hat Erfolg (VerfGH NRW, a. a. O.).

Insgesamt dürfte die Anwendbarkeit der Wesentlichkeitslehre bei Organisationsakten des Ministerpräsidenten allerdings eine seltene Ausnahme bleiben, da zwischen der politisch-personellen Zusammensetzung des Kabinetts und der Organisation der Ministerien ein unmittelbarer thematischer Zusammenhang besteht. Hiervon unberührt bleibt, dass die Schaffung oder Zusammenlegung von Ressorts entsprechende Einzelpläne im Haushaltsplan erforderlich macht. Die Organisationsgewalt des Ministerpräsidenten steht insoweit unbestreitbar stets in einer gewissen Abhängigkeit zum Parlament.

Die Landesregierung als Kollegialorgan hat schließlich die Befugnis zur **Gesetzesinitiative** (Art. 65 Alt. 1 LV) sowie die Zuständigkeit zur **Ausfertigung und Verkündung von Gesetzen** (Art. 71 Abs. 1 LV). Des Weiteren entscheidet das Kollegium über Ressortstreitigkeiten (Art. 55 Abs. 3 LV), über den Erlass von Notverordnungen (Art. 60 LV) und Ausführungsverordnungen (Art. 56 Abs. 2 LV), die Zulässigkeit von Volksbegehren und die Durchführung von Volksentscheiden (Art. 68 LV). Schließlich ernennt die Landesregierung – mit Subdelegationsbefugnis – die Beamten (Art. 58 LV) und richtet die Verwaltungsbehörden nach Maßgabe der allgemeinen Verwaltungsorganisation ein (Art. 77 LV). **123**

1. Wahl des Ministerpräsidenten

Der Ministerpräsident wird gem. Art. 52 Abs. 1 LV in geheimer Wahl und ohne Aussprache aus der Mitte des Landtages gewählt. Im Vergleich zum Grundgesetz und zu allen anderen Landesverfassungen weist die nordrhein-westfälische Landesverfassung die Besonderheit auf, dass der Abgeordnetenstatus notwendige Voraussetzung für die Wählbarkeit zum Ministerpräsidenten ist. Für die Ernennung zum Landesminister existiert eine derartige verfassungsrechtliche Vorbedingung dagegen nicht. Im ersten Wahlgang bedarf es zur Wahl zum Ministerpräsidenten einer Mehrheit der gesetzlichen Mitglieder des Parlamentes, während im Falle eines erforderlichen zweiten und dritten Wahlganges die Mehrheit der abgegebenen Stimmen hinreicht. Standen sich in einem erfolglosen dritten Wahlgang mindestens zwei Kandidaten gegenüber, gestattet die Verfassung gleichsam als vierten Wahlgang eine Stichwahl zwischen den beiden Kandidaten mit der höchsten Stimmenzahl (Art. 52 Abs. 2 S. 2 LV). Gewählt ist in diesem Falle, wer die höhere Stimmenzahl erhält. Bei Stimmengleichheit (Pattlage) muss das Wahlverfahren erneut aufgerollt werden. **124**

2. Misstrauensvotum

Ebenso wie auf Bundesebene kann das Parlament dem Regierungschef nur dadurch das Misstrauen aussprechen, dass es einen anderen Abgeordneten zu seinem Nachfolger wählt (Art. 61 Abs. 1 LV – sog. **„konstruktives Misstrauensvotum“**). Anders als bei Art. 67 GG reicht für die Wahl eines Nachfolgers allerdings bereits die (einfache) Mehrheit der abgegebenen Stimmen. Einen Misstrauensantrag gegen einzelne Minister sieht die Landesverfassung nicht vor. Allerdings kann der Landtag nach h. M. durch einen schlichten Missbilligungsbeschluss, der die Amtsführung eines Ministers betrifft, dem Ministerpräsidenten die Entlassung des Ministers nahe legen. Diesem Beschluss kommt freilich keine rechtliche Bindungswirkung, sondern lediglich eine politische Wirkungskraft zu. Eine **Vertrauensfrage** des Ministerpräsidenten, wie sie Art. 68 GG für den Bundeskanzler normiert, sieht die Landesverfassung nicht vor (vgl. aber zum Selbstauflösungsrecht des Landtages oben Rn. 84). **125**

3. Beendigung des Amtes

126 Ungeachtet der Möglichkeit eines konstruktiven Misstrauensvotums (oben Rn. 125) endet das Amt des Ministerpräsidenten und der Minister (spätestens) mit dem **Zusammentritt eines neuen Landtages** (Art. 62 Abs. 2 LV). Bedeutungslos ist dabei, ob der Landtag bei seinem ersten Zusammentritt bereits einen Nachfolger wählt oder nicht. Unabhängig hiervon können der Ministerpräsident gegenüber dem Landtag und die Minister gegenüber dem Ministerpräsidenten – also jeweils gegenüber dem zuständigen „Ernennungsorgan" – ihren **Rücktritt** erklären (Art. 62 Abs. 1 LV). Dagegen führt der Verlust des Abgeordnetenmandats richtigerweise nicht automatisch zur Beendigung des Amtes des Ministerpräsidenten, da der Abgeordnetenstatus nach Art. 52 Abs. 1 LV Voraussetzung lediglich für die Wählbarkeit zum Ministerpräsidenten ist (str.). Mit der Erledigung des Amtes des Ministerpräsidenten endet stets zugleich das Amt seiner Minister (Art. 62 Abs. 2 LV). In jedem Fall der Amtsbeendigung haben sowohl der Ministerpräsident als auch die einzelnen Minister die Amtsgeschäfte vorläufig bis zur Amtsübernahme des Nachfolgers weiterzuführen (Art. 62 Abs. 3 LV).

III. Der Verfassungsgerichtshof

127 Ebenfalls den Rang eines Verfassungsorgans nimmt der Verfassungsgerichtshof für das Land Nordrhein-Westfalen (VerfGH NRW) ein. Das siebenköpfige Richterkollegium setzte sich nach den ursprünglichen Regelungsvorgaben aus drei gesetzlichen („geborenen") und vier vom Landtag für die Dauer von sechs Jahren gewählten („gekorenen") Mitgliedern zusammen, von denen die Hälfte die Befähigung zum Richteramt oder zum höheren Verwaltungsdienst haben musste. Zu den „geborenen" Mitgliedern des VerfGH NRW zählten die Präsidentin bzw. der Präsident des OVG NRW sowie die beiden lebensältesten OLG-Präsidentinnen bzw. Präsidenten des Landes. Als Präsident des VerfGH NRW fungierte der jeweilige Präsident des OVG. Im Zuge der NRW-Verfassungsreform des Jahres 2016 (LT-Drs. 16/12350) wurden die verfassungsrechtlichen Vorgaben dahingehend umgestellt, dass nunmehr **sämtliche Verfassungsrichter** und deren Stellvertreter für die Dauer von 10 Jahren vom Landtag **gewählt** werden (§ 4 Abs. 1 VerfGHG). Ziel der Neuregelung war es, die statusrechtliche Gleichheit aller Richter herzustellen. Der Verzicht auf die vormaligen „geborenen" richterlichen Mitglieder wurde durch die Bestimmung des Art. 76 Abs. 2 S. 4 LV kompensiert, wonach drei Mitglieder und ihre Stellvertreter Berufsrichter sein müssen. Das Mindestalter der Richter liegt bei 35 Jahren. Die frühere Höchstaltersgrenze von 68 Jahren wurde aufgehoben.

Mit der Einführung der Individualverfassungsbeschwerde zum Jahre 2019 wurde dem VerfGH NRW durch § 59 VerfGHG die Möglichkeit zur Bildung von **Kammern mit jeweils drei Richtern** eingeräumt. Von dieser speziell auf die Verfassungsbeschwerdeverfahren bezogenen Möglichkeit hat der VerfGH NRW durch die Bildung von drei Kammern Gebrauch gemacht.

Eine Neuvermessung der personellen Zusammensetzung des Gerichtshofs dürfte zumindest mittelfristig als Folge der Einführung der Individualverfassungsbeschwerde zum VerfGH NRW (unten Rn. 252) zu erwarten sein, die seit 2019 den Tätigkeitsschwerpunkt des VerfGH NRW bildet. Denn realistischerweise wird der hierdurch bewirkte Zuwachs an Verfahren im bevölkerungsreichsten Bundesland Deutschlands mit den bestehenden personellen Ressourcen nicht zu bewältigen sein. Die vorzugswürdige organisationsrechtliche Antwort auf die neuen Herausforderungen dürfte in der **personellen Aufstockung** des mit sieben Richtern im Ländervergleich ohnehin sehr knapp ausgestatteten Gerichts liegen. Soweit der Gesetzentwurf (LT-Drs. 17/2122

v. 6.3.2018) das Modell einer hauptamtlichen Bestellung einzelner Verfassungsrichter ins Auge fasst, stehen die hiermit verbundenen statusrechtlichen Unterschiede zwischen haupt- und nebenamtlichen Richtern in einem schwer überbrückbaren Gegensatz zu der erst 2017 in Kraft getretenen Neuregelung der Verfassungsrichterwahl, mit der die vormaligen statusrechtlichen Unterschiede zwischen den „geborenen" und den „gekorenen" Mitgliedern des Gerichts beseitigt wurden.

Zu den Verfahrensarten vor dem VerfGH NRW siehe unten Rn. 209 ff.

IV. Anhang

Literatur: Zu I: *Geiger,* Der Abgeordnete und sein Beruf, ZParl. 1978, 522 ff.; *Kühne,* Die Frage- und Kontrollrechte des Landtags und seiner Abgeordneten in der Rechtsprechung des Verfassungsgerichtshofs, in: FS VerfGH NRW, 2002, S. 355 ff.; *Kunig,* Fragen zu den Wahlrechtsgrundsätzen, JURA 1994, 554 ff.; *Ockermann,* Zum Umfang der Wahlprüfung, NVwZ 1991, 1150 ff.; *Schlink,* Verfassungsrechtlicher Rechtsschutz bei der Vorbereitung und Durchführung von Wahlen und Volksbegehren in Nordrhein-Westfalen, in: FS VerfGH NRW, 2002, S. 137 ff.; *Walter,* Indemnität und Immunität (Art. 46 GG) im Überblick, JURA 2000, 496 ff.; *Wiefelspütz,* Die Immunität des Abgeordneten, DVBl. 2002, 1229 ff.; *ders.,* Untersuchungsausschuss und öffentliches Interesse, NVwZ 2002, 10 ff. **128**

Zu II: *Birke,* Das konstruktive Misstrauensvotum in den Verfassungsverhandlungen der Länder und des Bundes, ZParl. 1977, S. 77 ff.; *Blasius,* Staatliche Ressourcen für Parteien und Fraktionen, NWVBl. 1993, 1 ff.; *Böckenförde,* Organisationsgewalt und Gesetzesvorbehalt, NJW 1999, 1235 f.; *Brinktrine,* Organisationsgewalt der Regierung und der Vorbehalt des Gesetzes – zur Reichweite der „Wesentlichkeitstheorie" am Beispiel der Zusammenlegung von Justiz- und Innenministerium in Nordrhein-Westfalen, JURA 2000, 123 ff.; *Butzer,* Die Rechte des nordrhein-westfälischen Ministerpräsidenten bei der Regierungsbildung, NWVBl. 1996, 208 ff.; *Dünchheim,* Die Organisationsgewalt im Kraftfeld zwischen parlamentarischer Steuerung und exekutivischer Eigenverantwortung, in: Gedächtnisschrift Burmeister, 2005, S. 125 ff.; *Erbguth,* Die Ressortierung der Justiz und der Gesetzesvorbehalt, NWVBl. 1999, 365 ff.; *Goerlich,* Neue Handlungsformen, staatliche Umweltratschläge und Chancengleichheit im Wahlkampf, NWVBl. 1992, 159 ff.; *Menzel,* Die Organisationsgewalt der Verfassungsrichter im Bereich der Regierung, NWVBl. 1999, 201 ff.; *Niedobitek,* Die Landesregierung in den Verfassungen der deutschen Länder, Festschrift für K. König, 2004, S. 355 ff.; *Sendler,* Vom schönen Schein des bösen Scheins – Oder: Alle Macht den Richtern!, NJW 1999, 1232 ff.

Zu III: *Bertrams,* Status, Organisation und Zuständigkeiten des Verfassungsgerichtshofs, in: FS VerfGH NRW, 2002, S. 33 ff.; *Bilda,* Die Zusammensetzung des Verfassungsgerichtshofs, in: FS VerfGH NRW, 2002, S. 57 ff.; *Dästner,* Die Entstehung und Entwicklung der nordrhein-westfälischen Verfassungsgerichtsbarkeit, in: FS VerfGH NRW, 2002, S. 13 ff.; *Harms-Ziegler,* Verfassungsrichterwahl in Bund und Ländern, in: Macke (Hrsg.), Verfassung und Verfassungsgerichtsbarkeit auf Landesebene, 1998, S. 191 ff.; *Reutter,* Richterinnen und Richter am VerfGH NRW, NWVBl. 2020, 9 ff.

Klausurbearbeitung: *Dietlein/Hellermann,* „Kleine Anfrage", in: Klausurenbuch Öffentliches Recht in NRW, 3. Aufl. 2021, Fall 5; *Hendler,* Ausschluss aus der Fraktion, in: Staatsorganisationsrecht, 2. Aufl. 2003, S. 127 ff.; *Kiste,* Stasi-Unterlagen im Untersuchungsausschuss?, JuS 2003, 61 ff.; *Kotzur,* Parteifreund auf Abwegen, JuS 2001, 54 ff.; *Schoch,* Streit um die Organisationsgewalt des Ministerpräsidenten, in: Übungen im Öffentlichen Recht I, 2000, S. 327 ff.

Kontrollfragen:

1. Was sind Verfassungsorgane und welche existieren im nordrhein-westfälischen Verfassungsgefüge?
2. Welches Wahlsystem gilt für die Wahl des nordrhein-westfälischen Landtags und inwiefern ergeben sich Unterschiede zum Wahlsystem bei den Bundestagswahlen?
3. Wie wirkt sich die Wahrnehmung des „freien Mandats" der Landtagsabgeordneten auf Weisungen und Zwänge ihrer Fraktion aus und welche rechtlichen Sanktionsmöglichkeiten haben die Fraktionen bei etwaiger Zuwiderhandlung?
4. Durch welche verfassungsrechtlichen Regelungen wird das sog. „freie Mandat" flankiert?
5. Wo findet sich in der Landesverfassung eine Regelung über die Fraktionen im Landtag? Unter welchen Umständen ist ein Fraktionsausschluss eines Abgeordneten möglich?
6. Wie werden fraktionslose Abgeordnete in den Ausschüssen beteiligt?
7. Woraus wird die Konzeption der parlamentarischen Untersuchungsausschüsse als Minderheitenrecht besonders deutlich?

F. Die legislativen und exekutiven Staatsfunktionen (Staatsleitung)

I. Gesetzgebung

129 Der Erlass förmlicher Gesetze („Parlamentsgesetze“) ist das natürliche Recht des Parlaments. Art. 66 S. 1 LV bestätigt dieses Recht, das in NRW freilich durch die Möglichkeit einer „Volksgesetzgebung“ jenseits des klassischen Gesetzgebungsverfahrens modifiziert wird (hierzu Rn. 164ff.). Kompetenziell erstreckt sich die Gesetzgebungszuständigkeit auf sämtliche Lebensbereiche, die nicht durch das Grundgesetz dem Bund überwiesen wurden (Art. 70 GG). Der Landesgesetzgebung entzogen sind damit der Bereich der ausschließlichen Gesetzgebung des Bundes (Art. 71, 73 GG) sowie die Bereiche der konkurrierenden Gesetzgebung (Art. 72, 74 GG), soweit der Bund dort von seiner Kompetenz in verfassungsgemäßer Weise Gebrauch gemacht hat und ein Abweichungsrecht der Länder gem. Art. 72 Abs. 3 GG nicht besteht. Nach nicht unproblematischer Rechtsprechung des VerfGH NRW ist der Kompetenzkatalog der Art. 70ff. GG kraft Rezeption durch Art. 1 Abs. 1 S. 1 LV zugleich Bestandteil der Landesverfassung und damit Kontrollmaßstab des VerfGH NRW (NVwZ 1993, 57ff.). Der VerfGH NRW ist demnach befugt, kompetenzwidrig erlassene Landesgesetze in den gesetzlich vorgesehenen prinzipalen Normenkontrollverfahren, aber auch im Rahmen der inzidenten Normenkontrolle bei einer Individualverfassungsbeschwerde, für nichtig zu erklären.

1. Gesetzgebungsverfahren

130 Gem. Art. 65 LV werden die **Gesetzentwürfe** von der Landesregierung (oben Rn. 121ff.) oder aus der Mitte des Landtages eingebracht. Die Einzelheiten des parlamentarischen Verfahrens regelt die Geschäftsordnung des Landtags (GO-LT). Hiernach unterteilt sich die Beratung in grundsätzlich zwei Lesungen, für Verfassungsänderungen, Haushalts- und Finanzausgleichsgesetze in drei Lesungen.

Beachte: Eine mögliche Missachtung von Regeln der Geschäftsordnung des Landtages berührt die Verfassungsmäßigkeit beschlossener Gesetze nur dann, wenn die betreffenden Geschäftsordnungsregeln zugleich Ausdruck zwingender Verfassungsrechtssätze sind. Dies ist bei den Bestimmungen der GO-LT über die Anzahl der Lesungen nicht der Fall, da die Landesverfassung diesbezüglich keinerlei Vorgaben trifft. Sofern der innerparlamentarische Willensbildungsprozess daher sichergestellt ist, bleibt ein Abweichen von der vorgesehenen Zahl der Lesungen ohne Folgen für die Wirksamkeit des Gesetzes.

Die vom Landtag **beschlossenen Gesetze** werden gem. Art. 71 Abs. 1 S. 1 LV unverzüglich von der Landesregierung **ausgefertigt** und im Gesetz- und Verordnungsblatt **verkündet.** Ein materielles Prüfungsrecht, wie es auf Bundesebene in eingeschränkter Form dem Bundespräsidenten bei der Ausfertigung von Gesetzen zukommt, steht der Landesregierung dabei nicht zu. Dagegen hat sie die Ausfertigung eines nicht im ordnungsgemäßen Verfahren zustande gekommenen Gesetzes zu verweigern. Das vormals in der Landesverfassung normierte Recht der Landesregierung, gegen ein vom Landtag beschlossenes Gesetz „Bedenken“ zu erheben, über die dann der Landtag zu befinden hatte, wurde zwischenzeitlich gestrichen.

2. Verfassungsändernde Gesetze

Qualifizierten Anforderungen unterliegen traditionell Änderungen der Verfassung. Gem. Art. 69 Abs. 2 LV bedarf es hierzu insbesondere einer **Mehrheit von zwei Dritteln** der gesetzlichen Mitgliederzahl des Landtages. Ferner bedarf jede Verfassungsänderung einer **Änderung oder Ergänzung des Verfassungswortlauts** (Art. 69 Abs. 1 S. 1 LV). Ebenso wie das Grundgesetz (Art. 79 Abs. 1 S. 1 GG) verbietet die Landesverfassung somit Verfassungsdurchbrechungen, die außerhalb der Verfassungsurkunde dokumentiert werden. Eine dem Art. 79 Abs. 3 GG ähnelnde **„Ewigkeitsgarantie"** enthält der durch verfassungsänderndes Gesetz vom 5.3.2002 (GVBl. NRW, S. 108) neu in die Landesverfassung aufgenommene Art. 69 Abs. 1 S. 2 LV. Dieser verbietet „Änderungen der Verfassung, die den Grundsätzen des republikanischen, demokratischen und sozialen Rechtsstaates im Sinne des Grundgesetzes [...] widersprechen". Von Art. 79 Abs. 3 GG unterscheidet sich die Bestimmung freilich dadurch, dass sie selbst Produkt einer Verfassungsänderung ist und damit – anders als Art. 79 Abs. 3 GG – nicht als „änderungsfest" angesehen werden kann. Entsprechend der „lex-posterior"-Regel wird man dementsprechend aus Art. 69 Abs. 1 S. 2 LV auch keine rechtsverbindliche „Selbstbindung" des verfassungsändernden Gesetzgebers in Bezug auf weitere (ranggleiche) Verfassungsänderungen ableiten können. Gleichwohl bestätigt Art. 69 Abs. 1 S. 2 LV im Ergebnis die vom VerfGH NRW in st. Rspr. angenommene „Rezeption" der Staatsprinzipien des Art. 28 Abs. 1 GG durch Art. 1 Abs. 1 S. 1 LV als unmittelbar geltendes Landesverfassungsrecht (hierzu ausführlich oben Rn. 14). Auch wenn Art. 1 Abs. 1 S. 1 i. V. m. Art. 69 Abs. 1 S. 2 LV in der Sache lediglich die nach Art. 28 Abs. 1 GG ohnehin bestehenden Bindungen wiederholt, kommt dieser Rezeption des Art. 28 Abs. 1 GG eine eigenständige Bedeutung jedenfalls insoweit zu, als verfassungsändernde Gesetze hiernach auch „landesintern" vom VerfGH NRW auf die Wahrung der genannten Grundprinzipien überprüft werden können. 131

Seit der Neufassung des Art. 69 LV können Verfassungsänderungen schließlich auch im Verfahren der Volksgesetzgebung beschlossen werden (unten Rn. 169 f.).

3. Haushaltsgesetzgebung

Zumindest formal der Gesetzgebung zuzurechnen ist auch das dem Landtag nach Art. 81 Abs. 1 und 3 S. 1 LV als ausschließliches Recht zugeordnete **„Budgetrecht"** (Etathoheit). Es enthält das Recht und die Pflicht des Parlaments, den Haushaltsplan zur Verwendung der Staatsfinanzen durch Gesetz festzusetzen, und ist Teil des (gem. § 11 Abs. 2 Nr. 9 JAG nicht pflichtfachrelevanten) „Finanzverfassungsrechts". Obgleich im Verfassungstext nicht erwähnt, liegt das Initiativrecht zur Haushaltsgesetzgebung in Abweichung zu Art. 65 LV allein bei der Landesregierung (vgl. für die Bundesebene Art. 110 Abs. 3 GG), die ihren Gesamthaushaltsentwurf auf der Grundlage von Einzelplänen der Landesministerien, der Staatskanzlei sowie des Landtages erstellt. Korrespondierend hiermit kann der Haushalt vom Landtag nur als Ganzes beschlossen werden. Dem Landtag steht es also nicht zu, Teile des Haushalts abzulehnen und den verbleibenden Rest zu billigen. Eine abschließende Teilablehnung kommt daher einer Gesamtablehnung gleich. Die Landesregierung hat ihren Entwurf zeitig in das Parlament einzubringen, damit das Gesetzgebungsverfahren – wie von Art. 81 Abs. 3 S. 1 LV verlangt – vor Beginn des Haushaltsjahres abgeschlossen werden kann (VerfGH NRW, NVwZ 2013, 503, sog. Vorherigkeitsgebot). Aufgabe des Landtages ist es, alle voraussehbaren Ausgaben des Landes zu erfassen und zugleich auf bestimmte Zwecke zu spezialisieren. Dem Gebot der sachlichen Spezialisierung, das in § 45 Abs. 1 LHO eine ein- 132 fachgesetzliche Ausformung gefunden hat, kommt angesichts seiner grundlegenden Bedeutung für eine wirksame Steuerung des Finanzgebarens der Regierung Verfassungsrang zu (VerfGH NRW, DÖV 1995, 1003, 1004). Bei der Durchführung des Haushaltsplanes ist die Regierung grundsätzlich an den mit der Bewilligung des Landtages gem. Art. 81 LV vorgegebenen Finanzrahmen gebunden. Eng begrenzte **Ausnahmen** hiervon sehen Art. 82 **(Haushaltseilkompetenz der Regierung)** sowie Art. 85 LV **(über- und außerplanmäßige Ausgaben)** vor. Die nach Art. 85 Abs. 1 S. 1 LV erforderliche Zustimmung für über- und außerplanmäßige Ausgaben darf vom zuständigen Finanzminister nur „im Falle eines unvorhergesehenen und unabweisbaren Bedürfnisses" erteilt werden (S. 2).

Beachte: Während die Bejahung eines „Bedürfnisses" weitgehend politischer Einschätzung unterliegt, nimmt der VerfGH NRW für die Frage der Unvorhersehbarkeit sowie der Unabweisbarkeit dieses Bedürfnisses ein umfassendes Prüfungsrecht für sich in Anspruch (s. NWVBl. 1992, 129, 131).

133 Inhaltliche Vorgaben für die Haushaltsgesetzgebung ergeben sich vor allem aus den verfassungsrechtlichen Geboten der Vollständigkeit und Einheitlichkeit des Haushaltsplans (Art. 81 Abs. 2 S. 1 LV) sowie den Grundsätzen des Haushaltsausgleichs (Art. 81 Abs. 2 S. 3 LV) und der Haushaltswahrheit. Als finanzrechtliche Ausprägung des dem nordrhein-westfälischen Landesverfassungsrecht immanenten Verhältnismäßigkeitsgrundsatzes entfaltet schließlich das sog. **Wirtschaftlichkeitsgebot** Rechtsbindungen für die Haushaltsgesetzgebung: Es verpflichtet den Haushaltsgesetzgeber, „bei allen Maßnahmen die günstigste Relation zwischen dem gesteckten Ziel und den eingesetzten Mitteln anzustreben" (VerfGH NRW, NVwZ 2011, 805, 807). Hierzu zählt namentlich, Spielräume zur Verschuldensbegrenzung oder -rückführung zu nutzen, die sich entsprechend den Erfordernissen des gesamtwirtschaftlichen Gleichgewichts eröffnen.

Beispiel: Die Bildung kreditfinanzierter Rücklagen zur Deckung eines Finanzbedarfs in künftigen Haushaltsjahren widerspricht im Regelfall dem Wirtschaftlichkeitsgebot i. V. m. Art. 81 Abs. 3, 83 S. 2 LV (VerfGH NRW, NVwZ 2004, 217).

134 Soweit speziell die Ermächtigung zur Kreditaufnahme in Rede steht, unterliegt diese im Normalfall einer doppelten Einschränkung: Zum einen ist sie begrenzt auf das Maß dessen, was in Wahrung der Erfordernisse des gesamtwirtschaftlichen Gleichgewichts geboten erscheint, zum anderen darf im konkreten Haushaltsjahr nicht mehr an Kreditaufnahmen in den Haushalt eingestellt werden, als Ausgaben für Investitionen veranschlagt werden (Art. 83 S. 2 LV). Zukunftsbelastende Einnahmen sind also zum Schutz künftiger Generationen durch zukunftsbegünstigende Ausgaben zu kompensieren. Eine Überschreitung der investitionsabhängigen Obergrenze ist nach Art. 83 S. 2 LV i. V. m. § 18 Abs. 1 LHO lediglich zur Abwehr einer Störung des gesamtwirtschaftlichen Gleichgewichts möglich. Eine solche Störung liegt vor, wenn einzelne oder mehrere der in § 1 S. 2 des Gesetzes zur Förderung der Stabilität und des Wachstums der Wirtschaft (StWG) genannten Ziele
- Stabilität des Preisniveaus,
- hoher Beschäftigungsstand,
- außenwirtschaftliches Gleichgewicht sowie
- stetiges und angemessenes Wirtschaftswachstum

ernsthaft und nachhaltig beeinträchtigt werden oder ein solcher Zustand droht.

Hinsichtlich der Frage, ob eine Störungslage in genanntem Sinne vorliegt, kommt dem Haushaltsgesetzgeber ein gewisser Einschätzungs- und Beurteilungsspielraum zu, der sich an den in den einzelnen Daten zum Ausdruck kommenden Entwicklungstendenzen auszurichten hat. Diesem Einschätzungsspielraum entspricht eine besondere Darlegungslast des Gesetzgebers. Der Gesetzgeber ist verpflichtet, offen zu legen, aus welchen Gründen, in welcher Weise und mit welchem Ziel er von dieser Befugnis Gebrauch machen will (zu den Details zuletzt VerfGH NRW, NVwZ 2011, 805). Die Unbestimmtheit des materiellen Maßstabes findet also eine teilweise Kompensation in den verfahrensrechtlichen Anforderungen.

Beachte: Entgegen vielfacher Literaturstimmen dürfte die Inanspruchnahme der Sonderkompetenz zur Abwehr einer Störung des gesamtwirtschaftlichen Gleichgewichts nicht von einer vorausgehenden Parallelfeststellung auf Bundesebene abhängen. Namentlich trifft die als Argument herangezogene Verpflichtung des Art. 109 Abs. 2 GG Bund und Länder jeweils selbständig!

Zu beachten ist schließlich, dass eine durch Störung des gesamtwirtschaftlichen Gleichgewichts begründete erhöhte Kreditaufnahme darüber hinaus final auf die Abwehr eben dieser Störung bezogen sein muss (BVerfGE 79, 311, 339).

4. Verordnungsgebung

Zu den Gesetzen im materiellen Sinne zählen aufgrund ihres abstrakt-generellen Inhalts auch die Rechtsverordnungen. In Abgrenzung zu Satzungen und Verwaltungsvorschriften handelt es sich weder um Vorschriften, die von autonomen Körperschaften im Wege der Selbstverwaltung erlassen werden, noch um Vorschriften, die nur internes Verwaltungshandeln ohne unmittelbare Außenwirkung betreffen (BVerfGE 32, 346, 361; 100, 249, 258). **135**

Als „abgeleitete" exekutive Normsetzung finden Rechtsverordnungen ihre Legitimationsgrundlage in einer durch Art. 70 LV zugelassenen **Übertragung (Delegation) von Rechtssetzungsbefugnissen** des Parlaments auf die Exekutive. Die exekutive Kompetenz zur Verordnungsgebung ist somit nicht originärer, sondern derivativer Natur. Die Verordnungsgebung unterliegt nach dem eindeutigen Verfassungswortlaut zugleich einem **„Totalvorbehalt des Gesetzes"**. Die Übertragung von Rechtssetzungsbefugnissen auf die Exekutive zielt vor allem auf eine Entlastung des Parlaments, zugleich aber auch auf eine Beschleunigung und Vereinfachung des Normsetzungsverfahrens. Über das Bestimmtheits- bzw. Vorhersehbarkeitserfordernis des Art. 70 S. 2 LV (unten Rn. 141 f.) soll auf der anderen Seite der Gefahr entgegengewirkt werden, dass Rechtssetzungsbefugnisse pauschal auf die Exekutive delegiert und damit Möglichkeiten einer „Selbstentmachtung" des Parlaments eröffnet werden. Von praktischer Relevanz ist die Verordnungsgebung zumal im Umwelt- und Technikrecht, da hier neben die parlamentarischen Grundentscheidungen eine Vielzahl von anwendungsbezogenen Verordnungen tritt, deren konkrete Ausgestaltung aufgrund der raschen technischen Entwicklung nicht selten kurzfristig anzupassen ist. **136**

Nicht in den Anwendungsbereich des Art. 70 LV fallen Rechtsverordnungen, die von der Landesregierung auf der Grundlage einer bundesgesetzlichen Verordnungsermächtigung erlassen werden. Dies ist etwa bei der **Coronaschutzverordnung** NRW der Fall, die auf der Ermächtigungsnorm des § 32 S. 1 IfSG basiert. Einschlägig ist hier, da es sich um Delegation seitens des Bundesgesetzgebers handelt, Art. 80 GG. Unabhängig hiervon sind die von der Landesregierung erlassenen Rechtsverordnungen uneingeschränkt dem Landesrecht zuzuordnen (BVerfGE 18, 407, 414 ff.). **137**

a) Ermächtigungsadressaten

138 Anders als die bundesrechtliche Parallelvorschrift des Art. 80 GG enthält Art. 70 LV keine nähere Bestimmung der potentiellen Ermächtigungsadressaten. Möglich ist daher nicht nur die Delegation der Normsetzungsbefugnis auf die **Landesregierung** oder einzelne (oder mehrere) **Minister,** sondern ebenso eine Ermächtigung **anderer Behörden** oder **Landesverwaltungen** (z. B. örtliche Ordnungsbehörden, vgl. § 27 Abs. 1 OBG). Sofern sich die Verordnungsermächtigung ausdrücklich nur auf ein bestimmtes Ministerium bezieht, aber gleichwohl der Sachbereich eines anderen Ministeriums thematisch berührt ist, lassen sich Meinungsverschiedenheiten der betroffenen Minister nicht unter Zuhilfenahme des Kollegialprinzips i. S. v. Art. 55 Abs. 3 LV beseitigen. Denn die Verordnungsgebung betrifft allein den Geschäftsbereich des als Ermächtigungsadressaten benannten Ministeriums. Demgegenüber lassen sich Meinungsverschiedenheiten durch das Minister-Kollegium beilegen, wenn die Verordnungsermächtigung ausdrücklich mehrere Minister gleichzeitig erfasst, da insofern mehrere Geschäftsbereiche tangiert sind.

139 Verfassungsrechtlich brisant sind Verordnungsermächtigungen der Exekutive unter Mitwirkungsvorbehalt des Landtages, da durch sie die Trennungslinie zwischen legislativer und exekutiver Normsetzung verwischt wird (str.). Traditionell wird differenziert zwischen unterschiedlich rechtsintensiven Mitwirkungsformen: So haben die parlamentarischen Mitwirkungsrechte bei sog. **„Kenntnisverordnungen"** (Vorlagepflicht) und **„Konsultationsverordnungen"** (Anhörungspflicht) keinen unmittelbaren Einfluss auf das Zustandekommen oder den rechtlichen Bestand der Verordnung. Die betreffenden Mitwirkungsrechte sind lediglich politischer Natur, so dass eine verfassungswidrige Vermengung der Handlungsformen von Gesetz- und Verordnungsgebung zumeist verneint wird. Schwieriger stellt sich die Rechtslage bei genuinen Mitwirkungsrechten dar (sog. **Beteiligungsverordnungen**). Mag hier ein Recht des Parlaments auf Zustimmung, Genehmigung oder Einspruch noch hinnehmbar erscheinen, stellen sich autonome Mitgestaltungsbefugnisse des Parlamentes, insbesondere als Änderungsvorbehalte, nach hier vertretener Auffassung bereits als „Formenmissbrauch" dar, da die Verfassung dem Parlament einzig das Gesetz als legitime Handlungsform eigener Normsetzung zuweist (unten Rn. 141 f.). Dem steht nicht entgegen, dass das Parlament eine Verordnung nach deren Erlass abändern kann. Denn die Abänderung einer Verordnung geschieht durch Parlamentsgesetz, auch wenn der geänderten Verordnung danach insgesamt Verordnungsqualität zukommt (unten Rn. 144). Als verfassungsrechtlich bedenklich wäre weiterhin die Einräumung genuiner Mitwirkungs- bzw. Zustimmungsrechte zugunsten einzelner Landtagsausschüsse (vgl. etwa § 130 Abs. 1 GO) einzustufen, da diesen – im Gegensatz zum parlamentarischen Plenum – keine Rechtssetzungskompetenz zusteht (krit. auch VG Aachen, NWVBl. 2006, 344).

140 Grundsätzlich möglich ist demgegenüber die Weiterübertragung der Normsetzungskompetenz durch die primär ermächtigte Stelle auf eine andere staatliche, nicht jedoch private Stelle **(„Subdelegation").** Die Subdelegation muss freilich in dem zugrundeliegenden Parlamentsgesetz ausdrücklich gestattet worden sein und bedarf zusätzlich der formalen Einkleidung in eine Rechtsverordnung der primär ermächtigten Stelle (Art. 70 S. 4 LV). Da die beiden Voraussetzungen kumulativ vorliegen müssen, ist eine vorgreifliche Subdelegation durch das Parlamentsgesetz unzulässig. Die Subdelegation kann inhaltlich nicht über die primäre Ermächtigung hinausgehen, jedoch unter Berücksichtigung von Art. 70 S. 2 LV (unten Rn. 141 f.) dieser gegenüber beschränkt werden.

b) Verordnungsermächtigung

Die Ermächtigung zum Erlass von Rechtsverordnungen kann nur durch ein **formelles Parlamentsgesetz** erteilt werden (Vorbehalt des Gesetzes, Art. 70 S. 1 LV). Die Verordnungsermächtigung muss im Zeitpunkt des Erlasses der Verordnung Gültigkeit erlangt haben; ihr späterer Wegfall bleibt für die Wirksamkeit der Verordnung grundsätzlich ohne Belang. Umgekehrt freilich kann das Fehlen der erforderlichen Verordnungsermächtigung nicht durch deren nachträglichen Erlass „geheilt" werden. Als besondere Ausprägung des Bestimmtheitsgebots muss das Gesetz den **Inhalt,** den **Zweck** und das **Ausmaß** der erteilten Ermächtigung bestimmen (Art. 70 S. 2 LV). Eine „Blankoermächtigung" der Exekutive durch das Parlament ist damit verfassungsrechtlich unterbunden. Hinreichend ist allerdings, dass sich Inhalt, Zweck und Ausmaß der Ermächtigung durch die Auslegung des Gesetzes oder durch die Ausfüllung unbestimmter Rechtsbegriffe nach allgemein gültigen Auslegungsmethoden ermitteln lassen. Die Zielsetzung, der Sinnzusammenhang und die Vorgeschichte des Gesetzes sind hierbei regelmäßig besonders bedeutsam. Nach dem Verfassungswortlaut ist insbesondere nicht verlangt, dass sich Inhalt, Zweck und Ausmaß der Ermächtigung unmittelbar aus der Ermächtigungsnorm selbst ergeben müssen; vielmehr reicht eine Bestimmung in dem jeweiligen „Gesetz" aus. Die Anforderungen an die Bestimmtheit der Verordnungsermächtigung steigen mit der Bedeutung der zu regelnden Materie. **141**

Unabhängig von den in Art. 70 LV explizit formulierten Beschränkungen der Verordnungsgebung endet die Delegationsbefugnis des Parlamentes schließlich nach allgemeinen Grundsätzen des Verfassungsrechts (Demokratieprinzip/Rechtsstaatsprinzip) dort, wo es um für das Gemeinwesen **„wesentliche" Fragen** geht **(„allgemeiner Vorbehalt des Gesetzes").** Wesentliche Fragestellungen darf somit allein das Parlament regeln. Eine solche „Wesentlichkeit" ergibt sich namentlich in besonders grundrechtssensiblen Bereichen (sog. „Grundrechtswesentlichkeit"), kann im Einzelfall aber auch jenseits grundrechtlich relevanter Themenbereiche anzunehmen sein (VerfGH NRW, DVBl. 1999, 714: Organisationsgewalt des Ministerpräsidenten). Ob der Verordnungsgeber von einer ihm zulässigerweise erteilten Ermächtigung Gebrauch macht, steht grundsätzlich in seinem Entschließungsermessen; nur ausnahmsweise kann sich eine Rechtspflicht zum Erlass der Verordnung aus dem Wortlaut oder aus Sinn und Zweck der Ermächtigung ergeben. **142**

c) Verordnung

Art. 70 S. 3 LV verlangt zwingend die Angabe der Rechtsgrundlage (Verordnungsermächtigung) in der Verordnung **(Zitiergebot).** Dieses besondere Formerfordernis soll die Prüfung erleichtern, ob sich der Verordnungsgeber beim Erlass der Verordnung im Rahmen der ihm erteilten Ermächtigung gehalten hat. Die Missachtung des Zitiergebots hat die Nichtigkeit der Verordnung zur Folge. Stützt sich eine Rechtsverordnung auf mehrere Ermächtigungen gleichzeitig (sog. **Sammelverordnung**), müssen sämtliche Ermächtigungen genannt werden; es bedarf allerdings keiner Zuordnung der einzelnen Verordnungsbestimmungen zu den jeweiligen Ermächtigungen (BVerfGE 101, 1, 42). Bei einer Subdelegation (Rn. 140) erfordert das Zitiergebot, dass die subdelegierte Verordnung ihre unmittelbare Ermächtigungsgrundlage (die in der subdelegierenden Verordnung enthalten ist) angibt; die subdelegierende Verordnung muss neben der gesetzlichen Verordnungsermächtigung auch die gesetzliche Ermächtigung zur Subdelegation benennen (BVerfGE 151, 173). Zu ihrem Inkrafttreten müssen Rechtsverordnungen von der Stelle, die sie erlässt, ausgefertigt und im Gesetz- und Verordnungsblatt verkündet werden (Art. 71 Abs. 2 LV). Eine allgemeine Begründungspflicht für Verordnungen lässt sich der Landesverfassung nicht entnehmen. **143**

144 Die Berechtigung des Verordnungsgebers zu einer Änderung oder Aufhebung einer von ihm erlassenen Verordnung folgt regelmäßig bereits aus der Verordnungsermächtigung bzw. dem der Verordnung zugrundeliegenden Entschließungsermessen. Eine unter Mitwirkungsvorbehalt des Landtags erlassene Verordnung bedarf zu ihrer Aufhebung keiner erneuten Mitwirkung des Landtags. Umgekehrt kann das Parlament Verordnungen, die auf der Grundlage einer von ihm erlassenen Ermächtigung ergangen sind, jederzeit aufheben und durch eigene (parlaments-)gesetzliche Regelungen ersetzen (Vorrang des Gesetzes!). Nicht zulässig ist dagegen richtigerweise eine parlamentarische Abänderung von Rechtsverordnungen im Wege der Verordnungsgebung. Soweit der Wortlaut einer Rechtsverordnung durch Parlamentsgesetz geändert wird, soll nach Auffassung des BVerfG auch den solchermaßen veränderten Teilen der Verordnung Verordnungsqualität zukommen (NVwZ 2006, 322, 323). Die Verordnung steht damit in allen Teilen zur Prüfung durch jedes damit befasste Gericht. Art. 100 Abs. 1 GG ist nicht anwendbar; eine konkrete Normenkontrolle ist unzulässig.

145 Sofern der Landtag lediglich die Verordnungsermächtigung außer Kraft setzt, bleibt die Verordnung weiterhin bestehen (BVerfGE 14, 245, 249). Nur ausnahmsweise tritt auch die Verordnung außer Kraft; so etwa, wenn sie mit dem Ermächtigungsgesetz eine funktionale, den Sinnzusammenhang verständlich machende Einheit bildet. Die Verfassungsmäßigkeit von Verordnungen kann vom VerfGH NRW sowie vom BVerfG im Rahmen der abstrakten Normenkontrolle (Art. 75 Nr. 3 LV: Vereinbarkeit mit der Landesverfassung bzw. Art. 93 Abs. 1 Nr. 2 GG: Vereinbarkeit mit dem Grundgesetz) überprüft werden. Denkbar ist auch eine inzidente Normenkontrolle im Rahmen verwaltungsgerichtlicher Streitverfahren, wobei den Fachgerichten neben der Prüfungskompetenz zugleich die Verwerfungskompetenz über Rechtsverordnungen (und Satzungen) zukommt. Ein verwaltungsgerichtliches Normenkontrollverfahren für Rechtsverordnungen nach § 47 Abs. 1 Nr. 2 VwGO sieht das nordrhein-westfälische Landesrecht nunmehr für alle Rechtsverordnungen vor, die ab dem Jahre 2019 bekannt gemacht wurden (§ 5 Rn. 9).

d) Notstandsverordnungen

146 Eine besondere Kategorie von Rechtsverordnungen bilden die in Art. 60 LV vorgesehenen Notstandsverordnungen, denen die Verfassung explizit „Gesetzeskraft" zuerkennt. Die Vorschrift bezieht sich auf den sog. **„Staatsnotstand"**, bei dem aufgrund äußerer Einflüsse wie Katastrophen, Aufruhr oder elementarer Störung der öffentlichen Sicherheit und Ordnung die Staats- und Verfassungsorgane an der Funktionsausübung gehindert sind. Der in Art. 60 LV geregelte Staatsnotstand ist zu unterscheiden vom sog. **„Gesetzgebungsnotstand"** i. S. d. Art. 81 GG. Letzterer meint eine (politische) Blockade der Gesetzgebung, die darauf zurückzuführen ist, dass eine die Regierung tragende Parlamentsmehrheit aufgrund einer Koalitions- oder Fraktionskrise zerfällt und damit eine hinreichende Mehrheit für die gesetzgeberische Tätigkeit fehlt.

147 Der Erlass von Notstandsverordnungen ist an strenge formelle und materielle Voraussetzungen geknüpft. In materieller Hinsicht (Abs. 1) erforderlich ist zunächst die Verhinderung eines Zusammentritts des Landtages durch höhere Gewalt. Die Versammlung darf also auch nicht an einem anderen Ort als dem regulären Landtagsgebäude abgehalten werden können. Die Verhinderung des Landtags ist durch Mehrheitsbeschluss des Landtagspräsidenten und seiner Stellvertreter (engeres Landtagspräsidium – Art. 38 Abs. 1 S. 1 LV) festzustellen. Als Rechtsfolge sieht Art. 60 Abs. 1 LV vor, dass die Landesregierung zur Aufrechterhaltung der öffentlichen Ruhe und Ordnung oder zur Beseitigung eines Notstands Verordnungen erlassen kann, die der Verfassung nicht widersprechen. Um einen möglichen Missbrauch von Art. 60 LV aufgrund der weitgehend dehnbaren Begriffe zu verhindern, ist eine **restriktive Auslegung der Norm**

erforderlich. Aus der Vorgabe, dass die Verordnung nicht im Widerspruch zur Verfassung stehen darf, ergibt sich, dass eine Verfassungsänderung im Wege der Verordnung unzulässig ist; die Änderung oder Aufhebung von formellen und/oder materiellen Gesetzen bleibt dagegen zulässig.

In formeller Hinsicht zuständig zum Verordnungserlass ist allein die Landesregierung **148** als Kollegialorgan, die hierbei der Zustimmung eines in der GO-LT bestimmten Ausschusses oder zumindest der Gegenzeichnung des Landtagspräsidenten (und seiner Stellvertreter) bedarf (Abs. 2 und 3). Notstandsverordnungen bedürfen zu ihrem Inkrafttreten ebenso wie sonstige Verordnungen der **Ausfertigung** und **Verkündung** im Gesetz- und Verordnungsblatt. Sie sind, sofern sie sich nicht zuvor zeitlich erledigen (Abs. 4), dem Landtag bei dessen nächster Sitzung zur Genehmigung vorzulegen. Wird die Genehmigung versagt, ist die Verordnung durch Bekanntmachung im Gesetz- und Verordnungsblatt unverzüglich außer Kraft zu setzen (Abs. 5 S. 2).

5. Satzungsgebung

Keine Erwähnung in der Landesverfassung findet die ebenfalls der exekutiven **149** Normsetzung zuzuordnende Satzungsgebung. Obgleich es sich bei der Satzungsgebung ebenso wie bei der Verordnungsgebung um eine abgeleitete Rechtssetzung handelt, findet **Art. 70 LV** auf sie **keine Anwendung.** Der Grund hierfür liegt in der grundlegend unterschiedlichen Rechtsqualität von Satzungs- und Verordnungsgebung. Während die Verordnungsgebung auf der Weiterleitung originärer Kompetenzen des Parlaments beruht, ist die Satzung Ausfluss einer dem Normgeber verfassungs- oder einfachrechtlich zuerkannten Autonomie (Recht auf Selbstverwaltung). Die Satzungshoheit kommt somit von Verfassungs wegen namentlich den Gemeinden und Gemeindeverbänden (Art. 78 LV) und den Hochschulen (Art. 16 LV) zu. Auch die Satzungshoheit der Selbstverwaltungsträger unterliegt den Schranken der „Wesentlichkeitslehre". Eingriffe in Grundrechte sind durch Satzung nur insoweit möglich, als sich der Satzungsgeber hierbei auf eine formalgesetzliche Grundlage stützen kann („Vorbehalt des Gesetzes"). Das Grundprinzip der Nichtigkeit rechtswidriger Satzungen wird im einfachen Recht vielfach durchbrochen (z. B. § 7 Abs. 6 GO).

II. Exekutive Staatsfunktionen

1. Der Funktionsbereich der Exekutive

Im Gegensatz zu der gesetzgebenden Funktion des Parlaments und der rechtsprechenden Funktion der Gerichtsbarkeit bleiben die Konturen der exekutiven Staatsfunktionen gemeinhin eher unscharf. Nach der traditionellen, historisch begründeten „Substraktionsmethode" wird als Exekutive jene Staatstätigkeit bezeichnet, die nicht Gesetzgebung oder Rechtsprechung ist. Nach des Wortes eigentlicher Bedeutung liegt die Aufgabe der Exekutive im „Vollzug". Hierzu zählt zunächst und vor allem der Vollzug von Gesetzen. Vollzug i. S. d. Verfassung meint darüber hinaus allerdings auch die politische Gestaltung des staatlichen und gesellschaftlichen Lebens. Nur so ist zu erklären, weshalb Art. 55 Abs. 1 LV dem Ministerpräsidenten die Befugnis zur Bestimmung der Richtlinien „der Politik" überweist. Dem verfassungsrechtlich nur eingeschränkt determinierten Bereich politischer Gestaltung sind namentlich zuzuordnen **150**

- die Führung und Organisation der Exekutivorgane,
- die staatliche Planung, insbes. die Haushaltsplanung (oben Rn. 132 ff.),
- das Gesetzesinitiativrecht (Art. 65 Alt. 1 LV),

– die Befugnis zum Abschluss von Staatsverträgen (mit Zustimmung des Landtags, Art. 66 S. 2 LV),
– das Begnadigungsrecht des Ministerpräsidenten (Art. 59 Abs. 1 S. 1 LV) sowie
– der Erlass von Rechtsverordnungen und Verwaltungsvorschriften.

Hinzu treten die durch die Bundesverfassung vorgegebenen Aufgaben der Länderexekutive etwa hinsichtlich der Vertretung des Landes im Bundesrat (Art. 51 Abs. 1 GG: sog. „Exekutivföderalismus“) oder der Durchführung von Bundesgesetzen (Art. 83 ff. GG).

2. Das Regierungshandeln

151 Besondere Klausurenrelevanz weist seit jeher das Thema der Grenzen des Äußerungsrechts der Regierung bzw. ihrer Mitglieder auf. Im Zentrum der Diskussion standen hierbei über lange Zeit hinweg die Verfassungsfragen **regierungsamtlicher Warnungen.** Hierzu gilt als Grundsatz, dass informelle Handlungsformen keiner gesetzlichen Grundlage bedürfen, solange sie die grundrechtliche Freiheitssphäre des Bürgers unberührt lassen. Wann freilich staatliche Informationen die Freiheitssphäre insbesondere des Grundrechts der Berufsfreiheit tangieren, ist zumal nach der „Glykolwein-Entscheidung“ des BVerfG (BVerfGE 105, 252, 265 ff.) umstrittener denn je.

Beispiel: Der Bundesgesundheitsminister hatte über den Rundfunk vor dem Konsum konkret benannter kontaminierter Weine gewarnt. Als Folge der Warnungen ging der Weinabsatz auch hinsichtlich der nicht genannten Weine drastisch zurück. Winzer W wehrt sich durch alle Instanzen hindurch gegen das Vorgehen des Ministers.

152 Das BVerfG ging in seiner Entscheidung aus dem Jahre 2002 davon aus, dass der Veröffentlichung von Listen gesundheitsgefährdender Weine von vornherein „Eingriffsqualität nicht zukommt“ (BVerfGE 105, 252, 273), wenn und soweit die Regierung gewisse Grenzen des Informationshandelns beachte. Sofern Aufgaben der Regierung oder der Verwaltung mittels öffentlicher Information wahrgenommen werden könnten, liege in der Aufgabenzuweisung zudem grundsätzlich auch eine Ermächtigung zum Informationshandeln. Konsequenterweise bedürfe es einer gesonderten Ermächtigungsgrundlage insoweit nicht. Die Entscheidung des BVerfG ist wegen ihres diffusen dogmatischen Ansatzes auf berechtigte Kritik gestoßen. So ist kaum verständlich, weshalb das Gericht im Rahmen einer Verfassungsbeschwerde auf Fragen der Zuständigkeit oder der Eingriffsermächtigung eingeht, wenn ein Eingriff verneint wird. Auch im Ergebnis kann der Verneinung eines Grundrechtseingriffs angesichts der finalen Ausrichtung staatlicher Warnungen kaum beigepflichtet werden. Die Behauptung, dass es sich bei wettbewerbsbezogenen Informationen des Staates um Rahmenbedingungen des Wettbewerbs handele, widerlegt den Eingriffscharakter derartiger Interventionen jedenfalls nicht (einschränkend in neuerer Zeit denn auch BVerfG, NJW 2018, 2109: Eingriffsqualität behördlicher Warnungen dort, wo diese in ihrer Zielsetzung und ihren mittelbar-faktischen Wirkungen einem Eingriff als „funktionales Äquivalent“ gleichkommen). Richtigerweise muss die Lösung des Problems daher nach wie vor auf der Rechtfertigungsebene gesucht werden. Während das Schrifttum zu Recht eine gesonderte Ermächtigungsgrundlage verlangt, ergibt sich nach Auffassung der Verwaltungsgerichte die erforderliche Rechtsgrundlage für regierungsamtliche Warnungen unmittelbar aus der Verfassung selbst (für das Landesverfassungsrecht etwa Art. 55 Abs. 2 LV; vgl. zur Problematik BVerwG, JZ 1989, 997 mit abl. Anm. *Gusy*). Ungeachtet der diffizilen Vorbehaltsproblematik unterliegen grundrechtsbeschränkende Äußerungen jedenfalls den Bindungen des Übermaßverbotes. Namentlich überzogen scharfe Äußerungen sind damit regelmäßig rechtswidrig und können im Wege der Unterlassungsklage von den Betroffenen abgewehrt werden (*Dietlein/Heyers,* NWVBl. 2000, 77 ff.).

Ein neueres, nicht minder examensträchtiges Thema bildet die **Beteiligung von** 153
Amtsträgern am politischen Meinungskampf bzw. die Frage der „Ämterneutralität".

Beispiel: Am Rande der Verleihung eines Bürgerpreises warnt Ministerin M in einem Zeitungsinterview vor einem möglichen Einzug der extremistischen N-Partei in den Landtag. Wörtlich äußert sie: „Aber ich werde im Wahlkampf mithelfen, alles dafür zu tun, dass es erst gar nicht so weit kommt bei der Wahl. Ziel Nummer 1 muss sein, dass die N-Partei nicht in den Landtag kommt". Die N-Partei erhebt Organklage zum Verfassungsgericht (Fall nach BVerfG, NVwZ 2015, 209).

Grundansatz für die Lösung dieser Problematik muss das Gebot der **Neutralität des Staates im Meinungskampf** sein. Dieses Gebot dient neben der freien gesellschaftlichen Willensbildung „von unten nach oben" insbesondere auch der Wahrung der Chancengleichheit der politischen Parteien (Art. 21 GG). Der Grundsatz der Chancengleichheit der Parteien verlangt Neutralität dabei auch außerhalb der Wahlkampfzeiten (BVerfG, NJW 2018, 928). Zwar kann den jeweiligen Amtsinhabern keine generelle Abstinenz im öffentlichen Meinungskampf auferlegt werden. Wollen sie am politischen Meinungskampf teilnehmen, muss dieses Handeln aber um der Wahrung der staatlichen Neutralität willen losgelöst von ihrem politischen Amt erfolgen. Verfassungsrechtlich unzulässig wäre es demnach, wenn ein Regierungsmitglied die Autorität seines Amtes womöglich sogar einschließlich der damit verbundenen Ressourcen (z. B. die Homepage des Ministeriums) in spezifischer Weise für die Teilnahme am öffentlichen Meinungskampf einsetzt.

Beachte: Deutlich herabgesetzte Anforderungen nimmt das BVerwG für Äußerungen kommunaler Amtsträger an, die zwar den politischen Meinungskampf betreffen (Aufruf zu einer Gegenversammlung), sich aber nicht gegen politische Parteien richten. Grenzen des amtlichen Äußerungsrechts sollen sich hiernach allein aus dem Sachlichkeitsgebot sowie aus dem Verbot der lenkenden Einflussnahme auf die öffentliche Willensbildung ergeben, vgl. BVerwG, NVwZ 2018, 433; für engere Grenzen mit beachtlichen Argumenten VG Düsseldorf, NWVBl. 2015, 201).

Die Mitwirkung von Regierungsmitgliedern in Talkshows oder Zeitungsinterviews wird insoweit stets differenziert zu beurteilen sein und rechtfertigt nicht a priori eine Einordnung als „regierungsamtliche" Tätigkeit. In dem eingangs geschilderten Fall vermochte das BVerfG keine Inanspruchnahme amtlicher Autorität oder amtlicher Ressourcen zu erkennen, so dass die von der N-Partei erhobene Organklage unbegründet war.

Ein weiteres klassisches Problemfeld bietet die **Öffentlichkeitsarbeit der Regie-** 154
rung speziell im Vorfeld von Wahlen. Was zunächst regierungsamtliche Öffentlichkeitsarbeit im Allgemeinen angeht, ist deren Zulässigkeit und Notwendigkeit namentlich vom BVerfG schon früh ausdrücklich und mit Blick darauf anerkannt worden, dass das demokratische Gemeinwesen auf einen stets neu zu erringenden Grundkonsens der Bürger angewiesen ist (BVerfGE 44, 125, 147). Voraussetzung für eine legitime Öffentlichkeitsarbeit bleibt dabei freilich, dass sich die Regierung im Rahmen des ihr von der Verfassung zugewiesenen Kompetenz- und Aufgabenbereichs hält, die betreffenden Äußerungen also insbesondere keine offene oder versteckte Werbung für einzelne der

miteinander konkurrierenden politischen Parteien oder sonstige an der politischen Meinungsbildung beteiligten Gruppen enthalten. Indizien dafür, dass die Grenze von der zulässigen Öffentlichkeitsarbeit zur verfassungswidrigen „parteinehmenden" Einwirkung auf den Wahlkampf überschritten ist, können sich dabei aus der äußeren Form, der Aufmachung oder dem Inhalt der jeweiligen Äußerungen ergeben. Bringt die Regierung etwa klar die Position zum Ausdruck, „im Amt bleiben zu wollen", wird dies regelmäßig die Grenze zulässiger Öffentlichkeitsarbeit überschreiten. Auch die besonders offensive Unterrichtung der Öffentlichkeit über die eigene Politik bzw. die politischen Erfolge der Regierung (Faltblätter, Anzeigen, Broschüren etc.) wird von der Verfassungsjudikatur zu Recht als unzulässige Wahlwerbung sanktioniert. Namentlich mit Beginn der „heißen Phase" eines Wahlkampfes tritt die Befugnis der Regierung zur Öffentlichkeitsarbeit zunehmend hinter das Gebot zurück, die Willensbildung des Volkes vor den Wahlen nach Möglichkeit von staatlicher Einflussnahme freizuhalten. Nach umstrittener, im Ergebnis gleichwohl überzeugender Rechtsprechung des VerfGH NRW erfasst dieses Verdikt freilich nur die „Öffentlichkeitsarbeit über Politik", nicht dagegen die **„Politik durch Öffentlichkeitsarbeit"** (NWVBl. 1992, 14, 15). Die Verfolgung politischer oder gar normativ vorgegebener Sachziele mit medialen Mitteln – insbesondere durch Empfehlungen oder Appelle – ist folglich auch in Zeiten des Wahlkampfes zulässig, solange sie nicht bloß den Vorwand für wahlwerbende Aktionen darstellt.

Beispiel: Der Landesumweltminister schaltet in Zeiten des Wahlkampfes eine rund 2,5 Mio. Euro teure Anzeigenkampagne, die das Thema Müllvermeidung und Abfallverwertung („Müllspartipps") zum Gegenstand hat. Es handelt sich nicht um „Information über Politik", sondern um „Politik durch Information". Soweit eine konkrete Missbrauchsabsicht nicht nachweisbar ist, bleibt die Maßnahme auch in Wahlzeiten rechtlich unbeanstandet (VerfGH NRW a. a. O.; a. A. *Schürmann,* NVwZ 1992, 852).

155 Von der Öffentlichkeitsarbeit der Regierung zu unterscheiden ist die Öffentlichkeitsarbeit der im Landtag vertretenen Fraktionen. Zwar dürfte eine derartige Öffentlichkeitsarbeit im Grundsatz zu den legitimen Aufgaben von Landtagsfraktionen gehören; soweit hierbei staatliche Finanzzuschüsse eingesetzt werden, muss der Bezug zur parlamentarischen Arbeit freilich erkennbar bleiben; bloße „Parteienwerbung" ist unzulässig (vgl. VerfGH Rh.-Pf., NJW 2003, 1111 – L; zur Öffentlichkeitsarbeit von Parlamentsfraktionen zuletzt VerfGH NRW, Beschl. v. 16.7.2013, VerfGH 17/12).

3. Der Landesrechnungshof

156 Einen besonderen Status innerhalb der Landesexekutive gewährt die Landesverfassung dem Landesrechnungshof (Art. 87 LV), der die Rechnungskontrolle im Land NRW wahrnimmt (Art. 86 Abs. 2 S. 1 LV). Als „selbständige, nur dem Gesetz unterworfene oberste Landesbehörde" ist er vom Anwendungsbereich des Art. 77 LV (Verwaltungsorganisation) nicht erfasst und unterliegt damit insbesondere keinerlei ministeriellen Weisungen. Seine Mitglieder genießen den Schutz **richterlicher Unabhängigkeit.** Die Unabhängigkeit der Rechnungsprüfung wird dadurch garantiert, dass sowohl der Landesrechnungshof als Institution vor Einwirkungs- und Weisungsmöglichkeiten von außen als auch der einzelne Amtswalter in persönlicher und sachlicher Hinsicht vor administrativen Einflüssen durch den Dienstvorgesetzten geschützt sind. Damit ist freilich die Zuordnung der Behörde zur Exekutive nicht in Frage gestellt **(„ministerialfreie Exekutive").**

Ungeachtet seiner institutionellen Verankerung in der Landesverfassung ist der Landesrechnungshof kein Verfassungsorgan, da ihm keine eigenen, außenwirksamen Entscheidungsbefugnisse, sondern bloß interne Prüfungs-, Kontroll- und Beanstandungskompetenzen zukommen (OVG NRW, DVBl. 1979, 431 f.). Nach einer jüngeren Entscheidung des VerfGH NRW kommt dem Landesrechnungshof gleichwohl eine Antragsbefugnis im Organstreitverfahren nach Art. 75 Nr. 2 LV zu (NVWBl. 2012, 107 ff.), da er jedenfalls „anderer Beteiligter" i. S. d. Art. 75 Nr. 2 LV sei. 157

Der Prüfungsauftrag des Landesrechnungshofes wird in Art. 86 Abs. 2 S. 1 LV näher definiert. Danach prüft der Landesrechnungshof „die Rechnungen sowie die Ordnungsmäßigkeit und Wirtschaftlichkeit der Haushalts- und Wirtschaftsführung". Die Bestimmung wurde im Rahmen der Novellierung im Jahr 1972 dem Art. 114 Abs. 2 S. 1 GG nachgebildet. Die Kontrollweite korreliert mit dem Budgetrecht des Parlaments. Gegenstand der Kontrolle sind demzufolge die Ausführung des Haushaltsplanes einschließlich der Buchführung und der Einzelrechnung, aber auch die gesamte wirtschaftliche Betätigung des Landes einschließlich seiner Landesbetriebe und Sondervermögen (vgl. § 88 Abs. 1 S. 1 LHO), aus denen eine Finanzierungsverantwortung des Landes entsteht. Innerhalb der unmittelbaren Landesverwaltung existieren somit **keine „prüfungsfreien Räume".** Aber auch die Tätigkeit der Stellen außerhalb der unmittelbaren Landesverwaltung wird unter den genannten Voraussetzungen erfasst, etwa die von landesmittelbaren juristischen Personen des öffentlichen Rechts (VerfGH NRW, NWVBl. 2012, 107: NRW-Bank). Die Einzelheiten der Prüfungszuständigkeiten, aber auch der Zusammensetzung des Landesrechnungshofes hat der Gesetzgeber in dem auf der Grundlage von Art. 87 Abs. 3 LV erlassenen „Gesetz über den Landesrechnungshof Nordrhein-Westfalen" geregelt. Das Ergebnis seiner Prüfung fasst der Landesrechnungshof in einem **jährlichen Bericht an den Landtag** zusammen (Art. 86 Abs. 2 S. 2 LV). Der Prüfungsbericht dient dem Landtag als Informationsgrundlage für die nach Art. 86 Abs. 1 LV zu treffende Entscheidung über eine „Entlastung" der Landesregierung. Der Bericht entfaltet allerdings keinerlei rechtliche Bindungswirkung (OVG NRW, DVBl. 1979, 431; zu presserechtlichen Auskunftspflichten des Landesrechnungshofs OVG NRW, NWVBl. 2013, 183 ff.). Die Entlastung bleibt vielmehr eine primär politische Entscheidung. Die Frage, ob neben dem Landesrechnungshof auch dem Bundesrechnungshof Kontrollbefugnisse – z. B. für die ordnungsgemäße Verwendung von Mitteln des Bundes – in den Ländern zuerkannt werden dürfen, war Gegenstand einer neueren Entscheidung des BVerfG (BVerfGE 127, 165 ff.). Mit Blick auf die Selbständigkeit und Unabhängigkeit der Haushaltswirtschaft der Länder und Kommunen sah das Gericht insoweit nur begrenzte Befugnisse für die Bundesgesetzgebung. 158

4. Der Datenschutzbeauftragte

Ebenfalls Teil der Landesexekutive ist der Landesbeauftragte für den Datenschutz, der auf Vorschlag der Landesregierung vom Landtag gewählt wird (Art. 77a Abs. 1 LV). Sein spezifischer Auftrag liegt in der Überwachung der Verarbeitung persönlicher Daten durch die Träger öffentlicher Stellen im Land. Die Institutionalisierung des Datenschutzbeauftragten dient damit der **Absicherung des Datenschutzgrundrechts** aus Art. 4 Abs. 2 LV. Auch er ist in Ausübung seines Amtes gegenüber Regierung und Landtag **unabhängig** und **nur dem Gesetz unterworfen** (Art. 77a Abs. 2 S. 1 LV). Verfassungsrechtlich verbürgt ist sein Recht, sich jederzeit an den Landtag zu wenden, was umgekehrt eine grundsätzliche „Befassungspflicht" des Landtags impliziert (str.). Ein Beamtenstatus des Datenschutzbeauftragten wird durch die Landesverfassung nicht zwingend eingefordert, wenngleich Art. 77a Abs. 1 Hs. 2 LV sowie Art. 33 Abs. 4 GG 159 einen derartigen Status („Beamtenverhältnis auf Zeit") nahelegen (so auch § 25 Abs. 3 S. 1 DSG). Konkretisierungen zur Rechtsstellung sowie zu den Aufgaben und Befugnissen des Datenschutzbeauftragten enthalten die §§ 25 ff. Datenschutzgesetz NRW (DSG). Zur Stärkung der Unabhängigkeit des Datenschutzbeauftragten sieht § 25 Abs. 3 S. 1 DSG eine Amtszeit von acht Jahren vor, wobei keine Möglichkeit zu dessen Abwahl besteht. Die verfassungsrechtliche Verankerung der Unabhängigkeit zieht in sachlich-rechtlicher Hinsicht eine **generelle Weisungsfreiheit** nach sich. Somit kann auch die organisatorische Angliederung an das Innenministerium und die damit einhergehende Dienstaufsicht (§ 25 Abs. 4 DSG), die sich in formal dienstrechtlichen Belangen erschöpft, den unabhängigen Status des Datenschutzbeauftragten nicht einschränken.

Gem. § 25 Abs. 1 S. 1 DSG NRW ist der Landesbeauftragte für Datenschutz und Informationsfreiheit Aufsichtsbehörde i. S. d. Art. 51 DSGVO. Die Unabhängigkeit des Landesbeauftragten wird in der Folge auch unionsrechtlich abgesichert. Seine Aufgaben und Befugnisse werden in Art. 56 ff. DSGVO geregelt und über §§ 26 ff. DSG konkretisiert.

160 Ungeachtet der institutionellen Sicherung des Amtes des Datenschutzbeauftragten in der Landesverfassung handelt es sich bei diesem weder um ein oberstes Landesorgan noch um einen sonstigen „Beteiligten", der durch die Landesverfassung oder in der Geschäftsordnung eines obersten Landesorgans mit eigenen Rechten ausgestattet ist. Der Datenschutzbeauftragte besitzt dementsprechend keine Beteiligungsfähigkeit für ein Organstreitverfahren nach Art. 75 Nr. 2 LV.

III. Anhang

161 **Literatur: Zu I:** *Birk,* Das Budgetrecht des Parlaments in der Rechtsprechung des VerfGH, in: FS VerfGH NRW, 2002, S. 339 ff.; *Blome/Grosse-Wilde,* Zur „Prüfungs"-Kompetenz bei der Ausfertigung von Landesgesetzen, DÖV 2009, 615 ff.; *v. Danwitz,* Rechtsverordnungen, JURA 2002, 93 ff.; *Gumboldt,* Die Verfassungsmäßigkeit kreditfinanzierter Rücklagen in öffentlichen Haushalten, NVwZ 2005, 36 ff.; *Tappe,* Kreditfinanzierte Rücklagen im Haushaltsrecht, NWVBl. 2005, 209 ff.; *Tuschl,* Das Urteil des VerfGH zur Rechnungshofkontrolle der NRW-Bank, NWVBl. 2012, 107 ff.
Zu II: *Bertrams,* 50 Jahre Landesrechnungshof NRW, NWVBl. 1999, 1 ff.; *Hückstädt,* Öffentlichkeitsarbeit der Regierung und ihre Beschränkungen im Vorfeld einer Wahl, in: Macke (Hrsg.), Verfassung und Verfassungsgerichtsbarkeit auf Landesebene, 1998, S. 13 ff.; *Palm,* Die Öffentlichkeitsarbeit der Landesregierung vor dem VerfGH, in: FS VerfGH NRW, 2002, S. 319 ff.; *Schoch,* Staatliche Informationspolitik und Berufsfreiheit, DVBl. 1991, 667 ff.; *Schürmann,* Regierungsamtliche Öffentlichkeitsarbeit im Wahlkampf – Kritische Anmerkungen zu den Müllkampagnen-Urteilen des NRWVerfGH, NVwZ 1992, 852 ff.

Klausurbearbeitung: *Höfler,* Staatliche Äußerungen zur Osho-(Bhagwan-)Bewegung, VBlBW 2004, 196 f., 234 ff.; *Hushahn,* Änderung einer Rechtsverordnung durch den parlamentarischen Gesetzgeber, JA 2007, 276 ff.; *Pleyer,* Die gesetzesändernde Änderungsverordnung, JA 2001, 226.

Kontrollfragen:

1. Enthält die LV eine dem Art. 79 Abs. 3 GG entsprechende Ewigkeitsgarantie?
2. Worin liegen Sinn und Zweck der Delegation von Rechtssetzungsbefugnissen auf die Exekutive i. S. d. Art. 70 LV und welchen Anforderungen unterliegt die Verordnungsermächtigung?
3. Ist Öffentlichkeitsarbeit der Regierung im Vorfeld von Wahlen zulässig?

G. Plebiszitäre Elemente in der Landesverfassung

162 Anders als das Grundgesetz hat sich die Verfassung des Landes Nordrhein-Westfalen in nicht unerheblichem Umfang für „direktdemokratische" oder „plebiszitäre" Mitwirkungsmöglichkeiten der Bürger geöffnet (hierzu bereits oben Rn. 73, 81).

Beachte: Zwar sieht Art. 20 Abs. 2 S. 2 GG auch für die Bundesebene neben „Wahlen" die Möglichkeit von „Volksabstimmungen" und damit von plebiszitären Elementen vor. Nach h. M. werden hierdurch aber allein die im Grundgesetz selbst vorgesehenen Volksabstimmungen legitimiert. Solche plebiszitären Elemente sieht das Grundgesetz indes nur für das (in praktischer Hinsicht kaum bedeutsame) Verfahren der Neugliederung des Bundesgebietes nach Art. 29 GG vor – wobei selbst hier nicht wirklich das Bundesvolk i. S. d. Art. 20 Abs. 2 GG, sondern lediglich bestimmte Bevölkerungsteile zur Abstimmung gerufen werden. Die Ermöglichung weiterer Volksabstimmungen durch (einfaches) Bundesgesetz wäre demgegenüber verfassungswidrig. Dieser restriktiven Haltung des Grundgesetzes liegt ein offensichtliches Misstrauen der Verfassungsväter und -mütter gegenüber Volksabstimmungen zugrunde, die nach einem berühmten, gleichwohl inhaltlich eher streitbaren Wort des ersten Bundespräsidenten der Bundesrepublik Deutschland, Theodor Heuss, als *„Prämie für jeden Demagogen"* und gar als *„Belastung für die Demokratie"* angesehen wurden (JöR n. F. 1 [1951], S. 620 f.). Dass diese negative Betrachtung durch die historischen Erfahrungen zumal in der Weimarer Republik nicht unbedingt bestätigt wird, haben neuere Forschungen nachdrücklich belegt. Möglicherweise waren denn auch besondere Zeitumstände – wie etwa die demonstrative Durchführung von Volksentscheiden in der damaligen Sowjetischen Besatzungszone (SBZ) – mitursächlich für die prononciert antiplebiszitäre Haltung der Verfassungsväter und -mütter (*Wehr,* JuS 1998, 411, 413).

Die in diesem Punkte deutlich unbefangenere Sicht der nordrhein-westfälischen Landesverfassung zeigt sich bereits in der ausdrücklichen Erwähnung des (Landes-)Volkes als Gesetzgeber neben dem Parlament (Art. 3 Abs. 1 LV). Die Einzelheiten des hiermit grundgelegten Verfahrens der **„Volksgesetzgebung"** regelt Art. 68 LV i. V. m. dem auf seiner Grundlage ergangenen *„Gesetz über das Verfahren bei Volksinitiative, Volksbegehren und Volksentscheid (VIVBVEG)"*. Erweitert wird dieses Instrumentarium durch die seit dem Jahre 2002 in der Landesverfassung verankerte Möglichkeit der **„Volksinitiative"** gem. Art. 67 LV, die ebenfalls in o. g. Gesetz (§§ 1–5) konkretisiert wurde.

I. Die Volksinitiative

Ziel der Volksinitiative (Art. 67 LV) ist die Befassung des Landtages mit bestimmten **163**
Gegenständen der politischen Willensbildung, die nicht notwendig die Gesetzgebung betreffen müssen. Allerdings gestattet Art. 67 Abs. 1 S. 2 LV auch, einen mit Gründen versehenen Gesetzentwurf zum Gegenstand der Volksinitiative zu machen. Stets erforderlich ist dabei allerdings, dass sich die Initiative im Rahmen der **Entscheidungszuständigkeit des Landtages** hält. Die Volksinitiative ist erfolgreich, wenn sie von mindestens 0,5 vom Hundert der Wahlberechtigten mitgetragen und unterzeichnet wird (Art. 67 Abs. 2 S. 1 LV). Die Einzelheiten des Verfahrens zur Volksinitiative unterliegen gem. Art. 67 Abs. 3 LV der einfachgesetzlichen Regelung. Die Volksinitiative ist bei materieller Betrachtung weniger als „Volksabstimmung" i. S. d. Art. 20 Abs. 2 S. 2 GG denn als besondere Form der Petition einzustufen (hierzu *Dietlein,* in: Stern, Staatsrecht IV/2, 2011, S. 244, str.).

II. Das Verfahren der Volksgesetzgebung

Für den eigentlichen Akt der Volksgesetzgebung sieht Art. 68 LV ein **zweistufiges** **164**
Verfahren vor: Auf der ersten Stufe steht das sog. **Volksbegehren.** Dessen primäres Ziel ist der Erlass, die Änderung oder die Aufhebung eines (Parlaments-)Gesetzes durch den Landtag. Soweit dies nicht gelingt, ist sekundäres Ziel die Herbeiführung ei-

nes **Volksentscheides** als eigentlichem Akt der originären Volksgesetzgebung. Der Volksentscheid findet also nur statt, wenn der Landtag dem zulässigen, von einer hinreichenden Mehrheit der Bevölkerung getragenen Volksbegehren nicht Folge leistet.

1. Volksbegehren

165 Gem. Art. 68 Abs. 1 S. 2 LV muss dem Volksbegehren ein ausgearbeiteter und mit Gründen versehener **Gesetzentwurf** zugrunde liegen. Den bundesstaatlichen Bindungen gliedstaatlicher Gesetzgebung entsprechend ist das Begehren nur auf solchen Gebieten zulässig, die der Gesetzgebungsgewalt des Landes unterliegen (Satz 3). Daneben kann auch der Grundsatz der Bundestreue eine – ungeschriebene – Schranke für die Zulässigkeit eines Volksbegehrens sein, so etwa, wenn das geplante Gesetz erhebliche Auswirkungen über die Landesgrenze hinaus zeitigt (vgl. VerfGH NRW, NVwZ 1982, 188 f.). Kraft autonomer Entscheidung der Landesverfassung ist ein Volksbegehren ferner **unzulässig** über **Finanzfragen, Abgabengesetze** und **Besoldungsordnungen** (Satz 4).

Beispiel: Unter den Begriff der Abgabengesetze fallen Regelungen über Steuern, Gebühren und Beiträge, aber auch über mögliche „Sonderabgaben" (hierzu BVerfGE 91, 186). Der Begriff der Besoldungsordnungen betrifft die Vergütung (einschl. Zulagen) von Beamten im statusrechtlichen Sinne, nicht mehr allerdings Fragen der Beihilfe oder der beamtenrechtlichen Versorgung.

„Finanzfragen" sind nicht bereits dann gegeben, wenn ein Gesetz bloß finanzielle Folgewirkungen zeitigt, da derartige mittelbare Auswirkungen neuen Gesetzen vielfach immanent sind. Erforderlich ist vielmehr, dass der inhaltliche Schwerpunkt des Gesetzentwurfs in der Anordnung von Einnahmen und Ausgaben liegt, die den Staatshaushalt wesentlich beeinflussen.

Beispiel: Das dem Volksbegehren zugrundeliegende Gesetz sieht flankierend zu seiner materiellen Zielsetzung die Schaffung einer neuen Behörde vor. Die mit der Einrichtung einer Behörde verbundenen Kosten rechtfertigen nicht die Qualifizierung des Gesetzes als ein solches über „Finanzfragen".

166 Zu beachten ist ferner, dass das Begehren so differenziert wie möglich sein muss, damit der Bürger ein **Höchstmaß an Abstimmungsfreiheit** besitzt. „Paketlösungen" sind im Verfahren der Volksgesetzgebung daher unzulässig (BayVerfGH, NJW 2001, 3771). Über die Zulässigkeit des Begehrens entscheidet die Landesregierung (Satz 5). Hierzu ist der Gesetzentwurf dem Innenminister zur Prüfung vorzulegen. Gegen eine ablehnende Entscheidung ist die Anrufung des Verfassungsgerichtshofs möglich (Art. 68 Abs. 1 S. 6 LV i. V. m. § 12 Nr. 4 VerfGHG). Wirksam ist das Volksbegehren, wenn es von **mindestens acht vom Hundert der Stimmberechtigten** getragen wird. In diesem Fall ist das Volksbegehren von der Landesregierung unverzüglich dem Landtag zu unterbreiten. Der Landtag kann dem Begehren nach freier Entscheidung entsprechen oder nicht entsprechen. Entspricht er dem Begehren nicht, ist binnen zehn Wochen ein Volksentscheid herbeizuführen. Dies gilt auch dann, wenn der Landtag dem Volksbegehren deshalb nicht entspricht, weil er es – anders als die Landesregierung – für unzulässig erachtet. Bezüglich der rechtlichen Beurteilung des Begehrens als zulässig oder unzulässig ist der Landtag mithin an die Entscheidung der Landesregierung gebunden. Nicht entsprochen ist dem Begehren auch dann, wenn der Landtag anstelle des begehr-

ten Gesetzes ein anderes Gesetz beschließt oder aber gar keine Beschlussfassung über das Volksbegehren vornimmt (vgl. auch § 22 Abs. 2 S. 2 VIVBVEG: Ablehnungsfiktion nach 2 Monaten). Nicht eindeutig geregelt ist die Frage, ob der Landtag dem Begehren auch teilweise entsprechen kann. Während der Wortlaut des Art. 68 Abs. 2 S. 2 LV eher für die Notwendigkeit einer (einheitlichen) Gesamtentscheidung spricht, dürften Sinn und Zweck der Vorschrift eine Teilstattgabe jedenfalls dann nahelegen, wenn eine inhaltliche Trennung des Begehrens möglich und nicht sinnentstellend ist. Zur Durchsetzung des unerfüllten Teils des Begehrens muss dann freilich der Volksentscheid offenstehen. Wichtig ist, dass das Volksbegehren nicht der Diskontinuität des Landtags unterliegt, also ggf. von einem neuen Landtag aufgegriffen bzw. fortgeführt werden muss.

2. Volksentscheid

Ziel des Volksentscheides ist die Herbeiführung eines Gesetzesbeschlusses des Volkes **167**
anstelle des Parlaments. Der erfolgreiche Volksentscheid ersetzt somit den Gesetzesbeschluss des Landtages. Das zum Entscheid gestellte Gesetz kommt zustande, wenn es die **Mehrheit der abgegebenen Stimmen** auf sich vereinigt und diese Mehrheit **mindestens 15 vom Hundert der Stimmberechtigten** beträgt (Art. 68 Abs. 3 S. 2 LV). Das so beschlossene Gesetz ist von der Landesregierung auszufertigen und im Gesetz- und Verordnungsblatt zu verkünden (Art. 71 Abs. 1 S. 1 LV). Hatte der Landtag anstelle des begehrten Gesetzes ein anderes beschlossen, ist im Rahmen des Volksentscheides zugleich zu klären, ob das begehrte Gesetz neben oder an die Stelle des vom Landtag beschlossenen Gesetzes treten soll. Entscheidet die Mehrheit gegen den Fortbestand des Gesetzes, ist dieses kraft Volksentscheid aufgehoben. Die Einzelheiten des Verfahrens zur Volksgesetzgebung werden durch Gesetz geregelt. Keine Regelung trifft die Verfassung zur Frage der parlamentsgesetzlichen Abänderbarkeit volksbeschlossener Gesetze (zu dieser Frage *Borowski,* DÖV 2000, 481). Eine „Sperre" für die Parlamentsgesetzgebung besteht richtigerweise nicht, da die vom Volk unmittelbar beschlossenen Gesetze keinen anderen Geltungsrang besitzen als konventionelle Parlamentsgesetze. Es gilt mithin der lex-posterior-Grundsatz mit der Folge, dass der Landtag das durch Volksentscheid zustande gekommene Gesetz – ggf. auch sogleich – wieder aufheben oder abändern kann (zuletzt Hbg. VerfGH, NVwZ 2005, 685; ebenso Saarl. VerfGH, NVwZ 1988, 245, 249). Diese Indifferenz erscheint angesichts des naheliegenden Spannungsverhältnisses zwischen der Volksgesetzgebung und der Parlamentsgesetzgebung nicht unbedingt befriedigend, so dass verfassungspolitisch die Kodifikation eines dem § 26 Abs. 8 S. 2 GO vergleichbaren zeitweiligen Aufhebungsverbots zu erwägen wäre.

III. Volksentscheid auf Antrag der Landesregierung

Auch die Landesregierung hatte nach früherer Verfassungsrechtslage die Befugnis, ein **168**
von ihr eingebrachtes, vom Landtag aber abgelehntes Gesetz zum Volksentscheid zu stellen (Art. 68 Abs. 3 LV a. F.). Die Regelung wurde im Rahmen der Verfassungsreform des Jahres 2016 abgeschafft.

IV. Verfassungsänderungen im Wege der Volksgesetzgebung

Bis in die neuere Zeit hinein heftig umstritten war die Frage einer möglichen Verfas- **169**
sungsänderung im Verfahren der Volksgesetzgebung. Ihre Ursache hatten die vielfältigen Unsicherheiten in dem Umstand, dass einerseits Art. 68 LV allgemein von „Gesetzen" sprach, ohne zwischen Parlamentsgesetzen und verfassungsändernden Gesetzen zu dif-

ferenzieren, andererseits Art. 69 LV gleichwohl eine prinzipielle Trennung beider Gesetzesformen durch die Verfassung erkennen ließ. Durch eine **Änderung der Landesverfassung** hat das Parlament die Streitfrage zwischenzeitlich entschieden. So legt Art. 69 Abs. 3 S. 2 LV fest, dass die Verfassung „auch durch Volksentscheid aufgrund eines Volksbegehrens nach Art. 68 geändert werden" kann. Die Bindungen des Homogenitätsprinzips können auch im Verfahren der Volksgesetzgebung nicht überwunden werden. Als wesentliches Element des gewaltengeteilten Rechtsstaates ist dabei namentlich auch das Budgetrecht des Parlaments vor einer Aushöhlung im Rahmen der verfassungsändernden Volksgesetzgebung geschützt (ThürVerfGH, LKV 2002, 83).

170 Das verfassungsändernde Gesetz ist angenommen, wenn mindestens die **Hälfte der Stimmberechtigten** sich an dem Volksentscheid beteiligt und mindestens **zwei Drittel der Abstimmenden** dem Gesetzentwurf zustimmen (Art. 69 Abs. 3 S. 3 LV). Diese gegenüber dem „konventionellen" Volksentscheid deutlich erhöhten Quoren gelten ebenso, wenn der Volksentscheid über eine Verfassungsänderung durch den Landtag oder die Landesregierung initiiert wird. Ein solches Recht gesteht Art. 69 Abs. 3 LV Landtag und Landesregierung dann zu, wenn eine von ihnen begehrte Verfassungsänderung nicht die erforderliche Mehrheit gefunden hat (oben Rn. 131).

V. Anhang

171 **Literatur:** *Abelein,* Plebiszitäre Elemente in den Verfassungen der Bundesländer, ZParl 1971, S. 187 ff.; *v. Danwitz,* Plebiszitäre Elemente in der staatlichen Willensbildung, DÖV 1992, S. 601 ff.; *H. Dreier,* Landesverfassungsänderungen durch quorenlosen Volksentscheid aus der Sicht des Grundgesetzes, BayVBl. 1999, 531 ff.; *Gensior/Krieg/Grimm,* Volksbegehren und Volksentscheid in Nordrhein-Westfalen, 3. Aufl. 1987; *Jung,* Direkte Demokratie in der Weimarer Republik, 1989; *ders.,* Volksbegehren auf Verfassungsänderung in Hessen und Nordrhein-Westfalen, KritV 1993, 14 ff.; *ders./Knemeyer,* Im Blickpunkt: Direkte Demokratie, 2001; *Krieg,* Volksbegehren und Volksentscheid nach Art. 68 LV, StuGR 1974, 1 ff.; *Mann,* Änderung der Landesverfassung durch Volksbegehren und Volksentscheid?, NWVBl. 2000, 445 ff.; *Neumann,* Reform der sachunmittelbaren Demokratie in der Verfassung des Landes Nordrhein-Westfalen, NWVBl. 2003, 1 ff.; *Schlink,* Verfassungsrechtlicher Rechtsschutz bei der Vorbereitung und Durchführung von Wahlen und Volksbegehren in Nordrhein-Westfalen, in: FS VerfGH NRW, 2002, S. 137 ff.; *Tillmanns,* Verfassungsänderung durch Volksgesetzgebung, DÖV 2000, 269 ff.; *ders.,* Zum Mehrheitserfordernis bei Abstimmungen über verfassungsändernde Volksentscheide, NVwZ 2002, 54 ff.; *Weber,* Direkte Demokratie im Landesverfassungsrecht, 1985, 178 ff.; *Wehr,* Direkte Demokratie von der Weimarer Verfassung zum Grundgesetz, JuS 1998, 411 ff.; *Wolff,* Unmittelbare Gesetzgebung durch Volksbegehren und Volksentscheid in den Verfassungen der Bundesrepublik Deutschland, 1993.

Klausurbearbeitung: *Brinktrine/Sarcevic,* Die umstrittene Volksbefragung, in: Fallsammlung zum Staatsrecht, 2004; *Hendler,* Volksbefragung zum Straßenbau, in: Staatsorganisationsrecht, 2. Aufl. 2003, S. 118 ff.; *Stumpf,* Verfassungsrechtliche Zulässigkeit von Volksbefragungen, JA 2017, 601 ff.

Kontrollfragen:

1. Welche Formen plebiszitärer Elemente benennt die Landesverfassung NRW?
2. Worin bestehen die Besonderheiten für Verfassungsänderungen im Rahmen der Volksgesetzgebung?

H. Verfassungsrechtliche Garantie der kommunalen Selbstverwaltung

I. Bundesrechtliche Vorgaben und ideengeschichtliche Grundlagen

172 Als eine auch für das Land verbindliche Regelungsvorgabe legt Art. 28 Abs. 2 S. 1 GG fest, dass den Gemeinden das Recht gewährleistet sein muss, alle Angelegenheiten der örtlichen Gemeinschaft im Rahmen der Gesetze in eigener Verantwortung zu regeln. Nach Satz 2 dieser Bestimmung haben auch die Gemeindeverbände im Rahmen ihres gesetzlichen Aufgabenbereiches nach Maßgabe der Gesetze das Recht auf Selbstverwaltung. Zugleich verlangt Art. 28 Abs. 1 S. 2 GG, dass das Volk in den Gemeinden und Kreisen eine Vertretung haben muss, die denselben demokratischen Legitimationsanforderungen unterliegt, wie die Wahl der Abgeordneten zum Deutschen Bundestag. Die Landesverfassung hat diese grundgesetzlichen Vorgaben in Art. 78 LV übernommen und teilweise sogar inhaltlich ausgeweitet (vgl. Abs. 1 S. 2).

Ideengeschichtlich ist die Institution der kommunalen Selbstverwaltung ein Kind der preußischen Reformen zu Beginn des 19. Jahrhunderts (s. § 2 Rn. 152 ff.). Im Angesicht der militärischen Niederlagen gegen *Napoleon* (Jena und Auerstedt, 1806) sowie der zumal durch den Absolutismus bedingten politischen Lethargie der Bevölkerung zielte die Entwicklung der kommunalen Selbstverwaltung in Preußen auch und vor allem darauf ab, die Bürgerschaft selbstverantwortlich an der öffentlichen Verwaltung zu beteiligen, um so das politische Interesse und vor allem den Gemeinsinn der Bürger zu beleben. Untrennbar verbunden ist die Entstehung der kommunalen Selbstverwaltung mit dem Namen und der Person des *Reichsfreiherrn vom und zum Stein* (1757–1831), unter dessen Führung die preußische Städteordnung von 1808 erstellt wurde. Dieses Jahr gilt, auch wenn der Begriff der kommunalen Selbstverwaltung erst etwa ein halbes Jahrhundert später etabliert wurde, bis heute als „Geburtsstunde" der kommunalen Selbstverwaltung. Zur historischen Wahrheit gehört freilich auch, dass der preußische Staat die kommunale Selbstverwaltung in der Folgezeit nicht immer geachtet und während des „Kulturkampfes" wiederholt gewählte Bürgermeister willkürlich des Amtes enthoben hat (vgl. die Schrift des vormaligen Kempener Bürgermeisters und späteren Zentrumsabgeordneten im Reichstag *Theodor Mooren,* „Meine Amtsentsetzung", 1878, digital abrufbar über http://digital.ub.uni-duesseldorf.de). 173

II. Der Gewährleistungsgehalt der Art. 78 f. LV

Nach tradierter Verfassungsauslegung handelt es sich bei den Selbstverwaltungsgarantien von Bundes- und Landesverfassung um sog. einrichtungsrechtliche oder **institutionelle Gewährleistungen,** die auf eine landesgesetzliche Ausgestaltung angelegt sind **(Gesetzgebungsauftrag).** Dieser Betrachtung ist insoweit zuzustimmen, als Gemeinden und Gemeindeverbände sowohl ihrer äußeren Existenz als auch ihrer inneren Ordnung nach auf eine gesetzliche Konstituierung bzw. Ausgestaltung angewiesen sind. Auch überantwortet zumindest Art. 28 Abs. 2 S. 2 GG die Zuweisung konkreter Aufgaben an Gemeindeverbände explizit der gesetzgeberischen Entscheidung (Rn. 194 f.). Umgekehrt ist indes nicht zu übersehen, dass Art. 28 Abs. 2 S. 1 GG zugleich eine verfassungsunmittelbare und „abwehrrechtlich" ausgerichtete Gewährleistung der gemeindlichen Regelungszuständigkeit für sämtliche Angelegenheiten der örtlichen Gemeinschaft enthält (so im Erg. auch BVerfG, NVwZ 2008, 183 Rz. 116). Insofern erscheint es überzogen, Art. 28 Abs. 2 GG vollumfänglich im Sinne einer gesetzlich zu konkretisierenden (Einrichtungs-)Garantie zu interpretieren (s. auch *Ehlers,* DVBl. 2000, 1301 ff.). Entsprechendes dürfte auch im Hinblick auf Art. 78 f. LV anzunehmen sein. 174

Unbeschadet dieser Differenzierung werden in Anlehnung an die zu Art. 28 Abs. 2 GG entwickelte Dogmatik auch in Bezug auf Art. 78 LV traditionell drei grundlegende Garantieebenen unterschieden (vgl. auch § 2 Rn. 68): die sog. institutionelle Rechtssubjektsgarantie (Rn. 175 ff.), die objektive Rechtsinstitutionsgarantie (Rn. 178 ff.) sowie die auf beide vorgenannten (objektiven) Gewährleistungen bezogene subjektive Rechtsstellungsgarantie (Rn. 196). Dieses Drei-Ebenen-Modell verdeutlicht, dass Art. 78 LV kein Grundrecht oder grundrechtsgleiches Recht, sondern primär ein objektives Staatsaufbauprinzip darstellt. Dem entspricht es, das Selbstverwaltungsrecht der Kommunen als ein „pflichtiges Recht" einzustufen, das insbesondere nicht der freien Dispositionsbefugnis der Kommunen untersteht (zu eng allerdings BVerwG, NVwZ 2009, 1305: Verbot der vollständigen Privatisierung eines kommunalen Weihnachtsmarktes). Zumal die Ausübung kommunaler Kompetenzen außerhalb des eigenen Hoheitsgebietes ist daher, sofern nicht spezielle gesetzliche Ausnahmetatbestände vorliegen (z.B. § 107 Abs. 3 und 4 GO oder § 1 Abs. 2 GkG), richtigerweise unzulässig, gleichviel ob die betreffende Gemeinde in öffentlich-rechtlicher oder privatrechtlicher Form handelt (sehr str.; zur Gemeindewirtschaft unten § 2 Rn. 381 ff.; OVG NRW, NWVBl. 2008, 418).

Beachte: Organisationsrechtlich sind die mit eigener Rechtspersönlichkeit ausgestatteten Kommunen insgesamt, also auch in Ansehung ihrer jeweiligen Repräsentationskörperschaften (Gemeinderat, Kreistag, Landschaftsversammlung), der Exekutive des Landes zuzuordnen. Ungeachtet der geläufigen Redewendung von „Bund, Ländern und Kommunen" können die Kommunen somit keinesfalls auf eine Stufe mit Bund und Ländern gestellt werden, zumal letztgenannten Gebietskörperschaften – anders als den kommunalen Körperschaften – eigene Staatlichkeit zukommt.

1. Institutionelle Rechtssubjektsgarantie

175 Die institutionelle Rechtssubjektsgarantie sichert die Existenz von Gemeinden und Gemeindeverbänden als notwendigen „Baustein" bzw. objektives Aufbauprinzip des staatlichen Organisationsgefüges. Der gesetzliche Verzicht auf Gemeinden und Gemeindeverbände als Glieder des Staatsaufbaus wäre somit verfassungsrechtlich unzulässig. Hinsichtlich der konzeptionellen Ausgestaltung der Gemeinden und Gemeindeverbände belassen Art. 28 Abs. 2 GG sowie Art. 78 Abs. 1 LV dem Gesetzgeber einen nicht unerheblichen Spielraum. Zu den vom Gesetzgeber zu beachtenden **typusbestimmenden Konstitutionselementen** zählen hiernach vor allem die gebietskörperschaftliche Struktur der Gemeinden und Gemeindeverbände sowie die Gewährleistung ihres Rechts auf Selbstverwaltung. Zu den Leitlinien für die legislative Ausgestaltung der institutionellen Rechtssubjektsgarantie wird man indes zusätzlich die territoriale Verbundenheit oder „Fühlnähe" der Einwohner zu zählen haben, ohne die eine „örtliche Gemeinschaft" i. S. d. Art. 28 Abs. 2 S. 1 GG nicht existieren kann (so zuletzt auch ThürVerfGH, BeckRS 2018, 35415). Insbesondere die „Überschaubarkeit des Raumes" dürfte insoweit als unabdingbares Lebenselexier kommunaler Selbstverwaltung anzusehen sein. Denn die Gemeinden können ihre Aufgabe als funktionsfähige und integrationsfähige Selbstverwaltungskörperschaften nur erfüllen, wenn die Einwohner die **örtlichen Angelegenheiten** noch als **eigene Angelegenheiten** erkennen und wahrnehmen können (s. auch § 15 GO). Größere Spielräume verbleiben insoweit im Hinblick auf die Gemeindeverbände, so dass auch höhere Kommunalverbände wie die Landschaftsverbände den diesbezüglichen Anforderungen genügen. Auch für Gemeindeverbände bleibt die Wahrung integrationsfähiger Einheiten freilich eine wesentliche Zielvorgabe, die etwa für den Themenbereich der „Einkreisung kreisfreier Städte" von nicht geringer Bedeutung ist. Denn jedenfalls die politische Dominanz einzelner Städte erschiene mit dem Prinzip der gemeindeverbandlichen Selbstverwaltung nicht ohne Weiteres kompatibel.

176 Zu beachten bleibt, dass die verfassungsrechtlichen Verbürgungen aus Art. 78 LV (Art. 28 Abs. 2 GG) die Gemeinden nach traditionellem Verständnis nur **„institutionell", nicht aber „individuell"** gewährleisten (BVerfGE 86, 90, 107). Insbesondere

gewährleisten die Verfassungsbestimmungen keinen absoluten „Traditionsschutz" zugunsten der jeweils bestehenden Gemeinden. Die gesetzliche Beseitigung einzelner Gemeinden im Rahmen sog. Neugliederungen oder auch Änderungen der Gemeindegrenzen sind daher verfassungsrechtlich durchaus möglich. Immerhin ergeben sich für den legislativen Zugriff auf einzelne Gemeinden nach heute gefestigter Verfassungsrechtsprechung nicht unerhebliche formelle und materielle Voraussetzungen, so dass durchaus von einer **beschränkt individuellen Rechtssubjektgarantie** gesprochen werden kann. So darf in den Bestand einer Gemeinde nach der Rechtsprechung des VerfGH NRW nur nach (ergebnisoffener) **Anhörung** der betreffenden Gemeinde eingegriffen werden. In materieller Hinsicht ist die gesetzliche Beseitigung einer Gemeinde nur aus **Gründen des öffentlichen Wohls** sowie unter Berücksichtigung des Übermaß- und Willkürverbotes sowie des Willens der Bevölkerung zulässig (st. Rspr., s. VerfGH NRW, OVGE 31, 284; 28, 291 f., vgl. auch § 17 GO). Da es hierbei letztlich um nur begrenzt nachprüfbare Planungsentscheidungen geht, verlangt die Rechtsprechung neben der Entwicklung ordnungsgemäßer (Planungs-)Leitlinien vor allem, dass der zugrunde liegende Sachverhalt vollumfänglich ermittelt sowie die Vor- und Nachteile der gesetzlichen Regelung in die vorzunehmende Abwägung eingestellt wurden. Dagegen sind die gesetzgeberischen (Entwicklungs-)Prognosen einer verfassungsgerichtlichen Beanstandung lediglich insoweit zugänglich, als diese offensichtlich und eindeutig widerlegbar sind bzw. der verfassungsrechtlichen Ordnung widersprechen. Immerhin aber muss der Gesetzgeber das von ihm entwickelte Konzept systemgerecht umgesetzt haben. Weist eine Neugliederungsmaßnahme in diesem Sinne verfassungsrechtlich relevante Planungsdefizite auf, ist sie verfassungswidrig und kann im Wege der kommunalen Verfassungsbeschwerde (unten Rn. 242 ff.) angegriffen werden.

Beispiel: Die Gemeinde G wurde ohne vorherige Anhörung und aufgrund einer evident fehlerhaften Entwicklungsprognose durch Gesetz aufgelöst und der Gemeinde Z zugeschlagen. G kann mit der kommunalen Verfassungsbeschwerde (unten Rn. 242 ff.) gegen das Gesetz vorgehen. Ihre Beteiligtenfähigkeit wird ungeachtet der Begründetheit der Kommunalverfassungsbeschwerde unterstellt. Ob dies auch dann noch gilt, wenn Vertreter der Gemeinde G erst nach Jahren gegen die Auflösung vorgehen, ist streitig (hiergegen mit guten Gründen Saarl. VerfGH, DÖV 1993, 910). Ist die dem Neugliederungsgesetz zugrunde liegende Prognose ordnungsgemäß erstellt worden, wird die Verfassungsmäßigkeit des Gesetzes nicht dadurch in Frage gestellt, dass sich die spätere Entwicklung ungünstiger gestaltet als ursprünglich angenommen (a. A. wohl *Grupp,* FS K. Stern, 1997, S. 1099 ff.).

Entsprechende Erwägungen gelten für den legislativen Zugriff auf die gem. Art. 78 **177**
Abs. 1 LV geschützten Gemeindeverbände (hierzu zuletzt LVerfG MV, DVBl. 2007, 1102 ff.). Unter den verfassungsrechtlichen Begriff des Gemeindeverbandes fallen dabei allerdings, anders als im kommunalrechtlichen Sprachgebrauch, nur **Gebietskörperschaften** des öffentlichen Rechts, die sich ihrerseits aus Gemeinden bzw. Gemeindeverbänden zusammensetzen und in größerem Umfang kommunale Aufgaben von Gewicht als Selbstverwaltungsaufgaben wahrnehmen. Das nordrhein-westfälische Recht kennt mit den Kreisen und den beiden Landschaftsverbänden Rheinland und Westfalen-Lippe, denen besondere Aufgaben vor allem im sozialen und kulturellen Bereich zugewiesen sind, zwei unterschiedliche Formen von Gemeindeverbänden, die beide von Art. 78 LV erfasst werden. Während die Kreise als kommunale Rechtssubjekte zusätzlich in Art. 28 Abs. 1 S. 2 GG genannt sind, findet sich für die Landschaftsverbände eine spezielle Erwähnung weder in der Bundes- noch in der Landesverfassung. Hieraus wird teilweise gefolgert, dass die Landschaftsverbände zur Disposition des Gesetzgebers

stünden. Richtig dürfte sein, dass eine Bestandsgarantie nach dem Verfassungstext generell nur für den gesetzlich auszuformenden Typus des „Gemeindeverbandes" als solchen besteht (hierzu auch VerfGH NRW, NWVBl. 2001, 340; teilw. restriktiver *Ehlers,* DVBl. 2001, 1601 ff.). Immerhin aber wird man für die nach geltendem Recht ausgeformten Gemeindeverbände einen relativen Bestandsschutz insoweit anzunehmen haben, als die Beseitigung einer der Gemeindeverbandsebenen durch legitime Gemeinwohlbelange gerechtfertigt werden müsste.

Beachte: Als bloße Verbandskörperschaften des öffentlichen Rechts fallen kommunale **Zweckverbände,** auch wenn diese in der kommunalrechtlichen Terminologie ebenfalls als „Gemeindeverbände" bezeichnet werden (§ 5 Abs. 2 GkG NRW), nicht unter den Schutz der institutionellen Rechtssubjektgarantie des Art. 78 LV. Gleiches wird man für den **Landesverband Lippe** anzunehmen haben, der im Zuge des Beitritts des Landes Lippe zum Land Nordrhein-Westfalen (oben Rn. 3) als Körperschaft des öffentlichen Rechts errichtet wurde und vor allem Aufgaben der Liegenschaftsverwaltung wahrnimmt.

2. Objektive Rechtsinstitutionsgarantie

178 Anders als die institutionelle Rechtssubjektsgarantie, die sich auf die „physische" Existenz der Institutionen von Gemeinden und Gemeindeverbänden als Teile des Staatsaufbaus erstreckt, bezieht sich die objektive Rechtsinstitutionsgarantie auf die Einrichtung der kommunalen Selbstverwaltung als Prinzip der dezentralen und eigenverantwortlichen Aufgabenerledigung. Soweit auch die verfassungsunmittelbare Aufgabenzuweisung der örtlichen Angelegenheiten an die Gemeinden überwiegend als Teil der objektiven Institutionsgarantie erfasst wird, kann dies nicht uneingeschränkt überzeugen (hierzu unten Rn. 184). Inhalt und Umfang der objektiven Rechtsinstitutionsgarantie bedürfen insoweit – entgegen dem scheinbar nivellierenden Wortlaut des Art. 78 Abs. 2 LV – einer differenzierenden Betrachtung je nachdem, ob es um das Selbstverwaltungsrecht der Gemeinden (Rn. 179 ff.) oder der Gemeindeverbände (Rn. 194 ff.) geht. Was das Verhältnis von Art. 28 Abs. 2 GG auf der einen sowie Art. 78 f. LV auf der anderen Seite angeht, so können die inhaltlichen Vorgaben des Art. 28 Abs. 2 GG weitgehend in die Gewährleistung des Art. 78 LV „hineingelesen" werden.

a) Gemeinden

179 Hinsichtlich des Selbstverwaltungsrechts der Gemeinden wird der Typus der objektiven Rechtsinstitutionsgarantie durch die Merkmale der **„Territorialität"** (Bindung an den räumlichen Wirkungskreis) sowie der **„Universalität"** (Allzuständigkeit) bestimmt. Alle Angelegenheiten der örtlichen Gemeinschaft unterliegen danach unmittelbar kraft Verfassungsrechts der eigenverantwortlichen Wahrnehmung durch die nach Maßgabe des Landesrechts (Gemeindeordnung NRW) gebildeten Gemeinden (sog. **gemeindliche Verbandskompetenz**). Zugleich bleibt die demokratische Legitimationskraft der Gemeindebürger auf den örtlichen Verbund begrenzt, so dass ein Verwaltungshandeln jenseits dieser Grenzen verfassungsrechtlich nicht legitimiert ist (was insbesondere auf die Zulässigkeit grenzüberschreitender Wirtschaftstätigkeit zurückwirkt). Die Verbandskompetenz ist damit notwendig eine räumlich und sachlich beschränkte Zuständigkeit, die keine Grundlage für grenzüberschreitendes Handeln oder für allgemein-politische Betätigungen (insbesondere allgemein-politische Äußerungen) bietet. Ähnlich wie bei Grundrechtseingriffen wird die Verfassungsmäßigkeit legislativer Eingriffe in die Rechtsinstitutionsgarantie der kommunalen Selbstverwaltung danach bemessen, ob (1.) der Schutzbereich der Verfassungsgarantie betroffen ist und (2.) die festgestellte Verkürzung von Selbstverwaltungsrechten eine hinreichende verfassungsrechtliche Legitimation findet.

aa) Schutzbereich

Als Schutzgegenstand der objektiven Rechtsinstitutionsgarantie definiert Art. 78 Abs. 2 LV das Recht der Gemeinden, in ihrem Gebiet die alleinigen Träger der öffentlichen Verwaltung zu sein. Die Aufgabengarantie des Art. 78 Abs. 2 LV bezieht sich dabei auf die in Art. 28 Abs. 2 S. 1 GG genannten „Angelegenheiten der örtlichen Gemeinschaft" (Rn. 181 f.), die von den Gemeinden „eigenverantwortlich" (Rn. 183) wahrzunehmen sind (hierzu unten § 2 Rn. 58). **180**

(1) Angelegenheiten der örtlichen Gemeinschaft

Bis heute immer wieder Gegenstand wissenschaftlicher Diskussionen ist die Frage, ob und inwieweit die durch die Selbstverwaltungsgarantie geschützten „Angelegenheiten der örtlichen Gemeinschaft" präzise definiert und von anderen öffentlichen Aufgaben abgegrenzt werden können. Fest steht immerhin, dass die individuelle Leistungsfähigkeit einer Gemeinde nach heute allgemein anerkannten Grundsätzen kein taugliches Kriterium für die nach allgemeinen Maßstäben vorzunehmende Aufgabenzuordnung ist. Auch der früher vorherrschenden **„historischen" Bestimmung** hat das BVerfG mit guten Gründen eine Absage erteilt. So konstatiert das Gericht angesichts der divergierenden gesellschaftlichen und wirtschaftlichen Strukturen der einzelnen Gemeinden derart unterschiedliche und wandelbare Bedürfnisse und Interessen, dass die Angelegenheiten der örtlichen Gemeinschaft „keinen ein für allemal feststehenden Aufgabenkreis bilden" (BVerfGE 79, 127, 152). So können vormals als rein örtlich definierte Angelegenheiten mit der zunehmenden technischen Entwicklung aus dem örtlichen Bezugsrahmen hinauswachsen (Abfallentsorgung), wie umgekehrt neue Anforderungen und Erwartungen in den örtlichen Raum hineinwachsen können (örtliche WLAN-Versorgung). Schwierigkeiten im Umgang mit dem Begriff der Angelegenheiten der örtlichen Gemeinschaft ergeben sich auch dadurch, dass das BVerfG Art. 28 Abs. 2 S. 1 GG hinsichtlich des Schutzes der örtlichen Aufgaben nicht als unmittelbare Aufgabenzuweisung versteht, sondern als bloße Einrichtungsgarantie bzw. konkret als „Aufgabenverteilungsprinzip", das der Umsetzung durch den Gesetzgeber bedürfe. Freilich behandelt das Gericht Aufgabenhochzonungen zwischenzeitlich de facto wie Eingriffe in ein klassisches Abwehrrecht, so dass die schwierige dogmatische Konstruktion zumal im Rahmen von Prüfungsarbeiten kaum ergebnisrelevant sein wird (s. unten Rn. 189). Nach der Rechtsprechung des BVerfG sind unter den Angelegenheiten der örtlichen Gemeinschaft diejenigen Bedürfnisse und Interessen zu verstehen, „**die in der örtlichen Gemeinschaft wurzeln** oder auf sie einen **spezifischen Bezug** haben" (BVerfGE 79, 127, 151 f.). Überschritten wird dieser Aufgabenkreis also zumal dort, wo eine Gemeinde Angelegenheiten der allgemeinen Politik an sich ziehen will, da es insofern an dem spezifisch örtlichen Bezug fehlt. Ein „allgemein-politisches Mandat" der Gemeinden besteht also nicht. **181**

Beispiel: Als verfassungswidrige Aufgabenüberschreitung war danach etwa der – für sich genommen gewiss honorige – gemeindliche „Lastenausgleich" für jedes in der Gemeinde geborene Kind zugunsten junger Familien anzusehen (OVG NRW, NWVBl. 1995, 170), aber auch die Erklärung von Gemeinden zu sog. „atomwaffenfreien Zonen" (OVG NRW, DVBl. 1994, 155). Heftig umstritten war zuletzt die Zuordnung eines durch örtliche Friedhofssatzung normierten Verbots zur Aufstellung von Grabsteinen, die durch Kinderarbeit gewonnen wurden. Während das OVG Rh.-Pf. (DÖV 2009, 259 L) eine Zuordnung zum örtlichen Wirkungskreis ablehnte und derartige Maßnahmen damit als kompetenzwidrig einstufte, bejahte das BVerwG zuletzt eine Zuordnung zum örtlichen Aufgabenkreis (DÖV 2014, 345). Allerdings sah das BVerwG mit Blick auf die (berufs-)grundrechtliche Relevanz einer derartigen Intervention die Notwendigkeit einer parlamentsgesetzlichen Regelung dieser Frage. Eine solche Regelung liegt in NRW mit der Kodifikation des § 4a Bestattungsgesetz NRW nunmehr vor.

Abweichende Beurteilungen können sich freilich ergeben, wenn entsprechenden Beschlussfassungen spezifisch regionale Anknüpfungspunkte zugrunde liegen (sog. „Gemengelagen").

Beispiel: Als Angelegenheit der örtlichen Gemeinschaft wird man insoweit die gemeindliche Gewährung eines „Patenschaftsgeschenks" zur Geburt eines neuen Gemeindemitglieds ansehen können, nicht mehr aber einen gemeindlichen Familienlastenausgleich zur Kompensation einer als verfehlt erachteten Familienpolitik. Ebenso wird man die Geltendmachung örtlich begründeter Bedenken (z. B. Erdbebengefahren) gegenüber geplanten militärischen Einrichtungen im Gemeindegebiet für zulässig erachten müssen, nicht dagegen allgemein-politische Bedenken gegenüber militärischen Planungen, die (auch) das Gemeindegebiet betreffen.

182 Zu den klassischen örtlichen Angelegenheiten der Gemeinde zählt die Rechtsprechung etwa die Befugnis zur Errichtung und zum Betrieb kommunaler Sparkassen (sog. **„Sparkassenhoheit"**). Eine Gemeinde kann sich auch ohne einen ausdrücklichen Kompetenztitel neuer, noch unbesetzter Aufgaben der örtlichen Gemeinschaft annehmen, was regelmäßig im Falle von **Städtepartnerschaften** zum Tragen kommt („Recht der Spontaneität"). Im Übrigen erkennt die Rechtsprechung dem Gesetzgeber bei der Bestimmung einer Aufgabe als örtlich oder überörtlich einen Einschätzungsspielraum zu, der einer nur begrenzten Vertretbarkeitskontrolle unterliegt. Diese ist freilich umso intensiver, je mehr die Selbstverwaltung der Gemeinde als Folge der gesetzlichen Regelung an Substanz verliert (VerfGH NRW, DVBl. 1991, 488 f.).

(2) Eigenverantwortlichkeit

183 Die Gemeinden haben die Angelegenheiten der örtlichen Gemeinschaft in eigener Verantwortung zu regeln. Sie können damit ihre Aufgaben grundsätzlich weisungsfrei von anderen staatlichen Institutionen und nach ihrem eigenen Ermessen erfüllen. Der konkrete Umfang der Eigenverantwortlichkeit erstreckt sich für den Regelfall der freiwilligen Selbstverwaltungsangelegenheiten (z. B. Bau und Betrieb von Schwimmbädern oder Museen) sowohl auf das „Ob" als auch auf das „Wie" der Aufgabenwahrnehmung. Soweit daher das BVerwG einer Gemeinde unter Verweis auf die verfassungsrechtliche Selbstverwaltungsgarantie das Recht abgesprochen hat, auf die Fortführung eines eigenen kommunalen Weihnachtsmarktes zu verzichten und diese Tätigkeit im Wege einer Aufgabenprivatisierung einem privaten Betreiber zu überlassen (DVBl. 2009, 1382; ähnl. VG Düsseldorf, BeckRS 2018, 30185), dürfte dies mit dem Gewährleistungsgehalt des Art. 28 Abs. 2 S. 1 GG kaum in Einklang zu bringen sein. Rechtfertigungsbedürftige Beschränkungen der gemeindlichen Eigenverantwortlichkeit ergeben sich, soweit der Gesetzgeber gem. Art. 78 Abs. 3 LV vormals freiwillige Selbstverwaltungsaufgaben pflichtig stellt (sog. **„pflichtige Selbstverwaltungsaufgaben"**, z. B. die Errichtung von Schulen gem. § 78 Abs. 1 S. 1, Abs. 4 S. 2 SchulG) oder sich gar gem.

Art. 78 Abs. 4 LV eigene Weisungsrechte im Bereich kommunaler Pflichtaufgaben vorbehält (sog. **„Pflichtaufgaben zur Erfüllung nach Weisung“**, z. B. die Ordnungsverwaltung nach § 3 OBG). Soweit ältere Lehrmeinungen die „Pflichtaufgaben zur Erfüllung nach Weisung“ noch als (überörtliche) Aufgaben im übertragenen (also landesstaatlichen) Wirkungskreis eingestuft haben, dürfte diese Einordnung mit Art. 78 Abs. 4 LV nicht kompatibel und heute endgültig überholt sein. Die verfassungsrechtliche Gewährleistung einer eigenverantwortlichen Aufgabenwahrnehmung schützt die Gemeinden schließlich auch vor einer ungerechtfertigten **Überwälzung staatlicher Aufgaben** auf die Kommunen (vgl. Rn. 191). Dem zugrunde liegt die Erkenntnis, dass das Selbstverwaltungsrecht der Gemeinden auch durch deren Inanspruchnahme als staatliche Vollzugsorgane „erstickt“ werden kann (VerfGH NRW, DVBl. 1993, 197, 198).

bb) Ausgestaltungs- und Begrenzungsvorbehalt

Die in Art. 78 LV formulierte Gewährleistung der kommunalen Selbstverwaltung **184**
bedarf zwar nicht in allen (oben Rn. 179), wohl aber in durchaus wesentlichen Teilen der gesetzlichen Ausgestaltung. Dies gilt bereits für den (vorgelagerten) Legislativakt der Bildung von Gemeinden und Gemeindeverbänden, aber auch für die einfachrechtlichen Organisationsvorgaben zur Bildung der nach Art. 28 Abs. 1 S. 2 GG obligatorischen Vertretungskörperschaften bzw. zur Leitung der Verwaltung etwa durch direkt gewählte Hauptverwaltungsbeamte (zu den demokratischen Anforderungen oben Rn. 89). Ein diesbezüglicher **legislativer Ausgestaltungsvorbehalt** bzw. Ausgestaltungsauftrag ist der Verfassungsgewährleistung der kommunalen Selbstverwaltung immanent und entspricht dem Typus der verfassungsrechtlichen Einrichtungsgarantie. Zu den ausgestaltenden Gesetzen in diesem Sinn gehören alle formellen Gesetze, aber auch Rechtsverordnungen, Satzungen, Raumordnungsprogramme, sofern sie auf einer hinreichenden Ermächtigung beruhen, und nach der – allerdings nicht unproblematischen – Rechtsprechung des VerfGH NRW auch das Gewohnheitsrecht (DÖV 1983, 28 ff.). Zugleich impliziert der Ausgestaltungsauftrag des Gesetzgebers aber auch die Möglichkeit einer beschränkenden Ausgestaltung, die zwar nicht als genuiner „Eingriff“ in vorgegebene Rechte gewertet werden kann, gleichwohl eingriffsähnliche Wirkungen haben kann. Nicht von ungefähr erinnert die Formulierung des Ausgestaltungsvorbehalts im Art. 78 Abs. 2 Hs. 2 LV („*soweit die Gesetze nichts anderen vorschreiben*“), ebenso wie jene des Art. 28 Abs. 2 S. 1 GG („*im Rahmen der Gesetze*“), an einen klassischen „Begrenzungsvorbehalt“ für Eingriffsregelungen. Die **Prüfung der Verfassungskonformität** derartiger ausgestaltender Regelungen erfolgt denn auch zumeist in deutlicher Anlehnung an die Prüfung von Eingriffsgesetzen. Dies gilt namentlich, soweit es um die sog. Hochzonung örtlicher Aufgaben der Gemeinden geht (Rn. 179). Eingriffe in diesen verfassungsrechtlich vorgegebenen gemeindlichen Aufgabenbestand sind nur auf formalgesetzlicher Grundlage zulässig (Vorbehalt des Gesetzes) und unterliegen erhöhten verfassungsrechtlichen Rechtfertigungsanforderungen (Rn. 185 ff.).

cc) Verfassungsrechtliche Legitimation

Aus der Tradition der einrichtungsrechtlichen Betrachtung der kommunalen Selbst- **185**
verwaltungsgarantie hat sich eine differenzierende Bewertung von „Beschränkungen“ der objektiven Rechtsinstitutionsgarantie entwickelt, die darauf abstellt, ob eine gesetzgeberische Maßnahme den Kernbereich der Garantie trifft (Rn. 186) oder aber im sog. Randbereich der Garantie verbleibt. Sind danach Eingriffe in den Kernbereich von vornherein verfassungswidrig, bleiben Eingriffe im Randbereich zulässig, soweit sie durch hinreichende Gemeinwohlzwecke gerechtfertigt werden.

(1) „Kernbereich" und „Randbereich" kommunaler Selbstverwaltung

186 Die **Kernbereichsgarantie** weist offensichtliche Parallelen zu der für grundrechtliche Garantien geltenden „Wesensgehaltsgarantie" des Art. 19 Abs. 2 GG auf. Die inhaltliche Abgrenzung des (unantastbaren) „Kernbereichs" der kommunalen Selbstverwaltung von dem gesetzlich regulierbaren „Randbereich" erweist sich freilich in der Praxis als nur bedingt durchführbar, weshalb die „Kernbereichsformel" keine relevante praktische Bedeutung gewonnen hat. Weder existiert eine exakte Umschreibung des Kernbereichs, noch findet sich in den Art. 28 Abs. 2 S. 1 GG, Art. 78 LV eine begriffliche Abgrenzung von Rand- und Kernbereich der Selbstverwaltungsgarantie. Nach einer berühmt gewordenen Formulierung *K. Sterns* unterfallen dem Kernbereichsschutz jene „Essentiale, die man aus einer Institution nicht entfernen kann, ohne deren Struktur und Typus zu verändern" (AfK 1964, 87). Entscheidend sind hiernach die **typusbestimmenden Bestandteile,** die essentiell, nicht akzidentiell für die Selbstverwaltungsgarantie der Gemeinde sind. Insoweit wird traditionell auf die sog. klassischen **„Gemeindehoheiten"** Bezug genommen, die damit allerdings keineswegs in allen Details Kernbereichsschutz für sich in Anspruch nehmen können (eingehend *Dietlein,* BeckOK KommR NRW, 2020, Syst. Einf. zum KommR Dtld., Rn. 58 ff.).

187 Differenziert wird dabei im Einzelnen zwischen:

- der **„Planungshoheit"** als der Befugnis, das Gemeindegebiet – zumal in baurechtlicher Hinsicht – zu ordnen und zu gestalten;
- der **„Rechtssetzungshoheit"** als der Befugnis, eigenständige (Satzungs-)Regeln aufzustellen;
- der **„Finanzhoheit"** als der Befugnis zur eigenverantwortlichen Einnahmen- und Ausgabenpolitik einschließlich der Haushaltsführung im Rahmen der Gesetze;
- der **„Personalhoheit"** als der Befugnis, das Gemeindepersonal auszuwählen, einzustellen, zu befördern oder zu entlassen;
- der **„Organisationshoheit"** als der Befugnis zur eigenverantwortlichen Gestaltung der inneren Gemeindeorganisation (a. A. LVerfG LSA, LKV 2000, 32, 33).
- Hinzugefügt werden könnte ferner die sog. **„Kooperationshoheit"** als die Befugnis zur Zusammenwirkung mit anderen kommunalen Selbstverwaltungsträgern.

Wollte der Gesetzgeber also eine dieser Hoheiten ersatzlos streichen, dürfte dies regelmäßig den Kernbereich der Selbstverwaltungsgarantie tangieren.

Beispiel: Das gesetzliche Verbot einer eigenständigen Haushaltsführung durch die Gemeinden und deren Unterwerfung unter eine staatliche Finanzpolitik wären mit den tragenden Grundsätzen der objektiven Rechtsinstitutionsgarantie unvereinbar und als verfassungswidriger Übergriff in den Kernbereich der kommunalen Selbstverwaltung zu qualifizieren.

Jenseits des Kernbereichs beginnt dagegen der für legislative Ausgestaltungen grundsätzlich eröffnete **„Randbereich"** der kommunalen Selbstverwaltung. Nach mittlerweile gefestigter Rechtsprechung besitzt der Gesetzgeber in diesem Randbereich allerdings ebenfalls keine rechtfertigungsfreien Handlungsbefugnisse, sondern unterliegt den allgemeinen Rechtfertigungsanforderungen etwa der Verhältnismäßigkeit und des Willkürverbots (s. etwa BVerfG, NVwZ 2018, 140). Eingriffe in den Randbereich der kommunalen Selbstverwaltungsgarantie müssen danach einem **legitimen Zweck** dienen, zur Zweckverfolgung **geeignet** und **erforderlich** (kein „milderes, gleich geeignetes Mittel") sowie **angemessen** in Bezug auf den erstrebten Zweck sein. Ebenso wie im grundrechtlichen Kontext belässt diese Formel zugleich hinreichende Spielräume für gesetzgeberische Prognosen, die der verfassungsgerichtlichen Prüfung nur eingeschränkt zugänglich sind. Die Fallbearbeitung weicht also auch insoweit nicht erheblich ab von allgemeinen „Eingriffsprüfungen".

Nicht ganz einfache Fragen wirft in diesem Zusammenhang freilich der Aspekt der **Organisationshoheit** auf, da die hiervon erfassten Gemeindebefugnisse richtigerweise erst jenseits der verfassungsrechtlich vorausgesetzten Ausgestaltungskompetenz des Landesgesetzgebers (oben Rn. 184) Geltung beanspruchen können. Sieht man das Selbstverwaltungsrecht der Gemeinden solchermaßen den organisationsrechtlichen Strukturvorgaben des Landesgesetzgebers unterworfen, greifen landesgesetzliche Organisationsvorgaben, z. B. die Pflicht zur **Bestellung hauptamtlicher Gleichstellungsbeauftragter,** formal gesehen gar nicht in den Schutzgegenstand der kommunalen Selbstverwaltungsgarantie ein (in diese Richtung BVerfGE 91, 228, 236 ff.; für einen – gerechtfertigten – Eingriff dagegen VerfGH NRW, NWVBl. 2002, 101). Immerhin aber wird man an die Verfassungsmäßigkeit legislativer Ausgestaltungen im Wesentlichen parallele Legitimationskriterien anlegen müssen. Die Problematik ähnelt insoweit der legislativen Inhaltsbestimmung von Eigentumsrechten i. S. d. Art. 14 Abs. 1 S. 2 GG, auch wenn es sich bei der Selbstverwaltungsgarantie selbstverständlich nicht um eine Grundrechtsgewährleistung handelt. Immerhin lässt die Rechtsprechung bei legislativen Ausgestaltungen der gemeindlichen Organisationsstrukturen auch die Verwirklichung von Zielen der Verwaltungsvereinfachung sowie der Wirtschaftlichkeit der Verwaltung zu (BVerfGE 91, 228, 240). 188

(2) Klausurenschwerpunkt „Aufgabenhochzonung"

Anders als bei der Ausgestaltung der zuvor genannten Funktionsbedingungen der kommunalen Selbstverwaltung (Personal-, Planungs-, Rechtssetzungs-, Organisations- und Finanzhoheit) wirkt die kommunale Selbstverwaltungsgarantie aus Art. 28 Abs. 2 S. 1 GG bzw. Art. 78 Abs. 2 LV im Rahmen der Entziehung örtlicher Aufgaben und ihrer **„Hochzonung"** auf höhere Einheiten (einschließlich der Kreise!) als bzw. wie ein klassisches Abwehrrecht (im Erg. ebenso nunmehr BVerfG, NVwZ 2015, 728, 730: *„Ausgestaltungsbefugnis wandelt sich praktisch zum Gesetzesvorbehalt"*). Neben dem formalen Erfordernis einer **parlamentsgesetzlichen Grundlage** ist dabei in materieller Hinsicht das Vorliegen eines **legitimen Gemeinwohlgrundes** sowie die Wahrung des **Verhältnismäßigkeitsgrundsatzes** und des **Willkürverbots** zu prüfen (VerfGH NRW, NWVBl. 2002, 101, 103; eingehend *Dietlein,* BeckOK KommR NRW, 2020, Syst. Einf. zum KommR Dtld., Rn. 87 ff.). Soweit die h. M. auch bei Aufgabenhochzonungen zwischen einem „unantastbaren" Kernbereich sowie einem beschränkbaren Randbereich an Aufgaben differenziert, erscheint dies in der Sache unproblematisch, im Rahmen einer abwehrrechtlichen Prüfung gleichwohl von allenfalls untergeordneter Bedeutung. Denn ein „kernbereichsrelevanter" Aufgabenentzug würde sich auch nach den Kriterien der Prüfung einer Aufgabenhochzonung im Randbereich als unzumutbar und damit unverhältnismäßig erweisen. 189

(a) Legitimes Gemeinwohlinteresse

Im Rahmen der Prüfung von Aufgabenhochzonungen ist darauf zu achten, dass sich besondere Anforderungen an die zulässigen Gemeinwohlgründe ergeben. So dürfen diese Gemeinwohlgründe nach der „Rastede"-Rechtsprechung des BVerfG nicht in dem Ziel der Verwaltungsvereinfachung oder Kostenersparnis liegen (vgl. BVerfGE 79, 127, 153). Die auf den ersten Blick überraschende Tabuisierung von Zwecken der Verwaltungsvereinfachung sowie der Kostenreduktion rechtfertigt sich aus der Erwägung, dass dezentrale Formen der Aufgabenzuordnung stets mit gewissen Einbußen an Effizienz und Wirtschaftlichkeit verbunden sein können. Normiert danach aber die Verfassung selbst einen Vorrang kommunaler Selbstverwaltung vor den Prinzipien der Verwaltungsvereinfachung und -ökonomie, darf diese Vorrangentscheidung dementsprechend nicht aufgrund ökonomischer Erwägungen in sein Gegenteil verkehrt werden. Derartige Maßnahmen liefen nicht auf eine Gemeinwohlverwirklichung hinaus, sondern auf eine schlichte Verfassungskorrektur!

Beispiel: Unzulässig wäre daher etwa, die auf den örtlichen Wirkungskreis bezogene Befugnis der Gemeinden (und Gemeindeverbände) zur Errichtung und zum Betrieb kommunaler Sparkassen mit der Begründung auf das Land „hochzuzonen", dass ein Betrieb von Sparkassen unmittelbar durch das Land NRW wirtschaftlich „günstiger" und „effizienter" sei (problematisch insoweit VerfGH Sachsen, LKV 2001, 216).

Als belastbarer Gemeinwohlgrund für eine Aufgabenhochzonung kommt danach im Wesentlichen nur das Ziel einer Absicherung der zuverlässigen Aufgabenerfüllung in Betracht. Allerdings ist insoweit darauf zu achten, dass etwa in der freiwilligen gemeinsamen Aufgabenwahrnehmung durch mehrere Gemeinden regelmäßig ein milderes Mittel gegenüber der Aufgabenhochzonung liegen wird. Eine ökonomische Rechtfertigung der Verlagerung gemeindlicher Aufgaben auf höhere Einheiten bleibt nach der Rechtsprechung des BVerfG schließlich ausnahmsweise dort zulässig, wo „ein Belassen der Aufgabe bei den Gemeinden zu einem unverhältnismäßigen Kostenanstieg führen würde" (BVerfGE 79, 127, 153).

(b) Verhältnismäßigkeitsgrundsatz

190 Eine weitere Grenze („Schranken-Schranke") für legislative Aufgabenhochzonungen stellt der Verhältnismäßigkeitsgrundsatz dar. Dieser zielt als grundlegendes Verfassungsprinzip nicht nur auf den Grundrechtsschutz ab, sondern beeinflusst richtigerweise auch die Grundsätze der Staatsorganisation. Anders als der VerfGH NRW (NWVBl. 1997, 333, 336) hat das BVerfG die Anwendbarkeit des Verhältnismäßigkeitsgrundsatzes im Rahmen der kommunalen Selbstverwaltungsgarantie zunächst nicht explizit erwähnt (vgl. BVerfGE 79, 127 ff. – Rastede). In dieser Entscheidung hielt indes auch das BVerfG einen Aufgabenentzug nur dann für zulässig, wenn „die den Aufgabenentzug tragenden Gründe gegenüber dem verfassungsrechtlichen Aufgabenverteilungsprinzip überwiegen" (BVerfGE 79, 127, 154), was de facto eine verschärfte Proportionalitätsprüfung bedeutet. In neueren Entscheidungen hat das BVerfG die Anwendbarkeit des Verhältnismäßigkeitsgrundsatzes bei der Prüfung von Aufgabenhochzonungen nunmehr explizit bejaht. Gegenteilige Auffassungen sind damit endgültig als überwunden anzusehen. Im Übrigen bleibt es, wie das BVerfG jüngst explizit klargestellt hat, bei der im Rahmen der Rastede-Entscheidung entwickelten verschärften Proportionalitätsprüfung für Aufgabenhochzonungen (BVerfG, NVwZ 2018, 140, Rn. 82). Die Hochzonung örtlicher Aufgaben auf höhere kommunale Einheiten oder das Land ist also nicht bereits dann angemessen, wenn die Nachteile nicht außer Verhältnis zu dem verfolgten Zweck stehen, sondern erst dann, wenn die den Aufgabenentzug tragenden Gründe gegenüber dem verfassungsrechtlichen Aufgabenverteilungsprinzip überwiegen.

(3) Sonderkonstellation: Überbürdung staatlicher Aufgaben

191 Wie oben dargestellt, kann das gemeindliche Selbstverwaltungsrecht nicht nur durch einen Aufgabenentzug („Hochzonung"), sondern auch durch die Überbürdung von **„Fremdaufgaben"** auf die Gemeinde bedroht werden (BVerfG, NVwZ 2020, 1342, Rn. 58). Ob die Übertragung spezifisch landesstaatlicher Aufgaben auf die Gemeinden

überhaupt mit Art. 78 Abs. 3 LV vereinbar ist, war lange Zeit umstritten, wird aber heute überwiegend bejaht (vgl. nur VerfGH NRW, NWVBl. 2001, 340, 345). Entsprechende Aufgabenverlagerungen werden gerade in neuerer Zeit unter dem Stichwort **„Kommunalisierung“** intensiv diskutiert.

Beispiel: Ein Landesgesetz verpflichtet die Kommunen zur Aufnahme von Flüchtlingen (hierzu VerfGH NRW, OVGE 46, 262 ff.). Das Landeswahlgesetz überträgt kommunalen Stellen bestimmte Mitwirkungspflichten bei der Durchführung der Landtagswahlen.

Allerdings hat die Verfassungsgerichtsbarkeit der **Überbürdung landesstaatlicher Aufgaben** zugleich klare Grenzen gesetzt (hierzu VerfGH NRW, NVwZ-RR 1993, 486, 487). Demnach hat der Gesetzgeber den Verhältnismäßigkeitsgrundsatz, den unantastbaren Kernbereich sowie – außerhalb dessen – das verfassungsrechtliche Aufgabenverteilungsprinzip ebenso zu beachten wie bei unmittelbaren Eingriffen etwa in Gestalt eines Aufgabenentzugs. Durch die Etablierung des (strikten) Konnexitätsprinzips in Art. 78 Abs. 3 S. 2–5 LV haben die einzelnen Kommunen nunmehr zugleich einen justiziablen Anspruch auf Kostenausgleich für wesentliche Belastungen, was umgekehrt dazu führt, dass Aufgabenüberbürdungen in der Regel hinnehmbar sein werden. Anderes ergibt sich allerdings dort, wo das Selbstverwaltungsrecht der Gemeinde durch die Inanspruchnahme für Fremdaufgaben zu ersticken droht (VerfGH NRW, DVBl. 1993, 197, 198).

Nach Auffassung des VerfGH NRW (NWVBl. 2001, 340, 345) werden landesstaatli- **192** che Aufgaben durch ihre Übertragung auf die Kommunen nicht ohne Weiteres in kommunale Aufgaben umgewandelt. Folgt man diesem Ansatz, kann die Selbstverwaltungsgarantie nicht gegen eine spätere **Rückverlagerung** dieser Aufgaben auf den Staat in Stellung gebracht werden. Entsprechendes würde damit auch für den Fall der Beendigung einer staatlichen „Organleihe“ bei den Kommunen gelten.

Gegenüber **Aufgabenüberbürdungen durch den Bund** entfalten die landesver- **193** fassungsrechtlichen Selbstverwaltungsgarantien keine Schutzwirkung. So bindet die Landesverfassung lediglich die Landesstaatsgewalt, nicht aber die Staatsgewalt des Bundes. Anwendbar ist insoweit freilich das sog. Durchgriffsverbot des Art. 84 Abs. 1 S. 7 GG, das dem Bund untersagt, den Kommunen (neue) Aufgaben zu übertragen. Dieses Verbot prägt die kommunale Selbstverwaltungsgarantie des Art. 28 Abs. 2 GG mit und kann somit auch im Verfahren der kommunalen Verfassungsbeschwerde zum BVerfG geltend gemacht werden (BVerfG, BeckRS 2020, 18640). Die Festlegung neuer kommunaler Zuständigkeiten bleibt somit vollumfänglich der Landesgesetzgebung vorbehalten, die hierbei dem strikten Konnexitätsprinzip unterliegt (s. Rn. 204 ff.). Art. 84 Abs. 1 S. 7 GG erfasst auch die Erweiterung bundesrechtlich bereits zugewiesener Aufgaben, soweit diese Aufgabenerweiterung funktional einer Neuübertragung von Aufgaben gleichkommt (BVerfG, aaO). Fraglich ist immerhin die Anwendbarkeit der Norm auf kostenneutrale Inpflichtnahmen bzw. auf die Veränderung bloßer „Standards“ zur Wahrnehmung bestehender Aufgaben. In jedem Falle zulässig bleiben über Art. 125a Abs. 1 S. 1 GG bundesgesetzliche Anpassungen bereits übertragener Aufgaben an veränderte ökonomische oder soziale Umstände. Freilich darf es hierdurch nicht zu materiell-rechtlichen Aufgabenerweiterungen kommen, die auf die Tragweite der Aufgabe durchschlagen und damit zu einer starken Beeinträchtigung der kommunalen Eigenverantwortung führen (BVerfG, aaO).

b) Gemeindeverbände

Als grundlegend anders strukturiert erweist sich die objektive Rechtsinstitutionsga- **194** rantie in Bezug auf die Gemeindeverbände i. S. d. Art. 78 LV (oben Rn. 177). Gem.

Art. 28 Abs. 2 S. 2 GG besitzen die Gemeindeverbände ein Recht zur Selbstverwaltung lediglich „nach Maßgabe der Gesetze" und lediglich „im Rahmen ihres gesetzlichen Aufgabenbereiches". Das bedeutet, dass die Universalität des Wirkungskreises („Allzuständigkeit") trotz des insoweit missverständlichen Wortlauts des Art. 78 Abs. 2 LV kein konstituierendes Merkmal der Gemeindeverbände ist (ebenso VerfGH NRW, NWVBl. 2001, 340, 343). Die bundesverfassungsrechtliche Selbstverwaltungsgarantie zu Gunsten der Kreise reduziert sich insoweit auf die Selbstverwaltung innerhalb eines **„gesetzesgeformten" Aufgabenbereichs** – eines Aufgabenbereichs also, der verfassungsrechtlich nicht a priori definiert wird (deutlich BVerfG, NVwZ 2008, 183, 184). Die grundgesetzliche objektive Rechtsinstitutionsgarantie wird nach h. M. dementsprechend erst dort verletzt, wo Gemeindeverbände gleichsam aufgabenlos gestellt werden oder aber in ihrer Aufgabenwahrnehmung jeglicher Selbstverantwortung beraubt werden. „Außerhalb eines solchen Mindestbestandes an echten Selbstverwaltungsaufgaben", so die äußerst rigide Rechtsprechung des BVerfG, „schützt Art. 28 Abs. 2 S. 2 GG gegen Aufgabenentziehungen und -zuweisungen nicht" (NVwZ 2008, 183, 184; krit. *Dietlein,* BeckOK KommR NRW, 2020, Syst. Einf. zum KommR Dtld., Rn. 95: Rückbau nur aus Gründen des Gemeinwohls sowie unter Wahrung der Verhältnismäßigkeit). Soweit Art. 78 Abs. 2 LV – über die „Mindestgarantie" des Art. 28 Abs. 2 S. 2 GG scheinbar hinausgehend – die Gemeindeverbände zum grundsätzlich alleinigen Träger der öffentlichen Verwaltung in ihrem Gebiet erklärt, wird dies für die Kreise teilweise als grundsätzliche Aufgabengarantie für alle auf das Kreisgebiet beschränkten **überörtlichen (sog. „kreiskommunalen") Aufgaben** interpretiert. Angesichts der Fokussierung der Verfassungsnorm auf abstrakte „Gemeindeverbände" erscheint diese Auslegung freilich nicht überzeugend (ablehnend denn auch VerfGH NRW, NWVBl. 1996, 426 f.: keine „bestimmten" Aufgaben). Der Aufgabenbestand der Gemeindeverbände basiert damit durchgehend auf gesetzlicher Zuweisung, für die Kreise damit namentlich auf § 2 KrO NRW. Ob die dortige Zuweisung der *„auf ihr Gebiet begrenzten überörtlichen Angelegenheiten"* auch die den Kreisen oftmals pauschal zugeschriebenen „Ausgleichs- und Ergänzungsaufgaben" einbezieht, erscheint keineswegs eindeutig, ist aber letztlich eine Frage der Auslegung des einfachen Rechts (s. § 2 Rn. 342 f.; krit. *Dietlein/Lotz,* GS Tettinger, 2007, S. 215). In keinem Falle wird man eine verfassungsunmittelbare Aufgabenzuweisung zugunsten der Kreise annehmen können.

195 Als „gesetzesgeformt" ist auch der Aufgabenbestand der Landschaftsverbände anzusehen, die ebenfalls Gemeindeverbände i. S. d. Art. 78 LV darstellen und damit – ungeachtet der Erwähnung der Kreise in Art. 28 Abs. 2 S. 2 GG – keinen geringeren Verfassungsgarantien unterliegen als die Kreise. Ob und inwieweit die Landschaftsverbände durch Art. 78 Abs. 2 LV gegen einen gesetzlichen Aufgabenentzug geschützt werden, ist bislang nicht abschließend geklärt. Keinen Schutz gewährt Art. 78 Abs. 2 LV nach der umstrittenen Rechtsprechung des VerfGH NRW jedenfalls insoweit, als es um die Entziehung genuin staatlicher, also nicht-kommunaler Aufgaben und deren Rückführung auf staatliche Funktionseinheiten geht (vgl. oben Rn. 192). Dagegen wird man einen verfassungsrechtlichen Rechtfertigungszwang für den Entzug des den Gemeindeverbänden einmal zugewiesenen kommunalen Aufgabenbestandes – einschließlich des hierauf bezogenen Verwaltungsvermögens – richtigerweise nicht verneinen können (enger aber wohl BVerfG, NVwZ 2008, 183, 184, Rn. 194).

3. Subjektive Rechtsstellungsgarantie

196 Unter der „subjektiven Rechtsstellungsgarantie" als der dritten und letzten Garantieebene des Art. 78 LV ist schließlich die im Wege der Auslegung vollzogene „Versubjektivierung" der primär objektiv-rechtlichen „Staatsaufbauprinzipien" aus Art. 78 LV (Art. 28 Abs. 2 GG) zu verstehen. Die subjektive Rechtsstellungsgarantie verschafft den Gemeinden und Gemeindeverbänden mithin die Möglichkeit, ungerechtfertigte **Eingriffe** in das Selbstverwaltungsrecht notfalls **gerichtlich abzuwehren.** Es handelt sich dogmatisch damit nicht wirklich um eine eigenständige „Garantieebene". Vielmehr finden die subjektiven Schutzpositionen der Gemeinden – wie auch bei klassischen subjektiv-öffentlichen Rechten – ihren Grund und ihre Grenze in den objektiven Garantien, insbesondere also in der beschränkt individuellen Rechtssubjektgarantie, der objektiven Rechtsinstitutionsgarantie sowie schließlich der Aufgabengarantie des Art. 28 Abs. 2 S. 1 GG. Die kommunale Selbstverwaltungsgarantie wird damit zu einer wehrfähigen Rechtsposition. Als statthafte Rechtsschutzform gegen legislative Beschränkungen steht der betroffenen Kommune namentlich die sog. Kommunalverfassungsbeschwerde nach Art. 75 Nr. 5b LV i. V. m. §§ 12 Nr. 8, 52 VerfGHG zur Verfügung (vgl. unten Rn. 242 ff.). Wehrt sich eine Gemeinde gegen ihre gesetzliche Auflösung, wird der Fortbestand der kommunalen Körperschaft im Rahmen eines laufenden verfassungsgerichtlichen Verfahrens unterstellt bzw. fingiert.

III. Keine Grundrechtsberechtigung der Gemeinden und Gemeindeverbände

Aus der Zuordnung der Gemeinden und Gemeindeverbände zur Exekutive des Landes Nordrhein-Westfalen ergibt sich, dass die kommunalen Gebietskörperschaften Grundrechtsverpflichtete sind (Art. 4 Abs. 1 LV i. V. m. Art. 1 Abs. 3 GG) und daher nicht zugleich Träger von (Bundes- oder Landes-)Grundrechten sein können. Für das Bundesgrundrecht der Eigentumsfreiheit hat das BVerfG diesen Gedanken auf die berühmte Formel gebracht, dass Art. 14 GG *„nicht das Privateigentum, sondern das Eigentum Privater"* schütze (BVerfGE 61, 82, 109). Für die durch Rezeption der Bundesgrundrechte entstandenen Landesgrundrechte gilt insoweit nichts Anderes. Berufen können sich die Gemeinden und Gemeindeverbände dagegen nach st. Rspr. des BVerfG (BVerfGE 61, 82, 104) auf die sog. Justizgrundrechte der Art. 101 Abs. 1 S. 2 GG und Art. 103 Abs. 1 GG, die über Art. 4 Abs. 1 LV ebenfalls als Landesgrundrechte gewährleistet sind (oben Rn. 51). So enthalten die dortigen Gewährleistungen keine klassischen „Individualrechte" i. S. d. Art. 1 bis 17 GG, sondern objektive Verfahrensgrundsätze, die für jedes gerichtliche Verfahren gelten und daher auch jedem zu Gute kommen müssen, der nach dem jeweiligen Verfahrensrecht parteifähig ist. Die insoweit denkbare Möglichkeit einer Individualverfassungsbeschwerde gegen gerichtliche Entscheidungen war bislang freilich nur zum BVerfG eröffnet (Art. 93 Abs. 1 Nr. 4a GG). Mit Einführung der Individualverfassungsbeschwerde zum VerfGH NRW (Rn. 252) dürften sich hier neue Optionen ergeben. **197**

IV. Finanzverfassungsrechtliche Garantien zugunsten der Gemeinden

Flankiert und ergänzt werden die kommunalen Selbstverwaltungsgarantien des Landesverfassungsrechts durch spezifische finanzverfassungsrechtliche Gewährleistungen. Denn indem eigenverantwortliches Handeln eine entsprechende finanzielle Leistungsfähigkeit voraussetzt, schließt die kommunale Selbstverwaltungsgarantie einen gegen das Land gerichteten Anspruch auf angemessene Finanzausstattung mit ein. **198**

1. Steuern

199 Ausdrücklich erwähnt wird in Art. 79 S. 1 LV das Recht der Gemeinden „auf Erschließung eigener Steuerquellen" zur Erfüllung ihrer Aufgaben. Da die Gemeindeverbände vom Wortlaut ausgenommen sind, gilt für diese lediglich der Gewährleistungsgehalt des allgemeinen Finanzausgleichs bzw. des Konnexitätsprinzips i. S. d. Art. 78 Abs. 3 LV (dazu unten Rn. 206). Art. 79 S. 1 LV normiert **kein eigentliches „Steuerfindungsrecht"** der Gemeinden, sondern räumt diesen lediglich einen Anspruch gegen den (Landes-)Gesetzgeber ein, mögliche gemeindliche Steuerquellen auf formalgesetzlichem Weg zu erschließen. Diese Auslegung des Art. 79 S. 1 LV ergibt sich schon aus Art. 79 S. 2 Hs. 1 LV, aber auch daraus, dass die Gemeinden als Teil der Landesexekutive gar nicht in der Lage sind, die erforderlichen formalgesetzlichen Grundlagen (Vorbehalt des Gesetzes!) für autonome Besteuerungseingriffe herzustellen. Der Landesgesetzgeber schuldet hierbei keine umfassende Eröffnung von örtlichen Steuerquellen; vielmehr hat er dem Anspruch der Gemeinden lediglich „Rechnung zu tragen" (Art. 79 S. 2 Hs. 1 LV). Die Einführung und der Fortbestand bestimmter Steuern oder gar die Garantie eines bestimmten Steueraufkommens können daher nicht beansprucht werden. In jedem Fall haben die Gemeinden die Möglichkeit, vom (Landes-)Gesetzgeber **eröffnete Steuerquellen auszuschöpfen** oder auf deren Ausschöpfung zu verzichten.

200 Der gemeindliche Anspruch auf Erschließung eigener Steuerquellen wird bedingt und begrenzt durch die steuerlichen Gesetzgebungskompetenzen des Landes. Die Gesetzgebungskompetenz des Landes wird dabei durch Art. 105 und 106 GG auf die dort aufgeführten Steuertypen begrenzt. Ein über den Katalog der Steuertypen des Art. 106 GG hinausgehendes „allgemeines Steuererfindungsrecht" steht den Ländern ebenso wenig zu wie dem Bund (BVerfG, NVwZ 2017, 1037, Ls. 3). Im Zentrum des kommunalen Interesses stehen regelmäßig die **örtlichen Verbrauch- und Aufwandsteuern,** bezüglich derer Art. 105 Abs. 2a S. 1 GG eine grundsätzliche Landeszuständigkeit vorsieht. Der nordrhein-westfälische Landesgesetzgeber hat den Gemeinden über § 3 KommunalabgabenG (KAG) NRW die Möglichkeit eröffnet, derartige Steuern zu erheben. Dabei können die Gemeinden eigene Lenkungsziele verfolgen, dürfen sich allerdings nicht in Widerspruch zu materiellen Regelungen des zuständigen Sachgesetzgebers setzen (BVerfG, NJW 1998, 2341). Zu den von der Rechtsprechung grundsätzlich akzeptierten örtlichen Verbrauch- und Aufwandsteuern zählen etwa die Hundesteuer (inkl. Kampfhundesteuer), die Vergnügungsteuer, die Zweitwohnungsteuer, die „Kulturförderabgabe" (im Volksmund: „Bettensteuer") für Hotelübernachtungen sowie die „Wettbürosteuer". Der üppig sprießende „Wildwuchs" an kommunalen Verbrauch- und Aufwandsteuern wirft seit jeher gleichheitsrechtliche Fragen auf. Letztlich finden die betreffenden Steuern ihre gleichheitsrechtliche Rechtfertigung regelmäßig erst in den verfolgten Nebenzwecken (str.).

Beispiel: Um der vermehrten Hundehaltung im Gemeindegebiet Herr zu werden, beschließt der Rat der Gemeinde eine Hundesteuersatzung, die die Haltung von Hunden besteuert und bestimmte enumerativ aufgelistete Kampfhunderassen mit einem 10-fach erhöhten Steuersatz belegt. Die erforderliche gesetzliche Grundlage für diese Aufwandsteuer findet sich in den §§ 2f. KAG NRW. Die Verfolgung ordnungsrechtlicher Aspekte (sog. „Lenkungsteuer") bleibt ohne Relevanz, solange es auch um die Erzielung von Einnahmen geht. Im Gegenteil bildet der Lenkungszweck hier zugleich die gleichheitsrechtliche Rechtfertigung der Steuer. Die Normierung von Rasselisten ist gleichheitsrechtlich nicht zu beanstanden (str.; vgl. hierzu etwa BVerwG, NVwZ 2000, 929).

Den Kreisen wurde in NRW nach Maßgabe des einfachen Rechts zuletzt allein die Erhebung einer „Jagdsteuer" zugestanden, die aber zwischenzeitlich endgültig ausgelaufen ist. Soweit § 3 Abs. 1 S. 3 KAG die Erhebung einer Steuer auf die Erlangung einer Erlaubnis zum Betrieb eines Gaststättengewerbes ausschließt, dürfte es sich ohnehin nicht um eine Verbrauch- und Aufwandsteuer handeln, sondern um eine (ohnehin unzulässige) Konzessionsabgabe.

2. Finanzausgleich nach Art. 79 S. 2 LV

Gem. Art. 79 S. 2 Hs. 2 LV ist das Land ferner verpflichtet, *„im Rahmen seiner finanziellen Leistungsfähigkeit einen übergemeindlichen Finanzausgleich zu gewährleisten"*. Art. 79 S. 2 Hs. 2 LV kanalisiert und konkretisiert die allgemeinen gemeindlichen Finanzierungsansprüche, wie sie sich zum einen unmittelbar aus Art. 78 LV (Anspruch auf angemessene Finanzausstattung), zum anderen aus dem grundgesetzlichen System der kommunalen Finanzierung (Art. 106 GG) ergeben. Der übergemeindliche Finanz- und Lastenausgleich wird in Nordrhein-Westfalen alljährlich durch das sog. **Gemeindefinanzierungsgesetz** (GFG – „Gesetz zur Regelung der Zuweisungen des Landes Nordrhein-Westfalen an die Gemeinden und Gemeindeverbände") vorgenommen. **201**

a) Festsetzung der Finanzausgleichsmasse

Weder Art. 78 LV noch Art. 79 LV legen den Umfang der zuzuweisenden Mittel präzise fest. Demgemäß kommt dem Landesgesetzgeber bei der Bemessung der zuzuweisenden Mittel ein **weiter Ermessens- und Gestaltungsspielraum** zu, der vom VerfGH NRW nur unter dem Gesichtspunkt der Sachgerechtigkeit zu überprüfen ist. Ein Anspruch der Kommunen auf Fortbestand des einmal erreichten Standards besteht nicht, so dass veränderte Rahmenbedingungen, neue Erkenntnisse und gewandelte Präferenzvorstellungen in jedem aktuellen Gemeindefinanzierungsgesetz berücksichtigt werden können (VerfGH NRW, OVGE 43, 252, 255). Auch die finanzielle **Leistungsfähigkeit des Landes** ist nach der Rechtsprechung des VerfGH NRW hierbei mit in Ansatz zu bringen (VerfGH NRW, OVGE 47, 249, 252). Allerdings dürfen etwaige Einsparnotwendigkeiten nicht einseitig auf die Kommunen übergewälzt werden, sondern sind i.S. einer Verteilungsgerechtigkeit von allen Beteiligten aufzufangen. Soweit der VerfGH NRW die Existenz einer „absoluten" Untergrenze i.S. einer **finanziellen Mindestausstattung** der Gemeinden zur Erfüllung der Selbstverwaltungsaufgaben verneint (NVwZ-RR 2014, 707 L), überzeugt diese Rechtsprechung nicht, riskiert sie doch im Extremfall ein Leerlaufen des Verfassungsprinzips der kommunalen Selbstverwaltung. Zu Recht hebt das BVerfG denn auch die Pflicht des Staates hervor, den Gemeinden ggf. die Mittel zur Verfügung zu stellen, die sie zur Erfüllung ihrer Aufgaben benötigen (NVwZ 2015, 728, 730). Und selbst wenn man gegen diese grundgesetzliche Sichtweise einen aus Art. 79 S. 2 LV abgeleiteten Vorbehalt der Leistungsfähigkeit des Landes stellen wollte, betrifft dieser allenfalls den kommunalen Finanzausgleich selbst, nicht aber sonstige Wege zur landesstaatlichen Gewährleistung einer kommunalen Basisfinanzierung (z.B. durch Eröffnung neuer Einnahmequellen u.Ä.). Insofern kann es nicht überzeugen, das Land unter Verweis auf Art. 79 S. 2 LV aus seiner Verantwortung zur Sicherstellung der finanziellen Mindestvoraussetzungen kommunaler Selbstverwaltung zu entlassen. **202**

b) Verteilung der Finanzausgleichsmasse auf die Gemeinden

Auch hinsichtlich der Verteilung der Finanzausgleichsmasse auf die einzelnen Gemeinden hat der Gesetzgeber verfassungsrechtliche Vorgaben zu beachten, insbesondere **203** das aus der kommunalen Selbstverwaltungsgarantie folgende **Gebot interkommunaler Gleichbehandlung** sowie das hieraus abgeleitete **Nivellierungsverbot** für bestehende gemeindliche Finanzkraftunterschiede. Der VerfGH NRW hatte wiederholt die Vereinbarkeit von Verteilungsregelungen des nordrhein-westfälischen Gemeindefinanzierungsgesetzes mit diesen verfassungsrechtlichen Vorgaben zu untersuchen (vgl. NVwZ-RR 1999, 81; DVBl. 1993, 1205 u. a.). Bei der Verteilung der Finanzausgleichsmasse ist danach zu berücksichtigen, dass der übergemeindliche Finanzausgleich die zwischen den verschiedenen Gemeinden aus (infra-)strukturellen, sozialen und wirtschaftlichen Gründen bestehenden Ungleichheiten nicht vollkommen einebnen, sondern nur durch Vermeidung krasser Niveauunterschiede abmildern darf.

3. Kostendeckung für Aufgabenzuweisungen

204 Ein weiteres Instrument zur Sicherung der finanziellen Leistungsfähigkeit der Kommunen stellt das sog. **Konnexitätsprinzip** des Art. 78 Abs. 3 LV dar. Dieses bildet eine von der Finanzkraft der Kommune losgelöste Ausgleichsregelung, die neben den allgemeinen Regeln zur Erhebung kommunaler Abgaben und dem kommunalen Finanzausgleich steht. Gem. Art. 78 Abs. 3 S. 1 LV kann das Land die Gemeinden und Gemeindeverbände durch Gesetz oder Rechtsverordnung nur dann zur Übernahme und Durchführung bestimmter öffentlicher Aufgaben verpflichten, „wenn dabei gleichzeitig Bestimmungen über die **Deckung der Kosten** getroffen werden". Die Bestimmung zielt darauf ab, die eigenverantwortliche Selbstverwaltung aus Art. 78 Abs. 1 und 2 LV finanziell abzusichern und gleichzeitig zu verhindern, dass die Kommunen durch eine weitreichende Übertragung staatlicher bzw. eine Pflichtigstellung kommunaler Aufgaben ihren Spielraum für wirkliche *Selbst*verwaltung aus finanziellen Gründen einbüßen.

205 Nach der vormaligen Rechtsprechung des VerfGH NRW wurden durch die Verbürgung des **Art. 78 Abs. 3 LV a. F.,** der weitgehend dem heutigen Art. 78 Abs. 3 S. 1 LV entsprach, **Form, Methode und Modalität** der erforderlichen Kostenregelung **nicht vorgegeben.** Großzügigkeit zeigte der VerfGH NRW insbes. hinsichtlich des scheinbaren Junktims einer „gleichzeitigen" Kostendeckungsregelung. So bedeutete „Gleichzeitigkeit" nach Auffassung des VerfGH NRW nicht, dass eine Kostenregelung jeweils im entsprechenden Gesetz der Aufgabenübertragung vorgenommen werden musste. Vielmehr sollte eine Kostenregelung innerhalb des jährlichen Gemeindefinanzierungsgesetzes hinreichend sein, wobei selbst ein gesonderter Ansatz der Kostenpauschale von Verfassungs wegen nicht zwingend gefordert war (VerfGH NRW, NWVBl. 1987, 16 ff.). Der dem Gesetzgeber für den Umfang der Finanzausstattung zustehende Ermessens- und Gestaltungsspielraum ging zudem so weit, dass eine angemessene Kostenerstattung auch in typisierender und pauschalierender Form getroffen werden konnte (VerfGH NRW, NWVBl. 1997, 129, 131). Im Rahmen dieser **„einheitlichen Finanzgarantie"** hielt es der VerfGH NRW überdies für zulässig, die Gemeinden und Gemeindeverbände auch mit eigenen Einnahmen an den Kosten der Aufgabenwahrnehmung zu beteiligen (DVBl. 1985, 685, 688).

206 Im Schrifttum war diese Verfassungsauslegung überwiegend auf **Kritik** gestoßen, da sie die Schutzfunktion des Art. 78 Abs. 3 LV weitgehend leerlaufen ließ (hierzu zuletzt *Wieland,* FS VerfGH NRW, 2002, 415, 418). Als Reaktion auf die vielfältige Kritik wurde Art. 78 Abs. 3 LV mit Wirkung zum 1.7.2004 neu gefasst. Kernelement der Neuregelung war die Einführung des sog. **„strikten Konnexitätsprinzips".** Ein konnexitätsrelevanter Sachverhalt im Sinne von Art. 78 Abs. 3 S. 1 und 2 LV liegt danach vor, wenn die Übernahme und Durchführung bestimmter öffentlicher Aufgaben auf einem Landesgesetz oder einer Landesrechtsverordnung beruht (Satz 1). Die Aufgabenübertragung muss auf die Entscheidung des Landesrechts zurückgehen. Zudem muss eine konnexitätsrelevante Aufgabenübertragung vorliegen. Dies ist der Fall, wenn den Gemeinden oder Gemeindeverbänden neue Aufgaben übertragen werden oder wenn bestehende Aufgaben verändert werden (Satz 2). Auf den vorhandenen Aufgabenbestand, der bereits auf eine frühere staatliche Aufgabenzuweisung zurückgeht, wird das Konnexitätsprinzip also nicht rückwirkend angewandt. Allerdings wird hierbei jeweils auf die konkrete kommunale Ebene abzustellen sein, so dass Aufgabenverschiebungen zwischen der Gemeinde- und der Gemeindeverbandsebene durchaus als Neuübertragungen zu betrachten sind. Schließlich bedarf es einer konnexitätsrelevanten finanziellen Belastung der Gemeinden oder Gemeindeverbände. Hierbei schränkt Art. 78 Abs. 3 S. 2 LV die Verpflichtung zu einer Kostenausgleichsregelung dahingehend ein, dass sie nur bei einer wesentlichen Belastung der von der Aufgabenübertragung betroffenen Kommunen ausgelöst wird. Nach dem Willen des verfassungsändernden Gesetzgebers liegt eine wesentliche Belastung vor, wenn eine Bagatellschwelle überschritten ist. Gemäß Art. 78 Abs. 3 S. 2 LV bedarf es in diesem Falle eines durch Gesetz oder Rechtsverordnung zu gewährenden finanziellen Ausgleichs für die entstehenden durchschnittlichen Aufwendungen. Hiervon miterfasst ist auch die landesrechtliche Zuweisung bereits bestehender, bislang staatlicher Aufgaben an die Kommunen sowie die Schaffung einer neuen, landesgesetzlichen Grundlage für eine schon vorher von den Kommunen kraft Bundesrechts wahrgenommene Aufgabe (zu dieser Konstellation VerfGH NRW, NWVBl. 2011, 54, 57) und die Pflichtigstellung bereits von den Kommunen freiwillig wahrgenommener Aufgaben durch das Land.

Beispiel: Durch Bundesgesetz waren die Kreise und kreisfreien Städte als Träger der öffentlichen Jugendhilfe verpflichtet worden, Tageseinrichtungen für Kinder unter drei Jahren vorzuhalten. Nach einer Gesetzesänderung wurde die Festlegung der Zuständigkeit der Landesgesetzgebung überantwortet, die in NRW an der Zuständigkeit der Kreise und kreisfreien Städte als Träger der öffentlichen Jugendhilfe festhielt. Es handelt sich gleichwohl um eine konnexitätsrelevante Verpflichtung, da nunmehr erstmals nach Maßgabe des Landesrechts eine entsprechende Zuständigkeit besteht (VerfGH NRW, a. a. O.).

Auch bloße **inhaltliche Änderungen bereits übertragener Aufgaben** können eine konnexitätsrelevante Wirkung entfalten, wenn sich hierdurch den Vollzug prägende besondere Anforderungen an die Aufgabenerfüllung ändern. Eine „offene Flanke" ergibt sich bislang allerdings für Mehrbelastungen infolge einer **durch Bundesrecht** bewirkten Aufgabenveränderung, die der VerfGH NRW nicht vom Konnexitätsprinzip erfasst sieht (VerfGH NRW, NWVBl. 2015, 140). Soweit der VerfGH NRW eine Anwendung des Konnexitätsprinzips hierbei auch dann ausgeschlossen sieht, wenn der Landesgesetzgeber nachträgliche bundesrechtliche Aufgabenerweiterungen oder gar Neuaufgaben durch eine offen gehaltene Formulierung von Zuständigkeitsregelungen gleichsam antizipiert (ebda., S. 143), überzeugt dies allerdings nicht. So wird man für „neue" bundesrechtlich formulierte Aufgaben stets auch neue Aufgabenübertragungen durch Landesrecht fordern müssen, die damit potentiell auch konnexitätsrelevant sind.

Noch nicht geklärt ist, ob und inwieweit die gesetzliche Normierung gemeindlicher **Finanzierungsaufgaben** als konnexitätsrelevante Aufgabenübertragung eingestuft werden kann. Von einer Erstreckung des Konnexitätsprinzips auf Finanzierungspflichten dürfte jedenfalls dann auszugehen sein, wenn diese der Durchführung einer bestimmten örtlichen Aufgabe dienen und damit ein integraler Bestandteil einer bestimmten Aufgabe sind.

Beispiel: Das Land verpflichtet die Gemeinden zur teilweisen Finanzierung privat getragener Kindergärten oder Krankenhäuser. Die diesbezügliche Finanzierungsaufgabe stellt sich schon begrifflich als Aufgabe i. S. d. Art. 78 Abs. 3 S. 2 LV dar. Jedenfalls aber ist die Finanzierung ein integraler Bestandteil der Aufgabe, die Kinderbetreuung bzw. die Krankenversorgung zu sichern, und unterliegt insoweit dem Konnexitätsprinzip (Fall nach LVerfG LSA, BeckRS 2015, 54749).

Bei der Prüfung der **Wesentlichkeit** der Belastung („Bagatellvorbehalt") sowie der Berechnung des Ausgleichs hat die Haushaltssituation des Landes außer Betracht zu bleiben. Grundlage des pauschal zu leistenden (Voll-)Kostenersatzes ist eine Kostenfolgeschätzung, die gegebenenfalls veränderten Bedingungen anzupassen ist. Einzelheiten des Aufwendungsersatzes werden in dem nach Maßgabe des Art. 78 Abs. 3 S. 5 LV erlassenen Konnexitätsausführungsgesetz geregelt. Hierbei verpflichtet das Landesverfassungsrecht zur Befolgung des Ausführungsgesetzes jedenfalls insoweit, als es entsprechend dem verfassungsrechtlichen Erfordernis nach Art. 78 Abs. 3 S. 5 Hs. 2 LV die Grundsätze der Kostenfolgeabschätzung festlegt und Bestimmungen über eine Beteiligung der kommunalen Spitzenverbände trifft (VerfGH NRW, BeckRS 2010, 47748). Eine Missachtung dieser Grundsätze impliziert damit zugleich eine Verletzung des verfassungsrechtlichen Konnexitätsprinzips.

Beachte: Für die Kostenfolgeschätzung ergeben sich erhöhte Anforderungen an die Transparenz der gesetzgeberischen Prognoseentscheidung: Die Kostenaufstellung muss die wesentlichen Entscheidungsgrundlagen nachvollziehbar erkennen lassen. Der Gesetzgeber hat die entstehenden notwendigen, durchschnittlichen Kosten der übertragenen Aufgabe, die Einnahmen und die anderweitigen Entlastungen zu schätzen und die Ermittlungen schriftlich zu dokumentieren. Bei der Schätzung sind die Einzelpositionen grundsätzlich entsprechend der Ermittlungsmethode des KonnexAG zu veranschlagen. Der Gesetzgeber muss insofern alle wesentlichen Grundannahmen und Rechenschritte, die zur Ermittlung der Kostenfolgen herangezogen worden sind, im Einzelnen nachvollziehbar offenlegen.

Die neuen Bestimmungen des Art. 78 Abs. 3 LV formulieren nicht bloß eine Kostenregelungspflicht, sondern eine **umfassende Kostenerstattungspflicht,** die die Kommunen vor einer Aufgabenübertragung oder -veränderung ohne „entsprechenden" (Voll-)Ausgleich schützen (VerfGH NRW, NWVBl. 2011, 54, 56). Zugleich wurde mit der Neufassung des Art. 78 Abs. 3 LV die Wende zu einem **dualistischen Modell der kommunalen Finanzgarantie** vollzogen. Regelungen zur Kostenerstattung können fortan nicht mehr im jährlichen Finanzausgleichsgesetz getroffen werden, wenngleich andererseits auch keine gleichzeitige Verankerung der Kostenregelung im Sinne eines Junktims im betreffenden Aufgabengesetz notwendig ist. In der Gesamtschau stellen sich Art. 79 und 78 Abs. 3 LV mithin nunmehr als zwei voneinander unabhängige Finanzgarantien dar.

207 Fehlt die nach Art. 78 Abs. 3 S. 2 LV erforderliche **Kostendeckungsregelung** oder wird sie den verfassungsrechtlichen Vorgaben inhaltlich nicht gerecht, **schlägt** dies auch **auf die Verfassungsmäßigkeit der Aufgabenübertragung oder -veränderung durch.** Auch diese ist als verfassungswidrig einzustufen (VerfGH NRW, NWVBl. 2011, 54). Allerdings beschränkt sich der VerfGH NRW in diesem Fall i. d. R. auf die Feststellung der Unvereinbarkeit mit der Landesverfassung (§ 52 Abs. 3 i. V. m. § 49 S. 1 Alt. 1 VerfGHG), sodass die Aufgabenübertragung oder -veränderung fortgilt. Im Ergebnis besteht damit (nur) eine verfassungsrechtliche Verpflichtung des Landes, eine den Anforderungen des Art. 78 Abs. 3 LV genügende Regelung zu treffen. Dies kann durch

Erlass einer den Anforderungen des Konnexitätsprinzips genügenden Kostendeckungsregelung (einschließlich Ausgleichs wesentlicher Mehrbelastungen) erfolgen, aber auch durch eine Aufhebung der Aufgabenübertragung durch den Landesgesetzgeber.

Beispiel: In dem oben genannten Fall waren die Kreise und kreisfreien Städte ohne Kostenregelung zur Vorhaltung von Kindertageseinrichtungen verpflichtet worden. Die mangelnde Wahrung des Konnexitätsprinzips qualifizierte der VerfGH NRW nicht als „legislatives Unterlassen", sondern als aufgrund ihrer Unvollständigkeit mit der Landesverfassung unvereinbare Aufgabenübertragung. Letztlich hatte die Aufgabenübertragung aber trotz ihrer Unvereinbarkeit mit der Landesverfassung Bestand; der Landesgesetzgeber wurde aber vom VerfGH NRW dazu verpflichtet, „alsbald" eine den Anforderungen des Konnexitätsprinzips gerecht werdende Regelung zu treffen.

Eine prozessuale Sondersituation liegt dann vor, wenn das Land Gemeinden oder Gemeindeverbände zur Übernahme und Durchführung bestimmter öffentlicher Aufgaben verpflichtet und einen unzureichenden Belastungsausgleich in einem gesonderten Gesetz vorsieht. In diesem Fall geht die Beschwer von der Belastungsausgleichsregelung, nicht aber von der Aufgabenübertragungsnorm aus. Für eine allein gegen die Aufgabenübertragung gerichtete Kommunalverfassungsbeschwerde fehlt es danach an der erforderlichen Antragsbefugnis (VerfGH NRW, NVwZ 2017, 780).

Ein neues und noch nicht abschließend geklärtes Streitfeld des gemeindlichen Finanzwesens betrifft die gesetzliche **Abschöpfung überproportionaler Finanzkraft** sog. „abundanter" (*abundantia* = Überfluss, lat.) Gemeinden zugunsten weniger finanzstarker Gemeinden. In NRW wurde im Jahre 2011 eine solche, politisch hoch umstrittene **Abundanzumlage** („*Kommunal-Soli*") eingeführt. Wegen der mit einer solchen Umlage verbundenen Schwächung demokratischer Verantwortlichkeiten sind Abundanzumlagen durchaus kritisch zu sehen. Gleichwohl sind sie nach h. M. verfassungsrechtlich nicht per se unzulässig. Insbesondere entfalten die Bestimmungen des Art. 79 Abs. 2 LV keine „Sperrwirkung" gegenüber Instrumenten des interkommunalen horizontalen Finanzausgleichs. Die Regelungen müssen aber die finanzielle Mindestausstattung der Gemeinden und das interkommunale Gleichbehandlungsgebot wahren. Auch müssen die durch die Abundanzumlagen gewonnenen Mittel im kommunalen Raum belassen werden und dürfen Finanzkraftunterschiede zwischen den Gemeinden nicht völlig angleichen oder gar umkehren (s. auch SächsVerfGH, NVwZ-RR 2010, 418). Für den nordrhein-westfälischen „Kommunal-Soli" sah der VerfGH NRW diese Voraussetzungen als gegeben an (NWVBl 2017, 100).

V. Anhang

Literatur: **Zu I:** *Dieckmann,* Kommunale Selbstverwaltung, Festgabe BVerwG, 2003, S. 815 ff.; *Dietlein,* Die Zukunft der kommunalen Selbstverwaltung, in: Gemeinde und Stadt (GStB RLP), Beilage 6/2009, S. 1 ff.; *Dietlein/Thiel,* 200 Jahre Preußische Städteordnung von 1808, Festschrift Steenbock, 2008, S. 21 ff.; *Ehlers,* Die verfassungsrechtliche Garantie der kommunalen Selbstverwaltung, DVBl. 2000, 1301 ff.; *Frenz,* Recht auf kommunale Selbstverwaltung für Gemeinden und Kreise, JA 2010, 39 ff.; *Katz/Ritgen,* Bedeutung und Gewicht der kommunalen Selbstverwaltung, DVBl. 2008, 1525 ff.; *Lindner,* Die kommunale Selbstverwaltungsgarantie als verfassungsrechtliche Parallelgewährleistung, DÖV 2018, 235 ff.; *Magen,* Die Garantie kommunaler Selbstverwaltung, JuS 2006, 404 ff.; *Peters,* Die Aufgabengarantie der Gemeinden nach Art. 28 Abs. 2 S. 1 GG, in: Modrzejewski/Naumann, Linien der Rechtsprechung des BVerfG, Bd. 5, 2019, 423 ff.; *Püttner,* Die Zukunft der kommunalen Selbstverwaltung in Deutschland, Gedächtnisschrift Burmeister, 2005, S. 301 ff.; *Ritgen,* Das Recht der kommunalen Selbstverwaltung in den Verfassungsräumen von Bund und Ländern, NVwZ 2018, 114 ff.; *Schmehl,* Zur Bestimmung des Kernbereichs der kommunalen Selbstverwaltung, BayVBl. 2006, 325 ff.; **208**

Schoch, Der verfassungsrechtliche Schutz der kommunalen Selbstverwaltung, JURA 2001, 121 ff.; *Steiner,* Gemeindliche Selbstverwaltung zwischen Idealisierung und Wirklichkeit, BayVBl. 2018, 397 ff.; *Tettinger,* Art. 78 LV als sog. Aufgabenverteilungsprinzip in der Rechtsprechung des VerfGH, FS VerfGH NRW, 2002, S. 461 ff.; *Voßkuhle/Kaufhold,* Grundwissen – Öffentliches Recht: Die verfassungsrechtliche Garantie der kommunalen Selbstverwaltung, JuS 2017, 728 ff.

Zu II: *Burgi,* Die Landschaftsverbände am Beginn einer neuen Verwaltungsreform, NWVBl. 2004, S. 131 ff.; *Dietlein/Lotz,* Ergänzungs- und Ausgleichsaufgaben in NRW, Gedächtnisschrift Tettinger, 2007, S. 215 ff.; *Ehlers,* Die Ergänzungs- und Ausgleichsaufgaben der Kreise und ihre Finanzierung, DVBl. 1997, S. 225 ff.; *Görisch,* Landschaftsverbandliche Aufgaben(wahrnehmung) im Lichte des kommunalen Selbstverwaltungsrechts, NWVBl. 2002, 418 ff.; *Henneke,* Verfassungsrechtlicher Schutz der Gemeindeverbände vor gesetzlichem Aufgabenentzug im dualistischen und monistischen Aufgabenmodell, ZG 2002, 72 ff.; *Kenntner,* Zehn Jahre nach „Rastede" – Zur dogmatischen Konzeption der kommunalen Selbstverwaltung im Grundgesetz –, DÖV 1998, 701 ff.; *Stern,* Die Kreise in Nordrhein-Westfalen – Bedeutung und Perspektiven kommunaler Selbstverwaltung, NWVBl. 1997, 361 ff.

Zu III: *Bethge,* Grundrechtsschutz von kommunalem Eigentum?, NVwZ 1985, 402 ff.

Zu IV: *Beckehoff/Bender,* Das Konnexitätsprinzip aus Artikel 78 Abs. 3 der Verfassung des Landes Nordrhein-Westfalen in der aktuellen verfassungsgerichtlichen Rechtsprechung, BRJ 1/2011, S. 53 ff.; *Bertrams,* Der Schutz der kommunalen Finanzhoheit durch das Konnexitätsprinzip der nordrhein-westfälischen LV, FS für K. Stern, 2012, S. 3 ff.; *Engelken,* Bundesrechtliche Erweiterung bestehender kommunaler Aufgaben – kein konnexitätsrechtlicher Ausgleich durch die Länder, NVwZ 2016, 589 ff.; *Jäger,* Und wer zahlt den Belastungsausgleich bei Aufgabenübertragungen durch Bundes-, Europa- und Völkerrecht?, NWVBl. 2013, 121 ff.; *v. Kraack,* Die Gretchenfrage „Konnexität" – Zwei grundlegende Punkte geklärt, NWVBl. 2011, 41 ff.; *Thormann,* Die Abundanzumlage (Finanzausgleichsumlage): Ärgernis oder Notwendigkeit?, NVwZ 2014, 1548 ff.; *Tysper,* Der „Kommunal-Soli" – Zur rechtlichen Zulässigkeit der Abundanzumlage in Nordrhein-Westfalen, KommJur 2014, 81 ff.; *Waldhoff,* Konnexitätsprinzip und spätere Aufgabenveränderung durch Bundesrecht, JuS 2015, 1053 ff.

Klausurbearbeitung: *Dietlein/Hellermann,* „Kommunale Neugliederung", in: Klausurenbuch Öffentliches Recht in NRW, 3. Aufl. 2021, Fall 8; *Krumm/Schäfers,* Die ungerechte Vergnügungssteuersatzung, NWVBl. 2011, 32 ff.

Kontrollfragen:

1. Welche grundlegenden Garantieebenen enthält Art. 78 LV mit Blick auf das kommunale Selbstverwaltungsrecht und was sagen die Gewährleistungen inhaltlich aus?
2. Was versteht man unter den „Angelegenheiten der örtlichen Gemeinschaft"?
3. Was fällt in den „Kernbereich" der kommunalen Selbstverwaltung?
4. Sind Gemeinden grundrechtsberechtigt?

I. Die Verfahren vor dem Verfassungsgerichtshof

I. Verhältnis von bundes- und landesverfassungsgerichtlichen Verfahren

209 Von der Verfassungshoheit der Länder mitumfasst ist deren Befugnis zur Errichtung einer eigenen Verfassungsgerichtsbarkeit. Ihrer Kontrollkompetenz unterliegen freilich nur die Träger der Landesstaatsgewalt, nicht dagegen der Bund und seine Organe. Das Grundgesetz selbst setzt das Bestehen von Landesverfassungsgerichten in Art. 100 Abs. 1 und 3 GG explizit voraus. Soweit ein Land – was heute allerdings nicht mehr der Fall ist – keine eigene Verfassungsgerichtsbarkeit errichtet, können deren Aufgaben dem BVerfG zugewiesen werden (Art. 99 GG). Das BVerfG würde dann also gleichsam als Landesverfassungsgericht entscheiden.

210 Die verbreitete Charakterisierung des **Nebeneinanders der verfassungsgerichtlichen Verfahren** des Bundes und der Länder mit dem Begriff des „doppelten Gerichtsschutzes" ist dabei freilich wenig präzise und genau genommen irreführend. Denn die Kontrollkompetenz der Landesverfassungsgerichte bezieht sich speziell auf

den Schutz und die Wahrung der Landesverfassung, während Kontrollmaßstab des BVerfG allein das Grundgesetz ist. Parallelen Verfahren vor den betreffenden Verfassungsgerichten liegen somit, selbst wenn die Kontrollgegenstände (z. B. Landesgesetze im Rahmen der abstrakten Normenkontrolle) übereinstimmen, stets **unterschiedliche Streitgegenstände** zugrunde. „Divergierende" Entscheidungen kann es somit im rechtlichen Sinne grundsätzlich nicht geben. Begriffe wie die der „Verfassungsmäßigkeit" und der „Verfassungswidrigkeit" hoheitlicher Maßnahmen gelten im bundesstaatlichen Gefüge der Bundesrepublik Deutschland also nicht „absolut", sondern stets nur „relativ", d. h. bezogen auf die Verfassungsordnung des Bundes oder eines Landes. Hiermit einher geht zugleich die grundsätzliche Befugnis zu einer „autonomen" Auslegung der Landesverfassung durch die Landesverfassungsgerichte. Sie besteht auch dort, wo die Landesverfassung in ihren Gewährleistungen mit jenen der Bundesverfassung wörtlich übereinstimmt, namentlich also bei den durch Rezeption entstandenen Landesgrundrechten (teilweise enger BVerfGE 96, 345, 366 f.). Denn auch in diesem Fall handelt es sich um selbständiges Landesrecht und nicht bloß die „doppelte" Absicherung ein und desselben (vorstaatlichen) Rechts (offenlassend BVerfGE 96, 345, 368). Ungeachtet der grundsätzlichen Spielräume bleibt freilich zu beachten, dass sich das Landesverfassungsgericht bei der Auslegung der Landesverfassung nicht in Widerspruch zu Bundesrecht (jedweden Ranges) setzen (Art. 31 GG) und insbesondere nicht die Grundrechte der Bürger (Art. 1 Abs. 3 GG) verletzen darf. Soweit das Landesverfassungsgericht zu diesen oder sonstigen Zwecken (ausnahmsweise) das Grundgesetz auszulegen hat, bedürfen Abweichungen von der Judikatur des BVerfG oder anderer Landesverfassungsgerichte einer (zustimmenden) Entscheidung durch das BVerfG (sog. „Divergenzvorlage", Art. 100 Abs. 3 GG).

Eine **partielle Unterordnung der Landesverfassungsgerichte** unter die Judika- 211
tur des BVerfG ergibt sich schließlich aus der Befugnis des BVerfG zur Kontrolle und Kassation landesverfassungsgerichtlicher Entscheidungen im Rahmen der Urteilsverfassungsbeschwerde nach Art. 93 Abs. 1 Nr. 4a GG (vgl. *Schumann*, FS BayVerfGH, 1997, S. 201 ff.). Sie ist Folge des Umstandes, dass die Landesverfassungsgerichte, wie alle Träger von Landesstaatsgewalt, nicht nur der Landesverfassung, sondern zugleich auch der Bundesverfassung unterworfen sind (Art. 1 Abs. 3 GG). Insbesondere stellen die Entscheidungen der Landesverfassungsgerichte Akte der öffentlichen Gewalt i. S. d. Art. 93 Abs. 1 Nr. 4a GG dar, die damit potentieller Angriffsgegenstand der Verfassungsbeschwerde zum BVerfG sind.

Eine recht großzügige Zurückhaltung lässt das BVerfG immerhin insoweit walten, als 212
es um die Beachtung justizieller Rechte (etwa Art. 101 Abs. 1 S. 2, Art. 103 Abs. 1 GG) in landesverfassungsgerichtlichen Entscheidungen geht, die sich inhaltlich mit Materien beschäftigen, die nach der Konzeption der Landesverfassung einer abschließenden Entscheidung durch das Landesverfassungsgericht überantwortet sind (BVerfGE 96, 231 ff.). So würde nach Auffassung des BVerfG die durch Art. 93 Abs. 1 Nr. 4 GG für landesinterne Streitigkeiten anerkannte Unantastbarkeit der Landesverfassungsgerichtsbarkeit zumindest partiell beseitigt, wenn das BVerfG kontrollieren müsste, ob die Landesverfassungsgerichte im Verfahren dieser Verfassungsstreitigkeiten die grundrechtsgleichen Gewährleistungen beachtet haben. Vor diesem Hintergrund belässt das BVerfG den Landesverfassungsgerichten „das letzte Wort", solange die Länder das Homogenitätsprinzip beachten und ihre Verfassungsgerichte mit unabhängigen Richtern i. S. v. Art. 97 Abs. 1 GG besetzen.

Bedeutung könnte diese Rechtsprechung etwa dann erlangen, wenn der Verfassungsgerichts- 213
hof im Rahmen einer kommunalen Verfassungsbeschwerde die Maßstabsnorm des Art. 78 LV in Widerspruch zu Art. 28 Abs. 2 GG bzw. zu dessen Interpretation durch andere Landesverfas-

sungsgerichte auslegen würde, ohne die nach Art. 100 Abs. 3 GG gebotene Divergenzvorlage zu tätigen. Denn da Gemeinden Träger des Justiz-Grundrechts auf den gesetzlichen Richter sind, würde hierdurch dieses Grundrecht verletzt, ohne dass sich die Gemeinden hiergegen vor dem BVerfG zur Wehr setzen könnten. Die Rechtsprechung des BVerfG erscheint insoweit nicht unproblematisch.

214 Verfassungsprozessuale Bindungen des Bundesrechts ergeben sich für die Landesverfassungsgerichte dagegen uneingeschränkt insoweit, als sie entscheidungserhebliche Normen der Landesverfassung, die mit Bundesrecht nicht zu vereinbaren sind, gem. Art. 100 Abs. 1 GG dem BVerfG vorzulegen haben. Entsprechende Konfliktlagen werden sich in der Praxis freilich regelmäßig durch eine bundesrechtskonforme Auslegung des Landesrechts (Art. 31 GG) vermeiden lassen. Entgegen der Auffassung des VerfGH NRW sowie auch des BVerfG (grdl. BVerfGE 69, 112, 118) wird man eine entsprechende **Vorlagepflicht** richtigerweise dort nicht annehmen können, wo der Konflikt mit dem Bundesrecht durch eine landesgesetzliche Regelung begründet wird, die selbst Gegenstand einer Normenkontrolle vor dem Landesverfassungsgericht ist (hierzu unten Rn. 224 ff.). Denn der Kontrollauftrag der Verfassungsgerichte geht nicht dahin, die generelle Wirksamkeit einer Norm zu prüfen, sondern allein deren Vereinbarkeit mit dem jeweiligen Bundes- oder Landesverfassungsrecht. Die Bestimmung des konkreten Kontrollmaßstabs ist insoweit auch dem jeweiligen Antragsteller überantwortet; er entscheidet mit der Anrufung des BVerfG bzw. des VerfGH NRW, ob die Kontrolle auf den Bereich des Bundes- oder des Landesverfassungsrechts beschränkt bleiben soll, oder ob sie – soweit eine parallele Anrufung beider Gerichte zulässig ist – umfassend erfolgt. Entscheidungserheblich i. S. d. Art. 100 Abs. 1 GG können aus Sicht des Landesverfassungsrechts nach alledem nur die Normen der Landesverfassung – mithin der „Kontrollmaßstab“ – sein, nicht aber die zu prüfenden Normen, also der „Kontrollgegenstand“ (*Dietlein,* FS VerfGH NRW, 2002, 203, 221 f.).

II. Die einzelnen Verfahrensarten

215 Ebenso wie für die Verfahren vor dem BVerfG gilt auch für die landesverfassungsgerichtlichen Verfahren das sog. **Enumerationsprinzip.** Die statthaften Verfahrensarten sind in der Landesverfassung sowie dem Verfassungsgerichtshofgesetz des Landes (VerfGHG) grundsätzlich abschließend aufgegliedert (Art. 75 LV i. V. m. § 12 VerfGHG, s. aber auch Rn. 52). Folgende Verfahrensarten verdienen besondere Hervorhebung:

1. Das Organstreitverfahren (Art. 75 Nr. 2 LV)

216 Das Organstreitverfahren als staatsorganisationsrechtlicher „Innenrechtsstreit“ findet seine Regelungsgrundlage in Art. 75 Nr. 2 LV i. V. m. §§ 12 Nr. 5, 43 ff. VerfGHG. Die Prüfung der Erfolgsaussichten eines Organstreitverfahrens untergliedert sich in die Prüfung der verfahrensrechtlichen Zulässigkeit des Antrags sowie die materiell-rechtliche Prüfung der Begründetheit.

a) Zulässigkeit

217 Die einzelnen Zulässigkeitsvoraussetzungen des Organstreitverfahrens stellen sich wie folgt dar:

aa) Verfahrensbeteiligte

218 Der Organstreit stellt ein sog. „kontradiktorisches“ Verfahren dar, an dem allein die **obersten Landesorgane** oder **„andere Beteiligte“** beteiligt sein können, die durch die Landesverfassung oder in der Geschäftsordnung eines obersten Landesorgans mit eigenen Rechten ausgestattet sind (Art. 75 Nr. 2 LV). Letztere sind Rechtsträger, die nach Rang und Funktion den obersten Landesorganen insofern gleichstehen, als auch sie verfassungsrechtliche Rechte und Pflichten haben und dadurch wie die obersten Landesorgane berufen sind, an der Bildung des Staatswillens mitzuwirken (VerfGH NRW, OVGE 24, 296, 305). Die in § 43 VerfGHG vorgenommene Bezeichnung dieser „anderen Beteiligten" als „Organteile" greift insoweit zu kurz, als namentlich die **Parlamentsabgeordneten** – anders als der Landtagspräsident, Ältestenrat, Fraktionen und Ausschüsse – zwar keine Organteile (so auch BVerfGE 90, 286, 342f.), wohl aber andere durch die Verfassung mit eigenen Rechten ausgestattete Beteiligte darstellen (vgl. klarstellend § 14 Abs. 2 S. 3 UAG für parlamentarische Untersuchungsausschüsse). Zu Letztgenannten gehören im Einzelfall auch **politische Parteien** und deren Landesverbände; dies allerdings nur insoweit, als es um die Durchsetzung von Verfassungsnormen geht, die deren besondere Stellung im Verfassungsgefüge begründen (hierzu oben Rn. 72ff.). Mit Blick auf den in Art. 21 GG auf Bundesebene verankerten Verfassungsstatus kommt dafür nach Auffassung des BVerfG und des VerfGH NRW insbesondere das Recht der politischen Parteien auf Chancengleichheit in Betracht. Dabei geht der VerfGH NRW unter Anlehnung an die problematische Rechtsprechung des BVerfG von einem unmittelbaren „Hineinwirken" des Art. 21 GG in die Landesverfassung aus (sog. „Bestandteilstheorie", so zuletzt VerfGH NRW, NWVBl. 2018, 147, 149). Dem Konzept der getrennten Verfassungsräume von Bund und Ländern dürfte freilich eher gerecht werden, insoweit von einer Rezeption der Bundesnormen durch Art. 1 Abs. 1 S. 1 LV auszugehen (hierzu eingehend oben Rn. 18f.).

Der den Parteien jenseits ihrer besonderen Statusrechte auf Bundesebene ansonsten zustehende Rechtsbehelf der Individualverfassungsbeschwerde zum BVerfG findet seit 2018 nunnmehr auch eine Parallele auf Landesebene (hierzu unten Rn. 252).

bb) Verfahrensgegenstand

Gemäß § 44 Abs. 1 VerfGHG kann jede „Maßnahme oder Unterlassung" Gegen- 219
stand eines Organstreits sein. Das beanstandete Verhalten muss allerdings rechtserheblich sein. Dies ist etwa bei Unterlassungen nur dann der Fall, wenn eine Rechtspflicht zum Handeln bestand.

cc) Antragsbefugnis

§ 44 Abs. 1 VerfGHG statuiert das Erfordernis einer Antragsbefugnis. Danach muss 220
der Antragsteller geltend machen und geltend machen können, dass er oder das Organ, dem er angehört, durch die angegriffene Maßnahme oder Unterlassung in seinen ihm **durch die Verfassung übertragenen Rechten und Pflichten** verletzt oder unmittelbar gefährdet ist. Den Antragsteller trifft darüber hinaus eine Pflicht zur Substantiierung der behaupteten Rechtsverletzung. Die Rechtsverletzung muss danach schlüssig dargelegt werden und nach dem Vortrag zumindest möglich sein (VerfGH NRW, NWVBl. 2016, 105, 106). Die Geltendmachung von Organrechten sonstiger Dritter ist ausgeschlossen.

Beispiel: Da die Abgeordneten nicht mit dem Landtag identisch und auch keine Organteile i. S. d. § 44 Abs. 1 VerfGHG sind, können sie nur die Verletzung ihrer eigenen Abgeordnetenrechte geltend machen, nicht aber Rechte des Landtags wie etwa dessen Budgetrecht (Fall nach VerfGH NRW, NVwZ-RR 2009, 41, 42).

Beruft sich der Antragsteller auf die Verletzung **einfachgesetzlicher** oder **sublegaler Normen** (z. B. Geschäftsordnung des Landtages), ist zu beachten, dass derlei Bestimmungen im Einzelfall durchaus verfassungsrechtliche Rechte und Pflichten konkretisieren und präzisieren können (z. B. Rederechte, Anfragen etc.), insoweit also durchaus im Rahmen eines Organstreitverfahrens verteidigt werden können. Gewähren die einfachrechtlichen oder sublegalen Regelungen freilich mehr Rechte, als die Verfassung gebietet, ist die Antragsbefugnis insoweit zu verneinen.

dd) Form und Frist

221 Gemäß § 44 Abs. 3 VerfGHG ist der Antrag schriftlich (§ 18 Abs. 1 S. 1 VerfGHG) binnen sechs Monaten zu stellen, nachdem die beanstandete Maßnahme oder Unterlassung dem Antragsteller bekannt geworden ist. Hierbei handelt es sich um eine **Ausschlussfrist.** Die Frist beginnt mit dem Zeitpunkt, in dem der Antragsteller die Maßnahme tatsächlich zur Kenntnis genommen hat; der Zeitpunkt der Wahrnehmung ihrer rechtlichen Bedeutung ist mithin unerheblich (VerfGH NRW, OVGE 44, 325). Im Unterschied zu § 64 Abs. 2 BVerfGG, der eine exakte Bezeichnung der betroffenen Verfassungsnorm voraussetzt, ist nach § 44 Abs. 2 VerfGHG die Maßnahme oder Unterlassung, durch die der Antragsgegner gegen die Verfassung verstoßen haben soll, lediglich „näher darzulegen". Eine Falschbezeichnung schadet damit nicht, sofern nur der Vortrag des Antragstellers den Verfassungsverstoß hinreichend präzisiert (VerfGH NRW, OVGE 44, 289, 292).

ee) Rechtsschutzbedürfnis

221a Ein Rechtsschutzbedürfnis ist grundsätzlich solange gegeben, wie zwischen den Beteiligten Streit über die Verletzung oder Gefährdung der Rechte des Antragstellers besteht. Es kann ausnahmsweise fehlen, wenn und soweit der Antragsteller normativ vorgegebene Handlungsoptionen ungenutzt lässt, um die geltend gemachte Rechtsverletzung zu verhindern. Zu diesen Handlungsoptionen kann auch ein in der Geschäftsordnung des Landtags vorgesehenes Einspruchsverfahren gehören (§ 38 GO LT – zum Parallelfall auf Bundesebene BVerfG, NVwZ 2019, 1755). Da das Rechtsschutzbedürfnis im Organstreitverfahren das Bestehen eines für den Antragsgegner erkennbaren Streits über Rechte und Pflichten voraussetzt, trifft den Antragsteller nach neuerer Rechtsprechung des VerfGH NRW im Regelfall auch darüber hinaus die Pflicht, bereits im politischen Prozess beanspruchte Rechte einzufordern (sog. Konfrontationsobliegenheit, vgl. VerfGH NRW, NWVBl. 2020, 366, 369 f.).

b) Begründetheit

222 Der Antrag ist (inhaltlich) begründet, wenn und soweit die beanstandete Maßnahme die verfassungsmäßigen Rechte des Antragstellers verletzt. Ist dies der Fall, stellt der VerfGH NRW den Verstoß in seiner Entscheidung fest (§ 46 Abs. 1 VerfGHG). Die im VerfGHG vorgesehene Entscheidungskompetenz des VerfGH NRW steht in einem gewissen Spannungsverhältnis zu Art. 75 Nr. 2 LV, der dem VerfGH NRW lediglich die Entscheidung über die „Auslegung der Verfassung aus Anlass von Streitigkeiten" überantwortet. Dennoch dürfte es zu weit gehen, aus der festzustellenden Divergenz auf eine Verfassungswidrigkeit des § 46 Abs. 1 VerfGHG zu folgern. Vielmehr entspricht es (noch) dem Wesen des Organstreits als kontradiktorisches Verfahren, eine Entscheidung (auch) über die konkret angefochtene Maßnahme oder Unterlassung zu treffen. In seiner Entscheidungsformel kann das Gericht – in Übereinstimmung mit Art. 75 Nr. 2 LV – zugleich diejenige für die Auslegung der Verfassungsnorm erhebliche Rechtsfrage entscheiden, von der die Feststellung abhängt (§ 46 Abs. 2 VerfGHG). Die Entscheidung des VerfGH NRW hat gem. §§ 26 Abs. 2 S. 1, § 12 Nr. 5 VerfGHG Gesetzeskraft.

c) Prüfungsschema

Für die Prüfung der Erfolgsaussichten eines Organstreitverfahrens gilt demnach folgendes Schema: 223

ORGANSTREITVERFAHREN

Rechtsgrundlage: Art. 75 Nr. 2 LV i. V. m. § 12 Nr. 5, §§ 43 ff. VerfGHG

1. Zulässigkeit

a) Verfahrensbeteiligte
Antragsteller bzw. Antragsgegner: oberste Landesorgane bzw. sonstige Beteiligte, die durch die Landesverfassung bzw. die Geschäftsordnung eines obersten Landesorgans mit eigenen Rechten ausgestattet sind, Art. 75 Nr. 2 LV.
Beachte das Spannungsverhältnis zu § 43 VerfGHG, der nicht von sonstigen Beteiligten spricht, sondern nur Organteile einbezieht. Art. 75 Nr. 2 LV ist als Verfassungsnorm aber vorrangig, so dass auch einzelne Abgeordnete bzw. politische Parteien (mit Einschränkung) am Organstreitverfahren beteiligt sein können.

b) Verfahrensgegenstand
Jede rechtserhebliche Maßnahme oder Unterlassung des Antragsgegners, § 44 Abs. 1 VerfGHG.

c) Antragsbefugnis
Grundsätzlich erforderlich gem. § 44 Abs. 1 VerfGHG.
Prozessstandschaft von Organteilen ist möglich. Abgeordnete können demgegenüber – da keine Organteile i. S. d. Norm – nur eigene Rechte geltend machen.
Die Verletzung einfachgesetzlicher bzw. sublegaler Normen kann nur geltend gemacht werden, soweit diese die LV konkretisieren oder präzisieren, nicht aber bei Gewährung weitergehender Rechte.

d) Form und Frist
Schriftform des Antrags (§ 18 Abs. 1 VerfGHG) unter näherer Darlegung der Maßnahme oder Unterlassung des Antragsgegners (§ 44 Abs. 2 VerfGHG). Keine exakte Normbenennung erforderlich!
Die Frist beträgt sechs Monate nach Bekanntwerden der beanstandeten Maßnahme beim Antragssteller in tatsächlicher Hinsicht (§ 44 Abs. 3 VerfGHG).

e) Rechtsschutzbedürfnis

2. Begründetheit

Der Antrag ist begründet, wenn und soweit die beanstandete Maßnahme verfassungsmäßige Rechte des Antragstellers verletzt. Die Entscheidung kann sich auf die Auslegung der Verfassung sowie über den Wortlaut von Art. 75 Nr. 2 LV hinaus auf die Feststellung des konkreten Verfassungsverstoßes beziehen, vgl. § 46 Abs. 1 VerfGHG (Spannungsverhältnis ist zu beachten!).

2. Die abstrakte Normenkontrolle (Art. 75 Nr. 3 LV)

Anders als das Organstreitverfahren ist die abstrakte Normenkontrolle, die ihre 224
Rechtsgrundlagen in Art. 75 Nr. 3 LV i. V. m. § 12 Nr. 6, §§ 47 ff. VerfGHG findet, kein kontradiktorisches Verfahren. Beteiligt ist allein der Antragsteller, einen Antragsgegner gibt es nicht. Allerdings können Landtag und Landesregierung, sofern sie nicht ohnehin Antragsteller sind, dem Verfahren jederzeit beitreten (§ 48 Abs. 2 VerfGHG).

a) Zulässigkeit

225 Die folgenden Zulässigkeitsvoraussetzungen sind bei der abstrakten Normenkontrolle zu beachten:

aa) Antragsberechtigung

226 Der Antrag kann gem. Art. 75 Nr. 3 LV i. V. m. § 47 VerfGHG nur von der **Landesregierung** oder einem **Drittel der Mitglieder des Landtages** gestellt werden. Auch hier lässt ein etwaiger Wechsel der Landesregierung oder ein Mandatsverlust einzelner Abgeordneter den Fortgang des gerichtlichen Verfahrens unberührt. Da es sich nicht um ein kontradiktorisches Verfahren handelt, kann auch die Zurücknahme eines Antrags auf Durchführung der abstrakten Normenkontrolle das Verfahren jedenfalls dann nicht beenden, wenn ein öffentliches Interesse an der Sachentscheidung weiterhin besteht.

bb) Verfahrensgegenstand

227 Als möglichen Prüfungsgegenstand benennt Art. 75 Nr. 3 LV das **„Landesrecht“.** Im Gegensatz zur konkreten Normenkontrolle werden hiervon nicht nur nachkonstitutionelle, förmliche Gesetze erfasst, sondern auch **vorkonstitutionelle Gesetze** und sämtliche **untergesetzliche Rechtsnormen** auf Landesebene. Zu Letzteren gehören Rechtsverordnungen, Satzungen und andere Rechtsnormen, die mit dem Anspruch auf Verbindlichkeit tatsächlich gelten, von der staatlichen Autorität garantiert werden und Außenwirkung haben (z. B. GO-LT). Rechtsverordnungen der Landesregierung, die auf bundesrechtlicher Grundlage (Art. 80 GG) ergangen sind, zählen zum Landesrecht (str.). Für die Zulässigkeit des Antrags ist nicht das Inkrafttreten der Vorschrift, sondern allein deren Verkündung im Landesgesetzblatt (GVBl. NRW) maßgeblich. Verwaltungsvorschriften mit lediglich interner Bindungswirkung stellen keinen zulässigen Prüfungsgegenstand dar. Die Normen der Landesverfassung sind ebenfalls keiner Überprüfung durch den VerfGH NRW zugänglich, sondern bilden gerade den Entscheidungsmaßstab der Normenkontrolle. Immerhin ergibt sich im Fall einer angenommenen und entscheidungsrelevanten Grundgesetzwidrigkeit von Normen der Landesverfassung eine Verpflichtung des VerfGH NRW, die betreffende Landesverfassungsnorm nach Art. 100 Abs. 1 GG dem BVerfG zur Prüfung vorzulegen. Entsprechendes gilt für eine angenommene Unvereinbarkeit von Landesverfassungsrecht mit sonstigem Bundesrecht.

cc) Zweifel oder Meinungsverschiedenheiten

228 Bei der abstrakten Normenkontrolle handelt es sich um ein objektives „Klarstellungsverfahren“. Die Behauptung der Verletzung eigener Rechte ist vom Antragsteller daher nicht darzulegen. Art. 75 Nr. 3 LV spricht lediglich von **„Meinungsverschiedenheiten oder Zweifeln“** über die Vereinbarkeit von Landesrecht mit der Landesverfassung. Wie bereits im Kontext des Organstreitverfahrens (oben Rn. 216 ff.) treten freilich auch in diesem Zusammenhang Divergenzen zu den inhaltlich korrespondierenden Regelungen des VerfGHG zutage: So muss nach § 47 VerfGHG der Antragsteller die Rechtsnorm wegen ihrer förmlichen oder sachlichen Unvereinbarkeit mit der Landesverfassung für „nichtig halten“ (lit. a) oder aus dem gleichen Grund muss ein Gericht, eine Behörde oder ein (sonstiges) Organ des Landes die Vorschrift nicht angewendet haben (lit. b). Das VerfGHG geht demnach über die nach Art. 75 Nr. 3 LV zu stellenden Anforderungen an „Meinungsverschiedenheiten oder Zweifel“ weit hinaus. Mögliche Auslegungsdivergenzen sind auch hier nach Maßgabe des „Vorrangs des Gesetzes“ zu lösen. Art. 75 LV genießt als höherrangiges Recht **Geltungsvorrang,** so dass bei verfassungskonformer Auslegung an das objektive Klärungsinteresse nicht der strenge Maßstab des § 47 VerfGHG anzulegen ist.

dd) Form und Frist

Der Antrag ist schriftlich zu stellen (§ 18 Abs. 1 S. 1 VerfGHG). Eine Frist ist nicht einzuhalten, was die Bedeutung der abstrakten Normenkontrolle für die Wahrung bzw. Wiederherstellung des Rechtsfriedens unterstreicht. 229

b) Begründetheit

Der Antrag ist begründet, wenn die beanstandete Norm gegen die Landesverfassung verstößt. Auch soweit sich die Prüfung auf Rechtsverordnungen oder Satzungen bezieht, können diese allein an der Landesverfassung gemessen werden, wohingegen formelle Landesgesetze richtigerweise keinen Prüfungsmaßstab für die unter ihr stehenden Normen bilden (str.). Eine doppelte Prüfung vorgelegter Gesetze am Maßstab sowohl der Landesverfassung als auch des Grundgesetzes ist nicht möglich. Insbesondere berechtigt oder verpflichtet die (konkrete) Normenkontrollvorlagenorm des Art. 100 Abs. 1 GG den VerfGH NRW **nicht** zur **„Weitervorlage“** eines zwar mit der Landesverfassung zu vereinbarenden, womöglich aber grundgesetzwidrigen Landesgesetzes. Denn die Vorlagepflicht des Art. 100 Abs. 1 GG bezieht sich richtigerweise lediglich auf den Kontrollmaßstab, nicht aber den Kontrollgegenstand (a. A. VerfGH NRW, NVwZ 1993, 57; BVerfGE 69, 112, 118). In Bezug auf die Landesverfassungsgerichte soll Art. 100 Abs. 1 GG allein die Anwendung eines grundgesetzkonformen Prüfungsmaßstabes sicherstellen, zielt also auf eine Vorfragen-, nicht aber eine Hauptfragenprüfung (hierzu *Dietlein,* FS VerfGH NRW, 2002, S. 203, 221 f.). 230

Beispiel: Im Landtag ist Streit über die Vereinbarkeit kommunaler Telekommunikationsangebote (§ 107 Abs. 1 Nr. 3 GO) mit der Verfassungsentscheidung des Art. 87f Abs. 2 S. 1 GG aufgekommen, der die „Privatwirtschaftlichkeit“ des Telekommunikationssektors festschreibt (zur Streitfrage etwa *Pünder,* DVBl. 1997, 1353). Unter den Kritikern des § 107 GO wird die Frage aufgeworfen, ob der VerfGH NRW im Falle einer dorthin angestrengten abstrakten Normenkontrolle neben der Vereinbarkeit der Gemeindeordnung mit der Landesverfassung auch deren Vereinbarkeit mit der Grundgesetzbestimmung des Art. 87f GG prüfen und das Gesetz ggf. an das BVerfG „weiterleiten“ wird. Die Frage ist richtigerweise zu verneinen. Der VerfGH NRW hat allein die Vereinbarkeit eines vorgelegten Gesetzes mit der Landesverfassung zu prüfen. Ob das vorgelegte Gesetz mit dem GG vereinbar ist, entzieht sich der Zuständigkeit des VerfGH NRW. Eine weitergehende Prüfung können die Antragsteller durch eine (wegen der unterschiedlichen Streitgegenstände auch parallele, zum landesverfassungsgerichtlichen Verfahren mögliche) Befassung des BVerfG sicherstellen (str.).

Ist ein Normenkontrollantrag nach Art. 75 Nr. 3 LV i. V. m. § 47 VerfGHG begründet, so stellt der VerfGH NRW die Nichtigkeit oder die Unvereinbarkeit der Rechtsnorm mit der Landesverfassung in seiner Entscheidung fest (§ 49 S. 1 VerfGHG). Mangels zwingender Vorgaben ist davon auszugehen, dass die Entscheidung über den Ausspruch der **Nichtigkeit** oder lediglich der **Unvereinbarkeit** der Norm in der Entscheidungsfreiheit des VerfGH NRW liegt. Eine bloße Unvereinbarkeitserklärung wird insbesondere dort nahe liegen, wo mit der sofortigen Nichtigerklärung ein Zustand einträte, der der verfassungsgemäßen Ordnung noch ferner stünde als der bislang bestehende (BVerfGE 93, 165, 178). Gem. § 49 S. 2 VerfGHG kann das Gericht den Unvereinbarkeits- oder Nichtigkeitsausspruch auch auf das gesamte zugrunde liegende Gesetz ausdehnen, soweit es aus denselben Gründen mit der Verfassung unvereinbar oder nichtig ist. 231

Der Entscheidung im Rahmen der abstrakten Normenkontrolle kommt gem. § 26 Abs. 2 S. 1, § 12 Nr. 6 VerfGHG Gesetzeskraft zu; die Entscheidungsformel ist im Gesetz- und Verordnungsblatt zu veröffentlichen, § 26 Abs. 2 S. 3 VerfGHG.

c) Prüfungsschema

232 Das Prüfungsschema der abstrakten Normenkontrolle stellt sich damit wie folgt dar:

ABSTRAKTE NORMENKONTROLLE

Rechtsgrundlage: Art. 75 Nr. 3 LV i. V. m. § 12 Nr. 6, §§ 47 ff. VerfGHG

1. Zulässigkeit

a) Verfahrensbeteiligte
Antragsteller: Landesregierung oder ein Drittel der Mitglieder des Landtages.
Kein Antragsgegner, da kein kontradiktorisches Verfahren.

b) Verfahrensgegenstand
Landesrecht im materiellen Sinn, auch vorkonstitutionelles Recht.

c) Zweifel oder Meinungsverschiedenheiten
Subjektive Überzeugung von der Nichtigkeit der Rechtsnorm (§ 47 VerfGHG) ist nicht erforderlich, da Art. 75 Nr. 3 LV insoweit vorrangig ist. Zweifel an der Verfassungsmäßigkeit müssen beim Antragsteller oder den in § 47 lit. b) VerfGHG genannten Rechtsanwendern vorliegen. Meinungsverschiedenheiten müssen zwischen dem ursprünglichen Normgeber und dem Antragsteller bzw. Rechtsanwender vorhanden sein. § 47 VerfGHG ist dabei als Auslegungshilfe heranzuziehen.

d) Form und Frist
Schriftform des Antrags (§ 18 Abs. 1 VerfGHG), keine Frist.

2. Begründetheit

Der Antrag ist begründet, wenn und soweit die beanstandete Norm gegen die Landesverfassung verstößt.

Prüfungsmaßstab ist allein die Landesverfassung; dies gilt auch für Rechtsverordnungen oder Satzungen (str.).

3. Die konkrete Normenkontrolle (Art. 100 Abs. 1 GG)

233 Als ein durch die Bundesverfassung vorgegebenes Verfahren findet die konkrete Normenkontrolle zum VerfGH NRW ihre Rechtsgrundlage in Art. 100 Abs. 1 GG i. V. m. § 12 Nr. 7, §§ 50 f. VerfGHG. Anders als bei der abstrakten Normenkontrolle muss die Frage der Vereinbarkeit einer Rechtsnorm mit der Landesverfassung für die Entscheidungsfindung in einem fachgerichtlichen Verfahren von Bedeutung sein. Die Verpflichtung des Fachgerichts zur Vorlage ist Konsequenz des Verwerfungsmonopols der Verfassungsgerichte in Bezug auf nachkonstitutionelle Parlamentsgesetze. Die konkrete Normenkontrolle ist als objektives Beanstandungsverfahren kein kontradiktorisches Verfahren.

a) Zulässigkeit

234 Die Zulässigkeitsvoraussetzungen der konkreten Normenkontrolle stellen sich wie folgt dar:

aa) Vorlageberechtigung

235 Vorlageberechtigt sind gemäß Art. 100 Abs. 1 GG **staatliche Gerichte** jeder Instanz. Gerichte i. S. d. Art. 100 Abs. 1 GG sind nicht nur Spruchkörper, die der Rechtsweg-

garantie des Art. 19 Abs. 4 GG genügen, sondern alle Spruchstellen, die sachlich unabhängig, in einem formell gültigen Gesetz mit den Aufgaben eines Gerichts betraut und als Gerichte bezeichnet sind (BVerfGE 6, 55, 63). Auch Berufs- und Ehrengerichte können daher vorlageberechtigt sein (BVerfGE 48, 300, 315f.), nicht jedoch Rechtspfleger, Kirchen- oder private Schiedsgerichte.

bb) Vorlagegegenstand

Art. 100 Abs. 1 GG spezifiziert – ebenso wie § 50 VerfGHG – den Vorlagegegenstand nicht näher, sondern verwendet allgemein den Begriff des „Gesetzes". Wichtig ist dabei zunächst, dass sich die Prüfungskompetenz des VerfGH NRW insoweit nur auf **Landesgesetze** erstrecken kann, da nur bei diesen eine Verletzung der Landesverfassung denkbar ist (vgl. Art. 31 GG). Eine weitere Einschränkung ergibt sich aus dem Schutzzweck der Norm. Ziel des Verfahrens ist die Wahrung der Autorität des Gesetzgebers (vgl. BVerfGE 97, 117, 122). Diese würde unterlaufen, stünde die Anwendung von Parlamentsgesetzen im Belieben eines jeden Gerichts. Vorlagefähig zur Prüfung vor dem VerfGH NRW sind daher nur **„förmliche" Gesetze** des Landes, die somit zwar der Prüfungs-, nicht aber der Verwerfungskompetenz der Fachgerichte unterliegen. Verordnungen und Satzungen werden dementsprechend von Art. 100 Abs. 1 GG, § 50 VerfGHG nicht erfasst. Über sie kann sich das Fachgericht bei erkannter Verfassungswidrigkeit aus eigener Machtvollkommenheit hinwegsetzen. Da Art. 100 Abs. 1 GG den Willen des konstitutionellen Landesgesetzgebers schützt, unterliegen vorkonstitutionelle Gesetze ebenfalls nicht dem Verwerfungsmonopol der Verfassungsgerichte, es sei denn, der nachkonstitutionelle Gesetzgeber hat diese ausdrücklich – etwa durch wesentliche Änderung oder Verweisung – in seinen Willen aufgenommen. 236

cc) Entscheidungserheblichkeit

Bei der Entscheidung des vorlegenden Gerichts muss es auf die Gültigkeit der vorgelegten Norm ankommen, § 50 Abs. 1, 2 VerfGHG. Dies ist dann der Fall, wenn das Gericht im Falle der Gültigkeit der Norm anders zu entscheiden hätte als im Falle ihrer Nichtigkeit. Maßgebend ist hierbei grundsätzlich allein die **Tenorierung des Urteils,** während die Entscheidungsgründe ohne Bedeutung bleiben. Eine Ausnahme besteht dort, wo sich bei Verfassungswidrigkeit der Norm trotz gleicher Tenorierung unterschiedliche Rechtskraftwirkungen einstellen würden. Die Frage der Entscheidungserheblichkeit kann in Prüfungsarbeiten die Einbruchstelle für eine umfassende Prüfung einfachrechtlicher Rechtsfragen bilden. 237

dd) Überzeugung von der Verfassungswidrigkeit

Das vorlegende Gericht muss von der Verfassungswidrigkeit der Norm **überzeugt** sein. Bloße Zweifel genügen nicht. An die Auffassung anderer Gerichte, auch solcher höherer Instanzen, ist es, mit Ausnahme an jene des Bundes- bzw. Landesverfassungsgerichts, nicht gebunden. Die Überzeugung von der Verfassungswidrigkeit setzt überdies voraus, dass das vorlegende Gericht die **Möglichkeit einer verfassungskonformen Auslegung** geprüft und im Ergebnis verneint hat. Sofern die einschlägigen Normen der Landesverfassung inhaltsgleich mit solchen des Grundgesetzes sind, hat das Fachgericht nach überwiegender Auffassung die Wahl, ob es dem BVerfG oder dem VerfGH NRW vorlegt. Richtigerweise wird das Fachgericht bei anhaltenden Zweifeln über die Bundes- und Landesverfassungsgemäßheit der Norm eine Entscheidung sowohl des VerfGH NRW als auch des BVerfG einzuholen haben (Doppelvorlage). 238

ee) Form und Frist

239 Die Einleitung des Verfahrens erfolgt durch Aussetzungs- und Vorlagebeschluss des Gerichts. Dieser muss gem. § 50 Abs. 2 VerfGHG aus sich heraus erkennen lassen, gegen welche Norm das Gesetz nach Auffassung des Gerichts verstößt und weshalb die Gültigkeit der Norm für den Rechtsstreit von Bedeutung ist. Das Verfahren ist an keine Frist gebunden.

b) Begründetheit

240 Der Antrag ist begründet, wenn und soweit das vorgelegte Gesetz gegen Vorschriften der Landesverfassung verstößt. Ebenso wie bei der abstrakten Normenkontrolle bleibt die Vereinbarkeit des vorgelegten Gesetzes mit der Bundesverfassung außer Betracht. Eine Pflicht zur „Weitervorlage" trifft den VerfGH NRW nicht; wohl aber kann das vorlegende Fachgericht bei fortdauernder Überzeugung von der Verfassungswidrigkeit des Gesetzes gezwungen sein, nach oder parallel zur Vorlage an das Landesverfassungsgericht auch eine Vorlage an das BVerfG auf den Weg zu bringen (hierzu oben Rn. 238).

c) Prüfungsschema

241 Damit gilt folgendes Schema für die Prüfung der Erfolgsaussichten einer konkreten Normenkontrolle:

KONKRETE NORMENKONTROLLE

Rechtsgrundlage: Art. 100 Abs. 1 GG i. V. m. § 12 Nr. 7, §§ 50 f. VerfGHG

1. Zulässigkeit

a) Vorlageberechtigung
Grundsätzlich staatliche Gerichte jeder Instanz.

b) Vorlagegegenstand
Gesetze, die dem Verwerfungsmonopol des Verfassungsgerichts unterliegen, also grundsätzlich nur nachkonstitutionelle, förmliche Landesgesetze, nicht aber Satzungen und Verordnungen.
Vorkonstitutionelle Gesetze nur, wenn der an die Landesverfassung gebundene Landesgesetzgeber diese in seinen Willen aufgenommen hat, etwa durch wesentliche Änderung oder Verweisung.

c) Entscheidungserheblichkeit
Prinzipiell nur gegeben, wenn bei Verfassungswidrigkeit der vorgelegten Norm das vorlegende Gericht zu einer anderen Tenorierung käme als bei Anwendung der Norm. Eine Ausnahme besteht, wenn die Verfassungswidrigkeit der Norm bei gleicher Tenorierung zu unterschiedlichen Rechtskraftwirkungen führt.

d) Überzeugung des vorlegenden Gerichts von der Verfassungswidrigkeit
Bloße Zweifel genügen nicht. Verfassungskonforme Auslegung ist vorrangig.

e) Form und Frist
Einleitung des Verfahrens durch Aussetzungs- und Vorlagebeschluss, keine Frist.

2. Begründetheit

Der Antrag ist begründet, wenn und soweit das vorgelegte Gesetz gegen Vorschriften der Landesverfassung verstößt.

4. Die Kommunalverfassungsbeschwerde (Art. 75 Nr. 5b LV)

Die bislang in praktischer Hinsicht bedeutsamste Verfahrensart vor dem Landesverfassungsgericht stellt die Kommunalverfassungsbeschwerde gem. Art. 75 Nr. 5b LV i. V. m. § 12 Nr. 8, § 52 VerfGHG dar. Anders als die Bezeichnung „Verfassungsbeschwerde" nahelegt, handelt es sich inhaltlich um ein Normenkontrollverfahren mit begrenzter Antragsbefugnis **(Rechtssatzbeschwerde)** und damit ebenfalls um ein nicht-kontradiktorisches Verfahren. Die Kommunalverfassungsbeschwerde dient einzig dem Schutz der kommunalen Selbstverwaltungsgarantie der Landesverfassung. 242

a) Zulässigkeit

Folgende Voraussetzungen für die Zulässigkeit der Kommunalverfassungsbeschwerde sind zu beachten: 243

aa) Beteiligte

Als mögliche Antragsteller benennt § 52 Abs. 1 VerfGHG die **„Gemeinden und Gemeindeverbände".** Der personellen Reichweite der verfassungsrechtlichen Selbstverwaltungsgarantie entsprechend erfasst der Begriff der Gemeindeverbände auch hier nur die Gebietskörperschaften i. S. v. Art. 78 LV (vgl. oben Rn. 175 ff., 194 f.). Zweckverbände als sog. „Verbandskörperschaften" sind somit nicht antragsbefugt. Sofern die Auflösung einer antragsbefugten Selbstverwaltungskörperschaft im Rahmen kommunaler Neugliederungsmaßnahmen in Streit steht, gilt die Körperschaft zur Geltendmachung ihrer Verteidigungsrechte auch nach Inkrafttreten des Neugliederungsgesetzes als fortbestehend (VerfGH NRW, OVGE 26, 270, 271 u. ö.). 244

bb) Beschwerdegegenstand

Beschwerdegegenstand kann **sämtliches Landesrecht** mit Ausnahme der Landesverfassung sein. Als materielle Gesetze sind auch Rechtsverordnungen in den Anwendungsbereich der Kommunalverfassungsbeschwerde einbezogen. Entsprechendes gilt für Satzungen und andere untergesetzliche Normen, da ansonsten durch die (zielgerichtete) Wahl eines bestimmten Normtyps Rechtsschutzlücken entstehen könnten. Dabei sind unter den Begriff des Landesrechts auch solche sublegalen Normen zu subsumieren, die von einer anderen Kommune (Gemeinde oder Kreis) erlassen wurden (s. VerfGH NRW, NVwZ 2003, 982). Rechtsverordnungen der Landesregierung, die auf bundesrechtlicher Grundlage (Art. 80 GG) ergangen sind, zählen ebenfalls zum Landesrecht (str.). 245

Umstritten ist, ob dem Begriff des Landesrechts i. S. v. Art. 75 Nr. 5b LV/§ 52 Abs. 1 VerfGHG auch Gewohnheitsrecht und richterliche Rechtsfortbildungen zuzuordnen sind. Mit guten Gründen qualifiziert der VerfGH NRW zumindest das **Gewohnheitsrecht** als Landesrecht, da vom Schutzzweck der Vorschrift alle Rechtsnormen umfasst sind, die mit dem „Anspruch auf Verbindlichkeit tatsächlich gelten und von der staatlichen Autorität garantiert werden" (VerfGH NRW, DVBl. 1982, 1043). In jedem Fall unzulässig ist dagegen eine Kommunalverfassungsbeschwerde, die gegen bloß **innenwirksame Ministerialerlasse** (Verwaltungsvorschriften) gerichtet ist (VerfGH NRW, NWVBl. 1994, 265 f.). Dies gilt umso mehr, als hinreichender Rechtsschutz vor den Verwaltungsgerichten zur Verfügung steht. Als zulässigen Beschwerdegegenstand hat der VerfGH NRW unlängst auch bloßes **legislatives Unterlassen** angesehen und damit seine bisherige Rechtsprechung geändert (NWVBl. 2015, 140; a. A. noch VerfGH 246

NRW, NWVBl. 2000, 335, 338f.). Die dogmatische Begründung dieses gewiss begrüßenswerten Neuansatzes, wonach die Verfassung nicht (Handlungs-)Ansprüche gewähren könne, die für die berechtigten Kommunen nicht auch verfassungsprozessual durchsetzbar sind, erscheint freilich mit Blick auf die langjährige Gewährleistung von Landesgrundrechten ohne flankierende Landesverfassungsbeschwerde (unten Rn. 252) etwas fragil.

Beachte: Soweit eine Gemeinde oder ein Gemeindeverband das Selbstverwaltungsrecht durch Normen des **Bundesrechts** verletzt sieht, liegt kein zulässiger Beschwerdegegenstand vor mit der Folge, dass allein eine Kommunalverfassungsbeschwerde zum BVerfG in Betracht kommt (Art. 93 Abs. 1 Nr. 4b GG; hierzu *Dietlein,* BeckOK KommR NRW, 2020, Syst. Einf. zum KommR Dtld., Rn. 141ff.). Dementsprechend wird dieses gegenüber landesrechtlichen Rechtsbehelfen subsidiäre Verfahren (§ 91 S. 2 BVerfGG) durch die nach § 12 Nr. 8 VerfGHG statthafte Kommunalverfassungsbeschwerde zum VerfGH NRW keineswegs vollständig verdrängt. Im Übrigen verbleibt auch gegenüber Landesrecht eine **„Reservezuständigkeit"** des BVerfG, soweit nämlich im Rahmen der kommunalen Verfassungsbeschwerde zum VerfGH NRW ein hinreichender Schutzstandard nicht gewährleistet werden sollte (BVerfGE 107, 1, 11; zuletzt BVerfGE 147, 185ff.). Ein solches Schutzdefizit kann dann entstehen, wenn der Rechtsbehelf der kommunalen Verfassungsbeschwerde zum VerfGH NRW zwar formal gegeben ist, der VerfGH NRW eine den grundgesetzlichen Gewährleistungen adäquate Prüfung der vorgelegten Normen indes nicht oder nur eingeschränkt vornimmt. Wo genau die Schwelle zur Aktivierung der Reservezuständigkeit des BVerfG liegt, ist hierbei noch nicht abschließend ausgelotet. In Nordrhein-Westfalen könnte womöglich die Entscheidung des VerfGH NRW (BeckRS 2014, 09162) zur Frage einer Unterschreitbarkeit der Mindestfinanzausstattung der Gemeinden eine Aktivierung der Reservezuständigkeit des BVerfG auslösen, bleibt der VerfGH NRW hierbei doch hinter den bislang bundesverfassungsrechtlich angenommenen Mindestgarantien zurück (oben Rn. 202). Ein eindeutiges Beispiel defizitärer Landesverfassungsjudikatur bot die Entscheidung des LVerfG LSA vom 20.10.2015 (BeckRS 2015, 54749), mit der das Gericht die Hochzonung von gemeindlichen Aufgaben auf die Kreise rechtfertigungslos zugelassen hatte (zu der hierdurch ausgelösten Reservezuständigkeit des BVerfG vgl. grdl. BVerfGE 147, 185ff.).

cc) Beschwerdebefugnis

247 Die antragstellende Kommune muss geltend machen (können), durch das angegriffene Gesetz **selbst, gegenwärtig** und **unmittelbar** in ihrer Selbstverwaltungsgarantie gem. Art. 78f. LV **verletzt** zu sein. Allerdings gilt das Erfordernis der *unmittelbaren* Betroffenheit im Vergleich zur Individualverfassungsbeschwerde in erheblich abgeschwächter Form. Namentlich die Beschränkung auf selbstvollziehende Normen gilt hier nicht. Ansonsten wäre der verfassungsgerichtliche Rechtsschutz für die Kommunen erheblich geschwächt, da fachgerichtliche Entscheidungen gegen administrative Umsetzungsakte – anders als bei der Individualverfassungsbeschwerde – nicht mit der kommunalen Verfassungsbeschwerde angegriffen werden können. An einer unmittelbaren Betroffenheit fehlt es daher lediglich dann, wenn das angegriffene Gesetz seinerseits noch der Konkretisierung durch eine untergesetzliche, ihrerseits mit der Kommunalverfassungsbeschwerde angreifbare Rechtsnorm bedarf (VerfGH NRW, NVwZ 2003, 982; z.T. anders BVerfGE 25, 124, 128f.). Und selbst hier wird man ein „Abwarten" der Verordnung nicht verlangen können, wenn und soweit das formelle Gesetz eine Pflicht zur Verordnungsgebung in bestimmten Fällen normiert (BVerfGE 34, 165, 179). Gegenständlich muss die geltend gemachte Verfassungsverletzung speziell die Verfassungsgarantie der kommunalen Selbstverwaltung betreffen, wobei der VerfGH NRW hierbei auch jene Verfassungsnormen als Prüfungsmaßstab miteinbezieht, die ihrem Inhalt nach das verfassungsrechtliche Bild der Selbstverwaltung mitzubestimmen geeignet sind (s. Rn. 250).

dd) Rechtswegerschöpfung

Anders als die Kommunalverfassungsbeschwerde zum BVerfG unterliegt die Kommunalverfassungsbeschwerde zum VerfGH NRW nicht dem Erfordernis der Rechtswegerschöpfung. Namentlich das Verfahren des § 47 VwGO eröffnet daher keinen vorrangig zu erschöpfenden Rechtsweg (eine abweichende Rspr. findet sich etwa in Brandenburg, s. VerfGH Bbg., NVwZ-RR 2019, 7). 248

ee) Form und Frist

Das Verfahren ist schriftlich mit Begründung zu beantragen, § 18 Abs. 1 VerfGHG. Die Frist beträgt gem. § 52 Abs. 2 VerfGHG ein Jahr ab Inkrafttreten der Rechtsvorschrift. Sofern man das Gewohnheitsrecht und richterliche Rechtsfortbildungen als Landesrecht i. S. d. § 52 Abs. 1 VerfGHG begreift, sind diese Rechtsnormen freilich vom Fristerfordernis auszunehmen, da der Zeitpunkt ihres Inkrafttretens in der Regel ungenau bleibt. 249

b) Begründetheit

Die Kommunalverfassungsbeschwerde ist begründet, wenn und soweit die beanstandete Rechtsnorm gegen **Art. 78 f. LV** verstößt. Über den Wortlaut des § 52 Abs. 1 VerfGHG hinaus („Recht der Selbstverwaltung") dienen dem VerfGH NRW als Prüfungsmaßstab neben der kommunalen Selbstverwaltungsgarantie und dem ihr immanenten Gebot interkommunaler Gleichbehandlung auch diejenigen Verfassungsvorschriften, die ihrem Inhalt nach das verfassungsrechtliche Bild der Selbstverwaltung mitzubestimmen geeignet sind (st. Rspr., vgl. auch BVerfGE 1, 161, 181). Damit können vor dem VerfGH NRW auch allgemeine Verfassungsgrundsätze wie das aus dem Rechtsstaatsprinzip resultierende **Willkürverbot** oder das **Demokratieprinzip** als Prüfungsmaßstab herangezogen werden. Legt man die Rechtsprechung des VerfGH NRW zur Rezeption bundesverfassungsrechtlicher Normen zugrunde (oben Rn. 19), kommt auch eine Kontrolle von Landesrecht am Maßstab der (primär bundes-)verfassungsrechtlichen **Kompetenznormen** in Betracht (Art. 1 Abs. 1 LV i. V. m. Art. 70 ff. GG). Richtet sich die Kommunalverfassungsbeschwerde gegen sublegale (untergesetzliche) Normen, sind nach h. M. zusätzlich deren einfachgesetzliche Vorgaben als Kontrollmaßstab heranzuziehen, soweit diese selbst Ausprägung der kommunalen Selbstverwaltungsgarantie oder der sie mitprägenden Verfassungsgrundsätze sind. Im Rahmen von **Neugliederungsstreitigkeiten** sind die konkreten Neugliederungsgesetze ferner auf ihre Systemkonformität bzw. Vereinbarkeit mit den allgemeinen Neugliederungsleitlinien und -leitbildern hin zu überprüfen, die regelmäßig in vorgeschalteten Grundsätzegesetzen niedergelegt werden und damit de facto ihrerseits zum Prüfungsmaßstab konkreter Neugliederungsmaßnahmen avancieren (z. B. ThürVerfGH, NVwZ-RR 1997, 639 ff.). Die Entscheidung des VerfGH NRW im Kommunalverfassungsbeschwerdeverfahren hat Gesetzeskraft und ist im Gesetz- und Verordnungsblatt des Landes zu verkünden, § 26 Abs. 2 VerfGHG. 250

c) Prüfungsschema

Das Schema zur Prüfung der Erfolgsaussichten einer kommunalen Verfassungsbeschwerde stellt sich danach wie folgt dar: 251

KOMMUNALE VERFASSUNGSBESCHWERDE

Rechtsgrundlage: Art. 75 Nr. 5b LV i. V. m. § 12 Nr. 8, § 52 VerfGHG

1. Zulässigkeit

a) Beteiligte
Antragsteller: ausschließlich Gemeinden und Gemeindeverbände.
Kein Antragsgegner, da kein kontradiktorisches Verfahren.

b) Beschwerdegegenstand
Sämtliches „Landesrecht" mit Ausnahme der LV, also neben formellen Gesetzen auch sublegale Rechtsnormen des Landes wie Rechtsverordnungen und Satzungen. Beschwerdegegenstand kann auch legislatives Unterlassen sein.

c) Beschwerdebefugnis
Verletzung der Art. 78 f. LV muss nach dem Vortrag des Antragstellers zumindest möglich sein.
Unmittelbare Betroffenheit liegt nur dann nicht vor, wenn das Gesetz noch der Konkretisierung durch Rechtsverordnung bedarf.

d) Rechtswegerschöpfung
Nicht erforderlich. Namentlich § 47 VwGO ist damit nicht vorrangig.

e) Form und Frist
Schriftlich begründeter Antrag binnen eines Jahres ab Inkrafttreten des Gesetzes (§§ 18 Abs. 1, 52 Abs. 2 VerfGHG). Fristerfordernis gilt jedenfalls nicht bei Beschwerdegegenständen des Gewohnheitsrechts bzw. der richterlichen Rechtsfortbildung.

2. Begründetheit

Die Kommunalverfassungsbeschwerde ist begründet, wenn und soweit das angegriffene Gesetz gegen Art. 78 f. LV verstößt.

Als Prüfungsmaßstab sind neben der kommunalen Selbstverwaltungsgarantie auch das Gebot interkommunaler Gleichbehandlung sowie allgemeine Verfassungsprinzipien zu berücksichtigen, soweit sie die Selbstverwaltungsgarantie mit prägen.

5. Die Individualverfassungsbeschwerde (Art. 75 Nr. 5a LV)

252 Als „Nachzügler" unter den verfassungsprozessualen Verfahrensarten ist das mit Gesetzesbeschluss vom 12.7.2018 zunächst in das VerfGHG eingefügte, später in die Landesverfassung übernommene Verfahren der **Individualverfassungsbeschwerde** (Art. 75 Nr. 5a LV i. V. m. § 12 Nr. 9, §§ 53 ff. VerfGHG) anzusehen. Damit schließt Nordrhein-Westfalen an den schon bislang in 11 von 16 Ländern (Baden-Württemberg, Bayern, Berlin, Brandenburg, Hessen, Mecklenburg-Vorpommern, Rheinland-Pfalz, Saarland, Sachsen, Sachsen-Anhalt und Thüringen) erreichten Rechtsschutzstandard an. Der seit dem 1.1.2019 zur Verfügung stehende außerordentliche Rechtsbehelf kann im **Klausurenaufbau** weitgehend an das bekannte Verfahren der Individualverfassungsbeschwerde zum BVerfG angelehnt werden (Art. 93 Abs. 1 Nr. 4a GG). Allerdings weist die neue Rechtsschutzform einige **wichtige Eigenheiten** auf, die es zu beachten gilt. So hat der Gesetzgeber auf ein Annahmeverfahren verzichtet und stattdessen ein vereinfachtes Verfahren für unzulässige oder offensichtlich unbegründete Verfassungsbeschwerden vorgesehen. Zu erwähnen ist weiter die Subsidiarität der Landesverfassungsbeschwerde nach § 53 Abs. 1 VerfGHG, derzufolge die Individualverfassungsbeschwerde zum VerfGH NRW nur zulässig ist, „soweit nicht Verfassungsbeschwerde zum Bundesverfassungsgericht erhoben ist oder wird". Ob dieses Instrumen-

tarium hinreicht, um den zu erwartenden Anstieg von Verfahren unter Kontrolle zu halten (hierzu auch oben Rn. 127), bleibt abzuwarten. Auch im Rahmen des Individualverfassungsbeschwerdeverfahrens besteht schließlich die Möglichkeit des Erlasses einer einstweiligen Anordnung nach § 27 Abs. 1 VerfGHG, wenn dies zur Abwehr schwerer Nachteile, zur Verhinderung drohender Gewalt oder aus einem anderen wichtigen Grunde zum gemeinen Wohl dringend geboten ist.

a) Zulässigkeit

Folgende Voraussetzungen für die Zulässigkeit der Individualverfassungsbeschwerde zum VerfGH NRW sind zu beachten. 253

aa) Beschwerdeberechtigung („jeder")

„Jeder" ist jeder **Träger von (Landes-)Grundrechten.** Dies sind zunächst alle natürlichen Personen, ohne dass hier eine maßstäbliche Verkleinerung auf „NRW-Staatsbürger" erfolgte (oben Rn. 30), aber auch juristische Personen, soweit das Grundrecht dem Wesen nach auf diese anwendbar ist. Grundsätzlich keine Grundrechtsberechtigung besteht für die öffentliche Hand; anderes gilt immerhin in Bezug auf die **Justizgrundrechte** (oben Rn. 51). Politische Parteien und Abgeordnete sind, soweit sie ihren verfassungsrechtlichen Status gegenüber Organen des Verfassungslebens verteidigen, ebenfalls nicht beschwerdeberechtigt, sondern auf das Verfahren des Organstreits verwiesen (oben Rn. 216). 254

Beachte: Die Individualverfassungsbeschwerde ist kein kontradiktorisches Verfahren und kennt daher keinen „Antragsgegner".

bb) Beschwerdegegenstand

Als Beschwerdegegenstand kommt jeder **Akt der Landesstaatsgewalt** (Gesetzgebung, Verwaltung und Gerichtsbarkeit des Landes) in Betracht. Rügefähig ist auch ein gesetzgeberisches **Unterlassen,** das etwa im Falle der Missachtung einer grundrechtlichen Schutzpflicht („Untermaßverbot") auch eine Grundrechtsverletzung darstellen kann. Grundsätzlich ausgeschlossen ist die Verfassungsbeschwerde nach § 53 Abs. 2 VerfGHG, soweit die öffentliche Gewalt des Landes Bundesrecht ausführt oder anwendet (zur Verfassungsmäßigkeit dieser „Bundesrechtsklausel" *Heusch,* NWVBl. 2020, 177, 185 Fn. 83; a. A. *Gmeiner,* NWVBl. 2019, 366 ff.). Anderes gilt nur, soweit es um die Anwendung von **Prozessrecht des Bundes** durch ein Gericht des Landes geht. In diesem Fällen überprüft der VerfGH NRW in eigener Zuständigkeit namentlich die Wahrung der über Art. 4 Abs. 1 LV rezipierten **Justizgrundrechte** (oben Rn. 51), also insbesondere des Rechts auf den gesetzlichen Richter sowie des Anspruchs auf rechtliches Gehör. Allerdings unterliegt der VerfGH NRW hierbei engen grundgesetzlichen Bindungen. So sind die betreffenden Landesgrundrechte nach der Rechtsprechung des BVerfG im Rahmen der Auslegung und Anwendung von Bundesprozessrecht durch die Landesgerichte nur anwendbar und damit zulässiger Prüfungsmaßstab für das Landesverfassungsgericht, wenn diese in dem zu entscheidenden Fall zu demselben Ergebnis führen wie das jeweils parallele Bundesgrundrecht (BVerfGE 96, 345 ff.). Im Rahmen dieser Vorprüfung ist der VerfGH NRW, anders als ansonsten bei der Auslegung rezipierter Grundrechte (oben Rn. 22 und 27), vollumfänglich an die Rechtsprechung des BVerfG gebunden. Etwaige Abweichungen bedürfen der Divergenzvorlage nach Art. 100 Abs. 3 GG. Im Ergebnis ergibt sich damit eine **vollständige Synchronisation der Grundrechtsauslegung** auf Bundes- und Landesebene. Nicht im eigentli- 255 chen Sinne „Ausübung von Landesstaatsgewalt" und damit kein zulässiger Beschwerdegegenstand sind Entscheidungen der Landesgerichte, die durch ein Bundesgericht in der Sache bestätigt wurden. Soweit die Gesetzesbegründung landesgerichtliche Entscheidungen auch dort als statthafte Beschwerdegegenstände ausschließt, wo diese nach Rückverweisung durch ein Bundesgericht unter Bindung an die Maßstäbe des Bundesgerichts ergangen sind (LT-Drs. 17/2122, S. 25), gilt dies jedenfalls dann, wenn sich die Beschwerde gegen die speziell aus dem Bundesrecht resultierenden Konsequenzen der Entscheidung richtet.

cc) Beschwerdebefugnis

256 Die Beschwerdebefugnis setzt voraus, dass der Beschwerdeführer eine Verletzung von Landesgrundrechten „behauptet" (§ 53 Abs. 1 VerfGHG). Nach Maßgabe der sog. Möglichkeitstheorie darf hierbei eine Grundrechtsverletzung nicht von vornherein ausgeschlossen sein. Der Beschwerdeführer muss also eine **mögliche Grundrechtsverletzung** behaupten und behaupten können. Hierzu muss der Beschwerdeführer **selbst, unmittelbar und gegenwärtig** betroffen sein.

Das Erfordernis der „Selbst-Betroffenheit" verhindert insbesondere die prozessstandschaftliche Geltendmachung fremder Rechte in eigenem Namen. Das Erfordernis der unmittelbaren Betroffenheit schließt eine Verfassungsbeschwerde gegen Normen aus, die noch des administrativen Vollzugs bedürfen. Hier ist zuvörderst fachgerichtlicher Rechtsschutz gegen die administrativen Vollzugsentscheidungen zu suchen. Das Kriterium der Gegenwärtigkeit der Betroffenheit verlangt schließlich, dass die geltend gemachte Grundrechtsverletzung aktuell ist, also „schon" oder „noch" vorliegt. Die prozessualen Vorgaben der „Unmittelbarkeit" und der „Gegenwärtigkeit" der Betroffenheit bedürfen aus Gründen der Zumutbarkeit in bestimmten Sonderkonstellationen einer zurückhaltenden Auslegung. Dies gilt namentlich dann, wenn dem Vollzugsakt eine wie auch immer geartete „Endgültigkeit" zukommt, die späteren Rechtsschutz leerlaufen ließe.

Bei Verfassungsbeschwerden gegen Entscheidungen eines Landesgerichts bleibt der Prüfungsmaßstabs auf eine mögliche Verletzung **„spezifischen Verfassungsrechts"** (oben Rn. 32) beschränkt. Die angegriffene Entscheidung muss, soweit sie zulässiger Beschwerdegegenstand sein kann, möglicherweise in ergebnisrelevanter Weise auf einer „grundsätzlichen Verkennung" der Grundrechte beruhen. Bloße Verstöße gegen die Auslegung und Anwendung einfachen Rechts bleiben dagegen für das Verfahren der Individualverfassungsbeschwerde ohne Bedeutung.

dd) Rechtswegerschöpfung/Subsidiarität

257 Vor Erhebung der Landesverfassungsbeschwerde verlangt § 54 VerfGHG grundsätzlich die **Ausschöpfung des Rechtswegs.** Bei Verfassungsbeschwerden gegen eine Rechtsverordnung zählt hierzu auch die (erfolglose) Durchführung des verwaltungsgerichtlichen Normenkontrollverfahrens nach § 47 Abs. 1 Nr. 1 sowie Nr. 2 VwGO i. V. m. § 109a JustizG (s. unten § 5 Rn. 14a), zumal in diesem Rahmen auch die fachgerichtliche Gewährung einstweiligen Rechtsschutzes möglich ist (§ 47 Abs. 6 VwGO). Immerhin unterfallen von vornherein aussichtslose Rechtsbehelfe, auch im Hinblick auf § 47 VwGO, nach der Rechtsprechung des VerfGH NRW nicht dem Gebot der Rechtswegerschöpfung. Eine solche offensichtliche Aussichtslosigkeit kann sich etwa daraus ergeben, dass aufgrund einer gefestigten jüngeren höchstrichterlichen Rechtsprechung im konkreten Einzelfall keine abweichende Entscheidung in der Sache zu erwarten ist (VerfGH NRW, NVwZ 2020, 1042, 1043 Rn. 13: CoronaSchVO).

Soweit es um sog. **Urteilsverfassungsbeschwerden** wegen einer behaupteten Verletzung des Grundrechts auf rechtliches Gehör geht, sind vorab grundsätzlich alle Gehörsverstöße im Wege der Anhörungsrüge (insbes. § 321a ZPO und § 152a VwGO) zur fachgerichtlichen Überprüfung zu stellen (vgl. auch BVerfGE 122, 190, 198). Dabei impliziert der Subsidiaritätsgrundsatz, dass der Beschwerdeführer seine Rügen im Rahmen der Anhörungsrüge solchermaßen substantiiert vorträgt, dass eine Prüfung in dem fachgerichtlichen Verfahren erfolgen kann. Fehlt es an der Erhebung einer statthaften Anhörungsrüge, ist eine spätere Verfassungsbeschwerde (insgesamt) unzulässig.

Das BVerfG sieht einen Beschwerdeführer zur Wahrung des Subsidiaritätsgebotes gehalten, eine mögliche Gehörsverletzung im fachgerichtlichen Verfahren selbst dann mit der **Anhörungsrüge** anzugreifen, wenn dieser mit der Verfassungsbeschwerde gar keinen Verstoß gegen Art. 103 Abs. 1 GG geltend machen will. So werde allein hierdurch die Chance gewahrt, nach erfolgreicher Rüge auch **andere Grundrechtsverletzungen** bereits im fachgerichtlichen Verfahren zu beseitigen. Unter Zumutbarkeitsaspekten stellt das Gericht diese Forderung allerdings zu Recht unter den Vorbehalt, dass „den Umständen nach ein Gehörsverstoß durch die Fachgerichte naheliegt und zu erwarten wäre, dass vernünftige Verfahrensbeteiligte mit Rücksicht auf die geltend gemachte Beschwer bereits im gerichtlichen Verfahren einen entsprechenden Rechtsbehelf ergreifen würden“ (BVerfGE 134, 106 Rn. 28).

Die auf eine Anhörungsrüge hin ergangenen Beschlüsse sind grundsätzlich nicht selbst mit der Verfassungsbeschwerde angreifbar. Anderes wird nur anzunehmen sein, wenn eine eigene Beschwer durch diesen Beschluss erfolgt, etwa weil durch ihn der Zugang zum Anhörungsrügeverfahren versagt wurde (vgl. VerfGH Berlin, BeckRS 2018, 14610). Ob und inwieweit das Erfordernis der Rechtswegerschöpfung für Entscheidungen im einstweiligen Rechtsschutz das Abwarten der Hauptsacheentscheidung notwendig macht, bedarf einer differenzierenden Betrachtung. Ein entsprechendes Erfordernis ist dort gegeben, wo es um Rügen geht, die sich auf die Hauptsache beziehen. Anderes muss dagegen gelten, soweit eine Grundrechtsverletzung gerade durch das Eilverfahren geltend gemacht wird. Auch hier ist eine Verfassungsbeschwerde indes nur gegen die letztinstanzliche Eilentscheidung eines Landesgerichts möglich.

Zu beachten ist, dass der Subsidiaritätsgrundsatz in der Regel einer Verfassungsbeschwerde gegen prozessuale **Zwischenentscheidungen** entgegensteht, da diesbezügliche Grundrechtsverletzungen zumeist inzident mit der Endentscheidung angefochten werden können. Eine isolierte Verfassungsbeschwerde gegen eine Zwischenentscheidung bleibt allenfalls dort denkbar, wo dem Beschwerdeführer ein irreversibler Nachteil droht, der im Rahmen der Verfassungsbeschwerde gegen die Endentscheidung nicht oder nicht vollständig korrigierbar wäre. Einen derartigen Sonderfall nimmt das BVerfG etwa in Bezug auf fachgerichtliche Entscheidungen über Ablehnungsgesuche (Art. 101 Abs. 1 S. 2 GG: gesetzlicher Richter) an, wenn die betreffende Entscheidung für das weitere Verfahren bindend ist (s. BVerfG, NJW 2019, 505).

Besonderheiten ergeben sich für die **Verfassungsbeschwerde gegen Parlamentsgesetze** des Landes („Gesetzesverfassungsbeschwerde“). Aufgrund des sog. Verwerfungsmonopols der Verfassungsgerichte (Art. 100 Abs. 1 GG) gibt es hier keinen „Rechtsweg“ zu den Fachgerichten, der ausgeschöpft werden könnte. Neben dem insoweit leerlaufenden Erfordernis der Rechtswegerschöpfung ist hier – ebenso wie bei Gesetzesverfassungsbeschwerden zum BVerfG – allerdings der **allgemeine Subsidiaritätsgrundsatz** zu beachten. Der Beschwerdeführer hat danach alle zumutbaren Möglichkeiten auszuschöpfen, um zunächst eine „inzidente“ Prüfung der Verfassungsmäßigkeit des Gesetzes vor den Fachgerichten zu veranlassen. Hierzu kann etwa die Erhebung einer Feststellungsklage zu den Verwaltungsgerichten erforderlich sein, die die umstrittene Norm nach eigener Prüfung ggf. ihrerseits nach Art. 100 Abs. 1 GG vorlegen müssen. Nicht mehr zumutbar ist eine solche vorgelagerte inzidente Normprüfung durch die Fachgerichte allerdings, wenn es um spezifisch verfassungsrechtliche Fragen geht, die der VerfGH NRW ebenso gut ohne Vorabbefassung der Fachgerichte beantworten kann. Unter restriktiv zu interpretierenden Voraussetzungen (allgemeine Bedeutung/Abwehr eines schweren und unabwendbaren Nachteils) hält § 54 S. 2 VerfGHG ausnahmsweise die Möglichkeit offen, bereits vor Erschöpfung des Rechtswegs über eine Verfassungsbeschwerde zu entscheiden.

ee) Subsidiarität gegenüber dem Verfahren nach Art. 93 I Nr. 4a GG

258 Der Gesetzgeber hat einen **zweiten Subsidiaritätsgrundsatz** dahingehend zur Zulässigkeitsvoraussetzung gemacht, dass die Individualverfassungsbeschwerde zum VerfGH NRW nur zulässig ist, „soweit nicht Verfassungsbeschwerde zum Bundesverfassungsgericht erhoben ist oder wird" (§ 53 Abs. 1 VerfGHG). Hiermit sollen Parallelverfahren vor den beiden Verfassungsgerichten vermieden und zugleich dem Beschwerdeführer ein Wahlrecht eingeräumt werden, an welches Verfassungsgericht er sich wenden möchte. Die inhaltliche Konturierung des Subsidiaritätsgrundsatzes steht bislang aus. Allerdings spricht alles dafür, dass die Erhebung der Verfassungsbeschwerde zum BVerfG sogleich und unwiderruflich zur Unzulässigkeit einer Anrufung des VerfGH NRW führt, dies also auch dann, wenn die zum BVerfG erhobene Verfassungsbeschwerde im Annahmeverfahren scheitert oder innerhalb der Beschwerdefrist des § 55 VerfGHG wieder zurückgenommen wird. Auch ein Antrag zum BVerfG auf Erlass einer einstweiligen Anordnung dürfte als verbindliche Wahlentscheidung des Beschwerdeführers zu interpretieren sein, die damit eine Beschwerde gegen denselben Hoheitsakt vor dem VerfGH NRW ausschließt. Bestehen tatsächliche Unklarheiten darüber, ob der Antragsteller einen parallelen Antrag zum BVerfG gestellt hat, ersucht der VerfGH NRW das BVerfG um Auskunft (*Brandts,* NWVBl. 2020, Sonderheft 70 Jahre LV NRW, 14, 16).

ff) Form/Frist/Begründung

259 Die Erhebung und Begründung der Landesverfassungsbeschwerde gegen Entscheidungen von Landesbehörden und Landesgerichten muss **innerhalb eines Monats** erfolgen, wobei sich der Fristbeginn nach dem Zeitpunkt der entsprechend der Vorgaben des einschlägigen Fachrechts erfolgten Bekanntgabe der Entscheidung richtet (§ 55 Abs. 1 VerfGHG). Verfassungsbeschwerden gegen ein Gesetz sind binnen **eines Jahres** nach Inkrafttreten zu erheben (§ 55 Abs. 3 VerfGHG), wobei Gesetzesänderungen ein Neuanlaufen der Frist nur dann bewirken sollen, wenn mit ihnen eine Änderung der angefochtenen Regelung von „materielle(m) Gewicht" verbunden ist (VerfGH NRW, NVwZ-RR 2020, 89 ff.). Allein der erneute Gesetzesbeschluss unter Beibehaltung oder bloßer redaktioneller Anpassung einer schon bislang bestehenden Regelung führt damit nicht zu einem erneuten Anlaufen der Beschwerdefrist.

Für die Praxis sind schließlich die **Begründungsanforderungen** an die Individualverfassungsbeschwerde nach § 18 Abs. 1 S. 2 Hs. 1 und § 55 Abs. 1 S. 1, Abs. 4 VerfGHG von erheblicher Bedeutung. Die Begründung muss hiernach so gefasst sein, dass sie den VerfGH NRW in die Lage versetzt, „eine umfassende verfassungsrechtliche Sachprüfung ohne weitere Nachforschungen, etwa durch Beiziehung der Akten des Ausgangsverfahrens, vorzunehmen" (*Brandts,* NWVBl. 2020, Sonderheft 70 Jahre LV NRW, 14, 18).

gg) Rechtsschutzbedürfnis

260 Ein Rechtsschutzbedürfnis wird bei Landesverfassungsbeschwerden in der Regel indiziert sein. Es kann ausnahmsweise dann entfallen, wenn die angegriffene Maßnahme keinerlei Belastungswirkung mehr für den Beschwerdeführer entfaltet.

b) Begründetheit

Begründet ist die Verfassungsbeschwerde, wenn und soweit der Beschwerdeführer durch den beanstandeten Hoheitsakt in einem seiner durch die Landesverfassung gewährleisteten **(Landes-)Grundrechte** verletzt wird. Hierbei ist – ebenso wie bei der Individualverfassungsbeschwerde zum BVerfG – zwischen der **„Gesetzesverfassungsbeschwerde“** und der sog. **„Urteilsverfassungsbeschwerde“** zu unterscheiden. Die Begründetheitsprüfung der Gesetzesverfassungsbeschwerde folgt dabei dem Schema zur Prüfung des legislativen Grundrechtseingriffs (vgl. oben Rn. 32). Bei den **Urteilsverfassungsbeschwerden,** die sich gegen Entscheidungen der Fachgerichte richten (hierzu auch oben Rn. 32), ist der Prüfungsmaßstab diffiziler und enger. Hier geht es nicht um eine „Superrevision“ in dem Sinne, dass der VerfGH NRW die einfachrechtliche Richtigkeit oder Unrichtigkeit der fachgerichtlichen Entscheidung zu überprüfen hätte. Vielmehr bleibt die Prüfung auf eine mögliche Verletzung **„spezifischen (Landes-) Verfassungsrechts“** beschränkt. Eine solche spezifische Verfassungsrechtsverletzung liegt namentlich dann vor, wenn das Fachgericht der Entscheidung (landes-) verfassungswidrige Gesetze zugrunde legt oder aber die gerichtliche Auslegung und Anwendung des einfachen Rechts auf einer grundlegenden Verkennung der Grundrechte basiert. Die Prüfung der Vereinbarkeit von Landesgesetzen mit den Bundesgrundrechten ist nicht Thema und Gegenstand der Verfassungsbeschwerde zum VerfGH NRW. Immerhin aber gehen das BVerfG und der VerfGH NRW davon aus, dass die Grundgesetzwidrigkeit einer zu prüfenden Landesnorm zu einer Vorlagepflicht des VerfGH NRW nach Art. 100 Abs. 1 GG führen kann (zu dieser umstrittenen Frage oben Rn. 214). 261

Im Einzelnen gestaltet sich die Prüfung der Individualverfassungsbeschwerde zum VerfGH NRW wie folgt:

INDIVIDUALVERFASSUNGSBESCHWERDE

Rechtsgrundlage: Art. 75 Nr. 5a LV i. V. m. § 12 Nr. 9, §§ 53 ff. VerfGHG

1. Zulässigkeit

a) Beschwerdeberechtigung („jeder“)
„Jeder“ = jeder Träger von (Landes-)Grundrechten: natürliche Personen sowie juristische Personen, soweit das Grundrecht dem Wesen nach anwendbar ist. Grds. keine Grundrechtsberechtigung der öffentlichen Hand – Ausnahme Justizgrundrechte (oben Rn. 51).

b) Beschwerdegegenstand
Jeder Akt der Landesstaatsgewalt (Gesetzgebung, Exekutive, Gerichtsbarkeit)
- Ausnahme: Ausführung und Anwendung von Bundesrecht durch das Land.
- Rückausnahme: soweit es um die Auslegung von Prozessrecht des Bundes durch ein Gericht des Landes geht (§ 53 Abs. 2 VerfGHG).

c) Beschwerdebefugnis
Behauptung einer Verletzung von Landesgrundrechten nach Maßgabe der sog. „Möglichkeitstheorie“; Bf. muss selbst, unmittelbar und gegenwärtig betroffen sein.
Bei Vb. gegen Entscheidungen eines Landesgerichts Beschränkung des Prüfungsmaßstabs auf eine mögliche Verletzung *„spezifischen (Landes-) Verfassungsrechts“*.

d) Rechtswegerschöpfung/Subsidiarität

e) Subsidiarität gegenüber dem Verfahren nach Art. 93 Abs. 1 Nr. 4a GG
Verfassungsbeschwerde zum VerfGH NRW nur, *„soweit nicht Verfassungsbeschwerde zum Bundesverfassungsgericht erhoben ist oder wird“* (§ 53 Abs. 1 VerfGHG).

f) Form/Frist/Begründung

g) Rechtsschutzbedürfnis

2. Begründetheit

Die Vb. ist begründet, wenn und soweit der Bf. durch die Landesstaatsgewalt in seinen Landesgrundrechten verletzt wird.
– Für legislative Eingriffe vgl. das Prüfungsschema oben Rn. 32;
– Bei Verfassungsbeschwerden gegen Gerichtsentscheidungen Notwendigkeit der Verletzung *„spezifischen Verfassungsrechts"*.

6. Sonstige Verfahrensarten

262 Neben den genannten Verfahrensarten eröffnet das nordrhein-westfälische Recht eine Zuständigkeit des VerfGH NRW nach Art. 75 Nr. 1 LV für die Entscheidung über
– den Ausschluss von Vereinigungen und Personen von der Beteiligung an Wahlen und Abstimmungen (Art. 32 LV i. V. m. § 12 Nr. 1 VerfGHG),
– Wahlprüfungsbeschwerden (Art. 33 LV i. V. m. § 12 Nr. 2 VerfGHG).

Ungeachtet des Art. 75 LV obliegt dem VerfGH NRW – als unmittelbare verfassungsrechtliche Zuständigkeit – auch die Überprüfung der Entscheidung der Landesregierung zur Zulässigkeit von Volksbegehren (Art. 68 Abs. 1 S. 6 LV i. V. m. § 12 Nr. 4 VerfGHG). Im Zusammenhang mit den plebiszitären Verfassungselementen statuiert Art. 75 Nr. 6 LV i. V. m. § 12 Nr. 10 VerfGHG noch weitere Zuständigkeiten des VerfGH NRW für sonstige durch (einfaches) Gesetz zugewiesene Fälle (vgl. §§ 20 Abs. 2, 23 Abs. 2, 28 Abs. 2 des Gesetzes über das Verfahren bei Volksinitiativen, Volksbegehren und Volksentscheiden). Seit 2016 neu in der Verfassung ist das Verfahren der Nichtanerkennungsbeschwerde nach Art. 75 Nr. 4 LV, mit dem die Nichtanerkennung als Partei für die Wahl zum Landtag einer verfassungsgerichtlichen Überprüfung zugeführt werden kann. Eine ungeschriebene Zuständigkeit ergibt sich schließlich für die Entscheidung des VerfGH NRW über eine mögliche Verwirkung von Landesgrundrechten (hierzu oben Rn. 52).

III. Anhang

263 **Literatur: Zu I:** *Bertrams,* Verfassungsgerichtliche Grenzüberschreitungen, in: FS Stern, 1997, S. 1027 ff.; *Dietlein/Thiel/Manns/Höhlein,* Zwangsfusion von Gemeinden, 2013; *Huber,* Die Landesverfassungsgerichtsbarkeit zwischen Anspruch und Wirklichkeit, ThürVBl. 2003, 734 ff.; *F. Kirchhof,* Die Rolle der Landesverfassungsgerichte im deutschen Staat, VBlBW 2003, 137 ff.; *Leisner,* Landesverfassungsgerichtsbarkeit als Wesenselement des Föderalismus, FS BayVerfGH, 1972, S. 183 ff.; *Mann,* Fünfzig Jahre Landesverfassungsgerichtsbarkeit in NRW, NWVBl. 2002, 85 ff.; *v. Olshausen,* Landesverfassungsbeschwerde und Bundesrecht, 1980; *Schäfer,* Das Verhältnis zwischen Bundes- und Landesverfassungsgerichtsbarkeit, JZ 1951, 199 ff.; *Starck/Stern* (Hrsg.), Landesverfassungsgerichtsbarkeit, Bd. 1–3, 1983; *Starke,* Aufhebung von Landesgesetzen durch Landesverfassungsgerichte wegen fehlender Gesetzgebungskompetenz?, SächsVBl. 2004, 49 ff.; *Storr,* Das Grundgesetz als „mittelbare Landesverfassung"? – Zum Prüfungsmaßstab der Landesverfassungsgerichte, ThürVBl. 1997, 121 ff.

Zu II: *Brox,* Rechtskraft und Gesetzeskraft von Entscheidungen des Verfassungsgerichtshofs, in: FS VerfGH NRW, 2002, S. 149 ff.; *M. Dietlein,* Kommunale Verfassungsbeschwerden vor dem Verfassungsgerichtshof, in: FS VerfGH NRW, 2002, S. 117 ff.; *Guckelberger,* Verfassungsbeschwerden kommunaler Gebietskörperschaften, JURA 2008, 819; *Lünterbusch,* Normenkontrollverfahren vor dem Verfassungsgerichtshof, in: FS VerfGH NRW, 2002, S. 75 ff.; *Pieroth,* Organstreitverfahren vor dem Verfassungsgerichtshof, in: FS VerfGH NRW, 2002, S. 103 ff.; *Schlink,* Verfassungsrechtlicher Rechtsschutz bei der Vorbereitung und Durchführung von Wahlen und Volksbegehren in Nordrhein-Westfalen, in: FS VerfGH NRW, 2002, S. 137 ff.; *Wernsmann,* Die Diskontinuität des Parlaments im verfassungsgerichtlichen Organstreit, JURA 2000, 344 ff.

Zu III: *Brandts,* Die Individualverfassungsbeschwerde in NRW – Eine erste Bestandsaufnahme, NWVBl. 2020, Sonderheft 70 Jahre LV NRW, S. 14 ff.; *Dietlein,* Die Kontrollbefugnis der Landesverfassungsgerichte, JURA 2000, 19 ff.; *ders.,* Landesverfassungsbeschwerde und Einheit des Bundesrechts, NVwZ 1994, 6 ff.; *Heusch,* Bundesrecht als Maßstab und Gegenstand landesverfassungsgerichtlicher Kontrolle, NWVBl. 2020, S. 177 ff.; *Klein/Haratsch,* Die Landesverfassungsbeschwerde – Ein Instrument zur Überprüfung der Anwendung von Bundesrecht?, JuS 2000, 209 ff.; *Mayen,* Die Individualverfassungsbeschwerde zum VerfGH in NRW, NWVBl. 2019, 265 ff.; *Pauli,* Verfassungsrechtliche Grundlagenfragen zur Einführung einer Individualverfassungsbeschwerde in NRW, DÖV 2019, 271 ff.; *Wedel/Klenke/Hollands,* Erweiterung des Rechtsschutzes in NRW, NVwZ 2019, 125 ff.

Klausurbearbeitung: *Dietlein/Hellermann,* „Werkfeuerwehr – für Externe verboten?", in: Klausurenbuch Öffentliches Recht in NRW, 3. Aufl. 2021, Fall 1; *dies.,* „Das Asia-Restaurant nebenan", ebda., Fall 2; *Schoch,* Streit um die Organisationsgewalt des Ministerpräsidenten, Übungen im Öffentlichen Recht I, 2000, S. 327 ff.

Kontrollfragen:

1. Wie verhält sich die Kontrollkompetenz der einzelnen Landesverfassungsgerichte zu der des BVerfG?
2. Welche Verfahrensarten vor dem VerfGH NRW kennt das nordrhein-westfälische Landesrecht?
3. Welche Besonderheiten ergeben sich für den seit dem 1.1.2019 eröffneten außerordentlichen verfassungsgerichtlichen Rechtsbehelf der Individualverfassungsbeschwerde zum VerfGH NRW?

J. Antworten zu den Kontrollfragen

I. Abschnitt B. 264

1. Wesensmerkmal des Bundesstaates ist, dass sowohl dem Gesamtstaat als auch den einzelnen Gliedstaaten (den Ländern) Staatsqualität zukommt.
2. Die Verfassungsgebung auf Bundesebene entspringt dem originären, rechtlich ungebundenen *„pouvoir constituant"* der Nation und unterscheidet sich hierdurch maßgeblich von dem an die Vorgaben der Bundesverfassung (Art. 28 Abs. 1 GG) gebundenen Verfassungsgeber auf Landesebene.
3. Bindungen ergeben sich insbesondere aus dem Homogenitätsprinzip des Art. 28 Abs. 1 S. 1 GG. Für den Bereich der Grundrechte entfaltet zudem Art. 1 Abs. 3 GG unmittelbare Durchgriffswirkung auf die Verfassungsgebung der Länder, hindert diese aber nicht daran, eigene landesrechtliche Grundrechte zu gewähren. Schließlich ist Art. 31 GG als allgemeine Kollisionsnorm – etwa im Bereich der sog. Staatszielbestimmungen – zu beachten.

II. Abschnitt C. 265

1. Die Grundrechte des Bundes und der Länder stehen grundsätzlich unabhängig nebeneinander („vertikale Grundrechtskonkurrenz"). Landesgrundrechte dürfen über Bundesgrundrechte hinausgehen, sich aber nicht in Widerspruch zu Bundesrecht begeben (Art. 31 GG). Umstritten ist, ob Landesgrundrechte hinter dem Schutzniveau der Bundesgrundrechte zurückbleiben dürfen. Während der Parlamentarische Rat dies noch verneinte, geht das BVerfG von der grundsätzlichen Zulässigkeit solcher Mindergewährleistungen aus.
2. Durch Art. 4 Abs. 1 LV werden eigenständige Landesgrundrechte nach dem Bild der Bundesgrundrechte begründet. Spätere Änderungen der Bundesgrundrechte werden richtigerweise durch die Landesverfassung adaptiert („dynamische Rezeption").
3. Die Rezeptionsanordnung des Art. 4 Abs. 1 LV bezieht sich auf die als subjektiv-öffentliche Rechte ausgestalteten Grundrechtsgewährleistungen, die justiziellen Grundrechte, die objektiv-rechtlichen Grundrechtsgarantien sowie den Grundrechtsverwirkungstatbestand.
4. Entgegen ihrem Wortlaut stellen die sog. „sozialen Grundrechte" lediglich objektiv-rechtliche Staatszielbestimmungen ohne subjektiv-rechtliche Komponente dar.

5. Die LV setzt eigene Regelungsschwerpunkte in den zentralen Lebensbereichen von Familie, Schule und Erziehung (Art. 5–8 LV), Staat und Kirche (insb. Art. 19–23 LV), Wissenschaft, Kunst und Kultur (Art. 18 LV) sowie Arbeit und Umwelt (insb. Art. 24, 28, 29a LV).

266 III. Abschnitt D.

1. Art. 28 Abs. 1 GG verpflichtet die Länder, die Grundsätze des republikanischen, demokratischen und sozialen Rechtsstaates im Sinne des Grundgesetzes zu beachten. Nicht ausdrücklich erwähnt, gleichwohl vorausgesetzt, wird die Beachtung des Grundsatzes der Bundesstaatlichkeit.
2. Die Strukturvorgaben der Art. 20 Abs. 2, Art. 28 Abs. 1 GG verbieten Ausländern die Teilnahme an Landtagswahlen. Dagegen berechtigt Art. 28 Abs. 1 S. 3 GG EU-Ausländer zur aktiven und passiven Teilnahme an Kommunalwahlen.

267 IV. Abschnitt E.

1. Verfassungsorgane sind die in der Verfassung selbst vorgesehenen und dort mit speziellen Befugnissen ausgestatteten obersten Staatsorgane. Die LV zählt zu den Verfassungsorganen den Landtag, die Landesregierung und den VerfGH NRW.
2. Die Entscheidung hinsichtlich des anwendbaren Wahlsystems obliegt gem. Art. 31 Abs. 4 LV dem einfachen Recht. Das Landeswahlgesetz sieht – wie auf Bundesebene – eine sog. „personalisierte Verhältniswahl" vor. Zur Landtagswahl im Jahre 2010 wurde nunmehr ein Zwei-Stimmen-Wahlrecht eingeführt.
3. Das „freie Mandat" (Art. 30 Abs. 2 LV) erteilt jeglichen Formen des „imperativen Mandats" eine Absage. Die Freiheit des Mandates kann nicht durch individuelle Verpflichtungserklärungen aufgehoben werden. In gravierenden Fällen „widerspenstiger" Abgeordneter ist eine Sanktionierung (Fraktionsdisziplin) mit den Mitteln des Fraktions- oder Parteiausschlusses denkbar, die allerdings beide gerichtlich überprüfbar sind und keinen Einfluss auf den Fortbestand des Mandates haben.
4. Hervorzuheben sind insbesondere das Behinderungsverbot (Art. 46 LV), die Grundsätze der Indemnität und Immunität (Art. 47 f. LV) und der Anspruch auf Entschädigung (Art. 50 LV).
5. Die Fraktionen werden in der Landesverfassung in Art. 30 Abs. 5 erwähnt. Nach st. Rspr. des BVerfG sind sie grundlegende Bestandteile des parteiendemokratischen Systems. Ein Abgeordneter kann nur dann aus seiner Fraktion ausgeschlossen werden, wenn der Fraktion ein weiterer Verbleib des Abgeordneten in ihren Reihen nicht zuzumuten ist.
6. Nach der Rspr. des BVerfG kann fraktionslosen Abgeordneten der Zugang zu den Ausschüssen nicht völlig verschlossen bleiben. Deshalb hat jeder Abgeordnete einen Anspruch auf Mitwirkung in einem Ausschuss mit einem Rede- und Antragsrecht; zur Wahrung des Proporzes ist ihm allerdings ein darüber hinausgehendes Stimmrecht verwehrt (vgl. Art. 30 Abs. 4 S. 3 LV).
7. Diese Konzeption als Minderheitenrecht zeigt sich insbesondere an dem niedrigen Antragsquorum von 20 % der gesetzlichen Mitglieder des Landtags sowie am Verbot einer Änderung des Untersuchungsthemas durch die Landtagsmehrheit. Zudem kann die Minderheit die Erhebung bestimmter Beweise verlangen. Weitere Minderheitenrechte ergeben sich neben Art. 41 Abs. 1 S. 1 LV aus dem UAG (§§ 7 Abs. 1 S. 2, 13 Abs. 2, 16 Abs. 2 UAG).

268 V. Abschnitt F.

1. Art. 69 Abs. 1 S. 2 LV verbietet Verfassungsänderungen, die den Grundsätzen des republikanischen, demokratischen und sozialen Rechtsstaates im Sinne des Grundgesetzes widersprechen. Der Schutz der Menschenwürde wird nicht ausdrücklich festgeschrieben. Allerdings gilt insoweit die durch das Grundgesetz auch für die Länder unwiderruflich vorgegebene Pflicht zur Achtung der Menschenwürde.
2. Die Übertragung von Rechtsetzungsbefugnissen auf die Exekutive zielt vor allem auf die Entlastung des Parlaments und auf eine Beschleunigung und Vereinfachung des Normsetzungsverfahrens. Durch das Bestimmtheits- bzw. Vorhersehbarkeitserfordernis gem. Art. 70 S. 2 LV soll der Gefahr entgegengewirkt werden, dass Rechtsetzungsbefugnisse pauschal auf die Exekutive delegiert werden und damit die Möglichkeit der „Selbstentmachtung" des Parlaments eröffnet wird.

3. Die Regierung darf – zumal im Vorfeld von Wahlen – keine offene oder versteckte Werbung für bestimmte politische Parteien machen. Indizien für unzulässige Wahlwerbung können sich aus der äußeren Form, der Aufmachung oder dem Inhalt regierungsamtlicher Äußerungen ergeben. Allerdings ist diese „Öffentlichkeitsarbeit über Politik" von der stets zulässigen „Politik durch Öffentlichkeitsarbeit" (z. B. Müllspartipps) abzugrenzen.

VI. Abschnitt G. 269

1. Die LV sieht als plebiszitäre Mitwirkungsrechte die Volksinitiative (Art. 67), das Volksbegehren und den Volksentscheid (Art. 68) vor.
2. Auch Verfassungsänderungen im Verfahren der Volksgesetzgebung (Art. 69 Abs. 3 S. 2 LV) können die Bindungen des Homogenitätsprinzips (Art. 28 Abs. 1 GG) nicht überwinden und dürfen das parlamentarische Budgetrecht nicht aushöhlen. Die Abstimmungsquoren sind im Verhältnis zum konventionellen Volksentscheid deutlich erhöht (vgl. Art. 69 Abs. 3 S. 3 LV).

VII. Abschnitt H. 270

1. Art. 78 LV enthält drei grundlegende Gewährleistungsebenen. Die institutionelle Rechtssubjektsgarantie sichert die (institutionelle, nicht aber die individuelle) Existenz von Gemeinden und Gemeindeverbänden. Die objektive Rechtsinstitutionsgarantie bezieht sich auf die Einrichtung der kommunalen Selbstverwaltung als Prinzip der dezentralen und eigenverantwortlichen Aufgabenerledigung. Die subjektive Rechtsstellungsgarantie schließlich verschafft den Gemeinden und Gemeindeverbänden die Möglichkeit, ungerechtfertige Eingriffe in das Selbstverwaltungsrecht notfalls gerichtlich abzuwehren.
2. Unter Angelegenheiten der örtlichen Gemeinschaft (Art. 28 Abs. 2 S. 1 GG) versteht man diejenigen Bedürfnisse und Interessen, die in der örtlichen Gemeinschaft wurzeln oder auf sie einen spezifischen Bezug haben.
3. Darunter fallen jene „Essentiale, die man aus einer Institution nicht entfernen kann, ohne deren Struktur und Typus zu verändern". Dies sind namentlich die klassischen „Gemeindehoheiten": Personalhoheit, Planungshoheit, Rechtsetzungshoheit, Finanzhoheit, Organisationshoheit und auch die Sparkassenhoheit.
4. Aus der Zuordnung der Gemeinden zur Exekutive des Landes ergibt sich, dass sie Grundrechtsverpflichtete sind (Art. 4 Abs. 1 LV i. V. m. Art. 1 Abs. 3 GG) und deshalb nicht zugleich Träger von Grundrechten sein können. Davon unberührt bleibt die ihnen offenstehende Möglichkeit, sich auf die sog. Justizgrundrechte der Art. 101 Abs. 1 S. 2 GG und Art. 103 Abs. 1 GG zu berufen, die zudem auch über Art. 4 Abs. 1 LV geschützt sind.

VIII. Abschnitt I. 271

1. Die Kontrollkompetenz der Landesverfassungsgerichte bezieht sich speziell auf den Schutz und die Wahrung der Landesverfassung, während für das BVerfG das Grundgesetz der alleinige Kontrollmaßstab ist. Parallelen Verfahren vor den betreffenden Verfassungsgerichten liegen damit stets unterschiedliche Streitgegenstände zugrunde.
2. Zu nennen sind das Organstreitverfahren (Art. 75 Nr. 2 LV), die abstrakte (Art. 75 Nr. 3 LV) und konkrete (Art. 100 Abs. 1 GG) Normenkontrolle sowie die Kommunalverfassungsbeschwerde (Art. 75 Nr. 5b LV). Weitere Verfahrensarten ergeben sich aus Art. 75 Nr. 1 LV (Ausschluss von Vereinigungen und Personen von der Beteiligung an Wahlen und Abstimmungen, Wahlprüfungsbeschwerden). Zudem bestehen Zuständigkeiten des Verfassungsgerichtshofs im Zusammenhang mit plebiszitären Verfassungselementen (vgl. Art. 75 Nr. 6 LV i. V. m. § 12 Nr. 10 VerfGHG i. V. m. Art. 68 Abs. 1 S. 6 LV; §§ 20 Abs. 2, 23 Abs. 2, 28 Abs. 2 des Gesetzes über das Verfahren bei Volksinitiativen, Volksbegehren und Volksentscheiden). Art. 75 Nr. 4 LV sieht die Möglichkeit einer Nichtanerkennungsbeschwerde politischer Parteien für die Wahlen zum Landtag vor. Seit dem 1.1.2019 steht ferner der außerordentliche Rechtsbehelf der Individualverfassungsbeschwerde zum VerfGH NRW zur Verfügung. Eine ungeschriebene Zuständigkeit ergibt sich richtigerweise für die Entscheidung über eine mögliche Verwirkung von Landesgrundrechten.
3. Für die Individualverfassungsbeschwerde zum VerfGH NRW ist vor allem zu beachten, dass diese nur gegen Maßnahmen der Staatsgewalt des Landes zur Verfügung steht. Ferner scheidet

eine Verfassungsbeschwerde gegen Maßnahmen der Landesexekutive und der Landesjudikative grundsätzlich aus, soweit diese Bundesrecht anwenden. Anderes gilt nur für den Fall der Anwendung von Prozessrecht des Bundes durch ein Gericht des Landes. In prozessualer Hinsicht ist vor allem zu beachten, dass die Verfassungsbeschwerde zum Landesverfassungsgericht subsidiär gegenüber einer zum BVerfG erhobenen Verfassungsbeschwerde ist, also unzulässig ist bzw. wird, wenn der Beschwerdeführer Verfassungsbeschwerde zum BVerfG erhoben hat oder erhebt.

§ 2. Kommunalrecht

Literaturhinweise: Allgemeine, länderübergreifende **Lehr- und Handbücher zum Kommunalrecht:** *Burgi,* Kommunalrecht, 6. Aufl. 2019; *Engels/Krausnick,* Kommunalrecht, 2 Aufl. 2020; *Erbguth/Mann/Schubert,* Besonderes Verwaltungsrecht – Kommunalrecht, Polizei- und Ordnungsrecht, Baurecht, 13. Aufl. 2019; *Erlenkämper/Zimmermann* (Hrsg.), Rechtshandbuch für die kommunale Praxis, 2009; *Geis,* Kommunalrecht, 5. Aufl. 2020; *Gern/Brüning,* Deutsches Kommunalrecht, 4. Auflage 2019; *Kluth,* Die kommunale Selbstverwaltung und ihre verfassungsrechtliche Garantie, in: Wolff/Bachof/Stober/Kluth, Verwaltungsrecht II, 7. Aufl. 2010, S. 682; *Mann/Püttner* (Hrsg.), Handbuch der kommunalen Wissenschaft und Praxis (HdbKWP), 3. Aufl., Band I, 2007; *v. Mutius,* Kommunalrecht, 2. Auflage, 2000; *Röhl,* Kommunalrecht, in: Schoch (Hrsg.), Besonderes Verwaltungsrecht, 2018, S. 301; *Schmidt,* Kommunalrecht, 2. Aufl. 2014; *Vogelgesang/Lübking/Ulbrich,* Kommunale Selbstverwaltung, 3. Auflage 2005. **Speziell auf das Kommunalrecht in NRW bezogene Darstellungen:** *Bätge,* Kommunalrecht NRW, 5. Aufl. 2019; *Bösche,* Kommunalverfassungsrecht in Nordrhein-Westfalen, 4. Aufl. 2019; *Buhren,* Allgemeines Kommunalrecht Nordrhein-Westfalen, 7. Auflage 2004; *Erichsen,* Kommunalrecht des Landes Nordrhein-Westfalen, 2. Auflage 1997; *Hofmann/Theisen/Bätge,* Kommunalrecht in Nordrhein-Westfalen: Fachbuch mit Übungsaufgaben und Lösungen, 17. Aufl. 2017; *Niedzwicki,* Kommunalrecht in Nordrhein-Westfalen, 4. Aufl. 2019; *Schneider,* Handbuch Kommunalpolitik Nordrhein-Westfalen, 3. Aufl. 2015; *Stüer,* Kommunalrecht Nordrhein-Westfalen in Fällen, 1997; *Zacharias,* Nordrhein-Westfälisches Kommunalrecht, 2004. Aktuelle **Kommentare** zur Gemeindeordnung: *Articus/Schneider,* Gemeindeordnung für das Land Nordrhein-Westfalen, 5. Aufl. 2016; *Dietlein/Heusch,* BeckOK Kommunalrecht Nordrhein-Westfalen, Stand 2020; *Dünchheim,* Kommunalrecht NRW, 2008; *Held u. a.,* Kommunalverfassungsrecht Nordrhein-Westfalen, Stand 2019; *Held/Winkel* (Hrsg.), GO NRW, 4. Aufl. 2018; *Rehn/Cronauge/v. Lennep/Knirsch,* Gemeindeordnung für das Land Nordrhein-Westfalen, Stand 2020. **Fallsammlung:** *Muckel,* Fälle zum Besonderen Verwaltungsrecht, 7. Aufl. 2019. **Zeitschriften** (neben den allgemeinen öffentlich-rechtlichen Zeitschriften): Stadt und Gemeinde Digital; Der Städtetag (bis 2011) bzw. Städtetag aktuell (seit 2012); Deutsche Zeitschrift für Kommunalwissenschaften (DfK, früher Archiv für Kommunalwissenschaften, AfK); KommunalJurist (KommJur); Der Landkreis; speziell für NRW: Nordrhein-Westfälische Verwaltungsblätter (NWVBl.); Eildienst Landkreistag NRW; Städte- und Gemeinderat.

A. Einführung

I. Das Kommunalrecht in NRW in Ausbildung und Prüfung

1 Das Kommunalrecht zählt im rechtswissenschaftlichen Studium und im juristischen Vorbereitungsdienst zu den **Pflichtfächern.** Gemäß § 11 Abs. 2 Nr. 13 lit. b JAG ist das „Kommunalrecht mit Ausnahme des Kommunalwahl- und Kommunalabgabenrechts" Bestandteil des Pflichtstoffes des staatlichen Teils der sog. ersten Prüfung; gemäß § 52 Abs. 1 S. 1 Nr. 1 JAG gilt das ebenso für die zweite juristische Staatsprüfung. Es handelt sich um ein Gebiet des Besonderen Verwaltungsrechts, dass sich – in Bezug sowohl auf das Außenverhältnis der Kommunen zum Staat wie auch auf die kommunale Binnenorganisation – durch eine besonders intensive Verzahnung mit verfassungsrechtlichen Vorgaben auszeichnet. Auch mit dem Europarecht, dem Allgemeinen Verwaltungsrecht sowie dem Baurecht, dem Polizei- und Ordnungsrecht und dem Wirtschaftsverwaltungsrecht bestehen vielfältige Verknüpfungen, und im Verwaltungsprozessrecht ergeben sich verschiedene Besonderheiten.

II. Grundlagen: Das Rechtsgebiet des Kommunalrechts in NRW

2 Unter den Begriff der Kommune fallen die **Gemeinden und die Gemeindeverbände,** darunter insbesondere die Kreise. Zwischen ihnen bestehen nach Einwohner-

zahl, Haushaltsvolumen, Beschäftigtenzahl und politischer Bedeutung offenkundig erhebliche Unterschiede. Dessen ungeachtet gilt, dass zahlreiche Vorgänge des täglichen Lebens von den Kommunen gestaltet werden, vom Betrieb des Krankenhauses, über die Bebauung der Grundstücke, die Entsorgung von Abfall und Abwasser, die Trägerschaft an Schulen und kulturellen Einrichtungen, die Gestaltung der „Energiewende“ bis hin zu den Friedhöfen. Das, was aus der Perspektive des Staatsorganisationsrechts, der Grundrechte und auch des Allgemeinen Verwaltungsrechts als „Staat“ bezeichnet worden ist, stellt sich im Alltag der Bevölkerung zumeist als politisches Gestalten und Handeln von Kommunen dar.

1. Der Verwaltungsorganisationstyp der kommunalen Selbstverwaltung

3 In rechtlicher Perspektive ist das grundlegende Charakteristikum der Kommunen, dass sie **Gebiets- und Selbstverwaltungskörperschaften** sind. Sie sind damit zum einen rechtlich selbständige Verwaltungsträger; insofern ist ihre Existenz Ausdruck von Dezentralisation (= Vorhandensein mehrerer Verwaltungsträger). Zum anderen sind sie – neben den Kammern, Sozialversicherungsträgern etc. als anderen Formen der Selbstverwaltung – die wichtigsten Erscheinungsformen von Selbstverwaltung.

a) Unmittelbare und mittelbare Staatsverwaltung

4 Die rechtliche Verselbständigung der Kommunen führt zur Frage ihrer Verortung im Staats- und Verwaltungsaufbau der Bundesrepublik. Sie bilden **keine weitere staatliche Ebene, wohl aber eine weitere Verwaltungsebene,** nämlich eine dritte bzw. – wenn man Kreise und Gemeinden gesondert zählt – dritte und vierte Verwaltungsebene. Die Staatlichkeit ist im Bundesstaat des GG zweistufig, d. h. zwischen dem Bund und den Ländern aufgeteilt (vgl. insbes. Art. 106 Abs. 9 GG sowie Art. 1 Abs. 1 S. 2 LV). Die Kommunen sind Teil der Landesstaatsgewalt. Als Teil der Verwaltungsorganisation auf Landesebene bilden sie einen wichtigen Teil im Verwaltungsaufbau des Staates.

5 Die Kommunen sind als Körperschaften des öffentlichen Rechts Erscheinungsformen sog. **mittelbarer Staatsverwaltung** (vgl. BVerwG, NVwZ 1984, 176, 177; krit. *Forsthoff,* Allgemeines Verwaltungsrecht I, 10. Aufl. 1973, S. 478 f.). Von der davon sowohl auf Bundes- als auch auf Landesebene zu unterscheidenden unmittelbaren Staatsverwaltung spricht man in Bezug auf diejenigen Verwaltungseinheiten, die nicht selbst Verwaltungsträger sind, sondern als Organe eines Verwaltungsträgers dessen Aufgaben erfüllen (d. h. Ministerien, staatliche Mittel- und Unterbehörden). Die mittelbare Staatsverwaltung umfasst dagegen diejenigen Verwaltungseinheiten, die selbst Verwaltungsträger sind und daher einem Hauptverwaltungsträger (hier: dem jeweiligen Land, vgl. Art. 1 Abs. 1 S. 2 LV) nur „mittelbar“ zuzurechnen sind (vor allem die Körperschaften, Anstalten und Stiftungen des öffentlichen Rechts, vgl. im Einzelnen *Burgi,* in: Ehlers/Pünder [Hrsg.], Allgemeines Verwaltungsrecht, 15. Aufl. 2016, § 8 Rn. 10 ff.).

Zum Verständnis sei die gegenwärtige Struktur der unmittelbaren Landesverwaltung skizziert, die sich aus dem Landesorganisationsgesetz (LOG) ergibt. Hier ist zwischen der Oberstufe (oberste Landesbehörden [Ministerien] und obere Landesbehörden), der Mittelstufe (Sonderverwaltungs- und allgemeine Verwaltungsbehörden, in NRW die Bezirksregierungen) und der Unterstufe (untere Landesbehörden) zu differenzieren. Die Unterstufe ist mehrfach mit der kommunalen Ebene verzahnt (vgl. Rn. 65, 71).

Die Zuordnung der zahlreichen Verwaltungsaufgaben zu den unmittelbaren Landesbehörden oder den Kommunen ist nicht ein für alle Mal festgelegt, sondern immer wieder Gegenstand von Reformvorstößen (sog. Funktionalreformen). So hatte die von 2005 bis Anfang 2010 amtierende Landesregierung aus CDU und FDP die „Kommunalisierung“ bisheriger staatlicher Aufgaben in ihrem Programm (zum Umsetzungsstand: *Palmen/Schönenbroicher,* NVwZ 2008, 1173; *Burgi/*

Palmen (Hrsg.), Die Verwaltungsstrukturreform des Landes NRW, 2008; weiterführend-analytisch *Burgi,* DV 42 [2009], 155; *Attendorn,* KommJur 2012, 206). Diese Aktivitäten betrafen v. a. die Umwelt- und die Versorgungsverwaltung und schlossen die Überleitung von Beamten des Landes ein (im Hinblick auf die Versorgungsverwaltung beanstandet durch OVG NRW, DVBl. 2010, 1572).

b) Begriff und Funktion der (kommunalen) Selbstverwaltung

Innerhalb der mittelbaren Staatsverwaltung ist danach zu unterscheiden, ob der betreffende Verwaltungsträger mit Selbstverwaltungsbefugnissen ausgestattet ist oder nicht. Als **Mindestvoraussetzungen** für eine Zuordnung zum Organisationstyp „Selbstverwaltung" muss es sich handeln um 6

- die Erfüllung von Verwaltungsaufgaben (d. h. Wahrnehmung durch Stellen des Staates i. w. S., nicht durch gesellschaftliche Träger bzw. Träger der Wirtschaft),
- in öffentlich-rechtlicher Trägerschaft,
- unter Mitwirkung der von der Aufgabenerfüllung Betroffenen,
- in Eigenverantwortung (für das Ob und Wie der Aufgabenerfüllung).

Von anderen Selbstverwaltungsträgern unterscheiden sich die Kommunen als Gebietskörperschaften durch die **gebietsbezogene Mitgliedschaft und – bei den Gemeinden – Universalzuständigkeit.** Die Mitgliedschaft in den Kommunen ist durch die Zugehörigkeit zu einem bestimmten räumlichen Gebiet abgegrenzt. Den Gemeinden kommt grundsätzlich Allzuständigkeit für die örtlichen Angelegenheiten zu, und auch das Aufgabenfeld der Kreise ist nicht von vornherein funktionsbezogen begrenzt. In Abgrenzung hierzu werden die sonstigen Selbstverwaltungsträger wie die Kammern oder Sozialversicherungsträger unter dem Begriff der funktionalen Selbstverwaltung zusammengefasst; diese ist durch die Wahrnehmung bestimmter funktionsbezogener Aufgaben unter Mitwirkung der davon Betroffenen gekennzeichnet (vgl. zum Begriff und insbesondere zur demokratischen Legitimation BVerfGE 107, 59, 89 ff.). 7

Die **verfassungspolitische Legitimation** der kommunalen Selbstverwaltung liegt in den Zielen der Dezentralisation und der Staatsentlastung einerseits, den Zielen der Vernetzung mit der Gesellschaft und der demokratischen Partizipation (insbesondere durch Bildung einer Volksvertretung in „allgemeiner, unmittelbarer, freier, gleicher und geheimer Wahl", vgl. Art. 28 Abs. 1 S. 2 GG) andererseits. Als Nachteile werden teilweise mögliche Effizienz- sowie Steuerungs- und Kontrollverluste ins Feld geführt. Das BVerfG hat dazu ausgeführt: „Eine zentralistisch organisierte Verwaltung könnte … in vielerlei Hinsicht rationeller und billiger arbeiten; die Verfassung setzt diesen ökonomischen Erwägungen jedoch den politisch-demokratischen Gesichtspunkt der Teilnahme der örtlichen Bürgerschaft an der Erledigung ihrer öffentlichen Aufgaben … entgegen und gibt ihm den Vorzug" (BVerfGE 79, 127, 153). 8

Durch die Mitwirkung der Bürger in den demokratisch gewählten Organen (vgl. § 1 Abs. 1 S. 2 GO) entsteht eine sog. „dritte Entscheidungsebene" unterhalb von Bund und Land, weswegen zutreffend vom „Prinzip der gestuften oder gegliederten Demokratie" (BVerfGE, 52, 95, 112) gesprochen wird.

2. Historische Entwicklung

a) Bis 1945

Die Idee der kommunalen Selbstverwaltung hat ihre geschichtlichen Wurzeln im frühen 19. Jahrhundert. Die Aufklärung, das Ende des Absolutismus und die damit einhergehenden liberalen Bestrebungen, die sich in der Französischen Revolution (1789) 9 und im Zerfall des Heiligen Römischen Reichs Deutscher Nation (1806) manifestierten, blieben nicht ohne Einfluss auf die Städte. Die dortige Entwicklung wurde ganz wesentlich durch den preußischen Staatsminister *Freiherr vom und zum Stein* (1757–1831) mit der von ihm entwickelten „Selbstverwaltungsidee" bestimmt. Die durch ihn im Jahre 1808 etablierte **Preußische Städteordnung** hatte das Ziel, die Gemeinden von der Bevormundung des Staates zu befreien und ihnen die Verwaltung in eigenen Angelegenheiten zu eigener Zuständigkeit zu übertragen – und zwar im Interesse einer leistungsfähigen Verwaltung („Selbstverwaltung von oben"). Zu diesem Zweck wurden die Gemeinden und ihre Autonomie in Angelegenheiten des eigenen Wirkungskreises gesetzlich anerkannt, zur Wahrnehmung gemeindlicher Aufgaben (neben dem sog. Magistrat) ein aus der Mitte der Bürgerschaft gewähltes Repräsentativorgan – der Rat – vorgesehen, die Steuerhoheit der Gemeinden wiederhergestellt und die Staatsaufsicht beschränkt.

In Folge der mit dem Wiener Kongress (1815) einsetzenden restaurativen Bestrebungen wurde die Preußische Städteordnung im Jahre 1831 revidiert und wurden die Einflussmöglichkeiten des Staates wieder deutlich ausgeweitet. Diese neue Städteordnung galt in der Provinz Westfalen zunächst durch Verleihung an größere Städte, später allgemein durch Verleihung in Gemeinden über 2.500 Einwohnern.

10 Allen restaurativen und reaktionären Tendenzen zum Trotz war die national-liberale Bewegung im Vormärz nicht mehr zu unterdrücken. Sie gipfelte schließlich in der Märzrevolution von 1848/1849. Die daraus hervorgegangene – nie in Kraft getretene, aber für alle späteren demokratischen Verfassungen Deutschlands richtungsweisende – **Paulskirchenverfassung** von 1849 räumte den Gemeinden die demokratische „Wahl ihrer Vorsteher" ebenso wie die „selbständige Verwaltung ihrer Gemeindeangelegenheiten ein" (§ 184 Paulskirchenverfassung). Dabei wurden die Gemeinden als Grundrechtsträger und damit nicht als Teil des Staates, sondern vielmehr als Teil der Gesellschaft angesehen („Selbstverwaltung von unten"). Auch in Preußen wurde unter dem Druck der Revolution eine einheitliche Gemeindeordnung erlassen, die den Gemeinden ausdrücklich das Recht zur Selbstverwaltung zusprach (§ 6 PreußGO). Diese Gemeindeordnung wurde jedoch in Folge des Widerstandes der Großgrundbesitzer, die sich ihrer Privilegien beraubt sahen, im Jahre 1853 wieder aufgehoben. Preußen erließ daraufhin für seine Provinzen Städteordnungen, die regelmäßig Magistratsverfassungen vorsahen. Nur in den Rheinprovinzen wurde die aus französischem Recht entwickelte Bürgermeisterverfassung übernommen (zu den verschiedenen, historisch entstandenen Gemeindeverfassungstypen vgl. Rn. 106). Für die Provinz Westfalen galt die Städteordnung vom 9.3.1856, für das Rheinland die Rheinische Städteordnung vom 15.5. 1856.

11 Beide Ordnungen galten auch unter der **Verfassung von Weimar** vom 11.8.1918 fort. Diese enthielt in Art. 127 WRV eine institutionelle Garantie der kommunalen Selbstverwaltung und wies den Gemeinden endgültig ihren bis heute bestehenden Status als öffentlich-rechtliche Institution innerhalb des Staates (vgl. RGZ 126, Anhang S. 22) zu. Zudem wurde das Dreiklassenwahlrecht nunmehr auch für Gemeindewahlen durch das allgemeine, unmittelbare, freie, gleiche und geheime Wahlrecht ersetzt (Art. 17 WRV).

12 Die Krise der kommunalen Selbstverwaltung als Teil der allgemeinen Akzeptanzprobleme der Demokratie begünstigte nach der Machtergreifung der Nationalsozialisten 1933 den Austausch der gewählten kommunalen Vertreter durch linientreue Mitglieder der NSDAP. Am 22.5.1933 erfolgte die Gleichschaltung der kommunalen Spitzenverbände durch deren Zusammenschluss im Deutschen Gemeindetag, an dessen

Spitze ebenfalls ein Parteimitglied stand. Im Januar 1935 wurde schließlich die **Deutsche Gemeindeordnung (DGO)** erlassen, die eine Vereinheitlichung des Gemeinderechts vollzog, dabei allerdings die Selbstverwaltung weitgehend außer Kraft setzte – trotz der Berufung auf das Werk des *Freiherrn vom Stein* in der Präambel. So bestimmte § 1 Abs. 2 S. 2 DGO zwar, dass die Gemeinden sich selbst unter eigener Verantwortung verwalten sollten. Daran anschließend ordnete Satz 3 jedoch sogleich die Bindung an die Gesetze und die „Ziele der Staatsführung" an. In der Binnenorganisation wurden dem Bürgermeister ausschließliche und umfassende Verwaltungsbefugnisse verliehen. Ihm wurde ein Gauleiter an die Seite gestellt, durch dessen Mitwirkung die Verwirklichung der Parteivorstellungen sichergestellt werden sollte. Gemäß § 48 Abs. 2 DGO kam ihm etwa die Aufgabe zu, die Gemeinderäte zu ernennen. Deren Wahl war nicht mehr vorgesehen. § 106 DGO stellte überdies sicher, dass der Staat die Umsetzung der Parteivorgaben überwachen konnte. Die immer umfassenderen staatlichen Aufsichtsbefugnisse führten schließlich zum vollständigen Erliegen der kommunalen Selbstverwaltungsbefugnisse. Den Gemeinden wurden die demokratische Legitimation sowie jegliche Rechtsetzungsbefugnisse genommen, so dass sich fortan ihre Aufgaben auf das Exekutieren der zentral aufgestellten Vorgaben beschränkten.

Die DGO enthielt allerdings neben den nationalsozialistisch geprägten Elementen auch Bausteine modernen Gemeinderechts. § 67 DGO etwa gestattete das Errichten von wirtschaftlichen Unternehmen durch die Gemeinde nur unter den Voraussetzungen, dass der öffentliche Zweck das Unternehmen rechtfertigt, dass das Unternehmen nach Art und Umfang in einem angemessenen Verhältnis zu der Leistungsfähigkeit der Gemeinde und zum voraussichtlichen Bedarf steht und dass der Zweck nicht besser und wirtschaftlicher durch einen anderen erfüllt wird oder erfüllt werden kann. Diese Erfordernisse sind heute, unter freilich veränderten wettbewerblichen Vorzeichen, aktueller denn je (vgl. Rn. 314 ff.).

b) Seit 1945

Nach dem Zusammenbruch 1945 fanden die Besatzungsmächte auf Gemeindeebene Verwaltungseinheiten vor, an deren Funktionieren vor dem Kriege angeknüpft werden konnte. In der Britischen Besatzungszone galt zunächst die sog. revidierte Deutsche Gemeindeordnung vom 1.4.1946, der das am britischen Kommunalrecht angelehnte Modell der Norddeutschen Ratsverfassung (vgl. Rn. 106) zugrunde lag. Am 23.8.1946 wurde durch die britische Militärregierung aus dem nördlichen Teil der ehemals preußischen Rheinprovinz und der ebenfalls ehemals preußischen Provinz Westfalen das **Bundesland Nordrhein-Westfalen** gegründet. Die Dichotomie zwischen (Ober-) Bürgermeister und (Ober-)Stadtdirektor wurde schließlich in der Gemeindeordnung des Landes Nordrhein-Westfalen vom 28.10.1952 übernommen. 13

Nach erfolgreichen Jahrzehnten des Wiederaufbaus und der Konsolidierung kam es mit der Zusammenlegung bzw. Eingemeindung zahlreicher Kommunen im Rahmen der im März 1967 einsetzenden **Gebietsreform** zu einer drastischen Verringerung der Zahl der Gemeinden in Nordrhein-Westfalen. Die Folgen der kommunalen Gebietsreform für die ehemals selbständigen Städte, die zu Stadtteilen heruntergestuft wurden, sollten durch das „Gesetz zur Änderung der Gemeindeordnung, der Kreisordnung und anderer kommunalverfassungsrechtlicher Vorschriften des Landes NordrheinWestfalen" vom 29.10.1974 (GVBl. S. 1050; Neubekanntmachung der Gemeindeordnung durch GVBl. 1975 S. 91) kompensiert werden. Maßgebliche Neuerungen waren die Verpflichtung, das gesamte Stadtgebiet in Bezirke aufzuteilen, die Bildung von Bezirksvertretungen, die Errichtung von Bezirksverwaltungsstellen, die Einführung eines verpflichtenden Aufgabenkataloges sowie die Regelung des Wahlmodus der Bezirksvertretungsmitglieder (§ 36 Abs. 1 GO). Nachdem das BVerfG 1978 den Wahlmodus der 14

Bezirksvertretungen für nichtig erklärt hatte (BVerfGE 47, 253), wurde durch eine Änderung des Kommunalwahlgesetzes mit Wirkung vom 20.12.1978 die unmittelbare Wahl der Bezirksvertreter eingeführt. Weitere Änderungen im Gemeindeverfassungsrecht erfolgten durch das „Gesetz zur Änderung der Gemeindeordnung, der Kreisordnung und anderer Kommunalverfassungsgesetze des Landes Nordrhein-Westfalen" vom 29.5.1984 (GVBl. S. 314; Neubekanntmachung der Gemeindeordnung durch GVBl. 1984 S. 475 und 497).

15 Die wohl bedeutsamste größere **Reform der Gemeindestrukturen** erfolgte durch das „Gesetz zur Änderung der Kommunalverfassung" v. 17.5.1994 (GVBl. S. 270; Neubekanntmachung der Gemeindeordnung durch GVBl. 1994 S. 666). Dieses Gesetz führte zur Abschaffung der Doppelspitze aus ehrenamtlichem (Ober-)Bürgermeister und hauptamtlichem (Ober-)Stadtdirektor und zur Direktwahl des Ober-Bürgermeisters (vgl. Rn. 125). Weitere Neuerungen betrafen die plebiszitären Elemente (u. a.: Bürgerbegehren und Bürgerentscheid; vgl. Rn. 127 ff.), die Stärkung der Budgetverantwortung der Bezirksvertretungen, die gesetzliche Regelung des Rechts der Fraktionen, die Modernisierung des kommunalen Haushaltsrechts, die Stärkung der Steuerungsmöglichkeiten des Rates im Bereich des kommunalen Wirtschaftsrechts, die Aufnahme einer sog. Experimentierklausel (vgl. sogleich Rn. 16) sowie die gesetzliche Einrichtung von Ausländerbeiräten.

Mit der Abschaffung der Doppelspitze und der Einführung der Direktwahl des (Ober-)Bürgermeisters reagierte der Gesetzgeber auf eine zunehmend von den Vorstellungen der Gemeindeordnung von 1952 abweichende Kommunalverfassungswirklichkeit. War die Gemeindeverwaltung ursprünglich als unpolitisch und der Rat als maßgeblicher Entscheidungsträger gedacht, gingen die bedeutsamen Ratsentscheidungen faktisch auf Initiativen der Verwaltung zurück; die (Ober-)Stadtdirektoren sind vielfach gestaltend statt ausführend tätig gewesen. Die (Ober-) Bürgermeister reklamierten für sich Kompetenzen, die oft über ihre repräsentativen Verpflichtungen hinausgingen und in der Aufgabenverteilung zwischen Rat, Bürgermeister und Gemeindedirektor gab es zahlreiche Überschneidungen und Reibungsverluste. In der politikwissenschaftlichen Analyse der Auswirkungen der Direktwahl des (Ober-)Bürgermeisters zeigt sich, dass dieser nicht nur mehr politische Nähe zu den Einwohnern der Gemeinde, sondern vor allem auch ein bedeutend größeres Gewicht gegenüber den ebenfalls gewählten Ratsmitgliedern hat. Er ist diesen gegenüber unabhängiger, weil er nicht in gleichem Maße auf eine bestimmte Ratsfraktion angewiesen ist. Darin liegt die Chance auf ein Weniger an Parteipolitik zugunsten von mehr Sachpolitik.

c) Jüngere Modernisierungsbestrebungen

16 In den Kommunen sind seit einiger Zeit – und noch vor Bund und Land – Modernisierungsprojekte in Gang gekommen. Dabei geht es nicht um einzelne, bereichsbezogene Veränderungen, sondern um **ganzhafte Konzepte** zum Verwaltungsaufbau und zu den Verwaltungsabläufen einschließlich der haushalts- und personalbezogenen Aspekte (vgl. dazu *Burgi,* in: Ehlers/Pünder (Hrsg.), Allgemeines Verwaltungsrecht, 15. Aufl. 2016, § 10 Rn. 2 ff. mwN). Die Gründe hierfür sind vielfältig: Finanznot, zahlreicher und komplexer werdende Aufgaben, neue Maßstäbe wie Wirtschaftlichkeit und Effizienz sowie ein gewachsenes Bewusstsein von der Notwendigkeit einer neuen Aufgabenverteilung zwischen Staat und Gesellschaft (im Sinne einer aktivierenden statt einer leistenden Kommune).

Um den Modernisierungsbestrebungen mehr Raum zu geben, hat Nordrhein-Westfalen im Jahre 1994 eine sog. Experimentierklausel (§ 129 GO) in seine Gemeindeordnung aufgenommen. Diese ermöglicht der einzelnen Gemeinde die zeitlich begrenzte Befreiung von bestimmten (ansonsten zwingenden) organisations- bzw. haushaltsrechtlichen Vorschriften. Zahlreiche nordrhein-westfälische Kreise, Städte und Gemeinden haben hiervon Gebrauch gemacht (vgl. hierzu *Brüning,* DÖV 1997, 278).

aa) Verwaltungsmodernisierung

Auf Initiative der „Kommunalen Gemeinschaftsstelle (KGSt)“ werden in den Kommunen seit einigen Jahren Elemente des sog. **Neuen Steuerungsmodells** umzusetzen versucht. Dieser auch als „Tilburger Modell“ bezeichnete Ansatz versucht, betriebswirtschaftliche Management-Methoden in der öffentlichen Verwaltung einzuführen. Traditionell werden öffentliche Verwaltungen über Aufgaben-Befugnisnormen und finanzielle Ermächtigungen gesteuert und im Hinblick auf die Einhaltung von Grenzen überwacht. Der neue Ansatz verwendet als Schlüsselbegriff das „Produkt“ als Ergebnis des Verwaltungshandelns und ordnet ihm konkrete Kosten zu. Ein zweiter wichtiger Baustein des Neuen Steuerungsmodells ist die Zusammenführung von Aufgaben- und Ressourcenverantwortung an einer Stelle. Im herkömmlichen Verwaltungsaufbau ist eine Facheinheit für die eigentliche Aufgabe verantwortlich, welche die hierfür benötigten Ressourcen (Personal, Finanzmittel etc.) von einer zentralen Verwaltungseinheit zugewiesen bekommt. Durch die Zuordnung der Ressourcenverantwortung zur Fachebene soll ein flexibleres Reagieren auf die Sachprobleme ermöglicht werden. Damit eng verknüpft ist eine leistungsfähige Kostenrechnung, die es der Fachebene ermöglichen soll, ihre Aufgabenerfüllung wirtschaftlich zu steuern. Weitere Stichworte lauten: Kontraktmanagement, Budgetierung und Controlling (vgl. zum Ganzen *Otting,* Neues Steuerungsmodell und rechtlicher Betätigungsspielraum der Kommunen, 1997; eine empirisch fundierte Bilanz ziehen *Bogumil u. a.,* Zehn Jahre Neues Steuerungsmodell, 2006; vgl. ferner *Holtkamp,* DÖV 2008, 94). 17

Freilich darf die Verwaltungsmodernisierung nicht darauf hinauslaufen, dass die Gemeinde nur noch als eine Art „Wirtschaftsunternehmen“ und die vom Verwaltungshandeln Betroffenen als „Kunden“ verstanden werden. Auch in Zukunft erwartet der Adressat eines Sozialhilfebescheides oder einer Ausweisungsverfügung zu Recht, dass er ausschließlich nach rechtsstaatlichen Maßstäben behandelt wird; als „Kunde“ dürfte er sich kaum empfinden.

Ein weiteres Problemfeld des Neuen Steuerungsmodells stellt die Abgrenzung von **Verwaltungsmanagement und Kommunalpolitik** dar. Das Verhältnis von Politik (Rat) und Verwaltung (Bürgermeister) wird im Modell als Auftraggeber-Auftragnehmer-Beziehung verstanden. Der Rat soll sich auf das „Was“ beschränken und der Verwaltung das „Wie“ überlassen. Dies kann nur funktionieren, wenn einerseits das Informationsmanagement zwischen Verwaltung und Rat verbessert wird. Der Rat muss fundierte, steuerungsgerechte Informationen erhalten. Herkömmliche Vorlagen der Verwaltung werden diesem Ziel in den meisten Fällen nicht gerecht. Zum anderen ist darauf zu achten, dass die in der Gemeindeordnung teilweise zwingend vorgegebene Zuständigkeitsverteilung zwischen Rat und Bürgermeister eingehalten wird. Eine äußerste Grenze der Delegation von Entscheidungsbefugnissen an die Verwaltung wird durch die Stellung des Rates als Repräsentativorgan gezogen. Jede Schwächung des Rates bringt tendenziell eine Schwächung der kommunalen Selbstverwaltung mit sich (vgl. zur diesbezüglichen politikwissenschaftlichen Analyse *Bogumil,* VerwArch 93 [2002], 129; krit. *Burgi,* VVDStRL 62 (2003), 405, 447 f.). Das GO-Reformgesetz 2007 (Rn. 32) zielte auf „ein noch besseres Verhältnis der beiden Organe“ und will u. a. die Legitimation des Bürgermeisters (durch längere Amtszeit, vgl. Rn. 180) einerseits, die Kontrollrechte des Rates andererseits (vgl. Rn. 153) ausbauen. 18

bb) Bürgergesellschaft auf kommunaler Ebene

Neben den Modernisierungsbestrebungen, die von den Kommunen selbst ausgehen, 19
sind insbesondere in den letzten Jahren bürgerschaftliche Reformbewegungen zu be-

obachten, die unter dem Leitbild der „Bürgergesellschaft" zusammengefasst werden können. Dies zeigt die Vision einer aktiven Gesellschaft an, in der die Bürger sich politisch einmischen; es steht aber auch für das reale bürgerschaftliche Engagement. **Partizipation** und **Gemeinwohleffizienz** können in Foren wie der auf die Rio-Konferenz zurückgehenden Lokalen Agenda, durch die systematische Einbindung von relevanten Nichtregierungsorganisationen (NGOs), Vereinen und Verbänden sowie Institutionen der Wirtschaft verbessert werden (vgl. *Knemeyer,* DVBl. 2000, 876; *Hill,* BayVBl. 2002, 321).

3. Rechtsgrundlagen

a) Verfassungsrechtliche Grundlagen

20 Die verfassungsrechtlichen Grundlagen des Kommunalrechts finden sich in **Grundgesetz und Landesverfassung** (Verfassung des Landes NRW [LV] vom 28.6.1950, zuletzt geändert durch G. v. 25.10.2016 [GV.NRW. S. 860]). Letzterer kommt, da die Kommunen Teil der Landesstaatsgewalt sind, hier besondere Bedeutung zu.

aa) Allgemeiner verfassungsrechtlicher Rahmen

21 Aus den **allgemeinen Vorgaben des Grundgesetzes** ergibt sich, dass die Kommunen nicht gesellschaftlicher Zusammenschluss von Bürgern, sondern Teil der Staatsgewalt sind (BVerfGE 73, 118, 191; 83, 37, 54). Den Grundsätzen des für diese geltenden Demokratieprinzips (Art. 20 Abs. 1, 2 GG) ist auch die verfassungsmäßige Ordnung in den Ländern verpflichtet (Art. 28 Abs. 1 S. 1 GG). Dabei kommt den Kommunen eine besondere Rolle beim „Aufbau der Demokratie von unten nach oben" zu (vgl. BVerfGE 11, 266, 275 f.; 52, 95, 111 f.; 79, 127 [147 ff., 153]). Die demokratische Legitimation der kommunalen Tätigkeit stützt sich teils auf den staatlichen Gesetzgeber, dessen Vorgaben ihr den Rahmen geben, teils auf die Legitimation durch das jeweilige Gemeinde- bzw. Kreisvolk. Insofern schreibt Art. 28 Abs. 1 S. 2 GG zwingend die Einrichtung von – nach den allgemeinen Wahlrechtsgrundsätzen gebildeten – Volksvertretungen auch in den Gemeinden und Kreisen vor. Diese sind jedoch keine „echten" Parlamente (BVerfGE 120, 82, 112; BVerwG, NVwZ 1993, 375), da nach dem Prinzip der horizontalen Gewaltenteilung (Art. 20 Abs. 3 GG) die kommunale Tätigkeit zur Exekutive zählt; sie sind also Organe einer demokratischen Mitwirkung an staatlicher Verwaltungstätigkeit.

bb) Die Verfassungsgarantie kommunaler Selbstverwaltung

22 Das Grundgesetz enthält eine – als Gewährleistungsauftrag an die Länder adressierte – Mindestgarantie kommunaler Selbstverwaltung (Art. 28 Abs. 2 GG). Das Land hat diesen Auftrag verfassungsrechtlich in der **Garantie des Rechts der kommunalen Selbstverwaltung** (Art. 78, 79 LV) umgesetzt und ist dabei in bestimmten Hinsichten noch über Art. 28 Abs. 2 GG hinausgegangen; das gilt insbesondere für die in Art. 78 Abs. 2 LV statuierte grundsätzliche Alleinzuständigkeit der Gemeinden für alle in ihrem Gebiet anfallenden Verwaltungsaufgaben (vgl. näher Rn. 7, 24, 60; zur Verfassungsgarantie kommunaler Selbstverwaltung vgl. ausführlich § 1 Rn. 174 ff.).

23 Diese Verfassungsgarantie dient – anders als die grundrechtlichen Gewährleistungen individueller bzw. gesellschaftlicher Freiheitssphären – der Abschirmung eines **Autonomiebereichs innerhalb der demokratisch verfassten Staatlichkeit.** Diese Eigenart ist die Grundlage für die etablierte Kennzeichnung als institutionelle Garantie, d. h. als verfassungsrechtliche Sicherung einer öffentlich-rechtlich geregelten Einrichtung. Das impliziert zugleich die Angewiesenheit der Verfassungsgarantie auf einfachge-

setzliche Ausgestaltung, die in dem Verweis auf den Rahmen der Gesetze (Art. 28 Abs. 2 S. 1 GG) ihren Ausdruck findet. Dem ausgestaltenden Gesetzgeber werden allerdings Grenzen gesetzt, und zwar in Gestalt eines als unantastbar geltenden Kernbereichs und eines Randbereichs der Verfassungsgarantie, der im Einzelnen unterschiedliche Rechtfertigungsanforderungen beinhaltet (§ 1 Rn. 186 ff.).

Die institutionelle Garantie der kommunalen Selbstverwaltung wird durch die **Unterscheidung verschiedener Garantieebenen** aufgefächert: 24

– Zunächst soll ihr eine institutionelle Rechtssubjektsgarantie zukommen: Sie verwehrt dem Staat, die gemeindliche und gemeindeverbandliche Verwaltungsebene ganz oder überwiegend zu beseitigen, und ist darüber hinaus auch die Grundlage für eine beschränkt-individuelle Rechtssubjektsgarantie (vgl. Rn. 48).
– Weiter soll die sog. objektive Rechtsinstitutionsgarantie, die den materiellen Schwerpunkt der Garantie ausmacht, den kommunalen Aufgabenkreis und die eigenverantwortliche Aufgabenwahrnehmung gewährleisten. Hinsichtlich des Aufgabenkreises begründet Art. 28 Abs. 2 S. 1 GG für die Gemeinden eine Allzuständigkeit für alle Angelegenheiten der örtlichen Gemeinschaft (vgl. näher § 1 Rn. 174 ff.); hervorzuheben ist, dass der Gesetzgeber, wenn er den Gemeinden eine Angelegenheit der örtlichen Gemeinschaft entziehen will, v. a. an das sog. materielle Aufgabenverteilungsprinzip zugunsten der Gemeinden gebunden ist (vgl. § 1 Rn. 190). Die Aufgaben der Kreise sind hingegen von gesetzlicher Zuweisung abhängig (vgl. Rn. 338). Die Gemeinden und Kreisen gleichermaßen zustehende Eigenverantwortlichkeit erlaubt ihnen, ihre Aufgaben grundsätzlich frei von Weisungen und nach eigenem Ermessen auszuführen; sie wird in neueren Entscheidungen des BVerfG (BVerfGE 83, 363, 382; 91, 228, 239 ff., 245; 119, 331, 362) zu Recht über die Wahrnehmung der verfassungsrechtlich garantierten Selbstverwaltungsaufgaben hinaus auf die gesamte Verwaltungstätigkeit der Kommunen erstreckt (vgl. näher *Burgi*, DV 42 [2009], 155).
– Die subjektive Rechtsstellungsgarantie vermittelt schließlich den einzelnen Gemeinden und Gemeindeverbänden eine wehrfähige subjektive Rechtsstellung, die die Grundlage insbesondere für die gerichtlichen Rechtsschutzmöglichkeiten der einzelnen betroffenen Kommune (vgl. § 1 Rn. 196, sowie unten Rn. 88 ff.) darstellt.

Verpflichtungsadressaten sind der Bund und v. a., der Einordnung der Kommunen in die Landesstaatsgewalt und der Kompetenzverteilung (vgl. Rn. 4, 29) entsprechend, die Länder. Verpflichtet sind ferner andere Kommunen, v. a. die Kreise, aber auch andere Gemeinden, z. B. bei Planungsentscheidungen, die die planerische Entwicklung der Nachbargemeinde hemmen. Die Kommune selbst ist durch die Selbstverwaltungsgarantie zunächst insofern gebunden, als diese ihren Kompetenzbereich nicht nur garantiert, sondern zugleich auch die Verbandskompetenz begrenzt und eine darüberhinausgehende Verwaltungstätigkeit untersagt, und zwar gegenständlich, weshalb die Kommune kein allgemein-politisches Mandat hat (vgl. dazu *Burgi*, VerwArch 90 [1999], 70), und räumlich (zur Beurteilung gebietsüberschreitender kommunaler Wirtschaftsbetätigung vgl. Rn. 319). Darüber hinaus entfaltet die Selbstverwaltungsgarantie auch eine – allerdings sehr begrenzte – verpflichtende Wirkung für die Kommune, indem sie ihr Maßnahmen verwehrt, die auf eine Aushöhlung oder gar Abschaffung der Selbstverwaltung hinausliefen (vgl. § 1 Rn. 74; vgl. weiter Rn. 249 ff., zur Schaffung und Aufrechterhaltung gemeindlicher Einrichtungen). Im Übrigen aber richtet die Garantie sich nicht gegen die Kommune selbst, wenn diese freiwillig Selbstverwaltungsaufgaben auf andere überträgt (BVerwG, NVwZ 2007, 584). Die Frage nach der Bedeutung der Art. 28 Abs. 2 GG, 78 LV für das kommunale Tätigwerden gegenüber Privaten ist vor allem mit Blick auf die kommunale Wirtschaftsbetätigung erörtert worden (vgl. Rn. 303). 25

Beispiele: Allgemeine Warnungen von Gemeinden vor Jugendsekten sind nicht statthaft (vgl. *Dietlein/Heyers,* NWVBl. 2000, 77); anders verhält es sich bei konkreter Gefährdung von Jugendlichen bzw. aus Anlass von Projekten in der Gemeinde (vgl. BayVGH, NVwZ 1995, 502; BayVGH, NVwZ 1998, 391; OVG NRW, NWVBl. 2006, 32: Kritische Äußerungen über für verfassungsfeindlich angesehene Aktivitäten in einer Tagungsstätte). Möglich ist auch das Verbot der Aufstellung von Grabsteinen mit Ausgangsmaterialien, die unter Einsatz schlimmster Formen der Kinderarbeit hergestellt worden sind, in einer Satzung über die kommunale Einrichtung „Friedhof" (BayVerfGH, GewArch 2012, 160; vgl. jedoch BVerwG, NVwZ 2014, 527, 528 ff., zum rechtsstaatlichen Gebot der Normenklarheit und hinreichenden Bestimmtheit; vgl. auch Rn. 228 ff.). Eine Gemeinde soll durch das bestehende bundesrechtliche Tierschutzrecht gehindert sein, im Rahmen der Widmung einer Fläche als öffentliche Einrichtung die Zulassung von Zirkussen mit Wildtieren auszuschließen (OVG Lüneburg, NVwZ 2017, 728; OVG Bautzen, NVwZ-RR 2020, 507, 508). Das an den Bund gerichtete Angebot von Kommunen, aus humanitären Gründen gerettete Flüchtlinge direkt aufzunehmen, kann sich jedenfalls auf keine Regelungskompetenz aus der Selbstverwaltungsgarantie stützen.

cc) Ergänzende Verfassungsregelungen

26 Die Selbstverwaltungsgarantie des Art. 78 LV wird durch einzelne **finanzverfassungsrechtliche Regelungen der Landesverfassung** (vgl. näher § 1 Rn. 198 ff.) flankiert. Im Einzelnen wird zunächst den Gemeinden das Recht auf Erschließung eigener Steuerquellen garantiert (Art. 79 S. 1 LV). Weiter wird das Land zur Gewährleistung eines übergemeindlichen Finanzausgleichs im Rahmen seiner finanziellen Leistungsfähigkeit (Art. 79 S. 2 LV) und durch ein sog. striktes Konnexitätsprinzip (Art. 78 Abs. 3 LV) zu Regelungen zur Deckung der Kosten verpflichtet, wenn es die Kommunen zur Übernahme und Durchführung bestimmter öffentlicher Aufgaben verpflichtet (zur gemeindlichen Finanzausstattung vgl. Rn. 51 ff.).

27 Unter den **ergänzenden grundgesetzlichen Bestimmungen** sind die in der Föderalismusreform I 2006 (allg. hierzu *Ipsen,* NJW 2006, 2801; aus kommunaler Sicht: *Söbbeke,* KommJur 2006, 402) eingeführten Art. 84 Abs. 1 S. 7, 85 Abs. 1 S. 2 GG hervorzuheben, die dem Bundesgesetzgeber die unmittelbare Übertragung von Aufgaben auf die Kommunen verbieten; sie unterbinden damit den früher in gewissem Umfang für zulässig gehaltenen (BVerfGE 22, 180) sog. Durchgriff des Bundes auf die Kommunen. Während Art. 125a Abs. 1 GG die Fortgeltung der bereits bestehenden Aufgabenübertragungstatbestände vorbehaltlich ersetzenden Landesrechts anordnet, kann die Übertragung neuer Aufgaben künftig nur noch durch die Länder erfolgen, die dafür dann auch die Kosten zu tragen haben (Rn. 26, 53). Das BVerfG hat klargestellt, dass dem Bundesgesetzgeber danach auch eine – einer erstmaligen Aufgabenübertragung funktional äquivalente – Erweiterung einer bundesgesetzlich bereits übertragenen Aufgabe untersagt ist; eine solche soll anzunehmen sein, wenn die Maßstäbe, Tatbestandsvoraussetzungen oder Standards der Aufgabe so verändert werden, dass damit mehr als unerhebliche Auswirkungen auf die Organisations-, Personal- und Finanzhoheit der Kommunen verbunden sind (BVerfG, NVwZ 2020, 1342). Eine bedeutsame Sonderregelung stellt der im Juli 2010 neu in das Grundgesetz eingefügte Art. 91e GG dar, indem er für die Vollziehung der Grundsicherung für Arbeitslose („Hartz IV") die Möglichkeit von sog. Jobcentern als Sonderfall einer Mischverwaltung aus Bundesagentur für Arbeit und Kommunen vorsieht (dazu *Zieglmeier,* KommJur 2010, 441; zur Alternative der Aufgabenerfüllung durch sog. Optionskommunen vgl. *Henneke,* DÖV 2012, 165; vgl. auch die vorausgegangene Entscheidung BVerfGE 119, 331). Schließlich enthält das Grundgesetz auch bedeutsame finanzverfassungsrechtliche Regelungen, die die Kommunen betreffen (Art. 104b, 106 Abs. 5 bis 8 GG; vgl. Rn. 51 ff.).

b) Gesetzgebungszuständigkeiten nach dem GG

Nach der grundsätzlichen Kompetenzverteilungsregel des **Art. 70 Abs. 1 GG** besitzt der Bund für ein bestimmtes Gebiet nur dann die Gesetzgebungskompetenz, wenn sie ihm durch das Grundgesetz ausdrücklich verliehen worden ist. 28

Die Kataloge ausschließlicher oder konkurrierender Gesetzgebungszuständigkeiten 29 des Bundes in **Art. 73, 74 GG** enthalten zwar eine Reihe von Materien, die auch die einschlägige Tätigkeit von Kommunen erfassen können; Beispiele sind die Bundesgesetzgebungskompetenz für das Abfallrecht (Art. 74 Abs. 1 Nr. 24 GG) und das Recht der Wirtschaft (Art. 74 Abs. 1 Nr. 11 GG), so dass hierauf gegründete Bundesgesetze auch für die Kommunen bindend sind. Es gibt jedoch keine Bundesgesetzgebungskompetenz für das Kommunalrecht, das deshalb dem Kompetenzbereich der Länder zugehört (vgl. BVerfGE 22, 189, 210; 77, 288, 299; 137, 108, Rn. 132). Das BVerfG fasst darunter die Summe der Rechtssätze, die sich mit der Rechtsstellung, der Organisation, den Aufgaben und den Handlungsformen der kommunalen Selbstverwaltungskörperschaften befassen; darunter fällt insbesondere auch das Gemeindeverfassungsrecht und insbesondere die Art und Weise der kommunalen Willensbildung (BVerfGE 137, 108, Rn. 132).

Eine eng auszulegende Ausnahmebestimmung ist **Art. 84 Abs. 1 GG,** der den 30 wichtigen Bereich des Vollzugs von Bundesgesetzen durch die Länder (einschließlich der Kommunen) betrifft (zu dem auf die Tätigkeit der Kommunen anwendbaren Verwaltungsverfahrensrecht vgl. Rn. 218). Ihre Reichweite ist durch das Verbot des Bundesdurchgriffs auf die Kommunen (Art. 84 Abs. 1 S. 7 GG) in entscheidender Hinsicht begrenzt worden (vgl. Rn. 27).

Beispiel: Das Verbraucherinformationsgesetz des Bundes sollte (u. a.) die Kommunen dazu verpflichten, Informationsbegehren von Verbrauchern im Zusammenhang z. B. mit bestehenden Aufgaben der Lebensmittelüberwachung zu prüfen und zu bescheiden. Darin hat der Bundespräsident einen Verstoß gegen Art. 84 Abs. 1 S. 7 GG erblickt und seine Prüfungskompetenz in formeller Hinsicht (fehlende Gesetzgebungskompetenz) ausgeübt (vgl. hierzu *Burgi,* DVBl. 2007, 70, 77; *Schoch,* DVBl. 2007, 261).

c) Einfachrechtliche Rechtsgrundlagen im Landesrecht

Der Kompetenzverteilung entsprechend finden sich die maßgeblichen kommunal- 31 rechtlichen Regelungen im einfachen Landesrecht. In Nordrhein-Westfalen existieren zahlreiche **Gesetze und Verordnungen für das Kommunalwesen**. Die wichtigsten sind die folgenden:

- Gemeindeordnung (GO) v. 14.7.1994 (GVBl. S. 666), zuletzt geändert durch Art. 3 G. v. 29.9.2020 (GV.NRW. S. 916);
- Kreisordnung (KrO) v. 14.7.1994 (GVBl. S. 646), zuletzt geändert durch Art. 4 G. v. 29.9.2020 (GV.NRW. S. 916);
- Landschaftsverbandsordnung (LVerbO) v. 14.7.1994 (GVBl. S. 657), zuletzt geändert durch Art. 5 G. v. 29.9.2020 (GV.NRW. S. 916);
- Gesetz über kommunale Gemeinschaftsarbeit (GkG) v. 1.10.1979 (GVBl. S. 621), zuletzt geändert durch Art. 8 G. v. 14.4.2020 (GV.NRW. S. 218b);
- Gesetz über die Kommunalwahlen (KWahlG) v. 30.6.1998 (GVBl. S. 454), zuletzt geändert durch Art. 1 G. v. 5.5.2020 (GV.NRW. S. 312d);
- Kommunalabgabengesetz (KAG) v. 21.10.1969 (GVBl. S. 712), zuletzt geändert durch G. v. 19.12.2019 (GV.NRW. S. 1029);

– Gemeindehaushaltsverordnung (GemHVO) v. 12.12.2018 (GV.NRW. S. 708);
– Gesetz über die Organisation der Landesverwaltung (Landesorganisationsgesetz; LOG) v. 10.7.1962 (GVBl. S. 421), zuletzt geändert durch G. v. 1.10.2013 (GV.NRW. S. 566).

32 Besonders bedeutsam ist die **Gemeindeordnung,** die für die Gemeinden die zentralen Regelungen enthält und auf die die Gesetze über die Kreise und Landschaftsverbände in erheblichem Umfang verweisen. Unter den Novellierungen, die sie im Lauf der Zeit erfahren hat, hervorzuheben sind v. a. das Gesetz zur Änderung der Kommunalverfassung vom 17.5.1994 (vgl. Rn. 15) und das Gesetz zur Stärkung der kommunalen Selbstverwaltung v. 20.9.2007 (GV.NRW. S. 380), das z. T. erhebliche Veränderungen im Verhältnis Rat/Bürgermeister, innerhalb des Rates, bei der bürgerschaftlichen Mitwirkung und v. a. im Recht der kommunalen Wirtschaftsbetätigung bewirkt hat (vgl. *Köster,* NWVBl. 2008, 49; *Dünchheim,* Kommunalrecht NRW); letztere sind durch nachfolgende Änderungen teilweise wieder zurückgenommen worden (vgl. Rn. 304). Zuletzt ist mit Rücksicht auf die COVID-19-Pandemie die Zuständigkeit des Hauptausschusses für dringliche Entscheidungen anstelle des Rates erweitert worden (vgl. Rn. 147).

4. Kommunen und Europarecht

33 Der Gedanke an Europa löst insbesondere in Deutschland oftmals Sorgen um die Zukunft der kommunalen Selbstverwaltung aus. Veranlasst sind diese Sorgen durch **Umfang und Intensität der Einwirkungen des Europäischen Unionsrechts.** Sie gehen aus von dem Primärrecht der Europäischen Union, d. h. seit dem Inkrafttreten des Lissabonner Vertrages Ende 2009 aus dem EU-Vertrag und dem AEU-Vertrag, und von den oftmals unmittelbar wirksamen Vorschriften des Sekundärrechts, insbesondere den Verordnungen und Entscheidungen, unter bestimmten Voraussetzungen auch den Richtlinien. Entwicklungsanstöße des Unionsrechts und europarechtliche Regelungen betreffen heute nahezu alle Bereiche des Verwaltungsrechts und damit auch die kommunale Ebene. Dabei wird das Verhältnis von europäischem Recht und nationalem Recht durch den Anwendungsvorrang des Unionsrechts bestimmt. Kollidieren mithin die Bestimmungen beider Rechtsordnungen, geht das Unionsrecht (primäres wie sekundäres) vor (vgl. EuGH, Slg. 1964, 1253; BVerfGE 37, 271 ff. [Solange-I]; BVerfGE 73, 339 ff. [Solange-II]; BVerfGE 89, 155 ff. [Maastricht]). Damit wäre im Konfliktfall auch die Verfassungsgarantie der kommunalen Selbstverwaltung der Art. 28 Abs. 2 GG, 78 LV nicht „europafest". Auch in Art. 23 Abs. 1 S. 1 GG und in dem 2020 neu eingefügten Art. 1 Abs. 3 LV ist sie nicht explizit erwähnt.

a) Rechtsstellung im Primärrecht

34 Auf der europäischen Ebene war das Recht der kommunalen Selbstverwaltung bis Ende 2009 weder im Primär- noch im Sekundärrecht verankert. Dies war u. a. der Heterogenität der Verwaltungsstrukturen in den einzelnen Mitgliedstaaten geschuldet; insbesondere zeigt ein Blick auf die Verfassungen anderer Mitgliedstaaten, dass nur in wenigen anderen Staaten (z. B. Österreich und Spanien) die kommunale Selbstverwaltung ähnlich stark ausgebildet ist. Die Verwirklichung der Forderung nach der Aufnahme einer Schutzgarantie in die Unionsverträge erschien lange Zeit unrealistisch; es hat nur **schwache Schutzvorkehrungen zugunsten der Kommunen** gegeben. Auf europäischer Ebene sind sie auf den beratend-unterstützend tätigen Ausschuss der Regionen (Art. 300 ff. AEUV) verwiesen gewesen, der nicht nur die Länder, sondern auch die lokalen Gebietskörperschaften repräsentiert, auf mitgliedstaatlicher Ebene auf die Mit-

wirkung bei der innerstaatlichen Willensbildung hinsichtlich der deutschen Positionierung in Europa.

Auf der Ebene des Europarates ist auf die „Europäische Charta der kommunalen Selbstverwaltung“ aus dem Jahre 1988 hinzuweisen (BGBl. II 1987, 65; vgl. zu ihr *Schaffarzik,* Handbuch der Europäischen Charta der kommunalen Selbstverwaltung, 2002).

Seit Inkrafttreten des **Lissabonner Vertrags** findet sich nun in Art. 4 Abs. 2 S. 1 **35**
EU-Vertrag die Verpflichtung zur Achtung der nationalen Identität der Mitgliedstaaten, die in deren grundlegender politischen und verfassungsrechtlichen Struktur „einschließlich der regionalen und kommunalen Selbstverwaltung zum Ausdruck kommt“. Ferner wird im Rahmen der Bestimmungen über das „Subsidiaritätsprinzip“ betont, dass die Union nur handeln dürfe, wenn ein Ziel nicht ausreichend von den Mitgliedstaaten einschließlich deren „regionaler oder lokaler Ebene“ verwirklicht werden könne (Art. 5 Abs. 3 EU-Vertrag).

b) Kompetenzielle Grenzen einer Europäisierung der Verwaltungsorganisation

Auf der Ebene der Verwaltungsorganisation sind die Einwirkungen kompetenziell **36**
begrenzt. Den EU-Organen fehlt die nach dem Grundsatz der begrenzten Einzelermächtigung (vgl. Art. 5 Abs. 1 EU-Vertrag) erforderliche Kompetenz zum Erlass von Regelungen, die den mitgliedstaatlichen Verwaltungsaufbau und das Kompetenzgefüge umgestalten. Entscheidend ist aus europäischer Sicht allein, dass die Bundesrepublik u. a. durch ihre Verwaltungsorganisationseinheiten ihre Vertragspflichten zu erfüllen vermag. Daher ist die administrative Durchführung des Unionsrechts grundsätzlich Sache der Mitgliedstaaten (sog. **Grundsatz der verfahrensmäßigen und organisatorischen Autonomie** der Mitgliedstaaten). Durch das Unionsrecht ist somit auch die kommunale Selbstverwaltung als solche nicht bedroht. Dennoch sind Teilbereiche der Binnenorganisation der Kommunen europarechtlichen Einflüssen ausgesetzt. Wichtigstes Beispiel ist die Einführung des Wahlrechts für EU-Ausländer (vgl. Rn. 118) im Rahmen der Unionsbürgerschaft (vgl. Art. 18 f. AEUV, ferner Art. 40 EU-Grundrechte-Charta).

c) Europäisierung des zu vollziehenden Rechts

Erheblich sind die **Einwirkungen des Unionsrechts auf das von den Kommu-** **37**
nen zu vollziehende Recht. Die Kommunen haben großen Anteil an dem – vom sog. direkten Vollzug des Unionsrechts durch die EU-Behörden zu unterscheidenden – indirekten Vollzug des Unionsrechts durch mitgliedstaatliche Behörden bzw. am Vollzug von nationalem Recht, das Unionsrecht umsetzt. Die Kommunen sind als „Verwaltungsstellen der Mitgliedstaaten“ (EuGH, NVwZ 1990, 649) ebenso wie die Verwaltungsbehörden des Bundes und der Länder an die europarechtlichen Vorgaben gebunden. Unmittelbar wirksame Vorschriften des Unionsrechts haben die Kommunen ohne weiteres anzuwenden; Vorschriften, die der Umsetzung durch Gesetze des Bundes oder der Länder bedürfen, sind von ihnen unionsrechtskonform auszulegen. Entsprechend verringern sich die Spielräume für eigenverantwortliches Handeln und Entscheiden auf kommunaler Ebene.

Beispiele: Europäisierung der kommunalen Planungstätigkeit (Aufstellen von Bebauungsplänen, Verkehrsplanung etc.) durch die UVP-Richtlinie Nr. 85/337/EWG (ABl. EG 1985 L 175/49) und die Flora-Fauna-Habitat (FFH)-Richtlinie 92/43/EWG (ABl. EG 1992 L 206/7; dazu EuGH, EuZW 2010, 222 [Stadt Papenburg]); Europäisierung der kommunalen Wirtschaftstätigkeit durch das europäische Beihilfenrecht (vgl. Art. 107 f. AEUV) und das europäische Vergaberecht; Europäisierung der kommunalen Vollzugstätigkeit im Ausländer-

und Asylbereich (vgl. Freizügigkeitsgarantie der Art. 45 ff. AEUV und entsprechende Verordnungen/Richtlinien); Europäisierung der Bereiche Energie und Nahverkehr sowie Betroffenheit des kommunalen Sparkassenwesens und des kommunalen Versicherungswesens (vgl. noch Rn. 302, 305 f.).

5. Anhang

38 **Literatur: Zu 1.:** *Oebbecke* bzw. *Burgi,* Selbstverwaltung angesichts von Europäisierung und Ökonomisierung, VVDStRL 62 (2003), 366 ff. bzw. 405 ff.; *Hendler,* Grundbegriffe der Selbstverwaltung, in: HdbKWP, Band I, 2007, 3; *Henkel,* Die Kommunalisierung von Staatsaufgaben, 2010; *Schmidt-Aßmann,* Geht es mit der Selbstverwaltung der Gemeinden immer weiter bergab?, in: Böhm/Schmehl (Hrsg.), Verfassung, Verwaltung, Umwelt, 2010, 9; *Burgi,* in: Ehlers/Pünder (Hrsg.), Allgemeines Verwaltungsrecht, 15. Aufl. 2016, §§ 7, 8.

Zu 2.: *Thiel,* Gemeindliche Selbstverwaltung und kommunales Verfassungsrecht im neuzeitlichen Preußen (1648–1947), DV 35 (2002), 25; *Oebbecke* u. a. (Hrsg.), Kommunalverwaltung in der Reform, 2004; *Henneke/Ritgen,* Aktivierung bürgerschaftlicher Selbstverwaltung in Städten, Kreisen und Gemeinden, DVBl. 2007, 1253; *Ipsen,* Die Entwicklung der Kommunalverfassung in Deutschland, in: HdbKWP I, 2007, 565; *Schuster/Morawski* (Hrsg.), Die regierbare Stadt, 2. Aufl. 2010; *Bogumil/Ebinger/Holtkamp,* Verwaltung und Management, 2011, 169.

Zu 3.: *Knemeyer/Wehr,* Die Garantie der kommunalen Selbstverwaltung nach Art. 28 Abs. 2 GG in der Rechtsprechung des Bundesverfassungsgerichts, VerwArch 92 (2001), 317; *Magen,* Die Garantie kommunaler Selbstverwaltung, JuS 2006, 404; *Henneke,* Die Kommunen in der Föderalismusreform, DVBl. 2006, 867; *Katz/Ritgen,* Bedeutung und Gewicht der kommunalen Selbstverwaltungsgarantie, DVBl. 2008, 1525; *Waechter,* Verfassungsrechtlicher Schutz der gemeindlichen Selbstverwaltung gegen Eingriffe durch Gesetz, AöR 135 (2010), 327; *Mann,* Die Stellung der Kommunen in der deutschen föderalistischen Ordnung, in: Härtel (Hrsg.), Handbuch Föderalismus, 2012, § 32; *Engels,* Kommunale Selbstverwaltung nach Art 28 II GG, JA 2014, 7; *Brüning,* Die Verfassungsgarantie der kommunalen Selbstverwaltung aus Art. 28 Abs. 2 GG, JURA 2015, 592; *Waldhoff,* Kommunale Selbstverwaltung als juristischer Bewegungsbegriff, DVBl. 2016, 1022; *Gottschalk,* Umweltschutz als Ziel kommunalen Handelns?, NVwZ 2019, 1728.

Zu 4.: *Meyer,* Kommunen als Objekte und wehrlose Verwalter Europas?, NVwZ 2007, 20; *Schmidt-Eichstaedt,* Kommunale Selbstverwaltung in der EU, KommJur 2009, 249; *Gabriel/Müller-Graff/Steger* (Hrsg.), Kommunale Aufgaben im europäischen Binnenmarkt, 2010; *Häberle,* Kommunale Selbstverwaltung unter dem Stern des Gemeineuropäischen Verfassungsrechts, JöR n. F. 58 (2010), 301; *Burgi,* Europa und die Kommunen: Herausforderung und Chancen, in: Schuster/Murawski (Hrsg.), Die regierbare Stadt, 2. Aufl. 2010, 22; *Burgi/Hölbling,* in: Streinz (Hrsg.), EUV/AEUV, 2. Aufl. 2012, Art. 300 ff.; *Ehlers,* in: Ehlers/Pünder (Hrsg.), Allgemeines Verwaltungsrecht, 15. Aufl. 2016, § 5.

Klausurfälle: *Grawert,* Kreis-Hotel GmbH, NWVBl. 1997, 235; *Halbig,* Das kommunale Frauenhaus, JuS 1999, 468; *Helbig,* Grenzüberschreitende Zusammenarbeit der Kommunen, NWVBl. 1999, 156; *Ingerowski,* Verdichtung der kommunalen Planungshoheit zu einer strikten Planungspflicht, JURA 2009, 303.

Kontrollfragen:

1. Gehört die kommunale Selbstverwaltung zur mittelbaren Staatsverwaltung?
2. Wodurch ist „Selbstverwaltung" gekennzeichnet?
3. Worin liegen die geschichtlichen Wurzeln der kommunalen Selbstverwaltung?
4. Was sind die wesentlichen Kernelemente des sog. „Neuen Steuerungsmodells"?
5. Welche Anforderungen stellt Art. 28 Abs. 1 S. 1 und 2 GG an die Organisation der Kreise und Gemeinden?
6. Inwiefern sind die Kommunen von der Europäisierung betroffen?
7. Ist die kommunale Selbstverwaltung im europäischen Primärrecht verankert?

III. Konzeption und Gang der Darstellung

39 Die nachfolgende Darstellung gilt dem **nordrhein-westfälischen Kommunalrecht.** Das Kommunalrecht ist, wie der Blick auf die Verteilung der Gesetzgebungskom-

petenzen und die Rechtsgrundlagen gezeigt hat, in seinem Kern eine landesrechtliche Materie, und in den einzelnen Ländern hat es durchaus unterschiedliche Ausgestaltungen erfahren. Die Darstellung sucht deshalb den Vorzug zu nutzen, sich bei diesem Rechtsgebiet auf ein spezifisches Landesrecht konzentrieren zu können, was gelegentliche vergleichende Blicke auf andere Regelungen nicht ausschließt.

Die Darstellung ist vornehmlich an Studierende zur Vor- und Nachbereitung der **40** Vorlesung im Kommunalrecht und zur **Examensvorbereitung** gerichtet. Dementsprechend folgt sie einer systematischen Methode und ist sie inhaltlich auf das in Studium und Examen Wesentliche ausgerichtet. Unter Beachtung dieser Ausrichtung muss eine Darstellung des Rechts der Kommunen inhaltlich mehrere Dimensionen abdecken. In organisatorischer Hinsicht stellen sich spezifische Rechtsfragen einerseits hinsichtlich des Verhältnisses von Staat und Kommunen, die als Selbstverwaltungskörperschaften Träger mittelbarer Staatsverwaltung sind, andererseits hinsichtlich der Binnenorganisation der Kommunen. In ihrer nach außen gerichteten Tätigkeit gelten für die Kommunen zwar vielfach auch dieselben Rechtsregeln wie für andere Stellen der öffentlichen Verwaltung, doch unterscheiden sie sich auch in ihrem Aufgabenkreis grundlegend von allen übrigen staatlichen Stellen, so dass es auch hier Spezifika der kommunalen Tätigkeit gibt, die besondere Behandlung verlangen. Dass die Kommunen Teil der demokratisch verfassten Staatlichkeit sind und als staatliche Stellen nach außen handeln, begründet im Übrigen auch die – bereits eingangs erwähnte – intensive Verzahnung mit anderen Gebieten des Europa-, Verfassungs- und Verwaltungs-, Verwaltungsverfahrens- und Verwaltungsprozessrechts; auf diese Überschneidungen und Verknüpfungen mit anderen Rechtsgebieten wird besonderer Wert gelegt.

Im Interesse der größeren Übersichtlichkeit widmet sich die Darstellung zunächst **41** und vornehmlich der **Rechtslage der Gemeinden.** Deren Recht steht im Mittelpunkt von Studium und Examen, und die Gesetze über die Kreise und Landschaftsverbände verweisen in erheblichem Umfang auf das Gesetz über die Gemeinden, die Gemeindeordnung.

Für den **Gang der Darstellung** folgt daraus, dass sie sich im Anschluss an diese **42** Einführung zunächst der Rechtsstellung der Gemeinden im Staat (B.) und anschließend der Binnenorganisation der Gemeinden widmet (C.). Es folgt ein Blick auf die besonderen Handlungsformen und Instrumente, die den Gemeinden in ihrer nach außen gerichteten Tätigkeit zur Verfügung stehen (D.). Abschließend werden die – zunächst ausgeblendeten – Besonderheiten der Kreise und weiterer kommunaler Träger behandelt (E.).

B. Die Rechtsstellung der Gemeinden im Staat

I. Rechtsstellung und Existenzgrundlagen

1. Begriff und Rechtsstellung

Gemeinden sind Verwaltungsträger, d. h. verselbständigte rechtsfähige Verwaltungs- **43** einheiten, mit Selbstverwaltung (vgl. bereits Rn. 3ff.) und gehören innerhalb dieser Gruppe zu den **Gebietskörperschaften** (vgl. § 1 Abs. 2 GO). Als Körperschaften des öffentlichen Rechts sind sie mitgliedschaftlich organisiert (Mitglieder sind alle Personen mit Wohnsitz in der Gemeinde) und verfügen über Gebietshoheit (d. h. die Befugnis zur Erledigung bestimmter Verwaltungsaufgaben in ihrem Gebiet). § 1 Abs. 1 GO betont den Charakter der Gemeinde als „Grundlage des demokratischen Staatsaufbaus“, durch die „das Wohl der Einwohner in freier Selbstverwaltung durch ihre von der Bürgerschaft gewählten Organe“ gefördert wird. § 1 Abs. 1 S. 3 GO betont seit der GO-Reform 2007 zudem die „Verantwortung für die zukünftigen Generationen“.

44 Ungeachtet der erheblichen Unterschiede in Größe und Struktur (etwa zwischen Köln, Münster und Sundern im Sauerland) konstituiert die GO die Einheitsgemeinde. Innerhalb der Einheitsgemeinde gibt es aber verschiedene **Gemeindekategorien.** Die wichtigste Trennlinie verläuft zwischen den kreisangehörigen Gemeinden, die einem Kreis eingegliedert sind und in deren Gebiet verschiedene Aufgaben durch den Kreis erledigt werden, und den kreisfreien Städten. Welche der großen Städte hierunter fallen, ist in Einzelgesetzen über die Neugliederung der Regionen (z. B. Köln-Gesetz vom 5. November 1974 [GVBl. S. 1072, berichtigt GVBl. 1975 S. 130]) festgelegt. Innerhalb der kreisangehörigen Gemeinden ist gemäß § 4 GO zu unterscheiden zwischen den Großen kreisangehörigen Städten (mehr als 60.000 Einwohner bzw. auf Antrag ab 50.000 Einwohner), den Mittleren kreisangehörigen Städten (mehr als 25.000 Einwohner bzw. auf Antrag ab 20.000 Einwohner) und allen übrigen Gemeinden.

45 Die Zugehörigkeit zu einer bestimmten Gemeindekategorie ist in verschiedenen Hinsichten von **Bedeutung.** So führt der Bürgermeister in kreisfreien Städten die Bezeichnung Oberbürgermeister (vgl. § 40 Abs. 2 S. 3 GO). Die Bestimmung der jeweiligen Aufsichtsbehörde differenziert zwischen kreisfreien Städten und kreisangehörigen Gemeinden (vgl. Rn. 79), ebenso die Vorgaben zur gemeindeinternen Gliederung (vgl. Rn. 49); auch die örtliche Rechnungsprüfung ist differenziert geregelt (vgl. Rn. 55). Weiter haben die Gemeindekategorien Relevanz für die Zuständigkeit für bestimmte Verwaltungsaufgaben; so fungieren nur die kreisfreien Städte, die Großen und die Mittleren kreisangehörigen Städte als untere Bauaufsichtsbehörden mit grundsätzlicher Zuständigkeit für den Vollzug der BauO (vgl. § 4 Rn. 258 f.). In § 4 Abs. 8 S. 1 lit. a GO hat der Gesetzgeber eine Öffnungsklausel zugunsten einer von der Aufgabenträgerschaft unabhängigen interkommunalen Zusammenarbeit eingefügt; danach können Gemeinden, die für sich gesehen mit ihrer Einwohnerzahl den für die Wahrnehmung bestimmter Aufgaben geforderten Schwellenwert nicht überschreiten, „additiv“, d. h. durch die Summe ihrer Einwohnerzahlen die Aufgabenwahrnehmungszuständigkeit erreichen. Des Weiteren ist in § Abs. 8 S. 1 lit. b GO die Möglichkeit einer Vereinbarung mit dem Kreis vorgesehen, dass dieser eine oder mehrere Aufgaben übernimmt (vgl. näher *Dünchheim,* Kommunalrecht NRW, S. 39 f.).

46 Die Gemeinden sind juristische Personen des öffentlichen Rechts und besitzen damit **Rechtsfähigkeit,** d. h. sie können Träger von – öffentlich- und privatrechtlichen – Rechten und Pflichten sein, so dass sie auch im Privatrechtsverkehr Verträge abschließen können (Beispiel: Anmietung eines Gebäudes für das Rathaus). Die Rechtsfähigkeit und damit das rechtliche Können wird durch die sog. Verbandskompetenz, welche nach Art. 28 Abs. 2 S. 1 GG auf die Angelegenheiten der örtlichen Gemeinschaft bzw. nach Art. 78 Abs. 2 LV auf das eigene Gebiet beschränkt ist, nicht begrenzt; die hierauf abzielende Ultra-vires-Doktrin ist im deutschen öffentlichen Recht nicht anzuerkennen (vgl. grundlegend *Ehlers,* Die Lehre von der Teilrechtsfähigkeit juristischer Personen des öffentlichen Rechts und die Ultra-vires-Doktrin des öffentlichen Rechts, 2000, insbes. S. 59 ff.). Vielmehr begrenzt die Verbandskompetenz allein das rechtliche Dürfen. Auf Verstöße findet das jeweils einschlägige Fehlerfolgenrecht Anwendung. Verwaltungsakte außerhalb des zugelassenen Wirkungskreises sind wegen fehlender „Zuständigkeit“ als rechtswidrig anzusehen (beachte aber §§ 44 Abs. 2 Nr. 3, Abs. 3; 46 VwVfG), während Verwaltungsverträge anhand des Fehlerfolgenrechts des § 59 VwVfG zu beurteilen sind. Auch privatrechtliche Handlungen sind nicht einfach als nicht existent anzusehen. Keine Besonderheiten bestehen für die Gemeinden im Hinblick auf die (Amts-)Haftung, die Handlungs-, Partei-, Prozess- bzw. Beteiligten- und die Dienstherrenfähigkeit.

Wichtig für die mitgliedschaftliche Verbundenheit der Einwohner ist der **Name** der 47
Gemeinde. Er ist durch Art. 28 Abs. 2 S. 1 GG, Art. 78 LV verfassungsrechtlich geschützt. § 13 Abs. 1 GO enthält Vorschriften über die Namensbestimmung und die Namensänderung. Abwehransprüche wegen Anmaßung bzw. Nichtbeachtung eines Gemeindenamens durch andere Hoheitsträger können daher auf der Grundlage der Selbstverwaltungsgarantie vor den Verwaltungsgerichten geltend gemacht werden. Gegenüber Privaten fungiert § 12 BGB als Grundlage von Unterlassungs- und Beseitigungsansprüchen.

§ 13 Abs. 2 GO regelt ferner die Führung von „Bezeichnungen" („Stadt", „Kreisstadt"), § 13 Abs. 3 GO die Zulässigkeit von Bezeichnungen, die auf geschichtliche Ereignisse (z. B. „Stadt des Westfälischen Friedens") oder auf Eigenschaften (z. B. „Spargel-Stadt") hinweisen, und § 14 GO die Führung von Dienstsiegeln, Wappen und Flaggen.

Beispiele: Namensgebrauch im Internet (LG Mannheim, NJW 1996, 2736); Versagung der Zustimmung zur Namensänderung durch den Staat (BVerfGE 59, 216, 228 f.: zumindest Anhörung notwendig); Anspruch auf Umbenennung eines Bahnhofs? (BVerwGE 4, 351); Beseitigung der Möglichkeit, bei der Abstemplung von amtlichen Kennzeichen nach StVZO ein Stadtwappen auf der Plakette anzubringen (BVerfG, NVwZ 2001, 317: nicht verfassungswidrig). Neben der Benennung von Ortsteilen obliegt den Gemeinden auch die Benennung der öffentlichen Straßen und Wege (§ 4 Abs. 2 S. 3 StrWG). Gegen den entsprechenden Verwaltungsakt, der ausnahmsweise (vgl. näher Rn. 192) Außenwirkung schon aus sich heraus entfaltet („self-executing") und vom Bürgermeister lediglich bekannt zu geben ist, kann zur Durchsetzung des Anspruchs auf ermessensfehlerfreie Berücksichtigung der Anliegerinteressen Anfechtungsklage erhoben werden (vgl. OVG NRW, NVwZ-RR 2008, 487).

2. Gemeindegebiet

Eine Gemeinde existiert als Gebietskörperschaft nur durch das ihr zugewiesene Ge- 48
biet. Das Gemeindegebiet besteht aus den Grundstücken, die nach geltendem Recht zu der jeweiligen Gemeinde gehören (§ 16 Abs. 1 GO). Nach § 15 GO sind bei der Abgrenzung die örtliche Verbundenheit der Einwohner und die Leistungsfähigkeit der Gemeinde ausschlaggebend. Grundsätzlich gehören alle Grundflächen zu einer bestimmten Gemeinde (sog. gemeindefreie Gebiete, v. a. Truppenübungsplätze, bilden die Ausnahme). §§ 17 ff. GO enthalten Regelungen über die Statthaftigkeit von **Gebietsänderungen.** In der Gebietsreform der 1960er und 1970er Jahre ist hiervon in NRW intensiv Gebrauch gemacht worden; es erfolgte eine Reduzierung von 2334 auf 396 Gemeinden. Gebietsänderungen können nur erfolgen nach Anhörung der betroffenen Gemeinden (dazu BVerfG, NVwZ 2003, 850, 854). In materieller Hinsicht sind „Gründe des öffentlichen Wohls" (§ 17 Abs. 1 GO) erforderlich. Die in Einzelfällen relevanten Vorgaben sind der Rechtsprechung des VerfGH NRW zu entnehmen, der einen Prognose- und Entscheidungsspielraum des Landes respektiert (vgl. VerfGH NRW, OVGE 31, 290; VerfGH NRW, NWVBl. 1991, 187; VerfGH NRW, DVBl. 1997, 1107 [Garzweiler II]; *Tettinger,* in: Löwer/Tettinger, Verf NRW, 2002, Art. 78 Rn. 52 ff.; *Schönenbroicher,* in: Heusch/Schönenbroicher [Hrsg.], Kommentar zur Landesverfassung NRW, 2010, Art. 78 Rn. 45; vgl. ferner § 1 Rn. 176). Unter Beachtung der §§ 18, 19 GO können Gebietsänderungen auch freiwillig, durch koordinationsrechtlichen Vertrag nach § 54 VwVfG, erfolgen.

49 Die kreisfreien Städte sind gemäß § 35 GO verpflichtet, das gesamte Stadtgebiet in **Bezirke** aufzuteilen. In den kreisangehörigen Gemeinden besteht die Möglichkeit, das Gebiet in „Bezirke (Ortschaften)" zu gliedern (§ 39 GO). All diese Verwaltungseinheiten sind Untergliederungen der Gemeinde, keine selbständigen Verwaltungsträger. Streitigkeiten zwischen ihnen und den Gemeinden, z. B. über die Kompetenzabgrenzung nach § 37 GO (vgl. z. B. auch VG Düsseldorf, NWVBl. 2009, 445, zur Reduzierung der Zahl der Stadtbezirke) sind daher Innenrechtsstreitigkeiten (sog. Kommunalverfassungsstreitverfahren, vgl. Rn. 205 ff.).

In den Bezirken der kreisfreien Städte sind eine gewählte Bezirksvertretung, ein Bezirksvorsteher (optional „Bezirksbürgermeister") und eine Bezirksverwaltungsstelle zu bilden (vgl. §§ 36 ff. GO). In den Bezirken (Ortschaften) der kreisangehörigen Gemeinden sind entweder „Bezirksausschüsse" zu bilden oder ein „Ortsvorsteher" (optional „Ortsbürgermeister") zu wählen (§ 39 Abs. 2 S. 1 GO).

3. Finanzen

50 Die kommunale Selbstverwaltung kann sich nur entfalten, wenn sie hinreichend mit Finanzmitteln ausgestattet ist und ihr eine eigenverantwortliche Einnahmen- und Ausgabenwirtschaft zusteht. Deshalb ist die sog. **Finanzhoheit** als ein Element der verfassungsrechtlichen Selbstverwaltungsgarantie anerkannt (vgl. § 1 Rn. 187) und in Art. 28 Abs. 2 S. 3 GG zudem noch besonders bestätigt worden. Hinzu treten weitere kommunalfinanzverfassungsrechtlich relevante Regelungen sowohl im Grundgesetz wie auch in der Landesverfassung (vgl. Rn. 26 f. sowie § 1 Rn. 198 ff.). Diese Vorgaben haben ihre einfachgesetzliche Konkretisierung im kommunalen Finanzsystem und im Haushaltsrecht gefunden.

a) Finanzausstattung

51 Der Finanzhoheit des Art. 28 Abs. 2 S. 1, 3 GG, 78 Abs. 1 LV wird entnommen, dass die für eine eigenverantwortliche Aufgabenwahrnehmung durch die Kommunen erforderliche **angemessene Finanzausstattung** gewährleistet sein muss (VerfGH NRW, DVBl. 2014, 918, 918). Die Verpflichtung richtet sich grundsätzlich gegen das Land. Der Bund hat grundsätzlich weder die Pflicht noch auch das Recht zu unmittelbaren Finanzzuweisungen an die Kommunen (vgl. BVerfGE 26, 172, 181 f.); allerdings sind grundgesetzliche und bundesrechtliche Vorgaben von wesentlicher Bedeutung für die kommunale Finanzausstattung. Das System, das danach die angemessene Gemeindefinanzierung zu bewerkstelligen hat, ist ausgesprochen komplex.

Ausnahmefälle einer unmittelbaren Finanzzuweisung des Bundes an einzelne Gemeinden finden sich in Art. 91e Abs. 2 S. 2, 106 Abs. 8 GG.

52 Im Wesentlichen erfolgt sie durch **eigene Einnahmen und Steuererträge.** Darunter fallen die – unter Beachtung des sog. Kostendeckungs- und des sog. Äquivalenzprinzips zu erhebenden – (Verwaltungs- und Benutzungs-)Gebühren und Beiträge für Leistungen bzw. öffentliche Einrichtungen sowie privatrechtliche Einnahmen, z. B. aus der gemeindlichen Wirtschaftstätigkeit (vgl. Rn. 296 ff.), aus privatrechtlichen Leistungsentgelten bzw. Konzessionsabgaben und über Sponsoringmaßnahmen. Den größten Anteil machen jedoch die Steuererträge aus (vgl. Art. 28 Abs. 2 S. 3 Hs. 2 GG; Art. 79 S. 1 LV sowie Art. 106 Abs. 5 bis 8 GG). Darunter dominieren wiederum die bundesrechtlich vorgegebenen Steuererträge bzw. -ertragsanteile; der Ertrag aus den sog. Realsteuern, der Grundsteuer und der Gewerbesteuer, steht – vorbehaltlich der in Art. 106 Abs. 6 S. 4 GG zugelassenen Gewerbesteuerumlage – den Gemeinden zu (Art. 106 Abs. 6 S. 1 GG), ebenso ein Gemeindeanteil an der Einkommensteuer (Art. 106 Abs. 5 GG) und

an der Umsatzsteuer (Art. 106 Abs. 5a GG). Daneben stehen die örtlichen Verbrauch- und Aufwandsteuern (vgl. dazu § 1 Rn. 200), deren – vergleichsweise geringer – Ertrag ebenfalls den Gemeinden zusteht (vgl. Art. 106 Abs. 6 S. 1 GG).

Beispiele für die örtlichen Verbrauch- und Aufwandsteuern sind etwa die Vergnügungssteuer, die Hundesteuer (zuletzt OVG NRW, NWVBl. 2011, 154), die Übernachtungssteuer (BVerwG, NVwZ 2012, 1407) sowie die – gerade für Studierende relevante – Zweitwohnungsteuer (BVerwG, NVwZ 2009, 1437). Im Übrigen kommt den Gemeinden kein eigentliches Steuererfindungsrecht zu; die in § 7 GO vorgesehene Generalermächtigung zum Erlass von Satzungen genügt dem hier greifenden Parlamentsvorbehalt nicht (vgl. noch Rn. 228 ff. und § 1 Rn. 199).

Zudem gewährt der Bund über das Land (vgl. BVerfGE 39, 96, 122; 41, 291, 313) unter bestimmten Voraussetzungen Finanzhilfen für besonders bedeutsame Investitionen u. a. auch der Gemeinden (vgl. Art. 104b, 104c, 104d GG). Hierauf gestützt hat der Bund u. a. zur Bekämpfung der internationalen Finanzkrise 2008/09 die Kommunen im Rahmen des sog. Konjunkturpakets II (vgl. hierzu *Meyer/Freese,* NVwZ 2009, 609) und 2015 durch das Kommunalinvestitionsförderungsgesetz, landesgesetzlich umgesetzt durch das Kommunalinvestitionsförderungsgesetz NRW, bei der Aufnahme und Unterbringung von Asylbewerbern unterstützt.

Eine eigentlich systemfremde, einmalig anwendbare Sondervorschrift ist Art. 143h GG, wonach der Bund im Jahr 2020 einmalig einen pauschalen Ausgleich für Gewerbesteuermindereinnahmen auf Grund der Corona-Pandemie zugunsten der Gemeinden und zu gleichen Teilen mit dem jeweiligen Land gewährt.

Weiter findet eine finanzkraftunabhängige, auf konkrete Aufgaben bezogene Kostenerstattung nach dem **Konnexitätsprinzip** (Art. 78 Abs. 3 LV i. V. m. § 3 Abs. 4 GO) statt. Dieses erlaubt dem Land die Übertragung von neuen Aufgaben auf die Gemeinden nur, wenn gleichzeitig Bestimmungen über die Deckung der entstehenden Kosten getroffen werden und auf Grund einer Kostenfolgenabschätzung ein entsprechender finanzieller Ausgleich geschaffen wird (vgl. bereits Rn. 26, und § 1 Rn. 204 ff.). 53

Anwendungsfälle des Konnexitätsprinzips waren die Kommunalisierung der früheren Versorgungsverwaltung (vgl. VerfGH NRW, NWVBl. 2010, 269; hierzu *Engels,* VerwArch 102 [2011], 285) und das Kinderförderungsgesetz (vgl. VerfGH NRW, DVBl. 2010, 1561; dazu *von Kraack,* NWVBl. 2011, 41). Auch über die Konnexitätsanforderungen aus Anlass der sog. Inklusion, d. h. der Aufgabe, das gemeinsame Lernen von behinderten und nicht behinderten Kindern in einer Schule in einem weiteren Umfang zu ermöglichen, ist diskutiert worden (vgl. *Schwarz,* NWVBl. 2013, 81; *Jäger,* NWVBl. 2013, 121); der Streit ist politisch beigelegt. Vgl. zuletzt zur fehlenden Konnexitätsrelevanz bei bundesgesetzlicher Aufgabenveränderung VerfGH NRW, NVwZ 2015, 368.

Abschließend erfolgt eine Ergänzung der allgemeinen Finanzausstattung durch Zuweisungen im Rahmen des **kommunalen Finanzausgleichs,** der den Ländern durch Art. 106 Abs. 7 GG aufgegeben ist und in Art. 79 S. 2 LV seine Grundlage hat (vgl. § 1 Rn. 198 ff.). Die Höhe der Gesamtzuweisungen, ihre Struktur und die Verteilung auf die einzelnen Gemeinden werden jeweils in den jährlich neu zu erlassenden Gemeindefinanzierungsgesetzen festgelegt; diese sind zuletzt mehrfach Gegenstand von Verfassungsrechtsstreitigkeiten gewesen (VerfGH NRW, DVBl. 2011, 1155; DVBl. 2014, 918). Seit dem Jahr 2011 sind darüber hinaus besondere mehrjährige Konsolidierungshilfen, die überwiegend vom Land, teils aber auch von der Gesamtheit der Kommunen und über eine sog. Solidaritätsumlage von finanzstarken Kommunen finanziert worden sind, nach dem Stärkungspaktgesetz an überschuldete oder von Überschuldung bedrohte Kommunen gegangen. 54

b) Haushaltswirtschaft

Die Finanzhoheit umschließt außerdem eine eigenverantwortliche Einnahmen- und Ausgabenwirtschaft; dazu zählen der Erwerb und die Verwaltung des Gemeindevermö- 55 gens (alle im Eigentum der Gemeinde stehenden Sachen und ihr zustehende Rechte inkl. Kredite und Entgelte bei privatrechtsförmigem Handeln; vgl. §§ 89, 90 GO), eigene Einnahmen aus Abgaben und im Wege des Finanzausgleichs sowie eine eigene Ausgabenwirtschaft (Verwendung des zur Verfügung stehenden Finanzvolumens), die Haushaltsplanung und eine eigene Rechnungsführung. Der rechtliche Rahmen, innerhalb dessen die Gemeinden ihre Einnahmen- und Ausgabenhoheit auszuüben haben, ist das **Haushaltsrecht,** bestehend aus dem haushaltsrechtlichen Abschnitt der GO (vgl. §§ 75ff. GO) und der Gemeindehaushaltsverordnung. Aufgabe des Haushaltsrechts ist es, eine wirkungsvolle Planung, Verwaltung, Verwendung und Kontrolle der öffentlichen Finanzen zu ermöglichen. Die Kernaussage zum gemeindlichen Haushalt trifft § 75 GO: Danach hat die Haushaltswirtschaft der stetigen Erfüllung der gemeindlichen Aufgaben unter Berücksichtigung der Erfordernisse des gesamtwirtschaftlichen Gleichgewichts, insbesondere den Grundsätzen der Sparsamkeit und Wirtschaftlichkeit sowie der Ausgeglichenheit, zu dienen. Rechtliche Grundlage der Haushaltswirtschaft ist die für jedes Kalenderjahr gemäß § 78 GO als Pflichtsatzung (vgl. Rn. 226) zu erlassende Haushaltssatzung. Diese enthält die Festsetzung des Haushaltsplanes unter Angabe des Gesamtbetrages der Einnahmen und Ausgaben sowie des Höchstbetrages an Kassenkrediten und der jährlich neu festzusetzenden Steuersätze. Nach Ablauf des Haushaltsjahres unterliegt die Ausführung des Haushaltsplans sowohl einer gemeindeinternen (vgl. §§ 95f. GO) als auch einer überörtlichen Prüfung (vgl. § 105 GO). Grundlage der internen Prüfung ist die vom (Gemeinde- oder Stadt-)Kämmerer gemäß § 95 GO innerhalb von drei Monaten zu erstellende Jahresrechnung. Diese wird nach Maßgabe des § 101 GO durch den Rechnungsprüfungsausschuss geprüft, welcher sich bei kreisfreien Städten sowie Großen und Mittleren Gemeinden (vgl. § 102 Abs. 1 S. 1 GO) des entsprechenden Rechnungsprüfungsamtes bedient (vgl. § 101 Abs. 8 GO; zu dessen Unterworfenheit unter das InformationsfreiheitsG NRW vgl. OVG NRW 2006, 292). Bei den sonstigen Gemeinden besteht ein solches Amt bei Bedarf (vgl. § 102 Abs. 1 S. 2 GO). Die geprüfte Jahresrechnung wird gemäß § 96 Abs. 1 GO sodann vom Rat beschlossen. Zugleich wird der Bürgermeister entlastet; Beschluss und Entlastung werden unverzüglich der Aufsichtsbehörde mitgeteilt und öffentlich bekannt gemacht (vgl. § 96 Abs. 2 GO). Darüber hinaus unterliegt das gemeindliche Haushaltswesen einer überörtlichen Prüfung, welche sowohl die Einhaltung des Haushaltsplanes als auch die erfolgte örtliche Prüfung einer Gesetzmäßigkeitskontrolle unterzieht. Sie wird gemäß § 105 Abs. 1 GO als Teil der allgemeinen Aufsicht des Landes über die Gemeinden von der Gemeindeprüfungsanstalt durchgeführt. Diese ist gemäß § 105 Abs. 2 GO bei der Prüfung unabhängig und an Weisungen nicht gebunden. Das Prüfungsergebnis wird gemäß § 105 Abs. 4 GO insbesondere der Aufsichtsbehörde sowie bei Betroffenheit auch der Fachaufsichtsbehörde mitgeteilt.

Gemeinden, denen der Haushaltsausgleich nicht gelingt und die in besonders schwieriger Haushaltslage sind, sind zur Aufstellung eines sog. Haushaltssicherungskonzepts (vgl. näher § 76 GO) verpflichtet. Dieses bedarf der Genehmigung, was regelmäßig voraussetzt, dass binnen zehn Jahren der Haushaltsausgleich wieder erreicht wird; um dies zu erreichen, kann es erforderlich sein, z. B. Finanzierungslücken in Kindertagesstätten vorrangig durch höhere Elternbeiträge statt durch Steuern oder Kredite abzudecken (vgl. OVG NRW, NWVBl. 2007, 347; vgl. ferner OVG NRW, DVBl. 2009, 1181). Wenn die Genehmigung nicht erteilt wird, kann die Haushaltssatzung nicht bekanntgemacht werden (§ 80 Abs. 5 S. 5 GO) und die Gemeinde befindet sich in der vorläufigen Haushaltsführung (§ 82 GO), dem sog. Nothaushalt. Für Kommunen, die am Stärkungspakt (vgl. Rn. 54) teilnehmen, gelten teils noch besondere Regeln.

Auch im Gemeindehaushaltsrecht (vgl. ferner Rn. 5, 16ff.) finden vermehrt Modernisierungsprozesse statt (vgl. *Pünder,* Haushaltsrecht im Umbruch, 2003). Stichwort: Neues Kommunales Finanzmanagement (NKF) infolge des NKF-Einführungsgesetzes v. 16.11.2004 (GV.NRW.

S. 644). Teilweise wird versucht, Sparvorschläge aus der Bürgerschaft zu mobilisieren, indem über ein moderiertes Verfahren ein sog. Bürgerhaushalt (ohne unmittelbare rechtliche Relevanz) erarbeitet wird.

4. Anhang

Literatur: *Kasper,* Kommunale Steuern, 2006; *Henneke/Pünder/Waldhoff* (Hrsg.), Recht der Kommunalfinanzen, 2006; *Henneke/Strobl/Diemert* (Hrsg.), Recht der kommunalen Haushaltswirtschaft, 2008; *Siegel,* Einleitung in das Kommunalabgabenrecht, JuS 2008, 1071; *Bernhardt/Mutschler/Schwingeler,* Kommunales Finanz- und Abgabenrecht NRW, 12. Aufl. 2010; *Bertrams,* Der Schutz der kommunalen Finanzhoheit durch das Konnexitätsprinzip der nordrhein-westfälischen Landesverfassung, in: Sachs/Siekmann (Hrsg.), FS Stern, 2012, 3; *Sarnighausen/Gatanis,* Fragen der kommunalen Finanzausstattung in der Rechtsprechung des VerfGH NRW und des OVG NRW, NWVBl. 2013, 236; *Geis/Madeja,* Kommunales Wirtschafts- und Finanzrecht – Teil II, JA 2013, 321; *Lange,* Die finanzielle Mindestausstattung und die angemessene Finanzausstattung der Kommunen, DVBl. 2015, 457; *Schweisfurth/Wallmann,* (Hrsg.), Haushalts- und Finanzwirtschaft der Kommunen in der Bundesrepublik Deutschland, Berlin 2019. **56**

Klausurfälle: *Krumm/Schäfers,* Die (un-)gerechte kommunale Vergnügungssteuer, NWVBl. 2011, 32; *Stumpf,* Vorläufiger Rechtsschutz einer öff.-rechtl. Stiftung gegen die Umbenennung einer Straße, JURA 2012, 543; *Dietlein/Hellermann,* „Kommunale Neugliederung", in: Klausurenbuch Öffentliches Recht in NRW, 3. Aufl. 2021, Fall 8.

Kontrollfragen:

1. Kann die Stadt Düsseldorf in München Verwaltungsakte erlassen?
2. Spielt es eine Rolle, ob Abwehransprüche wegen Nichtbeachtung eines Gemeindenamens gegen andere Hoheitsträger oder gegen Private geltend gemacht werden?
3. Welche Anforderungen sind bei zwangsweise herbeigeführten Gebietsänderungen zu beachten?

II. Gemeindliche Aufgaben und staatliche Aufsicht

1. System der gemeindlichen Aufgaben

a) Aufgabenmonismus in NRW

Nach Art. 28 Abs. 2 S. 1 GG sind **verfassungsrechtlich zwei Kategorien von Verwaltungsaufgaben,** die durch die Gemeinden wahrgenommen werden, zu unterscheiden. Art. 28 Abs. 2 S. 1 GG nennt die Angelegenheiten der örtlichen Gemeinschaft, die den eigenen Wirkungskreis der Gemeinden und damit ihre Selbstverwaltungsaufgaben ausmachen; ihre Wahrnehmung durch die Gemeinde wird verfassungsrechtlich geschützt. Im Unterschied dazu sind sonstige von den Gemeinden wahrgenommene Aufgaben staatliche Auftragsangelegenheiten (= Fremdaufgaben im übertragenen Wirkungskreis); ihre Erledigung liegt außerhalb des Gewährleistungsbereichs der Selbstverwaltungsgarantie. Zwar erklärt Art. 78 Abs. 2 LV – von Art. 28 Abs. 2 S. 1 GG abweichend – die Gemeinden grundsätzlich zu alleinigen Trägern der öffentlichen Verwaltung in ihrem Gebiet. Art. 78 Abs. 2 LV kann damit jedoch den Gewährleistungsumfang des Art. 28 Abs. 2 S. 1 GG hinsichtlich der gemeindlichen Aufgaben nicht erweitern. Auch Art. 78 Abs. 1, 2 LV selbst wird nicht so verstanden, dass darin die verfassungsrechtliche Zuweisung und Garantie einer sachlich prinzipiell unbeschränkten Kompetenz läge; auch die landesverfassungsrechtliche Garantie der gemeindlichen Aufgaben, insbesondere der Anwendungsbereich des sog. materiellen Aufgabenverteilungsprinzips, bleibt auf die Angelegenheiten der örtlichen Gemeinschaft beschränkt (vgl. VerfGH NRW, NWVBl. 1991, 187, 188; NWVBl. 1995, 170, 171; *Tettinger,* in: Löwer/Tettinger, Verf NRW, 2002, Art. 78 Rn. 18). In dieser Hinsicht erfasst auch Art. 78 Abs. 1, 2 LV nicht sämtliche von den Gemeinden wahrgenommenen Aufgaben und **57** bleibt zwischen Aufgaben des eigenen Wirkungskreises und sonstigen Aufgaben zu unterscheiden.

58 Wird die Differenzierung zwischen eigenem und übertragenem staatlichen Aufgabenkreis, die zunächst die Grenzen des Schutzes durch die Selbstverwaltungsgarantie markiert, auch der einfachgesetzlichen Ausgestaltung des Kommunalrechts zugrunde gelegt, ergeben sich verschiedene **einfachrechtliche Konsequenzen.** Diese zeigen sich insbesondere beim Schutz der Gemeinde gegen den Staat, d.h. insbesondere bei der Ausübung der Staatsaufsicht oder bei Verwaltungsakten oder Widerspruchsentscheidungen staatlicher Behörden gegenüber Dritten, die die Gemeinden tangieren (z.B. Aufhebung einer gemeindlichen Anordnung durch eine staatliche Behörde nach Widerspruch eines Bürgers), sowie beim Schutz des Bürgers gegen die Gemeinde.

Problemkreis 1: Schutz der Gemeinde gegen den Staat	
Selbstverwaltungsangelegenheiten	Staatliche Auftragsangelegenheiten
Qualifikation der staatlichen Maßnahme: Verwaltungsakt (§ 35 VwVfG), da Außenwirkung gegeben, bei Vorliegen der übrigen Voraussetzungen	Qualifikation der staatlichen Maßnahme: Kein Verwaltungsakt wegen fehlender Außenwirkung (anders, wenn Auftragsangelegenheit fälschlicherweise behauptet wird bzw. wenn Maßnahme primär an privaten Dritten adressiert ist; vgl. Rn. 93f.).
Klagebefugnis (§ 42 Abs. 2 VwGO [analog]): zu bejahen, da rechtfertigungsbedürftiger staatlicher Eingriff in subjektive Position der Gemeinde (Selbstverwaltungsrecht)	Klagebefugnis (§ 42 Abs. 2 VwGO [analog]): grundsätzlich zu verneinen; außer wenn – fälschlicherweise Einordnung als Auftragsangelegenheit erfolgt ist, – infolge der Intensität der staatlichen Maßnahme zugleich die gemeindlichen Selbstverwaltungsaufgaben beeinträchtigt sind, – Personal- oder Organisationshoheit beeinträchtigt ist (vgl. *Gern,* Deutsches Kommunalrecht, Rn. 242; *Vietmeier,* DVBl. 1993, 192), – ausnahmsweise qua Fachgesetz über die Schutznormtheorie (vgl. Rn. 96ff.).
Aufsichtsmaßstab: Rechtmäßigkeit („allgemeine Aufsicht“) gemäß § 119 Abs. 1 GO (vgl. Rn. 78ff.)	Aufsichtsmaßstab: Rechts- und Fach- bzw. Sonderaufsicht gemäß § 119 Abs. 2 GO (vgl. Rn. 85f.)

Problemkreis 2: Schutz des Bürgers gegen die Gemeinde	
Selbstverwaltungsangelegenheiten	Staatliche Auftragsangelegenheiten
Widerspruchsbehörde: Gemeindliche Ausgangsbehörde (§ 73 Abs. 1 S. 2 Nr. 3 VwGO)	Widerspruchsbehörde: Bestimmung nach § 73 Abs. 1 S. 3 VwGO i.V.m. § 111 JustG NRW
Gemeindeinterne Zuständigkeitsverteilung (Rat/Bürgermeister): nach allgemeinen Regeln (vgl. Rn. 153ff., 186ff.).	Gemeindeinterne Zuständigkeitsverteilung (Rat/Bürgermeister): Spezielle Bestimmungen (vgl. Rn. 153ff., 186ff.).

Weitere Konsequenzen bestehen im Hinblick auf die Befugnis zum Erlass von Satzungen bzw. Rechtsverordnungen (vgl. dazu Rn. 219ff., 222) sowie im Hinblick auf die Verteilung der Kosten für die Erledigung der betreffenden Aufgaben.

Die in Art. 28 Abs. 2 S. 1 GG vorgenommene Unterscheidung zwischen eigenem und übertragenem Aufgabenkreis ist jedoch für die weitere Ausgestaltung des Kommunalrechts durch die jeweiligen Landesgesetzgeber nicht bindend. Vielmehr kann der für das Kommunalrecht zuständige Landesgesetzgeber (vgl. Rn. 28 ff.) auch abweichende Aussagen über die Zuordnung von Aufgaben zu bestimmten Aufgabenkategorien vornehmen. Im Verlaufe einer langen Entwicklung hat sich eine **Unterscheidung zwischen Ländern mit dualistischem und mit monistischem Aufgabenmodell** herausgebildet. Das dualistische Modell bleibt bei der Differenzierung zwischen Aufgaben des eigenen gemeindlichen und des übertragenen staatlichen Wirkungskreises, während das monistische Modell im Ausgangspunkt einen einheitlichen Begriff der von den Gemeinden wahrgenommenen Verwaltungsaufgaben zugrunde legt. 59

Das monistische Aufgabenmodell lässt sich konzeptionell zurückführen auf den im Jahre 1948 von einer Konferenz der Innenminister und der kommunalen Spitzenverbände erarbeiteten sog. Weinheimer Entwurf (abgedruckt bei *Pagenkopf,* Kommunalrecht I, 2. Aufl. 1975, 168). Danach soll es einen einheitlichen Begriff der Verwaltungsaufgaben auf örtlicher Ebene geben, deren Erfüllung grundsätzlich den Gemeinden obliegt. Dieser Bereich ist mithin nicht allein auf die örtlichen Angelegenheiten beschränkt, sondern geht darüber hinaus.

Nordrhein-Westfalen hat (ebenso wie z. B. Baden-Württemberg und Schleswig-Holstein) ein **monistisches Aufgabenmodell** gewählt. Das ist schon landesverfassungsrechtlich vorentschieden durch Art. 78 Abs. 2 LV, der begrifflich die Unterscheidung zwischen eigenem und übertragenem Wirkungskreis überwindet und die gemeindliche Verwaltungstätigkeit einheitlich erfasst (vgl. § 1 Rn. 174 ff. sowie *Tettinger,* in: Präsident des VerfGH NRW (Hrsg.), FS VerfGH NRW, 2002, 461, 464; *Burgi,* NWVBl. 2004, 131, 132). Auf einfachgesetzlicher Ebene kommt die Entscheidung des nordrhein-westfälischen Gesetzgebers für das monistische Aufgabenmodell in §§ 2, 3 GO zum Ausdruck. § 2 GO bekräftigt die Stellung der Gemeinden als grundsätzlich ausschließliche und eigenverantwortliche Träger der öffentlichen Verwaltung in ihrem Gebiet, und § 3 GO differenziert die gemeindlichen Aufgaben weiter aus (dazu näher Rn. 62 ff.), ohne zwischen eigenen und übertragenen Aufgaben zu unterscheiden. In Nordrhein-Westfalen ist danach ein einheitlicher Begriff aller öffentlichen Aufgaben zugrunde zu legen, wobei die Verantwortung für die Erfüllung dieser Aufgaben grundsätzlich bei den Gemeinden liegt. 60

Die **Folgeprobleme,** die oben auf der Basis einer dualistischen Aufgabenkonzeption aufgezeigt worden sind (vgl. Rn. 58), stellen sich unter Zugrundelegung eines monistischen Aufgabenmodells in anderer Weise. Sie sind nunmehr mit Blick auf die innerhalb des zunächst einheitlich verstandenen Aufgabenkreises unterschiedenen Aufgabenkategorien (vgl. Rn. 62 ff.) differenziert zu bearbeiten. 61

b) Unterscheidung von Aufgabentypen

Innerhalb des einheitlich verstandenen gemeindlichen Aufgabenkreises unterscheidet § 3 Abs. 1, 2 GO **freiwillige und pflichtige Aufgaben sowie Pflichtaufgaben zur Erfüllung nach Weisung.** Die Bestimmung nimmt damit eine für die nordrhein-westfälische Gemeindeordnung grundlegende Ausdifferenzierung der gemeindlichen Aufgaben vor. 62

aa) Freiwillige und pflichtige Aufgaben

Innerhalb der Selbstverwaltungsaufgaben ist zwischen **den freiwilligen und den pflichtigen Aufgaben** zu unterscheiden. Soweit es den Gemeinden überlassen bleibt, welche Aufgaben sie wahrnehmen wollen, spricht man von freiwilligen Aufgaben; jede 63

Gemeinde kann über „Ob" und „Wie" entscheiden (sog. Aufgabenfindungsrecht). Da das Aufgabenfindungsrecht durch die Verbandskompetenz (Rn. 46) beschränkt ist, kommen nur Angelegenheiten der örtlichen Gemeinschaft in Betracht, die unter den Schutz der Selbstverwaltungsgarantie fallen. Angesichts der finanziellen Situation der meisten Gemeinden ist der Kreis dieser Aufgaben kleiner geworden. Sind die Gemeinden zur Wahrnehmung bestimmter Aufgaben gesetzlich verpflichtet, bleibt ihnen aber die Art und Weise der Wahrnehmung im Rahmen der Gesetze (das „Wie") überlassen, spricht man von pflichtigen – weisungsfreien – Selbstverwaltungsaufgaben. Auch diese Aufgaben fallen als „öffentliche Aufgaben" in den Geltungsbereich des Art. 78 LV bzw. als „örtliche Angelegenheiten" unter Art. 28 Abs. 2 S. 1 GG. Sowohl für freiwillige wie auch für pflichtige Selbstverwaltungsaufgaben gelten die Rechtsfolgen, die oben (Rn. 58) für den Bereich der Selbstverwaltungsaufgaben i. S. v. Art. 28 Abs. 2 S. 1 GG aufgeführt worden sind.

Freiwillige Aufgaben sind zahlreiche Einrichtungen der sog. Daseinsvorsorge (Sportplätze, Badeanstalten, Museen, Theater etc.) sowie die Wirtschaftsförderung im örtlichen Bereich und die Sparkassen (vgl. § 1 SparkassenG NRW). Zu den *pflichtigen Aufgaben* gehören dagegen z. B. die Errichtung von Grund- und Hauptschulen sowie (nach Bedürfnis) von Realschulen und Gymnasien (vgl. § 78 SchulG NRW), die Bauleitplanung (vgl. § 1 Abs. 3 BauGB), die Erschließung von Bauland (vgl. § 123 BauGB) oder der Bau von Gemeindestraßen (vgl. § 47 StrWG NRW).

bb) Pflichtaufgaben zur Erfüllung nach Weisung

64 Nach Art. 78 Abs. 4 S. 2 LV, § 3 Abs. 2 S. 1 GO kann sich das Land bei Pflichtaufgaben ein **Weisungs- und Aufsichtsrecht nach näherer gesetzlicher Bestimmung** vorbehalten. Die staatliche Weisungsbefugnis folgt hier nicht aus dem Charakter als staatliche Aufgabe, sondern muss in jedem Einzelfall auf eine gesetzliche Grundlage zurückgeführt werden können, welche Grenzen und Befugnisse der Aufsichtsbehörde eindeutig festlegt.

Ein wichtiges Beispiel einer Pflichtaufgabe nach Weisung bildet die allgemeine Gefahrenabwehr durch die Ordnungsbehörden auf der Grundlage des OBG (vgl. §§ 3, 9 OBG NRW). Zudem sind diejenigen Angelegenheiten Pflichtaufgaben zur Erfüllung nach Weisung, die den Gemeinden als „(Sonder-)Ordnungsbehörde" zugewiesen sind (vgl. § 12 OBG), so z. B. die Angelegenheiten der Bauaufsicht (§ 57 Abs. 1, 58 Abs. 1 S. 1 BauO NRW), der Abfallüberwachung (§ 35 LAbfG) und der Denkmalbehörden (§ 20 Abs. 3 DSchG NRW).

65 Eine solche Aufgabenausgestaltung kann sich als Folge der **„Kommunalisierung"** von Aufgaben darstellen. Die Gemeinden werden hierbei mit der Verwaltungsorganisation auf der unteren Ebene des Landes (vgl. Rn. 5, 71 f.) in der Weise verzahnt, dass diejenigen Aufgaben, die das Land nicht mit eigenen unteren Verwaltungsbehörden wahrnehmen will, als Pflichtaufgaben nach Weisung ausgestaltet werden.

Im Jahr 2007 sind zwei große Verwaltungsbereiche kommunalisiert worden: Bei der Versorgungsverwaltung (durch das Zweite Gesetz zur Straffung der Behördenstruktur v. 30.10.2007 [GV.NRW. S. 482]; hierdurch wurden Aufgaben nach dem Schwerbehinderten- und nach dem Elterngeld- und Elternteilzeitgesetz als Pflichtaufgaben zur Erfüllung nach Weisung auf die Kreise und kreisfreien Städte übertragen) sowie im Bereich der Umweltverwaltung durch das Gesetz zur Kommunalisierung von Aufgaben des Umweltrechts (GV.NRW. 2007 S. 662); diese Aufgaben wurden als Pflichtaufgaben ohne Weisung übertragen, was so wichtige Gesetze wie das BImSchG oder das Landeswassergesetz betrifft. Dies zielt zum einen auf den Abbau von Verwaltungsstellen beim Land und zum anderen auf eine Stärkung der als orts- und bürgernäheren eingeschätzten kommunalen Ebene. Die Intentionen und die einzelnen Maßnahmen sind eingehend dargestellt bei *Palmen/Schönenbroicher,* NVwZ 2008, 1173 sowie unter verschiedenen Aspekten erörtert in *Burgi/Palmen* (Hrsg.), Tagungsband „Die Verwaltungsstrukturreform des Landes NRW", 2008 (vgl. *Schönenbroicher,* in: Heusch/Schönenbroicher [Hrsg.] Verf NRW, 2010, Art. 78 Rn. 66 ff.).

Mittelfristig dürften sich durch Maßnahmen dieser Reichweite die Beziehungen zwischen den Kommunen und dem Land verändern, woraus sich verschiedene Reformanstöße für das Organisations- wie für das Kommunalrecht ergeben könnten (ausführlich *Burgi,* DV 42 [2009], 155; *Henkel,* Die Kommunalisierung von Staatsaufgaben, 2010).

Bei den Pflichtaufgaben zur Erfüllung nach Weisung besteht im Gegensatz zu den Selbstverwaltungsaufgaben neben einer Rechtsaufsicht, gerichtet auf die Rechtmäßigkeit, auch eine – beschränkte (vgl. Rn. 85) – Fachaufsicht (Sonderaufsicht), die auch auf die Zweckmäßigkeit gerichtet ist (vgl. § 119 Abs. 2 GO). Es greift aber kein uneingeschränktes Weisungsrecht wie im Falle der Auftragsangelegenheiten, vielmehr bestehen Weisungsbefugnisse nur nach Maßgabe einer konkreten gesetzlichen Regelung (vgl. etwa die nach dem Weisungsmaßstab differenzierende Regelung in § 7 OBG NRW). In diesem uneindeutigen Erscheinungsbild gründet das Problem ihrer **Einordnung** in die durch Art. 28 Abs. 2 S. 1 GG vorgegebene Unterscheidung von Selbstverwaltungsangelegenheiten und staatlichen Auftragsangelegenheiten. Nach früher dominierender Auffassung soll es sich infolge der bestehenden Weisungsrechte um Auftragsangelegenheiten (*Scheerbarth,* DVBl. 1953, 261; *Brohm,* DÖV 1986, 397, 398; *Vietmeier,* DVBl. 1992, 413, 420; *Schmitt-Kammler,* in: Burmeister u. a. [Hrsg.], FS Stern, 1997, S. 763 ff. mwN) handeln. Zunehmend hat dann die Auffassung Unterstützung gefunden, dass es sich um Selbstverwaltungsangelegenheiten handle, weil es in der Konsequenz des monistischen Aufgabenverständnisses liege, nur noch einen einheitlichen kommunalen Aufgabenkreis anzunehmen (*Erichsen,* Kommunalrecht NW, S. 69 ff.; *Riotte/Waldecker,* NWVBl. 1995, 401 ff.; vgl. auch VerfGH NRW, DVBl. 1985, 685, 687, zu Art. 78 Abs. 2 LV; OVG NRW, NWVBl. 1995, 300, 301). Vermittelnde Ansichten wollen die Pflichtaufgaben nach Weisung in einem Zwischenbereich ansiedeln und kennzeichnen sie etwa als Selbstverwaltungsangelegenheiten in abgeschwächter Form (BbgVerfG, NVwZ-RR 1997, 352, 353 f.) oder als unechte, nur formelle Selbstverwaltungsangelegenheiten (*Maurer/Waldhoff,* Allgemeines Verwaltungsrecht, 19. Aufl. 2017, § 23 Rn. 21). Diese letztere Auffassung überzeugt insofern, als die Pflichtaufgaben zur Erfüllung nach Weisung nur insoweit dem materiell-verfassungsrechtlichen Schutz gemeindlicher Aufgabenwahrnehmung unterfallende, in diesem Sinne echte Selbstverwaltungsaufgaben sind, wie sie als Angelegenheiten der örtlichen Gemeinschaft i. S. v. Art. 28 Abs. 2 GG, 78 Abs. 1, 2 LV zu qualifizieren sind. Dies ist pauschal weder zu verneinen noch zu bejahen, sondern jeweils einzeln nach den verfassungsrechtlichen Maßstäben der Art. 28 Abs. 2 S. 1 GG, 78 Abs. 1, 2 LV zu beurteilen. Dabei begünstigt der Umstand, dass Art. 28 Abs. 2 S. 1 GG auch Aufgaben erfassen soll, die nur teilweise solche der örtlichen Gemeinschaft, hinsichtlich anderer Teilaspekte aber überörtlicher Natur sind (vgl. BVerfGE 138, 1, Rn. 48, 147, 185, Rn. 73), die Erstreckung auch in den Bereich der Pflichtaufgaben zur Erfüllung nach Weisung hinein. Auch soweit diese Aufgaben nicht als Angelegenheiten der örtlichen Gemeinschaft zu qualifizieren sind und die Gemeinde staatlichen Weisungen deshalb keine materiell-verfassungsrechtliche Schutzposition entgegenhalten kann, ist ihre Wahrnehmung nach Art. 78 Abs. 2 LV, §§ 2, 3 Abs. 1, 2 S. 1 GO aber doch den Gemeinden als gegenüber dem Staat selbständigen Gebiets- und Selbstverwaltungskörperschaften zugewiesen. **66**

Hinsichtlich der **Rechtsfolgen** ist danach wie folgt zu differenzieren: **67**

- Den Weisungen kommt Außenwirkung i. S. d. § 35 LVwVfG zu, da auch hier die Gemeinde als selbständiges Rechtssubjekt auftritt; sie sind daher bei Vorliegen der übrigen Voraussetzungen Verwaltungsakte (OVG NRW, NWVBl. 1995, 300, 301).
- Die Klagebefugnis gemäß § 42 Abs. 2 VwGO ist gegeben. Das geltend gemachte subjektiv-öffentliche Recht ergibt sich aus der Landesverfassung und/oder aus dem einfachen Recht. Daneben können die in der obigen Übersicht in der rechten Spalte

genannten weiteren Ausnahmen die Klagebefugnis jedenfalls begründen. Gemeindliche Klagen gegen Weisungen können demnach erfolgreich sein, wenn dargelegt ist, dass das gesetzlich eingeräumte Weisungsrecht entweder gar nicht besteht oder überschritten worden ist. Soweit es sich bei der Aufgabe um eine Angelegenheit der örtlichen Gemeinschaft handelt, ist darüber hinaus auch eine Überprüfung des gesetzlich eingeräumten Weisungsrechts an Art. 28 Abs. 2 S. 1 GG, 78 Abs. 1, 2 LV möglich.

- Zuständige Widerspruchsbehörde bei Widersprüchen der Bürger wäre von Bundesrechts wegen nicht die Gemeinde als Ausgangsbehörde, da es sich aus bundesrechtlicher Sicht nicht, jedenfalls nicht umfassend um Selbstverwaltungsangelegenheiten handelt (vgl. § 73 Abs. 1 S. 2 Nr. 3 VwGO). Der nordrhein-westfälische Landesgesetzgeber hat allerdings von der Ermächtigung des § 73 Abs. 1 S. 3 VwGO Gebrauch gemacht und bestimmt, dass auch in diesen Fällen die Ausgangsbehörde (d.h. die Gemeinde) den Widerspruchsbescheid erlässt (vgl. § 73 Abs. 1 S. 3 VwGO i.V.m. § 111 S. 1 JustG NRW).
- Hinsichtlich der gemeindeinternen Zuständigkeit bestehen Abweichungen von der allgemeinen Zuständigkeitsverteilung (vgl. hierzu Rn. 153ff., 186ff.).
- Den Aufsichtsbehörden ist nach § 119 Abs. 2 GO neben der Rechtsaufsicht eine auf die Zweckmäßigkeit ausgedehnte, vor allem per Weisung zu realisierende (beschränkte) Fachaufsicht (Sonderaufsicht) eröffnet (vgl. Rn. 85f.).

c) Sonderfälle

68 Neben diesen grundlegenden Kategorien der freiwilligen und pflichtigen Aufgaben sowie der Pflichtaufgaben zur Erfüllung nach Weisung stehen als Sonderfälle **die staatlichen Auftragsangelegenheiten und die Organleihe.** Ihnen kommt allerdings insbesondere neben den in Art. 78 Abs. 4 S. 2 LV, § 3 Abs. 2 GO vorgesehenen Pflichtaufgaben zur Erfüllung nach Weisung, mittels derer das Land sich der Gemeinden zur Aufgabenerfüllung unter Wahrung eigener Einflussmöglichkeiten bedienen kann, nur eine sehr begrenzte Bedeutung zu.

aa) Staatliche Auftragsangelegenheiten

69 Seit dem Inkrafttreten von Landesverfassung und Gemeindeordnung haben die Pflichtaufgaben zur Erfüllung nach Weisung die Auftragsangelegenheiten des Landes verdrängt. Neue **Auftragsangelegenheiten kraft Landesrechts** sind nicht mehr zulässig (vgl. § 1 Rn. 183). Nur die wenigen bereits zu diesem Zeitpunkt bestehenden Auftragsangelegenheiten bleiben als solche bestehen (§ 129 GO).

70 Jedoch werden Kommunalbehörden, da es auf der unteren Ebene in den meisten Aufgabenfeldern keine unmittelbaren Landesbehörden gibt (vgl. Rn. 5), auch zur **Erfüllung staatlicher Aufgaben kraft Bundesrechts** eingesetzt. Dadurch erlangt das Bundesrecht einen Einfluss auf die Aufgabenzuordnung. Dabei sind die Gemeinden entweder bereits in dem betreffenden Bundesgesetz als Aufgabenträger bestimmt, was nach der Rechtslage vor Einführung von Art. 84 Abs. 1 S. 7, 85 Abs. 1 S. 2 GG ausnahmsweise zulässig sein sollte (vgl. zur Rechtslage vor und nach der Föderalismusreform Rn. 27), oder das Land hat sie in einem Ausführungsgesetz zu einem Bundesgesetz zum Aufgabenträger bestimmt (vgl. z.B. § 1 AGBAföG NRW). Handelt es sich um Aufgaben, die die Länder bzw. die Gemeinden nach Art. 84 GG als „eigene Angelegenheit" ausführen, so gelten grundsätzlich keine Besonderheiten im Vergleich zum Vollzug von Landesrecht nach Maßgabe der §§ 2, 3 GO. Dies gilt etwa für die früher durch Bundesgesetz zugewiesenen Aufgaben im Bereich der Sozialhilfe nach § 3 SGB XII sowie der Bauleitplanung nach § 2 BauGB. In allen Ländern zwingend als Auftragsangelegenheit auszugestalten (mit der Konsequenz der Nichteröffnung von

Art. 28 Abs. 2 GG) sind hingegen diejenigen Aufgaben, in denen gemäß Art. 84 Abs. 5 GG „Einzelweisungen" vorgesehen sind. Hier müssen die Länder die Durchsetzbarkeit dieser die Zweckmäßigkeit der Aufgabenerfüllung einschließenden Weisungen garantieren, was nicht nur Rechts-, sondern auch Fachaufsicht erfordert. Dies ist aber nur möglich, wenn die betreffende Aufgabe als Auftragsangelegenheit ausgestaltet ist. Das gleiche gilt im Bereich der in Art. 85 GG geregelten Bundesauftragsverwaltung (vgl. Art. 85 Abs. 3 S. 1, Abs. 4 GG) i. V. m. Spezialgesetzen (z. B. § 39 BaföG) und wird durch § 16 Abs. 1 LOG ausdrücklich geregelt. Die Aufsichts- und Weisungsbefugnisse sind freilich auf die Sachentscheidung begrenzt, so dass den Gemeinden hinsichtlich der Organisation und des Personals Spielräume zur eigenverantwortlichen Gestaltung eröffnet sind.

bb) Organleihe

Ein weiterer – neben die Begründung von Pflichtaufgaben zur Erfüllung nach Wei- **71**
sung tretender – Sonderfall staatlicher Inanspruchnahme von Gemeinden auf der unteren Ebene der Verwaltungsorganisation (vgl. Rn. 5) ist die Organleihe. Anders als auf Landkreisebene (vgl. Rn. 79, 351 zur Tätigkeit des Landrats als „untere staatliche Verwaltungsbehörde" nach § 59 KrO) stellt sie auf Gemeindeebene nur einen seltenen Ausnahmefall dar (vgl. §§ 9 Abs. 4 S. 1 OBG, 16 Abs. 2 LOG, 122 Abs. 1 S. 1 GO). Hierbei bedient sich der Staat eines einzelnen Organs einer kommunalen Körperschaft, bei der Gemeinde insbesondere des Bürgermeisters. Dieses wird nicht als Kommunalorgan tätig, sondern ohne Rückbindung an die Kommune per Gesetz in die staatliche Verwaltungsorganisation eingegliedert. Es erfüllt sodann im Rahmen dieser Tätigkeit staatliche Aufgaben als **untere staatliche Verwaltungsbehörde.** Aus diesem Grund spricht man auch vom „verlängerten Arm" des Staates (BVerwG, NVwZ-RR 1990, 44, 46; ausführlich hierzu *Erichsen,* Kommunalrecht NW, S. 148 f.). Richtiger Klagegegner in Fällen dieser Art ist das Land als „Rechtsträger" i. S. d. § 78 Abs. 1 Nr. 1 VwGO (OVG NRW, NWVBl. 2011, 269).

Bei der Organleihe kommt staatlichen Aufsichts- und Weisungsmaßnahmen infolge **72**
der Einschaltung in die staatliche Organisation **keine Außenwirkung** zu. Es handelt sich allein um verwaltungsinterne Maßnahmen, eine Betroffenheit in Selbstverwaltungsrechten ist ausgeschlossen. Neben der Fachaufsicht besteht die auf den jeweiligen Amtswalter bezogene Dienstaufsicht.

2. Staatsaufsicht

a) Begriff und Funktion

Verwaltungsrechtlich betrachtet ist die Staatsaufsicht ein Steuerungsmittel mit langer **73**
historischer und aktueller Bedeutung. Im hier relevanten engeren Sinne betrifft sie rechtsfähige Träger mittelbarer Staatsverwaltung und damit auch die Kommunen. Als notwendiges **Korrelat der Dezentralisierung** ist sie im Grundsatz demokratisch-rechtsstaatlich zwingend; Art. 78 Abs. 4 LV sieht sie ausdrücklich vor. Selbstverwaltung begreift „nach ihrem inneren Sinn eine Beteiligung des Staates im Wege der Kommunalaufsicht … in sich" (VerfGH NRW, OVGE 9, 74, 83; vgl. auch BVerfGE 78, 331, 341).

Die Staatsaufsicht findet innerhalb der Exekutive statt, ist also **Eigenkontrolle.** Er- **74**
gänzt wird sie durch das verwaltungsinterne Rechtsbehelfsverfahren (nach § 79 VwVfG, §§ 68 ff. VwGO) sowie durch die gemeindeinterne Kontrolle des Bürgermeisters gegenüber dem Rat (vgl. zum Widerspruchsrecht gem. § 54 GO Rn. 189).

Weder um Kontrolle noch um Staatsaufsicht geht es bei zahlreichen anderen staatlichen Maßnahmen, die die Gemeinde bei ihrem Tätigwerden betreffen und gegen die sie nach allgemeinen Grundsätzen vorgehen kann. So kann sie sich im Rahmen einer Klage gegen den Bau eines Flughafens auf die durch Art. 28 Abs. 2 GG, Art. 78 LV gestützte Planungshoheit berufen. Es kommt auch vor, dass die Gemeinde nicht als der Staatsaufsicht unterworfene Verwaltungsträgerin, sondern als polizeipflichtige Verantwortliche für Störungen der öffentlichen Sicherheit in Streitigkeiten involviert wird (zur Anordnung der staatlichen Immissionsschutzbehörde gegenüber einer Gemeinde, für die Einhaltung der Lärmgrenzwerte in einer gemeindlichen Einrichtung zu sorgen, vgl. BVerwG, NVwZ 2003, 346; allg. zum Problem der sog. Polizeipflichtigkeit von Hoheitsträgern § 3 Rn. 113ff.).

75 Die Staatsaufsicht liegt ausschließlich im **öffentlichen Interesse.** Nach § 11 GO soll sie die Kommunen zur Erfüllung ihrer Pflichten anhalten, aber auch schützen. Wegen des ausschließlich öffentlichen Interesses haben Bürger der Gemeinde keine klagbaren Rechte darauf, dass sie ausgeübt wird.

76 Der Schutzfunktion korrespondiert, dass nach einem modernen Verständnis Aufsicht nicht so sehr punktuell-korrigierendes, sondern immer mehr handlungsbegleitend-steuerndes, insbesondere auch informelles Handeln bis hin zu einer durchgehenden Kooperation bedeutet. Die Beratung der Gemeinde im Vorfeld kommunalen Agierens gilt als die wichtigste Form der – von den Instrumenten der repressiven Aufsicht zu unterscheidenden – **präventiven Aufsicht** (vgl. BVerfGE 58, 177, 195). Diese dient der Vermeidung von Fehlentwicklungen im Vorfeld kommunalen Handelns, birgt indes den Nachteil in sich, dass die kommunale Selbstverwaltung schon im Ansatz erstickt zu werden droht. Aus diesem Grund bedürfen Aufsichtsmittel, die den Kommunen verbindlich ein Verhalten vorschreiben wollen, einer klaren gesetzlichen Grundlage. Insoweit sind bloße Anzeige- oder Vorlagepflichten (vgl. z.B. § 115 GO) von besonderen Genehmigungsvorbehalten zu unterscheiden. Sie finden sich als Erfordernisse aufsichtsbehördlicher Genehmigung, Zustimmung oder Bestätigung z.B. bei Gebietsänderungen (vgl. § 18 Abs. 2 GO) und für bestimmte Satzungen (vgl. § 7 Abs. 1 GO) sowie in Fachgesetzen, etwa bei der gemeindlichen Bebauungsplanung (vgl. § 10 Abs. 2 BauGB) oder beim Flächennutzungsplan (vgl. § 6 BauGB). Bei der Interpretation der fachgesetzlichen Regelungen muss Art. 78 Abs. 4 S. 1 LV Rechnung getragen werden. Dieser beschränkt die Staatsaufsicht außerhalb von Weisungsaufgaben explizit auf eine Rechtmäßigkeitsprüfung, so dass die entsprechenden landesgesetzlichen Bestimmungen verfassungskonform zu reduzieren sind.

Beispiel: So bildet etwa die Genehmigung einer Abgabensatzung eine Maßnahme der präventiven Rechtsaufsicht, da der Satzungserlass zum weisungsfreien Bereich der gemeindlichen Finanzhoheit gehört (vgl. zur Zweitwohnungssteuer einer bayerischen Gemeinde BayVerfGH, NVwZ 1989, 551).

b) Insbesondere: Allgemeine Aufsicht und Sonderaufsicht

77 Die Staatsaufsicht rückt v. a. dann in den Mittelpunkt, wenn sich die Gemeinde gegen eine **verbindliche Maßnahme der staatlichen Aufsichtsbehörde** verwaltungsgerichtlich zur Wehr setzen will; dann werden für die Zulässigkeit die Qualifizierung der Maßnahme als Verwaltungsakt sowie die Klagebefugnis (vgl. noch Rn. 91ff.) und für die Begründetheit Fragen der Zuständigkeit und der Reichweite virulent.

aa) Allgemeine Aufsicht

78 Die allgemeine Aufsicht des Staates (vgl. Art. 78 Abs. 4 S. 1 LV, §§ 11, 119 Abs. 1 GO) erstreckt sich auf **die gesamte Selbstverwaltungstätigkeit der Gemeinde.** Erfasst ist damit nicht nur die Wahrnehmung der freiwilligen und pflichtigen Selbstverwaltungsaufgaben (zu den Pflichtaufgaben zur Erfüllung nach Weisung vgl. Rn 64ff.), sondern auch etwa die Ausübung der Organisations-, Personal- oder Finanzhoheit.

Die **Zuständigkeit** für die allgemeine Aufsicht knüpft an die Gemeindekategorie (Rn. 44) an. Über kreisangehörige Gemeinden führt der Landrat im Wege der Organleihe (vgl. Rn. 71f., 351) als untere staatliche Verwaltungsbehörde die Aufsicht (vgl. §§ 120 Abs. 1 GO, 59 Abs. 1 KrO); ist an einer Aufsichtsmaßnahme der Kreis beteiligt, ordnet § 59 Abs. 2 KrO zur Vermeidung von Interessenkollisionen die Entscheidung durch die (obere) Aufsichtsbehörde, das ist nach § 120 Abs. 3 GO die Bezirksregierung, an (vgl. OVG NRW, NWVBl. 2013, 290). Die Aufsicht über kreisfreie Städte führt die Bezirksregierung (vgl. § 120 Abs. 2 GO), obere Aufsichtsbehörde ist hier das Innenministerium (vgl. § 120 Abs. 3 GO). Als oberste Aufsichtsbehörde fungiert stets das Innenministerium (vgl. § 120 Abs. 4 GO). **79**

Die allgemeine Aufsicht ist ihrem Maßstab nach **Rechtsaufsicht.** Sie wacht darüber, **80** dass die Kommunen bei der Erledigung ihrer Aufgaben in rechtmäßiger Weise, unter Einhaltung des formellen und materiellen europäischen Rechts, des Bundes- und des Landesrechts handeln. Ist der Gemeinde beim Erlass von Verwaltungsakten Ermessen eingeräumt (vgl. § 40 VwVfG), beschränkt sich die staatliche Aufsicht deshalb auf die Einhaltung der allgemeinen Ermessensgrenzen; der Maßstab entspricht hierbei dem der Verwaltungsgerichte bei der Kontrolle von Ermessensentscheidungen (vgl. § 114 VwGO).

Beispiel: Lediglich der Rechtsaufsicht unterliegt etwa die Einstellung von Beamten durch die Gemeinde. Sofern die Aufsichtsbehörde von der Gemeinde einen HIV-Test als Einstellungsvoraussetzung verlangt, ist dies nicht mehr von den Rechtsaufsichtsbefugnissen gedeckt (vgl. BayVGH, NJW 1989, 790).

Im Rahmen der allgemeinen Aufsicht sieht die Gemeindeordnung folgende **repressive Aufsichtsinstrumente** in der Hand der zuständigen Aufsichtsbehörden vor: **81**

- **Unterrichtungsrecht** mittels Aktenvorlage, Berichterstattung bzw. Einsichtnahme (vgl. § 121 GO).
- **Beanstandungsrecht** gegenüber dem Rat hinsichtlich Anordnungen des Bürgermeisters, die das geltende Recht verletzen (vgl. § 122 Abs. 2 S. 1 GO); diese Beanstandung hat gemäß § 122 Abs. 2 S. 3 GO aufschiebende Wirkung. Falls der Rat indes die Anordnung des Bürgermeisters billigt, kann die Aufsichtsbehörde sodann die Anordnung aufheben (vgl. § 122 Abs. 2 S. 4 GO).
- **Anweisungsrecht** bei rechtswidrigen Beschlüssen des Rates und der Ausschüsse gegenüber dem Bürgermeister, diese gemäß § 54 Abs. 2, 3 GO zu beanstanden (vgl. § 122 Abs. 1 S. 1 GO); der Bürgermeister ist hier im Rahmen der sog. Organleihe tätig (vgl. Rn. 71f.). Nach erfolgter Beanstandung durch den Bürgermeister und erneuter Beratung im Rat bzw. Ausschuss kann die Aufsichtsbehörde solche Beschlüsse aufheben (§ 122 Abs. 1 S. 2 GO).
- **Anordnungsrecht** (vgl. § 123 Abs. 1 GO), wenn die Gemeinde die ihr kraft Gesetz obliegenden Pflichten oder Aufgaben nicht erfüllt. Im Unterschied zum Beanstandungsrecht greift die Möglichkeit der Anordnung also im Falle eines gemeindlichen Unterlassens ein.
- **Ersatzvornahme** (vgl. § 123 Abs. 2 GO); sie besteht in der Durchführung der notwendigen Maßnahmen anstelle und auf Kosten der Gemeinde durch die Aufsichtsbehörde (näher *Müller,* NWVBl. 2012, 414). Dies setzt voraus, dass die Gemeinde einer Beanstandung bzw. Anordnung nicht nachgekommen ist. Die Ersatzvornahme

hat eine Doppelnatur. Sie ist gegenüber der Gemeinde ein Verwaltungsakt mit Regelungsgehalt (auf „Duldung") und enthält zugleich den jeweils ersatzweise vorgenommenen Akt (dies kann z. B. ein Verwaltungsakt oder ein Vertragsabschluss sein). Einer vorherigen Festsetzung ähnlich dem Vorgehen bei Zwangsmitteln nach § 44 VwVG NRW bedarf es nicht (OVG NRW, NWVBl. 2011, 104).

82 Darüber hinaus gibt es **Instrumente, die nicht von der zuständigen Aufsichtsbehörde** eingesetzt werden. So kann das Innenministerium einen Beauftragten bestellen (sog. Staatskommissar), wenn und solange die Befugnisse der Aufsichtsbehörde nicht ausreichen (vgl. § 124 GO). Der Beauftragte nimmt sodann in der Stellung eines Organs der Gemeinde alle oder einzelne Aufgaben der Gemeinde auf ihre Kosten wahr. Schließlich kann das Innenministerium durch Beschluss der Landesregierung ermächtigt werden, einen Rat aufzulösen, wenn er dauernd beschlussunfähig ist oder wenn eine ordnungsgemäße Erledigung der Gemeindeaufgaben aus anderen Gründen nicht gesichert ist (vgl. § 125 GO). Innerhalb von drei Monaten nach Bekanntgabe der Auflösung ist eine Neuwahl durchzuführen.

83 Die **tatbestandlichen Voraussetzungen** für den Einsatz des jeweiligen Aufsichtsinstruments haben – von ihren Spezifika abgesehen – gemeinsam, dass das gemeindliche Handeln rechtswidrig gewesen sein muss; die Rechtmäßigkeit von Aufsichtsmaßnahmen hängt von der Rechtswidrigkeit des kommunalen Handelns ab, so dass die Rechtmäßigkeit des nach Außen gerichteten kommunalen Handelns inzident geprüft werden muss. Der Maßstab der Rechtmäßigkeit kann zum Teil nahe an die Grenzen der Zweckmäßigkeit heranrücken, wenn es um die Beachtung eines konkretisierungsbedürftigen Tatbestandsmerkmals geht. So ist z. B. ein aufsichtsbehördliches Eingreifen im Rahmen der „Wirtschaftlichkeit und Sparsamkeit" der kommunalen Haushaltswirtschaft nach § 75 Abs. 2 GO erst dann gerechtfertigt, wenn die von der Kommune gewählte Handlungsoption eindeutig unwirtschaftlich ist. Eine solche Feststellung bereitet indes angesichts der unterschiedlichen Auffassungen und oftmals nur schwer nachprüfbarer Einschätzungen erhebliche Schwierigkeiten (vgl. VG Köln, NWVBl. 2005, 111).

84 Liegen die gesetzlich vorgegebenen tatbestandlichen Voraussetzungen vor, liegt es im **Ermessen** der Aufsichtsbehörde, ob und mit welchem Aufsichtsinstrument sie nachträglich einschreitet (Opportunitätsprinzip). Hierfür sprechen neben dem Wortlaut der einschlägigen Vorschriften (zumeist „kann") auch die kommunale Selbstverwaltungsgarantie sowie die ebenfalls bestehende Schutzfunktion der Aufsicht (vgl. § 11 GO). Die Auswahl der Aufsichtsinstrumente ist am Übermaßverbot zu orientieren, d. h. nach der Eingriffsintensität zu staffeln.

bb) Sonderaufsicht

85 Nach Art. 78 Abs. 4 S. 2 LV i. V. m. § 3 Abs. 2 GO kann das Land den Gemeinden Pflichtaufgaben auferlegen und sich hierbei ein besonderes Weisungs- und Aufsichtsrecht gesetzlich vorbehalten. Für solche Pflichtaufgaben zur Erfüllung nach Weisung wird damit die sog. Sonderaufsicht begründet (§ 119 Abs. 2 GO). Diese umfasst eine **Zweckmäßigkeitsaufsicht** nach Maßgabe der jeweiligen gesetzlichen Festlegung, so dass Gesichtspunkte der Effektivität der Durchsetzung politischer Zielvorstellungen hinzutreten können. Die Sonderaufsicht ist inhaltlich konkret durch Gesetz festzulegen (vgl. so z. B. in §§ 9, 3 Abs. 1 OBG). Die Zuständigkeit der Sonderaufsichtsbehörden bestimmt sich nach § 11 GO i. V. m. den jeweiligen Fachgesetzen (z. B. § 7 OBG).

Dass entsprechende Weisungsbefugnisse bei den freiwilligen und den Pflichtaufgaben ohne Weisung nicht existieren, lässt dort sog. weisungsfreie Räume entstehen. Ein verfassungsrechtlich zu problematisierendes Demokratiedefizit ist hierin allerdings nicht zu sehen, wird eine Legitimation doch über die kommunale Selbstverwaltungsgarantie nach Art. 78 LV erreicht. Diese verschafft der Gemeindeverwaltung mittels Wahlen durch das Gemeindevolk (als Teil-Staatsvolk) ein hinreichendes Maß an zusätzlicher demokratischer Legitimation.

Die Sonderaufsichtsbehörden verfügen im Gegensatz zu den Behörden der Rechtsaufsicht (vgl. Rn. 81 f.) nicht über repressive Instrumente, um gegen eine Gemeinde, die Weisungen missachtet, vorgehen zu können. Zur Durchsetzung ihrer Weisungen mit den Eingriffsmitteln der GO sind sie nicht befugt (vgl. § 127 GO). An dieser Stelle besteht nun eine **Verknüpfung von Sonderaufsicht und Rechtsaufsicht.** Die jeweilige Sonderaufsichtsbehörde kann sich an die zuständige Rechtsaufsichtsbehörde wenden, und diese kann sodann mit ihren Instrumenten (vgl. Rn. 76, 81 f.), z. B. durch Beanstandung oder Ersatzvornahme, für die Durchsetzung der Weisung sorgen (vgl. § 11 OBG). In der Nichtbeachtung einer Weisung ist angesichts der diesbezüglichen Verpflichtung der Gemeinden ein die Rechtsaufsicht auslösender Rechtsverstoß zu sehen. Gegenüber einer solchen rechtsaufsichtlichen Maßnahme ist in gleicher Weise Rechtsschutz eröffnet, wie allgemein gegenüber der Rechtsaufsicht (vgl. Rn. 91 ff.). Allerdings ist im Rahmen der Begründetheitsprüfung zu berücksichtigen, dass nicht „durch die Hintertür" die fachaufsichtliche Weisung als solche beanstandet werden kann, sondern dass sich der Rechtsschutz allein auf den Einsatz des fraglichen repressiven Rechtsaufsichtsinstruments bezieht. 86

3. Anhang

Literatur: *Erichsen,* Kommunalrecht NW, S. 67 ff., 349 ff.; *Vietmeier,* Die staatlichen Aufgaben der Kommunen und ihre Organe, 1992; *Kahl,* Die Staatsaufsicht, 2000; *Knemeyer,* Staatsaufsicht über Kommunen, JuS 2000, 521; *Oebbecke,* Kommunalaufsicht – Nur Rechtsaufsicht oder mehr?, DÖV 2001, 406; *Groß,* Was bedeutet Fachaufsicht?, DVBl. 2002, 793; *Schoch,* Die staatliche Rechtsaufsicht über Kommunen, JURA 2006, 188; *ders.,* Die staatliche Fachaufsicht über Kommunen, JURA 2006, 358; *Knemeyer,* Die Staatsaufsicht über die Gemeinden und Kreise (Kommunalaufsicht), in: HdbKWP I, 2007, 217; *Brüning/Vogelgesang,* Die Kommunalaufsicht, 2. Aufl. 2009. 87

Klausurfälle. *Schnapp/Muhlhoff,* Die Kündigung einer Gemeindeangestellten im Wege der Kommunalaufsicht, NWVBl. 2000, 271; *Körlings/Tönningsen,* Der gemeindliche Verordnungserlass und die Aufsicht, JuS 2014, 422; *Schiffbauer,* Partnerstadt Pjöngjang, JuS 2015, 548; *Kümper,* Kommunalrecht: Kein Festkommers im Friedenssaal der Stadt M?, JURA 2015, 1231; *Beyerbach,* Ein Dorf bleibt unter sich, JA 2018, 121.

Kontrollfragen:

1. In welchen Situationen wirkt sich der Unterschied zwischen Selbstverwaltungs- und Auftragsangelegenheiten aus?
2. Wie werden die Pflichtaufgaben zur Erfüllung nach Weisung in das monistische Aufgabensystem eingeordnet und welche Konsequenzen ergeben sich hieraus?
3. Wie unterscheiden sich Rechts- und Fachaufsicht?
4. Was kann die zuständige Aufsichtsbehörde unternehmen, wenn auf Gemeindeebene rechtswidrig gehandelt wird bzw. wenn die Gemeinde (rechtswidrig) nicht handelt?

III. Rechtsschutz im Verhältnis zwischen Gemeinde und Staat

Soweit den Gemeinden kraft Verfassungsrechts oder kraft einfachen Rechts subjektiv-rechtliche Positionen gegenüber dem Staat zustehen, stellt sich die Frage nach den **Rechtsschutzmöglichkeiten zur Durchsetzung dieser gemeindlichen Rechte.** In der Sache geht es dabei entweder um die Vereinbarkeit von Gesetzen mit der bundes- oder landesverfassungsrechtlichen Selbstverwaltungsgarantie oder um die Vereinbarkeit staatlicher Verwaltungs-, insbesondere auch Aufsichtsmaßnahmen mit den ge- 88 meindlichen Rechten. Zunächst sind dabei die Möglichkeiten des Primärrechtsschutzes in den Blick zu nehmen; dieser kann vor den Verfassungsgerichten (dazu 1.) und vor den Verwaltungsgerichten (dazu 2.) gesucht werden. Danach ist ein Blick auf die Ebene des Sekundärrechtsschutzes zu werfen; dort geht es insbesondere um die Durchsetzung von Amtshaftungsansprüchen der Gemeinde gegen den Staat (dazu 3.).

In der Klausur sind, wenn die Fallfrage auf beide Ebenen zielt, zunächst die Möglichkeiten des Primärrechtsschutzes gutachtlich zu untersuchen. Auch wenn die Fallfrage nur auf die Sekundärrechtsebene zielt, empfiehlt es sich, den jeweiligen Fall zunächst auf der Ebene des Primärrechtsschutzes zu durchdenken, bevor der Sekundärrechtsschutz gutachtlich erörtert wird; denn diese Vorüberlegung führt zu den in Betracht kommenden Anspruchsgrundlagen, und zudem kann der Vorrang des Primärrechtsschutzes zum Ausschluss sekundärrechtlichen Ansprüchen führen (vgl. Rn. 99ff.).

1. Verfassungsgerichtlicher Rechtsschutz

89 Verfassungsgerichtlichen Rechtsschutz gegenüber **Rechtsetzungsakten des Bundes** können die Gemeinden ausschließlich vor dem BVerfG suchen. Mangels Grundrechtsfähigkeit kommt als Verfahrensart die Verfassungsbeschwerde gemäß Art. 93 Abs. 1 Nr. 4a GG nicht in Betracht; durch Art. 93 Abs. 1 Nr. 4b Hs. 1 GG ist den Gemeinden jedoch die Möglichkeit einer auf „die Verletzung des Rechts auf Selbstverwaltung nach Art. 28 GG" gerichteten eigenen Form der Verfassungsbeschwerde eröffnet (sog. Kommunalverfassungsbeschwerde). Die Zulässigkeit entsprechender Anträge beurteilt sich nach Art. 93 Abs. 1 Nr. 4b Hs. 1 GG i. V. m. §§ 13 Nr. 8a, 91 ff. BVerfGG. Ein Antrag kann sich dabei nur gegen ein Gesetz des Bundes richten, nicht gegen Maßnahmen der Verwaltung; erfasst sind alle Gesetze im materiellen Sinne, d. h. Parlamentsgesetze, Verordnungen und Satzungen. Darüber hinaus muss der Antragsteller (Gemeinde oder Gemeindeverband) behaupten, in seinem Recht auf Selbstverwaltung aus Art. 28 Abs. 2 GG verletzt zu sein. Hierbei ist er an eine Jahresfrist gebunden (§ 93 Abs. 3 BVerfGG). Begründet ist eine Kommunalverfassungsbeschwerde, wenn das angegriffene Gesetz die kommunale Selbstverwaltungsgarantie aus Art. 28 Abs. 2 GG verletzt. Dabei bilden den Prüfungsmaßstab neben dem primär heranzuziehenden Art. 28 Abs. 2 GG selbst auch, aber auch nur solche Normen, die geeignet sind, „das verfassungsrechtliche Bild der Selbstverwaltung zu bestimmen" (vgl. BVerfGE 91, 228, 242; 119, 331, 356f.); dies gilt etwa für das Willkürverbot, Art. 20 Abs. 1 GG (Demokratie- und Rechtsstaatsprinzip) und die Gesetzgebungskompetenzbestimmungen der Art. 70ff. GG.

90 Bei **Rechtsetzungsakten des Landes** ist Rechtsschutz vor dem BVerfG durch die Subsidiaritätsklausel des Art. 93 Abs. 1 Nr. 4b Hs. 2 GG ausgeschlossen, es sei denn, der landesverfassungsrechtliche Rechtsschutz bleibt hinter dem durch das BVerfG gewährten Rechtsschutz oder die landesverfassungsrechtliche Garantie der kommunalen Selbstverwaltung bleibt materiell hinter dem Gewährleistungsniveau des Art. 28 Abs. 2 GG zurück (BVerfGE 147, 185, Rn. 50ff.). Grundsätzlich bleibt danach nur die Anrufung des VerfGH NRW im Verfahren der Kommunalverfassungsbeschwerde nach Art. 75 Nr. 5b LV i. V. m. §§ 12 Nr. 8, 52 VerfGHG (vgl. dazu näher § 1 Rn. 242ff.). Der Begriff des Landesrechts i. S. d. § 52 Abs. 1 VerfGHG ist angesichts der Intention, Gemeinden und Gemeindeverbänden einen lückenlosen Rechtsschutz zu gewähren, weit auszulegen. Daher sind nicht nur formelle Gesetze und Rechtsverordnungen, sondern alle Rechtsnormen, die mit dem Anspruch auf Verbindlichkeit tatsächlich gelten, von der staatlichen Autorität garantiert werden und denen Außenwirkung zukommt, erfasst (Gesetze im materiellen Sinne). Unzulässig ist dagegen eine Verfassungsbeschwerde gegen einen ministeriellen Erlass, der auch (mittelbar) vor den Verwaltungsgerichten überprüft werden könnte, so dass ausreichender Rechtsschutz besteht (vgl.

VerfGH NRW, VR 1995, 31). Der Antragsberechtigte muss behaupten können, in seinem Recht auf Selbstverwaltung verletzt zu sein, und zwar selbst, unmittelbar und gegenwärtig. Keine unmittelbare Betroffenheit liegt vor, wenn das angefochtene Gesetz erst im Zusammenwirken mit einer weiteren Norm (z. B. einer konkretisierenden Satzung) auf das Selbstverwaltungsrecht einwirkt (VerfGH NRW, NWVBl. 2003, 99). Für die Antragstellung gilt eine Frist von einem Jahr (vgl. § 52 Abs. 2 VerfGHG). Prüfungsmaßstab ist die Landesverfassungsgarantie nach Art. 78 Abs. 1, 2 LV (§ 52 Abs. 1 VerfGHG); daneben kommen auch hier u. U. diejenigen Grundsätze in Betracht, die ihrem Inhalt nach „das verfassungsrechtliche Bild der Selbstverwaltung" mitzubestimmen geeignet sind (VerfGH NRW, NVwZ-RR 2010, 705, 706), wobei der VerfGH NRW seine Jurisdiktion hier auch auf die Einhaltung einschlägiger bundesrechtlicher Vorgaben erstreckt (vgl. VerfGH NRW, DVBl. 2008, 241, 243; DVBl. 2012, 837, 838).

2. Verwaltungsgerichtlicher Rechtsschutz

Gegen Maßnahmen der staatlichen Verwaltung von Bund und Ländern ist der **Rechtsweg zu den Verwaltungsgerichten** eröffnet, da es sich um „öffentlich-rechtliche Streitigkeiten" i. S. v. § 40 Abs. 1 S. 1 VwGO handelt. Auch liegt regelmäßig eine Streitigkeit „nichtverfassungsrechtlicher Art" vor: Zwar sind die Verfassungsnormen der Art. 28 Abs. 2 GG, 78 Abs. 1, 2 LV Grundlage der geltend gemachten subjektiven Position der Gemeinde, diese ist aber nicht unmittelbar am Verfassungsleben beteiligt, sondern als Verwaltungsträger betroffen. § 126 GO, der für Aufsichtsmaßnahmen ausdrücklich auf die Rechtsschutzmöglichkeiten der VwGO hinweist, ist mithin deklaratorischer Natur. 91

Zu unterscheiden sind **die Abwehr- und die Verpflichtungssituation.** In der Abwehrsituation wehrt sich eine Gemeinde gegen eine Maßnahme der Staatsaufsicht, in der Verpflichtungssituation will eine Gemeinde die erforderliche Mitwirkung einer staatlichen Behörde, z. B. die Erteilung einer aufsichtsbehördlichen Genehmigung, erzwingen. In beiden Konstellationen ergeben sich gegenüber der sonst im Vordergrund stehenden Klage eines Bürgers gegen staatliche Verwaltungsmaßnahmen einige Besonderheiten insbesondere hinsichtlich der Zulässigkeitsvoraussetzungen einer verwaltungsgerichtlichen Klage, die im Folgenden betrachtet werden sollen. 92

Keine Besonderheiten bestehen, wenn es nicht um staatliche Aufsichtsmaßnahmen einschließlich Weisungen geht, sondern die Gemeinde z. B. als Planungs- oder Einrichtungsträgerin gegen bestimmte Verwaltungsmaßnahmen (etwa: Beeinträchtigung eines gemeindlichen Seebades durch eine wasserrechtliche Erlaubnis für eine Fischzucht [OVG MV, NVwZ-RR 1996, 197]) oder als Adressatin polizeilicher Maßnahmen gegen diese vorgehen will. Nicht möglich ist die Berufung auf Rechtspositionen der Gemeindeeinwohner (z. B. auf Abwehrrechte der Grundstückseigentümer gegen die staatliche Genehmigung eines Bergbauvorhabens). Hier mangelt es an der erforderlichen Klagebefugnis (vgl. § 42 Abs. 2 VwGO), da die Gemeinde nicht als Treuhänderin oder Sachwalterin auftreten kann.

a) Statthafte Klageart

Die Klageart richtet sich nach dem gemäß § 88 VwGO auszulegenden Begehren der Gemeinde. Vorrangig ist in der Abwehrsituation eine Anfechtungsklage (§ 42 Abs. 1 Hs. 1 VwGO), in der Verpflichtungssituation eine Verpflichtungsklage (§ 42 Abs. 1 Hs. 2 VwGO) in Betracht zu ziehen. Deren Statthaftigkeit hängt maßgeblich von der Qualifikation der Maßnahme, deren Aufhebung oder deren Erlass die Gemeinde begehrt, als **Verwaltungsakt** ab. In beiden Konstellationen ist insoweit – anders als bei Maßnahmen des Staates gegenüber dem Bürger – das Merkmal der Außenwirkung (vgl. § 35 VwVfG) problematisch; sie hängt von der Qualifikation der in Rede stehenden ge- 93 meindlichen Aufgabenwahrnehmung ab (vgl. Rn. 62ff.). Da Art. 78 Abs. 2 LV, §§ 2, 3 Abs. 1, 2 S. 1 GO die Wahrnehmung sämtlicher Verwaltungsaufgaben im Gemeindegebiet der Gemeinde als Selbstverwaltungskörperschaft zuweisen, ist diese bei der Erledigung nicht nur von freiwilligen Aufgaben und Pflichtaufgaben, sondern auch von Pflichtaufgaben zur Erfüllung nach Weisung als selbständiger Rechtsträger von einer staatlichen Maßnahme betroffen, so dass die Außenwirkung und die Verwaltungsaktsqualität zu bejahen ist. Ist die Gemeinde dagegen bei der Erledigung einer staatlichen Auftragsangelegenheit kraft Bundesrecht tätig, so fehlt es hieran. Hier kann nur ausnahmsweise eine Betroffenheit als Selbstverwaltungsträger und damit eine Außenwirkung angenommen werden, und zwar wenn in Wahrheit gar keine Auftragsangelegenheit, sondern eine Selbstverwaltungsangelegenheit vorliegt. Gegen Maßnahmen, die an den Bürgermeister im Bereich einer Organleihe (vgl. Rn. 71f.) gerichtet sind, kann die Gemeinde nicht einschreiten, da solche Maßnahmen den staatlichen Innenbereich, in den das „entliehene" Organ einbezogen ist, nicht überschreiten.

Ein Verwaltungsakt liegt jedenfalls, d.h. ungeachtet der Aufgabenqualität und der hierzu vertretenen Auffassung, vor, wenn die Gemeinde durch eine Maßnahme betroffen ist, die gegenüber einem Privaten erlassen worden ist und sämtliche Merkmale des § 35 VwVfG erfüllt. Beispiel: Die Gemeinde verfügt einen Verwaltungsakt, gegen den ein Bürger Widerspruch erhebt. Die staatliche Widerspruchsbehörde gibt dem Widerspruch statt und hebt den gemeindlichen Verwaltungsakt auf (einmal Verwaltungsakt, immer Verwaltungsakt; vgl. BVerwG, DVBl. 1994, 1194; BVerwG, NVwZ 2002, 1254). Allerdings ist dann die Klagebefugnis der Gemeinde problematisch (vgl. Rn. 96f.).

94 Fehlt es der streitgegenständlichen Maßnahme am Verwaltungsaktcharakter, so kann bei Vorliegen der sonstigen Voraussetzungen entweder **die allgemeine Leistungsklage (vgl. § 42 Abs. 2 S. 1 VwGO) oder die allgemeine Feststellungsklage (vgl. § 43 Abs. 1 VwGO)** erhoben werden. Das Ob der Rechtsschutzgewähr ist mithin grundsätzlich nicht vom Vorliegen eines Verwaltungsaktes abhängig. Fehlt es allerdings mangels Außenwirkung an der Verwaltungsaktsqualität, wird regelmäßig auch die – auch in diesen Klagearten erforderliche – Klagebefugnis nicht vorliegen (vgl. Rn. 96f.).

b) Beteiligten-/Prozessfähigkeit

95 Die **Beteiligtenfähigkeit** der Gemeinde folgt aus § 61 Nr. 1 VwGO („juristische Person"); das gilt seit Inkrafttreten des JustG NRW auch bei der Anfechtungs- und Verpflichtungsklage. Die **Prozessfähigkeit** beurteilt sich stets nach § 62 Abs. 3 VwGO i.V.m. § 63 Abs. 1 S. 1 GO (vgl. zur Vertretung der Gemeinde durch den Bürgermeister noch Rn. 194ff.).

c) Klagebefugnis

96 Bei allen Klagearten, d.h. sowohl bei einer Anfechtungs- und Verpflichtungsklage als auch bei einer allgemeinen Leistungs- sowie einer Feststellungsklage muss die Klagebefugnis (§ 42 Abs. 2 VwGO bzw. § 42 Abs. 2 VwGO analog) gegeben sein. Eine Klage ist nur zulässig, wenn die klagende Gemeinde geltend machen kann, in ihren Rechten verletzt zu sein. Als **möglicherweise verletzte Rechte** in diesem Sinne kommen die Selbstverwaltungsgarantien nach Art. 28 Abs. 2 GG, Art. 78 Abs. 1, 2 LV, ggf. i.V.m. einfachgesetzlichen Normen (z.B. § 3 Abs. 2 GO oder § 9 Abs. 2 OBG, wenn die Voraussetzungen für eine Einzelweisung nicht vorliegen) in Betracht. Zwar handelt es sich wegen fehlender Grundrechtsqualität nicht um „Rechte" i.S.d. Art. 19 Abs. 4 GG (sog. Rechtsschutzgarantie). Das schließt aber nicht aus, die Selbstverwaltungsgarantien als Grundlage von „Rechten" i.S.d. § 42 Abs. 2 VwGO anzusehen.

Auch hier muss wieder nach der **Art der betroffenen Aufgabe** unterschieden werden. Im Rahmen von Selbstverwaltungsangelegenheiten i. S. v. Art. 28 Abs. 2 GG kann sich die Gemeinde ohne weiteres auf subjektive Positionen berufen, so dass die Klagebefugnis im Bereich von freiwilligen Aufgaben und Pflichtaufgaben unproblematisch ist. Bei den Pflichtaufgaben zur Erfüllung nach Weisung ergibt sich die Klagebefugnis jedenfalls aus Art. 78 Abs. 1, 2 LV i. V. m. Art. 78 Abs. 4 S. 2 LV und (z. B.) § 3 Abs. 2 GO oder § 9 Abs. 2 OBG, die insoweit – u. U. auch über Art. 28 Abs. 2 GG hinaus – subjektive Positionen begründen; hier muss geltend gemacht werden, dass die angegriffene staatliche Weisung auf einem fälschlicherweise behaupteten Weisungsrecht beruhe oder dass ein bestehendes Weisungsrecht überschritten worden sei. Dagegen beurteilen sich die Dinge anders, wenn die Gemeinde staatliche Auftragsangelegenheiten kraft Bundesrecht wahrnimmt. Hier ist die Klagebefugnis mangels Betroffenheit von Selbstverwaltungsbefugnissen grundsätzlich zu verneinen, es sei denn, der Staat ist fälschlicherweise von einer Auftragsangelegenheit ausgegangen oder es wird aufgrund der Intensität der staatlichen Maßnahme zugleich der Selbstverwaltungsbereich beeinträchtigt. Auch kann eine Klagebefugnis angenommen werden, wenn die Gemeinde bei einer an sich staatlichen Auftragsangelegenheit in ihrer Entscheidung über den Einsatz von Personal bzw. der Gestaltung ihrer Organisation beeinträchtigt wird (sog. Personal- und Organisationshoheit; vgl. § 1 Rn. 188 f.). 97

Ausnahmsweise ist darüber hinaus eine Klagebefugnis anzunehmen, wenn ein gegenüber einem Privaten erlassener Widerspruchsbescheid im Rahmen von Auftragsangelegenheiten finanzielle Interessen der Gemeinde beeinträchtigt (z. B. durch die Auferlegung der Kosten für die gemäß § 80 Abs. 3 S. 1 VwVfG zu erstattenden Aufwendungen, vgl. BVerwG, NVwZ 2002, 1254). Eine weitere (seltene) Ausnahme liegt dann vor, wenn die Interpretation der zugrundeliegenden materiell-rechtlichen Vorschriften in Anwendung der sog. Schutznormtheorie ergibt, dass diese auch den Interessen der Gemeinde zu dienen bestimmt sind. Dies wird für § 45 Abs. 1b Nr. 5 StVO angenommen, wonach die (staatlichen) Straßenverkehrsbehörden ermächtigt sind, Anordnungen zur Unterstützung einer „geordneten städtebaulichen Entwicklung" zu treffen. Damit werde eine Förderung auch gemeindlicher Verkehrskonzepte ermöglicht und zugleich den zum Selbstverwaltungsbereich gehörenden Planungs- und Entwicklungsbelangen Rechnung getragen. Dies kann sich wie folgt auswirken: Hebt die Widerspruchsbehörde eine von einer Gemeinde als Straßenverkehrsbehörde erlassene Anordnung auf Widerspruch eines Privaten hin auf, dann verfügt die Gemeinde aus § 45 Abs. 1b Nr. 5 StVO (nicht aus der Selbstverwaltungsgarantie!) über eine Klagebefugnis nach § 42 Abs. 2 VwGO (vgl. BVerwG, DVBl. 1994, 1194), ebenso wie gegenüber einer fachaufsichtlichen Weisung, die die staatliche höhere Straßenverkehrsbehörde ihr gegenüber erlässt (vgl. BVerwG, DVBl. 1995, 744; vgl. zum ganzen ferner *Steiner*, NZV 1995, 209).

Bei kommunalaufsichtlichen Maßnahmen ist, da nur Außenrechte der Gemeinde berührt werden, nur die Kommune selbst und nicht auch das Organ, das den beanstandeten Beschluss gefasst hat, klagebefugt (OVG Lüneburg, NVwZ 2018, 1236, 1237).

d) Vorverfahren

Das gem. § 68 Abs. 1 S. 1, Abs. 2 VwGO im Falle einer Anfechtungs- bzw. einer Verpflichtungsklage durchzuführende Vorverfahren kann im Rahmen einer Klage einer Gemeinde **entbehrlich** sein. Dies ist zum einen der Fall, wenn die Gemeinde durch einen Widerspruchsbescheid (im Verhältnis zu einem privaten Widerspruchsführer) „erstmalig" betroffen ist (vgl. § 68 Abs. 1 S. 2 Nr. 2 VwGO; vgl. auch den bei Rn. 97 skizzierten Beispielsfall). Zum anderen ist ein Vorverfahren bei Anfechtungsklagen gegen Aufsichtsmaßnahmen gemäß §§ 121 ff. GO nach der expliziten Anordnung in § 126 GO entbehrlich (vgl. § 68 Abs. 1 S. 2 Hs. 1 VwGO). Schließlich ist die Durchführung eines Vorverfahrens weithin schon nach § 110 JustG NRW entbehrlich. 98

3. Amtshaftungsansprüche

99 Von dem soeben aufgezeigten sog. Primärrechtsschutz, welcher auf die Durchsetzung von Abwehr-, Unterlassungs- und Folgenbeseitigungs- oder Leistungsansprüchen gerichtet ist, ist der sog. **Sekundärrechtsschutz** zu unterscheiden. Hier verdient in vorliegendem Zusammenhang vor allem der Amtshaftungsanspruch Beachtung. Gemäß § 839 BGB i.V.m. Art. 34 GG haftet der Staat (Bund, Länder, Kommunen) anstelle seiner Amtswalter für deren Fehlverhalten. Typischerweise werden Amtshaftungsansprüche von Bürgern gegen Staat oder Gemeinde geltend gemacht. Denkbar ist aber auch eine Haftung für Schäden, die nicht bei den Bürgern, sondern bei einem anderen Verwaltungsträger (hier: einer Gemeinde) entstanden sind.

Die umgekehrte Konstellation, dass der Staat eine Gemeinde haftbar machen will, ist ebenfalls denkbar. Im Verhältnis von Bund und Ländern ist zudem Art. 104a Abs. 5 GG zu beachten, wonach Bund und Länder „im Verhältnis zueinander für eine ordnungsgemäße Verwaltung" haften (vgl. hierzu BVerwGE 96, 45); insoweit sind die Kommunen dem Land zuzurechnen, so dass bei den Kommunen eintretende Schäden vom Land gegenüber dem Bund geltend zu machen sind und das Land gegenüber dem Bund für die Kommunen haftet.

100 Zur **Begründung eines Amtshaftungsanspruches** müssen grundsätzlich folgende Voraussetzungen erfüllt sein:
- Ausübung eines öffentlichen Amtes;
- Verletzung einer einem Dritten gegenüber bestehenden Amtspflicht;
- Verschulden;
- Kausalität der Amtspflichtverletzung für den Schaden;
- keine Haftungsbeschränkung bzw. kein Haftungsausschluss (vgl. § 839 Abs. 1 S. 2, Abs. 3 BGB).

101 Problematisch im hier interessierenden Verhältnis ist das **Merkmal des „Dritten"**, der von der Schutzwirkung der Amtspflicht erfasst sein muss. Bund bzw. Land und Gemeinde sind zwar formal verschiedene Rechtsträger; sie erscheinen jedoch im Außenverhältnis zum Bürger als Teil des Staates i.w.S. und erfüllen gemeinsam Verwaltungsaufgaben. In der Rechtsprechung wird bei der Beurteilung von Amtshaftungsansprüchen zwischen zwei Verwaltungsträgern wie folgt differenziert: Eine rein formale Sichtweise des „Dritten" ist an dieser Stelle nicht ausreichend. Vielmehr kommt es darauf an, ob in materieller Hinsicht eine Außenwirkung vorliegt. Daran fehle es bei einem gleichgerichteten Zusammenwirken zweier Verwaltungsträger zu dem Zwecke, eine gemeinsame Aufgabe zu erfüllen. In diesem Fall seien sie funktionell miteinander verbunden, so dass kein Amtshaftungsanspruch entstehen könne (vgl. BGHZ 85, 121, 126; BGHZ 116, 312, 315; BGH, DVBl. 2001, 1609 mit Anm. *Quantz*). Dagegen ist ein Gegenüberstehen zweier Verwaltungsträger (mit der Konsequenz der Annahme eines Außenverhältnisses und damit auch eines Amtshaftungsanspruchs) eindeutig dann gegeben, wenn das schädigende Fehlverhalten des fremden Amtswalters nicht in unmittelbarem Zusammenhang mit der Erledigung öffentlicher Aufgaben steht (sog. Fiskalschäden).

Beispiele: Ein Polizeifahrzeug stößt mit dem Omnibus der Stadtwerke zusammen (vgl. BVerwG, Buchholz 232 Nr. 18 zu § 78 BBG); Bauschäden einer Gemeinde an ihrem Bürgerhaus, das die staatliche Baubehörde trotz fehlerhafter statischer Berechnung genehmigt hatte (vgl. BGHZ 39, 358).

102 Besonders relevant ist nun, ob nach diesen Grundsätzen eine Haftung für Schäden in Betracht kommt, die bei einer Gemeinde im Zusammenhang mit der Erledigung ihrer

Aufgaben entstehen, wenn der Staat ihr hierbei als Träger der **Staatsaufsicht** gegenübertritt. Grundsätzlich hat man es hier mit einem gleichgerichteten Zusammenwirken bei der Erfüllung von Aufgaben gegenüber einem Bürger zu tun. Damit wäre ein Amtshaftungsanspruch abzulehnen. Allerdings verfügen die Gemeinden auf der Ebene des Primärrechtsschutzes bei der Erledigung von Selbstverwaltungsaufgaben sowie von Pflichtaufgaben zur Erfüllung nach Weisung über subjektive Positionen, um staatliche Übergriffe abwehren zu können. Diese Tatsache wirkt sich auch bei der Beurteilung von Amtshaftungsansprüchen auf der Sekundärebene aus, bilden diese Ansprüche doch die finanzielle Fortführung des Primärrechtsschutzes im Falle seines Scheiterns. Subjektive Positionen der Gemeinden gegenüber dem Staat anzuerkennen, bedeutet daher auch, ihnen insofern den Zugang zum Sekundärrechtsschutz zu eröffnen. Daher sind bei Vorliegen der sonstigen Voraussetzungen in diesen Fällen Amtshaftungsansprüche gegeben.

Beispiele: Einrichtung eines Feuerwehrstützpunktes gegen den Willen der Gemeinde, jedoch in Vollzug der Anordnung der Kommunalaufsicht (vgl. NdsOVG, NdsVBl. 1997, 9); nutzlose Aufwendungen für einen Flächennutzungsplan infolge deutlich sinkender Baulandpreise, während ein frühzeitigeres Inkrafttreten des Flächennutzungsplanes durch die Verweigerung der staatlichen Genehmigung vereitelt wurde (BVerwGE 34, 301). Nicht erfasst ist dagegen der finanzielle Schaden (Überschwemmung), den die Unachtsamkeit eines beim Land bediensteten Lehrers im Zeichensaal des gemeindlichen Schulträgers verursacht hat (vgl. BGHZ 60, 371), weil die Tätigkeit als Schulträger zwar eine Selbstverwaltungsangelegenheit ist, das Selbstverwaltungsrecht durch das Fehlverhalten des Lehrers indes nicht verletzt worden ist; die Beeinträchtigung hat allein das bei der Erfüllung der Selbstverwaltungsaufgaben eingesetzte Inventar betroffen.

Zu Unrecht hat der BGH (DVBl. 2003, 400; vgl. dazu *Meyer,* NVwZ 2003, 818; *v. Mutius/Groth,* NJW 2003, 1278) einen Amtshaftungsanspruch zugunsten einer Gemeinde, die ein riskantes Kommunalleasinggeschäft unternommen hatte, bejaht. Den Grund für die Amtshaftung der Aufsichtsbehörde sah der BGH darin, dass diese die Leasing-Finanzierung im Rahmen der präventiven Aufsicht genehmigt hatte; die Rechtsaufsicht bei der Erledigung der betreffenden gemeindlichen Selbstverwaltungsangelegenheit habe auch den Zweck, die Gemeinde in diesem Bereich vor vermeidbaren Schädigungen zu bewahren. Dabei wird übergangen, dass auf der Primärrechtsebene die Aufsichtsbehörde nicht in das Selbstverwaltungsrecht eingegriffen, sondern nur eine primär von der Gemeinde zu verantwortende Maßnahme bestätigt hat; der Gemeinde als der eigentlich Verantwortlichen für das Leasing-Geschäft war zumindest ein Mitverschulden in erheblichem Umfang anzulasten. Die abweichende Beurteilung des BGH leistet letztlich einer Schwächung der kommunalen Eigenverantwortlichkeit Vorschub.

Schließlich ist immer zu beachten, dass ein Amtshaftungsanspruch wegen des **Vorrangs des Primärrechtsschutzes** gemäß § 839 Abs. 3 BGB ausgeschlossen sein kann. 103
Diejenigen Schäden, die bereits durch Widerspruch oder Klage hätten vermieden werden können, lassen sich nicht durch eine Amtshaftungsklage vor einem ordentlichen Gericht geltend machen (kein „Dulde und liquidiere").

4. Anhang

Literaturhinweise: *Hoppe,* Probleme des verfassungsgerichtlichen Schutzes der Kommunalen Selbstverwaltung, DVBl. 1995, 179; *von Komorowski,* Amtshaftungsansprüche von Gemeinden gegen andere Verwaltungsträger, VerwArch 93 (2002), 62; *Scholz,* Der Rechtsschutz der Gemeinden gegen fachaufsichtliche Weisungen, 2002; *Ogorek,* Der Kommunalverfassungsstreit im Verwaltungsprozess, JURA 2009, 511. 104

Kontrollfragen:

1. Welchen Rechtsschutz können Gemeinden gegen Gesetze des Bundes bzw. des Landes geltend machen?
2. Wie sehen die Prüfungsgegenstände aus?
3. Kann eine Gemeinde gegen Maßnahmen der staatlichen Verwaltung eine Verletzung ihres Rechts auf Selbstverwaltung vor den Verwaltungsgerichten geltend machen?
4. An welcher Stelle der Zulässigkeitsprüfung einer verwaltungsgerichtlichen Klage gegen eine staatliche Aufsichtsmaßnahme wirkt sich der Aufgabencharakter der von den Gemeinden wahrzunehmenden Aufgaben aus und in welcher Weise?
5. Mit welcher Problematik sieht man sich im Rahmen eines Amtshaftungsanspruches zwischen zwei Verwaltungsträgern konfrontiert? Welche Rolle spielt hier die Einordnung der von den Gemeinden zu erfüllenden Aufgaben?

C. Die Binnenorganisation der Gemeinden

105 Als ein mit dem Recht der Selbstverwaltung ausgestatteter Teil der mittelbaren Staatsverwaltung auf Landesebene (vgl. Rn. 5) benötigen die Gemeinden zur Erledigung ihrer Aufgaben eine spezifische Organisationsstruktur. Diese ist geregelt im sog. **Gemeindeverfassungsrecht.** Das Gemeindeverfassungsrecht des Landes NRW legt fest, welche Organe es gibt, wie diese Organe gebildet werden bzw. wie sie zusammengesetzt sind und welche Zuständigkeiten sie in Abgrenzung gegenüber anderen Organen besitzen.

106 Dabei muss nach Art. 28 Abs. 1 S. 1 GG die verfassungsmäßige Ordnung in den Ländern – und damit auch in den Gemeinden – „den Grundsätzen des republikanischen, demokratischen und sozialen Rechtsstaates“ im Sinne des Grundgesetzes entsprechen. Art. 28 Abs. 1 S. 2 GG schreibt weiter vor, dass das „Volk“ (auch) in Kreisen und Gemeinden eine „Vertretung“ haben muss, „die aus allgemeinen, unmittelbaren, freien, gleichen und geheimen Wahlen hervorgegangen ist“. Auch auf Gemeindeebene muss es also ein von den Bürgern der Gemeinde gewähltes **Repräsentativorgan** geben. Diese Funktion erfüllt in NRW der Rat der Gemeinde (§§ 40ff. GO). Da die Gemeinde ein Verwaltungsträger ist (vgl. Rn. 3ff.), ist der Rat ungeachtet der geläufigen Bezeichnung als Kommunalparlament kein Gesetzgebungs-, sondern ein Verwaltungsorgan. Er ist die zentrale Führungsinstanz der Gemeinde und nimmt u. a. Repräsentations-, Kontroll- (sowohl retrospektiv als auch begleitend im Sinne einer umfassenden Steuerung der Prozesse) und Rechtsetzungsaufgaben (v. a. durch kommunale Satzungen; vgl. Rn. 219ff.) wahr. Daneben hat der nordrhein-westfälische Landesgesetzgeber auf der Grundlage seiner Gestaltungsfreiheit als weiteres Hauptorgan den „Bürgermeister“ geschaffen und diesen mit der Leitung der Verwaltung und mit einem Teil der politischen Führungsarbeit betraut (§§ 62ff. GO); der Bürgermeister ist, auch wenn er – wie in Nordrhein-Westfalen – direkt gewählt und in § 40 Abs. 2 S. 1 GO neben dem Rat genannt wird, nicht „Vertretung“ i. S. v. Art. 28 Abs. 1 S. 2 GG (vgl. SächsVerfGH, LKV 1997, 285).

Im Vergleich der Gemeindeverfassungen der Bundesländer in ihrer historischen Entwicklung sind vier Typen von Gemeindeverfassungen zu unterscheiden: Die lange Zeit auch in Preußen bestehende Magistratsverfassung ging auf die Städteordnung des Freiherrn vom und zum Stein (1808) zurück. Die gewählte Gemeindevertretung bestellte als zweites Leitungsorgan einen Magistrat aus hauptamtlichen und ehrenamtlichen Beigeordneten unter Vorsitz des Bürgermeisters. Französische Einflüsse sind vor allem in der Bürgermeisterverfassung erkennbar, die ab 1945 in Rheinland-Pfalz und im Saarland verwirklicht worden war. Hier obliegt die Verwaltungsleitung dem lediglich von der Gemeindevertretung und nicht unmittelbar von den Bürgern gewählten Bürgermeister. Die seit Jahrzehnten in Baden-Württemberg und Bayern geltende Süddeutsche Ratsverfassung ist dadurch gekennzeichnet, dass sowohl der Gemeinderat wie auch der Bürgermeister direkt von den Bürgern gewählt werden. Dem Bürgermeister kommt eine Schlüsselstellung zu, da er den Vorsitz im Gemeinderat führt und gleichzeitig die Verwaltung leitet. Die Norddeutsche Ratsverfassung wurde von der Britischen Besatzungsmacht in Niedersachsen und Nordrhein-Westfalen eingeführt. Sie sah neben einem vom Rat gewählten ehrenamtlichen Bürgermeister als Repräsentanten einen hauptamtlichen Stadtdirektor als ausführenden Verwaltungschef vor. Hinter diesem Modell steckte die britische Konzeption einer politisch-parlamentarischen Führung und einer unpolitisch-loyalen Verwaltung auch auf Gemeindeebene. Mit der Abschaffung der Doppelspitze im Jahre 1999 (vgl. Rn. 15, 179) entspricht nunmehr auch die nordrhein-westfälische Gemeindeordnung weitgehend dem Modell der Süddeutschen Ratsverfassung.

I. Wahlen und andere Beteiligungsformen für Einwohner und Bürger

1. Einwohner und Bürger

Im Hinblick auf die Rechte und Pflichten, insbesondere die Beteiligungsmöglichkeiten der Bewohner einer Gemeinde trifft die Gemeindeordnung eine **Unterscheidung zwischen „Einwohnern" und „Bürgern".** Während der Rechtsbegriff der „Einwohner" die Gesamtheit aller Gemeindebewohner beschreibt, bildet die Gruppe der „Bürger" einen Ausschnitt hiervon. **107**

a) Begriff und Rechtsstellung des Einwohners

Einwohner ist nach § 21 Abs. 1 GO, wer in der Gemeinde wohnt. Der Begriff der **„Wohnung"** ist in § 20 Bundesmeldegesetz definiert und erfasst danach insbesondere jeden umschlossenen Raum, der zum Wohnen oder Schlafen benutzt wird. Die konkrete Form der Benutzung muss durch objektive Umstände nachgewiesen sein. Die deutsche Staatsangehörigkeit ist zur Wohnsitzgründung nicht erforderlich. Wer über mehrere Wohnungen in der Bundesrepublik Deutschland verfügt, ist Einwohner aller Gemeinden, in denen seine Wohnungen liegen. In diesem Fall ist die vorwiegend benutzte Wohnung seine Hauptwohnung (vgl. hierzu näher § 22 Bundesmeldegesetz). Insoweit ist nicht auf den Aufenthalt in der Wohnung selbst abzustellen, sondern (rein quantitativ) auf den Aufenthalt an dem Ort, in dem sich die Wohnung befindet. Unerheblich ist der Eintrag im Melderegister. **108**

Beispiel: Ein Studierender, der sich vier Tage pro Woche in der Wohnung seiner Eltern in Köln und die restlichen Wochentage an seinem Studienort Trier aufhält, ist Einwohner beider Gemeinden. Er hat seine Hauptwohnung in Köln, auch wenn seine Wohnung in Trier von der zuständigen Meldebehörde als Hauptwohnung registriert wurde. Das Melderegister ist diesbezüglich zu berichtigen (BVerwG, NJW 1992, 1121; zuletzt zum Begriff des Wohnens VGH BW, VBlBW 2006, 388).

Die GO gewährt den Einwohnern eine Vielzahl an **Rechten.** Gemäß § 8 Abs. 2 Hs. 1 GO sind alle Einwohner im Rahmen des geltenden Rechts berechtigt, öffentliche Einrichtungen der Gemeinde wie z. B. Parkanlagen, Museen und Bäder zu benutzen (vgl. Rn. 266 ff.). § 22 GO verpflichtet die Gemeinden grundsätzlich, ihren Einwohnern bei der Stellung von Anträgen im Verwaltungsverfahren behilflich zu sein. Den Einwohnern steht überdies ein Anspruch auf Unterrichtung in allen bedeutsamen Angelegenheiten der Gemeinde zu (§ 23 GO). Diesem Anspruch kommen die Gemeinden in der kommunalen Praxis unter anderem durch Einwohnerfragestunden im **109**

Rat oder Sprechstunden beim Bürgermeister nach. § 24 GO gewährt allen Einwohnern ein Anregungs- und Beschwerderecht (sog. „kommunales Petitionsrecht"). Zur Bearbeitung der Beschwerden der Einwohner richtet der Rat oftmals einen eigenen Beschwerdeausschuss ein. Vor dem Hintergrund von Bürgerbegehren und Bürgerentscheid (§ 26 GO; vgl. Rn. 127 ff.) ist die Vorschrift des § 25 GO, wonach Einwohner unter bestimmten Voraussetzungen die Beratung und Entscheidung des Rates über eine bestimmte Angelegenheit erzwingen können (sog. „Einwohnerantrag") von nur geringer praktischer Bedeutung. Schließlich können Einwohner gemäß § 58 Abs. 4 GO als sog. „sachkundige Einwohner" vom Rat zu Ausschussmitgliedern mit beratender Stimme gewählt werden.

Neben die Unterrichtung der Einwohner nach § 23 GO tritt seit Januar 2002 das allgemeine Informationsrecht nach § 4 Abs. 1 IFG NRW (Gesetz über die Freiheit des Zugangs zu Informationen für das Land Nordrhein-Westfalen – Informationsfreiheitsgesetz). Hiernach hat grundsätzlich jede natürliche Person Anspruch auf Zugang zu den bei öffentlichen Stellen des Landes vorhandenen amtlichen Informationen. Eine Unterrichtung ohne vorhergehenden Antrag kennt das IFG NRW im Unterschied zu § 23 GO nicht.

110 Ausländische Einwohner haben unter den Voraussetzungen des § 27 GO das Recht, einen sog. **„Integrationsrat"** zu bilden (dazu *Wellmann,* NWVBl. 2009, 470); unter bestimmten Voraussetzungen (mindestens 5.000 ausländische Einwohner mit Hauptwohnung oder mindestens 2.000 ausländische Einwohner mit Hauptwohnung und mindestens 200 Antragsteller) ist er nach § 27 Abs. 1 und 2 GO zu bilden. Die Mitglieder des Integrationsrats werden für jeweils eine Ratsperiode gewählt. Ihnen kommt die Aufgabe zu, die kommunalen Organe in den die Migrantinnen und Migranten besonders betreffenden Angelegenheiten zu beraten und die Interessen dieser Einwohner entsprechend zu artikulieren. Zu diesem Zweck räumt § 27 GO dem Integrationsrat umfangreiche Informations- und Mitwirkungsrechte ein, deren Ausübung gegenüber dem Rat in der Praxis vielfach ungeklärt ist. In auffälligem Gegensatz zur bundesweiten Zunahme der Integrations- bzw. Ausländerbeiräte steht die kontinuierliche Abnahme der Beteiligung an den Wahlen für dieses Gremium (*Hoffmann,* ZAR 2003, 53). Die Einrichtung von Kinder- und Jugendräten ist nicht gesetzlich vorgesehen, aber auf der Grundlage der Organisationshoheit (vgl. § 1 Rn. 188) möglich.

111 Den Rechten der Einwohner stehen bestimmte **Pflichten** gegenüber, die teilweise wiederum Beteiligungsmöglichkeiten eröffnen. Dies gilt insbesondere für die Pflicht zur Übernahme von ehrenamtlichen Tätigkeiten i. S. d. § 28 Abs. 1 GO (z. B. als Wahlhelfer oder Schöffe). Verweigert ein Einwohner die Übernahme oder Ausübung einer ehrenamtlichen Tätigkeit ohne wichtigen Grund, kann vom Rat auf der Grundlage von § 29 Abs. 3 GO durch Verwaltungsakt ein Ordnungsgeld von bis zu 500 Euro verhängt werden. Ob ein wichtiger Grund vorliegt, entscheidet grundsätzlich der Rat (§ 29 Abs. 2 GO). § 8 Abs. 2 Hs. 2 GO verpflichtet die Einwohner, diejenigen (finanziellen) Lasten zu tragen, die sich aus ihrer Zugehörigkeit zur Gemeinde ergeben. Dabei kommt es nicht auf die tatsächliche Inanspruchnahme bestimmter Einrichtungen an.

b) Begriff und Rechtsstellung des Bürgers

112 Die Gruppe der Bürger bildet eine Teilmenge der Einwohner. Bürger ist, wer die **Wahlberechtigung zu den Gemeindewahlen** besitzt (§ 21 Abs. 2 GO). Diese Voraussetzung erfüllt nach § 7 KWahlG, wer am Wahltag Deutscher i. S. v. Art. 116 Abs. 1 GG ist oder die Staatsangehörigkeit eines Mitgliedstaats der Europäischen Union besitzt, das sechzehnte Lebensjahr vollendet hat und mindestens seit dem 16. Tag vor der

Wahl im betreffenden Wahlgebiet seine Wohnung, bei mehreren Wohnungen seine Hauptwohnung, hat (vgl. näher Rn. 117ff.). In der Erstreckung auf EU-Ausländer und der Herabsetzung des Wahlalters unterscheidet sich die Wahlberechtigung von der zu Landtags- und Bundestagswahlen.

Mit dem Bürgerstatus verbindet sich eine im Verhältnis zum Einwohner erheblich **113** verbesserte **Rechtsstellung.** Zusätzlich zu den Einwohnerrechten haben die Bürger die Berechtigung zur Teilnahme an Kommunalwahlen (sog. „aktives Wahlrecht") und, soweit sie volljährig sind, das „passive Wahlrecht" bei Kommunalwahlen, d.h. sie sind wählbar (vgl. Rn. 117ff.). Außer zu Mitgliedern des Rates können sie zu sog. sachkundigen Bürgern gewählt werden. Sachkundige Bürger unterscheiden sich von den „sachkundigen Einwohnern" durch uneingeschränktes Stimmrecht in dem Ausschuss des Rates, dem sie angehören. § 26 GO schließlich eröffnet den Bürgern die plebiszitäre Mitentscheidungsbefugnis des Bürgerbegehrens (vgl. Rn. 127ff.).

Auch Bürger unterliegen der **Pflicht** zur Übernahme von ehrenamtlichen Tätigkei- **114** ten und überdies von Ehrenämtern (§ 28 Abs. 2 GO). Im Rahmen der Ausübung von solchen Tätigkeiten bzw. Ämtern erlangen §§ 29ff. GO besondere Bedeutung. Hiernach besteht in bestimmten Angelegenheiten eine Verschwiegenheitspflicht (§ 30 GO). § 33 S. 1 GO gewährt Anspruch auf Ersatz der notwendigen Auslagen und des Verdienstausfalls. Ferner von Bedeutung sind ein Mitwirkungsverbot bei Befangenheit (§ 31 GO) und generell die Verpflichtung zur Treue gegenüber der Gemeinde (§ 32 Abs. 1 S. 1 GO) sowie das in § 32 Abs. 1 S. 2 GO normierte „kommunalrechtliche Vertretungsverbot" (vgl. näher Rn. 174ff. zur Rechtsstellung des Ratsmitglieds, auf die diese Vorschriften nach Maßgabe von § 43 Abs. 2 GO entsprechend anwendbar sind).

2. Wahlen auf Gemeindeebene

a) Rechtsgrundlagen

Die zentrale verfassungsrechtliche Grundlage des Kommunalwahlrechts ist **Art. 28** **115** **Abs. 1 S. 2 GG,** wonach „das Volk" auch in den Kreisen und Gemeinden eine Vertretung haben muss, „die aus allgemeinen, unmittelbaren, freien, gleichen und geheimen Wahlen hervorgegangen ist". Damit wird für die Wahl des Rats an die in Art. 38 Abs. 1 S. 1 GG statuierten Grundsätze für die Wahl der Mitglieder des Bundestages angeknüpft.

Einfachrechtliche Bestimmungen zur Durchführung von Kommunalwahlen enthal- **116** ten **die Gemeindeordnung sowie das Kommunalwahlgesetz und die Kommunalwahlordnung.** Die Gemeindeordnung greift für die Wahl des Rates und des Bürgermeisters die Wahlrechtsgrundsätze des Art. 28 Abs. 1 S. 2 GG auf (§§ 42 Abs. 1 S. 1, 65 Abs. 1 S. 1 GO). Im Kommunalwahlgesetz und in der Kommunalwahlordnung sind im Detail u.a. das aktive und passive Wahlrecht, die Wahlvorbereitung, der Wahlvorgang an sich, das Wahlsystem, die Verteilung der Sitze sowie das Ausscheiden und der Ersatz von Mandatsträgern im Rat und die Wahlprüfung geregelt.

b) Aktives und passives Wahlrecht

Wahlberechtigt und damit Träger des aktiven **Wahlrechts** sind gemäß § 7 KWahlG **117** alle Deutschen i.S.v. Art. 116 Abs. 1 GG sowie alle EU-Ausländer, jeweils nach Vollendung des sechzehnten Lebensjahres (vgl. VGH Mannheim, NVwZ-RR 2018, 404, 405, zur Zulässigkeit der Herabsetzung des Wahlalters) und mit einer (Haupt-) Wohnsitzdauer von nur noch mindestens 16 Tagen im Wahlgebiet (= alle Bürger). Die Regelung des § 12 KWahlG über das passive Wahlrecht, d.h. das Recht gewählt zu werden, knüpft hieran an, sieht jedoch ein höheres Lebensalter, nämlich Volljährigkeit vor.

118 Die aktive und passive Wahlberechtigung für **EU-Ausländer** beruht auf der Umsetzung der Richtlinie 94/80/EG des Rates vom 19.12.1994 (ABl. EG Nr. L 368, S. 38) und findet ihre primärrechtliche Grundlage mittlerweile in Art. 20 Abs. 2 S. 2 lit. b i. V. m. Art. 22 Abs. 1 AEUV. Europarechtlich gesehen bildet sie einen wichtigen Bestandteil der mit dem Vertrag von Maastricht (vom 7. Februar 1992) eingeführten sog. Unionsbürgerschaft (Art. 20 ff. AEUV). Sie ist ferner in Art. 40 der Charta der Grundrechte der EU verankert. Verfassungsrechtlich ist das Kommunalwahlrecht für EU-Ausländer nunmehr durch Art. 28 Abs. 1 S. 3 GG abgesichert. Diesbezüglich war eine Grundgesetzänderung erforderlich, da das die Staatsgewalt vermittelnde „Volk“ (Art. 20 Abs. 2 S. 1 GG) nach der Grundkonzeption der Verfassung lediglich von den deutschen Staatsangehörigen und den ihnen nach Art 116 Abs. 1 GG gleichgestellten Personen gebildet wird (vgl. BVerfGE 83, 37; 83, 60).

119 Von nicht geringer praktischer Bedeutung ist die Vorschrift des § 13 KWahlG, wonach Beamte und Angestellte im öffentlichen Dienst in bestimmten Fällen nicht einer Vertretungskörperschaft, d. h. v. a. dem Rat angehören dürfen **(Inkompatibilität).** Der Amtsträger kann sich zwar als Wahlbewerber aufstellen lassen, gewählt werden und die Wahl annehmen; die Ausübung des Mandats ist allerdings abhängig von einer Beendigung des Amtsträgerverhältnisses. Die darin liegende Beschränkung der Grundsätze der Allgemeinheit und Gleichheit der Wahl kann ihre verfassungsrechtliche Rechtfertigung in Art. 137 Abs. 1 GG finden, dessen Zweck im Schutz der organisatorischen Gewaltenteilung vor Gefahren liegt, die durch die Kombination von Exekutivamt und Wahlmandat entstehen können. Vor diesem Hintergrund sollen insbesondere Mitarbeiter der Verwaltung nicht derjenigen Vertretungskörperschaft angehören, der die Kontrolle über ihre Behörde obliegt (BVerfG NJW 1981, 2047, 2048). Die Unvereinbarkeitsregelung ist verfassungskonform so auszulegen, dass sie solche Arbeitnehmer nicht umfasst, die nach ihrem dienstlichen Tätigkeitsbereich keine Möglichkeit haben, inhaltlich auf die Verwaltungsführung der Kommune Einfluss zu nehmen (vgl. BVerwG, NVwZ 2017, 1711, 1712 f.).

Beispiele: Ein Verwaltungsangestellter des städtischen Friedhofsamtes kann nicht zugleich ein Ratsmandat ausüben. Dagegen liegt kein Verstoß gegen die Inkompatibilitätsregelung des § 13 Abs. 1 S. 1 lit. b KWahlG vor, wenn ein in einer kreisfreien Stadt in NRW wohnendes Ratsmitglied zugleich als vollzeitbeschäftigter leitender Angestellter im Ministerium für Schule, Wissenschaft und Forschung des Landes NRW tätig ist (OVG NRW, NWVBl. 2002, 464).

c) Die Wahl des Rates

120 Der Rat wird im Wege einer **Verhältniswahl mit vorgeschalteter Mehrheitswahl** gewählt. Die Ratsmandate werden grundsätzlich hälftig (vgl. § 3 Abs. 2 KWahlG) einerseits über Direktmandate (§ 32 KWahlG) in den Wahlbezirken und andererseits über eine sog. Reserveliste (§ 33 KWahlG) vergeben. Jeder Wähler hat eine Stimme. Mit ihr wählt er zugleich einen Kandidaten im Wahlbezirk und, falls dieser Bewerber von einer Partei oder einer Wählergruppe aufgestellt ist, die von ihr für das Wahlgebiet festgelegte Reserveliste (§ 31 S. 1 und 2 KWahlG). Die in den Wahlbezirken erfolgreichen Bewerber erhalten einen Sitz. Die Anzahl der einer jeden Partei oder Wählergruppe zustehenden Sitze wird nach dem Anteil der auf die jeweilige Reserveliste entfallenen Stimmen mittels des sog. Divisorverfahrens mit Standardrundung (Sainte-Laguë/Schepers) berechnet (§ 33 Abs. 2 KWahlG); hat eine Partei oder Wählergruppe weniger Sitze in den Wahlbezirken errungen, als ihre Sitzzahl beträgt, werden die feh-

lenden Sitze aus der Reserveliste besetzt (§ 33 Abs. 5 KWahlG). Hat eine Partei oder Wählergruppe in den Wahlbezirken mehr Direktmandate errungen als ihr nach der Reserveliste zustehen („Überhangmandate"), so behält sie diese Direktmandate; den anderen Parteien werden dann aber sog. „Ausgleichsmandate" zugeteilt, so dass ein alle Parteien bzw. Wählergruppen einschließender Verhältnisausgleich erzielt wird (§ 33 Abs. 3 KWahlG). Erhält eine Partei oder Wählergruppe, die mehr als die Hälfte der gültigen Stimmen erhalten hat, nach § 33 Abs. 2 KWahlG nicht mehr als die Hälfte der insgesamt zu vergebenden Sitze, wird ihr vorab ein weiterer Sitz als „Zusatzmandat" zugeteilt (§ 33 Abs. 4 KWahlG).

Bei der Durchführung der Kommunalwahlen sind die Vorgaben des **Art. 28 Abs. 1** 121
S. 1 und 2 GG zu beachten. Nach den gemäß Art. 28 Abs. 1 S. 2 GG verbindlichen Wahlrechtsgrundsätzen muss die Vertretung des Volkes aus allgemeinen, unmittelbaren, freien, gleichen und geheimen Wahlen hervorgegangen sein. Jenseits dieser verbindlichen Vorgabe lässt das Homogenitätsgebot des Art. 28 Abs. 1 S. 1 GG unterschiedliche Ausgestaltungen zu, verpflichtet aber zur Beachtung von „grundsätzlichen demokratischen Vorgaben" (VerfGH NRW, DVBl. 2009, 516).

Nach Auffassung des VerfGH NRW (DVBl. 2009, 516) gehört zu diesen grundsätzlichen demokratischen Vorgaben auch, dass zwischen der Wahl und der Konstituierung neu gewählter Gremien äußerstenfalls 3 Monate liegen dürfen; die ursprünglich vorgesehene Zusammenlegung der Kommunalwahlen 2009 mit den Europawahlen 2009 an ein- und demselben Tag wurde daher für verfassungswidrig erklärt, weil zwischen dem Tag der Europawahlen und der neuen Kommunalwahlperiode ein zu langer Abstand liege (krit. hierzu *Waldhoff,* JZ 2009, 144; zur Situation ab 2014 *Schoenemann,* NWVBl. 2009, 165). In dem sich hieran anschließenden weiteren Klageverfahren hat der VerfGH NRW (NWVBl. 2009, 309) sodann festgestellt, dass die durch den Innenminister vorgenommene Terminierung der Kommunalwahlen auf Ende August 2009 (und somit nur wenige Wochen vor und insbesondere getrennt von der Bundestagswahl im September 2009) hingegen nicht verfassungsrechtliche Vorgaben verletze. Der Gesetzgeber sei grundsätzlich frei in seiner Entscheidung, ob er mit einer Zusammenlegung von Wahlterminen auf eine Erhöhung der Wahlbeteiligung hinwirken wolle oder ob es ihm stärker darum gehe, die Kommunalwahl in der gesteigerten öffentlichen Aufmerksamkeit der Bundestagswahl nicht gleichsam untergehen zu lassen; weder gegen das Recht auf Chancengleichheit der politischen Parteien noch gegen das Willkürverbot werde verstoßen.

Nach dem **Grundsatz der freien Wahl** muss der Wähler seine Wahlentscheidung in 122
einem freien und offenen Prozess der Meinungsbildung ohne jede unzulässige Beeinflussung von staatlicher oder nichtstaatlicher Seite finden können. Daraus folgt eine Neutralitätspflicht staatlicher und gemeindlicher Organe insbesondere im Kommunalwahlkampf. Kein Fall der amtlichen (hierzu *Oebbecke,* NVwZ 2007, 30), sondern allenfalls der „unter besonderem Druck vorgenommenen" privaten Wahlbeeinflussung soll im Verhalten von Parteien und auch von Fraktionen (OVG NRW, NVwZ 2006, 363) liegen.

Beispiele: Gegen den Grundsatz der freien Wahl wird verstoßen, wenn ein Bürgermeister in amtlicher Eigenschaft Wahlempfehlungen (z. B. in Form von Zeitungsanzeigen) zugunsten einer Partei oder eines Wahlbewerbers abgibt (BVerwG, NVwZ 1997, 1220). In Dortmund haben im Frühjahr 2010 unzutreffende bzw. fehlende Berichte über die Haushaltslage zur Wahlwiederholung geführt (vgl. nur in der gleichen Rechtssache OVG NRW, DVBl. 2012, 588, und BVerwG, NVwZ 2012, 1117; zu den Konsequenzen *Drossel/Suck,* NWVBl. 2012, 215). Die Freiheit der Wahl wird verletzt, wenn die amtlichen Stimmzettel geschlechtsparitätsbezogene Angaben enthalten, die aus der Sicht eines mündigen, verständigen Wählers einen appellativen Charakter entfalten (VerfGH Rh.-Pf., NVwZ 2014, 1089, 1092 f.).

123 Der Grundsatz der **Gleichheit der Wahl** besagt, dass jeder Wahlberechtigte sein aktives und passives Wahlrecht in formal möglichst gleicher Weise ausüben können soll. Die Stimme eines jeden Wählers muss den gleichen Zählwert haben. Im Verhältniswahlsystem muss darüber hinaus (jedenfalls im Grundsatz) ein gleicher Erfolgswert gewährleistet sein. Regelt der Gesetzgeber den Bereich der politischen Willensbildung bei Wahlen in einer Weise, welche die Chancengleichheit der politischen Parteien und Wählervereinigungen beeinträchtigen kann, sind seinem Entscheidungsspielraum besonders enge Grenzen gesetzt. Differenzierungen bedürfen auch in diesem Bereich stets eines „zwingenden Grundes".

124 Diskutiert wurde die Wahlrechtsgleichheit in den letzten Jahren vor allem im Zusammenhang mit der sog. **„Sperrklausel"** („Fünf-Prozent-Hürde"), die bei einem Wahlergebnis einer Partei oder einer politischen Gruppierung von weniger als fünf Prozent der Gesamtstimmenzahl einen Einzug in den Rat verhindert hatte (§ 33 KWahlG a. F.). Das BVerfG hat eine Sperrklausel dieser Höhe im Hinblick auf die staatspolitischen Gefahren einer übermäßigen Parteienzersplitterung auch im Kommunalrecht für verfassungsrechtlich grundsätzlich zulässig gehalten (BVerfGE 47, 253, 277), ist aber zunehmend strenger geworden (BVerfG, DVBl. 2008, 443, zu Schleswig-Holstein; hierzu *Krajewski,* DÖV 2008, 345). Auch der VerfGH NRW hat eine Sperrklausel zwar für rechtfertigungsfähig erachtet, soweit die Funktionsfähigkeit der Kommunalvertretungen gefährdet ist, sie jedoch in Anbetracht der Einführung der Direktwahl des Bürgermeisters (vgl. Rn. 125) für verfassungswidrig erklärt (VerfGH NRW, NWVBl. 1999, 383), weil die dadurch bewirkte Ungleichgewichtung der Wählerstimmen nicht gerechtfertigt sei; die theoretische Möglichkeit der in Rede stehenden Gefahren reiche für eine hinreichende Prognose nicht aus, und der nordrhein-westfälische Gesetzgeber habe seine Entscheidung, die Sperrklausel beizubehalten, nicht hinreichend begründet. Auch die 2016 in Reaktion auf diese Entscheidung vorgenommene Verankerung einer 2,5%-Sperrklausel in der Landesverfassung (vgl. weiterführend *Dietlein/Riedel,* Zugangshürden im Kommunalwahlrecht, 2012) hat der VerfGH NRW für verfassungswidrig erklärt (VerfGH NRW, NVwZ 2018, 159; vgl. *Barczak,* NWVBl. 2017, 133, sowie Hbg.VerfG, DVBl. 2016, 248, zur Verfassungsmäßigkeit einer auf Verfassungsebene eingeführten Drei-Prozent-Sperrklausel für die Wahl zu den Bezirksversammlungen).

Aus entsprechenden Erwägungen hat der VerfGH NRW auch die frühere sog. Mindestsitzklausel, wonach Parteien und Wählergruppen bei der Sitzzuteilung unberücksichtigt geblieben sind, die nicht mindestens eine Zahl von 1,0 für einen einzigen Sitz erreicht hatten, für verfassungswidrig erklärt (VerfGH NRW, OVGE 51, 289).

Den politischen Parteien (i. S. d. Art. 21 GG) wahlrechtlich gleichgestellt sind parteiungebundene örtliche Wählergemeinschaften (grundsätzlich zu ihnen zuletzt *Morlok/Merten,* DÖV 2011, 125). Diese werden wegen ihres ausschließlich lokalen Bezugs auch „Rathausparteien" genannt. Das Recht auf Chancengleichheit ist beispielsweise verletzt, wenn kommunale Wählervereinigungen und ihre Dachverbände zur Körperschafts- und Vermögenssteuer herangezogen werden, Parteien und deren Untergliederungen dagegen nicht (BVerfGE 99, 69).

d) Die Wahl des Bürgermeisters

125 Der Bürgermeister wird nach aktueller Rechtslage auf Grund des Gesetzes zur Wiedereinführung der Stichwahl vom 3.5.2011 (GV.NRW. S. 237) nach einem **Mischsystem** gewählt. Danach ist nach einem ersten Wahlgang, wenn darin keiner der Bewerber eine absolute Mehrheit der gültigen Stimmen erreicht hat, eine Stichwahl zwischen den beiden im ersten Wahlgang erfolgreichsten Bewerbern durchzuführen; bei Stimmengleichheit entscheidet jeweils das Los (vgl. näher § 46c KWahlG).

Durch das Änderungsgesetz vom 11.4.2019 (GV.NRW. S. 202) hat der Landesgesetzgeber das bereits früher, von 2007 bis 2011, geltende System einer Direktwahl der Bürgermeister in einem Wahlgang mit relativer Mehrheit wieder einführen wollen. Dieses Wahlsystem ist, weil der Bürgermeister u. U. mit einer nur geringen relativen Mehrheit gewählt werden kann, mit Blick auf das Demokratieprinzip verfassungsrechtlich problematisch und umstritten. Der VerfGH NRW (NVwZ 2009, 1096) hat es früher zunächst für mit der Landesverfassung vereinbar erklärt, da es auf der Basis der vom Gesetzgeber zugrunde gelegten tatsächlichen und normativen Grundlagen dem Erfordernis demokratischer Legitimation ausreichend Rechnung trage und weder der Grundsatz der Wahlgleichheit noch der Grundsatz der Chancengleichheit im politischen Wettbewerb noch der Grundsatz der unmittelbaren Wahl verletzt würden; jedoch hat er dem Gesetzgeber eine Beobachtungspflicht dahingehend auferlegt, ob dieses Wahlsystem den erforderlichen Gehalt an demokratischer Legitimation auch künftig zu vermitteln vermag. Nunmehr ist der VerfGH NRW zu dem Ergebnis gekommen, dass die Abschaffung der Stichwahl mit den Grundsätzen des demokratischen Rechtsstaats i. S. v. Art. 1 Abs. 1, Art. 2 LV i. V. m. Art. 28 Abs. 1 S. 1 GG unvereinbar gewesen sei (VerfGH NRW, DVBl. 2020, 1084).

e) Rechtsschutz

Werden subjektive Rechte einzelner Wahlbewerber oder Wahlberechtigter verletzt, 126 ist gemäß Art. 19 Abs. 4 GG grundsätzlich Rechtsschutz zu gewähren. Das **Wahlprüfungsverfahren** ist in den §§ 39 ff. KWahlG geregelt. Hierbei handelt es sich nicht um ein Klageverfahren eigener Art, sondern um eine Form der Verpflichtungsklage (§ 42 Abs. 1 Alt. 2 VwGO), gerichtet auf die verbindliche Feststellung der Ungültigkeit der Wahl (so ausdrücklich OVG NRW, OVGE 35, 144, 145; a. A. VG Dessau LKV 2000, 554, das insoweit von einer Kombination aus Anfechtungs- und Verpflichtungsklage ausgeht). Gemäß § 39 KWahlG ist zuvor binnen eines Monats Einspruch beim Wahlleiter zu erheben, ein Vorverfahren nach dem 8. Abschnitt der VwGO entfällt (§ 41 Abs. 1 S. 2 KWahlG i. V. m. § 68 Abs. 1 S. 2 VwGO). Über den Einspruch sowie über die Gültigkeit der Wahl entscheidet gemäß § 40 Abs. 1 KWahlG nach Vorprüfung durch einen hierfür gewählten Ausschuss der Rat. Gegen dessen Beschluss kann dann gemäß § 41 Abs. 1 S. 1 KWahlG binnen eines Monats Klage vor dem Verwaltungsgericht erhoben werden (vgl. OVG NRW, NWVBl. 2011, 190).

In Bezug auf Entscheidungen, die in Durchführung des im Gesetz und in der Wahlordnung geregelten Verfahrens ergehen (Versagung der Eintragung in das Wählerverzeichnis oder des Wahlscheins, Zulassung von Wahlvorschlägen), enthält das KWahlG einen Verweis auf das Wahlprüfungsverfahren unter Ausschluss von vorgängigen gerichtlichen Rechtsbehelfen (vgl. §§ 9 Abs. 3, 11 Abs. 3 bis 5, 18 Abs. 4 S. 8 und 9, 39 Abs. 2 KWahlG). Das hindert nicht (insbesondere auch einstweiligen) Rechtsschutz vor Durchführung der Wahl in Bezug auf möglicherweise wahlbeeinflussende Maßnahmen (vgl. Rn. 122), z. B. parteiergreifende Öffentlichkeitsarbeit des Bürgermeisters im Kommunalwahlkampf (vgl. etwa OVG NRW, NVwZ-RR 1989, 149).

3. Bürgerbegehren und Bürgerentscheid

a) Einführung und Überblick

Im Gegensatz zum Grundgesetz, das Abstimmungen i. S. d. Art. 20 Abs. 2 S. 1 GG 127 nur einen geringen Stellenwert einräumt (vgl. Art. 29, 146 GG), haben **plebiszitäre Elemente** sowohl in die Landesverfassung (Art. 2 LV) als auch in die Gemeindeordnung vermehrt Einzug erhalten. Auf kommunaler Ebene spielen sie eine große Rolle. So sind seit 1994 in NRW über 700 Bürgerbegehren formuliert worden, in denen sich die jeweils aktuellen kommunalpolitischen Schwerpunktthemen widerspiegeln; häufiger Gegenstand von Bürgerbegehren sind etwa die Statthaftigkeit von Privatisierungen, Verkehrsberuhigungskonzepte oder die Schließung von öffentlichen Einrichtungen gewesen. Mit dem Bürgerbegehren können die „Bürger" (Rn. 112 ff.) beantragen, dass sie an Stelle des Rates über eine Angelegenheit der Gemeinde selbst entscheiden. Diese Entscheidung ist der sog. Bürgerentscheid (§ 26 GO). Diese plebiszitären Instrumente sollen Identifikation und Engagement auf Gemeindeebene stärken und der Politikverdrossenheit entgegenwirken. Im Interesse des Leitbildes der repräsentativen, d. h. über die Ratsmitglieder vermittelten Demokratie (vgl. Art. 20 Abs. 2 S. 2, 28 Abs. 1 GG) ist die Zulässigkeit des Bürgerbegehrens an ein bestimmtes Unterschriftenquorum (§ 26 Abs. 4 GO) geknüpft. Das GO-Reformgesetz 2007 (Rn. 32) hat zusätzlich die Möglichkeit eines sog. Ratsbürgerentscheids, der nach Beschluss einer Mehrheit von zwei Dritteln der Ratsmitglieder durchgeführt wird, eröffnet (§ 26 Abs. 1 S. 2 und 3 GO).

Nicht zu den durch die Gemeindeordnung eröffneten plebiszitären Elementen gehört die politisch durchaus bedeutsame Option der Gründung einer Bürgerinitiative. In ihr schließen sich typischerweise Personen zusammen, die von einer bestimmten Entscheidung (z. B. Schließung einer Schule; Bau einer Umgehungsstraße) betroffen sind. Verfassungsrechtliche Grundlage dieser Aktivitäten ist die Vereinigungsfreiheit des Art. 9 Abs. 1 GG i. V. m. der Meinungsfreiheit des Art. 5 Abs. 1 S. 1 Alt. 1 GG.

b) Zulässigkeit des Bürgerbegehrens

128 Hinsichtlich der in § 26 GO normierten Zulässigkeitsvoraussetzungen des Bürgerbegehrens gibt es keine feststehende **Prüfungsreihenfolge.** Insbesondere ist die etwa bei der Prüfung von Klagen übliche Unterteilung in formelle und materielle Prüfungsbestandteile unzweckmäßig. Im Einzelnen hat sich die Prüfung an den nachstehenden Punkten zu orientieren.

aa) Bürgerbegehrensfähige Angelegenheit

129 Grundvoraussetzung für ein Bürgerbegehren ist, dass „eine **Angelegenheit der Gemeinde**" zur Entscheidung gestellt werden soll (§ 26 Abs. 1 GO), d. h. ein Gegenstand vorliegt, der in den kommunalen Zuständigkeitsbereich fällt. Allgemeine bundes- oder landespolitische Fragen sind vom Anwendungsbereich des Bürgerbegehrens ausgenommen.

129a In Form eines **„Negativkatalogs"** schließt § 26 Abs. 5 GO sodann bestimmte Bereiche vom Bürgerbegehren aus. Hierbei handelt es sich im Kern um Finanz-, Haushalts- und Personalangelegenheiten der Gemeinde. Ebenfalls unzulässig sind Bürgerbegehren über umweltrelevante Vorhaben, Planfeststellungsverfahren und Angelegenheiten der Bauleitplanung (vgl. aber § 26 Abs. 5 Nr. 5 GO, wonach die Entscheidung über die Einleitung des Bauleitplanverfahrens bürgerbegehrensfähig ist). Nicht zuletzt muss das Bürgerbegehren im Hinblick auf Art. 20 Abs. 3 GG (Vorrang des Gesetzes) ein gesetzmäßiges Ziel verfolgen.

Beispiele: Ein Bürgerbegehren, das sich gegen den Beschluss des Rates richtet, im Innenstadtbereich der Gemeinde eine entgeltliche Parkraumbewirtschaftung durch Aufstellen von Parkautomaten einzuführen, ist gemäß § 26 Abs. 5 Nr. 3 GO unzulässig. Unter kommunalen Abgaben i. S. dieser Vorschrift sind sämtliche Geldleistungen zu verstehen, die von den Gemeinden und Gemeindeverbänden erhoben werden können (VG Köln, NVwZ-RR 2000, 455, 456). Nach § 26 Abs. 5 Nr. 5 GO unzulässig ist auch ein Bürgerbegehren, das sich auf eine Änderung des Abfallwirtschaftskonzepts einer Gemeinde dahingehend richtet, die bisherige thermische Abfallbehandlung durch eine mechanisch-biologische Abfallbehandlung zu ersetzen (OVG NRW, NVwZ-RR 2003, 448); weitere Beispiele bei *Oebbecke,* DV 37 (2004), 105. Im Hinblick auf den Wortlaut des § 26 Abs. 1 GO muss ein Bürgerbegehren überdies darauf gerichtet sein, eine Entscheidung der Bürger „an Stelle des Rates" herbeizuführen. Ziel eines Bürgerbegehrens kann es daher nicht sein, dem Rat lediglich Vorgaben für eine von ihm zu treffende Entscheidung zu machen (OVG NRW, NVwZ-RR 2003, 448, 449).

bb) Form

Gemäß § 26 Abs. 2 GO ist das Bürgerbegehren schriftlich einzureichen. Der **Antrag** muss eine Frage sowie eine Begründung enthalten (S. 1) sowie bis zu drei vertretungsberechtigte Personen benennen (S. 2). Die gewünschte Sachentscheidung ist so genau zu bezeichnen, dass über sie nur mit „Ja" oder „Nein" abgestimmt werden kann (§ 26 Abs. 7 S. 1 GO). Dies verfolgt den Zweck, Sachfragen, die wegen ihrer Komplexität regelmäßig nur mit spezifischem Sachverstand zu beurteilen sind, aus dem Anwendungsbereich des Bürgerbegehrens herauszunehmen. Entgegen dem Wortlaut des § 26 Abs. 2 S. 1, Abs. 6 S. 1 GO muss es sich nicht unbedingt um eine Frage handeln, zur Abstimmung gestellt werden kann auch eine Aussage. Soweit zur Klarstellung erforderlich, kann die Frage bzw. Aussage aus mehreren Sätzen bestehen (vgl. zu weiteren Einzelheiten OVG NRW, NWVBl. 2008, 269; NWVBl. 2009, 442; NWVBl. 2010, 357). Ein Kostendeckungsvorschlag ist seit Ende 2011 nicht mehr erforderlich, vielmehr hat gemäß § 26 Abs. 2 S. 5 GO nun die Verwaltung eine „Kostenschätzung" zu erstellen. Die Vertretungsberechtigten müssen nach § 26 Abs. 2 S. 2 GO Bürger der jeweiligen Gemeinde sein. **130**

cc) Einleitungsquorum

Das Bürgerbegehren muss von einer bestimmten Anzahl an Bürgern (Rn. 112 ff.) unterzeichnet sein (sog. Einleitungsquorum). § 26 Abs. 4 GO gibt ein **abgestuftes Quorum** vor, das um je einen Prozentpunkt sinkt, je größer die Kommune ist. Im Höchstfall beträgt das Quorum für Gemeinden mit bis zu 10.000 Einwohnern 10% der Bürger, für Gemeinden mit über 500.000 Einwohnern beläuft sich das Quorum auf 3% der Bürger. Alle Unterschriftslisten müssen die Abstimmungsfrage, eine Begründung, die von der Verwaltung errechnete Kostenschätzung und die Vertretungsberechtigten ausweisen. Sie müssen neben den Unterschriften die Vor- und Zunamen, die Adressen und das Geburtsdatum der Unterzeichner enthalten. **131**

Nach §§ 26 Abs. 1, 21 Abs. 2 GO, 7 Abs. 1 KWahlG können in NRW auch EU-Ausländer bei einem Bürgerentscheid abstimmen (*Schmülling,* DVBl. 1998, 365). Dies ist verfassungsgemäß, da Art. 28 Abs. 1 S. 3 GG im Zusammenspiel mit Art. 20 Abs. 2 S. 2 Hs. 1 GG so zu lesen ist, dass über den Gesetzeswortlaut hinaus („Wahlen") auch „Abstimmungen" erfasst sind (str., a. A. *Brüning,* in: Ehlers/Fehling/Pünder, BesVerwR III, § 64 Rn. 159).

dd) Frist

Ein Bürgerbegehren, das sich gegen einen Ratsbeschluss richtet (sog. **kassatorisches Bürgerbegehren**), muss innerhalb von sechs Wochen nach der erforderlichen Bekanntmachung des Ratsbeschlusses, bei nicht bekanntmachungsbedürftigen Ratsbeschlüssen innerhalb von drei Monaten nach dem Sitzungstag eingereicht sein (§ 26 Abs. 3 S. 1 und 2 GO). Der Ablauf der Fristen wird nach der Mitteilung gemäß § 26 Abs. 2 S. 3 GO bis zur Mitteilung der Kostenschätzung gemäß § 26 Abs. 2 S. 5 GO (Rn. 130) und ggf. auch nach dem Antrag auf Vorprüfung gemäß § 26 Abs. 2 S. 7 GO bis zur Entscheidung darüber (Rn. 132a) gehemmt (§ 26 Abs. 3 S. 3 und 4 GO). Bei dem initiierenden Bürgerbegehren, das alle übrigen Fälle umfasst, sind dagegen keine Fristen zu beachten. **132**

c) Verfahrensgang von Bürgerbegehren und Bürgerentscheid

Vor der Einreichung des Bürgerbegehrens erfolgen auf die Mitteilung der Absicht, dieses durchzuführen, hin **die Kostenschätzung durch die Verwaltung sowie ggf. die Vorprüfung der Zulässigkeit** des Bürgerbegehrens (§ 26 Abs. 2 S. 3 und 5 sowie **132a**

S. 7ff. GO). Das neu eingeführte optionale, auf Antrag der Vertretungsberechtigten hin erfolgende Vorprüfungverfahren soll ermöglichen, bereits vor der Unterschriftensammlung eine Entscheidung über die Zulässigkeit des angestrebten Bürgerbegehrens – mit Ausnahme der Frage, ob das Quorum nach § 26 Abs. 4 GO erreicht ist – zu erlangen.

Wohl auf Grund eines redaktionellen Versehens sollen nach Art. 11 Abs. 3 S. 1 des Änderungsgesetzes vom 18.12.2018 (GV.NRW. S. 738) die Änderungen des § 26 GO erst mit Beginn der Wahlperiode der im Jahr 2020 anlässlich der allgemeinen Kommunalwahlen gewählten kommunalen Vertretungen in Kraft treten.

133 Ist ein Bürgerbegehren eingereicht worden, so entscheidet der Rat gemäß § 26 Abs. 6 S. 1 GO über die Zulässigkeit; dabei beschränkt sich diese Prüfung, wenn eine Vorprüfung stattgefunden hat, auf die Voraussetzungen des § 26 Abs. 4 GO. Erklärt der Rat das Bürgerbegehren für unzulässig, so kann kein Bürgerentscheid durchgeführt werden. Den Vertretern des Bürgerbegehrens bleibt lediglich die Möglichkeit, Rechtsschutz zu suchen (vgl. Rn. 134ff.). Stellt der Rat dagegen die Zulässigkeit des Bürgerbegehrens fest, ist in einer Ratssitzung darüber zu entscheiden, ob dem Bürgerbegehren inhaltlich entsprochen werden soll. Die Vertreter des Bürgerbegehrens sollen in der Ratssitzung angehört werden. Fällt diese Entscheidung negativ aus, ist innerhalb von drei Monaten ein **Bürgerentscheid** durchzuführen (§ 26 Abs. 6 S. 3 GO). Die Gemeinde übernimmt alle anfallenden Kosten, etwa für die Abstimmungsbenachrichtigung, den Druck der Stimmzettel und die Entschädigung der Wahlhelfer. Die den Bürgern vorgelegte Frage ist in dem Sinne entschieden, in dem sie von der Mehrheit der gültigen Stimmen beantwortet wurde, sofern diese Mehrheit das Abstimmungsquorum von mindestens 20% in Gemeinden mit bis zu 50000 Einwohnern, von mindestens 15% in Gemeinden mit über 50.000 bis zu 100.000 Einwohnern und von mindestens 10% in Gemeinden mit mehr als 100.000 Einwohnern erreicht; bei Stimmgleichheit gilt die Frage als mit „Nein" beantwortet (§ 26 Abs. 7 S. 2 und 3 GO).

Anders als bei Wahlen unterliegen die Gemeindeorgane bei der Durchführung eines Bürgerbegehrens keinem Neutralitätsgebot; vielmehr haben sie gerade bei einem kassatorischen Bürgerbegehren das Recht, sich zu positionieren (OVG NRW, NVwZ-RR 2013, 814, 815). Allerdings müssen sie das Sachlichkeitsgebot wahren (OVG NRW, NWVBl. 2019, 459, 462f.).

Gemäß § 26 Abs. 8 S. 1 GO hat der Bürgerentscheid die Rechtsnatur eines Ratsbeschlusses. Damit unterliegt er der Kommunalaufsicht (§§ 119ff. GO; vgl. Rn. 78ff.). Jedoch besteht in diesem Zusammenhang kein Beanstandungsrecht des Bürgermeisters (vgl. hierzu Rn. 190). Der Rat kann den Bürgerentscheid erst nach einer Sperrfrist von zwei Jahren abändern. Davor besteht gemäß § 26 Abs. 8 S. 2 GO lediglich die Möglichkeit, den Bürgerentscheid durch einen erneuten Bürgerentscheid zu verändern.

d) Rechtsschutz

aa) Klage gegen eine ablehnende Entscheidung des Rates

134 Ob die Entscheidung des Rates, ein Bürgerbegehren für unzulässig zu erklären, eine verteidigungsfähige Innenrechtsposition betrifft, die im Wege des sog. Kommunalverfassungsstreits (Rn. 205ff.) geltend zu machen wäre (so OVG Rh.-Pf., NVwZ-RR 1995, 411; NdsOVG, NdsVBl 1998, 96; *Fügmann,* DVBl. 2004, 343, 352) oder aber ein Verwaltungsakt ist, so dass die **Verpflichtungsklage** (§ 42 Abs. 1 Alt. 2 VwGO) statthaft ist, ist nicht abschließend geklärt. Das OVG NRW hat in ständiger Rechtsprechung eine Verpflichtungsklage angenommen (OVG NRW, NVwZ-RR 2003, 448, 449 unter Verweis auf § 26 Abs. 6 S. 2 GO a. F., wonach dagegen „Widerspruch" einzulegen war). Die nach § 35 S. 1 VwVfG erforderliche Außenwirkung liege vor, da der Rat mit seiner Entscheidung gegenüber den Vertretern des Bürgerbegehrens verbindlich und abschließend feststelle, ob die Voraussetzungen für die Durchführung des Bürgerentscheides vorliegen. Mit dem darauf gerichteten Anspruch werde kein organschaftliches Recht, sondern eine Position des Außenrechts geltend gemacht. Auf Grund des § 110 Abs. 1 JustG ist vor der Klageerhebung ein Widerspruchsverfahren nicht mehr durchzuführen. Diese Auffassung ist durch einen Beschluss des BVerfG (NVwZ-RR 2019, 642), in dem es einem zugelassenen Bürgerbegehren bzw. dessen Vertretern eine organschaftliche Stellung zugesprochen hat, ins Wanken geraten. Das VG Gelsenkirchen (NWVBl. 2020, 83) hat sich dem angeschlossen und nunmehr eine allgemeine Leistungsklage als statthaft angenommen; das OVG NRW will jedenfalls bis zu einer positiven Zulässigkeitsentscheidung des Rates an der außenrechtlichen Qualifikation festhalten (OVG NRW, B. v. 20.8.2020, 15 B 760/20; vgl. auch *Heusch/Dickten,* NVwZ 2020, 358, 363 ff.).

Das die Klagebefugnis (§ 42 Abs. 2 Alt. 2 VwGO) begründende Recht besteht in **135** dem **Anspruch auf Durchführung des Bürgerbegehrens.** Kläger sind die nach § 26 Abs. 2 S. 2 GO zu benennenden Vertreter des Bürgerbegehrens, denen durch § 26 Abs. 6 S. 3 GO eine eigenständige Rechtsposition zugewiesen wird (OVG NRW, NVwZ-RR 2003, 448, 449). Als natürliche Personen sind sie beteiligungsfähig gemäß § 61 Nr. 1 Alt. 1 VwGO und prozessfähig gemäß § 62 Abs. 1 Nr. 1 VwGO. Richtiger Beklagter ist gemäß § 78 Abs. 1 Nr. 1 VwGO die Gemeinde als Rechtsträgerin des Rates. Die Klage ist begründet, wenn der Anspruch auf einen Bürgerentscheid bestand, d. h., wenn das Bürgerbegehren zulässig war (§ 113 Abs. 5 S. 1 VwGO).

bb) Sperrwirkung des zulässigen Bürgerbegehrens

Zwischen dem Beginn der Unterschriftensammlung für ein Bürgerbegehren, der **136** Entscheidung über die Zulässigkeit des Bürgerbegehrens und dem Bürgerentscheid vergehen regelmäßig mehrere Monate. Während dieser Zeit besteht die Gefahr der **Schaffung vollendeter Tatsachen** durch die Gemeindeverwaltung, wenn diese von den Unterzeichnern des Bürgerbegehrens nicht gewollte, zum Zeitpunkt des Bürgerentscheides auch nicht mehr rückgängig zu machende Entscheidungen trifft. Die nordrhein-westfälische Gemeindeordnung hatte für diesen Fall ursprünglich keinerlei Vorschriften, insbesondere keine Sperrwirkung vorgesehen. Damit konnten gegenläufige Vollzugshandlungen der Gemeindeorgane nicht verhindert werden. Die Annahme einer aufschiebenden Wirkung, die prozessual im Wege einer Sicherungsanordnung nach § 123 VwGO durchgesetzt werden kann, war allenfalls in Ausnahmefällen des Rechtsmissbrauchs möglich.

Beispiel: Unmittelbar nachdem der Gemeinderat ein Bürgerbegehren für zulässig erklärt hat, schließt der Kämmerer der Gemeinde den durch das Bürgerbegehren in Frage gestellten Cross-Border-Leasingvertrag ab. Wenn die Vertreter des Bürgerbegehrens keinerlei rechtliche Möglichkeit hätten, den Abschluss des Vertrages zu verhindern, würde der schließlich stattfindende Bürgerentscheid in Anbetracht der finanziellen Risiken einer Vertragsauflösung – soweit diese überhaupt möglich ist – kaum mehr Erfolg versprechen.

Hier hat das GO-Reformgesetz 2007 (Rn. 32) Abhilfe geschaffen. Seither ist in § 26 **137** Abs. 6 S. 7 GO eine „**Sperrwirkung** des zulässigen Bürgerbegehrens" statuiert, abgesehen vom Fall des Bestehens rechtlicher Verpflichtungen (im Beispiel: der Leasingvertrag, wenn er vor der Zulässigkeitserklärung abgeschlossen worden wäre). Bürgerbegehren auf der Bezirksebene können gegenüber Ratsbeschlüssen weiterhin keine Sperrwirkung entfalten (OVG NRW, NWVBl. 2009, 116).

4. Anhang

138 **Literatur:** *Oebbecke,* Der Grundsatz der gleichen Wahl im Kommunalwahlrecht, DV 31 (1998), 219; *Pieroth/Schmülling,* Die Umsetzung der Richtlinie des Rates zum Kommunalwahlrecht der Unionsbürger in den deutschen Ländern, DVBl. 1998, 365; *Wagner,* Der Ausländerbeirat, 2000; *Huber,* Die Vorgaben des Grundgesetzes für kommunale Bürgerbegehren und Bürgerentscheide, AöR 126 (2001), 167; *Engelken,* Der Bürgerentscheid im Rahmen des Verfassungsrechts, DÖV 2002, 977; *Hofmann,* Ausländerbeiräte in der Krise, ZAR 2002, 63; *Meyer,* Rechtsschutz bei kommunalen Bürgerbegehren und -entscheiden, NVwZ 2003, 183; *Ritgen,* Die Zulässigkeit von Bürgerbegehren – Rechtspraxis und rechtspolitische Desiderate, NWVBl. 2003, 87; *Fügemann,* Die Gemeindebürger als Entscheidungsträger, DVBl. 2004, 343; *von Lennep,* Bürgerbegehren und Bürgerentscheid kommen gut an, Städte- und Gemeinderat 2005, 6; *Mann,* Die Rechtsstellung von Bürgern und Einwohnern, in: HdbKWP I, 2007, 353; *Neumann,* Bürgerbegehren und Bürgerentscheid, in: HdbKWP I, 2007, 353; *Schoch,* Bürgerbegehren und Bürgerentscheid im Spiegel der Rechtsprechung, NVwZ 2014, 1473; *Görisch/Wiesner,* Die Vorabentscheidung über die Zulässigkeit von Bürgerbegehren – Komplikationen bei der Neufassung des § 26 GO NRW, NWVBl. 2020, 221.

Klausurfälle: *Schliesky,* Das unerwünschte Bürgerbegehren, JA 1999, 399; *Goos,* Keine Moschee in „G", NWVBl. 2006, 113; *Funke/Papp,* Die Internationalisierung des Kommunalrechts – Welterbe unter Aufsicht, JuS 2009, 246; *Lohse,* Harte Zeiten für Biertrinker, JuS 2012, 1014; *Gourdet/Heger,* Streit im Idyll, JuS 2020, 37; *Dietlein/Hellermann,* „Kommunalwahlrecht für alle?", „Ewiger Streit um die kommunale Sperrklausel", „Freier Domblick für freie Bürger?", Klausurenbuch Öffentliches Recht in NRW, 3. Aufl. 2021, Fälle 6, 7, 11.

Kontrollfragen:

1. Wie unterscheidet sich der Rechtsbegriff des „Einwohners" von dem des „Bürgers"? Welche wichtigen kommunalen Mitwirkungsrechte stehen lediglich den Bürgern zu?
2. Von welchen Voraussetzungen ist die Zulässigkeit eines Bürgerbegehrens abhängig? Welchen Verlauf nimmt ein für zulässig erklärtes Bürgerbegehren?
3. Welcher Rechtsbehelf ist statthaft gegen die Feststellung des Rates, ein Bürgerbegehren sei unzulässig? Wer ist Kläger?

II. Der Rat und seine Sitzungen

139 Die zentralen Vorschriften über die Stellung und die Zuständigkeiten, die Organisation und das Verfahren des Rats finden sich in den **§§ 40 ff. GO.** § 40 Abs. 2 S. 1 GO weist dem Rat als dem Repräsentativorgan der Gemeinde die Funktion zu, die Bürgerschaft zu vertreten; nach § 41 GO sind ihm die wichtigsten Beschlüsse vorbehalten.

140 Als Kollegialorgan steht dem Rat Geschäftsordnungsautonomie zu, d. h. das Recht, unter Beachtung der Vorgaben höherrangigen Rechts die organinterne Organisation und die Verfahrensabläufe mit Bindungswirkung für seine Mitglieder zu regeln. Die **Geschäftsordnung** enthält in der Regel detaillierte Bestimmungen über die innere Organisation des Rates und seiner Ausschüsse, den Ablauf der Meinungs- und Willensbildung dieser Gremien, die Mitwirkung von Rats- und Ausschussmitgliedern sowie die Ordnung in den Sitzungen (§§ 51 Abs. 2 S. 1 GO, 36 Abs. 5 S. 1, Abs. 6 S. 4 GO, 47 Abs. 2 S. 1, 47 Abs. 2 S. 2, 48 Abs. 2 S. 2, 56 Abs. 4 S. 2 und 3, 57 Abs. 4 S. 2, 58 Abs. 1 S. 1 und 4 Hs. 2 GO). Durch sie können auch gesetzlich vorgesehene Rechte, die nicht erkennbar abschließend geregelt sind, erweitert werden (vgl. zum Initiativrecht nach § 48 Abs. 1 S. 2 GO OVG NRW, NVwZ-RR 2004, 674, 676; NWVBl. 2013, 146). Die Geschäftsordnungsautonomie gewährleistet zum einen die Unabhängigkeit und Selbständigkeit des Rates und damit die unbeeinflusste Verwirklichung des Volkswillens. Indem sie die Gestaltung der internen Organisations- und Verfahrensregelungen den daran unmittelbar Beteiligten überlässt, fördert sie zudem die Funktionalität. Geschäftsordnungen können als Satzungen oder als schlichte Ratsbeschlüsse erlassen werden.

1. Der Rat als Organisation

a) Die Zusammensetzung des Rates

141 Der Rat setzt sich zusammen aus den Ratsmitgliedern und (seit dem GO-ReformG 2007) als „Mitglied kraft Gesetzes“ dem Bürgermeister (§ 40 Abs. 2 S. 2 GO). Nach § 40 Abs. 2 S. 4 GO führt der Bürgermeister den **Vorsitz im Rat.** In § 40 Abs. 2 S. 5 GO sind verschiedene Angelegenheiten geregelt, in denen der Bürgermeister nicht mitstimmen darf. Die Amtszeit der gewählten Mitglieder des Rates beträgt fünf Jahre (§ 42 Abs. 1 S. 1 GO). Durch das „Gesetz zur Stärkung der kommunalen Demokratie“ vom 9.4.2013 (GV.NRW. S. 193) wurden die Rats- und Bürgermeisterwahltermine zusammengelegt, und zwar durch eine einmalige Verlängerung der Amtszeiten der Räte und eine dauerhafte Verkürzung der Amtszeiten der Bürgermeister (vgl. § 65 Abs. 1 S. 1 GO).

142 Die **Anzahl** der Ratsmitglieder einer Gemeinde bestimmt sich gemäß § 3 KWahlG anhand ihrer Einwohnerzahl. So sind in Gemeinden mit weniger als 5.000 Einwohnern regelmäßig 20, in Gemeinden mit über 700.000 Einwohnern regelmäßig 90 Ratsmitglieder zu wählen.

b) Ausschüsse

143 Die inhaltliche Arbeit des Rates wird zu einem wesentlichen Teil nicht vom Rat in seiner Gesamtheit, sondern in den Ausschüssen geleistet. Die Ausschüsse sind keine eigenen kommunalen Organe, sondern lediglich **Organteile** des Rates. Grundlage für die Bildung von Ausschüssen ist § 57 GO. Für den Ablauf der Ausschusssitzungen gelten im Wesentlichen die für die Ratssitzung aufgestellten Regeln (vgl. Rn. 158 ff.).

Abzugrenzen von den Ausschüssen des Rates sind die sog. Beiräte. Diese sind teilweise explizit in der Gemeindeordnung vorgesehen (so der Integrationsrat gem. § 27 GO; vgl. bereits Rn. 110), teilweise werden sie lediglich auf der Grundlage eines Ratsbeschlusses eingerichtet (etwa ein Behindertenbeirat, ein Frauenbeirat oder ein Seniorenbeirat). Die Beiräte bestehen in der Regel aus Einwohnern und wirken mit ihrer Sachkunde beratend an der Erstellung von Beschlussvorlagen mit (zur Zulässigkeit solcher Beiräte vgl. *Gern*, VBlBW 1993, 127).

144 Die **fakultativen Ausschüsse** sind regelmäßig an bestimmten Sachmaterien orientiert, wobei das Spektrum vom Personalausschuss über den Stadtentwicklungs-, den Kultur-, den Schul- und einen Sportausschuss bis zum Umweltausschuss etc. reichen kann. Praktisch wird jedoch oftmals der Diskussions- und Entscheidungsprozess vorweggenommen. Die einzelnen Beschlussempfehlungen der Ausschüsse spiegeln die Ansichten der Mehrheitsfraktion(en) wider, die vom Rat lediglich noch – regelmäßig ohne weiteren Diskussionsprozess – durch einen entsprechenden Beschluss bestätigt („abgenickt“) werden. Auf diese Weise wird der Rat als Gesamtorgan entlastet und die jeweilige Sachkunde der einzelnen Ratsmitglieder konzentriert.

145 Neben die fakultativen Ausschüsse treten die nach § 57 Abs. 2 GO zu bildenden **Pflichtausschüsse** (auch: „ständige Ausschüsse“). Hierbei handelt es sich um den Hauptausschuss (vgl. dazu *Kremer*, VR 2004, 303), den Finanzausschuss und den Rechnungsprüfungsausschuss, wobei der Hauptausschuss und der Finanzausschuss zu einem Ausschuss zusammengefasst werden können. Die Aufgaben dieser Ausschüsse werden durch die §§ 59, 60 Abs. 1 S. 1, 61 S. 1 GO exakt bestimmt.

146 Die **Zusammensetzung** der Ausschüsse wird gemäß § 58 Abs. 1 S. 1 GO vom Rat festgelegt. Dies erfolgt in der kommunalrechtlichen Praxis in der Regel durch (einfachen) Ratsbeschluss. § 50 Abs. 3 GO bestimmt die Anforderungen an die Wahl der Ausschussmitglieder. Aus dem Prinzip der repräsentativen Demokratie folgt, dass die

Ausschüsse grundsätzlich als „verkleinerte Abbilder“ des Rates dessen Zusammensetzung und das darin wirksame politische Meinungs- und Kräftespektrum wiederspiegeln müssen (Sitz-Spiegelbildlichkeit). Sie dürfen nicht unabhängig von dem Stärkeverhältnis der Fraktionen besetzt werden, über das die Bürger der Gemeinde bei der Wahl der Ratsmitglieder entschieden haben.

Beispiel: Unzulässig ist ein gemeinsamer Vorschlag mehrerer Ratsfraktionen zur Besetzung der Ratsausschüsse, wenn diese Fraktionen dadurch insgesamt mehr Ausschusssitze erlangen würden als ihnen in der Summe bei einem jeweils eigenen Vorschlag zugestanden hätte (BVerwG, DVBl. 2004, 439 m. Anm. *Krüper,* NWVBl. 2005, 97; a. A. noch OVG NRW, NWVBl. 2003, 267). Das Verfahren zur Besetzung der Ausschussvorsitze ist so auszugestalten, dass eine Fraktion Gelegenheit erhält, den ihr nach dem Gesetz zustehenden Vorsitz auch tatsächlich zu besetzen (OVG NRW, NWVBl. 2009, 66).

Unabhängig von einer Ausschuss-Mitgliedschaft gewährt § 58 Abs. 1 S. 4 GO allen Ratsmitgliedern das Recht, als Zuhörer auch an nichtöffentlichen Ausschusssitzungen teilzunehmen. Fraktionen, die in einem Ausschuss nicht vertreten sind, sind gemäß § 58 Abs. 1 S. 7 GO berechtigt, für diesen Ausschuss ein Ratsmitglied oder einen sachkundigen Bürger mit beratender Stimme zu bestellen.

147 Gemäß § 41 Abs. 2 S. 1 Alt. 1 GO kann der Rat ihm zustehende **Entscheidungskompetenzen** grundsätzlich auf die Ausschüsse übertragen. Voraussetzung hierfür ist, dass die zur Entscheidung gestellte Angelegenheit erstens nicht nach § 41 Abs. 1 S. 2 GO ausschließlich dem Rat vorbehalten ist und zweitens von diesem „bestimmt“, d. h. zumindest gattungsmäßig genau eingegrenzt wird. Kraft Gesetz auf den Hauptausschuss bzw. den Finanzausschuss delegiert werden Entscheidungskompetenzen in den Fällen der §§ 59 Abs. 2, 60 Abs. 1 S. 1 bis 3 und 61 S. 1 GO. Die Durchführung von Beschlüssen solcher Ausschüsse mit Entscheidungsbefugnissen unterliegt den Voraussetzungen des § 57 Abs. 4 S. 2 GO. Hiernach ist sie erst dann möglich, wenn innerhalb einer durch die Geschäftsordnung festzulegenden Frist weder vom Bürgermeister noch von einem Fünftel der (stimmberechtigten) Ausschussmitglieder Einspruch eingelegt worden ist. Über den Einspruch entscheidet gemäß § 57 Abs. 4 S. 3 GO der Rat.

148 Zu den Mitgliedern der fakultativen Ausschüsse können gemäß § 58 Abs. 3 S. 1 GO neben den Mitgliedern des Rates auch vollberechtigte **sachkundige Bürger** bestellt werden. Diese werden von den Fraktionen, denen Ausschusssitze zustehen, vorgeschlagen und nehmen ihr Mandat nach ihrer Wahl durch den Rat für diese Fraktionen wahr. Die Anzahl der Ratsmitglieder, die einer Fraktion in einem Ausschuss zustehen, vermindert sich demgemäß um die Zahl der von ihr für diesen Ausschuss benannten sachkundigen Bürger. Dabei gebietet das Prinzip der repräsentativen Demokratie, dass die Gesamtzahl der Mitglieder des Rates die Gesamtzahl der sachkundigen Bürger pro Ausschuss überschreitet. Dieses Gebot findet seinen einfach-rechtlichen Niederschlag in § 58 Abs. 3 S. 3 GO. Allerdings gilt ein Ausschuss auch bei einem Verstoß gegen dieses Quorum als beschlussfähig, solange nicht seine Beschlussunfähigkeit (auf Antrag) ausdrücklich festgestellt worden ist (§ 58 Abs. 3 S. 5 GO).

c) Fraktionen

149 Fraktionen des Rates sind **freiwillige Vereinigungen mehrerer, politisch grundsätzlich übereinstimmender Ratsmitglieder,** und zwar von mindestens zwei, in kreisfreien Städten mindestens drei Mitgliedern des Rates (§ 56 Abs. 1 S. 2 GO); hiergegen bestehen trotz Wegfalls der 5%-Sperrklausel (Rn. 124) keine Bedenken (OVG NRW, NWVBl. 2007, 25). In der kommunalrechtlichen Praxis handelt es sich hierbei typischerweise um diejenigen Ratsmitglieder, die für eine Partei oder Wählergruppe ein Direktmandat im Wahlbezirk errungen haben bzw. über die Reserveliste in den Rat gewählt wurden (vgl. Rn. 120). § 56 Abs. 1 S. 1 GO verlangt explizit eine grundsätzliche politische Übereinstimmung der Mitglieder (vgl. bereits früher BVerwG, NVwZ 1993, 375; OVG NRW, DVBl. 2005, 651); rein taktisch motivierte Bündnisse von Personen aus entgegengesetzten politischen Lagern können daher nicht als Fraktion anerkannt werden. Im politischen Sinne fungieren die Fraktionen daher als „Parteien (bzw. Wählergruppen) im Parlament"; sie versuchen politische Programmatik in staatliche Willensbildung umzusetzen (vgl. § 56 Abs. 2 S. 1 GO). Im Rechtssinne dient die Bildung von Fraktionen dem Zweck, das Geschehen im Rat zu ordnen und zu steuern, die Aufgabenbewältigung arbeitsteilig zu organisieren, integrierend zwischen den einzelnen Fachpolitiken zu wirken und damit insgesamt die Funktionsfähigkeit des Rates zu sichern.

Fraktionen des Rates sind zu unterscheiden von sog. Gruppen, d. h. Vereinigungen von Ratsmitgliedern unterhalb der Fraktionsstärke. § 56 Abs. 1 S. 3 GO erstreckt das Erfordernis grundsätzlicher politischer Übereinstimmung auch auf Gruppen (zu den Einzelheiten OVG NRW, NWVBl. 2009, 28).

Obwohl die Fraktionen politisch den (privatrechtlichen) Parteien und Wählergruppen eng verbunden sind, handelt es sich bei ihnen – anders als bei den Parteien und Wählergruppen – um **öffentlich-rechtliche Organisationseinheiten** (vgl. OVG NRW, NVwZ 1993, 399, 400; NWVBl. 2003, 309, 309 f.; a. A. BayVGH, NJW 1988, 2754, der von einem privatrechtlichen Zusammenschluss ausgeht), weil sie auf den öffentlich-rechtlichen Status (vgl. noch Rn. 164 f.) der einzelnen Ratsmitglieder gegründet sind. Durch diesen Zusammenschluss sollen deren Mitgliedschaftrechte effektuiert und zusätzliche Rechte wie der Anspruch auf Haushaltsmittel (§ 56 Abs. 3 GO), auf Einberufung einer Ratssitzung (§ 47 Abs. 1 S. 4 GO) oder auf Erzwingung von Tagesordnungspunkten (§ 48 Abs. 1 S. 2 GO) erworben werden. Bei der Festlegung der den Fraktionen nach § 56 Abs. 3 GO zu gewährenden Zuwendungen ist die Gemeinde nicht an den formalisierten Gleichheitssatz aus Art. 28 Abs. 1 S. 2 GG, jedoch an den allgemeinen Gleichheitssatz des Art. 3 Abs. 1 GG gebunden, der auch jenseits des Staat-Bürger-Verhältnisses als objektivrechtliches Rechtsprinzip und Ausfluss der Chancengleichheit Geltung für die Rechtsbeziehungen zwischen kommunalen Organen und Organteilen beansprucht (BVerwG, NVwZ 2013, 442). Der Grundsatz der Chancengleichheit verbietet nicht, die Höhe der Zuwendungen an Fraktionen in Abhängigkeit von deren Mitgliederzahl zu staffeln (OVG NRW, NWVBl. 2003, 309, 311; KommJur 2017, 410, 411); die äußerste Grenze bildet das Ziel, die Arbeit einer Fraktion nicht unzumutbar zu erschweren (OVG NRW, NWVBl. 2010, 315). Gleichheitswidrig ist es, Fraktionen Zuwendungen vorzuenthalten, weil sie aus Mitgliedern verfassungsfeindlicher Parteien oder Vereinigungen bestehen (BVerwG, NVwZ 2018, 1656, 1659). 150

§ 56 Abs. 3 GO statuiert einen Anspruch auf finanzielle Zuwendungen auch für Gruppen und einzelne Ratsmitglieder ohne Zugehörigkeit zu einer Fraktion oder einer Gruppe (zum Anspruch des Einzelmandatsträger nach § 56 Abs. 3 S. 6 GO vgl. OVG NRW, NWVBl. 2010, 316).

Die **innere Ordnung** der Fraktionen muss demokratischen und rechtsstaatlichen Grundsätzen entsprechen (§ 56 Abs. 2 S. 2 GO). § 56 Abs. 2 S. 3 GO gewährt den Fraktionen diesbezüglich weitgehende Regelungsautonomie. Mit dem Beitritt zu einer Fraktion unterwerfen sich die Ratsmitglieder bestimmten Loyalitätspflichten gegenüber der Fraktion, die mit dem Begriff „Fraktionsdisziplin" umschrieben werden. Der Entschluss zur Mitarbeit in einer Fraktion gründet sich auf erhoffte Vorteile tatsächlicher Art, wofür die Ratsmitglieder im Gegenzug eine Beschränkung der ihnen rechtlich zu- 151 stehenden Handlungsmöglichkeiten in Kauf nehmen müssen. Gleichwohl unzulässig und unwirksam ist hingegen die rechtliche Einwirkung auf ein Ratsmitglied, mit dem Ziel, dieses zu einem bestimmten Abstimmungsverhalten zu bewegen (sog. „Fraktionszwang"). Derartige Maßnahmen verstoßen gegen den Grundsatz des freien Mandats.

152 Bei schwerwiegenden Verstößen eines Mitglieds gegen die Fraktionsdisziplin kommt ein **Fraktionsausschluss** in Betracht. Rechtsgrundlage hierfür ist das Selbstorganisationsrecht der Fraktion, welches wiederum in den Mitwirkungsrechten der der Fraktion angehörenden Ratsmitglieder wurzelt. Die Rechtsprechung macht den Fraktionsausschluss in NRW vom Vorliegen der folgenden Voraussetzungen abhängig (vgl. zuletzt OVG NRW, NVwZ 1993, 399): In formeller Hinsicht muss der Ausschließung zunächst eine Anhörung des betroffenen Fraktionsmitglieds vorausgehen, ferner müssen zu der Sitzung, in der über den Ausschluss befunden werden soll, sämtliche Fraktionsmitglieder eine Ladung unter Benennung dieses Punktes in der Tagesordnung erhalten. Weitere Vorgaben stellt die nordrhein-westfälische Gemeindeordnung nach § 56 Abs. 2 S. 3 GO in die Dispositionsfreiheit der einzelnen Fraktionen. Materiell erfordert der Fraktionsausschluss einen wichtigen Grund. Nicht hinreichend sind die bloß einmalige Abweichung von einem vorgegebenen Abstimmungsverhalten, gelegentliche Meinungsverschiedenheiten oder gar persönliche Animositäten. Die materielle Beweislast für den Ausschlussgrund liegt bei der Fraktion (vgl. zum Ganzen auch *Schmidt-Jortzig/Hansen,* NVwZ 1994, 116). Gegen den Ausschluss aus einer Fraktion ist Rechtsschutz im Wege eines sog. Kommunalverfassungsstreitverfahrens (vgl. Rn. 205 ff.) statthaft.

2. Die Kompetenzen des Rates

153 Nach § 41 Abs. 1 S. 1 GO ist der Rat für alle in der Gemeindeverbandskompetenz liegenden Angelegenheiten zuständig, soweit nicht die Zuständigkeit gemeindeintern einem anderen Organ der Gemeinde zugewiesen ist **(Organkompetenz).** Am wichtigsten ist die Kompetenzabgrenzung im Verhältnis zum Bürgermeister, Abgrenzungsprobleme können sich aber auch im Verhältnis zu Ausschüssen (vgl. Rn. 143 ff.) oder zu Organen auf der Ebene der gemeindeinternen Gliederung, v. a. zu Bezirksvertretungen (vgl. Rn. 49) ergeben. Dem Charakter nach sind die dem Rat zugewiesenen Kompetenzen in zwei zentrale Gruppen zu unterteilen. In die erste Gruppe fallen die Kreationskompetenzen, z. B. die Kompetenz für die Wahl von Ausschussmitgliedern und Beigeordneten (§ 41 Abs. 1 S. 2 lit. b und c GO), und die Kompetenz zur Kontrolle des Bürgermeisters. Zur Ausübung der Kontrolle stehen dem Rat beispielsweise ein Anspruch auf Unterrichtung in allen wichtigen Angelegenheiten der Gemeinde (§ 55 Abs. 1 S. 1 GO) und Auskunfts- und Akteneinsichtsrechte zu (§ 55 Abs. 2 bis 4 GO); Auskunfts- und Akteneinsichtsrechte sind auch für Fraktionen sowie einzelne Ratsmitglieder vorgesehen (dazu *Teuber,* NWVBl. 2008, 249, 254 f.). Die zweite Gruppe umfasst die Kompetenzen für bestimmte Sachmaterien (vgl. näher Rn. 154 ff.), in denen sich die Stellung des Rates als zentrales politisches Steuerungsorgan auf Gemeindeebene realisiert.

a) Ausschließliche Kompetenzen für bestimmte Materien

154 § 41 Abs. 1 S. 2 GO weist dem Rat als Gesamtorgan für bestimmte Angelegenheiten die **ausschließliche (Organ-)Kompetenz** zu, d. h. die Entscheidung über diese Angelegenheiten ist allein dem Rat vorbehalten. Teilweise findet sich hierfür deshalb auch die Bezeichnung „Vorbehaltsaufgaben". Wichtige Beispiele für Vorbehaltsaufgaben in dem Katalog des § 41 Abs. 1 S. 2 GO sind die Wahl der Beigeordneten, Gebietsände-

rungen, der Erlass von Satzungen, Beschlüsse über die Flächennutzung und den Gemeindehaushalt sowie die Schaffung und Unterhaltung gemeindlicher Einrichtungen.

Unabhängig von der ausschließlichen Entscheidungskompetenz des Rates werden die entsprechenden Beschlussvorlagen in der kommunalrechtlichen Praxis regelmäßig – teilweise nach Beauftragung durch den Rat – von Bürgermeister und Gemeindeverwaltung vorbereitet (vgl. § 62 Abs. 2 S. 1 GO). Die Beschlussvorlagen werden sodann in den Fachausschüssen beraten, von der Verwaltung ggf. korrigiert und nach der Beschlussempfehlung der Ausschüsse vom Rat beschlossen. Durchgeführt werden sie dann wiederum von der durch den Bürgermeister geleiteten Verwaltung (vgl. noch Rn. 192).

b) Weitere materienbezogene Kompetenzregeln

Über den Vorbehaltskatalog des § 41 Abs. 1 S. 2 GO hinaus begründet § 41 Abs. 1 S. 1 **155** GO eine **Allzuständigkeit** des Rates in Angelegenheiten der Gemeinde, soweit die GO nicht im Ausnahmefall Sonderregelungen (insbes. zugunsten des Bürgermeisters; vgl. Rn. 186 ff.) enthält. Ferner kann der Rat die Entscheidung über bestimmte Angelegenheiten seines Zuständigkeitsbereichs gem. § 41 Abs. 2 S. 1 GO auf Ausschüsse oder auf den Bürgermeister übertragen, soweit die Entscheidung nicht Vorbehaltsaufgaben i. S. d. § 41 Abs. 1 S. 2 GO betrifft; die „Geschäfte der laufenden Verwaltung" gelten gemäß § 41 Abs. 3 GO als übertragen (vgl. näher Rn. 191). Eine übertragene Angelegenheit muss zumindest gattungsmäßig genau eingegrenzt sein, was in der kommunalrechtlichen Praxis regelmäßig in der Hauptsatzung geschieht. Will der Rat die Delegation von Entscheidungskompetenzen rückgängig machen, so ist dies jederzeit möglich. Insoweit ist entsprechend der Form der Übertragung entweder ein einfacher Ratsbeschluss oder eine Satzungsänderung erforderlich.

c) Rechtsfolgen von Kompetenzverstößen

Fasst der Rat einen Beschluss in einer Angelegenheit, für die der Bürgermeister **156** zuständig gewesen wäre, so ist dieser Beschluss im **Innenverhältnis** formell rechtswidrig und damit vom Bürgermeister im Wege des sog. Kommunalverfassungsstreits (Rn. 205 ff.) angreifbar.

Im **Außenverhältnis** gegenüber den Einwohnern bzw. Bürgern ist nach der kon- **157** kreten Maßnahme zu differenzieren:

- Erlässt der Bürgermeister eine Satzung, wofür gemäß § 41 Abs. 1 S. 2 lit. f GO ausschließlich der Rat zuständig ist, ist diese Satzung nichtig. Ein Betroffener kann die Wirksamkeit der Satzung im Wege einer Feststellungsklage inzident oder auch im Wege der nunmehr in NRW umfassend eröffneten Normenkontrolle nach Maßgabe von §§ 47 VwGO, 109a JustG vor dem OVG NRW unmittelbar überprüfen lassen (vgl. Rn. 243 ff. sowie § 5 Rn. 14a).
- Ein ohne die erforderliche Mitwirkung des Bürgermeisters geschlossener öffentlich-rechtlicher Vertrag ist gemäß §§ 59 Abs. 1 VwVfG, 177 Abs. 1 BGB schwebend unwirksam. Da der öffentlich-rechtliche Vertrag ein Rechtsverhältnis i. S. v. § 43 Abs. 1 Alt. 1 VwGO begründet, ist insoweit ebenfalls die Feststellungsklage statthaft.
- Auf einen entsprechend fehlerhaft abgeschlossenen privatrechtlichen Vertrag findet schließlich § 177 Abs. 1 BGB unmittelbar Anwendung, hierfür ist der Zivilrechtsweg gegeben.
- Ein vom Gemeinderat ohne kompetenzielle Grundlage erlassener Verwaltungsakt (ein sog. self-executing-Beschluss; vgl. dazu Rn. 192) ist formell rechtswidrig und nach § 42 Abs. 1 Alt. 1 VwGO mit der Anfechtungsklage anzugreifen. Davon zu unterscheiden ist der weitaus häufigere Fall, dass ein Ratsbeschluss über den Erlass eines Verwaltungsakts ohne Durchführungsaktivitäten des Bürgermeisters schlicht „liegen

bleibt“; ohne Bekanntgabe gemäß § 43 Abs. 1 S. 1 VwVfG bleibt dieser „Akt“ ein Nicht-Verwaltungsakt.

3. Verfahren und Beschlüsse

158 Das Verfahren der **Beratung und Beschlussfassung im Rat** ist in den §§ 48ff. GO geregelt und wird jeweils durch die Geschäftsordnung des Rates konkretisiert. Modifikationen für den Erlass von Satzungen finden sich in § 7 GO. Überdies können spezialgesetzliche Vorschriften zu beachten sein, wie etwa bei der Verabschiedung eines Bebauungsplans (§§ 1ff. BauGB; vgl. § 4 Rn. 41ff.).

a) Ablauf der Gemeinderatssitzung und Beschlussfassung

159 Der Rat ist gemäß § 47 Abs. 1 S. 3 GO nach Geschäftslage, wenigstens jedoch alle zwei Monate einzuberufen. Einzelheiten hierzu sind nach § 47 Abs. 2 GO grundsätzlich in der Geschäftsordnung zu regeln. Die **Tagesordnung** wird durch den Bürgermeister festgesetzt (§ 48 Abs. 1 S. 1 GO), wobei Fraktionen ebenso wie ein Fünftel der Ratsmitglieder die Aufnahme eines bestimmten Tagesordnungspunktes erzwingen können (§ 48 Abs. 1 S. 2 GO; dazu OVG NRW, NWVBl. 2013, 146). Insoweit verfügt der Bürgermeister über kein inhaltliches Vorprüfungsrecht. Grundsätzlich ist die Tagesordnung allen Ratsmitgliedern in hinreichendem zeitlichen Abstand vor der einberufenen Ratssitzung mitsamt den Beschlussvorlagen zu übermitteln. Für Angelegenheiten von äußerster Dringlichkeit sieht § 48 Abs. 1 S. 5 GO eine Ausnahme vor.

Beispiel: Die Ratsfraktion S hat formgemäß den Beschlussantrag eingereicht, dass in keinem Mitgliedstaat der Europäischen Union Atomwaffen produziert werden dürfen. Der Bürgermeister hat diesen Beschlussantrag in die Tagesordnung aufzunehmen, obgleich sich der Rat wegen Überschreitung der kommunalen Verbandskompetenz (vgl. Rn. 46) mit den Vorschlägen sachlich nicht befassen darf (vgl. OVG NRW, NVwZ 1984, 325).

160 Die Sitzungen des Rates sind nach § 48 Abs. 2 S. 1 GO grundsätzlich öffentlich. Mit der **Öffentlichkeit** wird ein Stück Volkssouveränität hergestellt. Gleichwohl besteht die Möglichkeit, die Öffentlichkeit auf Antrag des Bürgermeisters oder eines Ratsmitglieds auszuschließen (§ 48 Abs. 2 S. 2 und 3 GO). Konsequenz daraus ist auch die Verpflichtung der Ratsmitglieder zur Verschwiegenheit nach § 30 Abs. 1 GO (OVG NRW, NWVBl. 2010, 237; OVG NRW, NWVBl. 2011, 346). Hiervon wird regelmäßig beim Umgang mit personenbezogenen Daten Gebrauch gemacht (§ 48 Abs. 3 GO). In der Praxis setzt der Bürgermeister schon mit der Einladung einen öffentlichen und einen nichtöffentlichen Teil der Ratssitzung fest. Detailregelungen des Geschäftsgangs in den Sitzungen, insbesondere zur Wortmeldung, zur Worterteilung und zur Form der Rede, finden sich regelmäßig in den Geschäftsordnungen des Rates.

Beispiele: Die Öffentlichkeit kann von einer Ratssitzung ausgeschlossen werden, wenn in der Sitzung das prozesstaktische Vorgehen in einem von der Gemeinde geführten Rechtsstreit erörtert werden soll (vgl. OVG NRW, NVwZ-RR 2002, 135) oder wenn es um Grundstücksverträge geht, bezüglich derer die Verhandlungsposition geschwächt zu werden droht (OVG NRW, NWVBl. 2009, 221).

161 Bei der wirksamen Entscheidung über einen Antrag muss der Rat beschlussfähig sein. **Beschlüsse** werden grundsätzlich nur mit Stimmenmehrheit gefasst (§ 50 Abs. 1 S. 1 GO); für Wahlen (etwa der Beigeordneten) gilt § 50 Abs. 2 GO (dazu *Maas,*

NWVBl. 2012, 297). Über die Beschlüsse ist nach § 52 Abs. 1 GO eine Niederschrift anzufertigen. Sie sind grundsätzlich vom Bürgermeister durchzuführen (vgl. Rn. 192).

b) Rechtsfolgen von Verfahrensverstößen

In Bezug auf die Erheblichkeit von Verfahrensmängeln bei der Beschlussfassung des 162
Rats ist zwischen **Geschäftsordnungs- und Gesetzesverstößen** zu differenzieren. Verstöße gegen eine Geschäftsordnungsvorschrift (Rn. 140) sind grundsätzlich nur von binnenrechtlicher Relevanz. Wegen der mangelnden außenrechtlichen Wirkung, außerdem wegen des ansonsten auftretenden Wertungswiderspruchs zu § 7 Abs. 6 GO S. 1 GO, wonach die Verletzung von gesetzlichen Verfahrens- und Formvorschriften unter den dort genannten Voraussetzungen unbeachtlich werden kann (Rn. 238), begründen sie grundsätzlich außenrechtlich nicht die formelle Rechtswidrigkeit eines Ratsbeschlusses; anderes soll nur für die Verletzung sog. qualifizierter Geschäftsordnungsvorschriften gelten, die zwingende gesetzliche, d. h. in formellen Gesetzen und Rechtsverordnungen enthaltene Vorschriften wiedergeben (OVG NRW, NVwZ-RR 1997, 184, 185). Verstöße gegen gesetzliche Verfahrensvorschriften sollen hingegen nur dann für die Rechtmäßigkeit bzw. Wirksamkeit eines Hoheitsaktes unbeachtlich sein, wenn die verletzte Norm bloß eine unwesentliche Verfahrens-, eine sog. Ordnungsvorschrift beinhaltet; Unwesentlichkeit wird einer Verfahrensvorschrift attestiert, wenn sie weder für den grundsätzlichen Verfahrensablauf noch für die Findung einer materiell richtigen Entscheidung relevant ist (vgl. ThürOVG, LKV 2002, 534, 535). Der Verstoß gegen wesentliche gesetzliche Verfahrensvorschriften begründet auch außenrechtlich die formelle Rechtswidrigkeit des Ratsbeschlusses.

Hinsichtlich der **Folgen relevanter Verfahrensmängel** ist zu differenzieren: Be- 163
schlüsse, die lediglich das organschaftliche Verhältnis innerhalb der Gemeinde betreffen, sind nichtig; Rechtsschutz kann im Wege des sog. Kommunalverfassungsstreitverfahrens erlangt werden (vgl. Rn. 205 ff.). Die Wirksamkeit von formell rechtswidrigen Verwaltungsakten des Rates (self-executing-Beschlüsse) beurteilt sich anhand der §§ 44 ff. VwVfG, während bei Satzungen das für diese geltende Fehlerfolgenregime eingreift (Rn. 237 f.). In dem Regelfall, dass der Bürgermeister den fraglichen Ratsbeschluss ausführt, hängen die Fehlerfolgen von der Art der Durchführungsmaßnahme (Verwaltungsakt, Verwaltungsvertrag, privatrechtlicher Vertrag) ab (vgl. Rn. 196 ff.).

4. Die Rechtsstellung des einzelnen Ratsmitglieds

a) Mitgliedschaftlicher Status

Die Mitglieder des Rates sind als Teile eines Exekutivorgans nur bedingt mit Abge- 164
ordneten des Deutschen Bundestages bzw. eines Landtags vergleichbar. Beispielsweise können sie sich weder auf Immunität noch auf Indemnität berufen. Zur Sicherung ihrer Rolle bei der Erfüllung der Funktionen des Rates gewährt ihnen die Gemeindeordnung aber doch einen **eigenen mitgliedschaftlichen Status,** bestehend aus einem Kanon aus Rechten und Pflichten.

Die Rechtsstellung der einzelnen Ratsmitglieder wird zentral geprägt durch die 165
Freiheit ihres Mandats (§ 43 Abs. 1 GO), weswegen der BGH (NJW 2006, 2050) sie zutreffend nicht als „Amtsträger" i. S. d. § 11 Abs. 1 Nr. 2 StGB ansieht. Die Mitglieder des Rates bilden in ihrer Gesamtheit die Vertretung der Bürgerschaft (§ 40 Abs. 2 S. 1 GO). Sie sind weder Vertreter ihrer Partei noch der Bürger ihres Wahlkreises oder anderer partikularer Gruppen. Im Übrigen kann unterschieden werden zwischen **Mitgliedschaftsrechten und Mitwirkungsrechten im Rat.** Der erstgenannten Gruppe von Rechten, die sich auf die Mandatsausübung als solche beziehen, lassen sich etwa der

durch das „Gesetz zur Stärkung des kommunalen Ehrenamts und zur Änderung weiterer kommunalverfassungsrechtlicher Vorschriften“ vom 18.9.2012 (GV.NRW. S. 436) ausgebaute Anspruch auf Freistellung durch den Arbeitgeber (§ 44 GO) oder auf Entschädigung zurechnen (§ 45 GO; zum dazu gehörenden Sitzungsgeld OVG NRW, NWVBl. 2006; ausgeweitet und verbessert durch das GO-ReformG 2007). Zu den – im Wege des sog. Kommunalverfassungsstreitverfahrens (Rn. 205 ff.) gerichtlich durchsetzbaren – Mitwirkungsrechten im engeren Sinne zählt insbesondere das Recht auf aktive Teilnahme an den Sitzungen, welches unter anderem das Recht auf Einladung zu den Ratssitzungen (§ 47 GO), das Recht auf Teilnahme an Rats- und Ausschusssitzungen (§ 58 Abs. 1 S. 4 GO), das regelmäßig in der Geschäftsordnung des Rates konkretisierte Rede- und Antragsrecht, das Recht auf Unterrichtung durch den Bürgermeister (§ 55 Abs. 1 GO, näher OVG NRW, NWVBl. 2010, 482) nebst neuem Akteneinsichtsrecht gemäß § 55 Abs. 5 GO sowie das Recht auf Mitgliedschaft in einer Fraktion (§ 56 GO) beinhaltet. Hinzu treten Rechte, die einer Fraktion (vgl. Rn. 149 ff.) oder einem Fünftel der Ratsmitglieder zustehen. Hervorzuheben sind insbesondere das Recht auf Einberufung einer Ratssitzung (§ 47 Abs. 1 S. 4 GO), das Recht zur Erzwingung eines Tagesordnungspunktes (§ 48 Abs. 1 S. 2 GO) sowie das Recht auf Akteneinsicht (§ 55 Abs. 4 GO).

166 Die **Pflichten** der Ratsmitglieder bestimmen sich – da die Ausübung des Ratsmandats als Wahrnehmung eines Ehrenamts zu qualifizieren ist – nach § 43 Abs. 2 i. V. m. §§ 30 bis 32 GO. Nach § 43 Abs. 4 GO haften sie gegenüber ihrer Gemeinde, wenn diese durch einen Ratsbeschluss einen Schaden erleidet (vgl. *Müller,* NVwZ 2017, 1829). Von besonderer praktischer Bedeutung ist die Frage der Möglichkeit einer vorzeitigen Niederlegung des Ratsmandats. Diese beurteilt sich anhand der §§ 37 Nr. 1, 38 KWahlG, die als „actus contrarius“ zum Erwerb der Mitgliedschaft im Rat Spezialvorschriften gegenüber § 29 GO darstellen.

In formeller Hinsicht muss der Verzicht auf ein Ratsmandat dem Wahlleiter (§ 2 Abs. 2 KWahlG) oder einem von ihm Beauftragten zur Niederschrift erklärt werden (§ 38 S. 1 KWahlG). Materiell lässt jedenfalls der Wortlaut der §§ 37 Nr. 1, 38 KWahlG keine Voraussetzungen erkennen. Gleichwohl stellt sich die Frage, ob nicht das Erfordernis eines „wichtigen Grundes“ i. S. v. § 29 GO als ungeschriebenes Tatbestandsmerkmal in § 37 Nr. 1 KWahlG hineinzulesen ist. Hierfür spricht, dass diese Voraussetzung im Interesse der Funktionsfähigkeit der kommunalen Organe an sich die kontinuierliche und gewissenhafte Wahrnehmung der ehrenamtlichen Tätigkeit bzw. des Ehrenamtes sicherstellen soll. Setzt vor diesem Hintergrund bereits die Verweigerung der Ausübung eines allgemeinen Ehrenamtes einen „wichtigen Grund“ voraus, so muss dieses Erfordernis erst recht für den Verzicht auf ein Ratsmandat gelten.

b) Ordnungs- und Hausrechtsmaßnahmen

167 Im Interesse eines geordneten Sitzungsverlaufs und damit der Funktionsfähigkeit des Rates ist dem Bürgermeister durch § 51 Abs. 1 GO die **Ordnungsgewalt** zugewiesen. Der Begriff der „Ordnung“ umfasst – in Abgrenzung zu dem Begriff der „öffentlichen Ordnung“ im Ordnungsrecht (vgl. § 14 Abs. 1 OBG) – zunächst die den Verfahrensablauf regelnden normativen Bestimmungen der GO, der kommunalen Satzungen und der kommunalen Geschäftsordnungen und darüber hinaus auch den Gesamtbestand der (ungeschriebenen) innerorganisatorischen Verhaltensregeln, die für einen reibungslosen Geschäftsablauf erforderlich sind.

168 Zum unabdingbaren Bestand dieser Verhaltensregeln gehört insbesondere das „Gebot der gegenseitigen Rücksichtnahme“, welches dem Zweck dient, die jeweiligen Mitwirkungsinteressen der Ratsmitglieder untereinander auszugleichen und auf diesem Wege jedem einzelnen Ratsmitglied die angemessene Einbringung seiner Zielvorstel-

lungen zu ermöglichen. Dem korrespondiert ein **„innerorganisatorischer Störungsbeseitigungsanspruch"**, den das einzelne Ratsmitglied als wehrfähige Innenrechtsposition gegenüber dem Bürgermeister geltend machen kann. Dieser Störungsbeseitigungsanspruch erfordert in formeller Hinsicht lediglich die Geltendmachung einer Störung beim Bürgermeister. Materielle Anspruchsvoraussetzungen sind zum einen das objektive Vorliegen einer ebensolchen Störung und darüber hinaus deren Erheblichkeit. Im Rahmen einer Abwägung ist festzustellen, welches Ausmaß an Störung einerseits bzw. Rücksichtnahme andererseits den Betroffenen nach Lage der Dinge billigerweise zugemutet werden kann (grundlegend: OVG NRW, DVBl. 1983, 53). Rechtsschutz im Zusammenhang mit Ordnungsmaßnahmen i. S. v. § 51 Abs. 1 GO kann im Wege des sog. Kommunalverfassungsstreitverfahrens (vgl. Rn. 205 ff.) erlangt werden. Maßnahmen zur Herstellung der Ordnung in den Ratssitzungen betreffen die Ratsmitglieder jedenfalls unmittelbar „nur" in ihrem mitgliedschaftlichen Status, nicht in ihren Grundrechten; sie sind daher keine Verwaltungsakte i. S. v. § 35 S. 1 LVwVfG.

Beispiele: Dem Gebot gegenseitiger Rücksichtnahme zuwider läuft das Rauchen (ebenso die Benutzung von Handys) in Rats- und Ausschusssitzungen, sofern es auch nur von einem Ratsmitglied als Belästigung geltend gemacht wird. Dem belästigten Ratsmitglied steht insoweit ein (innerorganisatorischer) Störungsbeseitigungsanspruch gegen den Bürgermeister zu. Dieser Anspruch kann im Wege des Kommunalverfassungsstreitverfahrens verwaltungsprozessual durchgesetzt werden (OVG NRW, DVBl. 1983, 53). Ebenfalls eine Störung der Ordnung in den Ratssitzungen stellt das wiederholte, demonstrative Tragen von auffälligen Aufklebern mit provozierendem Inhalt dar. Das betroffene Ratsmitglied kann sich insoweit nicht auf die ihm als Privatperson zustehende Meinungsfreiheit berufen. Eine Klage auf Feststellung eines Rechts zum Tragen des Aufklebers, mit der Begründung, Art. 5 Abs. 1 S. 1 Alt. 1 GG werde durch § 51 Abs. 1 Alt. 2 GO nicht wirksam eingeschränkt, ist daher unbegründet (BVerwG, NVwZ 1988, 837).

Von Maßnahmen der Ordnungsgewalt in den Sitzungen zu unterscheiden ist die in 169
§ 51 Abs. 1 GO vorgesehene Ausübung des **Hausrechts** durch den Bürgermeister. Diese gegenüber dem Recht zu Ordnungsmaßnahmen subsidiäre Regelung ermächtigt den Bürgermeister als Vorsitzenden des Rates in den Ratssitzungen zur Beseitigung von Störungen durch Externe und durch per Ordnungsgewalt vom Sitzungs- in den Zuschauerraum verwiesene Ratsmitglieder. Gegen ein hierauf gestütztes Hausverbot bzw. gegen weniger belastende Maßnahmen ist Rechtsschutz in Form der Anfechtungsklage statthaft, weil das Hausverbot einen Verwaltungsakt darstellt, auch wenn es gegenüber einzelnen Ratsmitgliedern ausgesprochen wird.

Beispiel: Der Ratsvorsitzende untersagt Pressevertretern die Tonbandaufzeichnung der Ratssitzung in Ausübung seines Hausrechts (vgl. BVerwG, NJW 1991, 118).

Aus § 51 Abs. 1 GO ergibt sich keine Befugnis für die Erteilung von Hausverboten für das Rathaus außerhalb des Sitzungsraumes. Hierfür steht das öffentlich-rechtliche Hausrecht des Bürgermeisters nach den allgemeinen Grundsätzen des öffentlichen Sachenrechts zur Verfügung (vgl. *Papier/Durner,* in: Ehlers/Pünder [Hrsg.], Allgemeines Verwaltungsrecht, 15. Aufl. 2016, § 39 Rn. 50 ff.).

c) Mitwirkungsverbot wegen Befangenheit

Über die **Verweisungsnorm des § 43 Abs. 2 Nr. 4 GO** gilt das Mitwirkungsver- 170
bot wegen Befangenheit, das in § 31 GO für die zu ehrenamtlicher Tätigkeit oder in

ein Ehrenamt Berufenen niedergelegt ist, insbesondere auch für Ratsmitglieder; hier haben die Befangenheitsregeln in der kommunalrechtlichen Praxis ihren Hauptanwendungsbereich. Sie sollen gewährleisten, dass die zu ehrenamtlicher Tätigkeit oder in ein Ehrenamt Berufenen bei Erfüllung ihrer insoweit bestehenden Pflichten ausschließlich nach dem Gesetz sowie nach ihrer freien, nur durch Rücksicht auf das öffentliche Wohl bestimmten Überzeugung handeln. Verwaltungsentscheidungen sollen nicht von Personen getroffen werden, die wegen eines unmittelbaren Eigeninteresses am Ausgang des Verfahrens oder wegen enger Beziehungen zu einem Verfahrensbeteiligten nicht die Gewähr für eine unbefangene, am Gemeinwohl orientierte Entscheidung bieten.

171 § 31 GO macht das Vorliegen des Befangenheitstatbestandes von den folgenden **Voraussetzungen** abhängig: Ein zu ehrenamtlicher Tätigkeit oder in ein Ehrenamt Berufener muss beratend oder entscheidend an einer Entscheidung mitwirken (1). Die Entscheidung kann einer der in § 31 Abs. 1 S. 1 Nr. 1 bis 3, Abs. 2 Nr. 1 bis 3 GO bezeichneten Personen einen Vorteil oder Nachteil bringen (2); eine Legaldefinition des „Angehörigen" i. S. v. § 31 Abs. 1 Nr. 2 GO nimmt dabei § 31 Abs. 5 GO vor. Zwischen der Entscheidung und dem möglichen Vor- bzw. Nachteil besteht eine Unmittelbarkeitsbeziehung i. S. v. § 30 Abs. 1 S. 2 GO (3). Hiermit gemeint ist eine direkte Kausalbeziehung. Diese soll verhindern, dass allein der „böse Schein" zum Ausschluss des Mitwirkenden führt (vgl. zuletzt OVG NRW, NVwZ-RR 2003, 667). Schließlich darf keiner der Ausnahmegründe des § 31 Abs. 3 GO eingreifen (4); am wichtigsten ist die Regelung des Abs. 3 Nr. 1, wonach es nicht ausreicht, dass jemand einer „Berufs- oder Bevölkerungsgruppe" (z. B. Bauunternehmer) angehört, die insgesamt Vorteile erwarten kann. Der Vorteil muss sich also auf das betreffende Ratsmitglied zuspitzen.

Beispiele: Befangenheit wurde angenommen bei Mitwirkung eines sachkundigen Bürgers im Planungsausschuss, der im Gebiet eines zu beschließenden Bebauungsplans Gewerberäume anmieten will, bei Mitwirkung eines Ratsmitglieds, dessen Ingenieurbüro mit Aufträgen im Zusammenhang mit der Verwirklichung des Bebauungsplans rechnen konnte (OVG NRW, NVwZ 1984, 667) oder bei Mitwirkung eines Ratsmitglieds an der Beratung über die Schließung eines Schulstandorts, durch die der Schulweg seiner Tochter sich wesentlich verlängert (OVG NRW, NWVBl. 2015, 72). Dagegen ist der Befangenheitstatbestand nicht erfüllt, wenn ein Ratsmitglied, das seine Anwaltspraxis in einer Straße betreibt, deren spätere Verkehrsberuhigung zwar durch den Bau eines innerstädtischen Straßenbauvorhabens ermöglicht wird, für die es aber noch an einer eindeutigen Konzeption darüber fehlt, in welchem Umfang Verkehrsbeschränkungen erfolgen sollen, über den das Straßenbauvorhaben betreffenden Bebauungsplan mitentscheidet. Ebenfalls nicht befangen i. S. v. § 31 GO ist ein ratsangehöriger Ingenieur, bei dem die bloße Möglichkeit besteht, im Falle des Beschlusses zugunsten des Straßenbauvorhabens als Subunternehmer einen Teilauftrag zu erhalten. In beiden Fällen fehlt es an der Unmittelbarkeitsbeziehung zwischen der (Mit-)Entscheidung und dem möglichen Vorteil (VGH Bad.-Württ., NVwZ-RR 1997, 183).

172 Für den Fall der Befangenheit statuiert § 31 Abs. 4 GO eine Offenbarungspflicht. Der Betroffene hat den Ausschließungsgrund unaufgefordert dem Rat anzuzeigen und bei nichtöffentlichen Sitzungen den Sitzungsraum zu verlassen (§ 31 Abs. 4 S. 1 GO). Im Streitfalle wird die **Entscheidung über das Vorliegen** eines Befangenheitstatbestandes bei einem Ratsmitglied vom Rat getroffen (§ 43 Abs. 2 Nr. 4 GO; vgl. im Übrigen § 31 Abs. 4 GO). Rechtsschutz gegen diese Entscheidung kann im Wege des Kommunalverfassungsstreitverfahrens (Rn. 205 ff.) begehrt werden.

173 Das Mitwirkungsverbot wegen Befangenheit ist für die **formelle Rechtmäßigkeit** einer in Frage stehenden Verwaltungsmaßnahme bedeutsam. Ein unter Mitwirkung eines befangenen Ratsmitgliedes getroffener Ratsbeschluss ist rechtswidrig (Verwaltungsakte) bzw. nichtig (Satzungen). Wie aus dem allgemeinen Verwaltungsrecht bekannt (vgl. § 46 VwVfG) kann ein solcher Verfahrensfehler jedoch ausnahmsweise unbeachtlich sein. Dies ist nach § 31 Abs. 6 GO dann der Fall, wenn die Mitwirkung des wegen Befangenheit Betroffenen für das Abstimmungsergebnis nicht „entscheidend", d.h. nicht kausal war. Darüber hinaus enthält § 54 Abs. 4 GO eine Präklusionsvorschrift. Hiernach kann die Verletzung des Mitwirkungsverbotes wegen Befangenheit grundsätzlich ein Jahr nach der Entscheidung bzw. – soweit erforderlich – nach der öffentlichen Bekanntmachung nicht mehr geltend gemacht werden. Bei Satzungsbeschlüssen ist § 7 Abs. 6 GO maßgeblich. Schließlich können spezialgesetzliche Unbeachtlichkeits- und Präklusionsvorschriften eingreifen; §§ 214, 215 BauGB betreffen jedoch nur die Formvorschriften nach dem BauGB (vgl. § 4 Rn. 95ff.).

d) Das kommunalrechtliche Vertretungsverbot

Der nach § 43 Abs. 2 GO auf Ratsmitglieder anzuwendende § 32 GO sieht vor, dass **174** Inhaber eines Ehrenamts oder einer ehrenamtlichen Tätigkeit grundsätzlich Ansprüche anderer gegen die Gemeinde nicht geltend machen dürfen. Dieses sog. kommunalrechtliche (auch: kommunale) Vertretungsverbot dient dem Zweck, die **objektive, unparteiische und einwandfreie Führung der Geschäfte** der Gemeinde zu gewährleisten. Es soll verhindern, dass die Einwohner den Einfluss von kommunalen Mandatsträger ihrer Gemeinde für ihre persönlichen Interessen ausnutzen und dass rechtsgeschäftlich bestellte Vertreter, die zugleich Mandatsträger sind, durch diese Doppelfunktion in einen Interessenwiderstreit geraten.

Obwohl § 32 GO in der Praxis vor allem Ratsmitglieder betrifft, die von Beruf **175** Rechtsanwälte sind, stellt die Vorschrift – rechtlich betrachtet – eine typische kommunalrechtliche Lauterkeitsnorm und nicht eine Regelung auf dem Gebiet des Rechts der Rechtsanwaltschaft dar. Der Landesgesetzgeber war mithin nach Art. 70 Abs. 1 GG zum Erlass des kommunalrechtlichen Vertretungsverbots befugt und hieran nicht dadurch gehindert, dass der Bund mit der BRAO von der konkurrierenden Gesetzgebungskompetenz nach Art. 74 Abs. 1 Nr. 1 GG Gebrauch gemacht hatte. Dagegen ist die Frage, ob das Vertretungsverbot in den **Schutzbereich von Art. 12 Abs. 1 GG** eingreift, in Rechtsprechung und Literatur bislang noch nicht abschließend geklärt. Das BVerfG hat dies – entgegen zahlreicher Stimmen in der Literatur – zwar bislang ausdrücklich offengelassen, allerdings schließt es eine objektiv berufsregelnde Tendenz nicht von vornherein aus (richtigerweise, denn die primär lauterkeitsrechtliche Landesvorschrift greift mittelbar-faktisch in das Berufsfreiheitsrecht des Anwalts ein). Das Gericht hat jedenfalls eine Rechtfertigungsprüfung anhand der Drei-Stufen-Theorie durchgeführt, mit dem Ergebnis, dass das Vertretungsverbot als verfassungsrechtlich gerechtfertigt anzusehen ist. Ebenfalls nicht verletzt seien Art. 3 Abs. 1 sowie Art. 33 Abs. 2 GG (BVerfG, NJW 1988, 694 mwN).

Tatbestandlich erstreckt sich das kommunalrechtliche Vertretungsverbot auf die **176** Vertretung sowohl in zivilrechtlichen als auch in öffentlich-rechtlichen Streitigkeiten, im letzteren Falle unabhängig davon, ob es sich um eine Selbstverwaltungsangelegenheit handelt oder nicht. Der hohen Anforderung, die Verwaltung von jeglichen Einflüssen freizuhalten, die ihre Objektivität und Unparteilichkeit gefährden könnten, würde es nicht gerecht werden, zwischen Selbstverwaltungsaufgaben und Aufgaben zur Erfüllung nach Weisung zu unterscheiden (so zuletzt VG Schleswig, NVwZ-RR 2002, 596). Nicht erfasst ist dagegen die Vertretung eines Ratsmitglieds in einem sog. Kommunalverfassungsstreitverfahren (vgl. Rn. 205ff.), weil hierbei nicht Ansprüche „gegen die Gemeinde", sondern nur gegen ein Organ der Gemeinde – den Rat bzw. den Bürgermeister – geltend gemacht werden (OVG NRW, NVwZ 1985, 843). Das Vertretungsverbot erstreckt sich ferner nicht auf die Sozien oder die in Bürogemeinschaften verbundenen Rechtsanwälte in der Kanzlei des Ratsmitglieds.

177 Die **Entscheidung** über das Vorliegen eines kommunalrechtlichen Vertretungsverbots trifft nach § 32 Abs. 2 S. 2 GO im Falle von Ratsmitgliedern der Rat. Die Entscheidung ergeht in Form eines Verwaltungsakts (als sog. self-executing-Beschluss des Rates, vgl. Rn. 192) und kann daher mit der Anfechtungsklage (§§ 42 Abs. 1 Alt. 1, 113 Abs. 1 S. 1 VwGO) vor dem Verwaltungsgericht angegriffen werden. Der Adressat dieses Verwaltungsakts ist der in seinem Grundrecht aus Art. 12 Abs. 1 GG Betroffene.

Umstritten ist, ob ein ratsangehöriger Rechtsanwalt, der ungeachtet des kommunalrechtlichen Vertretungsverbots im Wege des verwaltungs- oder zivilgerichtlichen Verfahrens Ansprüche gegen die Gemeinde geltend macht, durch das Verwaltungs- bzw. das Zivilgericht unmittelbar auf der Grundlage von § 32 Abs. 2 S. 2 GO nach §§ 67 Abs. 3 S. 1 VwGO bzw. 79 Abs. 3 S. 1 ZPO vom Verfahren ausgeschlossen werden kann. Die herkömmliche höchstrichterliche Rechtsprechung bejaht dies. § 32 Abs. 2 S. 2 GO entfalte nicht lediglich im gemeindlichen Innenverhältnis Rechtswirkung, sondern sei als Rechtsgrundlage für den Ausschluss des Rechtsanwalts heranzuziehen (BVerfGE 52, 42, 54 ff.). Hiergegen spricht, dass die im konkreten Fall zugrundeliegende Sachmaterie gemäß Art. 72, 74 Abs. 1 Nr. 1 GG dem Bereich der konkurrierenden Gesetzgebung zuzuordnen ist und der Bund mit §§ 3 Abs. 2, 45, 46 BRAO (vgl. auch § 3 Berufsordnung für Rechtsanwälte) von seiner (vorrangigen) Gesetzgebungszuständigkeit Gebrauch gemacht hat. Das legt es nahe, § 32 Abs. 2 S. 2 GO einschränkend dahingehend auszulegen, dass nur kommunalrechtliche Sanktionen in Betracht kommen (in diese Richtung, aber letztlich noch offenlassend, BVerfG, NJW 1988, 694; vgl. zum Ganzen *Schoch,* JuS 1989, 531, 553 f.).

5. Anhang

178 **Literatur:** *Schneider,* Der verfahrensfehlerhafte Ratsbeschluss – Zur Dogmatik der Verfahrensfehlerfolgen, NWVBl. 1996, 89; *Schwerdtner,* Das Mitwirkungsverbot wegen Befangenheit als Rechtsproblem, VBlBW 1999, 81; *Müller-Franken,* Der unberechtigte Ausschluss eines Mitglieds des Gemeinderates wegen persönlicher Beteiligung, BayVBl. 2001, 136; *Zilkens/Elschner,* Der Schutz personenbezogener Daten in nicht-öffentlichen Sitzungen der kommunalen politischen Vertretung am Beispiel der GO NRW, DVBl. 2002, 163; *Rothe,* Über die Ausschüsse der Gemeinde, Verwaltungsrundschau 2003, 55; *Kremer,* Der gemeindliche Hauptausschuss im Land Nordrhein-Westfalen, 2003; *Franz,* Der Anspruch der Ratsfraktionen auf die Neubesetzung von Ausschüssen, LKV 2004, 497; *Werres,* Rechtliche Anforderungen an die Zusendung von Sitzungsunterlagen im Kommunalrecht, NWVBl. 2004, 294; *Brüning,* Haftung der Gemeinderäte, Hauptverwaltungsbeamten und Beigeordneten, 2006; *Ehlers,* Die Gemeindevertretung, in: HdbKWP I, 2007, § 21; *Rabeling,* Die Öffentlichkeit von Gemeinderatssitzungen in der Rechtsprechung, NVwZ 2010, 411; *Kim,* Die individuellen Mitwirkungsrechte des Gemeinderats, DVBl. 2011, 734; *Heusch,* Die Fraktion in Rat und Kreistag, NWVBl. 2015, 401; *ders.,* Die freie Rede im Rat und ihre Grenzen, NWVBl. 2016, 353; *Lück,* Aktuelle Rechtsprechung zum Kommunalrecht: Zur Rechtsstellung fraktionsloser kommunaler Vertreter, KommJur 2017, 405; *Heusch/Duikers,* Zur Geschäftsordnungsautonomie kommunaler Vertretungen, NWVBl. 2018, 313; *Katz,* Öffentlichkeit versus Nichtöffentlichkeit von Gemeinderatssitzungen, NVwZ 2020, 1076.

Klausurfälle: *Lange,* Fraktionsausschluß kommunaler Mandatsträger und vorläufiger Rechtsschutz, JuS 1994, 296; *Hellermann,* Mitwirkungsrechte des fraktionslosen Ratsmitglieds, JURA 1995, 145; *Menzel/Schumacher,* Der gekränkte Gemeinderat, JURA 1998, 156; *Lange,* Die Resolution im Rat, VR 2004, 67; *Günther,* Minderheitenrechte für fraktionslose Ratsmitglieder, NWVBl. 2007, 33; *Ennuschat/Siegel,* Unruhe in der Ratssitzung, NWVBl. 2008, 119; *Heckel,* Straßensperrung für die Sternenwarte, JuS 2011, 166; *Attendorn,* Die kommunale „Frauenquote", NWVBl. 2013, 383; *ders.,* Ratsausschluss nach Prügelei?, JURA 2013, 1065; *Beckmann,* Sparkassenfusion und Beschluss der Gemeindevertretung, DVP 2014, 430; *Ludwigs/Amann,* Ausschluss aus dem Gemeinderat, JURA 2017, 1106; *Towfigh/Schönfeldt,* Eine Stadt in Aufruhr, JA 2018, 521; *Janson/Blenk,* Kein Geld mehr für die Gemeinderatsfraktion?, JuS 2018, 461; *Bätge,* Sanktionen gegen ein Ratsmitglied, JuS 2018, 562; *Bäcker,* Zeichenkontingent im Amtsblatt, JuS 2018, 784; *Andresen,* Wolfsfreie Zone, JuS 2020, 656; *Drescher/Klamet,* Der eiskalte Gemeinderat, JuS 2020, 855; *Dietlein/Hellermann,* „Streit in der Ratssitzung", in: Klausurenbuch Öffentliches Recht in NRW, 3. Aufl. 2021, Fall 10.

Kontrollfragen:

1. Welche Funktion kommt dem Rat zu?
2. Was meint der Begriff „Geschäftsordnungsautonomie" des Rates?
3. Was ist der Unterschied zwischen „Fraktionen" und „Gruppen" im Rat?
4. Welche Arten von Ausschüssen sieht die GO vor?
5. Wem ist kraft welcher Vorschrift die Ordnungsgewalt in Ratssitzungen zugewiesen und welcher Anspruch des einzelnen Ratsmitglieds korrespondiert dem Gebot gegenseitiger Rücksichtnahme im Rat?
6. Was sind die Voraussetzungen des „Mitwirkungsverbotes wegen Befangenheit" bei einem Ratsmitglied?
7. Was bedeutet das „kommunalrechtliche Vertretungsverbot" für ein Ratsmitglied?

III. Der Bürgermeister und die Vertretung der Gemeinde nach außen

Der Bürgermeister bildet neben dem Rat das zweite Vertretungsorgan der Bürger- **179**
schaft (§ 40 Abs. 2 S. 1 GO). In kreisfreien Städten (vgl. Rn. 44) führt er die Bezeichnung Oberbürgermeister (§ 40 Abs. 2 S. 3 GO). Seit der Abschaffung der kommunalen Doppelspitze stellt der Bürgermeister nicht nur die politische Leitfigur dar, ihm obliegt zudem die Leitung der Verwaltung. Das Organ des (Ober-)Stadtdirektors wurde im Zuge der Kommunalreform 1994 abgeschafft, seine Administrativbefugnisse wurden auf den Bürgermeister übertragen. Eine zusätzliche Stärkung erfuhr die Stellung des Bürgermeisters durch die mit seiner Direktwahl verbundene unmittelbare demokratische Legitimation (vgl. Rn. 15, 125). Im Unterschied zum Rat ist der Bürgermeister ein **monokratisches Organ,** d. h. nur eine Person fungiert als Organwalter. Er trägt die volle Verantwortung für das Funktionieren und die Einheitlichkeit des Verwaltungsvollzugs (OVG NRW, OVGE 17, 225, 227 f.). Die einzelnen Dezernate und Ämter im „Rathaus" sind lediglich unselbständige Untergliederungen (vgl. noch Rn. 182 ff.). Rein zahlenmäßig bilden sie aber einen Gesamtkomplex mit oftmals mehreren tausend Bediensteten.

Als Vertretungsorgan der Bürgerschaft kommt dem Bürgermeister eine prinzipielle Äußerungsbefugnis zu allen die Angelegenheiten der örtlichen Gemeinschaft betreffenden Themen zu. Bei amtlichen Äußerungen unterliegt er jedoch gegenüber politischen Parteien einem strikten Neutralitätsgebot und im Übrigen dem Sachlichkeitsgebot. Ob das Sachlichkeitsgebot schon bei der Aufforderung der Einwohnerschaft zur Teilnahme an einer rechtmäßigen Demonstration verletzt ist, ist fraglich; das Ausschalten der Stadtbeleuchtung und der Aufruf an die Bevölkerung, es gleichzutun („Licht aus!-Aufruf), als Zeichen des Protestes gegen eine Demonstration jedenfalls sind unsachlich (vgl. BVerwG, NVwZ 2018, 433, 434 ff.; OVG NRW, NVwZ 2017, 1316, 1318 ff.).

1. Das Organ Bürgermeister und die Gemeindeverwaltung

Der Bürgermeister ist gemäß §§ 62 Abs. 1 S. 1 GO, 119 Abs. 2 S. 1 LBG kommunaler **180**
Wahlbeamter auf Zeit. Er wird nach den Grundsätzen des § 65 GO i. V. m. §§ 46b ff. KWahlG am Tag der Ratswahl für eine Dauer von fünf Jahren gewählt (vgl. Rn. 125, 141). Die Amtszeit beginnt grundsätzlich mit der Annahme der Wahl (§ 119 Abs. 3 S. 1 LBG) und endet mit Ablauf der Wahlzeit (§ 119 Abs. 3 S. 2 LBG). Eine Abwahl des Bürgermeisters vor Ablauf seiner Amtszeit ist möglich unter den Voraussetzungen des § 66 GO; seit der Änderung durch Gesetz vom 24.5.2011 (GV.NRW. S. 269) kann ein Abwahlverfahren nicht nur aus dem Rat heraus, sondern auch von einem bestimmten Prozentsatz der Bürger eingeleitet werden, wie das in Duisburg (wegen der tragischen Ereignisse bei der sog. Love-Parade) praktiziert worden ist.

181 Die **Wählbarkeitsvoraussetzungen** sind geregelt in § 65 Abs. 2 GO und § 119 LBG. Danach ist weder eine besondere fachliche Qualifikation erforderlich noch – anders als bei den Bewerbern für den Rat (Rn. 117 ff.) – ein dreimonatiger Wohnsitz im Gemeindegebiet. Nach § 65 Abs. 2 S. 1 GO müssen Bürgermeisterkandidaten allerdings das 23. Lebensjahr vollendet haben und gemäß § 119 Abs. 1 LBG die für die Berufung in ein Beamtenverhältnis erforderlichen allgemeinen Voraussetzungen erfüllen, d. h. insbesondere ein Mindestmaß an gesundheitlicher Eignung mitbringen. EU-Ausländer können ohne weiteres Bürgermeister werden. Die früher bestehende Altersgrenze für die Ausübung des Bürgermeisteramtes ist mit Inkrafttreten des GO-ReformG 2007 weggefallen (vgl. § 119 Abs. 4 S. 1 LBG).

Nach Auffassung des BVerfG (NVwZ 1997, 1207; NVwZ 2013, 1540) wäre eine Höchstaltersgrenze für die Ausübung des Bürgermeisteramtes, die früher stark umstritten war, zulässig. Das BVerfG hat eine Verletzung des (bei wahlbezogenen Entscheidungen formalisierten) allgemeinen Gleichheitssatzes (Art. 3 Abs. 1 GG) mit der Begründung verneint, eine angemessene Höchstaltersgrenze sei ein zulässiges Differenzierungskriterium, um den nach der Lebenswahrscheinlichkeit altersbedingt zu befürchtenden Beeinträchtigungen einer kontinuierlichen und effektiven Amtsführung entgegenzutreten.

182 Zur Unterstützung des Bürgermeisters können nach den Vorgaben des § 71 GO **Beigeordnete** (auch: Dezernenten) bestellt werden. In der kommunalen Praxis wird v. a. in größeren Gemeinden regelmäßig von dieser Möglichkeit Gebrauch gemacht. Für kreisfreie Städte schreibt § 71 Abs. 4 GO verpflichtend die Bestellung eines Beigeordneten als Stadtkämmerer (d. h. als „Schatzmeister" der Gemeinde) vor. Die Beigeordneten sind kommunale Wahlbeamte, deren Amtszeit acht Jahre beträgt (§ 71 Abs. 1 GO). Ihr Geschäftskreis („Dezernat") kann gemäß § 73 Abs. 1 GO vom Rat, jedoch nur „im Einvernehmen" mit dem Bürgermeister, festgelegt werden. Sie sind nicht mit eigenen Verwaltungszuständigkeiten gegenüber den Gemeindebürgern ausgestattet (weiterführend: *Knirsch,* VR 2003, 10; *Jordans,* KommJuR 2004, 49; *Jaeckel,* VerwArch 97 [2006], 220; *Smith,* NWVBl. 2012, 6).

Beispiel: Die kreisfreie Stadt Hagen verfügt neben dem unmittelbaren Vorstandsbereich des Oberbürgermeisters über fünf Dezernate. Jedes Dezernat wird durch einen Beigeordneten (Dezernenten) geführt. Das erste Dezernat umfasst u. a. das Rechnungsprüfungsamt, das zweite die Stadtkämmerei und das Kulturamt, das dritte das Schulverwaltungsamt, das Sportamt und den Fachbereich Jugend und Soziales, das vierte das Amt für öffentliche Sicherheit, Verkehr und Personenstandswesen, das Umweltamt sowie die zentrale Steuerung und das fünfte Dezernat umfasst den Fachbereich Stadtentwicklung und Stadtplanung, das Bauordnungsamt etc.

183 Zusammen mit dem Bürgermeister bilden die Beigeordneten den **Verwaltungsvorstand** (§ 70 Abs. 1 S. 1 GO). Wichtigste Aufgabe des Verwaltungsvorstandes ist die Sicherstellung der Einheitlichkeit der Verwaltungsführung (§ 70 Abs. 3 GO). Der Einfluss des Bürgermeisters auf den gesamten Verwaltungsablauf soll gestärkt werden. Gemäß § 70 Abs. 2 GO wirkt der Verwaltungsvorstand insbesondere mit bei den Grundsätzen der Organisation der Verwaltungsführung, bei der Planung von Verwaltungsfragen mit grundlegender Bedeutung, bei der Aufstellung des Haushaltsplans sowie bei den Grundsätzen der Personalführung und -verwaltung. Als kollegiales Führungsgremium kommt ihm dabei lediglich eine koordinierende Funktion zu, ein Gemeindeorgan ist er nicht. Den Vorsitz führt der Bürgermeister (§ 70 Abs. 1 S. 2 GO), dem nach § 70 Abs. 4 S. 1 GO auch die Letztentscheidungskompetenz zukommt.

184 Die **Vertretung des Bürgermeisters** erfolgt zum einen durch ehrenamtliche Stellvertreter (§ 67 GO), zum anderen durch die Beigeordneten (§ 68 GO). Die ehrenamt-

lichen Stellvertreter (sog. ehrenamtliche Bürgermeister) vertreten den Bürgermeister bei der Leitung der Ratssitzungen und bei der Repräsentation (§ 67 Abs. 1 S. 2 GO). Sie werden ohne Aussprache vom Rat aus seiner Mitte gewählt. Größere kreisfreie Gemeinden haben teilweise zwei bis vier ehrenamtliche Bürgermeister, die aus den verschiedenen Ratsfraktionen (Rn. 149ff.) stammen. Die Vertretung nach § 68 Abs. 1, 2 GO durch die Beigeordneten (sog. Vertretung im Amt) betrifft ausschließlich die innere Organisation der Gemeindeverwaltung. Die gesetzliche Vertretung der Gemeinde nach außen steht nach § 63 Abs. 1 S. 1 GO allein dem Bürgermeister zu (Rn. 194ff.). Aus § 68 Abs. 1 S. 1 GO ergibt sich allerdings die Verpflichtung des Rates, einen der Beigeordneten zum „allgemeinen Vertreter" des Bürgermeisters zu bestellen (sog. erster Beigeordneter). Die allgemeine Vertretung umfasst die ständige Vertretung des Bürgermeisters in allen Dienstgeschäften. Sie ist nicht auf den Verhinderungsfall beschränkt. Im Außenverhältnis kann diese Vertretungsmacht weder vom Bürgermeister noch vom Rat begrenzt werden. Handlungen entgegen dem erkennbaren Willen des Bürgermeisters können daher, abgesehen von beidseitig vorsätzlichen Missbrauchsfällen, lediglich innerdienstliche Folgen, insbesondere disziplinarischer oder haftungsrechtlicher Art (etwa nach § 81 LBG) auslösen. Im Übrigen vertreten die Beigeordneten den Bürgermeister jeweils in ihrem Arbeitsgebiet (§ 68 Abs. 2 GO).

Neben dem allgemeinen Vertreter und ggf. den Beigeordneten kann der Bürgermeis- 185
ter gemäß § 68 Abs. 3 S. 1 GO sog. **Beauftragte** mit der Erledigung bestimmter Einzelangelegenheiten betrauen. Davon zu unterscheiden ist die Schaffung von Beauftragtenstellen, die darauf abzielt, bestimmte Aufgaben mit besonderem Handlungsbedarf aus der klassischen Ämterverwaltung auszugliedern und auf eine sachkundige, teilweise unabhängige Stelle zu übertragen. Sie ist ihrer Rechtnatur nach kein Auftrag i. S. d. § 662 BGB, sondern stellt als Ausfluss des allgemeinen Organisationsrechts des Bürgermeisters einen öffentlich-rechtlichen, verwaltungsinternen Organisationsakt dar. In den letzen Jahren hat die Beauftragung einen Bedeutungszuwachs erfahren. So wurden in vielen Gemeinden Ausländer- bzw. Integrationsbeauftragte für die Wahrung der Rechte ausländischer Mitbürger und Bürgerbeauftragte als Ansprechpartner für die Gemeindebürger eingerichtet. Verpflichtend sieht § 5 Abs. 2 GO in größeren Gemeinden die Bestellung (typischerweise) einer hauptamtlich tätigen Gleichstellungsbeauftragten vor.

Nach der Einführung des § 5 Abs. 2 GO wurde kontrovers diskutiert, ob der hiermit verbundene Eingriff in die Organisations- und Personalhoheit den Kernbereich der kommunalen Selbstverwaltungsgarantie (Art. 28 Abs. 2 GG; vgl. Rn. 23ff.; § 1 Rn. 188ff.) verletzt. Dies ist vom BVerfG (E 91, 228) mit der Begründung verneint worden, den Gemeinden verbleibe weiterhin ein hinreichend großer Organisationsbereich zur eigenverantwortlichen Regelung; auch der Randbereich der Selbstverwaltungsgarantie werde nicht verletzt (vgl. ferner VerfGH NRW, NVwZ 2002, 1505).

2. Die Kompetenzen des Bürgermeisters

Während der Rat das zentrale Steuerungsorgan ist (Rn. 106), liegt der Schwerpunkt 186
der Kompetenzen des Bürgermeisters im **administrativen Bereich,** wie in seiner Kennzeichnung als Hauptverwaltungsbeamter treffend zum Ausdruck kommt.

a) Geschäftsleitungs- und Organisationsgewalt

Als **Leiter der Gemeindeverwaltung** stehen dem Bürgermeister zentrale inneror- 187
ganisatorische Kompetenzen zur ausschließlichen Wahrnehmung zu. Er verfügt gemäß § 62 Abs. 1 S. 2 und 3 GO über die Geschäftsleitungs- und Organisationsgewalt, womit er die volle und alleinige Verantwortung für das Funktionieren der Verwaltung trägt. Umfasst von der Geschäftsleitungs- und Organisationsgewalt sind insbesondere das

Recht zur Entscheidung über die Verwaltungsgliederung in Dezernate, Ämter und sonstige Stellen, die Befugnis zur Verteilung der Dienstgeschäfte auf diese Stellen (zumeist durch einen Geschäftsverteilungsplan) sowie das Recht zum Einsatz der sächlichen Verwaltungsmittel. Gemäß § 73 Abs. 2 GO ist der Bürgermeister Dienstvorgesetzter der Beamten, Angestellten und Arbeiter der Gemeinde.

b) Kompetenzen im Verhältnis zum Rat

188 Im Verhältnis zum Rat hat der Bürgermeister eine **Vorbereitungs- und Leitungsfunktion.** Gemäß § 62 Abs. 2 S. 1 GO bereitet er die Beschlüsse des Rates, der Bezirksvertretungen sowie der Ausschüsse vor; dies erfolgt in der kommunalen Praxis regelmäßig in Form von Verwaltungsvorlagen der intern zuständigen Dezernate bzw. Ämter, die einen Beschlussvorschlag und eine umfassende Begründung einschließlich einer Kostenvorgabe enthalten. Gemäß § 40 Abs. 2 S. 4 GO führt der Bürgermeister sodann den Vorsitz im Rat (Einberufung, Tagesordnung, Sitzungsleitung etc.; vgl. Rn. 141, 158ff., 167ff.). § 60 Abs. 1 S. 2, Abs. 2 S. 1 GO gibt dem Bürgermeister die Kompetenz, Dringlichkeitsentscheidungen zu treffen (zusammen mit einem Rats- bzw. Ausschussmitglied; vgl. hierzu OVG NRW, NWVBl 1996, 441; OVG NRW, NVWBl. 2011, 467).

189 § 54 Abs. 1 GO gewährt dem Bürgermeister das Recht, Ratsbeschlüssen zu widersprechen. Der **Widerspruch** ist möglich („kann"), wenn der Bürgermeister durch einen Ratsbeschluss das „Wohl der Gemeinde" gefährdet sieht. Widersprüche sind form- und fristgerecht (§ 54 Abs. 1 S. 1 GO) beim Rat einzulegen und haben aufschiebende Wirkung (§ 54 Abs. 1 S. 2 GO). Der Rat hat innerhalb der Frist des § 54 Abs. 1 S. 3 GO erneut über die Angelegenheit zu beschließen.

Beispiel: Trifft der Rat den Beschluss, einer bestimmten Person das Ehrenbürgerrecht zu verleihen (§ 41 Abs. 1 S. 2 lit. d GO), und sieht der Bürgermeister hierdurch das Ansehen und damit das Wohl der Gemeinde gefährdet, so ist er berechtigt, spätestens am dritten Tag nach der Beschlussfassung einen schriftlich begründeten Widerspruch beim Rat einzulegen. Der Rat beschließt sodann erneut über die Angelegenheit.

190 Zur **Beanstandung** ist der Bürgermeister demgegenüber verpflichtet, wenn ein Ratsbeschluss bzw. ein Ausschussbeschluss (Absatz 3) das geltende Recht verletzt (§ 54 Abs. 2, 3 GO). Hierbei sind die formellen Voraussetzungen des § 54 Abs. 2 S. 3 GO zu beachten. Zum „geltenden Recht" i. S. d. § 54 Abs. 2 und 3 GO zählt neben dem Bundes- und Landesrecht auch das gesamte Ortsrecht der Gemeinde, einschließlich der Geschäftsordnung des Rates. Auch die Beanstandung hat aufschiebende Wirkung (§ 54 Abs. 2 S. 2 GO). Bleibt der Rat bei seinem Beschluss, so hat der Bürgermeister unverzüglich die Entscheidung der Aufsichtsbehörde einzuholen (§ 54 Abs. 2 S. 3 GO). Die von den jeweiligen Beschlüssen möglicherweise in ihren Rechten betroffenen Bürger haben keinen Anspruch darauf, dass der Bürgermeister beanstandet; die Beanstandung dient ausschließlich dem öffentlichen Interesse an der Gesetzmäßigkeit des Gemeindehandelns (Art. 20 Abs. 3 GG; grundlegend OVG NRW, OVGE 18, 227, 228f.). Die Kommunalaufsichtsbehörde kann den Bürgermeister anweisen, einen Rats- bzw. Ausschussbeschluss zu beanstanden (§ 122 Abs. 1 S. 1 GO); dieser wird dabei im Wege der Organleihe tätig (vgl. Rn. 71f., 193).

Beispiel: Der Bürgermeister müsste einen Ratsbeschluss, der die Gemeinde zur „gentechnikfreien Zone" erklärt, wegen fehlender Verbandskompetenz (vgl. Rn. 46) beanstanden.

c) Materienbezogene Kompetenzen, insbesondere Geschäfte der laufenden Verwaltung

Der Bürgermeister hat zunächst eine **eigene Sachentscheidungskompetenz** für **191**
solche Angelegenheiten, die ihm der Rat gemäß § 41 Abs. 2 S. 1 GO „übertragen" hat (vgl. Rn. 155). Von praktisch noch größerer Bedeutung ist sodann § 41 Abs. 3 GO, wonach „Geschäfte der laufenden Verwaltung" als im Namen des Rates übertragen „gelten". Dem Rat steht insoweit allerdings ein Rückholrecht zu. Was im Einzelfall unter diesen unbestimmten Rechtsbegriff fällt, lässt sich nicht in eine für alle Gemeinden gültige Definition fassen, sondern ist abhängig von der Größe, der Finanzkraft und der Einwohnerzahl der Gemeinde sowie der konkret zu bearbeitenden Angelegenheit. Die Rechtsprechung stellt darauf ab, dass „die Sache nach Regelmäßigkeit und Häufigkeit zu den üblichen Geschäften gehört", wesentliches Merkmal sei „die Erledigung nach festgefahrenen Grundsätzen auf eingefahrenen Gleisen" (OVG NRW, OVGE 25, 186, 193). Eine gewisse Indizwirkung kommt nach allgemein anerkannter Ansicht den finanziellen Auswirkungen des Geschäfts zu.

Beispiele: Über die Erteilung einer Sondernutzungserlaubnis für einen Infostand nach § 18 StrWG kann der Bürgermeister entscheiden, während die Entscheidung einer Gemeinde, die Aufstellung von Altkleidersammelcontainern in ihrem Gemeindegebiet generell als Sondernutzung nicht zuzulassen (OVG NRW, NWVBl. 2019, 423) oder die Erarbeitung einer „Standordnung für die Fußgängerzone" wegen ihrer Grundsätzlichkeit kein „Geschäft der laufenden Verwaltung" mehr ist. Während Aufträge in Höhe von 50.000 Euro und mehr für Instandhaltungsarbeiten an städtischen Gebäuden in einer Großstadt durchaus zur täglichen Praxis gehören und damit Geschäfte der laufenden Verwaltung darstellen können, sind derartige Angelegenheiten und Ausgaben bei dörflichen Gemeinden regelmäßig eher außergewöhnlich und damit nicht unter den Begriff des Geschäfts der laufenden Verwaltung zu fassen. In nahezu allen Gemeinden unter den Begriff des Geschäfts der laufenden Verwaltung fällt etwa die Ausstellung von Personalausweisen, der Erlass von Gaststättenbetriebserlaubnissen, die Bescheidung von Bauanträgen, die Beschaffung von Mobiliar, Schreib- und Büromaterial etc.

d) Ausführungskompetenzen

Regelmäßig agiert der Bürgermeister als **Behörde im funktionalen Sinne** (gemäß **192**
§ 1 Abs. 4 VwVfG). Der Rat tritt nur in Ausnahmefällen (sog. self-executing-Beschlüsse) als Behörde i. S. d. § 1 Abs. 4 VwVfG in Erscheinung; die vom Rat getroffenen Beschlüsse führt der Bürgermeister unter der Kontrolle des Rates aus (§ 62 Abs. 2 S. 2 GO). Dasselbe gilt für die Ausführung von Weisungen im Rahmen der Erledigung von Pflichtaufgaben nach Weisung gemäß § 62 Abs. 2 S. 2 i. V. m. §§ 3 Abs. 2, 132 GO (vgl. Rn. 64 ff.). Als Verwaltungsakte des Bürgermeisters sind auch die von den einzelnen Dezernaten und Ämtern erlassenen Bescheide anzusehen, da diese nicht mit eigenen Zuständigkeiten für nach außen wirkende Verwaltungstätigkeiten ausgestattet sind.

Beispiele: Als Verwaltungsakte (i. S. v. § 35 VwVfG) in Gestalt von self-executing-Beschlüssen sind die Benennung einer Straße durch den Rat (NdsOVG, DVBl. 1969, 317, vgl. Rn. 47) bzw. eine Bezirksvertretung (OVG NRW, NJW 1987, 2695), die Zusammenlegung zweier Schulen (OVG NRW, DVBl. 1992, 448), die Entscheidung über die Zulässigkeit eines Bürgerbegehrens (vgl. Rn. 127 ff.) sowie die Festsetzung eines Ordnungsgeldes nach § 29 Abs. 3 S. 1 GO (vgl. Rn. 111) anzusehen.

e) Heranziehung des Bürgermeisters im Wege der Organleihe

193 Die Organleihe hat auf der Ebene der Gemeinden (anders als bei den Kreisen; vgl. Rn. 79, 351) geringere Bedeutung. Durch sie wird (v. a.) der Bürgermeister nicht als kommunales Organ, sondern als **Organ des Landes** tätig, dessen Weisungen er unterworfen ist und dem die getroffenen Entscheidungen zugerechnet werden (vgl. bereits Rn. 71 f.).

Beispiele: Der Bürgermeister wird im Wege der Organleihe tätig, wenn er aufgrund einer Anordnung der Kommunalaufsichtsbehörde nach § 122 Abs. 1 GO einen Ratsbeschluss beanstanden (Rn. 190) muss, ferner, sofern die Aufsichtsbehörde dies festlegt, im Fall des § 9 Abs. 4 OBG (Durchführung von Weisungen der Aufsichtsbehörden „zur Erledigung einer bestimmten ordnungsbehördlichen Aufgabe im Einzelfall" [vgl. auch § 62 Abs. 3 GO]).

3. Vertretung der Gemeinde nach außen

194 Besondere Probleme wirft die – von der repräsentativen Vertretung (Empfänge, Veranstaltungen) zu unterscheidende – **Vertretung der Gemeinde in Rechts- und Verwaltungsgeschäften** auf. Sie obliegt gemäß § 63 Abs. 1 S. 1 GO – „unbeschadet der dem Rat und seinen Ausschüssen zustehenden Entscheidungsbefugnisse" – grundsätzlich allein dem Bürgermeister. Anders als die repräsentative Vertretung beinhaltet sie die Befugnis, für die Gemeinde rechtswirksam nach außen tätig zu werden. Hierbei handelt es sich nicht um eine rechtsgeschäftliche Vertretungsmacht i. S. d. §§ 164 ff. BGB, sondern um organschaftliche Befugnisse.

a) Vertretung der Gemeinde bei den verschiedenen Handlungsformen

195 Die Außenvertretungsbefugnis ist **differenziert nach den verschiedenen Handlungsformen** zu beurteilen. Kommunale Satzungen und Verordnungen (vgl. Rn. 219 ff.) werden stets vom Rat beschlossen und sodann durch den Bürgermeister ausgefertigt und bekannt gemacht. Erlassbehörde von Verwaltungsakten i. S. v. § 35 LVwVfG ist regelmäßig der Bürgermeister, dem auch die Bekanntgabe nach § 41 LVwVfG obliegt. Ohne Dazutun des Bürgermeisters kann der Rat also einen Verwaltungsakt grundsätzlich nicht erlassen. Ein auf den Erlass eines Verwaltungsaktes abzielender Ratsbeschluss bildet bis zu seiner Durchführung durch den Bürgermeister einen sog. Nicht-Akt. Nur in Ausnahmefällen (sog. self-executing-Beschlüsse) tritt der Rat selbst als Behörde in Erscheinung (vgl. Rn. 192). Verwaltungsverträge und privatrechtliche Verträge werden – erforderlichenfalls auf der Grundlage von Ratsbeschlüssen (vgl. Rn. 158 ff.) – ausschließlich durch den Bürgermeister abgeschlossen. Für die Vertretung der Gemeinde vor Gericht (davon zu unterscheiden ist das Auftreten des Bürgermeisters als Organ im Rahmen des sog. Kommunalverfassungsstreits; vgl. dazu Rn. 205 ff.) sind die §§ 61, 62 und 78 VwGO maßgeblich (vgl. hierzu § 5 Rn. 26 ff.).

b) Fehlerfolgenrecht bei Außenvertretung ohne erforderlichen Ratsbeschluss

196 Die rechtliche Behandlung von Außenvertretungsakten des Bürgermeisters ohne einen zugrundeliegenden, aber nach den Grundsätzen über die Kompetenzverteilung (Rn. 153 ff., 186 ff.) erforderlichen Ratsbeschluss, wirft erhebliche Probleme auf. Im gemeindlichen **Innenverhältnis** kann der Rat die Maßnahme des Bürgermeisters im Wege des Kommunalverfassungsstreitverfahrens angreifen (vgl. Rn. 205 ff.).

197 Im Hinblick auf die **Wirksamkeit von öffentlich-rechtlichen Maßnahmen im Außenverhältnis** ist wie folgt zu differenzieren:

– Eine vom Bürgermeister ohne ordnungsgemäßen Satzungsbeschluss ausgefertigte und verkündete Satzung ist nichtig. Heilungsmöglichkeiten bestehen nicht.
– Verwaltungsakte, die ohne bzw. gegen einen erforderlichen Ratsbeschluss ergangen sind, sind formell rechtswidrig und können deshalb unter den Voraussetzungen des § 48 LVwVfG zurückgenommen bzw. gemäß § 42 Abs. 1 Alt. 1 VwGO erfolgreich angefochten werden. Die Umgehung des Rates stellt keinen Zuständigkeits-, sondern einen Verfahrensfehler dar, weil eine notwendige Mitwirkungshandlung fehlt (abweichend *Warg,* NWVBl. 2011, 214, 215). Genehmigt der Rat den Verwaltungsakt nach Erlass, kommt eine Heilung des Verfahrensmangels analog § 45 Abs. 1 Nr. 4 LVwVfG in Betracht.
– Die Wirksamkeit von Verwaltungsverträgen beurteilt sich nach § 59 LVwVfG. Gemäß § 59 Abs. 1 LVwVfG finden die allgemeinen zivilrechtlichen Nichtigkeitsgründe Anwendung. Insbesondere sind danach Vertragserklärungen des Bürgermeisters nach § 59 Abs. 1 LVwVfG i. V. m. § 138 Abs. 1 BGB im Falle der Kollusion, d. h. einem rechtlich zu missbilligenden Zusammenwirken mit dem Vertragspartner, nichtig. Ist der Vertragspartner nicht schutzwürdig, z. B. weil er den Mitwirkungsmangel kannte oder hätte kennen müssen, kommt die Erhebung der Arglisteinrede (exceptio doli) gemäß § 59 Abs. 1 LVwVfG i. V. m. § 242 BGB in Betracht. Subordinationsrechtliche Verträge i. S. v. § 54 S. 2 LVwVfG sind zudem nichtig bei Vorliegen der Voraussetzungen des § 59 Abs. 2 Nr. 2 VwVfG.

Im Hinblick auf **privatrechtliche Erklärungen und Verträge** wird insbesondere vom BGH (NJW 1998, 3056) die Ansicht vertreten, die Umgehung des Rates berühre nicht die Vertretungsmacht des Bürgermeisters, sondern nur dessen von der Außenvertretung zu trennende Pflichtenbindung im gemeindlichen Innenverhältnis. Deshalb seien Willenserklärungen des Bürgermeisters für die Gemeinde verbindlich, obwohl sie der Kompetenzverteilung zwischen Rat und Bürgermeister widersprechen. Die (frühere) abweichende Rspr. bayerischer Gerichte, die in dieser Situation die zivilrechtlichen Regeln über die Vertretung ohne Vertretungsmacht (§§ 177 ff. BGB) anwenden und einen entsprechende Vertrag als schwebend unwirksam (§ 177 BGB) ansehen wollen (abl. dazu BGH, NJW 2017, 2412; vgl. jetzt auch OLG München, NVwZ 2018, 840), ist jedenfalls auf das nordrhein-westfälische Gemeinderecht nicht übertragbar. § 63 Abs. 1 S. 1 GO stellt ausdrücklich klar, dass der Bürgermeister (im Außenverhältnis) gesetzlicher Vertreter unbeschadet der dem Rat und seinen Ausschüssen (im Innenverhältnis) zustehenden Entscheidungsbefugnisse ist. Die strikte Trennung zwischen Innen- und Außenverhältnis wird unter Verweis auf den Grundsatz der Gesetzesbindung der vollziehenden Gewalt (Art. 20 Abs. 3 Alt. 2 GG) sowie die Bedeutung, die das Grundgesetz in Art. 28 Abs. 1 S. 2 GG dem Rat als gemeindlichem Hauptorgan zumisst, teilweise zwar für bedenklich gehalten (*Lange,* in: Krebs (Hrsg.), Liber Amicorum Hans-Uwe Erichsen, 2004, S. 107, 117). Für sie sprechen aber die dem Rechtsstaatsprinzip (Art. 20 Abs. 3, 28 Abs. 1 S. 1 GG) zu entnehmenden Gebote der Rechtssicherheit und des Vertrauensschutzes. Privatrechtliche Verträge sind daher durch eine entsprechende Erklärung des Bürgermeisters grundsätzlich wirksam zustande gekommen. Etwas anderes gilt nur bei Vorliegen eines der allgemeinen zivilrechtlichen Nichtigkeitsgründe (v. a. Sittenwidrigkeit und Arglisteinrede). 198

c) Vertretung der Gemeinde bei Verpflichtungserklärungen

aa) Schriftform- und Unterzeichnungserfordernis

In § 64 GO findet sich eine besondere Regelung für **Verpflichtungserklärungen.** 199
Dies sind Erklärungen, durch welche die Gemeinde unmittelbar eine rechtliche Ver-

pflichtung gegenüber einer anderen Person übernimmt. Hierbei kann es sich um eine auf Abschluss eines Vertrags gerichtete Erklärung, aber auch um ein einseitiges Rechtsgeschäft handeln. Gleichgültig ist, ob die Erklärung öffentlich-rechtlicher oder privatrechtlicher Natur ist.

Beispiele: Erklärungen, die auf den Abschluss eines Kauf-, Werk- oder Mietvertrags, aber auch auf Abschluss eines Auftrags gerichtet sind, ebenso Bürgschaftserklärungen. Öffentlich-rechtliche Verpflichtungserklärungen sind etwa die Ausübung eines gesetzlichen Vorkaufsrechts sowie Zusicherungen i. S. v. § 38 LVwVfG.

200 Gemäß § 64 Abs. 1 S. 1 und 2 GO bedürfen Verpflichtungserklärungen **der Schriftform und der Unterzeichnung** durch den Bürgermeister oder seinen allgemeinen Vertreter (vgl. Rn. 184). Die Beifügung des Zusatzes „in Vertretung" ist allerdings entbehrlich (OLG Düsseldorf, KommJur 2004, 298, 299). Das Schriftformerfordernis ist gewahrt, wenn die Erklärung schriftlich abgegeben und vom Bürgermeister oder von seinem Stellvertreter handschriftlich unterzeichnet wird. Nicht vorgeschrieben, aber in der kommunalrechtlichen Praxis üblich, sind die Beifügung des Gemeindesiegels und die Angabe des der Verpflichtungserklärung zugrundeliegenden Ratsbeschlusses. Ausnahmen von dem Schriftformerfordernis des § 64 Abs. 1 S. 1 GO gelten nach § 64 Abs. 2 GO für Geschäfte der laufenden Verwaltung (vgl. Rn. 155, 191) sowie für Geschäfte i. S. d. § 64 Abs. 3 GO.

bb) Rechtsfolge von Verstößen

201 Die Beurteilung der Rechtsfolgen bei Verstößen gegen § 64 Abs. 1 S. 1 oder 2 GO ist bei **Verwaltungsakten und Verwaltungsverträgen** vergleichsweise unproblematisch. Sie sind ggf. gemäß § 64 Abs. 4 GO nichtig.

202 Nicht abschließend geklärt und schwierig zu bestimmen ist die Folge eines Verstoßes gegen § 64 Abs. 1 GO für die **Wirksamkeit von privatrechtlichen Verpflichtungsverträgen.** Nach Auffassung des BGH ist § 64 Abs. 1 S. 1 und 2 GO keine Formvorschrift, deren Missachtung zur Nichtigkeit nach § 125 BGB führe, denn privatrechtliche Vorschriften der Landesgesetze seien mit dem Inkrafttreten des BGB gemäß Art. 55 EGBGB außer Kraft getreten und dem Landesgesetzgeber fehle nach Art. 72 Abs. 1, 74 Abs. 1 Nr. 1 GG („Bürgerliches Recht") die Kompetenz zur Einführung solcher Vorschriften (BGH, NJW 2001, 2626, 2626); der BGH kennzeichnet § 64 Abs. 1 GO dann als „materielle Vorschriften über die Beschränkung der Vertretungsmacht" (BGH, NJW 2001, 2626 [zu einer Parallelvorschrift der GO BW]; vgl. zuletzt BGHZ 178, 192). Diese Charakterisierung überzeugt im Ausgangspunkt nicht. § 64 Abs. 1 S. 1 und 2 GO ist als Formvorschriften anzusehen (ebenso *Erichsen,* Kommunalrecht NW, S. 126). Dies folgt aus dem Wortlaut des § 64 Abs. 1 S. 1 GO („Schriftform"), der Gesetzessystematik (§ 64 Abs. 4 GO spricht ausdrücklich von „Formvorschriften") sowie dem Zweck des § 64 Abs. 1 GO, das Vertretungsorgan „Bürgermeister" von der unüberlegten Begründung folgenschwerer Verpflichtungen abzuhalten und zugleich der Klarstellungs- und Beweisfunktion Rechnung zu tragen. Auch die Verteilung der Gesetzgebungskompetenzen nötigt nicht dazu, die Formvorschrift in eine Vertretungsvorschrift umzuinterpretieren. Der Gesetzgeber der Gemeindeordnung war und ist nicht daran gehindert, Formvorschriften für das Tätigwerden der Gemeindeorgane festzulegen; er ist lediglich gehindert, mit diesen Vorschriften auf das Zustandekommen und die Wirksamkeit privatrechtlicher Verträge Einfluss zu nehmen. Die in § 64 Abs. 4 GO vorgesehene Nichtigkeitsfolge bei Verstößen gegen § 64 Abs. 1 S. 1 und 2 GO kann mithin bei privatrechtlichen Verpflichtungserklärungen nicht eingreifen, und auch § 125 BGB kommt

als Grundlage der Nichtigkeitsfolge nicht in Betracht, da die Formvorschriften des § 64 Abs. 1 GO gerade keine durch Privatrecht begründeten Formvorschriften sind. Mit Blick auf das Schicksal des Vertrages im Falle eines Verstoßes gegen § 64 Abs. 1 GO stellt sich dann, insbesondere vom Ausgangspunkt des BGH aus, die Frage nach einer (entsprechenden) Anwendung der §§ 177 ff. BGB, insbesondere des § 177 Abs. 1 BGB, wonach die Wirksamkeit des Vertrages von der nachträglichen Genehmigung abhängt. Dies hält der BGH für im Regelfall nicht sachgerecht, weil eine Genehmigung zur Beseitigung von Förmlichkeitsmängeln schwerlich vorstellbar sei, insbesondere wenn der Bürgermeister als einziges Vertretungsorgan der Gemeinde sein Versäumnis durch Genehmigung selbst heilen müsste. Dies steht jedoch der Annahme einer schwebenden Unwirksamkeit des Vertrages in analoger Anwendung von § 177 Abs. 1 BGB nicht zwingend entgegen. Die analoge Anwendung muss dann nur der Besonderheit des Verstoßes gegen die Formerfordernisse des § 64 Abs. 1 GO insoweit Rechnung tragen, als die Genehmigung hier – wie der BGH in der Sache überzeugend formuliert – ebenso wie auch bei einer nach § 125 BGB formnichtigen Erklärung, nur durch „Neuvornahme unter Einhaltung der Förmlichkeiten" erfolgen kann (BGH, NJW 2001, 2626, 2628). Im Übrigen soll die Berufung auf den Formmangel nach Treu und Glauben verwehrt sein, wenn die Nichtigkeitsfolge für den anderen Vertragsteil schlechthin untragbar ist (BGH, NJW 2001, 2626, 2628).

Weiter stellt sich die Frage nach einer **Haftung des Bürgermeisters bzw. der** 203 **Gemeinde** für Schäden des Vertragspartners infolge einer Missachtung der Formvorschriften des § 64 Abs. 1 GO bei privatrechtlichen Verpflichtungsgeschäften. Der BGH lehnt eine Haftung des Bürgermeisters nach § 179 Abs. 1 BGB analog ab; in Betracht kommt lediglich eine persönliche Beamtenhaftung aus § 839 BGB, die – da nicht öffentlich-rechtlich gehandelt wird – nicht nach Art. 34 S. 1 GG auf die Gemeinde übergeleitet wird (BGH, NJW 2001, 2626, 2628 f.). Daneben – bzw. wegen § 839 Abs. 1 S. 2 BGB vorrangig – kann auch eine deliktische oder vertragsrechtliche Haftung der Gemeinde auf der Grundlage von §§ 89, 31 BGB gegeben sein.

4. Anhang

Literatur: *Knemeyer,* Rechtsfragen zur Vertretung von Kommunen bei Rechtsgeschäften, in: Deut- 204 sche notarrechtliche Vereinigung e. V. (Hrsg.), Notarielle Vertragsgestaltung für Kommunen, 2003, S. 108; *Stelkens,* Vom Dienstsiegel zur elektronischen Signatur: 100 Jahre Streit um kommunalrechtliche Formvorschriften!, VerwArch 94 (2003), 48; *Lange,* Die Vertretung der Gemeinde, in: Krebs (Hrsg.), Liber Amicorum Hans Uwe Erichsen, 2004, S. 107; *Schrameyer,* Das Verhältnis von Bürgermeister und Gemeindevertretung, 2006; *Stumpf,* Kommunalrechtliche Form- und Vertretungsregelungen im Privatrechtsverkehr, BayVBl. 2006, 103; *Oebbecke,* Der hauptamtliche Bürgermeister als Beamter, in: Magiera u. a. (Hrsg.), FS Siedentopf, 2008, 451; *Leisner,* „Geschäfte der laufenden Verwaltung" im Kommunalrecht, VerwArch 100 (2009), 161; *Oebbecke,* Die Zuständigkeiten des Rates und des Bürgermeisters nach der nordrhein-westfälischen Gemeindeordnung, NWVBl. 2013, 469.

Klausurfälle: *Kutter,* Die Vertretung des hauptamtlichen Bürgermeisters in NRW, VR 1998, 393; *Lange,* Regelung der Nachfolge des hauptamtlichen Bürgermeisters, VR 1999, 290; *Suerbaum/Brüning,* Die familienfreundliche Gemeinde, JuS 2001, 992; *Pielow/Finger,* Jugendliche unerwünscht – Verwaltungsgerichtliche Kontrolle einer gemeindlichen Satzung, JURA 2005, 351; *Bätge,* Die Äußerungen des Bürgermeisters, JuS 2014, 535; *Ferreau,* Disharmonie im Kommunalwahlkampf, JuS 2017, 758.

Kontrollfragen:

1. Was sind „Geschäfte der laufenden Verwaltung"? Wer ist zuständig?
2. Was ist der Unterschied zwischen Widerspruch und Beanstandung eines Ratsbeschlusses?
3. Was ist die Fehlerfolge eines Verwaltungsakts, der ohne einen erforderlichen Ratsbeschluss ergangen ist?

IV. Rechtsschutz im Innenrechtsverhältnis (Kommunalverfassungsstreit)

1. Grundlagen

205 Wie in den Abschnitten über den Rat bzw. den Bürgermeister deutlich geworden ist, können **vielfältige Streitfragen innerhalb der Gemeindeorganisation** auftreten, etwa hinsichtlich der Zuständigkeitsverteilung oder des Verfahrens. Streitigkeiten darüber können zwischen den Organen der Gemeinde, v.a. zwischen Bürgermeister und Rat (sog. Interorganstreit), zwischen Organteilen eines Organs (sog. Intraorganstreit) und u.U. auch zwischen einem Organ (z.B. Bürgermeister) und einem Teil eines anderen Organs (z.B. einzelnen Mitgliedern des Rates, die sich gegen eine Maßnahme des Bürgermeisters wenden) auftreten.

Beispiele: Nicht um einen Streit zwischen Gemeindeorganen, sondern um einen Streit zwischen der Gemeinde und dem Bürgermeister, also einen Streit im Außenverhältnis handelt es sich beim Streit um die Höhe von dessen Bezügen. Streitigkeiten zwischen Bürgermeister und Rat können etwa über die Festsetzung der Tagesordnung (§ 48 Abs. 1 GO) auftreten. Hierüber können auch der Bürgermeister und eine Fraktion als Teil des Organs Rat in Auseinandersetzung geraten, wenn etwa der Bürgermeister einen von der Fraktion nach § 48 Abs. 1 S. 2 GO vorgeschlagenen Tageordnungspunkt wegen Überschreitung der Verbandskompetenz ablehnt (vgl. Rn. 46). Innerhalb des Rats kann Streit zwischen dem Bürgermeister in seiner Eigenschaft als Ratsvorsitzendem und einem einzelnen Ratsmitglied wegen des Ausschlusses aus der Sitzung gemäß § 51 Abs. 3 S. 1 GO oder zwischen einer Fraktion und einem Fraktionsmitglied wegen eines Fraktionsausschlusses (vgl. dazu Rn. 152) entstehen.

206 Lange Zeit sind solche Streitigkeiten nicht als Rechtsstreitigkeiten angesehen worden. Staat und Gemeinden galten als juristische Personen, die ein in sich rechtlich ungegliedertes Rechtssubjekt darstellen (sog. Impermeabilitätslehre), innerhalb dessen es Aufgaben und Kompetenzen, nicht aber subjektive Rechtspositionen gab. Unter dem Grundgesetz war diese Beurteilung nicht mehr haltbar (vgl. zu den Hintergründen *Schnapp,* AöR 105 [1980], 245). Vielmehr ist spätestens seither auch der Innenbereich von Staat und Gemeinde als rechtlich geordneter Raum anzusehen; auch dem Innenrecht kommt, wie dem Außenrecht, Rechtsqualität zu. Wo der staatliche Innenbereich nicht, wie z.B. in der unmittelbaren Landesverwaltung, hierarchisch geordnet ist, kann es **binnenrechtlich geregelte, einzelne Organen oder Organteilen zugewiesene subjektive Rechte** geben. Auf staatlicher Ebene gibt es im Staatsorganisationsrecht begründete verfassungsrechtliche Rechte einzelner Staatsorgane oder Organteile. Auf der kommunalen Ebene können solche Rechte der als Landesgesetz beschlossenen Gemeindeordnung, den Gemeindesatzungen oder auch den Geschäftsordnungen (vgl. zu ihnen Rn. 140) entstammen. Diese regeln die Organisation der Gemeinden nicht hierarchisch gegliedert. Vielmehr bestehen zwei grundsätzlich gleichwertige Organe (der Rat und der Bürgermeister), welchen überdies verschiedene Interessen zur Wahrnehmung zugewiesen sind; insoweit kann man sie treffend auch als „Kontrastorgane" (*Kisker,* Insichprozeß und Einheit der Verwaltung, 1968, 38ff.; *Ruffert,* DÖV 1998, 897, spricht von „Interessenausgleich") bezeichnen. Das gemeindliche Organ „Rat" ist überdies kollegial organisiert, indem es aus verschiedenen, jeweils demokratisch gewählten Mitgliedern und einem Vorsitzenden besteht. Auseinandersetzungen zwischen den Organen bzw. innerhalb der Organe sind daher sozusagen Teil des Programms.

Streitigkeiten im Innenbereich von Staat oder Gemeinde über einzelnen Organen oder Organteilen zugewiesene subjektive Rechte des Innenrechts sind dann auch einer gerichtlichen Klärung zugänglich. Verfassungsgerichtliches Vorbild dafür ist das der Durchsetzung organschaftlicher Positionen dienende Organstreitverfahren nach Art. 93 Abs. 1 Nr. 1 GG. Entsprechend gibt es zur Klärung von Streitigkeiten innerhalb von Selbstverwaltungsträgern auch den **verwaltungsgerichtlichen Innenrechtsstreit.** Man findet ihn auch bei anderen Selbstverwaltungsträgern (vgl. BVerwG, GewArch 2004, 331, zu einem Streit zwischen den Organen einer Handelskammer); auf kommunaler Ebene tritt er in der Erscheinungsform des sog. Kommunalverfassungsstreits auf. 207

2. Zulässigkeit von Kommunalverfassungsstreitigkeiten

Das Kommunalverfassungsstreitverfahren stellt keine eigene Klageart dar; vielmehr ist insoweit auf die Rechtsschutzmöglichkeiten zurückzugreifen, die die VwGO zur Verfügung stellt. Bei der **Anwendung der Zulässigkeitsvoraussetzungen der VwGO auf Innenrechtsstreitigkeiten,** namentlich auch auf kommunalverfassungsrechtliche Streitigkeiten kommt es allerdings in verschiedenen Hinsichten zu Problemen, weil diese auf Streitigkeiten im Außenrechtsverhältnis zugeschnitten sind. 208

a) Verwaltungsrechtsweg

Für Kommunalverfassungsstreitigkeiten ist der Verwaltungsrechtsweg nach **§ 40 Abs. 1 VwGO** eröffnet. Es handelt sich – wie gesehen – um Rechtsstreitigkeiten, deren öffentlich-rechtliche Natur angesichts des Charakters der maßgeblichen gemeinderechtlichen Vorschriften als „Sonderrecht“ außer Frage steht. Ungeachtet der treffenden Bezeichnung als Kommunalverfassungsstreitverfahren handelt es sich auch um „nichtverfassungsrechtliche Streitigkeiten“ i. S. v. § 40 Abs. 1 S. 1 VwGO; der Begriff „Verfassung“ steht im vorliegenden Zusammenhang nicht für die rechtliche Grundordnung des gesamten Gemeinwesens (GG oder LV), sondern für die Regeln über die kommunale Binnenorganisation. 209

b) Klageart

Anfechtungs- bzw. Verpflichtungsklage stehen eindeutig nicht zur Verfügung, weil die streitgegenständlichen Maßnahmen anderer Gemeindeorgane bzw. Organteile keine „Außenwirkung“ entfalten und daher nicht als Verwaltungsakte i. S. v. § 35 VwVfG qualifiziert werden können. Deswegen, insbesondere auch um eine Gestaltungsklage zur Verfügung zu stellen, wurde früher erwogen, von einer „Klage sui generis“ auszugehen (so noch OVG NRW, OVGE 27, 25, 26; vgl. mittlerweile OVG NRW, DVBl. 2001, 1281). Dazu besteht kein Anlass, weil **die allgemeine Leistungsklage und die Feststellungsklage** nach § 43 VwGO sämtliche in Betracht kommenden Rechtsschutzbegehren abdecken können. Die allgemeine Leistungsklage ist dann zu erheben, wenn sich das Begehren auf ein bestimmtes Tun oder Unterlassen der Gegenseite richtet. Soll dagegen, was häufiger der Fall ist, das Rechtsverhältnis zwischen zwei Organen bzw. innerhalb eines Organs in Bezug auf eine bestimmte Thematik einer grundsätzlichen Klärung zugefügt werden, dann ist die Feststellungsklage nach § 43 VwGO vorzuziehen. Sie ist auch dann die richtige Klageart, wenn (was häufig der Fall ist) sich der zugrundeliegende Vorfall bereits etwa durch Zeitablauf erledigt hat. Der Einwand der Subsidiarität der Feststellungsklage gemäß § 43 Abs. 2 S. 1 VwGO kann mit dem Hinweis darauf überwunden werden, dass die anderen Klagearten zur Durchsetzung des Rechtsschutzbegehrens nicht zur Verfügung stehen. Die Aufhebung einer bestimmten 210 angegriffenen Maßnahme kann allerdings weder mit der allgemeinen Leistungsklage noch mit der Feststellungsklage erreicht werden (so aber BayVGH, BayVBl 1976, 753), weil es sich, im Unterschied zur Anfechtungsklage, nicht um sog. Gestaltungsklagen handelt. Der Klagegegner kann lediglich dazu verpflichtet werden, eine bestimmte Maßnahme zu unterlassen bzw. aufzuheben, wobei an der Bereitschaft, verwaltungsgerichtliche Urteile zu respektieren, innerhalb der Verwaltungsorganisation auch kaum gezweifelt werden kann.

Beispiele: Für die Klage auf Gewährung von Akteneinsicht steht die allgemeine Leistungsklage zur Verfügung (OVG NRW, NWVBl. 1998, 110), für die Klage eines Ratsmitglieds gegen den erfolgten Ausschluss von der Ratssitzung wegen eines Mitwirkungsverbots die allgemeine Feststellungsklage.

c) Klagebefugnis

211 Die gemäß § 42 Abs. 2 VwGO (analog) erforderliche Klagebefugnis ist dann gegeben, wenn der jeweilige Kläger geltend machen kann, in einem **organschaftlichen Recht,** d.h. in einer subjektiven Position des Innenrechts, verletzt zu sein. Entscheidend ist, dass durch die möglicherweise verletzte binnenrechtliche Norm dem klagenden Organ oder Organteil ein zur eigenständigen Wahrnehmung übertragenes Recht und damit eine wehrfähige Rechtsposition übertragen wird. Solche Positionen können sich ergeben aus der Gemeindeordnung sowie aus Satzungen bzw. Geschäftsordnungen auf der Ebene der jeweiligen Gemeinde. Die Grundrechte scheiden ebenso wie einfachgesetzliche Bestimmungen des Außenrechts als Grundlage von organschaftlichen Rechten aus. Das einzelne Organ kann sich nur auf die jeweils eigenen organschaftlichen Rechte berufen, die sog. Prozessstandschaft ist ausgeschlossen.

Daher können weder der Rat noch der Bürgermeister noch einzelne Ratsmitglieder klären lassen, ob Maßnahmen bzw. Beschlüsse des jeweils anderen Organs bzw. Organteils materiell rechtmäßig sind (VGH Bad.-Württ., NVwZ-RR 1992, 373); dies kann im Wege eines „normalen" verwaltungsgerichtlichen Verfahrens nur auf Klagen von Bürgern bzw. im Zusammenhang mit einem Vorgehen der Staatsaufsicht geklärt werden.

Beispiel: Die Klage eines Ratsmitglieds, das Rechte des Rates betreffend die Vorbereitung von Ratsbeschlüssen durch den Bürgermeister geltend macht, ist mangels Klagebefugnis unzulässig (OVG NRW, NWVBl. 2008, 65).

212 Praktisch bedeutsame **Beispiele für solche organschaftlichen Rechte** sind:
- die Kompetenzen des Rats einerseits (Rn. 153ff.), des Bürgermeisters anderseits (Rn. 186ff.);
- das Recht von Ratsmitgliedern zur Bildung von Fraktionen oder Gruppen (Rn. 149ff.);
- der Abwehranspruch eines einzelnen Ratsmitglieds gegen den Fraktionsausschluss (Rn. 152);
- der Anspruch einer Fraktion oder eines Fünftels der Ratsmitglieder gegen den Bürgermeister auf Aufnahme von Vorschlägen in die Tagesordnung des Rates (§ 48 Abs. 1 S. 2 GO; vgl. Rn. 159);
- der Abwehranspruch des betroffenen Ratsmitglieds gegen Ordnungsmaßnahmen des Bürgermeisters nach § 51 Abs. 1 GO (Rn. 167f.);
- das Abwehrrecht des einzelnen Ratsmitglieds gegen einen rechtswidrigen Ausschluss wegen Befangenheit (vgl. Rn. 170ff.); hingegen besteht kein organschaftlicher An-

spruch eines Ratsmitglieds auf Ausschluss eines anderen, angeblich befangenen Ratsmitgliedes (OVG NRW, NVwZ 1985, 283);
- der sog. innerorganisatorische Störungsbeseitigungsanspruch eines Ratsmitglieds gegen den Bürgermeister (Rn. 168);
- Rechte der Fraktionen bzgl. der Besetzung von Ausschüssen (Rn. 146).

Hingegen ist mit dem VGH Bad.-Württ. (DVBl. 1992, 981) und entgegen dem OVG NRW (DVBl. 2001, 1281) davon auszugehen, dass die Vorschriften über die Beachtung der Vorschriften zur Öffentlichkeit von Ratssitzungen (vgl. Rn. 160) nicht unmittelbar dem Interesse der einzelnen Ratsmitglieder oder des Rates in seiner Gesamtheit zu dienen bestimmt sind; dass sich bei einer zu Unrecht nicht öffentlich abgehaltenen Sitzung die Verschwiegenheitspflicht des § 30 GO ergibt, reicht nicht aus, um die unmittelbare Beeinträchtigung einer organschaftlichen Position annehmen zu können.

Hinsichtlich des sog. innerorganisatorischen Störungsbeseitigungsanspruchs ist auf eine genaue Abgrenzung zu grundrechtlichen Streitigkeiten zu achten (vgl. bereits Rn. 211). Beispielsweise betrifft die Entscheidung für oder gegen das Aufhängen eines Kreuzes im Sitzungssaal die sich dadurch beeinträchtigt fühlenden Ratsmitglieder m. E. in ihrem Grundrecht der negativen Glaubensfreiheit des Art. 4 Abs. 1 GG. Weder kann die Frage nach dem betroffenen Recht offengelassen werden (so aber HessVGH, NJW 2003, 2471; NJW 2006, 1227), noch darf gleichzeitig von einem Kommunalverfassungsstreitverfahren und einer Betroffenheit im Grundrecht auf negative Bekenntnisfreiheit ausgegangen werden (so aber VG Darmstadt, NJW 2003, 455, in der Ausgangsentscheidung).

d) Beteiligten- und Prozessfähigkeit, passive Prozessführungsbefugnis

Die **Beteiligtenfähigkeit** ergibt sich weder aus § 61 Nr. 1 VwGO („natürliche und juristische Personen") noch aus § 61 Nr. 3 VwGO („Behörden, sofern das Landesrecht dies bestimmt"), weil die einzelnen Organe bzw. Organteile nicht in ihrer personalen Rechtsstellung verletzt sind und auch nicht als Behörden für den Rechtsträger Gemeinde agieren. In Betracht kommt daher allein § 61 Nr. 2 VwGO („Vereinigungen, soweit ihnen ein Recht zustehen kann"). Diese Vorschrift leitet die Beteiligtenfähigkeit aus der Fähigkeit zur Inhaberschaft des geltend gemachten Rechtes ab und vermag damit genau das auszudrücken, worum es beim Kommunalverfassungsstreit nach den oben zu 2 dargestellten Grundsätzen geht. In Bezug auf das monokratische Organ Bürgermeister bzw. auf einzelne klagende bzw. beklagte Organteile (z. B. das einzelne Ratsmitglied) ist die Vorschrift analog anzuwenden (so wohl OVG NRW, DVBl. 1983, 53; undifferenzierter OVG NRW, NVwZ-RR 1993, 263). 213

Die **Prozessfähigkeit** ergibt sich durchgehend aus § 62 Abs. 3 VwGO wonach „für Vereinigungen … ihre gesetzlichen Vertreter und Vorstände" handeln. Dies bedeutet, dass das jeweilige Organ im Prozess durch den Organwalter vertreten wird (Beispiel: das Organ „Bürgermeister" durch den Bürgermeister; das Organ „Rat" durch den Ratsvorsitzenden), während eine Gruppe von Ratsmitgliedern oder auch eine Fraktion für den Einzelfall eine Prozessvollmacht an ein als Vertreter zu bestimmendes Mitglied erteilen muss. 214

Der richtige **Klagegegner** ist nicht nach § 78 VwGO zu ermitteln, welcher unmittelbar nur für die Anfechtungs- bzw. Verpflichtungsklage gilt. Auch das hinter dieser Vorschrift stehende allgemeine Rechtsträgerprinzip ist nicht anwendbar, weil es ja gerade nicht um die Rechte und Pflichten des Rechtsträgers Gemeinde, sondern um die Rechte und Pflichten von deren Organen geht. Passiv prozessführungsbefugt ist daher das jeweils verklagte Organ bzw. der jeweils verklagte Organteil unmittelbar. 215

3. Die Entscheidung im Kommunalverfassungsstreit

216 Die **Erfolgsaussichten** eines Kommunalverfassungsstreitverfahrens hängen davon ab, ob es nach den vorgenannten Voraussetzungen zulässig und ob es begründet ist. Die Begründetheit wiederum hängt davon ab, ob der geltend gemachte organschaftliche Anspruch bzw. das Rechtsverhältnis, dessen Bestehen festgestellt werden soll, besteht.

216a Die **Kosten** eines solchen Prozesses hat, wie im Regelfall auch, der Unterlegene zu tragen (vgl. § 154 Abs. 1 VwGO). Im Innenverhältnis übernimmt aber die Gemeinde, deren Organe an dem Streit beteiligt sind, die Kosten (OVG NRW, NWVBl. 2009, 363).

4. Anhang

217 **Literatur:** *Roth,* Verwaltungsrechtliche Organstreitigkeiten, 2001; *Diemert,* Der Innenrechtsstreit im öffentlichen Recht und im Zivilrecht, 2002; *Meister,* Der Kommunalverfassungsstreit, JA 2004, 414; *Franz,* Der Kommunalverfassungsstreit, JURA 2005, 156; *Bethge,* Der Kommunalverfassungsstreit, in: HdbKWP I, 2007, 817; *Ogorek,* Der Kommunalverfassungsstreit im Verwaltungsprozess, JuS 2009, 511; *Schoch,* Verwaltungsgerichtlicher Organstreit, in: Ehlers/Schoch (Hrsg.), Rechtsschutz im öffentlichen Recht, 2009, § 28; *Mühl-Jäckel,* Binnenstreitigkeiten innerhalb der Kommune: Rechtliche Voraussetzungen und praktische Anwendungsprobleme, DVBl. 2018, 1042; *Suslin,* Der Öffentlichkeitsgrundsatz als wehrfähige Innenrechtsposition für Mitglieder kommunaler Vertretungen, NVwZ 2020, 200.

Klausurfälle: Vgl. *Penker,* Tut, was Eures Amtes ist, JA 2009, 518; ferner die Nachweise zu C. II. und C. III.

Kontrollfragen:

1. Handelt es sich beim „Kommunalverfassungsstreitverfahren" um eine eigene Klageart nach der VwGO?
2. Welche Rechte können in einem Kommunalverfassungsstreitverfahren von den Verwaltungsgerichten durchgesetzt werden?

D. Handlungsformen und Instrumente

218 Die Gemeinden werden im Außenverhältnis als Träger mittelbarer Staatsverwaltung tätig. Dabei gilt für ihre **Verwaltungstätigkeit** zunächst, dass die Gemeinden wie auch andere Stellen öffentlicher Verwaltung die jeweils einschlägigen Fachgesetze vollziehen und dabei v. a. auch den Verfahrensanforderungen des Landesverwaltungsverfahrensgesetzes unterliegen (vgl. § 1 LVwVfG). Gegenüber der Verwaltungstätigkeit anderer Stellen öffentlicher Verwaltung zeichnet sich das kommunale Handeln jedoch auf bestimmten Feldern durch einige besondere, typische Aspekte aus. Spezielle Betrachtung verdienen der Erlass von Satzungen (I), das Instrument der öffentlichen Einrichtung (II) und der Modus der wirtschaftlichen Betätigung (III).

I. Satzungen

219 Satzungen sind ein **zentrales und typisches Instrument der gemeindlichen Selbstverwaltung.** Durch sie können die Gemeinden das notwendige Regelwerk im Rahmen ihrer Aufgabenwahrnehmung schaffen. Satzungen dienen der Verkürzung des „Abstandes zwischen Normgeber und Normadressat" (BVerfGE 10, 20, 48f.; BVerfGE 33, 125, 155); indem die von der Aufgabenwahrnehmung Betroffenen über den Rat per Satzung ihr eigenes Verhalten determinieren. Die Befugnis zum Erlass von Satzungen ist den Gemeinden bereits per Verfassung durch die kommunale Selbstverwaltungs-

garantie des Art. 28 Abs. 2 GG und des Art. 78 LV verliehen (vgl. näher Rn. 228). Ihr vollständiger Entzug dürfte den unantastbaren Kernbereich der Selbstverwaltung verletzen. Vorschriften des einfachen Rechts, die in formeller oder materieller Hinsicht Anforderungen an die Satzungsgebung stellen, sind als rechtfertigungsbedürftige Beeinträchtigungen der Selbstverwaltungsgarantie(n) anzusehen.

1. Grundlagen

a) Begriff

Nach der Definition des BVerfG (E 10, 29, 49 f.) sind **Satzungen** Rechtsvorschrif- 220
ten, die von einer dem Staat eingegliederten juristischen Person des öffentlichen Rechts im Rahmen der ihr gesetzlich verliehenen Autonomie mit Wirksamkeit für die angehörigen und unterworfenen Personen erlassen werden. Die Gemeinden sind solche in den Staat eingegliederte juristische Personen des öffentlichen Rechts. Die Befugnis zum Erlass von gemeindlichen Satzungen ist ihnen bereits durch Art. 28 Abs. 2 GG bzw. Art. 78 LV, im Übrigen auch gesetzlich durch § 7 Abs. 1 S. 1 GO verliehen (vgl. Rn. 228 f.). Die in Satzungsform erlassenen Rechtsvorschriften sind für die den Gemeinden als Gebietskörperschaften (§ 1 Abs. 2 GO) Unterworfenen verbindlich. Inhaltlich können sie – wie insbesondere die Hauptsatzung (§ 7 Abs. 3 GO) und die Haushaltssatzung (§ 78 GO) – binnenrechtlicher, aber auch außenrechtlicher Natur sein. Sie enthalten regelmäßig abstrakt-generelle Regelungen, doch ist dies nicht zwingend, wie das Beispiel des gemäß § 10 Abs. 1 BauGB als Satzung zu erlassenden, konkret-individuelle Regelungen treffenden Bebauungsplans (vgl. § 4 Rn. 58) belegt.

b) Abgrenzung zu anderen Handlungsformen

Satzungen können danach Gesetze im materiellen Sinne, d. h. allgemein verbindli- 221
che, Rechte und Pflichten selbständiger Rechtssubjekte begründende Regelungen sein. Im **Unterschied zu den Parlamentsgesetzen** sind sie jedoch keine Gesetze im formellen Sinn; diese werden von den verfassungsrechtlich vorgesehenen Gesetzgebungsorganen in dem verfassungsrechtlich vorgesehenen Gesetzgebungsverfahren erlassen (*Maurer/Waldhoff,* Allgemeines Verwaltungsrecht, 19. Aufl. 2017, § 4 Rn. 17, 24). Die Satzungsbefugnis der Gemeinden als Verwaltungsträger ist vom Staat, d. h. vom Land Nordrhein-Westfalen abgeleitet und exekutivische Rechtsetzungsmacht.

Satzungen und **Rechtsverordnungen** stimmen darin überein, dass es sich um For- 222
men exekutiver Rechtsetzung handelt, durch die auch Gesetze im materiellen Sinne geschaffen werden können. Während die gemeindliche Satzungsgebung auf der Verleihung von Autonomie an einen selbständigen Verwaltungsträger zur Regelung seiner eigenen Angelegenheiten („Dezentralisation") beruht, ist die Ermächtigung (auch der Gemeinden) zur Verordnungsgebung Ausdruck von „Dekonzentration", indem der staatliche Gesetzgeber einen Teil seiner Rechtsetzungsmacht delegiert. Dies geschieht typischerweise innerhalb der hierarchisch organisierten staatlichen Exekutive; so kann gemäß Art. 80 Abs. 1 S. 4 GG, Art. 70 S. 4 LV per Gesetz vorgesehen werden, dass die der Regierung bzw. einem Minister eingeräumte Ermächtigung zum Erlass von Rechtsverordnungen weiter übertragen werden kann. Eine solche Delegation von Rechtssetzungsmacht ist vielfach auch zugunsten der Gemeinden erfolgt; der Erlass von Rechtsverordnungen durch die Gemeinden ist jedoch nicht durch Art. 28 Abs. 2 GG, Art. 78 LV gedeckt, sondern bedarf stets einer ausdrücklichen gesetzlichen Ermächtigung.

Zwischen Handlungsform und Aufgabencharakter besteht ein – wenn auch rechtlich nicht zwingender – Zusammenhang. Die Satzung kommt typischerweise bei der Erledigung von (freiwilligen und pflichtigen) Selbstverwaltungsangelegenheiten, die Rechtsverordnung zumeist im Bereich der Pflichtaufgaben zur Erfüllung nach Weisung zum Einsatz. Allerdings ist es dem Gesetzgeber auch bei Pflichtaufgaben zur Erfüllung nach Weisung möglich, die Gemeinden zum Erlass von Satzungen zu ermächtigen. Dazu reichten dann allerdings weder die verfassungsrechtlichen Selbstverwaltungsgarantien noch die einfachgesetzliche Verankerung der Satzungsautonomie als Rechtsgrundlage, vielmehr bedürfte es jeweils einer ausdrücklichen gesetzlichen Ermächtigung.

Der wichtigste Anwendungsbereich gemeindlicher Rechtsverordnungen ist das Polizei- und Ordnungsrecht (vgl. § 3 Rn. 230 ff.). Nach § 27 OBG können die Gemeinden ordnungsbehördliche Verordnungen erlassen, die das Verhalten in der Öffentlichkeit regeln. Hingegen werden die Verhaltensmaßstäbe innerhalb von gemeindlichen öffentlichen Einrichtungen durch Satzung in Erledigung von Selbstverwaltungsangelegenheiten festgelegt. Danach kann z. B. Leinenzwang für Hunde auf öffentlichen Straßen durch Rechtsverordnung nach OBG; Leinenzwang in den städtischen Parkanlagen und in der Stadthalle durch Satzung nach §§ 7 Abs. 1, 8 Abs. 2 GO vorgeschrieben werden (vgl. auch VGH Bad.-Württ., NVwZ-RR 2012, 939).

Zumeist enthalten die Ermächtigungsgrundlagen spezifische Verfahrensregelungen (z. B. §§ 27 ff. OBG; § 1 AGTierSG) und Aussagen zur Reichweite des staatlichen Zugriffs (Genehmigungspflichten, Weisungsbefugnisse). Materiell-rechtlich müssen die gemeindlichen Rechtsverordnungen dem Vorrang des Gesetzes entsprechen. Die Rechtmäßigkeit einer Verordnung kann inzident, d. h. im Rahmen einer Klage gegen einen auf sie gestützten Verwaltungsakt, geprüft werden; seit der umfassenden Einführung der sog. prinzipalen Normenkontrolle in Nordrhein-Westfalen besteht darüber hinaus auch unmittelbarer Rechtsschutz gegen Rechtsverordnungen nach § 47 Abs. 1 Nr. 2 VwGO, § 109a JustG (vgl. näher § 5 Rn. 14a).

223 Von Satzungen (ebenso wie Rechtsverordnungen), unterscheiden sich **inneradministrative Rechtssätze** dadurch, dass ihnen keine Außenwirkung zukommen kann. Als wichtigstes Beispiel sind die aus dem allgemeinen Verwaltungsrecht bekannten sog. Verwaltungsvorschriften zu nennen, die das Verwaltungshandeln zwischen dem Rathaus und den einzelnen Ämtern steuern. Weitere Beispiele für inneradministrative Rechtssätze bilden die Geschäftsordnungen der Kollegialorgane (vgl. Rn. 140 zum Rat) und die sog. schlichten Anstaltsordnungen in öffentlichen Einrichtungen (vgl. Rn. 249 ff.).

224 Schließlich ist in Abgrenzung zur Satzung und zu den anderen Formen gemeindlicher Rechtsetzung, auf die den Gemeinden zur Verfügung stehenden **konkret-individuellen Handlungsformen** hinzuweisen, d. h. auf den Verwaltungsakt (§ 35 LVwVfG), den Verwaltungsvertrag (§ 54 LVwVfG) sowie das schlicht-hoheitliche Handeln.

c) Erscheinungsformen

225 Der weitgespannten (All-)Zuständigkeit der Gemeinden für die Angelegenheiten der örtlichen Gemeinschaft entsprechend können Satzungen vielfältige Regelungsgegenstände haben. Typischerweise anzutreffende **Satzungsgegenstände** sind z. B. die gemeindlichen öffentlichen Einrichtungen und ihre Rechtsbeziehungen zu den Benutzern einschließlich des sog. Anschluss- und Benutzungszwanges (vgl. § 8 f. GO, vgl. Rn. 286 ff.), die Bebauungsplanung (§ 10 Abs. 1 BauGB) und daneben die sog. Ortsbausatzungen (§ 89 BauO), die Kalkulation und Festsetzung von Abgaben (§ 2 Abs. 1 S. 1 KAG; Beispiel: Hundesteuersatzung; OVG NRW, NWVBl. 2005, 179) und das Haushaltsrecht; der Haushalt ist durch Satzung festzulegen (§ 78 GO). Neuerdings werden Versuche lokaler Klimaschutzpolitik (z. B. per Pflicht zum Einbau von Solaranlagen) unternommen, die aber wegen der Überörtlichkeit des Ziels oftmals außerhalb der Verbandskompetenz liegen und mit dem Vorbehalt des Gesetzes (vgl. Rn. 240) kollidieren können (näher *Funke/Papp,* JuS 2010, 395; vgl. noch Rn. 291).

Es muss unterschieden werden zwischen **freiwilligen und (bedingten und unbedingten) Pflichtsatzungen.** Freiwillige Satzungen können die Gemeinden aufgrund ihrer Autonomie im Rahmen ihrer Angelegenheiten jederzeit erlassen. Bedingte Pflichtsatzungen müssen nur unter bestimmten Umständen erlassen werden, z. B., wenn in einer öffentlichen Einrichtung Benutzungsgebühren erhoben werden sollen (vgl. §§ 3 Abs. 1 S. 1, 6 Abs. 1 S. 1 KAG). Hingegen ist die Gemeinde zum Erlass von unbedingten Pflichtsatzungen stets verpflichtet; so müssen die Gemeinden eine Hauptsatzung (§ 7 Abs. 3 GO) betreffend die innere Gemeindeverfassung und eine Haushaltssatzung (§ 78 Abs. 1 GO) erlassen. 226

Der **Aufbau** von gemeindlichen Satzungen ist in der Praxis intensiv typisiert: Sie beginnen mit einer Überschrift, ihrer konkreten Bezeichnung (z. B. „Friedhofssatzung") und einer Eingangsformel. Anschließend folgen Angaben zur sachlichen, räumlichen, personellen und zeitlichen Geltung und der einzelnen Inhalte. Vielfach sind sodann Sanktionsregelungen für fehlerhaftes Verhalten bis hin zu Bußgeldandrohungen (sog. Bewehrungen) zu finden. Zeichnungen, Pläne etc. können als Anlage einbezogen werden und sind als solche rechtlicher Bestandteil der Satzung. 227

Während Satzungen vom Aufbau also weitaus intensiver gestaltet sind als Gesetze und Verordnungen, greifen hinsichtlich der Geltung, des Inkraft- und Außerkrafttretens sowie etwaiger Rückwirkungen von Satzungen die aus dem Bereich der Gesetz- und Verordnungsgebung bekannten Regeln.

2. Anforderungen an die Ermächtigungsgrundlage für gemeindliche Satzungen

Die Befugnis zum Erlass von Satzungen ist den Gemeinden bereits per Verfassung durch die kommunale Selbstverwaltungsgarantie des Art. 28 Abs. 2 GG und des Art. 78 LV und deklaratorisch durch die **Satzungsklausel in § 7 GO** verliehen. Einer weiteren Ermächtigungsgrundlage im einfachen Recht bedürfen gemeindliche Satzungen nicht, solange sich mit ihnen nicht ein Eingriff in die Grundrechte verbindet. 228

Die in Art. 28 Abs. 2 GG bzw. Art. 78 LV sowie in § 7 GO begründete gemeindliche Satzungsautonomie ist jedoch unzureichend, wenn der auch die Satzungsgebung erfassende Vorbehalt des Gesetzes greift. Danach dürfen „Eingriffe in Freiheit und Eigentum" – so die klassische Formulierung – nur auf **gesetzlicher Grundlage** erfolgen. Daher bedarf eine Satzungsbestimmung, die einen Grundrechtseingriff beinhaltet oder hierzu ermächtigt, einer parlamentsgesetzlichen oder zumindest per Verordnung begründeten Ermächtigungsgrundlage (BVerwG, NVwZ 2014, 527, 529 f.). So kann sich die Anordnung des Anschluss- und Benutzungszwangs auf § 9 GO (vgl. noch Rn. 286 ff.), die Erhebung von Kommunalabgaben auf § 2 KAG stützen. 229

Enthält eine Satzung eine Bußgeldandrohung für den Fall des Zuwiderhandelns, bedarf es einer speziell hierauf bezogenen gesetzlichen Ermächtigung, die den Anforderungen aus Art. 103 Abs. 2 GG („keine Strafe ohne Gesetz") genügen muss.

Hinsichtlich der Anforderungen an die **Regelungsdichte der gesetzlichen Ermächtigung** für Grundrechtseingriffe ist Art. 80 GG, der im Falle des Erlasses von Rechtsverordnungen durch die Bundes- oder eine Landesregierung spezifische Anforderungen an die gesetzliche Ermächtigung stellt (Bestimmtheit nach „Inhalt, Zweck und Ausmaß"), auf die Ermächtigung zum Satzungserlass nicht anwendbar. Vielmehr ist auszugehen von der Rechtsprechung des BVerfG zur sog. Wesentlichkeitstheorie. Danach ergibt sich aus dem Demokratiegebot und dem Rechtsstaatsprinzip die Verpflichtung des parlamentarischen Gesetzgebers, seine Befugnisse nicht einem Selbstverwaltungsträger zur freien Verfügung zu überlassen; vielmehr soll der parlamentari- 230 sche Gesetzgeber die für die Grundrechtsausübung wesentlichen Regelungen selbst zu treffen haben (vgl. die grundlegende Facharztentscheidung BVerfGE 33, 125, 158 ff.). Allerdings darf eine vollständige Übertragung der zur funktionalen Selbstverwaltung entwickelten Anforderungen auf die kommunale Selbstverwaltung nicht erfolgen. Zwar weist auch die kommunale Selbstverwaltung im Vergleich zur parlamentarischen Rechtsetzung strukturelle Defizite auf, nämlich eine schwächere Legitimation und eine geringere Distanz zu den berührten Partikularbelangen. Nichtsdestotrotz darf der verfassungsrechtlich verfestigte Mehrwert der kommunalen Selbstverwaltung nicht durch eine völlige Gleichstellung mit der funktionalen Selbstverwaltung negiert werden. Von dieser unterscheidet sie sich schon darin, dass ihre personale Grundlage sich nicht allein in der Zugehörigkeit zu einem bestimmten Beruf etc., sondern in der Gebietszugehörigkeit findet; die Gefahr der Verflechtungen in Partikularinteressen ist geringer, und es besteht bei den Gemeinden eine ergänzende demokratische Legitimation qua Kommunalwahlen (vgl. Art. 28 Abs. 1 S. 2 GG). Richtigerweise geht daher von der stärker ausgeprägten demokratischen Legitimation und der darauf gegründeten Eigenverantwortlichkeitsgarantie (Art. 28 Abs. 2 GG) eine Tendenz zur Absenkung der Bestimmtheitsanforderungen aus. Infolge der den Gemeinden eingeräumten Satzungshoheit ist der staatliche Gesetzgeber verpflichtet, ihnen einen Teil seiner Rechtsetzungsgewalt in bestimmten Bereichen zu überlassen. Es genügt daher, wenn die etwaigen Grundrechtseingriffe nach Art und Intensität determiniert sind, wenn also betroffener Personenkreis und sachlicher Rahmen der Beeinträchtigungen durch den Parlamentsgesetz- bzw. Verordnungsgeber festgelegt werden.

Beispiele: Die gesetzliche Ermächtigung zum Betrieb einer gemeindlichen öffentlichen Einrichtung (§ 8 GO; vgl. noch Rn. 249 ff.) legitimiert zugleich zum Erlass von Satzungsbestimmungen über das Verhalten der Einrichtungsbenutzer (Abfallvermeidungspflicht, Alkoholverbot, Badekappenpflicht [VGH Bad.-Württ., BVWPr. 1975, 227] bis hin zum späteren Ausschluss von der Benutzung [bspw. aus einem gemeindlichen Chor, vgl. OVG NRW, DÖV 1995, 515]). Die Ermächtigung zum Anschluss- und Benutzungszwang (§ 9 GO) deckt auch Maßnahmen, mit denen die Einhaltung der Benutzungsbedingungen auf den angeschlossenen Grundstücken überwacht werden soll (vgl. ausführlich *Burgi,* VerwArch 90 [1999], 70, 92 ff.; a. A. BVerwG, DVBl. 1994, 761). Die Regelung in einer städtischen Friedhofssatzung, nach der nur Grabmale aufgestellt werden dürfen, die nachweislich in der gesamten Wertschöpfungskette ohne ausbeuterische Kinderarbeit im Sinne der ILO-Konvention 182 hergestellt wurden, verletzt das rechtsstaatliche Gebot der Normenklarheit und hinreichenden Bestimmtheit, wenn für den Normbetroffenen nicht im Voraus erkennbar ist, welche Nachweise zum Beleg dafür anerkannt werden (BVerwG, NVwZ 2014, 527, 528 f.).

3. Formelle Anforderungen an gemeindliche Satzungen

231 Die formellen Anforderungen ergeben sich für jede einzelne Satzung aus **§ 7 GO, den allgemeinen Verfahrensvorschriften der GO sowie u. U. aus dem jeweils einschlägigen Fachrecht** (z. B. dem Abgabenrecht, dem Baurecht etc.). Die nachfolgenden Anforderungen sind im Rahmen der formellen Rechtmäßigkeit einer Satzung zu prüfen, wenn der konkrete Fall entsprechende Anhaltspunkte enthält.

a) Kompetenz

232 Der **Rat** ist gemäß § 41 Abs. 1 lit. f GO für den Erlass von Satzungen zuständig. Hier dürfte sein vielleicht wichtigster Aufgabenbereich liegen. Infolge der Grundsätzlichkeit der Entscheidung handelt es sich weder um ein „Geschäft der laufenden Ver-

waltung" (vgl. Rn. 155, 191), noch können Eilentscheidungen getroffen werden. Eine Zuständigkeit des Bürgermeisters ist daher auszuschließen.

Gemäß § 114a Abs. 2 und 4 GO kann das Recht zum Erlass von Satzungen einer gemeindlichen Anstalt des öffentlichen Rechts i. S. v. § 114a Abs. 1 GO übertragen werden (z. B. der für Abwasserbeseitigung zuständigen Anstalt, die dann auch Abwassergebühren festsetzen kann; vgl. OVG NRW, NWVBl. 2005, 66, sowie Rn. 262 ff.).

Aus dem Übertragungsverbot des § 41 Abs. 1 lit. f GO ergeben sich Grenzen für die Verweisung auf Rechtsnormen anderer Urheber (z. B. auf Landesgesetze). Während sog. statische Verweisungen, die auf die externe Rechtsnorm in einer bestimmten Fassung verweisen, statthaft sind, bereiten dynamische Verweisungen (auf eine externe Rechtsnorm „in der jeweils geltenden Fassung") Probleme, ebenso Verweisungen auf private Regelwerke (OVG NRW, NWVBl. 2006, 461). Das OVG NRW (NWVBl. 2005, 179) nimmt jedenfalls dann einen Verstoß gegen das Übertragungsverbot an, wenn weder aus der verweisenden Satzungsnorm selbst noch aus der Struktur der Regelungen, auf die verwiesen wird, eine für den Rat erkennbare Begrenzung der potenziellen Rückwirkungen von Änderungen der externen Rechtsnorm gewonnen werden kann (Bsp: Verweisung in der Hundesteuersatzung auf eine Hundeliste in der LHundeVO NRW).

b) Verfahren

Der Schwerpunkt des Verfahrens liegt in der **Sitzung des Rates**, so dass die entsprechenden allgemeinen Regelungen zu beachten sind (vgl. Rn. 153 ff., 158 ff.). Es greifen die Regeln über Ladung (§ 47 Abs. 2 GO), Beschlussfähigkeit (§ 49 GO), Öffentlichkeit (§ 48 Abs. 2 GO), Befangenheit (§ 43 Abs. 2 i. V. m. § 31 GO), Ordnung während der Sitzungen (§ 51 GO) und Beschlussfassung (§ 51 Abs. 1 GO). Teilweise ergeben sich darüber hinaus Verfahrensanforderungen aus den jeweils einschlägigen Fachgesetzen. 233

Beispiel: So sind bei einem nach § 10 Abs. 1 BauGB aufzustellenden Bebauungsplan spezifische Verfahrensanforderungen in den §§ 2, 3 und 4 BauGB vorgesehen. Im Mittelpunkt steht die Beteiligung der Bürger durch Auslegung und Einsichtnahme des Bebauungsplanentwurfes (vgl. § 4 Rn. 41 ff.).

Satzungen bedürfen der **Ausfertigung.** Dies folgt mangels ausdrücklicher Regelung in Nordrhein-Westfalen aus dem Rechtsstaatsprinzip. Denn die Ausfertigung dient der Dokumentation der Übereinstimmung des textlichen und ggf. zeichnerischen Inhalts der Satzung mit dem politischen Willen der rechtsetzenden Körperschaft (dem Rat) sowie der Sicherstellung der Einhaltung der Verfahrensvorschriften. Die Ausfertigung erfolgt durch handschriftliche Unterzeichnung durch den Bürgermeister unter Angabe des Datums und Bestätigung der Authentizität des Satzungsinhalts und der Korrektheit des Verfahrens. Häufig bereiten die Einzelheiten der Ausfertigung in der Praxis Probleme. Mängel in diesem Bereich sind stets beachtlich und werden nicht vom spezifischen Fehlerfolgenrecht (vgl. Rn. 237 f.) erfasst. 234

Die ausgefertigte Satzung ist **öffentlich bekannt zu machen** (§ 7 Abs. 4 S. 1 GO). Dies erfasst den gesamten Inhalt der Satzung. Die öffentliche Bekanntmachung kann in verschiedenen Formen erfolgen: entweder durch das Einstellen in das gemeindliche Amtsblatt oder durch Veröffentlichung in einer oder mehreren hierfür bestimmten Tageszeitungen (hierzu BVerwG, NVwZ 2007, 216). Die Bekanntmachung durch Anschlag an der Bekanntmachungstafel hat das OVG NRW (NWVBl. 2009, 21, m. Anm. *Ley,* NWVBl. 2009, 9) für größere Gemeinden als ungeeignete Form der Bekanntmachung erachtet. Einzelheiten sind auf der Grundlage des § 7 Abs. 5 GO in der Verordnung über die öffentliche Bekanntmachung von kommunalem Ortsrecht (Bekanntmachungsverordnung) geregelt (vgl. ferner *Wahlhäuser,* NWVBl. 2007, 338). 235

Hinsichtlich der Fehlerfolgen ist zu differenzieren: Unterbleibt eine öffentliche Bekanntmachung, hat man es mit einer Nicht-Satzung, d. h. lediglich mit einem Satzungsentwurf zu tun. Wird die Satzung dagegen nicht ordnungsgemäß, d. h. fehlerhaft bekannt gegeben, greift das allgemeine Fehlerfolgenregime (vgl. Rn. 237 ff.).

236 Beim Erlass von Satzungen ist in unterschiedlichem Umfang eine Mitwirkung der **staatlichen Aufsichtsbehörden** vorgesehen. Die stärkste Form der Mitwirkung, die Genehmigung, kann gemäß § 7 Abs. 1 S. 2 GO nur verlangt werden, wenn das jeweilige Fachgesetz dies vorschreibt; z. B. ist beim Erlass eines Bebauungsplans unter den Voraussetzungen des § 10 Abs. 2 BauGB die Genehmigung der höheren Verwaltungsbehörde erforderlich (vgl. § 4 Rn. 48).

c) Fehlerfolgenrecht

237 Während materielle Fehler kommunalrechtlich immer zur **Nichtigkeit der Satzung** führen (vgl. jedoch § 4 Rn. 99 ff. zum besonderen Fehlerfolgenregime des BauGB), gilt das für die Missachtung formeller Anforderungen zwar auch grundsätzlich (vgl. Rn. 157, 162), jedoch vorbehaltlich besonderer Fehlerfolgenregelungen. Mit diesen trägt der Gesetzgeber der Gefahr einer Beeinträchtigung der Effektivität der gemeindlichen Rechtsetzungstätigkeit und der Realisierung des kommunalpolitischen Willens Rechnung. Denn formelle Fehler einer Satzung führen u. U. allein zu Zeitverzögerungen, da die Gemeinde den betreffenden Fehler korrigieren und voraussichtlich eine Satzung mit identischem Inhalt einige Monate später erneut verabschieden wird.

238 Einschlägige **Unbeachtlichkeits- und Heilungsvorschriften** ergeben sich teilweise aus dem entsprechenden Fachrecht (§§ 214, 215 BauGB) und stets (bei Vorliegen der Voraussetzungen) aus § 7 Abs. 6 GO. Dabei ist Nordrhein-Westfalen wie fast alle anderen Bundesländer dem sog. Rügemodell gefolgt: Hiernach sind Verfahrensfehler unbeachtlich, wenn sie nicht innerhalb eines Jahres geltend gemacht werden, es sei denn, es liegt einer der Ausnahmefälle nach § 7 Abs. 6 lit. a bis d GO vor. Auf diese Rechtsfolge ist im Rahmen der öffentlichen Bekanntmachung hinzuweisen (vgl. § 7 Abs. 6 S. 2 GO). Liegt der formelle Fehler in der Mitwirkung eines befangenen Ratsmitgliedes, so sind die spezielleren Vorschriften der §§ 54 Abs. 4, 31 Abs. 6 GO (vgl. Rn. 170 ff.) anwendbar. Ist ein formeller Fehler unbeachtlich bzw. geheilt, hat dies zur Konsequenz, dass die in formeller Hinsicht rechtswidrige Satzung nicht rechtsunwirksam (nichtig) wird, sondern Bestand hat.

4. Materielle Anforderungen an gemeindliche Satzungen

a) Einfachrechtliche Anforderungen

239 In Ausübung ihrer Satzungsautonomie ist die Gemeinde innerhalb ihrer Verbandskompetenz grundsätzlich autonom, d. h. sie besitzt grundsätzlich das Recht, „auf eigene Kosten Dummheiten zu machen" *(Ernst Reuter)*. Hierin realisiert sich ihre demokratisch legitimierte politische Gestaltungskraft. Allerdings gilt auch hier der **Vorrang des Gesetzes,** d. h. die Gemeinden müssen die gesetzlichen Vorgaben beachten. Dies gilt gleichermaßen für unmittelbar wirksame europarechtliche Vorgaben wie für Gesetze und Rechtsverordnungen des Bundes und des Landes, vorausgesetzt, diese sind wiederum mit den kommunalen Verfassungsgarantien vereinbar.

Vereinzelt haben sich in der Dogmatik fachgesetzlicher Vorgaben spezifische Anforderungen an Abwägungsvorgang und -ergebnis beim Erlass gemeindlicher Satzungen entwickelt. Das wichtigste Beispiel findet sich im Recht der Bauleitplanung. Nach § 1 Abs. 7 BauGB sind die Gemeinden bei der Aufstellung der Bauleitpläne verpflichtet, „alle öffentlichen und privaten Belange gegeneinander und untereinander gerecht abzuwägen" (vgl. näher § 4 Rn. 76 ff.).

Weiter sind die Gemeinden infolge der vorrangigen Gesetzesbindung gehindert, ihre Haftung nach Amtshaftungsgrundsätzen (Art. 34 GG i. V. m. § 839 BGB) zu begrenzen. Dagegen kann die Haftung aus öffentlich-rechtlichem Schuldverhältnis bzw. aus Vertrag (bei privatrechtsförmiger Ausgestaltung von Benutzungsverhältnissen) auf Vorsatz und grobe Fahrlässigkeit beschränkt werden.

Bei grundrechtseingreifenden Satzungen, die dem **Vorbehalt des Gesetzes** unterliegen (Rn. 229 f.), müssen insbesondere die materiellrechtlichen Vorgaben der gesetzlichen Ermächtigungsgrundlage, ggf. auch weiterer gesetzlicher Regelungen eingehalten sein. 240

Beispiel: § 13 Abs. 1 S. 1 KrW-/AbfG a. F. stand einer Abfallsatzung entgegen, die einen Einwohner zur Benutzung einer Biotonne zwingt, obwohl dieser seine Bioabfälle ordnungsgemäß selbst kompostiert (OVG NRW, NVwZ 1999, 91).

b) Materiellverfassungsrechtliche Anforderungen

Der Umstand, dass eine bestimmte Materie anstatt durch Gesetz oder Rechtsverordnung durch Satzung geregelt wird, kann **keine Absenkung der durch das Grundgesetz normierten Standards** bewirken. Bei Erlass einer Satzung gelten die grundrechtlichen und rechtsstaatlichen Anforderungen (Bestimmtheitsgebot) sowie die finanzverfassungsrechtlichen Vorgaben ohne Abstriche. Diese materiellverfassungsrechtlichen Bindungen kommen insbesondere zur Geltung, wo die einfachgesetzlichen Vorgaben der Gemeinde als Satzungsgeber einen Gestaltungsspielraum lassen. 241

Art. 12 Abs. 1 und Art. 14 GG schützen vor allem die Gewerbetreibenden, bei Privatleuten sind etwa Art. 13, 14 und Art. 2 Abs. 1 GG einschlägig. Im Bereich der Leistungsverwaltung greift insbesondere der allgemeine Gleichheitsgrundsatz nach Art. 3 Abs. 1 GG. Hinsichtlich der Rechtfertigung etwaiger Eingriffe durch eine gemeindliche Satzung gelten die allgemeinen Grundsätze der Grundrechtsdogmatik (Schutzbereich – Eingriff – Eingriffsrechtfertigung), namentlich der Grundsatz der Verhältnismäßigkeit.

5. Kontrolle und Rechtsschutz

a) Verwaltungsinterne Kontrolle

Der verwaltungsinternen Sicherung der Rechtmäßigkeit von gemeindlichen Satzungen dienen zunächst die Möglichkeiten der Staatsaufsicht (vgl. Rn. 73 ff.) und der Kontrollbefugnisse des Bürgermeisters (vgl. Rn. 188 ff.). Weiterhin ist eine **Normprüfungs- und -verwerfungskompetenz der (Gemeinde-)Verwaltung** im Hinblick auf die vom Rat verabschiedeten Satzungen in Betracht zu ziehen. Hierbei ist zu differenzieren. Während eine Prüfungskompetenz sowohl der Gemeindeverwaltung als auch der mit der Satzung ggf. konfrontierten staatlichen Verwaltung anerkannt ist, wird eine Normverwerfungskompetenz zugunsten der (gemeindlichen oder staatlichen) Verwaltung grundsätzlich verneint. 242

Dies hat rechtsstaatliche (Rechtssicherheit) und demokratierechtliche (Wahl der Ratsmitglieder) Gründe. Art. 100 GG bildet hingegen kein Argument, da er nur im Hinblick auf Parlamentsgesetze ein Verwerfungsmonopol des BVerfG statuiert. Im Rahmen der zuerkannten Prüfungskompetenz ist die Gemeindeverwaltung gehalten, den Rat zur Aufhebung der gemeindlichen Satzung zu bewegen. Darüber hinaus kann sie den vom Satzungsvollzug betroffenen Bürger auf etwaige Fehler aufmerksam machen. Die Bediensteten der staatlichen Verwaltungsstellen können staatsaufsichtliche Maßnahmen bzw. als Behörde (§ 47 Abs. 2 S. 1 VwGO) ein Normkontrollverfahren nach § 47 VwGO einleiten.

Beispiel: Die um die Erteilung einer Baugenehmigung angegangene staatliche Baubehörde hält den zugrundeliegenden Bebauungsplan für rechtswidrig und nichtig. Darauf hat sie den Bauherrn hinzuweisen. Ferner kann sie ein staataufsichtsbehördliches Einschreiten sowie ein Normenkontrollverfahren nach § 47 Abs. 2 VwGO einleiten. Dagegen kann sie die Erteilung der beantragten Baugenehmigung nicht unter Hinweis auf den ihres Erachtens rechtswidrigen Bebauungsplan ablehnen (BVerwGE 75, 142). In einer neueren Entscheidung hat das BVerwG allerdings einen Schritt in Richtung der Anerkennung einer Verwerfungskompetenz unternommen (BVerwGE 112, 373, 381 f.; vgl. zum Ganzen *Engel,* NVwZ 2000, 1258).

b) Rechtsschutz

243 Im Rahmen des gerichtlichen Rechtsschutzes gegen gemeindliche Satzungen sind **die unmittelbare und die inzidente Kontrolle** zu unterscheiden.

aa) Unmittelbare Kontrolle

244 § 47 VwGO regelt die sog. **prinzipale Normenkontrolle** vor dem OVG. Der Bundesgesetzgeber hat neben der Möglichkeit der Überprüfung baurechtlicher Satzungen (typischerweise Bebauungspläne) in § 47 Abs. 1 Nr. 1 VwGO des Weiteren bestimmt, dass „andere(n) im Rang unter Landesgesetz stehende(n) Rechtsvorschriften, sofern das Landesrecht dies bestimmt", überprüft werden können (§ 47 Abs. 1 Nr. 2 VwGO). Der Landesgesetzgeber hat von dieser Möglichkeit durch den am 1.1.2019 in Kraft getretenen § 109a JustG (GVBl. NRW 2018, S. 770) Gebrauch gemacht, so dass im Rang unter dem Landesgesetz stehende Rechtsvorschriften, soweit sie nicht vor dem 1.1.2019 bekannt gemacht worden sind (§ 133 Abs. 3 S. 2 JustG), nunmehr der Normenkontrolle durch das OVG unterliegen (vgl. näher § 5 Rn. 14a). Damit kann die Rechtmäßigkeit gemeindlicher Satzungen umfassend der Überprüfung im Verfahren der prinzipalen Normenkontrolle unterworfen werden. Im Erfolgsfalle wird die betroffene Satzung durch das OVG für nichtig erklärt (§ 47 Abs. 5 S. 2 VwGO), und zwar allgemeinverbindlich und unter Bekanntmachung.

245 Darüber hinaus kommt auch die Erhebung einer **Verfassungsbeschwerde** zum BVerfG (Art. 93 Abs. 1 Nr. 4a GG, §§ 90 ff. BVerfGG) oder seit 2018 auch zum VerfGH NRW (Art. 75 Nr. 5b LV i. V. m. §§ 53 ff. VerfGHG; vgl. näher § 1 Rn. 252) in Betracht. Gemeindliche Satzungen sind in diesem Verfahren ein tauglicher Beschwerdegegenstand. Der Beschwerdeführer muss geltend machen können, eine gemeindliche Satzung verletze ihn unmittelbar in seinen Bundes- bzw. Landesgrundrechten, weil sie etwa Pflichten statuiert, deren Missachtung ohne weiteres bußgeldbewehrt ist. Das Gebot der Rechtswegerschöpfung verlangt allerdings zuvor die erfolglose Anstrengung einer sog. prinzipalen Normenkontrolle vor dem OVG, nachdem diese in NRW nunmehr umfassend eröffnet ist (vgl. Rn. 244).

bb) Inzidente Kontrolle

246 Alle Arten von Satzungen können inzident im Rahmen einer **verwaltungsgerichtlichen Klage,** insbesondere im Rahmen einer Anfechtungsklage gegen einen auf die Satzung gestützten Verwaltungsakt oder einer allgemeinen Feststellungsklage überprüft werden. Allerdings ist auf diesem Wege keine allgemeinverbindliche Nichtigerklärung erreichbar.

247 Bei der inzidenten Überprüfung gemeindlicher Satzungen ist (ebenso wie bei der Überprüfung von Satzungen nach § 47 VwGO) freilich die **Kontrolldichte** der Verwaltungsgerichte eingeschränkt, da Satzungen das Ergebnis eines verfassungsrechtlich

abgesicherten Rechtsetzungsvorgangs sind. Das BVerwG (NVwZ 2002, 1123) hat aus Anlass einer Entscheidung über eine gemeindliche Abgabensatzung die „Kontrollrestriktion" mit dem Bestehen von „Prognosespielräumen" im materiellen Recht begründet und auf die durch Art. 28 Abs. 2 GG geschützte Eigenverantwortlichkeitsgarantie verwiesen. Überdies entspreche es keiner „sachgerechten Handhabung" des verwaltungsgerichtlichen Amtsermittlungsgrundsatzes, wenn durch den Verwaltungsrichter, gleichsam ungefragt, auch solche Rechtsfehler aufgespürt werden, die der klagende Bürger gar nicht gerügt hat (zustimmend *Oebbecke,* NVwZ 2003, 1313; diff. *Wiesemann,* DVBl. 2007, 873).

Die umgekehrte Konstellation einer Klage auf Erlass einer Satzung ist nur ganz ausnahmsweise bei Bestehen eines Anspruches im Rahmen einer allgemeinen Leistungsklage oder einer allgemeinen Feststellungsklage denkbar (vgl. ausführlich *Sodan,* NVwZ 2000, 601).

6. Anhang

Literatur: *Schmidt-Aßmann,* Die kommunale Rechtssetzung im Gefüge der administrativen Handlungsformen und Rechtsquellen, 1981; *Morlok,* Die Folgen von Verfahrensfehlern am Beispiel von kommunalen Satzungen, 1988; *Maurer,* Rechtsfragen kommunaler Satzungsgebung, DÖV 1993, 184; *Ipsen,* Soll das kommunale Satzungsrecht gegenüber staatlicher und gerichtlicher Kontrolle gestärkt werden?, JZ 1990, 789; *Möstl,* Normative Handlungsformen, in: Ehlers/Pünder (Hrsg.), Allgemeines Verwaltungsrecht, 15. Auflage 2016, §§ 19 u. 20; *Lange,* Fehler kommunaler Satzungen und ihre Folgen, DVBl. 2017, 928. **248**

Klausurfälle: *Herrmann,* Amtshaftung der Kommunalaufsicht und Bürgermeister ohne Vertretungsmacht, JURA 2010, 149.

Kontrollfragen:

1. Wie unterscheiden sich Satzungen und Rechtsverordnungen voneinander?
2. Bedürfen gemeindliche Satzungen in jedem Fall einer einfachgesetzlichen Grundlage?
3. Führt jeder Verfahrensfehler zur Nichtigkeit einer Satzung?

II. Öffentliche Einrichtungen

Zu den besonders wichtigen, ihnen zudem weitgehend eigenverantwortlich überlassenen Selbstverwaltungsaufgaben der Gemeinden gehört die **örtliche Daseinsvorsorge,** d.h. die „Befriedigung der Bedürfnisse für eine dem jeweiligen Lebensstandard entsprechende Lebensführung". Die schlägt sich nieder in § 1 Abs. 1 S. 2 GO, wonach die Gemeinden „das Wohl der Einwohner" fördern. Näher konkretisiert wird diese Pflicht in § 8 Abs. 1 GO, wo es heißt: „Die Gemeinden schaffen innerhalb der Grenzen ihrer Leistungsfähigkeit die für die wirtschaftliche, soziale und kulturelle Betreuung ihrer Einwohner erforderlichen öffentlichen Einrichtungen". Diese öffentlichen Einrichtungen sind das wichtigste kommunale Instrument der sog. Daseinsvorsorge; sie stellen durch dauerhafte organisatorische Vorkehrungen eine kontinuierliche Leistungserbringung sicher. **249**

Der Begriff der Daseinsvorsorge ist maßgeblich durch *Ernst Forsthoff* geprägt worden (vgl. Verwaltungsrecht I, 10. Aufl., 1973, S. 370; ferner *Ossenbühl,* DÖV 1971, 513, 516f.; *Hellermann,* Örtliche Daseinsvorsorge und gemeindliche Selbstverwaltung, 2000, S. 1f.). Es handelt sich nicht um einen Rechtsbegriff, da aus ihm unmittelbar keine Rechtsfolgen abgeleitet werden können (anders zuletzt wieder *Ronellenfitsch,* in: Blümel [Hrsg.], Ernst Forsthoff. Kolloquium aus Anlass des 100. Geburtstags, 2003, 53, 73ff.; diff. *Kersten,* Der Staat 44 [2005], 543ff.; *Winkel,* NWVBl. 2008, 285).

Die Daseinsvorsorge mittels öffentlicher Einrichtungen reicht von „existenznotwendigen" Leistungen (wie die der Abwasserbeseitigung) bis hin zu bloßen Kommunikations- und Unterhaltungsangeboten (Mehrzweckhallen, Bibliotheken, Wiesen und Plätze, auf denen Feste und Märkte stattfinden können; zum Münchener Oktoberfest vgl. BayVGH, NVwZ 1982, 120). Zu den öffentlichen Einrichtungen zählen ferner z.B. auch Kindertagesstätten (vgl. VG Düsseldorf, NWVBl. 2004, 33), Zirkusplätze (vgl. VGH Bad.-Württ., GewArch 2003, 486) und die Linkliste auf einer Gemeinde-Homepage (vgl. hierzu *Ott/Ramming,* BayVBl. 2003, 454ff., sowie zur Qualifizierung kommunaler Internetangebote als öffentliche Einrichtungen *Frey,* DÖV 2005, 411).

1. Begriff und Abgrenzung

250 Der **Begriff der „öffentlichen Einrichtung"** umfasst
- eine Zusammenfassung personeller Kräfte und sächlicher Mittel, wobei geringe Anforderungen an das Vorhandensein einer technischen Substanz zu stellen sind, die
- von der Gemeinde zu Zwecken der Daseinsvorsorge bereitgestellt und unterhalten wird und
- durch Widmung (jedenfalls) den Einwohnern zur bestimmungsgemäßen Nutzung zur Verfügung gestellt wird.

251 Konstitutiv für die Errichtung einer öffentlichen Einrichtung ist die **Widmung,** durch die deren Nutzungszweck bestimmt wird. Die Widmung kann auf verschiedene Weise erfolgen. Sie ergeht zumeist durch schlichten Ratsbeschluss oder durch andere förmliche Akte (z.B. Satzung oder Allgemeinverfügung). In Betracht kommt aber auch eine schlichte Bereitstellung (Paradebeispiel: der Sprung des Bürgermeisters in das somit bereitgestellte Schwimmbecken), wobei auf Indizien abgestellt werden muss. Hierbei spielt die ständige Verwaltungspraxis (u.a. auf der Basis einer schlichten, d.h. nicht mit Außenrechtswirkung ausgestatteten Benutzungsordnung) die wichtigste Rolle.

Davon zu unterscheiden ist die Situation, dass ein förmlich festgelegter Widmungsrahmen durch ständige Verwaltungspraxis erweitert wird, z.B. zugunsten von Nicht-Einwohnern (vgl. Rn. 108ff.). Allgemein ist die Widmungserweiterung ebenso wie die Teilentwidmung oder die vollständige Entwidmung der betreffenden Einrichtung als actus contrarius, d.h. in der Form, in der die Widmung erfolgt ist, möglich.

Beispiele: Wenn eine Gemeinde eine durch Ratsbeschluss förmlich als Parkfläche gewidmete Fläche regelmäßig einmal pro Jahr an ein Zirkusunternehmen vergibt, liegt darin eine konkludente Erweiterung des Widmungszwecks, die aber konkludent auch wieder eingeschränkt werden kann, wenn ab einem gewissen Zeitpunkt diese Vergabe – allgemein und nicht nur in Einzelfällen – wieder eingestellt wird (BayVGH, NVwZ-RR 2014, 110). Die Gemeinde soll nicht zu einer Regelung befugt sein, wonach die Überlassung als gemeindliche Einrichtung gewidmeter Flächen an ein reisendes Zirkusunternehmen, das auch Wildtiere zeigt, aus tierschutzrechtlichen Gründen versagt wird (OVG Lüneburg, NVwZ 2017, 728, 729f.).

252 Öffentliche Einrichtungen sind zu unterscheiden von:
- den **öffentlichen Sachen im Gemeingebrauch** (wichtigstes Beispiel: die Straßen und Wege im Gemeingebrauch nach dem FStrG und dem nordrhein-westfälischen StrWG), bei denen es keiner Zulassung bedarf, sondern gleichsam ein dinglicher Zugriff durch die Straßenbenutzer erfolgt. Der Adressatenkreis beschränkt sich hier nicht auf die Einwohner;
- den **öffentlichen Sachen im Verwaltungsgebrauch** (z.B. Rathaus), die nicht zur Nutzung durch die Öffentlichkeit zur Verfügung stehen;
- den Sachen im **Finanzvermögen** der Gemeinde (v.a. Grundstücke, die freilich ebenfalls als Mittel der Kommunalpolitik eingesetzt werden können, wie z.B. bei der Verwirklichung sog. Einheimischenmodelle, welche den Gemeindeeinwohnern zu

günstigem Bauland verhelfen sollen; vgl. hierzu BVerwGE 92, 56; *Burgi,* JZ 1999, 873; *Brohm,* JZ 2000, 321; strenger jüngst EuGH, DVBl. 2013, 1041).

Auf einer anderen Ebene als der Begriff der öffentlichen Einrichtung liegt der Anstaltsbegriff, obwohl vielfach – ungenau – zur Charakterisierung der Benutzung öffentlicher Einrichtungen von „Anstaltsnutzung" gesprochen wird. Einzelne Bestandteile einer Anstalt können zwar als öffentliche Einrichtung gewidmet sein (z. B. die Mensa eines Studentenwerks) und als solche dann benutzt werden, die Anstalt selbst kann indes nicht „benutzt" werden. Sie ist dem Bereich der Verwaltungsorganisation zugehörig, wo Anstalten von Körperschaften und Stiftungen (jeweils als Erscheinungsformen der mittelbaren Staatsverwaltung; Rn. 5) abzugrenzen sind.

2. Die gemeindliche Entscheidung über Schaffung und Organisationsform

a) Entscheidungsfreiheit hinsichtlich der Schaffung

Es liegt in der gemeinwohlgerecht wahrzunehmenden Eigenverantwortung der jeweiligen Gemeinde zu entscheiden, in welcher Weise und in welchem Umfang sie das Wohl ihrer Einwohner durch öffentliche Einrichtungen fördert. Sie entscheidet hierüber im Rahmen ihrer kommunalpolitischen Prioritäten. § 8 Abs. 1 GO begründet **keine Pflicht zur Schaffung, Aufrechterhaltung oder Erweiterung** einer öffentlichen Einrichtung (OVG NRW, NJW 1976, 820, 821: keine Pflichtaufgabe der Gemeinde). Erst recht bestehen keine subjektiven Rechte auf Schaffung, Aufrechterhaltung oder Erweiterung (vgl. OVG NRW, NWVBl. 2004, 387) einer öffentlichen Einrichtung. 253

Beispiel: Eine Gemeinde ist weder durch § 8 Abs. 1 GO noch verfassungsrechtlich daran gehindert, einen über lange Jahre als öffentliche Einrichtung durchgeführten Weihnachtsmarkt nicht mehr in dieser Weise zu betreiben und die Durchführung zukünftig vollständig einem privaten Betreiber zu überlassen (a. A. BVerwG, NVwZ 2009, 1305, 1306 ff., mit der Begründung, insbes. bei öffentlichen Einrichtungen mit kulturellem, sozialem und traditionsbildendem Hintergrund, die schon lange Zeit in der bisherigen kommunalen Alleinverantwortung gelegen hätten, ergebe sich aus Art. 28 Abs. 2 GG eine Bindung hinsichtlich der Aufrechterhaltung dieses Bestandes; mit Recht krit. dazu *Ehlers,* DVBl. 2009, 1456; *Schoch,* DVBl. 2009, 1533).

In speziellen Gesetzen können allerdings auf die Schaffung öffentlicher Einrichtungen gerichtete kommunale Pflichtaufgaben statuiert werden, so z. B. im Hinblick auf die Einrichtungen der Hausmüllentsorgung (vgl. §§ 5 LAbfG, 17 Abs. 1 KrWG).

b) Wahlfreiheit hinsichtlich der öffentlich- oder privatrechtlichen Organisationsform

Darüber hinaus hat die Gemeinde auch **Wahlfreiheit hinsichtlich der Organisationsform** ihrer öffentlichen Einrichtungen. Sie kann diese unmittelbar durch eine eigene Behörde betreiben; das ist rechtlich am unproblematischsten, stößt jedoch auf praktische Schwierigkeiten, wenn die betreffende Einrichtung eine bestimmte Dimension überschreitet und sich äußerlich nicht mehr von einem Unternehmen der freien Wirtschaft unterscheidet. Wenn die Gemeinde in dieser Situation dazu übergeht, ihre Einrichtung durch einen verselbständigten Rechtsträger zu verwalten, kann sie dafür entsprechend den im allgemeinen Verwaltungsrecht anerkannten Grundsätzen öffentlich-rechtliche oder privatrechtliche Organisationsformen wählen (zu den aus dem kommunalen Wirtschaftsrecht folgenden Einschränkungen vgl. Rn. 321 ff.). 254

Wird eine **öffentlich-rechtliche Organisationsform** gewählt, ist die Zurechnung zur Gemeinde und die Qualifizierung als gemeindliche öffentliche Einrichtung un- 255 problematisch. In Betracht kommt neben dem Betrieb durch eine Behörde der Gemeinde eine mehr oder weniger weitreichende Verselbständigung als

- Regie- oder Eigenbetrieb (vgl. Rn. 322f.), d. h. als rechtlich unselbständiger, jedoch teilweise in organisatorischer bzw. haushaltsmäßiger Hinsicht verselbständigter Teil der Gemeindeverwaltung oder als
- Anstalt des öffentlichen Rechts, d. h. als juristische Person des öffentlichen Rechts (Rn. 324).

256 Die Gemeinde kann sich aber auch für eine **privatrechtliche Organisationsform** entscheiden, v. a. für die Form der GmbH bzw. der AG (z. B. Stadthallen-GmbH). In diesen Konstellationen wird die Existenz (und die Durchsetzbarkeit des Benutzungsanspruchs der Einwohner, vgl. Rn. 266ff.) problematisch. Auschlaggebend ist, ob die Gemeinde einen maßgeblichen Einfluss auf die Führung der Einrichtung behält. Der Einfluss muss sich in durchsetzbaren Mitwirkungs- und Entscheidungsbefugnissen äußern. Solche bestehen in der Regel in den Fällen der Organisationsprivatisierung und der funktionalen Privatisierung. Eine Zurechnung der von einem privaten Rechtsträger geführten Einrichtung zur Gemeinde (und damit die Qualifizierung als öffentliche Einrichtung) ist danach gegeben:

- beim Betrieb einer nach Organisationsprivatisierung entstandenen Eigengesellschaft;
- beim Betrieb eines von der Gemeinde (mehrheitlich) beherrschten gemischtwirtschaftlichen Unternehmens (ebenfalls nach Organisationsprivatisierung);
- bei der Einschaltung eines Verwaltungshelfers nach funktionaler Privatisierung in die Durchführung der zahlreichen Aufgaben beim Bau, der Finanzierung und beim Betrieb von öffentlichen Einrichtungen;
- bei der Einschaltung eines Dienstleistungskonzessionärs, der unmittelbar auch das Benutzungsentgelt bei den Benutzern erhebt.

Dagegen fehlt es bei einer Aufgabenprivatisierung, d. h. bei einem vollständigen Rückzug einer Gemeinde von den Aufgaben des Baus und des Betriebs einer öffentlichen Einrichtung, an entsprechenden Mitwirkungs- und Weisungsbefugnissen, weswegen eine Zurechnung nicht möglich ist. Es handelt sich dann um eine private Einrichtung, für die die nachfolgenden Grundsätze nicht eingreifen.

3. Das Rechtsverhältnis zwischen Gemeinde bzw. Einrichtungsbetreiber und Einwohner

a) Zwei-Stufen-Theorie

257 § 8 Abs. 2 GO bestimmt, dass „alle Einwohner einer Gemeinde … im Rahmen des geltenden Rechts berechtigt (sind), die öffentlichen Einrichtungen der Gemeinde zu benutzen …“. Hierdurch werden ausschließlich Gemeinden verpflichtet, so dass die Norm nach der sog. modifizierten Subjektstheorie (synonym: Sonderrechtstheorie; vgl. nur *Kopp/Schenke,* VwGO, 24. Aufl. 2018, § 40 Rn. 11) als **öffentlich-rechtlich** zu qualifizieren ist. Daraus wird abgeleitet, dass im Rechtsverhältnis zu den Einwohnern jedenfalls die grundsätzliche Frage nach der Zulassung zur öffentlichen Einrichtung (nach dem „Ob“) als eine öffentlich-rechtliche Frage zu qualifizieren ist.

258 Dies soll jedoch nicht notwendig für das gesamte Rechtsverhältnis zwischen Gemeinde bzw. Einrichtungsbetreiber und Einwohner gelten. Dies bringt die sog. **Zwei-Stufen-Theorie** (vgl. BVerwG, NVwZ 1991, 59) zum Ausdruck. Danach ist zwischen einer ersten Stufe, auf der sich der Streit um die Zulassung zu einer öffentlichen Einrichtung (um das „Ob“) bewegt, und einer zweiten, der Zulassung nachfolgenden Stufe zu unterscheiden; hier wird die nähere Ausgestaltung des Benutzungsverhältnisses (das „Wie“) verortet. Dieser zweiten Stufe des „Wie“ sollen etwa Regelungen im Zusam-

menhang mit der Benutzungsdauer, dem Modus der Benutzung, den Verhaltenspflichten der Benutzer, der Haftung für Schäden und dem zu entrichtenden Entgelt zuzurechnen sein. Sie kann in eine einheitliche öffentlich-rechtliche Ausgestaltung des Rechtsverhältnisses mit einbezogen sein; sie soll aber auch privatrechtlich ausgestaltet sein können.

b) Wahlfreiheit hinsichtlich der öffentlich- oder privatrechtlichen Ausgestaltung der Stufe des „Wie"

Dabei besitzt die Gemeinde – ebenso wie bei der vorgeschalteten Wahl der Organisationsform (vgl. Rn. 254ff.) – ein **Wahlrecht.** Freilich ist die Wahl der Handlungsform teilweise von der Wahl der Organisationsform determiniert. 259

Ist eine öffentliche Einrichtung **öffentlich-rechtlich organisiert** (vgl. Rn. 254f.), 260
so besitzt die Gemeinde nach heute herrschender Meinung ein Wahlrecht hinsichtlich der Handlungsformen, also der Ausgestaltung des Benutzungsverhältnisses. Sie kann sich für die öffentlich-rechtliche Handlungsform und damit die klassischen Instrumente des Verwaltungsaktes und Verwaltungsvertrages entscheiden. Sie kann aber auch eine privatrechtliche Ausgestaltung wählen, d.h. typischerweise den Abschluss eines Mietvertrages mit Vereinbarung eines Mietzinses oder Entgelts vornehmen.

Ist die Handlungsform nicht eindeutig bestimmbar, so streitet eine Vermutung zugunsten der öffentlich-rechtlichen Ausgestaltung. Indizien zur näheren Bestimmung sind jeweils den Unterlagen und Verlautbarungen der Gemeinde zu entnehmen.

Entscheidet sich die Gemeinde für eine **Trägerschaft in Privatrechtsform** (vgl. 261
Rn. 256), ist auf der Stufe des Benutzungsverhältnisses eine Rückkehr zum Öffentlichen Recht nicht mehr möglich. Der private Rechtsträger ist zwingend auf die privatrechtliche Handlungsform beschränkt, da die Handlungsformen des Öffentlichen Rechts grundsätzlich allein öffentlich-rechtlich organisierten Trägern vorbehalten sind und eine auf Gesetz gegründete Beleihung des privaten Betreibers regelmäßig nicht vorliegt.

c) Rechtsfolgen auf der Stufe des „Wie"

Die konkreten Rechte und Pflichten sind in der jeweiligen Benutzungsgrundlage 262
(Vertrag, Verwaltungsakt mit Nebenbestimmung) konkretisiert. Dabei sind die jeweils einschlägigen gesetzlichen Grundlagen wie das Abgabenrecht, das Haftungsrecht, das Mietrecht bei Abschluss eines Mietvertrages etc. maßgeblich bzw. ergänzend heranzuziehen. Je nach Rechtsformwahl greifen dabei **ein öffentlich- oder ein privatrechtliches Regelungsregime:**

- Bei öffentlich-rechtlicher Ausgestaltung können Entgelte nur in der Form von Benutzungsgebühren auf der Grundlage von §§ 2, 6 KAG erhoben werden. Es entsteht regelmäßig ein sog. verwaltungsrechtliches Schuldverhältnis. Innerhalb dessen sind die verschiedenen Bestimmungen des BGB entsprechend anwendbar. Hiernach bestimmen sich etwaige Haftungsansprüche, wobei daneben der öffentlich-rechtliche Amtshaftungsanspruch (Art. 34 GG i.V.m. § 839 BGB) zum Tragen kommen kann (vgl. zur haftungsrechtlichen Situation *Maurer/Waldhoff,* Allgemeines Verwaltungsrecht, 19. Aufl. 2017, § 26 Rn. 42).
- Bei Wahl der privatrechtlichen Handlungsform wird zwischen der Gemeinde und den Benutzern ein privatrechtlicher Vertrag (typischerweise Mietvertrag) geschlossen. Die Haftung richtet sich nach den Regeln des Vertrags- bzw. Deliktsrechts (vgl. *Maurer/Waldhoff,* Allgemeines Verwaltungsrecht, 19. Aufl. 2017, § 26 Rn. 59). Es wird ausschließlich ein privatrechtliches Entgelt erhoben (Mietzins), eine öffentlich-recht-

liche Gebührenerhebung ist nicht möglich. Bei der Kalkulation der Höhe des Entgelts ist die Gemeinde allerdings nicht völlig frei, sondern unterliegt spezifischen Bindungen, die über die Vertragsklauseln der §§ 138, 242 BGB auf das Benutzungsverhältnis einwirken (sog. Verwaltungsprivatrecht).

263 Es bestehen allerdings bestimmte **von der Rechtsformwahl unabhängige Vorgaben.** So sollen auch bei der Bemessung eines privatrechtlichen Entgelts zwar nicht unmittelbar die Kommunalabgabengesetze, aber doch die grundlegenden Prinzipien des kommunalen Abgabenrechts (Gleichbehandlung, Verhältnismäßigkeit) zu beachten sein (BerlVerfGH, DVBl. 2000, 51, 55) und über die Vertragsklauseln der §§ 138, 242 BGB auf das Benutzungsverhältnis einwirken. Darüber hinaus bestehen bei öffentlichen Einrichtungen mit Versorgungscharakter zum Teil bundesweit einheitlich vorgegebene sog. Allgemeine Versorgungsbedingungen, die sowohl bei öffentlich-rechtlicher als auch privatrechtlicher Ausgestaltung des Benutzungsverhältnisses zum Zuge kommen.

Beispiele: Die Verordnung über Allgemeine Bedingungen für die Versorgung mit Wasser (AVBWasserV) und die Verordnung über Allgemeine Bedingungen für den Netzanschluss und dessen Nutzung für die Elektrizitätsversorgung in Niederspannung (Niederspannungsanschlussverordnung – NAV). Zur rechtlichen Konstruktion der Einbeziehung vgl. *Brüning*, LKV 2000, 54. Davon zu unterscheiden sind immer die bei privatrechtlicher Ausgestaltung des Benutzungsverhältnisses in den Benutzungsvertrag einbezogenen Allgemeinen Geschäftsbedingungen, die die Gemeinde auf der Grundlage des § 305 BGB gestaltet hat.

264 Durchgehend sind die **Grundrechte** zu beachten, an die die Gemeinden nach Art. 1 Abs. 3 GG nach heute vorherrschender Meinung auch bei privatrechtlicher Ausgestaltung gebunden sein sollen. Dabei ist vor allem der Vorbehalt des Gesetzes zu beachten, wonach Grundrechtseingriffe auf einer gesetzlichen Grundlage beruhen müssen. Nicht ausreichend ist also, wenn sie lediglich in der Einrichtungssatzung oder gar in einer schlichten Benutzungsordnung vorgesehen sind (vgl. Rn. 229). Allerdings kommt nicht jeder Benutzungsregelung grundrechtsbeeinträchtigender Charakter zu. Die meisten Beschränkungen gestalten die Benutzungsgrundlage lediglich näher aus; die Benutzer erklären sich durch die freiwillige Benutzung der Einrichtung hiermit einverstanden. Erst wenn sich nach eingehender materieller Prüfung die Beschränkungen als Grundrechtseingriff darstellen, bedürfen sie der Rechtfertigung. Diese kann gestützt werden auf den besonderen Einrichtungszweck, den Schutz der anderen Benutzer oder der übrigen Gemeindeeinwohner und vor allen Dingen auf die Integrität der jeweiligen Einrichtung.

Beispiel: Die Durchführung eines täglichen Tischgebets in einem kommunalen Kindergarten kann einen Konflikt zwischen den Grundrechten eines Kindes (Art. 4 Abs. 1 GG) und seiner Eltern (Art. 6 Abs. 2 GG) einerseits und den Grundrechten der anderen Kinder und Eltern sowie den Erziehungszielen der Gemeinde als Trägerin eines Kindergartens andererseits hervorrufen. Dieser Konflikt ist nach dem Grundsatz der praktischen Konkordanz (Art. 4 Abs. 1 GG ist „vorbehaltloses Grundrecht") und unter Beachtung der einfachgesetzlichen Wertungen des Jugendhilferechts (mit einer gewissen Bandbreite möglicher Ergebnisse, wie ein durch die Instanzen hindurch entschiedener Fall aus Hessen zeigt, vgl. VG Gießen, NJW 2003, 1265; HessVGH, NJW 2003, 2846; BVerfG, NJW 2003, 3468) aufzulösen. Das Verbot, in einem gemeindlichen Schwimmbad Burkinis zu tragen, verstößt gegen Art. 3 Abs. 1 GG, wenn gleichzeitig das Tragen von Neoprenanzügen etc. erlaubt wird (OVG Rh.-Pf., NVwZ 2020, 170, 172 f.).

Die Rechtsformwahl ist schließlich für den einschlägigen **Rechtsweg** maßgeblich. 265
Bei öffentlich-rechtlicher Ausgestaltung finden Streitigkeiten der zweiten Stufe (des „Wie") ebenso wie solche der ersten Stufe (des „Ob") vor dem Verwaltungsgericht statt, weil es sich jeweils um „öffentlich-rechtliche Streitigkeiten" i. S. v. § 40 Abs. 1 VwGO handelt. Bei privatrechtlicher Ausgestaltung entscheiden über Streitigkeiten hinsichtlich des „Wie" hingegen die ordentlichen Gerichte (§ 13 GVG).

4. Zulassungsanspruch der Einwohner

Zwar gibt es keine Ansprüche der Einwohner auf Schaffung, Aufrechterhaltung oder 266
Erweiterung einer öffentlichen Einrichtung (Rn. 253). Jedoch haben die Einwohner nach § 8 Abs. 2 GO einen **Anspruch auf Zulassung zu einer bestehenden Einrichtung.**

a) Vorrangige Spezialvorschriften

Der Zulassungsanspruch gemäß § 8 Abs. 2 GO tritt hinter **spezialgesetzlich gere-** 267
gelten Zulassunganspruchen zurück. Beispiele dafür sind § 22 PBefG (Anspruch auf Beförderung mit Nahverkehrsmitteln), §§ 18, 36 Abs. 1 S. 1 EnWG (Anspruch auf Anschluss an das Energieversorgungsnetz und auf Versorgung mit Energie) und vor allem § 70 GewO, der einen Zulassungsanspruch zu sog. festgesetzten Messen, Ausstellungen und Märkten gewährt. Auch eine Gemeinde kann beantragen, dass ein von ihr veranstalteter Markt durch die zuständige Gewerbebehörde gemäß § 69 GewO festgesetzt wird (vgl. BVerwG, GewArch 2006, 164; HessVGH, GewArch 2004, 383). Konsequenz der Festsetzung ist, dass § 70 GewO den potentiellen Benutzern (den Standbeschickern) unabhängig von ihrer Eigenschaft als Einwohner einen Zulassungsanspruch gewährt. Dieser Anspruch nach § 70 GewO wird im Falle eines öffentlich-rechtlichen Veranstalters als öffentlich-rechtlich qualifiziert. Gegen eine Gemeinde als Veranstalterin eines festgesetzten Marktes besteht somit ein öffentlich-rechtlicher Zulassungsanspruch gemäß § 70 GewO, der nicht auf Einwohner beschränkt ist und § 8 Abs. 2 GO vorgeht.

b) Der Zulassungsanspruch nach § 8 Abs. 2 GO

§ 8 Abs. 2 GO begründet einen einfachgesetzlichen **Anspruch auf Zulassung zur** 268
Nutzung von öffentlichen Einrichtungen der Gemeinde im Sinne von § 8 Abs. 1 GO (vgl. Rn. 250 ff.).

aa) Anspruchsberechtigung

Die Anspruchsberechtigung natürlicher Personen ergibt sich nach § 8 Abs. 2 GO aus 269
ihrer Eigenschaft als **Einwohner** der Gemeinde. Nach § 21 Abs. 1 GO ist Einwohner, „wer in der Gemeinde wohnt" (vgl. Rn. 108 ff.). Die Eigenschaft eines „Bürgers" ist mithin nicht erforderlich.

Diese „Einheimischenprivilegierung im globalen Dorf" (vgl. *Burgi*, JZ 1999, 873) hält grundsätzlich den Anforderungen des Gleichheitssatzes aus Art. 3 Abs. 1 GG und – im Falle grenzüberschreitender Sachverhalte – des gemeinschaftsrechtlichen Diskriminierungsverbotes, das speziell aus den Grundfreiheiten (Art. 49, 56 AEUV) und allgemein aus Art. 18 AEUV folgt und durch die Anknüpfung an die typischerweise von eigenen Staatsangehörigen erfüllte „Ortsansässigkeit" im Wege sog. mittelbarer Diskriminierung berührt ist, stand. Die Schaffung einer kommunalen Identität („unsere Mehrzweckhalle") und die Leistungsfähigkeit der Gemeindeeinwohner, die gemeinsam die mit der öffentlichen Einrichtung verbundenen Lasten tragen müssen (vgl. § 8 Abs. 2 GO), können hierbei ins Feld geführt werden. Hat die Gemeinde ihren Einrichtungen dagegen ein überörtliches Gepräge gegeben, muss sie eine Widmungserweiterung zugunsten der Auswärtigen vornehmen. So kann beispielsweise eine Gemeinde im Grenzgebiet zu den Niederlanden im Rahmen einer Ausstellung zur Förderung des deutsch-niederländischen Kulturaustausches keine niederländischen Teilnehmer ausschließen. Bei der näheren Ausgestaltung des Benutzungsverhältnisses kann eine Privilegierung Einheimischer vor Art. 3 Abs. 1 GG gerechtfertigt sein, wenn eine Gemeinde damit das Ziel verfolgt, knappe Ressourcen auf den eigenen Aufgabenbereich zu beschränken, Gemeindeangehörigen einen Ausgleich für besondere Belastungen zu gewähren oder Auswärtige für einen erhöhten Aufwand in Anspruch zu nehmen, die kulturellen und sozialen Belange der örtlichen Gemeinschaft zu fördern oder den kommunalen Zusammenhalt zu stärken (BVerfG, NJW 2016, 3153, 3155).

270 § 8 Abs. 3 GO erweitert die Anspruchsberechtigung natürlicher Personen auf die sog. **Forensen** (lat.: „forensis", d. h. zum Markt gehörend). Darunter werden Grundbesitzer und Gewerbetreibende verstanden, die zwar nicht in der Gemeinde wohnen, aber infolge ihrer Besitzerstellung bzw. der Innehabung eines Gewerbebetriebs ebenfalls zur Benutzung der öffentlichen Einrichtungen in gleicher Weise berechtigt sein sollen. Allerdings kommt es hier immer auf einen sachlichen Bezug zwischen Einrichtung und Grundbesitz bzw. Gewerbebetrieb an (Abwasserentsorgungseinrichtungen ja, Schwimmbäder nein).

271 Für **„juristische Personen und Personenvereinigungen"** gelten die Vorschriften entsprechend (§ 8 Abs. 4 GO). Einwohnern sind sie danach gleichgestellt, wenn sie ihren Sitz in der Gemeinde haben. Damit gehören ohne weiteres die auf Gemeindeebene bestehenden Vereine zum Kreis der Anspruchsberechtigten. Probleme ergeben sich, wenn eine juristische Person oder Personenvereinigung zwar als Anspruchsberechtigter auftritt, die Veranstaltung aber ein weit über die Gemeindegrenzen hinausweisendes Gepräge hat.

Beispiel: Bundesparteitag, den der Ortsverband der Partei im Gemeindesaal ausrichten möchte. Das OVG NRW hat allein den Sitz im Gemeindegebiet ausreichen lassen (vgl. NJW 1976, 820, 822). Dagegen hat der VGH Bad.-Württ. versucht, das Tatbestandsmerkmal „Sitz im Gemeindegebiet" dahingehend zu erweitern, dass die Veranstaltung selbst ein örtliches Gepräge aufweisen müsste (vgl. NVwZ-RR 1988, 43). Zur Vermeidung von Abgrenzungsschwierigkeiten und u. U. umfassenden Ermittlungen dürfte richtigerweise der Sitz im Gemeindegebiet als grundsätzlich ausreichend anzusehen sein. Nur ausnahmsweise, wenn offensichtlich ein örtlicher Bezug völlig fehlt (z. B. wenn ein Ortsverband mit 20 Mitgliedern eine Veranstaltung mit bundesweitem Charakter und Teilnehmern im vierstelligen Bereich organisiert), ist die Anspruchsberechtigung zu versagen.

bb) Reichweite und Grenzen des Anspruchs

272 § 8 Abs. 2 GO begründet einen gebundenen Anspruch, d. h. bei Vorliegen der Voraussetzungen muss der jeweilige Einwohner zur Benutzung der öffentlichen Einrichtung zugelassen werden. Dabei besteht der Anspruch von vornherein nur in dem durch die Widmung vorgegebenen Rahmen (vgl. Rn. 251). Darüber hinaus wird die Anspruchsberechtigung durch den **„Rahmen des geltenden Rechts"** begrenzt. Die Frage, unter welchen Voraussetzungen dieses negative Tatbestandsmerkmal einer Gemeinde die Ablehnung eines Zulassungsanspruchs gestattet, ist oftmals schwierig zu beantworten und vor allem in drei Hinsichten relevant.

273 Erstens setzt die Kapazität einer Einrichtung der Verwirklichung von Benutzungswünschen eine Grenze. Daher ist die Zulassungsverweigerung im Falle der Kapazitätserschöpfung grundsätzlich legitim. Allerdings wäre die Zulassung letztlich dem Zufall überlassen, würde nicht eine Verteilung nach zuvor aufgestellten, gerechten Kriterien erfolgen. Eine kriterienfreie Vergabe würde der Bedeutung öffentlicher Einrichtungen für die Grundrechtsverwirklichung (Art. 3 GG i. V. m. dem jeweils berührten Freiheitsgrundrecht) nicht gerecht. In diesen Fällen wandelt sich daher der gebundene Zulassungsanspruch in einen **Anspruch auf gerechte Teilhabe** am knappen Gut „öffentliche Einrichtung". Die Gemeinde ist immer – ähnlich wie bei der Vergabe knapper Güter in anderen Bereichen (z.B. bei der Studienplatzabgabe) – zur Wahrung der Verteilungsgerechtigkeit verpflichtet (klassisch: *Berg,* Der Staat 15, [1976], 1; sodann BVerfG, NJW 2002, 3691 [zur Standplatzvergabe auf einem Jahrmarkt]; *Voßkuhle,* DV 32 [1999], 21). Die maßgeblichen Verteilungskriterien müssen im Zusammenhang mit der jeweiligen Widmung (ebenso wie diese nicht unbedingt förmlich) festgelegt sein. Anerkannt sind unter Berücksichtigung der jeweils bestehenden Umstände des Einzelfalls u.a. folgende Verteilungskriterien:

- Priorität („wer zuerst kommt, mahlt zuerst"), jedenfalls außerhalb von existenznotwendigen Einrichtungen (z.B. Krankenhäusern);
- Losverfahren (unter der gleichen Einschränkung);
- „Bekannt und bewährt"; allerdings darf dieses Kriterium nicht das einzig entscheidende sein, sondern nur neben anderen zur Geltung kommen, und zudem muss ein Korridor für Newcomer eingeräumt werden, was bei der Vergabe von Standplätzen auf Märkten eine wichtige Rolle spielt (vgl. OVG NRW, NWVBl. 1991, 116);
- Rotationsprinzip.

Zweitens berufen sich Gemeinden bisweilen gegenüber Zulassungsbegehren von 274 Parteigruppierungen an den Rändern des politischen Spektrums auf den Einwand der Verfassungswidrigkeit. Hierfür fehlt der Gemeinde allerdings die Berechtigung, da gemäß **Art. 21 Abs. 4 GG** ausschließlich das BVerfG „über die Frage der Verfassungsmäßigkeit" von Parteien entscheiden darf. Dadurch sind auch andere negative Schlüsse aus der vermeintlichen Verfassungswidrigkeit einer Partei (wie die Nichtzulassung zu einer Einrichtung) ausgeschlossen.

Drittens stellt sich das Problem, unter welchen Voraussetzungen die **absehbare** 275 **Begehung von Straftaten bzw. Ordnungswidrigkeiten und/oder drohende Schäden** an der Einrichtung oder ihrer Umgebung bzw. ihren Benutzern eine Versagung der Zulassung rechtfertigen können. Teilweise wird angenommen, die im Vorfeld oftmals schwierige Beurteilung des Ausmaßes der Gefahr müsse den Polizei- und Ordnungsbehörden vorbehalten bleiben; hierfür spreche die Intention der Zuständigkeitsordnung, bestimmte Belange speziellen Behörden anzuvertrauen, sowie bei politischen Veranstaltungen das Grundrecht der Versammlungsfreiheit aus Art. 8 Abs. 1 GG, dessen Wertungen abschließend im Versammlungsgesetz konkretisiert seien (vgl. *Vollmer,* DVBl. 1989, 1097). Demgegenüber ist jedoch die Bedeutung des Selbstverwaltungsrechts, dessen Ausfluss die Bereitstellung öffentlicher Einrichtungen ist, zu berücksichtigen. Die Gemeinde hat bei der Ablehnung jedenfalls das negative Tatbestandsmerkmal des „geltenden Rechts" auf ihrer Seite. Richtigerweise fußt die konkret auf eine bestimmte Einrichtung bezogene Entscheidung der Gemeinde auf der ihr unzweifelhaft zustehenden Einrichtungskompetenz. Es erfolgt kein allgemeines Versammlungsverbot, sondern konkret „ihr" Ort wird zu Versammlungszwecken nicht zur Verfügung gestellt. Die Gemeinde kann daher ordnungsrechtliche Aspekte im Interesse der Wahrung des Einrichtungszwecks, der Integrität (hierfür spricht zudem der haushaltsrechtliche Aspekt der Schonung der Gemeindefinanzen) und der Identität der Einrichtung bei der Ablehnung eines Zulassungsanspruches berücksichtigen. Die Rechtsprechung hat insoweit keine einheitliche Linie vertreten (vgl. *Gassner,* VerwArch 85 [1994], 533, 549ff.), eine Versagung des Zulassungsanspruchs jedoch gebilligt, wenn

- die von der Gemeinde selbst aufgestellte Benutzungsordnung missachtet zu werden droht (vgl. OVG NRW, NJW 1969, 1077),
- die Begehung von Straftaten oder Ordnungswidrigkeiten droht (Beispiel: Aufruf zum Volkszählungsboykott [vgl. VGH Bad.-Württ., NJW 1987, 2698]; Volksverhetzung

im Rahmen der Veranstaltung einer radikalen Partei [vgl. HessVGH, NJW 1993, 2331]),

– Schäden an der Einrichtung oder bei ihren Nutzern (d.h. den Veranstaltungsteilnehmern) drohen, welche durch die Veranstalter selbst verursacht werden. Erhöhte Anforderungen bestehen, wenn die gefürchtete Beeinträchtigung nicht von den Veranstaltern selbst, sondern von Dritten (Argument der Gefahr von Gegendemonstration) ausgeht. Dann ist unter Heranziehung des aus dem Polizeirecht bekannten Notstandsgedankens (vgl. § 6 PolG; § 19 OBG) nur unter ganz engen Voraussetzungen ein Vorgehen gegen die Veranstalter als Nichtstörer, d.h. die Ablehnung des Zulassungsanspruchs möglich. Innerhalb dieses Rahmens ist auch die Forderung nach einer „Kaution" (vgl. VGH Bad.-Württ., NJW 1987, 2697; OVG NRW, NVwZ-RR 1991, 508) bzw. einer Veranstalterhaftpflichtversicherung (BayVGH, BayVBl. 2013, 346) berechtigt. Alles Weitere (v.a. Vermeiden von Schäden außerhalb der Einrichtung, Vorgehen gegen Nicht-Veranstaltungsteilnehmer) bleibt den Polizei- und Ordnungsbehörden überlassen.

Beispiel: Die Gemeinde darf den Zugang zu einer – von ihr als kommunale Einrichtung betriebenen – Internet-Domain sperren, wenn der Nutzer über diese Internet-Domain Verletzungen des Persönlichkeitsrechts Dritter begeht (OVG NRW, DVBl 2015, 1467).

cc) Adressat des Anspruchs

276 Adressat des kommunalrechtlichen Zulassungsanspruchs ist ausschließlich **die Gemeinde.** Dies gilt, wenn die Gemeinde selbst Trägerin der öffentlichen Einrichtung ist, aber auch dann, wenn sie den Betrieb der öffentlichen Einrichtung unter Wahrung der erforderlichen Mitwirkungs- und Entscheidungsbefugnisse einem rechtlich selbständigen Dritten übertragen hat (vgl. Rn. 256). Gegenüber jenen (öffentlich-rechtlichen oder privatrechtlichen) verselbständigten Einrichtungsbetreibern selbst besteht kein kommunalrechtlicher Zulassungsanspruch (a.A. in Bezug auf die rechtlich selbständige Anstalt öffentlichen Rechts als Betreiber *Röhl,* in: Schoch [Hrsg.], BesVerwR, 2018, 1. Kap. Rn. 164).

277 Da auch in dieser Konstellation der Einschaltung eines verselbständigten Rechtsträgers weiterhin eine öffentliche Einrichtung besteht, auf deren Benutzung die Einwohner einen Anspruch haben, wandelt sich der Zulassungsanspruch in einen **Verschaffungsanspruch,** der ebenfalls gegenüber der Gemeinde geltend zu machen ist. Die Gemeinde ist dann dazu verpflichtet, auf ihren Einrichtungsträger dahingehend einzuwirken, dass er dem entsprechenden Anspruchsteller im Rahmen der Widmung und des geltenden Rechts Zugang zur öffentlichen Einrichtung verschafft. Hierzu muss sie gegenüber öffentlich-rechtlichen Betreibern ihre gemeinderechtlichen Einwirkungsmöglichkeiten, gegenüber privatrechtförmigen Betreibern die gesellschaftsrechtlichen Mechanismen, ggf. auch vertraglich vereinbarte Einwirkungsrechte einsetzen.

Insbesondere dieser Konstellation, in der ein Zulassungs- bzw. Verschaffungsanspruch gegenüber der Gemeinde und zugleich ein privatrechtliches Rechtsverhältnis zum rechtlich verselbständigten Betreiber, z.B. in Gestalt eines Mietvertrages über die Nutzung der öffentlichen Einrichtung, besteht, trägt die sog. Zwei-Stufen-Theorie (Rn. 257f.) Rechnung.

Beispiel: Der Zulassungsanspruch einer politischen Partei, die die Überlassung eines gemeindeeigenen, durch eine privatrechtliche Gesellschaft betriebenen Veranstaltungssaals zur Abhaltung ihres Parteitages erstrebt, ist gegen die Gemeinde zu richten (vgl. BVerwG, NJW 1990, 134, dort zu § 5 PartG).

Organisations- und Handlungsformwahl bei öffentlichen Einrichtungen Kombinationsmöglichkeiten und Rechtsfolgen			
	Stufe der Zulassung	Stufe der Benutzung	
		öffentlich-rechtlich	privatrechtlich
Öffentlich-rechtliche Organisationsform	*Kommunalrechtlicher Zulassungsanspruch*	*möglich*	*möglich*
Privatrechtliche Organisationsform	*Kommunalrechtlicher Verschaffungsanspruch*	*nicht möglich*	*möglich*

dd) Rechtsschutz

Lehnt die Gemeinde einen Zulassungs- bzw. Verschaffungsantrag ab (vgl. Rn. 266 ff.), **278**
ist der **Rechtsweg zu den Verwaltungsgerichten** (§ 40 Abs. 1 VwGO) eröffnet; es liegt eine öffentlich-rechtliche Streitigkeit vor, da es sich bei § 8 Abs. 2 GO um eine öffentlich-rechtliche Norm handelt. Das gilt unabhängig davon, wie anschließend an die Entscheidung über das „Ob" der Zulassung das Benutzungsverhältnis ausgestaltet ist, da es hierbei nur noch um die Frage des „Wie" geht. Der Rechtsweg für Streitigkeiten auf dieser zweiten Stufe des Benutzungsverhältnisses hängt von der dafür konkret gewählten öffentlich- oder privatrechtlichen Ausgestaltung ab (vgl. bereits Rn. 265).

Mit der Zulassung zur öffentlichen Einrichtung wird der Erlass eines Verwaltungsak- **279**
tes i. S. v. § 35 LVwVfG begehrt, so dass regelmäßig die Verpflichtungsklage (§ 42 Abs. 1 Alt. 2 VwGO) die richtige **Klageart** ist. Soll die Zulassung dagegen durch Verwaltungsvertrag gemäß § 54 LVwVfG erfolgen, so ist auf dessen Abschluss mit einer Leistungsklage hinzuwirken. Ist eine grundsätzliche – von einem konkreten Termin unabhängige – Klärung angestrebt (Beispiel: Verpflichtung der Gemeinde, ihre Mehrzweckhalle für einen bestimmten Typ von Veranstaltungen überhaupt zur Verfügung stellen zu müssen), kommt die allgemeine Feststellungsklage gemäß § 43 VwGO in Betracht; in einem solchen Fall bestünde keine Subsidiarität gegenüber der Verpflichtungsklage (§ 43 Abs. 2 S. 1 VwGO), da diese das verfolgte Ziel einer grundsätzlichen Klärung der Zulassung nicht bewirken könnte. Ist der Betrieb der Einrichtung einem verselbständigten Rechtsträger übertragen, ist der gegen die Gemeinde gerichtete Verschaffungsanspruch mit einer allgemeinen Leistungsklage, die die Wahrnehmung der gemeindlichen Einwirkungsbefugnisse verlangt, zu erzwingen.

Verwaltungsprozessuale Probleme entstehen, wenn ein Zulassungsbegehren unter **280**
Berufung auf eine (angebliche) **Kapazitätserschöpfung** (vgl. Rn. 273) abgelehnt wird. Grundsätzlich soll in solchen Konstellationen die Erhebung einer Verpflichtungsklage zulässig und ausreichend sein (vgl. BVerwGE 80, 270, 273); diese kann wiederum nur auf eine Neubescheidung gerichtet sein, da das Verwaltungsgericht nicht selbst über die Verteilung der Kapazitäten entscheiden kann, so dass im Erfolgsfall ein Bescheidungsurteil gegen die Gemeinde (§ 113 Abs. 5 S. 2 VwGO) ergeht. Allerdings ist der erfolgreiche Kläger dann bei ausgeschöpfter Kapazität davon abhängig, dass die Gemeinde eine anderweitig erteilte Zulassung zurücknimmt oder widerruft, was nur unter den Voraussetzungen der §§ 48, 49 VwVfG, insbesondere unter Beachtung eventuellen schutzwürdigen Vertrauens der zuvor zugelassenen Konkurrenten möglich ist. Die im Ansatzpunkt einleuchtende Annahme, der Kläger müsse deshalb zwingend seine Verpflichtungsklage im Wege der objektiven Klagehäufung (§ 44 VwGO) mit einer Anfechtungsklage gegen die Zulassung des oder der Konkurrenten verbinden (OVG Lüneburg, GewArch 2010, 245), dürfte allerdings eine unzumutbare Erschwerung des Rechtswegs bedeuten (vgl. OVG BerlBbg, LKV 2012, 231).

281 Vorläufiger Rechtsschutz ist durch **Erlass einer einstweiligen Anordnung** nach § 123 VwGO möglich. Weil dadurch grundsätzlich die Hauptsache nicht vorweggenommen werden darf, kommt der Erlass einer einstweiligen Anordnung jedoch nur dann in Betracht, wenn ansonsten ein unzumutbarer Nachteil droht und eine hohe Wahrscheinlichkeit für einen Erfolg in der Hauptsache spricht.

Beispiel: Überlassung einer Stadthalle für eine bei der unmittelbar bevorstehenden Kommunalwahl kandidierende Partei, wenn kein anderer Veranstaltungsort erkennbar ist.

c) Anspruch auf ermessensfehlerfreie Entscheidung über eine Sonderbenutzung

282 § 8 Abs. 2 GO kann anwendbar und nicht durch vorrangig anwendbare, u. U. weiterreichende Spezialregelungen verdrängt sein (vgl. Rn. 267), jedoch seiner Reichweite nach unzureichend bleiben. Das kann der Fall sein, weil

- keine Anspruchsberechtigung in personeller Hinsicht gegeben ist, d. h. wenn auswärtige Veranstalter mit eindeutig überörtlichen Ambitionen die Zulassung anstreben;
- der Widmungsrahmen überschritten wird (Beispiel: Party im Schwimmbad, Parteitag in der Sporthalle etc.);
- die Grenzen des geltenden Rechts überschritten sind (bspw. bei einer erstrebten Benutzung außerhalb der in der Benutzungsordnung festgelegten Benutzungszeiten).

Dann stellt sich die Frage nach einem – nicht auf Spezialvorschriften gestützten – **Anspruch auf eine Sonderbenutzung der öffentlichen Einrichtung,** die über den normalen, durch § 8 Abs. 2 GO vermittelten Nutzungsanspruch hinausgeht. Diesbezüglich besteht keine einheitliche Linie.

Vorrangig ist freilich zu erwägen, ob eine vorhandene förmliche Widmung möglicherweise durch eine ständige Verwaltungspraxis erweitert worden ist (vgl. Rn. 251), also z. B. eine förmlich der Sportnutzung gewidmete Halle in ständiger Praxis auch politischen Parteien für Veranstaltungen zur Verfügung gestellt wird. Dann kann schon § 8 Abs. 2 GO einen Anspruch auf Nutzung in dem erweiterten Rahmen begründen.

283 Teilweise wird unter Orientierung daran, dass es keinen Anspruch auf Schaffung und Erweiterung öffentlicher Einrichtungen gibt, vertreten, dass die Nutzungsinteressenten sich damit abfinden müssten, dass es **keinen Anspruch außerhalb des personellen und sachlichen Benutzungsrahmens** gebe (vgl. *Ehlers,* DVBl. 1986, 912, 919; *Dietlein,* JURA 2002, 445, 449). Auch das BVerwG hat in einem vielzitierten Urteil (zur Schleusenbenutzung) wegen des angeblichen Fehlens individualschützender Bestimmungen die Entscheidung über die Zulassung zu einer öffentlichen Einrichtung über den Widmungsrahmen hinaus als „freie" Entscheidung angesehen (BVerwGE 39, 235, 239).

284 Richtigerweise ist in diesen Fällen vom Bestehen eines **Anspruchs auf ermessensfehlerfreie Entscheidung** auszugehen. An öffentlichen Einrichtungen kann sowohl eine „Gemein"- als auch eine „Sonderbenutzung" bestehen. Ab Zurverfügungstellung einer Einrichtung besteht ein Teilhabeanspruch auf der Grundlage von Art. 3 Abs. 1 GG i. V. m. dem jeweils berührten Freiheitsgrundrecht. Dieser Anspruch knüpft an die Entscheidung des kommunalen Einrichtungsträgers über die Zurverfügungstellung der konkreten Einrichtung, ist also nicht unmittelbar grundrechtlich fundiert. Sein Fundament bildet die Widmungsgrundlage (Satzung, Verwaltungsvorschrift etc.) in Zusammenschau mit den grundrechtlichen Determinanten.

So spielt Art. 8 Abs. 1 GG bei der Nutzung einer öffentlichen Einrichtung zu Versammlungszwecken eine Rolle (vgl. so BVerwG, NJW 1993, 609 m. Anm. *Schlink,* NJW 1993, 610), während bei der Äußerung von Meinungen oder im Rahmen der Berufsausübung auf Art. 5 Abs. 1 GG bzw. Art. 12 Abs. 1 GG rekurriert wird (vgl. BayVGH, BayVBl. 1983, 374 bzw. NJW 1985, 1663; ferner VGH Bad.-Württ., NVwZ-RR 2001, 159). Solange die Gemeinde die an einer Sonderbenutzung Interessierten anhand einheitlicher Kriterien behandelt, bestehen freilich kaum einmal Erfolgsaussichten.

Unter ganz engen Voraussetzungen kommt eine **Ermessensreduzierung auf Null** 285
in Betracht. Das kann etwa der Fall sein, wenn in der Widmung selbst der Sache nach bereits eine personelle Erweiterung über den Kreis der Einwohner hinaus festgelegt worden ist (Beispiel: Messe- oder Konzerthalle mit landes-, bundes- oder gar weltweitem Benutzerkreis).

Bei der Veranstaltung von Parteitagen in einer gemeindlichen öffentlichen Einrichtung ergibt sich folgende Rechtslage: Weist der Parteitag ein überörtliches Gepräge auf und/oder ist die Einrichtung nicht für parteipolitische Veranstaltungen gewidmet, so scheidet ein kommunalrechtlicher Zulassungsanspruch aus. An dieser Rechtslage ändert auch § 5 PartG nichts. Denn er verpflichtet die „Träger öffentlicher Gewalt" allein zur Gleichbehandlung im Rahmen der Zurverfügungstellung von Leistungen im Verhältnis von Parteien untereinander, begründet aber selbst keinen Zulassungsanspruch (diese Bestimmung wirkt also nur dann zugunsten einer Partei, wenn diese eine zuvor einer anderen Partei gewährte Zulassung anstrebt, nicht dagegen, wenn allen Parteien die Zulassung verweigert wurde). In Betracht kommt in allen diesen Fällen ein Anspruch auf ermessensfehlerfreie Entscheidung aus Art. 3 Abs. 1 GG und Art. 21 GG i. V. m. dem Widmungsakt. Infolge ständiger Verwaltungspraxis kann sogar eine Ermessensreduzierung auf Null bestehen. Auf der prozessualen Ebene ist Sorgfalt bei der Prüfung der Beteiligtenfähigkeit nach § 61 VwGO geboten. Während die Bundes- und regelmäßig auch die Landespartei infolge von § 3 PartG den juristischen Personen gleichgestellt und somit nach § 61 Nr. 1 VwGO beteiligtenfähig ist, kommt Ortsgruppen nach § 61 Nr. 2 VwGO als „Vereinigungen, soweit ihnen ein Recht zustehen kann", die Beteiligtenfähigkeit zu.

5. Anschluss- und Benutzungszwang

In Bereichen von zentraler Bedeutung für die Gesundheit, Umwelt und Hygiene 286
basiert die Benutzung von darauf bezogenen öffentlichen Einrichtungen oftmals nicht auf einer freiwillig beantragten Zulassung, sondern auf einem sog. Anschluss- und Benutzungszwang. Nach § 9 S. 1 GO können die Gemeinden bei öffentlichem Bedürfnis **durch Satzung** für die Grundstücke ihres Gebiets den Anschluss an bestimmte Einrichtungen (Anschlusszwang) und die Benutzung dieser Einrichtungen (Benutzungszwang) vorschreiben. Dieses klassische kommunalrechtliche Instrument hat vielfach eine moderne Infrastruktur in den Städten erst ermöglicht, so etwa im Bereich der Abwasserbeseitigung, wo private Kloaken durch ein sämtliche Grundstücke im Gemeindegebiet umfassendes Kanalisationssystem ersetzt wurden; es dient bis heute der geordneten Aufgabenerfüllung in gemeinwohlsensiblen Bereichen.

Die Begründung eines Anschluss- und Benutzungszwanges zieht eine **gemeindli-** 287
che Monopolstellung nach sich. Dem Anschluss- und Benutzungszwang korrespondiert nämlich zugleich das grundsätzliche Verbot zum Betrieb und zur Benutzung konkurrierender privatwirtschaftlicher Einrichtungen dieser Art.

Die Anordnung eines Anschluss- und Benutzungszwangs stellt einen Eingriff in die 288
Grundrechte der Betroffenen dar, so dass nach der Regel vom **Vorbehalt des Gesetzes** allein eine Satzung als Rechtsgrundlage nicht ausreichend ist (vgl. bereits Rn. 229 f.). Vielmehr bedarf es einer spezialgesetzlichen Grundlage. Diese ist in § 9 GO zu finden. Die Einzelheiten werden sodann durch Satzung geregelt.

Der Anordnung eines Anschluss- und Benutzungszwangs nach § 9 GO bedarf es nur, wenn in dem entsprechenden Bereich der Daseinsvorsorge keine spezialgesetzliche Regelung eine entsprechende Überlassungspflicht statuiert. In NRW ist z.B. im Abfallrecht (vgl. § 9 Abs. 1a S. 1 LAbfG i.V.m. § 17 KrWG) eine spezialgesetzliche Überlassungspflicht vorgesehen.

a) Begriff und Anwendungsbereich

289 Ein **Anschlusszwang** ist die Verpflichtung, Maßnahmen am (innerhalb eines bestimmten Gebietes gelegenen) Grundstück zu dulden oder selbst vorzunehmen (typischerweise die Verlegung von Leitungen) und so die technische Verbindung zu der öffentlichen Einrichtung herzustellen.

290 Ein **Benutzungszwang** muss nicht immer zwingend mit einem Anschlusszwang einhergehen. Wird er angeordnet, so ist er indes mit dem Anschlusszwang verknüpft. Er beinhaltet die Verpflichtung, die Einrichtungen auch tatsächlich zu nutzen; die Benutzung anderer ähnlicher Einrichtungen ist verboten. Mit dieser Pflicht korrespondiert zugleich ein Recht des Betroffenen auf Benutzung der entsprechenden Einrichtung.

Beispiel: Klassische Beispiele sind die Abwasserentsorgungseinrichtungen (Abwasserkanäle, Klärwerke etc.), die Schlachthöfe oder die Einrichtungen der Wasserversorgung (vgl. hierzu *Fischer/Zwetkow,* NVwZ 2003, 281 ff., u. OVG NRW, NWVBl. 2009, 438), daneben aber auch die Bestattungseinrichtungen (vgl. weiterführend *Spranger,* NWVBl. 2004, 9).

Nach überwiegender und im Ergebnis überzeugender Auffassung (vgl. BGH, NVwZ 1990, 388; SächsOVG, DVBl. 1997, 507, sowie *Hüting/Koch,* LKV 1999, 132; a.A. OVG LSA, LKV 1999, 150) besteht ungeachtet der Anordnung eines Anschluss- und Benutzungszwangs das allgemein anerkannte Wahlrecht der Gemeinde hinsichtlich der konkreten Ausgestaltung des Benutzungsverhältnisses (Rn. 254 ff.). Trotz der hoheitlichen Grundlage auf der „ersten Stufe" kann das Benutzungsverhältnis auch hier privatrechtlichen Charakters sein, daher insbesondere auch ein privatrechtliches Entgelt (anstelle einer Benutzungsgebühr) erhoben werden.

b) Voraussetzungen

291 Nach § 9 GO setzt die Anordnung eines Anschluss- und Benutzungszwangs zunächst das **Vorhandensein einer öffentlichen Einrichtung nach § 9 S. 1 GO** voraus (zur Vereinbarkeit des Erfordernisses einer öffentlichen und nicht bloß privaten Einrichtung mit Art. 28 Abs. 2 GG vgl. BVerwG, NVwZ 2005, 963). In § 9 S. 1 GO sind beispielhaft einzelne Einrichtungen (u.a. „Wasserleitung", „Kanalisation") aufgeführt, darunter im Gefolge einer veränderten Umwelt- und Energiepolitik auch die Einrichtungen der „Versorgung mit Fernwärme". Mangels eindeutigem Bezug zum Gesundheitsschutz auf der konkreten öffentlichen Ebene ist bei diesen Einrichtungen besonders auf das Merkmal des öffentlichen Bedürfnisses zu achten. Auch Art. 20a GG ermächtigt die Gemeinden nicht zu einem Tätigwerden ohne Bezug zur örtlichen Gemeinschaft (BVerwG, DVBl. 2006, 779). Die sich hieraus ergebenden Unsicherheiten hat der Gesetzgeber mit der neu geschaffenen Vorschrift des § 16 Erneuerbare-Energien-Wärmegesetz reduziert, die in Ergänzung der GO-Ermächtigungsgrundlagen die Anordnung eines Anschluss- und Benutzungszwangs zugunsten der Netze der Nah- und Fernwärmeversorgung erleichtern will (näher *Kahl,* VBlBW 2011, 53). Zugunsten nicht explizit genannter öffentlicher Einrichtungen kann nach § 9 S. 1 GO dann ein Anschluss- und Benutzungszwang eingerichtet werden, wenn es sich um eine „ähnliche der Volksgesundheit dienende Einrichtung" handelt. Dazu soll z.B. die Erdgasversorgung nicht gehören (vgl. VGH Bad.-Württ., DVBl. 1994, 1153). Anerkannt ist dagegen die Einbeziehung der Friedhöfe in den Anwendungsbereich eines Anschluss- und Benutzungszwangs (vgl. HessVGH, NVwZ 1988, 847).

Weiter verlangt § 9 S. 1 GO ein (näher qualifiziertes) **„öffentliches Bedürfnis“.** 292
Dieses umfasst nicht jeden beliebigen Gemeinwohlbelang, sondern muss gerade in der Erhaltung bzw. Förderung der Volksgesundheit einschließlich ihrer ökologischen Bezüge bestehen. Nur wenn dieses Erfordernis erfüllt ist, können zusätzlich Rentabilitätserwägungen einfließen. Allein aus fiskalischen Erwägungen heraus kann dagegen ein Anschluss- und Benutzungszwang nicht gerechtfertigt werden.

Das Tatbestandsmerkmal des „öffentlichen Bedürfnisses“ ist ein unbestimmter Rechtsbegriff, welcher von den Verwaltungsgerichten vollumfänglich nachgeprüft werden kann und muss. Teilweise wird zwar zugunsten der Gemeinden ein Beurteilungsspielraum angenommen (vgl. OVG NRW, NVwZ 1987, 227), was jedoch angesichts der berührten Grundrechte und in Anbetracht der Rekonstruierbarkeit der gemeindlichen Entscheidungssituation anhand von Datenmaterial etc. nicht überzeugt. So wurde z. B. im Hinblick auf eine Kanalisationseinrichtung ein öffentliches Interesse in Bezug auf das Schmutzwasser, nicht jedoch auf das Niederschlagswasser angenommen (vgl. OVG NRW, NWVBl. 2003, 380 mit Anm. *Hünnekens/Kröcher,* NWVBl. 2004, 88). Vgl. zur Fernwärme ferner BGH, NJW 2002, 3779.

c) Vereinbarkeit mit höherrangigem Recht

Die Anordnung eines Anschluss- und Benutzungszwanges stellt regelmäßig einen 293
Eingriff in die **Grundrechte der betroffenen Anschluss- und Benutzungspflichtigen** dar. Jedenfalls beeinträchtigt ist das Grundrecht der allgemeinen Handlungsfreiheit aus Art. 2 Abs. 1 GG, u. U. kann aber auch im Falle bereits vorhandener funktionsfähiger eigener Anlagen (z. B. Brunnen, Heizanlage etc.) eine Beeinträchtigung der Eigentumsgarantie aus Art. 14 GG in Betracht kommen. In allen Fällen ist grundsätzlich eine Rechtfertigung durch die erforderlichen Gründe der Volksgesundheit bei gleichzeitiger Beachtung des Verhältnismäßigkeitsgrundsatzes möglich. Die erforderliche Stilllegung bislang genutzter Eigenanlagen konkretisiert insbesondere die Sozialbindung des Eigentums (vgl. Art. 14 Abs. 1 S. 2 GG). Für Härtefälle sehen die jeweiligen Satzungen regelmäßig Ausnahme- und Befreiungsmöglichkeiten vor (vgl. § 9 S. 2 und 3 GO sowie S. 4 für Fernwärmeeinrichtungen).

Die **Anbieter vergleichbarer Leistungen** verlieren mit der Anordnung eines An- 294
schluss- und Benutzungszwangs oftmals Marktanteile in erheblichem Umfang (z. B.: nach Anschluss an die Fernwärmeversorgung geht der Heizölbedarf zurück). Da die Aussicht auf künftige Früchte wirtschaftlicher Betätigung weder vom Schutzbereich des Art. 12 Abs. 1 GG noch von Art. 14 GG erfasst ist und die vorhandene betriebsnotwendige Ausstattung jedenfalls nicht enteignet wird, bestehen hier nur geringe Erfolgsaussichten für ein grundrechtsgestütztes Vorgehen. Insbesondere die Rechtsprechung hält (vorbehaltlich der Besonderheiten des jeweiligen Einzelfalls) diese Beeinträchtigungen für grundsätzlich rechtfertigungsfähig. Auch hinsichtlich der Dienstleistungsfreiheit nach Art. 56, 57 AEUV ist eine Beschränkung bei Vorliegen „zwingender Erfordernisse“ und unter Beachtung des Verhältnismäßigkeitsgrundsatzes statthaft. Eine Diskriminierung liegt angesichts der gleichmäßigen Betroffenheit von in- und ausländischen Anbietern nicht vor.

6. Anhang

Literatur: *v. Danwitz,* Die Benutzung kommunaler Einrichtungen – Rechtsformen, Wahl und ge- 295
richtliche Kontrolle, JuS 1995, 1; *Weiß,* Öffentliche Monopole, kommunaler Anschluss- und Benutzungszwang und Art. 12 GG, VerwArch, 89 (1999), 415; *Becker/Sichert,* Einführung in die kommunale Rechtsetzung am Beispiel gemeindlicher Benutzungssatzungen, JuS 2000, 144, 348, 552; *Dietlein,* Rechtsfragen des Zugangs zu kommunalen Einrichtungen, JURA 2002, 445; *Schmidt,* Der Anspruch der Nichteinwohner auf Nutzung kommunaler Einrichtungen, DÖV 2002, 696; *Faber,* Der kommunale Anschluss- und Benutzungszwang, 2004; *Pielow/Finger,* Der Anschluss- und Benutzungszwang im

Kommunalrecht, JURA 2007, 189; *Donhauser,* Neue Akzentuierungen bei der Vergabe von Standplätzen auf gemeindlichen Volksfesten und Märkten, NVwZ 2010, 931; *Ehlen,* Rechtsprobleme der Nutzung kommunaler öffentlicher Einrichtungen, JURA 2012, 692 u. 849; *Hecker,* Verweigerung der Stadthallennutzung gegenüber der NPD, NVwZ 2018, 787.

Klausurfälle: *Gornig/Jahn,* Der Parteitag in der Stadthalle, JuS 1992, 857; *Kelm,* Das begehrte Hallenbad, JA 1999, 217; *Halbig,* Das kommunale Frauenhaus, JuS 1999, 468; *Winkler,* Der Stadthallenvergabeausschuss, JA 2002, 145; *Sauer,* Zulassung zu einem Volksfest, JuS 2004, 1085; *Hartmannsberger,* Anschluss- und Benutzungszwang, JuS 2006, 614; *Schönberger/Reimer,* Boot ohne Hafen, JURA 2006, 139; *Heckel,* Vertrauensschutz für einen Bootsliegeplatz?, JA 2012, 361; *Beyerbach,* Schule mit Courage, JA 2016, 521; *Muckel/Hauk,* Keine Neuen auf der Kirmes?, JA 2017, 198; *Dietlein/Hellermann,* „Streit um das städtische Internetportal", in: Klausurenbuch Öffentliches Recht in NRW, 3. Aufl. 2021, Fall 9.

Kontrollfragen:

1. Welche Charakteristika bestimmen den Begriff der „öffentlichen Einrichtung"?
2. Kann eine öffentliche Einrichtung auch privatrechtlich organisiert sein?
3. In welchem Rahmen besteht ein Zulassungsanspruch zu einer kommunalen öffentlichen Einrichtung?
4. Was ändert sich, wenn die Kapazität einer öffentlichen Einrichtung erschöpft ist?
5. Kann eine Kommune die Ablehnung eines Zulassungsgesuchs auf ordnungsrechtliche Gesichtspunkte stützen?
6. Wenn sich eine Kommune zur Organisation ihrer öffentlichen Einrichtung in öffentlichrechtlicher bzw. privatrechtlicher Form entscheidet: Welche Handlungsformen stehen ihr zur Verfügung?
7. Kann ein Anschluss- und Benutzungszwang durch Satzung nach § 7 GO angeordnet werden?

III. Gemeindliche Wirtschaftstätigkeit

296 Die **örtliche Daseinsvorsorge** ist bereits als eine besonders wichtige Selbstverwaltungsaufgabe der Gemeinden, die ihnen zudem weitgehend eigenverantwortlich überlassen ist, genannt worden (Rn. 249). Im Verhältnis zu den Einwohnern äußert sie sich in den ihnen gegenüber – insbesondere mittels der öffentlichen Einrichtungen – erbrachten Leistungen. In einer anderen Perspektive stellt sich diese Aufgabenwahrnehmung als eine wirtschaftliche Betätigung dar, bei der die Gemeinden wie Unternehmen agieren, d. h. Leistungen gegen Entgelt anbieten. Die umfangreiche wirtschaftliche Betätigung, namentlich auf dem Gebiet der Daseinsvorsorge, stellt deshalb eine weitere Besonderheit der gemeindlichen Aufgabenerfüllung dar.

Die Kommunalwirtschaft heutiger Prägung hat ihren Ursprung im Wesentlichen in der zweiten Hälfte des 19. Jahrhunderts, als im Zuge von Industrialisierung und Urbanisierung in den Städten der Bedarf an öffentlich dargebrachten Daseinsvorsorgeleistungen unabweisbar wurde. Bereits in dieser Zeit entwickelten sich die Energieversorgung (vgl. hierzu *Pielow,* in: HdbKWP II, 555), die Wasserversorgung und die Abwasserbeseitigung (vgl. *Kahl,* GewArch 2007, 441) sowie der öffentliche Nahverkehr (ÖPNV; *Heiß,* VerwArch 100 [2009], 113; *Kleemeyer/Mietzsch,* in: HdbKWP II, 629) zu wichtigen Feldern – ihrem Charakter nach wirtschaftlicher – gemeindlicher Betätigung. Hinzu kommen aber auch wirtschaftliche Aktivitäten in der Wohnungsraumversorgung oder im kulturellen und sozialen Bereich. Ein weiteres wichtiges spezialgesetzlich geregeltes Feld ist das Sparkassenwesen (vgl. Rn. 311).

1. Einführung

a) Begriff der wirtschaftlichen Betätigung

297 Wenn die wirtschaftliche Betätigung von der sonstigen Aufgabenwahrnehmung der Gemeinde unterschieden und besonders geregelt werden soll, braucht es eine **Definition.** Diese liefert – in Übernahme einer auf den letzten preußischen Finanzminister

Johannes Popitz zurückgehenden Formulierung, der sog. Popitz'schen Formel – § 107 Abs. 1 S. 3 GO: „Als wirtschaftliche Betätigung ist der Betrieb von Unternehmen zu verstehen, die als Hersteller, Anbieter oder Verteiler von Gütern oder Dienstleistungen am Markt tätig werden, sofern die Leistung ihrer Art nach auch von einem Dritten mit der Absicht der Gewinnerzielung erbracht werden könnte." Entscheidend ist danach nicht, ob tatsächlich ein Wettbewerbsmarkt mit privater Konkurrenz besteht, sondern dass die Gemeinde – anders als bei ihrer spezifisch hoheitlichen Verwaltungstätigkeit – der Art und Weise der Tätigkeit nach wie ein privates Wirtschaftssubjekt, mit einem kaufmännischen Geschäftsbetrieb (*Ronellenfitsch,* in: Hoppe/Uechtritz/Reck [Hrsg.], Handbuch Kommunale Unternehmen, 3. Aufl. 2012, § 4 Rn. 1) agiert.

Beispiel: Eine Gemeinde wird nicht wirtschaftlich tätig, wenn sie ihren Einwohnern anbietet, bei der Beantragung von Ausweispapieren kostenlos die nötigen Passfotos anzufertigen, weil sie nicht am allgemein zugänglichen Markt, sondern im Rahmen eines Verwaltungsverfahrens tätig wird (VG Münster, NVwZ 2015, 1399).

b) Staatliche/gemeindliche und private Wirtschaftstätigkeit zur Wahrnehmung gemeindlicher Aufgaben

Wie diese Definition verdeutlicht, wechseln die Gemeinden bei der wirtschaftlichen **298** Betätigung in einen anderen Tätigkeitsmodus, in den des Wirtschaftens statt des Verwaltens. Das bringt die kommunalwirtschaftliche Betätigung – als Wahrnehmung von Selbstverwaltungsaufgaben mit dem Mittel wirtschaftlicher Betätigung – in eine **spezifische Zwischenstellung zwischen Verwaltung und Wirtschaft.** Darin gründet die Spannung zwischen den tendenziell gegenläufigen Anforderungen der Bindung an einen öffentlichen Zweck und der ihr korrespondierenden politisch-demokratischen Steuerung und Kontrolle einerseits, der gebotenen wirtschaftlichen Effizienz und der von ihr geforderten unternehmerischen Selbständigkeit andererseits. Diese Spannung hat in den zurückliegenden Jahren deutlich zugenommen. Seinen Grund hat das zum einen in der Finanzknappheit der Kommunen, die sie zu einer stärkeren Ökonomisierung der Aufgabenerledigung anhält. Zum anderen hat die europäische und nationale Liberalisierungspolitik die Randbedingungen kommunalwirtschaftlicher Betätigung insofern grundlegend geändert, als sie bis dahin geschützte, vor allem auch rentable Bereiche der Kommunalwirtschaft wie vor allem die Energieversorgung dem Wettbewerb geöffnet und damit erheblichen Konkurrenzdruck erzeugt hat.

Die hier genannte Liberalisierung, die keinen Rückzug des Staates bzw. der Gemeinde, sondern die Wettbewerbsöffnung und die Zulassung konkurrierender privatwirtschaftlicher Anbieter bewirkt, darf nicht mit der nachfolgend erörterten (Aufgaben-)Privatisierung verwechselt werden.

Dem Tätigkeitscharakter entsprechend haben die Gemeinden hinsichtlich der Veror- **299** tung wirtschaftlicher Aufgabenwahrnehmung zwischen Staat (Gemeinde) und Privat grundsätzlich mehrere Entscheidungsoptionen. In dem **Spektrum zwischen Eigenwahrnehmung und Privatisierung** sind für die rechtliche Beurteilung zu unterscheiden:

- die unmittelbare Aufgabenerfüllung durch das Rathaus und die nachgeordneten Ämter, die im Bereich der wirtschaftlichen Betätigung heute jedoch kaum noch eine Rolle spielt;
- die Aufgabenerfüllung durch ein gemeindliches Unternehmen in den gesetzlich zur Verfügung gestellten öffentlich-rechtlichen Rechtsformen (vgl. näher Rn. 322 ff.);

– die Aufgabenerledigung durch ein öffentliches/gemeindliches Unternehmen in privater Rechtsform (sog. Organisationsprivatisierung; vgl. näher Rn. 325 ff.);
– die Übertragung der Verantwortung für Teilbeiträge der Durchführung und/oder Vorbereitung der gemeindlichen Verwaltungsaufgaben auf Verwaltungshelfer oder Dienstleistungskonzessionäre bzw. im Rahmen einer sog. projektbezogenen Public Private Partnership (sog. funktionale Privatisierung);
– der Rückzug aus der Aufgabe (sog. materielle oder Aufgabenprivatisierung), so dass ihre Wahrnehmung der Privatwirtschaft überlassen wird.

Anders als die Organisations- und die funktionale Privatisierung bewirkt die Aufgabenprivatisierung den vollständigen Rückzug der Gemeinde von der Aufgabenerledigung. Sie ist daher bei kommunalen Pflichtaufgaben ausgeschlossen. Nach erfolgter Aufgabenprivatisierung stellen sich keine kommunalrechtlichen Probleme mehr.

Anders als die vorgenannten Privatisierungsbegriffe ist der vielfach verwendete Begriff der „Public Private Partnership" (vgl. hierzu *Burgi,* Gutachten D zum 67. JT, 2008, 28 ff.) deskriptiver Natur und ohne scharfe rechtliche Kontur. Er erfasst diejenigen Ausschnitte aus den zuvor dargestellten Organisationsformen, in denen Gemeinde und Private in einer verfestigten Kooperation gemeinsam Aufgaben erledigen (gemischtwirtschaftliches Unternehmen nach Organisationsprivatisierung; funktionale Privatisierung).

Von den zuvor genannten Privatisierungsformen, die auf den Aufgabencharakter bezogen sind, ist die sog. Vermögensprivatisierung zu unterscheiden, die hier nicht interessiert. Das gilt ebenso für die reine Privatfinanzierung gemeindlicher Aufgabenerledigung (Leasing etc.).

300 Die Entscheidung darüber, ob die Gemeinde eine wirtschaftliche Tätigkeit in mehr oder weniger verselbständigter Organisationsform selbst oder aber unter mehr oder weniger weitreichender Privatisierung wahrnimmt, bewegt sich in dem oben beschriebenen **Spannungsfeld von gemeindlicher Steuerung und Kontrolle einerseits, Gewährung unternehmerischer Autonomie andererseits.** Für die Wahl organisatorisch oder auch rechtlich verselbständigter Organisationsformen spricht die größere Unabhängigkeit von politischer Einflussnahme, die ein effizienteres, wettbewerbsgerechteres Wirtschaften verspricht. Die Einbeziehung Privater im Wege funktionaler Privatisierung kann die Aktivierung privaten Knowhows und privaten Kapitals für Zwecke öffentlicher Aufgabenerfüllung verheißen. Vor diesem Hintergrund hat es über längere Jahre einen Trend zur Organisations- und funktionalen Privatisierung gegeben. In den letzten Jahren werden nach dem Auslaufen von Verträgen mit Privaten auf Grund schlechter Erfahrungen und/oder veränderter ordnungspolitischer Einschätzungen im Gefolge der Finanzkrise Bestrebungen zur „Rekommunalisierung" im Bereich einzelner Aufgaben, etwa in der Energieversorgung oder der Abwasserbeseitigung, beobachtet (hierzu *Brüning,* VerwArch 100 [2009], 453; *Burgi,* NdsVBl. 2012, 225; *Bauer,* DÖV 2012, 329).

2. Überblick: Der rechtliche Rahmen kommunalwirtschaftlichen Handelns

301 Die eigene wirtschaftliche Betätigung der Gemeinden wird nicht nur durch die – hier vordringlich interessierenden – Bestimmungen der §§ 107 ff. GO geregelt, sondern auch durch eine Vielzahl weiterer **europa-, verfassungs- und einfachrechtlicher Determinanten** bestimmt. Sie bewirken in ihrer Zusammenschau den rechtlichen Ausgleich zwischen den aufgabenbezogenen und finanziellen Interessen der Gemeinden an der Kommunalwirtschaft und den Interessen der Privatwirtschaft, die die Kommunalwirtschaft auf Grund ihrer Nähe zur Gemeinde unter dem Verdacht verfälschter Wettbewerbsbedingungen und deshalb tendenziell kritisch sieht. Dabei ist zu unterscheiden zwischen rechtlichen Vorgaben, die sich an die Gemeinden als potentielle Unternehmensträger richten und die Zulässigkeit ihres Marktzutritts, also die grundsätzliche Statthaftigkeit kommunalwirtschaftlicher Tätigkeit regeln (Rn. 302 ff.), und solchen Regelungen, die das Verhalten kommunaler Unternehmen im Markt betreffen (Rn. 305 ff.).

a) Statthaftigkeit (Ob)

Aus dem **europäischen Primärrecht (AEU-Vertrag)** ergeben sich keine Anforderungen an das „Ob" kommunaler Betätigung. Das Europarecht ist vielmehr durch „Neutralität und Gestaltungsfreiheit" gegenüber der kommunalen Wirtschaftstätigkeit geprägt (so die EU-Kommission in ihrer Mitteilung v. 20.9.2000 [KOM [2000] 580 endg.]). Das Europarecht verpflichtet weder zur Verfolgung eines öffentlichen Zwecks noch enthält es eine Subsidiaritätsklausel zugunsten der Privatwirtschaft. Nach Art. 345 AEUV bleiben die Eigentumsordnungen der jeweiligen Mitgliedstaaten und damit die Zuordnung von Unternehmen zu kommunalen/privaten Trägern unberührt. Zudem gelten nach Art. 106 Abs. 1, 2 AEUV sowohl für private wie für öffentliche Unternehmen grundsätzlich die gleichen Regeln. Zugunsten der Kommunen wird oftmals Art. 14 AEUV ins Feld geführt, wonach die Union im Rahmen der übrigen Vertragsbestimmungen sicherstellen muss, dass „Dienste von allgemeinem wirtschaftlichem Interesse" so gestaltet sind, dass sie „ihren Aufgaben nachkommen können". Diese Bestimmungen gelten dem „Wie" kommunalwirtschaftlicher Betätigung, verdeutlichen aber, dass das Europarecht „trägerneutral" ist. Wer auch immer diese „Dienste" anbietet, muss es unter Beachtung der Spielregeln tun. **302**

Auch das **Verfassungsrecht** enthält kein Verbot der staatlichen bzw. kommunalen Wirtschaftsbetätigung. Nach herrschender Auffassung bedarf es aber, da unter dem Grundgesetz jegliches Staatshandeln dem Gemeinwohl dienen muss, verfassungsrechtlich eines rechtfertigenden öffentlichen Zwecks; allein erwerbswirtschaftliche Gründe (reine Gewinnerzielungsabsicht) sollen nicht ausreichen. Darüber hinaus garantieren Art. 28 Abs. 2 GG, Art. 78 LV den Gemeinden, dass sie sich zur Wahrnehmung ihrer Selbstverwaltungsaufgaben des Instruments der wirtschaftlichen Betätigung bedienen dürfen (BVerwGE 98, 273, 275; RhPfVerfGH, NVwZ 2000, 801, 801). Beschränkungen der kommunalwirtschaftlichen Betätigungsfreiheit sind deshalb verfassungsrechtlich rechtfertigungsbedürftig; ein vollständiges, voraussetzungsloses Verbot jeglicher kommunaler Wirtschaftstätigkeit wäre verfassungswidrig. **303**

Krit. zum verfassungsrechtlichen Erfordernis eines öffentlichen Zwecks *Hellermann,* Örtliche Daseinsvorsorge und gemeindliche Selbstverwaltung, 2000, S. 153 ff. Für die kommunale Ebene relativiert sich die Bedeutung der Frage dadurch, dass jedenfalls einfachrechtlich durch § 107 GO immer ein öffentlicher Zweck gefordert ist. Das ist verfassungsrechtlich unproblematisch, da Art. 28 Abs. 2 GG den Gemeinden die wirtschaftliche Betätigung jedenfalls nur zur Wahrnehmung von öffentlichen Zwecken der örtlichen Gemeinschaft garantiert.

In der Literatur wird verbreitet vertreten, Art. 28 Abs. 2 GG enthalte kein materiell-rechtliches Aufgabenverteilungsprinzip im Verhältnis zur Privatwirtschaft. Das ist zutreffend, soweit damit die Annahme zurückgewiesen werden soll, Art. 28 Abs. 2 GG oder der bloße Hinweis auf die Notwendigkeit der kommunalen Leistungserbringung für die Daseinsvorsorge rechtfertige eine kommunale Monopolstellung; eine solche Monopolstellung, wie sie z. B. der Anschluss- und Benutzungszwang gemäß § 9 GO begründet, bedarf einer gesetzlichen Grundlage und ist grundrechtlich rechtfertigungsbedürftig (vgl. Rn. 288). Art. 28 Abs. 2 GG begründet allerdings, soweit er die kommunale Wirtschaftsbetätigung schützt, ein Recht zur gleichberechtigten Wettbewerbsteilnahme. Damit hat er richtigerweise legitimierende Wirkung auch im Verhältnis zur Privatwirtschaft in dem Sinne, dass gesetzgeberische Beschränkungen dieses Rechts im Interesse der Privatwirtschaft genauso rechtfertigungsbedürftig sind wie Beschränkungen zugunsten höherstufiger kommunaler oder staatlicher Einheiten (tendenziell anders RhPfVerfGH, NVwZ 2000, 801, 804).

304 Die nähere einfachrechtliche Entscheidung darüber, ob (und in welcher Organisationsform) die Gemeinde mit wirtschaftlichen Unternehmen den Markt betreten darf, treffen die **Schrankenbestimmungen der §§ 107 ff. GO.** Sie gehen auf § 67 der Deutschen Gemeindeordnung von 1936 (DGO) zurück (vgl. Rn. 12); dessen Kern war die sog. Schrankentrias, wonach die Gemeinden wirtschaftliche Unternehmen nur errichten oder wesentlich erweitern durften bei Bestehen eines öffentlichen Zwecks, wenn der Umfang zwischen der Unternehmung und der Leistungsfähigkeit der Kommune angemessen war und der Zweck nicht besser oder wirtschaftlicher durch einen anderen erfüllt werden konnte. Die dort verfolgten, klassischen Zielsetzungen bestehen in der Konzentration gemeindlichen Handelns auf das politische Gestalten und dem Schutz vor mit unternehmerischen Tätigkeiten verbundenen Risiken. § 67 DGO ist in der Bundesrepublik für die Landesgesetzgeber lange Zeit vorbildhaft und prägend geblieben. Die Finanznot der Kommunen mit der Folge einer stärkeren Ökonomisierung ihrer Aufgabenerledigung und die Veränderung der Randbedingungen durch die Liberalisierung wichtiger Felder wie der Energieversorgung hat jedoch etwa seit der Mitte der 1990er Jahre zu vielfältigen Veränderungen im Kommunalwirtschaftsrecht der Länder, je nach politischen Präferenzen zu Verschärfungen oder Lockerungen, geführt. In NRW zielte das GO-ReformG 2007 (Rn. 32) auf eine „stärkere Betonung eines Vorrangs der privaten Leistungserbringung bei gleichzeitiger Konzentration auf die Kernaufgaben der öffentlichen Daseinsvorsorge" (krit. *Wellmann,* NWVBl. 2007, 1; *Prümm,* NWVBl. 2007, 10; informierend: *Köster,* NWVBl. 2008, 49, 53 f.; *Dünchheim/Schöne,* DVBl. 2009, 146). Nach diesem Gesetz galten in NRW die restriktivsten Bedingungen im Vergleich aller Bundesländer, und es ließ die Frage virulent werden, ob den klassischen Zielsetzungen eine weitere wettbewerbliche, auf den Schutz privater Konkurrenten gerichtete Zielsetzung hinzugefügt worden ist. Durch das „Gesetz zur Revitalisierung des Gemeindewirtschaftsrechts" v. 21.12.2010 (GV.NRW. S. 685) wurden dann wieder tendenziell gegenläufige Änderungen in den §§ 107 ff. GO vorgenommen. Neben der Einführung eines neuen, die energiewirtschaftliche Betätigung betreffenden Tatbestandes (vgl. näher Rn. 320) und verschiedenen kleineren Veränderungen wurde § 107 Abs. 1 GO wieder großzügiger gefasst. Die kommunalrechtlichen Bestimmungen der §§ 107 ff. GO in der heute geltenden Fassung sind im Hinblick auf die materiellrechtliche Zulässigkeit gemeindlicher Wirtschaftsbetätigung (vgl. Rn. 310 ff.), die zulässigen Organisationsformen gemeindlicher Unternehmen (vgl. Rn. 321 ff.) sowie den möglichen Rechtsschutz privater Konkurrenten (vgl. Rn. 330 ff.) noch vertieft zu erörtern.

b) Handlungsmaßstäbe (Wie)

aa) Europarecht

305 Die europarechtliche Einwirkung auf die kommunale Praxis (vgl. Rn. 33 ff.) trifft den Bereich der kommunalen Wirtschaftsbetätigung am stärksten. In diesem Feld ist zugunsten der EU-Kommission und des EuGH ein weiter Kontrollraum eröffnet. Dies gilt insbesondere im Bereich der **Beihilfen.** Nach Art. 107, 108 AEUV sind Beihilfen grundsätzlich unstatthaft, sofern nicht die Kommission am Ende eines sog. Notifizierungsverfahrens die betroffene Beihilfe genehmigt. Im Bereich der kommunalwirtschaftlichen Betätigung kann eine Beihilfe zugunsten des eigenen Unternehmens vorliegen,

– wenn ein privater Gesellschafter in vergleichbarer Lage unter Zugrundelegung der Rentabilitätsaussichten nicht entsprechend verfahren wäre (sog. market-investor-test)

– und seitens des kommunalen Unternehmens keine adäquate Gegenleistung erbracht wird. Hier ist zu berücksichtigen, dass zumeist, z. B. im ÖPNV, als Gegenleistung für die finanzielle Inanspruchnahme eine gemeinwirtschaftliche Leistung erbracht wird (vgl. zum Beihilfetatbestand die einschlägige Rechtsprechung des EuGH (Slg. 2001, I-9067 [Ferring]; NJW 2003, 2515 [AltmarkTrans] m. Anm. *Franzius,* NJW 2003, 3029; *Pielow,* RdE 2004, 41). Der aktuelle Stand ergibt sich hier aus dem sog. Almunia-Paket (vgl. *Sonder/Bühner,* BayVBl. 2013, 296).

Daneben sind die Art. 101 und Art. 102 AEUV (Wettbewerbsregeln) sowie die **306** Grundfreiheitsbestimmungen zu beachten. Immer wenn ein Verstoß gegen die vorgenannten Vorschriften vorliegt, ist die Rechtfertigungsbestimmung des **Art. 106 Abs. 2 AEUV** in den Blick zu nehmen. Hierdurch können Ausnahmen von diesen Bestimmungen zugunsten kommunaler Unternehmen gerechtfertigt sein, wenn ansonsten die Anwendung dieser Vorschriften die Erfüllung der ihnen übertragenen besonderen Aufgabe rechtlich oder tatsächlich verhindert. Im Einzelnen bestehen bei der Auslegung aller Tatbestandsmerkmale Schwierigkeiten.

Rechtsschutz kann auf dieser Ebene im Wege eines gegen die Bundesrepublik Deutschland eingeleiteten Vertragsverletzungsverfahrens nach Art. 258 AEUV geltend gemacht werden, weil die Bundesrepublik für ein etwaiges kommunales Fehlverhalten einstehen muss. Darüber hinaus können privatwirtschaftliche Konkurrenten im Anschluss an ein Beihilfenotifizierungsverfahren nach Art. 108 AEUV im Wege der Nichtigkeitsklage gemäß Art. 263 Abs. 4 AEUV Rechtsschutz ersuchen.

bb) Verfassungsrecht

Nach heute h. M. ist die Gemeinde auch bei unternehmerischem Handeln, und zwar **307** rechtsformunabhängig, d. h. auch bei privatrechtsförmigem Handeln (vgl. zuletzt BVerfGE 128, 226, 244 ff.) nach Art. 1 Abs. 3 GG an die **Grundrechte** gebunden. Umgekehrt soll nach h. M. den Gemeinden eine Berufung auf die Grundrechte verwehrt sein, d. h. es besteht auch in diesem Bereich keine Grundrechtsträgerschaft. Dies soll ebenso für kommunal beherrschte Unternehmen in Privatrechtsform gelten (BVerfG, NJW 1990, 1783; BVerfGE 143, 246, Rn. 187 ff.).

cc) Einfaches Recht

In ihrem Verhalten auf dem jeweiligen Markt sind auch kommunale Unternehmen **308** zunächst den Vorgaben unterworfen, die **die jeweils einschlägigen Fachgesetze** den Unternehmen machen. Gemeindliche Energieversorgungsunternehmen müssen sich also an die unternehmensbezogenen Vorschriften des EnWG, gemeindliche Verkehrsbetriebe an die des PBefG halten. Die dort enthaltenen Genehmigungs-, Anzeige- oder sonstigen Verhaltensvorschriften gelten grundsätzlich für gemeindliche ebenso wie für private Unternehmen.

Die Anforderungen des nationalen **Kartell- und Wettbewerbsrechts** (GWB und **309** UWG; zu Art. 101, 102 AEUV vgl. bereits Rn. 306) sind bei jeglicher kommunalwirtschaftlicher Betätigung zu beachten. So unterliegen privatrechtliche, nicht allerdings öffentlich-rechtliche (§ 185 Abs. 1 S. 2 GWB) Trinkwasserentgelte einer kartellrechtlichen Preishöhenkontrolle (vgl. BGH, NJW 2010, 2573; weiterführend *Säcker,* NJW 2012, 1105). Bei missbräuchlichem Ausnutzen der amtlichen Autorität oder bei Verquickung von öffentlichen und erwerbswirtschaftlichen Interessen kann ein unlauteres Verhalten i. S. d. § 3 UWG (früher: § 1 UWG) vorliegen.

Beispiele: Gemeinsame räumliche Unterbringung des Bestattungsamtes und eines kommunalen Bestattungsunternehmens (vgl. OLG München, GRUR 1987, 550; BGH, DVBl. 2006, 116) bzw. irreführende Werbung („Städtische Pietät"; OLG Frankfurt a. M., KommJur 2008, 377). Von der Rechtsprechung für zulässig gehalten wird der Verkauf von KfZ-Schildern durch einen städtischen Betrieb in den Räumen der städtischen KfZ-Zulassungsstelle (vgl. BGH, NJW 1974, 1333; NJW 1998, 3778, und noch Rn. 315). Ein Verstoß gegen § 3 UWG kann darin liegen, dass sich mehrere Kommunen zusammenschließen, um gemeinsam Ausrüstungsgegenstände für Feuerlöschzüge (sog. Einkaufskartell) zu beschaffen (vgl. BGH, NVwZ 2003, 1012).

Im Zusammenhang sowohl mit ihrer verwaltenden wie auch mit ihrer wirtschaftlichen Tätigkeit als Anbieter von Leistungen nehmen die Gemeinden auch als Nachfrager wirtschaftlicher Leistungen am wirtschaftlichen Leben teil, indem sie Güter (von den viel zitierten Bleistiften über den Fuhrpark bis hin zu EDV-Anlagen), Bauleistungen und sonstige Dienstleistungen aller Art von Privaten beschaffen. Die rechtliche Ausgestaltung des kommunalen Beschaffungsverhaltens ist im sog. Vergaberecht geregelt. Vergaben oberhalb bestimmter Schwellenwerte (vgl. § 106 GWB) unterfallen dem sog. Kartellvergaberecht, das auf der Grundlage europäischer Vergaberichtlinien in den §§ 97 ff. GWB i. V. m. der Vergabeverordnung (VgV) geregelt ist. Dort ist das Vergabeverfahren näher ausgeformt; vor allem besitzt jeder Bieter gemäß § 97 Abs. 6 GWB einen Anspruch auf Einhaltung der Vergabevorschriften, welcher vor der Vergabekammer (§ 156 GWB) und sodann vor dem OLG durchgesetzt werden kann. Eine wichtige Ausnahme von der Anwendbarkeit des Kartellvergaberechts besteht für sog. Inhouse-Vergaben, also insbesondere Auftragsvergaben der Gemeinde an eigene Unternehmen (vgl. jetzt § 108 GWB; grundlegend das Teckal-Urteil EuGH, NZBau 2000, 90), Auftragsvergaben unterhalb der Schwellenwerte sind bestimmten gemeindehaushaltsrechtlichen Anforderungen unterworfen, hier gibt es aber kein explizit eingeräumtes subjektives Recht (zurückhaltend BVerfG, NJW 2006, 3701; vgl. allerdings die Mitteilung der EG-Kommission v. 1.8.2006 [ABl. EG C Nr. 179/02] zu europarechtlich fundierten Rechten). Das BVerwG (NVwZ 2007, 820; krit. *Burgi*, NVwZ 2007, 737) hält für diesbezügliche Streitigkeiten den Verwaltungsrechtsweg für nicht eröffnet.

3. Kommunalrechtliche Zulässigkeit gemeindlicher Wirtschaftsbetätigung

310 Hat sich eine Gemeinde dazu entschlossen, eine Aufgabe selbst im Wege wirtschaftlicher Betätigung, durch ein eigenes Unternehmen oder die Beteiligung an einem Unternehmen, zu erfüllen (und sich somit gegen eine Aufgabenprivatisierung oder funktionale Privatisierung entschieden), stellt sich die Frage nach der grundsätzlichen Zulässigkeit des Marktzutritts. Die einschlägige einfachrechtliche Regelung findet sich in §§ 107, 107a GO (vgl. bereits Rn. 304). Sie gelten insgesamt der **wirtschaftlichen Betätigung i. S. v. § 107 Abs. 1 S. 3 GO** (vgl. Rn. 297), nehmen dann jedoch in der Beurteilung der materiellrechtlichen Zulässigkeit Differenzierungen vor.

a) Bankunternehmen

311 Ausdrücklich versagt sind den Gemeinden nach § 107 Abs. 6 GO **Bankunternehmen.** Das Verbot geht auf Erfahrungen der Nachkriegs- und Inflationszeit nach dem Ersten Weltkrieg zurück und soll die Gemeinden vor den hohen Risiken von Bankgeschäften schützen. § 107 Abs. 7 GO nimmt hiervon nur die Sparkassen aus, deren Errichtung Gemeinden offensteht.

Für den Betrieb von Sparkassen ist das SparkassenG NRW einschlägig, das im November 2008 grundlegend reformiert worden ist (weiterführend *Oebbecke,* Der Landkreis 2010, 187). Es bestand hier die europarechtliche Vorgabe, die Institute der Gewährträgerhaftung (Verpflichtung, für die Verbindlichkeiten aufzukommen) und der Anstaltslast (Verpflichtung, die Anstalt funktionsfähig zu halten; vgl. hierzu *Kemmler,* DVBl. 2003, 100) aufzugeben bzw. zu modifizieren (zum Ganzen vgl. *Oebbecke,* VerwArch 93 [2002], 278 ff.; ders., LKV 2006, 145; *Henneke,* Der Landkreis 2004, 13).

b) Nichtwirtschaftliche Betätigung gemeindlicher Einrichtungen

Dem Vorbild schon des § 67 DGO folgend qualifiziert § 107 Abs. 2 GO bestimmte 312 Betätigungen, auch wenn sie zunächst der Definition der wirtschaftlichen Betätigung in § 107 Abs. 1 S. 3 GO unterfallen mögen, ausdrücklich als **nichtwirtschaftliche Betätigungen.** Die gemeindlichen Einheiten, die diese nicht wirtschaftlichen Tätigkeiten ausüben, bezeichnen §§ 107 ff. GO in Abgrenzung zu den wirtschaftlich tätigen „Unternehmen" als „Einrichtungen". Für diese nichtwirtschaftlichen Tätigkeiten bzw. Einrichtungen wird sozusagen gesetzlich fingiert, dass die grundlegenden Zulässigkeitsvoraussetzungen, vor allem der erforderliche öffentliche Zweck vorliegen (vgl. OVG NRW, NVwZ 2008, 1031, 1036). Sie werden deshalb insbesondere von den grundsätzlichen Anforderungen des § 107 Abs. 1 GO und von den weiteren für die wirtschaftliche Betätigung geltenden Beschränkungen der §§ 107 ff. GO, freigestellt und unterfallen nur den ausdrücklich auf sie bezogenen Bestimmungen insbesondere bzgl. der überörtlichen Betätigung und der Organisationsform (vgl. etwa §§ 107 Abs. 4, 108, 108a).

Die nichtwirtschaftlichen Betätigungen sind in dem **Katalog des § 107 Abs. 2 S. 1** 313 **Nr. 1 bis 5 GO** näher definiert. Relativ klar und einsichtig ist dabei die Privilegierung von Einrichtungen zur Erfüllung von gesetzlichen Pflichtaufgaben (Nr. 1) und von Einrichtungen zur Eigenbedarfsdeckung (Nr. 5). Die weitere Freistellung von Einrichtungen, die sozialen und kulturellen Zwecken (Nr. 2) oder Zielen des Umweltschutzes (Nr. 3) oder bestimmten anderen gemeinwohlorientierten Belangen (Nr. 4) Rechnung tragen, ist auf bestimmte Aufgabenfelder bezogen. Im Wesentlichen geht es hier um Einrichtungen, die unbestreitbar öffentliche Zwecke bedienen und zudem rentabel nicht zu betreiben sind, weshalb die Entsorgungsbetriebe – im Gegensatz zu den jedenfalls traditionell gewinnträchtigen Versorgungsbetrieben – hier genannt sind; der Betrieb solcher Einrichtungen durch die Gemeinde soll nicht durch kommunalwirtschaftsrechtliche Restriktionen erschwert werden. Im Detail ist die Einordnung nicht immer ganz eindeutig.

Beispiele: Während das Recycling von Altautos in Auslegung des § 107 Abs. 2 Nr. 4 GO (§ 107 Abs. 2 Nr. 3 GO a. F.) von der ersten Instanz als wirtschaftliches Tätigwerden qualifiziert worden ist (vgl. LG Wuppertal, DVBl. 1999, 939), hat das Instanzgericht hierin ein nichtwirtschaftliches Tätigwerden erblickt (OLG Düsseldorf, NVwZ 2000, 111; ebenso OVG NRW, NZBau 2005, 167, betreffend den Betrieb von Abfallentsorgungseinrichtungen).

c) Wirtschaftliche Unternehmen (Schrankentrias)

Für die nicht durch § 107 Abs. 2 GO privilegierten Bereiche wirtschaftlicher Betäti- 314 gung i. S. v. § 107 Abs. 1 S. 3 GO gelten die Beschränkungen des Marktzutritts nach § 107 Abs. 1 S. 1 Nr. 1 bis 3 GO. Diese gelten, während andere Gemeindeordnungen allein auf die Errichtung, Übernahme oder (wesentliche) Erweiterung eines wirtschaftlichen Unternehmens abstellen, der wirtschaftlichen Betätigung, d. h. dem **Betrieb von Unternehmen** (vgl. § 107 Abs. 1 S. 3 GO) und damit deren Aufrechterhaltung. Der Übergang von einer Aufnahme- zu einer Dauerkontrolle stellt eine erhebliche, verfassungsrechtlich problematische Verschärfung dar, denn danach müsste eine Gemeinde ein ihr gehörendes Unternehmen abwickeln, sobald die Zulässigkeitsvoraussetzungen, z. B. durch das Auftreten einer überlegenen Konkurrenz, während der Dauer seines Betriebs entfallen sollten. Das OVG NRW (NVwZ 2003, 1520, 1522) hat dies dadurch abgemildert, dass es insoweit kein enges handlungsbezogenes, sondern ein betriebsbezogenes Verständnis zugrunde legt, wonach es nicht auf jede einzelne unternehmerische Aktivität, sondern auf das Unternehmen und seinen Gegenstand in einem generellen, einzelne den Unternehmensgegenstand unberührt lassende Handlungen außer Acht lassenden Sinn ankommen soll. Der so verstandene Betrieb des Unternehmens aber muss andauernd die Anforderungen der sog. Schrankentrias nach § 107 Abs. 1 S. 1 Nr. 1 bis 3 GO erfüllen.

aa) Öffentlicher Zweck

315 § 107 Abs. 1 S. 1 Nr. 1 GO fordert als Grundvoraussetzung der kommunalen Wirtschaftstätigkeit einen „**öffentlichen Zweck**". Hinsichtlich dieses Tatbestandsmerkmals soll zwar kein gerichtlicher Kontrolle entzogener gemeindlicher Beurteilungsspielraum vorliegen, doch soll der Begriff jedweden im Aufgabenbereich der Gemeinde liegenden Gemeinwohlbelang ein- und lediglich die Gewinnerwirtschaftung als öffentlichen Zweck ausschließen (OVG NRW, NVwZ 2008, 1031, 1035). Damit ist der Kreis der öffentlichen Zwecke weit gefasst und das Merkmal relativ leicht zu erfüllen, insbesondere im Dienstleistungssektor. Öffentliche Zwecke sind soziale Gesichtspunkte (Schaffung von Arbeitsplätzen etc.), ökologische Aspekte (Sicherung einer geordneten Abwasserbeseitigung) bis hin zu Aspekten der Versorgungssicherheit (neuerdings unter Einschluss von W-LAN; *Haack,* VerwArch 99 [2008], 197), der Erschließung von Gemeindegrundstücken etc. Das OVG NRW hat sogar die Erleichterung des Zulassungsvorgangs für die Bürger als Zweck, der die Vermietung von Räumen an ein Kfz-Schilderprägeunternehmen im Haus der Zulassungsstelle legitimieren soll, akzeptiert (NWVBl. 2005, 68). Ausschließlich der Gewinnerzielung dienende Tätigkeiten sind ausgeschlossen (etwa eine kommunale Autoproduktion oder ein Betrieb zur Pflege von Hausgärten, vgl. OLG Hamm, DVBl. 1998, 792).

Eine zusätzliche Abschwächung dieses Merkmals erfolgt dadurch, dass sog. Randnutzungen auch ohne einen eigenen öffentlichen Zweck statthaft sind, z. B. die Vermietung eines Fitness-Studios auf einem Parkhaus mit dem Zweck seiner besseren Auslastung in schwach frequentierten Zeiten (vgl. OVG NRW, NVwZ 2003, 1520, 1522). Ein weiteres Beispiel bildet die Vermietung von Plakatflächen auf städtischen Omnibussen.

316 Dass die Betätigung für den öffentlichen Zweck **erforderlich** sein muss, soll i. S. v. „vernünftigerweise geboten" zu verstehen sein. Wegen der ihr innewohnenden prognostischen Elemente soll die Beurteilung zudem nur einer eingeschränkten gerichtlichen Kontrolle unterliegen (OVG NRW, NVwZ 2008, 1031, 1035).

bb) Leistungsfähigkeit

317 Die Betätigung muss nach Art und Umfang in einem **angemessenen Verhältnis zur Leistungsfähigkeit** der Gemeinde stehen (§ 107 Abs. 1 S. 1 Nr. 2 GO). Diese Schranke soll eine finanzielle und/oder politische Überforderung einer Gemeinde verhindern. Dabei fordert § 107 Abs. 5 S. 1 GO zusätzlich, dass der Rat vor seiner entsprechenden Entscheidung auf der Grundlage einer Marktanalyse über die Chancen und Risiken der jeweiligen Unternehmung zu unterrichten ist.

cc) Sog. Funktionssperre

318 Bis 2010 hatte § 107 Abs. 1 S. 1 Nr. 3 GO a. F. im Sinne einer echten Subsidiaritätsklausel verlangt, dass die Gemeinde ihre wirtschaftliche Betätigung grundsätzlich schon dann unterlässt, wenn der verfolgte Zweck durch andere Unternehmen ebenso gut und wirtschaftlich erfüllt werden kann. Zurückhaltender, im Sinne einer sog. Funktionssperre verlangt § 107 Abs. 1 S. 1 Nr. 3 GO heute, dass der öffentliche Zweck durch

andere Unternehmen nicht besser und wirtschaftlicher erfüllt werden kann; dies soll zudem nicht gelten für die Bereiche der Wasserversorgung, des öffentlichen Verkehrs sowie (in bestimmten Grenzen) der Telekommunikation. Auch hier spielt die Marktanalyse (vgl. § 107 Abs. 5 GO) eine wichtige Rolle. Das Ergebnis der Vergleichsbetrachtung kann indes nur dann zur Rechtswidrigkeit führen, wenn es sich als unvertretbar erweist.

Beispiel: Ein Verkauf von Backwaren ist trotz vorliegendem öffentlichem Zweck (Versorgung der Bevölkerung) nicht statthaft, da Private dies ebenso gut können. Nicht gänzlich ausgeschlossen werden kann dagegen die Statthaftigkeit eines kommunalen Windparks (hierzu *Dazert/Mahlberg,* NVwZ 2004, 158), wenn durch ihn eine günstigere Entgeltstruktur für die Einwohner ermöglicht wird.

d) Insbesondere: Überörtliche und ausländische Betätigung gemeindlicher Unternehmen und Einrichtungen

Besondere Probleme ergeben sich, wenn die gemeindlichen Unternehmen oder Ein- 319
richtungen über die gemeindlichen Grenzen hinweg (extra muros) tätig werden. Die einschlägige Regelung findet sich in **§ 107 Abs. 3, 4 GO.** Für deren Anwendbarkeit kommt es auf den Ort an, an dem die Betätigung erfolgt; nicht maßgeblich ist hingegen, für welchen räumlichen Bereich die Tätigkeit Auswirkungen hat oder wo der Auftraggeber seinen Sitz hat (OVG NRW, NVwZ 2008, 1031, 1034). Nach § 107 Abs. 3 S. 1 GO ist eine überörtliche wirtschaftliche Tätigkeit zulässig, wenn neben den Anforderungen des § 107 Abs. 1 GO die berechtigten Interessen der betroffenen benachbarten kommunalen Gebietskörperschaften gewahrt sind. Für nichtwirtschaftliche Betätigungen gelten entsprechende, modifizierte Anforderungen nach § 107 Abs. 4 GO (vgl. dazu OVG NRW, NVwZ 2008, 1031, 1034). Die wirtschaftliche ebenso wie die nichtwirtschaftliche Betätigung im Ausland bedarf überdies der vorherigen Genehmigung (§ 107 Abs. 3 S. 3, Abs. 4 S. 4 GO).

Beispiele: In einer größeren Stadt ist der Betrieb eines Flughafens nicht als überörtliche Tätigkeit anzusehen, obwohl dort natürlich auch Personen von außerhalb starten und landen. Auch ein Landschulheim in einer Gegend außerhalb des Gemeindegebietes ist infolge seiner Nutzung ausschließlich durch die Gemeindeeinwohner nicht als überörtliche Betätigung anzusehen. Wird aber gezielt ein Geschäftszweig zur Erbringung von Abwasser- bzw. Abfallentsorgungsleistungen mit Infrastruktur außerhalb des eigenen Gemeindegebiets aufgebaut, dann besteht ein erhöhter Rechtfertigungsbedarf.

Die Verfassungsmäßigkeit von § 107 Abs. 3 S. 1, Abs. 4 S. 1 GO darf im Ergebnis als gesichert gelten. Die Grundlagen der verfassungsrechtlichen Beurteilung im Lichte der Selbstverwaltungsgarantie (Art. 28 Abs. 2 GG) sind jedoch umstritten. Die h. M. geht davon aus, dass Art. 28 Abs. 2 GG die Verbandskompetenz der Gemeinde auch in Bezug auf wirtschaftliche Betätigungen i. S. v. § 107 Abs. 1 S. 3 GO auf die Angelegenheiten der örtlichen Gemeinschaft und damit grundsätzlich auf das Gemeindegebiet beschränkt. Für eine überörtliche wirtschaftliche Betätigung soll sie deshalb auf eine ihr Betätigungsfeld erweiternde einfachgesetzliche Grundlage angewiesen sein, die ihrerseits an der Selbstverwaltungsgarantie der betroffenen Nachbargemeinden zu messen sein soll. Jedenfalls bei zurückhaltender Auslegung soll § 107 Abs. 3 S. 1, Abs. 4 S. 1 GO jedoch mit Art. 28 Abs. 2 GG vereinbar sein (vgl. *Heintzen,* NVwZ 2000, 743; *Ruffert,* VerwArch 92 [2001], 27, 34). Gänzlich anders setzt die Beurteilung ausgehend von der Annahme an, dass Art. 28 Abs. 2 GG die wirtschaftliche Betätigung – anders als die Verwaltungstätigkeit – nicht auf das Gemeindegebiet beschränkt, sondern die Verfolgung von örtlichen Gemeinwohlzwecken mit dem Instrument wirtschaftlicher Betätigung garantiert, was die Freiheit zum Handeln nach Wirtschaftlichkeitsgesichtspunkten einschließen muss. Dessen Randbedingungen haben sich, weil die kommunalen Unternehmen heute weitgehend nicht mehr in wettbewerbsgeschützten Bereichen, sondern unter Wettbewerbsdruck tätig sind, grundlegend verändert. Unter diesen Bedingungen wäre eine strikte gesetzliche Beschränkung kommunalwirtschaftlicher Betätigung auf das eigene Gemeindegebiet die Auferlegung eines strukturellen Wettbewerbsnachteils gegenüber privaten Konkurrenten, der im Ergebnis die kommunale Freiheit zur Wahl des Instruments der wirtschaftlichen Betätigung – verfassungswidrig – beschränken würde. § 107 Abs. 3 S. 1, Abs. 4 S. 1 GO erscheint danach als eine – im Ergebnis nicht zu beanstandende – Beschränkung der Freiheit auch zu überörtlicher wirtschaftlicher Betätigung. Die betroffene Nachbargemeinde kann sich hingegen verfassungsrechtlich gegen die kommunale Konkurrenz ebensowenig wie gegen private Konkurrenz auf ihrem Gebiet wehren (vgl. zu dieser Position *Hellermann,* Örtliche Daseinsvorsorge und gemeindliche Selbstverwaltung, 2000, S. 211 ff.; *Hellermann/Wieland,* in: *Püttner* [Hrsg.], Zur Reform des Gemeindewirtschaftsrechts, 2002, S. 117, 128 ff.).

e) Insbesondere: Gemeindliche Energiewirtschaft

320 Mit dem „Gesetz zur Revitalisierung des Gemeindewirtschaftsrechts" im Dezember 2010 (Rn. 304) wurde in Gestalt des § 107a GO eine **eigenständige, spezielle Regelung für die energiewirtschaftliche Betätigung** einschließlich damit unmittelbar verbundener, den Hauptzweck fördernder Dienstleistungen (insbesondere Messdienstleistungen; sog. smart metering) eingefügt. Dass die wirtschaftliche Betätigung in diesen Bereichen einem öffentlichen Zweck dient, wird gesetzlich vermutet. Besteht ein angemessenes Verhältnis zur Leistungsfähigkeit der Gemeinde, bedarf es keiner weiteren Voraussetzungen, d. h. die für die allgemeine wirtschaftliche Betätigung eingreifende sog. Funktionssperre (Rn. 318) gilt insoweit nicht. Die größte Bedeutung der Neuregelung besteht aber darin, dass nach § 107a Abs. 3 GO die überörtliche energiewirtschaftliche Betätigung unter erleichterten Voraussetzungen zugelassen wird; bei einer inländischen überörtlichen Betätigung müssen lediglich die „berechtigten Interessen" der betroffenen Kommunen gewahrt sein (vgl. § 107 Abs. 3 S. 1 und 2 GO), und bei einer Betätigung im Ausland bedarf es der Genehmigung der Kommunalaufsichtsbehörde (vgl. § 107 Abs. 3 S. 3 und 4 GO). Damit wird den Gemeinden und ihren Stadtwerken die Beteiligung an Kraftwerksprojekten im In- und Ausland, insbesondere auch an Offshore-Windparks in Nord- und Ostsee ermöglicht. Dank dieser vergrößerten Handlungsspielräume sollen die Stadtwerke sich auf dem Energiemarkt mit seinen Besonderheiten v. a. in der Konkurrenz zu den großen Energieverbundunternehmen (v. a. E.ON und RWE) besser behaupten können.

4. Die Organisationsformen gemeindlicher Unternehmen

321 Hinsichtlich der Organisationsform geht es zunächst um die Entscheidung für die Erledigung unmittelbar durch die Gemeinde selbst, was ab einer bestimmten Größenordnung regelmäßig nicht sinnvoll ist, oder aber durch ein öffentliches bzw. gemeindliches, d. h. von der Gemeinde beherrschtes Unternehmen (vgl. Rn. 325 ff.). Im letzteren Fall stellt sich weiter die Frage nach der hierfür zu wählenden Rechtsform; außerdem kann die Gemeinde unter Verwendung privatrechtlicher Organisationsformen erwägen, die Aufgabe durch ein eigenes Unternehmen, eine sog. Eigengesellschaft oder aber unter Beteiligung Privater in einem sog. gemischtwirtschaftlichen Unternehmen wahrzunehmen. Die Entscheidung zwischen diesen verschiedenen Optionen unterfällt als Ausfluss der Eigenverantwortlichkeitsgarantie (sog. Organisationshoheit; vgl. § 1 Rn. 188) dem Schutzbereich der kommunalen Selbstverwaltungsgarantie nach Art. 28 Abs. 2 GG. Sie sichert die den Gemeinden zustehende Wahlfreiheit, die insbesondere für die Entscheidung zwischen öffentlich- und privatrechtlichen Organisationsformen anerkannt ist (vgl. bereits Rn. 254 zu öffentlichen Einrichtungen), verfassungsrechtlich ab. Allerdings können „im Rahmen der Gesetze" Vorgaben gemacht werden. Die spezifischen Vorgaben dafür, in welchen Organisationsformen die Gemeinden sich mit Unternehmen und Einrichtungen betätigen bzw. daran beteiligen dürfen, finden sich in **§§ 108 ff. GO.** Diese stellen den Gemeinden einerseits bestimmte öffentlich-rechtliche Organisationsformen zur Verfügung (Rn. 322 ff.), andererseits machen sie bestimmte Vorgaben für die Wahl privater Rechtsformen (Rn. 327 ff.). So steht ein Spektrum an Organisationsformen zur Verfügung, die das Verhältnis von politisch-demokratischer Steuerung durch die Gemeinde einerseits und Autonomie des Unternehmens andererseits unterschiedlich austarieren.

a) Öffentlich-rechtliche Organisationsformen

Als öffentlich-rechtliche Organisationsform kommt danach zunächst der **Regiebetrieb** in Betracht. Als Teil der Gemeindeverwaltung ist er organisatorisch, haushaltsmäßig und rechtlich nicht verselbständigt; es gibt deshalb auch keine besondere kommunalrechtliche Regelung. Er sichert umfassende politische Steuerung, kann aber mangels eigener Organe unternehmerische Autonomie nicht wahrnehmen. In der Praxis spielt er keine große Rolle. 322

Der **Eigenbetrieb** ist ein gemeindliches wirtschaftliches Unternehmen ohne eigene Rechtspersönlichkeit (vgl. § 114 Abs. 1 GO), das jedoch haushaltsmäßig und organisatorisch verselbständigt ist. Es wird nach den Vorschriften der Eigenbetriebsverordnung (EigVO) und der jeweiligen Betriebssatzung geführt. Das Eigenbetriebsrecht ermöglicht die partielle Verselbständigung bei gleichzeitiger Kopplung an die Kommune. Trotz Führung durch eine eigene Werk- bzw. Betriebsleitung ist der Eigenbetrieb weiterhin rückgebunden an den Bürgermeister bzw. Kämmerer sowie den Werks- und Betriebsausschuss, einen besonderen Ausschuss des Rates. Vorteile bringt die finanzwirtschaftliche Selbständigkeit als Sondervermögen der Gemeinde mit der kaufmännischen doppelten Buchführung und einem eigenen Jahresabschluss. Im Bereich nichtwirtschaftlicher Betätigungen können Einrichtungen eigenbetriebsähnlich geführt werden (vgl. § 107 Abs. 2 S. 2 GO). 323

Nach § 114a Abs. 1 GO kann die Gemeinde Unternehmen in der Form der **rechtsfähigen Anstalt des öffentlichen Rechts (Kommunalunternehmen)** errichten bzw. zuvor in der Form des Regie- oder Eigenbetriebs bzw. eigenbetriebsähnlich organisierte Einheiten in eine solche Anstalt umwandeln. Die Anstalt verfügt über Rechtsfähigkeit, wird durch Ratsbeschluss geschaffen und bedarf einer Satzung (§ 114a Abs. 2 GO). Daneben können der Anstalt weitere öffentlich-rechtliche Befugnisse verliehen werden. Der Gemeinde obliegt weiterhin die sog. Gewährträgerhaftung, d. h. die unbeschränkte Haftung für die Verbindlichkeiten des Unternehmens (§ 114a Abs. 5 S. 1 GO) und die Anstaltslast, d. h. die Verpflichtung, die Anstalt für die gesamte Dauer ihres Bestehens funktionsfähig zu halten. Organisatorisch setzt sich die Anstalt aus einem Vorstand (§ 114a Abs. 6 GO) sowie einem als Überwachungsorgan konzipierten Verwaltungsrat (§ 114a Abs. 7 GO) zusammen (vgl. hierzu *Ehlers,* Das neue Kommunalwirtschaftsrecht in Nordrhein-Westfalen, NWVBl. 2000, 1). 324

In §§ 27 und 28 GkG NRW ist die neuerdings bestehende Option des „gemeinsamen Kommunalunternehmens" (Rn. 362) näher ausgestaltet. Hierbei schließen sich mehrere Gemeinden und Kreise zur gemeinsamen Aufgabenerfüllung in der Rechtsform einer Anstalt des öffentlichen Rechts in gemeinsamer Trägerschaft zusammen.

b) Privatrechtliche Organisationsformen

Entscheidet sich die Gemeinde für eine Organisationsprivatisierung bleibt die betreffende Aufgabe weiterhin in gemeindlicher Verantwortung, jedoch erfolgt ihre Wahr- 325 nehmung durch **eine gemeindlich beherrschte juristische Person des Privatrechts.** Zu differenzieren ist zwischen Eigengesellschaften (Kapitalgesellschaften in alleiniger kommunaler Trägerschaft; sog. publizistische Privatrechtsvereinigungen) und gemischtwirtschaftlichen Unternehmen, an denen Private beteiligt sind.

Typischerweise hält die Gemeinde in der Praxis die Mehrheit der Anteile an dem betreffenden Unternehmen. Ist die Gemeinde dagegen Minderheitsbeteiligter, erstreckt sich die kommunale Tätigkeit allein auf die Verwaltung des kommunalen Anteils. Vorteil dieser Beteiligungsform ist die Beschaffung privaten Kapitals und Know-hows. Schwierig ist dagegen die Verwirklichung kommunalpolitischer öffentlicher Zwecke und (angesichts der privaten Mitbeteiligung) die Steuerung des Unternehmens. In der Sache handelt es sich hier schon eher um eine Erscheinungsform der funktionalen Privatisierung, wenn auch in institutionalisierter Form (näher *Burgi,* in: Ehlers/Pünder [Hrsg.], Allgemeines Verwaltungsrecht, 15. Aufl. 2016, § 10 Rn. 14).

Eigengesellschaften und gemischtwirtschaftliche Unternehmen sind vor allem im Bereich der Versorgung (Strom, Wasser, Verkehrsleistungen etc.) und Entsorgung (Abfall, Abwasser), aber auch im sozialen oder kulturellen Bereich (z. B. Krankenhaus- oder Kunst-GmbH) verbreitet.

aa) In Betracht kommende privatrechtliche Organisationsformen

326 Die den Gemeinden zur Verfügung stehenden privaten Organisationsformen ergeben sich aus dem **BGB sowie dem Gesellschaftsrecht.** Zu nennen sind die Gesellschaft mit beschränkter Haftung (§ 1 GmbHG), die Aktiengesellschaft (§ 1 AktG), der Verein (vgl. §§ 21 ff. BGB) und die Stiftung des privaten Rechts (vgl. §§ 80 ff. BGB).

Teilweise finden sich Konzern-Strukturen (näher *Oebbecke,* VBlBW 2010, 1), d. h. unter dem Dach eines herrschenden Unternehmens werden mehrere abhängige Unternehmen zusammengefasst (§ 18 Abs. 1 AktG). Dabei ist die Errichtung einer kommunalen Holding-Gesellschaft als herrschendem Mutter-Unternehmen, der allein die Verwaltung der angeschlossenen Unternehmen obliegt, typisch. So verfügen z. B. die Kommunen oftmals unter dem Dach einer Stadtwerke-GmbH über angeschlossene Unternehmen, die durch im Beherrschungsvertrag festgelegte Weisungsrechte gesteuert werden.

bb) Kommunalrechtliche Vorgaben

327 Da nach ganz h. M. ein – auf die abschließend wahrgenommene Gesetzgebungskompetenz nach Art. 74 Abs. 1 S. 1 Nr. 1 GG gestützter – **Vorrang des Gesellschaftsrechts** besteht, kann der Kommunalgesetzgeber keine davon abweichenden Regelungen für gemeindliche Gesellschaften treffen. In dem dadurch vorgegebenen Rahmen treffen §§ 108 ff. GO jedoch Regelungen, die Voraussetzungen für die Inanspruchnahme einer der bundesgesetzlich zur Verfügung gestellten privatrechtlichen Organisationsformen durch die Gemeinde statuieren, ein Hinwirken auf bestimmte Ausgestaltungen der Satzung verlangen, kommunalen Vertretern in den Organen der Unternehmen bestimmte Pflichten auferlegen usw.

328 § 108 Abs. 1 GO enthält **allgemeine Vorschriften für die Gründung eines Unternehmens in Privatrechtsform oder die Beteiligung daran** durch die Gemeinde. Die einzelnen Regelungen dienen verschiedenen Hauptzwecken:

– Ein erstes Anliegen ist, die Verfolgung des rechtfertigenden öffentlichen Zwecks auch in privatrechtsförmigen Unternehmen der Gemeinde zu sichern. Nach § 108 Abs. 1 S. 1 Nr. 1 GO ist die Gründung eines privatrechtsförmigen Unternehmens bzw. die Beteiligung daran nur bei Vorliegen der Voraussetzungen des § 107 Abs. 1 S. 1 GO bzw. des § 107a GO zulässig. Weiter muss das Unternehmen auf einen öffentlichen Zweck ausgerichtet sein (§ 108 Abs. 1 S. 1 Nr. 7 GO); dieser wird in der Regel im Gesellschaftsvertrag festgeschrieben. Weitere Vorschriften dienen der Sicherung hinreichender demokratischer Steuerung und Kontrolle des privatrechtsförmigen Unternehmens. § 108 Abs. 1 S. 1 Nr. 6 GO verlangt deshalb, dass die Gemeinde einen angemessenen, rechtlich abgesicherten Einfluss auf das Unternehmen ausüben kann (instruktiv dazu OVG NRW, NVwZ 2007, 609).

- Außerdem soll die Gemeinde in verschiedenen Hinsichten vor finanziellen Risiken geschützt werden. Daher kommen nur diejenigen Rechtsformen des Unternehmens in Betracht, bei denen eine Haftungsbegrenzung möglich ist (§ 108 Abs. 1 S. 1 Nr. 3 GO), d. h. die Aktiengesellschaft (vgl. § 1 Abs. 1 S. 2 AktG) oder die Gesellschaft mit beschränkter Haftung (vgl. § 13 Abs. 2 GmbHG), während insbesondere die BGB-Gesellschaft und die OHG wegen der unbeschränkten Haftung der Gesellschafter ausscheiden. Auch darüber hinaus sollen übermäßige finanzielle Verpflichtungen sowie Kapitalverluste der Gemeinde vermieden werden (§ 108 Abs. 1 S. 1 Nr. 4 GO und § 108 Abs. 1 S. 1 Nr. 5 GO). Auch die näheren Vorgaben hinsichtlich der Rechnungslegung und der Jahresabschlussprüfung (§ 108 Abs. 1 S. 1 Nr. 8 GO) gehören hierher.
- § 108 Abs. 1 S. 1 Nr. 9 GO verpflichtet zur Veröffentlichung der Bezüge von Vorstands- und Aufsichtsratsgremienmitgliedern (näher *Pommer,* NWVBl. 2010, 459; krit. *Keller,* Städte- und Gemeinderat 2010, 9; *Dietlein/Riedel,* NWVBl. 2010, 453; *Kreutz,* DÖV 2012, 89), was kompetenz- (abschließende Regelung im Handelsgesetzbuch?) und grundrechtliche Fragen (Recht auf informationelle Selbstbestimmung?) aufwirft.

In den §§ 108 Abs. 2 bis 7, 108a ff. GO finden sich sehr **ausdifferenzierte ergänzende Vorschriften.** § 108 Abs. 3 GO enthält spezielle gemeindliche Pflichten bei bestehender Mehrheitsbeteiligung an einer Gesellschaft. In § 108 Abs. 4 GO ist bestimmt, dass die Form der Aktiengesellschaft gegenüber einer GmbH grundsätzlich subsidiär zur Anwendung kommt. Für die Rechtsform der GmbH sieht § 108 Abs. 5 GO vor, bestimmte Einflussnahmemöglichkeiten durch Gesellschaftsvertrag festzuhalten; insbesondere soll der Gemeinderat den bestellten oder gewählten Aufsichtsratsmitgliedern Weisungen erteilen dürfen, sofern die Bestellung eines Aufsichtsrats gesellschaftsrechtlich nicht vorgeschrieben ist (vgl. § 108 Abs. 5 Nr. 2 GO; vgl. OVG NRW, NVwZ 2007, 609; BVerwG, NJW 2011, 3735; *Strobel,* DÖV 2005, 77). Durch das GO-Reformgesetz 2007 (Rn. 32) sind in den §§ 108, 111 und 113 Änderungen vorgenommen worden mit dem Ziel, die Rolle des Rates im Bereich der (mittelbaren) Beteiligungen und bei Gründungen von Betrieben zu stärken sowie jene Aktivitäten verschärften Anforderungen zu unterwerfen. Darüber hinaus bestehen bestimmte 329

- Informations- und Prüfungsrechte sowie Berichtspflichten (dazu *Westermann/Maier,* KommJuR 2011, 169) gegenüber dem Rat (vgl. § 112 GO);
- Vertretungsregelungen der Gemeinde im Unternehmen (§ 113 GO). So vertritt ein vom Rat bestellter Vertreter die Gemeinde in den jeweiligen Gesellschaftsorganen (dazu aus gesellschaftsrechtlicher Sicht *Koch,* VerwArch 102 [2011], 1; zur Entsendung von Untervertretern vgl. *Neupert,* NWVBl. 2013, 51). Zudem muss die Gemeinde darauf hinwirken, bei Kapitalgesellschaften eines ihrer Mitglieder in den Aufsichtsrat zu entsenden. Bei ihrem Handeln unterliegen die Gemeindevertreter den inhaltlichen Bindungen der Ratsbeschlüsse;
- Anzeigepflichten gegenüber der staatlichen Aufsichtsbehörde (§ 115 GO).

Ein typischer Konfliktfall zwischen Gesellschafts- und Kommunalrecht besteht im Rahmen der Informationspflichten: Nach § 113 Abs. 5 S. 1 GO sind die gemeindlichen Vertreter verpflichtet, den Gemeinderat über alle Angelegenheiten von besonderer Bedeutung zu unterrichten. Demgegenüber sieht das Aktienrecht eine Verschwiegenheitspflicht der Aufsichtsratsmitglieder vor. Ausnahmen enthalten allerdings §§ 394, 395 AktG (vgl. zur Problematik *Altmeppen,* NJW 2003, 2561; *Westermann/Maier,* KommJuR 2011, 169).

5. Konkurrentenschutz

330 Betätigt sich eine Gemeinde wirtschaftlich, so können die **privatwirtschaftlichen Anbieter vergleichbarer Dienstleistungen** nachteilig in ihren Marktchancen betroffen sein. U.U. befinden sich die gemeindlichen Unternehmen ihnen gegenüber sogar in einer bevorzugten Position. Aus diesem Grund kommt der Einhaltung der Schrankentrias in der Praxis erhebliche Bedeutung zu. Sofern sich die Rechtsaufsichtsbehörden im Falle eines rechtswidrigen kommunalwirtschaftlichen Tätigwerdens nicht einschalten (zu deren „Reanimation" *Brüning,* DÖV 2010, 553), hängt alles davon ab, ob die privaten Konkurrenten Klage erheben können.

a) Rechtsweg

331 Der **Rechtsweg zu den Verwaltungsgerichten** gemäß § 40 Abs. 1 S. 1 VwGO ist eröffnet, da die §§ 107ff. GO als die einschlägigen Vorschriften dem Öffentlichen Recht zuzuordnen sind.

332 Nachdem die Verwaltungsgerichte lange Zeit die Klagebefugnis in diesem Bereich verneint haben (vgl. Rn. 334), so dass verwaltungsgerichtliche Klagen ohne Erfolgsaussicht waren, sind jedoch Konkurrentenklagen auch vor den **ordentlichen Gerichten** erhoben worden. Einzelne OLG's haben auf § 1 UWG a.F. (mittlerweile: § 3 UWG) rekurriert und in der Überschreitung kommunalrechtlicher Kompetenzschranken einen Sittenverstoß gesehen (OLG Hamm, NJW 1998, 3504; OLG Düsseldorf, NJW-RR 1997, 1470). Dieser Rechtsprechung hat der BGH zu Recht Einhalt geboten (vgl. BGH, NVwZ 2002, 1141 m.Anm. *Warneke,* JuS 2003, 958; NVwZ 2003, 246 m.Anm. *Heßhaus,* NWVBl. 2003, 173). § 1 UWG a.F. bezwecke nicht den Erhalt bestimmter Marktstrukturen, sondern ziele auf ein bestimmtes Verhalten in einem eröffneten Markt. Es sei nicht Sinn des § 1 UWG a.F., einen Marktzutritt unter Verstoß gegen Vorschriften des kommunalen Wirtschaftsrechts zu verbieten. Damit hat der BGH zum Ausdruck gebracht, dass die Vorschriften des kommunalen Wirtschaftsrechts keine wettbewerbsbezogene Schutzfunktion besitzen und § 1 UWG a.F. damit kein taugliches Sanktionsinstrument ist. Allein das „Wie" der gemeindlichen Betätigung unterliege dem Bereich des UWG. Daher können entsprechende Rechtsschutzbegehren nur noch vor den Verwaltungsgerichten anhängig gemacht werden.

Ein vergleichbares Problem ist im Vergaberecht aufgetreten. Das OLG Düsseldorf (NZBau 2002, 626, 628ff.) hält es für rechtmäßig, ein kommunales Unternehmen als Bieter von einem Vergabeverfahren auszuschließen, wenn die Gemeinde mit ihm gegen § 107 GO verstößt. Auch insoweit überzeugend hat das OVG NRW (NVwZ 2008, 1031, 1032f.) entgegengehalten, dass für den rechtlichen Angriff gegen den öffentlich-rechtlich geregelten Marktzutritt gemäß § 40 Abs. 1 VwGO der Verwaltungsrechtsweg gegeben sei; nur soweit der Angriff der Art und Weise der wettbewerblichen Tätigkeit gelte, sei Rechtsschutz nach Maßgabe des Wettbewerbsrechts zu suchen.

b) Klageart

333 Bei der Wahl der richtigen Klageart muss danach unterschieden werden, ob die Gemeinde selbst tätig geworden ist, oder ob sie ein rechtlich selbständiges öffentliches Unternehmen eingeschaltet hat. Im ersteren Fall ist gegen die Gemeinde eine **allgemeine Leistungsklage** gerichtet auf Unterlassen (§ 42 Abs. 1 VwGO analog) zu erheben, im letzteren Fall eine allgemeine Leistungsklage gegen die Gemeinde, gerichtet auf Einwirkung gegenüber dem gemeindeeigenen Unternehmen.

c) Klagebefugnis

Die entscheidende Frage ist, ob die privaten Konkurrenten eine Rechtsverletzung 334
durch die kommunale Wirtschaftstätigkeit behaupten können (§ 42 Abs. 2 VwGO analog). Denn die Vorschriften über die kommunale Wirtschaftstätigkeit (§§ 107 ff. GO) richten sich nicht unmittelbar an die privaten Unternehmen, sondern sie adressieren Pflichten an die Gemeinden. Entscheidend ist damit, ob den §§ 107 ff. GO individualschützender Charakter zuzusprechen ist, d.h. ob sie (zumindest auch) privaten Interessen der Konkurrenten zu dienen bestimmt sind (sog. **Schutznormtheorie**). Während dies früher überwiegend mit der Begründung, die §§ 107 ff. GO dienten allein dem öffentlichen Interesse des Schutzes der Gemeinden vor finanzieller bzw. politischer Überforderung (vgl. BVerwG, NJW 1995, 2938; VGH Bad.-Württ., NJW 1995, 274) verneint wurde, hat sich die Rechtsprechung mittlerweile in die entgegengesetzte Richtung bewegt. Nachdem der VerfGH Rh.-Pf. (NVwZ 2000, 801 = DVBl. 2000, 992, 995) bereits im Jahr 2000 der rheinland-pfälzischen Subsidiaritätsklausel (§ 85 GO Rh.-Pf.) drittschützenden Charakter zuerkannt hatte, hat das OVG NRW seit 2003 in gefestigter Rechtsprechung „jedenfalls" dem Erfordernis eines öffentlichen Zwecks nach § 107 Abs. 1 S. 1 Nr. 1 GO die drittschützende Wirkung bescheinigt (NVwZ 2003, 1520, 1521 m. Anm. *Antweiler,* NVwZ 2003, 1466; NVwZ 2005, 1211, 1212; NVwZ 2008, 1031, 1032).

Die Rechtsprechung des OVG NRW ist als gefestigt anzusehen und praktisch zugrunde zu legen. Die zugrundeliegende Annahme einer drittschützenden Wirkung des § 107 Abs. 1 S. 1 Nr. 1 GO ist jedoch nicht überzeugend. Wie sich insbesondere aus Wortlaut und systematischem Verhältnis zu § 107 Abs. 1 S. 1 Nr. 3 GO ergibt, stellt die dort geforderte Erforderlichkeit allein auf das Verhältnis zwischen dem verfolgten öffentlichen Zweck und der dazu wahrgenommenen wirtschaftlichen Tätigkeit ohne Rücksicht darauf ab, wer Träger des Unternehmens ist. Ob gerade die Gemeinde die mit Blick auf den öffentlichen Zweck erforderliche wirtschaftliche Tätigkeit übernehmen darf, regelt erst § 107 Abs. 1 S. 1 Nr. 3 GO. Diese Bestimmung kommt daher eher als drittschützend in Betracht, wenn gleich auch insoweit Zweifel bestehen. Auch der verstärkend herangezogene § 107 Abs. 5 GO dient eher dem Schutz des Handwerks und der mittelständischen Wirtschaft als dem Schutz einzelner privater Konkurrenten.

Ein Rückgriff auf die Grundrechte ist nicht erforderlich, sofern sich aus dem einfachen Recht eine Klagebefugnis ergibt. Zudem wäre er in den hier diskutierten Konkurrentenfällen angesichts der lediglich mittelbar-faktischen Grundrechtsbeeinträchtigung problematisch. Allein im Falle bestehender monopolistischer Strukturen oder bei einer schweren und unerträglichen Wettbewerbsverzerrung kann eine auf die Grundrechte gestützte Klage erfolgreich sein, denn erst dann ist ein rechtfertigungsbedürftiger Grundrechtseingriff gegeben (vgl. BVerwG, NJW 1995, 2938, 2939; VerfGH Rh.-Pf., NVwZ 2000, 801, 802; OVG NRW, NWVBl. 2003, 462, 466; OVG NRW, DÖV 2005, 616 [sogar bei freiwilliger kommunaler Betätigung; bei Pflichtaufgaben müsse grundsätzlich gar keine Rücksicht genommen werden]). Gegenteilige Auffassungen im Schrifttum (vgl. etwa *Pielow,* NWVBl. 1999, 369, 375; *Löwer,* VVDStRL 60 [2001], 416, 418 ff.; diff. *Pieroth/Hartmann,* DVBl. 2002, 421; wieder anders *Jarass,* DÖV 2002, 489, 492 ff.) konnten sich nicht durchsetzen.

d) Begründetheit

Eine allgemeine Leistungsklage (auf Unterlassen kommunalwirtschaftlicher Betätigung bzw. auf Einwirken gegenüber dem kommunalen Unternehmen) ist begründet, 335
wenn ein Verstoß gegen die §§ 107 ff. GO vorliegt und der klagende private Konkurrent dadurch in seinen Rechten verletzt ist. Letzteres dürfte angesichts der neueren verwaltungsgerichtlichen Rechtsprechung zur Klagebefugnis regelmäßig anzunehmen sein. Angesichts der Weite der Schrankentrias dürfen die **Erfolgsaussichten** einer Klage allerdings nicht überschätzt werden.

6. Anhang

336 **Literatur:** *Hellermann,* Örtliche Daseinsvorsorge und gemeindliche Selbstverwaltung, 2000; *Schneider,* Der Staat als Wirtschaftssubjekt und Steuerungsakteur, DVBl. 2000, 1250; *Storr,* Der Staat als Unternehmer, 2001; *Löwer,* Der Staat als Wirtschaftssubjekt und Auftraggeber, VVDStRL 60 (2001), 416; *Burgi,* Verwalten durch öffentliche Unternehmen im europäischen Institutionenwettbewerb, VerwArch 93 (2002), 255; *Rennert,* Der Selbstverwaltungsgedanke im kommunalen Wirtschaftsrecht, DV 35 (2002), 319; *Ehlers,* Gutachten E für den 64. DJT, in: Ständige Deputation des DJT (Hrsg.), Band I, 2002; *Mann,* Öffentliche Unternehmen im Spannungsfeld von öffentlichem Auftrag und Wettbewerb, JZ 2002, 819; *Strobel,* Verschwiegenheits- und Auskunftspflicht kommunaler Vertreter im Aufsichtsrat öffentlicher Unternehmen, 2002; *Will,* Die besonderen Prüfungs- und Unterrichtungsrechte der Gemeinden gegenüber ihren Kapitalgesellschaften aus §§ 53, 54 HGrG, DÖV 2002, 319; *Mann,* Die öffentlich-rechtliche Gesellschaft, 2002; *Burgi,* Neue Organisations- und Kooperationsformen im europäisierten kommunalen Wirtschaftsrecht, in: Ruffert (Hrsg.), Recht und Organisation, 2003, 55; *Kummer,* Vom Eigen- oder Regiebetrieb zum Kommunalunternehmen, 2003; *Papier,* Kommunale Daseinsvorsorge im Spannungsfeld zwischen nationalem Recht und Gemeinschaftsrecht, DVBl. 2003, 686; *Diefenbach,* § 1 UWG als Schranke wirtschaftlicher Betätigung der Kommunen, WiVerw 2003, 99; *Uhlenhut,* Wirtschaftliche Betätigung der Gemeinden außerhalb ihres Gebietes, 2004; *Britz,* „Kommunale Gewährleistungsverantwortung", DV 37 (2004), 145; *Lübbecke,* Das Kommunalunternehmen, 2004; *Franz,* Gewinnerzielung durch kommunale Daseinsvorsorge, 2005; *Huber* und *Ehlers,* in: Henneke (Hrsg.), Öffentlicher Auftrag bei sich wandelnden Marktbedingungen, 2007; *Wendt,* Rechtsschutz gegen wirtschaftliche Betätigung von Gemeinden, in: Ennuschat u. a., GS Tettinger, 2007, 335; *Kluth, Nierhaus, Oebbecke, Wendt, Mann, Hoffmann* und *Gerlings* in: HdbKWP II, §§ 39 bis 42, 46, 51 und 52; *Fabry/Augsten* (Hrsg.), Handbuch Unternehmen der öffentlichen Hand, 2. Aufl. 2011; *Hoppe/Uechtritz/Reck* (Hrsg.), Handbuch kommunale Unternehmen, 3. Aufl., 2012; *Geis/Madeja,* Kommunales Wirtschafts- und Finanzrecht – Teil I, JA 2013, 248; *Schmidt,* Rechtliche Rahmenbedingungen und Perspektiven der Rekommunalisierung, DÖV 2014, 357; *Lange,* Öffentlicher Zweck, öffentliches Interesse und Daseinsvorsorge als Schlüsselbegriffe des kommunalen Wirtschaftsrechts, NVwZ 2014, 616; *Wurzel/Schraml/Becker* (Hrsg.), Rechtspraxis der kommunalen Unternehmen, Handbuch, 3. Aufl. 2015; *Otto/Quick,* Die Novelle des § 108a und der neue § 108b Gemeindeordnung Nordrhein-Westfalen (GO NW), NWVBl. 2015, 171.

Klausurfälle: *Detterbeck,* Die kommunale Heiratsvermittlung, JuS 2001, 1199; *Winkler,* Gelbengrün GmbH, JA 2004, 144; *Jarass/Minker,* Konkurrenz auf dem Strommarkt, NWVBl. 2004, 160; *Bickenbach,* Städtisches Messezentrum, JuS 2006, 1091; *Karkaj,* Konkurrenzkampf der Kommunen, JA 2007, 35.

Kontrollfragen:

1. Welche Aussage trifft Art. 28 Abs. 2 GG hinsichtlich der kommunalen Wirtschaftsbetätigung?
2. Erläutern Sie die sog. Schrankentrias!
3. Kann eine kommunalwirtschaftliche Betätigung auch über die Grenzen des Gemeindegebiets hinaus, d. h. überörtlich, wahrgenommen werden?
4. Steht privaten Konkurrenten gegen die kommunalwirtschaftliche Tätigkeit Rechtsschutz offen?
5. Die Gemeinden haben die Wahlfreiheit, ihre Aufgaben öffentlich-rechtlich oder privatrechtlich zu erfüllen. Welcher Organisationsformen können sie sich dabei bedienen?
6. Was bedeutet Organisationsprivatisierung und wo ist sie für die gemeindliche Wirtschaftsbetätigung geregelt?

E. Kreise und weitere kommunale Träger

I. Die Kreise

1. Bestand und Rechtsstellung

337 Die Kreise sind Verwaltungsträger in Form von **Gebietskörperschaften,** die sich aus mehreren Gemeinden zusammensetzen (§ 1 Abs. 2 KrO). Das Kreisgebiet besteht aus der Gesamtheit der zum Kreis gehörenden Gemeinden (§ 15 KrO), deren Einwohner auch die Einwohner des Kreises bilden (§ 20 KrO).

Eine Besonderheit ist die „Städteregion Aachen" im Raum Aachen. Sie ist durch G. vom 26. Februar 2008 (GV.NRW. S. 162) als Rechtsnachfolgerin des Kreises Aachen (und mit der Rechtsstellung eines Kreises) entstanden, bestehend aus der Stadt Aachen und den früheren kreisangehörigen Gemeinden.

Art. 28 Abs. 2 S. 2 GG garantiert den Kreisen als Gemeindeverbänden das **Recht der kommunalen Selbstverwaltung.** Art. 28 Abs. 2 S. 2 GG wirkt zunächst als institutionelle Rechtssubjektsgarantie, d. h., dass u. U. zwar einzelne Kreise beseitigt werden könnten, stets aber Gebilde, die als Kreise zu qualifizieren sind, fortexistieren müssen. Weiterhin wirkt Art. 28 Abs. 2 S. 2 GG als Rechtsinstitutionsgarantie (vgl. Rn. 24; § 1 Rn. 178ff.). Allerdings ist der Gewährleistungsgehalt dieser Bestimmung schwächer als der des Art. 28 Abs. 2 S. 1 GG. Anders als den Gemeinden ist den Kreisen keine Allzuständigkeit und kein freies Aufgabenzugriffsrecht garantiert. Die Zuweisung eines Aufgabenbereichs obliegt allein dem Gesetzgeber, der aber den Kreisen bestimmte Aufgaben als Selbstverwaltungsaufgaben zuweisen muss. Auf diese Aufgaben erstreckt sich die Selbstverwaltungsgarantie des Art. 28 Abs. 2 S. 2 GG, für die insoweit grundsätzlich nichts anderes gilt als für die Gemeinden nach Art. 28 Abs. 2 S. 1 GG (BVerfGE 83, 363, 383; 119, 331, 352ff.; krit. hierzu *Schoch,* DVBl. 2008, 937, 939f.). Ebenso wie Art. 28 Abs. 2 S. 2 GG gewährleistet auch Art. 78 Abs. 1 LV den Kreisen das Recht der kommunalen Selbstverwaltung (VerfGH NRW, NWVBl. 1997, 332, 336). Er geht durch die Erwähnung der Wahl der Organe sogar über die grundgesetzliche Garantie hinaus. Zusätzlich bestimmt Art. 78 Abs. 2 LV, dass vorbehaltlich anderweitiger gesetzlicher Regelungen auch die Kreise in ihrem Gebiet die alleinigen Träger der öffentlichen Verwaltung sind (vgl. Rn. 57 und § 1 Rn. 194f.). 338

Im Verhältnis zu den Gemeinden sind die Kreise ebenso wie Bund und Land Adressaten der Verpflichtungen der Selbstverwaltungsgarantie.

2. Finanzierung

Neben den allgemeinen, im Abschnitt über die Gemeinden (Rn. 50ff.) skizzierten kommunalen Finanzierungsquellen ist die Vorschrift des § 56 Abs. 1 KrO von Bedeutung. Hiernach sind die Kreise ermächtigt, von den kreisangehörigen Gemeinden eine jährlich neu festzusetzende **Kreisumlage** zu erheben. Diese ursprünglich als Restfinanzierungsmittel für Spitzenbedarfe gedachte Kreisumlage hat sich in den letzten Jahrzehnten faktisch zur bedeutendsten Einnahmequelle der Kreise entwickelt. Die Folge ist ein oftmals spannungsgeladenes Verhältnis zwischen kreisangehörigen Gemeinden und ihren Kreisen (vgl. *Schink,* DVBl. 2003, 417; *Thormann,* NWVBl. 2011, 168). Die kreisangehörigen Gemeinden sind bei der Festsetzung der Kreisumlage nach § 55 KrO zu beteiligen (vgl. OVG NRW, NWVBl. 2011, 19). Das BVerwG (DVBl. 2013, 651) hat eine finanzielle Grenze zulasten der Kreisumlage im Anspruch auf finanzielle Mindestausstattung der Gemeinden gesehen. Für die Haushalts- und Wirtschaftsführung der Kreise, insbesondere die wirtschaftliche Betätigung (Rn. 296ff.), gelten gemäß § 53 Abs. 1 GO die Vorschriften des 8. bis 11. Teils der GO entsprechend. An der Aufstellung der Haushaltssatzung sind die Gemeinden zu beteiligen (§§ 54f. KrO). 339

Nach OVG NRW, NWVBl. 2005, 431, steht den Gemeinden ein Unterlassungsanspruch zu, wenn der Kreis auf ihre Kosten rechtswidrig Aufgaben wahrnimmt.

3. Aufgaben

a) Wirkungskreis

Der Wirkungsbereich der Kreise erstreckt sich vorbehaltlich anderweitiger gesetzlicher Regelungen auf die auf ihr Gebiet begrenzten überörtlichen Angelegenheiten. 340

Das Kriterium der **Überörtlichkeit** dient der Abgrenzung gegenüber dem Wirkungsbereich der kreisangehörigen Gemeinden. Die Aufgaben des Kreises gliedern sich in originäre Kreisaufgaben, Ergänzungsaufgaben und Ausgleichsaufgaben (zu den beiden letzteren vgl. *Dietlein/Lotz,* in: Ennuschat u. a., GS Tettinger, 2007, 215).

341 **Originäre Kreisaufgaben** sind Aufgaben, die sich notwendig auf den Verwaltungsraum des Kreises und die gemeinsamen Bedürfnisse der Kreiseinwohner beziehen. Sie setzen sich zusammen einerseits aus Existenzaufgaben und andererseits aus kreisintegralen Aufgaben. Existenzaufgaben sind diejenigen Aufgaben, die den Bestand und die Funktionsfähigkeit des Kreises an sich gewährleisten. Diese Aufgaben sind von ihrer Natur her an die Existenz des jeweiligen Kreises gekoppelt. Demgegenüber sind kreisintegrale Aufgaben auf den typisch größeren Gebietszuschnitt des Kreises bezogen. Sie entstehen in einem überkommunalen Raum und können daher – unabhängig von deren organisatorischer und finanzieller Leistungsfähigkeit – nicht von einer einzelnen kreisangehörigen Gemeinde wahrgenommen werden.

Beispiele: Existenzaufgaben sind etwa die Organisations- und Personalverwaltung, die Vermögensverwaltung, die Datenverarbeitung etc. Kreisintegrale Aufgaben sind u. a. der Bau und die Instandhaltung von Kreisstraßen, der öffentliche Personennahverkehr, die Landschaftsplanung sowie die regionale Wirtschafts- und Tourismusförderung.

342 Die **Ergänzungsaufgaben** werden bestimmt durch die Leistungsfähigkeit der kreisangehörigen Gemeinden. Ergänzungsaufgaben sind diejenigen Aufgaben, die die kreisangehörigen Gemeinden mangels der erforderlichen Verwaltungs- und Finanzkraft in eigener Verantwortung nicht zureichend bewältigen können. In diesem Fall darf subsidiär anstelle der Gemeinden der Kreis tätig werden. Vor dem Hintergrund von Art. 28 Abs. 2 S. 1 GG unterliegt die Beurteilung der Leistungskraft der einzelnen kreisangehörigen Gemeinden strengen Maßstäben. Allein Wirtschaftsüberlegungen oder das Bestreben, ein einheitliches Leistungs- und Kostenniveau zu erzielen, rechtfertigen ein Erstarken zur ergänzenden Aufgabe des Kreises nicht. Vorrangig gegenüber einem Aufgabenzugriff des Kreises ist nach § 2 Abs. 1 S. 3 KrO die Aufgabenwahrnehmung im Wege kommunaler Gemeinschaftsarbeit (Rn. 362 ff.). Kann die Gemeinde die Aufgabe wieder eigenständig wahrnehmen, entfällt die Ergänzungszuständigkeit des Kreises.

Die Zuständigkeit des Kreises für Ergänzungsaufgaben folgt nicht zwangsläufig aus der Eigenschaft der Aufgabe. Vielmehr kann grundsätzlich jede kommunale Aufgabe zur ergänzenden Kreisaufgabe werden, soweit sie die Leistungsfähigkeit der einzelnen Gemeinde übersteigt. Da der Ergänzungsfall regelmäßig keine das gesamte Gebiet des Kreises umfassende Kompetenz begründet, kann der Bestand an Ergänzungsaufgaben innerhalb eines Kreises variieren. Was in das Leistungsvermögen einer großen kreisangehörigen Gemeinde fällt, mag im Einzelfall für kleinere Gemeinden desselben Kreises faktisch nicht mehr zu bewältigen sein. In diesem Zusammenhang ist u. a. die Staffelung von bestimmten Aufgaben nach der Gemeindegröße in § 4 GO (vgl. Rn. 45) zu sehen.

Beispiele: Ergänzungsaufgaben sind in der Praxis oftmals der Betrieb von Gesundheitseinrichtungen (v. a. Krankenhäuser), Abfallbeseitigungsanlagen etc., aber auch die ergänzende Subventionierung privater Dritter innerhalb einer kreisangehörigen Gemeinde durch den Kreis (BVerwG, NVwZ 1998, 63, 65).

343 Auch die **Ausgleichsaufgaben** haben die subsidiäre Unterstützung der kreisangehörigen Gemeinden zum Gegenstand. Können die Gemeinden bestimmte, ihnen obliegende Angelegenheiten der örtlichen Gemeinschaft nicht wahrnehmen, weil ihre

Verwaltungs- oder Finanzkraft dazu nicht ausreicht, dürfen die Kreise auf landesrechtlicher Grundlage den Gemeinden ausgleichend administrative oder finanzielle Hilfe gewähren. Die Wahrnehmung der jeweiligen gemeindlichen Aufgabe, auf die die Hilfe des Kreises bezogen ist, verbleibt dabei in der Kompetenz der einzelnen Gemeinde. Die Ausgleichsaufgaben stellen die eigene Aufgabenwahrnehmung der Gemeinde nicht in Frage, sondern setzen sie voraus und kommen ihr – jedenfalls im Grundsatz – zugute.

Beispiele: Gewährung von Zuschüssen an die kreisangehörigen Gemeinden (BVerwG, NVwZ 1998, 63, 65); Unterstützung der Gemeinden im baurechtlichen Bodenordnungsverfahren (§ 9 Abs. 2 S. 1 BauGB DVO) oder bei der Brandschau (§ 6 Abs. 2 S. 4 FSHG NRW).

b) Aufgabentypen und staatliche Aufsicht

Vom Aufgabentypus her ist wie bei den Gemeinden (vgl. Rn. 62ff.) auch auf **344**
Kreisebene zwischen freiwilligen und weisungsfreien pflichtigen Selbstverwaltungsaufgaben, Pflichtaufgaben zur Erfüllung nach Weisung und Auftragsangelegenheiten zu differenzieren. Freiwillige Selbstverwaltungsaufgaben sind Aufgaben, bei denen „Ob" und „Wie" der Wahrnehmung in das Ermessen des Kreises gestellt sind; dem Kreis steht insoweit ein Aufgabenfindungsrecht zu. Kennzeichnend für weisungsfreie pflichtige Selbstverwaltungsaufgaben ist, dass die Kreise gesetzlich zwar zur Wahrnehmung bestimmter Aufgaben verpflichtet sind, ihnen aber das „Wie" der Wahrnehmung grundsätzlich überlassen bleibt (vgl. § 2 Abs. 2 S. 1 und 2 KrO). Bei den Pflichtaufgaben zur Erfüllung nach Weisung hat sich das Land gemäß Art. 78 Abs. 3 S. 2 LV ein Weisungsrecht vorbehalten. Hinsichtlich der Auftragsangelegenheiten (vgl. § 64 KrO) ist auf die Darstellungen zur Rechtslage bei den Gemeinden (Rn. 57ff., 69f.) zu verweisen.

Beispiele: Der Betrieb von Archiven und Kultureinrichtungen ist eine freiwillige Aufgabe. Örtliche Sozialhilfe (§ 3 Abs. 2 S. 1 SGB XII) sowie unter den Voraussetzungen des § 78 Abs. 4 S. 4 SchulG NRW die Errichtung von Realschulen, Gesamtschulen und Gymnasien sind weisungsfreie pflichtige Selbstverwaltungsaufgaben. Pflichtaufgaben zur Erfüllung nach Weisung finden sich im allgemeinen Ordnungsrecht (§§ 3 Abs. 1 Hs. 1, 9 OBG) sowie im Sonderordnungsrecht (z.B. die Bauaufsicht; §§ 3 Abs. 1 Hs. 2, 9 OBG i.V.m. § 57 Abs. 1 S. 1 Nr. 3 lit. b BauO).

Besondere Bedeutung auf der Kreisebene hat das Rechtsinstitut der sog. **Organleihe** **345**
(vgl. Rn. 71f.). Es ist dadurch gekennzeichnet, dass ein Organ des Kreises damit beauftragt wird, Aufgaben des Landes wahrzunehmen, weil es dem Land hierfür auf der entsprechenden Verwaltungsebene an einem eigenen Organ fehlt. Das „entliehene Kreisorgan" wird – ohne dass es zu einer Zuständigkeitsveränderung kommt – als Organ (bzw. „verlängerter Arm") des Landes tätig, dessen Fach- und Dienstaufsicht es unterliegt (§§ 11ff. LOG). Die von ihm getroffenen Maßnahmen sind dem Land zuzurechnen. Im Wege der Organleihe tätig wird auf Kreisebene insbesondere der Landrat, der gemäß § 58 Abs. 1 KrO neben dem Kreisausschuss die Aufgaben der unteren staatlichen Verwaltungsbehörde wahrnimmt.

Bei der Erfüllung ihrer Aufgaben sind die Kreise der **Staatsaufsicht** unterworfen. **346**
Dies beurteilt sich nach den bei den Gemeinden darzustellenden Grundsätzen (Rn. 57ff.); vgl. § 52 Abs. 3 KrO. Dabei ist zu differenzieren zwischen der allgemeinen Aufsicht (§ 57 Abs. 1 KrO) und der Sonderaufsicht (§ 57 Abs. 2 KrO).

Dem Landrat selbst kommt als untere staatliche Verwaltungsbehörde gemäß § 58 Abs. 1 KrO im Wege der Organleihe die Aufsicht über die kreisangehörigen Gemeinden zu.

c) Handlungsformen und Instrumente

347 Zur Erfüllung ihrer Aufgaben stehen den Kreisen sämtliche **Handlungsformen** (Verwaltungsakte, Verwaltungsverträge etc.) einschließlich des Rechts zum Satzungserlass (§ 5 KrO) zur Verfügung (vgl. hierzu Rn. 219 ff.). Zur Erfüllung von Leistungsaufgaben können sie u. a. öffentliche Einrichtungen gründen (vgl. §§ 6, 7 KrO); dies ist nach identischen Grundsätzen wie im Gemeindebereich (vgl. Rn. 249 ff.) zu beurteilen. Auf die wirtschaftliche Betätigung sind die §§ 107 ff. GO entsprechend anzuwenden (§ 53 Abs. 1 KrO).

4. Kreisorgane

348 Anders als die Gemeindeordnung, die als kommunale Vertretungsorgane lediglich den Rat und den Bürgermeister vorsieht (vgl. Rn. 139, 179), kennt die Kreisordnung **drei vollwertige Organe:** den Kreistag, den Landrat und den Kreisausschuss.

a) Der Kreistag

349 Der Kreistag ist **das demokratisch gewählte Vertretungsorgan** der Bürgerschaft i. S. v. Art. 28 Abs. 1 S. 2 GG. Die Kreistagsmitglieder werden auf die Dauer von fünf Jahren gewählt (§ 27 Abs. 1 S. 1 KrO). Das Wahlverfahren bestimmt sich gemäß § 27 Abs. 1 S. 2 KrO nach dem KWahlG (Rn. 115 ff.). Die Rechts- und Pflichtenstellung der Kreistagsmitglieder (vgl. §§ 28 ff. KrO) ist grundsätzlich identisch mit derjenigen der Ratsmitglieder (Rn. 164 ff.).

349a Die **Organkompetenzen** des Kreistags sind normiert in § 26 KrO. Gemäß § 26 Abs. 1 S. 2 KrO ist der Kreistag ausschließlich zuständig u. a. für die Festlegung allgemeiner Grundsätze der Verwaltung des Kreises, die Wahl der Mitglieder des Kreisausschusses und den Erlass von Satzungen. Gemäß § 26 Abs. 1 S. 3 KrO kann die Erledigung bestimmter Geschäfte an den Kreisausschuss delegiert werden. Nicht vorgesehen ist hingegen die Übertragung von Zuständigkeiten auf Ausschüsse des Kreistags oder auf den Landrat (vgl. demgegenüber § 41 Abs. 2 S. 1 GO und hierzu Rn. 147, 191). Soweit die KrO keine anderweitige Zuständigkeitsregelung enthält, ist der Kreistag gemäß § 26 Abs. 1 S. 1 Alt. 1 KrO überdies zuständig in allen Angelegenheiten, die ihrer Bedeutung nach seiner Entscheidung bedürfen. Diese Bestimmung bleibt in ihrem Gewährleistungsgehalt hinter § 41 Abs. 1 GO zurück, wonach grundsätzlich eine Allzuständigkeit des Rates begründet wird (vgl. Rn. 153 ff.). Der Kreistag kann mittels (Satzungs-)Beschluss zudem auf die Kompetenzen der anderen Kreisorgane zugreifen, soweit dies nicht im Widerspruch zu den der KrO normierten Organkompetenzen steht (§ 26 Abs. 1 1 Alt. 2 KrO). Schließlich obliegt dem Kreistag nach § 26 Abs. 2 S. 1 Hs. 2 KrO die Kontrolle der Durchführung seiner Beschlüsse sowie des Ablaufs der Verwaltungsangelegenheiten. Zu diesem Zweck gewährt ihm die KrO gegenüber dem Landrat bestimmte Unterrichtungs- und Akteneinsichtsrechte (§§ 26 Abs. 2 S. 1 Hs. 1, 2 KrO).

350 Die **Binnenorganisation** des Kreistags ist vergleichbar mit derjenigen des Rates (Rn. 141 ff.). Den Vorsitz im Kreistag führt der Landrat (§ 25 Abs. 2 S. 1 KrO), der, ebenso wie der Bürgermeister (Rn. 179 ff.), seit 2007 auch Mitglied des Kreistags ist (§ 25 Abs. 1 KrO). Gemäß § 25 Abs. 2 S. 3 KrO hat der Landrat grundsätzlich das gleiche Stimmrecht wie die anderen Kreistagsmitglieder. Nach § 36 Abs. 1 KrO steht ihm die Ausübung der Ordnung in den Sitzungen sowie des Hausrechts zu (Rn. 167 ff.).

Die Bildung von Fraktionen (Rn. 149ff.) erfolgt nach § 40 KrO, die Bildung von Ausschüssen (Rn. 143ff.) des Kreistags auf der Grundlage von § 41 KrO. An die Stelle des gemeindlichen Haupt- und Finanzausschusses tritt der Kreisausschuss als eigenständiges, vollwertiges Kreisorgan. Das Verfahren der Beratung und Beschlussfassung (Rn. 158ff.) im Kreistag richtet sich nach den §§ 32ff. KrO.

b) Der Landrat

Der Landrat bildet das dem Bürgermeister der Gemeinde vergleichbare Organ des Kreises. Ihm kommt eine **Doppelfunktion** zu, indem er einerseits Aufgaben des Kreises und andererseits im Wege der Organleihe staatliche Aufgaben wahrnimmt (Rn. 71f.). Vor diesem Hintergrund wird der Landrat als „Mittler zwischen Staatsverwaltung und kommunaler Selbstverwaltung" bezeichnet. In seiner Eigenschaft als Kreisorgan erfüllt der Landrat nicht nur eine repräsentative Funktion (§ 25 Abs. 2 S. 2 KrO), sondern ist zugleich – seit der Abschaffung der ursprünglich auch auf Kreisebene anzutreffenden Doppelspitze (vgl. Rn. 15) aus Oberkreisdirektor und Landrat als Inhaber eines Ehrenamtes – Leiter der Kreisverwaltung und damit Dienstvorgesetzter aller Mitarbeiter der Kreisverwaltung (§ 49 Abs. 1 KrO). Ihm ist gemäß § 42 KrO die Führung der sogenannten Geschäfte der laufenden Verwaltung, die Leitung und Verteilung der Geschäfte sowie die Vorbereitung und Durchführung der Beschlüsse des Kreistags und des Kreisausschusses ausschließlich vorbehalten; ferner obliegt ihm grundsätzlich die gesetzliche Vertretung des Kreises in Rechts- und Verwaltungsgeschäften und die Erledigung der vom Kreisausschuss übertragenen Angelegenheiten. Anders als der Bürgermeister wird der Landrat insoweit aus eigenem Recht tätig, eine der Vorschrift des § 41 Abs. 3 GO (Rn. 191) vergleichbare Fiktion kennt die KrO nicht. Die Wahl des Landrats erfolgt gemäß § 44 KrO i.V.m. §§ 46bff. KWahlG unmittelbar durch die Bürgerschaft. Ebenso wie bei den Bürgermeistern erfolgt, wenn in einem ersten Wahlgang keiner der Bewerber eine absolute Mehrheit der gültige Stimmen erreicht hat, eine Stichwahl zwischen den beiden im ersten Wahlgang erfolgreichsten Bewerbern (vgl. Rn. 125). 351

c) Der Kreisausschuss

Der Kreisausschuss bildet als einziger **Pflichtausschuss** des Kreistags das dritte Organ der Kreise. Seine Zusammensetzung ist in § 51 KrO geregelt (vgl. dazu OVG NRW, NWVBl. 2005, 135). Der kreisinterne Aufgabenbereich ist vergleichbar mit dem des gemeindlichen Hauptausschusses, zusätzlich sind ihm durch die KrO weitere Kompetenzen zugewiesen. Im Außenverhältnis nimmt er – neben dem Landrat – die Aufgaben der unteren staatlichen Verwaltungsbehörde wahr (§ 58 Abs. 1 KrO). Nach dem Kreistag ist er das wichtigste politische Leitungsorgan des Kreises. 352

Beispiel: Entscheidungen des Landrats im Rahmen der allgemeinen Aufsicht über kreisangehörige Gemeinden sowie deren Körperschaften, Anstalten und Stiftungen bedürfen gemäß § 59 Abs. 1 S. 2 KrO der Zustimmung des Kreisausschusses als untere staatliche Verwaltungsbehörde.

Im Innenverhältnis gegenüber den anderen Kreisorganen begründet § 50 Abs. 1 S. 1 KrO eine Auffangzuständigkeit des Kreisausschusses. Der Kreisausschuss beschließt über alle Angelegenheiten, die nicht dem Kreistag oder dem Landrat zur Wahrnehmung zugewiesen sind. Eine Einschränkung erfährt diese **Kompetenzregelung** durch das in § 26 Abs. 1 S. 1 Alt. 2 KrO vorgesehene Zugriffsrecht des Kreistags (Rn. 349). § 50 353

Abs. 4 KrO gewährt dem Kreisausschuss abgesehen davon ein Delegationsrecht an den Landrat. Gemäß § 50 Abs. 1 S. 2 Alt. 1 KrO obliegt dem Kreisausschuss die Vorbereitung der Beschlüsse des Kreistags. Die Kreisordnung geht insoweit nicht von einem Konkurrenzverhältnis zwischen Landrat und Kreisausschuss aus, sondern von einem arbeitsteiligen Zusammenwirken. Nach § 50 Abs. 1 S. 2 Alt. 2 KrO überwacht der Kreisausschuss die Geschäftsführung des Landrats, gemäß § 50 Abs. 2 KrO entscheidet er über die Planungen des Landrats in besonders bedeutsamen Verwaltungsangelegenheiten, dem Landrat kommt insoweit eine Unterrichtungspflicht zu. § 50 Abs. 3 KrO schließlich erklärt den Kreisausschuss in Dringlichkeitsangelegenheiten des Kreistags für zuständig.

5. Anhang

354 **Literatur:** *Beckmann,* Die Wahrnehmung von Ausgleichs- und Ergänzungsaufgaben durch die Kreise und ihre Finanzierung über die Kreisumlage, DVBl. 1990, 1193; *Schoch,* Aufgaben und Funktionen der Landkreise, DVBl. 1995, 1047; *Schwarz,* Zum Verhältnis der Landkreise und kreisangehörigen Gemeinden, NVwZ 1996, 1182; *Stern,* Die Kreise in Nordrhein-Westfalen – Bedeutung und Perspektiven kommunaler Selbstverwaltung, NWVBl. 1997, 361; *Henneke,* Entwicklungen der inneren Kommunalverfassung am Beispiel der Kreisordnungen, DVBl. 2007, 87; *ders.,* Das verfassungsrechtliche Verhältnis zwischen Städten, Gemeinden und Kreisen, Der Landkreis 2008, 172; *Oebbecke,* Kommunale Umlagen, DV 42 (2009), 247; *Tepe,* Verfassungsrechtliche Vorgaben für Zuständigkeitsverlagerungen zwischen Gemeindeverbandsebenen, 2009; *Henneke/Ritgen,* Die Direktwahl der Landräte, DÖV 2010, 665; *Schmidt,* „In dubio pro municipio?“: Zur Aufgabenverteilung zwischen Landkreisen und Gemeinden, DÖV 2013, 509; *Pielow/Groneberg,* Die deutschen Landkreise, JuS 2014, 794; *Schmidt-Aßmann,* Stellung und Aufgaben der Landkreise im Spiegel älterer kommunalwissenschaftlicher Literatur – Rechtshistorische Reflektionen –, DVBl. 2016, 1001; *Meyer,* Grundgesetz und Kreisumlage, NVwZ 2019, 1254.

Klausurfall: *Dietlein/Hellermann,* „Streit in der kommunalen Familie“, in: Klausurenbuch Öffentliches Recht in NRW, 3. Aufl. 2021, Fall 12.

Kontrollfragen:

1. Wie sieht die Aufgabenstruktur des Kreises aus?
2. Welche Organe hat der Kreis? Sind die Kreisorgane vergleichbar mit den Organen der Gemeinde?
3. In welchen Funktionen kann ein Landrat in Nordrhein-Westfalen tätig werden?

II. Die Landschaftsverbände

1. Bestand und Rechtsstellung

355 Die Landschaftsverbände („Rheinland“ mit Sitz in Köln und „Westfalen-Lippe“ mit Sitz in Münster) dienen der Ermöglichung von **Selbstverwaltung auf der regionalen Ebene,** d. h. zwischen der örtlichen bzw. der kreislichen und der staatlichen Ebene (ausführlich zu Genese, Bedeutung und Zukunft *Burgi/Ruhland,* Regionale Selbstverwaltung durch die Landschaftsverbände in Nordrhein-Westfalen im Spiegel von Rechtsprechung und Rechtsliteratur, 2003). Sie setzen sich als mitgliedschaftlich verfasste Gebietskörperschaften aus den Kreisen und kreisfreien Städten ihres Gebietes zusammen. Der VerfGH NRW hat in einem Grundsatzurteil vom 26. Juni 2001 klargestellt, dass Landschaftsverbände Gemeindeverbände i. S. d. Art. 78 LV sind (NWVBl. 2001, 340; krit.: *Ehlers,* DVBl. 2001, 160; *Görisch,* NWVBl. 2002, 418). Das Selbstverwaltungsrecht unterscheidet sie von den staatlichen Bezirksregierungen und sichert ihnen einen verfassungsrechtlichen Mindestschutz gegenüber etwaigen Veränderungen ihres Aufgabenbereichs bis hin zur Auflösung; entsprechende Diskussionen gibt es im-

mer wieder im Hinblick auf eine Neuordnung der Mittelinstanzen (neben den Landschaftsverbänden die Bezirksregierungen) in NRW (vgl. hierzu *Burgi,* NWVBl. 2004, 131; *Oebbecke,* in: ders. u.a. [Hrsg.], Kommunalverwaltung in der Reform, 2004, S. 42ff.; *Erichsen,* in: Butzer/Kaltenborn/Meyer, FS Schnapp, 2008, 613); aktuell ist aber kein Reformwille erkennbar.

Beispiel: Nach VerfGH NRW (NWVBl. 2001, 340) ist die durch das Zweite Modernisierungsgesetz vom 9.5.2000 (GV.NRW. S. 462) erfolgte Überleitung der bis dahin von den Landschaftsverbänden wahrgenommenen Aufgaben im Bereich der Straßenbauverwaltung in die Trägerschaft des Landes mit Art. 78 LV vereinbar. Es habe sich hierbei um eine „nicht-kommunale" Aufgabe gehandelt, gegen deren Entzug Art. 78 LV keinen Schutz bieten könne (kritisch *Burgi,* NWVBl. 2004, 131, 133).

2. Aufgaben

Den Landschaftsverbänden steht keine Allzuständigkeit im Sinne des freien Zugriffs 356 auf regionale Aufgaben zu. Ihr Aufgabenbereich ist abschließend bestimmt in **§ 5 LVerbO.** Hiernach sind die Landschaftsverbände insbesondere überörtliche Träger der Sozialhilfe; hierbei handelt es sich um menschlich wie ökonomisch höchst bedeutsame Aufgaben. Ferner obliegt ihnen die landschaftliche Kultur- und Denkmalpflege sowie die Gewährträgerschaft bestimmter Landesanstalten, die Beteiligung an Versorgungs- und Verkehrsunternehmen mit regionaler Bedeutung und die Geschäftsführung der kommunalen Versorgungskassen. Neue Aufgaben können den Landschaftsverbänden nur durch Gesetz oder aufgrund eines Gesetzes übertragen werden, das gleichzeitig die Finanzierung dieser neuen Aufgaben zu regeln hat (§ 5 Abs. 5 LVerbO).

3. Organe

Wie die Kreise haben auch die Landschaftsverbände **drei vollwertige Organe:** die 357 Landschaftsversammlung, den Direktor des Landschaftsverbandes und den Landschaftsausschuss:

Die **Landschaftsversammlung** (§§ 7ff. LVerbO) ist das oberste Organ des Land- 358 schaftsverbandes. Sie ist gemäß § 7 LVerbO zuständig insbesondere für die Wahl der weiteren Organe des Landschaftsverbandes, den Erlass von Satzungen und das Budget. Abgesehen davon verfügt die Landschaftsversammlung gemäß § 7 Abs. 2 LVerbO über ein dem Recht des Kreistags aus § 26 Abs. 1 S. 1 Alt. 2 KrO (Rn. 349, 353) vergleichbares Zugriffsrecht auf Angelegenheiten des Landschaftsausschusses. Anders als Rat und Kreistag wird die Landschaftsversammlung nicht direkt, sondern durch die Vertretungen der Mitgliedskörperschaften gewählt (§ 7b LVerbO), was noch den Anforderungen des Gebots demokratischer Legitimation entspricht (BVerwG, NVwZ 2009, 644). Auf jede Mitgliedskörperschaft entfällt abhängig von der Einwohnerzahl mindestens ein Mitglied.

Die Rechtsstellung des **Direktors des Landschaftsverbandes** ist vergleichbar mit 359 derjenigen des Landrates in seiner Eigenschaft als Kreisorgan (Rn. 351). Dem Direktor des Landschaftsverbandes obliegt gemäß § 17 LVerbO die Vorbereitung und Ausführung der Beschlüsse des Landschaftsausschusses und damit – allerdings nur mittelbar – auch derjenigen der Landschaftsversammlung (§ 11 Abs. 1 lit. a LVerbO). Da er weder Mitglied noch Vorsitzender der Landschaftsversammlung ist, fehlt ihm die Kompetenz, den Landschaftsverband politisch repräsentativ zu vertreten. Gewählt wird der Direktor des Landschaftsverbandes gemäß §§ 7 Abs. 1 lit. c Alt. 1, 20 Abs. 2 S. 1 LVerbO von der Landschaftsversammlung für eine Dauer von acht Jahren.

360 Der **Landschaftsausschuss** bildet das dritte vollwertige Organ des Landschaftsverbandes. Ihm wird durch § 11 Abs. 1 S. 1 LVerbO eine Auffangzuständigkeit für alle nicht der Landschaftsversammlung und dem Direktor des Landschaftsverbandes vorbehaltenen Angelegenheiten eingeräumt. Nach § 11 Abs. 1 S. 2 LVerbO hat er insbesondere die Beschlüsse der Landschaftsversammlung vorzubereiten und durchzuführen, die Tätigkeit der Ausschüsse zu koordinieren und zu kontrollieren und die Verwaltungsführung des Direktors des Landschaftsverbandes zu überwachen.

4. Anhang

361 **Literatur:** *Burgi,* Die Landschaftsverbände am Beginn einer neuen Verwaltungsreform, NWVBl. 2004, 131; *Oebbecke/Ehlers/Schink/Diemert* (Hrsg.), Kommunalverwaltung in der Reform, 2004; *Hörster,* Höhere Kommunalverbände, in: HdbKWP, Band 1, 3. Aufl. 2007, § 31.

Kontrollfrage:

1. Sind die Landschaftsverbände Gemeindeverbände i. S. d. Art. 78 LV?

III. Die kommunale Gemeinschaftsarbeit

362 Gemeinden und Gemeindeverbände können Aufgaben (zum Sonderfall der aufgabenunabhängigen interkommunalen Zusammenarbeit vgl. Rn. 45), zu deren Erfüllung sie berechtigt oder verpflichtet sind, gemeinsam wahrnehmen. Die Befugnis hierzu ist als sog. **Kooperationshoheit** Bestandteil der durch Art. 28 Abs. 2 GG, 78 Abs. 1 LV geschützten Eigenverantwortlichkeit (vgl. BVerfG, NVwZ 1987, 123, 124). Die einfachrechtliche Ausgestaltung findet sich im Gesetz über kommunale Gemeinschaftsarbeit (GkG). Die herkömmlichen Formen der Zusammenarbeit sind die Arbeitsgemeinschaft ohne eigene Rechtspersönlichkeit (§§ 2, 3 GkG), der Zweckverband (§§ 4 ff. GkG) sowie der Abschluss öffentlich-rechtlicher Vereinbarungen (§§ 23 ff. GkG). Hinzugekommen ist für den Fall der Aufgabenwahrnehmung durch wirtschaftliche Betätigung das gemeinsame Kommunalunternehmen in der Form der Anstalt des öffentlichen Rechts (§§ 1 Abs. 2, 27 f. GkG). Unberührt bleiben die Möglichkeiten der Zusammenarbeit in privatrechtlicher Form (§ 1 Abs. 3 GkG), insbesondere durch Errichtung sog. gemischt-öffentlicher, von mehreren Kommunen getragener Unternehmen.

Kraft besonderer gesetzlicher Ermächtigung sind zudem öffentlich-rechtliche Spezialverbände geschaffen worden. Wichtigstes Beispiel ist der Regionalverband Ruhr (RVR), der älteste Zusammenschluss von Kommunen im Bundesgebiet. Er wurde 1920 als Siedlungsverband Ruhrkohlebezirk gegründet und 1979 in den Kommunalverband Ruhrgebiet (KVR) umgewandelt. 2004 wurde er durch das Gesetz über den Regionalverband Ruhr (RVRG) grundlegend neugestaltet. Er ist ein sondergesetzlicher Zweckverband (*Erichsen,* Kommunalrecht, S. 329). Hauptaufgaben sind die Erstellung von (Raum-)Planungs- und Entwicklungskonzepten für das Verbandsgebiet (sog. Masterpläne, vgl. § 6 RVRG), die regionale Kultur- und Wirtschaftsförderung sowie die Sicherung und Weiterentwicklung der sog. Verbandsgrünflächen (§ 4 RVRG). Organe des RVR sind die Verbandsversammlung, der Vorstand und der Geschäftsführer (§§ 8 ff. RVRG).

1. Zweckverbände

363 Zweckverbände sind nach § 4 Abs. 1 Hs. 1 GkG grundsätzlich freiwillige Zusammenschlüsse von Gemeinden und Gemeindeverbänden sowie juristischer und natürlicher Personen i. S. v. § 4 Abs. 2 GkG, um einzelne Aufgaben gemeinsam zu erfüllen, zu deren Wahrnehmung die Mitglieder berechtigt oder verpflichtet sind (sog. Freiverband). Im Ausnahmefall ist zur Erfüllung von Pflichtaufgaben auch ein zwangsweiser Zusammenschluss zulässig (sog. Pflichtverband; vgl. §§ 4 Abs. 1 Hs. 2, 13 GkG). Gemäß § 5 Abs. 1 S. 1

GkG bilden die Zweckverbände Körperschaften des öffentlichen Rechts, d.h. sie sind **Verwaltungsträger** und können selbständig hoheitliche Befugnisse wahrnehmen. Allerdings sind sie keine Gemeindeverbände i.S.v. Art. 28 Abs. 2 S. 2 GG, Art. 78 Abs. 1 LV. Daher ist ihr Zuständigkeitsbereich eingegrenzt, überdies bekommen sie ihre Aufgaben erst von den ihnen angehörigen Kreisen und Gemeinden zugewiesen (§§ 6f., 9ff. GkG). Die Gründung eines Zweckverbandes erfolgt durch Vereinbarung einer Verbandssatzung durch einen sogenannten koordinationsrechtlichen, d.h. zwischen Verwaltungsträgern geschlossenen öffentlich-rechtlichen Vertrag (Gründungsvereinbarung; vgl. § 9 GkG). Die zur Finanzierung von den Mitgliedern erhobene Umlage kann unter bestimmten Voraussetzungen eine Beihilfe i.S.v. Art. 107 AEUV sein (BVerwG, EuZW 2011, 269).

Ein besonders populärer Zweckverband ist der mit Nahverkehrsaufgaben betraute Verkehrsverband Rhein-Ruhr. § 78 Abs. 8 S. 1 SchulG NRW sieht als Zweckverbände organisierte Schulverbände vor.

2. Öffentlich-rechtliche Vereinbarungen

Durch eine öffentlich-rechtliche Vereinbarung wird hingegen kein neuer Rechtsträger geschaffen. Vielmehr handelt es sich gemäß § 23 Abs. 1 GkG um einen koordinationsrechtlichen öffentlich-rechtlichen Vertrag (§ 54 VwVfG) zwischen Gemeinden und Gemeindeverbänden, auf Grund dessen lediglich im Außenverhältnis ein Beteiligter für die übrigen Beteiligten auftritt. Dem Inhalt nach kann es sich um eine **delegierende oder mandatierende Vereinbarung** handeln. Im ersten Fall übernimmt einer der Beteiligten einzelne Aufgaben der übrigen Beteiligten in seine Zuständigkeit, so dass diese vollständig auf den übernehmenden Beteiligten (Delegatar) übergehen (§ 23 Abs. 2 S. 1 GkG). Im zweiten Fall verpflichtet er sich, solche Aufgaben für die übrigen Beteiligten durchzuführen; hier tritt der verpflichtete Beteiligte (Mandatar) im Namen seiner Mandanten und mit Wirkung für diese auf. Ein wichtiger Anwendungsfall der öffentlich-rechtlichen Vereinbarung bildet die in § 102 Abs. 2 GO vorgesehene Wahrnehmung der Aufgabe der örtlichen Rechnungsprüfung durch das Rechnungsprüfungsamt des Kreises für die angeschlossenen Gemeinden gegen Kostenerstattung. 364

Da es sich mithin um verwaltungsorganisatorische Vorgänge handelt, überzeugten Entscheidungen, die im Abschluss öffentlich-rechtlicher Vereinbarungen einen dem Vergaberecht unterfallenden (Konsequenz: Ausschreibungspflicht) Beschaffungsvorgang sehen wollten (OLG Düsseldorf, NZBau 2004, 398; OLG Frankfurt a.M., NZBau 2004, 692), nicht (vgl. *Burgi,* NZBau 2005, 208; OLG Düsseldorf, NZBau 2006, 662). Mit Urt. v. 9.6.2009 in Sachen „Stadtreinigung Hamburg" (EuZW 2009, 529; dazu *Pielow,* in: Henneke [Hrsg.], Kommunalrelevanz des Vergaberechts, 2009, 34) hat der EuGH anerkannt, dass es eine ungeschriebene Ausnahme von der Anwendbarkeit des Vergaberechts zugunsten der „interkommunalen Zusammenarbeit" gibt, jedenfalls, wenn bestimmte Voraussetzungen erfüllt sind, was bei öffentlich-rechtlichen Vereinbarungen nach dem GkG NRW in der Regel, jedenfalls bei den delegierenden Vereinbarungen der Fall sein dürfte.

3. Anhang

Literatur: *Schneider* (Hrsg.), Handbuch Interkommunale Zusammenarbeit, 2005; *Oebbecke,* Kommunale Gemeinschaftsarbeit, in: HdbKWP, Band 1, 3. Aufl. 2007, § 29; *Schliesky,* Stadt-Umland-Verbände, in: HdbKWP, Band 1, 3. Aufl. 2007, § 30; *Hörster,* Höhere Kommunalverbände, in: HdbKWP, Band 1, 3. Aufl. 2007, § 31; *Müller,* Die Entwicklung der Zweckverbände in Nordrhein-Westfalen, DÖV 2010, 931; *Schmidt,* Kommunale Zusammenarbeit, in: Ehlers/Fehling/Pünder (Hrsg.), Besonderes Verwaltungsrecht, Bd. III, 3. Aufl. 2013, § 65. 365

Kontrollfragen:

1. Welche Formen der kommunalen Gemeinschaftsarbeit sieht das GkG vor?

F. Antworten zu den Kontrollfragen

366 **Zu A. II.:**

1. Als Körperschaften des öffentlichen Rechts und damit als selbständige Verwaltungsträger gehören die Träger der kommunalen Selbstverwaltung (die Kommunen) zur mittelbaren Staatsverwaltung (auf Landesebene).
2. Selbstverwaltung zeichnet sich aus durch die eigenverantwortliche Erfüllung von Verwaltungsaufgaben durch öffentlich-rechtliche Träger mit Betroffenenmitwirkung und verbindet die Ziele der Dezentralisation sowie der Staatsentlastung mit der demokratischen Partizipation.
3. Die Idee der kommunalen Selbstverwaltung geht auf den *Freiherrn vom und zum Stein* (1757–1831) zurück. Unter dem Einfluss der liberalen Strömungen der Französischen Revolution sowie nach dem im Zerfall des Heiligen Römischen Reichs deutscher Nation manifestierten Ende des Absolutismus hatte die von ihm im Jahre 1808 erlassene Preußische Städteordnung das Ziel, die Gemeinden aus der Bevormundung des Staates zu befreien und ihnen die Verwaltung in eigenen Angelegenheiten zu übertragen, und zwar im Interesse einer Verbesserung der Verwaltung insgesamt.
4. Das Verhältnis zwischen Politik (Rat) und Verwaltung (Bürgermeister) wird als Auftraggeber-Auftragnehmer-Beziehung und das Ergebnis des Verwaltungshandelns als Produkt verstanden, dem konkrete Kosten zugeordnet werden. Aufgaben- und Ressourcenverantwortung sollen zusammen- und eine leistungsfähige Kostenrechnung eingeführt werden. Dabei darf der kommunalrechtliche Rahmen nicht überschritten werden, außer es greift die Experimentierklausel des § 129 GO ein.
5. Aus Art. 28 Abs. 1 S. 1 und 2 GG folgt, dass es in den Kreisen und Gemeinden ebenso wie in den Ländern eine gewählte Vertretung geben muss, die im Mittelpunkt des institutionellen Entscheidungsprozesses steht. Für die Wahl dieser Vertretung wird inhaltlich auf die in Art. 38 Abs. 1 S. 1 GG genannten Wahlrechtsgrundsätze Bezug genommen.
6. Die Kommunen sind in zweifacher Weise von der Europäisierung betroffen. Zum einen auf der Ebene der Verwaltungsorganisation (wobei allerdings der sog. Grundsatz der verfahrensmäßigen und organisatorischen Autonomie gilt), zum anderen im Hinblick auf die Aufgaben, bei deren Erledigung sie als Verwaltungsstellen an die europarechtlichen Vorgaben gebunden sind.
7. Früher waren weder Vorschriften im Primär- noch im Sekundärrecht verankert. Die Kommunen wurden mithin auf die Mitwirkung bei der innerstaatlichen Willensbildung beschränkt. Mit Inkrafttreten des Lissabonner Vertrages hat sich ihre Rechtsstellung verbessert.

Zu B. I.:

1. Die Stadt Düsseldorf kann in München grundsätzlich keine Verwaltungsakte erlassen, da ihr Handeln durch die sog. Verbandskompetenz auf eigene Angelegenheiten (vgl. Art. 28 Abs. 2 S. 1 GG) beschränkt ist.
2. Gegenüber anderen Hoheitsträgern können solche Ansprüche auf der Grundlage der Selbstverwaltungsgarantie vor den Verwaltungsgerichten geltend gemacht werden, gegenüber Privaten dient indes § 12 BGB als Grundlage für vor den ordentlichen Gerichten geltend zu machenden gesetzlichen Unterlassungs- und Beseitigungsansprüchen.
3. Zunächst bedarf es einer Rechtsgrundlage, die in §§ 17 ff. GO vorhanden ist. In formeller Hinsicht bedarf es der Anhörung der betroffenen Gemeinde, materiell bedarf es der Gründe des öffentlichen Wohls unter Abwägung aller Belange, wobei die Rechtsprechung einen gewissen Prognose- und Entscheidungsspielraum des Landes respektiert.

Zu B. II.:

1. Zum einen auf verfassungsrechtlicher Ebene in Bezug auf den Schutz der kommunalen Selbstverwaltungsgarantie (Art. 28 Abs. 2 GG, Art. 78 LV), zum anderen auf einfachgesetzlicher Ebene insbesondere im Hinblick auf die Zulässigkeit und Begründetheit einer gemeindlichen Klage gegen staatliche Maßnahmen.

2. Die Pflichtaufgaben zur Erfüllung nach Weisung zählen zwar nicht per se zu den Selbstverwaltungsaufgaben im Sinne des Bundesrechts, werden aber auf Landesebene als solche behandelt und fallen in den Schutzbereich des Art. 78 LV. Es gelten bestimmte Aufsichtsbefugnisse (Sonderaufsicht, vgl. § 119 Abs. 2 GO) sowie von den allgemeinen Regeln abweichende gemeindliche Zuständigkeitsregelungen (vgl. § 62 Abs. 2 S. 2 GO). Den Weisungen kommt Außenwirkung i. S. d. § 35 VwVfG zu. Eine Klagebefugnis der Gemeinde ergibt sich (ähnlich wie bei Auftragsangelegenheiten) aus Landesverfassungs- bzw. einfachem Recht.
3. Die Rechtsaufsicht betrifft die Rechtmäßigkeit des gemeindlichen Handelns, während die Fachaufsicht (Sonderaufsicht) die Zweckmäßigkeit einschließt. Die zuständige Sonderaufsichtsbehörde kann eine Weisung nicht mit den repressiven Aufsichtsmitteln durchsetzen (vgl. § 127 GO). Daher muss sie sich in diesen Fällen zur Durchsetzung an die Rechtsaufsichtsbehörde wenden.
4. Handelt der Rat rechtswidrig, kann die zuständige Rechtsaufsichtsbehörde zunächst den Bürgermeister anweisen, dies nach § 54 Abs. 2, 3 GO zu beanstanden (vgl. § 122 Abs. 1 S. 1 GO), und falls dies nicht zum gewünschten Ergebnis führt, kann sie den entsprechenden Beschluss aufheben (vgl. § 122 Abs. 1 S. 2 GO). Erlässt dagegen der Bürgermeister eine rechtswidrige Anordnung, so kann die Aufsichtsbehörde dieses Verhalten gegenüber dem Rat beanstanden (vgl. § 122 Abs. 2 S. 1 GO); billigt er das Verhalten des Bürgermeisters, so kann die Behörde die Anordnung aufheben (vgl. § 122 Abs. 2 S. 4 GO). Erfüllt die Gemeinde die ihr kraft Gesetz obliegenden Pflichten oder Aufgaben nicht, so kann die zuständige Behörde anordnen, dass sie innerhalb einer bestimmten Frist das Erforderliche veranlasst (vgl. § 123 Abs. 1 GO). Kommt die Gemeinde dieser Anordnung nicht nach, so kann die Aufsichtsbehörde die Maßnahme selbst vornehmen (vgl. § 123 Abs. 2 GO).

Zu B. III.:

1. Gegen Gesetze des Bundes können die Gemeinden den Weg zum BVerfG beschreiten (vgl. Art. 93 Abs. 1 Nr. 4b Hs. 1 GG i. V. m. §§ 13 Nr. 8a, 91 ff. BVerfGG), bei Landesgesetzen ist in NRW der Rechtsschutz vor dem VerfGH eröffnet (vgl. Art. 75 Nr. 5b LV i. V. m. §§ 12 Nr. 8, 52 VerfGHG). In diesen Fällen ist der Rechtsschutz nach Art. 93 Abs. 1 Nr. 4b Hs. 2 GG vor dem BVerfG grundsätzlich ausgeschlossen (sog. Subsidiaritätsklausel). In beiden Fällen spricht man von einer sog. Kommunalverfassungsbeschwerde.
2. Gemeinde und Gemeindeverbände können sich gegen Gesetze des Bundes bzw. des Landes richten, nicht jedoch gegen Maßnahmen der Verwaltung. Dabei ist der Begriff des Gesetzes weit zu verstehen. Er umfasst nicht nur Gesetze im formellen Sinne, sondern auch Rechtsverordnungen sowie alle Rechtsnormen, die mit dem Anspruch auf Verbindlichkeit tatsächlich gelten, die von der staatlichen Autorität garantiert werden und denen Außenwirkung zukommt.
3. Bei der Geltendmachung einer Verletzung des Rechts auf Selbstverwaltung handelt es sich um eine öffentlich-rechtliche Streitigkeit nichtverfassungsrechtlicher Art i. S. v. § 40 Abs. 1 VwGO. Art. 78 Abs. 1, 2 LV ist Grundlage des geltend gemachten subjektiven Rechts; die Gemeinde ist aber nicht unmittelbar am Verfassungsleben beteiligt, sondern als Verwaltungsträger betroffen.
4. Im Rahmen einer Klage gegen eine staatliche Aufsichtsmaßnahme spielt der Aufgabencharakter sowohl bei der Klageart als auch bei der Klagebefugnis eine Rolle. Werden Selbstverwaltungsangelegenheiten oder Pflichtaufgaben zur Erfüllung nach Weisung erfüllt, so handelt es sich bei der staatlichen Maßnahme um einen Verwaltungsakt (Außenwirkung ist gegeben!), so dass je nach Situation eine Anfechtungs- bzw. Verpflichtungsklage statthaft ist. Dagegen fehlt bei staatlichen Auftragsangelegenheiten kraft Bundesrecht grundsätzlich der Verwaltungsaktcharakter, so dass allein eine Leistungs- oder Feststellungsklage in Betracht zu ziehen ist. Im Rahmen der Klagebefugnis kann sich eine Gemeinde bei Selbstverwaltungsangelegenheiten und Pflichtaufgaben zur Erfüllung nach Weisung auf Art. 78 Abs. 1, 2 LV ggf. i. V. m. Art. 78 Abs. 4 LV sowie auf das einfache Recht beziehen und damit die Klagebefugnis begründen. Bei staatlichen Auftragsangelegenheiten ist die Klagebefugnis grundsätzlich zu verneinen, es sei denn, die Gemeinde macht geltend, dass fälschlicherweise eine Auftragsangelegenheit behauptet wird oder dass infolge der Intensität der staatlichen Maßnahme zugleich die gemeindlichen Selbstverwaltungsaufgaben beeinträchtigt seien.

5. Im Rahmen eines Amtshaftungsanspruches muss eine einem „Dritten“ gegenüber bestehende Amtspflicht verletzt sein. Das Merkmal des „Dritten“ ist hier problematisch, stehen sich doch z. B. Gemeinde und Staat von außen betrachtet nicht selbständig gegenüber, sondern erfüllen gemeinsam Aufgaben. Da dies grundsätzlich immer einen Amtshaftungsanspruch ausschließen würde, nimmt man mit Blick auf die Ebene des Primärrechtsschutzes und der hier ausgestalteten subjektiven Positionen aber an, dass im Falle eines Schadens bei der Erledigung kommunaler Aufgaben infolge der Beeinträchtigung des Selbstverwaltungsrechts (bei Vorliegen der sonstigen Voraussetzungen) ein Amtshaftungsanspruch anzunehmen ist.

Zu C. I.:

1. Gemäß § 21 GO ist Einwohner, wer in der Gemeinde wohnt (Abs. 1), Bürger, wer zu den Gemeindewahlen wahlberechtigt ist (Abs. 2). Die Voraussetzungen der Wahlberechtigung ergeben sich aus § 7 KWahlG. Neben dem aktiven und passiven Wahlrecht steht Bürgern im Gegensatz zu Einwohnern auch das Recht zu, einen Bürgerentscheid zu beantragen (Bürgerbegehren).
2. Voraussetzungen der Zulässigkeit des Bürgerbegehrens sind eine bürgerbegehrensfähige Angelegenheit (zu beachten ist insbesondere der Negativkatalog des § 26 Abs. 5 GO), die formell ordnungsgemäße Einreichung des Bürgerbegehrens (§ 26 Abs. 2 GO: Schriftform, Ja/Nein-Frage, Vertreter), ein hinreichendes Einleitungsquorum (§ 26 Abs. 4 GO) und, bei einem kassatorischen Bürgerbegehren, die Beachtung der Frist des § 26 Abs. 3 GO. Nach § 26 Abs. 6 GO steht dem Rat die Möglichkeit zu, einem für zulässig erklärten Bürgerbegehren zu entsprechen (S. 4). Geschieht dies nicht, ist innerhalb von drei Monaten ein Bürgerentscheid durchzuführen (S. 3).
3. Ob gegen die Feststellung des Rates, ein Bürgerbegehren sei unzulässig, die allgemeine Leistungsklage (als Klageart im Kommunalverfassungsstreit) oder die Verpflichtungsklage (§ 42 Abs. 1 Alt. 2 VwGO) statthaft ist, ist nicht abschließend geklärt. Auch nach einem entgegengesetzten Beschluss des BVerfG hat das OVG NRW daran festgehalten, dass die Entscheidung des Rates über die Zulässigkeit des Bürgerbegehrens durch Verwaltungsakt erfolgt. Kläger sind nicht die Gesamtheit der Unterzeichner, sondern die Vertreter des Bürgerbegehrens, denen gemäß § 26 Abs. 6 S. 2 GO eine eigenständige Rechtsposition zugewiesen wird.

Zu C. II.:

1. Dem Rat kommt nach § 40 Abs. 2 Alt. 1 GO die Funktion zu, die Bürgerschaft zu vertreten. Er stellt das Repräsentativorgan der Gemeinde i. S. v. Art. 28 Abs. 1 S. 2 GG dar. Entgegen seiner häufigen Bezeichnung als Kommunalparlament ist er nicht eine Gesetzgebungsinstitution, sondern vielmehr ein Verwaltungsorgan.
2. Der Begriff „Geschäftsordnungsautonomie“ meint, dass der Rat berechtigt ist, sich eine Geschäftsordnung zu geben. Diese enthält in der kommunalrechtlichen Praxis regelmäßig (teilweise sogar verpflichtend) Bestimmungen über die innere Organisation des Rates und seiner Ausschüsse sowie über das Verfahren im Rat. Die Geschäftsordnungsautonomie dient dazu, die Unabhängigkeit und Selbständigkeit des Rates zu gewährleisten.
3. Fraktionen des Rates sind freiwillige Vereinigungen von mindestens zwei, in kreisfreien Städten mindestens drei Mitgliedern des Rates (§ 56 Abs. 1 S. 2 GO). Mit der Mitgliedschaft in einer Fraktion verbinden sich bestimmte, in der GO vorgesehene Rechte und Pflichten, die Gruppen nicht zustehen. Gruppen sind Vereinigungen von Ratsmitgliedern unterhalb der Fraktionsstärke.
4. Die Gemeindeordnung kennt mit dem Hauptausschuss, dem Finanzausschuss und dem Rechnungsprüfungsausschuss Pflichtausschüsse (§ 57 Abs. 2 GO) und darüber hinaus fakultative Ausschüsse (§ 57 Abs. 1 GO). Zu Mitgliedern fakultativer Ausschüsse können gemäß § 58 Abs. 3 S. 1 GO auch sachkundige Bürger bestellt werden.
5. § 51 Abs. 1 Alt. 2 GO weist die Ordnungsgewalt in Ratssitzungen dem Bürgermeister zu. Dem Gebot gegenseitiger Rücksichtnahme im Rat korrespondiert ein innerorganisatorischer Störungsbeseitigungsanspruch eines jeden einzelnen Ratsmitgliedes, der im Zweifel gegen den Bürgermeister im Wege des sog. Kommunalverfassungsstreitverfahrens geltend gemacht werden kann.

6. Das Mitwirkungsverbot wegen Befangenheit (§ 43 Abs. 2 i. V. m. § 31 GO) setzt zunächst voraus, dass das Ratsmitglied beratend oder entscheidend an einer Entscheidung mitgewirkt hat (1). Diese Entscheidung kann einer der in § 30 Abs. 1 S. 1 Nr. 1 bis 3, Abs. 2 Nr. 1 bis 3 GO bezeichneten Personen einen Vorteil oder Nachteil bringen (2). Zwischen der Entscheidung und dem möglichen Vor- bzw. Nachteil besteht eine Unmittelbarkeitsbeziehung (3). Schließlich darf keiner der Ausschlussgründe des § 31 Abs. 3 GO eingreifen (4).
7. Das kommunalrechtliche Vertretungsverbot hat zur Folge (§§ 45 Abs. 2, 32 Abs. 1 S. 2 GO), dass das betroffene Ratsmitglied (typischerweise ein Rechtsanwalt) Ansprüche anderer gegen die Gemeinde nicht geltend machen darf. Hierdurch soll die objektive und unparteiische Führung der gemeindlichen Geschäfte gewährleistet werden.

Zu C. III.:

1. „Geschäfte der laufenden Verwaltung" sind solche Angelegenheiten, die nach Regelmäßigkeit und Häufigkeit zu den üblichen Geschäften der Gemeinde gehören. Dies ist für jede Gemeinde unterschiedlich und abhängig von deren Größe, Finanzkraft und Einwohnerzahl sowie von der konkret zu bearbeitenden Angelegenheit. Gemäß § 41 Abs. 3 GO gelten die „Geschäfte der laufenden Verwaltung" als auf den Bürgermeister übertragen; dem Rat steht allerdings ein Rückholrecht zu.
2. Der Widerspruch gegen einen Ratsbeschluss steht im Ermessen des Bürgermeisters und ist nach § 54 Abs. 1 GO zulässig, wenn der Beschluss nach Ansicht des Bürgermeisters das Wohl der Gemeinde gefährdet. Die Beanstandung hat nach § 54 Abs. 2 und 3 GO zwingend durch den Bürgermeister zu erfolgen, wenn ein Beschluss des Rates oder eines Ausschusses geltendes Recht verletzt.
3. Ein Verwaltungsakt, der ohne einen zugrundeliegenden, aber erforderlichen Ratsbeschluss ergangen ist, ist grundsätzlich formell rechtswidrig und kann vom Adressaten nach § 42 Abs. 1 VwGO angefochten bzw. vom Bürgermeister unter Beachtung der Grundsätze des § 48 VwVfG zurückgenommen werden. Der Verstoß gegen das Mitwirkungserfordernis stellt einen Verfahrensfehler dar.

Zu C. IV.:

1. Nein, es stehen aber die allgemeine Leistungsklage bzw. die Feststellungsklage nach § 43 VwGO zur Verfügung. Der Begriff bringt zum Ausdruck, dass es, anders als normalerweise im Verwaltungsprozess, nicht um die Durchsetzung von Rechten im Außenverhältnis zwischen Gemeinde und Bürger, sondern um Positionen innerhalb der Gemeindeorganisation geht.
2. Die klagenden Organe bzw. Organteile können sich nicht auf die Grundrechte, sondern ausschließlich auf organschaftliche Positionen berufen, welche aus der GO, aus Satzungen oder aus Geschäftsordnungen der Gemeinde resultieren können. In der Sache geht es entweder um die Einhaltung von Kompetenzen oder um die Beachtung von Verfahrensvorschriften, die auch dem Interesse des jeweils klagenden Organs zu dienen bestimmt sind.

Zu D. I.:

1. Satzungen und Rechtsverordnungen sind beide Gesetze im materiellen Sinn mit Außenwirkung, die regelmäßig abstrakt-generelle Regelungen enthalten. Während Satzungen auf Dezentralisation zurückzuführen sind, sind Rechtsverordnungen Ausdruck von Dekonzentration. Die Anforderungen des Art. 80 GG bzw. Art. 70 LV sind aus diesem Grund allein bei Rechtsverordnungen zu beachten, nicht dagegen bei Satzungen. Beide Rechtsetzungsinstrumente dienen den Gemeinden zur Regelung ihrer Aufgabenwahrnehmung. Während Satzungen typischerweise bei freiwilligen und pflichtigen Selbstverwaltungsangelegenheiten anzutreffen sind, hat man es bei Pflichtaufgaben zur Erfüllung nach Weisung in der Regel mit Rechtsverordnungen zu tun. Grundsätzlich genügt Art. 28 Abs. 2 GG als Ermächtigungsgrundlage für Satzungen (sog. Satzungshoheit). Rechtsverordnungen bedürfen dagegen in jedem Einzelfall einer speziellen gesetzlichen Ermächtigungsgrundlage.
2. Die Befugnis zum Erlass von Satzungen resultiert bereits aus den kommunalen Selbstverwaltungsgarantien des Art. 28 Abs. 2 GG bzw. Art. 78 LV. Einer zusätzlichen einfachgesetzlichen Ermächtigungsgrundlage bedarf es nicht. Daher ist § 7 GO deklaratorischer Natur. Allein Sat-

zungen, mit denen zugleich ein Eingriff in Grundrechte anderer verbunden ist, bedürfen einer speziellen Ermächtigungsgrundlage. In diesem Fall genügt § 7 GO nicht.
3. Grundsätzlich führt ein Verfahrensfehler mit Ausnahme bloßer Verstöße gegen einfache Geschäftsordnungsbestimmungen und bloße gesetzliche Ordnungsvorschriften zur Nichtigkeit einer Satzung. Allerdings hat der Gesetzgeber in der Gemeindeordnung (vgl. § 7 Abs. 6 GO) als auch in verschiedenen Fachgesetzen (z. B. §§ 214, 215 BauGB) Unbeachtlichkeits- und Heilungsvorschriften vorgesehen.

Zu D. II.:

1. Der Begriff der „öffentlichen Einrichtung" wird durch die Zusammenfassung personeller und sächlicher Mittel zum Zwecke der Daseinsvorsorge, nach Bereitstellung durch Widmung zur bestimmungsgemäßen Nutzung durch die Einwohner gekennzeichnet.
2. Ja. Es ist allerdings erforderlich, dass die private Organisation noch der Gemeinde zugerechnet werden kann. Die Gemeinde muss maßgeblichen Einfluss auf die Führung der Einrichtung behalten. Dieser äußert sich typischerweise in Form von Mitwirkungs- und Entscheidungsrechten. Dies ist nicht der Fall nach einer Aufgabenprivatisierung. Dagegen ist der nötige Einfluss bei einer Eigengesellschaft, einem mehrheitlich beherrschten gemischt-wirtschaftlichen Unternehmen und nach einer funktionalen Privatisierung anzunehmen.
3. Die tatbestandlichen Voraussetzungen sind in § 8 Abs. 2 GO normiert.
4. Der ursprünglich gebundene Zulassungsanspruch nach § 8 Abs. 2 GO wandelt sich um in einen Anspruch auf fehlerfreie Ermessensentscheidung über die Zulassung.
5. Grundsätzlich ja, aufgrund des Tatbestandsmerkmals „im Rahmen des geltenden Rechts" und im Interesse der Sicherung des Einrichtungszwecks.
6. Sowohl bei der Organisationsform als auch bei der Handlungsform steht der Gemeinde eine Wahlmöglichkeit zwischen öffentlich-rechtlicher und privatrechtlicher Form zu. Entscheidet sich die Gemeinde für eine öffentlich-rechtliche Organisationsform, kann sie auf der Handlungsebene sowohl öffentlich-rechtlich als auch privatrechtlich agieren. Legt sich die Gemeinde dagegen auf eine privatrechtliche Organisationsform fest, ist sie auf der Handlungsebene zwingend auf eine privatrechtliche Ausgestaltung verwiesen.
7. Nein, weil sich damit Eingriffe in die Grundrechte verbinden und daher eine gesetzliche Grundlage (§ 9 GO) notwendig ist (Vorbehalt des Gesetzes).

Zu D. III.:

1. Art. 28 Abs. 2 GG gewährleistet innerhalb der Eigenverantwortlichkeit die Freiheit der Kommune, über den Modus der Aufgabenerfüllung zu entscheiden. Dies umfasst auch die Entscheidung, sich zur Wahrnehmung von Angelegenheiten der örtlichen Gemeinschaft wirtschaftlich zu betätigen.
2. Zunächst muss ein öffentlicher Zweck die kommunale Wirtschaftstätigkeit stützen (§ 107 Abs. 1 S. 1 Nr. 1 GO). Sodann muss das Verhältnis des Umfangs der Wirtschaftsbetätigung zur Leistungsfähigkeit der Kommune angemessen sein (§ 107 Abs. 1 S. 1 Nr. 2 GO); diese Schranke soll die finanzielle und/oder politische Überforderung einer Gemeinde verhindern. Schließlich ist ein kommunalwirtschaftliches Handeln regelmäßig nur statthaft, wenn der öffentliche Zweck nicht besser und wirtschaftlicher durch andere Unternehmen erfüllt werden kann (vgl. § 107 Abs. 1 S. 1 Nr. 3 GO; sog. Funktionssperre); hier findet eine abwägungsähnliche Prüfung statt.
3. Überörtliche Wirtschaftsbetätigung ist durch § 107 Abs. 3 GO in bestimmten Grenzen zugelassen. Besonderheiten gelten für die „energiewirtschaftliche Betätigung" nach § 107a GO.
4. In der neueren Rechtsprechung wird den §§ 107 ff. GO in gewissem Umfang drittschützende Wirkung zuerkannt, so dass eine allgemeine Leistungsklage (auf Unterlassen oder Einwirkung gegenüber dem privatwirtschaftlichen Unternehmen) vor den Verwaltungsgerichten erhoben werden kann. Die Erhebung einer auf § 1 UWG a. F. (jetzt: § 3 UWG) gestützten Klage vor den ordentlichen Gerichten ist nicht (mehr) möglich.
5. Als öffentlich-rechtliche Organisationsformen kommen der Regie- und Eigenbetrieb sowie die Anstalt des öffentlichen Rechts in Betracht. Privatrechtliche Organisationsformen ergeben sich aus dem BGB und dem Gesellschaftsrecht. Klassisch sind die Gesellschaft mit beschränkter Haftung, die Aktiengesellschaft, der Verein und die Stiftung des privaten Rechts.

6. Am Ende einer Organisationsprivatisierung steht die Erfüllung der Aufgabe durch eine gemeindlich beherrschte juristische Person des Privatrechts. Die Aufgabe bleibt stets in gemeindlicher Verantwortung. Zu unterscheiden ist die Eigengesellschaft und das gemischtwirtschaftliche Unternehmen. Die Voraussetzungen für die Gründung von und die Beteiligung an privaten Unternehmen sind in § 108 GO geregelt.

Zu E. I.:

1. Die Aufgabenstruktur des Kreises lässt sich untergliedern in originäre Kreisaufgaben, Ergänzungsaufgaben und Ausgleichsaufgaben. Dem Aufgabentypus nach ist zu unterscheiden zwischen freiwilligen und weisungsfreien pflichtigen Selbstverwaltungsaufgaben, Pflichtaufgaben zur Erfüllung nach Weisung und Auftragsangelegenheiten. Von Bedeutung sind überdies die Fälle der Organleihe.
2. Der Kreis hat anders als die Gemeinde drei Organe: Kreistag, Landrat und Kreisausschuss. Der Kreistag ist vergleichbar mit dem Rat, der Landrat mit dem Bürgermeister. Der Kreisausschuss ist ein eigenes, vollwertiges Kreisorgan, das kreisintern mit dem gemeindlichen Haupt- und Finanzausschuss vergleichbar ist, im Außenverhältnis aber zudem Aufgaben der unteren staatlichen Verwaltungsbehörde wahrnimmt.
3. Zum einen kann der Landrat als Organ des Kreises gemäß § 42 KrO als Selbstverwaltungskörperschaft handeln, zum anderen als untere staatliche Verwaltungsbehörde i. S. d. § 59 KrO im Wege der Organleihe.

Zu E. II.:

1. Die Landschaftsverbände sind nach einem Grundsatzurteil des VerfGH NRW Gemeindeverbände i. S. v. Art. 78 LV.

Zu E. III.:

1. Kommunale Gemeinschaftsarbeit kann gemäß § 1 Abs. 2 GkG NRW erfolgen in Form von Arbeitsgemeinschaften, Zweckverbänden und öffentlich-rechtlichen Vereinbarungen.

§ 3. Polizei- und Ordnungsrecht NRW

Literaturhinweise: Zum Polizeirecht allgemein: *Benfer/Bialon,* Rechtseingriffe von Polizei und Staatsanwaltschaft, 4. Aufl. 2010; *Schoch,* Polizei- und Ordnungsrecht, in: Schoch (Hg.), Bes. Verwaltungsrecht, Kapitel 1, 1. Aufl. 2018; *Götz/Geis,* Allgemeines Polizei- und Ordnungsrecht, 16. Aufl. 2017; *Gusy,* Polizei- und Ordnungsrecht, 10. Aufl. 2017; *Knemeyer,* Polizei- und Ordnungsrecht, 11. Aufl. 2007; *Kugelmann,* Polizei- und Ordnungsrecht, 2. Aufl. 2011; *Lisken/Denninger,* Handbuch des Polizeirechts, 6. Aufl. 2018; *Möller/Warg,* Allgemeines Polizei- und Ordnungsrecht, 6. Aufl. 2011; *Kingreen/Poscher,* Polizei- und Ordnungsrecht, 11. Aufl. 2020; *Prümm/Sigrist,* Allgemeines Sicherheits- und Ordnungsrecht, 2. Aufl. 2003; *Schenke,* Polizei- und Ordnungsrecht, 10. Aufl. 2018; *Erbguth/Mann/Schubert,* Besonderes Verwaltungsrecht, 13. Aufl. 2019; *Thiel,* Polizei- und Ordnungsrecht, 4. Aufl. 2019; *Wehr,* Examens-Repetitorium Polizeirecht, 4. Aufl. 2019. **Speziell zum nordrhein-westfälischen Recht:** *Haurand,* Allgemeines Polizei- und Ordnungsrecht Nordrhein Westfalen, 8. Aufl. 2019; *Möstl/Kugelmann,* BeckOK Polizei- und Ordnungsrecht NRW, 15. Edition 2020; *Pieper,* Polizei- und Ordnungsrecht NRW, 2017; *Rhein,* OBG NRW, 2004; *Schönenbroicher/Heusch,* Ordnungsbehördengesetz NRW, 2014; *Schütte/Braun/Keller,* PolG NRW, 2013; *Tegtmeyer/Vahle,* Polizeigesetz NRW, 12. Aufl. 2018; *Wittreck,* in: Schlacke/Wittreck, Landesrecht NRW, 2. Aufl. 2020, S. 210 ff.; *Wolffgang/Hendricks/Merz,* Polizei- und Ordnungsrecht in Nordrhein-Westfalen, 3. Aufl. 2011. **Fallsammlungen:** *Beaucamp,* Grundfälle zum Allgemeinen Polizei- und Ordnungsrecht, JA 2009, 279 ff.; *Dietlein/Hellermann,* Klausurenbuch Öffentliches Recht in NRW, 3. Aufl. 2021; *Geis,* Fälle zum Polizei- und Ordnungsrecht, 3. Aufl. 2019; *Sander,* Fälle zum Besonderen Verwaltungsrecht, 4. Aufl. 2014; *Gornig/Jahn,* Fälle zum Polizei- und Ordnungsrecht, 4. Aufl. 2014; *Keller,* Fallsammlung zum Eingriffsrecht – Nordrhein-Westfalen, 3. Aufl. 2009; *Knemeyer/Schmidt,* Prüfe dein Wissen: Polizei- und Ordnungsrecht, 4. Aufl. 2016; *Muckel,* Fälle zum Besonderen Verwaltungsrecht, 7. Aufl. 2019; *Stein/Paintner,* Fälle und Erläuterungen zum Polizei- und Ordnungsrecht, 2. Aufl. 2004.

A. Gefahrenabwehr als zentrale Staatsfunktion

I. Staatsphilosophische Grundlagen

1 Die Gewährung von Sicherheit und Ordnung zählt seit alters her zu den klassischen Staatszwecken und damit zu den traditionellen Rechtfertigungselementen von Staatlichkeit überhaupt. Als entscheidendes Motiv der Staatenbildung und eigentliche Legitimation von Staatlichkeit findet sich die Garantie von Sicherheit namentlich in der Staatsphilosophie von *Thomas Hobbes* (1588–1679): Um den natürlichen Kriegszustand aller gegen alle zu überwinden, einigen sich die Bürger, ihre Waffen niederzulegen und sich dem *„Leviathan"* Staat unterzuordnen, der stärker ist als jede andere Macht, und der durch den Schrecken, der von ihm ausgeht, alle private Macht einzudämmen vermag. Der Bürgerkrieg wird durch das „Bürger-Sein" beendet: Gewaltverzicht und Gesetzesgehorsam charakterisieren den Bürger, das **staatliche Gewaltmonopol** sichert den bürgerlichen Frieden.

In dieser Hinsicht finden sich zentrale Elemente des sog. *„Zero-Tolerance"*-Konzepts des ehemaligen New Yorker Bürgermeisters *Rudolph W. Giuliani* und seines Polizeichefs *William Bratton* bereits in der Rechtsphilosophie *Rudolf von Iherings:* „Wenn die Willkür und Gesetzlosigkeit frech und dreist ihr Haupt zu erheben wagt, so ist dies immer ein sichtbares Zeichen, dass diejenigen, welche berufen waren, das Gesetz zu verteidigen, ihrer Pflicht nicht nachgekommen sind" (Kampf ums Recht, 4. Aufl. 1874, Vorrede VII).

2 Historisch entwickelt aus einem unverhohlen „absolutistischen" Machtanspruch des Staates bzw. seiner monarchischen Führung hat der Gedanke der Unterordnung priva-

ter Gewalt unter die staatliche Gewalt zwischenzeitlich gleichwohl in republikanische, demokratische und rechtsstaatliche Bahnen gefunden. Namentlich dem englischen Freiheitsphilosophen *John Locke* (1632–1704) ist es zu verdanken, dass der Gedanke des staatlichen Gewaltmonopols dabei sein notwendiges Korrelat in dem **Postulat staatlicher Machtbegrenzung** erfahren hat. Insbesondere durch die Anerkennung von Grundrechten sowie Rechtsweggarantien des Bürgers wird der *„Leviathan"* in die notwendigen Ketten gelegt. Die Treuepflicht des Bürgers steht fortan nicht mehr allein unter der Bedingung der Gewährleistung des Schutzes durch den Staat, sondern zugleich unter der Bedingung des treuhänderischen Gebrauchs jener Macht durch den Staat. Eine weitere neuzeitliche Dimension staatlicher Schutzgewährung eröffnet sich mit der Erkenntnis, dass es nicht allein die Angst vor staatlicher, sei es auch rechtlich gebundener Gewalt sein kann, die den Frieden des Gemeinwesens sichert, sondern dass es zugleich des aktiven staatlichen und bürgerlichen Einsatzes für sozialen Frieden und sozialen Ausgleich bedarf. Nach wie vor gilt aber, dass privater Gewaltverzicht und Gesetzesgehorsam nur möglich und vermittelbar sind, wenn der Staat bereit und in der Lage bleibt, sein Gewaltmonopol zum Schutz der Bürger zur Geltung zu bringen. Das Prinzip „Sicherheit durch den Staat" wird also nicht durch das Prinzip der „Sicherheit vor dem Staat" ersetzt, sondern lediglich um dieses erweitert. Das liberale Naturrechtsdenken des *John Locke* ersetzt nicht die Sicherheitsphilosophie des *Thomas Hobbes,* sondern gründet auf dessen gedanklichem Fundament und bestätigt die Pflicht des Staates zur Sorge um die Sicherheit und den Schutz des Bürgers.

II. Gefahrenabwehr als Verfassungspflicht

Auch die Rechts- und Verfassungsordnung der Bundesrepublik Deutschland basiert 3
auf dem Sicherheitskonzept des staatlichen Gewaltmonopols und der bürgerlichen Friedenspflicht. Zwar beginnt das Grundgesetz – vor dem Hintergrund der Erfahrungen des nationalsozialistischen Terrorregimes durchaus nachvollziehbar – in den Art. 1 bis 19 GG mit Fragen der grundrechtlichen Beschränkung staatlicher Macht. Die Prämissen des staatlichen Gewaltmonopols und der bürgerlichen Friedenspflicht erhält das Grundgesetz gleichwohl uneingeschränkt aufrecht. Beide Postulate sind gleichsam systemimmanente Voraussetzungen für jedwede Staatlichkeit: In diesem Sinne implizieren die Regelungen zur staatlichen Gesetzgebung (Art. 70ff. GG) eine **Gesetzesgehorsamspflicht des Bürgers.** Die Rechtsschutzgarantie (Art. 19 Abs. 4 GG), die durch einen allgemeinen Justizgewährungsanspruch ergänzt wird, verkörpert zugleich nachdrücklich das **Verbot privater Rechtsdurchsetzung** (Selbstjustiz). Auch das Widerstandsrecht des Art. 20 Abs. 4 GG belegt als Ausnahme von der Regel die **grundsätzliche Friedenspflicht** des Bürgers. Besonders erwähnt wird die Friedenspflicht des Bürgers im Grundrecht der Versammlungsfreiheit (Art. 8 Abs. 1 GG), das unfriedliche Versammlungen von vornherein aus dem Schutzbereich des Grundrechts ausklammert. Die mit der Friedenspflicht des Bürgers korrelierende Schutzpflicht des Staates findet sich explizit formuliert in Art. 1 Abs. 1 S. 2 GG (Schutz der Menschenwürde). Sie wird heute ferner als Direktive der sog. objektiv-rechtlichen Grundrechtsgehalte angesehen mit der Folge, dass der Staat nicht nur – selbstverständlich – verpflichtet ist, die Grundrechte der Bürger nicht zu verletzen, sondern sich auch schützend und fördernd vor diese Rechte zu stellen und sie vor rechtswidrigen Übergriffen privater Dritter zu verteidigen hat (zu dieser **grundrechtlichen Schutzpflichtenlehre** grundlegend BVerfGE 39, 1). Adressat dieser Schutzpflichten sind dabei alle staatlichen Gewalten, neben der Legislative, die hierbei dem sog. **Untermaßverbot** verpflichtet ist (BVerfGE

88, 203, 254), insbesondere auch die Exekutive, namentlich also die Gefahrenabwehrbehörden.

Rechtsstaatliche wie grundrechtliche Grundsätze gebieten dabei, dass schutzgewährende behördliche Interventionen gegen private „Störer" auf der Grundlage formalgesetzlicher Regelungen erfolgen (Vorbehalt des Gesetzes). Die verfassungsrechtliche Legitimität einer staatlichen Schutzmaßnahme ersetzt also nicht deren einfachrechtliche Legalität. Insofern kann etwa das Grundrecht auf Leben und Gesundheit aus Art. 2 Abs. 2 S. 1 GG für sich genommen nicht als normative Grundlage für einen Anspruch auf polizei- oder ordnungsbehördliches Einschreiten gegen Dritte herangezogen werden (problematisch insoweit VG Köln, BeckRS 2018, 9983). Grundlegend verkannt wurde das verfassungsrechtliche Postulat einer einfachgesetzlichen Rechtfertigung auch schutzgewährender Eingriffe in die Rechte Dritter in einer Entscheidung des Hess.VGH aus dem Jahre 1989 (NJW 1990, 336 ff.), in der das Gericht die Inbetriebnahme einer gentechnischen Anlage allein aufgrund der staatlichen Schutzgewährleistungspflicht als erlaubnispflichtig ansah, obgleich ein solcher Erlaubnisvorbehalt einfachgesetzlich nicht existierte. Mit dieser Sichtweise stellte der Gerichtshof die grundrechtliche Fundamentalaussage, wonach Freiheit die Regel und Beschränkung die Ausnahme darstellt, förmlich auf den Kopf.

Bekräftigt wird die Schutzpflichtendimension der primär als Abwehrrechte konzipierten Grundrechte nicht zuletzt durch die in zahlreichen Einzelgrundrechten formulierten Begrenzungsvorbehalte zum Schutz privater Freiheiten und Güter, denen durchaus der Gedanke einer „Aktualisierungspflicht" des Gesetzgebers innewohnt.

Vgl. etwa Art. 2 Abs. 1 GG: Rechte anderer, Sittengesetz; Art. 5 Abs. 2 GG: Schutz der Jugend und der persönlichen Ehre; Art. 9 Abs. 2 GG: Schutz vor Straftaten etc.; Art. 11 Abs. 2 GG: Schutz vor Seuchen, Naturkatastrophen, Verwahrlosung, Straftaten etc.

Rückwirkungen hat dieses Schutzpflichtenmodell nicht zuletzt für die Frage des Gesetzesvollzugs, der im Lichte des Verfassungsrechts somit selbst dort obligatorisch sein kann, wo das einfache Recht ein grundsätzliches „Entschließungsermessen" der Sicherheitsbehörden vorsieht (hierzu unten Rn. 120 ff.). Zuletzt hat das BVerfG aus den grundrechtlichen Schutzpflichten sogar einen – wenn auch begrenzten – Anspruch auf effektive Strafverfolgung abgeleitet (unten Rn. 5 a. E.).

III. Notwehrrechte im Konzept des staatlichen Gewaltmonopols

4 Vor dem Hintergrund des Konzepts der privaten Friedenspflicht sowie des staatlichen Gewaltmonopols wird auch die Bedeutung des von der Rechtsordnung garantierten **Notwehrrechts** der Bürger deutlich: Rechtfertigt sich nämlich das Verbot privater Gewalt mit der staatlichen Gewährträgerschaft für die öffentliche Sicherheit, kann das Recht der privaten Gewalt dort nicht ausgeschlossen werden, wo der Staat im konkreten Einzelfall nicht in der Lage ist, sein friedenssicherndes Gewaltmonopol auszuüben. In derartigen Ausnahmefällen kann das Sicherheitsinteresse des Einzelnen nur dadurch befriedigt werden, dass ihm die Befugnis zur Ausübung privater Gewalt zurückgegeben wird. Soweit die strafrechtliche Dogmatik das **Notstandsrecht** des § 34 StGB, anders als das Notwehrrecht, auch jenseits der Verteidigung individueller Rechte zur Anwendung bringen will, ist dies durchaus kritisch zu sehen. Der Einsatz privater Gewalt zur Durchsetzung rein objektiver verwaltungsrechtlicher Normen erscheint mit den Systemvorgaben des Verwaltungsrechts, namentlich dem dort regelmäßig geltenden Opportunitätsprinzip, kaum kompatibel. Zugleich droht eine Unterminierung freiheitssichernder Grundprinzipien wie etwa jenes des Vorbehalts des Gesetzes.

Beispiel: Wenn die Umsetzung tierschutzrechtlicher Normen nach den einschlägigen verwaltungsrechtlichen Normen im Ermessen der zuständigen Behörden steht, kann der behördliche Verzicht auf die Normdurchsetzung im Einzelfall nicht als „Notstand“ für den Tierschutz gewertet werden, der private Gewalt rechtfertigte. Die gegenteilige Sicht des OLG Naumburg legitimiert de facto private Gewalt als Mittel der Normdurchsetzung und unterminiert damit die rechtsstaatlichen Bindungen des staatlichen Gesetzesvollzugs (Fall nach OLG Naumburg, NJW 2018, 2064 ff.).

Mit der staatstheoretischen Fundierung privater Gewaltbefugnisse als Ausnahme zum staatlichen Gewaltmonopol wird zugleich deutlich, dass die zivil- und strafrechtlichen Notwehr- und Nothilferechte, die auf eine Kompensation fehlender Sicherheitspräsenz des Staates zielen, nicht als Eingriffsermächtigungen für genuine *staatliche* Maßnahmen interpretiert werden können (vgl. *Pewestorf,* JA 2009, 43). Die Erwähnung von Notwehr und Notstand in § 57 Abs. 2 PolG (*„bleiben unberührt“*) ist vor diesem Hintergrund lediglich als deklaratorischer Hinweis auf das ohnehin mit Vorrang gegenüber Landesrecht ausgestattete Bundesrecht (Art. 31 GG) zu verstehen und dementsprechend restriktiv zu interpretieren. Gemeint sein kann hier nur das selbstverständliche **Verteidigungsrecht eines jeden Bürgers** einschließlich des uniformierten Polizeibeamten, nicht aber eine Erweiterung staatlicher Zugriffsbefugnisse.

Beispiel: Auch wenn ein Messer nach § 58 Abs. 4 PolG keine zugelassene Waffe für Zwangsmaßnahmen der Polizei ist, muss einem Polizeibeamten, der von einem Dritten lebensbedrohlich attackiert wird, die Möglichkeit verbleiben, sich – wenn andere Mittel nicht zur Verfügung stehen – notfalls mit einem zufällig vor ihm liegenden Messer gegen den Angriff zur Wehr zu setzen.

Diese Auslegung erscheint umso zwingender, als die Notwehr- und Notstandsrechte des Bürgers nicht in gleicher Weise den strengen Maßstäben der Verhältnismäßigkeit unterworfen sind, wie dies für staatliche Eingriffsbefugnisse gilt (§ 2 PolG).

Die hier vorgenommene Differenzierung hat zur Folge, dass Notwehr- und Nothil- 5
ferechte niemals die Grundlage für einen klassischen polizeilichen Einsatz sein können. Nicht möglich sind dementsprechend etwa dienstliche Weisungen des Vorgesetzten an den untergebenen Polizeibeamten, in Ausübung privater Nothilfebefugnisse tätig zu werden (str.).

Beispiel: Der Polizeipräsident weist einen untergebenen Beamten an, dem festgenommenen Entführer eines nach wie vor verschwundenen Kindes den Einsatz körperlicher Gewalt zum Zwecke der Offenlegung des Aufenthalts des Kindes anzudrohen. Für die Maßnahme gibt es schon wegen der ausdrücklichen Verbotsnorm des § 55 Abs. 2 PolG (keine unmittelbare Zwangsmaßnahme zur Erlangung von Erklärungen) keine polizeiliche Ermächtigungsgrundlage. Denn rechtswidrige Vollstreckungsmaßnahmen können selbstverständlich auch nicht rechtmäßig angedroht werden (unten Rn. 244). Auch die Notwehrrechte des § 57 Abs. 2 PolG greifen nicht, da Notwehr (Nothilfe) nicht die Grundlage einer genuin staatlichen Maßnahme sein kann, wie sie hier aufgrund der innerdienstlichen Weisungen offenkundig vorliegt (vgl. auch Art. 104 Abs. 1 S. 2 GG). Ob private Notwehr eine „Folterandrohung“ decken könnte, bedarf daher hier keiner Diskussion, dürfte aber wegen des umfassenden Schutzes der Menschenwürde („unantastbar“ – Art. 1 Abs. 1 S. 1 GG) ebenfalls zu verneinen sein. Das Vorgehen des Polizeipräsidenten ist rechtswidrig (in Anlehnung an LG Frankfurt a. M., NJW 2005, 692).

Ungeachtet dieser dogmatischen Verortung des polizeilichen Notwehrrechts werden Notwehrhandlungen des einzelnen Polizeibeamten nach h.M. der hoheitlichen Aufgabenwahrnehmung zugeordnet, was dann wiederum eine einheitliche rechtliche Bewertung konkreter Sachverhalte gebietet. Liegt daher eine gerechtfertigte Notwehrhandlung eines Beamten vor, kommt es für die Rechtmäßigkeit der Polizeimaßnahme nicht zusätzlich darauf an, dass die Maßnahme über die genuinen Eingriffsermächtigungen des Polizeirechts zu rechtfertigen gewesen wäre.

Beispiel: Die Polizeibeamten P und S fahren den angetrunkenen F, der im Straßenverkehr wegen mutmaßlich alkoholbedingter Fahrunsicherheit aufgefallen ist, zur Blutentnahme. Plötzlich zieht F, der auf einem der Rücksitze des Streifenwagens sitzt, ein Messer und hält es dem auf dem Beifahrersitz sitzenden Beamten P an den Hals. Obwohl der am Steuer sitzende Beamte S mehrfach ausruft: „Messer weg oder ich schieße!", reagiert F nicht. Daraufhin gibt S einen Schuss ab, durch den F lebensgefährlich verletzt wird. Die Handlung des S ist über § 227 Abs. 1 BGB, § 32 Abs. 1 StGB gerechtfertigt. Ob der Einsatz allein über die polizeilichen Eingriffsermächtigungen zu rechtfertigen gewesen wäre, bleibt ohne Bedeutung (vgl. OLG Celle, NJW-RR 2001, 1033).

Im Übrigen wirkt das Konzept des staatlichen Gewaltmonopols und der bürgerlichen Friedenspflicht zugleich auf die Reichweite möglicher **Notwehrrechte des Bürgers gegen die Polizei** zurück, indem das Vorliegen eines „rechtswidrigen Angriffs" i.S.d. § 32 Abs. 2 StGB durch staatliche Amtsträger nicht rein akzessorisch nach den materiellen Anforderungen des jeweiligen Fachrechts bestimmt werden darf. Vielmehr ist nach der Rechtsprechung des BGH von der Rechtmäßigkeit eines hoheitlichen Handelns im strafrechtlichen Sinne bereits dann auszugehen, wenn „`die äußeren Voraussetzungen zum Eingreifen des Beamten´ gegeben sind, `er also örtlich und sachlich zuständig´ ist, er die vorgeschriebenen wesentlichen Förmlichkeiten einhält und der Hoheitsträger sein – ihm ggf. eingeräumtes – Ermessen pflichtgemäß ausübt". Fach- und vollstreckungsrechtliche Detailfragen müssen danach also – ggf. nachträglich – im fachgerichtlichen Verfahren geklärt werden, berechtigen also nicht zu gewaltsamer Gegenwehr. Dieses spezifische Verständnis der Rechtmäßigkeit bzw. Rechtswidrigkeit von hoheitlichen Handlungen soll dem Umstand Rechnung tragen, „dass die eingesetzten Vollzugsbeamten im Dienst der staatlichen Ordnung tätig werden, die wiederum die Sicherung der Rechtsordnung insgesamt gewährleistet" (BGH, NStZ 2015, 574, hierzu eingehend *Rückert,* JA 2017, 33ff.). Umgekehrt hat das BVerfG zuletzt einen Anspruch auf effektive Strafverfolgung bejaht, wenn Straftaten von Hoheitsträgern bei der Wahrnehmung öffentlicher Aufgaben in Rede stehen, die mit massiven Grundrechtsverletzungen einhergehen (BVerfG, NJW 2020, 675ff.: Fixierung durch den Amtsarzt).

IV. Gefahrenabwehrrechtliche Kompetenzverteilung nach dem Grundgesetz

6 Nach dem föderalen „Bauplan" des Grundgesetzes obliegen Gesetzgebung und Gesetzesvollzug grundsätzlich den Ländern, soweit das Grundgesetz nicht (ausnahmsweise) etwas anderes vorsieht (Art. 70 Abs. 1, Art. 83 GG). Diese Grundregel gilt uneingeschränkt auch für Fragen der Gewährleistung der Sicherheit der Bürger. Freilich zergliedert sich der Bereich des „Sicherheitsrechts" in viele Teilsegmente, für die sowohl hinsichtlich der Gesetzgebung als auch hinsichtlich der Verwaltungszuständigkeit im Einzelnen höchst unterschiedliche Zuweisungen bestehen.

1. Sicherheitsgesetzgebung

Das klassische Polizeirecht zählt mangels anderweitiger Zuweisung kompetenzrechtlich zum „Hausgut" der Länder (Art. 70 Abs. 1 GG). Freilich bedarf dieser Grundsatz einer differenzierenden Handhabung. Denn im Bereich der Sicherheitsgesetzgebung benennt das Grundgesetz zum einen zahlreiche spezielle Materien, die abweichend von diesem Grundsatz dem Bundesgesetzgeber zugewiesen werden. Darüber hinaus ist zu berücksichtigen, dass die Zuweisung bestimmter, für sich betrachtet „sicherheitsneutraler" Sachbereiche an den Bundesgesetzgeber die grundsätzliche Befugnis einschließt, die hiermit zusammenhängenden spezial-polizeilichen Regelungen zu treffen (BVerfG, NJW 2006, 751). 7

Beispiel: Die Zuständigkeit des Bundesgesetzgebers für den Luftverkehr (Art. 73 Abs. 1 Nr. 6 GG) umfasst zugleich die Befugnis zum Erlass von Regelungen, die sich auf die Gefahrenabwehr im Luftraum beziehen (eingehend *Kaienburg*, JA 2019, 119 ff.).

Der viel zitierte Grundsatz von der **„Polizeihoheit der Länder"** darf somit nicht dazu verführen, das differenzierte Kompetenzgeflecht des Grundgesetzes auszublenden. Für die zentralen Bereiche der Gefahrenabwehr ergibt sich folgende Verteilung der Gesetzgebungskompetenzen:

a) Eine ausschließliche Gesetzgebungskompetenz des Bundes normiert das Grundgesetz für die Gewährleistung des Zivilschutzes (Art. 73 Abs. 1 Nr. 1 GG), des Grenzschutzes (Art. 73 Abs. 1 Nr. 5 GG) sowie der Luftsicherheit (Art. 73 Abs. 1 Nr. 6 GG, hierzu BVerfG, NJW 2006, 751, sowie BVerfG, NVwZ 2012, 1239: Abschuss von Verkehrsflugzeugen), aber auch für die Garantie der äußeren Sicherheit (Art. 73 Abs. 1 Nr. 1 GG). Letztere umfasst als „Annexkompetenz" auch die Regelung eines „Sonderpolizeirechts" (BVerwGE 84, 247) sowie eines „Brandschutzrechts" (Bad.-Württ. VGH, DVBl. 1995, 365) für die Streitkräfte. Der ausschließlichen Bundeskompetenz zuzuordnen ist ferner die Gesetzgebung für die Zusammenarbeit des Bundes und der Länder in der Kriminalpolizei, dem Verfassungsschutz und dem Schutz gegen Bestrebungen im Bundesgebiet, die durch Anwendung von Gewalt oder darauf gerichtete Vorbereitungshandlungen auswärtige Belange der Bundesrepublik Deutschland gefährden. Eine ausschließliche Bundeskompetenz besteht schließlich für weite Bereiche der Bekämpfung des internationalen Terrorismus durch das BKA (Art. 73 Abs. 1 Nr. 9a GG) sowie für die Gesetzgebung zur Einrichtung eines Bundeskriminalpolizeiamtes und die internationale Verbrechensbekämpfung (Art. 73 Abs. 1 Nr. 10 GG). Ausschließliche Bundeskompetenzen mit einem Schwerpunkt im Bereich der Gefahrenvorsorge ergeben sich schließlich für das Waffen- und Sprengstoffrecht (Art. 73 Abs. 1 Nr. 12 GG) sowie für das Atomrecht (Art. 73 Abs. 1 Nr. 14 GG). 8

b) Der sog. konkurrierenden Gesetzgebung (Art. 74 Abs. 1 GG) als „Vorranggesetzgebung" des Bundes zugeordnet ist namentlich der weite Bereich der *repressiven* Gefahrenabwehr, also das Strafrecht einschließlich des Ordnungswidrigkeitenrechts und des gerichtlichen Verfahrens (Art. 74 Abs. 1 Nr. 1 GG). Landesrechtliche Regelungen bleiben hier nur insoweit möglich, als der Bund von seiner Kompetenz keinen bzw. keinen abschließenden Gebrauch gemacht hat (Art. 74 Abs. 1 GG). 9

Abgrenzungsprobleme zum präventiven Gefahrenabwehrrecht (Polizeirecht) ergeben sich hierbei insoweit, als die Landespolizeigesetze, wie in § 1 Abs. 1 S. 2 PolG, die vorbeugende Bekämpfung von Straftaten **(Straftatenverhütung bzw. Straftatenvorsorge)** als legitimen Regelungsgegenstand für sich beanspruchen. Rechtfertigen lässt sich dieser Aufgabenzugriff des Landesgesetzgebers mit der Erwägung, dass das Strafrecht allein der Sanktionierung bereits *erfolgter* Straftaten dient, während der Begriff der *„vorbeugenden* Bekämpfung" den präventiven Charakter des polizeilichen Auftrages deutlich macht. Die Straftatenvorsorge ist damit als Teil der Gefahrenvorsorge von der Länderkompetenz aus Art. 70 Abs. 1 GG gedeckt (BVerfGE 113, 348, 368). Immerhin aber geht die vorbeugende Bekämpfung von Straftaten insoweit über den traditionellen Wirkbereich der Polizei hinaus, als die betreffenden Maßnahmen auch „Vorfeldmaßnahmen" vor dem Eintritt konkreter Gefahrensituationen einschließen können. Die hiermit angesprochene „Straftatenvorsorge" wird denn auch gelegentlich als *„dritte Aufgabenkategorie"* neben Gefahrenabwehr und Strafverfolgung bezeichnet. Abzugrenzen ist diese Straftatenvorsorge wiederum von der sog. **Strafverfolgungsvorsorge,** die auf eine Erleichterung der späteren Strafverfolgung in Bezug auf spätere oder später bekanntwerdende Straftaten zielt. Die Strafverfolgungsvorsorge wurde früher wegen der von ihr auch entfalteten Präventionswirkung vielfach ebenfalls der Gefahrenabwehr zugeordnet. Die Rechtsprechung ist dieser Auslegung indes nicht gefolgt. Sie ordnet die Strafverfolgungsvorsorge kompetenziell dem *„gerichtlichen Verfahren"* nach Art. 74 Abs. 1 Nr. 1 GG und damit der konkurrierenden Gesetzgebung zu (BVerwG, NVwZ 2012, 757, 760). Der Landesgesetzgeber hat hierauf mit der Streichung der vormals ebenfalls in § 1 Abs. 1 S. 2 PolG normierten „Strafverfolgungsvorsorge" reagiert. Auswirkungen hat diese Differenzierung vor allem im Bereich informationsrechtlicher Eingriffe (hierzu unten Rn. 210 ff.), die nicht selten in einem Überschneidungsbereich zwischen Straftatenverhütung und Strafverfolgungsvorsorge liegen. So sind etwa erkennungsdienstliche Behandlungen, die dem Ziel der Verfolgung künftiger Straftaten dienen sollen, nicht auf § 14 PolG, sondern auf die (insoweit abschließende) bundesrechtliche Regelung des § 81b Alt. 2 StPO zu stützen. Insoweit dürfte dann allerdings auch ein Rückgriff auf die (präventiv-polizeilichen) Vollstreckungsregelungen der §§ 50 ff. PolG zur zwangsweisen Durchsetzung derartiger erkennungsdienstlicher Behandlungen ausscheiden (str.).

Eine genuine Gesetzgebungskompetenz der Länder dürfte immerhin dort anzunehmen sein, wo die betreffenden Regelungen „schwerpunktmäßig" der Gefahrenabwehr dienen. Alternativ verbleiben freilich auch im Bereich der konkurrierenden Gesetzgebung für die Strafverfolgungsvorsorge Gesetzgebungszuständigkeiten der Länder, wenn und soweit erschöpfende bundesrechtliche Regelungen nicht vorliegen.

Beispiel: § 15a PolG ermöglicht die Fertigung und Aufzeichnung von Bildaufnahmen an Kriminalitätsschwerpunkten „zur Verhütung von Straftaten". Hier könnte der gefahrenpräventive Charakter und damit die originäre Landesgesetzgebungskompetenz für das Recht der Gefahrenabwehr speziell im Hinblick auf die „Aufzeichnung" von Bildaufnahmen fraglich sein, da die Bildaufzeichnungen für sich genommen auf eine schnelle Überführung und Aburteilung eines Straftäters zielen. Andererseits legt das Gesetz schon dem Wortlaut nach nahe, dass hier die abschreckende Wirkung einer schnellen Überführung und Aburteilung als Instrument der Straftatenprävention genutzt werden soll. Der Regelungsschwerpunkt im Gefahrenabwehrrecht wird im novellierten Polizeigesetz zusätzlich dadurch unterstrichen, dass die Fertigung wie auch die Aufzeichnung von Bildaufnahmen nur zulässig ist, wenn „jeweils ein unverzügliches Eingreifen der Polizei möglich ist" (§ 15a Abs. 1 S. 1 PolG a. E.).

Zur konkurrierenden Gesetzgebung nach Art. 74 Abs. 1 GG ressortieren ferner spezielle sicherheitsrelevante Materien wie das Gesundheitsschutzrecht (Nr. 19), das Straßenverkehrsrecht (Nr. 22), das Recht der Abfallbeseitigung, die Lärmbekämpfung und Luftreinhaltung (Nr. 24), das Gentechnikrecht (Nr. 26) sowie das auch sicherheitsrechtlich durchdrungene Recht der Wirtschaft (Nr. 11). Bereits erwähnt wurde die Befugnis des Bundesgesetzgebers, die mit allgemeinen Sachkompetenzen zusammenhängenden Fragen der Gefahrenabwehr zu regeln.

10 c) Grundgesetzlich nicht erwähnt ist das hier zu behandelnde *allgemeine* **Sicherheits- und Ordnungsrecht,** das nach der Grundregel des Art. 70 Abs. 1 GG somit vollumfänglich der Landesgesetzgebung zugewiesen ist. Die oben genannten Sonderzuständigkeiten des Bundes bedürfen demgemäß einer restriktiven Auslegung. Namentlich der Bundesgrenzschutz (heute „Bundespolizei", s. Rn. 12) darf folgerichtig *„nicht zu einer allgemeinen, mit den Landespolizeien konkurrierenden Bundespolizei ausgebaut werden und damit sein Gepräge als Polizei mit begrenzten Aufgaben verlieren"* (BVerfGE 97, 198, 218). Die Landeszuständigkeit für das allgemeine Sicherheitsrecht erstreckt sich zugleich auf sondergesetzliche Kodifikationen zu speziellen Bereichen des allgemeinen Sicherheits- und Ordnungsrechts. Hier ist etwa der **Brandschutz** zu nennen, der den Gemeinden als „Pflichtaufgabe zur Erfüllung nach Weisung" überantwortet ist (§ 2 Abs. 2 BHKG – Gesetz über den Brandschutz, die Hilfeleistung und den Katastrophenschutz), aber auch die **Bekämpfung von Glücksspielsucht und illegalem Glücksspiel** durch den Glücksspielstaatsvertrag und das Landesausführungsgesetz NRW (hierzu auch Rn. 37). Eine alleinige Landeskompetenz mit zumindest auch gefahrenvorsorgender Ausrichtung ergibt sich nach Art. 70 Abs. 1 GG schließlich auch für das Versammlungswesen (unten Rn. 295 ff.), auch wenn das Land bislang davon abgesehen hat, das fortgeltende Versammlungsgesetz des Bundes durch ein eigenes Landesgesetz abzulösen.

2. Verwaltungszuständigkeiten

Die Ausführung von Bundesgesetzen ist nach Art. 83 GG grundsätzlich Ländersache. **11**
Eine bundeseigene Verwaltung sieht das Grundgesetz lediglich ausnahmsweise vor. Im Bereich des Sicherheitsrechts im weiteren Sinne ist insoweit namentlich die Pflicht des Bundes zur Aufstellung und Verwaltung der **Streitkräfte** relevant (Art. 87a, 87b GG), die zugleich das Recht zur Aufstellung eigener Sicherheitskräfte („Feldjäger") umschließt. Gewährleistet wird weiter eine Option für die Errichtung einer Bundesgrenzschutzbehörde (sog. **„Bundespolizei"** mit Bundespolizeipräsidium in Potsdam, hierzu *Wagner*, JURA 2009, 96), von Zentralstellen für das polizeiliche Auskunfts- und Nachrichtenwesen sowie für die Kriminalpolizei (**BKA** mit Sitz in Wiesbaden) und den (Bundes-)Nachrichtendienst (Art. 87 Abs. 1 GG). Die diesbezügliche Verwaltungskompetenz kann der Bund also – was auch so erfolgt ist – gem. Art. 87 Abs. 1 S. 2 GG nach eigenem Ermessen durch Gesetz an sich ziehen, wodurch dann die anderenfalls fortdauernde Verwaltungskompetenz der Länder nach Art. 83 GG verdrängt wird.

Beachte: Umstritten war in jüngster Zeit, ob der Freistaat Bayern neben der vom Bund als Bundesgrenzschutzbehörde errichteten Bundespolizei eine eigene Grenzpolizei zu errichten befugt ist. Der Bayerische VerfGH bejaht eine solche Kompetenz des Landes. Denn die Aufgabe des grenzpolizeilichen Fahndungsdienstes durch die sog. Schleierfahndung sei unbestritten eine Aufgabe des Landes. Vor diesem Hintergrund bestehe kein Zweifel, dass der Freistaat Bayern zur Wahrnehmung dieser Aufgabe eine Grenzpolizei als Teil der Landespolizei errichten könne. Immerhin aber scheiterte die landesrechtliche Normierung genuin grenzschutzrechtlicher Eingriffsermächtigungen, da die Regelungsmaterie der ausschließlichen Bundeskompetenz aus Art. 73 Abs. 1 Nr. 5 GG zuzuordnen ist (BayVerfGH, Entsch. v. 28.8.2020, Vf. 10-VIII-19 sowie 12-VII-19).

Ob und inwieweit eine Zusammenführung der aufgeführten Behörden verfassungsrechtlich zulässig ist, wird für jeden Einzelfall zu klären sein. Hinsichtlich der in der Vergangenheit diskutierten Zusammenführung von Bundespolizei und BKA dürften, anders etwa als im Falle der Zusammenführung von Polizei- und Geheimdienstbehörden, grundsätzliche verfassungsrechtliche Bedenken nicht bestehen.

Gefahrenabwehrrechtliche Aufgaben in bundeseigener Verwaltung werden schließlich wahrgenommen durch die **Strom- und Schifffahrtspolizei** für die Bundeswasserstraßen, das Luftfahrtbundesamt in Braunschweig oder das Zollkriminalamt in Hürth. Verfassungsrechtlicher „Regelfall" bleibt gleichwohl die Ausführung von Bundesgesetzen durch die Länder als deren eigene Angelegenheit (Art. 83 GG), wie dies etwa im Bereich des Straßenverkehrsrechts oder der Gewerbeüberwachung der Fall ist. Als „Selbstverständlichkeit" nicht gesondert erwähnt ist im Grundgesetz die Zuständigkeit der Länder zur Ausführung von Landesgesetzen. Diese Verwaltungszuständigkeit betrifft namentlich das hier zu behandelnde *allgemeine* Sicherheitsrecht (Polizei- und Ordnungsrecht). Eine Sonderstellung nimmt schließlich Art. 35 Abs. 2 u. 3 GG ein, der dem Bund gewisse Handlungsbefugnisse in Katastrophenfällen zuerkennt. Soweit das BVerfG den Aktionsradius der Streitkräfte hierbei zunächst auf die (landes-)polizeilichen Handlungsinstrumentarien beschränkt sah (BVerfG, NJW 2006, 751 m. Anm. *Schenke,* ebda. S. 736), hat das Gericht diesen engen Ansatz später revidiert (NVwZ 2012, 1239). Auch der Einsatz spezifisch militärischer Mittel bleibt danach als ultima ratio verfassungsrechtlich möglich. Insgesamt ergibt sich damit ein höchst differenziertes Geflecht von Verwaltungskompetenzen.

12 Immerhin eröffnet sich insoweit ein stimmiges inhaltliches Konzept, als die allgemeine Gefahrenabwehr als Aufgabe der Länderpolizei von den nachrichtendienstlichen Tätigkeiten des Bundes strikt getrennt bleibt. Mit diesem sog. **nachrichtendienstlichen Trennungsgebot** soll der Entstehung eines allmächtigen Überwachungsstaates entgegengewirkt werden. Zudem entspricht es dem aufklärenden, zumal das Gefahrenvorfeld ausleuchtenden Ansatz der Nachrichtendienste, deren Befugnisspektrum möglichst begrenzt zu halten. Nicht unerheblich modifiziert wird das Trennungsgebot immerhin durch die Einführung einer von Polizei und Geheimdiensten gemeinsam benutzten Antiterror-Datei. Durch Urteil vom 24.4.2013 hat das BVerfG die Antiterrordatei in ihrer Grundstruktur für verfassungsgemäß erklärt, die ausgestaltenden Regelungen allerdings in zahlreichen Punkten beanstandet (NJW 2013, 1499).

3. Polizeirecht und Europa

13 Zunehmende Bedeutung gewinnt das Gefahrenabwehrrecht auch auf europäischer Ebene. Die Europäische Union definiert sich als „Raum der Freiheit, der Sicherheit und des Rechts" (Art. 67 Abs. 1 AEUV). Folgerichtig finden sich in den Art. 67 ff. AEUV Bestimmungen zur Vergemeinschaftung bestimmter Bereiche der Gefahrenabwehr, in denen die Union ggf. auch eigene Rechtsakte zur Gefahrenabwehr erlassen kann. Bekannt geworden ist insoweit neben der Antiterrorismus-Verordnung (VO 2580/2001/EG bzw. VO 881/2002/EG) auch die vom EuGH zwischenzeitlich für nichtig erklärte Richtlinie zur Vorratsdatenspeicherung. Wichtige Regelungen betreffen ferner den Schutz der offenen Binnengrenzen bzw. die Frage der vorübergehenden Wiedereinführung von Kontrollen an den Binnengrenzen (Art. 25 ff. des **Schengener Grenzkodex**) sowie den Schutz der EU-Außengrenzen durch die Errichtung der „Europäischen Agentur für die operative Zusammenarbeit an den Außengrenzen" (VO Nr. 2007/2004 des Rates v. 26.10.2004). Mit dem am 1.10.1998 in Kraft getretenen Europol-Übereinkommen wurde die Errichtung eines **Europäischen Polizeiamtes** (mit Sitz in Den Haag) vereinbart (vgl. heute Art. 88 AEUV), das seine Arbeit im Jahre 1999 aufgenommen hat. Im Zentrum der Tätigkeit von Europol steht die Unterstützung der Zusammenarbeit der mitgliedstaatlichen Kriminalämter zur Verhütung und Bekämpfung des Terrorismus, des Drogenhandels und anderer schwerer Formen internationaler Kriminalität. Eigene Ermittlungs- oder gar Zwangsbefugnisse stehen Europol grundsätzlich nicht zu; immerhin aber kann sich Europol seit 2002 an Ermittlungsgruppen der Mitgliedstaaten beteiligen oder zu Ermittlungen in den Mitgliedstaaten auffordern. Seit 2010 hat Europol den Status einer „Agentur“. Die Ausbildung der Europäischen Polizei erfolgt über die **Europäische Polizeiakademie** (EPA), in der nationale Ausbildungseinrichtungen der Mitgliedstaaten zusammenarbeiten (eingehend *Glombik*, VR 2010, 343 ff.). Ungeachtet des Umstandes, dass Europol gewisse strukturelle Ähnlichkeiten mit der Internationalen Kriminalpolizeilichen Organisation IKPO **(„Interpol“)** aufweist, handelt es sich um organisatorisch voneinander unabhängige Stellen.

4. Ergebnis

Als Fazit ergibt sich damit, dass sowohl die Normierung des allgemeinen Sicherheitsrechtes (Polizei- und Ordnungsrechtes) als auch die Ausführung der betreffenden Gesetze einschließlich der Errichtung der notwendigen Behörden Angelegenheiten des jeweiligen Landes sind.

Einer gesonderten landesstaatlichen Normierung bedarf insoweit notwendigerweise auch die Zulassung eines (landes-)grenzüberschreitenden Einsatzes der Polizeibeamtinnen und -beamten anderer Bundesländer (§ 9 POG, hierzu Rn. 38).

V. Anhang

Literatur: *Glombik*, Aus dem ABC der EU: Europäisches Polizeiamt (Europol) und Europäische Polizeiakademie (EPA), VR 2010, 343 ff.; *Gramm*, Der wehrlose Verfassungsstaat?, DVBl. 2006, 653 ff.; *Hammer*, Private Sicherheitsdienste, staatliches Gewaltmonopol, Rechtsstaatsprinzip und „schlanker Staat“, DÖV 2000, 613 ff.; *Ogorek*, Risikovorsorgende Videoüberwachung, DÖV 2018, 688 ff.; *Papier*, Polizeiliche Aufgabenverteilung zwischen Bund und Ländern, DVBl. 1992, 1 ff.; *Pewestorf*, Die Berufung des Amtsträgers auf Jedermannrechte, JA 2009, 43 ff.; *Pitschas*, Polizeirecht im kooperativen Staat, DÖV 2002, 221 ff.; *Rückert*, Gewaltsame Verteidigung gegen rechtswidrige staatliche Vollstreckungsmaßnahmen, JA 2017, 33 ff.; *Schoch*, Grundlagen und System des allgemeinen Polizei- und Ordnungsrechts, JURA 2006, 664 ff.; *Schulze-Fielitz*, Nach dem 11. September: An den Leistungsgrenzen eines verfassungsstaatlichen Polizeirechts?, in FS Schmitt Glaeser, 2003, 407 ff.; *Wagner*, Die Bundespolizei – wer ist das, was darf und was macht die?, JURA 2009, 96 ff.; *Walter*, Grenzschutz ist Bundesangelegenheit, DÖV 2019, 845 ff.; *Wolff/Scheffczyk*, Verfassungsrechtliche Fragen der gemeinsamen Antiterrordatei von Polizei und Nachrichtendiensten, JA 2008, 81 ff. 14

Kontrollfragen:

1. Durch welche Regelungen kommen im Grundgesetz das staatliche Gewaltmonopol und die bürgerliche Friedenspflicht zum Ausdruck?
2. Können die zivil- und strafrechtlichen Notwehr- und Nothilferechte Eingriffsgrundlagen für staatliche Maßnahmen sein?
3. Wer hat die Gesetzgebungskompetenz über das sog. allgemeine Sicherheitsrecht?
4. Bedeutet der Grundsatz der „Polizeihoheit“ der Länder, dass dem Bund keine Gesetzgebungskompetenzen für das „Sicherheitsrecht“ zukommen?

B. Polizei- und Ordnungsgesetzgebung in Nordrhein-Westfalen

Das allgemeine Sicherheitsrecht des Landes Nordrhein-Westfalen ist geprägt durch 15
die Trennung von Ordnungsverwaltung und Polizeiverwaltung. Regelungsgrundlage für das Handeln der Ordnungsbehörden ist das im Jahre 1957 in Kraft getretene **Ordnungsbehördengesetz** (OBG); Grundlage des Polizeihandelns sind das **Polizeigesetz** (PolG) sowie das **Polizeiorganisationsgesetz** (POG). Hintergrund dieser Ausdifferenzierung ist vor allem das in der frühen Nachkriegszeit zumal von der britischen Besatzungsmacht im Bereich des heutigen Landes Nordrhein-Westfalen vehement

verfochtene Ziel einer **„Dezentralisierung“** und **„Entpolizeilichung“** der Gefahrenabwehr. Hiermit sollte einem Missbrauch polizeilicher Gewalt, wie er in der NS-Diktatur erfolgt war, entgegengewirkt werden. Zugleich führten die besatzungsrechtlichen Regelungen ungeachtet anfänglicher Unsicherheiten zu einer grundlegenden Neukonturierung des Polizeibegriffes bzw. des polizeilichen Auftrages, die sich auch in begrifflichen Änderungen der vormaligen „Verwaltungspolizei“ (vgl. Bauaufsicht statt Baupolizei usw., vgl. § 49 OBG a. F.) niederschlägt.

16 Die Klärung des **„materiellen Polizeibegriffs“**, also die Bestimmung der Aufgaben der Gefahrenabwehr, war ein bis in die frühe Nachkriegszeit heftig diskutiertes Thema (lesenswert *Galette,* DVBl. 1955, 276 ff.). Lange Zeit fehlte es an einer sachlichen Trennung zwischen der „Gefahrenabwehr“ nach heutigem Verständnis und der sonstigen „inneren Verwaltung“ (z. B. Baurecht, Denkmalschutzrecht, Gesundheitsrecht, Naturschutzrecht). Zwar lassen sich erste Ansätze zur „Bürokratisierung“ und „Entpolizeilichung“ der Gefahrenabwehr bis in das 18. Jahrhundert zurückverfolgen, namentlich in der Lehre *Johann Stephan Pütters,* der bereits 1770 zwischen der Polizei und Wohlfahrtspflege trennte *(„Aufgabe der Polizei ist die Sorge für die Abwendung bevorstehender Gefahren, die Wohlfahrt zu fördern, ist nicht eigentlich Aufgabe der Polizei“).* Auch bemühte sich das Preußische Allgemeine Landrecht von 1794 um eine Beschränkung des polizeilichen Aufgabenbereichs – eine Errungenschaft, die das zeitlich nachfolgende Preußische Polizeiverwaltungsgesetz von 1850 nicht in gleicher Weise sicherte. Eine grundlegende Neujustierung brachte freilich erst das berühmte *„Kreuzberg-Erkenntnis“* des Preußischen OVG aus dem Jahre 1882 (PrOVGE 9, 353; abgedruckt auch in DVBl. 1985, 219), mit dem das Gericht denkmalschutzrechtliche Fragestellungen (bauliche Beeinträchtigung der Sicht auf ein Nationaldenkmal zur Erinnerung an die Siege der Freiheitskriege) jenseits des polizeilichen Sicherheitsauftrages ansiedelte. Als Folge dieser Gerichtsentscheidung ergingen zahlreiche „Sonderordnungsgesetze“ wie etwa Baugesetze „gegen Verunstaltungen“ und Ähnliches. Mit dem Preußischen Polizeiverwaltungsgesetz von 1931 (PVG) wurde dann die Rechtsprechung des Preußischen OVG seit 1882 weitgehend kodifiziert. Allerdings formulierte das Gesetz ungeachtet des engen Polizeibegriffes in § 14 Abs. 1 PVG weiterhin zahlreiche zusätzliche Aufträge an die Polizeibehörden, so dass die Grundfrage nach dem „materiellen Polizeibegriff“ noch keineswegs geklärt war, als die Polizei spätestens durch die Neuorganisationen des Jahres 1936 zu einem zentral geführten Instrument des nationalsozialistischen Terrors wurde.

17 Grundgedanke des nordrhein-westfälischen Modells ist es, dass der Einsatz unmittelbar der Zentralgewalt des Landes zuzuordnender Polizeikräfte (unten Rn. 18 ff.) auf Eil- und Notfälle „vor Ort“ beschränkt bleiben soll, während Gefahrenlagen, für die eine solche Eillage nicht besteht, der dezentralen und „bürokratischen“ Bearbeitung durch die allgemeinen, vorrangig im Bereich der kommunalen Selbstverwaltungskörperschaften angesiedelten Ordnungsbehörden (unten Rn. 22) vorbehalten bleiben. Im Sinne der Dezentralität sind dabei strikt hierarchische Weisungsstränge nur innerhalb der eigentlichen staatlichen Polizeiverwaltung gegeben, während staatliche Weisungen gegenüber den kommunalen Ordnungsbehörden nur in begrenztem Umfang möglich und ggf. gerichtlich abwehrbar sind (unten Rn. 23 ff.). Komplettiert wird dieses System durch die landesgesetzliche Errichtung von sog. Sonderordnungsbehörden, denen „auf bestimmten Sachgebieten Aufgaben der Gefahrenabwehr oder in ihrer Eigenschaft als Sonderordnungsbehörden andere Aufgaben übertragen“ werden können (§ 12 Abs. 1 OBG). Die in diesem Bereich vormals zu findenden Arbeitsschutz-, Umwelt- und Bergämter wurden zum 1.1.2007 in die Bezirksregierungen eingegliedert, die von ihnen wahrgenommenen Aufgaben vielfach kommunalisiert. Soweit die Ordnungsbehörden in neuerer Zeit zunehmend polizeivollzugsdienstspezifische Sonderrechte an sich zu ziehen suchen (z. B. „Blaulicht“ für Fahrzeuge des kommunalen Ordnungsdienstes; hierzu OVG NRW, DVBl. 2010, 131 f.), steht dies durchaus in einem inneren Widerspruch zu dem systematischen Grundansatz des Gefahrenabwehrrechts in Nordrhein-Westfalen. Auch die nach § 80 Abs. 2 S. 1 Nr. 2 VwGO vorgesehene sofortige Vollziehbarkeit von Verwaltungsakten der *„Polizeivollzugsbeamten"* wird man, ungeachtet vereinzelter Gegenstimmen, allein auf unaufschiebbare Maßnahmen der Polizei beziehen können, nicht dagegen auf Maßnahmen der Ordnungsbehörden.

I. Die Polizeiverwaltung und ihre Behördenstruktur

Systemprägend für den Status der Polizeiverwaltung i. e. S. ist deren uneingeschränkte Zuordnung zum Land Nordrhein-Westfalen. Systematisierend wird insoweit gelegentlich von dem institutionellen oder organisatorischen Polizeibegriff gesprochen. Lapidar formuliert § 1 POG: „Die **Polizei ist Angelegenheit des Landes**" (zu den verwaltungsprozessualen Folgen s. unten § 5 Rn. 28). Diese Zuordnung gilt auch insoweit, als § 2 Abs. 1 Nr. 2 POG die „Landrätinnen und Landräte" zu Kreispolizeibehörden erklärt, „soweit das Kreisgebiet nach Absatz 2 zu einem Polizeibezirk bestimmt wird". Die Landrätinnen und Landräte werden in dem betreffenden Aufgabenfeld somit nicht etwa als (kreis-)kommunale Amtsträger tätig, sondern als Funktionsträger des Landes NRW. Traditionell spricht man insoweit von einer **„Organleihe"** durch das Land (zu den haftungsrechtlichen Folgefragen unten Rn. 274, allg. zum Begriff § 2 Rn. 71). Freilich ist dieser Begriff missverständlich. Denn zwar wird mit dem Landrat in der Tat ein „Organ" der inneren Willensbildung des Kreises „entliehen", der freilich zugleich auch als „Behörde" des Kreises nach außen auftritt. Seine Funktion als Kreispolizeibehörde übt der Landrat indes nicht als „Organ" (der internen Willensbildung) aus, sondern als eine nach außen auftretende – hier nunmehr landesstaatliche – „Behörde". 18

Soweit auch § 9 Abs. 4 OBG gemeinhin als bloße (ad hoc-)„Organleihe" des Bürgermeisters durch die landesstaatliche Aufsicht eingestuft wird, erscheint dies nicht überzeugend. Tatsächlich verbirgt sich hinter der Möglichkeit, den Bürgermeister als untere staatliche Verwaltungsbehörde zur Durchführung ordnungsbehördlicher Maßnahmen zu verpflichten, zusätzlich eine (ad hoc-) „Hochzonung" der ordnungsbehördlichen Aufgabe der Gemeinde (als sog. Pflichtaufgabe zur Erfüllung nach Weisung, unten Rn. 22 ff.). Diese „ad hoc"-Aufgabenhochzonung kann dementsprechend nicht ohne sachliche Voraussetzung oder gar ohne jede Begrundung zulässig sein (so aber *Kugelmann*, BeckOK POR, § 9 OBG Rn. 16), sondern nur dort in Betracht kommen, wo die ordnungsgemäße Umsetzung der Weisung durch die Gemeinde nicht mehr gewährleistet erscheint.

Als Polizeibehörden benennt § 2 Abs. 1 POG in seiner Fassung ab dem 1.7.2007 neben den Landrätinnen und Landräten die Polizeipräsidien, das Landeskriminalamt, das Landesamt für Zentrale Polizeiliche Dienste und das Landesamt für Ausbildung, Fortbildung und Personalangelegenheiten der Polizei (zur Zuständigkeitsverteilung im Einzelnen s. die „Verordnungen zur Umsetzung des POG sowie zur Änderung von Rechtsverordnungen" vom 2.7.2007, GVBl. S. 214 ff.). Die bisherige Einbeziehung der Bezirksregierungen entfällt damit.

Der homogenen Struktur der Polizei als Angelegenheit des Landes mit fester Behördenhierarchie entspricht ein hierarchisches System der **Dienst- und Fachaufsicht** (§ 5 POG). Dabei bezieht sich die Dienstaufsicht auf den Aufbau, die innere Ordnung, die allgemeine Geschäftsführung und die Personalangelegenheiten der Behörde (§ 12 Abs. 1 Landesorganisationsgesetz – LOG), während die Fachaufsicht die *recht*mäßige und *zweck*mäßige Wahrnehmung der Aufgaben sicherstellen soll (§ 13 Abs. 1 LOG). 19

Während die Dienst- und Fachaufsicht früher in den §§ 5 und 6 POG getrennt geregelt waren, findet sich in der Fassung ab dem 1.7.2007 eine einheitliche Regelung der Aufsicht in § 5 POG. Nach Abs. 1 führt das Innenministerium die Aufsicht über alle Polizeibehörden i. S. d. § 2 POG. In dienstrechtlichen Angelegenheiten unterliegen die Kreispolizeibehörden der Aufsicht des Landesamts für Ausbildung, Fortbildung und Personalangelegenheiten der Polizei (Abs. 2).

Schließlich kann das Innenministerium einer Polizeibehörde für einen im Einzelnen bestimmten Aufgabenbereich die Weisungsbefugnis gegenüber anderen Polizeibehörden übertragen, soweit eine einheitliche Handhabung in diesem Aufgabenbereich erforderlich ist (Abs. 4). Insgesamt ergibt sich somit ein strikt hierarchisch durchgegliedertes System von Weisungsbefugnissen, das bis in die „Chefetage" des zuständigen Innenministeriums hineinreicht.

20 Den Weisungen kommt, da sie im „Innenbereich" des Landes NRW verbleiben, keine Verwaltungsakt-Qualität im Sinne des § 35 S. 1 VwVfG zu. Eine Klagebefugnis (für die allgemeine Leistungsklage analog § 42 Abs. 2 VwGO: „Verletzung eigener Rechte") steht den untergeordneten Behörden grundsätzlich nicht zu. Dies gilt auch für den Landrat als Kreispolizeibehörde (§ 2 Abs. 1 Nr. 2 POG), der insoweit „leihweise" als (untere) Landesbehörde tätig wird (oben Rn. 18).

21 Dem polizeilichen Effizienzgedanken entspricht es schließlich, dass alle Polizeivollzugsbeamtinnen und -beamten des Landes landesweit tätig werden können, „wenn dies zur Abwehr einer gegenwärtigen Gefahr (…) erforderlich ist" (§ 7 Abs. 3 POG), sowie dass bei Gefahr im Verzug jede Polizeibehörde die Aufgaben einer anderen, an sich zuständigen Polizeibehörde übernehmen kann (§ 14 Abs. 1 S. 1 POG).

II. Die Ordnungsverwaltung und ihre Behördenstruktur

22 Differenzierter ist die Behördenstruktur im Bereich der Ordnungsverwaltung, die aufgrund ihrer dezentralen Konzeption an der Nahtstelle zwischen Land und Kommunen angesiedelt ist. Wurde anfänglich für die sog. „Verwaltungspolizei" noch eine Zuordnung zum staatlichen Aufgabenbereich angenommen, hat sich dies mit Inkrafttreten des OBG NRW im Jahre 1957 geändert. So werden die Aufgaben der **örtlichen Ordnungsbehörden** gem. § 3 Abs. 1 OBG von den Gemeinden, die Aufgaben der **Kreisordnungsbehörden** von den Kreisen und kreisfreien Städten als *„Pflichtaufgaben zur Erfüllung nach Weisung"* wahrgenommen und sind damit von staatlichen Auftragsangelegenheiten zu trennen (hierzu auch oben § 2 Rn. 64ff.). Entsprechend der durch Art. 78 Abs. 4 S. 2 LV eingeräumten Option behält sich das Land *„ein Weisungs- und Aufsichtsrecht nach näherer gesetzlicher Vorschrift"* vor. „Durchgriffsrechte" der (staatlichen) Aufsichtsbehörden auf die untergeordneten kommunalen Aufgabenträger sind hierbei nur in gesetzlich näher auszuformulierenden Grenzen vorgesehen.

23 Zwar können die in § 7 OBG näher benannten (landes-)staatlichen Aufsichtsbehörden

– dabei handelt es sich um den Landrat bzw. die Landrätin als untere staatliche Verwaltungsbehörde über die örtlichen Ordnungsbehörden bzw. die Bezirksregierung über die kreisfreien Städte als örtliche Ordnungsbehörden sowie über die Kreisordnungsbehörden; als oberste Aufsichtsbehörde fungiert wiederum das zuständige Ministerium –

Weisungen zur Sicherung der *gesetz*mäßigen Erfüllung der ordnungsbehördlichen Aufgaben erteilen (§ 9 Abs. 1 OBG). Weisungen allein hinsichtlich einer *zweck*mäßigen Erfüllung der ordnungsbehördlichen Aufgaben dürfen die Aufsichtsbehörden indessen nur ausnahmsweise erteilen, wenn diese erforderlich sind, um eine gleichmäßige Durchführung der Aufgabe zu sichern (sog. allgemeine Weisungen), oder soweit diese notwendig sind, weil das Verhalten der zuständigen Ordnungsbehörde *„zur Erledigung ordnungsbehördlicher Aufgaben nicht geeignet erscheint oder überörtliche Interessen gefährden kann"* (besondere Weisungen – § 9 Abs. 2 OBG).

Beispiel: Der Oberbürgermeister der kreisfreien Stadt S kümmert sich trotz vehementer Proteste in der Öffentlichkeit sowie in den Medien nicht um eine einsturzgefährdete Felswand, die zu einem beliebten, aber gleichwohl extrem gefährlichen Kinderspielplatz geworden ist. Die Bezirksregierung kann hier besondere Weisungen erteilen, die zugleich die zweckmäßige Durchführung von Gefahrenabwehrmaßnahmen betreffen (Ziehen eines 2 m hohen Zaunes um die Felswand).

Der in der Landesverfassung angelegten Beschränkung des Weisungsrechts bei Pflichtaufgaben zur Erfüllung nach Weisung (vgl. Art. 78 Abs. 4 S. 2 LV: „nach näherer gesetzlicher Vorschrift") entspricht es, dass die in § 9 Abs. 2 OBG formulierten Voraussetzungen für die Erteilung von Weisungen gerichtlich voll überprüfbar sind. Dies gilt namentlich auch in Ansehung des Tatbestandsmerkmals des „Ungeeignet-Erscheinens" des ordnungsbehördlichen Handelns, das erst dort angenommen werden kann, wo das Handeln oder Nichthandeln der Ordnungsbehörde bei objektiver Betrachtung als in besonders hohem Maße unzweckmäßig einzustufen ist. Soweit den Aufsichtsbehörden in der Kommentarliteratur zumeist ein Beurteilungsspielraum eingeräumt bzw. allein die Einschätzung der Aufsicht für maßgeblich erklärt wird, kann dem nicht gefolgt werden. Eine solche Auslegung ignoriert nicht nur den Gesetzeswortlaut mit seinen gesteigerten Anforderungen an Zweckmäßigkeitsweisungen, sondern führt zu einer mit der verfassungsrechtlichen Selbstverwaltungsgarantie aus Art. 78 Abs. 4 S. 2 LV unvereinbaren Auflösung der Grenzen des Weisungsrechts (zur Problematik behördlicher Beurteilungsspielräume auch unten Rn. 45). Schlussendlich steht nicht weniger als die Grundidee der Dezentralisierung der Gefahrenabwehr infrage, wenn dem Land über gerichtlich nicht kontrollierbare Weisungsbefugnisse der steuernde Zugriff auf die Tätigkeit der Ordnungsbehörden eröffnet würde.

Da die ordnungsbehördliche Aufgabenzuständigkeit dem örtlichen Wirkungskreis **24**
zuzuordnen ist, verletzen Weisungen, die nicht mehr durch das Gesetz gedeckt sind, das verfassungsrechtlich geschützte Selbstverwaltungsrecht der kommunalen Aufgabenträger (Art. 28 Abs. 2 GG/Art. 78 f. LV) und können von diesen gerichtlich abgewehrt werden. Statthafte Rechtsschutzform ist die Anfechtungsklage, denn die staatlichen Weisungen an die kommunalen Selbstverwaltungsträger weisen „Außenwirkung" auf und stellen daher Verwaltungsakte dar (grdl. OVG NRW, NWVBl. 1995, 301; unten § 5 Rn. 10).

Beachte: Soweit der Bürgermeister im Rahmen einer Weisung zusätzlich zur Durchführung der Maßnahme *„als staatliche Verwaltungsbehörde"* verpflichtet wird (§ 9 Abs. 4 OBG), mutiert der Bürgermeister hiermit zu einer Behörde des Landes („ad hoc-Organleihe"), so dass ihm mangels einer möglichen Verletzung „eigener" Rechte (§ 42 Abs. 2 VwGO) keine eigene Klagebefugnis zukommt. Unabhängig hiervon wird man indes ein Klagerecht der Gemeinden nicht ernstlich bestreiten können. Denn mit einer derartigen Intervention greift das aufsichtführende Land nicht nur auf Ressourcen der Gemeinden zurück, sondern entzieht den Gemeinden, wenn auch einzelfallbezogen, die bisherige Aufgabenzuständigkeit und greift damit in deren Selbstverwaltungsrecht ein (hierzu oben Rn. 18). Schon aus verfassungsrechtlichen Gründen muss eine solche „ad hoc"-Aufgabenhochzonung dementsprechend auch durch hinreichend gewichtige Gemeinwohlgründe gerechtfertigt werden. Solche Gründe können etwa in einer nachhaltigen Verweigerungshaltung der Gemeinde bestehen. Auch an dieser Stelle kann somit ein eigener „Beurteilungsspielraum" des Landes nicht anerkannt werden.

III. Die Kompetenzverteilung im Einzelnen

1. Grundsatz der Subsidiarität (§ 1 Abs. 1 S. 1 und 3 PolG)

25 Dem Ziel der „Entpolizeilichung" entspricht es, dass das nordrhein-westfälische Landesrecht hinsichtlich des Verhältnisses von Polizei- und Ordnungsverwaltung von einer prinzipiellen (Allein-)Zuständigkeit der Ordnungsbehörden für die allgemeine Gefahrenabwehr (Abwehr von Gefahren für die öffentliche Sicherheit oder Ordnung) ausgeht (§ 1 Abs. 1 OBG). Zwar legt § 1 Abs. 1 S. 1 PolG gleichfalls die Aufgabe der Polizei fest, Gefahren für die öffentliche Sicherheit oder Ordnung abzuwehren, schränkt die diesbezügliche Zuständigkeit in Satz 3 indes jenseits der Fälle des Satzes 2 (Straftatenverhütung und vorbeugende Straftatenbekämpfung) dahingehend ein, dass ein Tätigwerden der Polizei neben anderen für die Gefahrenabwehr zuständigen Behörden, insbesondere also den allgemeinen Ordnungsbehörden, nur zulässig ist, *„soweit ein Handeln der anderen Behörden nicht oder nicht rechtzeitig möglich erscheint"*. Im Verhältnis zu den Ordnungsbehörden ergibt sich damit eine grundsätzliche **Subsidiarität der polizeilichen Zuständigkeit.**

Auch und erst recht gilt diese Subsidiarität gegenüber speziellen Gefahrenabwehrkompetenzen anderer Behörden wie etwa dem Hausrecht von Behörden oder der „Disziplinargewalt" öffentlicher Einrichtungen (z. B. Schulen, § 53 SchulG).

26 Die der Polizei gem. § 1 Abs. 1 S. 3 PolG zukommende subsidiäre Zuständigkeit wird nicht selten mit den missverständlichen Begriffen der **„Eilkompetenz"** oder des **„Rechts zum ersten Zugriff"** umschrieben. Richtigerweise geht es indes nicht um ein „Vorrangrecht" der Polizei, sondern darum, dass der Subsidiaritätsgedanke dem Zugriff der Polizeibehörden nicht entgegensteht, wenn andere – parallel zuständige – Behörden nicht rechtzeitig einschreiten können. Ein nicht rechtzeitiges Einschreiten der Ordnungsbehörden ist dabei insbesondere dort anzunehmen, wo Einsätze außerhalb der Dienstzeiten der (bürokratisch organisierten) Ordnungsbehörde notwendig sind oder eine besonders schnelle Präsenz vor Ort erforderlich ist.

Beispiel: Eine hilflose Person wird nachts aufgefunden; ein aus der Obhut des Jugendamtes entwichener Jugendlicher wird am Wochenende aufgegriffen; dagegen ressortiert die Bändigung eines Schlägers zum Aufgabenbereich der Straftatenverhütung, der vom Subsidiaritätsgrundsatz ausgenommen ist (§ 1 Abs. 1 S. 2, 3 PolG).

Aufgrund ihrer Präsenz vor Ort verbindet sich mit dem „Recht zum ersten Zugriff" durchaus ein fest umrissener Kompetenzbereich der Polizeikräfte, die regelmäßig als Erste an Ort und Stelle sein werden und insoweit für Gefahrenabwehrmaßnahmen zuständig sind. Mit der zunehmenden „Mobilisierung" der Ordnungsbehörden ist hier allerdings für die Zukunft durchaus mit neuen Konfliktsituationen zu rechnen.

Rechtliche Fragen werfen insoweit etwa „Ordnungspartnerschaften" zwischen der Polizei und den Ordnungsbehörden auf. Wenn bei gemeinsamen Streifen Beamte der Ordnungsverwaltung anwesend sind, wird man eine eigene, parallele Kompetenz der Polizei nicht mehr annehmen können; allenfalls kann hier von einer antizipierten Vollzugshilfe ausgegangen werden (vgl. *Wittreck,* in: Schlacke/Wittreck, Landesrecht NRW, § 4 Rn. 27).

27 Eine Eilkompetenz der Polizei ergibt sich dagegen nicht automatisch dort, wo der Einsatz körperlicher Gewalt gegen Personen oder Sachen notwendig ist. Zumindest

von Gesetzes wegen bestünde durchaus die Möglichkeit zu einer robusten Ausstattung auch der Ordnungsbehörden (vgl. § 67 Abs. 4 VwVG NRW mit Einschränkungen in § 74 S. 1 VwVG NRW, vgl. unten Rn. 244). Immerhin aber werden die Polizeibehörden regelmäßig in besonderer Weise für den Einsatz vor Ort geschult sein. Nur folgerichtig verpflichtet § 1 Abs. 3 i. V. m. §§ 47 ff. PolG die Polizeibehörden, „anderen Behörden" **Vollzugshilfe** zu leisten. Wesentlicher Inhalt dieser Aufgabe ist es, dass die Polizei der ersuchenden Behörde Vollzugshilfe in der Form unmittelbaren Zwanges (hierzu unten Rn. 244) bei der Durchführung eigener Maßnahmen leistet, wenn die betreffenden Behörden *„nicht über die hierzu erforderlichen Dienstkräfte verfügen"* (§ 47 Abs. 1 PolG; s. auch § 65 Abs. 2 S. 2 VwVG).

Beispiel: Die Ordnungsbehörde will den Obdachlosen O in eine freistehende Wohnung des schon mehrfach wegen gewaltsamer Übergriffe auf Beamte verurteilten Vermieters V einweisen. Um die Einweisung tatsächlich durchsetzen zu können, bittet sie die Polizei um Vollzugshilfe.

Zuständig für die betreffenden Einsätze bleibt danach die ersuchende Behörde. Die Polizei ist allein für die Art und Weise der Durchführung der Vollzugshilfe zuständig (§ 47 Abs. 2 S. 1 PolG).

Zu beachten bleibt, dass die Rechtsfigur der Vollzugshilfe lediglich der Behebung tatsächlicher, **28** nicht aber rechtlicher Hindernisse der Durchsetzung von Gefahrenabwehrmaßnahmen dient. Keinesfalls können mittels der Vollzugshilfe kompetenzielle Defizite der ersuchenden Behörde kompensiert werden. Die Rechtsstellung des betroffenen Bürgers darf also nicht verschlechtert werden. Nur folgerichtig verlangt denn auch § 49 Abs. 1 PolG, dass im Falle eines Vollzugshilfeersuchens, welches eine Freiheitsentziehung zum Ziel hat, grundsätzlich die erforderliche richterliche Entscheidung über die Zulässigkeit der Freiheitsentziehung vorzulegen oder in dem Ersuchen zu bezeichnen ist (s. auch Absatz 2). Eine Sonderregelung enthält § 65 Abs. 2 S. 3 VwVG, der den Katalog der im Rahmen der Vollzugshilfe zulässigen Hilfsmittel im Vergleich zu § 67 Abs. 3 VwVG deutlich erweitert.

2. Vorbeugende Bekämpfung von Straftaten – Abgrenzung von der Strafverfolgung

a) Nicht unter den Subsidiaritätsgrundsatz fällt die polizeiliche Aufgabe der Strafta- **29** tenverhütung sowie die ausschließliche Zuständigkeit der Polizei zur **vorbeugenden Bekämpfung von Straftaten** (§ 1 Abs. 1 S. 2 PolG). Der hiermit angesprochene Aufgabenkreis ist ebenfalls der *Gefahrenprävention* (Bekämpfung künftiger Straftaten!) zuzuordnen und somit von den *repressiven* (strafverfahrensrechtlichen) Gefahrenabwehrfunktionen der Polizei im Bereich der Erforschung **bereits begangener Straftaten und Ordnungswidrigkeiten** strikt zu unterscheiden. So richtet sich die Mitwirkung der Polizei bei der Erforschung von bereits erfolgten Straftaten und Ordnungswidrigkeiten grundsätzlich, d. h. soweit der Bundesgesetzgeber seine Gesetzgebungskompetenz aus Art. 74 Abs. 1 Nr. 1 GG ausgeschöpft hat, allein nach den einschlägigen Regeln des Bundesrechts (Strafprozessordnung, Ordnungswidrigkeitengesetz); keinesfalls unterfallen die einschlägigen Normen der präventiven Gefahrenabwehr, also dem Polizeirecht bzw. dem Polizeigesetz.

Gem. § 163 Abs. 1 StPO erforscht, ermittelt und verfolgt die Polizei entweder aus eigener Initiative etwaige Straftaten, wobei die Staatsanwaltschaft nachträglich informiert wird (§ 163 Abs. 2 S. 1 StPO), oder aber sie wird im Rahmen staatsanwaltschaftlicher Erforschung in die Ermittlungsarbeiten eingebunden. Im Rahmen dieses strafprozessualen Aufgabenfeldes unterliegt die Polizei dem fachlichen Weisungsrecht der Staatsanwaltschaft (§ 161 Abs. 1 S. 2 StPO), die ihrerseits einer Weisungshierarchie bis hin zum Justizminister unterliegt (§ 147 Nr. 2 GVG). Soweit Polizeibeamte zugleich Hilfsbeamte bzw. – nach neuerem gesetzlichen Sprachgebrauch – *„Ermittlungspersonen"* der Staatsanwaltschaft sind (§ 152 Abs. 1 und 2 S. 1 GVG), folgen hieraus zwar keine besonderen Weisungsrechte, die Beamten besitzen indessen zusätzliche strafprozessuale Eingriffsbefugnisse im Falle der „Gefahr im Verzug" (vgl. § 81c Abs. 5, § 98 Abs. 1, § 105 Abs. 1 S. 1, § 111 Abs. 2 StPO). Soweit unter den „formellen Polizeibegriff" neben dem gefahrenpräventiven Aufgabenfeld der Polizei auch deren Aufgaben im Bereich der repressiven Gefahrenabwehr gefasst werden, ist diese Systematisierung ohne zusätzlichen Erkenntnisgewinn und zudem geeignet, Missverständnisse hervorzurufen.

30 Klassische polizeiliche „Standard"-Maßnahmen wie etwa die Durchsuchung oder Beschlagnahme können also *repressiver* Natur und damit ausschließlich nach Maßgabe der StPO zu bewerten sein; sie können aber auch solche der präventiven Gefahrenabwehr sein und damit ausschließlich dem Polizeigesetz unterfallen. Das einschlägige Rechtsregime ist jeweils nach Maßgabe des Zweckes der Maßnahme zu ermitteln. Schwierigkeiten ergeben sich dort, wo beide Aspekte scheinbar oder tatsächlich ineinander fließen, wie dies bei sog. „doppelfunktionalen" Maßnahmen (Rn. 31) und Maßnahmen polizeilicher Eigensicherung (Rn. 32) der Fall ist.

31 b) Von **„doppelfunktionalen" Maßnahmen** spricht man dort, wo ein und dieselbe Maßnahme sowohl gefahrenpräventive als auch repressive (strafprozessuale) Zwecke verfolgt, wie dies etwa bei der Intervention gegen akute Straftaten – etwa der Beendigung einer Geiselnahme – der Fall ist. Soweit es hier um den Schutz der Geiseln und die Beendigung der mit dem Überfall verbundenen Rechtsverletzungen geht, ist das präventive Gefahrenabwehrrecht, also das Polizeirecht („Eilkompetenz") einschlägig; soweit es um die Festnahme der Straftäter und deren Aburteilung geht, ist das repressive Gefahrenabwehrrecht, also das Straf- und Strafprozessrecht einschlägig. Hält man beide Regelungssysteme für einschlägig, sieht sich der einzelne Polizeibeamte insoweit zwei unterschiedlichen Weisungshierarchien unterworfen, die im präventiven Bereich über den Polizeipräsidenten bis hin zum Innenminister reicht, im repressiven Bereich über den Staatsanwalt bis hin zum Justizminister. Zur Vermeidung derartiger Überschneidungen wird für **„doppelfunktionale Maßnahmen"** vielfach eine exklusive Zuordnung nach Maßgabe des jeweiligen **Schwergewichts** favorisiert (BVerwG, NVwZ 2001, 1285, 1286; s. *Danne,* JuS 2018, 434 ff.), was dann zugleich die Frage des Rechtsschutzes präjudiziert. An der Praktikabilität dieser Lösung bestehen erhebliche Bedenken, zumal unklar bleibt, ob bei der Bestimmung des „Schwerpunktes" auf die subjektive Sicht des Beamten oder auf „objektive" Kriterien abzustellen ist. Die Lösungsalternative liegt darin, beide Rechtsregime als mögliche Legitimationsgrundlage zu prüfen und ggf. heranzuziehen. So steht einer polizeirechtlich gerechtfertigten Maßnahme nicht entgegen, dass zugleich der Anfangsverdacht einer Straftat vorliegt und daher u. U. zugleich auch strafprozessuale Maßnahmen rechtmäßig sein können. In diese Richtung dürfte auch die jüngste Rechtsprechung des BGH zu interpretieren sein, wenn das Gericht ausführt, dass *„weder ein allgemeiner Vorrang der Strafprozessordnung gegenüber dem Gefahrenabwehrrecht noch umgekehrt ein solcher des Gefahrenabwehrrechts gegenüber der Strafprozessordnung (besteht)"* (BGH, NZV 2017, 566 m. Anm. v. *Lange-Bertalot/Aßmann*). Die praktischen Probleme einer womöglich parallelen Anwendung der einschlägigen Rechtsregime werden gemeinhin dahingehend gelöst, dass jedenfalls die Entscheidung über das „Wann" und „Wie" eines Polizeieinsatzes allein nach Maßgabe des präventiven Gefahrenabwehrrechts zu beurteilen ist.

Beispiel: Der zuständige Staatsanwalt kann den Polizeibeamten aus Gründen der Strafverfolgung anweisen, den Geiselnehmer in der Bank festzunehmen. Das „Wie" und „Wann" der Maßnahmen unterliegt allerdings der Entscheidung des Polizeipräsidenten. Insofern erschiene auch die zeitliche Zurückstellung einer Zugriffsanweisung des Staatsanwaltes aus nachvollziehbaren polizeitaktischen Gründen nach hiesiger Auffassung rechtmäßig. Unzulässig bleibt in jedem Fall die Anordnung eines gezielten Todesschusses (sog. „finalen Rettungsschusses" – Rn. 244) durch den Staatsanwalt, da es sich insoweit nicht um eine Maßnahme der Strafverfolgung (Tote können nicht mehr verurteilt werden!), sondern ausschließlich um eine gefahrenpräventive Maßnahme handelt.

Die Praxis sieht für den Fall einer parallelen Anwendbarkeit des präventiven und repressiven Gefahrenabwehrrechts enge Kooperationspflichten vor (RiStBV Anlg. A, Abschnitt B. III.).

c) Einer differenzierenden Betrachtung bedürfen schließlich solche Sachverhalts- 32
konstellationen, in denen es zwar primär um die Durchführung strafprozessualer Maßnahmen geht, im Rahmen dieser strafprozessualen Maßnahmen indes zugleich **Maßnahmen der Eigensicherung** der Beamten notwendig werden.

Beispiel: Nach einer Wirtshausschlägerei wird der schwer angetrunkene S vorläufig festgenommen. Zum Zwecke der Durchführung des Strafverfahrens soll geklärt werden, ob S bereits schuldunfähig und daher nur wegen „Vollrausches" bestraft werden kann, oder ob eine weitergehende Strafbarkeit wegen Körperverletzung in Betracht kommt. Bei der Blutentnahme nach § 81a StPO schlägt S wild um sich. Um die Maßnahme durchführen zu können, halten vier Beamte den auf einer Liege fixierten S an Armen und Beinen fest.

Die einschlägigen strafprozessualen Normen regeln nur die konkrete strafprozessuale Maßnahme, also etwa die Blutentnahme zur Bestimmung der Blutalkoholkonzentration oder die Durchsuchung zum Zwecke des Auffindens von Beweismitteln. Sie rechtfertigen damit zwar diejenige Gewaltausübung, die mit der betreffenden Maßnahme wesensnotwendig einhergeht.

Beispiel: Zur Festnahme gehört notwendig die (notfalls gewaltsame) Beschränkung der persönlichen Freiheit, zur Blutentnahme notwendig der Einstich mittels Spritze.

Eine (Annex-)Befugnis zu weitergehenden Gewalteinwirkungen lässt sich den betreffenden Regelungen indes richtigerweise nicht entnehmen (str.). Demgemäß vermittelt die strafprozessuale Eingriffsermächtigung zur Blutentnahme keine Befugnis, den Widerstand leistenden Adressaten der Maßnahme körperlich zu fixieren. Ihre Rechtfertigung finden derartige flankierende Maßnahmen im (präventiven) Gefahrenabwehrrecht, also im Polizeigesetz. Sie verfolgen nämlich den Zweck, den im Widerstand liegenden Rechtsbruch (§ 113 StGB) zu beenden sowie Eigenschäden der handelnden Beamten im Rahmen der Durchführung strafprozessualer Maßnahmen zu vermeiden, also konkrete Gefahren für die Schutzgüter Leib und Leben der Beamten abzuwehren. Derartige Eigensicherungsmaßnahmen sind somit losgelöst von dem Charakter der zugrunde liegenden Maßnahme ausschließlich am Maßstab des Polizeirechts zu messen (str., wie hier *Benfer,* NJW 2002, 2688; a. A. etwa OLG Koblenz, DVBl. 2008, 1070 f.; BayVGH, BeckRS 2009, 41748 Rn. 17). Der scheinbar einheitliche Akt des polizeilichen Zugriffs muss somit rechtssystematisch „aufgefächert" und differenziert beurteilt werden. Dieses dogmatische Konzept lässt sich zugleich auf Fallkonstellationen übertragen, in denen sich etwa der Adressat einer strafprozessualen Maßnahme dem Zugriff durch Flucht zu entziehen sucht und durch diese Missachtung seiner strafprozessualen Duldungspflichten die objektive Rechtsordnung verletzt (sehr str.).

Beispiel: Die Polizeibeamten beenden den Fluchtversuch des festgenommenen F durch den Einsatz eines Polizeihundes (Fall nach OLG Karlsruhe, NVwZ-RR 2016, 45, das allerdings etwas unklar von einer nur „ergänzenden Anwendung" des Polizeirechts ausgeht).

33 d) Die Bereiche der Strafverfolgung und der vorbeugenden Bekämpfung von Straftaten stehen einander auch im Übrigen nicht „monolithisch" gegenüber. Vielmehr können die an den Regeln der StPO zu bemessenden Maßnahmen der Strafverfolgung im Einzelfall das strafprozessuale Rechtsregime verlassen und im Rahmen der vorbeugenden Bekämpfung von Straftaten fortgeführt werden. Mit der „Umwidmung" der Kriminalakte ändert sich dann freilich auch der Rechtsweg (vormals die ordentliche Gerichtsbarkeit gem. § 23 EGGVG, jetzt Verwaltungsrechtsweg).

Beispiel: Im Rahmen eines Ermittlungsverfahrens hat die Polizei umfangreiche Daten über den A zusammengetragen. Nachdem das Verfahren mangels öffentlichen Interesses eingestellt wurde, will die Polizei die Daten wegen zu erwartender neuer Straftaten des notorisch kriminellen A weiter speichern. Bei Bestehen einer entsprechenden gefahrenpräventiven Rechtsgrundlage (hier: § 24 Abs. 2 PolG) ist dies in den Grenzen der Verhältnismäßigkeit möglich (Bad.-Württ.VGH, DVBl. 1992, 1309).

Mit Blick auf kompetenzrechtliche Unsicherheiten wurde zuletzt die Vorsorge der Verfolgung künftiger Straftaten aus dem Aufgabenkatalog des § 1 Abs. 1 S. 2 PolG gestrichen.

3. Schutz privater Rechte

34 Ebenfalls nur der Polizei (einschl. der Bundespolizei „im Rahmen ihrer Aufgaben", § 1 Abs. 4 BPolG), nicht aber den Ordnungsbehörden, ist gem. § 1 Abs. 2 PolG die Aufgabe zugewiesen, „private" Rechte der Bürger zu sichern (weitergehend *Schönenbroicher/Heusch,* OBG, § 1 Rn. 50). Bei diesen privaten Rechten handelt es sich um Rechtspositionen, die nicht zugleich durch öffentlich-rechtliche oder strafrechtliche Normen geschützt, also ausschließlich privatrechtlicher Natur sind.

Aufpassen ↓ Fura-Tower erforderlich

Hierbei kann es sich etwa um vertragliche Ansprüche oder sachenrechtliche Herausgabeansprüche handeln, nicht aber um die Rechte auf Leben, Gesundheit, Freiheit und Eigentum (einschl. Besitz), da diese stets zugleich durch öffentlich-rechtliche bzw. strafrechtliche Normen geschützt sind (*Schoch,* JURA 2013, 468ff.). Kein bloß privates Recht ist betroffen, wenn eine junge Mutter zufällig den „abgetauchten" Erzeuger ihres Kindes auf der Straße wieder trifft, da insoweit der Straftatbestand des § 170 StGB (Verletzung von Unterhaltspflichten) in Rede steht. Entsprechendes gilt, wo durch rechtswidriges Parken auf einem Privatgrundstück die Nutzung eines dort abgestellten Fahrzeugs vorsätzlich ausgeschlossen wird (Nötigung, § 240 StGB) oder durch die Mitnahme von Möbeln durch sog. „Mietnomaden" das strafrechtlich geschützte Vermieterpfandrecht (§ 289 StGB) verletzt wird.

Stets notwendig ist, dass der Hilfesuchende glaubhaft machen kann, Inhaber des zu schützenden Rechts zu sein (OVG Nds., NdsVBl. 2009, 23, 25). Eine polizeiliche Intervention zum Schutze privater Rechte bleibt dementsprechend ausgeschlossen, soweit das Bestehen des geltend gemachten Anspruchs nicht mit einer gewissen Wahrscheinlichkeit schlüssig dargelegt ist. Im Übrigen besteht die polizeiliche Zuständigkeit nur insoweit, als *„gerichtlicher Schutz nicht rechtzeitig zu erlangen ist und wenn ohne polizeiliche Hilfe die Verwirklichung des Rechts vereitelt oder wesentlich erschwert werden würde“.* Auch hier ist die polizeiliche Zuständigkeit also „subsidiär“, wenngleich nunmehr gegenüber der primären Zuständigkeit der Gerichte.

Beispiel: Student S kauft bei dem fliegenden Händler H ein Buch. Das Wechselgeld in Höhe von 2 Euro fällt dem S in eine Ritze des Verkaufswagens des H. H gibt vor, dass man an das Geld wohl nicht mehr herankomme, weigert sich aber, seinen Namen und seine Anschrift anzugeben. Zur Sicherung seines sachenrechtlichen Herausgabeanspruches kann S die Hilfe des zufällig vorbeikommenden Polizisten P in Anspruch nehmen (OLG Düsseldorf, NJW 1990, 998).

Die Eingriffsbefugnisse der Polizei werden sich im Kontext des Schutzes privater Rechte regelmäßig auf die Feststellung der Identität der am Sachverhalt beteiligten Personen samt ihrer ladungsfähigen Anschrift beschränken, wodurch es den Betroffenen ermöglicht wird, eine gerichtliche Entscheidung über die geltend gemachten privaten Rechte herbeizuführen. Immerhin können im Einzelfall auch erkennungsdienstliche Maßnahmen gerechtfertigt sein (unten Rn. 221 f.). **35**

4. Spezialzuständigkeiten

Das Polizeiorganisationsgesetz sowie das Ordnungsbehördengesetz treffen schließlich Sonderzuweisungen im Hinblick auf bestimmte Spezialmaterien, insbesondere für den Bereich des Straßenverkehrs. Danach ist die Polizei, hier speziell die Kreispolizeibehörde (Landrat/Polizeipräsidium), zuständig für die Überwachung des Straßenverkehrs (§ 11 Abs. 1 Nr. 3 POG). Für die Überwachung des Straßenverkehrs auf Bundesautobahnen einschließlich der Einrichtungen und Anlagen, die zu den Bundesautobahnen gehören, sieht § 12 Abs. 1 POG ebenfalls eine polizeiliche Zuständigkeit vor. Während hier früher die Bezirksregierungen zuständig waren, ist die Autobahnpolizei nunmehr für einen Regierungsbezirk jeweils einem Polizeipräsidium angegliedert. Unbeschadet der Zuständigkeit der Polizeibehörden sieht § 48 Abs. 2 S. 1 OBG eine kumulative Zuständigkeit der (örtlichen) Ordnungsbehörden für die Überwachung des ruhenden Straßenverkehrs vor. Ebenfalls als kumulative Zuständigkeit neben der polizeilichen Zuständigkeit normiert § 48 Abs. 2 S. 2 OBG eine Zuständigkeit der Kreisordnungsbehörden und der Ordnungsbehörden der großen kreisangehörigen Städte für die Überwachung der Einhaltung zulässiger Höchstgeschwindigkeiten und der Befolgung von Lichtzeichenanlagen im Straßenverkehr an Gefahrenstellen. Derartige Überwachungen dürfen seitens der Kreisordnungsbehörden auch auf Bundesautobahnen und bestimmten autobahnähnlichen Straßen erfolgen, soweit hierbei technisches Gerät zum Einsatz kommt, das in festinstallierten Anlagen eingesetzt wird (§ 48 Abs. 2 S. 3 OBG). Weitere Detailzuständigkeiten im fließenden Verkehr können den Kreisordnungsbehörden und den großen kreisangehörigen Städten auf Antrag übertragen werden (§ 48 Abs. 2 S. 4 bis 7 OBG). **36**

5. Sonstige Zuständigkeiten

Gem. § 10 POG (siehe auch § 1 Abs. 4 PolG) hat die Polizei schließlich alle diejenigen Aufgaben zu erfüllen, die ihr durch Gesetz oder Rechtsverordnung übertragen sind. Als solche kommen neben den bereits erwähnten Aufgaben in der Strafverfolgung etwa Aufgabenzuweisungen nach dem Straßenverkehrsgesetz oder dem Versammlungsgesetz in Betracht. **37**

Auch das Ordnungsbehördengesetz sieht in § 1 Abs. 3 die Möglichkeit weitergehender Aufgabenzuweisungen an die Ordnungsbehörden vor, soweit dies durch Gesetz oder Rechtsverordnung geschieht. Derartige Aufgabenzuweisungen ergeben sich etwa aus dem Landes-AusführungsG zum **Glücksspielstaatsvertrag** (oben Rn. 10), aber auch aus dem Melderecht, dem Bau- und Gewerberecht, dem Tierseuchengesetz oder dem Immissionsschutzrecht.

Von besonderer Bedeutung im Zuge der **Corona-Pandemie** sind nicht zuletzt die Zuständigkeitsübertragungen durch das neue **Infektionsschutz- und Befugnisgesetz NRW** (IfSBG NRW). Das IfSBG NRW vom 14.4.2020 ist an die Stelle der vormaligen Landesverordnung zur Regelung von Zuständigkeiten nach dem Bundes-Infektionsschutzgesetz getreten und begründet in § 3 Abs. 1 – ebenso wie die vorangegangene Landesverordnung – eine Zuständigkeit der Städte und Gemeinden als örtliche Ordnungsbehörden für örtliche Maßnahmen zur Infektionsbekämpfung (§§ 28, 28a, 30 und 31 Bundes-Infektionsschutzgesetz – IfSG). Von dieser Zuständigkeit erfasst ist auch die Befugnis zur Anordnung häuslicher Quarantäne (§ 30 IfSG; zur Anwendbarkeit des IfSG auch im versammlungsrechtlichen Kontext unten Rn. 295). Die Zuständigkeit für räumlich übergreifende Maßnahmen überträgt § 3 Abs. 2 IfSBG NRW den Kreisen bzw. dem zuständigen Ministerium, während § 3 Abs. 3 IfSBG NRW (vorläufige) Eilzuständigkeiten des Kreises und des für das Gesundheitswesen zuständigen Ministeriums vorsieht, *„wenn es aus Gründen der unmittelbaren Gefahrenabwehr geboten erscheint"*. Aus dieser Zuständigkeitszuweisung wird vielfach eine **ergänzende Anwendbarkeit des OBG** auch im Rahmen der Ausführung des IfSG grundsätzlich abgeleitet (*Kugelmann*, BeckOK POR NRW, § 5 PolG Rn. 2). Allerdings wird in Anbetracht der weitreichenden Sonderregelungen des (Bundes-)Infektionsschutzgesetzes allenfalls in Ausnahmefällen ein Rückgriff auf das OBG in Betracht kommen (vgl. zur Fragen einer Anwendbarkeit des § 39 Abs. 1 lit. a OBG unten Rn. 284). Namentlich kommt eine Anwendung der ordnungsbehördlichen Generalklausel aufgrund der **spezialgesetzlichen Generalklausel des § 28 Abs. 1 S. 1 IfSG** nicht in Betracht. Hiervon unberührt bleibt, dass die Grundsätze des Gefahrenabwehrrechts auch im Rahmen des IfSG Geltung beanspruchen. Dies gilt namentlich für die Anforderungen an eine fehlerfreie Ermessensausübung einschließlich der hiermit einhergehenden Anforderungen an die Verhältnismäßigkeit staatlichen Handelns (hierzu unten Rn. 128).

Beispiel: Nach einem Corona-Ausbruch in einem großen Schlacht- und Zerlegebetrieb in NRW erlässt das zuständige Ministerium auf Grundlage seiner Eilzuständigkeit eine Allgemeinverfügung, derzufolge alle größeren fleischverarbeitenden Betriebe ihre Beschäftigten mindestens zwei Mal pro Woche kostenpflichtig auf das Coronavirus testen lassen müssen. Fraglich ist, ob die Allgemeinverfügung verhältnismäßig, insbesondere erforderlich ist. Nach Auffassung des VG Münster sind nur Schlacht- und Zerlegebetriebe aufgrund der dortigen Produktionsbedingungen (Umluftkühlung) als Hotspots für Infektionsausbrüche anzusehen, so dass die Einbeziehung auch aller fleischverarbeitenden Betriebe nicht erforderlich ist. Die Allgemeinverfügung ist nach dieser Betrachtung unverhältnismäßig und daher rechtswidrig (VG Münster, Beschl. v. 6.8.2020, 5 L 596/20).

Entsprechendes gilt im Ergebnis auch für die **Inanspruchnahme von „Nichtstörern"**. Zwar unterscheidet § 28 Abs. 1 S. 1 IfSG – anders als das OBG (hierzu unten Rn. 102) – nicht systematisch zwischen Verantwortlichen und Nicht-Verantwortlichen, so dass – wie § 28 Abs. 1 S. 2 IfSG deutlich macht – auch Dritte als Adressaten behördlicher Maßnahmen in Betracht kommen. Eines Rückgriffs auf § 19 OBG bedarf es insoweit nicht (unscharf BVerwG, NJW 2012, 2823, 2827). Gleichwohl wird die Rechtmäßigkeit einer Inanspruchnahme Dritter stets unter dem Aspekt der Verhältnismäßigkeit gesondert zu würdigen sein, so dass sich ergebnisrelevante Abweichungen kaum ergeben werden (eingehend *Rixen,* NJW, 2020, 1097 ff.; *Schwarz,* JA 2020, 321 ff.). Zumindest für die Praxis geklärt sein dürfte die Frage der Bestimmtheit der infektionsschutzrechtlichen Generalklausel des § 28 Abs. 1 S. 1 IfSG. Zwar konstatieren auch die Verwaltungsgerichte eine nicht unerhebliche „Offenheit" der Eingriffsermächtigung, sehen die Generalklausel des § 28 Abs. 1 S. 1 IfSG aber angesichts der Schwierigkeiten, vorausschauend die denkbaren Handlungserfordernisse einer effektiven Infektionsbekämpfung normativ zu erfassen, gleichwohl im Einklang mit den **verfassungsrechtlichen Bestimmtheitsanforderungen** (OVG NRW, BeckRS 2020, 13705; vgl. auch die Präzisierungen durch § 28a IfSG n. F.). Entsprechendes gilt in Ansehung der Verordnungsermächtigung des § 32 S. 1 IfSG, die der Landesregierung die Ermächtigung erteilt, nach Maßgabe des § 28 IfSG die notwendigen Gebote und Verbote zur Bekämpfung übertragbarer Krankheiten durch Rechtsverordnung zu erlassen bzw. die Verordnungsermächtigung gem. § 32 S. 2 IfSG weiter zu übertragen.

Beachte: Eine Delegation der Verordnungsermächtigung auf das zuständige Landesministerium ist in NRW über § 10 IfSBG NRW erfolgt (vgl. hierzu die CoronaSchVO des Ministeriums für Arbeit, Gesundheit und Soziales vom 1. Juli 2020, GVBl. S. 456b). Die Befugnis des Landtags NRW, die der Landesregierung erteilte Verordnungsermächtigung durch Gesetz wahrzunehmen bzw. weiter zu delegieren, ergibt sich aus Art. 80 Abs. 4 GG.

Auch die Verordnungsermächtigung genügt damit den Bestimmtheitsanforderungen – hier des Art. 80 Abs. 1 S. 2 GG. Unausgesprochene Grundlage dieser Bewertung ist freilich, dass es jeweils um kurzfristig notwendige Maßnahmen geht. Umgekehrt wird daher zu prüfen sein, ob bei zeitlich verfestigten Pandemielagen ab einem bestimmten Zeitpunkt nicht doch eine formalgesetzliche Regelung mittelfristig und langfristig wirkender Maßnahmen notwendig wird (s. BayVGH, BeckRS 2020, 6630).

IV. Grenzüberschreitende Einsätze

Nicht für die „bürokratisch" arbeitende Ordnungsverwaltung, wohl aber für die Tätigkeit der auf den „ersten Zugriff" hin konzipierten Polizei stellt sich die Frage, ob und inwieweit die Landesgrenzen zugleich Grenze für eigene Gefahrenabwehreinsätze sind. Aus der **Polizeihoheit der Länder** folgt grundsätzlich, dass ein Bundesland in Fragen des Polizeirechts für das andere „Ausland" ist. Die Regelungs- und Normvollzugskompetenzen der Länder enden also grundsätzlich an der jeweiligen Landesgrenze. 38

Beispiel: Da die Fa. A über ihre Internetseite illegales Glücksspiel in NRW anbietet, verfügt die nach Landesrecht zuständige Behörde die Sperrung der Second-Level-Domain *„a-p...de"* am Geschäftssitz der Fa. A in Hessen. Die Maßnahme bezieht sich auf einen in einem anderen Land befindlichen Gegenstand und kann nur in diesem Land umgesetzt werden. Sie enthält damit einen Übergriff in die Verbandskompetenz des anderen Landes und ist nur zulässig, wenn das betreffende andere Land oder das Bundesrecht dies gestattet. Mangels entsprechender Gestattung ist die Maßnahme rechtswidrig (OVG NRW, NVwZ-RR 2010, 463).

In praktischer Hinsicht kann diese dogmatische Erkenntnis freilich keine abschließende Lösung sein. Nur folgerichtig sehen die Landespolizeigesetze denn auch umfängliche Regelungen für ein **grenzüberschreitendes Tätigwerden von Polizei-**

kräften vor. Nach der Grundregel des § 9 POG dürfen danach auch Polizeibeamte anderer Bundesländer, aber auch Beamte der Bundespolizei (Abs. 3), Amtshandlungen in Nordrhein-Westfalen vornehmen, wenn und soweit diese Amtshandlungen z. B.
- auf Anforderung oder mit Zustimmung der zuständigen Behörde erfolgen,
- der Durchführung von Gefahrentransporten dienen oder
- der Abwehr einer gegenwärtigen erheblichen Gefahr dienen und die an sich zuständige Behörde die erforderlichen Maßnahmen nicht rechtzeitig treffen kann.

Beispiel: Der Geiselnehmer G rast mit seinem Fahrzeug und der Geisel S über die rheinland-pfälzische Landesgrenze nach NRW. Die Polizeibeamten des Landes Rheinland-Pfalz, die dem Fahrzeug folgen, dürfen die Verfolgung über die Landesgrenze hinweg fortsetzen, bis nordrhein-westfälische Kollegen den Einsatz übernehmen (ähnl. Konstellation OLG Koblenz, DVBl. 2008, 1070 f. m. Anm. *Wagner*).

Die einschlägigen Handlungsermächtigungen für die auswärtigen Beamten ergeben sich allein aus dem nordrhein-westfälischen Polizeirecht. Weitergehende Befugnisnormen aus anderen Ländern finden also keine Anwendung. Die Amtshandlungen der betreffenden Beamten gelten – auch haftungsrechtlich – als Maßnahmen derjenigen Polizeibehörden, in deren sachlichem und örtlichem Zuständigkeitsbereich gehandelt wird. Zugleich unterliegen die Beamten deren Weisungen.

Für grenzüberschreitende Amtstätigkeiten nordrhein-westfälischer Polizeibeamter verlangt § 8 Abs. 1 POG, dass eine dem § 9 POG vergleichbare Regelung in dem betreffenden Bundesland besteht. Nur auf diese Weise kann die Polizeihoheit des betreffenden Bundeslandes gewahrt werden. Eine verfassungsrechtliche Sonderregelung zur Unterstützung der Landespolizei durch die Bundespolizei sowie durch die Streitkräfte trifft Art. 35 Abs. 2 und 3 GG. Soweit das BVerfG in einer früheren Entscheidung davon ausgegangen war, dass die hierbei seitens der Streitkräfte eingesetzten Hilfsmittel qualitativ nicht über die durch Landesrecht zugestandenen Mittel hinausgehen dürften, hat das Gericht diese Position in einer jüngeren Entscheidung aufgegeben (hierzu oben Rn. 11). Zu beachten bleibt zudem, dass die Beschränkungen des Art. 35 Abs. 2 und 3 GG speziell den „Einsatz" der Streitkräfte, also deren Verwendung in einem Eingriffszusammenhang regeln. Keine Anwendung finden die Beschränkungen des Art. 35 Abs. 2 und 3 GG dagegen auf Maßnahmen mit bloßer technisch-unterstützender Funktion. Insoweit können die Streitkräfte also etwa auch die Polizeibehörden im Rahmen einfacher Amtshilfe nach Art. 35 Abs. 1 GG und damit außerhalb von Unglücksfällen mit katastrophischem Ausmaß (oben Rn. 11) unterstützen (vgl. BVerwG, BeckRS 2017, 138147: Aufklärungsflug über Versammlungscamp).

In § 8 Abs. 3 POG finden sich schließlich auch Regelungen für ein die **Staatsgrenzen der Bundesrepublik Deutschland überschreitendes Tätigwerden** von Polizeibeamten des Landes, bzw. in § 9 Abs. 4 POG Regelungen zu einem Handeln von Angehörigen auswärtiger Polizeidienste in Nordrhein-Westfalen. Die dortigen Änderungen (LT-Drs. 16/2256) reagieren auf die Erweiterung der grenzüberschreitenden Zusammenarbeit innerhalb der Europäischen Union insbesondere in Fragen der Terrorismusbekämpfung.

V. Anhang

39 **Literatur:** *Bastian,* Westdeutsches Polizeirecht unter alliierter Besatzung (1945–1955), 2010; *Danne,* Doppelfunktionale Maßnahmen in der öffentlich-rechtlichen Klausur, JuS 2018, 434 ff.; *Müller,* Ausstattung von Einsatzfahrzeugen des kommunalen Vollzugsdienstes mit Blaulicht und Einsatzhorn, SVR

2020, 204 ff.; *Schenke,* Rechtsschutz gegen doppelfunktionale Maßnahmen der Polizei, NJW 2011, 2838 ff.; *Schoch,* Der Schutz privater Rechte im Polizei- und Ordnungsrecht, JURA 2013, 468 ff.; *Zähle,* Originäre und übertragene Aufgaben der Polizei, JuS 2014, 315.

Klausurbearbeitung: *Engelbrecht,* Gestörte Fußballfreude, JA 2007, 197 ff.; *Jötten/Tams,* Die Gefährderansprache, JuS 2008, 436 ff.; *Ronellenfitsch/Glemser,* Sky Marshal und unruly passenger, JuS 2008, 888.

Kontrollfragen:

1. Was verbirgt sich hinter der Formel von der „Entpolizeilichung" des Sicherheitsrechts?
2. Was besagt der Grundsatz der Subsidiarität der polizeilichen Zuständigkeit und wo ist er geregelt?
3. Könnte das Land NRW einer kommunalen Ordnungsbehörde aufsichtliche Weisungen bezüglich der Wahrnehmung ordnungsbehördlicher Aufgaben erteilen?
4. Was versteht man unter „doppelfunktionalen" Maßnahmen?
5. Wem obliegt im System des allgemeinen Sicherheitsrechts der Schutz privater Rechte und welche sind dies?
6. Dürfen nordrhein-westfälische Polizeibeamte die Verfolgung eines flüchtenden Geiselnehmers auch über die Landesgrenze zum Land Rheinland-Pfalz hinweg fortsetzen?

C. Grundlagen der polizeilichen Eingriffsverwaltung

I. Allgemeines

Die Polizei- und Ordnungsverwaltung ist ihrer Konzeption nach „Eingriffsverwaltung". Als solche unterliegt sie dem strikten **Vorbehalt des Gesetzes.** Eingriffe in die Freiheitssphäre des Bürgers sind also nur zulässig, wenn und soweit sie durch eine formal- bzw. parlamentsgesetzliche Grundlage („Eingriffsermächtigung", „Ermächtigungsgrundlage" bzw. „Befugnisnorm") gedeckt sind. Bloße „Aufgabennormen", wie sie etwa in § 1 PolG oder in § 1 OBG zu finden sind, genügen den Anforderungen des Vorbehalts des Gesetzes nicht. Insofern muss gerade auch in der polizeirechtlichen Fallbearbeitung strikt zwischen **Aufgaben- und Befugnisnormen unterschieden** werden. Während die Aufgabennorm lediglich den Aufgabenbereich der Behörde festlegt, verleiht allein die Befugnisnorm die konkrete „Ausübungsbefugnis" zur Durchführung einer freiheitsbeschränkenden Maßnahme gegenüber grundrechtsberechtigten Dritten. Die Bindung an den Grundsatz vom Vorbehalt des Gesetzes wird auch nicht durch den grundrechtlichen Schutzauftrag des Staates infrage gestellt oder gar dispensiert. Vielmehr besteht die zentrale Direktive der grundrechtlichen Schutzpflichten gerade in der Verpflichtung des parlamentarischen Gesetzgebers, die normativen Grundlagen für die zum Schutze grundrechtlicher Güter notwendigen Interventionen gegen „störende" Dritte zu schaffen. Unzutreffend wäre es daher, aus den grundrechtlichen Schutzpflichten ein verfassungsunmittelbares Mandat des Staates zur Intervention gegen störende Dritte abzuleiten. **40**

Selbst soweit Störungen unterbunden werden, die nicht mehr vom Schutzgegenstand eines Grundrechts erfasst werden (z. B. Polizeimaßnahmen gegen eine grob unfriedliche Versammlung), bliebe das schutzgewährende Handeln des Staates jedenfalls unter rechtsstaatlichen und demokratischen Aspekten dem („allgemeinen") Vorbehalt des Gesetzes unterworfen. Die Frage, ob es womöglich einen generellen, über Art. 8 GG hinausgehenden „Friedlichkeitsvorbehalt" für die Wahrnehmung grundrechtlicher Freiheiten gibt, bleibt somit für die Reichweite des Vorbehalts des Gesetzes ohne Belang. Nicht einschlägig ist der Vorbehalt des Gesetzes dagegen, soweit es um Gefahrenabwehrmaßnahmen geht, die keine Freiheitsrechte Dritter berühren (z. B. Löschung eines Papierkorbbrandes in der Innenstadt oder Einfangen eines wilden Tieres). Hier nicht näher zu diskutierende Sonderprobleme ergeben sich schließlich im Hinblick auf die Formulierung des Art. 13 Abs. 7 GG.

41 Wesentliche Konsequenz der Geltung des Vorbehalts des Gesetzes ist zunächst ein **striktes Analogieverbot** im Bereich der Eingriffsverwaltung. Dies bedeutet, dass fehlende oder defizitäre gesetzliche Eingriffsermächtigungen nicht durch Analogieschlüsse oder Rechtsfortbildungen ersetzt werden dürfen (eingehend zum Streitstand *Beaucamp,* AöR Bd. 134 [2009], S. 83 ff.). Reichen die der Behörde gewährten Befugnisse zur Erfüllung der übertragenen Aufgabe nicht aus, ist es allein Sache des parlamentarischen Gesetzgebers, den Befugniskatalog zu erweitern. Insbesondere praktische Erwägungen berechtigen nicht dazu, die Bindungen des Vorbehalts des Gesetzes beiseite zu schieben.

Beispiel: Relevant wird die Frage nach der Reichweite des Vorbehalts des Gesetzes etwa bei der sog. **Gefährderansprache** durch die Polizei. Im Rahmen der Gefährderansprache, die mitunter auch in der Form des Gefährderanschreibens erfolgt, werden potentielle (Handlungs-)Störer bereits im Vorfeld möglicher Gefahren eindringlich vor erneuten Rechtsbrüchen gewarnt und auf etwa drohende polizeiliche Maßnahmen hingewiesen.

Während Gefährderansprachen in der Vergangenheit zumeist als „eingriffsneutral" angesehen und damit von der Notwendigkeit einer Eingriffsrechtfertigung freigestellt wurden, gehen Rechtsprechung und Literatur in neuerer Zeit zunehmend von einem polizeilichen Eingriffsakt aus, der einer gesetzlichen Eingriffsermächtigung bedarf. Als „gefahrenvorsorgende" Maßnahme lässt sich die Gefährderansprache dabei mangels „konkreter Gefahr" in der Regel nicht bruchlos auf die polizeiliche Generalklausel des § 8 PolG gründen. Insofern spricht viel für die Notwendigkeit einer eigenständigen, auf Gefahrenprävention gerichteten Ermächtigungsgrundlage, an der es in Nordrhein-Westfalen bislang fehlt. Andere Bundesländer haben hier bereits nachgearbeitet und eine neue gesetzliche Eingriffsermächtigung geschaffen (vgl. etwa § 12a des Niedersächsischen Gesetzes über die öffentliche Sicherheit und Ordnung). Zusätzliche Probleme ergeben sich, wenn die Gefährderansprache darauf gerichtet ist, die Teilnahme eines Gefährders an grundrechtlich geschützten Versammlungen zu verhindern. Hier stellt sich die Frage, ob ein Rückgriff auf das Polizeirecht überhaupt zulässig ist (hierzu Rn. 306 ff.).

Darüber hinaus ist das rechtsstaatliche **Bestimmtheitsgebot** integraler Bestandteil des Vorbehalts des Gesetzes, der damit stets zugleich ein „Vorbehalt des bestimmten Gesetzes" ist (vgl. hierzu auch unten Rn. 45). Nicht zuletzt haben die grundrechtsbeschränkenden Eingriffsermächtigungen des Polizei- und Ordnungsbehördengesetzes dem **verfassungsrechtlichen Zitiergebot** des Art. 19 Abs. 1 S. 2 GG Rechnung zu tragen. Ob die vom Gesetzgeber vorgenommene *„en-bloc"*-Zitierung aller potentiell beschränkten Grundrechte in § 7 PolG sowie § 44 OBG der mit dem Zitiergebot verfolgten „Warnfunktion" gerecht wird, muss allerdings ernstlich bezweifelt werden (hierzu im Kontext des § 36 Abs. 3 WaffG *Dietlein,* NVwZ 2020, 1412). Zumindest inkonsequent dürfte auch die unterbliebene Zitierung der parallelen **Landesgrundrechte** sein, selbst wenn diese überwiegend durch eine Rezeption der Bundesgrundrechte kreiert werden (hierzu oben § 1 Rn. 28, zu Recht krit. insoweit auch *Wittreck,* BeckOK POR NRW, § 7 PolG Rn. 18).

II. Befugnisnormen des Polizei- und Ordnungsbehördengesetzes

42 Der wesentliche Regelungsinhalt des Polizeigesetzes sowie des Ordnungsbehördengesetzes besteht darin, den Behörden die notwendigen Ermächtigungsgrundlagen für

eine effektive Gefahrenabwehr zur Verfügung zu stellen. Dabei basieren die Gesetze gedanklich auf einer grundsätzlichen **Zweiteilung des behördlichen Gefahrenabwehrhandelns,** nämlich einerseits in Gestalt einer Auferlegung von Verhaltens-, Duldungs- oder Unterlassungspflichten durch sog. **„Grundverfügungen“** (§ 8 Abs. 1 PolG, § 14 Abs. 1 OBG) sowie andererseits in Gestalt von **(Vollstreckungs-)Maßnahmen** zur Durchsetzung eben jener Grundverfügungen (§§ 50 ff. PolG, für die Ordnungsbehörden geregelt im allgemeinen Verwaltungsvollstreckungsrecht, §§ 55 ff. VwVG). In einer „Grauzone“ zwischen Grundverfügung und Vollstreckung rangieren die sog. **„Standardmaßnahmen“**, insbesondere also die Platzverweisung, das Aufenthaltsverbot, die Ingewahrsamnahme, die Durchsuchung, die Sicherstellung und die Wohnungsverweisung (§§ 34 ff. PolG bzw. § 24 OBG). Die genannten Standardbefugnisse sind einerseits als *spezialgesetzliche* Eingriffsermächtigungen konzipiert, die der allgemeinen Befugnisnorm (Generalklausel) des § 8 Abs. 1 PolG bzw. des § 14 Abs. 1 OBG vorgehen (so § 8 Abs. 1 letzter Hs. PolG), insoweit also grundsätzlich auf der Ebene der Grundverfügung angesiedelt; andererseits aber enthalten sie teilweise zugleich eine vollstreckungsrechtliche Komponente und sind insoweit keiner gesonderten „nachgeschalteten“ Vollstreckung mehr zugänglich. Dies gilt namentlich für die Ingewahrsamnahme und die Durchsuchung, die somit gleichsam *„self-executing“* sind.

Vollstreckungsfähig und -bedürftig ist dagegen etwa die Platz- oder Wohnungsverweisung nach § 34 bzw. § 34a PolG, die sich inhaltlich auf die bloße Normierung einer Verhaltenspflicht (Entfernungspflicht bzw. Betretungsverbot) beschränkt und insoweit ggf. zwangsweise durchgesetzt werden muss.

Eine gleichsam **dritte Stufe** jenseits der eigentlichen Gefahrenabwehr bildet schließlich die **kostenrechtliche Abwicklung** erfolgter Gefahrenabwehrmaßnahmen mittels sog. „Kostenbescheide“, die ihrerseits nur auf der Grundlage gesonderter kostenrechtlicher Eingriffsermächtigungen erlassen werden dürfen (hierzu unten Rn. 259 ff.). Aufgrund der Eigenständigkeit dieser dritten kostenrechtlichen Ebene sind etwa verwaltungsverfahrensrechtliche Sonderregelungen zur Verwaltungsvollstreckung (etwa § 28 Abs. 2 Nr. 5 VwVfG) nicht auf den Erlass von Kostenbescheiden anwendbar, auch wenn mit ihnen Vollstreckungsmaßnahmen abgerechnet werden. Vor dem Erlass eines vollstreckungsrechtlichen Kostenbescheids ist der Kostenschuldner daher grundsätzlich anzuhören.

Insgesamt ergibt sich damit ein im Grundsatz **dreistufiges Modell** möglicher Eingriffe durch die Gefahrenabwehrbehörden.

Abb. 1: Eingriffsebenen im Polizei- und Ordnungsrecht

Polizei	**Ordnungsbehörde**
1. Ebene	**1. Ebene**
Grundverfügung *„Tun, Dulden oder Unterlassen“* (PolG NRW) (sofort vollziehbar, § 80 Abs. 2 S. 1 Nr. 2 VwGO) (Anhörungspflicht, mit Ausnahme nach § 28 Abs. 2 Nr. 1 VwVfG)	**Grundverfügung** *„Tun, Dulden oder Unterlassen“* (OBG NRW) (sofort vollziehbar nur bei Anordnung, § 80 Abs. 2 S. 1 Nr. 4 VwGO) (Anhörungspflicht, mit Ausnahme nach § 28 Abs. 2 Nr. 1 VwVfG)

Polizei	Ordnungsbehörde
2. Ebene	**2. Ebene**
Verwaltungsvollstreckung (Androhung/Vollzug) (§§ 50ff. PolG NRW) (sofort vollziehbar, § 80 Abs. 2 S. 1 Nr. 2 VwGO) (keine Anhörungspflicht, § 28 Abs. 2 Nr. 5 VwVfG) **Ausnahme:** self-executing-Maßnahmen (z. B. Durchsuchung, Ingewahrsamnahme etc.)	**Verwaltungsvollstreckung** (Androhung/Festsetzung/Vollzug) (§§ 55ff. VwVG NRW) (sofort vollziehbar nach § 112 JustG) (keine Anhörungspflicht, § 28 Abs. 2 Nr. 5 VwVfG) **Ausnahme:** self-executing-Maßnahmen (z. B. Durchsuchung, Ingewahrsamnahme etc.)
3. Ebene	**3. Ebene**
Kostenbescheid (PolG NRW, soweit Verweis auf § 77 VwVG NRW erfolgt, z. B. § 52 Abs. 1 S. 2 PolG) (Keine sofortige Vollziehbarkeit nach § 80 Abs. 2 S. 1 Nr. 1 VwGO) (Anhörungspflicht)	**Kostenbescheid** § 77 VwVG NRW/ sowie § 24 Abs. 1 Nr. 12 OBG i. V. m. § 46 Abs. 3 S. 3 PolG (Keine sofortige Vollziehbarkeit nach § 80 Abs. 2 S. 1 Nr. 1 VwGO, aber § 59 Abs. 1 S. 2 VwVG) (Anhörungspflicht)

Zahlreiche spezielle Eingriffsermächtigungen normiert das Polizeigesetz für den Bereich der Erhebung, Verarbeitung und Speicherung persönlicher Daten (§§ 9ff. PolG). Ausgangspunkt dieser zwischenzeitlich stark angewachsenen Sonderkodifikationen war vor allem das sog. „Volkszählungsurteil" des Bundesverfassungsgerichts vom 15.12.1983 (BVerfGE 65, 1), mit dem das Gericht das **„Grundrecht auf informationelle Selbstbestimmung"** aus der Taufe gehoben hat. Folge dieser grundrechtlichen Fundierung des Rechts an den persönlichen Daten war eine erhebliche Ausdehnung der Reichweite des Vorbehalts des Gesetzes, dem die eingefügten Bestimmungen Rechnung tragen. Einen weiteren Normierungsschub hat nicht zuletzt die Entscheidung des BVerfG zur „Online-Durchsuchung" und die hiermit einhergehende „Erfindung" des Grundrechts auf Vertraulichkeit und Integrität informationstechnischer Systeme entfaltet (BVerfG, NJW 2008, 822 – unten Rn. 210).

43 Das gesetzliche System von Spezialnormen (Standardermächtigungen und datenschutzrechtlichen Eingriffsbefugnissen) und „allgemeinen" Eingriffsermächtigungen in Gestalt der polizei- und ordnungsbehördlichen Generalklauseln (§ 8 PolG, § 14 OBG) impliziert, dass im Bereich sondergesetzlich geregelter Eingriffsermächtigungen ein Rückgriff auf die Generalklauseln nicht in Betracht kommt (zur Frage polizeilicher Interventionen in den Bereich genuiner Berufsausübung vgl. BVerwGE 115 189, 193f.).

Beispiel: Die Polizei erwägt, Autofahrer A in Gewahrsam zu nehmen, da mit an Sicherheit grenzender Wahrscheinlichkeit zu erwarten ist, dass er seinen PKW in Kürze erneut wieder einmal nicht ordnungsgemäß parken wird. Hier mag u. U. bereits eine unmittelbare Gefahr für die öffentliche Sicherheit i. S. d. § 8 Abs. 1 PolG vorliegen. § 35 Abs. 1 PolG verlangt für die Ingewahrsamnahme indes die „unmittelbar bevorstehende Begehung (…) einer Ordnungswidrigkeit von erheblicher Bedeutung für die Allgemeinheit" (Nr. 2). Diese Voraussetzung liegt nicht vor. Die Ingewahrsamnahme kann hier nicht alternativ auf die Generalklausel gestützt werden, da die Voraussetzungen der Ingewahrsamnahme in § 35 PolG speziell geregelt sind.

Besondere Schwierigkeiten ergeben sich, soweit eine beabsichtigte Maßnahme nicht wirklich in der Rechtsfolgeanordnung einer Spezialermächtigung geregelt ist, einer geregelten Standardmaßnahme aber qualitativ nahe- oder gar gleichkommt. Hier kann die Sperrwirkung der Standardmaßnahme unter Umständen über die konkrete Standardbefugnis hinausreichen und auch insoweit den Rückgriff auf die Generalklausel blockieren. 44

Beispiel: Die Polizeibeamten haben einen Obdachlosen aufgegriffen, der gegen das im Stadtgebiet geltende Verbot des Übernachtens im Freien verstößt. Da die Zellen der Polizeiwache „ausgebucht" sind und eine klassische Ingewahrsamnahme daher nicht möglich ist, „verbringen" die Beamten den S in ein nahegelegenes Waldgebiet (sog. *„Verbringungsgewahrsam"*). Hier liegt weder eine Ingewahrsamnahme i. S. d. § 35 PolG (vgl. Rn. 172) noch eine Platzverweisung i. S. d. § 34 PolG (hierzu Rn. 157 f.) vor. Die gewählte Rechtsfolge ist also bei formaler Betrachtung nicht sondergesetzlich geregelt. Gleichwohl geht es – ebenso wie bei § 35 PolG – um eine freiheitsbeschränkende Maßnahme. Geht man davon aus, dass der Gesetzgeber die sondergesetzliche Regelung des § 35 PolG wegen der besonderen Eingriffsintensität getroffen hat, entfaltet die Norm Sperrwirkung auch im Hinblick auf ähnliche freiheitsbeschränkende Maßnahmen. Ein Rückgriff auf die Generalklausel des § 8 Abs. 1 PolG kommt daher insoweit nicht in Betracht. Die Maßnahme erfolgt also ohne Rechtsgrundlage (LG Hamburg, NVwZ-RR 1997, 537; a. A. *Schenke,* PolR, Rn. 140).

III. Die polizei- und ordnungsbehördliche Generalklausel

Im Mittelpunkt der Eingriffsermächtigungen des Polizei- und Ordnungsrechts stehen seit jeher die **polizei- und ordnungsbehördlichen Generalklauseln** (§ 8 Abs. 1 PolG bzw. § 14 Abs. 1 OBG). Als klassische Befugnisnormen bzw. Eingriffsermächtigungen verleihen sie den Behörden die Befugnis, *„die notwendigen Maßnahmen zu treffen, um eine im einzelnen Falle bestehende Gefahr für die öffentliche Sicherheit oder Ordnung (Gefahr) abzuwehren"*. Die Generalklauseln weisen einen weitgehend „blanketthaften" Charakter auf. Die tatbestandlichen Eingriffsvoraussetzungen der Generalklauseln werden im Wesentlichen durch sog. **„unbestimmte Rechtsbegriffe"** (Gefahr, öffentliche Sicherheit, öffentliche Ordnung) festgelegt, die in hohem Maße auslegungsbedürftig und auslegungsfähig sind. Dies gilt – wie zu zeigen sein wird – namentlich für den Begriff der „öffentlichen Ordnung". Mit Blick auf die Bestimmtheitsprobleme der Generalklauseln ist deren Verfassungsmäßigkeit bisweilen in Zweifel gezogen worden. Denn immerhin ist der Vorbehalt des Gesetzes vor allem ein **Vorbehalt des bestimmten Gesetzes:** Für den Bürger soll erkennbar sein, wann und unter welchen Umständen er mit staatlichen Interventionen zu rechnen hat. Gleichwohl hat sich die Rechtsprechung den Bedenken an der nötigen Bestimmtheit der Generalklauseln nicht angeschlossen. Der Grund hierfür liegt im Wesentlichen darin, dass die hier verwandten unbestimmten Rechtsbegriffe „in jahrzehntelanger Entwicklung durch Rechtsprechung und Lehre nach Inhalt, Zweck und Ausmaß hinreichend präzisiert, in ihrer Bedeutung geklärt und im juristischen Sprachgebrauch verfestigt sind" (BVerfGE 54, 143, 145). Im Übrigen setzt die Verfassungsgarantie des effektiven Rechtsschutzes (Art. 19 Abs. 4 GG) für die auf der Tatbestandsseite einer Norm angesiedelten „unbestimmten Rechtsbegriffe" grundsätzlich eine **umfassende gerichtliche Kontrollbefugnis** voraus, so dass insbesondere ein gerichtlich nicht überprüfbarer „Beurteilungsspielraum" der Behörden hier nicht besteht. 45

Beispiel: Auch wenn das Tatbestandsmerkmal der „Gefahr" in § 8 Abs. 1 PolG die wertende Betrachtung eines Sachverhalts notwendig macht (s. Rn. 49), unterliegt die behördliche Rechtsanwendung vollumfänglicher verwaltungsgerichtlicher Kontrolle. Im Gegensatz zu diesem „Normalfall" der Auslegung und Anwendung unbestimmter Rechtsbegriffe handelt es sich bei den außerhalb des Polizeirechts angesiedelten (Gegen-)Beispielen von unbestimmten Rechtsbegriffen mit behördlichem Beurteilungsspielraum – etwa im Prüfungsrecht, bei der dienstlichen Beurteilung von Beamten oder bei Gremienentscheidungen – um singuläre Ausnahmefälle einer gesetzlichen Ermächtigung der Exekutive zur Letztentscheidung (sog. „Ermächtigungslehre").

46 Betrachtet man den systematischen Aufbau der Generalklauseln wie auch sämtlicher anderer Befugnisnormen, zeigt sich eine strikte Zweiteilung zwischen „Tatbestand" und „Rechtsfolge", die zugleich den Prüfungsaufbau festlegt. Nur „wenn" die tatbestandlichen Voraussetzungen der Befugnisnorm vorliegen, „dann" darf die Behörde die erforderlichen Maßnahmen ergreifen („Wenn-Dann-Satz"). Der Beamte muss also zunächst prüfen, ob jene Sachverhaltskonstellation vorliegt, an die seine Befugnis zur Durchführung von Maßnahmen geknüpft ist. Erst dann wird er sich die Frage stellen, *welche* Maßnahme er zu ergreifen hat. Während sich auf der Tatbestandsseite vielfach die erwähnten „unbestimmten Rechtsbegriffe" finden, normieren die polizeilichen Eingriffsermächtigungen auf der Rechtsfolgenseite in der Regel ein sog. „Ermessen", also einen Entscheidungsspielraum der Behörden („kann Maßnahmen ergreifen"). Aufgrund der spezifischen „Koppelung" von „unbestimmten Rechtsbegriffen" auf der Tatbestandsseite der Norm mit einem Ermessensspielraum auf der Rechtsfolgenseite spricht man insoweit von einer **„Koppelungsvorschrift".** Entgegen dem ersten Anschein folgt aus dem behördlichen Ermessen keineswegs eine völlige behördliche „Handlungsfreiheit". Vielmehr muss der Beamte sein Ermessen fehlerfrei ausüben, was die Beachtung der Grundsätze der Ermessenslehre fordert (unten Rn. 135 ff.).

Abb. 2: Eingriffsermächtigung als Konditionalprogramm („Wenn-Dann-Satz")

Wenn („Tatbestandsseite")	**Dann („Rechtsfolgenseite")**
Wenn im einzelnen Falle eine Gefahr für die öffentliche Sicherheit oder Ordnung (und eine Polizeipflichtigkeit des Adressaten, s. Rn. 75 ff.) besteht, …	… dann können die Ordnungsbehörden die notwendigen (Abwehr-)Maßnahmen treffen.

47 Während die Eingriffsermächtigungen für den Polizeibeamten vor Ort **„Handlungsnormen"** darstellen, werden sie für den retrospektiv agierenden Richter zur **„Kontrollnorm".** Im Falle der gerichtlichen Klage gegen eine polizeiliche Maßnahme wird der Richter sowohl die Frage zu prüfen haben, ob die tatbestandlichen Voraussetzungen für ein polizeiliches Einschreiten vorlagen („wenn"), als auch die Frage, ob die von der Polizei- oder Ordnungsbehörde ergriffene Maßnahme innerhalb des der Behörde gewährten Handlungs- bzw. Ermessensspielraumes geblieben ist („dann"). In der gutachterlichen Prüfung hat sich der Studierende diese Sichtweise des Richters zu eigen zu machen. Anders als etwa im Strafrecht ist daher auch die Rechtsfolgenseite der Befugnisnorm grundsätzlich als prüfungsbedürftig in den Blick zu nehmen. Die Gliederung der Polizeirechtsklausur (vgl. das Schema unten Rn. 146) ist damit im Grundsatz schon festgelegt.

Nach hier vertretener Auffassung ist die Tatbestandsseite des § 8 Abs. 1 PolG bzw. des § 14 Abs. 1 OBG dabei um die Frage der „Verantwortlichkeit" bzw. „Notstandsverantwortlichkeit" der betroffenen Person (§§ 4 ff. PolG, §§ 17 ff. OBG) zu ergänzen. Denn es geht um die Anwendung einer Eingriffsermächtigung, die ihre besondere Qualität aus der Finalität gegen den Störer bzw. Nichtstörer gewinnt.

Abb. 3: Eingriffsermächtigungen als Kontrollnormen für die Gerichte

1. Lagen die **tatbestandlichen Voraussetzungen** für einen behördlichen Eingriff vor? (**Tatbestandsseite** der Norm) – Gefahr für die öffentliche Sicherheit oder Ordnung? – Richtiger Adressat?	2. Hält sich die Maßnahme im Rahmen der zulässigen Rechtsfolgeanordnungen (**Rechtsfolgenseite** der Norm) – Entschließungsermessen („Ob" des Eingriffs) – Störerauswahlermessen (gegen wen) – Handlungsermessen („Wie" des Eingriffs)

IV. Anhang

Literatur: *Büscher,* Grundfälle zur Bestimmung der Ermächtigungsgrundlage im Polizei- und Ordnungsrecht, JA 2010, 719 ff. und 791 ff.; *Butzer,* Flucht in die polizeiliche Generalklausel, VerwArch 2002, 506 ff.; *Hebeler,* Die Gefährderansprache, NVwZ 2011, 1364; *Krane,* Das Verhältnis der polizeilichen Standardbefugnisse zueinander und zur Generalklausel, NordÖR 2004, 425 ff.; *Kreuter-Kirchhof,* Die polizeiliche Gefährderansprache, AöR Bd. 139 (2014), S. 257 ff. 48

Klausurbearbeitung: *Dietlein/Hellermann,* „Gefährliches Gefährderanschreiben", in Klausurenbuch Öffentliches Recht in NRW, 3. Aufl. 2021, Fall 13; *dies.,* „Showdown in der Tiefgarage", ebda., Fall 15; *Tams/Jötten,* Die Gefährderansprache, JuS 2008, 436 ff.

Kontrollfragen:

1. Worin besteht die wesentliche Konsequenz der Geltung des Vorbehalts des Gesetzes im Bereich der Polizei- und Ordnungsverwaltung?
2. In welche Stufen gliedert sich das behördliche Gefahrenabwehrhandeln?
3. Worin liegt der Unterschied zwischen Aufgaben- und Befugnisnormen?
4. Nach welchem Schema sind polizeiliche Eingriffsermächtigungen konzipiert?

D. Der Gefahrenbegriff als zentrale tatbestandliche Eingriffsvoraussetzung

Im Mittelpunkt der tatbestandlichen Voraussetzungen der klassischen polizei- oder ordnungsbehördlichen Maßnahmen steht der Begriff der **Gefahr.** Er wird in § 8 Abs. 1 PolG legaldefiniert als „eine im einzelnen Falle bestehende konkrete Gefahr für die öffentliche Sicherheit oder Ordnung" (weitgehend parallel § 14 Abs. 1 OBG). Diese sog. **konkrete Gefahr** beherrscht mit mehr oder minder erheblichen Modifikationen (erhebliche Gefahr, gegenwärtige Gefahr etc.) nicht nur die polizei- und ordnungsbehördlichen Generalklauseln, sondern ebenso die sog. traditionellen polizeilichen Standardermächtigungen (z.B. §§ 34, 43 PolG) sowie die vollstreckungsrechtlichen Eingriffsermächtigungen (§ 50 Abs. 2 PolG, § 55 Abs. 2 VwVG). Immerhin finden sich namentlich im Bereich der datenschutzrechtlichen Eingriffsermächtigungen neben parallel strukturierten Eingriffsermächtigungen (z.B. § 31 PolG: Rasterfahndung) auch zahlreiche Ermächtigungsnormen, die bereits im Vorfeld konkreter Gefahren greifen, etwa soweit es um Befragungen zur Ermittlung sachdienlicher Angaben (§ 9 Abs. 2 PolG) oder um präventive Maßnahmen zur Verhütung schwerer Straftaten geht (z.B. § 12a Abs. 1, § 15a Abs. 1 Nr. 2; hierzu auch BVerfGE 141, 220, Rn. 112; eingehend unten Rn. 73). Hier, wie auch sonst, bedarf es jeweils einer präzisen Erfassung und Sub- 49 sumtion der konkreten Eingriffsvoraussetzungen. Nach gängiger Definition ergibt sich eine „konkrete Gefahr" bei einem **Lebenssachverhalt, der bei ungehindertem Ablauf in absehbarer Zeit mit hinreichender Wahrscheinlichkeit zu einem Schaden an den polizeilichen bzw. ordnungsrechtlichen Schutzgütern führen wird.** Rechtssystematisch handelt es sich bei dem Gefahrenbegriff um einen „unbestimmten Rechtsbegriff", unter den eine Sachverhaltssubsumtion erst nach näherer juristischer Begriffskonkretisierung möglich ist. Gleichwohl unterliegt die von der Behörde durchzuführende Gefahrenprognose zur Wahrung der Rechtsschutzgarantie des Art. 19 Abs. 4 GG umfassender gerichtlicher Kontrolle; ein behördlicher „Beurteilungsspielraum" besteht nicht. Gelegentliche Bedenken an der hinreichenden Bestimmtheit der Norm sind von der Rechtsprechung mit Blick auf eine gefestigte Auslegungspraxis zurückgewiesen worden. Aufgrund seines untrennbaren Bezuges zu den zu schützenden polizeilichen Gütern der „öffentlichen Sicherheit oder Ordnung" kann der Gefahrenbegriff erst vor dem Hintergrund einer präzisen Auslegung jener Schutzgüter erfasst werden, die im Folgenden darzustellen ist.

I. Öffentliche Sicherheit

50 Unzweifelhaft handelt es sich bei dem Begriff der „öffentlichen Sicherheit" um einen „Blankettbegriff". Er bedarf der Auslegung im Lichte insbesondere der staatstheoretischen Fundamente des Gemeinwesens sowie der verfassungsrechtlichen Grundentscheidungen des Grundgesetzes. Anknüpfend hieran lassen sich insgesamt **drei Ebenen** potentieller Schutzgüter der öffentlichen Sicherheit differenzieren:

1. Schutz der Individualrechtsgüter

51 Vergegenwärtigt man sich die staatstheoretische Fundierung des Polizeirechts in der dem einzelnen Bürger auferlegten Friedenspflicht und dem hiermit korrelierenden Gewaltmonopol des Staates, muss in den Begriff der öffentlichen Sicherheit zunächst notwendig der Schutz der **individuellen Güter und Rechte des Einzelnen** einbezogen werden. Denn erst wenn sich der Staat den Schutz jener Güter zu eigen macht, kann dem Einzelnen zugemutet werden, auf die Anwendung privater Gewalt zu verzichten. Welche Güter hierbei im Einzelnen erfasst sind, macht ein Blick auf die **Grundrechte** als besondere öffentlich-rechtliche Schutzgarantien deutlich, die insoweit in das einfache (Polizei-)Recht einstrahlen und das einfache Recht als „Medium" des grundrechtlichen Schutzauftrages (oben Rn. 3) in Anspruch nehmen. Namentlich der Schutz von Leben, Gesundheit und Freiheit des Bürgers, aber auch der Schutz des Eigentums zählen somit zu den zentralen Elementen der öffentlichen Sicherheit. Als Teil der auch durch öffentlich-rechtliche Normen abgesicherten subjektiven Rechte unterfallen schließlich auch Gemeinschaftsgüter wie die **„Volksgesundheit"** dem Begriff der öffentlichen Sicherheit. Rein private Rechte wie namentlich schuldrechtliche Ansprüche werden dagegen nur in den engen Grenzen des § 1 Abs. 2 PolG geschützt und vom Begriff der öffentlichen Sicherheit nicht erfasst (oben Rn. 34).

52 Bislang nicht abschließend geklärt ist die Frage, ob und inwieweit der Schutz von Individualrechtsgütern auch dann Grundlage für Gefahrenabwehrmaßnahmen sein kann, wenn die Gefährdung vom Grundrechtsträger freiverantwortlich herbeigeführt wird. Da nicht nur das Recht auf freie Persönlichkeitsentfaltung (Art. 2 Abs. 1 GG), sondern auch diverse Spezialgrundrechte wie die Berufsfreiheit („Dompteur") oder die Religionsfreiheit (Pflege von Menschen mit ansteckender Krankheit) grundsätzlich auch ein **Recht zur Selbstgefährdung** einschließen, besteht eine Befugnis zum *„aufgedrängten Grundrechtsschutz"* im Grundsatz nicht. Insofern ist etwa die freiverantwortlich herbeigeführte Obdachlosigkeit ungeachtet der hiermit verbundenen Risiken für Leib und Leben keine Gefahr im polizeirechtlichen Sinne (vgl. BayVGH, JuS 2020, 380, 382 – *Waldhoff*). Sogar die **freiverantwortliche Selbsttötung** wird nach der neueren Rechtsprechung des BVerfG (NJW 2020, 905) vom Schutz des Persönlichkeitsrechts gedeckt und kann insoweit nicht ohne Weiteres unterbunden werden. Anderes muss jedoch gelten, wenn der Grundrechtsträger zu einer freien Willensbildung nicht im Stande ist. Insofern dürfte auch nach dem Urteil des BVerfG vom 26.2.2020 bei Selbsttötungsversuchen grundsätzlich von einer fehlenden Freiverantwortlichkeit und damit von einer Gefahr auszugehen sein. Als Gefahr einzuordnen ist die freiwillige Selbstgefährdung schließlich dort, wo sie mit der **Gefährdung Dritter** einhergeht. Insofern rechtfertigt sich ein Tauchverbot in besonders gefährlichen Seeregionen aus dem Aspekt der (Mit-)Gefährdung nichtprofessioneller Retter (so auch Bad.-Württ. VGH, NJW 1998, 2235). Besondere Probleme stellen sich beim Schutz der **Menschenwürde** (Art. 1 Abs. 1 GG), für die aufgrund der „Unantastbarkeitsklausel" ein Verfügungsrecht auch der Grundrechtsberechtigten selbst bestritten wird. Ob freilich die Menschenwürde überhaupt durch wirklich selbstbestimmtes Handeln angetastet werden kann, erscheint fraglich und dürfte allenfalls in Extremfällen zu bejahen sein (z. B. „Zwergenweitwurf", s. VG Neustadt, NVwZ 1993, 98; zur „Plastination" von Leichen etwa *Bremer,* NVwZ 2001, 167; zu Paintball und Quasar unten Rn. 57).

2. Schutz der Unversehrtheit der objektiven Rechtsordnung

Ebenfalls bereits aus allgemeinen staatstheoretischen Erwägungen heraus lässt sich die 53
Notwendigkeit einer Durchsetzung des Geltungsanspruchs der Gesetze als Schutzgut der öffentlichen Sicherheit begründen. Denn wo die Verbindlichkeit von Gesetzen nicht mehr durchsetzbar ist, hat der Staat seine Ordnungsgewalt verloren, droht im letzten Ende Anarchie (oben Rn. 3). Zu den Schutzgütern der öffentlichen Sicherheit zählt daher weiter die **Unversehrtheit der objektiven Rechtsordnung,** womit alle Ebenen der **materiellen Gesetze** unter Schutz gestellt werden. Eine Gefährdung der öffentlichen Sicherheit stellt sich insoweit sowohl bei einer Verletzung von Verfassungsgesetzen (z. B. Art. 26 GG: Verbot des Angriffskrieges) und Parlamentsgesetzen (Strafgesetzbuch, Ordnungswidrigkeitengesetz) ein als auch bei der Missachtung von Rechtsverordnungen (z. B. ordnungsbehördlichen Verordnungen, hierzu unten Rn. 230 ff.) oder Satzungen. Im Rahmen der zu schützenden Normen kommt namentlich dem Strafgesetzbuch (StGB) sowie dem Ordnungswidrigkeitengesetz (OWiG) besondere Bedeutung zu, deren Verhaltenspflichten somit zugleich gefahrenabwehrrechtlich durchgesetzt werden können.

Beispiel: Ein polizei- bzw. ordnungsrechtliches Vorgehen ist insoweit etwa gegen das ungenehmigte Glücksspiel (§ 284 StGB) oder auch den „groben Unfug" (§ 118 OWiG) möglich.

Steht eine Verletzung von objektiven Normen in Rede, kommt es im Ergebnis nicht mehr darauf an, ob hierdurch zugleich die von den verletzten Normen zu schützenden Individualrechtsgüter verletzt werden. Allein die Missachtung der Gesetze begründet die Gefahr. Dessen ungeachtet wird man in einer Klausur selbstverständlich alle möglicherweise gefährdeten Schutzgüter kumulativ durchprüfen.

Beispiel: Wer nachts bei „Rot" über die Ampel fährt, verursacht mit Blick auf das Schutzgut der Unversehrtheit der objektiven Rechtsordnung eine konkrete Gefahr (Verletzung der Straßenverkehrsordnung), auch dann, wenn eine konkrete Gefahr für Leib und Leben der Verkehrsteilnehmer nicht besteht.

3. Schutz des Bestandes, der Einrichtungen und der Veranstaltungen des Staates

54 Schließlich erfasst das Schutzgut der öffentlichen Sicherheit auch den Schutz des **Staates selbst, seiner Einrichtungen und Veranstaltungen.** Denn wo der Staat sich privater Angriffe nicht erwehren darf, vermag er auch den ihm obliegenden Schutzauftrag zugunsten der Bürger nicht effektiv zu erfüllen. Dies gilt etwa auch für die Durchführung von Verkehrskontrollen zur Durchsetzung von Geschwindigkeitsbeschränkungen, die dementsprechend nach h. M. nicht durch private Dritte gestört werden dürfen.

Beispiel: Rentner R postiert sich 200 m vor einer Radarkontrolle und warnt die heranfahrenden Verkehrsteilnehmer. Er behindert hiermit die Durchführung staatlicher Veranstaltungen, so dass die Beamten ihn des Platzes verweisen dürfen. Dem kann nicht entgegengehalten werden, dass R die Verkehrsteilnehmer zu ordnungsgemäßem Verhalten auffordern wolle. Denn in Wahrheit unterläuft R das Ziel der Kontrolle, rechtwidrig handelnde Verkehrsteilnehmer – über den zeitlichen und örtlichen Wirkungsbereich der Kontrolle hinausgehend – zu einer ordnungsgemäßen Fahrweise anzuhalten (OVG NRW, NJW 1997, 1596; a. A. *Hartmann,* JuS 2008, 984 ff.; zur Problematik von Warnungen im Radio vgl. *Meyer,* NStZ 2004, 670).

Dass rechtswidrige Angriffe gegen den Staat und seine Veranstaltungen vielfach zugleich die Unversehrtheit der objektiven Rechtsordnung, womöglich sogar Individualrechtsgüter der beteiligten Amtsträger tangieren werden (vgl. etwa Fotoaufnahmen von Polizeieinsätzen, unten Rn. 202), bleibt insoweit ohne Bedeutung. Eine Gefährdung der öffentlichen Sicherheit kann also kumulativ unter mehreren Aspekten zu bejahen sein.

II. Das Schutzgut der öffentlichen Ordnung

55 Neben dem Schutz der öffentlichen Sicherheit zielen die Aufgaben- und Befugnisnormen sowohl des Ordnungsrechts als auch des Polizeirechts auch auf den Schutz der öffentlichen Ordnung.

Beachte: Die Rechtslage in NRW hat mit Inkrafttreten des PolG-Änderungsgesetzes vom 3.2.2010 eine wesentliche Änderung erfahren: War der Schutz der öffentlichen Ordnung bis dahin allein den Ordnungsbehörden vorbehalten, besteht nunmehr eine parallele Betrauung auch der Polizeibehörden. Die Gesetzesänderung geht zurück auf den Koalitionsvertrag der von 2005 bis 2010 amtierenden Landesregierung. Mit der „Neuregelung" wurde die althergebrachte Fassung der polizeilichen Generalklausel wiederhergestellt.

Unter der öffentlichen Ordnung wird in Abgrenzung zur öffentlichen Sicherheit („Sicherheit *oder* Ordnung"!) gemeinhin die Gesamtheit der ungeschriebenen Regeln verstanden, deren Befolgung nach den jeweils herrschenden Anschauungen als unerlässliche Voraussetzung für ein geordnetes menschliches Zusammenleben angesehen werden. Es handelt sich bei den betreffenden Regeln also letztlich um **außerrechtliche „Sozialnormen".** Das Schutzgut der öffentlichen Ordnung wirft in verschiedener Hinsicht schwierige Fragen auf. Zunächst stellt sich die Frage der hinreichenden **Bestimmtheit** der auf das Schutzgut der öffentlichen Ordnung bezogenen Eingriffsermächtigung. Denn da der Vorbehalt des Gesetzes ein Vorbehalt des bestimmten Gesetzes ist, erscheinen wertungsoffene und wandlungsfähige Bindungen des Bürgers höchst problematisch.

Die Rechtsprechung ist entsprechenden Bedenken freilich nicht gefolgt und hat die Bestimmtheit der Norm auch insoweit abgesegnet (BVerfGE 54, 143f.). Problematisch erscheint das Schutzgut der öffentlichen Ordnung darüber hinaus aber auch mit Blick auf die Gefahr einer gesellschaftlichen **Majorisierung von Minderheiten.** Denn wenn bloße „Sozialnormen" einer Mehrheit die individuelle Persönlichkeitsentfaltung von Minderheiten verhindern können, stehen letztlich grundrechtliche Freiheitsrechte auf dem Spiel. Denn immerhin sind Grundrechte ihrem Wesen nach auch und vor allem Minderheitenrechte. Insofern wäre es verfassungsrechtlich nicht hinnehmbar, außerrechtliche Sozialnormen ohne Rücksicht auf grundrechtliche Entfaltungsfreiheiten des Einzelnen für ordnungsrechtlich verbindlich zu erachten.

Beispiel: Auch wenn sich die Bevölkerung weithin gegen die katholische Lehre zur gelebten Homosexualität als Sünde wendet, kann das religiöse Bekenntnis des Einzelnen zu dieser Lehre nicht als Verstoß gegen die öffentliche Ordnung angesehen werden, da der Einzelne hierbei von seinem Recht auf Religionsfreiheit (Art. 4 Abs. 1 und 2 GG) Gebrauch macht. Auch umgekehrt gilt: Selbst wenn die Gesellschaft Homosexualität ablehnen würde, kann hierdurch die Freiheit Homosexueller zu personaler Selbstbestimmung (Art. 2 Abs. 1 i. V. m. Art. 1 Abs. 1 GG) nicht als Verstoß gegen die öffentliche Ordnung sanktioniert werden.

Auch das Bundesverwaltungsgericht hat sich im Rahmen seiner „Peep-Show"-Rechtsprechung gegen eine „demoskopische" Ermittlung der maßgeblichen Sozialnormen gewandt und bloße Umfrageergebnisse für nicht maßgeblich erklärt (NJW 1996, 1423, 1424). Zur Ermittlung des „Ethisch-Gesollten" bedarf es also stets und vor allem des Durchblicks auf die Grundrechts- und Werteordnung der Verfassung (so zu Recht BVerfG, DVBl. 2004, 237). Aus der Abstrahierung der Ordnungsvorstellungen von demoskopischen Kriterien ergibt sich zugleich, dass erst recht regionale Moralvorstellungen für die Ermittlung der maßgeblichen Sozialnormen ohne Bedeutung bleiben.

Beispiel: Für den Hamburger Stadtteil St. Pauli können somit richtigerweise keine anderen Sozialnormen maßgeblich sein als für ein oberbayerisches Gebirgsdorf.

Schwierige Fragen wirft der Begriff der öffentlichen Ordnung aber nicht zuletzt **56**
auch mit Blick auf das **Demokratieprinzip** auf. So verlangt Art. 20 Abs. 2 GG, dass alle Staatsgewalt (des Bundes und der Länder) vom Volke ausgeht, wobei das Volk seine Entscheidungshoheit über Wahlen und Abstimmungen, vorrangig also über das Parlament ausübt. Das Demokratieprinzip steht damit jeglicher Ausübung oder Präjudizierung von Staatsgewalt entgegen, die nicht in der durch Art. 20 Abs. 2 GG verlangten Weise durch das Volk legitimiert wird. Eben dies aber ist möglicherweise bei der behördlichen Aufgabe zur Gewährleistung der öffentlichen Ordnung gegeben. Denn die hier durchzusetzenden Normen sind gerade nicht auf dem durch Art. 20 Abs. 2 GG vorgezeichneten Wege durch Wahlen oder Abstimmungen des Volkes legitimiert, sondern bilden und verändern sich gleichsam außerhalb der verfassten Rechtsordnung. Ihre „Blanko-Rezeption" durch das Polizei- und Ordnungsbehördengesetz erscheint insofern demokratisch höchst fragwürdig. Ungeachtet der dogmatischen Probleme bleibt der praktische Anwendungsbereich des Schutzes der öffentlichen Ordnung in einer ausdifferenzierten Rechtsordnung wie der der Bundesrepublik Deutschlands eher gering. Namentlich die früher vorherrschende Deutung der Obdachlosigkeit als Gefahr für die öffentliche Ordnung wird heute zu Recht als Gefahr für die Schutzgüter Leben und Gesundheit des Betroffenen erkannt und folgerichtig dem Bereich der öffentli-

chen Sicherheit zugeordnet. Die wenigen praktischen Anwendungsfälle betreffen in erster Linie (oft exotische) Fragen der Sozial- und Sexualmoral.

Beispiele: Künstler K spaziert unbekleidet durch die Innenstadt und erklärt sich dabei zum Kunstwerk. Nach Auffassung des OVG NRW verstößt er hierdurch gegen die öffentliche Ordnung (NJW 1997, 1180). Nach früherer Rechtsprechung sollte auch die Anbringung von Kondom-Automaten in der Öffentlichkeit einen Verstoß gegen die öffentliche Ordnung darstellen (OVG NRW, OVGE 14, 69; vgl. auch BVerwGE 10, 165).

57 Einen weiteren Anwendungsbereich hat das Schutzgut der öffentlichen Ordnung zuletzt im Bereich ausländerfeindlicher und anderer menschenverachtender Exzesse gefunden.

Beispiele: Als Verstoß gegen die öffentliche Ordnung wurde etwa das Hissen der Reichskriegsflagge in einem vorwiegend von Migranten bewohnten Stadtteil der Stadt S bewertet (OVG NRW, NWVBl. 1994, 384; Bad.-Württ. VGH, NJW 2006, 635). Für mit dem Menschenbild des Grundgesetzes unvereinbar erachteten die Gerichte ferner das Laserspiel „Quasar", bei dem die Teilnehmer militärisch eingekleidet und mit (Sensor-)Waffen ausgestattet wurden. Soweit Spieler in kriegsähnlichen Szenarien getroffen wurden, galten sie als „gefallen" und wurden vom Spiel ausgeschlossen (OVG NRW, NWVBl. 2001, 94; BVerwG, GewArch 2007, 247).

Immerhin aber verbleiben im Detail nicht unerhebliche Unschärfen. Dies gilt zumal mit Blick auf die Reichweite der durch den Begriff der öffentlichen Ordnung geschützten „ungeschriebenen Regeln" für ein gedeihliches Zusammenleben.

Beispiel: Als „futuristische" Folgeversion von „Quasar" hat sich zwischenzeitlich das Laserspiel „Lasertag" etabliert, bei dem sich die Spieler nicht mehr gegenseitig „töten", sondern auf neonfarbenen Westen „taggen". Anstelle des Ausschlusses vom Spiel erfolgt lediglich eine Art „Zeitsperre". Die gefahrenrechtliche Bewertung dieser neuen Spielform erscheint noch nicht abschließend geklärt, wenngleich die gegen „Quasar" gerichteten Bedenken wohl nicht „eins zu eins" übertragen werden können. Entsprechendes gilt für die Spielform des „Paintball", bei dem sich die Spielteilnehmer – in allerdings durchaus schmerzhafter Weise – mit Farbbeuteln beschießen (eingehend zum Thema *Korte/Dittrich*, JA 2017, 332, 334 f.). Weiterer Klärungsbedarf besteht immerhin in jugendschutzrechtlicher Hinsicht (vgl. auch OVG Nds., DVBl. 2018, 799).

58 Nicht eindeutig erscheint in dem Beispielsfall „Quasar" immerhin, ob die Durchsetzung des „Menschenbildes des Grundgesetzes" nicht eher dem Bereich der öffentlichen Sicherheit zuzuordnen wäre. Ungeachtet dieser nicht ganz unerheblichen Probleme dürfte dem Begriff der „öffentlichen Ordnung" nach wie vor eine im Ergebnis durchaus sinnvolle „Auffangfunktion" zukommen, so dass rechtspolitische Forderungen nach einer Verabschiedung des Begriffes eher zurückhaltend zu bewerten sind.

III. Der Gefahrenbegriff

59 Wann droht nun für die Schutzgüter der öffentlichen Sicherheit oder Ordnung eine (konkrete) „Gefahr" i. S. d. § 8 PolG bzw. des § 14 OBG? Reicht hierzu jedes theoretische Risiko aus, etwa die niemals auszuschließende Gefahr eines Verkehrsunfalles, oder muss der Schaden bereits eingetreten sein oder zumindest unmittelbar bevorstehen? Reicht vielleicht schon die sichere Erkenntnis, dass es – man denke an die Produktion von Fahrzeugen – irgendwann und irgendwo unvermeidlich zu einem Schaden kommen wird, um polizeilich zu intervenieren? Und wie intensiv muss die drohende Beeinträchtigung sein? Reicht jede – auch nur individuelle – Spürbarkeit oder Empfindlichkeit oder bedarf es einer gewissen „Qualität" der Beeinträchtigung? Vor dem Hintergrund der komplexen Fragestellung kann es kaum verwundern, dass losgelöst von den aktuellen Fragen um die Vorverlagerung polizeilicher Eingriffsmöglichkeiten (Stichwort *„drohende Gefahr"*) auch der tradierte Gefahrenbegriff selbst nach wie vor Gegenstand heftiger Diskussionen ist.

1. Gefahr – Belästigung

Zunächst bleiben „Belästigungen", die noch nicht das Niveau der Sanktionsnorm **60**
des § 118 OWiG erreichen, sowie bloße subjektive „Befindlichkeiten" außerhalb des Gefahrenbegriffs. Notwendig sind also eine Objektivierbarkeit und eine gewisse Intensität der Beeinträchtigung individueller Güter. Dies gilt auch dann, wenn Einzelne eine spezielle, nicht-repräsentative Prädisposition für mögliche Schädigungen in sich tragen, ein Schadenseintritt also tatsächlich nicht ausgeschlossen werden kann.

Beispiel: N ist mit einem äußerst schwachen Nervenkostüm ausgestattet. Als auf der benachbarten Wiese des Bauern B tagsüber Kühe grasen, denen B kleine Glocken umgehängt hat, findet sich N nachweislich am Rande eines Nervenzusammenbruchs. Gleichwohl bleiben derartige Empfindlichkeiten polizeirechtlich grundsätzlich ohne Belang und berechtigen nicht zur staatlichen Intervention. Anderes kann erst dann gelten, wenn die unentbehrliche Nachtruhe nachhaltig beeinträchtigt wird oder eine Lärmbelästigung i. S. d. § 117 OWiG vorliegt (Bad.-Württ. VGH, NVwZ-RR 1996, 577).

2. Notwendigkeit einer „abgestuften" Gefahrenschwelle

Auch jenseits der bloßen Belästigungen kann nicht jede entfernte Möglichkeit eines **61**
Schadenseintritts polizeiliche Eingriffsbefugnisse auslösen. Das Polizeirecht ersetzt nicht die langfristigen Konzepte zur Regulierung schleichender Gefährdungslagen z. B. im Umweltbereich. Der Gefahrenbegriff bedarf insoweit einer zurückhaltenden Auslegung. Nach tradiertem Rechtsverständnis ergibt sich eine **Gefahr** erst bei solchen Lebenssachverhalten, die **bei ungehindertem Ablauf in absehbarer Zeit mit hinreichender Wahrscheinlichkeit zu einem Schaden an den polizeilich bzw. ordnungsbehördlich geschützten Gütern führen.** Es geht mithin um eine **Gefahrenprognose,** bei der die Wahrscheinlichkeit des Schadenseintritts bzw. die zeitliche Nähe des möglichen Schadenseintritts, aber auch das zu erwartende Schadensausmaß in Bezug zueinander gesetzt werden. Je größer dabei das Ausmaß des möglichen Schadens ist, umso geringer werden die Anforderungen an die zeitliche Nähe bzw. Wahrscheinlichkeit des Schadenseintritts; je geringer das mögliche Schadensausmaß ist, umso höher werden die Anforderungen an Nähe und Wahrscheinlichkeit des Schadenseintritts (hierzu etwa BVerwGE 88, 348, 351).

Beispiel: Das potentielle Schadensausmaß im Falle einer Verunreinigung des Trinkwassers mit den hieraus resultierenden Folgen für die Volksgesundheit wird regelmäßig so hoch anzusiedeln sein, dass die Anforderungen an die zeitliche Nähe („absehbare Zeit") und die Wahrscheinlichkeit des **Schadenseintritts** nicht mehr sehr hoch angesiedelt werden müssen. Droht lediglich die Zerstörung einer Zierpflanze im Vorgarten eines Hauses durch einen Nachbarshund, wird man die Anforderungen an die Nähe und Wahrscheinlichkeit des Schadenseintritts dagegen eher hoch ansiedeln.

Durch das Modell der gestuften Gefahrenschwelle nicht unmittelbar beantwortet wird die Frage nach der Behandlung allgemein akzeptierter Tätigkeiten, die gleichwohl unvermeidlich erhebliche Schadensfälle zur Folge haben werden. Beispielhaft kann insoweit auf die Produktion von Fahrzeugen verwiesen werden, die in sicher vorhersehbarer Weise allein in Deutschland jährlich ca. 3.000 Tote zur Folge hat. Derartige Tätigkeiten werden in der Regel mit dem Begriff der **„Sozialadäquanz"** aus dem Anwendungsbereich des Polizei- und Ordnungsrechts ausgeklammert. Unstreitig außerhalb des konkreten Gefahrenbegriffs anzusiedeln ist schließlich die bloße **Gefahrenvorsorge,** die sich typischerweise jenseits einer zeitlich und räumlich hinreichend eingrenzbaren Schadensprognose vollzieht (z.B. allgemeine Anforderungen an die Führung bestimmter Rassehunde). Solche gefahrenvorsorgenden Maßnahmen müssen daher, sofern sie in Rechte der Bürger eingreifen, durch spezielle Ermächtigungsgrundlagen geregelt und durch hinreichend tragfähige Gemeinwohlgründe legitimiert werden. Teilweise finden sie sich in speziellen Gesetzen, wie etwa im Landeshundegesetz NRW. Aber auch das Polizeigesetz sowie das Ordnungsbehördengesetz selbst kennen, namentlich im Bereich des informationsrechtlichen Handelns der Behörden (Videoüberwachung nach § 15a PolG etc.), zwischenzeitlich eine Vielzahl von Eingriffsermächtigungen, die als (gefahrenvorsorgende) Maßnahmen im Vorfeld des Eintritts einer konkreten Gefahr greifen. Der Aktionsbereich des Polizeigesetzes ist also keineswegs a priori auf die Abwehr „konkreter Gefahren" beschränkt. Gleichwohl bzw. gerade deshalb bleibt die präzise Abgrenzung der klassischen Gefahrenabwehr von der nur aufgrund besonderer Eingriffstatbestände möglichen Gefahrenvorsorge von grundlegender Bedeutung. Denn verlangt eine Eingriffsermächtigung, wie etwa jene der polizei- oder ordnungsbehördlichen Generalklausel, auf der Tatbestandsseite das Vorliegen einer konkreten Gefahr, ist diese tatbestandliche Voraussetzung im Falle eines polizei- oder ordnungsbehördlichen Eingreifens im Vorfeld einer konkreten Gefahr eben nicht erfüllt; polizeiliche Eingriffsmaßnahmen lassen sich dann nicht auf diese Eingriffsermächtigung stützen.

Beispiel: Durch Allgemeinverfügung verbietet die zuständige Ordnungsbehörde der rheinischen Großstadt G den Verkauf sowie das Mitführen von Glasflaschen im Straßenkarneval. Der rechtstreue Arzt Dr. A, der mit seiner vierjährigen Tochter T den Karnevalszug besuchen will und eine von ihm sorgsam verwahrte Wasserflasche bei sich führt, sieht in diesem Verbot eine lediglich gefahrenvorsorgende Maßnahme, die deshalb nicht auf die ordnungsbehördliche Generalklausel gegründet werden könne.

Da es eher unwahrscheinlich erscheint, dass speziell die Wasserflasche des A Ursache für Schnittverletzungen sein wird, könnte hier eine Maßnahme der bloßen Gefahrenvorsorge vorliegen, die nicht auf § 14 Abs. 1 OBG gestützt werden kann (so noch VG Köln, JA 2010, 398 – *Durner*). Anders argumentiert das OVG NRW: Da aufgrund langjähriger Erfahrung davon auszugehen sei, dass es im Verlaufe des Straßenkarnevals alljährlich zu Körper- und Sachschäden durch herumliegende Scherben kommen werde, begründe das Mitführen der Glasflasche eine Gefahr im polizeilichen Sinne. Immerhin soll eine Verantwortlichkeit des A nicht ohne Weiteres unterstellt werden können, so dass seine Inanspruchnahme lediglich über den polizeilichen Notstand gerechtfertigt werde, wohingegen Verkäufer von Glasflaschen als (objektive) Zweckveranlasser anzusehen seien (OVG NRW, NVwZ-RR 2012, 470, zum Zweckveranlasser unten Rn. 80). Die auf Besonderheiten des Straßenkarnevals abstellende Rechtsprechung darf freilich nicht als pauschaler Freibrief für Glasverbote etwa in Freizeitregionen missverstanden werden (zu Recht einschränkend BWVGH, VBlBW 2013, 12ff.) Ähnliche Abgrenzungsprobleme ergeben sich für die in neuerer Zeit heftig diskutierten Fallkonstellationen der sog. „Gefährderansprache“, die in der Regel gerade im Vorfeld konkreter Gefahrenlagen erfolgt (hierzu Rn. 41 sowie 307). Gewiss an die äußersten Grenzen vertretbarer Rechtsauslegung geht die Rechtsprechung insoweit, als sie die Zuweisung von Hausnummern als Akt der Gefahrenabwehr interpretiert und auf § 14 Abs. 1 OBG stützt (OVG NRW, NVwZ-RR 2012, 541).

3. Notwendigkeit einer „ex ante“-Betrachtung

Aus der Einordnung der Gefahrenbewertung als Prognoseentscheidung ergibt sich 62
zwangsläufig ein „**subjektiver Gefahrenbegriff**“, wie er heute in der Rechtsprechung denn auch unumstritten ist (abl. aber *Wittreck,* in Schlacke/Wittreck, Landesrecht NRW, § 5 Rn. 41). Für das Vorliegen einer konkreten Gefahr i. S. d. § 8 Abs. 1 PolG bzw. § 14 Abs. 1 OBG NRW ist demnach nicht entscheidend, ob in der retrospektiven Analyse eines fiktiven „Idealbetrachters“ tatsächlich eine reale Gefahr vorlag oder nicht („objektiver Gefahrenbegriff“). Vielmehr ist ausschließlich auf die subjektiven Erkenntnismöglichkeiten des zum Zeitpunkt des Einsatzes (**„ex ante“-Perspektive**) vor Ort entscheidenden „fähigen, fachkundigen und besonnenen“ Beamten abzustellen. Rechtfertigen die zu diesem Zeitpunkt zur Verfügung stehenden Erkenntnismöglichkeiten die Annahme einer realen Gefahr, können und dürfen die zuständigen Beamten von dem Vorliegen einer konkreten Gefahr i. S. d. Gesetzes ausgehen, mag sich die Situation im Nachhinein *(„ex post“)* auch anders darstellen. Anders als auf der Grundlage des für die im Einsatz befindlichen Beamten erkennbaren Sachverhaltes lassen sich die polizeilichen Eingriffsermächtigungen nicht umsetzen, so dass der subjektive Gefahrenbegriff durchaus der Logik des Gesetzes entspricht.

Beispiel: Der flackernde nächtliche Lichtschein des Einbrechers in der Wohnung des verreisten Nachbarn N erweist sich nachträglich als das Ergebnis einer ausgeklügelten Lichtkonstruktion, von der N indessen den beunruhigten Nachbarn nichts erzählt hatte. Trotz fehlender realer Gefahr eines Einbruchs war eine konkrete Gefahr i. S. d. § 8 Abs. 1 PolG gegeben.

Stellt sich eine in der *ex ante*-Betrachtung legitimerweise für gefährlich erachtete Situation *ex post* als ungefährlich heraus, spricht man von einer **„Anscheinsgefahr“.** In der Dogmatik des subjektiven Gefahrenbegriffs steht diese Anscheinsgefahr einer wirklichen Gefahr gleich, konkret gesprochen: sie *ist* eine „konkrete Gefahr“ i. S. d. des § 8 Abs. 1 PolG bzw. des § 14 Abs. 1 OBG.

Beachte: Ungeachtet der Rechtmäßigkeit eines Polizeieinsatzes im Falle der sog. Anscheinsgefahr können sich für den von der Polizeimaßnahme betroffenen „Anscheinsstörer“ u. U. Entschädigungsansprüche ergeben (hierzu unten Rn. 285; entgegen *Wittreck,* aaO, Rn. 41, kann diese Entschädigung freilich nicht als Eingeständnis rechtswidrigen Staatshandelns gedeutet werden; vgl. auch unten Rn. 265 zur Trennung von Schadensersatz und Entschädigung).

Gänzlich anders stellt sich die Situation dar, wenn die Ungefährlichkeit der Sachlage 63
für den fähigen, sachkundigen und besonnenen Betrachter vor Ort bereits *ex ante* erkennbar gewesen wäre. Entsprechende Konstellationen können sich entweder daraus ergeben, dass die Beamten den Sachverhalt im Rahmen der ihnen verbleibenden Möglichkeiten nicht ordnungsgemäß ausermitteln, oder aber daraus, dass sie aus dem ordnungsgemäß ermittelten Sachverhalt unhaltbare Schlussfolgerungen ziehen. Nimmt der

Beamte also in vorwerfbar irriger Weise eine reale Gefahrenlage an, spricht man von einer **„Scheingefahr" oder Putativgefahr,** die nicht mehr vom (subjektiven) Gefahrenbegriff und damit der einschlägigen Eingriffsermächtigung gedeckt ist. Der Einsatz ist dann rechtswidrig und löst zudem Schadensersatzpflichten aus (unten Rn. 266 ff. und 277 ff.).

Beispiel: Polizist P „rettet" die von einem „Schwerverbrecher" entführte F, wobei er allerdings als einziger unter zahllosen Schaulustigen nicht bemerkt, dass er in Wahrheit in laufende Dreharbeiten zu einem neuen Kinofilm hineinplatzt. Beamter B schließt aus dem äußeren Erscheinungsbild des „*Schiefen Turms von Pisa*" auf eine akute Einsturzgefahr und erlässt umfangreiche Anordnungen.

64 Lässt sich das Vorliegen einer Gefahr aufgrund einer unklaren Sachverhaltslage weder bejahen noch ausschließen, spricht man von einem **„Gefahrenverdacht".** Die Behandlung des Gefahrenverdachts ist in Rechtsprechung und Literatur äußerst umstritten. Die Rechtsprechung hat sich in der Vergangenheit tendenziell eher großzügig gezeigt, wenn es um die Inanspruchnahme von Bürgern zum Zwecke der „Gefahrenerforschung" ging und die Gefahrenerforschung nivellierend als „Vorstufe" bzw. „notwendigen ersten Schritt zur Bekämpfung einer Gefahr" eingeordnet (vgl. etwa OVG NRW, NWVBl. 1996, 340). Dieser Ansatz deckt sich freilich nicht ohne Weiteres mit den bewusst engen tatbestandlichen Voraussetzungen der polizeilichen Eingriffsnormen und führt zu einer problematischen Ausweitung des Anwendungsbereichs polizeilicher Eingriffsermächtigungen. Auf eine präzise Subsumtion der jeweiligen Fallkonstellation unter die in Betracht kommende Eingriffsermächtigung sollte in keinem Fall verzichtet werden. Im Ergebnis werden sich hierbei Möglichkeiten für **differenzierende Lösungen** finden lassen: Kann etwa eine ernsthafte und zeitnahe Bedrohung höchstrangiger Schutzgüter wie Leben und Gesundheit nicht ausgeschlossen werden, ist der solchermaßen „qualifizierte Gefahrenverdacht" aufgrund des Modells der „gestuften Gefahrenschwelle" (oben Rn. 61) richtigerweise als Gefahr im Sinne der Eingriffsermächtigungen anzusehen (so auch BayVGH, NVwZ-RR 2004, 490, 491 f.).

Beispiel: Die Bombendrohung rechtfertigt eine Räumung der Diskothek auch dann, wenn erhebliche Zweifel an der Ernsthaftigkeit des Anrufes bestehen (OLG Stuttgart, NJW 1992, 1396); nicht näher erklärbare Einstiche im Halsbereich eines Schlachtrindes rechtfertigen die vorläufige Verhinderung der Auslieferung an den Metzger auch dann, wenn andere Ursachen als eine verbotene Hormonbehandlung denkbar sind (BGHZ 117, 303). Einer gesonderten Prüfung bedarf in diesen Fällen freilich die Frage der kostenrechtlichen Inanspruchnahme des „Verantwortlichen" (hierzu unten Rn. 260 a. E.).

Besteht eine entsprechende Qualifizierung der Risikolage nicht, kann von einer Gefahr im polizeilichen Sinne nicht gesprochen werden. Die Behörden werden hier regelmäßig zu eigenen weiteren „Gefahrenerforschungsmaßnahmen" verpflichtet sein (Amtsermittlungsgrundsatz, § 24 VwVfG). Auch die Kostenlast bleibt – anders als im Falle der (weiteren) Sachaufklärung bei einer festgestellten Gefahrenlage – bei der Behörde. Soweit zum Zwecke der Gefahrenerforschung Eingriffsmaßnahmen zulasten Dritter erforderlich sind (z. B. Duldungsverfügungen), bedarf es hierzu entgegen vielfach vertretener Auffassung tragfähiger Eingriffsermächtigungen. Solche Ermächtigungen finden sich heute in zahlreichen umweltrechtlichen und gefahrenabwehrrechtlichen Sondergesetzen (vgl. § 52 BImSchG, § 9 BBodSchG oder § 16 Abs. 1 und 2 S. 2 IfSG).

Beispiel: E ist Eigentümer eines Grundstücks, auf dem vormals eine Teerdestillationsfabrik betrieben worden war. Nachdem auf dem Nachbargrundstück winzige Spuren betriebstypischer Bodenverunreinigungen gefunden wurden, die bei hoher Konzentration zu erheblichen Belastungen für die Allgemeinheit führen können, will die Behörde das Grundstück des E näher untersuchen (hierzu VG Wiesbaden, NVwZ-RR 2004, 651).

Von einer konkreten Gefahr i. S. d. Polizeirechts kann im Beispielsfall nicht ausgegangen werden. Auf der sondergesetzlichen Grundlage des § 9 Abs. 1 S. 1 BBodSchG kann die zuständige Behörde indessen auch in dieser Situation Maßnahmen zur weiteren Gefahrenerforschung ergreifen und hierbei den E zur Duldung dieser Maßnahmen verpflichten. Nicht zulässig wäre es allerdings, den E ohne sondergesetzliche Grundlage zur aktiven Durchführung oder Duldung von „Gefahrenerforschungsmaßnahmen“ zu verpflichten. Die diesbezüglichen Vorgaben des Vorbehalts des Gesetzes können auch nicht durch einen Rückgriff auf die schillernde Figur des „vorläufigen Verwaltungsakts“ unterlaufen werden.

Abb. 4: Der Gefahrenbegriff

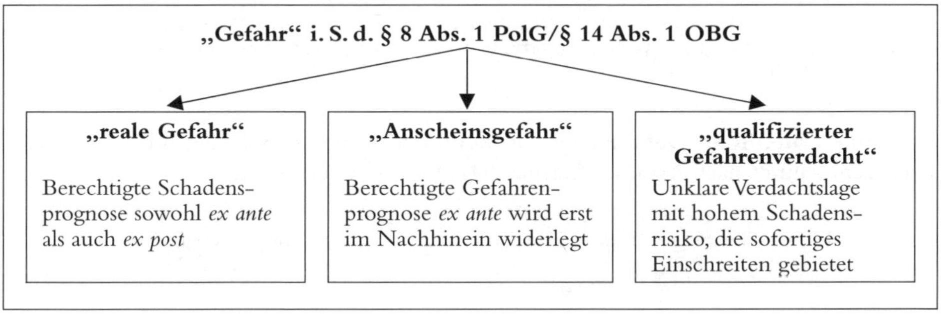

4. Gefahrenvarianten

Die polizei- und ordnungsbehördlichen Eingriffsermächtigungen kennen vielfältige **65** Varianten oder Modifikationen des allgemeinen Gefahrenbegriffs. Die Rede ist hierbei etwa von der „gegenwärtigen Gefahr“ (§ 41 Abs. 1 S. 1 Nr. 4, § 43 Nr. 1, § 50 Abs. 2 PolG; § 55 Abs. 2 VwVG), der „erheblichen Gefahr“ (§ 6 Abs. 1 Nr. 1 PolG, § 19 Abs. 1 Nr. 1 OBG), der „dringenden Gefahr“ (§ 41 Abs. 3 PolG) oder der „Gefahr im Verzuge“ (§ 42 Abs. 1 S. 1 PolG). Heftige Diskussionen sind in neuerer Zeit zudem um den Begriff der „drohenden Gefahr“ entbrannt, wie er erstmals im Bayerischen Polizeiaufgabengesetz (Art. 11 Abs. 3 S. 1 Bay. PAG) niedergelegt wurde. Der nordrhein-westfälische Gesetzgeber hat in Anbetracht vielfältiger verfassungsrechtlicher Kritik von der ursprünglich geplanten Aufnahme des umstrittenen Begriffs in das Polizeigesetz (LT-Drs. 17/2351, S. 7 f.) abgesehen, immerhin aber einzelne den Begriff der drohenden Gefahr inhaltlich aufgreifende Vorfeldtatbestände zur Abwehr terroristischer Straftaten in das Gesetz übernommen (unten Rn. 73). Vollumfänglich obsolet ist heute dagegen die Figur der „latenten Gefahr“. Mit ihr wurde eine Situation beschrieben, in der eine potentiell gefahrenträchtige Handlung nur deshalb keine akute Gefährdung verursacht, weil es an einem Zutritt Dritter in die potentielle „Gefahrenzone“ fehlt (Schulfall: der Schweinemäster und die von ihm hervorgerufene „latente Gefahr“ von Geruchs- und Schädlingsbelästigungen für die herannahende Bebauung). Mit den modernen Immissionsschutzgesetzen, aber auch den wertenden Verfahren zur Bestimmung von Verantwortlichkeiten, hat die Figur ihren Anwendungsbereich verloren.

Die einzelnen Gefahrenarten sind wie folgt näher zu konturieren:

66 a) Der Begriff der **gegenwärtigen Gefahr** verlangt eine besondere zeitliche Nähe des Schadensereignisses. Eine Legaldefinition des Begriffes, die freilich in Nordrhein-Westfalen nicht unmittelbar herangezogen werden kann, findet sich in § 2 Nr. 2 SOG Niedersachsen. Dort wird die gegenwärtige Gefahr definiert als *„Gefahr, bei der die Einwirkung des schädigenden Ereignisses bereits begonnen hat oder bei der diese Einwirkung unmittelbar oder in allernächster Zeit mit einer an Sicherheit grenzenden Wahrscheinlichkeit bevorsteht"*.

Beispiel: Nach den Terroranschlägen vom 11.9.2001 war umstritten, ob die Gefahr weiterer Terroranschläge als (permanent) „gegenwärtig" einzustufen war und insofern den Einsatz der sog. „Rasterfahndung" gestattete (§ 31 PolG a. F.). Das OLG Düsseldorf (NVwZ 2002, 629) bejahte dies, das OLG Frankfurt hatte (berechtigte) Zweifel (NVwZ 2002, 626). Der nordrhein-westfälische Gesetzgeber hat die Diskussion in der Weise beendet, dass er das Gegenwärtigkeitserfordernis im Zuge einer Gesetzesnovellierung kurzerhand aus dem Tatbestand der Eingriffsermächtigung entfernte (unten Rn. 225 ff.). Abzulehnen ist eine gegenwärtige Gefahr, wenn die Abgabe von Eintrittskarten für ein („Hochrisiko"-) Fußballspiel an den „Gastverein" bereits mehrere Wochen vor dem Spiel durch ein an den Heimatverein adressiertes Verbot unterbunden werden soll (offenlassend OVG Hamburg, NJW 2012, 1975).

67 b) Eine **erhebliche Gefahr** liegt vor, wenn der drohende Schaden für die polizeilichen Schutzgüter nach Art oder Ausmaß besonders gravierend ist.

Beispiel: Die Gefahr des Todes eines Bürgers rechtfertigt Notstandsmaßnahmen gegen Unbeteiligte (§ 19 OBG).

68 c) Schwerer zu fassen ist der Begriff der **„dringenden Gefahr"**, wie er etwa in § 41 Abs. 3 PolG auftaucht. Während teilweise auf die besondere Qualität des bedrohten Schutzgutes, also letztlich auf die „Erheblichkeit" des Schadens abgestellt wird, wollen andere auf die Wahrscheinlichkeit bzw. die zeitliche Nähe eines möglichen Schadenseintritts, also die Gegenwärtigkeit der Gefahr abstellen. Angesichts der offensichtlichen Überschneidungen entsprechender Auslegungen mit den Begriffen der Erheblichkeit und Gegenwärtigkeit vermag keine der beiden Auffassungen recht zu überzeugen. Eine Lösung könnte darin liegen, den Begriff der dringenden Gefahr in beide Richtungen offen zu halten, also fakultativ entweder auf das zeitliche Moment oder aber auf Art und Ausmaß des drohenden Schadens abzustellen. Dagegen dürfte eine Auslegung der dringenden Gefahr als Gefahr, die nicht nur zeitlich unmittelbar bevorsteht, sondern zudem auch ein besonders hohes Schadensausmaß befürchten lässt, im polizeilichen Kontext zu eng bleiben (restriktiver aber Art. 13 Abs. 7 GG).

69 d) Von einer **„Gefahr im Verzug"** spricht das Gesetz regelmäßig in Fällen, in denen reguläre Verfahrenswege oder Zuständigkeiten ausnahmsweise nicht eingehalten werden können, da anderenfalls eine effektive Gefahrenabwehr nicht möglich ist. So kann etwa bei Gefahr im Verzug auf eine richterliche Anordnung für die Durchsuchung von Wohnungen verzichtet werden (§ 42 Abs. 1 S. 1 PolG). Es geht also letztlich um ein zeitliches Moment, während Art und Ausmaß des drohenden Schadens keine entscheidende Bedeutung besitzen.

e) Der versammlungsgesetzliche Begriff der **„unmittelbaren Gefährdung“** (§ 15 Abs. 1 VersG; s. unten Rn. 300) weist eine gewisse Nähe zu jenem der gegenwärtigen Gefahr auf. Da es im Versammlungsrecht allerdings regelmäßig um Veranstaltungen zu bestimmten Terminen geht, die auch vorab auf ihr Gefahrenpotential zu prüfen sind, wird man hier weniger auf eine konkrete zeitliche Nähe des drohenden Schadens als vielmehr auf einen besonders erhöhten Wahrscheinlichkeitsgrad für den Schadenseintritt abzustellen haben. **70**

f) Keinen genuin polizeirechtlichen Begriff stellt die in Art. 13 Abs. 4 S. 1 GG vorzufindende Formel von der **„gemeinen Gefahr“** dar. Sie dürfte am besten als „allgemeine Gefahr“ bzw. eine „der Allgemeinheit“ drohende Gefahr zu interpretieren sein. Es geht mithin um eine Gefahr des Schadens für eine Vielzahl von Personen oder Sachen. **71**

g) Einen Sonderfall stellt schließlich die Figur der **„abstrakten Gefahr“** dar, wie sie Voraussetzung für den Erlass von ordnungsbehördlichen Verordnungen ist (§§ 25 ff. OBG). Ihre Wesenseigenart besteht darin, dass es sich nicht um eine im Einzelfall bestehende („konkrete“) Gefahr handelt, sondern um einen „gedachten“, „hypothetischen“ Sachverhalt, der – als gegeben unterstellt – die Voraussetzungen einer konkreten Gefahr erfüllen würde (hierzu unten Rn. 233). Für die abstrakte Gefahr kommt es also nicht darauf an, dass sich ein entsprechender Sachverhalt aktuell in der Realität nachweisen lässt. Es reicht aus, dass der gedachte Sachverhalt die Voraussetzungen einer konkreten Gefahr erfüllen würde. Ansonsten findet aber die bekannte Definition des Gefahrenbegriffs (Rn. 61) uneingeschränkte Anwendung. **72**

Beispiel: Wenn einzelne Personen zur Sommerzeit sog. „Himmelslaternen“ in den Abendhimmel aufsteigen lassen, begründet dies die konkrete Gefahr von Bränden, insbesondere Waldbränden. Losgelöst von konkreten Handlungen einzelner Personen gilt ganz allgemein, dass das Steigenlassen von „Himmelslaternen“ in den sommerlichen Abendhimmel die Gefahr von Waldbränden in sich birgt. Im Rahmen des „gedachten“ Sachverhalts handelt es sich nicht um eine „konkrete“ Gefahr, sondern um eine abstrakte Gefahr (weitere Beispiele unten Rn. 233).

h) Anders als im ursprünglichen Entwurf zur Reform des Polizeigesetzes vom 11.4.2018 (LT-Drs. 17/2351) vorgesehen, ist der Begriff der **„drohenden Gefahr“**, der seiner Zielsetzung nach weitergehende polizeiliche Befugnisse im „Vorfeld“ einer konkreten Gefährdung bedeutender Rechtsgüter ermöglichen sollte, nicht in das Polizeigesetz aufgenommen worden. Immerhin finden sich in § 34b Abs. 1 S. 1 Nr. 1, § 34c Abs. 1 Nr. 1 PolG und – etwas enger gefasst - auch in § 20c Abs. 1 Nr. 2 PolG recht umfänglich formulierte Vorfeldregelungen, die der Sache nach den Begriff der drohenden Gefahr aufgreifen. Hiernach sind polizeiliche Maßnahmen bereits dann möglich, wenn das **individuelle Verhalten** einer Person eine konkrete Wahrscheinlichkeit **oder bestimmte Tatsachen** die Annahme rechtfertigen, dass die betroffene Person innerhalb eines übersehbaren Zeitraums auf eine zumindest **ihrer Art nach konkretisierte Weise** eine terroristische Straftat nach § 8 Abs. 4 PolG begehen wird. Die mit der Modifikation des klassischen Gefahrenbegriffs (oben Rn. 59 ff.) intendierte Vorverlagerung polizeilicher Zugriffsmöglichkeiten geht zurück auf die Rechtsprechung des BVerfG, das die Normierung von (allerdings informationsrechtlichen!) Vorfeldtatbeständen zur Abwehr terroristischer Straftaten für verfassungsrechtlich zulässig erachtet hat (BVerfGE 141, 220, 271 ff.). Inhaltlich entspricht die Formulierung jener des § 5 Abs. 1 S. 2 BKAG. Insbesondere wurde der Katalog der terroristischen Straftaten in § 8 Abs. 4 PolG vollumfänglich an jenen im BKAG angeglichen. Auch wenn **73** grundsätzliche verfassungsrechtliche Bedenken an den Regelungen nicht tragfähig sein dürften, verbleiben im Detail gleichwohl noch zahlreiche Auslegungsfragen, die namentlich die Reichweite der zeitlichen Vorverlagerung polizeilicher Zugriffsmöglichkeiten betreffen. Wenig konturiert ist auch die Abgrenzung der aus „bestimmten Tatsachen" abzuleitenden drohenden Gefahr von der in den genannten Bestimmungen formulierten Tatbestandsalternative, dass „das individuelle Verhalten der betroffenen Person die konkrete Wahrscheinlichkeit begründet, dass sie innerhalb eines übersehbaren Zeitraums eine terroristische Straftat nach § 8 Abs. 4 begehen wird" (§ 20c Abs. 1 Nr. 2; § 34b Abs. 1 S. 1 Nr. 2, § 34c Abs. 1 Nr. 2 PolG). Nicht zuletzt harrt das in letztgenannter Variante normierte Tatbestandsmerkmal der **„konkreten Wahrscheinlichkeit"** für die Begehung terroristischer Straftaten einer eindeutigen Konturierung.

IV. Anhang

74 **Literatur:** *Fechner,* „Öffentliche Ordnung" – Renaissance eines Begriffs?, JuS 2003, 734 ff.; *Funke/Kraus,* Verwirrung um die Rolle des Gefahrbegriffs im bayerischen Polizei- und Sicherheitsrecht, BayVBl. 2018, 725 ff.; *Griebel/Schäfer,* Terrorprävention im nordrhein-westfälischen Landespolizeigesetz, NVwZ 2020, 511 ff.; *Heckel,* Scherbenmeer im Karneval, NVwZ 2012, 88 ff.; *Holzner,* Die drohende Gefahr, DÖV 2018, 946 ff.; *Kahl,* Die Konkretisierung verwaltungsrechtlicher Sittlichkeitsklauseln, VerwArch 2008, 451 ff.; *Korte/Dittrich,* Schutzgut und Schadenswahrscheinlichkeit im Gefahrenabwehrrecht, JA 2017, 332 ff.; *Kugelmann,* Der polizeiliche Gefahrenbegriff in Gefahr?, DÖV 2003, 781 ff.; *Krüger,* Der Gefahrenbegriff im Polizei- und Ordnungsrecht, JuS 2013, 985 ff.; *Leisner-Egensperger,* Polizeirecht im Umbruch: Die drohende Gefahr, DÖV 2018, 677 ff.; *Löffelmann,* Das Gesetz zur effektiveren Überwachung gefährlicher Personen – Sicherheit am Rande der Verfassungsmäßigkeit und darüber hinaus, BayVBl. 2018, 145 ff.; *Meyer,* Warnung vor Geschwindigkeitskontrollen im Radio – wie lange noch?, NStZ 2004, 670 f.; *Ogorek,* Gefahrenvorfeldbefugnisse, JZ 2019, 63 ff.; *Pils,* Zum Wandel des Gefahrenbegriffs im Polizeirecht, DÖV 2008, 941; *Poscher,* Eingriffsschwellen im Recht der inneren Sicherheit, Die Verwaltung 2008, 345 ff.; *Schenke,* Polizeiliches Handeln bei Anscheinsgefahr und Gefahrenverdacht, JuS 2018, 505 ff.; *Schoch,* Die Schutzgüter der polizei- und ordnungsrechtlichen Generalklausel, JURA 2003, 177 ff.; *ders.,* Die „Gefahr" im Polizei- und Ordnungsrecht, JURA 2003, 472 ff.; *Voßkuhle,* Der Gefahrenbegriff im Polizei- und Ordnungsrecht, JuS 2007, 908 ff.; *Wächter,* Polizeirecht in neuen Bahnen, NVwZ 2018, 458 ff.; *Wapler,* Alles geklärt? Überlegungen zum polizeilichen Gefahrenerforschungseingriff, DVBl. 2012, 86 ff.; *Weber,* Flugverbot für „Glühwürmchen", VR 2018, 418 ff.; *Weinrich,* Drohende Gefahr für die Verfassung in Bayern?, NVwZ 2018, 1680 ff.

Klausurbearbeitung: *v. Arnauld,* Von Blindgängern und Giftfässern, JURA 2003, 53 ff.; *Aubel,* Das menschenunwürdige Laserdrome, JURA 2004, 255 ff.; *Dietlein/Hellermann,* „Showdown in der Tiefgarage", in: Klausurenbuch Öffentliches Recht in NRW, 3. Aufl. 2021, Fall 15; *Hartmann,* Warnung vor der Radarkontrolle, JuS 2008, 984 ff.; *Kötter,* Der vermeintliche Bombenkoffer, JuS 2011, 1016 ff.; *Linke,* Der suizidgefährdete Restaurantbesitzer, JuS 2015, 247 ff.; *Micker,* Das „Maria-Syndrom", NWVBl. 2002, 404 ff.; *Muckel/Ogorek,* Viel Lärm um nichts, JuS 2010, 57 ff.; *Parhisi/Staufer,* Karikaturenstreit, JA 2007, 707 ff.; *Prinz,* Drogenszene, NWVBl. 2002, 482 ff.; *Rademacher/Janz,* Der Muezzin ruft, JuS 2002, 58 ff.; *Riegner,* Das Alkoholverbot am Marktplatz, JURA 2012, 646 ff.; *Scharpf,* Polizeiliche Allgemeinverfügung – Närrische Trinkgewohnheiten, JuS 2011, 528 ff.; *Unkroth,* FC-J gegen FC-E – oder „Fanorientierte" Gefahrenabwehr, JURA 2008, 464 ff.; *Winkler/Schadtle,* Hooligans unerwünscht, JuS 2015, 435 ff.; *Wolfgang/Daraoussis,* Künstler im Eis, NWVBl. 2003, 281 ff.

Kontrollfragen:

1. Was versteht man unter dem Begriff der „öffentlichen Sicherheit"?
2. Was versteht man unter dem Begriff der „öffentlichen Ordnung"?
3. Was versteht man unter einer Gefahr?
4. Welcher Zeitpunkt ist der Rechtmäßigkeit einer Gefahrenprognose zugrunde zu legen?
5. Was ist eine Anscheinsgefahr?
6. Wann liegt eine Scheingefahr vor?
7. Wann ist ein Gefahrenverdacht gegeben?
8. Genügt die polizeiliche Generalklausel den verfassungsrechtlichen Bestimmtheitsanforderungen?

E. „Verantwortlichkeit“ – Die Adressatenproblematik bei Gefahrenabwehrmaßnahmen

Die Generalklauseln stellen – ebenso wie die sonstigen Befugnisnormen des Polizei- und Ordnungsrechts – Eingriffsermächtigungen dar. Ihr Ziel ist nicht das adressatenneutrale Gefahrenabwehrhandeln, sondern speziell die **Intervention gegen private Dritte.** Es geht entgegen dem Wortlaut des § 8 PolG bzw. § 14 OBG nicht bloß um *„Maßnahmen“*, sondern um *„Maßnahmen gegen private Dritte“*. **75**

Beispiel: Für die Abwehr der Gefahren, die durch ein herrenloses Wildschwein verursacht werden, das sich in das Zentrum der Gemeinde G verlaufen hat, bedürfte es nach dem Grundsatz vom Vorbehalt des Gesetzes keiner Eingriffsermächtigung. Wohl aber bedarf es einer Ermächtigung, wenn die Polizei Maßnahmen gegen einen Tierhalter ergreift, weil von seinem Tier Gefahren ausgehen.

Die scheinbar selbständigen Regelungen zu der Frage, gegen welche Personen die Polizei- und Ordnungsbehörden ihre Maßnahmen richten dürfen (**§§ 4–6 PolG** bzw. **§§ 17–19 OBG**), sind somit richtigerweise bereits auf der Tatbestandsseite – also dem „Wenn“ des Konditionalprogramms (Rn. 46) – in die jeweils einschlägige Befugnisnorm **„hineinzulesen“** (zum Schema der **Polizeirechtsklausur** unten Rn. 141 ff.). Gefahrenabwehrmaßnahmen dürfen gegen private Dritte also nur ergriffen werden, wenn die in den einschlägigen Bestimmungen formulierten Voraussetzungen für eine polizei- oder ordnungsbehördliche Inanspruchnahme erfüllt sind. Eine Frage nicht der tatbestandlichen Eingriffsvoraussetzungen, sondern des „Ermessens“ auf der Rechtsfolgenseite wäre es dagegen, ob die Behörde eine etwa vorhandene (kumulative) Verantwortlichkeit sonstiger Dritter erkannt hat und bei der Auswahl zwischen den Verantwortlichen rechtsfehlerfrei vorgegangen ist (sog. *„Störerauswahlermessen“*).

Hinsichtlich der potentiellen **Adressaten** polizei- und ordnungsbehördlicher Maßnahmen differenziert das Gesetz zwischen „Handlungsverantwortlichen“ (Rn. 76 ff.), „Zustandsverantwortlichen“ (Rn. 90 ff.) und dem sog. „Nichtstörer“ im polizeilichen Notstand (Rn. 102 ff.). Es kann sich hierbei um **natürliche oder auch juristische Personen** handeln (s. hierzu auch Rn. 89). Denkbar ist auch eine Verantwortlichkeit nicht-rechtsfähiger Vereinigungen, soweit ihnen eine hinreichende Verfestigung zukommt. Allerdings formulieren die genannten Kategorien keinen abschließenden „numerus clausus“ der potentiell in Anspruch zu nehmenden Personen. Vielmehr kann in einzelnen Spezialermächtigungen der Kreis der von polizei- und ordnungsbehördlichen Maßnahmen betroffenen Personen sondergesetzlich festgelegt werden. In diesen Fällen werden die allgemeinen Regelungen zur Verhaltens- und Zustandsverantwortlichkeit durch die betreffenden Spezialregelungen verdrängt (vgl. § 4 Abs. 4, § 5 Abs. 4 PolG bzw. § 17 Abs. 4, § 18 Abs. 4 OBG).

Beispiel: Wenn § 12a PolG bei der sog. strategischen Fahndung (unten Rn. 220a) Anhalte- und Sichtkontrollen gegenüber jedermann ermöglicht, der sich in dem betroffenen öffentlichen Verkehrsraum aufhält, sperrt dies die Anwendung der allgemeinen Regeln zur Störerverantwortlichkeit (vgl. hierzu auch unten Rn. 220b).

Sonderprobleme ergeben sich schließlich im Hinblick auf die Figur des „Anscheins-“ und „Verdachtsstörers“ (Rn. 105 ff.), die Frage der Nachfolge in Störerpflichten

(Rn. 109ff.) sowie die Frage der Verantwortlichkeit von juristischen Personen des öffentlichen Rechts (Rn. 113ff.).

I. Die Handlungsverantwortlichkeit

76 Im Zentrum der Verantwortlichkeiten steht der sog. „Handlungsverantwortliche" oder „Handlungsstörer". Plakativ heißt es hierzu in den Gesetzen: *„Verursacht eine Person eine Gefahr, so sind die Maßnahmen gegen diese Person zu richten"* (§ 4 Abs. 1 PolG; § 17 Abs. 1 OBG). Insbesondere auf Aspekte des Verschuldens bzw. der Einsichtsfähigkeit des Verantwortlichen kommt es definitiv nicht an. Selbst die Möglichkeit eines Einschreitens gegen Kinder unter 14 Jahren und gegen Betreute wird durch die einschlägigen Gesetze eröffnet (§ 4 Abs. 2 PolG, § 17 Abs. 2 OBG), wenngleich hiermit die verwaltungsverfahrensrechtlichen Fragen des Handelns gegenüber nicht geschäftsfähigen Störern keineswegs gelöst sind.

Zu beachten ist insbesondere, dass nicht geschäftsfähige natürliche Personen (ebenso wie beschränkt geschäftsfähige Personen, soweit sie nicht für den Gegenstand des Verfahrens als geschäfts- oder handlungsfähig anerkannt sind) gem. § 12 VwVfG nicht zur Entgegennahme von behördlichen Erklärungen und Verfahrenshandlungen in der Lage sind. Dies gilt auch für die Entgegennahme der Bekanntgabe eines Verwaltungsakts nach § 41 VwVfG. Ihnen gegenüber kann daher eine polizei- oder ordnungsbehördliche Verfügung nicht wirksam werden (§ 43 Abs. 1 VwVfG). Ein unmittelbares Vorgehen gegen Kinder ist insoweit nur in der Form des **Realaktes** denkbar (hierzu auch *Schenke,* JuS 2016, 507ff., der nur Maßnahmen des Sofortvollzugs für zulässig erachtet).

Auch bestehen etwaige „Ausschluss-" oder „Verjährungsfristen" für den Zugriff auf den Verantwortlichen nicht. Seine Haftung ist also gleichsam eine „Ewigkeitshaftung" (*Götz/Geis,* § 9 Rn. 48). „Verursachung" i. S. d. Gesetze setzt schließlich nicht notwendig ein *aktives* Handeln voraus. Denkbar ist auch ein bloßes *Unterlassen,* wenn und soweit eine Pflicht zum Handeln bestand. Streitig ist dabei allerdings, ob jedwede rechtliche Handlungspflicht maßgeblich sein kann, oder allein eine solche, die durch öffentlich-rechtliche Normen begründet wird (so die wohl h. M.). Die Frage wird angesichts der ohnehin nur subsidiären Zuständigkeit der Polizei zum Schutz privater Rechte regelmäßig ohne größere Bedeutung bleiben, während gravierendere Gefahrenlagen durch öffentlich-rechtliche Handlungsgebote sanktioniert sein werden.

Beispiele: Mutter M lässt ihr Kleinkind verwahrlosen, so dass Todesgefahr droht (§ 212 StGB). Vater V verweigert seinen Kindern den gesetzlich gebotenen Unterhalt (§ 170 StGB).

77 Die Adressierung von Gefahrenabwehrmaßnahmen gegen die Person des Handlungsstörers ist systematisch nachvollziehbar: Dadurch, dass er die Gefahr verursacht hat, liefert er einen tragfähigen „Zurechnungsgrund" für seine Inanspruchnahme; zugleich entspricht es dem polizeilichen Effizienzgedanken, sich zum Zwecke der Gefahrenabwehr unmittelbar an diejenige Person zu halten, die die Gefahr ausgelöst hat. Dagegen führt allein die Inhaberschaft über ein mögliches „Gegenmittel" nicht zur Qualifikation des Inhabers als handlungsverantwortlich (zu dieser Problematik unten Rn. 201).

1. Begriff der „Ursächlichkeit"

78 Ungeachtet der scheinbar eindeutigen Fixierung des Handlungsverantwortlichen ergeben sich bei der Anwendung der Norm zum Teil nicht unerhebliche Schwierigkeiten: Verursacht etwa der Vermieter die Gefahr von Obdachlosigkeit und Gesundheitsschäden, wenn er den hoffnungslos zahlungsrückständigen Mieter aus dem Hause klagt und die Räumung vollziehen lässt? Ist der Popstar Verursacher einer Gefahr, wenn er durch die Großstadt S bummelt und durch die auf seinen Spuren pilgernde „Fangemeinde" den Verkehr zum Erliegen bringt? Oder verursacht der Kranführer eine Gefahr, wenn er im Rahmen von Bauarbeiten kontaminiertes Erdreich an die Oberfläche bringt? Es ist leicht ersichtlich, dass eine rein kausale und von Verantwortlichkeitsfragen losgelöste Betrachtung etwa im Sinne der *Äquivalenztheorie* („Ursächlich ist *jede* Handlung, die nicht hinweggedacht werden kann, ohne dass der Erfolg entfiele" – sog. „*conditio sine qua non*-Formel") keine sinnvollen Ergebnisse liefern würde. Eine solche Ursächlichkeitsprüfung mag im Strafrecht angehen, wo sie spätestens durch Schuldaspekte relativiert wird. Im Polizeirecht stehen derartige Mechanismen nicht ohne Weiteres zur Verfügung. Insbesondere kann die Frage des **Verschuldens** hier **keine Rolle** spielen.

Beispiel: Die Geburt des Geiselnehmers G durch dessen Mutter M kann gewiss nicht hinweggedacht werden, ohne dass der „Erfolg" der Geiselnahme entfiele. Gleichwohl kommt M bereits tatbestandlich nicht als Handlungsverantwortliche im Rahmen von Polizeiaktionen zur Beendigung des Geiseldramas in Betracht.

Nicht in Betracht kommt auch die Anwendung der aus dem zivilen Deliktsrecht bekannten *„Adäquanztheorie"*, die nur solche Kausalverläufe berücksichtigt, die „nach dem regelmäßigen Verlauf der Dinge" zu dem eingetretenen Ergebnis führen. Einerseits ist diese Formel dort zu eng, wo es um die Abwehr von Gefahren geht, denen ein atypischer Kausalverlauf zugrunde liegt.

Beispiel: Chemiker C wird auf der Straße vor seinem Labor von einem brütenden Mäusebussard angegriffen und verschüttet aus diesem Grunde eine hochgiftige Flüssigkeit. Die Polizei muss den C auch dann als Handlungsstörer in Anspruch nehmen können, wenn der Schadensverlauf völlig unerwartet und außerhalb aller Erfahrung erfolgte. Auf eine subjektive Vorwerfbarkeit kommt es ohnehin nicht an.

Andererseits ist die *Adäquanz-Formel* dort zu weit, wo aus an sich „typischen" Kausalverläufen unmittelbar auf eine Handlungsverantwortlichkeit des Verursachers gefolgert wird:

Beispiel: E betrügt seine Ehefrau F, die daraufhin augenblicklich die gemeinsame Wohnung räumt und hierfür Obdachlosigkeit in Kauf nimmt. Auch wenn das Verhalten der F nicht als atypisch eingestuft werden sollte, dürfte E nicht als handlungsverantwortlich einzustufen sein, da eine freie Willensentscheidung der F dazwischen liegt. Nicht zuletzt könnte es bereits an dem Vorliegen einer Gefahr fehlen, wenn die Obdachlosigkeit freiverantwortlich herbeigeführt wurde (oben Rn. 52).

Zum Zwecke einer Abschichtung der Verantwortlichkeiten hat die Rechtsprechung **79** den Begriff der „Ursächlichkeit" lange Zeit mittels der „**Theorie der unmittelbaren Verursachung**" zu erklären versucht (so bereits PrOVGE 103, 139). Handlungsverantwortlich soll danach diejenige Person sein, die durch ihr Verhalten selbst die konkrete Gefahr *unmittelbar* herbeigeführt und damit in eigener Person die Gefahrenschwelle überschritten hat. Notwendig ist dabei zunächst, dass der Verantwortliche im Sinne der

„conditio sine qua non"-Formel überhaupt eine Ursache für den Eintritt der Gefahrenlage gesetzt hat. Hinzutreten muss allerdings als weiteres den Verantwortungsbezug herstellendes Merkmal das Kriterium der „Unmittelbarkeit" der Verursachung im Sinne eines unmittelbaren Überschreitens der Gefahrenschwelle. Diese Formel wurde gemeinhin dahingehend verstanden, dass bei mehreren zusammenwirkenden Kausalfaktoren regelmäßig allein das letzte Glied der Kausalkette die Gefahr „unmittelbar" verursacht. Die Formel bietet den Vorzug leichter Handhabbarkeit bei zugleich vielfach überzeugenden Ergebnissen.

Beispiel 1: A hat sein Fahrzeug unmittelbar vor dem Wagen des W abgestellt. Als B sein Fahrzeug ebenso dicht hinter dem Wagen des W abstellt, kann letzterer sein Fahrzeug nicht mehr aus der Parklücke heraus manövrieren. Hier hat B die „unmittelbare" Ursache für die Gefahrenlage gesetzt und ist daher handlungsverantwortlich (OVG NRW, NJW 1993, 2698).

Beispiel 2: Infolge eines leichten Auffahrunfalls verursacht F einen Stau, in dessen Folge es 500 m hinter F zu einem schweren Auffahrunfall kommt, bei dem Benzin und Öl aus den Unfallfahrzeugen auslaufen. Die Gefahr der Bodenverunreinigung wird hier „unmittelbar" erst durch den weiteren Unfall ausgelöst. F ist insoweit nicht handlungsverantwortlich (Hess.VGH, DÖV 1986, 441).

Allerdings wirft die Formel von der „unmittelbaren Verursachung" aufgrund ihrer primär zeitlichen Fokussierung auch Zweifelsfragen und sogar Unstimmigkeiten auf. Bleibt etwa die Handlungsverantwortlichkeit einer Musikkapelle, die die Melodie eines antisemitischen Liedes intoniert, außerhalb der Verantwortlichkeit, weil der letzte Schritt zur Gefahrenrealisierung im Gesang der Zuhörer liegt? Was ist weiter mit dem Kranführer, der unerwartet auf kontaminiertes Erdreich oder gar auf eine Weltkriegsbombe im Erdreich trifft? Und was ist schließlich mit dem Vermieter, der die Räumung der Wohnung betreibt? Rechtsprechung und Schrifttum haben durch vielfältige, oft kasuistisch anmutende Modifikationen der Theorie der unmittelbaren Verursachung versucht, insoweit konsensfähige und praktikable Ergebnisse zu erzielen.

80 Eine wesentliche Modifikation der Theorie der unmittelbaren Verursachung lag dabei in der Entwicklung der heute zunehmend umstrittenen Figur des (handlungsverantwortlichen) **„Zweckveranlassers"**. Bei ihm handelt es sich um einen bei rein zeitlicher Betrachtung nur *mittelbaren* Verursacher der Gefahr. Gleichwohl weist der „Zweckveranlasser" insoweit eine besondere Verantwortungsnähe auf, als er es mit seinem Handeln entweder zweckgerichtet auf die Gefahrenrealisierung „anlegt" (*subjektive* Zweckveranlassertheorie) oder aber er mit seinem Handeln bei objektiver Betrachtung typischerweise eine entsprechende Entwicklung in Gang setzt (*objektive* Zweckveranlassertheorie). Aufgrund dieses spezifischen Wirkungs- und Verantwortungszusammenhangs wurde der Zweckveranlasser lange Zeit als Handlungsstörer eingestuft.

Als „Klassiker" gilt insoweit der „**Borkumlied**"-Fall. Stimmt eine Musikkapelle in Kenntnis der maßgeblichen Umstände die Melodie eines mit antisemitischem Text versehenen Liedes an, zielt sie auf die Verwirklichung einer Gefahr für die öffentliche Sicherheit und ist daher als *(subjektiver)* Zweckveranlasser handlungsverantwortlich (Fall nach PrOVGE 80, 176 – dort freilich mit exakt umgekehrter Bewertung). An der kumulativen Handlungsverantwortlichkeit der „Sänger" kann allerdings ebenfalls kein Zweifel bestehen.

Ob es der Figur des Zweckveranlassers tatsächlich bedarf, erscheint allerdings fraglich. Zumindest im Falle des sog. „Borkumliedes" lässt sich ohne Weiteres eine unmittelbare Handlungsverantwortlichkeit der Kapelle annehmen, weil bereits mit dem Intonieren der Melodie die Gefahrenschwelle überschritten wurde (s. *Schönenbroicher/ Heusch,* NWVBl. 2015, 92, 96 – zu alternativen Modellen unten Rn. 83). Probleme wirft die Figur des Zweckveranlassers zudem dort auf, wo hierdurch Lücken im Gefahrennachweis verdeckt werden.

Beispiel: Ob Kioskbesitzer K, der im Straßenkarneval Alkohol in Glasflaschen verkauft, hinsichtlich der durch das spätere Herumliegen von Glasscherben bedingten Gefahren als *(objektiver)* Zweckveranlasser eingeordnet werden kann (so OVG NRW, GewArch 2012, 265), erscheint durchaus fraglich. Denn die Rückführbarkeit der durch Scherben begründeten Gefahrsituation (Verletzungsgefahren/Gefährdung von Notfalleinsätzen) gerade auf die durch K verkauften Flaschen erscheint kaum möglich.

Nicht zuletzt besteht im Falle des unreflektierten Rückgriffs auf die Figur des „objektiven Zweckveranlassers" das Risiko, die legitime Wahrnehmung von Freiheitsrechten aufgrund freiverantwortlich hinzutretender Verhaltensweisen Dritter in ein polizeipflichtiges Verhalten des vermeintlichen Zweckveranlassers umzudeuten. Schon für den weiteren „Schulfall" einer Aufsehen erregenden, aber gesetzeskonformen Dekoration des Schaufensters eines Dessous-Ladens stellt sich die Frage, weshalb der Ladeninhaber für von Passanten freiverantwortlich herbeigeführte Störungen auf der Straße einstehen sollte. Die Frage stellt sich aber erst recht, wenn sich die durch Dritte bewirkten Störungen sogar gezielt gegen grundrechtlich geschützte Aktivitäten des vermeintlichen „Zweckveranlassers" richten. Hier spätestens kann von einer objektiven Zweckveranlassung keine Rede mehr sein. **81**

Beispiel: Künstler K stellt in der Stadt D religionskritische Werke aus und provoziert damit Tumulte vor dem Ausstellungssaal. K nimmt seine grundrechtlich geschützten Freiheiten aus Art. 5 Abs. 3 GG wahr und kann daher selbst dann nicht als objektiver Zweckveranlasser in Bezug auf etwaige Ausschreitungen eingestuft werden, wenn diese absehbar waren. Nicht als objektiver Zweckveranlasser kann auch der Veranstalter eines „Hochrisikospiels" im Fußball angesehen werden, bei dem mit Ausschreitungen gewaltbereiter Fans zu rechnen ist (offenlassend aber OVG Hamburg, NJW 2012, 1975, 1979).

Hier wie auch sonst muss vielmehr gelten, dass niemand Störer sein kann, der von den ihm durch die Rechtsordnung zuerkannten Rechten Gebrauch macht. Insoweit bedarf die Theorie der unmittelbaren Verursachung daher insgesamt einer einschränkenden Auslegung und Anwendung hinsichtlich solcher gefahrenverursachenden Handlungen, die explizit die **Wahrnehmung eigener Rechte** zum Inhalt haben. **82**

Beispiel: Der Vermieter, der seinen Mieter wegen gravierender Zahlungsrückstände aus der Wohnung klagt, kann niemals Störer sein, auch wenn dem ehemaligen Mieter als Folge der Räumung Obdachlosigkeit und damit ein Schaden an Leben und Gesundheit droht.

In seiner klarsten Form findet sich dieser Grundsatz in der Deutung der Handlungsverantwortlichkeit als Konsequenz rechtswidrigen Handelns **(Theorie der rechtswidrigen Verursachung)**. So richtig dieser Grundgedanke sein mag, vermag er doch umgekehrt das Wesen der Handlungsverantwortlichkeit nicht umfassend zu erklären. Namentlich der weite Bereich der Verantwortlichkeit für Gefahren für die öffentliche Ordnung lässt sich gerade nicht mit der Missachtung materieller Gesetze erfassen, da es dort um eine Bindung an bloße gesellschaftliche Normen (Sozialnormen) geht. Ungelöste Probleme ergeben sich auch, wenn das Verhalten eines Einzelnen zwar durchaus als Ausdruck eigener Grundrechtsentfaltung angesehen werden kann (abendliche Gespräche auf einem öffentlichen Platz), es aufgrund der Vielzahl parallel agierender Personen aber insgesamt zu relevanten (Ruhe-)Störungen kommt (vgl. VG Köln, NWVBl. 2018, 485: keine Störereigenschaft der betreffenden Personen).

83 Vor dem Hintergrund der diffizilen Verantwortungszusammenhänge werden neuere Ansätze verständlich, etwaige Handlungsverantwortlichkeiten nach Maßgabe der Kriterien von **Pflichtwidrigkeit und Risikosphäre** zu ermitteln und zu begründen. Die im Einzelnen immer noch recht **heterogenen Ansätze** zielen dabei letztlich darauf ab, rechtskonformes Verhalten grundsätzlich jenseits der Störerhaftung anzusiedeln und die polizei- und ordnungsrechtlichen Verantwortlichkeiten mit wertenden Argumenten wie jenen der Pflichtverletzung oder der Risikozuordnung zu erfassen (vgl. OVG NRW, ZUR 2018, 288; grdl. *Pietzcker,* DVBl. 1984, 458 ff.).

Beispiele: Der Kranführer, der auf die Bombe stößt, ist nicht handlungsverantwortlich, da er weder Normen missachtet noch von Rechts wegen das Risiko entsprechender Funde zu tragen hat. Er deckt die vorhandene Gefahr gleichsam nur auf! Erst recht kann ein Popstar, der über eine berühmte Düsseldorfer Einkaufsmeile flaniert und dort ein Verkehrschaos auslöst, nicht als Handlungsstörer eingestuft werden. Dagegen soll es in die Risikosphäre des Kaufhausinhabers fallen, wenn die Dessous-Show im Schaufenster zum Auslöser von Gefahren für den Straßenverkehr vor dem Hause wird (zw.). Auch der sog. „Schweinemästerfall" lässt sich unter Zugrundelegung dieser Lehre leicht dahin lösen, dass die Vermeidung der spezifischen Gefahren einer Intensivhaltung von Tieren allein der Risikosphäre des Züchters zuzuordnen ist.

84 Als gedanklicher Vorläufer des Modells der Störerbestimmung nach Pflichtwidrigkeit und Risikosphäre kann dabei *cum grano salis* das Konzept einer Verantwortlichkeit nach Maßgabe der **„Sozialadäquanz"** des jeweiligen Verhaltens gewertet werden. Bereits mit diesem Modell war der Versuch unternommen worden, die zu engen Grenzen der Rechtswidrigkeitslehre zu überwinden und die Kriterien der Verhaltensverantwortlichkeit flexibler zu halten. Insgesamt erscheint die Idee einer Störerbestimmung nach den Kriterien von Pflichtwidrigkeit und Risikosphäre plausibel und zukunftsfähig. Negative Kehrseite der hiermit verbundenen Abkehr von formalen Zuordnungskriterien bleibt freilich ein gewisses Abgleiten in die Kasuistik.

85 Für die **Fallbearbeitung** ist allerdings zu beachten, dass eine Entscheidung zwischen den verschiedenen Theorien zur Ursächlichkeit nur dort geboten und gestattet ist, wo die unterschiedlichen Ansätze zu unterschiedlichen Ergebnissen führen. Dies dürfte tendenziell eher selten der Fall sein. Gerade in Klausurarbeiten werden die unterschiedlichen theoretischen Ansätze häufig zu denselben Ergebnissen führen. In einem solchen Fall werden die verschiedenen Lösungskonzepte lediglich kurz erwähnt und auf das übereinstimmende Ergebnis verwiesen, das eine nähere Erörterung unnötig macht.

Beispiel: Bedroht Bankräuber B die von ihm im Bankgebäude festgehaltenen Geiseln mit dem Tode, erübrigen sich weitschweifige Ausführungen zu der offenkundigen und nach allen theoretischen Konzepten unbestrittenen Handlungsverantwortlichkeit des B.

2. Haftung für das Verhalten Dritter

86 Eine **personelle Ausweitung** der Handlungsverantwortlichkeit sehen die Gesetze für den Fall der Gefahrenverursachung durch Kinder und Verrichtungsgehilfen, aber

auch für juristische Personen des Privatrechts vor (zur Verantwortlichkeit juristischer Personen des öffentlichen Rechts unten Rn. 113ff.). Bei der Verantwortlichkeit für Dritte handelt es sich dabei um eine reine „Zusatzhaftung", die also nicht an die Stelle, sondern neben die Haftung des eigentlichen Verursachers tritt. Dessen Verantwortlichkeit ist also essentielle Voraussetzung für die Haftungserweiterung.

a) Ist die handlungsverantwortliche **Person noch nicht 14 Jahre** alt oder ist für sie **87** ein Betreuer bestellt, können die behördlichen Maßnahmen auch gegen die Person gerichtet werden, die zur Aufsicht verpflichtet ist, namentlich also gegen Eltern des Kindes (§ 4 Abs. 2 S. 1 PolG, § 17 Abs. 2 S. 1 OBG). Ein bestimmtes Rangverhältnis für die Inanspruchnahme normiert das Gesetz nicht. Selbstverständlich kommt eine Verpflichtung etwa der Eltern aber nur in Betracht, soweit die betreffende Maßnahme geeignet ist, das gefahrenverursachende Handeln des Kindes zu unterbinden.

Beispiel: Der 12-jährige J hantiert mit einem heimlich erworbenen Luftgewehr auf der Straße herum. Hier liegt ein Verstoß gegen das Waffengesetz vor (unerlaubtes Führen von Waffen). Die Polizei kann unmittelbar gegen J, aber auch gegen dessen Eltern vorgehen, um die Gefahr zu beenden. Selbstverständlich ist die Inanspruchnahme der Eltern nur dort ermessensfehlerfrei und zulässig, wo diese auch faktische Zugriffsmöglichkeiten auf das Kind haben.

b) Wird die Gefahr von einer Person, die zu einer Verrichtung bestellt ist (**Verrichtungsgehilfe**), in Ausführung der Verrichtung verursacht, können die Maßnahmen **88** auch gegen den Geschäftsherrn, also die Person gerichtet werden, die den primär Handelnden zur Verrichtung bestellt hat (§ 4 Abs. 3 PolG, § 17 Abs. 3 OBG). Zur Verrichtung bestellt ist derjenige, dem von dem Geschäftsherrn eine bestimmte Tätigkeit übertragen wurde und der hierbei in einer gewissen Abhängigkeit zu dem Geschäftsherrn steht. Einer rechtsförmlichen Bestellung des Verrichtungsgehilfen bedarf es hierbei nicht. Erforderlich ist aber, dass die Gefahr von dem Verrichtungsgehilfen *„in Ausführung der Verrichtung"* verursacht wird. Soweit die Rechtsprechung hierbei z. T. einengend verlangt, dass der Verrichtungsgehilfe auf Weisung des Geschäftsherrn tätig wird, erscheint dies nicht überzeugend (wie hier *Wittreck,* BeckOK POR NRW, § 4 PolG Rn. 39). Auch ansonsten sieht das Polizeigesetz eine Exkulpationsmöglichkeit des Geschäftsherrn nicht vor.

Beispiele: Kippt der angestellte LKW-Fahrer F die zu entsorgende Ladung in einen See, anstatt sie auf die Deponie zu fahren, kann zur Gefahrenbeseitigung auch der Arbeitgeber des F in Anspruch genommen werden. Dies richtigerweise auch dann, wenn der Geschäftsherr das Entladen auf der Deponie ausdrücklich angewiesen hatte (str.). Zündet F *„bei Gelegenheit"* der Fahrt das zufällig an der Wegstrecke gelegene Haus der verhassten Schwiegermutter an, fehlt es dagegen unstreitig an einem Handeln *„in Ausführung der Verrichtung"*. Der Arbeitgeber kann nicht in Anspruch genommen werden.

c) Möglich ist schließlich auch eine Verantwortlichkeit von **juristischen Personen** **89** **des Privatrechts** sowie **Personenhandelsgesellschaften** für das Handeln ihrer verfassungsmäßigen Vertreter. Zwar treffen Polizei- und Ordnungsrecht diesbezüglich keine eigenständigen Regelungen; anwendbar ist indes die allgemeine Bestimmung des § 11 Nr. 1 Alt. 2 VwVfG, die eine Beteiligtenfähigkeit im Verwaltungsverfahren auch für juristische Personen vorsieht. Besonderheiten gelten für die Polizeipflicht von juristischen Personen des öffentlichen Rechts (unten Rn. 113ff.).

II. Die Zustandsverantwortlichkeit

90 Neben der Verantwortlichkeit aufgrund gefahrenverursachenden Handelns kennen das Ordnungsbehörden- sowie das Polizeigesetz eine ebenfalls verschuldensunabhängige Verantwortlichkeit namentlich des Eigentümers sowie des Inhabers der tatsächlichen Gewalt für solche Gefahren, die von einer Sache oder einem Tier ausgehen (sog. **„Zustandsverantwortlichkeit"**). Als dogmatischer Anknüpfungspunkt dieser Zustandsverantwortlichkeit werden teilweise die Sozialbindung des Eigentums (Art. 14 Abs. 2 GG), teils der gefahrenrechtliche Effizienzgedanke genannt. Beide Begründungsansätze lassen Fragen offen. Denn stellt man allein auf die Sozialbindung des Eigentums als Zurechnungsgrund der Zustandshaftung ab, müsste der Inhaber der tatsächlichen Gewalt, der ja gerade nicht Eigentümer sein muss, im Grunde von einer Verantwortlichkeit freigehalten werden. Umgekehrt können auch reine Effizienzerwägungen die beliebige Inanspruchnahme Dritter nicht rechtfertigen, wie namentlich das Beispiel der (erschwerten) Inanspruchnahme des sog. „Nichtstörers" (§ 6 PolG, § 19 OBG) zeigt. Vielmehr bedarf jede Inanspruchnahme des Bürgers eines plausiblen Zurechnungsgrundes (VerfGH MV, DVBl. 2000, 262, 265). Sucht man nach einem Zurechnungsgrund, dürfte sich dieser vorrangig in dem Gedanken der **„Risikosphäre"** sowie der **„Nutzen-Lasten-Relation"** finden lassen. So zählt es nach wie vor zu den wesentlichen Funktionen des Polizei- und Ordnungsrechts, die Kosten der Gefahrenbeseitigung nicht der Allgemeinheit anzulasten, sondern denjenigen, die in einer besonderen Verantwortungsnähe zu der Gefahrenquelle stehen. Dies ist bei dem Eigentümer, der den wirtschaftlichen Nutzen aus einer Sache zieht, grundsätzlich ebenso der Fall wie bei dem Inhaber der tatsächlichen Gewalt über die Sache (BGH, DVBl. 1986, 360, 361). Dagegen erschiene es problematisch, die Zustandsverantwortlichkeit als „verlängerte Handlungsverantwortlichkeit" aufgrund des Unterlassens gefahrenabwehrender Maßnahmen zu interpretieren. Zwar mag der Figur der Zustandsverantwortlichkeit die Intention innewohnen, dass der Eigentümer bzw. der Inhaber der tatsächlichen Gewalt der Entstehung von Gefahren durch die Sache möglichst entgegen wirkt. Gleichwohl wäre es dogmatisch nicht vertretbar, hinter jeder sich realisierenden Zustandsverantwortlichkeit zugleich eine „verdinglichte Verhaltensverantwortlichkeit" sehen zu wollen (so aber VG München, NVwZ-RR 2002, 166). Basierte nämlich die Zustandsverantwortlichkeit letztlich wiederum auf einem pflichtwidrigen personalen Verhalten des Eigentümers oder Inhabers der tatsächlichen Gewalt, wäre eine systematisch stringente Trennung beider Verantwortlichkeitskategorien kaum mehr durchzuhalten; der im Gesetz selbst angelegte Dualismus von Zustands- und Verhaltensverantwortlichkeit wäre aufgelöst. Umgekehrt gilt damit auch, dass ein Eigentümer, der die Beseitigung einer Gefahr unterlässt, die von seinem Eigentum ausgeht, nicht deshalb zugleich zum Verhaltensverantwortlichen und damit zu einem sog. „Doppelstörer" wird.

1. Gefahrverursachung durch ein Tier oder eine Sache

91 Die Bestimmungen zur Zustandsverantwortlichkeit setzen voraus, dass die abzuwehrende **Gefahr von einer Sache oder einem Tier** ausgeht (§ 5 Abs. 1 S. 1 PolG, § 18 Abs. 1 S. 1 OBG). Die Gefahrenursache kann hierbei zum einen unmittelbar in der **Beschaffenheit** der Sache bzw. des Tieres selbst liegen, wie dies etwa bei dem Bombenfund, bei dem leckgeschlagenen Öltank oder dem tollwütigen Hund der Fall ist. Sie kann bei „an sich" ungefährlichen Sachen oder Tieren aber auch in deren **„Lage im Raum"** liegen.

Beispiel: Der für sich genommen „harmlose“ Ziegelstein liegt mitten auf der Autobahn. Die friedfertige Labrador-Hündin Bella geht allein auf der Landebahn des Flughafens „Gassi“. Das Fahrzeug des Halters H blockiert ein anderes parkendes Fahrzeug.

Von grundlegender Bedeutung bleibt dabei, dass die Gefahr „unmittelbar“ von der **92**
Sache oder dem Tier ausgeht. Für die Zustandsverantwortlichkeit reicht es dagegen nicht aus, dass die Sache von einer Gefahr erfasst wird, die von dem Eigentum Dritter oder von herrenlosen Sachen bzw. Tieren ausgeht.

Beispiele: Aufgrund des Einsturzes eines Bergwerkstollens, der nach dem BBergG nicht vom Grundeigentum erfasst wird, sondern einem eigenen Eigentumsregime unterliegt („Bergwerkseigentum“), entsteht ein sog. „Tagesbruch“. Eine Zustandsverantwortlichkeit des Grundeigentümers besteht nicht (BWVGH, BeckRS 2012, 59495). Ebenfalls keine Zustandshaftung besteht in Bezug auf einen Gartenbaum, der von Stadttauben als Aufenthalt genutzt wird, auch wenn diese Tauben als Gesundheitsschädlinge i. S. d. § 2 Bundes-InfektionsschutzG (IfSG) einzustufen sind (VG Gelsenkirchen, BeckRS 2016, 45865). Eine abweichende Bewertung nimmt der BayVGH immerhin für die von Gespinstnestern des Eichenprozessionsspinners ausgehenden Gefahren an, für die das Gericht einen hinreichend engen Wirkungszusammenhang und das Überschreiten der Gefahrenschwelle durch den Zustand der Sache bejaht (vgl. BayVGH NJW 2019, 3014).

Keine Zustandsverantwortlichkeit besteht ferner für Gefahren, die durch ein Verhalten Dritter verursacht werden und damit ebenfalls nicht unmittelbar von einer Sache selbst ausgehen. Zu nennen sind etwa Gefahrenlagen in der Gestalt drohender schwerer Ausschreitungen bei Hochrisiko-Fußballspielen. Hier geht die Gefahr von gewaltbereiten Störern aus, nicht aber von dem Stadiongelände, so dass keine Zustandsverantwortlichkeit des Eigentümers bzw. des gastgebenden Vereins vorliegt (vgl. etwa OVG Hamburg, NJW 2012, 1975).

Beachte: Die Frage einer polizeilichen Verantwortlichkeit ist zu trennen von der in neuerer Zeit kontrovers diskutierten Frage, ob den Veranstaltern kommerzieller Großveranstaltungen kraft sondergesetzlicher (Gebühren-)Regelung eine Kostenbeteiligung für Polizeieinsätze auferlegt werden kann. Hierbei geht es nicht um ein genuin polizeirechtliches Problem, da der Veranstalter *„nicht als Störer der öffentlichen Sicherheit, sondern ausschließlich als Nutznießer der verstärkten Polizeipräsenz“* in Anspruch genommen werden soll (so BVerwG, BeckRS 2019, 16734 – Ls. 3). Die Frage der polizeirechtlichen Verantwortlichkeit ist auch zu trennen von der genuin verfassungsrechtlichen Problematik der vom BVerfG bejahten „mittelbaren Drittwirkung“ des Art. 3 Abs. 1 GG beim Erlass von Stadionverboten. Diese Drittwirkung führt dazu, dass Veranstalter ihre zivilrechtliche Entscheidungsmacht nicht dazu nutzen dürfen, bestimmte Personen ohne sachlichen Grund von einem solchen Ereignis auszuschließen (BVerfGE 148, 267 ff.).

Entsprechendes gilt im Hinblick auf mögliche Terrorgefahren an Flughäfen und ähnlich gefährdeten Orten. Ungeachtet der heute spezialgesetzlich geregelten Aspekte etwa der Eigensicherung gegenüber den Flughafenbediensteten (§ 8 Abs. 1 S. 1 Nr. 5 LuftSiG) könnte also ein Flughafenbetreiber nach den allgemeinen Maßstäben des Polizei- und Ordnungsrechts nicht als Zustandsverantwortlicher angesehen werden (i. E. auch BVerwG, DVBl. 1986, 360). Freilich ist dieser Gedanke bei der Behandlung verhaltensinduzierter Gefahrenlagen durch die Gerichte keineswegs immer konsequent durchgehalten worden. So bejahen die Gerichte teilweise eine Zustandshaftung des Eigentümers eines Grundstückes, wenn Lärmemissionen durch die unbefugte Verwendung eines Grundstücks entstehen (OVG NRW, NWVBl. 2000, 306, 308: wilder Parkplatz) oder ein vermietetes Ladenlokal mit Kenntnis des Eigentümers für einen illegalen Geschäftsbetrieb genutzt wird (OVG NRW, ZfWG 2011, 125: private Wettbüros). Weitergehende Einstandspflichten des Grundstückseigentümers finden sich im Abfallrecht (hierzu Rn. 95). In jedem Falle jenseits der Verantwortlichkeit anzusiedeln ist die *rechtmäßige* Verwendung einer Sache.

Beispiel: Die Hecke im Grenzverlauf eines Eckgrundstückes begründet auch dann keine Zustandsverantwortlichkeit des Eigentümers für etwaige Unfälle im Kreuzungsbereich, wenn durch sie der freie Blick der Autofahrer in den Kreuzungsbereich blockiert wird. Die Gefahr geht nicht von der Hecke, sondern von den Verkehrsteilnehmern aus, die ihr Fahrverhalten den Sichtverhältnissen anpassen müssen.

2. Adressaten

93 Als Zustandsverantwortliche benennen das Polizeigesetz sowie das Ordnungsbehördengesetz den Eigentümer sowie den Inhaber der tatsächlichen Gewalt, allein das Polizeigesetz zusätzlich „andere Berechtigte" (§ 5 Abs. 2 S. 1 PolG), die – sei es auf Grund von Verträgen, sei es aufgrund gesetzlicher Bestimmungen – zum Zeitpunkt des Gefahreneintritts in vergleichbarer Weise über den Gegenstand bestimmen können (Pächter, Mieter, Nießbrauch- oder Erbbauberechtigter etc.). Wer **Eigentümer** ist, richtet sich nach den Bestimmungen des Zivilrechts. Bloßes Sicherungs- und Vorbehaltseigentum reicht ebenso aus wie Wohnungseigentum oder Miteigentum, sei es nach Bruchteilen oder zur gesamten Hand. Angesichts der gemeinsamen Rechtsträgerschaft von Miteigentümern können **Maßnahmen gegen einen einzelnen Miteigentümer** – jedenfalls soweit sie auf eine nach zivilrechtlichen Regeln „konsensbedürftige" Intervention in den Eigentumsgegenstand zielen – nur dann vollstreckt werden, wenn die übrigen Miteigentümer gleichfalls verpflichtet worden sind (z. B. durch entsprechende „Duldungsverfügungen"). Das Fehlen einer parallelen Duldungsverfügung bildet freilich nur ein Vollstreckungshindernis und rechtfertigt nicht die Annahme der Rechtswidrigkeit der jeweiligen Maßnahme. Als „wesensgleiches Minus" ist schließlich das Anwartschaftsrecht auch gefahrenabwehrrechtlich dem Volleigentum gleichzustellen.

94 Anders als die Eigentümerstellung bemisst sich die **Inhaberschaft der tatsächlichen Gewalt** allein nach dem konkreten (physischen) Herrschaftsverhältnis. Sie muss nicht notwendig allein bei einer Person lokalisiert sein, sondern kann auch von mehreren Personen zugleich ausgeübt werden.

Beispiel: A und B führen gemeinsam den von Halter H gehaltenen Pitbull-Terrier aus, der bei dieser Gelegenheit eine Gruppe spielender Kinder anfällt.

Das Innehaben der tatsächlichen Gewalt ist keineswegs identisch mit dem „Besitz" als zivilrechtliche Kategorie. So ist Besitz auch ohne tatsächliche Einwirkungsmöglichkeit denkbar, wie dies etwa bei dem „Erbenbesitz" (§ 857 BGB) der Fall ist, von dem der Erbe nicht einmal notwendigerweise Kenntnis haben muss. Auch aus der schuldrechtlichen Stellung einer Person als „Mieter" oder „Pächter" kann nicht zwingend abgeleitet werden, dass die betreffende Person auch Inhaber der tatsächlichen Gewalt ist (OVG NRW, BauR 1976, 423). Immerhin werden Mieter und Pächter in der Regel als „andere Berechtigte" i. S. d. § 5 Abs. 2 S. 1 PolG zustandsverantwortlich sein, wodurch allerdings Zugriffsrechte der Ordnungsbehörden nicht begründet werden.

Beispiel: Für die Zeit eines Auslandsaufenthaltes hat Mieter M seine Wohnung an U untervermietet. Macht die durch U's Lebensweise verursachte Belagerung der Wohnung mit Ungeziefer ein ordnungsbehördliches Eingreifen erforderlich (hier nach dem Bundes-InfektionsschutzG, vgl. oben Rn. 37), scheidet eine Verantwortlichkeit des M aus.

Als Inhaber der tatsächlichen Gewalt kann schließlich auch der Insolvenzverwalter die Zustandsverantwortlichkeit für von der „Masse" ausgehende Gefahren treffen, selbst wenn die Gefahr bereits vor Eröffnung des Insolvenzverfahrens entstanden ist (BVerwG, NVwZ 2004, 1505, str.). Fraglich ist, ob es für die Inhaberschaft der tatsächlichen Gewalt auch auf einen „Besitzwillen" des Betroffenen ankommt (Stichwort *„aufgedrängter Besitz"*).

Beispiele: Aufgrund eines Hochwassers werden auf das landseitig umzäunte Ufergrundstück des U mehrere Kanister mit gefährlichem Giftmüll geschwemmt. Der von seinem Herrchen ausgesetzte Mischlingsrüde „Struppi" wählt sich den Jurastudenten J zu seinem neuen „Herrchen" und folgt ihm treuherzig auf Schritt und Tritt.

Zumal im Kontext abfallrechtlicher Spezialregelungen neigt die Rechtsprechung dazu, dem Besitzwillen des Betroffenen nicht notwendig eine maßgebliche Bedeutung beizumessen. Diese Betrachtungsweise dürfte sich freilich nicht ohne Weiteres auf das allgemeine Polizei- und Ordnungsrecht übertragen lassen. Sie ist lediglich für jene Konstellationen überzeugend, in denen die sich realisierende Gefahr gleichsam der „Risikosphäre" des Eigentümers zugeordnet werden kann. Entsprechendes wurde vom BVerwG für den bei Hochwasser angeschwemmten Müll auf einem umzäunten Ufergrundstück angenommen (NJW 1998, 1004). Handelt es sich freilich um Grundstücke, die der Öffentlichkeit zugänglich sind oder gar sein müssen (Waldgrundstücke), wird man eine derartige Risikozurechnung nicht mehr durchhalten können (so denn auch OVG NRW, NWVBl. 2007, 26, 28: Beseitigung von wild entsorgten Tierkadavern, vgl hierzu auch Rn. 154; anders OVG Thür., ThürVBl. 2013, 228 ff.). 95

Entsprechendes gilt für den Fall des Zulaufens eines von einem Dritten ausgesetzten Hundes. Solange sich der Betroffene nicht dazu entscheidet, den Hund bei sich aufzunehmen, kann eine Zustandsverantwortlichkeit richtigerweise nicht angenommen werden. Da das tierschutzrechtswidrige Aussetzen eines Haustieres durch den früheren Halter gem. § 134 BGB keine rechtswirksame Dereliktion darstellt und daher nicht zum Eigentumsverlust führt, bleibt der Eigentümer, von seiner Handlungsverantwortlichkeit in Bezug auf die Verletzung des Tierschutzgesetzes (§ 3 S. 1 Nr. 3 TierSchG) abgesehen, auch in der allgemeinen Zustandsverantwortlichkeit für das von ihm ausgesetzte Tier (unten Rn. 98).

Auffällig ist die gesetzliche Reihung der potentiellen Verantwortlichen. So geht das Polizeigesetz von einer primären Verantwortlichkeit des Inhabers der tatsächlichen Gewalt aus, die in Richtung des Eigentümers sowie der anderen Berechtigten gleichsam „erweitert" wird (§ 5 Abs. 2 PolG), während das Ordnungsbehördengesetz gerade umgekehrt von einer primären Haftung des Eigentümers ausgeht, die in Richtung des Inhabers der tatsächlichen Gewalt „erweitert" wird (§ 18 Abs. 2 OBG). Die unterschiedliche Schwerpunktsetzung dürfte maßgeblich durch die spezifische Art der Aufgabenwahrnehmung bedingt sein. Denn während sich die Polizei „vor Ort" regelmäßig an den tatsächlichen Gegebenheiten ausrichten muss und keine längeren Recherchen hinsichtlich der Eigentumslage durchführen kann, wird sich für die Ordnungsbehörden gerade umgekehrt die tatsächliche Gewaltenlage vor Ort kaum erschließen lassen, wohl aber die „aus den Akten" zu ersehende Eigentumslage. Eine 96

Vorstrukturierung oder gar Determinierung des sog. „Störerauswahlermessens" wird sich aus der differenzierten Formulierung daher nicht ableiten lassen (str.).

3. Grenzen der Zustandsverantwortlichkeit

97 Da die Zustandsverantwortlichkeit an die Eigentümerstellung bzw. das Innehaben der tatsächlichen Gewalt anknüpft, endet sie grundsätzlich mit dem Ende der Eigentümerstellung bzw. der tatsächlichen Gewalt über die Sache oder das Tier. Der Eigentumsverlust kann hierbei nicht nur rechtsgeschäftlicher Art sein (Veräußerung), sondern auch gesetzlicher Art (z. B. gutgläubiger Erwerb, §§ 932 ff. BGB, Vermengung und Vermischung, §§ 946 ff. BGB). Teilweise werden die betreffenden Fallkonstellationen durch sondergesetzliche Regelungen erfasst (z. B. im Abfallrecht).

Beispiel: Diebe entwenden nachts aus einem LKW des L Treibstoff. Während des Diebstahls dringt entwendeter Dieselkraftstoff auch in das Erdreich ein. Eine Zustandshaftung des L für die Bodenverunreinigung liegt nicht vor. L hatte durch den Diebstahl die Sachherrschaft auch über den in das Erdreich eingedrungenen Kraftstoff verloren. Die Verantwortung für die Beseitigung des verunreinigten Erdreiches trifft hier die Diebe, die zuletzt die tatsächliche Sachherrschaft innehatten und die Entstehung von Abfall verursacht haben (NdsOVG, NJW 2017, 503 f.).

98 a) Eine Ausnahme vom Grundsatz des Haftungsendes bei Eigentumsverlust sieht das Gesetz für den Fall der sog. **„Dereliktion"**, also der freiwilligen Eigentumsaufgabe gem. § 959 bzw. § 928 BGB (Grundstücke), vor. Sofern die Eigentumsaufgabe zur *Herrenlosigkeit* der gefahrenverursachenden Sache führt, können die Maßnahmen gegen denjenigen gerichtet werden, der das Eigentum an der Sache aufgegeben hat (§ 5 Abs. 3 PolG, § 18 Abs. 3 OBG).

Beispiel: Nach einem schweren Unfall erklärt Eigentümer E die Aufgabe des Eigentums an seinem völlig ausgebrannten, auf einer Kreuzung „ruhenden" Autowrack. Die Polizei kann E dennoch aus seiner fortdauernden Zustandsverantwortlichkeit in Anspruch nehmen. Anderes gilt allerdings, wenn es E gelingen sollte, das Wrack an eine dritte Person zu veräußern. Dann nämlich tritt keine Herrenlosigkeit ein; eine fortdauernde Verantwortlichkeit des vormaligen Eigentümers besteht nicht.

Allerdings ist auch insoweit dem **Grundsatz der Verhältnismäßigkeit** Rechnung zu tragen, so dass etwa die Inanspruchnahme des früheren Eigentümers eines herrenlosen Grundstücks für die Abwehr von Gefahren, die erst Jahre nach Aufgabe des Eigentums eingetreten sind (hier: Einsturzgefahr zwischenzeitlich gewachsener Bäume), nicht ohne Weiteres möglich sein wird (OVG NRW, NWVBl. 2010, 359).

Beachte: Das Aussetzen eines Haustieres verstößt gegen das Verbot des § 3 S. 1 Nr. 3 TierSchG. Dies hat zur Folge, dass die Besitzaufgabe als Voraussetzung einer Dereliktion gem. § 134 BGB unwirksam ist. Trotz Aussetzens bleibt der Halter damit Eigentümer des Tieres (SächsOVG, NVwZ-RR 2017, 314; bestätigt durch BVerwG, Urt. v. 26.4.2018, BVerwG 3 C 24.16) und damit polizei- und ordnungsrechtlich auch in der Zustandsverantwortlichkeit für das Tier (oben Rn. 95).

99 b) Eine besondere Haftungsfreistellung speziell zugunsten des Eigentümers bzw. eines anderen Berechtigten sehen die Gesetze für den Fall vor, dass der Inhaber der tatsächlichen Gewalt diese **ohne bzw. gegen den Willen des Eigentümers** oder des

Berechtigten ausübt (§ 5 Abs. 2 S. 2 PolG, § 18 Abs. 2 S. 2 OBG). Allerdings dauert die Haftungsfreistellung nach der eindeutigen Formulierung des Gesetzes zeitlich nur solange an, wie der Inhaber der tatsächlichen Gewalt diese aktuell „ausübt". Das gilt auch für die Fälle, in denen die Gefahrenlage allein durch das rechtswidrige Eingreifen des vorübergehenden Inhabers der tatsächlichen Gewalt verursacht wurde. Immerhin wird der vormalige Inhaber der tatsächlichen Gewalt in derartigen Fällen aufgrund seiner „Handlungsverantwortlichkeit" auch weiterhin in der Haftung bleiben.

Beispiel: Dieb D stiehlt das Fahrzeug des F und verursacht einen schweren Unfall. Das Fahrzeug geht in Flammen auf und bleibt als Wrack auf der Kreuzung zurück. Sobald D die zu erwartende Flucht antritt, „übt" er nicht mehr die tatsächliche Gewalt aus. F kann ab diesem Zeitpunkt wieder als Zustandsverantwortlicher in Anspruch genommen werden. Immerhin bleibt D weiterhin „handlungsverantwortlich". Soweit D – fluchtbedingt – nicht greifbar ist, bleibt allerdings nur die Möglichkeit der Inanspruchnahme des F (NdsOVG, NJW 2017, 503).

Nach teilweise vertretener Auffassung soll es für ein Handeln *„gegen den Willen"* des Eigentümers (so z. B. auch die Formulierung in § 18 Abs. 2 S. 2 OBG) auf eine „feindliche" Willensrichtung des Dritten in der Zeit ankommen, in der er die tatsächliche Gewalt über die Sache ausübt. Solange der Inhaber der tatsächlichen Gewalt sich dagegen in Übereinstimmung mit dem Eigentümer sieht und seine tatsächliche Sachherrschaft nicht gegen den Eigentümer durchsetzen wolle, entfalle ein Handeln gegen dessen Willen (s. OVG Hbg., NJW 1992, 1909). Diese Auslegung erscheint zweifelhaft und würde dazu führen, dass ein Handeln *„ohne den Willen"* (so § 5 Abs. 2 S. 2 PolG) nicht notwendig zugleich auch ein Handeln *„gegen den Willen"* (§ 18 Abs. 2 S. 2 OBG) des Eigentümers sein muss. Die Handlungsbefugnisse der Ordnungsbehörden gegenüber dem Eigentümer wären insoweit also weiter als diejenigen der Polizei.

Beispiel: Halter H hat sein Fahrzeug an seine Schwester verliehen, die es ihrerseits ohne Kenntnis des H an ihre Freundin F weiterverleiht. F parkt das Fahrzeug im absoluten Halteverbot. Eine Zustandsverantwortlichkeit des H nach § 5 Abs. 2 S. 2 PolG bestünde nicht, wohl aber eine Zustandsverantwortlichkeit nach § 18 Abs. 2 S. 2 OBG. Denn es kann nicht davon ausgegangen werden, dass F ihre Sachherrschaft auch gegen H durchsetzen würde.

Sicht man den Grund der Haftungsfreistellung demgegenüber darin, dass die Einwirkungsmöglichkeiten des Eigentümers entfallen, wenn Dritte den Gewahrsam über die Sache ohne oder gegen seinen Willen ausüben, erschiene es konsequent, beide Varianten gleich zu behandeln und die innere Willensrichtung außer Betracht zu lassen.

c) Bislang nicht abschließend geklärt ist die Frage, ob und inwieweit der Zustands- **100**
verantwortlichkeit dadurch Grenzen zu ziehen sind, dass der Eigentümer selbst in eine Art **„Opferrolle"** gerät. So ist namentlich unter Hinweis auf die Grenzen der Sozialpflichtigkeit des Eigentums geltend gemacht worden, dass ein Eigentümer nicht für solche Gefahren verantwortlich gemacht werden könne, die gleichsam der „Risikosphäre" der Allgemeinheit zuzuordnen sind (grdl. *Friauf,* FS Wacke, 1972, S. 293). Nach diesem Ansatz käme dann insoweit allenfalls eine Nichtstörer-Inanspruchnahme unter den Voraussetzungen des § 6 PolG/§ 19 OBG in Betracht.

Beispiel: Bei einem Flugzeugabsturz wird das Grundstück des G kontaminiert. Die Behörde verlangt von G die sofortige Beseitigung des verunreinigten Erdreiches.

Die verwaltungsgerichtliche Rechtsprechung hat sich gegenüber derartigen Beschränkungen der Zustandsverantwortlichkeit von Anfang an eher zurückhaltend gezeigt. Zwar ging namentlich das OVG Rh.-Pf. in einer älteren Entscheidung davon aus, dass eine mit erheblichen Kosten verbundene Inanspruchnahme des Eigentümers einer „wirtschaftlichen Unmöglichkeit" gleichkommen und so zur Nichtigkeit der Verfügung führen könne (Amtl. Slg. 2 S. 1, 4f.). Indes hat das Gericht mit diesem Ansatz keine Gefolgschaft in der Rechtsprechung gefunden. Im Gegenteil wurde seitens der Gerichte eine Zustandsverantwortlichkeit der Grundstückseigentümer zumal für den praktisch relevanten Fall der Räumung von Kampfmitteln aus dem Zweiten Weltkrieg bis in die jüngere Vergangenheit bejaht. Ein allerdings eher begrenztes Einlenken hat insoweit erst in Folge der Entscheidung des Bundesverfassungsgerichts zu den Grenzen der Haftung bei Altlasten eingesetzt (NJW 2000, 2573). In seiner auf das Grundrecht der Eigentumsfreiheit aus Art. 14 GG gestützten Argumentation stellt das Gericht zwar die grundsätzliche Zustandsverantwortlichkeit nicht in Frage, geht aber davon aus, dass einem gutgläubigen Grundeigentümer hinsichtlich des Umfangs einer Inanspruchnahme i. d. R. keine (finanziellen) Belastungen zugemutet werden können, die den Verkehrswert des Grundstücks nach dessen Sanierung übersteigen. Sein Interesse an dem privatnützigen Gebrauch des Grundstücks entfalle nämlich, wenn die Kosten der Sanierung nicht mehr durch den Wert des Grundstückes aufgewogen werden. Für ihn verliere das Eigentum dann Wert und Inhalt. Freilich handelt es sich bei dieser „Verkehrswertgrenze" lediglich um eine erste grobe Richtschnur, die einer differenzierten Bewertung nach Maßgabe der Umstände des Einzelfalles zugänglich ist.

Beispiel: Drängte sich z. B. aufgrund des niedrigen Kaufpreises auf, dass mit dem später als kontaminiert erkannten Grundstück „etwas nicht stimmt", wird sich der Käufer nachträglich regelmäßig nicht auf Gutgläubigkeit berufen können. In vergleichbarer Weise verneint die Rechtsprechung eine „Opferposition" gegenüber bauaufsichtlichen Verfügungen, wenn es der Grundstückserbe in Kenntnis des katastrophalen Zustandes der dortigen baulichen Anlagen unterlassen hat, die Erbschaft auszuschlagen (vgl. OVG LSA, NVwZ-RR 2020, 160, 163). Auch im Bereich der Kampfmittelräumung wird auf die differenzierenden Überlegungen des BVerfG zurückgegriffen (OVG Nds., NVwZ-RR 2006, 397).

Ob und inwieweit sich der neue Ansatz systemkonform in das allgemeine Polizei- und Ordnungsrecht einfügen lässt, ist bislang nicht abschließend geklärt. Nicht zu übersehen ist aber, dass eine unbesehene Übertragung insbesondere der „Verkehrswertgrenze" keine Lösung bietet.

Beispiele: Kann der Eigentümer eines alten Kleinwagens, der nach dem von einem Dieb verursachten Unfall in die Zustandshaftung für das ausgebrannte Fahrzeugwrack genommen wird, entgegenhalten, dass die Kosten der Maßnahme den Wert des Wracks übersteigen? Ist es vertretbar, dass dem Halter einer ebenfalls durch Diebeshand ruinierten Luxuslimousine, deren Schrottwert immer noch höher ist als die Kosten der Beseitigungsmaßnahme, ein entsprechender Einwand verschlossen bleibt? Zur Vertiefung *Lepsius,* JZ 2001, 22ff.

101 d) Ebenfalls im Kontext der Altlastenproblematik wurde in der Vergangenheit nicht selten die Frage nach der **Legalisierungswirkung von Genehmigungen** – etwa solcher zum Betrieb von Tankstellenanlagen o. Ä. – diskutiert. In der Tat könnten derartige Genehmigungen einer späteren Verantwortlichkeit insofern Grenzen setzen, als „erlaubtes Verhalten" grundsätzlich keine Störerverantwortung begründen kann. Die

eigentliche Frage ist freilich, ob und inwieweit die einschlägigen Genehmigungen, namentlich Betriebsgenehmigungen, zugleich von der Verantwortlichkeit für – gerade ja nicht vorhergesehene – Gefahren freistellen sollen („Erlaubnis zur Störung“). Im Regelfall wird sich eine entsprechende Legitimationswirkung von Betriebsgenehmigungen nicht nachweisen lassen.

Beispiel: Die immissionsschutzrechtliche Anlagengenehmigung entfaltet keine Legalisierungswirkung hinsichtlich der Emission von Dioxinen oder Dibenzofuranen (BayVGH, NVwZ 1990, 781, 783).

III. Der „Nichtstörer“ im polizeilichen Notstand

Bisweilen ist die Abwehr von Gefahren nur durch die Inanspruchnahme von Personen möglich, die selbst weder handlungs- noch zustandsverantwortlich, also kurz gesagt **„Nichtstörer“** sind. Man spricht insoweit von der Situation des **„polizeilichen Notstandes“**. **102**

Beispiel: Die Ordnungsbehörde findet kein Obdach für den in der Dezemberkälte aufgefundenen Obdachlosen O. Sie will O in einer leer stehenden Wohnung des Vermieters V unterbringen, der sich indes weigert, den O aufzunehmen.

Die Solidarpflicht der Bürger kann in derartigen Notlagen eine Inpflichtnahme auch des sog. Nichtstörers legitimieren, wie sie durch § 6 PolG bzw. § 19 OBG dem Vorbehalt des Gesetzes entsprechend kodifiziert wird. Da es in der Person des Nichtstörers an einem spezifischen „Zurechnungsgrund“ für seine Inanspruchnahme fehlt, bedarf es freilich einer besonderen Gefahrenqualifikation sowie einer (finanziellen) Kompensation, wie sie in den einschlägigen Regelungen normiert wird. Zu den tatbestandlichen Voraussetzungen der Nichtstörerinanspruchnahme nach § 6 PolG bzw. § 19 OBG, die kumulativ vorliegen müssen, zählen namentlich

- das Vorliegen einer gegenwärtigen erheblichen Gefahr (oben Rn. 66 f.),
- die Unmöglichkeit oder Erfolglosigkeit von Maßnahmen gegen Handlungs- oder Zustandsstörer,
- die Unfähigkeit der Behörde, die Gefahr selbst oder durch Beauftragte rechtzeitig abzuwehren (eine bloße „Arbeitserleichterung“ durch die Nichtstörerinanspruchnahme reicht also nicht)
- sowie die Zumutbarkeit der Inpflichtnahme, die für den Nichtstörer ohne erhebliche eigene Gefährdung und ohne Verletzung höherwertiger Pflichten zu bewältigen sein muss.

Im dargestellten **Ausgangsfall** ist eine zwangsweise Einweisung des O in die Wohnung des V denkbar (zu der einschlägigen Ermächtigungsgrundlage vgl. unten 199). So liegt aufgrund der Witterung eine gegenwärtige erhebliche Gefahr für das Leben und die Gesundheit des O vor. Maßnahmen gegen einen Handlungsstörer – hier allenfalls O selbst – sind nicht erfolgversprechend; auch ist die Behörde aus eigener Kraft nicht in der Lage, Obdach zu bieten. Schließlich ist die Wohnungseinweisung des O dem V auch zumutbar.

Ebenfalls aus dem Aspekt der Zumutbarkeit rechtfertigt sich die in § 39 Abs. 1 lit. a **103**
OBG (ggf. i. V. m. § 67 PolG) vorgesehene **Entschädigung des Nichtstörers** für Schäden, die er durch Maßnahmen der Ordnungsbehörde erleidet (unten Rn. 284).

104 In der Fallbearbeitung kann namentlich die Frage der Nichtstörereigenschaft des Inanspruchgenommenen schwierige Abgrenzungsprobleme aufwerfen. Dies gilt etwa für die Inanspruchnahme scheinbar „Unbeteiligter" bei Unglücksfällen.

Beispiel: Unmittelbar nach einem schweren Verkehrsunfall zwingt die Polizei den zufällig am Unfallort anwesenden Mediziner M zu Reanimierungsversuchen am Unfallopfer O. M ist empört und verlangt insbesondere eine Entschädigung für seinen bei der Hilfeleistung beschmutzten Anzug.

Hier ist zu vergegenwärtigen, dass nach § 323c Abs. 1 StGB (Strafbarkeit wegen unterlassener Hilfeleistung) jedermann zur Hilfeleistung in Unglücksfällen verpflichtet ist. Die Untätigkeit am Unfallort anwesender Personen stellt somit eine selbständige Gefahr für die öffentliche Sicherheit (Unversehrtheit der objektiven Rechtsordnung) dar, die von der Polizei durch Maßnahmen gegen den (Handlungs-)Störer abzuwehren ist.

M ist im **Beispielsfall** aufgrund unterlassener Hilfeleistung als Handlungsstörer anzusehen. Seine Inanspruchnahme ist keine Maßnahme des polizeilichen Notstandes, sondern notwendig, um die bereits eingetretene Beeinträchtigung der objektiven Rechtsordnung (§ 323c Abs. 1 StGB) zu beenden. Ein Entschädigungsanspruch steht dem M daher von vornherein nicht zu. Umgekehrt wird der hilfsverpflichtete Mediziner freilich insoweit „privilegiert", als das strenge Arzthaftungsrecht keine Anwendung findet (OLG München, NJW 2006, 1883).

Zu beachten bleibt schließlich, dass die mit gezielten Maßnahmen gegen Handlungsverantwortliche mitunter verbundenen Beeinträchtigungen von Rechten Dritter keine kumulative Inanspruchnahme dieser „Unbeteiligten" als Nichtstörer i. S. d. § 6 PolG bzw. § 19 OBG darstellen (s. OLG Hamm, NJW 1988, 1096f.; zur abweichenden Gesetzeslage in Sachsen vgl. OLG Dresden, LKV 2003, 582). Für dieses Verständnis spricht zum einen der Normwortlaut des § 6 Abs. 1 Nr. 2 PolG (§ 19 Abs. 1 Nr. 2 OBG), der die Inanspruchnahme des Nichtstörers als (subsidiäre) Alternative zur Störerinanspruchnahme sieht, zum anderen die Terminologie des § 63 Abs. 4 S. 1 PolG (ähnl. § 65 Abs. 2 PolG), in der von der Gefährdung „Unbeteiligter" die Rede ist, die eben keine „Nichtstörer" im technischen Sinne sind.

Beispiel: Dieb D flüchtet mit dem PKW des P und einer Geisel. Die Polizei drängt das Fahrzeug in den Graben und befreit die Geisel. Polizeirechtlich stellt sich die Maßnahme als unmittelbarer Zwang gegen D dar, nicht aber als (kumulative) Inanspruchnahme des P. Zu den haftungsrechtlichen Folgen unten Rn. 284f. sowie 293a.

Stets zu beachten sind **sondergesetzliche Regelungen** zur Inanspruchnahme nicht störender Dritter. So sperren etwa die sondergesetzlichen Regelungen des Bundes-Infektionsschutzgesetzes (IfSG) eine Anwendung des § 19 OBG auch im Rahmen der Umsetzung des IfSG durch die örtlichen Ordnungsbehörden (oben Rn. 37), wenngleich im Rahmen der Umsetzung des IfSG schon aus Gründen der Verhältnismäßigkeit parallele Erwägungen zum Tragen kommen dürften (so im Erg. auch BVerwG, NJW 2012, 2823, 2827). Zu den Besonderheiten der Inanspruchnahme friedlicher Versammlungsteilnehmer als „Nichtstörer" zum Zwecke der Abwehr von Konflikten mit gewaltbereiten „Gegendemonstranten" s. unten Rn. 302.

IV. Der Anscheins- und Verdachtsstörer

105 Mit der Etablierung der Anscheinsgefahr (oben Rn. 62) stellt sich zugleich die Frage nach der Behandlung des „Anscheinsstörers". Freilich werden mit dem Begriff des

„Anscheinsstörers“ sehr unterschiedliche Konstellationen erfasst. Zum einen kann hiermit der reale Verursacher einer Anscheinsgefahr gemeint sein, zum anderen aber auch der aus der maßgeblichen ex ante-Perspektive scheinbare Verursacher einer Anscheinsgefahr. Zudem bleibt die Figur des Anscheinsstörers nicht zwangsläufig auf Konstellationen der Anscheinsgefahr beschränkt, da auch bei „realen“ polizeilichen Gefahrenlagen Situationen denkbar sind, in denen eine Person in der ex ante-Betrachtung verantwortlich zu sein scheint, die dies in Wahrheit nicht ist. Ob und inwieweit die unvermeidlichen Unsicherheiten in der ex ante-Bewertung von Verantwortlichkeiten zu einer Einbeziehung des „Anscheins“- oder „Verdachtsstörers“ unter den Begriff des Handlungsverantwortlichen führen können, ist umstritten. Einer schlichten Ausweitung des Störerbegriffs („Anscheinsstörer“, „Verdachtsstörer“) im Sinne der ex ante-Betrachtung könnte entgegenstehen, dass die gesetzlichen Regelungen zur Handlungsverantwortlichkeit eine *„Verursachung“* der Gefahr durch den Störer verlangen (Rn. 106f.), die allein durch den „Anschein“ einer Verursachung nicht gegeben ist; ferner droht eine reine ex ante-Betrachtung diejenigen (tatsächlichen) Gefahrenverursacher zu privilegieren, deren Verursachungsbeitrag erst in der ex post-Betrachtung deutlich wird (Rn. 108).

1. Notwendigkeit eines Verursachungsbeitrages?

Die Bestimmungen zur Handlungsverantwortlichkeit (§ 4 Abs. 1 PolG/§ 17 Abs. 1 106
OBG) verlangen ihrem Wortlaut nach die „Verursachung“ der Gefahr durch den Verantwortlichen. Interpretiert man diese Regelung im Sinne des Erfordernisses einer tatsächlichen Verursachung durch den (Anscheins-)Störer, ist diese auch bei der bloßen Anscheinsgefahr denkbar.

Beispiel: Student S verträgt keinen Alkohol. Um bei seinen Kommilitonen Respekt zu gewinnen, lässt er sich von der befreundeten Kellnerin K Apfelsaft in einem Bierkrug servieren. Beim mitternächtlichen Abschied täuscht S Volltrunkenheit vor. Als er sein Fahrzeug besteigt, erscheint eine Polizeistreife, die ihn überprüfen will. Um sich vor seinen Freunden nicht zu blamieren, spielt S das Spiel zu Ende. Die Beamten fordern S auf, den Kfz-Schlüssel zu übergeben, was S bereitwillig tut (Fall nach *Muckel,* Klausurenkurs Bes.VwR, Fall 11).

Der Anscheinsstörer erweist sich hier als genuiner Verursacher der (Anscheins-) Gefahr, so dass sich etwa die Frage einer möglichen Entschädigung des Anscheinsstörers gleich einem Nichtstörer nicht stellt.

Umgekehrt sind freilich ebenso Konstellationen denkbar, in denen der vermeintliche 107
Störer keinerlei zurechenbaren Verursachungsbeitrag für eine (Anscheins-)Gefahr geliefert hat.

Beispiel: Um sich bei ihrem untreuen Freund F zu rächen, kündigt die A in absolut überzeugender Weise fernmündlich einen unmittelbar bevorstehenden Anschlag auf ein Gerichtsgebäude an und beschreibt F als potentiellen Attentäter. Vorsorglich benennt die A auch gleich eine Uhrzeit, zu der F für gewöhnlich am Gerichtsgebäude vorbeigeht. Die Dinge laufen, wie von A geplant: Der völlig überraschte F wird vor dem Gerichtsgebäude von einem Sondereinsatzkommando der Polizei in höchst unsanfter Weise überwältigt.

Hier stellt sich die Frage, ob die Einbeziehung des vermeintlichen Handlungsverantwortlichen in den Tatbestand des § 4 Abs. 1 PolG bzw. § 17 Abs. 1 OBG mit dem

Wortlaut der Zurechnungsnorm *(„verursacht")* und damit mit dem Vorbehalt des Gesetzes zu vereinbaren ist. Verlangt man für die Verursachung einen kausalen Beitrag des Verantwortlichen i. S. d. Unmittelbarkeitslehre bzw. der Lehre von Pflichtwidrigkeit und Risikosphäre, müsste eine Störerverantwortlichkeit konsequenterweise verneint werden. Möglich bliebe dann allein, den vermeintlichen Störer als *„Nichtstörer"* zu qualifizieren, was immerhin in extremen Gefahrenlagen ein Einschreiten durchaus zulässig machte. Da freilich für die Beamten im Vorhinein kaum erkennbar sein wird, ob die als Störer in Anspruch genommene Person tatsächlich Verursacher der Gefahr oder Anscheinsgefahr ist, blieben die Einsätze mit einem erheblichen Rechtswidrigkeitsrisiko behaftet. Die Rechtsprechung und der überwiegende Teil der Lehre teilen denn auch die dargestellten Bedenken nicht und stellen hinsichtlich der Beurteilung der Verantwortlichkeit auf den Zeitpunkt des Einschreitens (ex ante-Perspektive) ab (OVG NRW, DVBl. 2013, 931, 932).

Beispiel: Das Fahrzeug des F ist durch zwei später abgestellte Fahrzeuge „zugeparkt" worden. Nachdem zwei Zeugen übereinstimmend aussagen, dass das Fahrzeug des B zuletzt abgestellt worden sei und damit die Ausparkmöglichkeit versperrt habe, lassen die Beamten dessen Fahrzeug abschleppen. Tatsächlich aber hatte – wie sich später herausstellt – A sein Fahrzeug zuletzt abgestellt. Nach Auffassung des Gerichts konnte B als „Anscheinsstörer" in Anspruch genommen werden, obwohl ein Verursachungsbeitrag des rechtmäßig handelnden B nicht vorlag (OVG NRW, NJW 1993, 2698; ähnl. VG Bremen, BeckRS 2015, 54770; zu den Rechtsgrundlagen von Abschleppmaßnahmen unten Rn. 245).

Insbesondere praktische Erwägungen lassen es folgerichtig erscheinen, die Zugriffsbefugnisse der Polizei durch eine potentielle Verpflichtbarkeit des sog. „Anscheinsstörers" zu vervollständigen.

Hinweis: Einer weiteren Differenzierung bedarf dieser Lösungsweg dann allerdings auf der („sekundären") kostenrechtlichen Ebene. Hier wird eine Inanspruchnahme nur in Betracht kommen, wenn der Anscheinsstörer den Anschein tatsächlich zurechenbar verursacht hat (s. BayVGH, BeckRS 2016, 51515; VG München, BeckRS 2016, 55700). Dagegen muss der „schuldlose" Anscheinsstörer von den polizeilichen Kosten des Einsatzes freigestellt bleiben (s. OVG NRW, aaO, eingehend unten Rn. 260 a. E.) und ggf. sogar ähnlich einem Nichtstörer entschädigt werden (§ 39 Abs. 1 lit. a OBG/§ 67 PolG, unten Rn. 285).

Mit dem Vorbehalt des Gesetzes erscheint diese Einordnung des Anscheinsstörers als Verursacher dann vereinbar, wenn man den in § 4 Abs. 1 PolG bzw. § 17 Abs. 1 OBG verwendeten **„Verursachungsbegriff"** – ebenso wie den Gefahrenbegriff auch – nicht in einem rein „tatsächlichen" Sinne versteht, sondern als **„Rechtsbegriff"** interpretiert, der eben nicht nur „tatsächliche" Verursachungsbeiträge erfasst, sondern auch solche Situationen, die sich aus der *ex ante*-Betrachtung eines besonnenen, sachkundigen und fähigen Beamten als Verursachungsbeiträge im tatsächlichen Sinne darstellen.

2. Durchgriff auf den wirklichen Verursacher?

108 Eng verbunden mit der Frage des Vorgehens gegen den vermeintlichen „Anscheinsstörer" ist die Frage, ob die Polizei im „kostenrechtlichen" Sekundärzugriff auch gegen denjenigen vorgehen kann, der aus der ex-post-Perspektive den Anschein der Gefahr *zurechenbar* verursacht hat. Hintergrund der Problematik ist der Umstand, dass das Kostenrecht bei Vollstreckungsmaßnahmen der Polizei- und Ordnungsbehörden regelmäßig den *„Vollstreckungsschuldner oder (…) Pflichtigen"* in die Kostenpflicht nimmt (§ 77 Abs. 1 S. 1 VwVG, eingehend unten Rn. 259 ff.), was die Frage aufwirft, wie dieser *„Pflichtige"* zu bestimmen ist.

Beispiel: Um sich bei seiner Exfrau F zu rächen, setzt M einen Notruf zur Polizei ab und führt bewusst wahrheitswidrig aus, dass F unmittelbar davor stehe, sich umzubringen. Die Beamten eilen zur Wohnung der F. Als auf ihr Klingeln niemand öffnet, brechen sie mit erheblichem – auch kostenrechtlichem – Aufwand die Eingangstüre zur Wohnung der F auf, um F zu retten. In der Wohnung finden sie die F bei bester Gesundheit vor. Diese erklärt den überraschten Beamten, dass sie die Haustüre grundsätzlich nicht öffne. Muss F für die Kosten des Einsatzes einstehen?

Die Problematik dieser Konstellation ergibt sich daraus, dass die Polizei bei ihrer Gefahrenabwehrmaßnahme erkennbar nicht gegen den tatsächlichen Verursacher der Anscheinsgefahr, nämlich den M, vorgehen wollte. Denn aus der ex ante-Betrachtung gab es keine Anhaltspunkte für einen „Verursachungsbeitrag" des M. Aber auch die F kann allenfalls aus der gefahrenrechtlichen *ex ante*-Betrachtung als „Störerin" bzw. „Anscheinsstörerin" betrachtet werden, nicht aber aus der kostenrechtlichen *ex post*-Betrachtung. Insbesondere bietet das Nichtöffnen der Türe durch F für sich genommen keine Grundlage für die Annahme einer Suizidabsicht (so zu Recht OLG Köln, NJW 1998, 317). Es stellt sich mithin die Frage, ob unter den Begriff des Pflichtigen – hier im kostenrechtlichen Kontext (§ 77 Abs. 1 S. 1 VwVG) – auch derjenige gefasst werden kann, der zwar nicht „scheinbarer Störer" war, wohl aber den „Schein der Störung" **objektiv zu verantworten** hat, vorausgesetzt natürlich, dass dieser „Schein" von den Beamten zutreffend als (Anscheins-)Gefahr eingestuft wurde. Von der h. M. wird eine solche Verantwortlichkeit desjenigen, der die Anscheinsgefahr zurechenbar verursacht hat, bejaht (OVG NRW, NJW 1993, 2698). Freilich büßt der Begriff des Verursachers bzw. des Pflichtigen hierdurch in erheblichem Umfang seine Konturen ein (hierzu auch unten Rn. 260 a. E.). Dogmatisch überzeugender wäre es, insoweit eine gesonderte Haftungsregel in das Polizeigesetz bzw. das Verwaltungsvollstreckungsgesetz einzufügen.

V. Rechtsnachfolge in die polizei- und ordnungsrechtliche Verantwortlichkeit

Gesetzlich nicht normiert ist die Frage einer möglichen Nachfolge in die Störerhaftung. Sie stellt sich sowohl im Hinblick auf eine mögliche Einzelrechtsnachfolge *(Singularsukzession)*, etwa bei der Veräußerung von „störenden" Eigentumsgegenständen, als auch im Hinblick auf eine mögliche Gesamtrechtsnachfolge *(Universalsukzession)*, etwa im Falle der Erbrechtsnachfolge (§ 1922 BGB). **109**

Beispiel: Gegen Eigentümer E ist eine Ordnungsverfügung ergangen, mit der E zur Beseitigung einer umsturzgefährdeten Fichte verpflichtet wird. Stirbt E oder veräußert er sein Grundstück, stellt sich die Frage eines Eintritts des Erben bzw. des Erwerbers des Grundstücks in die durch die Verfügung konkretisierte Pflicht des E.

Rechtsprechung und Literatur haben – zumeist im bauordnungsrechtlichen Kontext – die unterschiedlichsten Lösungsansätze entworfen. Sie reichen von einer prinzipiellen Anerkennung der Pflichtennachfolge in Fällen der Singular- und Universalsukzession über die Anerkennung der Nachfolge allein im Falle der Gesamtrechtsnachfolge bis hin zum kompletten Verdikt jeglicher Nachfolge (ausführlich zuletzt *Wittreck,* JURA 2008, 534, 535). Bei systematischer Betrachtung sind **drei Diskussionsebenen** zu unterscheiden: Erstens die Frage, ob und inwieweit bloße „Verantwortlichkeiten" überhaupt individuell zuordnungsfähige und damit letztlich bereits rechtliche **Pflichtenpositionen** sind, zweitens die Frage, ob es sich bei ihnen um **nachfolgefähige** Positionen handelt, sowie drittens die Frage, ob es einen konkreten **Nachfolgetatbestand** gibt oder geben muss.

1. „Verantwortlichkeit" als individuelle Pflichtenposition

110 Hinsichtlich der ersten Frage, ob die Verantwortlichkeit überhaupt eine individuell zuzuordnende und damit „reale" Pflicht darstellt, wird man zwischen der **„abstrakten"**, durch Polizeiverfügung noch nicht konkretisierten Verantwortlichkeit und der durch Verwaltungsakt **konkretisierten Verantwortlichkeit** zu unterscheiden haben. Vor dem Erlass einer Polizeiverfügung besteht richtigerweise keine genuine „Pflicht", sondern eine bloße „Verpflichtbarkeit" (a. A. BVerwG, NVwZ 2006, 928; skeptisch aber OVG LSA, NVwZ-RR 2017, 183). Für eine Nachfolgediskussion ist insoweit kein Raum.

Beispiel: Wäre im Ausgangsfall noch gar keine Beseitigungsverfügung gegen R ergangen, stellt sich die Frage einer Pflichtennachfolge des Erwerbers bzw. Erben nicht.

2. Nachfolgefähigkeit

111 Aber auch soweit eine durch polizei- oder ordnungsbehördliche Verfügung konkretisierte Verantwortlichkeit gegeben ist, bedarf es der Prüfung, ob die hiermit begründete Pflichtenstellung ihrem Wesen nach nachfolgefähig ist. In Rechtsprechung und Literatur wird eine solche Nachfolgefähigkeit insbesondere für sog. **„höchstpersönliche" Pflichten** verneint, wohingegen die Pflicht zur Vornahme **vertretbarer Handlungen** überwiegend bejaht wird. Als höchstpersönlich werden solche Pflichten bzw. Rechtsbeziehungen eingestuft, die sich nicht von der Person des Trägers lösen lassen und sich in diesem persönlichen Bezug erschöpfen.

Beispiel: Als höchstpersönliche Pflichten sind etwa Impfpflichten, die Pflicht zur Duldung einer körperlichen Untersuchung, aber auch Pflichten im Verwaltungsvollstreckungsverfahren anzusehen, während etwa die Pflicht zur Beseitigung eines umsturzgefährdeten Baumes als vertretbar und damit nachfolgefähig anzusehen ist.

Gegen die formale Trennung zwischen vertretbaren und nicht-vertretbaren Pflichten bestehen freilich grundsätzliche rechtsstaatliche Bedenken. So bleibt zu beachten, dass sich jegliche Inpflichtnahme des Bürgers durch spezifische „Zurechnungsgründe" legitimieren lassen muss (VerfGH MV, DVBl. 2000, 262, 265). Vor diesem Hintergrund ist eine Pflichtennachfolge nur dort rechtsstaatlich zu legitimieren, wo sich der vom Gesetzgeber gewählte Zuordnungsgrund der Inpflichtnahme des Rechtsvorgängers in der Person des Nachfolgers „fortsetzt" (s. *Stückemann,* JA 2015, 569, 570). In praktischer Hinsicht ergibt sich aus diesem Ansatz, dass speziell die Verhaltensverantwortlichkeit, die ihrem inhaltlichen Substrat nach die rechtliche Folge eines personalen (Fehl-) Verhaltens darstellt, einer Nachfolge grundsätzlich nicht zugänglich sein kann (a. A. BVerwG, NVwZ 2006, 928, 931).

Beispiel: Die Verhaltensverantwortlichkeit des Rentners R, der im Vorgarten Asbestplatten schreddert, gründet sich auf dessen pflichtwidriges Tun. Dieser Zurechnungsgrund setzt sich nach dem Tode des R nicht in der Person des Sohnes S fort.

Insoweit verbleibt allein die konkretisierte Zustandsverantwortlichkeit als Gegenstand einer Pflichtennachfolge, wenn und soweit ein Nachfolgetatbestand nachweisbar ist.

3. Nachfolgetatbestand

Unter grundrechtlichen und rechtsstaatlichen Aspekten kann schließlich die als **112** „Pflichtennachfolge" bezeichnete derivative Inpflichtnahme des Einzelnen keinen geringeren Voraussetzungen unterliegen als dessen „originäre" (unabgeleitete) Inpflichtnahme. Für beide Formen des staatlichen Eingriffshandelns gilt uneingeschränkt der Vorbehalt des Gesetzes (oben Rn. 40). Dies aber heißt nichts Anderes, als dass eine Pflichtennachfolge nur angenommen werden kann, wenn und soweit sie formalgesetzlich angeordnet ist. Bislang fehlt es im nordrhein-westfälischen Polizei- und Ordnungsrecht an einer entsprechenden Kodifikation. Unvermeidliche Konsequenz des Fehlens konkreter Nachfolgetatbestände ist, dass eine Pflichtennachfolge in polizei- oder ordnungsrechtliche Verantwortlichkeiten de lege lata nicht stattfindet. Zurückzuweisen ist namentlich die in Bezug auf grundstücksbezogene Pflichten bisweilen behauptete **„Nachfolge kraft Dinglichkeit"**, die sich damit als unzulässige Umgehung des Vorbehalts des Gesetzes erweist. Ihr ist entgegen zu halten, dass die zugrundeliegende Vorstellung, derzufolge alle Rechte und Pflichten bezüglich einer Sache nur gemeinsam mit der Sache übergehen könnten, richtigerweise kein Element des geltenden Rechts ist (zutreffend *Gusy,* Polizeirecht, Rn. 364). Erst recht sind Analogieschlüsse entsprechender Art mit dem Vorbehalt des Gesetzes schlichtweg unvereinbar (unhaltbar daher OVG Hbg., NVwZ RR 1997, 11, 12). Auch der Begriff der Universalsukzession, insbesondere nach § 1922 BGB bzw. § 1967 BGB (Erbenhaftung), erweist sich bei näherer Betrachtung als ungeeignet, eine Ausweitung öffentlich-rechtlicher Pflichten auf den Erben zu begründen (offenlassend OVG NRW, NWVBl. 1997, 175 mwN). So ist klar zu sehen, dass sich die zivilrechtliche Erbrechtsnachfolge – schon aus kompetenziellen Gründen – lediglich auf die Nachfolge in zivilrechtliche Positionen bezieht und beziehen kann. Die begriffsjuristische Gegenauffassung, derzufolge eine **„Universalsukzession"** notwendig alle zivil- und öffentlich-rechtlichen Positionen erfassen müsse, da sie ansonsten *„nicht mehr universal" (K.-A. Bettermann)* wäre, ist juristisch nicht zu halten. Sie ignoriert die dogmatischen Grenzen zwischen Zivilrecht und Öffentlichem Recht und unterläuft damit zugleich die Postulate des Vorbehalts des Gesetzes. Aus eben diesem Grunde kann es auch nicht angehen, die Überleitung öffentlich-rechtlicher Pflichtenpositionen im Wege einer „entsprechenden" Anwendung zivilrechtlicher Nachfolgetatbestände legitimieren zu wollen (str.). Allein das Polizei- und Ordnungsrecht ist der berufene Ort, entsprechende Inpflichtnahmen unter Berücksichtigung des Vorbehalts des Gesetzes zu formulieren. Schweigen die Gesetze hier, tritt eine Pflichtennachfolge richtigerweise nicht ein (str.).

Beispiel: Im Ausgangsfall fehlt es an einer polizei- oder ordnungsrechtlichen Norm, die die Nachfolge des Grundstückserwerbers oder Erben in eine gegen den Voreigentümer ergangene Anordnung zum Fällen von Bäumen vorsieht. Der neue Eigentümer wird daher durch die gegen R ergangene Verfügung nicht gebunden (str.).

Die Behörde muss also gegen den neuen Eigentümer nochmals vorgehen. Immerhin rückt dieser kraft des Eigentumserwerbs in die materielle (abstrakte) Zustandsverantwortlichkeit, so dass Maßnahmen gegen ihn – auch kurzfristig – möglich bleiben.

VI. Der Staat als Adressat von Gefahrenabwehrmaßnahmen

113 Gefahren für die öffentliche Sicherheit oder Ordnung können auch von staatlichen Funktionsträgern und Sachen (Tieren) ausgehen. Zu denken ist an den bissigen Drogenspürhund, an Lärmemissionen eines Truppenübungsplatzes oder an ein brennendes Dienstfahrzeug der Bundeswehr. In Fällen dieser Art stellt sich die Frage, ob die Polizei- und Ordnungsbehörden befugt sein können, gegen andere hoheitlich handelnde Behörden und Organe vorzugehen. Hierfür könnte sprechen, dass die staatlichen Verwaltungsträger gem. Art. 20 Abs. 3 GG an „Gesetz und Recht" gebunden sind, mithin die Gesetze (einschließlich des Polizei- und Ordnungsbehördengesetzes) grundsätzlich ebenso zu beachten haben wie private Dritte. Dass auf diese Weise Bundesbehörden im Hoheitsbereich des jeweiligen Bundeslandes auf die Beachtung auch des dort gültigen Landesrechtes verpflichtet werden, ist, solange keine Regelungswidersprüche zwischen Bundes- und Landesrecht bestehen (Art. 31 GG), juristisch im Grundsatz unproblematisch (einschränkend BVerwGE 29, 52, 58: Abwägungserfordernis im Falle einer Kollision mit Fachaufgaben der Bundesbehörde). Immerhin aber bleibt zu beachten, dass die Polizei- und Ordnungsbehörden im Falle einer Intervention gegen andere Hoheitsträger regelmäßig in deren Aufgabenwahrnehmung übergreifen würden, wodurch die gesetzliche Zuständigkeitsordnung unzulässig tangiert werden könnte.

Beispiel: Wenn der Bundesminister der Verteidigung die Befehls- und Kommandogewalt über die Streitkräfte hat (Art. 65a GG), kann es der Polizei nicht zustehen, konkrete Einsatzbefehle aus Gründen der Gefahrenabwehr abzuändern oder gar außer Kraft zu setzen.

114 Aus kompetenziellen Gründen müssen der Polizei- und Ordnungsverwaltung daher namentlich **Maßnahmen der Verwaltungsvollstreckung** in den öffentlich-rechtlichen Funktionsbereich anderer Behörden verwehrt bleiben (hierzu auch § 76 VwVG). Gleiches muss im Ergebnis für die bloße **Anordnung von Maßnahmen,** also den Erlass einer Grundverfügung, gelten, soweit hierdurch in den öffentlich-rechtlichen Funktionsbereich eines anderen Hoheitsträgers eingewirkt wird. Die Polizei- und Ordnungsverwaltung bleibt insoweit auf „Anregungen" beschränkt, besitzt aber keine eigentlichen Normdurchsetzungskompetenzen. Gegebenenfalls ist es Aufgabe der jeweiligen Aufsichtsbehörde, die Einhaltung der einschlägigen materiellen Rechtsbindungen durchzusetzen.

115 Die vorgenannten Grundsätze können freilich nur dort strikte Geltung beanspruchen, wo es tatsächlich um die Wahrung des *öffentlich-rechtlichen* Wirkungskreises einer Behörde geht, wobei dem genuin öffentlich-rechtlichen Handeln ein Handeln in den Formen des Verwaltungsprivatrechts gleichsteht. Umgekehrt bedeutet dies aber auch, dass polizei- und ordnungsbehördliche Interventionen insbesondere bei einer rein **fiskalischen Betätigung** eines anderen Hoheitsträgers nicht von vornherein ausgeschlossen sind.

Beispiel: Auf einem nicht zu Verwaltungszwecken genutzten (Wiesen-)Grundstück des Landschaftsverbandes L werden Kampfmittel gefunden. Die Polizei- und Ordnungsbehörden könnten hier grundsätzlich Maßnahmen der Gefahrenabwehr durchführen. Ebenfalls jenseits des klassischen öffentlich-rechtlichen Wirkungskreises ordnet der BGH die Beseitigung von Schäden durch ein liegen gebliebenes Fahrzeug der Bundeswehr ein, so dass die Befugnis der Polizei zur Abwehr von Gefahren durch versickernden Treibstoff nicht bestritten werden könne (BGH, DVBl. 1970, 499f.).

Nicht übertragbar sind die Zugriffsschranken schließlich auf sonderpolizeiliche Be- **116**
fugnisse etwa der Immissionsschutzbehörden nach § 24 S. 1 BImSchG (BVerwGE 117, 1, 5). Soweit das zugrunde liegende Umweltschutzgesetz materiell nicht nur Private, sondern auch Verwaltungsträger verpflichtet, stehen der zur Normdurchsetzung berufenen Behörde gegen den betreffenden Verwaltungsträger dieselben Befugnisse zu wie gegenüber Privaten.

VII. Anhang

Literatur: *Beaucamp/Seifert,* Soll der Zweckveranlasser weiterleben?, JA 2007, 577ff.; *Hartmann,* **117**
Pflichtigkeit im Polizei- und Ordnungsrecht, JuS 2008, 593ff.; *Kießling,* Nichtstörer und andere Beteiligte als Adressaten von Polizeiverfügungen, JURA 2016, 483ff.; *Kley,* Die Rechtsprechung des Bundesverwaltungsgerichts zu Ordnungspflichten in der Insolvenz, DVBl. 2005, 737ff.; *Muckel,* Abschied vom Zweckveranlasser, DÖV 1998, 18ff.; *Peters/Rind,* Allgemeines Ordnungsrecht – Grundlagen und aktuelle Rechtsfragen, LKV 2017, 251; *Rau,* Die Rechtsnachfolge in Polizei- und Ordnungspflichten, JURA 2000, 37ff.; *W.-R. Schenke,* Die polizeiliche Inanspruchnahme nicht geschäftsfähiger Störer, JuS 2016, 507ff.; *ders.,* Polizeiliches Handeln bei Anscheinsgefahr und Gefahrverdacht, JuS 2018, 505ff.; *Schoch,* Störermehrheit im Polizei- und Ordnungsrecht, JURA 2012, 685ff.; *ders.,* Polizeipflichtigkeit von Hoheitsträgern, JURA 2005, 324ff.; *ders.,* Der Zweckveranlasser im Gefahrenabwehrrecht, JURA 2009, 360ff.; *Schönenbroicher/Heusch,* Aktuelle Entwicklungen im Ordnungsbehördenrecht des Landes NRW, NWVBl. 2015, 92ff.; *Stückemann,* Die Rechtsnachfolge in die gefahrenabwehrrechtliche Verhaltens- und Zustandsverantwortlichkeit, JA 2015, 569ff.; *Wittreck,* Altlasten-Rechtsprechung oder Rechtsprechungs-Altlasten?, JURA 2008, 534ff.

Klausurbearbeitung: *Buchholtz,* Keine Karten für „Problemfans", JuS 2019, 1184ff.; *Dietlein/Hellermann,* „Fanverbot für Hochrisikospiele", in: Klausurenbuch Öffentliches Recht in NRW, 3. Aufl. 2021, Fall 14; *Dietlein/Kunze,* Explosive Altlasten, NWVBl. 2012, 399ff.; *Dünchheim,* Das historische Dampfdreschfest, NWVBl. 2004, 202ff.; *Enders/Jäckel:* Fortgeschrittenenklausur Polizei- und Ordnungsrecht: Umweltschädlicher Kraftstoffdiebstahl, JuS 2018, 150ff.; *Herzig,* Ein Weinberg mit Tiefgang, JuS 2013, 1002ff.; *Kahl,* Der „ewige" Ärger mit der Altlast, JURA 2004, 853ff.; *Staufer/Steinebach,* Ein Unfall mit Folgen, JA 2008, 615ff.; *Zilkens,* Bodenkontamination durch ehemalige Tuchfabrik, JuS 2003, 688ff.

Kontrollfragen:

1. Zwischen welchen möglichen Adressaten polizeilicher Maßnahmen differenziert das Gesetz?
2. Was besagt die „Theorie der unmittelbaren Verursachung"?
3. Wo verlaufen die Grenzen der Zustandsverantwortlichkeit?
4. Worin liegt die Problematik der Rechtsfigur des Zweckveranlassers?
5. Müssen bei der Inanspruchnahme scheinbar „Unbeteiligter" bei Unglücksfällen die tatbestandlichen Voraussetzungen der Nichtstörerinanspruchnahme erfüllt sein?
6. Hat der Anscheinsstörer einen Anspruch auf Entschädigung?

F. Das Opportunitätsprinzip – Ermessen

Die Durchführung polizei- oder ordnungsbehördlicher Maßnahmen ist regelmäßig **118**
keine „gebundene" Entscheidung, sondern eine „Ermessensentscheidung". Anders als

etwa im Bereich der Strafverfolgung, wo das Einschreiten der Staatsanwaltschaften gem. § 152 Abs. 2 StPO Rechtspflicht ist („Legalitätsprinzip"), gilt für das Polizei- und Ordnungsrecht das sog. **„Opportunitätsprinzip"**: Die Behörde „kann" Maßnahmen ergreifen (§ 8 Abs. 1 PolG/§ 14 Abs. 1 OBG), sie „muss" es aber nicht.

Beachte: Keine Regel ohne Ausnahme: Auch im Bereich des Gefahrenabwehrrechts gibt es Ausnahmen vom Opportunitätsprinzip. Zu erwähnen ist etwa § 28 Abs. 1 S. 1 IfSG, demzufolge die zuständige Behörde in den dort geregelten Infektionslagen die notwendigen Schutzmaßnahmen „trifft", also zu treffen hat bzw. treffen muss.

Diese grundsätzliche Weichenstellung zeitigt Folgewirkungen auch für die Fallbearbeitung im Polizei- und Ordnungsrecht. Bezieht sich diese nämlich – wie im Regelfall – auf die Prüfung der Rechtmäßigkeit einer durchgeführten Maßnahme, bedarf es nicht allein des Nachweises der tatbestandlichen Voraussetzungen (des „Wenn") der einschlägigen Befugnis- oder Ermächtigungsnorm. Vielmehr ist ferner zu prüfen, ob die Polizei- oder Ordnungsbehörde von dem ihr auf der Rechtsfolgenseite (dem „Dann") der Befugnisnorm regelmäßig eingeräumten Ermessen („kann") in rechtmäßiger Weise Gebrauch gemacht hat. Um hierbei einen nachvollziehbaren Prüfungsaufbau zu gewährleisten, ist es zunächst notwendig, Inhalt und Umfang des polizei- und ordnungsbehördlichen Ermessens genauer zu erschließen.

I. Ebenen der Ermessensausübung

119 Traditionell werden drei Ebenen der polizei- und ordnungsbehördlichen Ermessensausübung differenziert. So geht es (1.) um die Frage, **ob** überhaupt eingeschritten werden soll (sog. *„Entschließungsermessen"*), (2.) um die Frage, **gegen wen** eingeschritten werden soll (sog. *„Störerauswahlermessen"*) sowie (3.) um die Frage, **wie,** d. h. mit welchem Mittel eingeschritten werden soll (sog. *„Handlungsermessen"*). In dieser „Reinform" werden sich die Ermessensebenen allerdings in der Regel nur bei der Generalklausel trennen lassen, da bei den Standardmaßnahmen insbesondere das „Wie" des Vorgehens nicht selten weitgehend vorprogrammiert sein wird. Denkbar ist auch, dass sich Probleme der Ermessensausübung auf mehreren Ebenen gleichzeitig niederschlagen. Namentlich das in neuerer Zeit heftig diskutierte Thema des *„Racial Profiling"* (hierzu unten Rn. 219) kann sich beispielsweise sowohl im Kontext des Entschließungsermessens als auch im Kontext des Störerauswahlermessens stellen.

1. Entschließungsermessen

120 Das Entschließungsermessen ist das eigentliche Fundament des Opportunitätsprinzips. Liegt eine Gefahr vor, besteht nicht notwendig eine Rechtspflicht der Behörde einzuschreiten. Vielmehr können sachgerechte, insbesondere kapazitäre Gründe bestehen, von einem Einschreiten abzusehen.

Beispiel: Die vor Ort verfügbaren Polizeikräfte werden dringend zum Schutz einer Spontanversammlung benötigt. Die Beamten verzichten daher darauf, gegen Falschparker am Wegesrand vorzugehen.

121 Allerdings kann sich das Entschließungsermessen unter besonderen Umständen *„auf Null"* reduzieren, namentlich soweit es um die Abwehr besonders gravierender Schäden für die polizei- und ordnungsbehördlichen Schutzgüter geht. Eine solche *„Ermessensreduzierung auf Null"* liegt nach klassischer, allerdings im Grunde zirkelschlüssiger „Definition" vor, wenn jede andere Entscheidung, als diejenige einzuschreiten, rechtswidrig wäre. Behördliche Untätigkeit wäre in diesen Fällen rechtswidrig und kann Schadensersatzansprüche des geschädigten Bürgers begründen (§ 839 BGB i. V. m. Art. 34 GG). Auf die eigentlich wichtige Frage, *wann* eine solche Situation konkret vorliegt, gibt die genannte „Definition" freilich keine wirkliche Antwort. Regelmäßig wird es um die Abwehr von Straftaten gehen, aber auch um Gefahren für hochwertige, zumal zentrale grundrechtliche Schutzgüter wie Leben und Gesundheit, aber auch das Eigentum der Bürger. Eine Ermessensreduzierung auf Null wird dabei namentlich dort anzunehmen sein, wo den grundrechtlichen Schutzgütern **irreparable Schäden** drohen. Die Auslegung und Anwendung des Ermessensbegriffes („kann") wird hierbei gleichsam von der „Ausstrahlungswirkung" der Grundrechte erfasst; die grundrechtliche Schutzpflicht des Staates aktualisiert sich über das „Medium" des einfachen (Parlaments-)Gesetzes.

Beispiele: Im Falle einer Geiselnahme (Gefährdung der Schutzgüter des Art. 2 Abs. 2 S. 1, 2 GG) wird die Polizei ein Eingreifen nicht unter Hinweis auf das Opportunitätsprinzip ablehnen können. Schwieriger zu beantworten ist allerdings bereits die Frage, ob es das Grundrecht der Eigentumsfreiheit (Art. 14 GG) gebietet, gegen eine rechtswidrige „Besetzung" von Mietshäusern vorzugehen. Zwar wird man im Grundsatz von einer Pflicht des Staates zum Schutz des Eigentums Privater ausgehen müssen (so zuletzt auch BGH, NJW 2018, 399), immerhin aber können es zu erwartende Ausschreitungen anlässlich der Räumung rechtfertigen, über den Zeitpunkt des Einsatzes flexibel zu entscheiden.

Eine weitere typisch polizei- bzw. ordnungsrechtliche Konstellation der Ermessensreduzierung auf Null gründet sich auf den Aspekt der „Folgenbeseitigung" (hierzu unten Rn. 151). Sind grundrechtliche Güter des Bürgers speziell durch ein – rechtswidriges oder rechtmäßiges – Vorverhalten der Behörden in Gefahr geraten, hat die Behörde dies im Rahmen ihrer Ermessensausübung zu berücksichtigen und mit Blick auf diese Vorgeschichte die Gefahrenlage grundsätzlich zu beseitigen.

Beispiel: Die Ordnungsbehörde hat den Obdachlosen O in eine Wohnung des Eigentümers E eingewiesen. Nach Ablauf der Einweisungszeit macht O keine Anstalten, die Wohnung zu verlassen. Die Ordnungsbehörde wird hier auf der Grundlage der Generalklausel die Räumung zu vollziehen haben, wobei sich ihr Ermessen wegen des Folgenbeseitigungsanspruchs des E grundsätzlich auf Null reduziert.

Zu berücksichtigten ist allerdings, dass grundrechtliche Aspekte im Einzelfall aus- **122**
nahmsweise auch *gegen* ein Einschreiten sprechen und auch damit die Ermessensausübung beeinflussen oder gar vorentscheiden können.

Beispiel: Im vorgenannten Fall kündigt O für den Fall der Räumung glaubhaft seine Selbsttötung an. Die Behörde wird hier die Räumung u. U. auszusetzen bzw. durch Ingewahrsamnahme und psychologische Beratung des O zu flankieren haben (BVerfG, NJW 1998, 295; Bad.-Württ.VGH, VBlBW 1997, 187).

Hervorzuheben bleibt freilich, dass es sich bei den Konstellationen der Ermessensre- **123**
duzierung auf Null um eng umgrenzte Ausnahmefälle handelt; im Regelfall bleibt das

behördliche Entschließungsermessen offen für die Abwägungen im Einzelfall. Angesichts des verfassungsrechtlichen Schutzauftrages der Polizei- und Ordnungsbehörden bedarf die behördliche Entscheidung *für* ein Einschreiten in der Regel allerdings keiner besonderen Begründung mehr. Im Schrifttum wird insoweit von einem *„intendierten Ermessen"* gesprochen, dessen Richtung gleichsam durch den Gesetzgeber vorgezeichnet ist. Diese dogmatische Einordnung ändert aber nichts an dem Umstand, dass auch im Rahmen der Entschließung gewisse rechtliche Grenzen zu beachten sind, die unten im Einzelnen dargestellt werden (hierzu unten Rn. 135 ff.).

2. Störerauswahlermessen

124 Nicht selten wird in einer konkreten Gefahrensituation nicht nur *eine* Person als Handlungs- oder Zustandsstörer verantwortlich sein. So können etwa aufgrund gemeinsamer Verursachung einer Gefahr durch mehrere Personen („Störermehrheit"), aufgrund gemeinschaftlichen Eigentums oder aufgrund des Zusammentreffens von Handlungs- und Zustandsverantwortlichkeit gleich mehrere Personen als Adressaten für polizei- und ordnungsbehördliche Maßnahmen in Betracht kommen.

Beispiel: Sohn S verursacht mit dem Fahrzeug des Vaters einen Verkehrsunfall und schleudert als Folge des Unfalls in die Scheune des Bauern B, die daraufhin – ebenso wie das Fahrzeug selbst – Feuer fängt. S ist handlungsverantwortlich sowie als Inhaber der tatsächlichen Gewalt über das Fahrzeug auch zustandsverantwortlich; ferner sind der Vater als Eigentümer des Fahrzeugs sowie Bauer B als Eigentümer der Scheune und Inhaber der tatsächlichen Gewalt über die Scheune zustandsverantwortlich.

In derartigen Fällen muss die Behörde eine Auswahlentscheidung hinsichtlich des Adressaten der Maßnahme treffen. Übersieht die Behörde die Störereigenschaft weiterer Personen, handelt sie ermessensfehlerhaft, da sie ihr Ermessen nicht i. S. d. § 40 VwVfG „ausgeübt" hat. Der Sache nach kann sie auch mehrere Personen in Anspruch nehmen, muss dies aber nicht. Insbesondere ist die Behörde bei einer Störermehrheit keineswegs gehalten, jeden Störer lediglich im Rahmen seines konkreten Verursachungsbeitrages in Anspruch zu nehmen. Die Rechtsfigur eines *„Nicht-So-Störers"*, der partiell einem Nichtstörer gleichzustellen wäre, ist also zumindest auf der Primärebene der Gefahrenabwehr abzulehnen (so auch *Jochum,* NVwZ 2003, 526).

125 Eine beliebte Thematik polizeirechtlicher Klausuren ist, ob es für die Auswahl zwischen mehreren Störern eine behördlich einzuhaltende Rangfolge gibt, die damit im Umkehrschluss das Störerauswahlermessen der Behörde beschränkte.

126 Diskutiert wird teilweise die Pflicht zur vorrangigen Inanspruchnahme des *Handlungsstörers vor dem Zustandsstörer,* aber auch eine Pflicht zur vorrangigen Inanspruchnahme eines sog. *„Doppelstörers"* (Handlungs- und Zustandsverantwortlicher) vor dem einfachen Störer. Derartige Grobformeln überzeugen nicht (abl. auch BVerfG, NJW 2000, 2575). Sie lassen sich weder mit dem Wortlaut noch mit Sinn und Zweck der polizeilichen Befugnisnormen in Einklang bringen, deren primäre **Zielsetzung** stets die **effiziente Gefahrenabwehr** ist. Auch der Umstand, dass das OBG bei der Zustandsverantwortlichkeit zunächst den Eigentümer benennt und ihm erst in § 18 Abs. 2 OBG den Inhaber der tatsächlichen Gewalt folgen lässt, impliziert keinesfalls eine Verengung des Ermessens, sondern verdeutlicht allein die „bürokratische" Arbeitsweise der Behörde, die aus den Akten zwar die Kenntnis des Eigentümers haben wird, nicht aber die Kenntnis des Inhabers der tatsächlichen Gewalt. Gerade umgekehrt geht es der „vor Ort" präsenten Polizei, für die § 5 PolG daher konsequenterweise zunächst den Inha-

ber der tatsächlichen Gewalt als Zustandsverantwortlichen benennt, in Absatz 2 erst den Eigentümer folgen lässt. Gesetzliche Vorrangentscheidungen für die Ermessensausübung lassen sich diesen Gesetzesformulierungen richtigerweise nicht entnehmen.

Beachte: Die für eine fehlerfreie Ermessensausübung maßgebliche Orientierung an dem Zweck der Ermächtigung (§ 40 VwVfG) schließt es nicht aus, dass im Interesse der effektiven Gefahrenabwehr weitere Aspekte reflektiert werden wie etwa jene der größeren Gefahrennähe, der schnelleren Erreichbarkeit oder der wirtschaftlichen Leistungsfähigkeit der in Anspruch zu nehmenden Person. Selbst das Alter der Verantwortlichen soll nach Auffassung des OVG Sachsen-Anhalt als zulässiges Auswahlkriterium in Betracht kommen, wenn aufgrund des geringeren Alters eines der Verantwortlichen eine schnellere Reaktion zu erwarten sei (NVwZ-RR 2020, 160, 162).

3. Handlungsermessen (Auswahlermessen in sachlicher Hinsicht)

Die polizei- und ordnungsbehördlichen Eingriffsermächtigungen geben den Behörden weitreichende Möglichkeiten bei der Auswahl der zur Gefahrenabwehr anzuwendenden Mittel, also dem „Wie" der Gefahrenabwehr. Die Maßnahmen können rechtsförmlicher Natur sein (Verfügung), aber auch tatsächlicher Art (sog. Realakte). **127**

Beispiel: Die durch ein ungesichertes Erdloch in der Nähe des Kinderspielplatzes verursachte Gefahr für Leib und Leben der Kinder kann etwa durch Verfüllen des Erdloches, durch Einzäunung oder durch Anbringung eines Deckels bzw. eines Gitters gesichert werden. Soweit es sich um gleichwertige und gleichermaßen „belastungsintensive" Handlungsalternativen handeln sollte, verbleibt der Behörde hinsichtlich des einzusetzenden Mittels Entscheidungsfreiheit.

Eine verbindliche Grenze für die Ausübung des Handlungsermessens statuiert allerdings der **Verhältnismäßigkeitsgrundsatz**, der nicht nur übergeordnetes Verfassungspostulat ist, sondern bereits unmittelbar durch einfaches Recht vorgegeben wird. So formuliert § 2 Abs. 1 PolG in inhaltlicher Übereinstimmung mit § 15 Abs. 1 OBG, dass *„von mehreren möglichen und geeigneten Maßnahmen (...) die Polizei diejenige zu treffen (hat), die den Einzelnen und die Allgemeinheit voraussichtlich am wenigsten beeinträchtigt"*. Nach Absatz 2 darf *„eine Maßnahme nicht zu einem Nachteil führen, der zu dem erstrebten Erfolg erkennbar außer Verhältnis steht"*. Die Missachtung dieser Vorgaben stellt eine Ermessensüberschreitung i. S. d. § 40 VwVfG dar und führt zur Rechtswidrigkeit der jeweiligen Maßnahme. Fächert man die hiermit genannten Anforderungen systematisch auf, ergibt sich eine dreistufige Prüfung dahingehend, dass die behördlicherseits gewählte Maßnahme **128**

- **geeignet** sein muss, den Erfolg herbeizuführen bzw. ihm zumindest näher zu kommen,
- **erforderlich** sein muss, es also (unter den gleichermaßen geeigneten Mitteln) kein „milderes Mittel" gibt, sowie
- **zumutbar** in dem Sinne sein muss, dass die mit der Maßnahme verbundenen Nachteile nicht außer Verhältnis zu dem verfolgten Zweck stehen.

Die hiermit verbundenen Aspekte der Verhältnismäßigkeit stehen nicht selten im Zentrum der polizeirechtlichen Fallbearbeitung und können im Detail äußerst schwierige Fragen aufwerfen. **129**

Dies gilt bereits für die Frage der Geeignetheit einer Maßnahme, die nicht erst dann zu bejahen ist, wenn sie das Ziel vollumfänglich erreicht, sondern bereits dann, wenn durch sie die Gefahr nur vermindert oder auch nur vorübergehend abgewehrt wird. Die Maßnahme muss also aus der ex ante-Betrachtung lediglich ein Schritt in die richtige Richtung sein.

Beispiele: Um einer konkret drohenden Gewalteskalation entgegen zu wirken, verbietet die Ordnungsbehörde einer berüchtigten Rockergruppe das Tragen näher bestimmter Embleme und Abzeichen. Die Geeignetheit der Maßnahme erscheint durchaus fraglich, kann aber je nach Lage des Einzelfalles als „Schritt in die richtige Richtung" zu bejahen sein (einschränkend aber OVG Bremen, DÖV 2012, 204 L). Die Polizei verhängt gegen besonders kriminelle Mitglieder der örtlichen Drogenszene ein Aufenthaltsverbot für den Bereich des Hauptbahnhofes (heute spezialgesetzlich geregelt in § 34 Abs. 2 PolG). Die Möglichkeit einer bloßen Verlagerung der Szene an einen anderen Ort ist nicht auszuschließen. Dennoch ist die Maßnahme als Schritt in die richtige Richtung geeignet, die weitere Begehung von Straftaten zu erschweren (so zu Recht BayVGH, NVwZ 2000, 454, 456).

130 Von größerer Fallrelevanz wird regelmäßig die Frage der „Erforderlichkeit" einer Maßnahme sein, also die Frage nach alternativen und weniger eingriffsintensiven Möglichkeiten der Gefahrenabwehr.

Beispiele: Zur Abwehr von Gefahren für das Grundwasser verlangt die Behörde die Beseitigung des Öltankes. Die Maßnahme ist nicht erforderlich und damit unverhältnismäßig, wenn bereits die Außerbetriebnahme und Reinigung des Tankes zur Zweckerreichung genügt hätten (OVG NRW, NJW 1980, 2216). Das Abschleppen eines PKW kann mangels Erforderlichkeit u. U. unverhältnismäßig sein, wenn der Fahrer durch einen situationsbezogenen (!) Hinweis und Hinterlassen seiner Handynummer seine unverzügliche Rückkehrbereitschaft deutlich gemacht hat (str. – s. Rn. 258).

131 Nicht zuletzt können auch Fragen der Zumutbarkeit relevant werden; dies insbesondere dort, wo es um besonders eingriffsintensive Maßnahmen wie etwa den gezielten Todesschuss (sog. *„finalen Rettungsschuss"* – hierzu unten Rn. 244) geht.

Beispiel: In für ihn nahezu auswegloser Lage droht Geiselnehmer G mit der sofortigen Tötung seiner Geiseln. Der Polizeibeamte P sieht in der gezielten Erschießung des G das einzige Mittel zur Rettung der Geiseln. Soweit Eignung und Erforderlichkeit der (Zwangs-) Maßnahme (hier nach §§ 57 ff. PolG) gegeben sind, stellt sich gleichwohl die Frage der Zumutbarkeit.

Dabei ist es zwar verfassungsrechtlich nicht zulässig, das „eine" Leben des Geiselnehmers gegen die „vielen" Leben seiner Geiseln aufzuwiegen. Immerhin aber kann die Tötung des Geiselnehmers insoweit rechtlich „zumutbar" und damit verhältnismäßig sein, als dieser die abzuwehrende Gefahr für das Leben der Geiseln zurechenbar verursacht hat. In dieser Hinsicht hebt sich die Situation des gezielten Todesschusses deutlich ab von der im damaligen Luftsicherheitsgesetz vorgesehenen und vom BVerfG für grundrechtswidrig erachteten Möglichkeit des Abschusses eines gekaperten, mit (unschuldigen) Passagieren besetzten Flugzeuges (BVerfG, DVBl. 2006, 433 – Rn. 141).

Zumutbarkeitserwägungen sind freilich nicht nur bei schwerwiegenden Eingriffen in die Grundrechtssphäre des Bürgers, sondern auch bei weniger eingriffsintensiven Belastungen wie etwa polizei- oder ordnungsbehördlichen Interventionen im Straßenverkehr anzustellen. Ist etwa das Abschleppen eines auf dem Gehweg geparkten Fahrzeuges auch dann notwendig, wenn es sich um einen abgelegenen, von Fußgängern kaum frequentierten Fußweg handelt? Darf ein auf einem Anwohnerparkplatz abgestelltes

Fahrzeug auch dann abgeschleppt werden, wenn hierdurch erkennbar kein Berechtigter am Parken gehindert wird? Die Rechtsprechung hält derartige Maßnahmen zur Durchsetzung von Parkverboten regelmäßig für gerechtfertigt. Immerhin ergeben sich Zumutbarkeitsgrenzen im Hinblick auf die kostenrechtliche Inanspruchnahme von Fahrzeughaltern wegen der Durchsetzung nachträglich aufgestellter Verkehrsschilder (*„mobile Parkverbotsschilder“*), die nur bei einem zeitlichen Vorlauf der Beschilderung von mindestens drei vollen Tagen zulässig ist (BVerwG, BeckRS 2018, 14942; hierzu ausführlich unten Rn. 257). Nicht zuletzt können Zumutbarkeitsfragen unter dem Aspekt des Gutglaubensschutzes im Rahmen der Zustandsverantwortlichkeit relevant werden (eingehend oben Rn. 100 – „Altlasten-Grundstücke“).

Bei der Anwendung der Einzelanforderungen des Verhältnismäßigkeitsgrundsatzes 132
bleibt schließlich darauf zu achten, dass es um polizeiliche Prognoseentscheidungen geht, die durch einen späteren abweichenden Ablauf der Situation oder einen erst später eintretenden Erkenntniszugewinn nicht rechtswidrig werden. Dies bedeutet freilich nicht, dass den Polizei- und Ordnungsbehörden hinsichtlich der Geeignetheit und Erforderlichkeit von Maßnahmen der Gefahrenabwehr eine autonome „Einschätzungsprärogative“ zukäme, wie diese dem Parlamentsgesetzgeber bei grundrechtsbeschränkenden Legislativakten in erheblichem Umfange zugestanden wird (vgl. hierzu § 1 Rn. 32). Vielmehr unterliegt die Beachtung der Verhältnismäßigkeitsanforderungen voller verwaltungsgerichtlicher Kontrolle. Insofern dürfen die Maßstäbe für die Verhältnismäßigkeitsprüfung bei Gesetzen nicht unbesehen auf das Verwaltungsrecht übertragen werden.

Bei der Wahl des einzusetzenden Mittels hat die Behörde ferner den **Bestimmtheitsgrundsatz** zu beachten (§ 37 Abs. 1 VwVfG). Für den Bürger muss klar zu erkennen sein, welche konkrete Handlung von ihm gefordert wird. Ebenso muss aus Sicht der Behörde klar sein, welches Handeln im Rahmen des anschließenden Vollstreckungsverfahrens ggf. zwangsweise durchgesetzt werden darf. Fehlt es der Verfügung an der erforderlichen Klarheit, ist diese (materiell) rechtswidrig. 133

Beispiel: Die Behörde verbietet durch Allgemeinverfügung den wohnsitzlosen Personen, „sich im Stadtgebiet nach Art eines Land- oder Stadtstreichers herumzutreiben“. Die Verfügung ist mangels hinreichender Bestimmtheit rechtswidrig (Bad.-Württ. VGH, NJW 1984, 507, für eine entsprechend formulierte Verordnung).

Eine Besonderheit im Rahmen der Ausübung des behördlichen Entscheidungsspielraumes ergibt sich insofern, als dem von der Maßnahme Betroffenen *„auf Antrag zu gestatten (ist), ein anderes ebenso wirksames Mittel anzuwenden, sofern die Allgemeinheit dadurch nicht stärker beeinträchtigt wird“* (§ 3 Abs. 2 S. 2 PolG – im Ordnungsrecht entsprechend anwendbar). Hierbei kann der Betroffene auch ein solches **„Austauschmittel“** zur Anwendung bringen, das die Behörde aus Gründen der Verhältnismäßigkeit nicht hätte einfordern dürfen. 134

Beispiel: Der abrutschgefährdete Hang könnte durch ein einfaches Stahlnetz gesichert werden. Eigentümer E bietet gleichwohl eine erheblich kostenintensivere Grundsanierung des Hanges an.

Zu beachten bleibt, dass polizei- und ordnungsbehördliche Eingriffsbefugnisse nicht der **Verjährung** oder **Verwirkung** unterliegen (SaarlOVG, BeckRS 2019, 24389). Die verzögerte Intervention rechtfertigt daher nicht die Annahme der Unzumutbarkeit einer Gefahrenabwehrmaßnahme. Immerhin kann ausnahmsweise die Zulässigkeit einer Ersatzzwangshaft entfallen, wenn die Geltungsdauer der zu vollstreckenden Grundverfügung längere Zeit abgelaufen ist und auch eine Entwertung des angedrohten Zwangsmittels nicht zur Debatte steht.

Beispiel: Die drogenabhängige D hatte gegen ein Aufenthaltsverbot verstoßen, weshalb gegen sie ein Zwangsgeld festgesetzt worden war. Nachdem das Zwangsgeld über einen Zeitraum von drei Jahren nicht beigetrieben wurde, beantragt die Behörde nach § 61 VwVG beim Verwaltungsgericht die Anordnung von Ersatzzwangshaft. Der Antrag bleibt ohne Erfolg. Denn die Ersatzzwangshaft rechtfertigt sich allenfalls durch das Ziel, die Wirkung des Zwangsgelds als Beugemittel zu erhalten. Auf dieses Ziel kann sich die Behörde indes nicht berufen, da sie sich nicht zeitnah um die Eintreibung des Zwangsgeldes gekümmert hat (s. unten Rn. 242).

II. Ermessensfehler

135 Ermessensnormen verpflichten zu einer fehlerfreien Ausübung des Ermessens. Unterläuft der Behörde bei der Ausübung des Ermessens ein Fehler, ist die getroffene Maßnahme rechtswidrig, selbst wenn die tatbestandlichen Voraussetzungen für ein Eingreifen vorlagen. Welche Anforderungen an eine fehlerfreie Ermessensausübung zu stellen sind, ergibt sich aus § 40 VwVfG. Hier heißt es: „Ist die Behörde ermächtigt, nach ihrem Ermessen zu handeln, hat sie ihr Ermessen entsprechend dem Zweck der Ermächtigung auszuüben und die gesetzlichen Grenzen des Ermessens einzuhalten". Die Norm benennt inzident drei mögliche Fehlertypen bei der Ausübung des Ermessens:
- Erstens die schlichte Nichtausübung des Ermessens **(Ermessensnichtgebrauch)**,
- zweitens die Ermessensausübung unter Zugrundelegung gesetzesfremder Zwecke **(Ermessensfehlgebrauch)** und schließlich
- drittens die Überschreitung des Ermessensrahmens **(Ermessensüberschreitung)**.

Beachte: Ermessenserwägungen können von den Behörden auch noch im verwaltungsgerichtlichen Verfahren „ergänzt" werden (vgl. § 114 S. 2 VwGO). Ein solches „Nachschieben von Gründen" bzw. von Ermessenserwägungen ist freilich nur zur Präzisierung der seinerzeitigen Entscheidungsgründe zulässig. Ein vollständiger Austausch der ursprünglichen Ermessensentscheidung oder gar die erstmalige Ausübung eines bislang nicht ausgeübten Ermessens sind nicht möglich. In Grenzen zulässig bleibt immerhin die Heranziehung bislang nicht genannter Gründe, soweit diese schon zum Zeitpunkt des Erlasses der Verfügung vorlagen. Besonderheiten ergeben sich für Verfügungen mit Dauerwirkung (z. B. Untersagungsverfügungen), die von der Behörde für die Zukunft mit geänderter Begründung aufrechterhalten werden können (BVerwG, NVwZ 2014, 151, 153 f.: Verbot der Sportwettvermittlung).

1. Ermessensnichtgebrauch

136 § 40 VwVfG verpflichtet die Behörde, *„ihr Ermessen (...) auszuüben"*. Ein Ermessensfehler liegt daher vor, wenn die Behörde ihr Ermessen nicht ausübt, insbesondere wenn sie nicht erkennt, dass das Gesetz ihr Ermessen einräumt. Ein solcher Ermessensnichtgebrauch ist im polizeilichen Kontext auf allen drei Ebenen der Ermessensausübung denkbar.

Auf der Ebene des **Entschließungsermessens** ergibt sich ein derartiger Fehler dann, wenn der Ordnungsbeamte irrig davon ausgeht, bei jeder Gefahr für die öffentliche Sicherheit einschreiten zu müssen. Seine Maßnahmen sind in diesem Falle wegen Nichtausübung des Ermessens rechtswidrig.

Auf der Ebene des **Störerauswahlermessens** ergibt sich ein Ermessensnichtgebrauch dann, wenn die Behörde eine bestehende Auswahlmöglichkeit zwischen mehreren Störern nicht ausübt, etwa weil sie die korrekte Anzahl aller Verantwortlichen nicht erkennt.

Beispiel: P hat ein Hanggrundstück zum Zwecke des Weinanbaus gepachtet, das er von seinen Söhnen S und T bewirtschaften lässt. Aufgrund der Bodenarbeiten im Weinberg droht ein Abrutschen des Hanges. Die Behörde verpflichtet Sohn S zu Sicherungsmaßnahmen. Der einschlägige Bescheid lässt erkennen, dass die Behörde ihre Störerauswahl lediglich zwischen P, S und T getroffen, die Zustandsverantwortlichkeit des Eigentümers E mithin offensichtlich nicht zur Kenntnis genommen hat. Die Inanspruchnahme des S ist wegen Ermessensnichtgebrauchs (hinsichtlich einer möglichen Inanspruchnahme des E) rechtswidrig.

Auf der Ebene des Handlungsermessens ergibt sich ein Ermessensnichtgebrauch dann, wenn die Behörde nicht gesehen oder berücksichtigt hat, dass die Gefahr auch durch eine andere, ebenso effektive Maßnahme beseitigt werden könnte.

Beispiel: Die Ordnungsbehörde verpflichtet den Eigentümer E, ein in der Nähe des Kinderspielplatzes befindliches Erdloch durch einen Zaun abzusichern. Soweit die Behörde nicht gesehen haben sollte, dass ein Erdgitter ebenso geeignet war, die Gefahr zu beheben, wäre die angeordnete Maßnahme wegen Nichtausübung des Handlungsermessens rechtswidrig (oben Rn. 127).

2. Ermessensfehlgebrauch

Ebenfalls in der Grundregel des § 40 VwVfG mitformuliert ist die Pflicht der Behörde, das Ermessen „entsprechend dem Zweck der Ermächtigung" auszuüben. Ermessensfehlerhaft ist also die Verfolgung anderer als der vom Gesetz verfolgten *gefahrenabwehrrechtlichen Zwecke*. Auch insoweit sind auf allen drei Ebenen der polizeilichen Ermessensausübung, insbesondere aber bei der Störerauswahl, Fehler denkbar; etwa dadurch, dass die Behörde persönliche Gründe (z. B. die Parteimitgliedschaft des Verantwortlichen oder aber einen persönlichen Nachbarstreit) zum Anlass ihres Einschreitens, zum Motiv ihrer Störerauswahl oder auch zum Motiv der Auswahl des konkreten Mittels der Gefahrenabwehr macht. Dagegen wird die Berücksichtigung *fiskalischer* oder *prozesstaktischer* Erwägungen nicht in jedem Fall jenseits der Zwecke des Polizei- und Ordnungsrechts angesiedelt werden können. 137

Beispiele: Wegen eines schwelenden Streits um die Eigentumsverhältnisse an einem abrutschgefährdeten Hanggrundstück richtet die Behörde ihre Gefahrenabwehrmaßnahme gegen den Inhaber der tatsächlichen Gewalt. Wegen der Kostenintensität notwendiger Felssicherungsmaßnahmen richtet die Ordnungsbehörde ihre Verfügung an den wohlhabenden Eigentümer E und nicht an den insolventen Pächter als Inhaber der tatsächlichen Gewalt.

3. Ermessensüberschreitung

Schlussendlich können Fälle eintreten, in denen die Behörde den ihr eingeräumten Ermessensspielraum überschreitet. Auch hierbei sind Verstöße theoretisch wiederum auf 138 allen drei Ebenen der polizei- und ordnungsbehördlichen Ermessensausübung denkbar, wenngleich es de facto zumeist um Fehler auf der Ebene des Handlungsermessens geht.

Auf der Ebene des Entschließungsermessens ergibt sich eine derartige Konstellation lediglich ausnahmsweise, insbesondere dann, wenn die Behörde aufgrund einer „Ermessensreduzierung auf Null" zum Einschreiten verpflichtet ist, sich hingegen in Unkenntnis dieser Rechtslage gegen ein Einschreiten entscheidet. Der in der Rechtsprechung häufiger gerügte Ermessensfehler eines unterschiedlichen bzw. planlosen Vorgehens der Behörden in gleichgelagerten Fällen (s. etwa VGH BW, JURA 2016, 332 – *Eifert*) dürfte als Verletzung des Art. 3 Abs. 1 GG dagegen einen Fall des Ermessensfehlgebrauchs darstellen. Ohne Relevanz bleibt die Ermessensüberschreitung nach hiesiger Rechtsauslegung auf der Ebene der Störerauswahl, da der einschlägige Fall der Inanspruchnahme eines Nichtstörers außerhalb des polizeilichen Notstandes bereits tatbestandlich nicht von der Befugnisnorm gedeckt wäre.

Bei der Ausübung des Handlungsermessens ergibt sich eine Ermessensüberschreitung insbesondere dort, wo die Behörde eine bestimmte Maßnahme unter Verletzung des **Grundsatzes der Verhältnismäßigkeit** anordnet (oben Rn. 128 ff.). Der ungeeigneten, nicht erforderlichen oder gar unzumutbaren Maßnahme liegt daher immer ein Ermessensfehler in Gestalt der Ermessensüberschreitung zugrunde. In der Fallbearbeitung ist hier also der richtige Ort zur Prüfung des Übermaßverbotes. Auch in der (rechtswidrigen) Anordnung einer unbestimmten Maßnahme (§ 37 Abs. 1 VwVfG) liegt bei systematischer Betrachtung eine Ermessensüberschreitung, so dass diesbezügliche Fragen ebenfalls im Rahmen des Handlungsermessens abzuarbeiten wären.

Hinweis: Aufbautechnisch problematisch ist – zumindest im Regelfall - die für die Rechtsfolgenseite gelegentlich vorgeschlagene Prüfung der Vereinbarkeit der Polizeimaßnahme mit Grundrechten. Die hiermit anvisierten Fragen werden i. d. R. im Rahmen einer konventionellen Prüfung der Verhältnismäßigkeit der Maßnahme beantwortet werden können. In keinem Falle sollte eine Polizeirechtsklausur auf diese Weise zu einer Grundrechtsklausur „umgebaut" werden.

139 In der Übersicht ergibt sich danach folgendes System der möglichen Ermessensfehler im Polizei- und Ordnungsrecht:

Abb. 5: Die Ermessensprüfung

Ebenen der Ermessensprüfung
Entschließungsermessen: – Ermessensnichtgebrauch durch irrige Annahme einer Pflicht zum Einschreiten – Ermessensfehlgebrauch durch sachfremde Erwägungen bei der Entscheidung – Ermessensüberschreitung durch Nichteingreifen bei Ermessensreduktion auf Null
Auswahlermessen: – Ermessensnichtgebrauch bei Fehleinschätzung der Zahl der Störer – Ermessensfehlgebrauch durch sachfremde Erwägungen bei der Entscheidung – Ermessensüberschreitung bei Inanspruchnahme von Nichtverantwortlichen (bereits tatbestandlich nicht von der Eingriffsermächtigung gedeckt, s. §§ 4–6 PolG)
Handlungsermessen: – Ermessensnichtgebrauch bei Übersehen von Handlungsalternativen – Ermessensfehlgebrauch durch sachfremde Erwägungen bei der Entscheidung – Ermessensüberschreitung bei Anordnung unverhältnismäßiger oder im Gesetz nicht zugelassener Maßnahmen

III. Anhang

Literatur: *Grapatin/Wildhagen,* Die Prüfung der Verhältnismäßigkeit im öffentlichen Recht, iurratio 2010, 198ff.; *Jochum,* Die polizei- und ordnungsrechtliche Störermehrheit und die beschränkte Kostentragungspflicht des „Nicht-So-Störers", NVwZ 2003, 526ff.; *Kment/Vorwalter,* Beurteilungsspielraum und Ermessen, JuS 2015, 193ff.; *Michael,* Grundfälle zur Verhältnismäßigkeit, JuS 2001, 654ff., 764ff., 866ff.; *Schoch,* Das verwaltungsbehördliche Ermessen, JURA 2004, 462ff.; *ders.,* Das „intendierte Ermessen", JURA 2010, 358ff. **140**

Klausurbearbeitung: *Burgi/Wienbracke,* Gefährliche Sportausübung und Allgemeines Verwaltungsrecht, NWVBl. 2002, 283ff.; *Dietlein/Hellermann,* „Spiel ohne Regeln", in: Klausurenbuch Öffentliches Recht in NRW, 3. Aufl. 2021, Fall 16; *Zilkens,* Ghostwriter, JuS 1999, 672ff.

Kontrollfragen:

1. Zwischen welchen Ebenen der polizei- und ordnungsbehördlichen Ermessensausübung wird differenziert?
2. Wann liegt eine „Ermessenreduzierung auf Null" auf der Ebene des Entschließungsermessens vor?
3. Ist der Handlungsstörer regelmäßig vor dem Zustandsstörer in Anspruch zu nehmen? Gilt Gleiches für den sog. „Doppelstörer" (Handlungs- und Zustandsstörer) vor dem einfachen Störer?
4. Zwischen welchen „Ermessensfehlern" ist zu differenzieren?
5. Wodurch wird maßgeblich das sog. „Handlungsermessen" bestimmt?

G. Die klassische „Polizeirechtsklausur" – Prüfungsschema der Generalklausel

Gegenstand der Polizeirechtsklausur ist regelmäßig die Beurteilung der Rechtmäßigkeit einer (bereits abgeschlossenen) Polizeimaßnahme, oft integriert in die Prüfung einer verwaltungsgerichtlichen Klage gegen die betreffende Maßnahme. Lässt man die prozessuale Einbindung (*Zulässigkeit* und *Begründetheit* der Klage) außer Betracht, erfolgt die (der Begründetheitsprüfung zuzuordnende) Rechtmäßigkeitsprüfung in **drei Stufen:** Zunächst ist – unabhängig von der rechtlichen Qualität der Maßnahme – die einschlägige *Ermächtigungsgrundlage* festzustellen. **141**

Da selbstverständlich auch belastende Realakte (z. B. der Einsatz des Wasserwerfers) der gesetzlichen Ermächtigung bedürfen, wäre es verfehlt, vorab feststellen zu wollen, ob es sich bei der Maßnahme um einen Verwaltungsakt i. S. d. § 35 VwVfG handelt.

Hieran schließt sich die Prüfung der *formellen Rechtmäßigkeit* der Maßnahme an. Zuletzt erfolgt die Prüfung der *materiellen Rechtmäßigkeit* der Maßnahme, also die Prüfung, ob die Maßnahme im konkreten Fall durch die einschlägige Ermächtigungsgrundlage gedeckt wird. Dieser im Grundsatz unabhängig von der Rechtsnatur der Maßnahme für alle polizeilichen Interventionen (einschließlich des Vollstreckungsrechts) geltende Prüfungsaufbau lässt sich im Hinblick auf den „Normalfall" des Erlasses einer polizei- oder ordnungsbehördlichen Verfügung wie folgt präzisieren.

I. Eingriffsermächtigung

Polizei- und ordnungsbehördliche Maßnahmen bedürfen aufgrund ihres belastenden Charakters (nicht nur, aber insbesondere als „belastender Verwaltungsakt") einer gesetzlichen Ermächtigungsgrundlage *(Vorbehalt des Gesetzes)*. Das Auffinden der einschlägi- **142** gen Befugnisnorm setzt zunächst die Prüfung voraus, ob dem Polizei- bzw. Ordnungsbehördengesetz im konkreten Fall womöglich spezielle Gefahrenabwehrgesetze (z.B. das Hundegesetz NRW) vorgehen. Ist dies nicht der Fall, ist weiter zu untersuchen, ob und inwieweit innerhalb des Polizei- bzw. Ordnungsbehördengesetzes spezielle Eingriffsermächtigungen (Standardermächtigungen, Vollstreckungsermächtigungen) der Generalklausel vorgehen. Die Frage der Spezialität einer Eingriffsermächtigung erschließt sich ausschließlich durch eine Analyse der Rechtsfolgenseite der Befugnisnorm (oben Rn. 46). Ergibt sich auch hier kein Vorrang spezieller Normen, ist die jeweilige Generalklausel einschlägig.

II. Formelle Rechtmäßigkeit

143 Bei der Prüfung der formellen Rechtmäßigkeit der Maßnahme stellt sich stets und unabhängig von der Rechtsqualität der getroffenen Maßnahme die Frage nach der Zuständigkeit der handelnden Behörde, wobei bei genuin polizeilichen Maßnahmen die Abgrenzung der Zuständigkeiten von Polizei- und Ordnungsbehörde relevant wird. Das weitere Prüfungsprogramm richtet sich dann nach der Qualität der Maßnahme (Realakt, Verwaltungsakt). Regelmäßig wird es sich bei Maßnahmen auf der Grundlage der Generalklausel um Verwaltungsakte i. S. d. § 35 VwVfG handeln. Vorzugsweise wird die Behörde dabei *verfügende* Verwaltungsakte erlassen, die gem. § 50 Abs. 1 PolG bzw. § 55 Abs. 1 VwVG vollstreckt werden können, denkbar sind aber auch *feststellende* Verwaltungsakte und sog. *„Duldungsverfügungen"*.

Beispiel: Die Ordnungsbehörde teilt mit, dass sie Straßenmusik im Stadtgebiet künftig nur noch in der S- und T-Straße hinnimmt, und nennt präzise zeitliche Vorgaben. Obgleich die Behörde gerade nicht „einschreitet", handelt es sich bei der „Duldung" um eine Gefahrenabwehrmaßnahme mit Verwaltungsaktqualität (Bad.-Württ. VGH, NJW 1987, 1839).

144 Handelt die Behörde in der Form des Verwaltungsaktes, so sind in formeller Hinsicht die spezifisch verwaltungsaktbezogenen Verfahrensvoraussetzungen zu überprüfen. So sind – abgesehen von Fällen der Gefahr im Verzug – Formerfordernisse zu beachten (§ 20 OBG, § 37 VwVfG) und Anhörungserfordernisse zu wahren (§ 28 VwVfG). Die polizei- oder ordnungsbehördliche Verfügung muss ferner, sofern sie schriftlich ergangen oder bestätigt worden ist, ordnungsgemäß begründet werden (§ 39 VwVfG). Schließlich ist stets die ordnungsgemäße Bekanntgabe eines Verwaltungsaktes notwendig (§ 41 VwVfG), wobei bei Allgemeinverfügungen eine ortsübliche Bekanntmachung hinreicht.

Beispiel: Wegen eines Banküberfalls mit Geiselnahme haben sich unzählige Schaulustige vor der Bank eingefunden. Per Megaphon ordnen die Beamten eine Platzverweisung (§ 34 Abs. 1 PolG) gegenüber der Menschenmenge an.

III. Materielle Rechtmäßigkeit

145 In der materiellen Rechtmäßigkeitsprüfung wird schließlich der konkrete Sachverhalt unter die tatbestandlichen Voraussetzungen der Eingriffsermächtigung subsumiert. Hier erweist sich die erfolgreiche Suche nach der einschlägigen Befugnisnorm als entscheidend, da das konkrete Prüfungsprogramm durch die jeweils einschlägige

Eingriffsnorm vorgegeben wird. Handelt es sich bei der Befugnisnorm – wie im Polizei- und Ordnungsrecht regelmäßig der Fall – um eine Ermessensnorm, hängt die Rechtmäßigkeit der bereits durchgeführten Maßnahme ferner davon ab, dass die Behörde das ihr eingeräumte Ermessen auf allen drei Ebenen (Entschließungs-, Störerauswahl- und Handlungsermessen) in ordnungsgemäßer Weise ausgeübt hat. Fehler in der Ermessensausübung führen also auch dann zur Rechtswidrigkeit der Maßnahme, wenn die tatbestandlichen Eingriffsvoraussetzungen vorgelegen haben.

Für Gefahrenabwehrmaßnahmen auf der Grundlage der polizei- oder ordnungsbe- 146
hördlichen Generalklausel ergibt sich danach folgendes Prüfungsschema:

Abb. 6: Die Polizeiverfügung

Rechtmäßigkeit eines Eingriffs nach § 8 Abs. 1 PolG/§ 14 Abs. 1 OBG
I. Ermächtigungsgrundlage – kein Sondergesetz einschlägig (z. B. Hundegesetz NRW, s. dort § 12) – keine Spezialermächtigung des PolG/OBG gegeben (z. B. Standardermächtigungen)

II. Formelle Rechtmäßigkeit
– Zuständigkeit
  – sachlich (Abgrenzung Polizei/Ordnungsbehörde)
  – örtlich (§ 7 POG/§ 4 OBG)
  – instanziell (§§ 11 ff. POG)
– bei Handeln in Form eines Verwaltungsakts
  – Anhörung (§ 28 VwVfG)
  – Form der Verfügung (§ 37 Abs. 2 VwVfG/§ 20 OBG)
  – Begründung (soweit schriftlicher Verwaltungsakt, § 39 VwVfG)
  – Bekanntgabe (§ 41 VwVfG)

III. Materielle Rechtmäßigkeit
– Gefahr für die öffentliche Sicherheit oder Ordnung
  – Schutzgut öffentliche Sicherheit
  – Schutzgut öffentliche Ordnung
  – Gefahrenbegriff
– Ordnungsgemäßer Adressat (§ 4–6 PolG, § 17–19 OBG)
  – Handlungsverantwortlichkeit
  – Zustandsverantwortlichkeit
  – polizeilicher Notstand *(Nichtstörer)*
– Rechtsfolgenseite: Fehlerfreie Ermessensausübung (§ 40 VwVfG)
  – Entschließungsermessen
  – Störerauswahlermessen (mit integrierter Prüfung sonstiger Verantwortlicher)
  – Handlungsermessen *(inkl. Verhältnismäßigkeit/Bestimmtheit)*

IV. Anhang

Literatur: *Poscher/Rusteberg,* Die Klausur im Polizeirecht, JuS 2011, 888 ff., 984 ff., 1082 ff.; *dies.*, JuS 147
2012, 26 ff.; *Stollmann,* Die polizeirechtliche Verfügung, VR 2003, 335 ff.; *Mann,* Einführung in die juristische Arbeitstechnik, 5. Aufl. 2015.

Klausurbearbeitung: *Dietlein/Hellermann,* Klausurenbuch Öffentliches Recht in NRW, 3. Aufl. 2021, Fälle 13–18.

Kontrollfragen:

1. Wie ist die (nachträgliche) Rechtmäßigkeitsprüfung einer Polizeimaßnahme durchzuführen?
2. Wann ist die jeweilige Generalklausel anwendbar?

H. Der Anspruch auf polizeiliches Einschreiten

148 Der grundrechtlichen Fundierung des präventiven Gefahrenabwehrrechts entspricht es, dass die polizei- und ordnungsrechtlichen Eingriffsermächtigungen heute durchgängig als „drittschützend“ in der Weise angesehen werden, dass derjenige, dessen Individualrechtsgüter gefährdet sind, Schutzansprüche gegen die Behörde geltend machen kann. In dem Dreiecksverhältnis Staat-Störer-Gefährdeter (sog. „Störerdreieck“) ist der Gefährdete also nicht bloß Destinatär staatlicher „Wohltaten“, sondern als Staatsbürger mit eigenen Ansprüchen ausgestattet, die ihm ggf. ein **Recht auf polizeiliches oder ordnungsbehördliches Einschreiten**, jedenfalls aber ein („formelles“) Recht auf fehlerfreie Ermessensentscheidung über ein Eingreifen vermitteln können. Da die gefahrenabwehrrechtliche Intervention aus Sicht des Störers gleichwohl eine belastende Maßnahme bleibt und dem Vorbehalt des Gesetzes unterliegt, kommt ein unmittelbarer Rückgriff auf die grundrechtlichen Schutzpflichten des Staates (oben Rn. 3) als Grundlage eines Anspruchs auf Einschreiten regelmäßig nicht in Betracht (missverständlich VG Köln, NWVBl. 2018, 485, 486).

I. Dogmatische Begründung

149 Betrachtet man Genese und Wortlaut namentlich der Generalklauseln, ist die Annahme einer drittschützenden Wirkung der Norm freilich keineswegs so selbstverständlich, wie dies heute den Anschein hat. Namentlich der dortige Bezug auf die „öffentliche“ Sicherheit und die „öffentliche“ Ordnung ließe sich durchaus als Absage gegen eine individualschützende Funktion der Norm interpretieren; dies umso mehr, als auch der Schutz „privater Rechte“ allenfalls ausnahmsweise zum Aufgabenbereich der Polizei zählt (§ 1 Abs. 2 PolG). Noch vor wenigen Jahrzehnten war es denn auch fast einhellige Auffassung in Rechtsprechung und Schrifttum, dass das bedrohte Individuum lediglich als (namenloser) „Repräsentant der Allgemeinheit“ geschützt werde und daher kein subjektiv-öffentliches Recht gegen die Polizeiverwaltung geltend machen könne (OVG NRW, OVGE 6, 43, 51). Wenn die Anerkennung einer drittschützenden Funktion der polizeilichen Eingriffsnormen heute dennoch einhellige Auffassung ist, so zum einen mit Blick auf die grundrechtliche Dimension des staatlichen Schutzauftrags (oben Rn. 3), zum anderen mit Blick auf die verwaltungsrechtliche **„Schutznormlehre“** bzw. **„Schutznormtheorie“**. Ihr zufolge ist zwingenden Normen des objektiven Rechts ein hiermit korrespondierendes subjektiv-öffentliches Recht der durch sie faktisch begünstigten Personen grundsätzlich dann zu entnehmen, wenn die betreffende Norm *zumindest auch* dem Schutz der Individualinteressen dieser Personen zu dienen bestimmt ist. Anders gewendet bleibt ein subjektiv-öffentliches Recht grundsätzlich nur dann ausgeschlossen, wenn sich die Schutzwirkung als zufällige, gesetzlich unbeabsichtigte Nebenfolge des Gesetzes, kurzum als Rechtsreflex, einstellt.

Nach der „klassischen“ Lehre handelt es sich freilich um eine dreistufige Prüfung. So ist zunächst zu prüfen, ob ein zwingender Rechtssatz des objektiven Rechts besteht; sodann fragt es sich, ob dieser Rechtssatz zumindest auch im Interesse des Einzelnen besteht. Zuletzt ist festzustellen, ob dem Einzelnen die Rechtsmacht zur Normdurchsetzung vermittelt werden soll. Letztgenannte Voraussetzung wird mit Blick auf die Regelvermutung des Art. 19 Abs. 4 GG heute zumeist nicht mehr gesondert erwähnt (hierzu in Kontext der Generalklauseln eingehend *Dietlein,* DVBl. 1991, 685).

Legt man diese (engen oder weiten) Kriterien der Schutznormlehre zugrunde, kann die (auch) subjektive („drittschützende") Zielrichtung der Gefahrenabwehrnormen nicht zweifelhaft sein. Dies selbst dann nicht, wenn man das Individuum entsprechend vormaliger Polizeirechtsdoktrin lediglich als „Repräsentanten der Allgemeinheit" geschützt sähe. Denn jedenfalls soweit es um den Schutz von Individualrechtsgütern geht, wäre der Einzelne auch in diesem Falle zugleich zielgerichtet in den normativ vermittelten Schutz einbezogen. Es handelte sich also bei den Schutzwirkungen des Polizeirechts in Wahrheit noch nie um bloße Rechtsreflexe, so dass der auch heute noch im Gesetz verwandte Begriff der *„öffentlichen"* Sicherheit ohne nachteilige Folgen bleibt.

Beachte: Die Frage nach einer möglichen „drittschützenden" Wirkung behördlicher Eingriffsermächtigungen stellt sich häufig in verwaltungsrechtlichen Klausuren und wird je nach der Sachmaterie unterschiedlich zu beantworten sein. Für § 45 Abs. 1 S. 1 StVO, der auf der Basis der Ermächtigung des § 6 StVG Verkehrsbeschränkungen (z. B. Aufstellung von Verkehrsschildern) *„aus Gründen der Sicherheit oder Ordnung des Verkehrs"* ermöglicht, geht die Rechtsprechung von einer grundsätzlich allein auf die „Allgemeinheit" bezogenen Schutzzielrichtung der Norm aus. Eine relevante Ausnahme wird immerhin für Straßenanlieger gemacht, deren Schutz durch § 45 Abs. 1 S. 1 StVO mit intendiert sei. Einen ausdrücklichen Drittschutz formuliert § 45 Abs. 1 S. 2 Nr. 3 StVO in Bezug auf den Lärmschutz der Wohnbevölkerung (instruktiv hierzu BayVGH, NVwZ 2020, 1205: Drittschutz nur für natürliche Personen). Die lärmschutzrechtliche Generalklausel des § 15 LImSchG wird als drittschützend insoweit anzusehen sein, als die durchzusetzenden materiellen Regelungen drittschützend sind (z. B. § 12 LImSchG in Bezug auf nächtliches Hundegebell auf dem Nachbargrundstück). Auch für die versammlungsrechtliche Eingriffsnorm des § 15 Abs. 1 VersG wird eine drittschützende Wirkung insoweit angenommen, als eine unmittelbare Gefahr für geschützte Individualrechtsgüter droht (z. B. „Belagerungssituation" vor einer Privatwohnung; s. unten Rn. 310c). Abgelehnt wird ein Drittschutz dagegen für die straßen- und wegerechtliche Generalklausel des § 22 StrWG.

Zu beachten bleibt allerdings, dass die individuelle Begünstigungsintention der polizeilichen Befugnisnormen auf Gefahren für die *eigenen Individualrechtsgüter* beschränkt bleibt. Ein subjektives Recht etwa auf die Abwehr von Gefahren für die Schutzgüter Dritter oder staatliche Schutzgüter besteht also nicht. Dies gilt unabhängig davon, ob das durch die objektive Norm vermittelte Ermessen im Einzelfall auf Null reduziert ist oder nicht. 150

Beispiel: A erfährt von einem unmittelbar bevorstehenden Anschlag auf den Politiker P. Er wendet sich an die Polizei und verlangt deren sofortiges Einschreiten. Objektiv ist das (Entschließungs-)Ermessen der Behörde gewiss auf Null reduziert: die Behörde *muss* tätig werden. A hat gleichwohl, anders als P, kein mit der objektiven Pflicht der Behörde korrelierendes subjektives Recht auf polizeiliches Einschreiten, da es nicht um den Schutz eigener Güter geht.

Dagegen wird ein Schutzanspruch nicht von vornherein dadurch ausgeschlossen, dass der Anspruchsinhaber selbst zugleich als Störer anzusehen ist.

Beispiel: O beendet auf eigenen Wunsch eine langjährige Therapie in einer psychiatrischen Klinik und wird dadurch obdachlos. Da die Obdachlosigkeit hier nicht freiverantwortlich gewählt wurde, sondern unvermeidliche Folge des Therapieabbruchs ist, liegt eine Gefahr im polizeirechtlichen Sinne vor (oben Rn. 52). O hat einen Anspruch auf Einweisung in eine städtische Unterkunft (BW VGH, BeckRS 2019, 32671).

II. Reichweite des Anspruchs

151 Einer differenzierten Lösung bedarf es schließlich hinsichtlich der Frage nach der Reichweite des durch die Befugnisnormen inzident vermittelten subjektiv-öffentlichen Rechts. Der rechtsdogmatische Schlüssel zur Lösung dieser Frage liegt in der Erkenntnis, dass das subjektiv-öffentliche Recht seinem Wesen nach die Befugnis zur (notfalls gerichtlichen) Durchsetzung der Geltungsanordnung einer objektiven Norm darstellt. Das subjektiv-öffentliche Recht findet also seinen Grund sowie seine Grenzen in der objektiven Norm und kann insoweit niemals weiter reichen als die objektive Norm selbst. Handelt es sich bei der objektiven Norm aber – wie im Polizei- und Ordnungsrecht regelmäßig der Fall – um eine Ermessensnorm, beschränkt sich auch der **Anspruch** des Einzelnen notwendig **auf eine ermessensfehlerfreie Entscheidung** über ein mögliches Eingreifen. Man spricht missverständlich von einem „formellen" subjektiven Recht. Keinesfalls vermittelt die Ermessensnorm also unmittelbar einen Anspruch auf polizei- oder ordnungsbehördliches Einschreiten. Ein derartiger Anspruch auf Einschreiten besteht vielmehr erst dort, wo das Ermessen der Behörde im Einzelfall (objektiv) auf Null reduziert ist, wie dies in schweren Gefahrenlagen oder aufgrund einer besonderen Folgenbeseitigungslast der Behörde der Fall sein kann. Dabei kann je nach Lage des Einzelfalles nicht nur das Entschließungsermessen, also das „Ob" des Einschreitens, sondern auch das Störerauswahlermessen oder gar das Handlungsermessen auf Null reduziert sein.

Beispiel: Per Allgemeinverfügung hat die örtliche Ordnungsbehörde bekannt gegeben, ungenehmigte Straßenmusik künftig nur noch zeitlich zwischen 10 und 18 Uhr sowie räumlich in der S- und der T-Straße zu dulden. Als Folge hiervon konzentrieren sich in der S- und der T-Straße Straßenmusikanten, die munter auch nach 18 Uhr ihre Künste darbieten. Unter dem Aspekt der Folgenbeseitigungslast hat Anwohner A hier einen Anspruch auf behördliches Einschreiten gegen die nächtlichen Musikanten vor seinem Schlafzimmerfenster (§ 15 Abs. 1 i. V. m. § 10 LImSchG).

Soweit sich der Anspruch – wie im Regelfall – darauf beschränkt, dass die Behörde ermessensfehlerfrei über ein mögliches Einschreiten entscheidet, besteht dieser Anspruch solange fort, bis eine entsprechende Entscheidung erfolgt ist. Eine fehlerhafte Ermessensentscheidung führt also nicht zum Untergang des Anspruches; vielmehr kann dieser weiterhin geltend gemacht und notfalls gerichtlich durchgesetzt werden.

Beispiel: Trotz eindringlicher Bitte eines Anwohners weigert sich die Behörde, gegen Straßenmusik vorzugehen, da sie in den Musikanten eine Belebung des Stadtbildes zum Nutzen der Touristik sieht. Soweit hier das Ermessen nicht wegen einer besonderen Vorgeschichte auf Null reduziert ist, wurde das Ermessen des § 15 LImSchG jedenfalls nicht entsprechend dem Zweck des Gesetzes ausgeübt; der Anspruch des Anwohners auf fehlerfreie Ermessensentscheidung besteht fort.

152 Missachtet die Polizei- oder Ordnungsbehörde ihre Pflicht zum Einschreiten, liegt hierin eine Amtspflichtverletzung, die gem. Art. 34 S. 1 GG i. V. m. § 839 BGB zum Schadensersatz verpflichten kann (unten Rn. 270). Auch soweit das Entschließungsermessen der Behörde nicht auf Null reduziert ist, bleibt die fehlerhafte Ermessensausübung eine Amtspflichtverletzung, wenngleich hier ein kausaler Schaden nicht in jedem Fall nachzuweisen sein wird.

III. Anhang

Literatur: *Dietlein,* Der Anspruch auf polizei- oder ordnungsbehördliches Einschreiten – Zu den dogmatischen Grundlagen des drittschützenden Charakters der polizei- und ordnungsbehördlichen Generalklauseln, DVBl. 1991, 685ff.; *Di Fabio,* Die Ermessensreduzierung, VerwArch 1995, 214ff.; *Kment/Vorwalter,* Beurteilungsspielraum und Ermessen, JuS 2015, 193ff. 153

Klausurbearbeitung: *Dietlein/Hellermann,* „Spiel ohne Regeln“, in: Klausurenbuch Öffentliches Recht in NRW, 3. Aufl. 2021, Fall 16; *Siemen,* Blockade eines Schlachthofs, JuS 2005, 251ff.

Kontrollfrage:

Vermitteln die im Polizei- und Ordnungsrecht regelmäßig vorhandenen Ermessensnormen einen Anspruch auf polizei- oder ordnungsbehördliches Einschreiten?

I. Die polizei- und ordnungsbehördlichen „Standardmaßnahmen“

I. Grundlagen

Neben dem Zugriff auf der Grundlage der polizei- und ordnungsbehördlichen Ge- 154
neralklauseln kennen die Gesetze sog. **„Standardmaßnahmen“**, wie sie speziell durch das Polizeigesetz (§§ 9 bis 46 PolG) kodifiziert und durch § 24 OBG in weitem, wenngleich nicht in vollem Umfang in das Ordnungsbehördengesetz rezipiert worden sind. Unter polizeilichen „Standardmaßnahmen“ versteht man Eingriffe, die von den Polizei- oder Ordnungsbehörden auf der Grundlage von **speziellen Befugnisnormen** (sog. „Standardermächtigungen“) vorgenommen werden. Die in den Standardermächtigungen formulierten Rechtsfolgeanordnungen dürfen also nicht auf der Grundlage der allgemeinen Generalklauseln angeordnet werden, sondern ausschließlich nach Maßgabe der vorrangigen Sonderermächtigungen *(lex specialis derogat legi generali).* Die **allgemeine Vorrangregel** wird in § 8 Abs. 1 PolG ausdrücklich erwähnt: Danach kann die Polizei auf der Grundlage der Generalklausel Maßnahmen ergreifen, *„soweit nicht die §§ 9 bis 46 die Befugnisse der Polizei besonders regeln“*. Maßgeblich für die Klärung einer Spezialität ist immer die konkret durchgeführte oder geplante Maßnahme, wie sie auf der Rechtsfolgenseite der Eingriffsermächtigung fixiert wird.

Entstehungsgeschichtlich kann zwischen den „traditionellen“ Standardmaßnahmen wie der Platzverweisung, der Ingewahrsamnahme, der Durchsuchung und der Sicherstellung (§§ 34 ff. PolG) einerseits und den spezifisch „datenschutzrechtlichen“ Standardmaßnahmen (§§ 9–33 PolG) andererseits differenziert werden, die erstmals nach dem Volkszählungsurteil des Bundesverfassungsgerichts (BVerfGE 65, 1) im Detail ausformuliert wurden und in einem gesonderten Abschnitt (Rn. 210 ff.) zu behandeln sind.

Systematisch lassen sich die Standardermächtigungen in solche zum Zwecke der Gefahrenprävention und Gefahrenaufklärung (z. B. datenschutzrechtliche Ermächtigungen, Durchsuchung) sowie solche zum Zwecke der eigentlichen Gefahren*beseitigung* (z. B. Platzverweisung, Aufenthaltsverbot, Ingewahrsamnahme, Sicherstellung) differenzieren. Typisch für die klassischen Standardermächtigungen ist ferner das begriffliche Nebeneinander strafprozessualer und genuin polizeilicher Befugnisnormen. So können etwa die Durchsuchung oder die Sicherstellung von Gegenständen der Durchführung eines Strafverfahrens dienen und damit allein nach den Regeln der Strafprozessordnung erfolgen; sie können aber auch gefahrenabwehrrechtlicher Natur sein und damit nach den Regeln des Polizei- und Ordnungsbehördengesetzes ergehen. Die strikte Trennung beider Lebensbereiche ist hier für die erfolgreiche Fallbearbeitung unerlässlich (hierzu u. a. im Kontext polizeilicher Eigensicherungsmaßnahmen ausführlich oben Rn. 29 ff.). Zu beachten ist schließlich, dass einige Standardermächtigungen die Vollstreckung gleichsam „in sich tragen", wie dies etwa bei der Ingewahrsamnahme oder der Durchsuchung der Fall ist, während andere Maßnahmen, etwa die Platzverweisung oder das Aufenthaltsverbot, lediglich Verhaltensanforderungen formulieren, die nach Maßgabe eigenständiger Befugnisnormen gesondert durchzusetzen sind.

155 **Sinn und Zweck** der polizeilichen Standardermächtigungen ist es, **spezielle Rechtsfolgeanordnungen** einer **differenzierteren tatbestandlichen Regelung** zu unterwerfen. Zumal bei eingriffsintensiven Eingriffsbefugnissen wird es regelmäßig darum gehen, die tatbestandlichen Voraussetzungen des polizeilichen Zugriffs zu erhöhen

Beispiel: Die Voraussetzungen für eine Wohnungsdurchsuchung werden in § 41 PolG detailliert aufgelistet und übersteigen die Anforderungen der polizeilichen Generalklausel deutlich (z. B. Abs. 1 Nr. 4: *„gegenwärtige Gefahr für Leib, Leben und Freiheit (…) oder für Sachen von bedeutendem Wert"*).

oder besondere verfahrensrechtliche Sicherungen in das Gesetz einzubauen.

Beispiele: Die Wohnungsdurchsuchung bedarf grundsätzlich einer richterlichen Durchsuchungsanordnung (§ 42 Abs. 1 S. 1 PolG). Die Verwertung einer sichergestellten Sache unterliegt den Regeln des § 45 PolG.

Ausnahmsweise kann es aber auch gerade umgekehrt darum gehen, die polizeilichen Zugriffsmöglichkeiten aus besonderen Gründen zu erweitern, indem die tatbestandlichen Voraussetzungen einer Maßnahme gegenüber jenen der Generalklausel herabgesetzt werden.

Beispiel: Nach § 39 Abs. 1 PolG kann eine Person, die „nach diesem Gesetz oder anderen Rechtsvorschriften festgehalten werden kann" (Nr. 1) oder die sich in hilfloser Lage befindet (Nr. 3), polizeilich durchsucht werden. Es bedarf für die Durchführung der Maßnahme also nicht des gesonderten Nachweises einer konkreten Gefahr für die öffentliche Sicherheit.

Vereinzelt finden sich schließlich – wie bei der Platzverweisung (§ 34 Abs. 1 PolG) – Befugnisnormen ohne signifikante tatbestandliche Abweichung gegenüber der Generalklausel (str.), so dass die Kodifikation der entsprechenden Standardmaßnahme letztlich ohne tieferen Sinn und Nutzen bleibt.

Als „klassische" Standardmaßnahmen sollen im Folgenden die *Platzverweisung,* das *Aufenthaltsverbot,* die *Wohnungsverweisung,* die *Ingewahrsamnahme,* die *Durchsuchung* sowie die *Sicherstellung* näher dargestellt werden.

II. Platzverweisung (§ 34 Abs. 1 PolG)

156 Die vorübergehende Verweisung von einem Ort bzw. das vorübergehende Verbot des Betretens eines Ortes sind die möglichen Rechtsfolgeanordnungen der in § 34 Abs. 1 PolG geregelten Platzverweisung. Über § 24 Abs. 1 Nr. 12 OBG ist diese spezielle Eingriffsermächtigung zugleich als Standardermächtigung des Ordnungsbehördengesetzes rezipiert worden. Beide Eingriffsermächtigungen beziehen sich allein auf die präventive Gefahrenabwehr und sind von der parallelen strafprozessualen Befugnisnorm des § 164 StPO strikt zu differenzieren. Im Bereich der präventiven Gefahrenabwehr können Platzverweisungen und Betretungsverbote daneben auch auf der Grundlage des Jugendschutzgesetzes (§ 8 S. 1 JSchutzG), des Straßenverkehrsrechts (§ 36 Abs. 1 StVO) oder des Infektionsschutzgesetzes (§ 28 Abs. 1 S. 1 IfSG) ergehen. Die einschlägigen speziellen Befugnisnormen gehen dem allgemeinen Polizei- und Ordnungsrecht vor. Rechtstechnisch handelt es sich bei der Platzverweisung um einen Verwaltungsakt, so dass die diesbezüglichen Verfahrensvoraussetzungen (§§ 28, 37 ff. VwVfG) zu beachten sind.

1. Anwendungsbereich

Die Platzverweisung bietet zwei polizeiliche Handlungsmöglichkeiten, die in der **157**
Regel miteinander kombiniert werden, nämlich zum einen die Befugnis, eine Person des Ortes zu verweisen *(Entfernungsgebot)*, zum anderen die Befugnis, einer Person das Betreten eines Ortes zu verbieten *(Betretungsverbot)*. Wesentlich für die Platzverweisung ist, dass es sich lediglich um *„vorübergehende“*, also kurzfristig geltende Ge- oder Verbote handeln kann. Zwar benennt das Gesetz keinen festen Zeitrahmen. Aus dem Beispielsfall des Absatz 1 S. 2 (Behinderung von Rettungskräften) ergibt sich indes, dass es sich grundsätzlich um Maßnahmen **im Stundenbereich** handeln muss. Mehrtägige Anordnungen fallen dagegen schon mit Blick auf das Grundrecht der Freizügigkeit (Art. 11 GG) aus dem Anwendungsbereich der Platzverweisung heraus. So benennt zumindest das Ordnungsbehördengesetz Art. 11 GG nicht als eingeschränktes Grundrecht (§ 44 OBG) und bietet wegen des Zitiergebotes in Art. 19 Abs. 1 S. 2 GG insoweit auch keine Legitimationsgrundlage für eine Beschränkung der Freizügigkeit. Von der Befugnisnorm nicht erfasst werden daher längerfristige (mehrtägige) „Aufenthaltsverbote“ (geregelt in § 34 Abs. 2 PolG), aber etwa auch die Räumung „besetzter“ Häuser, da es hier nicht um vorübergehende Anordnungen geht, sondern um die endgültige Exmittierung der Hausbesetzer. Dagegen dürfte eine auf die kurzfristige Räumung von Wohnungen bezogene Anwendung der Platzverweisung nicht generell an der Spezialität des § 34a PolG scheitern, da § 34a PolG erkennbar auf den Sonderfall häuslicher Gewalt bezogen ist. Insofern kann die Räumung von Häusern etwa zur Entschärfung von aufgefundenen Kampfmitteln durchaus Gegenstand einer Platzverweisung sein, wenngleich sich aus § 34 Abs. 1 PolG kein polizeiliches Recht auf Betretung und Durchsuchung der Wohnungen ergibt (hierzu § 41 PolG). Der sog. *„Verbringungsgewahrsam“* stellt, selbst wenn es darum geht, Personen von einem bestimmten Ort fernzuhalten, keine Platzverweisung dar. Ihm kommt ein die Platzverweisung „überschießender“ Gehalt insoweit zu, als der Betroffene zugleich genötigt wird, einen bestimmten Platz *aufzusuchen,* was regelmäßig nicht Gegenstand einer Platzverweisung sein kann.

Beispiel: Fotoreporter F stört die Rettungsarbeiten bei einem schweren Verkehrsunfall. Der Polizeibeamte P „verbringt“ den F daraufhin in ein 10 km entferntes Waldgebiet, wo er wieder auf freien Fuß gesetzt wird. F wurde hier nicht nur des Platzes „verwiesen“, sondern genötigt, einen bestimmten Ort aufzusuchen, was als Maßnahme nicht von der Rechtsfolgenseite der Platzverweisung gedeckt wird. Auch eine Ingewahrsamnahme liegt nicht vor. Zwar wurde F vorübergehend in dem Streifenwagen „festgehalten“. Dieser Zwangsaufenthalt war aber, anders als die Ingewahrsamnahme voraussetzt, nicht das „Ziel“ der Maßnahme, sondern nur das „Mittel“, um F entfernt vom Unfallgeschehen wieder auf freien Fuß zu setzen (a. A. VG Berlin, BeckRS 2015, 40309: Ingewahrsamnahme).

158 Keine Aussage trifft das Gesetz im Hinblick auf die räumliche Bemessung des freizuhaltenden „Ortes“, der keinesfalls pauschal im Sinne einer „Ortschaft“ als Gemeinde interpretiert werden kann. Maßgeblich sind insoweit funktionale Aspekte der Gefahrenabwehr, so dass die Platzverweisung zwar grundsätzlich auf einen enger begrenzten „bestimmten“ Ort zu beziehen sein wird, ausnahmsweise aber auch größere Bereiche bis hin zu ganzen Ortschaften erfassen kann. Die „Verbringung“ an die Ortsgrenzen kann in diesem Fall durchaus als Durchsetzung einer Platzverweisung gewertet werden. Insbesondere wegen der grundrechtlichen Garantie der Unverletzlichkeit der Wohnung (Art. 13 GG) wird eine solch umfassende Platzverweisung allerdings regelmäßig nur für auswärts wohnende Personen in Betracht kommen.

Beispiel: Im Juli 1997 wollten Chaoten in Lindau am Bodensee „Chaostage“ durchführen. Unter dem Titel „Bekämpfen wir diese Stadt“ wurden „Chaos, Anarchie, Terror“ angekündigt. Nach dem Verbot der Veranstaltung verhängte die Behörde gegen S einen Platzverweis für die gesamte Insel Lindau (BayObLG, NVwZ 2000, 467; zuletzt OVG Nds., BeckRS 2019, 910).

159 Mit umfasst von der Standardermächtigung des § 34 Abs. 1 PolG ist die behördliche Befugnis, von dem Betroffenen die Mitnahme von Sachen oder Tieren zu verlangen. Geht es ausschließlich um die Behebung der durch eine Sache oder ein Tier begründeten Gefahr, bedarf es insoweit freilich einer sorgsamen Abgrenzung zur alternativen Standardmaßnahme der Sicherstellung nach § 43 PolG. Zu beachten ist ferner, dass die Rechtsfolge des § 34 Abs. 1 PolG allein die Statuierung einer Handlungs- bzw. Unterlassungspflicht zum Inhalt hat. Die *tatsächliche* Durchsetzung der Platzverweisung ist also von § 34 Abs. 1 PolG nicht zugleich mit gedeckt, sondern bedarf gesondert zu legitimierender Maßnahmen. Insoweit kommt zum einen ein Rückgriff auf das allgemeine Verwaltungsvollstreckungsrecht in Betracht (§ 50 Abs. 1 PolG bzw. § 55 Abs. 1 VwVG: Vollstreckung einer Verfügung), zum anderen der Einsatz des Mittels der Ingewahrsamnahme, das § 35 Abs. 1 Nr. 3 PolG ausdrücklich für anwendbar erklärt, soweit es um die Durchsetzung einer Platzverweisung geht.

2. Tatbestandliche Voraussetzungen

160 Tatbestandlich setzt § 34 Abs. 1 PolG allein das Bestehen einer Gefahr voraus, womit nach den Legaldefinitionen des § 8 Abs. 1 PolG/§ 14 Abs. 1 OBG eine Gefahr für die öffentliche Sicherheit oder Ordnung gemeint ist. Die in Satz 2 geregelte Fallvariante der Behinderung des Einsatzes der Feuerwehr oder von Hilfs- und Rettungsdiensten stellt lediglich ein „Regelbeispiel“ für abzuwehrende Gefahren dar, so dass selbstverständlich auch die Behinderung des „Ausrückens“ von Rettungskräften, aber auch die Behinderung polizeilicher Geschwindigkeitskontrollen durch „Warnungen“ (hierzu oben Rn. 54) eine Platzverweisung rechtfertigen kann. § 34 Abs. 1 PolG hebt sich insoweit nicht von den Eingriffsvoraussetzungen der Generalklausel ab.

161 Immerhin ist umstritten, ob die Frage der Verantwortlichkeit im Rahmen der Anwendung des § 34 Abs. 1 PolG einer gesonderten (tatbestandlichen) Überprüfung bedarf oder ob die Maßnahme ohne Rücksicht auf besondere Pflichtigkeiten ausgesprochen werden darf. Die Frage gewinnt namentlich für eine mögliche Inanspruchnahme von Nichtstörern außerhalb des polizeilichen Notstandes an Relevanz. Richtigerweise gibt es keinen überzeugenden Grund, im Rahmen der Platzverweisung von dem (auch verfassungsrechtlich imprägnierten) Erfordernis eines spezifischen Zurechnungsgrundes kraft Verantwortlichkeit oder polizeilichen Notstandes abzuweichen (so auch VG

Schleswig, NVwZ 2000, 464, 465). Anderes wird lediglich für Satz 2 zu gelten haben, der die Person des Adressaten selbst näher bestimmt. Die praktischen Konsequenzen dieses Streites dürften freilich eher gering sein, da die Platzverweisung in Fällen des polizeilichen Notstandes auch gegenüber Nichtstörern angewendet werden kann. Insgesamt erweist sich der Tatbestand des § 34 Abs. 1 PolG insoweit als deckungsgleich mit dem der Generalklausel. Die Platzverweisung ist somit lediglich bei formaler, nicht aber bei materieller Betrachtung eine Spezialregelung gegenüber § 8 Abs. 1 PolG.

3. Verfahrensrechtliche Aspekte

Die Platzverweisung kann gegen einen Einzelnen, soweit es um die Abwehr „gemeiner“ Gefahren geht aber auch gegen eine Vielzahl von Personen verhängt werden. In letzterem Falle wird die Behörde die Platzverweisung in Form einer Allgemeinverfügung anordnen (§ 35 S. 2 Alt. 1 VwVfG). In diesem Fall kann die Verfügung in ortsüblicher Form, etwa mittels Lautsprecher, bekanntgemacht werden (§ 41 Abs. 3 VwVfG). Sie ist dann auch für diejenigen Personen verbindlich, die die Bekanntgabe akustisch nicht wahrgenommen haben. **162**

Beispiel: Die Polizei räumt wegen einer Bombendrohung das Fußballstadion. Zur Bekanntgabe der Verfügung wird sie sich hierbei der Lautsprecheranlage des Stadions bedienen.

III. Aufenthaltsverbot (§ 34 Abs. 2 PolG)

Zu den eher jüngeren Standardermächtigungen zählt das durch Gesetz vom 8.7.2003 in § 34 Abs. 2 PolG in das Polizeigesetz eingefügte „Aufenthaltsverbot“, dessen Anordnung vor der Normierung einer entsprechenden Standardermächtigung auf die (ordnungsbehördliche) Generalklausel gestützt worden war. Überfällig war die sondergesetzliche Kodifikation vor allem deshalb, weil das Aufenthaltsverbot – anders als die kurzfristige Platzverweisung – einen Eingriff in das **Grundrecht der Freizügigkeit** (Art. 11 GG) enthält, ohne dass das Ordnungsbehördengesetz den Anforderungen an ein schrankenziehendes Gesetz genügen konnte. So fehlt es in § 44 OBG namentlich an der von Art. 19 Abs. 1 S. 2 GG geforderten Zitierung des Art. 11 GG. In § 7 PolG wird dagegen Art. 11 GG ausdrücklich als eingeschränktes Grundrecht genannt. Die vor dem Hintergrund des polizeilichen Subsidiaritätsgrundsatzes überraschende Zuweisung dieser Standardmaßnahme allein an die Polizei, nicht aber an die Ordnungsbehörden (§ 24 Abs. 1 Nr. 12 OBG), gründet sich auf die spezielle polizeiliche Zuständigkeit für die Straftatenverhütung (s. Rn. 29). Auch bei dem Aufenthaltsverbot handelt es sich der Rechtsform nach um einen **Verwaltungsakt,** für den die diesbezüglichen verfahrensrechtlichen Anforderungen zu beachten sind. **163**

Unberechtigt waren dagegen vereinzelt laut gewordene Zweifel an der Gesetzgebungszuständigkeit des Landes. Zwar normiert Art. 73 Abs. 1 Nr. 3 GG eine ausschließliche Bundeszuständigkeit für die Gesetzgebung über Fragen der „Freizügigkeit“. Hiervon nicht berührt bleiben jedoch solche Beschränkungen der Freizügigkeit, die sich als notwendige Folge der dem Land zugewiesenen und auch von Art. 11 Abs. 2 GG inzident anerkannten polizeilichen Normsetzungs- und Vollzugskompetenz ergeben. So wäre eine effektive Organisation der Gefahrenabwehr ohne jegliche Eingriffe in die Freizügigkeit kaum denkbar. Dies gilt nicht nur im Hinblick auf die hier relevanten Aufenthaltsverbote, sondern ebenso für sonstige traditionelle Standardmaßnahmen wie den Präventiv- oder Unterbindungsgewahrsam. Aus diesen systematischen

Erwägungen lässt sich folgern, dass personenbezogene Maßnahmen der Gefahrenabwehr, die lediglich „bei Gelegenheit" der Gefahrenprävention in die Freizügigkeit eingreifen, der Landesgesetzgebung unterstehen.

1. Anwendungsbereich

164 § 34 Abs. 2 PolG gibt der Polizei die Befugnis, einzelnen Personen das Betreten und den Aufenthalt in einem bestimmten örtlichen Bereich zu verbieten. Als örtlicher Bereich kommt dabei ein Gebietsteil innerhalb einer Gemeinde, aber auch ein Gemeindegebiet insgesamt in Betracht (Satz 2), wobei es sich um den Gebietsteil handeln muss, in dem der Betroffene i. S. d. Satz 1 „auffällig" geworden ist (*„diesen Bereich"*). Von dem Aufenthaltsverbot müssen aus Gründen der Verhältnismäßigkeit diejenigen Bereiche ausgenommen bleiben, in denen die betroffene Person ihre Wohnung (Art. 13, 14 GG) hat sowie in denen sie berechtigte Interessen wahrnimmt, also etwa einen Arzt aufsucht (Art. 2 Abs. 2 S. 1 GG) oder ihrer Arbeit nachgeht (Art. 12 GG). Das Aufenthaltsverbot darf die Dauer von drei Monaten nicht überschreiten (Satz 4). Die „kettenweise" Aneinanderreihung von dreimonatigen Aufenthaltsverboten ist mit Sinn und Zweck der Befristung grundsätzlich nicht vereinbar. Andererseits gilt die Dreimonatsfrist nur für die jeweilige Einzelmaßnahme und normiert daher keinesfalls ein auf die Lebenszeit des Verantwortlichen bezogenes „Gesamtkontingent". Die nochmalige Anordnung eines Aufenthaltsverbotes ist daher durchaus möglich, wenn die betroffene Person nach Ablauf eines dreimonatigen Aufenthaltsverbotes erneut in einer Weise in Erscheinung tritt, die die Anordnung eines Aufenthaltsverbotes rechtfertigt (so wohl auch OVG NRW, NVwZ-RR 2009, 516; VGH BW, NVwZ-RR 2017, 873). Ungeachtet dieser zeitlichen und örtlichen Grenzen ist das Aufenthaltsverbot nach § 34 Abs. 2 S. 3 PolG *„auf den zur Verhütung der (scil.* mit dem Aufenthaltsverbot zu bekämpfenden, d. V.) *Straftat erforderlichen Umfang zu beschränken"*. Die allgemeinen Grundsätze der Verhältnismäßigkeit finden uneingeschränkte Anwendung. Soweit dabei die Geeignetheit von Aufenthaltsverboten mit Blick auf eine womöglich bloße Verlagerung der „Szene" angezweifelt wurde, ist die Rechtsprechung dem zu Recht nicht gefolgt.

Beispiel: Das Aufenthaltsverbot erweist sich auch bei nicht auszuschließender Verlagerung der Szene jedenfalls als Schritt in die richtige Richtung, da es zumindest geeignet ist, die weitere Begehung von Straftaten zu erschweren (BayVGH, NVwZ 2000, 454, 456; teilw. anders aber LG Berlin, DÖV 2001, 42, für die Ingewahrsamnahme eines Dealers).

2. Tatbestandliche Voraussetzungen des § 34 Abs. 2 PolG

165 Das Aufenthaltsverbot kann angeordnet werden, wenn Tatsachen die Annahme rechtfertigen, dass eine Person in einem bestimmten örtlichen Bereich eine Straftat begehen oder zu ihrer Begehung beitragen wird. Hierbei reicht ein durch Tatsachen belegbarer „Verdacht". „Einfache" Gefahren für die öffentliche Sicherheit reichen für die Anordnung eines Aufenthaltsverbotes also ebenso wenig aus wie Gefahren für die öffentliche Ordnung.

166 Eine Besonderheit weist der Tatbestand des § 34 Abs. 2 PolG insoweit auf, als die Person des Adressaten der Maßnahme unmittelbar in der Befugnisnorm selbst näher konturiert wird, so dass ein unmittelbarer Rückgriff auf die Regelungen zur Verantwortlichkeit (§§ 4 ff. PolG) aus Spezialitätsgründen nicht mehr möglich ist. Als Adressaten des Aufenthaltsverbotes kommen danach diejenigen Personen in Betracht, bei denen Tatsachen die Annahme rechtfertigen, dass sie in dem betreffenden Bereich

Straftaten begehen oder zu deren Begehung beitragen werden. Da der Begriff der *„Begehung“* einer Straftat auch mögliche Teilnahmeformen (Anstiftung und Beihilfe) einschließt, ist der alternative Begriff des *„Beitragens“* zur Begehung einer Straftat untechnisch zu verstehen. Es bedarf insoweit also keiner selbständigen Strafbarkeit des Beitragenden; vielmehr reicht aus, dass durch das Verhalten des Betroffenen die Gefahr einer anderweitigen Begehung von Straftaten in zurechenbarer Weise erhöht wird.

Beispiel: Wer regelmäßige Kontakte zur offenen Drogenszene eines Ortes pflegt, trägt hierdurch, selbst wenn er weder Drogenhändler noch Drogenkonsument ist, zur Etablierung und Verfestigung dieser Szene bei und verstärkt damit die Gefahr von Verstößen gegen das Betäubungsmittelgesetz (§§ 29 ff. BtMG). Ferner begünstigt er durch die Zugehörigkeit zur betreffenden Personenansammlung interne Abschirmungspraktiken der Szene und erschwert damit die polizeiliche Gefahrenabwehr (OVG NRW, NWVBl. 2001, 93, 94).

Einer etwaigen unsachgemäßen Ausweitung der Standardmaßnahme kann hierbei durch die Übertragung der Wertungskriterien zur Verhaltensverantwortlichkeit entgegengewirkt werden. So darf eine Person, die in Wahrnehmung zuerkannter Rechte (z. B. als Sozialarbeiter oder Priester) Kontakte zu Mitgliedern der Szene sucht, grundsätzlich auch dann nicht mit einem Aufenthaltsverbot belegt werden, wenn in ihrem „Windschatten“ strafbare Handlungen erfolgen. Ob darüber hinaus auch eine Inanspruchnahme nichtverantwortlicher Personen unter dem Aspekt des polizeilichen Notstandes in Betracht kommt, erscheint angesichts der selbständigen und wohl spezialgesetzlichen (vgl. § 6 Abs. 3 PolG!) Regelung der Adressatenproblematik durch § 34 Abs. 2 PolG fraglich und dürfte im Ergebnis zu verneinen sein.

3. Vollziehung

Aufenthaltsverbote sind nicht etwa *„self-executing“*, sondern bedürfen im Falle der **167**
Nichtbefolgung polizeilicher Durchsetzung. Stets in Betracht kommt die Vollstreckung der einschlägigen Verfügung über § 50 Abs. 1 PolG. Ob – ebenso wie bei der klassischen Platzverweisung – auch für das Aufenthaltsverbot die Ingewahrsamnahme als Mittel der Durchsetzung in Betracht kommt, ist nach dem Gesetzeswortlaut nicht völlig eindeutig. So erwähnt § 35 Abs. 1 Nr. 3 PolG das Aufenthaltsverbot, anders als die Platzverweisung und die Wohnungsverweisung, nicht explizit. Immerhin aber spricht § 35 Abs. 1 Nr. 3 PolG generell von einer *„Platzverweisung nach § 34“*, ohne zwischen den beiden Befugnisnormen der Abs. 1 und 2 zu differenzieren. Dies könnte zunächst dafür sprechen, dass § 35 Abs. 1 Nr. 3 PolG mit dem Begriff der Platzverweisung auch das Aufenthaltsverbot in Bezug nehmen will. Entgegen zu halten ist allerdings, dass der Begriff der Platzverweisung in der Polizeirechtslehre für kurzfristige Maßnahmen belegt ist. Betrachtet man die Geltungsdauer der Aufenthaltsverbote von bis zu drei Monaten, kommt eine Durchsetzung entsprechender Verbote im Wege der Ingewahrsamnahme schon zeitlich nicht in Betracht, da die Dauer des polizeilichen Gewahrsams nach § 38 Abs. 1 Nr. 3 PolG keinesfalls über das Ende des Tages nach der Ergreifung hinausreichen darf.

IV. Wohnungsverweisung (§ 34a PolG)

1. Anwendungsbereich

Ebenfalls neueren Datums ist die in § 34a PolG normierte Befugnis der Polizei, eine **168**
Person, von der eine Gefahr für eine in einer bestimmten Wohnung wohnende *„gefähr-*

dete Person" ausgeht, *„aus einer Wohnung (...) sowie aus deren unmittelbaren Umgebung (zu) verweisen und ihr die Rückkehr in diesen Bereich (zu) untersagen"*. Ziel der Regelung ist die Bekämpfung **häuslicher Gewalt,** in deren Folge sich das jeweilige Opfer bislang zumeist gezwungen sah, die – regelmäßig gemeinsame – Wohnung zu verlassen und sich um eine anderweitige Unterbringung zu bemühen. Die präventiv-polizeiliche Regelung schließt unmittelbar an das *Gesetz zum zivilrechtlichen Schutz vor Gewalttaten und Nachstellung (Gewaltschutzgesetz)* vom 11.12.2001 (BGBl. I S. 3513) an, das ein richterliches Betretungsverbot ermöglicht, damit aber zugleich eine gewisse Schutzlücke bis zum Zeitpunkt der gerichtlichen Entscheidung belässt. Da diese Lücke im Wege der Platzverweisung, der Ingewahrsamnahme oder einer sonstigen allgemeinen Maßnahme kaum angemessen zu schließen war, hat sich der Gesetzgeber – ebenso wie in vielen anderen Bundesländern geschehen – für einen sondergesetzlichen Eingriffstatbestand entschieden. Die Konsequenzen häuslicher Gewaltakte treffen danach den Verursacher selbst, der aus der gemeinsamen Wohnung bzw. der unmittelbaren Umgebung dieser Wohnung verwiesen wird. Der räumliche Bereich, auf den sich Wohnungsverweisung und Rückkehrverbot beziehen, ist nach den Erfordernissen eines wirkungsvollen Schutzes des Gewaltopfers zu bemessen und genau zu bezeichnen (Abs. 1 S. 2). Die Maßnahme bleibt von Gesetzes wegen auf maximal zehn Tage befristet, soweit die Polizei im Einzelfall nicht ohnehin ausnahmsweise eine kürzere Geltungsdauer festlegt (Abs. 5 S. 1). Sucht der Betroffene nach Maßgabe des Gewaltschutzgesetzes um zivilgerichtlichen Schutz mit dem Ziel des Erlasses einer einstweiligen Anordnung nach, endet die Maßnahme auch vor Ablauf der zehn Tage mit dem Tag der gerichtlichen Entscheidung. Die neue Standardmaßnahme liegt damit in einem *Grenzbereich* zwischen präventiver Gefahrenabwehr und der bürgerlich-rechtlichen Konfliktregelung (Art. 74 Abs. 1 Nr. 1 GG). Dennoch dürfte eine landesrechtliche (polizeiliche) Gesetzgebungskompetenz noch zu bejahen sein. Eine ausschließliche Bundeszuständigkeit nach Art. 73 Abs. 1 Nr. 3 GG dürfte schließlich aus denselben Gründen zu verneinen sein wie beim Aufenthaltsverbot nach § 34 Abs. 2 PolG (oben Rn. 163 ff.). Die Wohnungsverweisung ist ebenso wie die Platzverweisung und das Aufenthaltsverbot ein Verwaltungsakt. Eine entsprechende Geltung der Befugnisnorm für die Ordnungsbehörden sieht § 24 OBG nicht vor.

2. Tatbestandliche Voraussetzungen

169 Wohnungsverweisung und Rückkehrverbot können angeordnet werden, wenn und soweit von der in Anspruch genommenen Person eine gegenwärtige Gefahr für Leib, Leben oder Freiheit einer anderen, in der betreffenden Wohnung wohnenden Person ausgeht. Teilweise wird hierbei ein strafrechtlich relevantes Handeln vorausgesetzt (*Bösch,* JURA 2009, 650, 654). Eine besondere partnerschaftliche Bindung zwischen den beiden Personen setzt das Gesetz nicht voraus, so dass die Wohnungsverweisung etwa auch für Mitglieder einer Wohngemeinschaft ausgesprochen werden kann. Nicht ganz eindeutig ist nach dem Gesetzeswortlaut, ob es sich notwendig um eine gemeinsame Wohnung von Opfer und Täter handeln muss. So spricht etwa § 34a Abs. 1 S. 1 PolG lediglich von der *„Wohnung, in der die gefährdete Person wohnt"*. Immerhin spricht für das Erfordernis einer gemeinsamen Wohnung, dass dem Betroffenen nach § 34a Abs. 2 PolG Gelegenheit zur *Mitnahme der dringend benötigten Gegenstände des persönlichen Bedarfs* zu geben ist. Auch spricht hierfür, dass der ungebilligte Aufenthalt in einer fremden Wohnung den Straftatbestand des Hausfriedensbruches erfüllt und insofern nicht wirklich das durch § 34a PolG geregelte Thema der *„häuslichen Gewalt"* betrifft.

3. Schutz des Opfers und vollstreckungsrechtliche Fragen

§ 34a PolG statuiert zahlreiche polizeiliche Kontroll- und Beratungspflichten zum Schutz der gefährdeten Person. Insbesondere muss auf die Möglichkeiten zivilrechtlichen Schutzes hingewiesen werden (Absatz 4); ferner ist die Einhaltung eines ausgesprochenen Rückkehrverbotes mindestens einmal während seiner Geltung zu überprüfen (Absatz 7). Die Durchsetzung der Wohnungsverweisung und des Rückkehrverbotes kann im Wege der konventionellen Verwaltungsvollstreckung (§ 50 Abs. 1 PolG) erfolgen. Ausdrücklich zugelassen ist daneben auch die vorübergehende (§ 38 Abs. 1 Nr. 3 PolG!) Ingewahrsamnahme als Mittel der Durchsetzung einer Wohnungsverweisung (§ 35 Abs. 1 Nr. 4 PolG). Zu beachten ist schließlich, dass die Fortgeltung der Wohnungsverweisung nach dem Gesetzestext nicht zur Disposition der gefährdeten Person steht. Diese gesetzgeberische Entscheidung vermag vor dem Hintergrund einer drohenden Erpressbarkeit des Opfers häuslicher Gewalt durchaus einzuleuchten. Allerdings wird man mit Blick auf die Grundrechte namentlich der Art. 6 und 13 GG bzw. aus Gründen der Verhältnismäßigkeit eine vorzeitige Aufhebung der Maßnahme dort für notwendig ansehen müssen, wo es erkennbar zu einer Aussöhnung der Lebenspartner und damit zu einem Ende der Gefährdungssituation gekommen ist. **170**

V. Aufenthaltsvorgabe und Kontaktverbot (§ 34b PolG)

1. Grundlagen und systematische Einordnung der Ermächtigung

Im Zuge der Polizeirechtsreform des Jahres 2018 neu eingefügt wurde die Ermächtigung zur – im Regelfall richterlichen – Anordnung einer Aufenthaltsvorgabe (zum Kontaktverbot unten Rn. 170d). Die Bestimmung lehnt sich an die Regelung des § 55 BKAG an und zielt auf die Prävention terroristischer Straftaten i. S. d. § 8 Abs. 4 PolG. Von der Rechtsfolgenseite her ermächtigt die Norm zunächst zum Erlass von **Aufenthaltsgeboten** in dem Sinne, dass dem Betroffenen untersagt wird, sich von einem bestimmten (Wohn- oder Aufenthalts-)Ort oder Bereich zu entfernen. Der räumliche Bezugsrahmen ist bewusst weiter bemessen (z. B. Stadt, Regierungsbezirk, Bundesland), so dass die Norm keine Grundlage für die Anordnung eines „Hausarrests“ für Gefährder bietet (wie hier auch *Barczak,* BeckOK POR NRW, § 34b PolG Rn. 9). Des Weiteren ermächtigt die Norm auch zum Erlass von **Aufenthaltsverboten** dahingehend, dass das Aufsuchen bestimmter Orte untersagt wird, etwa um hier konspirative Treffen zu unterbinden. In der Variante des Aufenthaltsverbots bedarf die Aufenthaltsvorgabe einer sorgfältigen Abgrenzung von der räumlich wie zeitlich *(„vorübergehend“)* eng begrenzten Platzverweisung nach § 34 Abs. 1 PolG (Rn. 156 ff.), aber auch von dem Aufenthaltsverbot nach § 34 Abs. 2 PolG (Rn. 163 ff.), das von der Rechtsfolgenseite her allein solche Aufenthaltsverbote legitimiert, die auf ein Gemeindegebiet oder Gebietsteile innerhalb einer Gemeinde beschränkt bleiben (s. Rn. 164). Von der dortigen Eingriffsermächtigung hebt sich die Aufenthaltsvorgabe nach § 34b PolG aber vor allem dadurch ab, dass die Norm tatbestandlich eine Vorverlagerung polizeilicher Interventionen möglich machen soll, die aus Gründen der Verhütung terroristischer Straftaten erforderlich sind. Dessen ungeachtet steht die Aufenthaltsvorgabe nach § 34b PolG in **partieller Überschneidung** zum Aufenthaltsverbot nach § 34 Abs. 2 PolG. **170a**

Beachte: Schwierige Abgrenzungsfragen können sich auch in Bezug auf die Wohnungsverweisung nach § 34a PolG (oben Rn. 168 ff.) ergeben, da § 34b Abs. 1 S. 3 PolG den Erlass von Aufenthaltsverboten auch zum Schutz von Leib und Leben vorsieht, ohne – anders etwa als § 34 Abs. 2 S. 1 Hs. 2 PolG – Wohnungen aus dem Bereich der mit einem Aufenthaltsverbot belegbaren Orte auszunehmen. Im Ergebnis dürfte gleichwohl für Fälle häuslicher Gewalt von einer Spezialität des § 34a PolG auszugehen sein, der in diesem Kontext dann den Rückgriff auf § 34b PolG sperrt (ebenso *Barczak*, BeckOK POR NRW, § 34b PolG Rn. 11).

Entgegen der etwas missverständlichen Formulierung in § 34b Abs. 1 S. 1 PolG wird die Aufenthaltsvorgabe nicht eigentlich durch die Polizei angeordnet, sondern auf **Antrag der Behördenleitung** (oder deren Vertretung) durch das **zuständige Amtsgericht** (§ 34b Abs. 2 S. 1 PolG). Einschlägiger Rechtsbehelf ist insoweit die Beschwerde nach den §§ 58 ff. FamFG. Lediglich bei **Gefahr im Verzuge** kommt eine Anordnung unmittelbar durch die Behörde selbst in Betracht, wobei die gerichtliche Entscheidung in diesem Falle unverzüglich nachzuholen ist (§ 34b Abs. 2 S. 3, 4 PolG). Die behördliche Anordnung ist in diesem Falle ein Verwaltungsakt, der sich freilich mit der Nachholung der gerichtlichen Entscheidung erledigt. Immerhin wird in der Regel eine verwaltungsgerichtliche Kontrolle der erledigten Anordnung im Wege der Fortsetzungsfeststellungsklage möglich bleiben (eingehend *Barzcak,* BeckOK POR NRW, § 34b PolR Rn. 44).

2. Tatbestandliche Voraussetzungen

170b § 34b Abs. 1 S. 1 Nr. 1 PolG knüpft die Eingriffsermächtigung tatbestandlich an die Voraussetzung, dass „bestimmte Tatsachen die Annahme rechtfertigen, dass die betroffene Person innerhalb eines übersehbaren Zeitraums auf eine zumindest ihrer Art nach konkretisierte Weise eine terroristische Straftat nach § 8 Abs. 4 begehen wird“. Mit dieser Formulierung, die weitenteils auf die Rechtsprechung des BVerfG zurückgeht (zum Begriff der *„drohenden Gefahr“* oben Rn. 73), sollen Diskussionen über das Vorliegen insbesondere der zeitlichen Voraussetzungen einer „konkreten Gefahr“ (s. Rn. 59 ff.) bei den hier abzuwehrenden, besonders gravierenden Bedrohungen vermieden werden. Welche Anforderungen die Gerichte konkret an die nachzuweisenden „bestimmten Tatsachen“ stellen werden, bleibt allerdings abzuwarten. Eine weitere tatbestandliche Variante für die Anordnung einer Aufenthaltsvorgabe ergibt sich für den Fall, dass „das individuelle Verhalten der betroffenen Person die konkrete Wahrscheinlichkeit begründet, dass sie innerhalb eines übersehbaren Zeitraums eine terroristische Straftat nach § 8 Absatz 4 begehen wird“ (§ 34b Abs. 1 S. 1 Nr. 2 PolG). Auch dieser Formulierung ist die Zielsetzung einer Absenkung der zeitlichen Komponente des konkreten Gefahrenbegriffs immanent, wenngleich die hier geforderte „konkrete Wahrscheinlichkeit“ im Verbund mit dem ebenfalls vorausgesetzten „übersehbaren Zeitraum“ durchaus zumindest in den Grenzbereich einer konkreten Gefahr übergehen dürfte. Dies gilt jedenfalls dann, wenn man mit Teilen der Literatur als „übersehbaren Zeitraum“ ein Zeitfenster von maximal drei Monaten annimmt (*Barzcak,* BeckOK POR NRW, § 34b PolG Rn. 14). Systematisch wenig stimmig ist die etwas versteckte Formulierung einer dritten tatbestandlichen Eingriffsvariante in Absatz 1 S. 3, die dann erfüllt ist, wenn die Aufenthaltsvorgabe „zur Abwehr einer Gefahr für Leib, Leben oder Freiheit einer Person oder für den Bestand oder die Sicherheit des Bundes oder des Landes“ erforderlich ist. Anders als bei den beiden vorgenannten Tatbestandsvarianten, die zugleich die **Adressatenfrage** i. S. d. § 4 Abs. 4 PolG sondergesetzlich klären, ist für diese letzte

Variante auch eine gesonderte Prüfung der Verantwortlichkeit nach § 4 PolG erforderlich.

3. Verhältnismäßigkeit der Maßnahme

Die Aufenthaltsvorgabe enthält neben einer **Freiheitsbeschränkung** i. S. d. Art. 2 Abs. 2 S. 2 GG einen durchaus gravierenden Eingriff auch in das **Grundrecht der Freizügigkeit** nach Art. 11 GG, genügt aber den Anforderungen des dortigen qualifizierten Begrenzungsvorbehalts aus Art. 11 Abs. 2 GG. Eine Freiheitsentziehung i. S. d. Art. 104 Abs. 2 GG liegt dagegen nicht vor. Unabhängig hiervon ist im Rahmen der Anwendung der Ermächtigungsnorm dem Grundsatz der **Verhältnismäßigkeit** Rechnung zu tragen. Dies bedeutet vor allem, dass die örtlichen Bindungen auf das notwendige Maß beschränkt bleiben müssen (§ 34b Abs. 5 S. 1 PolG). Zudem sieht das Gesetz eine Befristung der Maßnahme auf höchstens drei Monate vor. Allerdings ist die Verlängerung der Maßnahme für jeweils erneut bis zu drei Monate möglich, sofern die tatbestandlichen Voraussetzungen weiterhin vorliegen (§ 34b Abs. 5 S. 2 bis 4 PolG). **170c**

4. Das Kontaktverbot

Etwas versteckt findet sich in Absatz 1 S. 2 die weitere Ermächtigung, eine Aufenthaltsvorgabe mit einem **Kontaktverbot** in Bezug auf bestimmte Personen oder Personen einer bestimmten Gruppe zu verknüpfen. Auch beim Erlass dieser Ermächtigungsnorm stand das BKA-Gesetz Pate (§ 55 Abs. 2). Das Kontaktverbot betrifft nicht nur unmittelbare Kontaktaufnahmen, sondern auch Kontaktaufnahmen über „Mittelsmänner“. Das Kontaktverbot tangiert nicht die Vertraulichkeit einer Kommunikation, sondern untersagt die Kommunikation als solche. Das Grundrecht aus Art. 10 GG wird insofern von der Maßnahme nicht berührt. Tatbestandlich rekurriert die Eingriffsermächtigung auf die Vorgaben für eine Aufenthaltsvorgabe nach Satz 1, wobei das Kontaktverbot über Satz 3 zusätzlich in den anders gearteten Kontext der genuinen Gefahrenabwehr für höchstrangige Schutzgüter gezogen wird (hierzu oben Rn. 170b a. E.). **170d**

Auch für die Anordnung eines Kontaktverbots schreibt Absatz 5 Satz 2, 3 eine **Maximaldauer von drei Monaten** vor, erneut mit entsprechender Verlängerungsmöglichkeit. Nicht ganz eindeutig erscheint die Formulierung des Absatz 1 Satz 2, derzufolge „auch“ Kontaktverbote ausgesprochen werden können. Ob diese Aussage dahin zu verstehen ist, dass das Kontaktverbot immer nur zu einer Aufenthaltsvorgabe hinzutreten, also nicht isoliert an die Stelle einer Aufenthaltsvorgabe treten kann, erscheint fraglich und dürfte eher zu verneinen sein. Zudem gilt entgegen der missverständlichen Formulierung *(„Befugnisse … der Polizei“)* auch für das Kontaktverbot das Erfordernis einer **richterlichen Anordnung** nach Absatz 2 Satz 1.

5. Durchsetzung der Aufenthaltsvorgabe

Als verfügender Verwaltungsakt kann die Aufenthaltsvorgabe mit den allgemeinen Mitteln der Verwaltungsvollstreckung durchgesetzt werden (vgl. Rn. 238 ff.). Neben diesen regulären Instrumentarien hält das reformierte Polizeigesetz die Möglichkeit bereit, die Einhaltung von Aufenthaltsvorgaben einschließlich des Kontaktverbots unter bestimmten Voraussetzungen auch im Wege der Ingewahrsamnahme (§ 35 Abs. 1 Nr. 6 PolG n. F.) abzusichern. Differenzierter ist das Verhältnis der Aufenthaltsvorgabe zur elektronischen Aufenthaltsüberwachung nach § 34c PolG („elektronische Fußfessel“, hierzu unten Rn. 228a). So verweist § 34c Abs. 2 S. 2 PolG lediglich auf die Möglich- **170e** keit einer Überwachung von Maßnahmen nach § 34a PolG (Wohnungsverweisung), nennt aber die Aufenthaltsvorgabe nach § 34b PolG nicht. Aufgrund der weithin gleichlaufenden Tatbestandsvoraussetzungen dürfte jedenfalls eine parallele Anwendung der Standardermächtigungen aus § 34b und § 34c PolG möglich sein. Letztgenannte Ermächtigung aus § 34c PolG umfasst zugleich die Befugnis der Polizei, die im Rahmen der Aufenthaltsüberwachung aufgezeichneten Daten zur Feststellung von Verstößen gegen eine Aufenthaltsvorgabe oder ein Kontaktverbot ohne Einwilligung der betroffenen Person zu verarbeiten (§ 34c Abs. 3 S. 9 Nr. 2 PolG). Nicht zuletzt werden Verstöße gegen vollstreckbare bzw. vollziehbare Anordnungen durch den **Straftatbestand des § 34d PolG** sanktioniert.

VI. Ingewahrsamnahme (§§ 35 ff. PolG)

171 Eine besondere grundrechtliche Relevanz weist die Ingewahrsamnahme nach §§ 35 ff. PolG auf, die bereits deshalb eine ausführliche Regelung im Katalog der polizeilichen Standardmaßnahmen erfahren musste. So greift die Ingewahrsamnahme in das Grundrecht der persönlichen Freiheit (Art. 2 Abs. 2 S. 2 i. V. m. Art. 104 GG) ein und unterliegt als **„Freiheitsentziehung“** i. S. d. Art. 104 Abs. 2 GG zudem besonderen verfahrensrechtlichen Sicherungen (hierzu unten Rn. 180 ff.). Berührt ist ferner Art. 5 EMRK, der der präventiv-polizeilichen Freiheitsentziehung enge Grenzen setzt. Allerdings ist die Rechtsprechung des EGMR nach einer anfänglich recht strikten Normauslegung zu einer zwischenzeitlich eher flexiblen Anwendung der einschlägigen Konventionsnormen übergegangen, die etwa einer kurzzeitigen Ingewahrsamnahme zur Verhinderung von schweren Straftaten auch ohne Vorführung vor einem Richter nicht entgegensteht (zuletzt EGMR, Urt. v. 22.10.2018, Az. 35553/12 u. a., hierzu unten Rn. 175). Ihrem Wesen nach ist die Ingewahrsamnahme eine sich selbst vollziehende Maßnahme *(„self-executing“)*. Sie ist dagegen kein Zwangsmittel i. S. d. Verwaltungsvollstreckungsrechts. Die §§ 50 ff. PolG bzw. §§ 55 ff. VwVG finden keine Anwendung.

Beispiel: Droht die Polizei eine Ingewahrsamnahme zur Durchsetzung einer Platzverweisung an (s. § 35 Abs. 1 Nr. 3 PolG), handelt es sich nicht um die Androhung von Zwangsmitteln i. S. d. § 56 PolG. Denn die Ingewahrsamnahme ist kein Zwangsmittel (s. § 51 PolG). Vielmehr wäre eine solche „Androhung“ als allgemeiner Hinweis oder ggf. auch als Anhörung i. S. d. § 28 Abs. 1 VwVfG zu verstehen (so zuletzt VG Würzburg, BeckRS 2019, 5855).

Regelmäßig wird die Ingewahrsamnahme aufgrund der ihr immanenten Duldungsanordnung in der Handlungsform des **Verwaltungsakts** i. S. d. § 35 S. 1 VwVfG ergehen (str., a. A. *Finger,* JuS 2005, 116, 118: Realakt). Soweit möglich, bedarf es somit einer Anhörung des Betroffenen (§ 28 VwVfG mit Ausnahmen in Abs. 2). Eine Einordnung als Realakt ist allerdings dann anzunehmen, wenn die Maßnahme eine geschäftsunfähige Person betrifft, der gegenüber die Bekanntgabe und damit das Wirksamwerden eines Verwaltungsakts nicht möglich ist (§ 43 Abs. 1, § 12 Abs. 1 Nr. 1 VwVfG). Soweit die Ordnungsbehörde von der über § 24 Abs. 1 Nr. 12 OBG (weitgehend) rezipierten Standardermächtigung Gebrauch macht, bedarf es grundsätzlich einer schriftlichen Anordnung (§ 20 OBG mit möglichen Ausnahmen). Zu beachten bleibt, dass die polizei- und ordnungsbehördliche Ingewahrsamnahme strikt von parallelen strafprozessualen Befugnissen (§§ 112 ff., 126a f., 164 StPO) zu differenzieren ist. Ferner gehen im präventiv-polizeilichen Bereich spezielle Unterbringungsbefugnisse (etwa nach den §§ 10ff. PsychKG) vor.

1. Anwendungsbereich

Das Gesetz charakterisiert Form und Inhalt der Ingewahrsamnahme nicht näher. **172**
Immerhin ergibt sich etwa aus § 36 Abs. 1 und 2 PolG, dass es um ein **„Festhalten“** von Personen geht, so dass auch diejenige Gewaltanwendung, die für das schlichte „Festhalten“ erforderlich ist, von der Standardermächtigung mitumfasst ist. Gemeinhin wird die Ingewahrsamnahme definiert als das (zeitlich befristete) Festhalten einer Person an einem eng umgrenzten Ort gegen oder ohne ihren Willen. Keine Ingewahrsamnahme in diesem Sinne ist demnach die freiwillige Unterstellung des Bürgers unter polizeilichen Schutz (sog. *„unechter Gewahrsam“*).

Beispiel: Nach einer Heimniederlage des gastgebenden Fußballvereins sucht der von allen Seiten angefeindete Schiedsrichter S Schutz im Streifenwagen anwesender Polizeibeamter.

Keine Ingewahrsamnahme i. S. d. Gesetzes ist ferner der sog. *„Verbringungsgewahrsam“*, bei der eine Person nicht festgehalten, sondern lediglich zu einem fremden Ort „verbracht“ und dort sich selbst überlassen wird (s. Fallbeispiel oben Rn. 157). § 37 Abs. 3 PolG scheint für die Ingewahrsamnahme ferner vorauszusetzen, dass die festgehaltene Person von der Polizei gleichsam in eigenen Räumen „untergebracht“, also etwa in einem Arrest- oder Haftraum, aber auch in einem Streifenwagen festgehalten wird. Allerdings enthält § 37 Abs. 3 PolG keine authentische Interpretation des Gewahrsamsbegriffes, so dass Freiheitsentziehungen auch jenseits einer gesonderten Unterbringung der Betroffenen denkbar sind, also etwa auch durch bloßen „Hausarrest“ (i. E. str.) oder durch die „Einkesselung“ von Personen.

Beispiel: Nach der polizeilichen Auflösung einer gewalttätigen Versammlung verbleibt ein radikaler „Kern“, der unter Androhung schwerer Straftaten Richtung Innenstadt zieht. Die Polizei „kesselt“ die Gruppe ein und nimmt ihr komplett die Bewegungsfreiheit. Es handelt sich um eine Ingewahrsamnahme nach § 35 PolG. Das Versammlungsgesetz ist nach Auflösung der Versammlung nicht mehr anwendbar (Rn. 308).

Die Ingewahrsamnahme darf nach der Grundregel des § 38 Abs. 1 Nr. 3 PolG maximal bis zum Ende des Tages nach dem Ergreifen andauern, muss also unterhalb einer **48-Stunden-Grenze** verbleiben. Ein freies Recht zur „Ausschöpfung“ dieser Frist existiert indes nicht, vielmehr ist unverzüglich eine richterliche Entscheidung herbeizuführen (s. EGMR, EuGRZ 2005, 474ff.; unten Rn. 180). Im Rahmen der richterlichen Entscheidung kann gem. § 38 Abs. 2 PolG ausnahmsweise eine abweichende Dauer des polizeilichen Gewahrsams festgelegt werden (hierzu unten Rn. 182). Kein „Festhalten“ i. S. d. § 35 PolG ist dagegen das (kurzfristige) „Anhalten“ einer Person, etwa zum Zwecke der Identitätsfeststellung (§ 12 Abs. 2 S. 2 PolG). Ein derartiges Anhalten einer Person enthält auch keine Freiheits*entziehung* i. S. d. Art. 104 Abs. 2 GG, sondern lediglich eine Freiheits*beschränkung* i. S. d. Art. 104 Abs. 1 GG. Gleiches gilt für sonstige (Standard-)Maßnahmen, die lediglich „beiläufig“ und unvermeidlich zu einer Freiheitsbeschränkung führen.

Beispiele: Die Polizei schließt S in einen Streifenwagen ein, um ihn zum Zweck der Durchführung erkennungsdienstlicher Maßnahmen in das Polizeipräsidium zu bringen.

2. Tatbestandliche Voraussetzungen

173 Das Polizeigesetz regelt in tatbestandlicher Hinsicht fünf unterschiedliche, enumerativ aufgelistete Anwendungsfälle für den Gewahrsam. Folgende Konstellationen sind, auch hinsichtlich ihrer Übernahme durch das OBG (§ 24), zu differenzieren:

a) Der „Schutzgewahrsam" (§ 35 Abs. 1 Nr. 1 PolG)

174 Die Polizei kann eine Person in Gewahrsam nehmen, wenn dies „zum Schutz der Person gegen eine Gefahr für Leib und Leben erforderlich ist, insbesondere weil die Person sich erkennbar in einem die freie Willensbestimmung ausschließenden Zustand oder sonst in hilfloser Lage befindet". Charakteristisch für den Schutzgewahrsam ist damit das Handeln im Interesse des Betroffenen selbst. Stets zu beachten bleibt freilich, dass die Maßnahme die Grenzen der Verhältnismäßigkeit beachtet, namentlich also geeignet, erforderlich und zumutbar ist. Kann eine in hilfloser Lage befindliche Person etwa einer sorgeberechtigten Person übergeben werden, ist eine Ingewahrsamnahme nicht gerechtfertigt (hierzu *Dietlein/Hellermann,* Klausurenbuch ÖffR in NRW, Fall 15).

Der Schutzgewahrsam gibt schließlich kein Recht, gegen erkennbar freiverantwortliche Selbstgefährdungen des Einzelnen vorzugehen, soweit hierdurch Rechte Dritter nicht tangiert werden. Denn die grundrechtlichen Freiheitsrechte implizieren grundsätzlich auch ein *„Recht auf Risiko".* Auch die freiverantwortliche Selbsttötung ist nach der Rechtsprechung des BVerfG hiervon erfasst (eingehend oben Rn. 52). Gefahren für Leib und Leben werden somit erst dort relevant, wo der Einzelne nicht in der Lage ist, die Risiken realistisch einzuschätzen oder abzuwehren, oder aber Schutzgüter Dritter mit betroffen sind.

Beispiel: Der volltrunkene V will auf der Fahrbahn der S-Straße seinen Rausch ausschlafen. Zu beachten bleibt hierbei aber, dass die Behandlung und Beförderung von Notfallpatienten nach § 2 Abs. 1 RettungsG NRW der Notfallrettung überantwortet ist. Als Notfallpatienten sind auch schwer betrunkene Personen anzusehen.

Bei akuten Selbsttötungsversuchen ist aus der *ex ante*-Perspektive eines fachkundigen, besonnenen und fähigen Beamten regelmäßig von mangelnder Freiverantwortlichkeit auszugehen, so dass auch hier die Ingewahrsamnahme zulässig (und notwendig) ist (für eine generelle Zugriffsbefugnis gar VG Karlsruhe, JZ 1988, 208). Der Schutzgewahrsam ist über § 24 Abs. 1 Nr. 12 OBG zugleich Befugnisnorm des Ordnungsbehördengesetzes.

b) Der „Präventiv"- oder „Unterbindungsgewahrsam" (§ 35 Abs. 1 Nr. 2 PolG)

175 Die grundrechtlichen Grenzen des sog. „Präventivgewahrsams" sind in neuerer Zeit mit Blick auf die Rechtsprechung des EGMR in den Fokus des Interesses getreten (eingehend *Hoffmann,* NVwZ 2013, 266 ff.). Allerdings sind die Wechselwirkungen zwischen Polizeigesetz und EMRK – auch in der Rechtsprechung des EGMR selbst – wohl noch nicht abschließend geklärt.

Beachte: Bis zuletzt hielt der EGMR den Begrenzungsvorbehalt des Art. 5 Abs. 1 lit. c EMRK im Rahmen präventiv-polizeilicher Ingewahrsamnahmen für nicht einschlägig bzw. wollte diesen wegen seiner systematischen Nähe zu Art. 5 Abs. 3 EMRK allein für die strafprozessuale Haft heranziehen (EGMR, NVwZ 2014, 43, 45). Sofern durch den Gerichtshof in der Folge allein auf die Festnahme zum Einhalten „gesetzlicher Verpflichtung[en]" i. S. d. Art. 5 Abs. 1 lit. b EMRK abgestellt wurde, hat dieser festgestellt, dass die allgemeine Gesetzesgehorsamspflicht nicht zur konventionsrechtlichen Rechtfertigung einer Freiheitsentziehung ausreichen kann. Es wurde in diesem Sinne eine hinreichende Konkretheit der gesetzlichen Verpflichtung verlangt, wobei die diesbezüglichen Anforderungen in den letzten Jahren kontinuierlich reduziert wurden. Während etwa noch im Jahr 2011 eingefordert wurde, dass die Pflichten durch Polizeiverfügung konkretisiert werden müssen (EGMR, NVwZ 2012, 1089, 1092), ließ es der EGMR im Jahr 2013 für die Pflichtenkonkretisierung ausreichen, dass Ort, Zeit und Opfer der bevorstehenden Tat hinreichend konkretisiert sind (EGMR NVwZ 2014, 43, 47). In jüngster Zeit hat der EGMR diese Rechtsprechung wieder in Frage gestellt und den Unterbindungsgewahrsam auch über Art. 5 Abs. 1 lit. c EMRK für rechtfertigungsfähig gehalten (Urt. v. 22.10.2018, Az. 35553/12). Für die Konkretheit der Tat, die der EGMR auch hier einfordert, soll es genügen, wenn das verbotene Verhalten in gesetzlichen Bestimmungen klar umrandet wird. Auch wird eine hinreichend sichere Diagnose der Tatsachengrundlagen eingefordert, wobei der Gerichtshof deren Überprüfung zunehmend in die Hände der nationalen Gerichte legt. Ausdiskutiert sind die entsprechenden Problemlagen damit allerdings nicht, zumal es sich beim jüngsten Urteil lediglich um eine Ingewahrsamnahme im Stundenbereich handelte.

Zulässig ist die Ingewahrsamnahme nach § 35 Abs. 1 Nr. 2 PolG dann, wenn sie „unerlässlich ist, um die unmittelbar bevorstehende Begehung oder Fortsetzung einer Straftat oder einer Ordnungswidrigkeit von erheblicher Bedeutung für die Allgemeinheit zu verhindern". Die Gefahrenprognose einer bevorstehenden Straftat muss bei Einleitung der Maßnahme in belastbarer Weise gegeben sein. Das Vorliegen dieser Voraussetzung unterliegt vollständiger gerichtlicher Nachprüfung. Einen Beurteilungsspielraum der Polizei gibt es nicht. Eine vorläufige Ingewahrsamnahme mit dem Ziel, später eine umfassende Gefahrenbewertung vorzunehmen, ist unzulässig. Tatsächliche Anknüpfungspunkte für eine entsprechende Gefahrenprognose können sich etwa ergeben aus Ankündigungen oder Aufforderungen zu einer Straftat, aus mitgeführten Waffen und Gegenständen oder auch aus bisherigen Ermittlungsverfahren zu Straftaten, um deren Abwehr es geht. Die tatsächlichen Ansatzpunkte müssen dabei allerdings einen hinreichenden Individualbezug aufweisen und dürfen nicht bloß gruppenbezogener Art sein.

Beispiel: Erkenntnisse dahingehend, dass aus der dem Umfeld des F-Vereins zuzuordnenden „Ultra"-Gruppe bei einem bevorstehenden Fußballspiel Straftaten verübt werden sollen, rechtfertigen für sich genommen nicht die Ingewahrsamnahme jedes einzelnen Gruppenmitglieds. Anderes gilt lediglich, wenn konkrete Anhaltspunkte für einen kollektiven Vorsatz bestehen (Fall nach OLG Braunschweig, NVwZ 2018, 1742).

Das Qualifikationserfordernis einer „erheblichen Bedeutung" bezieht sich allein auf drohende oder fortdauernde Ordnungswidrigkeiten, nicht aber auf drohende oder fortdauernde Straftaten. Wann genau eine Ordnungswidrigkeit von „erheblicher Bedeutung für die Allgemeinheit" vorliegt, wird im Einzelnen nicht immer einfach zu entscheiden sein. Richtigerweise kann es hier nicht allein auf die abstrakte Sanktion des Gesetzes (Bußgeld etc.) ankommen, sondern auf den Grad der konkreten Beeinträchtigung polizeilicher Schutzgüter. Auch marginal sanktionierte Ordnungswidrigkeiten können daher je nach Sachlage eine Intervention rechtfertigen.

Beispiel: Der betrunkene B grölt zu nächtlicher Stunde durch das Mehrfamilienhaus. Auch wenn nach den §§ 9, 17 Abs. 1 lit. e, Abs. 3 LImSchG hier nur eine „überschaubare" Sanktion in Rede steht, muss von einer erheblichen Bedeutung für die Allgemeinheit ausgegangen werden.

Der Begriff der Unerlässlichkeit unterstreicht das Erfordernis einer strikten Verhältnismäßigkeitsprüfung und stellt zugleich erhöhte Anforderungen an die Sachverhaltsaufklärung (OLG Hamm, NVwZ-RR 2008, 321: bloße Vermutungen reichen nicht!). Ob dieser Prüfungspunkt aufgrund der Gesetzesformulierung auf der Tatbestandsseite oder auf der Rechtsfolgenseite zu erörtern ist, erscheint unklar. Im Ergebnis ist diese dogmatische Frage freilich nicht weiter relevant. Unzulässig ist die Ingewahrsamnahme in jedem Fall, wenn und soweit mildere Mittel zur Verfügung stehen.

Beispiel: Mieter M dreht zur Nachtzeit den CD-Player auf. Hier wird es hinreichen, den CD-Player notfalls sicherzustellen. Eine Ingewahrsamnahme des M wäre nicht unerlässlich.

Als Adressat des Unterbindungsgewahrsams kommt allein der Urheber der Straftat oder der Ordnungswidrigkeit in Betracht. Eine Anwendung der allgemeinen Störervorschriften entfällt insoweit. Eine Inanspruchnahme von Nichtstörern scheitert zumal an den Vorgaben des Art. 5 Abs. 1 S. 2 lit. c EMRK, der Freiheitsentziehungen der genannten Art auf das Ziel reduziert, die *„betreffende Person"* an der Begehung einer Straftat zu hindern.

176 Zurückhaltend zu bewerten ist die Frage einer möglichen **„Ketteningewahrsamnahme"** notorischer Straftäter (ablehnend LG Berlin, NJW 2001, 162). So darf die präventiv-polizeiliche Ingewahrsamnahme nicht als Instrument einer faktischen Unterbringung i. S. d. §§ 61 ff. StGB eingesetzt werden. Umgekehrt wird man allerdings auch nicht davon ausgehen können, dass eine einmalige Anwendung des Unterbindungsgewahrsams zu einer gleichsam „lebenslangen Immunisierung" des Betroffenen gegenüber weiteren Ingewahrsamnahmen führt. Immerhin wird man für eine Wiederholung der Maßnahme das Vorliegen der tatbestandlichen Voraussetzungen neu zu prüfen und insbesondere die Verhältnismäßigkeit im Lichte auch der bisherigen Maßnahmen zu bewerten haben. Die unmittelbare Verlängerung einer (laufenden) Ingewahrsamnahme ist nach § 38 Abs. 2 Nr. 1 PolG in jedem Falle nur einmalig und zur Verbrechensbekämpfung zulässig. Die maximale Dauer dieser Verlängerung beträgt 14 Tage (unten Rn. 182). Der Präventivgewahrsam ist über § 24 Abs. 1 Nr. 12 OBG zugleich Befugnisnorm des Ordnungsbehördengesetzes.

c) Der „Durchsetzungsgewahrsam" (§ 35 Abs. 1 Nr. 3 und 4 PolG)

177 Ausdrücklich benennt § 35 PolG die Ingewahrsamnahme als mögliches Mittel zur Durchsetzung einer Platzverweisung (Nr. 3) oder einer Wohnungsverweisung bzw. eines Rückkehrverbots nach § 34a PolG (Nr. 4). Es handelt sich hierbei nicht um eine verbindliche gesetzliche Festlegung auf die Ingewahrsamnahme als einziges legitimes Mittel zur Durchsetzung entsprechender Verhaltensaufforderungen; statthaft bleibt insoweit also auch die eigentliche Verwaltungsvollstreckung nach den §§ 50 ff. PolG bzw. §§ 55 ff. VwVG. Von der Befugnisnorm nicht gedeckt ist der sog. *„Verbringungsgewahrsam"* als Mittel zur Durchsetzung einer Platzverweisung. Da er gerade nicht auf ein behördliches „Festhalten" der Person abzielt, sondern auf dessen Freisetzung an einem anderen Ort, fällt er nicht unter die zulässige Rechtsfolgeanordnung des § 35 PolG (oben Rn. 172). Ungeachtet der ungenauen Gesetzesformulierung in § 35 Abs. 1 Nr. 3 PolG dürfte der Durchsetzungsgewahrsam schon aufgrund seiner begrenzten Dauer (§ 38 Abs. 2 Nr. 2 PolG) kein statthaftes Mittel zur Durchsetzung von (längerfristigen) Aufenthaltsverboten sein (Rn. 167). Unter der gesetzlich genannten „Platzverweisung nach § 34" ist also richtigerweise nur die klassische „Platzverweisung nach § 34 Abs. 1" zu verstehen. Der Durchsetzungsgewahrsam ist über § 24 Abs. 1 Nr. 12 OBG lediglich

im Hinblick auf die Durchsetzung von Platzverweisungen zugleich Befugnisnorm des Ordnungsbehördengesetzes. Ein paralleles Durchsetzungsrecht im Hinblick auf die (ebenfalls ausschließlich durch die Polizei anzuordnende) Wohnungsverweisung gibt § 24 OBG nicht.

d) Die Ingewahrsamnahme zum Schutz privater Rechte (§ 35 Abs. 1 Nr. 5 PolG)

Die Ingewahrsamnahme ist schließlich zulässig zum Schutze privater Rechte, wobei das Gesetz darüber hinausgehend verlangt, dass *„eine Festnahme und Vorführung der Person nach den §§ 229, 230 Abs. 3 des Bürgerlichen Gesetzbuches zulässig ist"*. Das Gesetz knüpft also an den zivilrechtlichen Tatbestand der „Selbsthilfe" an, wobei die tatbestandlichen Voraussetzungen der Norm grundsätzlich in den Tatbestand dieser Befugnisnorm „hineinzulesen" sind. Im Einzelnen müssen danach gegeben sein 178

- ein (gerichtlich durchsetzbarer) **„Anspruch"**, wobei im Kontext der präventiven Gefahrenabwehr der glaubhafte Vortrag hinreichen muss,
- eine **Gefährdung** der Verwirklichung **des Anspruchs,** namentlich durch Flucht des Verpflichteten, sowie
- die **Unerreichbarkeit obrigkeitlicher Hilfe,** wobei es im präventiv-polizeilichen Kontext naturgemäß nur um die Unerreichbarkeit gerichtlicher Hilfe gehen kann, wohingegen die Erreichbarkeit der Polizei für die Durchführung der Maßnahme unabdingbar ist.

Zu beachten ist ferner, dass gem. § 230 Abs. 3 BGB nach einer Festnahme als Mittel der Selbsthilfe der persönliche Arrest beim Amtsgericht zu beantragen ist. Hat der in seinen privaten Rechten betroffene Bürger nicht die Absicht, diesen Antrag zu stellen, ist die behördliche Ingewahrsamnahme nach § 35 Abs. 1 Nr. 5 PolG nicht zulässig. Unverhältnismäßig ist die Ingewahrsamnahme, wenn die betroffene Person Sicherheit zu leisten bereit und in der Lage ist. Die dargestellten Voraussetzungen hat die Polizei in eigener Zuständigkeit zu überprüfen.

> **Beispiel:** Spieler S hat bei einem privat organisierten Glücksspiel hohe Schulden gemacht, den Spielort dann aber fluchtartig und ohne Hinterlassung seiner Personalien verlassen. Auf der Straße trifft „Gläubiger" G den S wieder. Als S sich erneut zu entziehen sucht, bittet G den zufällig anwesenden Polizisten P um die Ingewahrsamnahme des S. P wird dies verweigern, da durch *„Spiel (...) eine Verbindlichkeit nicht begründet (wird)"* (§ 762 BGB).

Der Gewahrsam als Mittel zum Schutz privater Rechte soll über § 24 Abs. 1 Nr. 12 OBG zugleich Befugnisnorm des Ordnungsbehördengesetzes sein. Da den Ordnungsbehörden im Gegensatz zur Polizei indessen nicht die Aufgabe des Schutzes privater Rechte zugewiesen ist (§ 1 Abs. 2 PolG), erscheint diese Rezeption wenig folgerichtig.

e) Die Ingewahrsamnahme zur Durchsetzung von Aufenthaltsvorgaben (§ 35 Abs. 1 Nr. 6 PolG)

Schließlich ermöglicht § 35 Abs. 1 Nr. 6 PolG die Ingewahrsamnahme auch für diejenigen Fälle, in denen eine Ingewahrsamnahme unerlässlich ist, um eine Aufenthaltsanordnung oder ein Kontaktverbot nach § 34b PolG oder die Anordnung einer Aufenthaltsüberwachung („elektronische Fußfessel") nach § 34c PolG durchzusetzen. Der Begriff der „Durchsetzung" ist hierbei nicht im genuin vollstreckungsrechtlichen Sinne zu verstehen, da die mit einer Ingewahrsamnahme verbundene Freiheitsentziehung nicht für sich genommen die Einhaltung der Pflicht zur Mitführung eines elektronischen Überwachungsgerätes aus § 34c PolG sicherstellt. Auf welche Weise die mit dem Begriff 178a der „Unerlässlichkeit" verknüpfte Steigerung der Anforderungen an die Erforderlichkeit der Maßnahme konkret umgesetzt werden kann, ist bislang nicht abschließend geklärt.

f) Die Sondertatbestände des § 35 Abs. 2 und 3 PolG

179 Spezielle Befugnisse zur Ingewahrsamnahme gewährt § 35 PolG schließlich mit Blick auf Minderjährige, die sich der Obhut der Sorgeberechtigten entzogen haben (Absatz 2), sowie mit Blick auf entwichene Gefangene (Absatz 3). Eines besonderen „Ersuchens" der Justizvollzugsanstalten (§ 87 StVollzG) bedarf es nicht. Nicht anwendbar ist die Bestimmung auf Personen, die zu anderen Zwecken als denen des Vollzugs von Untersuchungshaft, Freiheitsstrafe oder freiheitsentziehenden Maßnahmen der Besserung und Sicherung untergebracht waren und entwichen sind.

Beispiel: Der psychisch erkrankte P, der nach Maßgabe des PsychKG NRW in einem Landeskrankenhaus untergebracht wurde, ist entwichen und wird nach Mitternacht von der Polizei im Wald aufgegriffen. Da P nicht aus den in § 35 Abs. 3 PolG genannten Gründen untergebracht war, ist seine Ingewahrsamnahme lediglich auf der Grundlage des § 35 Abs. 1 Nr. 1 oder 2 bzw. Abs. 2 PolG zulässig, nicht aber auf der Grundlage des § 35 Abs. 3 PolG.

3. Besondere verfahrensrechtliche Voraussetzungen

180 Mit Blick auf den freiheitsentziehenden Charakter der Ingewahrsamnahme bedarf diese Maßnahme einer *„unverzüglichen richterlichen Entscheidung"* über Zulässigkeit und Fortdauer der Freiheitsentziehung (§ 36 PolG, sog. **„Richtervorbehalt"**). Zuständig ist das Amtsgericht, in dessen Bezirk die Freiheitsentziehung herbeigeführt wurde (§ 36 Abs. 2 S. 1 PolG). Dies gilt auch dann, wenn der Betroffene vor Antragstellung in Räumlichkeiten verbracht wurde, die in einem anderen Amtsgerichtsbezirk liegen. Von Seiten der Gerichtsbarkeit sind die organisatorischen Voraussetzungen für unverzügliche Entscheidungen zu schaffen (BVerfGE 105, 239, 248). Die in Art. 104 Abs. 2 S. 3 GG formulierte „letzte Grenze" für freiheitsentziehende Maßnahmen ohne richterliche Entscheidung impliziert kein „freies" Recht zur Ausschöpfung dieser Frist.

Beispiel: H wurde nachmittags um 16 Uhr in Gewahrsam genommen. Trotz ständiger Bemühungen der Beamten konnte der zuständige Amtsrichter erst am kommenden Vormittag um 10 Uhr erreicht werden. Die Aufrechterhaltung der Ingewahrsamnahme bis 10 Uhr war gleichwohl rechtswidrig, da eine „unverzügliche" Entscheidung nicht mehr vorliegt. Das Amtsgericht hätte sicherstellen müssen, dass ein Richter auch außerhalb der „Kernarbeitszeiten" zu erreichen ist (zu den Grenzen eines richterlichen Bereitschaftsdienstes *Fickenscher/Dingelstadt,* NJW 2009, 3473).

Einer richterlichen Entscheidung bedarf es nicht, wenn anzunehmen ist, dass die Entscheidung erst nach dem Wegfall des Grundes der Ingewahrsamnahme ergehen wird. Da das Amtsgericht nur über die Rechtmäßigkeit der An- bzw. Fortdauer der Ingewahrsamnahme zu befinden hat, nicht aber über die Rechtmäßigkeit des Polizeieinsatzes insgesamt, bleibt die Rechtmäßigkeit einer *erledigten* Ingewahrsamnahme auch nachträglich verwaltungsgerichtlich überprüfbar. Einschlägig ist die Fortsetzungsfeststellungsklage analog § 113 Abs. 1 S. 4 VwGO. Ausnahmsweise bleibt das Amtsgericht für die nachträgliche Entscheidung über die Rechtmäßigkeit einer präventiv-polizeilichen Freiheitsentziehung zuständig, sofern die (zulässige) Anrufung des Gerichts noch während der Ingewahrsamnahme erfolgte (OVG NRW, NWVBl. 2012, 364, 365).

Verfahrensrechtliche Sicherungen trifft das Gesetz ferner in Gestalt der Pflicht zur **Bekanntgabe des Gewahrsamsgrundes** (§ 37 Abs. 1 PolG) sowie in Gestalt des **Benachrichtigungsgebots** des § 37 Abs. 2 PolG. Letzteres will vor allem verhindern, dass Personen spurlos im staatlichen Gewahrsam „verschwinden“ (s. auch Art. 5 Abs. 2 EMRK). Das Benachrichtigungsgebot ist im Detail differenziert ausgestaltet und gibt der in Gewahrsam genommenen Person grundsätzlich ein bloßes *„Recht zur Benachrichtigung“* Dritter. Lediglich bei Minderjährigen oder betreuten Personen muss der Sorgeberechtigte zwingend behördlicherseits informiert werden. Ist eine nicht minderjährige Person nicht in der Lage, von ihrem Benachrichtigungsrecht Gebrauch zu machen, *„soll (die Polizei) die Benachrichtigung übernehmen, wenn (...) die Benachrichtigung ihrem mutmaßlichen Willen nicht widerspricht“*. 181

Beispiel: Der als gewissenhaft bekannte Familienvater F ist von der Polizei volltrunken in einem Bordell aufgegriffen worden. Die Benachrichtigung der gestrengen Ehefrau wird dem mutmaßlichen Willen des F nicht entsprechen.

Von einer Benachrichtigung Dritter kann ferner abgesehen werden, wenn hierdurch der Zweck der Freiheitsentziehung gefährdet wird (§ 37 Abs. 2 S. 1 PolG). Sobald der Richter die Freiheitsentziehung bestätigt, ist die Benachrichtigung eines Angehörigen oder einer Person des Vertrauens freilich unabdingbar (Art. 104 Abs. 4 GG).

Hinsichtlich der **Unterbringung** in Gewahrsam genommener Personen sieht § 37 Abs. 3 S. 1 PolG vor, diese grundsätzlich von Straf- oder Untersuchungsgefangenen getrennt zu halten. Auch müssen Männer und Frauen zwingend getrennt untergebracht werden. Nach Maßgabe der neu in das Gesetz aufgenommenen Sätze 4 und 5 des § 37 Abs. 3 PolG ist „im Ausnahmefall“, nämlich wenn dies zum Schutz der festgehaltenen Person erforderlich ist, deren offene Beobachtung durch Bild- und Tonübertragung möglich. Eine verdeckte Beobachtung oder die Aufzeichnung von Daten lässt § 37 Abs. 3 PolG nicht zu. Zu **entlassen** ist die Person, sobald der Grund für die Maßnahme weggefallen ist bzw. die Fortdauer durch den Richter für unzulässig erklärt wurde (§ 38 Abs. 1 Nr. 1, 2 PolG). Unabhängig hiervon muss jede Person grundsätzlich spätestens am Ende des Tages nach der Ergreifung entlassen werden (§ 38 Abs. 1 Nr. 3 PolG). Allerdings sieht das reformierte Polizeigesetz in § 38 Abs. 2 PolG die Möglichkeit vor, im Rahmen der vorgesehenen richterlichen Entscheidung für besondere, dort enumerativ aufgeführte Fälle abweichende Fristen zu bestimmen, wobei der zulässige Zeitrahmen hierbei nach Maßgabe des jeweiligen Grundes der Ingewahrsamnahme differiert. Für den gewichtigsten Ingewahrsamnahmegrund der Verbrechensverhinderung (oben Rn. 175) ermöglicht das Gesetz eine Ingewahrsamnahme für einen Zeitraum von bis zu 14 Tagen, wobei eine einmalige Verlängerung um bis zu 14 Tage zulässig ist (Abs. 2 Nr. 1). Eine Freiheitsentziehung zum Zwecke der Identitätsfeststellung darf die Dauer von 12 Stunden grundsätzlich nicht überschreiten. Sofern der Betroffene allerdings die Feststellung der Identität innerhalb dieser Frist vorsätzlich verhindert (z.B. durch Aufbringung von Nagellack auf die Fingerspitzen) bzw. Tatsachen eine solche Annahme begründen, genügt es, wenn die richterliche Entscheidung bis zum Ende des Tages nach dem Ergreifen herbeigeführt wird. In diesem Falle kann durch richterliche Entscheidung eine Ingewahrsamnahme für die Dauer von bis zu sieben Tagen festgelegt werden (§ 38 Abs. 2 Nr. 5 PolG; s. auch Rn. 219). Zur Absicherung rechtsstaatlicher Anforderungen an die Freiheitsentziehung ist für die Fälle, in denen nach § 38 Abs. 2 PolG eine Fortdauer des Freiheitsentzugs durch richterliche Entscheidung angeordnet wird, der in Gewahrsam genommenen Person nach § 38 Abs. 3 PolG anwaltlicher Beistand zu gewähren. 182

VII. Durchsuchung (§§ 39ff. PolG)

183 Ebenfalls aus verfassungsrechtlichen Gründen hat die Standardmaßnahme der Durchsuchung in den §§ 39ff. PolG eine äußerst detaillierte Kodifikation erfahren. Dabei unterscheidet das Gesetz zwischen der Durchsuchung von **Personen** (§ 39), der Durchsuchung von **Sachen** (§ 40) und der mit Blick auf Art. 13 GG besonders sensiblen Durchsuchung von **Wohnungen** (§§ 41–42), wobei letzterer Eingriffstatbestand zugleich das Betreten von Wohnungen mitregelt und die betreffende Maßnahme damit speziellen Eingriffsvoraussetzungen unterwirft. Spezielle Betretungs- und Durchsuchungsrechte finden sich ferner in § 12 Abs. 2 S. 4 sowie § 20 Abs. 3 S. 1 PolG. Die einschlägigen Befugnisnormen betreffen allein die Durchsuchung zu Zwecken der Gefahrenabwehr und sind von parallelen strafprozessualen Standardmaßnahmen in den §§ 102 ff., 111 StPO strikt zu differenzieren. Die Standardbefugnisse im Bereich der Durchsuchung werden durch § 24 Abs. 1 Nr. 12 OBG für die Ordnungsbehörden rezipiert. Die Durchsuchung ist als Befugnisnorm *„self-executing"*, bedarf also keines gesonderten Vollstreckungsvorganges mehr. Dies gilt auch für die in § 41 PolG normierte Befugnis zum Betreten von Wohnungen (str.; a. A. VG Aachen, BeckRS 2007, 23913).

1. Die Durchsuchung von Personen

184 Die Durchsuchung von Personen stellt inhaltlich das Absuchen der Körperoberfläche einer Person mit dem Ziel dar, bestimmte Gegenstände aufzufinden. Ebenfalls eine Form der Durchsuchung einer Person sind die Durchsuchung der ohne Hilfsmittel einsehbaren Körperhöhlen (Nase, Ohren) sowie die Durchsuchung der am Körper getragenen Kleidung, nicht mehr dagegen die Durchsuchung abgelegter Kleider (VG Köln, BeckRS 2016, 40072). Die von der h. M. vorgenommene Erstreckung der Standardmaßnahme auch auf die Durchsuchung der ohne Hilfsmittel zugänglichen Körperöffnungen (Mund, After, nicht aber weiblicher Genitalbereich, vgl. BayVGH, NVwZ-RR 1999, 310) erscheint mit Blick auf den Vorbehalt des (bestimmten) Gesetzes nicht unproblematisch (s. *Rachor,* HdbPolR F Rn. 637). In keinem Fall mehr *„Durchsuchung"* einer Person ist dessen körperliche *„Untersuchung"*, also Nachsuchen im Körperinneren bzw. in den nicht ohne Hilfsmittel zugänglichen Körperöffnungen (z. B. Ausheben des Mageninhaltes; hierzu EGMR, NJW 2006, 3117). Polizeigesetzlich zugelassen sind körperliche Untersuchungen lediglich im Rahmen erkennungsdienstlicher Maßnahmen nach § 14 PolG. Ob körperliche Untersuchungen in bestimmten Fällen unter Rückgriff auf die polizeiliche Generalklausel durchgeführt werden können, erscheint eher fraglich (str.). Nach wohl h. M. kann die Durchsuchungsermächtigung zugleich die Anordnungsbefugnis vermitteln, sich zum Zwecke der körperlichen Durchsuchung vollständig zu entkleiden (*„Auszieh-Pflicht"* – einschränkend zuletzt VG Köln, BeckRS 2016, 40072). Durchsuchungen müssen intentional getragen sein von dem Ziel des Auffindens von Gegenständen. Die mit der Durchsuchung einer Person verbundene Freiheitsbeeinträchtigung besitzt regelmäßig nicht die Qualität einer Freiheitsentziehung i. S. d. Art. 104 Abs. 2 GG, so dass § 39 PolG als formalgesetzliche Grundlage der Maßnahme hinreicht.

a) Tatbestandliche Voraussetzungen der Durchsuchung

185 § 39 Abs. 1 PolG listet unterschiedliche Fallkonstellationen auf, in denen die Durchsuchung von Personen zulässig ist. Danach ist eine Durchsuchung vor allem möglich bei Personen,

- die nach dem Polizeigesetz oder anderen Rechtsvorschriften festgehalten werden dürfen, also etwa in Gewahrsam genommen werden (Nr. 1),
- hinsichtlich derer Tatsachen die Annahme rechtfertigen, dass sie Sachen mit sich führen, die sichergestellt werden dürfen (Nr. 2; hierzu auch § 43 PolG),
- die sich erkennbar in einem die freie Willensbestimmung ausschließenden Zustand befinden (Nr. 3),
- die sich an einem sog. „verrufenen Ort“ i. S. d. § 12 Abs. 1 Nr. 2 PolG aufhalten (Nr. 4),
- die sich in einem oder in der unmittelbaren Nähe eines gefährdeten Objektes i. S. d. § 12 Abs. 1 Nr. 3 PolG aufhalten, wenn ferner Tatsachen die Annahme rechtfertigen, dass in oder an Objekten dieser Art Straftaten begangen werden sollen, durch die Personen oder diese Objekte gefährdet sind (Nr. 5).

Für die verschiedenen Tatbestandskonstellationen kommt es nach dem Gesetzeswortlaut nicht auf den gesonderten Nachweis einer konkreten („verdichteten“) Gefahrenlage an. Gleichwohl wird man jedenfalls bei den verdachts- und ereignisunabhängigen Eingriffstatbeständen (z. B. Nr. 4) von dem Erfordernis einer **erhöhten abstrakten Gefahr** ausgehen müssen. Als bloße Gefahrenerforschungseingriffe sind die betreffenden Maßnahmen damit unzulässig (vgl. BayVerfGH, NVwZ 2006, 1284). Zudem sind die als „Annexbefugnisse“ zu anderen Standardmaßnahmen formulierten Durchsuchungsrechte unter dem Blickwinkel dieser anderweitigen Befugnisnormen zu lesen, so dass etwa die Durchsuchung nach Nr. 2 lediglich in Betracht kommt, um mittels Sicherstellung der Sache eine gegenwärtige erhebliche Gefahr abzuwehren (§ 43 Nr. 1 PolG), um den Eigentümer oder den (rechtmäßigen) Inhaber der tatsächlichen Gewalt vor Verlust oder Beschädigung einer Sache zu schützen (§ 43 Nr. 2 PolG) oder um die missbräuchliche Verwendung einer gefährlichen Sache im Rahmen des § 43 Nr. 3 PolG zu verhindern.

Als Maßnahme der **polizeilichen Eigensicherung** gestattet § 39 Abs. 2 PolG die Durchsuchung von Personen speziell nach Waffen schließlich auch dann, wenn im Rahmen der Identitätsfeststellung oder des Transportes bzw. der Vorführung von Personen eine Gefährdung von Leib und Leben der Beamten oder sonstiger Dritter zu besorgen ist. Stets erforderlich ist hierbei, dass die zugrunde liegende Maßnahme durch eine Befugnisnorm des präventiven oder repressiven Gefahrenabwehrrechts gerechtfertigt wird.

Beispiel: Auch sofern auf der Grundlage des Strafprozessrechts die Identität einer Person geklärt werden soll (§§ 163b oder 111 StPO), ist eine auf Waffen gerichtete Durchsuchung nach § 39 Abs. 2 PolG möglich.

Die spezialgesetzlichen Regelungen über die möglichen Adressaten der Durchsu- **186**
chung von Personen verdrängen die allgemeinen Regelungen zur Verantwortlichkeit (§§ 4–6 PolG/§§ 17–19 OBG), die in hiesigem Kontext somit nicht zur Anwendung gelangen.

b) Verfahrensrechtliche Aspekte

Die Durchsuchung einer Person darf nach § 39 Abs. 3 PolG grundsätzlich nur von **187**
einer Person gleichen Geschlechts oder aber von einem Arzt durchgeführt werden. Ist eine sofortige Durchsuchung zum Schutz gegen eine Gefahr für Leib und Leben erforderlich, kann sie auch von jeder sonstigen Person durchgeführt werden.

2. Die Durchsuchung von Sachen

188 Eine besondere Regelung für das Durchsuchen von Sachen findet sich in § 40 PolG. Die inhaltliche Reichweite dieser Befugnisnorm zeigt sich insbesondere mit Blick auf die sondergesetzliche Regelung für das „Betreten und Durchsuchen von Wohnungen" (§ 41 PolG). So ergibt sich aus der Zusammenschau beider Normen zunächst, dass Wohnungen nicht als „Sachen" i. S. d. § 40 PolG interpretiert werden können. Ferner ist zu beachten, dass das Gesetz ein „Betretungsrecht" lediglich für Wohnungen, nicht aber für Sachen normiert. Dies hat zur Folge, dass das Betreten solcher Sachen nicht auf die Standardermächtigung des § 40 PolG gestützt werden kann. Einschlägig wäre also insoweit die – weniger restriktive – Generalklausel.

Beispiel: Der 10-jährige Ausreißer A hat sich auf einem vollbeladenen LKW des L versteckt. Die Durchsuchung des LKW wird durch § 40 Abs. 1 Nr. 2c i. V. m. § 35 Abs. 2 PolG gedeckt, nicht aber das Betreten der Ladefläche. Es bedarf also eines Rückgriffs auf die polizeiliche Generalklausel (Duldungsverfügung verbunden mit der schlichthoheitlichen Maßnahme des Betretens), die insoweit freilich nicht unerhebliche Adressatenprobleme aufwirft (Inanspruchnahme des L als Nichtstörer!).

189 Tatbestandlich ist die Durchsuchung einer Sache in mehreren Fällen zulässig, nämlich dann, wenn
- diese von einer Person mitgeführt wird, die nach § 39 PolG durchsucht werden darf,
- Tatsachen die Annahme rechtfertigen, dass sich in ihr eine Person befindet, die in Gewahrsam genommen werden darf, widerrechtlich festgehalten wird oder hilflos ist,
- Tatsachen die Annahme rechtfertigen, dass sich in ihr eine andere Sache befindet, die sichergestellt werden darf (z. B. die Bombe im Koffer),
- sich die Sache an einem verrufenen oder gefährdeten Ort i. S. d. Nr. 4 und 5 i. V. m. § 12 Abs. 1 Nr. 2 bzw. Nr. 3 PolG befindet,
- es sich um ein Land-, Wasser- oder Luftfahrzeug handelt, in dem sich eine Person befindet, deren Identität nach § 12 Abs. 1 Nr. 4 PolG festgestellt werden darf.

Auch hierbei wird für ereignisunabhängige Durchsuchungen eine erhöhte abstrakte Gefahr zu verlangen sein (s. Rn. 185), die freilich nicht so konkret sein muss, dass eine Verletzung polizeilicher Schutzgüter „wahrscheinlich" ist.

190 Einer gesonderten Prüfung der Verantwortlichkeiten (§§ 4–6 PolG) bedarf es hier nicht. Immerhin aber hat der Inhaber der tatsächlichen Gewalt das Recht, bei der Durchsuchung anwesend zu sein (§ 40 Abs. 2 S. 1 PolG). Auf Verlangen ist ihm eine Bescheinigung über die erfolgte Durchsuchung und ihren Grund zu erteilen (§ 40 Abs. 2 S. 3 PolG).

3. Die Wohnungsdurchsuchung

191 Das Erfordernis einer besonderen Regelung von Wohnungsdurchsuchungen erschließt sich mit Blick auf Art. 13 Abs. 2 GG. Danach dürfen Wohnungsdurchsuchungen *„nur durch den Richter, bei Gefahr im Verzuge auch durch die in den Gesetzen vorgesehenen anderen Organe angeordnet und nur in der dort vorgeschriebenen Form durchgeführt werden"*. Hierbei wird der Begriff der Wohnung weit ausgelegt, wobei die räumliche Abschottung sowie die Bildung einer Intimsphäre zwei zentrale Konstitutionselemente des Wohnungsbegriffes darstellen. Ihm unterfallen private Wohnflächen einschließlich der Nebenräume (Keller, Speicher) und eingefriedete Zubehörflächen (Garten) ebenso wie

Geschäfts- und Betriebsräume, selbst soweit diese vom Wohnungs- bzw. Geschäftsinhaber dem Publikumsverkehr zugänglich gemacht worden sind (vgl. BVerfGE 97, 228, 265; str.). Parallel hierzu definiert § 41 Abs. 1 S. 2 PolG den Wohnungsbegriff dahingehend, dass mit ihm umfasst werden *„Wohn- und Nebenräume, Arbeits-, Betriebs- und Geschäftsräume sowie anderes befriedetes Besitztum“*. Ebenfalls unter den Wohnungsbegriff fallen Hotelzimmer, Krankenzimmer in einer Reha-Klinik (BGH, NStZ 2005, 700), Wohnwagen sowie Hausboote, aber auch unter der Regie Dritter stehende Gemeinschaftsunterkünfte wie Obdachlosenunterkünfte oder Strafvollzugsanstalten (str., a. A. BGH, NJW 1998, 3284). Allerdings ist Wohnungsinhaber in den zuletzt genannten Fällen der jeweilige Leiter der Unterkunft, nicht die in den Räumen untergebrachte Person.

a) Betreten und Durchsuchung

Von der Rechtsfolge her gestattet § 41 PolG sowohl das Betreten als auch das **192** Durchsuchen von Wohnungen. Unter dem **Betreten** ist das Eindringen in die betreffenden Räume sowie das dortige Verweilen zu verstehen, womit auch das „einfache“ Nach- und Umschauen abgedeckt wird. Das Betreten stellt grundrechtlich gesehen eine (nicht dem Richtervorbehalt unterliegende) Beschränkung der Wohnungsfreiheit nach Art. 13 Abs. 7 GG dar, wobei die Rechtsprechung freilich das Betreten speziell von Geschäfts-, Betriebs- und Arbeitsräumen – wenig überzeugend – nicht unter den Eingriffsbegriff des Abs. 7 subsumieren will (BVerwG, NJW 2005, 454, 455). Demgegenüber versteht man unter einer **Durchsuchung** das ziel- und zweckgerichtete Suchen staatlicher Organe nach Personen oder Sachen bzw. das Bestreben, etwas aufzuspüren, was der Inhaber der Wohnung offen zu legen nicht bereit ist (BVerwGE 47, 31, 37). Für die Durchsuchung gilt der Richtervorbehalt des Art. 13 Abs. 2 GG. Weder ein Betreten noch ein Durchsuchen stellt das gewaltsame Öffnen einer Wohnungstüre dar, die regelmäßig als Vollstreckungsmaßnahme einer Verfügung nach § 8 Abs. 1 PolG (Aufforderung zum Öffnen der Türe, unten Rn. 243) zu werten sein wird (str.; a. A. etwa *Schenke,* Polizeirecht, Rn. 152).

Beispiel: In der Wohnung des W verbirgt sich der Ausbrecher A. Da trotz deutlicher Aufforderung der Polizei niemand die Türe öffnet, bricht die Polizei die Wohnungstüre auf und nimmt A in Gewahrsam. Die Ingewahrsamnahme stützt sich auf § 35 Abs. 3 PolG, das Betreten und Durchsuchen der Wohnung auf § 41 Abs. 1 Nr. 1 PolG. Das Öffnen der Türe ist ein dem Betreten und Durchsuchen vorgelagerter Akt. Es ist kein „Vollzugsakt“ hinsichtlich des Betretens oder Durchsuchens einer Wohnung (mit dem Einschlagen der Türe hat man die Wohnung noch nicht betreten oder durchsucht!), sondern stellt die Durchsetzung der Aufforderung zum Öffnen der Türe im Wege des unmittelbaren Zwanges dar (§ 50 Abs. 1, § 51 Abs. 1 Nr. 3, §§ 55 ff. PolG; für eine Ersatzvornahme *Muckel,* JA 2012, 272, 278).

b) Tatbestandliche Voraussetzungen für das Betreten und Durchsuchen von Wohnungen

§ 41 Abs. 1 PolG listet **vier Sachverhaltskonstellationen** auf, unter denen das Be- **193** treten und Durchsuchen einer Wohnung zulässig sein kann. Im Einzelnen geht es um die Situation, dass
- Tatsachen die Annahme rechtfertigen, dass sich in der Wohnung eine Person befindet, die vorgeführt oder in Gewahrsam genommen werden kann (Nr. 1),
- Tatsachen die Annahme rechtfertigen, dass sich in der Wohnung eine Sache befindet, die nach § 43 Nr. 1 PolG sichergestellt werden kann (Nr. 2),

- von der Wohnung Immissionen ausgehen, die nach Art, Ausmaß oder Dauer zu einer erheblichen Belästigung der Nachbarschaft führen (Nr. 3),
- die Maßnahmen zur Abwehr einer gegenwärtigen Gefahr für Leib, Leben oder Gesundheit einer Person oder für Sachen von bedeutendem Wert erforderlich sind.

Zu beachten ist, dass der Durchsuchungsgrund einer möglichen Sicherstellung von Sachen allein Sicherstellungen nach § 43 Nr. 1 PolG betrifft, also solche Sicherstellungen, die der Abwehr einer gegenwärtigen Gefahr dienen. Sonstige Sicherstellungsgründe, wie etwa der Schutz des Eigentümers vor Beschädigung einer Sache, bleiben außer Betracht.

Beispiel: Einbrecher E hat wertvolle Waffen des Sammlers S gestohlen. Aufgrund anonymer Hinweise dringt die Polizei in die Wohnung des E ein und durchsucht diese nach den Waffen. Zwar könnten die Waffen nach § 43 Nr. 2 PolG sichergestellt werden. Dies berechtigt gem. § 41 Abs. 1 Nr. 2 PolG jedoch nicht zum Betreten und Durchsuchen der Wohnung. Da die Waffen hier indes auch nach § 43 Nr. 1 PolG sichergestellt werden können (gegenwärtige Gefahr durch unerlaubten Waffenbesitz), kommt § 41 Abs. 1 Nr. 2 PolG als Eingriffsermächtigung gleichwohl in Betracht. Je nach der Intention des Zugriffs kommen auch strafprozessuale Eingriffsermächtigungen in Betracht (§ 102 StPO: Tätergreifung und Auffinden von Beweismitteln).

Bei der Wohnungsdurchsuchung zum Zwecke der Abwehr von gegenwärtigen Gefahren für Leib, Leben und Freiheit einer Person oder Sachen von bedeutendem Wert ist nicht entscheidend, ob die Gefahr ihren Grund in der Beschaffenheit der Wohnung findet oder sonstige Ursprünge hat. Auch die Inanspruchnahme einer Wohnung, um von dort aus lebensrettende Gefahrenabwehrmaßnahmen durchzuführen, kann somit das Betreten der Wohnung rechtfertigen.

Beispiel: W hat seine Wohnung unmittelbar gegenüber einer Bank. Während eines Banküberfalls beansprucht die Polizei Zutritt zur Wohnung des W, um am Fenster einen Scharfschützen zu postieren, der den Geiselnehmer notfalls erschießen soll.

194 Ob es insoweit einer kumulativen Prüfung der **Adressatenfrage** bedarf, erscheint mit Blick auf die Subsidiaritätsregelung in § 4 Abs. 4, § 5 Abs. 4 sowie § 6 Abs. 3 PolG eher fraglich. Denn § 41 PolG bestimmt inzident zugleich, dass die jeweilige Maßnahme gegen den Wohnungsinhaber zu richten ist. Die Frage nach dem Erfordernis einer kumulativen Adressatenprüfung wird freilich im Ergebnis regelmäßig von lediglich „akademischer Bedeutung" bleiben. So werden in dem genannten Fallbeispiel (Rn. 193: Wohnungseigentümer als „Nichtverantwortlicher") die Vorgaben des § 6 Abs. 1 Nr. 1 PolG bereits weitgehend über § 41 Abs. 1 Nr. 4 PolG erfüllt, zudem die Vorgaben des § 6 Abs. 1 Nr. 2–4 PolG Ausfluss des Verhältnismäßigkeitsgrundsatzes sind und insoweit inzident im Rahmen der Ermessensprüfung nach § 41 PolG Geltung beanspruchen.

c) Grenzen des Betretungs- und Durchsuchungsrechts

195 Enge Grenzen zieht das Gesetz sowohl für das Betreten als auch das Durchsuchen von Wohnungen zur Nachtzeit (§ 41 Abs. 2 PolG). Hierbei handelt es sich um die Zeit zwischen 21 und 4 Uhr bzw. (von Oktober bis März) von 21 bis 6 Uhr. In dieser Zeit sind die betreffenden Maßnahmen nur aus den in Absatz 1 S. 1 Nr. 3 und 4 genannten Gründen zulässig. Die tatbestandlichen und zeitlichen Grenzen der Absätze 1 und 2 gelten für das *Betreten* nicht, wenn die Ausnahmefälle des Absatzes 3 Nr. 1 und 2 vorliegen (sog. **„verrufener Ort"**), insbesondere also

- Tatsachen die Annahme rechtfertigen, dass in der Wohnung Straftaten von erheblicher Bedeutung verabredet, vorbereitet oder gar verübt werden,
- Tatsachen die Annahme rechtfertigen, dass sich dort Personen treffen, die gegen aufenthaltsrechtliche Strafnormen verstoßen oder sich dort gesuchte Straftäter verbergen, bzw.
- die Wohnungen der Prostitution dienen.

Eine weitere Ausnahme gilt für **Arbeits-, Betriebs- und Geschäftsräume,** die der Öffentlichkeit zugänglich sind oder zugänglich waren und den Anwesenden zum weiteren Aufenthalt zur Verfügung stehen (z. B. Gastronomiebetriebe). Hier ist das *Betreten* während der Arbeits-, Geschäfts- und Aufenthaltszeiten allgemein zu Zwecken der Gefahrenabwehr zulässig (§ 41 Abs. 4 PolG). Ob dieser Eingriffstatbestand mit den qualifizierten Eingriffsvoraussetzungen des Art. 13 Abs. 7 GG *(„zur Verhütung dringender Gefahren für die öffentliche Sicherheit und Ordnung“)* zu vereinbaren ist, erscheint allerdings fraglich (Rn. 192). Die Rechtsprechung hat entsprechende Betretungsrechte in reinen Arbeitsräumen zu den üblichen Arbeitszeiten freilich akzeptiert.

d) Der „Richtervorbehalt“

Mit Blick auf Art. 13 Abs. 2 GG dürfen Durchsuchungen nach § 42 Abs. 1 S. 1 PolG **196** außer bei Gefahr im Verzug nur durch den Richter angeordnet werden. Durchaus in Einklang mit Art. 13 Abs. 7 GG gilt der Richtervorbehalt somit nicht für das bloße Betreten von Wohnungen einschließlich der dortigen Umschau und Nachschau. Der Ausnahmefall der **„Gefahr im Verzug“** besteht nur dort, wo der Erfolg der Maßnahme durch eine vorherige Befassung des Amtsrichters zeitlich gefährdet würde. Dabei sind strenge Maßstäbe anzuwenden (im Kontext strafprozessualer Durchsuchungen BVerfG, NJW 2001, 1121). Soweit Gefahr im Verzug ist, kann die Durchsuchung von jedem Polizeibeamten durchgeführt werden. Einen besonderen Status des Beamten etwa als „Ermittlungsperson“ setzt das Gesetz nicht voraus. Die Position des Wohnungsinhabers wird ferner durch zahlreiche in § 42 Abs. 2–6 PolG niedergelegte verfahrensrechtliche Ansprüche (Anwesenheitsrecht, Informationsrecht, Aushändigung einer Niederschrift) gestärkt.

VIII. Sicherstellung (§ 43 f. PolG)

§ 43 PolG regelt die Sicherstellung von Sachen, ohne freilich den Begriff der Sicher- **197** stellung näher zu klären. In der Regel wird die Sicherstellung mit der in § 44 Abs. 1 S. 1 PolG geregelten Inverwahrungnahme der sichergestellten Sache zusammenfallen, auch wenn die Inverwahrungnahme streng genommen nur einen möglichen Modus des Umganges mit der sichergestellten Sache betrifft. Ebenso zulässig ist nach § 44 Abs. 1 S. 2 PolG eine anderweitige Aufbewahrung oder Sicherung der sichergestellten Sache. In der Regel wird sich die Sicherstellung als behördlicher Entzug der tatsächlichen Verfügungsmacht bzw. Sachherrschaft über eine Sache darstellen. Allerdings kennt das Gesetz die Sicherstellung auch als „adressatenlose“ Maßnahme etwa in Bezug auf Sachen, die dem Eigentümer abhandengekommen sind und in seinem Interesse sichergestellt werden (§ 43 Nr. 2 PolG; hierzu auch Rn. 198). Als verbindendes Element aller Varianten der Sicherstellung wird man aber das Ziel anzusehen haben, die sichergestellten Sachen unter behördliche Kontrolle zu bringen und damit (ob gewollt oder nur als zwangsläufige Folge der Maßnahme) die Herrschaftsgewalt Dritter aufzuheben, soweit andere Dritte nicht speziell seitens der Behörde mit der Verwahrung betraut wurden.

Freilich wird man umgekehrt nicht jegliche kurzfristige Erschwernis des Zugriffs auf eine Sache als Sicherstellung ansehen können, zumal soweit die Behörde eigene Herrschaftsgewalt über die Sache erkennbar nicht begründen will.

Beispiel: Zur gefahrlosen Durchführung der Durchsuchung des D legt der Polizeibeamte P ein bei D gefundenes Klappmesser vorsorglich beiseite, um es ihm nach Abschluss der Durchsuchung zurückzugeben. Es liegt keine Sicherstellung vor.

Sicherstellungsfähige Sachen können sowohl **bewegliche Sachen** als auch **unbewegliche Sachen** (Wohnungen zum Zwecke der Unterbringung von Obdachlosen) sein. Nicht erfasst sind dagegen schuldrechtliche Ansprüche, insbesondere scheitert eine analoge Anwendung der Sicherstellungsermächtigungen am Vorbehalt des Gesetzes (BayVGH, NVwZ-RR 2016, 779). Dem Begriff der „Sachen" gleichgestellt sind gem. § 5 Abs. 1 S. 2 PolG **Tiere.** Zu beachten bleibt insoweit freilich, dass die Sicherstellung als Eingriffsnorm *Rechte Dritter* an den Sachen voraussetzt. Soweit derartige Rechte Dritter nicht in Rede stehen, wie dies bei *herrenlosen* Sachen (§ 958 BGB) der Fall ist, liegt in ihrer Inverwahrungnahme – vom Sonderfall der Dereliktion abgesehen (§ 5 Abs. 3 PolG) – keine Sicherstellung i. S. d. §§ 43 ff. PolG.

Beispiel: Aus dem stadtnahen Gatter des E ist ein Damhirsch entkommen, der auf seiner Flucht den Straßenverkehr gefährdet. Nachdem E die Verfolgung aufgegeben hat, fängt die Polizei das Tier im Stadtgebiet ein. Es liegt keine Sicherstellung i. S. d. § 43 PolG vor, da E gem. § 960 Abs. 2 BGB nicht mehr Eigentümer des nunmehr herrenlosen Tieres war. Auch § 5 Abs. 3 PolG ist nicht anwendbar, da dort nur die – hier nicht einschlägige – rechtsgeschäftliche Eigentumsaufgabe geregelt ist. E bleibt allerdings handlungsverantwortlich, soweit er die Flucht des Tieres durch eine unzureichende Einzäunung des Gatters verursacht hat. Insoweit treffen ihn die Kosten des Einsatzes (Ersatzvornahme im sofortigen Vollzug im Hinblick auf die hypothetische Grundverfügung, den Hirsch „aus dem Verkehr" zu ziehen).

Potentiell beschränkt werden durch die Sicherstellung nicht nur Eigentum und Besitz, sondern womöglich auch bloße Aneignungsrechte u. Ä.

198 Streitig ist, ob die Sicherstellung – vor allem im Falle der Nichtherausgabe durch den Eigentümer oder Gewahrsamsinhaber – einer gesonderten Vollstreckung bedarf oder ob sie die Vollstreckung gleichsam *„in sich"* trägt. Nach vielfach vertretener Auffassung wird dem Betroffenen durch die **als Verwaltungsakt einzustufende Sicherstellung** lediglich eine (unvertretbare) Handlung („Herausgabepflicht") auferlegt, die erforderlichenfalls **mit Zwangsmitteln** durchzusetzen wäre (z.B. OVG NRW, NWVBl. 1991, 338; VGH Hess., NVwZ 2008, 784). Dieser Lösungsansatz liegt auf der Linie des Begriffsverständnisses der StPO (vgl. etwa § 94 Abs. 1 und 2 StPO), die freilich – anders als das PolG – zwischen der Sicherstellung und der (zwangsweisen) Beschlagnahme differenziert. Ob diese Terminologie in die Systematik des Polizeirechts übertragbar ist, erscheint indes fraglich. Sie führt insbesondere dort zu Problemen, wo Sachen in Abwesenheit des Eigentümers sichergestellt werden sollen. Dogmatisch wäre dies nur als Vollstreckungsmaßnahme (unmittelbarer Zwang) im sofortigen Vollzug (§ 50 Abs. 2 PolG) zu erklären, wodurch allerdings die Eingriffsvoraussetzungen gegenüber jenen des § 43 PolG nochmals – systemwidrig – verschärft würden (u. a. *„gegenwärtige Gefahr"*). Alternativ verbliebe nur die Möglichkeit, den Tatbestand der Nr. 2 als Sonderfall der (öffentlich-rechtlichen) Geschäftsführung ohne Auftrag (GoA) zu werten und einen Zwangscharakter der Maßnahme zu verneinen, was freilich zu neuen Problemen führte.

Beispiel: Nach einem schweren Verkehrsunfall bleiben Gepäckstücke mutmaßlicher Unfallbeteiligter im Straßengraben zurück. Deren Sicherstellung ist nach § 43 Nr. 2 PolG zur Vermeidung von Verlust und Beschädigung zulässig. Sieht man in der Sicherstellung nur die Anordnung der Herausgabe, wäre der Zugriff hier aufgrund der Abwesenheit des Betroffenen nur als Sofortvollzug nach § 50 Abs. 2 PolG denkbar. Die aber ist nur zulässig zur Abwehr einer *„gegenwärtigen Gefahr“*, wie sie § 43 Nr. 2 PolG gerade nicht voraussetzt. Deutet man § 43 Nr. 2 PolG dagegen allein als Unterfall einer öffentlich-rechtlichen GoA, stellte sich die Frage, ob ein Zugriff i. S. d. Nr. 2 auch gegen Dritte zulässig wäre, die die Sache bei sich führen. Die Ermöglichung eines solchen Zugriffs dürfte aber von der Norm mit beabsichtigt sein.

Die besseren Argumente sprechen daher dafür, die Sicherstellung bereits wesensmäßig als den *„zwangsweisen Entzug der Sachherrschaft“* (so Hess. VGH, NJW 1995, 2123, 2124) zu sehen mit der Folge, dass sich im Hinblick auf den sichernden Zugriff auf den betreffenden Gegenstand vollstreckungsrechtliche Folgeprobleme zunächst nicht stellen. Anderes wird erst dort anzunehmen sein, wo sich ein Betroffener der Sicherstellung gewaltsam entgegenstellt und vor dem sicherstellenden Zugriff daher dessen Widerstand gebrochen werden muss. Hier wird man die Widerstandshandlung als gesonderten Akt der Störung der öffentlichen Sicherheit zu werten haben, der dann durch rechtlich gesonderte Maßnahmen, ggf. auch durch den Einsatz unmittelbaren Zwangs (unten Rn. 244), zu beenden ist. Auch bei dieser Auslegung ist grundsätzlich von einem **Verwaltungsakt-Charakter** der Sicherstellung auszugehen. Abweichend hiervon handelt es sich bei der in Abwesenheit des Betroffenen vollzogenen Sicherstellung dagegen notwendig um einen bloßen Realakt (OVG NRW, NVwZ-RR 2000, 429: *„adressatenneutrale“* Sicherstellung), schon weil es an der Bekanntgabe eines Verwaltungsakts fehlt. Gleiches wird man für Maßnahmen gegenüber Minderjährigen anzunehmen haben, denen gegenüber ein Verwaltungsakt nicht wirksam i. S. d. § 43 Abs. 1 VwVfG bekanntgegeben werden kann (§ 12 Abs. 1 Nr. 1 und 2 VwVfG).

Ob die Sicherstellung in jedem Falle voraussetzt, dass die Sache vollständig aus dem **199**
faktischen Einwirkungsbereich des von der Maßnahme Betroffenen herausgelöst wird, ist streitig (hierfür OVG NRW, NWVBl. 1991, 338). Entscheidend dürfte die **Aufhebung der tatsächlichen Verfügungsgewalt** sein, so dass etwa der polizei- oder ordnungsbehördliche Zugriff auf eine leer stehende Mietwohnung zum Zwecke der Unterbringung eines Obdachlosen durchaus im Sinne einer gegen den Eigentümer gerichteten Sicherstellung und Inverwahrungnahme gedeutet werden kann (str.; anderenfalls wäre § 14 Abs. 1 OBG einschlägig). Da es hierbei um eine Maßnahme gegen einen Nichtstörer geht, ist ein derartiger Zugriff allerdings nur in den engen Grenzen des polizeilichen Notstandes zulässig (oben Rn. 102 ff.). Um in der Zeit nach der sog. Flüchtlingskrise des Jahres 2015 die behördlichen Möglichkeiten zur Unterbringung von Flüchtlingen zu erweitern, wurden in einzelnen Bundesländern seinerzeit befristete Spezialermächtigungen kodifiziert (§ 14a Hbg. SOG a. F., § 26a Brem. PolG a. F.), deren Verfassungsmäßigkeit allerdings umstritten war (hierzu *Froese,* JZ 2016, 176). In Nordrhein-Westfalen existierten derartige Sonderermächtigungen nicht, so dass die Frage der Unterbringung von Flüchtlingen unter Einsatz privaten Eigentums durchgängig denselben Regeln folgte wie die Sicherstellung von Wohnraum zur Vermeidung „klassischer“ Obdachlosigkeit. Die Sicherstellung des Wohnraums ist von der „Einweisung“ des Obdachlosen strikt zu trennen.

Soweit die „Einweisung“ des Obdachlosen teilweise als weitere selbstständige, diesmal an die Person des (unfreiwillig) Obdachlosen adressierte Ordnungsverfügung nach § 14 Abs. 1 OBG angesehen wird (*Ruder,* NVwZ 2012, 1285, 1286), überzeugt dies nicht. Denn die Einweisung wird – jedenfalls im Regelfall - keine Eingriffswirkung zulasten der einzuweisenden Personen entfalten. Diese erlangt vielmehr lediglich einen rechtlichen Vorteil. Erst recht kann eine Belastungswirkung nicht damit begründet werden, dass mit der Einweisung des Obdachlosen dessen *„Anspruch auf Unterbringung (…) nicht mehr besteht“* (*Ruder,* aaO). Eine solche Argumentation würde letztlich die systematische Trennung von Eingriffs- und Leistungsverwaltung einebnen.

Zu beachten ist schließlich, dass § 44 Abs. 1 S. 2 PolG eine Sicherstellung auch in Form einer **anderweitigen Aufbewahrung oder Sicherung** ermöglicht, wodurch der Behörde flexible Reaktionsmöglichkeiten eingeräumt werden. Maßgebliches Ziel der Sicherstellung muss freilich auch hier jeweils sein, dem Adressaten der Maßnahme die tatsächliche Verfügungsmacht über eine Sache zu entziehen.

Beispiel: Nicht überzeugend ist es insoweit, wenn das VG Düsseldorf (BeckRS 2011, 45332) von einer Sicherstellung in Gestalt einer anderweitigen „Sicherung“ nach § 44 Abs. 1 S. 2 PolG ausgeht, wenn die Polizei ein (von ihr selbst im Rahmen eines Einsatzes) zerstörtes Fenster verschließen lässt, um den Wohnungseigentümer vor einem Diebstahl von Gegenständen des Hausrates zu schützen. Richtigerweise dürfte es hier an der notwendigen Aufhebung der tatsächlichen Verfügungsgewalt des Eigentümers fehlen, so dass eine Sicherstellung nicht vorliegt. Folgerichtig lässt sich auch eine Kostentragungspflicht (unten Rn. 206) des Hauseigentümers nicht begründen.

Ob das **Abschleppen von Fahrzeugen** als Sicherstellung gedeutet werden kann, erscheint ebenfalls höchst fraglich. Da die Behörde dem Fahrzeughalter nicht die Herrschaftsgewalt über sein Fahrzeug streitig machen und den abgeschleppten PKW grundsätzlich nicht in amtliche Verwahrung nehmen will, sprechen die besseren Gründe für eine Ersatzvornahme im sofortigen Vollzug (unten Rn. 245). Etwas Anderes gilt lediglich für solche Fälle, in denen ein PKW zum Schutz vor Diebstahl abgeschleppt und – gleichsam an Stelle des Halters – in amtliche Verwahrung genommen wird (BayVGH, NJW 2001, 1960; für Unverhältnismäßigkeit aber OVG NRW, NJW 1978, 720). Die Bestimmungen zur Sicherstellung und Verwahrung werden durch § 24 Abs. 1 Nr. 12 OBG vollumfänglich in das Ordnungsbehördengesetz integriert. Die Kosten einer Sicherstellung und Verwahrung fallen nach § 46 Abs. 3 S. 1 PolG *„den nach den §§ 4 oder 5 Verantwortlichen zur Last“*.

a) Tatbestandliche Voraussetzungen der Sicherstellung

200 § 43 PolG formuliert einen Katalog verschiedener tatbestandlicher Konstellationen, in denen die Polizei von der Standardmaßnahme der Sicherstellung Gebrauch machen kann. Ob und inwieweit in den verschiedenen Varianten kumulativ auch eine Verantwortlichkeit der in Anspruch genommenen Person bzw. ein polizeilicher Notstand gegeben sein muss, erscheint nicht eindeutig. Zwar geht § 46 Abs. 3 S. 1 PolG davon aus, dass es auch im Kontext der Sicherstellung *„nach den §§ 4 oder 5 Verantwortliche“* gibt oder geben kann. Indes erscheint insoweit eine differenzierende Prüfung nach Maßgabe der unterschiedlichen Tatbestandsvarianten notwendig. Hierbei entfällt eine zusätzliche Prüfung der Verantwortlichkeit dann, wenn die Norm bereits aus sich heraus festlegt, *„gegen wen eine Maßnahme zu richten ist“* (§ 4 Abs. 4, § 5 Abs. 4, bzw. § 17 Abs. 4, § 18 Abs. 4).

201 aa) Zuvörderst ist die Sicherstellung möglich, „um eine **gegenwärtige Gefahr** abzuwehren“ (Nr. 1). Eine solche Situation ergibt sich insbesondere dort, wo von der Sache selbst eine gegenwärtige Gefahr ausgeht, wie dies etwa bei einem tollwütigen Hund oder aufgefundenen Kampfmitteln der Fall ist. Allerdings verlangt das Gesetz ausdrücklich nicht, dass die gegenwärtige Gefahr *notwendigerweise* von der Sache selbst ausgehen muss (str., a.A. *Thiel,* POR, § 10 Rn. 188). Denkbar ist eine Sicherstellung also auch dort, wo die Gefahr ihre „Wurzeln" an anderer Stelle hat, indessen über die Sicherstellung eines Tieres oder einer Sache am effektivsten abgewehrt werden kann. Derartige anderweitige „Gefahrenwurzeln" können etwa in dem Zustand *(Trunkenheit)* bzw. den Handlungsabsichten Dritter liegen.

Beispiel: Trotz mehrfacher polizeilicher Aufforderung weigert sich Radfahrer R, mit seinem („Liege-")Fahrrad auf dem Radweg zu fahren. Er geht irrig, aber beharrlich davon aus, dass sein Liegefahrrad kein Fahrrad i. S. d. StVO sei. Da R nicht bereit ist einzulenken, stellt die Polizei das Fahrrad sicher (Bad.-Württ. VGH, VBlBW 2001, 100; zur Radwegbenutzungspflicht nach Zeichen 240 der StVO zuletzt BVerwG, BeckRS 2011, 45444).

Fraglich ist, ob § 43 Nr. 1 PolG eine Sicherstellung auch von Gegenständen gestattet, die, ohne dass sie selbst Teil der Gefahrensituation wären, als Mittel zur Gefahrenabwehr („Gegenmittel") benötigt werden. Hierbei geht es letztlich um die Frage, wer Adressat der Sicherstellungsmaßnahme nach Nr. 1 sein kann. Weder der Normwortlaut noch der Zweck der Norm dürften einen pauschalen Ausschluss derartiger Sicherstellungen rechtfertigen. Allerdings sind im Rahmen der Nr. 1 dann konsequenterweise die Voraussetzungen für eine Nichtstörerinanspruchnahme sowie – wie stets – der Verhältnismäßigkeitsgrundsatz zu beachten. Der Zugriff auf Sachen eines Nichtstörers kommt daher nur unter den Voraussetzungen des polizeilichen Notstandes (§ 6 PolG) in Betracht.

Beispiel: Die Ordnungsbehörde stellt eine leer stehende Wohnung im Mietshaus des M sicher, um dort den Obdachlosen O unterzubringen (§ 24 Abs. 1 Nr. 12 OBG i. V. m. § 43 Nr. 1 PolG).

Ein Sonderproblem im Kontext des § 43 Nr. 1 PolG betrifft die Sicherstellung von **Fotoaufnahmen von Polizeieinsätzen**. Die Problematik rührt daher, dass § 22 i. V. m. § 33 KunstUrhG nur das Verbreiten oder öffentliche Zurschaustellen, nicht aber das bloße Herstellen solcher Bilder strafrechtlich sanktioniert (hierzu auch unten Rn. 219). Die Sicherstellung von Foto- oder Filmmaterial setzt daher konkrete Anhaltspunkte dafür voraus, dass Fotos entgegen den rechtlichen Vorgaben veröffentlicht werden sollen (BVerwGE 109, 203 Rn. 27). Ob und inwieweit bereits das Erstellen derartiger Fotoaufnahmen Rückschlüsse auf eine beabsichtigte Veröffentlichung zulässt, ist eine Frage des Einzelfalles. Entsprechendes wurde bejaht bei Aufnahmen durch Fotografen der Boulevardpresse (BWVGH, NVwZ 2001, 1292), während dies für private Aufnahmen, die der Beweissicherung dienten, verneint wurde (VG Meiningen, NVwZ-RR 2012, 551). Zum Zwecke der Abklärung eines diesbezüglichen „Gefahrenverdachts" hielt es die Rspr. bislang teilweise für zulässig, die Personalien von Personen festzustellen, die polizeiliche Einsätze filmen oder fotografieren. Mit einem jüngeren Beschluss des BVerfG vom 24.7.2015 (NVwZ 2016, 53) dürfte dieser Rechtsprechung die Grundlage entzogen sein. Hiernach müssen auch für die Maßnahme der Identitätsfeststellung hinreichend tragfähige Anhaltspunkte für die Annahme einer drohenden unzulässigen Verbreitung der Fotos vorliegen (s. unten Rn. 219). Mit Blick auf die Spezialität der §§ 22f. KunstUrhG, von deren Fortgelten auch nach Inkrafttreten der DSGVO auszugehen ist, wird ein weitergehender Rückgriff auf den Schutz des Persönlichkeitsrechts von Polizeibeamten abgelehnt. 202

bb) Eine Sicherstellung ist nach § 43 Nr. 2 PolG weiter zulässig, *„um den Eigentümer oder den rechtmäßigen Inhaber der tatsächlichen Gewalt vor Verlust oder Beschädigung einer Sache zu schützen".* Diese Tatbestandsvariante wird teilweise als Konstellation des Schutzes privater Rechte i. S. d. § 1 Abs. 2 PolG interpretiert, was dann aber zur Folge hätte, dass die Tatbestandsvariante nicht greift, sobald es um den Schutz öffentlich-rechtlich (ins- 203 besondere strafrechtlich) abgesicherter Sachen geht. Denn in diesem Falle ginge es nicht mehr um „private" Rechte, sondern um das Schutzgut der „öffentlichen" Sicherheit (oben Rn. 51). Die Tatbestandsvarianten der Nummern 1 und 2 stünden danach in einem strikten Alternativverhältnis. Eine solche Subsidiarität der Tatbestandsvariante des § 43 Nr. 2 PolG gegenüber der Variante in Nr. 1 der Norm erscheint mit dem Normwortlaut von Nr. 2 indes nicht vereinbar. Dessen ungeachtet wird man in Anlehnung an § 1 Abs. 2 PolG durchaus das relevante **Risiko eines Verlustes** oder einer Beschädigung der Sache verlangen müssen (oben Rn. 34). Zudem erfordert die Sicherstellung nach § 43 Nr. 2 PolG, indem sie Elemente einer öffentlich-rechtlichen Geschäftsführung ohne Auftrag enthält, ein Handeln im tatsächlichen bzw. **mutmaßlichen Interesse des Eigentümers** oder des (rechtmäßigen) Inhabers der tatsächlichen Gewalt. Insofern müssen ggf. auch bestehende Möglichkeiten der Rückfrage genutzt werden (s. VG Berlin, LKV 2002, 293: Halternachfrage vor Sicherstellung eines Fahrzeugs mit eingeschlagener Seitenscheibe). Aus der Bindung an den mutmaßlichen Willen des Eigentümers folgt außerdem, dass ein Zugriff der Polizei auf der Grundlage der Nr. 2 unzulässig ist, wenn der Eigentümer oder Gewahrsamsinhaber die Sache in (ex ante) erkennbarer Weise bewusst und freiverantwortlich einem erhöhten Verlust- oder Schadensrisiko aussetzt.

Beispiel: Trotz mehrfacher Diebstahlsversuche hat Eigentümer E in seinem Vorgarten ein größeres Kunstwerk installieren lassen. Einen schützenden Zugriff durch die Polizei hat sich E ausdrücklich verbeten. Eine Sicherstellung des Kunstwerkes durch die Polizei ist durch § 43 Nr. 2 PolG nicht gerechtfertigt. Auch soweit eine Diebstahlsgefahr i. S. d. § 43 Nr. 1 PolG „konkret" geworden sein sollte, dürfte ein „aufgedrängter" Grundrechtsschutz als unverhältnismäßig einzustufen sein. Dass mit § 242 StGB zugleich eine Gefahr für die Unversehrtheit der objektiven Rechtsordnung droht, rechtfertigt jedenfalls solange keine abweichende Bewertung, als die bedrohte Norm ihrerseits speziell dem Schutz des konkret gefährdeten Eigentums dient.

Klassische Anwendungsfälle der Nr. 2 sind die Sicherstellung von **am Unfallort zurückgebliebenen Gegenständen** einer verunglückten Person sowie die **Sicherstellung von Diebesgut**. Dass der Eigentümer bzw. der rechtmäßige Inhaber der tatsächlichen Gewalt zum Zeitpunkt der Sicherstellung möglicherweise noch unbekannt sind, steht der Maßnahme nach Nr. 2 nicht entgegen. Bei der Sicherstellung potentiellen Diebesguts werden in Ansehung der Eigentumsvermutung des § 1006 Abs. 1 BGB aber immerhin Umstände vorliegen müssen, die das Eigentum eines Dritten nahelegen und damit etwaige vom Besitzer behaupteten Erwerbstatsachen widerlegen (s. VG Köln, BeckRS 2018, 37812).

Nicht eindeutig ist, ob § 43 Nr. 2 PolG eine kumulative Prüfung der Verantwortlichkeit nach §§ 4 und 5 PolG bzw. §§ 17 und 18 OBG erforderlich macht oder aber bereits eine eigene inzidente Bestimmung des Adressaten der Maßnahme enthält (vgl. § 4 Abs. 4 PolG bzw. § 17 Abs. 4 OBG). Geht man davon aus, dass es in Nr. 2 – anders als in Nr. 1 – nicht um die Abwehr einer genuinen „Gefahr" geht, so erscheint eine Anwendung der auf die Frage der Gefahrenverursachung gerichteten §§ 4 und 5 PolG bzw. §§ 17 und 18 OBG systematisch nicht begründbar. „Natürlicher" **Adressat der Regelung** ist dann derjenige, bei dem die Sache aufgefunden wird. Ohnehin nicht in Betracht kommt eine Adressatenprüfung, wenn die Sicherstellung als „adressatlose" Maßnahme allein im Interesse des Eigentümers oder rechtmäßigen Inhabers der tatsächlichen Gewalt durchgeführt wird, also keine imperative Inpflichtnahme Dritter enthält.

cc) Schließlich ist die Sicherstellung einer **Sache** auch dann möglich, wenn sie **von einer Person mitgeführt** wird, die nach diesem Gesetz oder anderen Rechtsvorschriften **festgehalten wird**, und die Sache verwendet werden kann, um sich zu töten oder zu verletzen, das Leben oder die Gesundheit anderer zu schädigen, fremde Sachen zu beschädigen oder die Flucht zu ermöglichen oder zu erleichtern (§ 43 Nr. 3 PolG). Die betroffene Person muss nach dem Gesetzeswortlaut bereits vor der Sicherstellung festgehalten worden sein. Eine gesonderte Prüfung der Verantwortlichkeit entfällt. Wichtig ist, dass es nur auf die **potentielle Verwendbarkeit** der Sache zu den genannten Zwecken ankommt, eine entsprechende *Verwendungsabsicht* also nicht bestehen oder gar nachgewiesen werden muss. Eine potentielle Eignung zur Selbsttötung oder Selbstverletzung ist vor diesem Hintergrund etwa auch Nagelfeilen und -scheren, Rasierklingen, aber auch Hosenträgern und Gürteln zu bescheinigen. Gleiches gilt für Geldmünzen, da ein Verschlucken von Münzen erhebliche Gesundheitsgefährdungen verursachen kann. Indem die Adressatenfrage in dieser Variante mitgeregelt wird, entfällt eine kumulative Prüfung der Verantwortlichkeit (§ 4 Abs. 4, § 5 Abs. 4 PolG bzw. § 17 Abs. 4, § 18 Abs. 4 OBG). 204

b) Fragen der Verhältnismäßigkeit

Stets zu beachten ist, dass auch die Sicherstellung den Grundsätzen der Verhältnismäßigkeit genügen muss. So wird es etwa hinreichen, einem auf dem Parkplatz vor der Gastwirtschaft aufgegriffenen angetrunkenen Fahrzeughalter lediglich die PKW-Schlüssel abzunehmen, anstatt sogleich den gesamten PKW sicherzustellen und in Verwahrung zu nehmen. Zum Schutz eines mit offenen Seitenfenstern aufgefundenen PKW wird es regelmäßig hinreichen, die Fenster zu verschließen, so dass die Sicherstellung des Fahrzeuges unverhältnismäßig wäre. Wird ein entwendetes Fahrzeug aufgefunden, wird im Regelfall eine Pflicht zur Sicherstellung nach § 43 Nr. 2 PolG zu bejahen sein (anders OVG NRW, NJW 1978, 720: Entfernen der Fahrzeugbatterie als ausreichende Sicherungsmaßnahme). Liegen die tatbestandlichen Voraussetzungen des § 43 Nr. 2 PolG vor, kann die Sicherstellung des Fahrzeuges ausnahmsweise unverhältnismäßig sein, wenn die Abschleppkosten in keiner sinnvollen Relation zum Wert des Fahrzeuges mehr stehen (Hess. VGH, NJW 1999, 3793). Im Falle einer bewusst missbräuchlichen Verwendung von Sachen und Tieren kann zudem die Anordnung einer unmittelbar verhaltenssteuernden Verfügung unter Androhung von Zwangsmitteln (Zwangsgeld) eine weniger belastende Maßnahme der Gefahrenprävention sein und damit zur Unverhältnismäßigkeit einer (fortdauernden) Sicherstellung der missbräuchlich verwendeten Sachen führen. 205

Beispiel: Da sich L in dem oben Rn. 201 geschilderten Fall weiterhin weigert, mit seinem Liegefahrrad die Radwege zu benutzen, hält die Polizei das sichergestellte Rad über Monate in Verwahrung. Da eine Verhaltenseinwirkung durch Androhung von Zwangsgeldern weniger eingriffsintensiv wäre, ist die Maßnahme rechtswidrig (Bad.-Württ. VGH, VBlBW 2001, 100, 102; ähnl. BayVGH, DÖV 2009, 334).

c) Verwahrung, Herausgabe und Kosten

Die mit der Sicherstellung regelmäßig verbundene **Inverwahrungnahme** (§ 44 Abs. 1 S. 1 PolG) muss nicht zwangsläufig unter behördlicher Regie erfolgen. Vielmehr kann die Verwahrung auch einem Dritten (z. B. einem **Tierheim** oder einem Spezialunternehmen) übertragen werden (Absatz 1 S. 3). In Ausnahmefällen ist auch eine sonstige Aufbewahrung oder Sicherung zulässig (Absatz 1 S. 2). Die sichergestellte Sa- 206 che muss in jedem Falle so verwahrt oder gesichert werden, dass Wertminderungen möglichst vorgebeugt wird. Sobald die Voraussetzungen für die Sicherstellung weggefallen sind, muss die Sache **herausgegeben** werden. Die diesbezügliche Anspruchsnorm des § 46 Abs. 1 S. 1 PolG stellt eine spezialgesetzliche Ausgestaltung des Folgenbeseitigungsanspruchs dar. Herauszugeben ist die Sache grundsätzlich an denjenigen, bei dem sie sichergestellt wurde (S. 1), ggf. aber auch an denjenigen, der seine Berechtigung glaubhaft macht (S. 2). Einer gesonderten „Aufhebung" der Sicherstellung bedarf es nach nordrhein-westfälischem Recht nicht; vielmehr ist mit Wegfall der Sicherstellungsvoraussetzungen von einer Erledigung der vorausgegangenen Sicherstellungsmaßnahme auszugehen (§ 43 Abs. 2 VwVfG). Allerdings bedarf die Frage des Wegfalls der Sicherstellungsvoraussetzungen einer präzisen Prüfung.

Beispiel: Allein der Umstand, dass der rechtmäßige Eigentümer eines größeren Geldbetrages, den die Polizei um 3 Uhr nachts bei dem mit Einbruchswerkzeug angetroffenen D sichergestellt hatte, über längere Zeit hinweg nicht ermittelt wurde, lässt die Sicherstellungsvoraussetzungen nach § 43 Nr. 2 PolG nicht entfallen, wenn die behördliche Verwahrung des Geldes weiterhin dem mutmaßlichen Willen des Berechtigten entspricht. Zudem wäre die Geltendmachung eines Herausgabeanspruchs durch D rechtsmissbräuchlich, s. OVG NRW, BeckRS 2016, 105736).

Der Herausgabepflicht genügt die Behörde dadurch, dass sie die Sache zur Abholung bereithält. Die Kosten einer erbetenen Versendung muss die Behörde nicht tragen. Die Herausgabe der sichergestellten Sache unterbleibt, wenn hierdurch erneut die Voraussetzungen für eine Sicherstellung eintreten würden (§ 46 Abs. 1 S. 3 PolG). Nicht einschlägig ist der Herausgabeanspruch aus § 46 Abs. 1 S. 1 PolG, soweit die Sicherstellung rechtswidrig war. In diesem Falle gründet sich der Rückgabeanspruch auf den allgemeinen (ungeschriebenen) Folgenbeseitigungsanspruch.

Die **Kosten der Sicherstellung und Verwahrung** fallen den nach § 4 oder § 5 PolG Verantwortlichen zur Last (§ 46 Abs. 3 S. 1 PolG), wobei sich derartige Verantwortlichkeiten entsprechend der vorangegangenen Analyse der verschiedenen Tatbestandsvarianten allein im Rahmen einer Sicherstellung nach § 43 Nr. 1 PolG ergeben können, nicht aber in den (auf Gefahrenvorsorge bezogenen) Fällen der Nr. 2 und 3. Soweit ein Kostenerstattungsanspruch besteht, können die Kosten per Bescheid geltend gemacht werden (§ 46 Abs. 3 S. 3 PolG i. V. m. § 77 Abs. 1 S. 1, Abs. 4 VwVG i. V. m. § 14 GebG). Materielle Voraussetzung des Kostenerstattungsanspruchs ist die Rechtmäßigkeit der „Amtshandlung" (eingehend unten Rn. 259), hier also der ursprünglichen Sicherstellung. Die Rechtmäßigkeit der Sicherstellung kann nicht mehr in Zweifel gezogen werden, wenn sie in Bestandskraft erwachsen ist (so tendenziell auch OVG NRW, BeckRS 2010, 51203). Die Herausgabe der Sache kann von der Zahlung der Kosten abhängig gemacht werden. Soweit vereinzelt über den Wortlaut des § 46 Abs. 3 S. 1 PolG hinausgehend eine Kostenpflicht auch für die von Sicherstellungen nach § 43 Nr. 2 und 3 PolG betroffenen Personen angenommen wird (so z. B. *Tegtmeyer/Vahle,* PolG NRW, § 47 Rn. 6), dürfte dies mit dem Grundsatz vom Vorbehalt des Gesetzes nicht mehr zu vereinbaren sein (s. oben Rn. 41). Aus Gründen der Spezialität bleibt für die Variante des § 43 Nr. 2 PolG ebenfalls ein Aufwendungsersatzanspruch aus öffentlich-rechtlicher Geschäftsführung ohne Auftrag gesperrt.

d) Verwertung/Vernichtung

207 Ist eine sachgerechte Verwahrung aus besonderen Gründen nicht möglich oder sinnvoll, kommt eine Verwertung der sichergestellten Sache in Betracht. Verwertung bedeutet die Realisierung des in der Sache verborgenen finanziellen Wertes; sie erfolgt grundsätzlich im Wege der öffentlichen Versteigerung. Eine Verwertung der sichergestellten Sache kommt nach § 45 Abs. 1 PolG in Betracht, wenn

- ihr Verderb oder eine wesentliche Wertminderung droht (Nr. 1),
- ihre Verwahrung, Pflege und Erhaltung mit unverhältnismäßigen Kosten oder Schwierigkeiten verbunden ist (Nr. 2),
- die Verwahrung ihrerseits gefahrenträchtig ist (Nr. 3),
- die Sache auch nach einem Jahr nicht an eine berechtigte Person herausgegeben werden kann, ohne dass die Voraussetzungen der Sicherstellung erneut eintreten würden (Nr. 4), oder
- der Berechtigte die Sache nicht abholt (Nr. 5).

Ist eine Verwertung nicht möglich oder würden die Gründe, die zur Sicherstellung **208** berechtigten, im Falle einer Verwertung fortbestehen oder Sicherstellungsgründe erneut entstehen, kann die sichergestellte Sache unbrauchbar gemacht oder vernichtet werden, § 45 Abs. 4 PolG. Angesichts der in § 5 Abs. 1 S. 2 PolG angeordneten entsprechenden Anwendung der für Sachen geltenden Vorschriften auch auf Tiere können auch sichergestellte Tiere unter den genannten Voraussetzungen „vernichtet“, also eingeschläfert werden. Entsprechende Maßnahmen verstoßen insbesondere nicht gegen § 17 Nr. 1 des Tierschutzgesetzes, da sich schon aus der polizeirechtlichen Gesetzeslage ein *„vernünftiger Grund“* für die Tötung ergibt.

Beispiel: Die Polizei hat den schwer gestörten und durch vielfältige Beißattacken auffällig gewordenen Kampfhund des in jeder Hinsicht unzuverlässigen Zuhälters Z sichergestellt, den sie gemäß § 45 Abs. 1 Nr. 4 PolG zu verwerten berechtigt ist. Soweit eine wirtschaftliche Verwertung wegen des potentiellen Wiederentstehens der Gefahr nicht möglich ist, kann der Hund nach § 45 Abs. 4 PolG eingeschläfert werden (OVG NRW, NWVBl. 2001, 97). Seit Erlass des Hundegesetzes NRW wird diese Frage nunmehr spezialgesetzlich, aber inhaltsgleich, durch § 12 Abs. 3 HundeG geregelt.

Der mit der Vernichtung verbundene Eingriff in das Grundrecht der Eigentumsfreiheit ist als Ausdruck der Sozialbindung des Eigentums (Art. 14 Abs. 2 GG) entschädigungslos hinzunehmen. Es handelt sich um eine bloße Inhalts- und Schrankenbestimmung, nicht um eine (entschädigungspflichtige) Enteignung.

IX. Anhang

Literatur: *Bösch,* Rechtswidrige polizeiliche Verweisungsmaßnahmen, JURA 2009, 650 ff.; *Finger,* **209** Der „Verbringungsgewahrsam“ und der Streit um seine rechtliche Grundlage, NordÖR 2006, 423 ff.; *ders.,* Polizeiliche Standardmaßnahmen und ihre zwangsweise Durchsetzung, JuS 2005, 116 ff.; *Froese,* Die Sicherstellung privaten Eigentums zur Flüchtlingsunterbringung, JZ 2016, 176 ff.; *Guckelberger,* Der präventiv-polizeiliche Gewahrsam, JURA 2015, 926 ff.; *dies.,* Die polizeiliche Wohnungsverweisung, JA 2011, 1 ff.; *Hauk,* Polizeirechtliche Standardmaßnahmen – ein Überblick, JA 2017, 922 ff.; *Löffelmann,* Das Gesetz zur effektiveren Überwachung gefährlicher Personen – Sicherheitsrecht am Rande der Verfassungsmäßigkeit und darüber hinaus, BayVBl. 2018, 145 ff.; *Michaelis,* Der polizeiliche Präventivgewahrsam, JA 2014, 198 ff.; *Möstl,* Standardmaßnahmen des Polizei- und Ordnungsrechts, JURA 2011, 840; *Poscher/Rusteberg,* Die Klausur im Polizeirecht, JuS 2012, 26 ff.; *Ruder,* Die polizei- und ordnungsrechtliche Unterbringung von Obdachlosen, NVwZ 2012, 1283 ff.; *Wuttke,* Polizeirechtliche Wohnungsverweise, JuS 2005, 779 ff.

Klausurbearbeitung: *Cremer/Wolf/Gurzan,* Brand im Chemielabor – Wohnungseinweisung in Gefahrensituationen, JURA 2010, 773 ff.; *Dietlein/Hellermann,* „Bellender Hund“, in: Klausurenbuch Öffentliches Recht in NRW, 3. Aufl. 2021, Fall 19; *Fontana/Klein,* Flüchtlingsunterbringung als polizei-

und ordnungsrechtliche Maßnahme, JA 2017, 846ff.; *Krüper/Kühr,* Störung am Volkstrauertag, ZJS 2012, 785ff.; *Lang,* Und bist du nicht willig ..., NWVBl. 2005, 154ff.; *Löbich/Schuch,* Vorläufiger Rechtsschutz gegen ein Innenstadtverbot für Fußballfans, JA 2017, 280ff.; *Löhr,* Die durchsuchten Geschäftsräume, JA 2006, 627ff.; *Manssen/Greim,* Rudi Raser, JA 2011, 443ff.; *Meister,* Der PKW mit den abgefahrenen Reifen, JA 2011, 359ff.; *Ogorek,* Easy-Rider, JA 2016, 279ff.; *Sagir,* Der Mensch lernt nur auf eigene Kosten, JA 2018, 284ff.; *Shirvani/Hirzebruch,* Ärger im Clubheim, JA 2016, 194ff.; *Schnapp/Mühlhoff,* Aufenthaltsverbote – ein rechtmäßiges Mittel zur Bekämpfung offener Drogenszenen?, NWVBl. 2003, 484ff.; *Traulsen,* Platzverweis gegen den gewalttätigen Ehemann, JuS 2004, 414ff.

Kontrollfragen:

1. Was versteht man unter Standardmaßnahmen? Wie lassen sie sich systematisch unterteilen?
2. Welche Handlungsmöglichkeiten offeriert die Platzverweisung? Kann ein längerfristiges Aufenthaltsverbot angeordnet werden?
3. Mit welcher Regelung kann häuslicher Gewalt entgegnet werden?
4. Was versteht man unter einer Ingewahrsamnahme?
5. Welche Konstellationen der Ingewahrsamnahme sind zu unterscheiden?
6. Was ist bei einer Wohnungsdurchsuchung unter dem „Betreten" und was unter der „Durchsuchung" zu verstehen?
7. Ist die Sicherstellung im Falle der Nichtherausgabe einer sicherzustellenden Sache einer gesonderten Vollstreckung bedürftig?

J. „Informationelle" Standardermächtigungen

I. Verfassungs- und unionsrechtlicher Hintergrund

210 In seinem grundlegenden *„Volkszählungsurteil"* vom 15.12.1983 hat das Bundesverfassungsgericht aus dem Grundrecht auf Schutz der Persönlichkeit gemäß Art. 2 Abs. 1 i.V.m. Art. 1 Abs. 1 GG ein **Grundrecht auf „informationelle Selbstbestimmung"** abgeleitet (BVerfGE 65, 1). Das Grundrecht gewährleistet die Befugnis des Einzelnen, „grundsätzlich selbst über die Preisgabe und Verwendung seiner persönlichen Daten zu bestimmen", wobei unter dem Begriff der Daten alle Einzelangaben über persönliche oder sachliche Verhältnisse einer bestimmten oder bestimmbaren Person zu verstehen sind. Einschränkungen des Rechts auf informationelle Selbstbestimmung unterliegen danach uneingeschränkt dem **Vorbehalt des Gesetzes.** In materieller Hinsicht erachtet das Gericht Beschränkungen dieses Rechtes nur im überwiegenden Allgemeininteresse für zulässig. Inhaltlich begründete das Gericht die Nachjustierung des Grundrechtsschutzes mit den neuen Gefährdungslagen der modernen Informationstechnologien mit den ihnen eigenen Verarbeitungs- und Verknüpfungsmöglichkeiten. Vor diesem technischen Hintergrund gebe es kein „belangloses" Datum mehr. Obgleich speziell das nordrhein-westfälische Verfassungsrecht ein entsprechendes Datenschutzgrundrecht bereits im Jahre 1978 in die Verfassung aufgenommen hatte (Art. 4 Abs. 2 LV), reagierte der Landesgesetzgeber erst im Jahre 1990 auf die neue verfassungsrechtliche Ausgangslage und lieferte die erforderlichen bereichsspezifischen Befugnisnormen für die polizeiliche Datenerhebung (Gesetz v. 24.2.1990 – GVBl. S. 70). Sie finden sich in den §§ 9 bis 31 PolG. Rechtspolitisch betrachtet hat sich die Rechtsprechung des BVerfG als ambivalent erwiesen. Einerseits liegen heute die erforderlichen Befugnisnormen zwar weitgehend vor, andererseits aber hat der Gesetzgeber im Zuge der Reformarbeiten die Zugriffsmöglichkeiten der Polizeibehörden erheblich ausgebaut. Diese Entwicklung dürfte durch moderne Konzepte der vorausschauenden Kriminalitätsbekämpfung *(„Predictive Policing")* noch weiter fortschreiten.

Eine neue Dimension haben die informationsrechtlichen Interventionen mit dem staatlichen Zugriff auf Telefon, Internetzugangs- und Email-Dienste erfahren, wie sie im Zusammenhang mit der vormaligen **„Vorratsdatenspeicherung“** nach § 113a TKG und diesbezüglicher Abrufnormen relevant geworden sind. Das BVerfG ist den sehr weit gefassten Eingriffsermächtigungen von Anfang an höchst kritisch entgegengetreten (NVwZ 2009, 96 und 103). Mit seiner Grundsatzentscheidung vom 2.3. 2010 hat es die einschlägigen Bestimmungen des TKG schließlich für nichtig erklärt (BVerfGE 125, 260; zur Ungültigkeit der zugrundeliegenden EU-Richtlinie EuGH, JuS 2014, 758). Gestärkt wurde die verfassungsrechtliche Schutzposition des Bürgers ferner durch die verfassungsgerichtliche Anerkennung eines **Grundrechts auf Vertraulichkeit und Integrität informationstechnischer Systeme.** Dieses Grundrecht stellt insbesondere an die Rechtfertigung sog. **„Online-Durchsuchungen“** hohe Anforderungen (vgl. grdl. BVerfG, NJW 2008, 822). In neuerer Zeit hat sich das Gericht wiederholt zur Frage des Datenaustauschs geäußert und festgestellt, dass die staatliche Datenabfrage einerseits sowie die Datenweiterleitung der angefragten Stelle andererseits als eigenständige korrespondierende Grundrechtseingriffe zu werten seien, die jeweils einer eigenen Ermächtigungsgrundlage bedürften. Der Gesetzgeber muss danach – bildlich gesprochen – nicht nur die Türe zur Übermittlung der Daten öffnen, sondern auch die Türe zu deren Abfrage **(„Modell der Doppeltüre“).** Allerdings können beide Rechtsgrundlagen in einer Norm zusammengefasst werden (zuletzt BVerfG, NJW 2019, 827, 833). Der nordrhein-westfälische Gesetzgeber hat auf diese Rechtsprechung durch die Normierung des § 20a PolG reagiert. Eine gewisse Abmilderung der Gesamtproblematik hat sich schließlich durch die Streichung der „Strafverfolgungsvorsorge“ aus dem Aufgabenkatalog des § 1 PolG ergeben (oben Rn. 9). In neuerer Zeit hat sich die Thematik des Datenschutzes im Bereich der Gefahrenabwehr vermehrt in das Europarecht verlagert. Die zentralen unionsrechtlichen Regelungsvorgaben finden sich in der **Richtlinie Justiz/Inneres** EU 2016/680 (sog. **JI-Richtlinie**), die auf eine Harmonisierung der Datenverarbeitung speziell im Rahmen der staatlichen Gefahrenabwehr abzielt. Aufgegriffen werden die unionsrechtlichen Regelungsvorgaben namentlich in § 45 BDSG und § 35 DSG NRW. Die Regelungen des DSG NRW gelten dabei grundsätzlich auch im Anwendungsbereich des Polizei- und Ordnungsbehördengesetzes, allerdings statuiert § 35 Abs. 3 seinerseits eine Vorrangregelung zugunsten „besonderer Rechtsvorschriften“. Bereichsspezifische Sonderregelungen des PolG oder des OBG gehen damit dem DSG NRW vor. Die Abgrenzung des Anwendungsbereichs der JI-RL vom Anwendungsbereich des zweiten datenschutzrechtlichen EU-Regelwerks, der unmittelbar geltenden **Datenschutzgrundverordnung** (DSGVO), erfolgt nach Maßgabe des Art. 2 Abs. 2 lit. d DSGVO sowie des parallel formulierten Art. 1 Abs. 1 JI-RL. Hiernach gilt die JI-RL *„bei der Verarbeitung personenbezogener Daten (...) zum Zwecke der Verhütung, Ermittlung, Aufdeckung oder Verfolgung von Straftaten oder der Strafvollstreckung, einschließlich des Schutzes vor oder der Abwehr von Gefahren für die öffentliche Sicherheit“.* Wie diese unionsrechtliche Formulierung exakt zu verstehen ist, ist bislang nicht geklärt. Jedenfalls soweit die polizeiliche Gefahrenabwehr der Straftatenverhütung dient, ist der Anwendungsbereich der JI-RL unzweifelhaft eröffnet und die Anwendung der DSGVO dementsprechend gesperrt. Entsprechendes dürfte für den weiteren Bereich des Schutzes der öffentlichen Sicherheit und Ordnung durch die Polizei gelten. Zweifelhaft und umstritten ist die Anwendbarkeit der JI-RL dagegen für das Gefahrenabwehrhandeln der örtlichen Ordnungsbehörden sowie für den Schutz privater Rechte durch die Polizei (§ 1 Abs. 2 PolG). Soweit die Anwendbarkeit der JI-RL hier vielfach mit guten Gründen verneint wird, führt dies zu einer unmittelbaren Anwendbarkeit der DSGVO.

II. Systematik der informationellen Befugnisnormen

211 Das Polizeigesetz differenziert hinsichtlich der Befugnisnormen zwischen verschiedenen Etappen der Datenverarbeitung. Im Vordergrund steht hierbei die **Datenerhebung,** der als Befugnisnormen neben der datenspezifischen „Generalklausel" in § 9 Abs. 1 PolG als weitere (Spezial-)Ermächtigungen etwa die Befragung (§ 9 Abs. 2), die Vorladung (§ 10), die Identitätsfeststellung einschließlich der Durchführung erkennungsdienstlicher Maßnahmen (§§ 12 und 14), die Datenerhebung bei öffentlichen Veranstaltungen (§ 15), die Datenerhebung durch den offenen Einsatz optisch-technischer Mittel (§ 15a), die Datenerhebung durch sog. *„Body-Cams"* (§ 15c), aber auch die verdeckte Datenerhebung in verschiedenen Varianten (§§ 16–21) zugeordnet sind. Im Rahmen der Polizeirechtsreform des Jahres 2018 neu in das Gesetz eingefügt wurden die polizeiliche Anhalte- und Sichtkontrolle (*„strategische Fahndung"*, § 12a), die Datenerhebung durch die Überwachung der laufenden Telekommunikation (sog. *Quellen-TKÜ*, § 20c) und die elektronische Aufenthaltsüberwachung (§ 34c), wobei die beiden letztgenannten Spezialermächtigungen einer Befristung bis zum Ende des Jahres 2023 unterliegen (§ 20c Abs. 10 S. 2, § 34c Abs. 10 S. 2 PolG). Wesentliche Grundregel des informationsrechtlichen Regelungskomplexes ist die Festlegung des § 9 Abs. 7 PolG, demzufolge *„die Erhebung personenbezogener Daten zu unbestimmten oder noch nicht bestimmbaren Zwecken (…) unzulässig (ist)"*. Weitere Befugnisnormen betreffen den Komplex der **Datenspeicherung, Datenveränderung** und **Datennutzung** (§§ 22–25) sowie den Komplex der **Datenübermittlung** (§§ 26–30). Eine Zwischenform der genannten Komplexe bildet die **Rasterfahndung,** die in § 31 PolG geregelt ist. Abgeschlossen wird der informationelle Regelungsabschnitt durch Vorgaben zur **Berichtigung, Löschung und Sperrung von Daten** (§ 32) sowie durch Vorgaben zur Sicherung des **Datenschutzes** (§§ 33–33c). Das Ordnungsbehördengesetz hat die einschlägigen Befugnisnormen nur partiell rezipiert (§ 24 Abs. 1 Nr. 1 bis 11 OBG). Zwar gelten klassische Befugnisnormen wie die Vernehmung, Vorladung, Vorführung oder Identitätsfeststellung grundsätzlich auch für die Ordnungsbehörden, andererseits bleiben den Ordnungsbehörden weite Bereiche des informationsrechtlichen Eingriffshandelns, so etwa die erkennungsdienstliche Behandlung, die Videoüberwachung öffentlicher Plätze oder auch die Rasterfahndung, verwehrt.

III. Die wichtigsten informationellen Eingriffsermächtigungen

212 Die nachfolgenden Darlegungen sollen darauf beschränkt bleiben, die wichtigsten Befugnisnormen im Bereich der Datenverarbeitung vorzustellen und zu erläutern.

1. Die informationelle „Generalklausel" (§ 9 Abs. 1 PolG)

Neu eingefügt wurde im Zuge der Anpassungen des Polizeigesetzes an die JI-RL die informationelle „Generalklausel" des § 9 Abs. 1 PolG. Die Ermächtigungsgrundlage ist lex specialis gegenüber der „allgemeinen" polizeilichen Generalklausel, hat als lex generalis allerdings ihrerseits Nachrang gegenüber den spezielleren informationellen Eingriffsermächtigungen, die im Rahmen ihres Anwendungsbereiches damit einen Rückgriff auf § 9 Abs. 1 PolG ausschließen. Wie bei den allgemeinen Standardermächtigungen beantwortet sich die Frage der Spezialität dabei nach Maßgabe der auf der Rechtsfolgenseite vorgesehenen Befugnisse (hierzu oben Rn. 154). § 9 Abs. 1 S. 1 Nr. 1 Hs. 1 PolG, der die Erhebung von Daten durch die Polizei erlaubt, soweit deren

Kenntnis zur Erfüllung der ihr durch dieses Gesetz oder andere Rechtsvorschriften übertragenen Aufgaben erforderlich ist, stellt eine Umsetzung des Art. 8 Abs. 1 und 2 der JI-Richtlinie dar, der europaeinheitlich Anforderungen an die Rechtsgrundlagen zur Datenverarbeitung einfordert. Die gleiche Erhebungsbefugnis steht der Polizei nach § 9 Abs. 1 S. 1 Nr. 1 S. 2 PolG zu, sofern die Daten von der betroffenen Person offensichtlich öffentlich gemacht wurden. Die Ermächtigungsnorm zielt auf Fälle ab, in denen von einer Person Angaben in sozialen Netzwerken gemacht wurden (LT-Drs. 17/2576, S. 63).

Beispiel: Schüler S kündigt auf seiner Facebook-Seite an, dass er sich für erlittenes Mobbing in der Schulklasse gewaltsam rächen werde. Der Polizeibeamte P erhält Kenntnis von diesem Post und erstellt einen Screenshot. Ermächtigungsgrundlage für die Datenerhebung ist § 9 Abs. 1 Nr. 1 S. 2 PolG, die Archivierung kann auf § 22 Abs. 1 PolG NRW gestützt werden. Anzumerken bleibt, dass die Recherche öffentlich zugänglicher Kommunikationsbeziehungen im Regelfall als eingriffsneutral anzusehen sein wird und insoweit nicht dem Vorbehalt des Gesetzes unterliegt (s. BVerfGE 120, 274, 344).

Erfasst werden von der Regelung des § 9 Abs. 1 S. 1 Nr. 1 S. 2 PolG nur Daten, die der Kenntnisnahme durch jedermann eröffnet wurden. Eine Datenerhebung kann daher nicht mehr auf die Norm gestützt werden, wenn technische Zugangssicherungen überwunden oder Forenadministratoren z.B. durch falsche Identitäten oder Fake-Profile getäuscht werden. Zulässig ist eine Datenerhebung darüber hinaus nach § 9 Abs. 1 S. 1 Nr. 2 PolG, wenn die betroffene Person wirksam eingewilligt hat. Auch hier wird es aufgrund des erfolgten „Grundrechtsverzichts“ regelmäßig bereits an einem Eingriffscharakter der Maßnahme fehlen. Immer gewahrt werden müssen auch bei Maßnahmen nach § 9 Abs. 1 PolG die allgemeinen Grundsätze der Datenerhebung. Zu den wesentlichen Grundregeln des informationsrechtlichen Eingriffshandelns zählen hierbei der Vorrang der offenen Datenerhebung vor der verdeckten Datenerhebung (Absatz 5) sowie das Verbot einer Datenerhebung „zu unbestimmten oder noch nicht bestimmbaren Zwecken“ (Absatz 7). Sonderbestimmungen gelten darüber hinaus für die Erhebung von besonderen Kategorien personenbezogener Daten (Absatz 1 S. 2).

2. Befragung (§ 9 Abs. 2 PolG)

Die gesetzliche Normierung einer (umfassenden) Befugnisnorm betreffend die **213**
Maßnahme der Befragung erscheint auf den ersten Blick wenig plausibel. Denn mit der bloßen Befragung ist zunächst keinerlei Freiheitsbeeinträchtigung verbunden, die den Vorbehalt des Gesetzes auszulösen vermochte. Dies gilt umso mehr, als Auskünfte des Befragten gemäß Absatz 6 grundsätzlich *freiwilliger* Natur sind *(volenti non fit iniuria)*. Ihr imperativer Charakter und damit ihre Eingriffsqualität ergeben sich daraus, dass der Befragte die Befragung zu dulden und zu diesem Zwecke „anzuhalten“ hat (§ 9 Abs. 2 S. 2 PolG). Nicht jede tatsächliche Befragung ist also eine Befragung i.S.d. § 9 Abs. 2 PolG. Nur letztere unterliegt dementsprechend den Voraussetzungen der Eingriffsnorm sowie den besonderen Belehrungspflichten des § 9 Abs. 6 PolG. Imperativer Charakter kommt der Befragung schließlich auch im Hinblick auf die in Absatz 3 normierten **Auskunftspflichten des Befragten** zu. Diese Auskunftspflichten beschränken sich freilich im Regelfall auf die Angabe des Namens, Vornamens, des Tages und Ortes der Geburt, der Wohnanschrift und der Staatsangehörigkeit. Verstöße gegen diese Pflichten sind eine Ordnungswidrigkeit nach § 111 OWiG. Zu weiteren Auskünften ist der Befragte verpflichtet, soweit gesetzliche Handlungspflichten bestehen (Absatz 3 S. 2). Der-

artige Handlungspflichten können sich namentlich aus der polizeilichen Generalklausel ergeben, soweit der Befragte als Störer für die Abwehr einer Gefahr verantwortlich ist. Anders als im strafrechtlichen Kontext kann der Störer eine pflichtige Auskunft nicht unter Rückgriff auf den strafprozessualen *„nemo-tenetur-Grundsatz"* verweigern.

Beispiel: Auf dem Grundstück des G werden Fässer aufgefunden, aus denen eine übel riechende Flüssigkeit in ein nahegelegenes Gewässer fließt. Die Polizei will wissen, welche Flüssigkeit sich in den Fässern befindet. G muss die Auskunft erteilen, auch wenn er sich hierdurch womöglich strafrechtlich belastet.

Weitere Auskunftspflichten können sich etwa aus § 138 StGB (Anzeigepflicht für bestimmte Straftaten), § 1626 BGB (Sorgepflicht der Eltern) oder § 3a S. 3 TollwutVO (Angabe der Fundstelle eines tollwütigen Tieres) ergeben. Eine Auskunftspflicht kann ggf. sogar mit den Mitteln der Verwaltungsvollstreckung (Zwangsgeld) durchgesetzt werden, wobei freilich die Androhung und Anwendung unmittelbaren Zwanges ausgeschlossen ist (§ 10 Abs. 4 PolG i.V.m. § 136a Abs. 1 S. 3 StPO sowie § 55 Abs. 2 PolG; hierzu auch Rn. 244).

Die Befugnis zur Befragung nach § 9 Abs. 2 PolG rechtfertigt als solche nicht die Vorladung des Betroffenen (§ 10 Abs. 1 Nr. 1 PolG) oder gar dessen Mitnahme zur Polizeiwache (§ 10 Abs. 3 Nr. 1 PolG). Die Befugnisnorm der Befragung wird über § 24 Abs. 1 Nr. 1 OBG vollinhaltlich in das Ordnungsbehördengesetz übernommen.

a) Tatbestandliche Voraussetzungen

214 Entsprechend der eher geringen Eingriffsintensität der Befragung sind auch die tatbestandlichen Voraussetzungen des § 9 Abs. 2 PolG eher niedrig gehalten. Die Befragung ist zulässig, *„wenn Tatsachen die Annahme rechtfertigen, dass sie (*scil. die Person, d.V.*) sachdienliche Angaben machen kann, die für die Erfüllung einer bestimmten polizeilichen Aufgabe erforderlich sind"*. Immerhin ist eine Befragung „ins Blaue hinein" damit unzulässig (s. zur Identitätsfeststellung auch BVerfG, NVwZ 2016, 53 – unten Rn. 219). Wesentlich ist, dass es bei den polizeilichen Aufgaben nur um solche *präventiv-polizeilicher* Art gehen kann. Befragungen zum Zwecke der Strafverfolgung sind also von § 9 Abs. 2 PolG nicht gedeckt. Umgekehrt bedarf es allerdings nicht notwendig einer konkreten Gefahrenlage i.S.d. § 8 PolG, da zu den polizeilichen Aufgaben etwa auch die vorbeugende Bekämpfung von Straftaten oder die Amts- und Vollzugshilfe zählen. Da § 9 Abs. 2 PolG von der Befragung „jeder Person" spricht, kommt eine gesonderte Prüfung der möglichen Adressaten (§§ 4–6 PolG) nicht in Betracht.

b) Fragen der Verhältnismäßigkeit und der Vollstreckung

215 § 9 PolG trifft spezielle Regelungsanordnungen zur Wahrung der Verhältnismäßigkeit einer Befragung. So regelt Absatz 4 den Vorrang der Befragung des Betroffenen vor der Befragung Dritter. Absatz 5 normiert den Vorrang der „offenen" Befragung vor der verdeckten Befragung, die nur zulässig ist, wenn dies durch Gesetz zugelassen ist. Absatz 7 verbietet die „vorsorgliche" Datenerhebung zu nicht näher bestimmten Zwecken. Eine besondere Belehrungspflicht normiert schließlich Absatz 6 der Norm. Als verhaltensregelnde Maßnahme mit Verwaltungsaktqualität (str.) ist die Auskunftsanforderung grundsätzlich der Verwaltungsvollstreckung zugänglich. Zu beachten bleibt allerdings, dass § 55 Abs. 2 PolG bzw. § 62 Abs. 2 VwVG unmittelbaren Zwang zur Abgabe einer Erklärung ausschließen. Ebenfalls ausgeschlossen ist damit die Androhung entsprechender Zwangsmaßnahmen. Als Zwangsmittel kommen insoweit lediglich Zwangsgeld und Ersatzzwangshaft in Betracht. Ob in schwersten Gefahrenlagen (Kindesentführung)

Zwangsmaßnahmen durch „übergesetzlichen Notstand" gerechtfertigt oder zumindest entschuldigt werden können, wird derzeit heftig diskutiert.

3. Vorladung/Vorführung/Vernehmung (§ 10 PolG)

Unter der **Vorladung** nach § 10 Abs. 1 PolG ist die Aufforderung an eine Person zu verstehen, zur Klärung oder Erörterung von Tatsachen bei einer Behörde oder an einem sonstigen Ort zu erscheinen. Die Vorladung hat keine unmittelbar informationelle Relevanz, begründet also insbesondere keine eigenständige Befugnis zur Datenerhebung etwa durch Vernehmung. Als Basis für eine in ihrem Kontext durchgeführte Befragung o. Ä. ist die Kodifikation der Vorladung im Abschnitt „Datenerhebung" gleichwohl folgerichtig. Die Vorladung ist ein Verwaltungsakt, der gem. § 10 Abs. 3 PolG im Wege der **Vorführung** durchgesetzt werden kann. Die betreffenden Standardermächtigungen werden durch § 24 Abs. 1 Nr. 2 OBG weitgehend in das Ordnungsbehördengesetz übernommen. Ausgenommen bleibt allein der Rückgriff im Kontext erkennungsdienstlicher Maßnahmen. Die Ermächtigungsgrundlage zur Vorladung von Personen deckt bloße **„Meldeauflagen"** nicht ab. Diese können indes auf die Generalklausel gegründet werden (str., wie hier *Beaucamp,* JA 2017, 728, 732). 216

a) Tatbestandliche und verfahrensrechtliche Voraussetzungen

Die Vorladung ist zulässig, wenn die Voraussetzungen für eine Vernehmung vorliegen, aber auch dann, wenn sie zur Durchführung erkennungsdienstlicher Maßnahmen erforderlich ist. Die Vorführung kann insbesondere durchgeführt werden, wenn die betroffene Person der Vorladung ohne hinreichenden Grund keine Folge geleistet hat und die Angaben zur Abwehr einer Gefahr für Leib, Leben oder Freiheit einer Person erforderlich sind. Ferner kommt die Vorführung in Betracht, wenn die betroffene Person einer Vorladung ohne hinreichenden Grund keine Folge geleistet hat und die Vorführung zur Durchführung erkennungsdienstlicher Maßnahmen notwendig ist. In letzterem Falle müssen also zusätzlich die Voraussetzungen zur Durchführung erkennungsdienstlicher Maßnahmen gegeben sein. Wohl zu Recht ordnet § 10 Abs. 3 S. 2 i. V. m. § 36 Abs. 1 S. 1 PolG die zwangsweise Vorführung als freiheitsentziehende Maßnahme i. S. d. Art. 104 Abs. 2 GG ein, die *„nur auf Grund richterlicher Anordnung erfolgen (darf), es sei denn, dass Gefahr im Verzug vorliegt".* 217

b) Zur Geltung des § 136a StPO

Von weitreichender praktischer Bedeutung ist die in § 10 Abs. 4 PolG angeordnete entsprechende Geltung des § 136a StPO. Er verbietet namentlich eine Vernehmung unter *Täuschung, Quälerei* oder *Ermüdung,* aber auch die Androhung unzulässiger Maßnahmen, also z. B. die Androhung von Folter (hierzu auch Rn. 244). Dieses Verbot gilt ohne Rücksicht auf eine mögliche Einwilligung des Betroffenen. Aussagen, die unter Verletzung dieses Verbotes zustande kommen, dürfen in einem späteren Strafverfahren auch dann nicht verwertet werden, wenn der Betroffene einer Verwertung zustimmt. Ungeachtet des systematischen Standortes der Norm in § 10 PolG (Vorladung/Vorführung) wird man die Beachtung der dort normierten Grundsätze, die ihre Wurzeln letztlich in der Menschenwürdegarantie und dem Rechtsstaatsprinzip finden, auch und gerade im Rahmen „einfacher" Vernehmungen nach § 9 Abs. 2 PolG für erforderlich erachten müssen. 218

4. Identitätsfeststellung (§ 12 PolG)

Ebenfalls eine grundrechtlich relevante Form der Datenerhebung liegt in der Identitätsfeststellung, die als informationelle Standardmaßnahme in § 12 PolG geregelt ist. 219

Unter den **Begriff der Identität** fallen sämtliche einer bestimmten Person zuzuordnenden Merkmale („Personalien"), so dass etwa auch die Größe und Augenfarbe eines Menschen zu den feststellungsfähigen Daten zählen. Regelfall der Identitätsfeststellung wird freilich die Aufforderung zur Aushändigung des Personalausweises sein. § 12 PolG geht hierbei insoweit über die Auskunftspflichten des § 9 PolG hinaus, als es nunmehr um die Verifizierung bzw. Vergewisserung der behaupteten Identität geht. Auch gegenüber § 1 PersAuswG weist § 12 PolG eine eigenständige Belastungswirkung auf, da die dortigen Bestimmungen zwar die Pflicht zum Besitz eines gültigen Personalausweises sowie die Pflicht zur Vorlage des Ausweises gegenüber einer zur Identitätsfeststellung berechtigten Behörde begründen, nicht aber eine allgemeine Verpflichtung, sich ohne Grund auf amtliche Aufforderung auszuweisen. Nur folgerichtig handhabt das BVerfG die Identitätsfeststellung als genuinen Grundrechtseingriff, der aus verfassungsrechtlichen Gründen eine hinreichende Rechtfertigung des Eingriffs notwendig macht.

Beispiel: Nachdem F einen polizeilichen Einsatz fotografiert hat, verlangt der Polizeibeamte P von F die Vorlage des Personalausweises. Nach Auffassung des BVerfG zu Unrecht, da gesetzlich nicht die Aufnahme, sondern lediglich die Verbreitung von Aufnahmen kunsturheberrechtlich verboten ist (§§ 22f. KunstUrhG). Für die Annahme einer drohenden unzulässigen Verbreitung aber bedürfe es hinreichend tragfähiger Anhaltspunkte (BVerfG, NVwZ 2016, 53).

a) Anwendungsbereich und tatbestandliche Voraussetzungen

Die tatbestandlichen Voraussetzungen einer Identitätsfeststellung werden in § 12 Abs. 1 PolG detailliert geregelt. Die Norm benennt **vier Anwendungskonstellationen**, die von der Abwehr einer Gefahr (Nr. 1) bis hin zu anlasslosen Kontrollen an bestimmten Orten (Nr. 2: „verrufene" Orte, Nr. 3: gefährdete Orte, Nr. 4: Kontrollstellen) reichen (einschränkend VG Hbg., Urt. v. 10.11.2020 – 20 K 1515/17). Soweit hierbei auf den Begriff der Gefahr rekurriert wird (Abs. 1 Nr. 1), wird in der Rechtsprechung teilweise von einem abgesenkten Gefahrenniveau ausgegangen, das auch den **Gefahrenverdacht** einschließt. So sei es gerade Ziel der Maßnahme, dass hierdurch nicht erst eine konkrete Gefahr abgewendet, sondern eine weitere Gefahrenabwehr durch Aufklärung des Sachverhalts ermöglicht werden soll (OVG NRW, NVwZ 2018, 1497, 1499; enger für Identitätsfeststellungen aufgrund der Anfertigung von Filmaufnahmen über Polizeieinsätze BVerfG NVwZ 2016, 53, 54: Notwendigkeit einer konkreten Gefahr).

Die Frage, ob es zusätzlich der Prüfung einer **Handlungs- oder Zustandsverantwortlichkeit** bedarf, ist differenzierend zu beantworten: Lediglich bei Identitätsfeststellungen zur Gefahrenabwehr (Nr. 1) finden die adressatenbezogenen Regeln der §§ 4–6 PolG Anwendung. Soweit dagegen in den Nummern 2–3 Maßnahmen gegen diejenigen zu richten sind, die sich in dem Bereich „aufhalten", enthält dies eine eigene Adressatenfestlegung i. S. d. § 4 Abs. 4 PolG. Ob der Begriff des „Aufenthalts" hierbei iS. eines längeren „Verweilens" interpretiert werden muss, erscheint fraglich. Eine inzidente Adressatenregelung dürfte schließlich auch der in Nr. 4 geregelten Identitätsfeststellung an einer Kontrollstelle zugrundeliegen.

b) Ermessensfragen

Schwierige Rechtsfragen ergeben sich im Hinblick auf die in § 12 Abs. 1 PolG auf der Rechtsfolgenseite geforderte **Ermessensausübung**. Insbesondere seit den Kölner Polizeieinsätzen in der Silvesternacht 2016/17 hat sich eine kontroverse Debatte um die Zulässigkeit von Identitätskontrollen entwickelt, die (auch) an die **Hautfarbe** der betroffenen Personen anknüpften. Konkret stellt sich die Frage, ob und unter welchen Voraussetzungen solche Maßnahmen mit dem verfassungsrechtlichen Differenzierungsverbot des Art. 3 Abs. 3 S. 1 GG zu vereinbaren sind, demzufolge niemand wegen *„seiner Abstammung, seiner Rasse, (…) seiner Heimat und Herkunft“* benachteiligt werden darf. Als zentrale Grundregel wird man davon auszugehen haben, dass die Anknüpfung an die Hautfarbe als Motiv für eine Ausweiskontrolle mit dem (absoluten) Differenzierungsverbot des Art. 3 Abs. 3 S. 1 GG unvereinbar ist und damit auf der polizeirechtlichen Ebene einen Ermessensfehler iS. eines Ermessensfehlgebrauchs darstellt („**Racial Profiling**“). Dies gilt namentlich dann, wenn die Hautfarbe ausschließlicher Anknüpfungspunkt einer Polizeimaßnahme ist. Nach dem Wortlaut des Art. 3 Abs. 3 S. 1 GG *(„wegen“)* liegt eine solche Bewertung aber auch dort nahe, wo die Hautfarbe ein mittragendes Kriterium neben anderen darstellt. Soweit die Hautfarbe – wie in der letztgenannten Konstellation – *ein* Motiv unter vielen anderen in einem umfangreicheren Motivbündel für die Maßnahme ist, geht die Rechtsprechung immerhin von der Möglichkeit einer Rechtfertigung des hierin liegenden Eingriffs in Art. 3 Abs. 3 S. 1 GG durch kollidierendes Verfassungsrecht aus. Diese Rechtfertigung könne sich insbesondere aus der grundrechtlichen Schutzpflicht des Staates für Leib, Leben und Eigentum der Bürger ergeben (oben Rn. 3). Das OVG NRW statuiert insoweit allerdings erhöhte Darlegungspflichten der Behörde, die insoweit eine *„erhöhte Delinquenz bestimmter Zielgruppen“* zu belegen habe (OVG NRW, NVwZ 2018, 1497, 1500; a. A. VG Köln, BeckRS 2016, 40701). Keine Anwendung findet das Differenzierungsverbot des Art. 3 Abs. 3 S. 1 GG dagegen dort, wo das inkriminierte Motiv im konkreten Fall keinen Ausschlag gegeben hat, die Ermessensentscheidung also in jedem Falle in der gegebenen Weise erfolgt wäre. Dies ist namentlich dann der Fall, wenn die Identitätsfeststellungsmaßnahme im konkreten Fall ebenso einen Menschen mit anderer Hautfarbe getroffen hätte. Die dogmatische Aufarbeitung der vielschichtigen Problematik erscheint freilich noch nicht in allen Aspekten abgeschlossen (vgl. hierzu etwa *Froese,* DVBl. 2017, 293 ff.).

Stets konnen sich bei den „verdachtsunabhängigen“ Maßnahmen schließlich Zugriffsgrenzen aus dem **Grundsatz der Verhältnismäßigkeit** ergeben.

Beispiel: Ergibt sich im Rahmen einer spontanen polizeilichen Lagebewertung, dass ein bestimmter Ort aufgrund mehrerer akut erfolgter sexueller Übergriffe als „verrufener Ort“ i. S. d. Art. 12 Abs. 1 Nr. 2 PolG einzustufen ist, wird man, auch wenn § 12 Abs. 1 Nr. 2 PolG keine genuine „Verantwortlichkeit“ der zu kontrollierenden Personen voraussetzt (s. § 4 Abs. 4 PolG), eine Identitätskontrolle der dort mit ihrer 8-jährigen Tochter anwesenden Mutter M gleichwohl in der Regel als unverhältnismäßig einzustufen haben.

Nicht zuletzt dürfte der Verhältnismäßigkeitsgrundsatz gebieten, dass **„verrufene“ Orte**, in denen eine Identitätsfeststellung unter erleichterten Voraussetzungen möglich ist (§ 12 Abs. 1 Nr. 2 PolG), soweit möglich in geeigneter Weise vorab **bekannt gemacht** und den von Polizeimaßnahmen potentiell Betroffenen damit Ausweichmöglichkeiten eröffnet werden. Eine solche Bekanntmachungspflicht ist namentlich dann anzunehmen, wenn – anders als im Beispielsfall oben – eine zeitliche „Verfestigung“ der örtlichen Gefahrenbewertung i. S. d. § 12 Abs. 1 Nr. 2 PolG eingetreten und die Bekanntgabe ohne eine Gefährdung der Polizeiarbeit möglich ist (hierzu *Dietlein/ Peters,* NWVBl. 2020, 353 ff.; zur Offenlegungspflicht im parlamentsrechtlichen Kontext VerfGH NRW, BeckRS 2020, 4659; hierzu oben § 1 Rn. 103).

c) Mögliche Folgemaßnahmen

220 Eine weitere Brisanz der Ermächtigungsnorm aus § 12 PolG liegt in der gesetzlich angelegten Steigerung der möglichen Maßnahmen zur Identitätsfeststellung. So sieht § 12 Abs. 2 S. 2 PolG als Mittel der Identitätsfeststellung zunächst das **Anhalten und Befragen der Person** bzw. die Aushändigung von Papieren vor. Lässt sich die Identität hierdurch nicht oder nur unter erheblichen Schwierigkeiten feststellen, kann die Person ferner **festgehalten** (Satz 3) sowie samt der von ihr mitgeführten Sachen **durchsucht** werden (Satz 4). Das Festhalten und Verbringen zur Wache (sog. „Sistierung") stellt eine **Freiheitsentziehung** dar, die gem. Art. 104 Abs. 2 GG i. V. m. § 36 Abs. 1 S. 1 PolG eine unverzügliche richterliche Entscheidung über die Fortdauer der Freiheitsentziehung erforderlich macht. § 38 Abs. 2 Nr. 5 S. 1 PolG begrenzt die Dauer einer Freiheitsentziehung zum Zwecke der Identitätsfeststellung auf maximal 12 Stunden.

Lässt sich auch auf diesem Wege die Identität nicht oder nur unter erheblichen Schwierigkeiten feststellen, kann die Polizei **erkennungsdienstliche Maßnahmen** durchführen (§ 14 Abs. 1 Nr. 1 PolG) und den Betroffenen zu diesem Zwecke notfalls zwangsweise **vorführen** (§ 10 Abs. 3 S. 1 Nr. 2 PolG).

5. Die „strategische Fahndung"

220a Neuartige Kontrollbefugnisse im öffentlichen Verkehrsraum vermittelt die in § 12a PolG kodifizierte Ermächtigung zur sog. „strategischen Fahndung". Während die in § 36 Abs. 5 StVO vorgesehenen Verkehrskontrollen speziell der Abwehr verkehrsspezifischer Gefahren (hinsichtlich der Verkehrstüchtigkeit von Fahrzeugen und Verkehrsteilnehmern) dienen, zielt § 12a PolG auf die Bekämpfung terroristischer Straftaten i. S. d. § 8 Abs. 4 PolG, schwerer Straftaten i. S. d. § 8 Abs. 3 PolG (z. B. bandenmäßige Einbruchsserien) sowie auf die Verhütung grenzüberschreitender Kriminalität und der Unterbindung unerlaubten Aufenthaltes. Von der **Rechtsfolgenseite** her ermöglicht die neue Befugnisnorm eine Vielzahl unterschiedlicher Maßnahmen, die teils als Verwaltungsakt (z. B. Anhalteaufforderung), teils als bloßer Realakt (Inaugenscheinnahme) einzustufen sind. Erstgenannte Handlungsoption ist – in einer nur schwer abgrenzbaren Parallele zu § 9 PolG – das **Anhalten und Befragen** von Personen, wobei die Eingriffsermächtigung auf Maßnahmen „im öffentlichen Verkehrsraum" innerhalb des „festgelegte(n) Gebiet(s)" (hierzu Abs. 2 S. 2) bezogen und beschränkt ist. Der öffentliche Verkehrsraum meint dabei nicht allein den klassischen „Straßenverkehrsraum", sondern sämtliche Flächen, die jedermann zugänglich sind und damit dem öffentlichen Verkehr zur Verfügung stehen. Räumlich erfasst sind damit etwa auch private Parkplätze oder Parkhäuser, die der Öffentlichkeit zur Verfügung stehen, aber auch öffentliche Verkehrsmittel wie Busse und Bahnen (str.). Die von der Maßnahme betroffenen Personen müssen folgerichtig auch nicht zwangsläufig Teilnehmer am Straßenverkehr, also insbesondere Fahrzeugführer, sein. Zu den weiteren polizeilichen Handlungsbefugnissen nach § 12a Abs. 1 S. 1, 2 PolG zählen **identitätsfeststellende Maßnahmen** nach § 12 Abs. 2 PolG sowie die **„Inaugenscheinnahme"** von Fahrzeugen und mitgeführten Sachen. Letztere Maßnahme wird ihrem Wortsinn nach zwar vorrangig eine optische Überprüfung sein, legitimiert allerdings unstreitig auch den Einsatz sonstiger Sinnesorgane wie insbesondere des Hör- oder des Geruchssinns. Schwierige Abgrenzungsfragen zur Durchsuchung von Personen und Sachen (oben Rn. 183 ff.) stellen sich für die in § 12a Abs. 1 S. 3 PolG normierte Befugnis der Polizei, verlangen zu dürfen, „dass mitgeführte Sachen sowie Fahrzeuge einschließlich an und in ihnen befindlicher Räume und Behältnisse geöffnet werden" (**Öffnungsanordnung**). Immerhin gelten für die Durchführung von Durchsuchungen (s. Rn. 183 ff.) allein die hierzu einschlägigen Standardermächtigungen in § 39 und § 40 PolG. Der Verweis in Abs. 1 S. 3 Hs. 2 ist mithin ausschließlich deklaratorischer Art.

Beispiel: Die Verpflichtung zur Öffnung des Kofferraums eines Fahrzeuges dürfte sich im Rahmen der durch § 12a Abs. 1 S. 3 PolG vermittelten Befugnisse halten. Stößt der Polizeibeamte bei Inaugenscheinnahme des Kofferraums aber z. B. auf eine dort abgelegte Handtasche, stellt sich die Frage, ob die Öffnung der Handtasche – wofür einiges spricht – ebenfalls noch über § 12a Abs. 1 S. 3 PolG verlangt werden kann oder aber bereits eine Durchsuchung, womöglich sogar die Durchsuchung einer Person i. S. d. § 39 PolG darstellt. Spätestens wenn der Beamte „eigenhändig" den Kofferraum und dort gelagerte Behältnisse kontrolliert, dürfte allerdings eine Durchsuchung vorliegen.

Zu beachten ist ferner, dass die neue Eingriffsermächtigung in Übereinstimmung mit **Unionsrecht** und damit so ausgeübt wird, dass strategische Fahndungsmaßnahmen in ihrer Wirkung nicht den nach dem Schengener Grenzkodex grundsätzlich **unzulässigen Grenzkontrollen** gleichkommen. Dies wäre etwa der Fall, wenn zentrale grenzüberschreitende Verkehrstraßen systematisch überwacht würden (s. *Ogorek,* BeckOK POR NRW, § 12a PolG Rn. 3.2).

a) Tatbestandliche und verfahrensrechtliche Voraussetzungen

Die tatbestandlichen Voraussetzungen für die Zulässigkeit der genannten Maßnahmen **220b**
sind relativ niedrig gehalten und unterhalb der konkreten Gefahrenschwelle angesiedelt. Erforderlich ist, dass Tatsachen die Annahme rechtfertigen, dass in dem betroffenen Gebiet Straftaten der in § 12a Abs. 1 S. 1 PolG bezeichneten Art begangen werden sollen. Konkret geht es dabei um **Straftaten nach § 8 Abs. 3 und 4 PolG** (Nr. 1), um Straftaten im Sinne gewerbs- oder bandenmäßig begangener grenzüberschreitender Kriminalität (Nr. 2) sowie um **Straftaten des unerlaubten Aufenthalts** (Nr. 3, nicht der unerlaubten Einreise!), hier speziell um den Straftatbestand des § 95 Abs. 1 Nr. 2 AufenthaltsG. Eher konturenschwach ist der Begriff der **„grenzüberschreitenden Kriminalität"**, der keinen fest umrissenen Katalog von Straftaten zum Inhalt hat, sondern einen spezifischen, freilich nicht näher konturierten Bezug zwischen dem Grenzübertritt und der Straftat voraussetzt. Gleichwohl unterliegen die tatbestandlichen Vorgaben vollumfänglicher gerichtlicher Kontrolle. Ein behördlicher Beurteilungsspielraum besteht nicht.

Der potentielle **Adressatenkreis** möglicher Maßnahmen ist gesetzlich nicht eingegrenzt und nach der Intention des Gesetzes bewusst offengehalten. Eine wie auch immer geartete Störerverantwortlichkeit ist nicht vorausgesetzt; die Bestimmungen zur Handlungs- und Zustandsverantwortlichkeit finden gem. § 4 Abs. 4, § 5 Abs. 4 PolG keine Anwendung. Immerhin bleiben im Einzelfall Zugriffsgrenzen unter dem Aspekt der Verhältnismäßigkeit denkbar. Die strategische Fahndung erfolgt danach zwar „verdachtsunabhängig", bleibt aber hinsichtlich ihrer generellen Zulässigkeit „ereignisabhängig".

Beispiel: Die Polizei verzeichnet im Villenviertel der Stadt S eine akute Serie von bandenmäßig durchgeführten Wohnungseinbrüchen (Straftat nach § 8 Abs. 3 PolG). In dem betreffenden Gebiet setzt sie daraufhin gezielt das Instrument der strategischen Fahndung ein. Die Kontrollen erfolgen hinsichtlich der einzelnen Verkehrsteilnehmer zwar verdachtsunabhängig, hinsichtlich der durchgeführten Maßnahmen aber keineswegs ereignisunabhängig.

Bezüglich des **Verfahrens** ist zu beachten, dass die strategische Fahndung der schriftlichen Anordnung durch die zuständige Behördenleitung oder deren Vertretung erfordert (sog. Behördenleitervorbehalt, § 12a Abs. 2 S. 1 PolG). Die Anordnung darf die **Dauer von 28 Tagen** nicht überschreiten. Allerdings bleibt eine Verlängerung um jeweils 28 Tage möglich, soweit die Voraussetzungen für die Anordnung weiterhin vorliegen. Hiervon mit abgedeckt ist damit auch eine mehrfache Verlängerung der Maßnahme.

b) Verhältnismäßigkeit

220c § 12a PolG stellt ungeachtet der eher ungewöhnlichen Formulierung *(„Die Polizei darf")* eine Ermessensnorm dar, so dass es im Rahmen der Ermessensausübung insbesondere einer Prüfung der Verhältnismäßigkeit bedarf. Auch wenn der Adressatenkreis möglicher Kontrollen wie dargestellt sehr weit bemessen ist, dürfte die Belastungsintensität der einzelnen Maßnahmen in der Regel als vergleichsweise gering einzustufen sein, so dass sich grundsätzliche Probleme hier nicht stellen werden. Immerhin wird im Rahmen des Gesetzesvollzugs darauf zu achten sein, dass Kontrollen zur Unterbindung des unerlaubten Aufenthalts (Abs. 1 Nr. 3) nicht nach diskriminierenden Parametern durchgeführt werden. Der in der politischen Diskussion bisweilen geäußerte Vorwurf, dass die Norm zwangsläufig in ein rechtswidriges „Racial Profiling" (hierzu oben Rn. 219) münde, erscheint gleichwohl nicht begründet.

6. Erkennungsdienstliche Behandlung (§ 14 PolG)

221 Inhalt und Wesen der erkennungsdienstlichen Behandlung werden in § 14 PolG nur rudimentär beschrieben. Nach Absatz 4 der Bestimmung sind erkennungsdienstliche Maßnahmen „insbesondere" die *Abnahme von Finger- und Handflächenabdrücken,* die *Aufnahme von Lichtbildern,* die *Feststellung äußerer körperlicher Merkmale* oder sonstige *Messungen.* Letztlich geht es um die Feststellung der Identität einer Person durch den **Vergleich von Bildern** oder den **Aufzeichnungen sonstiger unverwechselbarer Merkmale.** Im Rahmen der erkennungsdienstlichen Behandlung sind insoweit auch Stimmvergleiche, Zahn- oder Ohrabdrücke (Ohrabdruck des Einbrechers an der Tür) möglich. Nicht erfasst sind dagegen die Gewinnung und der Abgleich von DNA-Proben (§§ 81e–h StPO; hierzu aber § 14a PolG zur Identifikation von Leichen und hilflosen Personen). Auch begleitende Zwangsmaßnahmen wie etwa eine Fixierung während der Fotoaufnahmen sind von der Eingriffsermächtigung nicht abgedeckt (s. Rn. 32; a. A. für § 81b Alt. 2 StPO *Gerhold/Rakoschek,* JURA 2008, 895, 900). Als präventivpolizeiliche Befugnisnorm rechtfertigt § 14 PolG nur Maßnahmen außerhalb eines Strafverfahrens, so dass ein Überschneidungsbereich mit § 81b Alt. 2 StPO nicht besteht (OVG NRW, NJW 1999, 2689). Allerdings ist die Abgrenzung zu der strafprozessualen Parallelvorschrift im Einzelnen äußerst umstritten. In tatbestandlicher Hinsicht ist eine erkennungsdienstliche Behandlung zulässig, wenn entweder dies für die nach §§ 12 und 12a PolG zulässige Identitätsfeststellung unbedingt erforderlich ist, insbesondere wenn diese auf andere Weise nicht oder nur unter erheblichen Schwierigkeiten möglich ist (Absatz 1 Nr. 1), oder wenn diese zur vorbeugenden Bekämpfung von Straftaten erforderlich ist, weil die betroffene Person verdächtig ist, eine Tat begangen zu haben, die mit Strafe bedroht ist und wegen der Art und Ausführung der Tat die Gefahr der Wiederholung besteht (Absatz 1 Nr. 2). Für die zweite Variante reicht neben der dargestellten Wiederholungsgefahr der bloße (hinreichende) „Verdacht" der Tatbegehung aus; ob die betreffende Person schuldfähig oder gar strafmündig ist, bleibt ohne Belang. Auch eine Verfahrenseinstellung oder womöglich gar ein Freispruch räumen den hier geforderten Verdacht nicht notwendig aus.

Beispiel: P, der von einem Gutachter als „rückfallgefährdet" eingestuft wurde, ist von der Anklage der Vergewaltigung freigesprochen worden, da sein Geständnis wegen unzulässiger Vernehmungsmethoden der Polizei gerichtlich nicht verwertbar war (§ 136a Abs. 3 StPO). Da der Verdacht, die Straftat begangen zu haben, dennoch fortbesteht, kommt eine erkennungsdienstliche Behandlung auch nach dem Freispruch in Betracht.

Auch Strafunmündige können erkennungsdienstlich behandelt werden, wobei den Persönlichkeitsrechten des Betroffenen im Rahmen der Ermessensausübung besonders Rechnung zu tragen ist.

Die betroffene Person ist bereits bei Vornahme der Maßnahme darüber zu belehren, **222** dass sie die Vernichtung der erkennungsdienstlichen Unterlagen verlangen kann, sobald die Voraussetzungen für die weitere Aufbewahrung entfallen. Der (Folgenbeseitigungs-) Anspruch auf Vernichtung erkennungsdienstlicher Unterlagen ist prozessual im Wege der allgemeinen Leistungsklage durchzusetzen (str.; a. A. etwa Hess.VGH, DVBl. 1993, 616, für Gesundheitsakten). Sind die Maßnahmen zum Zwecke der Identitätsfeststellung ergangen, kann auch nach erfolgreicher Feststellung der Identität ihre weitere Aufbewahrung zu den in Absatz 1 Nr. 2 genannten Zwecken der Straftatenprävention zulässig sein (Absatz 2).

7. Besondere Formen der Datenerhebung und -verwendung

a) Datenerhebung in besonderen Situationen

Spezielle Befugnisnormen normieren die §§ 15 bis 15b PolG für die Datenerhebung **223** bei öffentlichen Veranstaltungen (zu parallelen Eingriffen bei Versammlungen s. § 12a VersG), die Datenerhebung auf öffentlichen Plätzen sowie die Datenerhebung bei Personen- und Fahrzeugkontrollen. Soweit § 15b PolG letztgenannte Datenerhebungen lediglich an den Zweck der *„Eigensicherung der Beamten"* knüpft, wirft dies wegen der Offenheit des Begriffes (nur körperliche Übergriffe oder jegliche verbale Attacken?) allerdings verfassungsrechtliche Fragen auf (krit. *Ogorek,* DÖV 2018, 688, 695).

Viel diskutiert und nicht selten Gegenstand polizeirechtlicher Klausuren ist die sog. **Videobeobachtung** öffentlicher Plätze, die als rechtfertigungsbedürftiger Eingriff in das informationelle Selbstbestimmungsrecht der Bürger mit einer eigenen Ermächtigungsgrundlage versehen wurde (§ 15a Abs. 1 PolG). So führt die Beobachtung mit technischen Mitteln zu einem Überwachungsdruck mit **Eingriffsqualität**, da der Betreffende nicht einschätzen kann, was mit etwaigen Bildaufnahmen geschieht. Dies gilt auch dann, wenn über den Kameraeinsatz lediglich „Übersichtsaufnahmen" erfolgen, die – was heute freilich nur noch selten der Fall sein wird – keine persönliche Identifikation einzelner Personen ermöglichen. Überzeugend führte das BVerfG in seinem Volkszählungsurteil hierzu aus: *„Wer nicht mit hinreichender Sicherheit überschauen kann, welche ihn betreffenden Informationen in bestimmten Bereichen seiner sozialen Umwelt bekannt sind (...), kann in seiner Freiheit wesentlich gehemmt werden (...) Mit dem Recht auf informationelle Selbstbestimmung wäre eine Gesellschaftsordnung (...) nicht vereinbar, in der Bürger nicht mehr wissen können, wer was wann und bei welcher Gelegenheit über sie weiß"* (BVerfGE 65, 1, 43). Frühere Gegenauffassungen, die die bloße Bildübertragung der Beobachtung durch einen Polizeibeamten gleichstellen wollten, dürften heute endgültig überwunden sein (offenlassend BVerwG, NVwZ 2012, 757). Ebenso wenig kann das Betreten eines Ortes, dessen Beobachtung gemäß § 15a Abs. 1 S. 2 PolG offengelegt worden ist, als konkludente Einwilligung in die Beobachtung und damit als Grundrechtsverzicht interpretiert werden. Ungeachtet des gemeinhin verwendeten Begriffs der „Videoüberwachung" legitimiert § 15a PolG von der Rechtsfolgenseite her freilich nur eine Bildübertragung ohne Ton. Die Beobachtungsmaßnahmen sind als Realakte einzustufen, enthalten also keinen („Duldungs"-)Verwaltungsakt (str.).

Tatbestandlich ist die Videoüberwachung öffentlich zugänglicher Orte gem. § 15a Abs. 1 S. 1 PolG nur zur Verhütung von Straftaten zulässig und an **enge Voraussetzungen** gebunden. Der im Jahre 2018 reformierte § 15a Abs. 1 S. 1 PolG formuliert hierzu **zwei Eingriffsvarianten**, nämlich in Nr. 1 die Überwachung eines öffentlich zugänglichen Ortes, an dem wiederholt Straftaten begangen wurden und bei dem die Beschaffenheit des Ortes (z. B. unübersichtliche Bebauungslage) die Begehung von Straftaten begünstigt. Hier sind Überwachungsmaßnahmen zudem nur zulässig, solange Tatsachen die Annahme rechtfertigen, dass an diesem Ort weitere Straftaten begangen werden. Neu hinzugekommen ist als alternativer Eingriffstatbestand in Nr. 2 die Fallkonstellation, in der Tatsachen die Annahme rechtfertigen, dass dort Straftaten von erheblicher Bedeutung verabredet, vorbereitet oder begangen werden. Für diese Variante ermöglicht das Gesetz die Videoüberwachung nunmehr auch ohne „Kriminalitätshistorie" des Ortes und unabhängig von einer Begünstigungswirkung der örtlichen Beschaffenheit. Mit dem Erfordernis einer tatsachenbasierten Prognose korrespondiert eine umfassende gerichtliche Überprüfbarkeit der Prognose, mit der folgerichtig **kein behördlicher Beurteilungsspielraum** einhergeht. Indem der Videoüberwachung alle jenen Personen unterliegen, die sich an dem jeweiligen Ort aufhalten, entfällt gem. § 4 Abs. 4 PolG die Prüfung einer Verantwortlichkeit. Gem. § 15a Abs. 1 S. 2 PolG ist die Überwachung, falls sie nicht ohnehin offenkundig ist, durch „geeignete Maßnahmen" erkennbar zu machen.

Beachte: Welche Maßnahme als „geeignet" anzusehen ist, wird nach Lage des Einzelfalles zu bewerten sein. In von internationalem Publikum frequentierten Bereichen dürfte ein in deutscher Sprache abgefasster Text wohl nicht ausreichen.

Als Mittel der Gefahrenabwehr ist die Videoüberwachung zudem nur dann sinnvoll und effektiv, wenn ein **sofortiges polizeiliches Einschreiten** in konkreten Gefahrenfällen gewährleistet ist. Eine entsprechende verbindliche Vorgabe findet sich nunmehr als weitere tatbestandliche Voraussetzung einer Videoüberwachung im reformierten § 15a Abs. 1 S. 1 PolG. Die gesetzliche Verknüpfung von Überwachungsmaßnahmen mit der Möglichkeit des sofortigen Einschreitens steuert zugleich einem Ausufern behördlicher Überwachung entgegen. Nicht zuletzt impliziert die neue Verknüpfung, dass der Einsatz von **Kameraattrappen**, denen nach der Logik des oben zitierten Volkszählungsurteils ebenfalls eine potentielle Eingriffswirkung beizumessen ist, nicht im „Erst-Recht-Schluss" auf § 15a PolG gestützt werden kann und daher in NRW unzulässig ist. Zur Abmilderung des mit einer hohen „Streubreite" verbundenen Überwachungseingriffs nach § 15a PolG wird die Videoüberwachung schließlich zahlreichen verfahrensrechtlichen Bindungen unterworfen, wie namentlich dem sog. „Behördenleitervorbehalt" (Absatz 3), einer Dokumentations- und Befristungspflicht (Absatz 4) sowie einer Löschungspflicht in Bezug auf die angefertigten Aufnahmen (Absatz 2). Die ursprünglich vorgesehene Befristung der Ermächtigungsnorm des § 15a PolG ist im Rahmen der Polizeirechtsreform des Jahres 2018 gestrichen worden.

b) Datenerhebung mit besonderen Mitteln

224 Als Datenerhebung mit besonderen Mitteln kennt und normiert das Polizeigesetz die (kurzfristige sowie längerfristige) **Observation** als Form der verdeckten, in Ausnahmefällen aber auch offenen („Klettentaktik") Datenerhebung (§ 16a PolG), die verdeckte Anfertigung von **Bild- und Tonaufnahmen** (§ 17 PolG), die verdeckte Datenerhebung in und aus Wohnungen (§ 18 PolG) und den Einsatz von sog. **„Vertrauensmännern“** („V-Männern“), also von *„Personen, deren Zusammenarbeit mit der Polizei Dritten nicht bekannt ist“* (§ 19 PolG), bzw. **Verdeckten Ermittlern** aus den Reihen der Polizei (§ 20 PolG). Die Befugnis zum Einsatz eines sog. **„IMSI-Catchers“**, mit dem der Standort sowie die Geräte- und Kartennummer (nicht aber die Rufnummer – hierzu § 20a PolG!) eines aktiv geschalteten Handys festgestellt werden können, findet sich in § 20b PolG.

Neu hinzugekommen ist mit der Polizeirechtsreform des Jahres 2018 die Datenerhe- **224a**
bung durch **Überwachung und Aufzeichnung der laufenden Telekommunikation** (TKÜ, § 20c PolG), einschließlich der Kommunikation über internetbasierte Messaging-Dienste. Die Besonderheit dieser auch als „Quellen-TKÜ“ bezeichneten Ermächtigungsnorm liegt darin, dass sie die Überwachung bereits an der „Quelle“, also am **Handy** oder am PC des Nutzers, und damit vor (bzw. nach) einer möglichen „Ende-zu-Ende – Verschlüsselung“ des Kommunikationsvorgangs durch den Anbieter des Kommunikationsdienstes zulässt. Technisch soll dies in der Weise erfolgen, dass auf das verwendete Gerät heimlich eine Überwachungssoftware aufgespielt wird. Eine dahingehende Ermächtigung zur Infiltration des Systems wird in § 20c Abs. 2 PolG explizit mit formuliert. Folgerichtig setzt die Eingriffsnorm insoweit denn auch tatbestandlich voraus, dass der Eingriff notwendig ist, um die Überwachung auch in unverschlüsselter Form zu ermöglichen (Absatz 2 Nr. 2). Schließlich wird in der Norm zugleich klargestellt, dass allein die „laufende“ Kommunikation Gegenstand der Überwachung sein darf, ein allgemeines „Auslesen“ der Daten in dem betroffenen Gerät also nicht auf § 20c PolG gestützt werden kann. Die Quellen-TKÜ beschränkt somit nach den Grundsätzen der Rechtsprechung des BVerfG (NJW 2016, 1781 Rn. 228) allein das Grundrecht aus Art. 10 GG.

Beachte: Ob sich die Entwicklung einer Überwachungssoftware, die ausschließlich auf die laufende Telekommunikation, nicht aber auf sonstige Inhalte zugreift, technisch realisieren lässt, wird teilweise bezweifelt. Diese Frage betrifft indes allein die Anwendbarkeit der neuen Ermächtigungsnorm, nicht deren Verfassungsmäßigkeit.

Von den klassischen Befugnisnormen des Polizeirechts hebt sich die neue Ermächtigung auch insofern ab, als § 20c Abs. 1 S. 1 PolG den potentiellen Adressatenkreis einer TKÜ über genuine Störer i. S. d. Nr. 1 hinaus auch auf weitere potentielle Zielpersonen erstreckt und zudem Überwachungsmaßnahmen schon vor Eintritt einer konkreten Gefahrenlage ermöglicht (vgl. Nr. 2–4). Die polizeiliche Überwachungsmaßnahme bedarf der **Anordnung durch das Amtsgericht** (Absatz 4 S. 1). Die Ermächtigung zur Quellen-TKÜ ist bis Ende Dezember 2023 befristet (§ 20c Abs. 10 S. 2 PolG).

Für besonders grundrechtssensible Maßnahmen wie das Abhören und Aufzeichnen **224b**
des gesprochenen Wortes, die Wohnraumüberwachung oder den Zugriff auf informationstechnische Systeme ist grundsätzlich eine gerichtliche Anordnung notwendig (s. § 17 Abs. 2 S. 3, § 18 Abs. 2 S. 1, § 20c Abs. 4 S. 1 PolG). Zugleich unterliegt die Erhebung personenbezogener Daten strengen Bindungen zum Schutz des **Kernbereichs der privaten Lebensgestaltung.** So verbietet § 16 PolG als Grundnorm namentlich die Erhebung personenbezogener Daten, die dem **Kernbereich der privaten Lebensgestaltung** zuzurechnen sind (Absatz 1). Ergeben sich im Rahmen der Anwendung der speziellen Ermächtigungen tatsächliche Anhaltspunkte dafür, dass Daten, die diesem absolut geschützten Kernbereich zuzurechnen sind, erfasst werden, ist die Erhebung unverzüglich zu unterbrechen (Abs. 2; s. hierzu BVerfG, MMR 2004, 302, 304,

wonach bei entsprechenden Anhaltspunkten Überwachungsmaßnahmen allerdings „von vornherein" zu unterbleiben haben). Gleichwohl erfasste Daten dürfen nicht verwendet werden; Aufzeichnungen hierüber sind zu löschen (Absatz 4). Sondergesetzliche Regelungen zum Schutz des Kernbereichs der privaten Lebensgestaltung formuliert das Polizeigesetz etwa für die Datenerhebung in Wohnräumen (§ 18 Abs. 3 und 4 PolG) sowie für die Überwachung der laufenden Telekommunikation (§ 20c Abs. 8 PolG). Eine abschließende inhaltliche Konturierung des „Kernbereichs" der privaten Lebensgestaltung hat das BVerfG bislang vermieden. In der Regel wird eine Kernbereichsbetroffenheit dort zu vermuten sein, wo Menschen im Schutz der häuslichen Wohnung mit engsten Vertrauten, insbesondere dem Ehepartner, Eltern, Kindern oder Geschwistern kommunizieren, insbesondere wenn diese in demselben Haushalt leben (BVerfG, NJW 2007, 2753, 2754). Auch Selbstgespräche in der eigenen Wohnung hat der BGH dem Kernbereich zugerechnet, wobei das Gericht allerdings – entgegen § 16 Abs. 4 PolG – speziell im Rahmen der Gefahrenprävention (z. B. Kindesentführung) durchaus begrenzte verfassungsrechtliche Spielräume für eine Verwertbarkeit gewonnener Erkenntnisse sah (BGH, NJW 2005, 3295, 3297). Mit Blick auf die grundrechtlichen Schutzpflichten des Staates (oben Rn. 3) erscheint der in § 16 Abs. 4 PolG insoweit formulierte Verzicht auf verfassungskonforme Handlungsoptionen durchaus problematisch. Vom Kernbereichsschutz miterfasst wird nach den polizeirechtlichen Regeln auch das durch das Berufsgeheimnis geschützte Vertrauensverhältnis zu den in §§ 53 und 53a StPO genannten **Berufsgeheimnisträgern** (§ 16 Abs. 5, § 18 Abs. 3 S. 3 sowie § 20c Abs. 8 S. 9 PolG). An die Grenzen des verfassungsrechtlich Zulässigen geht § 16 PolG freilich insoweit, als er die Datenerhebung mit besonderen Mitteln erst dann untersagt, wenn tatsächliche Anhaltspunkte für eine Kernbereichsbetroffenheit vorliegen und damit den Beginn entsprechender Maßnahmen von einer diesbezüglichen Risikoprognose freizustellen scheint. Hier wird man im Rahmen einer verfassungskonformen Auslegung weitergehende Forderungen zu stellen haben. Zweifelhaft erscheint auch, ob die in § 16 Abs. 2 S. 2 PolG gestattete Fortführbarkeit kernbereichsrelevanter Maßnahmen im Falle des Vorliegens „zwingender informations- und ermittlungstechnischer Gründe" verfassungsrechtlichen Anforderungen genügt. Denn auch wenn sich diese Ausnahmeregelung auf die (wohl nicht durchweg konsistente) Rechtsprechung des BVerfG zur sog. „Online-Durchsuchung" rückführen lässt (BVerfG, NJW 2008, 822, 834; krit. *Sachs/Krings,* NWVBl. 2010, 165 f.), bleibt offen, ob die dortigen, auf den Aspekt der „automatisierten Datenerhebung" gestützten Erwägungen uneingeschränkt auf Maßnahmen der optischen und akustischen Personenüberwachung übertragbar sind. Auch wenn § 16 PolG auf verdeckte Maßnahmen zugeschnitten ist und dort seine eigentliche Relevanz besitzen wird, dürften die dort fixierten Grundgedanken auch auf die **offene Datenerhebung** zu übertragen sein.

224c Neuartige Fragestellungen haben sich unlängst mit Blick auf die Anwendbarkeit der **Observierungsregel des § 16a PolG** auf die (monate- oder gar jahrelange offene) Überwachung entlassener Straftäter ergeben. Die Verwaltungsgerichte in NRW gingen zunächst von einer hinreichenden Rechtfertigung entsprechender Maßnahmen aus. Im Jahre 2013 hat das OVG Münster indes eine Anwendbarkeit des § 16a PolG auf derartige **Dauerobservationen** rückfallgefährdeter Sexualstraftäter verneint und wegen der hohen Eingriffsintensität eine spezialgesetzliche Normierung für erforderlich erachtet, die in Nordrhein-Westfalen nicht vorliegt. Lediglich für eine begrenzte Übergangszeit hielt das Gericht einen Rückgriff auf die polizeiliche Generalklausel des § 8 Abs. 1 PolG für möglich (OVG NRW, NWVBl. 2013, 492; s. auch BVerfG, KommJur 2013, 73), die zwischenzeitlich allerdings wohl als abgelaufen eingestuft werden muss. Die hiernach festzustellende „offene Flanke" der Observierungsregelung soll nach der Polizeirechtsreform des Jahres 2018 augenscheinlich über die neuartige Ermächtigung zur elektronischen Aufenthaltsüberwachung nach § 34c PolG („elektronische Fußfessel“, hierzu Rn. 228a) geschlossen werden.

Über das Vierte Änderungsgesetz vom 6.12.2016 wurde mit § 15c PolG schließlich eine Rechtsgrundlage für den Einsatz „körpernah getragener Aufnahmegeräte“ (sog. **Bodycams**) in das Polizeigesetz aufgenommen. Die ursprüngliche Befristung der als Pilotprojekt gestarteten Regelung wurde durch Streichung des vormaligen Absatzes 9 aufgehoben. Die materiell-rechtlichen, aber auch verfahrensrechtlichen Vorgaben für den Einsatz von Bodycams werden im Detail kontrovers diskutiert. Soweit das Gesetz den Einsatz der Kameras dann erlaubt, *„wenn Tatsachen die Annahme rechtfertigen, dass dies zum Schutz von Polizeivollzugsbeamtinnen und Polizeivollzugsbeamten oder Dritten gegen eine konkrete Gefahr für Leib und Leben erforderlich ist“* (§ 15c Abs. 1 S. 1 PolG), begegnet dies **keinen verfassungsrechtlichen Bedenken**. Hierfür ist zumal zu berücksichtigen, dass das Gesetz besondere Schutzvorschriften für Berufsgeheimnisträger formuliert (§ 15c Abs. 3 S. 3 PolG) und den Einsatz von Bodycams in Wohnungen gesteigerten tatbestandlichen Anforderungen unterwirft (§ 15c Abs. 2 PolG). Nicht abschließend geklärt ist allerdings, ob und inwieweit sich aus Art. 13 GG besondere verfahrensrechtliche Anforderungen an den Einsatz von Bodycams in Wohnungen ergeben. Eine dem Richtervorbehalt unterfallende Konstellation (Art. 13 Abs. 2 – 4 GG) dürfte nicht vorliegen; fraglich erscheint auch die Anwendbarkeit des Begrenzungsvorbehalts aus Art. 13 Abs. 5 GG, da es dort um den Einsatz technischer Mittel *„ausschließlich“* zum Schutz einer im Einsatz befindlichen Person geht, wohingegen § 15c Abs. 1 S. 1 PolG explizit auch den Schutz Dritter intendiert. Dies würde dann zu einer Anwendung des (Auffang-)Begrenzungsvorbehalts aus Art. 13 Abs. 7 GG führen, dessen Voraussetzungen gewahrt sind (so tendenziell *Thiel,* NWVBl. 2018, 50, 53 f.). **224d**

Nicht abschließend geklärt ist auch die Frage, welche Anforderungen an die durch § 15c Abs. 3 PolG geforderte **Kenntlichmachung des Einsatzes von Aufzeichnungsgeräten** zu stellen sind.

Beispiel: Zur Kenntlichmachung des Einsatzes von Bodycams werden an den Uniformen der Beamten Monitore installiert, auf denen die Aufnahmen „in Echtzeit“ wiedergegeben werden und ein wiederholtes Ansehen erstellter Aufnahmen durch den Beamten oder seine Kollegen möglich ist.

Gegen die im Beispielsfall geschilderte „Monitorlösung“ spricht, dass die jeweiligen Aufnahmen hierdurch einer unbegrenzten Anzahl Dritter zur Kenntnis gebracht werden, was datenschutzrechtlich schwer zu rechtfertigen sein dürfte. Zudem lässt sich der Einsatz von Bodycams seitens der Bürger hier lediglich in unmittelbarer Nähe des Beamten feststellen, was dem Schutzzweck der Kenntlichmachung des Einsatzes widerspricht. Datenschutzrechtlich unzulässig wären in jedem Fall ungesicherte Zugriffsmöglichkeiten auf erstellte Aufnahmen. In der Literatur wird dementsprechend vielfach eine Kenntlichmachung durch eine Signalleuchte gefordert.

c) Datenverwendung, Datenübermittlung und Betroffenenrechte

Zahlreiche Detailregelungen trifft das PolG schließlich zur Frage der Datenspeicherung, Datenverwendung und Datennutzung, aber auch zur Frage der Datenübermittlung an Stellen innerhalb und außerhalb des öffentlichen Bereichs (§§ 22–30 PolG). Nicht immer steht hierbei die Regelungsdichte in angemessenem Verhältnis zu der potentiellen Eingriffsintensität der jeweiligen Maßnahme. Allenfalls im Rahmen einer verfassungskonformen Auslegung erscheint insoweit die in § 27 Abs. 3 PolG normierte **224e**

Befugnis der Polizei haltbar, personenbezogene Daten an Stellen außerhalb des öffentlichen Bereichs (z. B. Rundfunk- und Fernsehsender) zu übermitteln. Droht durch eine solche Datenübermittlung eine intensive und nachhaltige Beeinträchtigung von Persönlichkeitsrechten (Art. 2 Abs. 1 i. V. m. Art. 1 Abs. 1 GG), wird man über die geschriebenen Anforderungen des § 27 Abs. 3 PolG hinaus eine konkrete Gefahr für Leib, Leben, Gesundheit oder Freiheit für notwendig erachten müssen. Insbesondere das Ziel einer weiteren Sachverhaltsaufklärung kann eine Datenübermittlung in diesen Fällen nicht ohne Weiteres legitimieren (so auch OVG Hamburg, NVwZ-RR 2009, 878; vgl. in diesem Kontext auch das Abwägungsgebot in § 26 Abs. 5 PolG).

Beispiel: Bei der Polizei meldet sich Zeuge Z und gibt an, an einer Bahnhaltestelle drei junge Männer beobachtet zu haben, die einen Rucksack bei sich geführt und in arabischer Sprache davon geredet hätten, „morgen vor Allah Helden" zu sein. Die Polizei sichert daraufhin Videoaufzeichnungen aus der Bahn und leitet Fotos der drei Männer zum Zwecke der Aufklärung eines Terrorverdachts an die Medien. Gegen die Fahndungsmaßnahme erheben die betroffenen Jugendlichen, die sich bei ihrem Gespräch „nichts gedacht" hatten, erfolgreich Klage vor dem VG. Die polizeiliche Maßnahme war als bloße Gefahrenerforschungsmaßnahme rechtswidrig (OVG Hamburg, aaO).

Betroffenenrechte und verfahrensmäßige Absicherungen finden sich in den §§ 33–33c PolG. So hat ggf. eine Benachrichtigung bei verdeckten und eingriffsintensiven Maßnahmen bzw. im Falle einer Verletzung des Datenschutzes zu erfolgen. Über eine Protokollierung der Erhebungen i. S. d. § 33b PolG werden die Rechtsschutzmöglichkeiten der Betroffenen abgesichert. Ferner ist eine Kontrolle durch den Landesbeauftragten für Datenschutz vorgesehen.

8. Rasterfahndung (§ 31 PolG)

a) Begriff und Verfassungsmäßigkeit der Rasterfahndung

225 Zu den bereits älteren unter den informationellen Standardmaßnahmen zählt die sog. Rasterfahndung nach § 31 PolG. Die einschlägige Standardermächtigung berechtigt die Polizei, von öffentlichen Stellen und Stellen außerhalb des öffentlichen Bereichs zum Zwecke des **maschinellen Abgleichs** mit anderen Datenbeständen die Übermittlung **von personenbezogenen Daten** einer unbestimmten Anzahl von Personen zu verlangen, die bestimmte, (auch) auf Verursacher einer Gefahr i. S. d. § 4 PolG vermutlich zutreffende Prüfungsmerkmale erfüllen. Der Datenabgleich soll den Ausschluss von Personen bezwecken; er kann – naturgemäß – aber auch umgekehrt der Ermittlung eines Verdachts gegen Personen als mögliche Verursacher einer Gefahr sowie der Feststellung gefahrenverstärkender Eigenschaften dieser Personen dienen (§ 31 Abs. 1 S. 2 PolG). Nicht zu Unrecht geht das BVerfG denn auch davon aus, dass die Rasterfahndung letztlich als Instrument **zur „Verdächtigengewinnung"** eingesetzt werde (NJW 2006, 1939, 1946).

In der Folge der Terroranschläge vom 11.9.2001 ging es bei der Rasterfahndung vor allem um die Ermittlung sog. **„Schläfer"**, also unauffällig lebender Personen, die sich „auf Abruf" zur Verübung terroristischer Anschläge bereithalten.

Die **Verfassungsmäßigkeit** der Regelung dürfte noch zu bejahen sein. Zwar handelt es sich um einen **Eingriff mit enormer Streubreite**, der den betroffenen Grundrechtsträger zudem „verdachtslos" trifft. Folgerichtig wird man derartige Maßnahmen erst von einer bestimmten Verdachts- oder Gefahrenstufe an für zulässig erachten können. Soweit die Regelung, anders als in der früheren Fassung, mittlerweile nur noch eine (konkrete) „Gefahr", aber keine „gegenwärtige Gefahr" mehr voraussetzt, wurde dies vom BVerfG allerdings explizit akzeptiert (BVerfG, NJW 2006, 1939, 1946).

Bei den im Rahmen der Rasterfahndung **abgefragten und abgeglichenen Daten** handelt es sich insbesondere um Namen, Anschrift, Tag und Ort der Geburt bestimmter Personen, die beispielsweise auf bestimmten Lohnlisten, Telefonlisten, Listen von Lehrgängen (Flugschule!), Rechnungen oder in Mitgliederverzeichnissen stehen; soweit erforderlich, können aber auch andere für den Einzelfall benötigte Daten abgefragt werden. Ist eine Beschränkung der zu übermittelnden Daten aus technischen oder wirtschaftlichen Gründen nicht möglich oder zumutbar, können auch vom Übermittlungsersuchen nicht erfasste personenbezogene Daten übermittelt werden. Diese Daten dürfen von der Polizei freilich nicht genutzt werden (§ 31 Abs. 2 S. 2 PolG). Ein Ersuchen im Hinblick auf Daten, die einem Berufs- oder besonderen Amtsgeheimnis unterliegen, ist nicht zulässig.

b) Verfahrensrechtliche Anforderungen

Die Durchführung einer gefahrenpräventiven Rasterfahndung ist allein der Polizei **226**
gestattet, nicht den Ordnungsbehörden (vgl. § 24 OBG). Die Maßnahme unterliegt dem **Richtervorbehalt;** zuständig ist das Amtsgericht, in dessen Bezirk die Polizeibehörde ihren Sitz hat. Den Antrag für die richterliche Anordnung einer Rasterfahndung kann nur der Behördenleiter stellen (§ 31 Abs. 4 S. 1 PolG).

c) Tatbestandliche Voraussetzungen

Tatbestandliche Voraussetzung der Rasterfahndung ist nach der gegenwärtigen Ge- **227**
setzesfassung das Vorliegen einer (konkreten) Gefahr für den Bestand oder die Sicherheit des Bundes oder eines Landes oder für Leib, Leben oder Freiheit einer Person. Die vormalige Anknüpfung an eine „*gegenwärtige* Gefahr" hat der Gesetzgeber nicht zuletzt wegen der uneinheitlichen Judikatur aufgegeben (vgl. einerseits OLG Düsseldorf, NVwZ 2002, 629, andererseits OLG Frankfurt ebda., S. 626). Mit Blick auf die Entscheidung des BVerfG vom 4.4.2006 (NJW 2006, 1939) wird man diese Absenkung der Gefahrenanforderungen gleichwohl besonders eng dahin auslegen müssen, dass eine Gefahr nur dann anzunehmen ist, wenn hinreichend fundierte konkrete Tatsachen das Bestehen einer konkreten Gefahr belegen.

d) Verhältnismäßigkeitsfragen

Auf der Rechtsfolgenseite bleibt zu beachten, dass an die dem behördlichen Ermessen überantwortete Auswahl der „Rastermerkmale" für die angeforderten Daten aus Gründen der Verhältnismäßigkeit besondere Anforderungen zu stellen sind, damit der Umfang der abzuschöpfenden Daten so gering wie möglich bleibt.

Beispiel: Mit Blick auf die Terrorgefahr einer fundamentalistischen Glaubensgruppe mit Ursprung in den Ländern L und M verlangt die Polizei von der Universität D die Übermittlung der Daten aller männlichen Studierenden, die zwischen dem 1.10.1960 und dem 1.10.1983 geboren wurden. Die Maßnahme ist, auch soweit die tatbestandlichen Voraussetzungen vorliegen sollten, unverhältnismäßig und daher rechtswidrig, soweit die maßgeblichen Suchkriterien hätten weiter ausdifferenziert und der Kreis der Betroffenen damit hätte reduziert werden können. Nach Auffassung des OLG Düsseldorf hätte hierbei eine weitere Differenzierung nach Herkunftsland und Religionszugehörigkeit erfolgen müssen (OLG Düsseldorf, NVwZ 2002, 631). Freilich stellen sich im Hinblick auf die Verwendung dieser von dem absoluten Differenzierungsverbot des Art. 3 Abs. 3 S. 1 GG erfassten Differenzierungsgründe durchaus besondere Rechtfertigungsanforderungen (vgl. zu parallelen Fragen im Kontext des sog. „*Racial Profiling*" oben Rn. 219).

228 Ist der Zweck der Maßnahme erreicht oder zeigt sich, dass er nicht erreicht werden kann, sind die übermittelten und im Zusammenhang mit der Maßnahme zusätzlich angefallenen Daten auf den Datenträgern zu löschen und die Akten, soweit sie nicht für ein mit dem Sachverhalt zusammenhängendes Verfahren erforderlich sind, zu vernichten (§ 31 Abs. 3 S. 1 PolG). Es handelt sich hierbei um einen – auch grundrechtlich imprägnierten – Folgenbeseitigungsanspruch des Bürgers gegen den Staat. Personen, gegen die nach Abschluss der Rasterfahndung weitere Maßnahmen durchgeführt werden sollen, sind hierüber durch die Polizei zu unterrichten, sobald dies ohne Gefährdung des Zwecks der weiteren Datennutzung erfolgen kann (§ 33 Abs. 1 Nr. 9 PolG).

9. Die elektronische Aufenthaltsüberwachung (§ 34c PolG)

a) Grundlagen und verfassungsrechtliche Bewertung

228a Die Ermächtigungsnorm zur elektronischen Aufenthaltsüberwachung (EAÜ) nach § 34c PolG lehnt sich an die Parallelregelung für sog. **Gefährder** in § 56 BKAG an. Im Bereich des Strafrechts („Maßregel der Besserung und Sicherung") sowie des Justizvollzugsrechts ist die elektronische Aufenthaltsüberwachung bereits seit längerem etabliert (§ 68b Abs. 1 Nr. 12 StGB; § 27 JVollzDSG NRW). Über die neue polizeigesetzliche Befugnisnorm kann die von der Maßnahme betroffene Person dazu verpflichtet werden, „ein technisches Mittel, mit dem der Aufenthaltsort dieser Person elektronisch überwacht werden kann, ständig im betriebsbereiten Zustand am Körper zu tragen, die Anlegung und Wartung des technischen Mittels zu dulden und seine Funktionsfähigkeit nicht zu beeinträchtigen".

Technisch erfolgt die EAÜ über eine Art GPS-Tracker, der die Daten an eine „Gemeinsame Überwachungsstelle der Länder" (GÜL) übermittelt und Alarm auslöst, wenn der Träger den erlaubten Bereich verlässt bzw. verbotene Bereiche betritt oder aber die Fußfessel entfernt; ggf. kann auch eine unerlaubte Kontaktaufnahme nachvollzogen werden. Während des Aufenthalts in der eigenen Wohnung wird die Ortung aus Gründen der Verhältnismäßigkeit deaktiviert (zur technischen Funktionsweise im Einzelnen *Barczak,* BeckOK POR NRW, § 34c PolG Rn. 4 ff.).

Anders als die umgangssprachliche Formulierung der EAÜ als „**elektronische Fußfessel**" suggeriert, hat die Maßnahme für sich genommen keinen freiheitsbeschränkenden Charakter, sondern betrifft als Instrument der Datenerhebung und -verarbeitung speziell das Grundrecht auf informationelle Selbstbestimmung aus Art. 2 Abs. 1 i. V. m. Art. 1 Abs. 1 GG. Freilich wird die Maßnahme regelmäßig mit begleitenden aufenthaltsregelnden Vorgaben einhergehen (s. Rn. 170a). Die EAÜ tritt im Ergebnis an die Stelle der vormals praktizierten, nach der Rechtsprechung des OVG NRW allerdings von den Eingriffsermächtigungen des PolG nicht gedeckten sog. „Dauerobservation" (s. Rn. 224c). Ziel der Maßnahme ist es, die betroffene Person durch die Überwachung von der Begehung bestimmter schwerer Straftaten abzuhalten (Abs. 1 a. E.). Soweit die Verfassungsmäßigkeit der Norm unter Verweis auf eine faktische Überwindbarkeit der Überwachung bezweifelt wurde, greifen diese Bedenken nicht durch. So reicht für die „Geeignetheit" der Regelung aus, dass durch sie die gefahrenpräventive Zielsetzung gefördert werden kann (wie hier *Barczak,* BeckOK POG NRW, § 34c PolG Rn. 14).

b) Voraussetzungen und Verfahren der EAÜ

Auch in den tatbestandlichen Voraussetzungen des Absatz 1 manifestiert sich die auf die **Terrorismusbekämpfung** gerichtete Zielsetzung der Norm. Die Tatbestandsmerkmale knüpfen an jene der Vorbildnorm des § 56 BKAG an und entsprechen im Ergebnis jenen der Aufenthaltsvorgabe nach § 34b PolG (eingehend oben Rn. 170b).

Weitergehende Anwendungsfelder eröffnet Absatz 2 der Norm, soweit es um die Abwehr enumerativ aufgezählter **Straftaten gegen die sexuelle Selbstbestimmung** (Abs. 2 S. 1 Nr. 1), die Abwehr von (wiederholten) Nachstellungen nach § 238 StGB (Abs. 2 S. 1 Nr. 2) oder um die Durchsetzung von Wohnungsverweisungen (Abs. 2 S. 2) geht.

Die Anordnung entsprechender polizeilicher Maßnahmen erfolgt grundsätzlich **durch das Amtsgericht** auf Antrag der Behördenleitung bzw. deren Vertretung (Behördenleiterprinzip, § 34c Abs. 6 S. 1 PolG). Lediglich bei Gefahr im Verzug kommt eine behördliche Anordnung in Betracht, wobei die gerichtliche Entscheidung in diesem Falle unverzüglich nachzuholen ist. Die **Höchstdauer** der Maßnahme wird in Abs. 8 S. 1 auf drei Monate festgelegt. Allerdings kommt eine Verlängerung um jeweils bis zu drei weitere Monate in Betracht, soweit die Anordnungsvoraussetzungen fortbestehen. Die Durchsetzung der Maßnahme kann mit den allgemeinen Mitteln des Verwaltungszwangs erfolgen. Das Gesetz hält ferner die Möglichkeit einer Ingewahrsamnahme offen (§ 35 Abs. 1 Nr. 6 PolG – hierzu oben Rn. 171 ff.). Zudem normiert § 34d PolG einen eigenen Straftatbestand für Zuwiderhandlungen gegen eine vollstreckbare bzw. vollziehbare Aufenthaltsüberwachung. Die im Zuge der Polizeirechtsreform des Jahres 2018 neu in das Gesetz eingefügte Standardermächtigung ist zunächst **bis zum 31.12.2023 befristet** (§ 34c Abs. 10 S. 2 PolG).

IV. Anhang

Literatur: *Anderheiden,* Videoüberwachung in der Fußgängerzone, JuS 2003, 438 ff.; *Becker/Ambrock,* Datenschutz in den Polizeigesetzen, JA 2011, 561 ff.; *Collin,* Die Videoüberwachung von Kriminalitätsschwerpunkten, JuS 2006, 494 ff.; *Froese,* Gefahrenabwehr durch typisierendes Vorgehen vs. Racial Profiling, DVBl. 2017, 293 ff.; *Glaser,* Die „neue Generation“ polizeirechtlicher Standardmaßnahmen, JURA 2009, 742 ff.; *Graf,* Verdachtsunabhängige Personenkontrollen, 2006; *Greve/von Lucius,* Überwachung entlassener gefährlicher Straftäter durch die Polizei, DÖV 2012, 97 ff.; *Gusy,* Gefahraufklärung zum Schutz der öffentlichen Sicherheit und Ordnung, JA 2011, 641 ff.; *ders.,* Polizeiliche Datenverarbeitung zur Gefahrenabwehr, ZJS 2012, 155 ff., *Lachenmann,* Einsatz von Bodycams durch Polizeibeamte, NVwZ 2017, 1424 ff., *Liebscher,* „Racial Profiling“ im Lichte des verfassungsrechtlichen Diskriminierungsverbotes, NJW 2016, 2779; *Lindner/Bast,* Die „elektronische Fußfessel“ als Instrument des Polizeirechts?, DVBl 2017, 290 ff.; *Maske,* Die Videoüberwachung von öffentlichen Plätzen, NVwZ 2001, 1248 ff.; *Meister,* Die gefahrenabwehrrechtliche Rasterfahndung, JA 2003, 83 ff.; *Payandeh,* Gefahrenabwehr gegen Bildaufnahmen von Polizeikräften, NVwZ 2013, 1458 ff.; *Pieper,* Grundstrukturen des verfassungsrechtlichen Datenschutzes – Zum Schutz personenbezogener Daten durch die Grundrechte des Grundgesetzes bei Maßnahmen der Gefahrenabwehr, JA 2018, 598 ff.; *Roggan,* Die Videoüberwachung von öffentlichen Plätzen, NVwZ 2001, 134 ff.; *Sachs/Krings,* Das Gesetz zur Änderung des PolG des Landes NRW, NWVBl. 2010, 165 ff.; *Schewe,* Das Ende der präventiven Rasterfahndung zur Terrorismusbekämpfung?, NVwZ 2007, 174 ff.; *Soiné,* Die Vertrauensperson im Polizeirecht, NJW 2020, 2850 ff.; *Thiel,* Sicherheitsgesetzgebung in Nordrhein-Westfalen, NWVBl. 2017, 50 ff.; *ders.,* Stärkung der Sicherheit in NRW – Demokratie „at its best“, GSZ 2019, 1 ff.; *Walter,* Die polizeiliche Anhalte- und Sichtkontrolle als strategische Fahndung, DVBl. 2019, 1238 ff. **229**

Klausurbearbeitung: *v. Achenbach/Farahat,* Dauerobservation, JuS 2017, 676 ff.; *Ferreau,* Hambi forever, JuS 2019, 785 ff.; *Kerkemeyer,* Bodycams, JuS 2020, 233 ff.; *Ogorek,* Im Auge des Betrachters, JuS 2013, 811 ff.; *Riegner/Schnitzer,* Fortgeschrittenenklausur Verwaltungsprozessrecht und Polizeirecht – Racial Profiling, JuS 2014, 1003 ff.; *Schneider/Olk,* Racial Profiling, JA 2018, 936 ff.

Kontrollfragen:

1. Was ist unter einer Befragung i. S. d. § 9 Abs. 2 PolG zu verstehen? Woraus ergibt sich deren imperativer Charakter?
2. Was ist unter einer Vorladung i. S. d. § 10 Abs. 1 PolG zu verstehen?
3. Ist die Durchführung einer Rasterfahndung gem. § 31 PolG auch durch die Ordnungsbehörde möglich?

4. Erklären Sie die Funktionsweise der sog. Quellen-TKÜ. In welches Grundrecht greift die diesbezügliche Eingriffsermächtigung ein?

K. Ordnungsbehördliche Verordnungen

230 Neben der Möglichkeit *konkret-individueller* (Einzelfall-)Maßnahmen bzw. *konkret-genereller* (Allgemein-)Verfügungen gewährt das Ordnungsbehördengesetz den Ordnungsbehörden in §§ 25 ff. OBG die Befugnis zum Erlass ordnungsbehördlicher Verordnungen. Hierbei handelt es sich um die exekutive Setzung *abstrakt-genereller* Normen (materieller Gesetze), die damit für eine **unbestimmte Vielzahl von Fällen** sowie eine **unbestimmte Vielzahl von Personen** gelten. Die verfassungsrechtliche Zulässigkeit einer solchen exekutiven Normsetzung durch die Ordnungsbehörden ergibt sich aus Art. 70 LV. Im Gegensatz zu Art. 80 GG, der allein die durch *Bundes*gesetz eingeräumte Verordnungsgebung betrifft, gestattet Art. 70 LV eine Verordnungsgebung nicht nur durch die Gubernative (Landesregierung/Ministerien, vgl. oben § 1 Rn. 138), sondern auch eine Normsetzung durch einzelne Behörden. Ihrem Wesen nach stellt die Verordnungsgebung eine „delegierte" Normsetzung dar, die folgerichtig einem **„Totalvorbehalt" des Gesetzes** unterworfen ist (Art. 70 Abs. 1 LV, hierzu oben § 1 Rn. 136). *Rechtspolitisch* betrachtet bildet die Verordnungsgebung nicht selten die Vorstufe zur parlamentsgesetzlichen Regelung der betreffenden Materien. Dies gilt auch und gerade für ordnungsbehördliche Verordnungen. So sind in der jüngeren Vergangenheit etwa die vormaligen ordnungsbehördlichen Verordnungen zum Leichenwesen und die Kampfhundeverordnung des Landes in parlamentsgesetzliche Regelungen, nämlich das Bestattungsgesetz NRW sowie das Hundegesetz NRW, überführt worden. Der Nutzen ordnungsbehördlicher Verordnungen besteht darin, dass mit ihnen Maßnahmen der Gefahrenabwehr losgelöst von einer Einzelfallbetrachtung durchgeführt und mittels sog. *„unselbständiger Verfügungen"* durchgesetzt werden können.

Beispiel: Lässt B während seiner Geburtstagsfeier eine sog. „Himmelslaterne" aufsteigen, kann – sofern keine gesetzliche Regelung besteht – gegen ihn ordnungsbehördlich nur vorgegangen werden, wenn eine konkrete Gefahr (z. B. Waldbrandgefahr) mit hinreichender Wahrscheinlichkeit belegbar ist. Ist durch eine (wirksame) ordnungsbehördliche Verordnung das Steigenlassen von „Himmelslaternen" verboten worden, bildet das Handeln des B bereits für sich genommen eine konkrete Gefahr (Unversehrtheit der objektiven Rechtsordnung). Es bedarf nicht mehr des Nachweises einer konkreten Waldbrandgefahr.

I. Zuständigkeitsfragen

231 Entsprechend der grundsätzlichen Zuständigkeitsverteilung zwischen Polizei- und Ordnungsbehörden steht die Befugnis zur Verordnungsgebung nach nordrhein-westfälischem Recht nur den „bürokratisch" agierenden Ordnungsbehörden, nicht aber der „vor Ort" tätigen Polizei zu. Genuine *„Polizeiverordnungen"* sind dem nordrhein-westfälischen Recht also unbekannt.

Beachte: An sonstige Stellen adressierte Sonderermächtigungen können sich allerdings aus speziellen (Fach-)Gesetzen ergeben, so etwa aus § 42 Abs. 5 WaffG, der die Landesregierungen ermächtigt, unter bestimmten, eng umgrenzten Voraussetzungen (anlassbezogen) durch Rechtsverordnung das Führen von Waffen auf bestimmten öffentlichen Straßen, Wegen oder Plätzen allgemein oder im Einzelfall zu beschränken oder zu verbieten. Zu erwähnen sind ferner die sog. „Sperrbezirksverordnungen" nach Art. 297 Abs. 1 EGStGB, mit denen die Landesregierung die Ausübung der Prostitution in bestimmten Bereichen einer Gemeinde untersagen kann. Gem. Art. 297 Abs. 2 EGStGB kann die Landesregierung diese Ermächtigung durch Rechtsverordnung auf die Bezirksregierungen übertragen.

Innerhalb des ordnungsbehördlichen „Instanzenzugs" liegt die Zuständigkeit für die Verordnungsgebung grundsätzlich bei den **Gemeinden** als den örtlichen Ordnungsbehörden bzw. deren Repräsentativorganen (Gemeinderat, § 27 Abs. 4 i. V. m. § 3 OBG). Die **Kreise** bzw. deren Repräsentativorgane (Kreistag) dürfen als Kreisordnungsbehörde Verordnungen nur erlassen, wenn eine einheitliche Regelung für den Kreis oder für Gebiete, die mehr als nur eine Gemeinde umfassen, geboten ist (§ 27 Abs. 3 OBG). Ist eine einheitliche Regelung für den gesamten Regierungsbezirk oder für Gebiete erforderlich, die mehr als einen Kreis oder eine kreisfreie Stadt umfassen, dürfen auch die **Bezirksregierungen** als Landesordnungsbehörden eine ordnungsbehördliche Verordnung erlassen (§ 27 Abs. 2 i. V. m. § 3 Abs. 2 OBG). Ist eine einheitliche Regelung für das ganze (Bundes-)Land oder für Landesteile geboten, die mehr als einen Regierungsbezirk umfassen, dürfen auch die **Landesministerien** ordnungsbehördliche Verordnungen erlassen (§ 26 Abs. 2 OBG). Zuständig ist grundsätzlich das Innenministerium. Innerhalb ihres Geschäftsbereiches können auch die jeweiligen Landesministerien „im Benehmen" mit dem Innenministerium ordnungsbehördliche Verordnungen erlassen. Das erforderliche *„Benehmen"* verlangt nicht notwendig ein *„Einvernehmen"*, sondern liegt bereits vor, wenn das Fachministerium das Innenministerium vorab kontaktiert bzw. informiert hat. Die von den Ministerien erlassenen Verordnungen sind entsprechend der wenig überzeugenden Bestimmung des § 26 Abs. 3 OBG unverzüglich dem Landtag vorzulegen und sind auf dessen Verlangen aufzuheben.

II. Form- und Verfahrensfragen

§ 30 OBG formuliert einen reichhaltigen Katalog formaler Voraussetzungen für die Abfassung einer ordnungsbehördlichen Verordnung. Erforderlich ist danach, dass die Verordnungen **232**

- eine Überschrift tragen, die ihren Inhalt kennzeichnet (Nr. 1);
- in der Überschrift als „Ordnungsbehördliche Verordnung" bezeichnet werden (Nr. 2);
- im Eingang auf die Bestimmungen des Gesetzes Bezug nehmen, auf Grund derer sie erlassen sind (Nr. 3);
- auf die Zustimmung der Stellen hinweisen, deren Zustimmung gesetzlich vorgeschrieben ist (Nr. 4);
- den örtlichen Geltungsbereich angeben (Nr. 5);
- das Datum angeben, unter dem sie erlassen sind (Nr. 6);
- die Behörde bezeichnen, die die Verordnung erlassen hat (Nr. 7).

Bei der Angabe der Ermächtigungsgrundlage (Nr. 3) sind sämtliche einschlägige Verordnungsermächtigungen zu bezeichnen. Einer Zuordnung der einzelnen Verordnungsbestimmungen zu den jeweiligen Ermächtigungsnormen bedarf es hier freilich nicht. Die Ermächtigungsnormen können auch in einer Präambel „vorangestellt" werden. Fehlt es an der Angabe der **Verordnungsermächtigung,** ist die Verordnung – ebenso wie bei sonstigen **Formverstößen – nichtig.** Dies gilt auch dann, wenn es eine Verordnungsermächtigung gibt (Bad.-Württ. VGH, NVwZ 1998, 764). Ein nachträgliches Außerkrafttreten der Verordnungsermächtigung bleibt für den Fortbestand der Verordnung dagegen ohne Belang. Zu beachten ist ferner, dass ordnungsbehördliche Verordnungen zu ihrem Inkrafttreten einer ordnungsgemäßen Verkündung (§ 33 Abs. 1 OBG) bedürfen. Dabei treten die Verordnungen grundsätzlich eine Woche nach dem Tage ihrer Verkündung in Kraft (§ 33 Abs. 2 S. 1 OBG). Gemäß § 32 Abs. 1 S. 2, 3 OBG bleibt die Geltungsdauer ordnungsbehördlicher Verordnungen schließlich auf maximal 20 Jahre beschränkt. Die maximale Geltungsdauer wird durch spätere Änderungen der Verordnung nicht tangiert bzw. verlängert. Auch die geänderten Bestimmungen unterliegen also dem Zeitablauf der ursprünglichen Regelung.

III. Materielle Rechtmäßigkeitsfragen

1. Die „abstrakte Gefahr"

233 Ähnlich wie die ordnungsbehördliche Generalklausel setzen die §§ 26f. OBG für verordnungsgeberische Maßnahmen eine *„Gefahr für die öffentliche Sicherheit oder Ordnung"* voraus. Allerdings verzichten die Ermächtigungsnormen hierbei notwendigerweise auf das Erfordernis einer *„im einzelnen Falle bestehende(n)"* Gefahr. Es geht also nicht um die Abwehr konkreter Gefahren, sondern um die Abwehr sog. *„abstrakter Gefahren"*. Diese abstrakten Gefahren unterscheiden sich von den konkreten Gefahren lediglich dadurch, dass ihnen ein **„hypothetischer" bzw. „gedachter" Sachverhalt** zugrunde liegt, bei dessen Eintritt mit hinreichender Wahrscheinlichkeit in absehbarer Zeit mit einem Schaden an den ordnungsbehördlichen Schutzgütern zu rechnen ist. Es geht mithin nicht um Variationen hinsichtlich des Grades der Wahrscheinlichkeit des Schadenseintritts, sondern allein um eine Änderung des Bezugspunktes der Gefahrenprognose bzw. um einen abweichenden Modus der Gefahrenermittlung.

Beispiel: Wenn der bissige Kampfhund des K frei umherläuft, stellt er im einzelnen Fall eine (konkrete) Gefahr für Menschen dar. Löst man sich von den konkreten Umständen des Einzelfalles, gilt gleichwohl, dass bissige Kampfhunde, die frei umherlaufen, eine (abstrakte) Gefahr für Menschen darstellen. Der konkreten Gefahrenlage entspricht die Einzelfallregelung durch Verwaltungsakt (§ 35 S. 1 VwVfG), der abstrakten Gefahrenlage das abstrakt-generelle Vorgehen mittels ordnungsbehördlicher Verordnung bzw. Parlamentsgesetz.

234 Umgekehrt bedeutet dies zugleich, dass der Verordnungsgeber nicht das Recht hat, Sachverhalte, die keine entsprechende Gefahrenprognose rechtfertigen, mit den Mitteln der ordnungsbehördlichen Verordnung zu bekämpfen. Dies gilt namentlich für die Bekämpfung bloßer *Belästigungen* etwa durch „stilles" Betteln oder den „friedlichen" Alkoholkonsum auf öffentlichen Straßen.

Beispiel: Die Ordnungsbehörde verbietet per Verordnung jede Form des Bettelns. Da zumindest das „stille Betteln" keine Störung der öffentlichen Sicherheit und Ordnung darstellt, findet die Maßnahme in § 27 OBG keine Grundlage und ist daher rechtswidrig bzw. nichtig (Fall nach Bad.-Württ. VGH, NVwZ 1999, 560; zur Thematik umfassend *Enzensperger,* NJW 2018, 3550ff.).

Parallele Fragen ergeben sich hinsichtlich der Zulässigkeit von Glasverboten, die sich nach der Rspr. im rheinischen Straßenkarneval auf eine tragfähige Gefahrenprognose stützen lassen (s. im Kontext von Allgemeinverfügungen OVG NRW, NVwZ 2012,

470, eingehend oben Rn. 61), nicht aber für Spaziergänge am Bodensee (BWVGH, VBlBW 2013, 12ff., eingehend oben Rn. 61). Virulent geworden ist die Problematik schließlich im Kontext der früheren „Kampfhundeverordnungen“. So hat namentlich das Bundesverwaltungsgericht die Tragfähigkeit einer auf bestimmte Hunderassen bezogenen Gefahrenprognose dezidiert verneint. Nach dieser durchaus streitbaren Rechtsprechung *„fehlt es (...) an ausreichenden Belegen für einen kausalen Zusammenhang zwischen Rassezugehörigkeit und Schadenseintritt und somit an einer abstrakten Gefahr auf Grund der Rassezugehörigkeit“* (BVerwG, NVwZ 2003, 95, 97). Ordnet man entsprechende Regelungen somit nicht mehr der Gefahren*abwehr,* sondern der bloßen Gefahren*vorsorge* zu, bedürfen staatliche Schutzmaßnahmen einer gesonderten formalgesetzlichen Grundlage. Diese hat der Landesgesetzgeber – unter Wahrung der Anforderungen des Art. 3 Abs. 1 GG – mit dem Erlass des Hundegesetzes NRW vom 18.12.2002 geschaffen. Die Bestimmungen des OBG bleiben neben dem Hundegesetz anwendbar, soweit das Hundegesetz nichts Abweichendes bestimmt (§ 15 Abs. 1 HundeG). Ergänzend zu den landesrechtlichen Regelungen beschränkt das (Bundes-)„Gesetz zur Beschränkung des Verbringens oder der Einfuhr gefährlicher Hunde in das Inland (Hundeverbringungs- und -einfuhrbeschränkungsgesetz – HundVerbrEinfG)“ die Einfuhr bestimmter gefährlicher Hunderassen in das Bundesgebiet.

Beachte: Im Geltungsbereich der forstrechtlichen Regelungen obliegt die Anordnung von zusätzlichen Anleinpflichten für Hunde (etwa auf Waldwegen) allein der zuständigen Forstbehörde als Sonderordnungsbehörde (§ 12 Abs. 1 OBG). Auch in Stadtwäldern fehlt es daher an einer Kompetenz der allgemeinen Ordnungsbehörden, über eine ordnungsbehördliche Verordnung allgemeine Anleinpflichten zu normieren (OVG NRW, BeckRS 2012, 53993).

2. Sonstige Rechtmäßigkeitsvoraussetzungen

Als abstrakt-generelle Variante der Gefahrenabwehr unterliegt die Verordnungsgebung ferner den allgemeinen Regelungen der **Störerverantwortlichkeit.** Der Verordnungsgeber darf also keine Personen in die Pflicht nehmen, deren Inanspruchnahme sich nicht durch die §§ 17–19 OBG rechtfertigen lässt. Ebendas wirft nicht nur im Hinblick auf Glasflaschenverbote in Verordnungsform schwierige Abgrenzungsprobleme auf (oben Rn. 61). 235

Beispiel: Die frühere „Leichenverordnung“ NRW nahm die Geschwister eines Verstorbenen für dessen Bestattung in Anspruch. Die vom Verordnungsgeber unterstellte (Handlungs-)Verantwortlichkeit der Geschwister ließe sich allenfalls unter dem Aspekt einer Verletzung ungeschriebener Sozialnormen (öffentliche Ordnung!) rechtfertigen (hierzu *Dietlein/Jochum,* NWVBl. 1998, 493; vgl. zu parallelen Fragen unter der Geltung des nordrhein-westfälischen Bestattungsgesetzes, das freilich nicht den engen Bindungen der Verordnungsgebung unterliegt, OVG NRW, BeckRS 2009, 40472; zu grundrechtlichen Schranken einer Inanspruchnahme von Angehörigen auch BVerfG, BeckRS 2016, 114173).

Ebenso wie bei Einzelfallmaßnahmen müssen die in einer Verordnung gewählten Gefahrenabwehrmaßnahmen eine **ordnungsgemäße Ermessensausübung** auf der Ebene des Entschließungs-, Störerauswahl- und Handlungsermessens erkennen lassen. Bei der Prüfung des Handlungsermessens sind die Geeignetheit, Erforderlichkeit und Zumutbarkeit der Maßnahme gesondert zu untersuchen.

Beispiel: Der Rat des Kurortes K ordnet mit Rücksicht auf den Tourismus einen ganzjährigen und auf das gesamte Gemeindegebiet bezogenen Leinenzwang für Hunde an. Die Verordnung ist unverhältnismäßig, da weder die zeitliche Erstreckung des Leinenzwangs auf die besucherarmen Wintermonate noch die räumliche Erstreckung der Pflicht auf das gesamte Gemeindegebiet für erforderlich erachtet werden können (OVG Lüneburg, NuR 1993, 38).

Zu beachten ist ferner, dass die Inhalte einer ordnungsbehördlichen Verordnung nicht gegen höherrangiges Recht verstoßen dürfen *(Vorrang des Gesetzes)*, nicht mit Bundesrecht kollidieren dürfen (Art. 31 GG) sowie ferner Verordnungen höherer Behörden zu beachten haben (§ 28 OBG). Zu wahren sind hierbei namentlich die Grundrechte der Bundes- bzw. der Landesverfassung, ggf. aber auch sog. „Staatszielbestimmungen" (Bad.-Württ. VGH, NVwZ-RR 2006, 398: Taubenfütterungsverbot und Art. 20a GG). Die **Bestimmtheit** als weiteres materielles Rechtmäßigkeitskriterium (§ 29 Abs. 1 S. 1 OBG) ist etwa zu verneinen, wenn eine ordnungsbehördliche Verordnung die untersagte Handlung nicht präzise beschreibt (z. B. durch das Verbot, sich *„nach Art eines Landstreichers"* im Gemeindegebiet zu bewegen, vgl. Bad.-Württ. VGH, NJW 1984, 507) oder aber den räumlichen Geltungsbereich der Verordnung nicht exakt festlegt (zu unbestimmt etwa: *„auf dem Marktplatz und in der näheren Umgebung des Marktes"*).

Verstöße gegen die materiellen Rechtmäßigkeitsvoraussetzungen der Verordnungsgebung führen, ebenso wie formale Mängel, zur Nichtigkeit der Verordnung. Nicht abschließend geklärt ist, ob die Behörde eine für nichtig erachtete Verordnung ohne Weiteres außer Acht lassen darf (einschränkend OVG NRW, NuR 2006, 191).

236 In der Zusammenschau stellt sich das Prüfungsschema für die Rechtmäßigkeit einer ordnungsbehördlichen Verordnung wie folgt dar:

Abb. 7: Das Prüfungsschema für die ordnungsbehördliche Verordnung

1. Verordnungsermächtigung – §§ 26, 27 OBG – Verfassungsrechtliche Legitimation durch Art. 70 LV *(„Totalvorbehalt" des Gesetzes)*
2. Formelle Rechtmäßigkeit der Verordnung a) Zuständigkeit (§§ 26, 27) b) Form (§ 30) – Überschrift „Ordnungsbehördliche Verordnung" – Überschrift muss Inhalt kennzeichnen – Bezugnahme auf Verordnungs-Ermächtigung – Nennung der zustimmenden Behörden – Angabe des örtlichen Geltungsbereichs – Angabe des Erlass- bzw. Ausfertigungsdatums – Nennung der Erlassbehörde c) Ordnungsgemäße Verkündung (§ 33)
3. Materielle Rechtmäßigkeit der Verordnung a) („Abstrakte") Gefahr für die öffentliche Sicherheit oder Ordnung – Potentielle Betroffenheit ordnungsbehördlicher Schutzgüter – Ordnungsgemäße Gefahreneinschätzung b) Verantwortlichkeit der Verpflichteten – Verhaltensverantwortlichkeit – Zustandsverantwortlichkeit – Polizeilicher Notstand

c) Fehlerfreie Ermessensausübung
   – Entschließungsermessen
   – Störerauswahlermessen
   – Handlungsermessen (Verhältnismäßigkeit, Wahrung der Grundrechte)
d) Wahrung des Bestimmtheitsgebotes (§ 29 Abs. 1 S. 1 OBG)
e) Kein Verstoß gegen höherrangiges Recht (hier insbes. § 28 OBG)

Soweit eine ordnungsbehördliche Verordnung des behördlichen Vollzugs durch Verwaltungsakt bedarf, wird die Rechtmäßigkeit der Verordnung im Rahmen der Anfechtungsklage gegen den Vollzugsakt „inzident" mit geprüft (inzidente Normenkontrolle). Im einstweiligen Rechtsschutz steht hierzu das Aussetzungsverfahren nach § 80 Abs. 5 VwGO zur Verfügung. Für die ab dem 1.1.2019 bekannt gemachten Verordnungen steht gemäß § 109a JustG NRW (hierzu § 5 Rn. 14a) nunmehr auch das oberverwaltungsgerichtliche Normenkontrollverfahren nach § 47 Abs. 1 Nr. 2 VwGO zur Verfügung. Für nicht gesondert vollzugsbedürftige ordnungsbehördliche Verordnungen, die vor dem 1.1.2019 bekannt gemacht worden sind, bleibt den von der Verordnung Betroffenen dagegen auch weiterhin nur der komplizierte Weg der „inzidenten Normenkontrolle" im Rahmen einer verwaltungsgerichtlichen Feststellungsklage. Hierbei bleiben die Wirkungen einer erfolgreichen Feststellungsklage – da die Gültigkeit der Rechtsnorm in diesen Verfahren prozessual gesehen nur eine „Vorfrage" ist und nicht in Rechtskraft erwächst – auf den konkreten Streit beschränkt, ohne dass ein Verbot der weiteren behördlichen Anwendung der beanstandeten Verordnung in künftigen oder anderen Fällen erreicht werden könnte. Wiederholt ein Verwaltungsakt eine in der ordnungsbehördlichen Verordnung bereits verbindlich vorgegebene Handlungsanweisung, wird regelmäßig ein paralleles Vorgehen gegen Verordnung und Verwaltungsakt angezeigt sein (*Dietlein/Hellermann*, Klausurenbuch ÖffR in NRW, Fall 17). **236a**

IV. Anhang

Literatur: *Faßbender*, Alkoholverbote durch Polizeiverordnung: per se rechtswidrig?, NVwZ 2009, 563 ff.; *Kremer*, Verbot von Alkoholkonsum in der Öffentlichkeit, JuS 2012, 431 ff.; *Marsch*, Ende einer kurzen Renaissance der Polizeiverordnung in Baden-Württemberg, VBlBW 2013, 15 ff.; *Schoch*, Behördliche Untersagung „unerwünschten Verhaltens" im öffentlichen Raum, JURA 2012, 848 ff.; *ders.*, Verordnungen zur Gefahrenabwehr, JURA 2005, 600 ff. **237**

Klausurbearbeitung: *Albers/Roetting*, Gefahrenvorsorge gegen Kampfhunde, JURA 2007, 218 ff.; *Böhm/Hagebölling*, Das Taubenfütterungsverbot, JA 2014, 759 ff.; *Dietlein/Hellermann*, „Hunde an die Leine", in: Klausurenbuch Öffentliches Recht in NRW, 3. Aufl. 2021, Fall 17.

Kontrollfragen:

1. Was ist eine ordnungsbehördliche Verordnung? Woraus ergibt sich ihre verfassungsrechtliche Zulässigkeit?
2. Worin besteht der Nutzen einer ordnungsbehördlichen Verordnung?
3. Worin unterscheidet sich die „abstrakte" von der „konkreten" Gefahr?

L. Grundlagen des Verwaltungszwangs

I. Allgemeines

Das Polizei- und Ordnungsrecht basiert auf der Grundidee einer zumindest grundsätzlichen **Zweiteilung** zwischen den „verhaltenssteuernden" polizei- und ordnungsbe- **238** hördlichen **„Grundverfügungen“** (Auferlegung eines Tuns, Duldens oder Unterlassens) einerseits sowie den darauf bezogenen Vollstreckungs- bzw. **Verwaltungszwangsmaßnahmen** andererseits (zu den Sonderfällen von *„self-executing“*-Standardmaßnahmen aber z.B. Rn. 171, 183 und 198). Während dem Bürger durch die Grundverfügung ein bestimmtes Tun, Dulden oder Unterlassen als Verhaltenspflicht *auferlegt* wird (s. Rn. 252), geht es im Verwaltungsvollstreckungs- bzw. Verwaltungszwangsverfahren um die zwangsweise *Durchsetzung* eben jener Verhaltenspflicht. Das Verwaltungszwangsrecht wird somit insbesondere dort virulent, wo der Bürger den Gehorsam gegenüber polizeilichen Anordnungen verweigert, aber auch dort, wo ein unmittelbares Zugreifen der Polizei aus zeitlichen Gründen notwendig wird (sog. „sofortiger Vollzug“ von Gefahrenabwehrmaßnahmen – hierzu unten Rn. 254f.).

1. Vorbehalt des Gesetzes

239 Als selbständige Bausteine des Gefahrenabwehrrechts unterliegen Maßnahmen des Verwaltungszwanges uneingeschränkt dem **Vorbehalt des Gesetzes.** Entsprechend der Grundidee einer Zweiteilung zwischen Grundverfügung und Verwaltungszwang vermitteln also zumal die auf den Erlass der Grundverfügung bezogenen Ermächtigungsnormen keine gleichzeitige Rechtsgrundlage für deren zwangsweise Durchsetzung durch den Einsatz von Verwaltungszwangsmaßnahmen. Dies gilt umso mehr, als Zwangsmaßnahmen im Einzelfall auch ohne den vorherigen Erlass einer Grundverfügung denkbar sind (hierzu unten Rn. 254f.). Sämtliche Maßnahmen des Verwaltungszwanges bedürfen somit einer eigenständigen parlamentsgesetzlichen Grundlage und sind selbständig auf ihre formelle und materielle Rechtmäßigkeit hin zu untersuchen (hierzu unten Rn. 253). Die entsprechenden Rechtsgrundlagen für Verwaltungsvollstreckungsmaßnahmen nordrhein-westfälischer Behörden finden sich grundsätzlich in den §§ 55ff. des Verwaltungsvollstreckungsgesetzes NRW (VwVG). Für Zwangsmaßnahmen der Polizei kodifiziert das Polizeigesetz seit dem Jahre 1980 ein eigenständiges (spezielleres) Vollstreckungsrecht in den §§ 50ff. des Gesetzes. Die Regelungsvorgaben der §§ 50ff. PolG einerseits sowie der §§ 55ff. VwVG andererseits sind in den Grundzügen parallel gestaltet, weichen gleichwohl im Detail nicht unerheblich voneinander ab (hierzu unten Rn. 246ff.). Eine präzise Subsumtion des jeweiligen Sachverhaltes unter die einschlägigen Normen ist daher unabdingbar.

2. Trennung von Verwaltungszwang und Sanktion

240 Der Sache nach müssen Maßnahmen des Verwaltungszwanges stets auf die **Durchsetzung von Gefahrenabwehrmaßnahmen** gerichtet sein, mithin gefahrenpräventiven Charakter aufweisen. Maßnahmen der Verwaltungsvollstreckung sind **Beugemittel** zur Durchsetzung von Rechtspflichten. Sie bieten keine Grundlage für die (repressive) „Bestrafung“ des Bürgers. Zwangsmaßnahmen sind folgerichtig einzustellen, sobald der Betroffene die gebotene Handlung ausführt bzw. die zu duldende Handlung gestattet oder aber die Erfüllung der zu erzwingenden Handlung aus sonstigen Gründen unmöglich geworden ist (z.B. § 65 Abs. 3 VwVG, § 52 Abs. 2 S. 3 PolG). Ein gleichwohl fortgeführtes Vollstreckungsverfahren wäre schon deshalb unverhältnismäßig und daher rechtswidrig, weil die betreffende Maßnahme nicht (mehr) geeignet wäre, den (verwirklichten oder unerreichbaren) Zweck der Durchsetzung der Grundverfügung zu erreichen. Umgekehrt unterliegen Maßnahmen der Verwaltungsvollstreckung nicht dem strafrechtlichen Verbot des *„ne bis in idem“*, so dass sie *„beliebig oft wiederholt werden“* können (vgl. § 57 Abs. 3 S. 1, § 60 Abs. 1 S. 3 VwVG bzw. § 51 Abs. 3 S. 1 PolG). Dabei wird man die erneute Androhung eines Zwangsmittels bereits nach erkennbarer Wirkungslosigkeit der vorangegangenen Zwangsmittelandrohung für zulässig erachten müssen, ohne dass das zunächst angedrohte Zwangsmittel zuvor festgesetzt und angewendet wird (s. Hess. VGH, NVwZ-RR 1996, 361). Probleme bereitet die Trennung von Prävention und Sanktion freilich bei der **Durchsetzung von Unterlassungsverfügungen.** Das Problem ergibt sich dort, wo der Adressat einer Unterlassungsverfügung „endgültig" und „umfassend" gegen die auferlegten Unterlassungspflichten verstoßen hat.

Beispiel: Die Behörde hat dem R das Schreddern von Asbestplatten verboten und ein Zwangsgeld in Höhe von 5.000 Euro für den Fall der Zuwiderhandlung angedroht. Da R das ihm untersagte Verhalten fortsetzt, wird gegen ihn das Zwangsgeld festgesetzt. Noch bevor das Zwangsgeld beigetrieben wird, stellen die Beamten fest, dass R sämtliche Platten geschreddert hat. Der Festsetzung und Beitreibung des Zwangsgeldes hält R entgegen, dass die Fortsetzung des Verwaltungszwangsverfahrens rechtswidrig geworden sei, nachdem alle Platten geschreddert worden seien. Schließlich gebe es nichts mehr durchzusetzen. Die geplante Beitreibung des Zwangsgeldes sei nichts anderes als eine repressive und damit vollstreckungsrechtlich unzulässige Sanktionierung.

Formal gesehen hat die Unterlassungsverfügung ihr Bezugsobjekt und damit auch ihren primären Grund verloren, so dass das Verfahren schon mangels Geeignetheit weiterer Vollzugsmaßnahmen im Normalfall einzustellen wäre. Denn nach der irreversiblen und vollständigen Missachtung der Verfügung gibt es behördlicherseits nichts mehr durchzusetzen. Umgekehrt gilt aber auch, dass eine sofortige Beendigung des Vollstreckungsverfahrens im Falle eines irreversiblen Verstoßes gegen eine Unterlassungspflicht die verlässliche Durchsetzbarkeit von Unterlassungspflichten unmöglich machen und gerade dazu anreizen würde, einer Unterlassungsverfügung möglichst schnell umfassend und endgültig zuwider zu handeln. Um dieses widersinnige Ergebnis zu vermeiden, hat der nordrhein-westfälische Gesetzgeber festgelegt, dass die Beitreibung eines festgesetzten Zwangsgeldes grundsätzlich auch dort möglich sein soll, wo einer Duldungs- oder Unterlassungspflicht zuwider gehandelt worden ist, deren Erfüllung durch die Androhung des Zwangsgeldes erreicht werden sollte (§ 60 Abs. 3 S. 2 i. V. m. § 65 Abs. 3 lit. c VwVG sowie § 53 Abs. 3 S. 3 PolG). Dies gilt, wie § 53 Abs. 3 S. 3 Hs. 2 PolG zu entnehmen ist, auch dann, wenn *„weitere Zuwiderhandlungen nicht mehr zu befürchten (sind)"*.

Beachte: Soweit der „Anwendung" bzw. „Beitreibung" des Zwangsgelds eine gesonderte „Festsetzung" vorangehen muss (§ 64 S. 1 i. V. m. § 60 Abs. 1 S. 1 VwVG bzw. § 53 Abs. 1 PolG; vgl. hierzu unten Rn. 248 ff.), wird man ungeachtet der missverständlichen Formulierung des § 60 Abs. 3 S. 2 VwVG bzw. § 53 Abs. 3 PolG auch insoweit eine nachträgliche Festsetzung für zulässig erachten müssen (vgl. hierzu auch die Formulierung des § 60 Abs. 3 S. 2 Hs. 2 VwVG, wo von der Beitreibung des angedrohten Zwangsgelds die Rede ist; ebenso § 53 Abs. 3 S. 3 Hs. 1 PolG; im Erg. ebenso OVG NRW, BeckRS 2012, 47641).

Mit dem endgültigen Verstoß gegen eine Unterlassungsverfügung tritt damit auch keine Erledigung des (Grund-)Verwaltungsakts im Sinne des § 43 Abs. 2 VwVfG ein. Vielmehr wirkt der Verwaltungsakt insofern fort, als er Grundlage für die Festsetzung und Beitreibung des Zwangsgeldes bleibt. Ungeachtet der fortdauernden Vollstreckungsmöglichkeiten ist in Fällen besonderer Härte von der Beitreibung des Zwangsgeldes abzusehen (§ 53 Abs. 3 S. 3 Hs. 2 PolG bzw. § 60 Abs. 3 S. 2 Hs. 3 VwVG).

II. Die Zwangsmittel

241 Sowohl das Polizeigesetz als auch das Verwaltungsvollstreckungsgesetz kennen **drei Arten von Zwangsmitteln:** das **Zwangsgeld** (mit Ersatzzwangshaft), die **Ersatzvornahme** sowie den **unmittelbaren Zwang.** Es handelt sich hierbei um einen abschließenden Katalog von Zwangsmitteln, wobei der unmittelbare Zwang lediglich subsidiär als *ultima ratio* Anwendung findet (§ 62 Abs. 1 S. 1 VwVG bzw. § 55 Abs. 1 S. 1 PolG). Soweit das Polizeigesetz darüber hinaus die Durchsetzung bestimmter Grundverfügungen wie etwa der Platz- oder Wohnungsverweisung auch über das Mittel der Ingewahrsamnahme vorsieht (§ 35 Abs. 1 Nr. 3 und 4 PolG), handelt es sich hierbei nicht um Verwaltungszwangsmaßnahmen i. S. d. §§ 50 ff. PolG bzw. §§ 55 ff. VwVG. Auch wenn daher die zur Durchsetzung der Platz- oder Wohnungsverweisung eingesetzte Standardmaßnahme der Ingewahrsamnahme unbestreitbar eine nicht unerhebliche „Zwangswirkung" zu Lasten des betroffenen Bürgers entfaltet, finden die besonderen Vorschriften des Verwaltungszwangsverfahrens (einschl. des § 28 Abs. 2 Nr. 5 VwVfG sowie des § 112 JustG – s. unten § 5 Rn. 21) insoweit keine Anwendung.

Im Einzelnen stellen sich die gesetzlichen Zwangsmittel wie folgt dar:

1. Zwangsgeld und Ersatzzwangshaft

242 Das **Zwangsgeld** (§ 60 VwVG bzw. § 53 PolG) sowie die Ersatzzwangshaft (§ 61 VwVG bzw. § 54 PolG) bilden klassische Instrumente der Willensbeugung *(„vis compulsiva")*. Sie können zur Durchsetzung sowohl vertretbarer als auch unvertretbarer *(höchstpersönlicher)* Handlungen eingesetzt werden, einschließlich der Durchsetzung höchstpersönlicher Pflichten in Gestalt der Abgabe einer Willenserklärung (OLG Celle, NVwZ-RR 2017, 922; vgl. für NRW aber auch § 61 VwVG). Das Verwaltungsvollstreckungsgesetz gestattet die Verhängung von Zwangsgeldern bis zu einer Höhe von 100.000 Euro, wobei das Zwangsmittel *„beliebig oft wiederholt werden"* kann (§ 60 Abs. 1 VwVG). „Bescheidener" zeigt sich insoweit das Polizeigesetz, das Zwangsgelder bis zu einer Höhe von 2.500 Euro zulässt (§ 53 Abs. 1 PolG). In den unterschiedlichen Beträgen spiegelt sich die unterschiedliche Bedeutung des Zwangsgeldes für die ordnungsbehördliche und polizeiliche Praxis wider. So wird die „vor Ort" tätige Polizei vergleichsweise selten auf das Zwangsmittel des Zwangsgeldes zurückgreifen. Ist ein verhängtes Zwangsgeld uneinbringlich und der Pflichtige bei der Androhung des Zwangsgeldes auf die Möglichkeit der Ersatzzwangshaft hingewiesen worden, kann das Verwaltungsgericht auf Antrag die **Ersatzzwangshaft** anordnen (§ 54 PolG bzw. § 61 VwVG). Auch die Ersatzzwangshaft ist – anders als die Strafhaft – kein Instrument der Sanktion, sondern ein Instrument der Willensbeugung und soll einem Leerlaufen der Zwangsgeldandrohung entgegenwirken. Sie ist auszusetzen, sobald die betroffene Person die gebotene Handlung ausführt oder die zu duldende Maßnahme gestattet. Eine Ausnahme ergibt sich gem. § 61 i. V. m. § 60 Abs. 3 S. 2 VwVG bzw. § 54 i. V. m. § 53 Abs. 3 S. 3 PolG für die Durchsetzung von Unterlassungspflichten. So bleibt hier – ebenso wie bei der Beitreibung des Zwangsgeldes (oben Rn. 240) – die Fortführung der Ersatzzwangshaft theoretisch auch dann möglich, wenn ein weiterer Verstoß gegen die Grundverfügung (z. B. ein Aufenthaltsverbot) wegen Zeitablaufs oder aus anderen Gründen nicht mehr möglich ist (so zu Recht *Bertrams,* NWVBl. 2003, 289, 294). Zu beachten bleibt freilich, dass die Ersatzzwangshaft einen äußerst schwerwiegenden Eingriff in die persönliche Bewegungsfreiheit des Vollstreckungsschuldners darstellt (Art. 2 Abs. 2 S. 2 i. V. m. Art. 104 Abs. 2 GG) und daher als Beugemittel nach dem zeitlichen Ablauf einer

Maßnahme (z. B. eines Aufenthaltsverbotes) aus Gründen der Verhältnismäßigkeit nur noch ausnahmsweise, etwa zum Schutz von Leben und Gesundheit Dritter, in Betracht kommt. Die Rechtsprechung akzeptiert in diesem Sinne die nachträgliche Ersatzzwangshaft zur Durchsetzung von Aufenthaltsverboten etwa gegenüber Drogenhändlern, nicht aber gegenüber Drogenkonsumenten (OVG NRW, NVwZ-RR 2009, 516). Zu beachten ist, dass das VwVG für die Abgabe von *„Erklärungen bestimmten Inhalts"* eine Abgabefiktion vorsieht, die an die Unanfechtbarkeit eines zu Abgabe der Erklärung verpflichtenden Verwaltungsakts anknüpft (§ 61a Abs. 1 VwVG). In Fällen dieser Art entfällt damit die Notwendigkeit und Berechtigung für Zwangsmaßnahmen.

2. Ersatzvornahme

Die Ersatzvornahme (§ 59 VwVG bzw. § 52 PolG) bedeutet die Durchsetzung einer auferlegten Handlungspflicht im Wege polizei- oder ordnungsbehördlicher Selbstvornahme (einschließlich beauftragter „Fremdvornahme"). Ihr „Zwangscharakter" ergibt sich zum einen aus der einseitig-autoritativen Durchsetzung der auferlegten Handlungspflicht, zum anderen und vor allem aber aus der dem Handlungspflichtigen aufzuerlegenden Kostenlast *(„auf Kosten des Betroffenen")*. Die Ersatzvornahme findet ihrem Wesen nach nur dort Raum, wo es um *„vertretbare Handlungen"* wie etwa das Ausheben kontaminierten Erdreiches o. Ä. geht. Höchstpersönliche Pflichten wie etwa Impfpflichten oder die Pflicht zur Duldung einer körperlichen Untersuchung können nicht im Wege der Ersatzvornahme durchgesetzt werden. Handlungen, die der Betroffene – etwa aufgrund mangelnder Fertigkeiten – zwar nicht selbst durchführen, indes durch Dritte durchführen lassen kann, bleiben gleichwohl „vertretbare Handlungen". Wesentlich für das Vorliegen einer Ersatzvornahme ist die **vollständige Deckungsgleichheit** von auferlegter und tatsächlich durchgesetzter **Handlung** (sog. Identitätslehre). Die bloße Gleichheit „im Erfolg" reicht also nicht hin. 243

Beispiel: In der Wohnung des W befindet sich ein jugendlicher „Ausreißer". Um den Jugendlichen in Gewahrsam zu nehmen (§ 35 Abs. 2 PolG), fordert die Polizei den W auf, die Haustüre zu öffnen. Da W sich weigert, bricht die Polizei die Türe auf. Es liegt keine Ersatzvornahme vor, da W lediglich zur Öffnung, nicht zur Zerstörung der Türe verpflichtet war. Hier handelte es sich um eine Maßnahme des unmittelbaren Zwanges (str., s. unten Rn. 244).

Neben der Befugnis zur Durchführung der Ersatzvornahme gewährt das Gesetz den Behörden die Möglichkeit, den Betroffenen im Voraus für die Kosten der Maßnahme in Anspruch zu nehmen. Obgleich nicht selbst Teil der Vollstreckung (unten Rn. 259), muss auch diese Kostenbeitreibung ausgesetzt werden, sobald der Betroffene die gebotene Handlung ausführt (§ 59 Abs. 2 S. 3 VwVG bzw. § 52 Abs. 2 S. 3 PolG). Wird die dem Vollstreckungsschuldner auferlegte Maßnahme im Wege der Ersatzvornahme durchgeführt, hat dies nicht ohne Weiteres die Erledigung der Grundverfügung nach § 43 Abs. 2 VwVfG zur Folge. Denn die Grundverfügung behält weiterhin Bedeutung für die kostenrechtliche Abwicklung der Ersatzvornahme. Denn in Rechnung gestellt werden kann nur die rechtmäßige Amtshandlung (§ 77 Abs. 1 S. 1 VwVG). Rechtmäßig war die Amtshandlung aber nur, wenn sie auf eine wirksame Verfügung gestützt war. Umgekehrt bedeutet dies, dass der Vollstreckungsschuldner einer Ersatzvornahme auch nachträglich durch Anfechtung einer noch nicht bestandskräftigen Grundverfügung (rückwirkend!) die Grundlage entziehen kann, wodurch dann zugleich der Kostenerstattungsanspruch aus § 77 VwVG (hierzu unten Rn. 259 ff.) blockiert wird.

Beispiel: Die Behörde hat den E durch sofort vollziehbare Ordnungsverfügung und unter Androhung der Ersatzvornahme verpflichtet, Schlachtabfälle zu entsorgen, die von einem Unbekannten in einem Waldgrundstück des E abgelegt wurden. Nach Weigerung des E führt die Behörde die Maßnahme in einem ordnungsgemäßen Verfahren selbst durch. Soweit die Grundverfügung noch nicht bestandskräftig geworden ist, kann E auch noch nach Durchführung der Ersatzvornahme gegen die Grundverfügung Anfechtungsklage erheben. Insbesondere ist keine Erledigung nach § 43 Abs. 2 VwVfG eingetreten, da die Grundverfügung im Rahmen der kostenrechtlichen Abwicklung notwendige Voraussetzung für das Vorliegen einer (rechtmäßigen) „Amtshandlung nach diesem Gesetz" bleibt (§ 77 VwVG). Soweit die Anfechtungsklage gegen die Grundverfügung Erfolg hat (fehlende Verantwortlichkeit des E, s. oben Rn. 95), entzieht dies der Vollstreckungsmaßnahme sowie zugleich dem Kostenerstattungsanspruch die rechtliche Grundlage (Fall nach OVG NRW, NWVBl. 2007, 26).

3. Unmittelbarer Zwang

244 Als letzte Möglichkeit *(ultima ratio, s. § 62 VwVG bzw. § 55 PolG)* zur Durchsetzung von Verfügungen sehen die Gesetze das Zwangsmittel des **„unmittelbaren Zwangs"** vor (§§ 66 ff. VwVG bzw. §§ 57 ff. PolG). Der unmittelbare Zwang wird in § 67 Abs. 1 VwVG sowie in § 58 Abs. 1 PolG legaldefiniert als *„Einwirkung auf Personen oder Sachen durch körperliche Gewalt, ihre Hilfsmittel und durch Waffen"*. Konkrete Anwendungsfälle sind etwa das Einschlagen von Türen und Fenstern, der Einsatz von Diensthunden, Wasserwerfern oder die Festsetzung und Fesselung von Personen, die gewaltsamen Widerstand gegen polizeiliche Maßnahmen leisten. Unmittelbarer Zwang darf nur eingesetzt werden, *„wenn andere Zwangsmittel nicht in Betracht kommen oder keinen Erfolg versprechen oder unzweckmäßig sind"* (§ 62 Abs. 1 S. 1 VwVG bzw. § 55 Abs. 1 S. 1 PolG). Die denkbaren „Hilfsmittel" unmittelbaren Zwanges werden in § 58 Abs. 3 PolG bzw. § 67 Abs. 3 VwVG nicht abschließend und nur in Form von Regelbeispielen aufgelistet. Als abschließend ist dagegen der in § 58 Abs. 4 PolG bzw. § 67 Abs. 4 VwVG aufgeführte Katalog an Waffen anzusehen. Die Anwendung unmittelbaren Zwangs unterliegt strengen Verhältnismäßigkeitsanforderungen, deren Wahrung zunehmend in den Fokus der Öffentlichkeit tritt.

Insbesondere seit dem gewaltsamen Tod des US-Amerikaners *George Floyd* im Rahmen eines offensichtlich unverhältnismäßigen Polizeieinsatzes im Mai 2020 im US-Bundesstaat Minnesota wird das Thema **„Polizeigewalt"** auch in Deutschland diskutiert, hierbei namentlich auch die Frage der zulässigen Einsatztechniken bei der Fixierung von Widerstand leistenden Personen. Nach der geltenden Erlasslage (VVPolG NRW – RdErl. vom 19.12.2003 – 44.1-2001, Nr. 62.02) ist bei fixierenden Maßnahmen *„darauf zu achten, dass gesundheitliche Schäden (...) nicht eintreten"*. Dies bedeutet, dass eine Fixierung durch Knien auf dem Hals, wie sie im Rahmen des Einsatzes in Minnesota erfolgte, als unverhältnismäßig und damit rechtswidrig einzustufen wäre. Dagegen wird das Fixieren des (seitlich liegenden) Knochenschädels auch mit Knie und Schienbein unter bestimmten, allerdings sehr engen Voraussetzungen (keinesfalls mit vollem Körpergewicht!) als zulässig angesehen, etwa um ein Spucken, Beißen oder gezielte Selbstverletzungen eines hochgradig aggressiven Störers zu verhindern. Kritisch zu betrachten ist die sog. „Bauchfesselung", bei der der Beamte auf dem Rücken des Gefesselten kniet und die aufgrund drohender Lungenstauchung allenfalls höchst kurzfristig zulässig sein kann, etwa um Handschellen anzulegen.

Als schwerwiegendsten Eingriff in die Rechte der Bürger regeln die §§ 63 ff. PolG den **Schusswaffeneinsatz** gegen Personen. Nach langjährigen Beratungen findet sich zwischenzeitlich auch in Nordrhein-Westfalen eine ausdrückliche Regelung des **gezielten Todesschusses** (sog. *„finalen Rettungsschusses"*), also der zielgerichteten Tötung eines Handlungsverantwortlichen in § 63 Abs. 2 S. 2 PolG. Er ist nur zulässig, *„wenn er das einzige Mittel zur Abwehr einer gegenwärtigen Lebensgefahr oder der gegenwärtigen Gefahr einer schwerwiegenden Verletzung der körperlichen Unversehrtheit ist“*. In der Sache dürfte sich hieraus freilich keine Änderung der Rechtslage ergeben, da schon zuvor die Regelung des § 63 Abs. 2 S. 1 PolG von der h. M. als hinreichende Rechtsgrundlage für den gezielten Todesschuss angesehen wurde, zumal § 7 PolG parallel hierzu das Grundrecht auf Leben (Art. 2 Abs. 2 S. 1 GG) schon bislang als eingeschränktes Grundrecht zitierte.

Auch verfassungsrechtlich dürfte die grundsätzliche Zulässigkeit des gezielten Todesschusses als **ultima ratio des Polizeirechts** in der Sache geklärt sein; dies jedenfalls insoweit, als durch den Schusswaffeneinsatz nicht zugleich unschuldige Dritte ihr Leben verlieren (BVerfG, NJW 2006, 751, Rz. 141 und 150 – vgl. zum Ausschluss einer Gefährdung Dritter § 63 Abs. 4 PolG). Art. 102 GG findet mangels Strafcharakters des gezielten Todesschusses keine Anwendung auf präventivpolizeiliche Maßnahmen. Auch das Tötungsverbot des Art. 2 Abs. 2 EMRK steht der Regelung eines tödlich wirkenden Schusswaffeneinsatzes im Rahmen polizeilicher Operationen nicht entgegen, soweit dieser Einsatz – wie hier – vom staatlichen Recht zugelassen wird und zugleich angemessene Garantien gegen Willkür und den Missbrauch von Gewalt sowie hinreichende Schutzvorkehrungen gegen vermeidbare Unfälle bestehen (EGMR, NJW 2005, 3405).

In tatbestandlicher Hinsicht kann die Feststellung der nach § 63 Abs. 2 S. 2 PolG erforderlichen gegenwärtigen Lebensgefahr bzw. Gefahr einer schwerwiegenden Verletzung der körperlichen Unversehrtheit dagegen durchaus schwierige Probleme aufwerfen. So wird selbst im Falle einer Geiselnahme ein entsprechender Schädigungsvorsatz des Geiselnehmers jedenfalls nicht eo ipso unterstellt werden können. Anderes gilt selbstverständlich, sobald es bereits zu Übergriffen auf Dritte gekommen ist („Amoklauf“). § 63 Abs. 3 PolG schränkt den Schusswaffeneinsatz gegen Personen, die dem äußeren Eindruck nach noch nicht 14 Jahre alt sind, ein, schließt ihn aber nicht vollständig aus.

Beachte: Den Dienstkräften der Ordnungsbehörden ist der Einsatz von Schusswaffen im Rahmen der Anwendung unmittelbaren Zwangs untersagt, soweit nicht eine besondere gesetzliche Ermächtigung vorliegt (§ 68 Abs. 4 i. V. m. § 74 S. 1 VwVG). Dies gilt auch im Hinblick auf die körperliche Einwirkung auf Sachen und Tiere.

Ausdrücklich untersagt ist die Anwendung unmittelbaren Zwanges „zur Abgabe einer Erklärung“ (§ 62 Abs. 2 VwVG bzw. § 55 Abs. 2 PolG). Hinter dieser etwas bürokratischen Formulierung steckt letztlich ein **Folterverbot** (s. oben Rn. 5), wie es auch in Art. 3 EMRK festgeschrieben ist. Auch eine euphemistisch als „Rettungsfolter“ bezeichnete Anwendung unmittelbaren Zwanges mit dem Ziel, Menschenleben zu retten, wäre somit unzulässig (a. A. etwa *Amelung,* JR 2012, 18 ff.).

Beispiel: Kindesentführer K ist verhaftet worden, weigert sich aber, den Aufenthaltsort des von ihm entführten Kindes preiszugeben. Eine körperliche Einwirkung auf K bzw. eine entsprechende Drohung mit dem Ziel, diesen zur Preisgabe des Aufenthaltsortes zu zwingen, ist polizeirechtlich unzulässig (EGMR, NJW 2010, 3145; zuletzt LG Frankfurt, JR 2012, 36, oben Rn. 5).

Ein unzulässiges Zwangsmittel darf selbstverständlich auch nicht angedroht werden (so allgemein auch § 10 Abs. 4 PolG i. V. m. § 136a Abs. 1 S. 3 StPO). Das Verbot der

Anwendung unmittelbaren Zwanges schließt die Anwendung anderer Zwangsmittel, etwa auch der Ersatzzwangshaft, nicht aus (so auch OLG Celle, NVwZ-RR 2017, 922, 923; a. A. VG Magdeburg, BeckRS 2015, 40830). Für die Abgabe einer *„Erklärung bestimmten Inhalts"* findet sich in § 61a VwVG eine Sonderregelung (oben Rn. 42).

4. Abgrenzungsprobleme am Beispiel des Abschleppens von PKW

245 Die Einordnung bestimmter Maßnahmen in das System von Standardmaßnahmen und Verwaltungsvollstreckungsmaßnahmen ist nicht immer ganz eindeutig. Ein klassisches Klausurenproblem in diesem Kontext betrifft die dogmatische **Einordnung von Abschleppmaßnahmen**. Diese werden teilweise als *Sicherstellung* i. S. d. § 43 PolG ggf. i. V. m. § 24 Abs. 1 Nr. 12 OBG, mithin als Standardmaßnahme jenseits des Verwaltungszwanges gedeutet (so etwa BayVGH, NVwZ 1990, 180 f.), teilweise als Maßnahme des Verwaltungszwangs, wobei zwischen den Vertretern der letztgenannten Auffassung umstritten ist, ob es sich um eine *Ersatzvornahme* oder aber – was heute indes kaum mehr angenommen wird – um *unmittelbaren Zwang* handelt.

Während die Zuordnung in der gerichtlichen Praxis i. d. R. – auch kostenrechtlich – ohne praktische Konsequenzen bleibt, bedarf es im Rahmen der gutachterlichen Prüfung einer Entscheidung. Keine Kostenverweisung auf § 77 VwVG gibt es dagegen für die Durchführung von Maßnahmen des unmittelbaren Zwanges durch die Polizei (s. Rn. 259 a. E.). Insoweit kann die Einordnung einer Maßnahme denn auch durchaus erhebliche praktische Folgewirkungen haben.

Gegen eine **Sicherstellung** spricht, dass die entsprechende Standardmaßnahme im Kern auf die Aufhebung der Herrschaftsgewalt des Betroffenen über die sichergestellte Sache zielt (oben Rn. 199) und dementsprechend in der Regel über eine Inverwahrungnahme des sichergestellten Gegenstandes realisiert wird (§ 44 PolG). Eine solche „Entsetzung" des Halters aus seiner Herrschaft über das Fahrzeug aber ist beim Abschleppen von PKW grundsätzlich weder beabsichtigt noch sachlich gerechtfertigt. Immerhin können im Einzelfall besondere Gründe vorliegen, die auf eine Sicherstellung mit Inverwahrungnahme deuten.

Beispiel: Der wertvolle Oldtimer des O ist entwendet worden. Die Polizei findet das Fahrzeug mit zerschlagenen Scheiben unter einer Brücke. Sie schleppt das Fahrzeug ab, um es vor erneutem Diebstahl zu bewahren. Es handelt sich um eine zulässige Sicherstellung i. S. d. § 43 PolG, mit der die Behörde – wenn auch im Interesse des Eigentümers – ihre Herrschaftsgewalt über die Sache begründet und begründen will (vgl. BayVGH, NJW 2001, 1960; a. A. OVG NRW, NJW 1978, 720: Entfernen der Batterie reiche aus).

Schließt man für den „Normalfall" des Abschleppens eines PKW die Sicherstellung aus, bleibt allein eine vollstreckungsrechtliche Deutung derartiger Maßnahmen, was wiederum eine Abgrenzung zwischen der Ersatzvornahme und dem unmittelbaren Zwang erforderlich macht. Der heute allgemein konsentierten Einordnung als **Ersatzvornahme** wurde in der Vergangenheit vereinzelt entgegengehalten, dass die notwendige Deckungsgleichheit zwischen auferlegter und durchgesetzter Handlung (hierzu oben Rn. 243) nicht bestehe. Während das in einem Halteverbotschild verkörperte Wegfahrgebot ein „Wegfahren" verlange, setze die Vollstreckungsbehörde mit dem Abschleppen nicht etwa ein „Wegfahren", sondern ein „Wegschleppen" durch (s. *Klenke,* NWVBl. 1994, 288, 289). Dieser Auffassung zufolge könnte eine Abschleppmaßnahme allein als Maßnahme des **unmittelbaren Zwanges** gedeutet werden, was bei polizeilichen Abschleppmaßnahmen zu der nicht unerheblichen Konsequenz führte, dass eine Heranziehung des Vollstreckungsschuldners zu den Kosten der Maßnahme nicht möglich wäre (hierzu unten Rn. 259ff.). Ungeachtet der gedanklichen Stringenz dieses Ansatzes erscheint die Verwerfung einer Ersatzvornahme freilich nicht zwingend. So stellt sich die erforderliche Deckungsgleichheit zwischen abverlangter und durchgesetzter Maßnahme dann ein, wenn man den Aussagegehalt des im Verkehrsschild enthaltenen *„Wegfahrgebotes"* im Sinne eines abstrakten *„Räumungsgebotes"* deutet, das sowohl durch ein Wegfahren als auch durch ein Wegziehen des Fahrzeuges erfüllt werden kann. Vor diesem Hintergrund erscheint es vorzugswürdig, das Abschleppen von PKW grundsätzlich als Verwaltungszwangsmaßnahme in Form der Ersatzvornahme anzusehen (zu parallelen privaten Maßnahmen s. auch BGH, NJW 2009, 2530). Die anschließende Verbringung abgeschleppter Fahrzeuge in behördliche Obhut ist danach als tatsächliches Verwaltungshandeln ohne eigenständige Regelungsqualität anzusehen.

III. Das gestufte Verfahren

Polizeigesetz wie Verwaltungsvollstreckungsgesetz sehen für den Regelfall der Verwaltungsvollstreckung das sog. *„gestufte"* bzw. *„gestreckte Verfahren"* vor (§ 50 Abs. 1 PolG bzw. § 55 Abs. 1 VwVG). Dieses Verfahren ist im Verwaltungsvollstreckungsgesetz dreistufig, im Polizeigesetz dagegen grundsätzlich nur zweistufig konzipiert (vgl. hierzu Rn. 248). Zuständig für die Durchführung des Verfahrens ist nach § 56 Abs. 1 VwVG die Behörde, die den Grundverwaltungsakt erlassen hat. Gemeinsame tatbestandliche Voraussetzung sämtlicher Verfahrensschritte ist gem. § 50 Abs. 1 PolG bzw. § 55 Abs. 1 VwVG das Vorliegen eines formell bestandskräftigen bzw. sofort vollziehbaren (Grund-)Verwaltungsakts, der auf ein Tun, Dulden oder Unterlassen gerichtet sein muss (sog. verfügender Verwaltungsakt). Auf dessen Rechtmäßigkeit kommt es nach heute weithin konsentierter Auffassung (s. Rn. 252) nicht an. Sämtliche Zwangsmaßnahmen stellen ferner Ermessensentscheidungen dar, so dass neben den einschlägigen tatbestandlichen Voraussetzungen auch eine ordnungsgemäße Ermessensausübung (Entschließungs-, Störerauswahl- und Handlungsermessen) vorliegen muss. 246

1. Androhung des Zwangsmittels

Das gestufte Verfahren beginnt im Regelfall mit der sog. **„Androhung"** des Zwangsmittels (§§ 56, 61 PolG bzw. §§ 63, 69 VwVG). Entgegen dem etwas missverständlichen Wortlaut ist die Androhung eines Zwangsmittels bereits **Teil des Vollstreckungsverfahrens,** mithin ein eigenständiges Mittel zur Willensbeugung. Die Androhung ist ein selbständiger belastender Verwaltungsakt. Die einschlägigen Regelungsgrundlagen im Verbund mit der Grundnorm des § 55 VwVG bzw. § 50 PolG bilden somit zugleich die Ermächtigungsgrundlage für den Erlass des Androhungsverwaltungsakts. Betrifft die durchzusetzende Grundverfügung eine Handlungspflicht, so muss die Behörde in der Androhung zugleich eine angemessene Frist zur Erfüllung der Verpflichtung setzen (§ 63 Abs. 1 S. 2 VwVG bzw. § 56 Abs. 1 S. 2 PolG). Die Zwangsmittelandrohung soll mit der Grundverfügung verbunden werden, wenn ein Rechtsbehelf keine aufschiebende Wirkung hat, sie kann aber bereits mit einer nicht sofort vollziehbaren Grundverfügung verbunden werden (§ 63 Abs. 2 VwVG bzw. § 56 Abs. 2 PolG). Für diesen Fall dispensiert das (speziellere) Gesetz die Zwangsmittelandrohung also von dem in der (allgemeinen) Regelung des § 55 Abs. 1 VwVG bzw. des § 50 Abs. 1 PolG normierten Erfordernis der sofortigen Vollziehbarkeit oder der Unanfechtbarkeit des Grundverwaltungsaktes (die freilich im Polizeirecht regelmäßig gegeben ist, § 80 Abs. 2 S. 1 Nr. 2 VwGO). Allerdings verlangt § 63 Abs. 1 S. 3 VwVG für diesen Fall, dass die Frist nach Satz 2 die Rechtsbehelfsfrist nicht unterschreiten darf. Erhebt der Adressat der 247

Androhungsmaßnahme innerhalb der gesetzten Frist Klage gegen die Grundverfügung und löst er hiermit die aufschiebende Wirkung aus, muss er auch eine gleichwohl laufende Frist nicht einhalten. Mit Zeitablauf der Frist erledigt sich nach h. M. die gesamte Androhung; eine gegen den Androhungsverwaltungsakt gerichtete Klage wird unzulässig (OVG NRW, BeckRS 2015, 51116, str.). Eine spätere Durchsetzung der Grundverfügung ist erst nach erneuter Androhung mit Fristsetzung möglich.

Beispiel: Die Ordnungsbehörde verpflichtet A durch Verwaltungsakt zur Fällung eines umsturzgefährdeten Baumes, ohne die sofortige Vollziehbarkeit der Verfügung anzuordnen. Zugleich droht die Behörde die Ersatzvornahme an und setzt A eine konkrete Frist zur Erfüllung seiner Verpflichtung, die der Rechtsbehelfsfrist des Grundverwaltungsakts entspricht. Erhebt A innerhalb dieser Rechtsbehelfsfrist Klage gegen die Grundverfügung, muss er die in der Androhung gesetzte Frist nicht einhalten. Der Androhungsverwaltungsakt wird mit Zeitablauf insgesamt gegenstandslos.

Im Ergebnis darf die gesetzte Erfüllungsfrist in diesem Falle also erst nach Bestandskraft der Verfügung beginnen (VG Gelsenkirchen, BeckRS 2016, 45865). Die Androhung muss nach den Regelungsvorgaben des Verwaltungsvollstreckungsgesetzes NRW *stets* (§ 63 Abs. 1 S. 1), nach dem Polizeigesetz *„möglichst"* schriftlich erfolgen (§ 56 Abs. 1 S. 1). Die Zwangsmittelandrohung muss sich auf ein *konkretes* Zwangsmittel bzw. ein Zwangsgeld in *bestimmter* Höhe beziehen. Wie konkret das angedrohte Zwangsmittel angegeben werden muss, hängt von den Umständen des Einzelfalles ab, insbesondere von dessen Vorab-Bestimmbarkeit und dessen Eingriffsintensität.

Beispiel: Im Rahmen von Studentenprotesten wird das leerstehende Studentenwohnheim der Universität U von S und seinen Freunden „besetzt". Nachdem Vertreter der Universität den S und seine Mitstreiter mehrfach vergeblich zur Räumung des Wohnheims auffordern, wird die Polizei hinzugerufen. Diese plant, die Demonstranten unter Anwendung der schmerzhaften „Nervendrucktechnik" auf die Nase aus dem Gebäude zu drängen. Gegenüber der Gruppe um S kündigt die Polizei allerdings nur allgemein die „Anwendung unmittelbaren Zwanges" an. Die Demonstranten lassen es daher auf den Einsatz ankommen, müssen aber bald schon die Aussichtslosigkeit ihres Widerstandes einsehen. Die Polizeimaßnahme war mangels hinreichender Androhung rechtswidrig. So muss die Androhung gerade bei hoch eingriffsintensiven Maßnahmen hinreichende Klarheit über die bevorstehenden Eingriffe verschaffen. Dies ist hier nicht geschehen (Fall nach NdsOVG, NJW 2017, 1626).

Entsprechendes gilt für die konkrete Bemessung des angedrohten Zwangsgeldes, bei der die Einkommenssituation des Pflichtigen zugrunde zu legen ist, wie sie sich aus der *ex ante*-Betrachtung des fachkundigen, besonnenen und fähigen Beamten darstellt (OVG NRW, BeckRS 2020, 2187).

In der Zwangsmittelandrohung ist grundsätzlich eine angemessene Frist zur Erfüllung der Verpflichtung festzulegen. Die Notwendigkeit der Fristsetzung entfällt für die Durchsetzung von Duldungs- und Unterlassungsverfügungen. Bei der Androhung einer Ersatzvornahme *„sollen"* in der Androhung zudem bereits die voraussichtlichen Kosten angegeben werden (§ 56 Abs. 4 PolG bzw. § 63 Abs. 4 VwVG). Soweit kein atypischer Sonderfall vorliegt, ist also die Androhung einer Ersatzvornahme ohne entsprechende Kostenangabe formell rechtswidrig. Die Abgabe eines „Warnschusses" gilt nach § 61 Abs. 1 S. 3 PolG als Androhung des Schusswaffeneinsatzes. Auf die Zwangsmittelandrohung finden die für das Vollstreckungsverfahren geltenden Sonderregelungen des § 28 Abs. 2 Nr. 5 VwVfG bzw. § 112 JustG Anwendung. Es bedarf mithin nicht notwendig einer vorherigen Anhörung des Vollstreckungsschuldners; die Anfechtungsklage gegen die Androhung hat keine aufschiebende Wirkung. Soweit der Androhung besondere Umstände des Einzelfalles entgegenstehen, kann von ihr abgesehen werden (§ 63 Abs. 1 S. 5 VwVG bzw. § 56 Abs. 1 S. 3 PolG).

2. Festsetzung des Zwangsmittels

Nur das Verwaltungsvollstreckungsgesetz kennt – anders als das Polizeigesetz – die 248
Festsetzung des Zwangsmittels als zweite obligatorische Stufe der Verwaltungsvollstreckung (§ 64 VwVG). Ausnahmsweise ist eine gesonderte Festsetzung, die mit einer angemessenen Zahlungsfrist zu verbinden ist, auch im Polizeigesetz für das Zwangsgeld vorgesehen (§ 53 Abs. 1 PolG). Die Festsetzung enthält die Anordnung der Vollzugsbehörde, dass das Zwangsmittel nunmehr angewendet werden soll. Ebenso wie die Androhung ist auch die Festsetzung Teil des Vollstreckungsverfahrens, **eigenständiger (belastender) Verwaltungsakt** und Mittel zur Willensbeugung. Von der Anwendung des Zwangsmittels ist somit auch nach Festsetzung grundsätzlich abzusehen, wenn der Adressat die ihm auferlegte Pflicht erfüllt, die Vollstreckungsvoraussetzungen nachträglich entfallen oder dem Betroffenen die Erfüllung unmöglich wird (zum Sonderfall des endgültigen Verstoßes gegen Unterlassungspflichten oben Rn. 240). Anhörungspflicht und Suspensiveffekt entfallen folgerichtig auch hier. Ein Schriftformerfordernis sieht § 64 VwVG nicht vor. Tatbestandliche Voraussetzung für die Festsetzung des Zwangsmittels ist nach § 64 VwVG neben dem Vorliegen der allgemeinen Vollstreckungsvoraussetzungen aus § 55 Abs. 1 VwVG, dass – soweit nicht ausnahmsweise entbehrlich (Rn. 247) – eine Androhung erfolgt ist und die dem Vollstreckungsschuldner durch die Grundverfügung auferlegte Verpflichtung nicht innerhalb der mit der Androhung gesetzten Frist erfüllt wurde. Auf der Rechtsfolgenseite sieht die Norm – wie alle vollstreckungsrechtlichen Normen – ein behördliches Ermessen vor. Allerdings handelt es sich nach der Rechtsprechung hier um ein sog. „intendiertes Ermessen", bei dem die Festsetzung als Regelfolge der Nichterfüllung der zu vollstreckenden Verpflichtung anzusehen ist und insoweit grundsätzlich keiner gesonderten Begründung bedarf (OVG NRW, DÖV 2015, 895). Soweit ein Zwangsgeld bereits bestandskräftig in einer bestimmten Höhe angedroht wurde, hat die Behörde im Rahmen der Festsetzung nicht nochmals ein Ermessen hinsichtlich der Höhe des Zwangsgeldes auszuüben. Die Festsetzung kann in diesem Falle also nicht mit dem Vorwurf einer unzumutbaren Höhe des Zwangsgeldes angegriffen werden (OVG NRW, BeckRS 2019, 34607). Die Möglichkeit eines behördlichen Absehens von der Festsetzung sieht das VwVG im gestreckten Verfahren nicht vor. Eine ohne vorangegangene Festsetzung erfolgte Zwangsmittelanwendung ist im Rahmen des VwVG also stets rechtswidrig (s. auch Rn. 249). Ein gegen den Vollstreckungsschuldner bereits festgesetztes, aber noch nicht beigetriebenes Zwangsgeld hindert die Behörde nicht, die Beugewirkung durch die Androhung und Festsetzung eines weiteren, gegebenenfalls höheren Zwangsgeldes zu verstärken; insbesondere kann § 57 Abs. 3 S. 1 VwVG NRW keine Verpflichtung der Behörde entnommen werden, vor der Festsetzung eines neuen Zwangsgeldes ein bereits zuvor festgesetztes Zwangsgeld beizutreiben (OVG NRW, DÖV 2015, 895). Die Prüfung der Verhältnismäßigkeit derartiger Zwangsgeldfestsetzungen hat jeweils „isoliert" zu erfolgen, eine mögliche „Belastungskumulation" ist nach Auffassung der Rechtsprechung nicht berücksichtigungsfähig (OVG Nds., NVwZ-RR 2015, 857).

Umstritten ist, ob eine Festsetzung gleichwohl dann entbehrlich ist, wenn der Voll- 249
streckungsschuldner auf den durch das Festsetzungsverfahren vermittelten Schutz „verzichtet".

Beispiel: Schiffskapitän S hat eine Schiffskollision verursacht, in deren Folge die betroffene Wasserstraße für den Schiffsverkehr blockiert wird. Die zuständige Behörde fordert S zur Räumung der Wasserstraße auf und droht die Ersatzvornahme an. Nachdem S erklärt, der Grundverfügung nicht Folge zu leisten, räumt die Behörde im Wege der Ersatzvornahme die Unfallstelle (Fall nach BVerwG, NVwZ 1997, 381).

Das Bundesverwaltungsgericht geht von der Möglichkeit eines konkludenten Verzichts aus (NVwZ 1997, 381; a.A. *Dünchheim,* NVwZ 1997, 350). Der Gesetzeswortlaut dürfte dieses Ergebnis kaum tragen, zumal § 64 S. 2 VwVG eine Ausnahmeregelung allein für den Fall des sofortigen Vollzuges trifft. Ohnehin stellt die „Widerspenstigkeit" des Vollstreckungsschuldners den Normalfall und letztlich sogar den alleinigen Grund der Verwaltungsvollstreckung dar, so dass der Unwillen, einem Verwaltungsakt Folge zu leisten, keine Abweichung von den gesetzlichen Vorgaben rechtfertigt. Gegen die Notwendigkeit einer entsprechenden Rechtsauslegung spricht schließlich, dass der Behörde jederzeit die Möglichkeit verbleibt, von dem gestuften Verfahren in das Verfahren des sofortigen Vollzuges zu wechseln (unten Rn. 254f.). Eine ohne Festsetzung durchgeführte Ersatzvornahme ist daher im gestuften Verfahren rechtswidrig; die Kosten der Maßnahme können folgerichtig nicht auf den Vollstreckungsschuldner übergewälzt werden. Umgekehrt ist mit erfolgter Festsetzung der Weg für die Durchführung der Ersatzvornahme frei, ohne dass der Vollstreckungsschuldner auf die konkret zu erwartenden Kosten hingewiesen und ihm die Möglichkeit für eine kostengünstigere Lösung eröffnet werden müsste (OVG Saarl., NVwZ 2009, 602).

250 Auch wenn das Polizeigesetz, anders als das VwVG, eine gesonderte Festsetzung nicht vorsieht, wird eine derartige Maßnahme dort als *„Minus-Maßnahme"* gegenüber der sofortigen Anwendung des Zwangsmittels zumindest für zulässig erachtet (z.B. OVG Rh.-Pf., NVwZ 1986, 762). Rechtlich geboten ist eine derartige „Festsetzung" in keinem Fall. Zudem dürfte einer solchen „Festsetzung" die Regelungswirkung nach § 35 VwVfG und damit der Verwaltungsaktcharakter fehlen. Es handelt sich um eine rein tatsächliche Maßnahme.

3. Anwendung des Zwangsmittels

251 Die letzte Etappe des gestuften Vollstreckungsverfahrens bildet die in § 55 Abs. 1 VwVG bzw. § 50 Abs. 1 PolG geregelte Anwendung des Zwangsmittels. Hierbei muss das Zwangsmittel gemäß der Festsetzung angewendet werden. Widerstand des Vollstreckungsschuldners bei der Ersatzvornahme oder der Anwendung unmittelbaren Zwangs kann gem. § 65 Abs. 2 VwVG mit Gewalt gebrochen werden, wobei die Polizei auf Verlangen der Vollzugsbehörde Vollzugshilfe leistet. Auch ohne ausdrückliche gesetzliche Grundlage ergibt sich diese Befugnis aus allgemeinen Grundsätzen, da die (rechtswidrigen) Widerstandshandlungen ihrerseits Störungen der öffentlichen Sicherheit (§ 113 StGB) darstellen und durch Maßnahmen der Gefahrenabwehr unterbunden werden können. Ebenso wie für die Androhung und Festsetzung müssen auch für die Anwendung des Zwangsmittels die tatbestandlichen Voraussetzungen des § 55 Abs. 1 VwVG bzw. § 50 Abs. 1 PolG gegeben sein. In verfahrensrechtlicher Hinsicht müssen zudem die Erfordernisse des gestuften Verfahrens (Androhung und Festsetzung) beachtet worden sein.

4. Das Klausurenschema

252 Soweit in einer Klausur die Rechtmäßigkeit einer Verwaltungszwangsmaßnahme zu prüfen ist, geht es im „Grundfall" des gestuften Verfahrens um eine Subsumtion des

Sachverhalts unter die Eingriffsermächtigung des § 50 Abs. 1 PolG bzw. des § 55 Abs. 1 VwVG. Zu beachten ist hierbei, dass nur verfügende Verwaltungsakte *(„auf ein Tun, Dulden oder Unterlassen gerichtete Verwaltungsakte")* der Vollstreckung zugänglich sind, nicht dagegen rechtsgestaltende oder feststellende Verwaltungsakte.

Beispiel: Die Behörde widerruft eine dem G erteilte Sondernutzungserlaubnis zur Aufstellung von Heizpilzen und droht ihm für den Fall, dass er die Nutzung fortsetzt, ein Zwangsgeld in Höhe von 1.000 Euro an. Die Zwangsgeldandrohung ist gem. § 55 Abs. 1 VwVG rechtswidrig, weil der vermeintliche Grundverwaltungsakt nicht auf ein „Tun, Dulden oder Unterlassen" gerichtet ist, sondern lediglich eine Erlaubnis aufhebt.

Die durchzusetzende Grundverfügung muss ferner unanfechtbar (formell bestandskräftig) oder zumindest sofort vollziehbar sein, was bei unaufschiebbaren Polizeiverfügungen generell der Fall ist (§ 80 Abs. 2 S. 1 Nr. 2 VwGO: Polizei als Polizeivollzugsbehörde i. S. d. Norm), bei Maßnahmen der Ordnungsbehörden dagegen einer gesonderten Anordnung bedarf (§ 80 Abs. 2 S. 1 Nr. 4 VwGO).

Beachte: Die Differenzierung hinsichtlich der sofortigen Vollziehbarkeit darf allerdings nicht schematisch erfolgen. So legt der Wortlaut des § 80 Abs. 2 S. 1 Nr. 2 VwGO offen, dass Maßnahmen der Polizeibehörde nicht in jedem Falle als unaufschiebbar einzuordnen sind. Zu einer abweichenden Einordnung etwa der Anordnung einer erkennungsdienstlichen Behandlung nach § 14 Abs. 1 Nr. 2 PolG s. VG Düsseldorf, BeckRS 2015, 48189.

Heftig umstritten war in der Vergangenheit, ob die Rechtmäßigkeit einer sofort vollziehbaren Grundverfügung, zumindest soweit diese noch nicht bestandskräftig geworden ist, als „ungeschriebenes Tatbestandsmerkmal" in die Ermächtigungsnormen des § 55 Abs. 1 VwVG bzw. § 50 Abs. 1 PolG „hineingelesen" werden muss. Die Frage wird heute i. d. R. dahin beantwortet, dass es allein auf die *Rechtswirksamkeit*, nicht aber auf die *Rechtmäßigkeit* des Verwaltungsaktes ankommt (BVerwG, NVwZ 2009, 122). Ein Eingehen auf die Streitfrage wird mittlerweile weithin für entbehrlich erachtet. Wirklich geklärt ist die Streitfrage allerdings nicht, wie etwa eine neuere Entscheidung des OVG Bremen deutlich macht, das jedenfalls im Falle der zwangsweisen Durchsetzung einer noch nicht bestandskräftigen Verfügung eine Prüfung auch der Rechtmäßigkeit dieser Verfügung vornimmt (OVG Bremen, BeckRS 2019, 37845). Unabhängig hiervon kann die Rechtswidrigkeit einer Grundverfügung allerdings ggf. für die Verhältnismäßigkeit einer Zwangsmaßnahme (Zumutbarkeit) relevant sein. So stellt sich insbesondere bei unstreitiger Rechtswidrigkeit des Grundverwaltungsaktes die Frage der Zumutbarkeit von Vollstreckungsmaßnahmen.

Klausurentipp: Die „Herabzonung" dieses Streits bietet den Vorteil, einen allzu verschachtelten Prüfungsaufbau zu vermeiden. Denn bereits um die Entscheidungserheblichkeit des Meinungsstreites um die Folgen einer etwaigen Rechtswidrigkeit der Grundverfügung feststellen zu können, wäre nach dem früher üblichen Lösungsansatz eine vollumfängliche Rechtmäßigkeitsprüfung eben jener Grundverfügung unvermeidlich. Ob man diesen verschachtelten Prüfungsweg in einer Klausur gehen will oder die Problematik nur kursorisch im Rahmen der Prüfung des Vorliegens eines wirksamen Grundverwaltungsakts anspricht, wird man womöglich auch von Art und Komplexität der konkreten Aufgabenstellung abhängig machen.

Ebenso wie im Rahmen der klassischen Polizeirechtsklausur bedarf es schließlich einer sorgfältigen Ermessensprüfung einschließlich der ihr immanenten Verhältnismäßigkeitsprüfung (oben Rn. 138). Die ordnungsgemäße Androhung und ggf. Festsetzung des Zwangsmittels werden im Schrifttum teils als Verfahrensvoraussetzung teils als materielle Vollstreckungsvoraussetzung verstanden und geprüft. Beide Wege erscheinen gangbar. Vorzugswürdig dürfte – entgegen verbreiteter Übung – die Deutung der Verfahrensstufungen als formelle Rechtmäßigkeitsvoraussetzung sein.

253 In der Gesamtschau folgt die Prüfung der Rechtmäßigkeit einer Zwangsmittelanwendung im gestuften Verfahren somit dem in Abbildung 8 dargelegten Schema:

Abb. 8: Die Vollstreckungsrechtsklausur – „gestuftes Verfahren"

Vollstreckung im „gestuften Verfahren"
I. Ermächtigungsgrundlage – § 55 Abs. 1 VwVG bzw. § 50 Abs. 1 PolG i. V. m. der jeweils einschlägigen Zwangsmittelermächtigung

II. Formelle Rechtmäßigkeit
– Zuständigkeit der Vollstreckungsbehörde (§ 56 Abs. 1 VwVG/§§ 1 ff. POG)
– Anhörung grds. entbehrlich (§ 28 Abs. 2 Nr. 5 VwVfG)
– Androhung des Zwangsmittels (§ 63 VwVG/§ 56 PolG)
  – grds. schriftlich
  – grds. mit Fristsetzung (nicht bei Duldungs- und Unterlassungsverfügungen)
  – in Ausnahmefällen entbehrlich
– Festsetzung: nur im VwVG vorgesehen und dort obligatorisch

III. Materielle Rechtmäßigkeit
– Vorliegen eines wirksamen (Grund-)Verwaltungsaktes (ggf. mit Diskussion der Rechtmäßigkeitsproblematik)
– Verfügungscharakter des Verwaltungsaktes („Tun, Dulden oder Unterlassen")
– Unanfechtbarkeit oder sofortige Vollziehbarkeit des Verwaltungsaktes
– Nichtbefolgung der Verfügung
– Fehlerfreie Ermessensausübung (§ 40 VwVfG)
  – Entschließungsermessen
  – Störerauswahlermessen
  – Handlungsermessen *(Wahl des richtigen Zwangsmittels – kann ggf. auch als eigener Punkt zu Beginn der materiellen Rechtmäßigkeit geprüft werden/Verhältnismäßigkeitsprüfung)*

IV. Der „sofortige Vollzug"

254 Bisweilen ist es etwa aus zeitlichen, aber auch aus sonstigen Gründen nicht möglich, Zwangsmittel erst nach Ablauf des regulären „gestuften Verfahrens" einzusetzen. Das in einer Feuerwehrzufahrt rechtswidrig geparkte Fahrzeug wird regelmäßig sofort abgeschleppt werden, eine Unfallstelle zur Vermeidung von Folgeunfällen umgehend geräumt werden müssen; auf einem See schwimmende Giftfässer müssen geborgen werden, bevor eine entsprechende Grundverfügung gegen den Verantwortlichen erlassen wird. Für derartige Fälle einer **gegenwärtigen Gefahr** eröffnet § 55 Abs. 2 VwVG bzw. § 50 Abs. 2 PolG die Möglichkeit der Anwendung von Zwangsmitteln im sofortigen Vollzug, d. h. ohne eine vorherige Aufforderung an den Pflichtigen. Im Rahmen des sofortigen Vollzugs finden speziell die Zwangsmittel der Ersatzvornahme sowie des unmittelbaren Zwanges Anwendung.

Der entscheidende Unterschied zum gestuften Verfahren besteht darin, dass der sofortige Vollzug eine Zwangsmittelanwendung **„ohne vorausgehenden Verwaltungsakt"** (§ 55 Abs. 2 VwVG bzw. § 50 Abs. 2 PolG), also ohne die Existenz der eigentlich zu vollstreckenden Grundverfügung gestattet und der Zwangsmitteleinsatz zudem weder angedroht (§ 63 Abs. 1 S. 5 VwVG bzw. § 56 Abs. 1 S. 3 PolG) noch gesondert festgesetzt (§ 64 S. 2 VwVG) werden muss. Kompensiert werden diese Zugriffserleichterungen durch das bereits auf Tatbestandsebene zu prüfende Erfordernis der **Notwendigkeit** der Maßnahme **zur Abwehr einer gegenwärtigen Gefahr**. Die Maßnahme muss hiernach verhältnismäßig, insbesondere erforderlich, also das mildeste Mittel sein. Zudem verlangt § 50 Abs. 2 PolG für die „Notwendigkeit" der Maßnahme, dass *„Maßnahmen gegen Personen nach den §§ 4 bis 6 nicht oder nicht rechtzeitig möglich sind oder keinen Erfolg versprechen"*. Mit diesem Regelbeispiel *(„insbesondere")* wird die **Subsidiarität des Sofortvollzuges** gegenüber einem direkten Vorgehen gegen die jeweiligen Adressaten zum Ausdruck gebracht.

Beachte: Soweit die Formulierung des Regelbeispiels bei formaler Auslegung womöglich dahingehend verstanden werden könnte, dass ein Sofortvollzug gegen Veranwortliche i. S. d. §§ 4 und 5 PolG bzw. der §§ 17 und 18 OBG nicht „notwendig" i. S. d. § 50 Abs. 2 PolG ist, solange ein direktes Vorgehen jedenfalls gegen einen Nichtstörer nach § 6 PolG möglich ist, bedarf es freilich einer system- bzw. verfassungskonformen Normauslegung. So bleibt es dabei, dass die Inanspruchnahme eines Nichtstörers als Maßnahme des polizeilichen Notstandes aus Gründen der Verhältnismäßigkeit stets nur zulässig sein kann, wenn der Zugriff auf Gefahrenverantwortliche – auch mit den Mitteln des Sofortvollzugs – nicht möglich ist oder keinen Erfolg verspricht (§ 6 Abs. 1 Nr. 2 PolG, eingehend oben Rn. 102ff.).

Trifft der Sofortvollzug einen Nichtstörer, wird auch zu prüfen sein, ob nicht Maßnahmen gegen die vorrangig in Anspruch zu nehmenden Verantwortlichen i. S. d. §§ 4 und 5 PolG bzw. §§ 17 und 18 OBG möglich wären. Soweit der Normwortlaut davon ausgeht, dass der Erlass einer Polizeiverfügung gegen Nichtstörer stets vorrangig gegenüber Sofortvollzugsmaßnahmen gegen Verantwortliche i. S. d. §§ 4 bis 6 PolG wäre, kann dem nicht gefolgt werden.

Letzte Tatbestandsvoraussetzung im Rahmen des § 55 Abs. 2 VwVG bzw. § 50 Abs. 2 PolG ist schließlich, dass die Behörde **„innerhalb ihrer Befugnisse handelt"**. Ein Handeln im Rahmen der Befugnisse liegt dann vor, wenn die Behörde zum Erlass der nicht vorhandenen, de facto aber bereits durchgesetzten Grundverfügung befugt gewesen *wäre*. Zu prüfen ist in diesem Kontext also die Rechtmäßigkeit einer **hypothetischen Grundverfügung,** wie sie Gegenstand der klassischen Polizeirechtsklausur ist (oben Rn. 146).

Beispiel: Aus dem leckgeschlagenen Tank des auf einem Parkplatz abgestellten Fahrzeuges des F tropft Treibstoff in das Erdreich. Die vor Ort tätigen Beamten dichten den Tank ab und reinigen das Erdreich. Es handelt sich um eine zulässige Ersatzvornahme im sofortigen Vollzug. Die Maßnahme war zur Abwehr einer gegenwärtigen Gefahr erforderlich, da F nicht greifbar war. Die Behörde hat innerhalb ihrer Befugnisse gehandelt, da sie den F gem. § 8 Abs. 1 PolG bzw. § 14 Abs. 1 OBG zu einem Abdichten des Tanks sowie einer Reinigung des Erdreiches hätte verpflichten können.

Die Rechtsfigur des „hypothetischen Verwaltungsakts" ist bereits bei der Prüfung der Zuständigkeit nach § 56 Abs. 1 VwVG zu beachten. Wenn die Zuständigkeitsnorm auf diejenige Behörde verweist, *„die ihn* (scil.: den Grundverwaltungsakt) *erlassen hat*", kann damit im Verfahren des sofortigen Vollzuges richtigerweise nur diejenige Behörde gemeint sein, die zum Erlass der Grundverfügung berechtigt gewesen *wäre*. Rechtsdogmatisch wird der Sofortvollzug regelmäßig als Realakt einzustufen sein (OVG NRW, OVGE 29, 44, 47).

Aufbautechnisch folgt die Überprüfung einer Zwangsmittelanwendung im sofortigen Vollzug dem in Abbildung 9 dargelegten Schema: **255**

Abb. 9: Die Vollstreckungsrechtsklausur – „sofortiger Vollzug"

Vollstreckung im „sofortigen Vollzug"
I. Ermächtigungsgrundlage – § 55 Abs. 2 VwVG bzw. § 50 Abs. 2 PolG i. V. m. der jeweils einschlägigen Zwangsmittelermächtigung
II. Formelle Rechtmäßigkeit – Zuständigkeit der Vollstreckungsbehörde (§ 56 Abs. 1 VwVG/§ 1 ff. POG) – Anhörung entfällt mangels VA-Qualität (str.), jedenfalls entbehrlich gem. § 28 Abs. 2 Nr. 5 VwVfG (auch soweit analoge Anwendung in Betracht kommt) – Androhung des Zwangsmittels entbehrlich (§ 63 Abs. 1 S. 5 VwVG/ § 56 Abs. 1 S. 3 PolG) – Festsetzung gem. § 64 S. 2 VwVG entbehrlich; im PolG nicht vorgesehen

III. Materielle Rechtmäßigkeit
– Fehlen einer Grundverfügung („ohne vorausgehenden Verwaltungsakt")
– Vorliegen einer „gegenwärtigen Gefahr"
– Erforderlichkeit des sofortigen Vollzugs zur Gefahrenabwehr
– Handeln „im Rahmen der Befugnisse": Prüfung des hypothetischen Grund-VA entsprechend der Gliederung der „klassischen" Polizeirechtsklausur (oben Abb. 6)
– Ordnungsgemäße Ermessensausübung hinsichtlich des Zwangsmitteleinsatzes
  – Entschließungsermessen
  – Störerauswahlermessen
  – Handlungsermessen *(richtiges Zwangsmittel/Verhältnismäßigkeitsprüfung)*

V. Spezialprobleme des Abschleppens von Fahrzeugen

256 Nach wie vor zählen die sog. „Abschleppfälle" zu den Klausurenklassikern in den juristischen Examina. Insoweit gilt es namentlich in Nordrhein-Westfalen einige Besonderheiten zu vergegenwärtigen. So ergibt sich eine beliebte Klausurenproblematik, die mit den gesetzlichen Handlungsalternativen des gestuften Verfahrens oder des sofortigen Vollzuges nicht ohne Weiteres zu bewältigen ist, für den Fall ordnungsbehördlicher Abschleppmaßnahmen wegen der Missachtung von Halte- oder Parkverboten. Die Ursache des Problems liegt in dem Umstand, dass Halteverbotsschilder nach Auffassung der Rechtsprechung nicht nur ein entsprechend § 80 Abs. 2 S. 1 Nr. 2 VwGO sofort vollziehbares *Verbot* formulieren, in den betreffenden Bereichen zu halten, sondern zugleich ein sofort vollziehbares *Gebot,* die betreffenden Bereiche im Falle eines ordnungswidrigen Haltens zu verlassen (st. Rspr. seit BVerwG, NJW 1978, 656 f.; zu kompetenziellen Folgeproblemen vgl. BW VGH, VBlBW 2004, 213 f.). Wird somit aber durch eine Abschleppmaßnahme die **im Halteverbotschild verborgene Grundverfügung** durchgesetzt, kann die betreffende Maßnahme nicht mehr als „sofortiger Vollzug" i. S. d. § 55 Abs. 2 VwVG gedeutet werden. Denn der sofortige Vollzug setzt begrifflich voraus, dass Verwaltungszwang *„ohne vorausgehenden Verwaltungsakt"* angewendet wird. Scheitern wird regelmäßig aber auch das „gestufte Verfahren" nach § 55 Abs. 1 VwVG, da hierfür eine vorherige Festsetzung des Zwangsmittels gem. § 64 S. 1 VwVG erforderlich, mangels Greifbarkeit des Verantwortlichen aber undurchführbar ist. Allein der Umstand, dass die Behörde statt eines „hypothetischen" einen „realen" Verwaltungsakt durchsetzt, führt also scheinbar zum Leerlaufen der vollstreckungsrechtlichen Eingriffsermächtigungen. Nach allgemeiner Auffassung bedarf dieses Ergebnis freilich der Korrektur, für die zwei Wege in Betracht kommen. Zum einen wird vorgeschlagen, der Behörde einen jederzeitigen Wechsel vom gestuften Verfahren zum sofor-

tigen Vollzug zu gestatten, was im Ergebnis bedeutet, im Rahmen einer Anwendung des „sofortigen Vollzugs" nach § 55 Abs. 2 VwVG das Bestehen einer Grundverfügung auszublenden und auch hier allein die Rechtmäßigkeit einer (zusätzlichen) hypothetischen Grundverfügung zu prüfen (*Muckel,* JA 2012, 355, 358). Von der wohl h.M. wird demgegenüber ein **„Erst-Recht-Schluss"** dahingehend favorisiert, dass ein sofortiger Vollzug, wenn er bereits auf der Grundlage eines „hypothetischen" Verwaltungsaktes zulässig ist, erst recht auf der Grundlage eines wirksamen „realen" Verwaltungsaktes zulässig sein muss. Beide Lösungswege erscheinen gangbar, wobei letztgenannter Vorschlag vorzugswürdig erscheint. Als *„argumentum a maiore ad minus"* verstößt der „Erst-Recht-Schluss" auch nicht gegen das aus dem Vorbehalt des Gesetzes abzuleitende Analogieverbot (oben Rn. 41), denn es geht nicht um eine analoge, sondern um eine unmittelbare Anwendung der Norm, die nach Maßgabe der erfolgten Auslegung eben auch auf Fälle der hier genannten Art anwendbar ist. Greift man solchermaßen auf die vollstreckungsrechtliche Eingriffsermächtigung des § 55 Abs. 2 VwVG zurück, erübrigt sich zwangsläufig die Prüfung eines Handelns der Behörde „im Rahmen ihrer Befugnisse". Immerhin könnte erwogen werden, im Falle der Ersetzung des Tatbestandsmerkmals *„Handeln im Rahmen ihrer Befugnisse"* durch den real vorhandenen Verwaltungsakt kumulativ auch die Rechtmäßigkeit dieses real vorhandenen Verwaltungsaktes zu verlangen (zu dieser Frage im Kontext des gestuften Verfahrens Rn. 252).

Führt die Polizei entsprechende Abschleppmaßnahmen durch, stellen sich die dargestellten Probleme nicht. Da im Polizeigesetz eine „Festsetzung" der Ersatzvornahme nicht vorgesehen und die Androhung – ebenso wie im VwVG – entbehrlich ist, kann die Polizei die in den Park- und Halteverbotschildern verborgene Grundverfügung auch gegenüber dem abwesenden Fahrzeugführer regulär im Wege des „gestreckten Verfahrens" nach § 50 Abs. 1 PolG durchsetzen. Soweit der BW VGH eine Vollstreckungszuständigkeit der Polizei verneint (VBlBW 2004, 213 f.), dürfte dieses Problem in NRW durch § 11 Abs. 1 Nr. 3 POG gelöst sein.

Ein weiteres beliebtes Sonderproblem im Kontext von „Abschleppfällen" bildet der **257**
Umgang mit „verdrehten" oder sonst nicht unmittelbar erkennbaren (z. B. eingeschneiten oder verrosteten) **Halte- oder Parkverbotszeichen.** Dogmatisch geht es dabei um die Frage nach dem Vorliegen eines durchsetzbaren „Grundverwaltungsakts" bzw. der Zumutbarkeit von Vollstreckungsmaßnahmen. Was zunächst die Geltung derartiger Verkehrszeichen angeht, so gilt nach dem sog. **Sichtbarkeitsgrundsatz**, dass ein Verkehrszeichen, das *„mit raschem und beiläufigem Blick"* von einem durchschnittlichen Kraftfahrer erkannt werden kann, seine Rechtswirkung gegenüber jedem von der Regelung betroffenen Verkehrsteilnehmer entfaltet, gleichgültig, ob er das Verkehrszeichen wahrnimmt oder nicht. Hierzu muss das Verkehrszeichen also aus dem fließenden Verkehr heraus wahrnehmbar sein. Leicht erhöht sind die Aufmerksamkeitsanforderungen an Fahrzeugführer in Bezug auf Regelungen im ruhenden Verkehr. Hier ist von der Wirksamkeit eines Verkehrszeichens i. S. d. Sichtbarkeitsgrundsatzes schon dann auszugehen, wenn das Schild durch einfache Umschau aufgefunden werden kann. Zu einer weitergehenden Nachschau ist der Verkehrsteilnehmer allerdings auch im ruhenden Verkehr grundsätzlich nicht verpflichtet (BVerwG, JA 2016, 957 – *Hebeler*). Soweit Verkehrszeichen etwa aufgrund besonderer Witterungsumstände (eingeschneite Zeichen) nicht erkennbar sind, kann ein Außerkrafttreten mit Blick auf § 43 Abs. 2 VwVfG regelmäßig nicht angenommen werden. Zu prüfen bleibt aber, ob Erkennbarkeitsprobleme ein (ungeschriebenes) Vollstreckungshindernis darstellen bzw. die Verhältnismäßigkeit der Maßnahme in Frage stellen. Hier wird es auf die Umstände des Einzelfalles ankommen.

Beispiel: Fahrzeugführer F hat sein Fahrzeug abends am Rande der S-Straße abgestellt. Ein Halteverbotszeichen, das 50 m vor dem Abstellplatz aufgestellt war, hatte F wegen der zahlreichen dort parkenden Fahrzeuge und der unzureichenden Beleuchtung des Straßenabschnittes beim Vorbeifahren nicht sehen können. Auch nach dem Abstellen des Autos war das Schild bei „einfacher Umschau" nicht zu erkennen. Das gleichwohl erfolgte Abschleppen des Fahrzeuges durch die Polizei ist rechtswidrig (BVerwG, JA 2016, 957 – *Hebeler*).

Ein weiteres Standardproblem liegt in der **nachträglichen Aufstellung mobiler Halte- oder Parkverbotszeichen.** Die Rechtsprechung differenziert hierbei zwischen der – nach Auffassung der Gerichte regelmäßig zulässigen – nachträglichen Aufstellung und Vollstreckung solcher Anordnungen und der Frage der kostenrechtlichen Abwicklung erfolgter Abschleppmaßnahmen. Dabei soll eine Kostentragungspflicht des Halters eines Fahrzeuges – ungeachtet der Rechtmäßigkeit der erfolgten Abschleppmaßnahme – aus Gründen der Verhältnismäßigkeit von der Wahrung bestimmter „Vorlaufzeiten" abhängen. Über die konkrete Bemessung dieser Vorlaufzeiten gingen die Auffassungen zwischen den Gerichten in der Vergangenheit auseinander (vgl. OVG NRW, NWVBl. 2017, 165: 48 Stunden; OVG Sachsen, NJW 2009, 2551: vier Tage; für 72 Stunden: BayVGH, BayVBl. 2009, 21; hierzu auch oben Rn. 131). Mit Urteil vom 24.5.2018 hat das BVerwG nunmehr für Klarheit gesorgt und eine **Kostentragungspflicht** für eine Abschleppmaßnahme verneint, wenn die Behörde das Verkehrszeichen nicht mit einer **Vorlaufzeit von mindestens drei vollen Tagen** aufgestellt hat (BeckRS 2018, 14942). Um die Kosten auf den Halter abwälzen zu können, dürften die Abschleppmaßnahmen also frühestens am vierten Tag nach der Aufstellung des Verkehrszeichens erfolgen.

Beispiel: Wegen eines bevorstehenden Karnevalsumzugs postieren Beamte der zuständigen Ordnungsbehörde fünf Tage vor dem Termin mobile Halteverbotsschilder entlang des Zugweges. Nach zwei Tagen werden die in der Verbotszone parkenden Fahrzeuge abgeschleppt, darunter auch jenes des F, der sein Fahrzeug bereits vor der Errichtung der mobilen Schilder dort geparkt und sich in Urlaub begeben hatte. Das Verkehrszeichen ist nach Maßgabe der StVO mit Aufstellung bekanntgegeben worden. Dies gilt auch in Bezug auf den im Urlaub weilenden F. Die Abschleppmaßnahme selbst ist nach dem Ansatz der Rechtsprechung rechtmäßig. Soweit die nachfolgende kostenrechtliche Inanspruchnahme des F neben der Rechtmäßigkeit der Abschleppmaßnahme aus Gründen der Zumutbarkeit auch einen hinreichenden Vorlauf der Beschilderung voraussetzt, ist dem allerdings nicht Genüge getan. Die Behörde hätte insoweit einen Vorlauf von mindestens drei vollen Tagen wahren müssen, was hier nicht geschehen ist.

Fragwürdig bleibt freilich die in der Rechtsprechung eher unkritische Betrachtung der zugrundeliegenden Vollstreckungsmaßnahmen selbst. Denn auch wenn man davon ausgeht, dass die von den mobilen Schildern ebenfalls erfassten schon abgestellten Fahrzeuge mit Wirksamwerden der Beschilderung nunmehr rechtswidrig abgestellt sind und damit eine Gefahr für die öffentliche Sicherheit begründen, unterliegen Maßnahmen der Verwaltungsvollstreckung ihrerseits dem Grundsatz der Verhältnismäßigkeit, insbesondere den dortigen Zumutbarkeitsanforderungen. Dies gilt umso mehr, als die Eingriffsintensität der Vollstreckungsmaßnahme durchaus gravierender sein kann als deren kostenrechtliche Abwicklung. Insofern wird man von den Behörden verlangen müssen, einen hinreichenden Vorlauf, soweit möglich, auch vor der Durchführung von Abschleppmaßnahmen selbst zu wahren. Gerade soweit es also um regelmäßig wiederkehrende bzw. planbare Maßnahmen, wie z. B. die Räumung des Zugweges für einen

Karnevalsumzug geht, erschiene es daher folgerichtig, die vom Bundesverwaltungsgericht formulierte **„Schonfrist"** bereits auf die **Durchführung der Vollstreckungsmaßnahmen** selbst zu erstrecken. Eine vor Ablauf der Schonfrist durchgeführte Abschleppmaßnahme wäre dann, soweit keine besondere Eilbedürftigkeit vorliegt, von vornherein als rechtswidrig einzustufen und dürfte dem Halter schon aus diesem Grunde nicht in Rechnung gestellt werden. Eine alternative Lösung läge darin, bereits das Inkrafttreten des mobilen Halteverbots selbst – etwa durch ein Zusatzzeichen – auf einen entsprechend nachgelagerten Termin zu verschieben.

Durchaus von Klausurenrelevanz ist auch die Frage, ob eine Abschleppmaßnahme 258
bereits deshalb als nicht erforderlich und daher unverhältnismäßig anzusehen ist, weil der Fahrzeugführer seine **Handynummer im Fahrzeug** hinterlassen hat. Soweit eine Ermittlung und Herbeiholung des Fahrzeugführers über die hinterlassene Nummer ohne Probleme möglich ist, wird man von der Unverhältnismäßigkeit einer standardmäßig durchgeführten Abschleppmaßnahme ausgehen müssen. Immerhin aber wird man einen situationsbezogenen Hinweis des Fahrers für erforderlich erachten müssen, das Fahrzeug jederzeit umzustellen. Die dauerhafte Anbringung der Handynummer an der Windschutzscheibe eines Fahrzeugs dokumentiert demgegenüber keine zuverlässige Erreichbarkeit des Fahrers und bietet insoweit keine gleich geeignete Alternative gegenüber der Abschleppmaßnahme.

Beispiel: Hinterlässt Fahrzeugführer F auf einem Zettel an der Windschutzscheibe Name, Rufnummer, Datum und Uhrzeit mit dem Hinweis, sich aktuell an einer bestimmten Stelle aufzuhalten und auf Rückruf sofort zum Fahrzeug zurückzukehren, wird eine ohne Kontaktversuch durchgeführte Abschleppmaßnahme zur Behebung eines einfachen Parkverstoßes im Regelfall als unverhältnismäßig einzustufen sein. Anderes gilt, wenn sich an der Windschutzscheibe lediglich ein eingeschweißtes Blatt mit einer Handynummer findet.

Eher seltener stellen sich Probleme hinsichtlich der **Zumutbarkeit einer Abschleppmaßnahme,** die jedenfalls dann vorliegen wird, wenn es zu einer konkreten Behinderung anderer Verkehrsteilnehmer gekommen ist (z.B. Parken auf Geh- und Radwegen). Bei qualifizierten Verstößen gegen die StVO (z.B. Parken in der Feuerwehrzufahrt) wird man bereits die Möglichkeit einer konkreten Behinderung ausreichen lassen müssen. Als regelmäßig unzumutbare und daher unverhältnismäßige Maßnahme dürfte demgegenüber etwa das Abschleppen eines Fahrzeugs nach Ablauf der erlaubten Parkzeit anzusehen sein, wenn in der Umgebung weiterhin hinreichend freier Parkraum zur Verfügung steht. Das OVG Münster hat darüber hinaus unlängst das routinemäßige Abschleppen stillgelegter, aber nicht verkehrsbehindernd abgestellter Fahrzeuge als unverhältnismäßig und die vorrangige Halterermittlung, soweit mit zumutbarem Aufwand durchführbar, als milderes Mittel eingeordnet (NZV 2018, 94). Hinter dieser Rechtsprechung steht der zutreffende Gedanke, dass Vollstreckungsmaßnahmen im Sofortvollzug die Ausnahme bleiben und nur dort Anwendung finden sollten, wo eine effektive Gefahrenabwehr im Rahmen des gestuften Verfahrens nicht gewährleistet ist.

VI. Kostenrecht

Gemäß § 77 Abs. 1 S. 1 VwVG werden für Amtshandlungen nach dem Verwaltungs- 259
vollstreckungsgesetz von dem Vollstreckungsschuldner bzw. dem Pflichtigen Kosten (Gebühren und Auslagen) erhoben. Nähere Bestimmungen hierzu trifft die nach § 77

Abs. 2 VwVG erlassene (Rechts-)Verordnung zum VwVG (Teil 4 der VO). Die Auferlegung einer Gebühr kann sich dabei auf § 8 i. V. m. § 15 VO VwVG stützen, die Auslagenerstattung erfolgt über § 20 VO VwVG. § 77 Abs. 1 S. 1 VwVG i. V. m. §§ 8, 15 und 20 Abs. 2 VO VwVG bilden damit eine eigenständige Ermächtigungsgrundlage für den Erlass eines Kostenbescheides gegen den Vollstreckungsschuldner. Der Kostenbescheid ist ein (verfügender) Verwaltungsakt, der mit der Anfechtungsklage angreifbar ist. Die für die Verwendung der Handlungsform des Verwaltungsakts erforderliche Handlungsermächtigung („Handlungsformvorbehalt") ist in den Bestimmungen mit erteilt.

Beachte: Der Kostenbescheid ist nicht nur „Titel" zur Durchsetzung der Zahlungspflicht, sondern bleibt nach Zahlung Rechtsgrund für die eingetretene Vermögensverschiebung; es liegt keine Erledigung i. S. d. § 43 Abs. 2 VwVfG vor. Begehrt der Kostenschuldner die Rückzahlung des von ihm bereits gezahlten Betrags, etwa weil er die kostenpflichtige Amtshandlung im Nachhinein für rechtswidrig erachtet, muss er vorab den Kostenbescheid aus der Welt schaffen (eingehend unten Rn. 262 a. E.).

Mit Blick auf die gesetzlichen Vorgaben für eine Kostenüberwälzung auf den Bürger bleibt die Geltendmachung entstandener Vollstreckungskosten über die Rechtsfigur einer *öffentlich-rechtlichen Geschäftsführung ohne Auftrag* (GoA) ausgeschlossen. Ob und inwieweit der Rückgriff auf die Regeln der öffentlich-rechtlichen GoA zulässig bleibt, wenn die Polizei- oder Ordnungsbehörde im Rahmen ihrer Eilkompetenz Gefahrenabwehrmaßnahmen im Aufgabenbereich *anderer Hoheitsträger* durchführt, ist dagegen umstritten.

Beispiel: Das Land NRW verlangt von der kreisfreien Stadt S Erstattung der Kosten für das polizeiliche Löschen eines Papierkorbbrandes. Das OVG NRW sah weder ein „objektiv fremdes Geschäft" noch ein „Handeln ohne Auftrag" und verneinte einen Erstattungsanspruch (OVG NRW, NJW 1986, 2526; anders insoweit BVerwG, NJW 1986, 2524 f., für die Beseitigung einer Ölverschmutzung auf einer Bundeswasserstraße).

Regelmäßig folgt das Verfahren der Kostenerhebung der abgeschlossenen Vollstreckung nach. Ausnahmsweise können Kosten allerdings auch im Voraus von dem Vollstreckungsschuldner erhoben werden, so etwa bei der Ersatzvornahme nach § 59 Abs. 2 S. 1 VwVG bzw. § 52 Abs. 2 S. 1 PolG. Wird eine rechtmäßig eingeleitete Ersatzvornahme abgebrochen, weil der Vollstreckungsschuldner die geforderte Handlung im letzten Moment ausführt, können ihm immerhin die bis dahin angefallenen Kosten (z. B. für die „Leerfahrt" des Abschleppunternehmers) auferlegt werden. Das Verfahren der Kostenerstattung stellt ein gegenüber dem Vollstreckungsverfahren **eigenständiges Verfahren** dar, das mit dem Erlass eines Kostenbescheides endet (§ 77 Abs. 4 VwVG i. V. m. § 14 Abs. 1 GebG). Die für das Vollstreckungsverfahren geltenden Sonderregelungen (§ 28 Abs. 2 Nr. 5 VwVfG, § 112 JustG) gelten somit nicht für die Kostenerhebung. Dies gilt auch für den Sonderfall des § 59 Abs. 2 S. 1 VwVG, denn auch hierbei zählt der Kostenvorschuss nicht zu den nach dem Vollstreckungsrecht zugelassenen Zwangsmitteln (str.). Die für Amtshandlungen nach § 77 Abs. 1 S. 1 VwVG erhobenen Kosten stellen nach h. M. weder *„öffentliche Abgaben oder Kosten"* i. S. d. § 80 Abs. 2 S. 1 Nr. 1 VwGO (keine Budgetrelevanz) noch Maßnahmen in der Verwaltungsvollstreckung nach § 112 JustG NRW dar. Soweit hiernach die Anfechtungsklage gegen einen Kostenbescheid nach § 80 Abs. 1 S. 1 VwGO aufschiebende Wirkung zu entfalten vermag, hat der Gesetzgeber im Jahre 2016 eine Sonderregelung in § 59 Abs. 1 S. 2 VwVG kodifiziert, dem zufolge *„entsprechende Kostenanforderungen (...) sofort vollziehbar* *(sind)"*. Für ordnungsbehördliche Kostenbescheide zur Abrechnung einer Ersatzvornahme ist damit von einer sofortigen Vollziehbarkeit auszugehen. Anders als das Verwaltungsvollstreckungsgesetz formuliert das Polizeigesetz kein eigenständiges Kostenrecht. Immerhin aber verweisen die polizeigesetzlichen Regelungen zur Sicherstellung (§ 46 Abs. 3 S. 3 PolG) sowie zur Ersatzvornahme (§ 52 Abs. 1 S. 2 PolG) auf § 77 VwVG, so dass die kostenrechtliche Ermächtigungsnorm des § 77 VwVG i.V.m. § 20 VO VwVG entsprechende Anwendung findet. Ob die Verweisung bezüglich der Abrechnung einer Ersatzvornahme (§ 52 Abs. 1 S. 2 PolG) auch auf die sofortige Vollziehbarkeitsanordnung des § 59 Abs. 1 S. 2 VwVG erstreckt werden kann, erscheint fraglich und dürfte eher zu verneinen sein. Keine kostenrechtliche Ermächtigungsgrundlage sieht das Polizeigesetz für den unmittelbaren Zwang vor (OVG NRW, OVGE 7, 27, 28f., das allerdings – nicht überzeugend – über eine zivilrechtliche GoA nachdenkt). Insbesondere gestattet der für die Eingriffsverwaltung verbindliche Vorbehalt des Gesetzes keine analoge Anwendung des § 77 VwVG zur Schließung einer etwaigen Regelungslücke (zu zivilrechtlichen „Behelfslösungen" s. unten Rn. 293a).

Beachte: Dies gilt auch im Hinblick auf die in neuerer Zeit vermehrt diskutierte gebührenrechtliche Inanspruchnahme von Fußballvereinen für polizeiliche Sicherungsmaßnahmen, die lediglich auf der Grundlage spezieller gebührenrechtlicher Eingriffsermächtigungen denkbar wäre (vgl. hierzu etwa § 4 Abs. 4 BremGebBeitrG; zu der derzeit heftig diskutierten Frage der Zulässigkeit derartiger Gebührentatbestände vgl. *Pötsch,* NVwZ 2018, 868; BVerwG, Urt. v. 29.3.2019, Az. 9 C 4.18).

Zentrale tatbestandliche Voraussetzung für das Entstehen eines Kostenerstattungsan- **260**
spruchs nach § 77 Abs. 1 S. 1 VwVG i.V.m. § 8 VO VwVG ist das Vorliegen einer *„Amtshandlung"*. Amtshandlungen i.S.d. Gesetzes sind ausschließlich **rechtmäßige Amtshandlungen** (zuletzt OVG NRW, DVBl. 2008, 803 L; s. auch den Kostenerlass bei „unrichtiger Sachbehandlung" nach § 21 Abs. 1 VO VwVG). Die materielle Rechtmäßigkeit eines Kostenbescheides nach § 77 VwVG i.V.m. § 20 VO VwVG hängt somit maßgeblich von der Rechtmäßigkeit der zugrundeliegenden Vollstreckungsmaßnahme ab. Speziell für Kostenbescheide im Anschluss an den sofortigen Vollzug einer Ersatzvornahme kann dies zu einem äußerst verschachtelten Prüfungsaufbau führen.

Beispiel: Autoknacker A hat mit dem PKW des F einen Unfall verursacht und den Unfallort verlassen. Die Polizei räumt das ausgebrannte Wrack von der Straße und zieht F per Bescheid zu den Kosten der Ersatzvornahme heran. Die materielle Rechtmäßigkeit des Kostenbescheides (vgl. Abb. 10) hängt ab von der Rechtmäßigkeit der Ersatzvornahme im sofortigen Vollzug. Die Rechtmäßigkeit der Ersatzvornahme im sofortigen Vollzug (vgl. Abb. 9) hängt wesentlich davon ab, ob die Behörde *„im Rahmen ihrer Befugnisse gehandelt hat"*, also eine entsprechende (hypothetische) Grundverfügung (Beseitigung des Wracks) gegen F hätte erlassen dürfen. Dies wiederum (vgl. Abb. 6) hängt davon ab, ob F im Rahmen einer Grundverfügung als Zustandsstörer hätte in Anspruch genommen werden dürfen, was sich wiederum nach der Auslegung des § 5 Abs. 2 S. 2 PolG (*„ausübt"*) bestimmt (zur Lösung des Falles oben Rn. 99).

Zu beachten ist, dass die Rechtmäßigkeit einer Vollstreckungsmaßnahme nach dem Wortlaut von § 55 Abs. 1 VwVG bzw. § 50 Abs. 1 PolG zunächst das Vorliegen eines (wirksamen) Verwaltungsakts voraussetzt. Die Rechtmäßigkeit dieses sog. Grundverwaltungsaktes bleibt nach dem Gesetzeswortlaut ohne Bedeutung (so auch die Grundregel des § 43 Abs. 2 VwVfG; hierzu oben Rn. 252). Einleuchtend ist dies vor allem dort, wo die Grundverfügung in Bestandskraft erwachsen ist. Hier kann die Rechtmäßigkeit der „Amtshandlung" richtigerweise nicht mehr mit dem Argument bestritten werden, dass der bestandskräftige Grundverwaltungsakt rechtswidrig gewesen sei (offenlassend OVG NRW, BeckRS 2010, 51203 für die kostenrechtliche Abwicklung einer Sicherstellung). Nicht ganz so eindeutig ist die rechtliche Bewertung immerhin aber in dem Fall, dass der Vollstreckungsmaßnahme und dem Kostenbescheid eine noch nicht bestandskräftige Grundverfügung zugrunde liegt. Richtigerweise dürfte einer Klage gegen den Kostenbescheid in diesem Fall eine weitere Klage (objektive Klagehäufung) auch gegen die noch anfechtbare Grundverfügung immanent sein, die im Erfolgsfalle (rückwirkend!) die Grundverfügung und mit ihr die Rechtmäßigkeit zunächst der Vollstreckungsmaßnahme („Amtshandlung") sowie in der weiteren Folge auch die des Kostenbescheides entfallen ließe. Derartige Fälle dürften in der Praxis allerdings eher selten anzutreffen sein (vgl. hierzu mit Fallbeispiel oben Rn. 243).

Beachte: Soweit die abzurechnende „Amtshandlung" ihrerseits einen Verwaltungsakt darstellt, was bei Klausuren zur Ersatzvornahme indes nur selten der Fall sein wird, kann deren Rechtswidrigkeit nach Eintritt der Bestandskraft nicht mehr geltend gemacht werden. Diese Rechtsfolge ist dann auch bei der Prüfung des Kostenbescheides zu beachten (offenlassend OVG NRW, BeckRS 2010, 51203).

Einer differenzierten Bewertung bedarf ferner die kostenrechtliche Inanspruchnahme von **Anscheins- und Verdachtsstörern** (oben Rn. 107). Neben der Rechtmäßigkeit der Amtshandlung wird hier zu verlangen sein, dass die in Anspruch genommenen Personen den Anschein der Gefahr oder die den Gefahrenverdacht begründenden Umstände auch tatsächlich zurechenbar verursacht haben. Eine ex ante-Betrachtung vermag hier also die kostenrechtliche Inanspruchnahme für sich genommen nicht zu rechtfertigen. Eine kostenrechtliche Inanspruchnahme derjenigen Anscheinsstörer, die den Anschein nicht zu vertreten haben, wäre auch deshalb widersprüchlich und im Ergebnis sinnlos, weil diesen ein Entschädigungsanspruch analog bzw. parallel zu § 39 Abs. 1 lit. a OBG ggf. i. V. m. § 67 PolG zusteht (hierzu unten Rn. 285). Ob diese Trennung zwischen einer gefahrenrechtlichen „Primärebene" und einer kostenrechtlichen „Sekundärebene" zugleich ein hinreichend tragfähiges Argument sein kann, um die durch eine Anscheinsgefahr verursachten Polizeikosten auf den wahren Verursacher der Anscheinsgefahr abzuwälzen, erscheint allerdings fraglich (hierzu oben Rn. 108).

Beispiel: Das Fahrzeug des A wird durch die später eingeparkten Fahrzeuge des B und des C am Ausparken gehindert. Aufgrund von Zeugenaussagen geht die Polizei davon aus, dass B zuletzt eingeparkt und die Ausfahrtmöglichkeit versperrt hat, tatsächlich war es aber der C. Auch wenn hier auf der Primärebene ein polizeiliches Vorgehen gegen B als „Anscheinsstörer" gerechtfertigt ist, scheidet dessen kostenrechtliche Inanspruchnahme bei der nunmehr anzustellenden ex post-Betrachtung aus; hieraus kann allerdings nicht gefolgert werden, dass die Kosten der Ersatzvornahme (§ 77 Abs. 1 S. 1 VwVG i. V. m. § 50 Abs. 2, § 52 Abs. 1 S. 2 PolG) ohne Weiteres dem C auferlegt werden könnten. Denn die durchgeführte Maßnahme (Abschleppen des Fahrzeuges des B) ersetzte selbst dann keine von C geschuldete Maßnahme, wenn man von dessen Verantwortlichkeit ausgeht. C war vielmehr zur Beseitigung des eigenen Fahrzeuges verpflichtet, nicht aber zur Beseitigung des Fahrzeuges des B (anders OVG NRW, NJW 1993, 2698, sowie zuletzt auch VG Bremen, BeckRS 2015, 54770).

261 Zu den tatbestandlichen Voraussetzungen eines Kostenbescheides zählen ferner die Wahl des richtigen Kostenschuldners sowie die Erstattungsfähigkeit der angesetzten

Kosten. Letzteres Rechtmäßigkeitserfordernis bestimmt sich nach Maßgabe der gem. § 77 Abs. 2 VwVG erlassenen Ausführungsverordnung. Aus dem Normtext des § 77 VwVG wird nicht ganz deutlich, ob es sich bei der kostenrechtlichen Inanspruchnahme von der *Rechtsfolgenseite* her um eine gebundene Entscheidung oder eine Ermessensentscheidung handelt. Während die Gesetzesformulierung des Absatzes 1 (*„werden erhoben"*) eher für eine gebundene Entscheidung zu sprechen scheint, dürfte sich aus der kostenrechtlichen Verordnungsermächtigung der Absätze 2 und 4 S. 2 die Zulässigkeit verordnungsgeberisch festzulegender Ermessensspielräume ergeben. Entsprechende Spielräume gewährt die Ausführungsverordnung namentlich durch § 24 Abs. 2 VO VwVG. Die sachlich recht eng gefasste Verordnungsbestimmung kann im Wege der *Analogie ad bonam partem* (zu Gunsten des Bürgers) auch für andere Fallgruppen besonderer Härte fruchtbar gemacht werden. Insoweit kommt § 24 Abs. 2 VO VwVG namentlich als potentielle „Einbruchstelle" für die vom Bundesverfassungsgericht in seiner *Altlasten*-Entscheidung (NJW 2000, 2573; hierzu oben Rn. 100) entwickelten eigentumsrechtlichen Restriktionen der Inanspruchnahme des Zustandsverantwortlichen in Betracht. Im Ergebnis bedeutet dies, dass die Kostenentscheidung nach § 77 VwVG zumindest partiell als **Ermessensentscheidung** anzusehen ist, ein Kostenbescheid also im Einzelfall auch aufgrund eines Ermessensfehlers rechtswidrig sein kann. Soweit im Rahmen der Androhung einer Ersatzvornahme die *„voraussichtlichen Kosten"* der Maßnahme angegeben werden sollen (§ 63 Abs. 4 VwVG bzw. § 56 Abs. 4 PolG), wird hierdurch die spätere Einforderung tatsächlich entstandener höherer Kosten nicht gehindert. Allerdings bleibt die Behörde verpflichtet, vorhersehbare wesentliche Kostensteigerungen zeitig mitzuteilen; Verstöße gegen diese Pflicht können amtshaftungsrechtlich relevant sein (BVerwG, NJW 1984, 2591).

Die Prüfung der Rechtmäßigkeit eines Kostenbescheides folgt demnach dem in Abbildung 10 dargestellten Schema: **262**

Abb. 10: Rechtmäßigkeit eines Kostenbescheides

Rechtmäßigkeit eines Kostenbescheides
I. Ermächtigungsgrundlage – Für ordnungsbehördliche Vollstreckungsmaßnahmen: § 77 Abs. 1 S. 1 VwVG i. V. m. §§ 8, 15, 20 VO VwVG – Für polizeiliche Vollstreckungsmaßnahmen: § 46 Abs. 3 bzw. § 52 Abs. 1 S. 2 PolG i. V. m. § 77 Abs. 1 VwVG, §§ 8, 15, 20 VO VwVG
II. Formelle Rechtmäßigkeit – Zuständigkeit: § 77 Abs. 1 S. 2 VwVG – Anhörung: § 28 Abs. 1 VwVfG (kein Fall des Abs. 2 Nr. 5) – Form: § 77 Abs. 4 S. 1 VwVG iVm. § 14 Abs. 1 S. 3 GebG – Begründung: § 39 VwVfG – Bekanntgabe: § 41 VwVfG

III. Materielle Rechtmäßigkeit
– Rechtmäßigkeit der zugrundeliegenden Amtshandlung
  – bei Vollstreckung im sofortigen Vollzug entsprechend Abb. 9
  – bei Vollstreckung im gestuften Verfahren entsprechend Abb. 8
– Richtiger Kostenschuldner
– Erstattungsfähigkeit der angesetzten Kosten (nach § 20 VO VwVG)
– Fälligkeit der angesetzten Kosten mit Entstehung (§ 20 Abs. 4 S. 1 VO VwVG)
– Ordnungsgemäße Ermessensausübung (Härtefallregelung § 24 Abs. 2 VO VwVG)

Eine besondere Fallkonstellation ergibt sich, wenn der Vollstreckungsschuldner die durch Leistungsbescheid eingeforderte Zahlung bereits getätigt, sein Geld aber im

Nachhinein wegen der erkannten Rechtswidrigkeit der Maßnahme wieder herausverlangt. Einschlägige Anspruchsgrundlage ist hier § 77 Abs. 4 VwVG i.V.m. § 21 Abs. 1 GebG. Zu beachten ist hier, dass der wirksame Kostenbescheid ungeachtet seiner möglichen Rechtswidrigkeit Rechtsgrund für die erfolgte Vermögensverschiebung ist (§ 43 Abs. 2 VwVfG), das Geld also nur herausverlangt werden kann, wenn und soweit der Kostenbescheid zuvor bzw. gleichzeitig aufgehoben wird (unklar § 21 Abs. 2 GebG). Der Kostenschuldner muss also primär Anfechtungsklage gegen den (noch nicht bestandskräftigen) Kostenbescheid erheben, was dem Begehren regelmäßig inzident zu entnehmen ist (§ 88 VwGO). Diese Anfechtungsklage kann gem. § 113 Abs. 4 VwGO ausnahmsweise (siehe § 167 Abs. 2 VwGO) sogleich mit einer Leistungsklage auf Rückzahlung des Geldes verknüpft werden. Ist der zugrundeliegende Kostenbescheid bestandskräftig geworden, kommt eine Erstattung (und damit inzidente Rücknahme des Kostenbescheides) gem. § 21 Abs. 1 Hs. 2 GebG nur noch „aus Billigkeitsgründen“ in Betracht.

VII. Anhang

263 **Literatur:** *Beaucamp,* Verwaltungsrechtliche Fragen rund um das Verkehrszeichen, JA 2008, 612ff.; *Buschmann/Schiller,* Rechtsstaatliche Regelung für den polizeilichen Todesschuss in NRW, NWVBl. 2007, 249ff.; *Fischer,* Das polizeiliche Abschleppen von Kraftfahrzeugen, JuS 2002, 446ff.; *Götz,* Das Urteil gegen Daschner im Lichte der Werteordnung des Grundgesetzes, NJW 2005, 953ff.; *Grabenwarter,* Androhung von Folter und faires Verfahren – Das (vorläufig) letzte Wort aus Straßburg, NJW 2010, 3128ff.; *Horn,* Verwaltungsvollstreckung, JURA 2004, 447ff., 597ff.; *Jerouschek,* Gefahrenabwendungsfolter – Rechtsstaatliches Tabu oder polizeirechtlich legitimierter Zwangseinsatz, JuS 2005, 296ff.; *Klenke,* Rechtsfragen im Zusammenhang mit ordnungsbehördlichen Reaktionen auf das verbotswidrige Abstellen von Kfz im öffentlichen Verkehrsraum, NWVBl. 1994, 288ff.; *Muckel,* Verwaltungsvollstreckung in der Klausur, JA 2012, 272ff. und 2012, 355ff.; *Pietzcker,* Der „Rechtswidrigkeitszusammenhang“ beim Verwaltungszwang, FS W.-R. Schenke, 2011, S. 1045ff.; *Pötsch,* Die Kostentragung für Polizeieinsätze bei Fußballspielen – eine neue Verwaltungsgebühr ante portas?, NVwZ 2018, 868ff.; *Voßkuhle/Wischmeyer,* Grundwissen – Öffentliches Recht: Verwaltungsvollstreckung, JuS 2016, 698ff.; *Werner,* Grundzüge des Verwaltungszwangsverfahrens in NRW, VR 1999, 73ff.; *Wißmann/Klomp,* Grundzüge des Verwaltungsvollstreckungsrechts, AD LEGENDUM 1/2019, 68ff.

Klausurbearbeitung: *Beaucamp,* Kosten für die Blockade, JURA 2007, 619ff.; *Bodanowitz,* Anscheinend falsch geparkt, JuS 1996, 911ff.; *Burgi/Teuber,* Die Folter im Polizeirecht, NWVBl. 2004, 401ff.; *Dietlein/Hellermann,* „Verschneites Verkehrszeichen“, in: Klausurenbuch Öffentliches Recht in NRW, 3. Aufl. 2021, Fall 18; *dies.,* „Bellender Hund“, ebda., Fall 19; *Drüen/Krumm,* Die fordernde Selbstmordkandidatin, NWVBl. 2004, 359ff.; *Enders/Jäckel,* Umweltschädlicher Kraftstoffdiebstahl, JuS 2018, 150ff.; *Hong,* Altes und Neues zum Abschleppen und zur Bekanntgabe und Anfechtung von Verkehrszeichen, JURA 2012, 473ff.; *Meister,* Der Pkw mit den abgefahrenen Reifen, JA 2011, 359ff.; *Muckel,* Kein Auto nach dem Urlaub, NWVBl. 2004, 285ff.; *Ost,* Abgeschleppt, NWVBl. 2005, Beilage zu Heft 6, 25ff.; *Puttler,* Rentner Rüstig, JA 2001, 669ff.; *Sasse,* Der fehlgeschlagene Abschleppschutz, NdsVBl. 2008, 329ff.; *Seidl/Bartsch,* My Home is my castle – Polizeibesuch unerwünscht, JURA 2011, 297ff.; *Weber,* Leipziger Ersatzvornahme, JA 2007, 627ff.

Kontrollfragen:

1. Welche Arten von Zwangsmitteln kennt das Verwaltungsvollstreckungsrecht?
2. Welche Maßnahme verbirgt sich hinter dem Abschleppen eines PKW?
3. Wie sind die Androhung und Festsetzung eines Zwangsmittels rechtlich einzuordnen?
4. Wodurch unterscheidet sich der sofortige Vollzug vom gestuften Verfahren?
5. Ist die Rechtmäßigkeit der Amtshandlung Voraussetzung für das Entstehen eines Kostenerstattungsanspruchs?
6. Welchen Vorlauf hält das BVerwG für Abschleppmaßnahmen bei mobilen Halteverbotszeichen für notwendig? Auf welcher Prüfungsebene wird dies relevant?

M. Polizeiliches Haftungsrecht

Angesichts der hohen Eingriffsintensität sowie der potentiellen Schadensträchtigkeit polizei- und ordnungsbehördlicher Gefahrenabwehrmaßnahmen stellt sich in den unterschiedlichsten Sachverhaltskonstellationen die Frage nach einem finanziellen Ausgleich der in Anspruch genommenen oder sonst wie durch einen Polizeieinsatz in ihren Rechtsgütern beeinträchtigten Personen. Zu denken ist etwa an: 264

- das Opfer eines *rechtswidrigen Einsatzes,*
- das Opfer eines *rechtswidrigen Unterlassens* der Behörden,
- den in Anspruch genommenen *(Anscheins-)Störer,* der nicht ursächlich für die (Anscheins-)Gefahr war,
- den von der Behörde in Anspruch genommenen *Nichtstörer* oder
- einen durch einen rechtmäßigen Einsatz zufällig geschädigten *Unbeteiligten.*

Zu den elementaren Grundsätzen eines **Rechtsstaates** zählt es, dass jedenfalls *Unrechts*handlungen des Staates, soweit sie nicht von vornherein zu vermeiden oder zumindest nachträglich „umkehrbar" sind, finanziell ausgeglichen werden. Im Einzelnen erweist sich das einfachgesetzlich formulierte Schadensersatz- und Entschädigungsrecht dabei freilich als äußerst kompliziert. Versucht man die unterschiedlichen Fallkonstellationen systematisch zu differenzieren, stellt sich zum einen die Frage nach möglichen Ausgleichsansprüchen wegen **rechtswidrigen Behördenhandelns,** etwa wegen eines unverhältnismäßigen Polizeieinsatzes, zum anderen die Frage nach möglichen Ausgleichsansprüchen für eine **rechtmäßige Inanspruchnahme** des Bürgers, etwa wegen „an sich" rechtmäßiger Maßnahmen gegen einen Nichtstörer oder Anscheinsstörer.

Gemeinhin wird im juristischen Sprachgebrauch zwischen Schadensersatz und Entschädigung unterschieden. Dabei soll der Schadensersatz den Geschädigten so stellen, als wenn das Schadensereignis nie stattgefunden hätte. Die Entschädigung soll dagegen lediglich einen angemessenen Nachteilsausgleich gewähren, der in der Regel hinter einem vollen Schadensersatz zurückbleiben kann und wird. Eine Entschädigung erfolgt typischerweise zur Kompensation rechtmäßiger Beeinträchtigungen, während Schadensersatzpflichten regelmäßig Folge rechtswidriger Schädigungen sein werden. Allerdings finden sich auch Mischkonstellationen. So sieht etwa § 39 Abs. 1 lit. b OBG für schuldlos rechtswidrige Maßnahmen der Behörden lediglich eine Entschädigung (s. § 40 Abs. 1 OBG: insbes. ohne den Ersatz entgangenen Gewinns, s. u. Rn. 280) vor, die hinter dem Umfang eines Schadensersatzanspruchs z. B. aus Amtshaftung zurückbleibt (s. § 40 Abs. 5 OBG). Allerdings ist die Diktion in den §§ 39 ff. OBG keineswegs stringent. 265

I. Haftung für rechtswidrige Handlungen

Ausgleichsansprüche wegen rechtswidriger Handlungen der Polizei- und Ordnungsbehörden können sich auf unterschiedliche Anspruchsgrundlagen stützen. Prüfungsbedürftig ist zum einen der allgemeine und *verschuldensabhängige* Schadensersatzanspruch aus **„Amtshaftungsanspruch"** nach § 839 BGB i. V. m. Art. 34 GG, zum anderen der spezifisch gefahrenabwehrrechtliche und *verschuldensunabhängige* **Entschädigungsanspruch aus § 39 Abs. 1 lit. b OBG.** Letztgenannter Anspruch wird über § 67 PolG in das Polizeigesetz rezipiert, gilt also entsprechend für rechtswidrige Maßnahmen der Polizeibehörden. Wegen ihrer unterschiedlichen inhaltlichen Ausrichtung sowie des unterschiedlichen Haftungsumfanges sind beide Anspruchsgrundlagen nebeneinander anwendbar (s. auch § 40 Abs. 5 OBG). 266

1. Der Amtshaftungsanspruch des § 839 BGB i. V. m. Art. 34 GG

267 Grundnorm des allgemeinen „Amtshaftungsanspruchs" ist § 839 BGB. Die zivilrechtliche Norm begründet zunächst eine rein **private Haftung** des rechtswidrig handelnden Beamten. § 839 BGB erweist sich insoweit als Relikt des monarchischen Systems der Frühzeit des BGB, als rechtswidrige Maßnahmen des Staates i. S. persönlicher Verfehlungen des handelnden Beamten gedeutet wurden (*„the king can do no wrong"* bzw. *„rex non potest peccare"*). Zu einer wirklichen **„Staatshaftung"** wird die Regelung des § 839 BGB erst durch die Überleitung dieser (persönlichen) Haftung auf den Staat, wie sie Art. 34 GG anordnet (ebenso bereits Art. 131 WRV). § 839 BGB und Art. 34 GG müssen somit heute grundsätzlich als zusammengesetzte „Verbundnorm" gelesen werden und begründen einen Schadensersatzanspruch dann, wenn ein Beamter in Ausübung eines ihm anvertrauten öffentlichen Amtes schuldhaft, nämlich vorsätzlich oder fahrlässig, die ihm einem Dritten gegenüber obliegende Amtspflicht verletzt. Die Haftungsüberleitung stellt aus Sicht des Beamten eine **befreiende Schuldübernahme** durch den Staat dar. Zugleich ergibt sich aus der Überleitungskonstruktion des Amtshaftungsanspruches, dass dieser niemals auf die Durchführung einer (dem privaten Beamten gar nicht möglichen!) *amtlichen* Handlung, sondern stets nur auf **finanziellen Ausgleich** (Geldersatz einschließlich des Ausgleichs entgangenen Gewinns sowie eines Schmerzensgeldes) gerichtet sein kann. Jenseits des in § 253 Abs. 2 BGB normierten Schmerzensgeldes besteht nach § 839 BGB i. V. m. Art. 34 GG ferner ein Anspruch auf Ersatz für immaterielle Schäden im Falle schwerer Persönlichkeitsrechtsverletzungen (LG Frankfurt, JR 2012, 36 ff.: Folterdrohung durch Polizeibeamte). Immerhin kann sich ein Anspruch auf die Beseitigung der rechtswidrigen Folgen eines Polizeieinsatzes aus dem ungeschriebenen, heute gleichwohl gewohnheitsrechtlich anerkannten sog. **„Folgenbeseitigungsanspruch"** ergeben (hierzu unten Rn. 289). Im Folgenden sollen die Grundprobleme einer Subsumtion polizeirechtlicher Fallkonstellationen unter den Amtshaftungsanspruch näher dargelegt werden.

a) Der haftungsrechtliche Beamtenbegriff

268 Unproblematisch zu bejahen ist in der Regel die Beamteneigenschaft der handelnden Polizei- und Ordnungsbeamten. Dies umso mehr, als die Amtshaftung nicht an den *statusrechtlichen* Beamtenbegriff anknüpft, sondern an die *Rechtsnatur der wahrgenommenen Aufgabe*. Aufgrund dieser Deutung der Amtshaftung als echte „Funktionshaftung" unterfallen auch Angestellte des Ordnungsamtes sowie bloße „Verwaltungshelfer" (z. B. Schülerlotsen; beauftragte private Abschleppunternehmer) dem sog. **„haftungsrechtlichen Beamtenbegriff"** aus § 839 BGB i. V. m. Art. 34 GG. Auf die Ausgestaltung des „Innenverhältnisses" zwischen Amtswalter und „Dienstherrn" kommt es nicht an, so dass – zumal im Bereich der Eingriffsverwaltung – auch private „Auftragnehmer" dem haftungsrechtlichen Beamtenbegriff unterfallen, soweit sie gleichsam als „Werkzeug" bzw. als „Erfüllungsgehilfen" der Behörde herangezogen werden. Eine solche Zuordnung liegt dabei umso näher, *„je stärker der hoheitliche Charakter der Aufgabe in den Vordergrund tritt, je enger die Verbindung zwischen der übertragenen Tätigkeit und der von der Behörde zu erfüllenden hoheitlichen Aufgabe und je begrenzter der Entscheidungsspielraum des Unternehmers ist"* (BGH, NJW 2014, 2577).

Beispiel: F ist angestellter Fahrer in einem Abschleppunternehmen. Auf Anforderung der Polizei soll F ein von der Fahrbahn abgekommenes Fahrzeug bergen. Bei der Bergung versäumt es F, das zur Bergung eingesetzte Drahtseil für den Verkehr kenntlich zu machen bzw. die Straße während der Bergung abzusperren. Ein entgegenkommendes Fahrzeug rast in das Seil, die Fahrerin verletzt sich schwer. F handelt hier als „Erfüllungsgehilfe" der Polizei und damit hoheitlich. Die haftungsrechtliche Verantwortlichkeit liegt beim Land als Träger der Polizei (Fall nach BGH, NJW 1993, 1258f.).

Soweit sich die Amtshaftung auf Handlungen von Personen bezieht, die keine Beamten im *statusrechtlichen* Sinne sind (Angestellte, Verwaltungshelfer), wird deren persönliche Haftung, die sich aus § 823 BGB und – wie im vorliegenden Fall – ggf. kumulativ aus § 18 StVG (Verschuldenshaftung des Fahrzeugführers) ergeben kann, ebenfalls durch befreiende Schuldübernahme der öffentlichen Hand blockiert. Anderes gilt immerhin für die (verschuldensunabhängige) Haftung des Kfz-Halters nach § 7 StVG, die durch § 839 BGB i. V. m. Art. 34 GG nicht berührt wird.

b) Handeln in öffentlich-rechtlicher Form

Nach h. M. ergibt sich aus dem Tatbestandsmerkmal der „Ausübung eines öffentlichen Amtes", dass nur ein spezifisch *öffentlich-rechtliches* Tätigwerden einen Amtshaftungsanspruch begründen kann (str.). Für das Polizei- und Ordnungsrecht ist ein derartiges öffentlich-rechtliches Tätigwerden regelmäßig zu bejahen. Dennoch können auch hier Zweifelsfragen auftauchen, wenn ein Schadensereignis keinen zweifelsfrei dienstlichen Konnex aufweist. **269**

Beispiel: Um seine jederzeitige Einsatzbereitschaft sicherzustellen, nimmt Polizist P seine Dienstwaffe mit Billigung des Dienstherrn abends mit nach Hause. Der dreijährige Sohn des P findet die Waffe und gibt ungewollt einen Schuss ab, durch den Fußgänger F schwer verletzt wird. Da hier gleichwohl ein enger innerer und äußerer Bezug zur öffentlich-rechtlichen Aufgabenwahrnehmung des P vorliegt, liegt ein Fall der Amtshaftung wegen Verletzung der Obhutspflichten durch P vor (so auch BGH, DVBl. 2000, 482).

An einem dienstlichen Bezug wird es dagegen regelmäßig fehlen, wenn ein Beamter reine Privatfahrten *(„Schwarzfahrten")* mit dem Streifenwagen durchführt (str., vgl. BGHZ 124, 15).

c) Amtspflichtverletzung – Drittbezug – Kausalität

Zentrale Anspruchsvoraussetzung für einen Amtshaftungsanspruch nach § 839 BGB i. V. m. Art. 34 GG ist die Verletzung einer einem Dritten gegenüber bestehenden Amtspflicht. Hierbei reicht also nicht jegliche Dienstpflichtverletzung; vielmehr muss es gerade um solche Pflichten gehen, die dem Schutze des Geschädigten zu dienen bestimmt sind. Zu den wichtigsten *allgemeinen* Amtspflichten in diesem Sinne zählen etwa: **270**
- die Pflicht zur sorgfältigen Sachverhaltsermittlung,
- die Pflicht, unerlaubte Handlungen bzw. eine ungerechtfertigte Beschädigung privater Güter Dritter zu unterlassen, sowie
- die Pflicht zur fehlerfreien Ermessensausübung.

Im Rahmen des Polizei- und Ordnungsrechtes werden rechtswidrige Maßnahmen regelmäßig auf eine Verletzung drittschützender Amtspflichten rückführbar sein. Allerdings sind auch hier Ausnahmen denkbar, etwa im Falle einer Verletzung polizeilicher Regelungen, die ausschließlich dem Eigenschutz der Beamten zu dienen bestimmt sind.

Beispiel: Der Polizeibeamte P missachtet bei einem Gefangenentransport Vorschriften über die Durchsuchung der zu transportierenden Person nach Waffen sowie über die Sitzordnung im Fahrzeug. Der Gefangene G nutzt diese Nachlässigkeit für einen gewalttätigen

Ausbruchversuch, bei dessen Abwehr er durch P schwer verletzt wird. Die von P missachteten Vorschriften bestehen allein zum Schutz der handelnden Beamten und nicht im Interesse des G. Aus der Verletzung dieser Vorschriften kann G keinen Amtshaftungsanspruch ableiten (Fall nach OLG Celle, NJW-RR 2001, 1033).

Auch das **Unterlassen** eines Einschreitens enthält die Verletzung einer drittschützenden Amtspflicht dann, wenn das Entschließungsermessen in Anbetracht einer dem Individuum drohenden Gefahr auf Null reduziert war.

Beispiel: Die Ordnungsbehörde hat mehrere Anzeigen wegen gefährlicher Attacken eines von dem 20-jährigen K gehaltenen Kampfhundes erhalten, die sich sowohl gegen Tiere als auch gegen Menschen richteten. Die behördliche Reaktion beschränkte sich auf die Anordnung eines Leinenzwanges, der gleichwohl weitere Übergriffe nicht verhindern konnte. Nachdem der Hund in der Folgezeit einen kleinen Jungen schwer verletzt, verlangen die Eltern von der Behörde Schadensersatz wegen rechtswidriger Untätigkeit. Eine Amtspflichtverletzung liegt unzweifelhaft vor, da die Behörde längst ein Verbot der Hundehaltung gegen K hätte aussprechen müssen (§ 12 Abs. 2 LHundeG). Die Handlungspflicht bestand auch zum Schutze des verletzten Jungen (LG Köln, NVwZ 1999, 1027 f.).

Auch für die ordnungsbehördliche **Verordnungsgebung** (Rn. 230 ff.) ist ein solcher Drittbezug nicht von vornherein ausgeschlossen. Zwar erfasst die Amtshaftung nicht die im Allgemeininteresse erfolgende Normsetzung, was grundsätzlich auch die Verordnungsgebung einschließt. Anderes kann aber gelten, wenn und soweit die Verordnung einen räumlich und zeitlich begrenzten Geltungsbereich aufweist und iS. eines Maßnahmegesetzes die Belange Dritter berührt (zuletzt OLG Frankfurt, NZM 2020, 238). Allerdings dürfte sich insoweit regelmäßig ein gesonderter Begründungsaufwand ergeben.

Lediglich ausnahmsweise kann eine Amtspflichtverletzung trotz der Rechtswidrigkeit einer Maßnahme fehlen; dies etwa dann, wenn der Beamte (pflichtgemäß) auf Anordnung eines Weisungsberechtigten gehandelt hat (§ 59 PolG mit den Einschränkungen in Abs. 2 und 3). Allerdings wird insoweit regelmäßig eine Amtspflichtverletzung des anweisenden Vorgesetzten vorliegen. Ebenso wie im Rahmen allgemeiner Deliktsnormen ist schließlich auch im Kontext der Amtshaftung der *Kausalität einer Amtspflichtverletzung* für einen entstandenen Schaden stets besonderes Augenmerk zu widmen.

d) Verschulden

271 Die problematischste Voraussetzung des Amtshaftungsanspruches ist das Erfordernis des Verschuldens (Vorsatz oder Fahrlässigkeit). Mit diesem Kriterium knüpft die Amtshaftung an die *subjektive Vorwerfbarkeit* des Verhaltens an, die damit strikt von dem Aspekt der festgestellten Rechtswidrigkeit der Handlung zu trennen ist. Anders gewendet entfällt der Amtshaftungsanspruch also trotz festgestellter Amtspflichtverletzung, wenn und soweit dem handelnden Beamten ein subjektives Verschulden nicht nachgewiesen werden kann bzw. ein solches nicht besteht. Insbesondere setzt ein Verschuldensvorwurf die *Schuldfähigkeit* des Amtswalters voraus (§ 827 BGB).

Beispiel: In der Vorstellung, einen Einbrecher gefasst zu haben, „überwältigt" Polizist P zur Nachtzeit die arglose Witwe W, die gerade mit ihrem Hund „Gassi" geht. Nach Aufdeckung des Sachverhaltes durch einen Kollegen des P stellt sich heraus, dass P unerkannt geisteskrank und daher schuldunfähig war. Ein Amtshaftungsanspruch der W besteht nicht (vgl. aber Rn. 277: Anspruch nach § 39 Abs. 1 lit. b OBG i. V. m. § 67 PolG).

Ein Verschulden entfällt nach st. Rspr. auch dann, wenn eine bestimmte Rechtsauslegung und -anwendung von einem Kollegialgericht als objektiv rechtmäßig gebilligt wurde. Wird im weiteren Verlauf der gerichtlichen Überprüfung gleichwohl und letztverbindlich die Rechtswidrigkeit der Maßnahme festgestellt, kommt ein Amtshaftungsanspruch dennoch nicht zum Zuge.

e) Sonstige Beschränkungen der Amtshaftung

Zu beachten ist schließlich, dass ein Amtshaftungsanspruch entfällt, wenn und soweit **272** es der Verletzte in vorwerfbarer Weise versäumt hat, mit Rechtsbehelfen gegen die rechtswidrige Maßnahme vorzugehen (§ 839 Abs. 3 BGB). Im Regelfall der fahrlässigen Amtspflichtverletzung ist eine Amtshaftung nach § 839 Abs. 1 S. 2 BGB schließlich auch dann ausgeschlossen, wenn der Geschädigte *„auf andere Weise Ersatz zu verlangen vermag“*. Letztgenanntes **„Verweisungsprivileg“** ist mit der Überleitung der privaten Beamtenhaftung auf den Staat sinnlos geworden bzw. zum reinen „Fiskusprivileg“ verkommen. Gleichwohl ist von der Fortgeltung der Regelung auszugehen. Immerhin bedarf es nach h. M. einer restriktiven Auslegung. So kommt das Verweisungsprivileg aus verfassungsrechtlichen Gründen (Gleichheitssatz!) nicht zur Anwendung, soweit Polizeibeamte bei einer den allgemeinen Regeln des Straßenverkehrs unterworfenen Dienstfahrt am Straßenverkehr teilnehmen. Nehmen die Beamten auf der Unfallfahrt Sonderrechte i. S. d. § 35 Abs. 1, 1a, 5, 5a StVO in Anspruch *(„Blaulicht“)*, bleibt es freilich bei der Privilegierung (BGHZ 85, 225, 228; 113, 164, 167). In diesen Fällen kann namentlich die vom Geschädigten durch Prämienzahlung erkaufte Kfz-Haftpflichtversicherung eine anderweitige Ersatzmöglichkeit begründen, nicht dagegen eine vom Geschädigten abgeschlossene Kasko-Versicherung. Keine anderweitige Ersatzmöglichkeit ist auch der Entschädigungsanspruch nach § 39 OBG (ggf. i. V. m. § 67 PolG); beide Ansprüche stehen vielmehr nebeneinander (§ 40 Abs. 5 OBG). Wie im Rahmen der allgemeinen deliktischen Haftung ist schließlich auch im Rahmen der Amtshaftung ein mögliches Mitverschulden bei der Schadensentstehung und -abwendung (§ 254 BGB) anspruchsmindernd zu berücksichtigen. Soweit in der Vergangenheit teilweise diskutiert wurde, die Haftung für Amtspflichtverletzungen im Bereich der Gefahrenabwehr (Polizei, Feuerwehr, Rettungsdienste) analog § 680 BGB auf Vorsatz und grobe Fahrlässigkeit zu beschränken, hat der BGH dies in einer neueren Entscheidung mit überzeugenden Gründen abgelehnt (BGH, BeckRS 2018, 13720). § 680 BGB zielt auf eine Privilegierung privater Retter, die sich zu spontaner Hilfeleistung entschließen. Eine Vergleichbarkeit mit der professionellen, öffentlich-rechtlich organisierten Gefahrenabwehr besteht nicht.

f) Anspruchsberechtigter

Anspruchsberechtigt ist nach der gesetzlichen Konzeption des Amtshaftungsanspruchs jeder, der durch die Amtspflichtverletzung einen Schaden erleidet. Dies kann **273** der „Störer“ (Handlungs- oder Zustandsverantwortliche) ebenso sein wie der Nichtstörer oder ein völlig Unbeteiligter. Freilich wird beim Störer die Frage eines möglichen Mitverschuldens, aber auch die Kausalitätsfrage besonders sorgfältig zu prüfen sein.

g) Anspruchsgegner

Als Anspruchsgegner des Amtshaftungsanspruches benennt Art. 34 GG *„den Staat* **274** *oder die Körperschaft, in deren Dienst er (scil.: der Beamte) steht“*. Probleme wirft diese Bestimmung dort auf, wo der handelnde Beamte, wie etwa der Landrat als Kreispolizeibehörde, auf Grund einer „Organleihe" für eine andere Körperschaft tätig wird als diejenige, in deren Dienst er steht.

Beispiel: Im Rahmen eines überharten Einsatzes des Landrates als Kreispolizeibehörde gegen Mitglieder einer örtlichen Drogenszene sind mehrere Personen zum Teil schwer verletzt worden. Es stellt sich die Frage, ob die Haftung für die zugrunde liegende Amtspflichtverletzung (Unverhältnismäßigkeit der Maßnahme) das Land NRW trifft, deren „Angelegenheit" die Polizei ist (§ 1 POG), oder den Kreis als „Anstellungskörperschaft" des Landrats.

Die h.M. geht davon aus, dass die Amtshaftung grundsätzlich diejenige Körperschaft trifft, die den fehlsam handelnden Amtsträger mit der Durchführung der Aufgabe betraut hat. Ohne Relevanz soll dagegen bleiben, in wessen Wirkungskreis die konkret wahrgenommene Aufgabe fällt. Ausdrücklich wendet der BGH diese Grundsätze auch auf den Fall der „Organleihe" (oben Rn. 18) an, wie er hier vorliegt. Anderes hält der BGH allenfalls dort für denkbar, wo die „ausleihende" Körperschaft das entliehene Organ – über die Fachaufsicht hinaus – steuert, kontrolliert oder ihm Weisungen erteilt (BGHZ 161, 224, 231 f.).

h) Geltendmachung des Anspruchs

275 Der Amtshaftungsanspruch ist nach Art. 34 S. 3 GG i.V.m. § 71 Abs. 2 Nr. 2 GVG notwendig vor den ordentlichen Gerichten geltend zu machen (§ 5 Rn. 8). Vor diesem Hintergrund ist z.B. die Aufrechnung mit Amtshaftungsansprüchen in einem gegen einen polizeilichen Kostenbescheid gerichteten verwaltungsgerichtlichen Verfahren nicht ohne Weiteres möglich.

276 Für die Fallbearbeitung ergibt sich damit folgender Anspruchsaufbau:

Abb. 11: Der Amtshaftungsanspruch

Prüfung des Art. 34 GG i.V.m. § 839 BGB
1. Handeln in Ausübung eines anvertrauten öffentlichen Amtes – „Haftungsrechtlicher" Beamtenbegriff – Öffentlich-rechtlicher Charakter der Tätigkeit *(„hoheitliches Handeln")*
2. Verletzung der einem Dritten gegenüber obliegenden Amtspflicht – Amtspflicht – Verletzung der Amtspflicht – Drittbezogenheit der Amtspflicht
3. Verschulden – Vorsatz („Wissen und Wollen" einschl. „billigender Inkaufnahme") oder – Fahrlässigkeit („Außerachtlassen der im Verkehr erforderlichen Sorgfalt")
4. Schaden – Vorhandensein eines Schadens – Kausalität zwischen Amtspflichtverletzung und Schaden
5. Keine anderweitige Ersatzmöglichkeit
6. Kein Versäumen von Rechtsbehelfen
7. Kein Mitverschulden
8. Anspruchsgegner (haftender Hoheitsträger)

2. Der Entschädigungsanspruch des § 39 Abs. 1 lit. b OBG

Neben dem oben dargestellten Amtshaftungsanspruch nach § 839 BGB i. V. m. Art. 34 GG formuliert § 39 Abs. 1 lit. b OBG eine weitere, parallel anwendbare Anspruchsgrundlage zum finanziellen Ausgleich einer rechtswidrigen Behördenmaßnahme, die hier allerdings als Entschädigung, nicht als Schadensersatz konzipiert ist (s. oben Rn. 265). Ebenso wie der Amtshaftungsanspruch ist auch der aus dieser Norm abzuleitende Anspruch vor den ordentlichen Gerichten geltend zu machen (§ 43 Abs. 1 OBG). Anspruchsverpflichteter ist gem. § 42 Abs. 1 S. 1 OBG der „Träger der ordnungsbehördlichen Kosten" (§ 45 OBG), womit die hinter der Ordnungsbehörde stehende kommunale Körperschaft gemeint ist. Im polizeilichen Kontext (§ 67 PolG) zielt die Regelung auf eine Haftung des Landes als Träger der Polizei. **277**

Hinweis: Besonderheiten ergeben sich, wenn die örtliche Ordnungsbehörde auf (Einzel-) Weisung gem. § 9 Abs. 2 lit. b OBG der staatlichen Aufsicht hin gehandelt hat (oben Rn. 23 f.). In diesem Falle tritt das Land, anders als bei allgemeinen Weisungen i. S. d. § 9 Abs. 2 lit. a OBG, in die Haftung ein (vgl. BGH, NVwZ 2015, 1309). Sonderbestimmungen gelten ferner für Haftungsfragen im Rahmen von Vollzugshilfeleistungen (§ 42 Abs. 1 S. 2 und 3 OBG).

Von der Amtshaftung nach § 839 BGB i. V. m. Art. 34 GG hebt sich der aus § 39 Abs. 1 lit. b OBG abzuleitende Schadensersatzanspruch vor allem dadurch ab, dass er auf das Erfordernis eines *schuldhaften* Handelns der Beamten verzichtet. Es handelt sich mithin um eine *verschuldensunabhängige Haftung* für rechtswidrige Maßnahmen der Polizei- und Ordnungsbehörden. Dabei wird der **Begriff der Maßnahme** weit und rechtsformunabhängig interpretiert. Neben klassischen Verfügungen sind daher auch Realakte, ordnungsbehördliche Verordnungen oder auch die Lichtzeichen einer Ampelanlage (*„feindliches Grün"*) als Maßnahmen i. S. d. Norm zu interpretieren.

Beispiel: Infolge eines technischen Fehlers zeigt eine von der Verkehrsbehörde als Sonderordnungsbehörde (§ 12 OBG) errichtete Ampel nach allen Seiten *„Grün"*. Die Fahrzeugführer A und B fahren daraufhin mit ihren Fahrzeugen ineinander. Die Lichtsignale stellen *„Maßnahmen"* i. S. d. § 39 Abs. 1 lit. b OBG dar, die der Behörde zuzurechnen sind. Diese Maßnahmen waren im konkreten Fall auch rechtswidrig, so dass ein Ersatzanspruch im Ergebnis zu bejahen ist (BGH, NJW 1987, 1945).

Auch ist der Kreis der potentiell Anspruchsberechtigten gesetzlich nicht näher eingegrenzt. Dieser nicht unerheblichen Erweiterung des Haftungstatbestandes stehen freilich nicht minder gewichtige Einschränkungen gegenüber.

a) Begrenzter Anwendungsbereich

Zu beachten ist zunächst, dass der Anwendungsbereich des § 39 Abs. 1 OBG auf die präventive Gefahrenabwehr beschränkt bleibt und im Gegensatz zu § 839 BGB i. V. m. Art. 34 GG nicht auf die repressive Gefahrenabwehr (der Polizei) erstreckt werden kann. Bei doppelfunktionalen Maßnahmen (oben Rn. 31) soll es nach der Rechtsprechung auch hier auf den Schwerpunkt der Maßnahme ankommen. Eine weitere Begrenzung ergibt sich daraus, dass **bloße Unterlassungen** nicht mehr als Maßnahmen qualifiziert werden können. Dies gilt auch dort, wo etwa aufgrund einer Ermessensreduzierung auf Null eine positive Handlungspflicht der Behörde bestand (str.). **278**

Beispiel: Im Falle eines rechtswidrigen Untätigbleibens der Ordnungsbehörden gegenüber dem Halter eines schon zuvor auffällig gewordenen Kampfhundes (Fallbeispiel oben Rn. 270) lässt sich ein Ersatzanspruch des verletzten Opfers in Ermangelung einer „Maßnahme" nicht auf § 39 Abs. 1 lit. b OBG stützen.

Ausnahmen werden zum Teil für den Fall eines „qualifizierten Unterlassens" angenommen. Ein solches qualifiziertes Unterlassen soll vorliegen, wenn das Unterlassen unmittelbar auf eine geschützte Rechtsposition einwirkt, wie dies bei der unterlassenen Erteilung einer Baugenehmigung der Fall sei (BGH, NVwZ 2011, 1150, 1151 f.).

b) Haftungsausschluss

279 Besondere Bedeutung kommt schließlich den speziellen Haftungsausschlussregelungen des § 39 Abs. 2 OBG zu. Ein Haftungsausschluss greift nach Buchstabe a) zunächst dort, wo *„die geschädigte Person auf andere Weise Ersatz erlangt hat"*. Die Ausschlussregelung weist deutliche Parallelen zu § 839 Abs. 1 S. 2 BGB auf. Allerdings geht sie einerseits über die amtshaftungsrechtliche Regelung insoweit hinaus, als der Ausschluss auch greift, wenn dem Beamten mehr als nur Fahrlässigkeit zur Last fällt. Andererseits bleibt sie hinter der amtshaftungsrechtlichen Ausschlussregelung insoweit zurück, als die Norm es nicht dabei bewenden lässt, dass der Geschädigte anderweitigen Ersatz *„zu erlangen vermag"*, sondern verlangt, dass er anderweitigen Ersatz (bereits) *„erlangt hat"*. Einen vergleichbaren „realen" Ansatz verfolgt auch die Ausschlussregelung des § 39 Abs. 2 lit. b OBG, die einen Ersatzanspruch ausschließt, *„wenn durch die Maßnahme die Person oder das Vermögen des Geschädigten geschützt worden ist"*. Auch hier reicht also eine entsprechende Zielsetzung allein nicht aus; vielmehr muss das Schutzziel tatsächlich erreicht worden sein. Wurden private Schutzinteressen sowie öffentliche Gefahrenabwehrziele parallel verfolgt, wird der vollständige Ausschluss jeglicher Entschädigung in der Regel unverhältnismäßig sein (OLG Dresden, SächsVBl. 2003, 173). Als ungeschriebene Ausschlussregelung ist im Hinblick auf den Schadensersatz für rechtswidrige Maßnahmen der Vorrang des primären Rechtsschutzes anzusehen. Wer es vorwerfbar versäumt, eine rechtswidrige Maßnahme mit Hilfe des gerichtlichen Rechtsschutzes abzuwehren, kann danach Schadensersatz regelmäßig nicht beanspruchen.

c) Begrenzung der Haftungsfolgen

280 Von der Rechtsfolgeseite her bleibt schließlich zu beachten, dass § 39 OBG eine Entschädigung grundsätzlich *„nur für Vermögensschäden gewährt"* (§ 40 Abs. 1 S. 1 OBG). Ansprüche auf Ausgleich eines entgangenen Gewinns bestehen grundsätzlich nur in begrenztem Umfang, nämlich insoweit, als es um den Ausfall des *gewöhnlichen Verdienstes* oder *Nutzungsentgeltes* geht (§ 40 Abs. 1 S. 2 OBG). Auch ein Mitverschulden des Betroffenen ist haftungsmindernd zu berücksichtigen (§ 40 Abs. 4 OBG; hierzu OLG Köln, NJW-RR 1996, 860). Ein Schmerzensgeld kann nach dem Gesetzeswortlaut nicht beansprucht werden. In dieser Hinsicht bleibt der kodifizierte Entschädigungsanspruch nunmehr hinter dem allgemeinen Aufopferungsanspruch zurück (unten Rn. 287). Immerhin bleiben weitergehende Ansprüche aufgrund einer Amtspflichtverletzung gem. § 40 Abs. 5 OBG unberührt, die damit ggf. auch einen Schmerzensgeldanspruch tragen können. Wegen der Verjährung verweist § 41 OBG auf die Vorschriften des BGB, so dass hier regelmäßig eine Frist von 3 Jahren gilt (§ 195 ff. BGB).

d) Der Begriff der Rechtswidrigkeit: Handlungs- oder Erfolgsunrecht?

Umstritten ist, ob der Tatbestand des § 39 Abs. 1 lit. b OBG auch dort erfüllt ist, wo eine „an sich" rechtmäßige Maßnahme einen gesetzlich nicht legitimierten Verletzungserfolg zeitigt. 281

Beispiel: Bankräuber R kündigt an, in wenigen Sekunden die erste Geisel zu erschießen. Daraufhin wird er durch den Polizeibeamten P mit einem gezielten Schuss (sog. „finalen Rettungsschuss") getötet. Die Projektilreste beschädigen den neu gestalteten Schalterraum der Bank B sowie ein im Hinterhof der Bank abgestelltes Fahrzeug des Anwohners A. A und B verlangen daraufhin finanziellen Ausgleich vom Land NRW.

Nach teilweise vertretener Auffassung soll es für die „Rechtswidrigkeit der Maßnahme" i. S. d. § 39 Abs. 1 lit. b OBG nicht auf eine Rechtswidrigkeit der Handlung ankommen (sog. **Handlungsunrecht**), sondern allein auf die Rechtswidrigkeit des (Schadens-)Erfolges (Lehre vom **Erfolgsunrecht**). Auch soweit also die Schussabgabe durch einen Polizeibeamten zur Beendigung einer Geiselnahme rechtmäßig war, wären anderweitige Verletzungserfolge als rechtswidrig i. S. d. Norm anzusehen und grundsätzlich ausgleichspflichtig. Diese Normauslegung, die ihre Wurzeln in der zivilrechtlichen Rechtswidrigkeitsvermutung für Rechtsgutbeeinträchtigungen findet, lässt sich richtigerweise nicht auf das öffentliche Recht übertragen und wird insbesondere vom Wortlaut der Bestimmung nicht gedeckt. Auch eine analoge Anwendung des § 39 Abs. 1 lit. b OBG erscheint wegen der Unvergleichbarkeit der Sachverhalte nicht überzeugend. Mögliche Lösungskonzepte liegen entweder in einer analogen Anwendung der Entschädigungsregelungen für den sog. Nichtstörer oder aber – sofern man mit Blick auf den gewohnheitsrechtlich anerkannten „Aufopferungsanspruch" eine Regelungslücke verneint – in der Anwendung der ungeschriebenen Grundsätze des allgemeinen **„Aufopferungsanspruchs"** bei Beeinträchtigung nichtvermögenswerter Rechte bzw. des **„enteignenden Eingriffs"** bei der Beeinträchtigung eigentumsrechtlich geschützter Positionen (hierzu unten Rn. 285). Maßgeblich für die Zuerkennung einer Entschädigung ist dabei das Vorliegen eines zugunsten des Gemeinwohls abverlangten „Sonderopfers".

e) Sonderproblem: Haftung für „legislatives Unrecht"?

Zu beachten bleibt schließlich, dass § 39 Abs. 1 lit. b OBG keinen Entschädigungsanspruch für solche Maßnahmen gewährt, deren Rechtswidrigkeit sich aus der Verfassungs- oder Unionsrechtswidrigkeit der durchgesetzten einfachgesetzlichen Norm ergibt (sog. „normatives Unrecht"). 281a

Beispiel: Im Jahre 2004 verfügte die Ordnungsbehörde der kreisfreien Stadt S die Schließung eines privaten Wettbüros des P. Sie macht geltend, dass der Betrieb gegen das SportwettenG NRW und damit gegen § 284 StGB verstoße. Im März 2006 stellt das BVerfG die Unvereinbarkeit des SportwettenG mit dem Grundgesetz fest. P verlangt Schadensersatz.

Zwar würde der Gesetzeswortlaut bei formaler Betrachtung durchaus Raum für die Einbeziehung auch solcher Fallkonstellationen bieten (hierfür *Heusch,* Schönenbroicher/Heusch, OBG NRW, § 39 Rn. 30). Gegen die Erstreckung des § 39 Abs. 1 lit. b OBG auf Fälle des legislativen Unrechts spricht indes, dass die Norm eine Positivierung des sog. *„enteignungsgleichen Eingriffs"* darstellt, für den ein entsprechender Haftungsausschluss seit jeher anerkannt ist. Eine Haftung der örtlichen Ordnungsbehörde erschiene vor allem insoweit problematisch, als die Behörde grundgesetzwidrige Normen nicht aus eigener Macht unangewendet lassen darf (Art. 100 Abs. 1 GG) und insoweit als Kommune in die Haftung für Handlungen des Landes treten müsste. Die Rechtsprechung geht dementsprechend von der Ausklammerung „legislativen Unrechts" aus dem Anwendungsbereich der Entschädigungsnorm aus (grdl. BGH, NVwZ 2015, 1309). Ob diese Rechtsprechung auf den Vollzug rechtswidriger und damit unwirksamer sublegaler Normen (Rechtsverordnungen/Satzungen) erstreckt werden kann, erscheint eher fraglich. Jedenfalls gibt es einen vergleichbaren Haftungsausschluss in Bezug auf den „enteignungsgleichen Eingriff" insoweit nicht (s. BGH, NVwZ-RR 1993, 450, 451). Zudem wird man eine Bindung der Behörde an rechtswidrige sublegale Normen nicht annehmen können.

282 Für die Fallbearbeitung ergibt sich damit folgender Anspruchsaufbau:

Abb. 12: Der Ausgleichsanspruch nach § 39 Abs. 1 lit. b OBG

Der Ausgleichsanspruch nach § 39 Abs. 1 lit. b OBG ggf. i. V. m. § 67 PolG
1. Maßnahme der Polizei- oder Ordnungsbehörde – „Weiter" Maßnahmenbegriff – Grundsätzlich keine Sanktionierung von Unterlassungen
2. Rechtswidrigkeit der Maßnahme – Maßgeblichkeit des sog. Handlungsunrechts (str.) – Verschulden nicht erforderlich
3. Schaden – Vorhandensein eines Schadens – Kausalität zwischen rechtswidriger Maßnahme und Schaden
4. Kein Ausschlussgrund – infolge anderweitigen Ersatzes – infolge eines (tatsächlichen) Schutzerfolges durch die Maßnahme – infolge des Haftungsausschlusses für „legislatives Unrecht"
5. Keine Einrede der Verjährung
6. Anrechnung von Mitverschulden
6. Anspruchsgegner/Entschädigungspflichtiger: § 42 OBG

II. Entschädigung für rechtmäßige Beeinträchtigungen

283 Diffiziler stellt sich die Rechtslage hinsichtlich eines möglichen Ausgleichs der Schäden durch *rechtmäßiges* Polizeihandeln dar. So kennt das Staatshaftungsrecht in dieser Hinsicht zahlreiche ungeschriebene Haftungstatbestände wie namentlich den allgemeinen *„Aufopferungsanspruch"* für immaterielle Schäden oder den als Unterfall des Aufopferungsanspruchs zu begreifenden Anspruch aus *„enteignendem Eingriff"* für Schäden am Eigentum. Diese nicht kodifizierten Haftungsnormen werden für das nordrhein-westfälische Polizei- und Ordnungsrecht zumindest teilweise durch den *„besonderen Aufopferungsanspruch"* aus § 39 Abs. 1 lit. a OBG (ggf. i. V. m. § 67 PolG) in das geschriebene Recht überführt (s. Rn. 285). Im Detail ist das Verhältnis der geschriebenen und ungeschriebenen Entschädigungstatbestände allerdings höchst umstritten.

1. Inanspruchnahme nach § 19 OBG

284 Maßgebliche Voraussetzung des Entschädigungsanspruches aus § 39 Abs. 1 lit. a OBG (ggf. i. V. m. § 67 PolG) ist die Inanspruchnahme des Geschädigten als **Nichtstörer im**

polizeilichen Notstand (§ 19 OBG bzw. § 6 PolG). Erfasst ist nach der gesetzlichen Systematik nur die *rechtmäßige* Inanspruchnahme nach § 19 OBG, während ein *rechtswidriger* Zugriff über die alternative Anspruchsgrundlage des Buchstaben b) zu entschädigen ist. Kein Entschädigungsanspruch steht damit namentlich dem rechtmäßig in Anspruch genommenen Störer zu, wenn und soweit ein Ausgleich nicht ausnahmsweise sondergesetzlich vorgesehen ist. Die präzise Abgrenzung von „Störer" und „Nichtstörer" erweist sich hier also erneut als von grundlegender Bedeutung (oben Rn. 104).

Exkurs: Bislang nicht geklärt ist, ob und inwieweit die (Nichtstörer-)Entschädigungsregelung des § 39 Abs. 1 lit. a OBG auch auf die von den zuständigen Ordnungsbehörden im Rahmen der **Corona-Pandemie** mit (rechtmäßigen) temporären Betriebseinschränkungen oder -schließungen belegten Gewerbetreibenden anwendbar ist. Die Frage stellt sich deshalb, weil das IfSG zwar begrenzte Entschädigungsregelungen für erkrankte Personen oder Krankheitsverdächtige vorsieht (s. § 56 IfSG), eine Entschädigung für Drittbetroffene aber nur ausnahmsweise vorsieht (z. B. § 65 Abs. 1 sowie der bis zum 1.1.2021 befristete § 56 Abs. 1a IfSG). Aus der Zuständigkeit der örtlichen Ordnungsbehörden nach § 3 Abs. 1 IfSBG NRW (oben Rn. 37) wird teilweise eine (subsidiäre) Anwendbarkeit des OBG abgeleitet. Dieser Rückschluss bleibt gerade im Hinblick auf die Entschädigungsregelung des § 39 Abs. 1 lit. a OBG allerdings nicht frei von Bedenken. So stellt sich bereits die Frage, ob das IfSG überhaupt Spielraum für einen Rückgriff auf das OBG belässt (hiergegen *Siegel,* NVwZ 2020, 577, 583; LG Heilbronn, NVwZ 2020, 975; vgl. hierzu auch § 39 Abs. 3 OBG, der die Anwendung der Entschädigungsregelungen wegen rechtmäßiger Maßnahmen sperrt, soweit die Entschädigungspflicht „in anderen gesetzlichen Vorschriften geregelt ist"). Aber auch wenn man von einer subsidiären Anwendbarkeit des OBG ausgeht, ist zu konstatieren, dass es bei den Inanspruchnahmen Dritter im Rahmen des IfSG wohl **nicht um eine genuine Nichtstörer-Inanspruchnahme i. S. d. § 19 OBG** geht (s. Rn. 104, 37). Insofern scheidet eine unmittelbare Anwendung des § 39 Abs. 1 lit. a OBG aus. Ob etwa verbleibende Lücken im IfSG hier über eine analoge Anwendung des § 39 Abs. 1 lit. a OBG geschlossen werden können, muss bezweifelt werden. So wäre zunächst (negativ) tatbestandlich die Ausschlussregelung des § 39 Abs. 2 lit. b OBG zu überwinden (für den Entfall des Anspruchs aus diesem Grunde etwa *Brenner,* DÖV 2020, 660, 665). Vor allem aber stellte sich das grundsätzliche Problem, dass Entschädigungslücken selbst innerhalb der ordnungsbehördlichen Aufgabenwahrnehmung über den (ungeschriebenen) „Aufopferungsanspruch" (inkl. enteignenden Eingriff) geschlossen werden können und insoweit eine planwidrige Regelungslücke fehlte (unten Rn. 285). Entscheidend für eine sog. „Aufopferungsentschädigung" bzw. einen Anspruch aus enteignendem Eingriff wäre danach das Vorliegen eines *„unzumutbaren Sonderopfers"*, das in jedem Einzelfall gesondert zu prüfen und jedenfalls bei flächendeckenden Maßnahmen wohl nur ausnahmsweise zu bejahen wäre. Von vornherein unanwendbar sind die §§ 39 ff. OBG schließlich auf das verordnungsgeberische Handeln der Landesregierung bzw. des zuständigen Ministeriums, die beide nicht als Ordnungsbehörde agieren (hierzu oben Rn. 37; zu der sehr kontroversen entschädigungsrechtlichen Debatte etwa *Brenner,* a. a. O.; *Struß/Fabi,* DÖV 2020, 665 ff.; *Eibenstein,* NVwZ 2020, 930 ff.; *Giesberts/Gayger/Weyand,* NVwZ 2020, 417 ff.).

Keine Anwendung findet § 39 Abs. 1 lit. a OBG richtigerweise auf **freiwillige Helfer** der Polizei- und Ordnungsbehörden. Auch die insoweit teilweise vorgeschlagene analoge Anwendung der Norm erscheint problematisch, zumal die betreffenden Fallkonstellationen regelmäßig von den sozialversicherungsrechtlichen Solidarregelungen (§ 5 Abs. 1 SGB I i. V. m. § 2 Abs. 1 Nr. 13 SGB VII) erfasst sein werden. Vom Nichtstörer abzugrenzen ist ferner der polizeirechtliche **„Jedermann"**, der nach bestimmten Eingriffsermächtigungen Adressat von Maßnahmen sein kann, ohne selbst Störer zu sein (z. B. § 9 Abs. 2 PolG: „jede Person"). Vom Wortlaut des § 39 Abs. 1 lit. a OBG nicht erfasst sind schließlich auch die als Folge eines rechtmäßigen Einsatzes an Rechtsgütern **unbeteiligter Dritter** verursachten Schäden (zum Begriff des „Unbe- 285 teiligten" oben Rn. 104). Bedeutung gewinnt diese Fallgruppe namentlich durch den Umstand, dass Schäden, die einem Unbeteiligten als ungewollte Folge eines gezielten Zugriffs auf den Verantwortlichen entstehen, nach Wortlaut und Systematik des Gesetzes gleichwohl keine inzidente Inanspruchnahme des Unbeteiligten als „Nichtverantwortlichen" enthalten (str., oben Rn. 104).

Beispiel: Einbrecher E flüchtet nach einem Einbruch mit dem bereits Wochen zuvor entwendeten PKW des P. Die Polizei nimmt die Verfolgung auf und drängt das Fahrzeug in den Graben. Am Fahrzeug des P entstehen durch die Polizeiaktion leichte Schäden. P verlangt Entschädigung (Fall nach BGH, NJW 2011, 3157; zur Frage eines Regresses der Polizeiverwaltung wegen möglicher Schäden am Polizeifahrzeug s. unten Rn. 293a).

Da P **nicht Adressat** der rechtmäßigen Maßnahme war, kommt eine unmittelbare Anwendung des § 39 Abs. 1 lit. a OBG i. V. m. § 67 PolG nicht in Betracht. Die Nähe der betreffenden Fallkonstellationen zu der klassischen Inanspruchnahme eines Nichtstörers nach § 19 OBG wird teilweise als Argument dafür herangezogen, die Schäden einer *faktischen* Inanspruchnahme von Unbeteiligten im Wege einer analogen Anwendung des § 39 Abs. 1 lit. a OBG i. V. m. § 67 PolG auszugleichen. Diese Lösung, die das Bestehen einer unbeabsichtigten Regelungslücke sowie eine Vergleichbarkeit der Sachverhalte voraussetzte, ist allerdings keineswegs eindeutig. So steht der BGH einer solchen Analogie ablehnend gegenüber und verneint die Vergleichbarkeit einer rechtlichen und faktischen Inanspruchnahme. Über die Frage einer möglichen Entschädigung des Unbeteiligten entscheidet der BGH folgerichtig auf der Grundlage des ungeschriebenen, aber gewohnheitsrechtlich anerkannten **„Aufopferungsanspruchs"** (§§ 74, 75 der Einl. zum PrALR) bzw. – soweit es um Eingriffe speziell in eigentumsrechtlich geschützte Positionen geht – auf der Grundlage des **„enteignenden Eingriffs"** (BGH, NJW 2011, 3157).

Die genannten Bestimmungen in der Einleitung zum Preußischen Allgemeinen Landrecht von 1794 lauten wie folgt: *§ 74. Einzelne Rechte und Vortheile der Mitglieder des Staats müssen den Rechten und Pflichten zur Beförderung des gemeinschaftlichen Wohls, wenn zwischen beyden ein wirklicher Widerspruch (Collision) eintritt, nachstehn. §. 75. Dagegen ist der Staat denjenigen, welcher seine besondern Rechte und Vortheile dem Wohle des gemeinen Wesens aufzuopfern genöthigt wird, zu entschädigen gehalten.*

Maßgebliche Voraussetzung für die Zuerkennung eines dahingehenden Entschädigungsanspruchs ist dabei das Vorliegen eines **„unzumutbaren Sonderopfers"**. Die Unterschiede gegenüber einer analogen Anwendung des § 39 Abs. 1 lit. a OBG i. V. m. § 67 PolG dürften, wie das Ausgangsbeispiel zeigt, überschaubar bleiben. So verneint der BGH im eingangs erwähnten Beispielsfall ein unzumutbares Sonderopfer und damit einen Entschädigungsanspruch des P mit der Begründung, dass die Eigentumsposition des P infolge des vorgelagerten Diebstahls des PKW bereits erheblich gelockert gewesen sei und P durch den Polizeieinsatz sogar das ansonsten womöglich ganz verlorene Fahrzeug wiedererlangt habe. Favorisiert man dagegen eine analoge Anwendung des § 39 Abs. 1 lit. a OBG i. V. m. § 67 PolG, wird der Entschädigungsanspruch des P am Ausschlussgrund des § 39 Abs. 2 lit. b OBG scheitern, da durch die Maßnahme der Polizei auch das Vermögen des P geschützt wurde. Jedenfalls soweit der eingetretene Schutzerfolg die Schäden am Fahrzeug wirtschaftlich deutlich überwiegt, fehlt es also auch hier letztlich an einem „Sonderopfer" des P (für einen Teilausgleich immerhin OLG Dresden, LKV 2003, 582). Zu unterschiedlichen Ergebnissen können die aufgezeigten Lösungswege allerdings dort führen, wo der Zugriff auf einen PKW erfolgt, der von einer polizeirechtlich verantwortlichen Person mit Billigung des Halters geführt wird.

Beispiel: Der 18-jährige S gerät mit dem Fahrzeug der Mutter in eine Polizeikontrolle. Als die Beamten Drogen im Fahrzeug feststellen, wird der Wagen aus Gründen der (präventiven) Gefahrenabwehr mit einem Drogenspürhund durchsucht. Hierbei entstehen Schäden an der Polsterung der Rückbank des Fahrzeugs. Das LG Magdeburg verneint ein Sonderopfer der Mutter, da hier das „familiäre Lebensrisiko" greife und zudem Rückgriffsmöglichkeiten der M gegen S bestünden. Eine analoge Anwendung des § 39 Abs. 1 lit. a OBG i. V. m. § 67 PolG würde hier dagegen einen Entschädigungsanspruch tragen (vgl. hierzu im strafprozessualen Kontext LG Magdeburg, BeckRS 2011, 22439).

Ein weiterer Unterschied ergibt sich für Schäden an Leib und Leben insoweit, als der (allgemeine) „Aufopferungsanspruch", anders als § 39 Abs. 1 lit. a OBG, auch die Gewährung eines **angemessenen Schmerzensgeldes** umfasst (vgl. Rn. 287). Eine (erweiternde) Anwendung des § 39 Abs. 1 lit. a OBG (ggf. i. V. m. § 67 PolG) wird nach h. M. immerhin für diejenigen Fälle angenommen, in denen sich eine *ex ante* angenommene Verantwortlichkeit der in Anspruch genommenen Person *ex post* als unzutreffend herausstellt (zu diesem sog. **Anscheinsstörer** oben Rn. 105) und die betroffene Person den Anschein ihrer Gefahrenursächlichkeit nicht zu vertreten hat. Die auf der Eingriffsebene gebotene *ex ante*-Betrachtung ist hier nicht mehr angezeigt, vielmehr geht es um einen gerechten Interessenausgleich auf der Grundlage der Situation, wie sie sich bei rückschauender Betrachtung objektiv darstellt (so BGHZ 117, 303, 307 f.; zu dieser Konstellation oben Rn. 107 sowie 260).

Beispiel: Um seinem Nebenbuhler, dem Geiger G, eine „Abrechnung" zu verpassen, kündigt A der Polizei in absolut glaubhafter Weise einen unmittelbar bevorstehenden Anschlag durch einen „Terroristen mit Geigenkasten" an. Aufgrund der präzisen Ortsbeschreibung und Zeitangabe kann G „überwältigt" werden, wobei sein Geigenkasten zu Bruch geht. G ist – soweit man ihn nicht bereits als „Nichtstörer" einstuft (s. dazu oben Rn. 107) – in analoger Anwendung des § 39 Abs. 1 lit. a OBG i. V. m. § 67 PolG zu entschädigen (zur Frage eines Regresses bei A s. unten Rn. 293).

Diese Normauslegung ist allerdings nicht ohne Kritik geblieben. Namentlich die Voraussetzung, dass der Anscheinsstörer den Anschein nicht zurechenbar verursacht haben dürfe, wird von Gegenstimmen als systemwidriges Kriterium gesehen, das allenfalls auf der Verschuldensebene eine Rolle spielen könne. Noch grundlegender ist der Vorwurf einer verkappten Analogie unter Verweis darauf, dass dem Polizeigesetz im haftungsrechtlichen Teil kein anderer Nichtstörerbegriff zugrunde gelegt werden könne als im eingriffsspezifischen Teil (so *Spitzlei/Hautkappe,* DÖV 2018, 134, 141). Folgte man dieser Kritik, so wäre eine Entscheidung des rechtmäßig in Anspruch genommenen Anscheinsstörers allein über den „Aufopferungsanspruch" realisierbar, was freilich im Ergebnis vielfach zu denselben Ergebnissen führte (so auch im vorgenannten Beispielsfall).

2. Ausschlussgründe

Ebenso wie in Bezug auf rechtswidrige Maßnahmen nach Buchstabe b) entfällt ein **286**
Entschädigungsanspruch bei der rechtmäßigen Inanspruchnahme als Nichtstörer dann, wenn *„der Geschädigte auf andere Weise Ersatz erlangt hat"* oder *„durch die Maßnahme die Person oder das Vermögen des Geschädigten geschützt worden ist"* (§ 39 Abs. 2 OBG). In der letztgenannten Konstellation muss es dabei nicht um einen ausschließlichen Schutz des Nichtstörers gehen; vielmehr kann die Maßnahme zugleich auch dem Schutz anderer

gedient haben. Allerdings reicht hier auch eine entsprechende Zielsetzung allein nicht aus; vielmehr muss das Schutzziel tatsächlich erreicht worden sein.

Beispiel: Nach einer ernst zu nehmenden Bombendrohung räumt die Polizei die Diskothek des D. Da zahlreiche Gäste nach der polizeilichen Entwarnung gleichwohl nicht in die Disko zurückkehren, bleibt D auf den offenen Rechnungen „sitzen". Der Haftungsanspruch aus § 39 Abs. 1 lit. a OBG ist *„dem Grunde nach"* gegeben. Insbesondere ist eine hinreichende Kausalität von Maßnahme und Schaden zu bejahen und eine „Zustandsverantwortlichkeit" des D zu verneinen. Der Ausschlussgrund des Abs. 2 lit. b greift nicht ein, da D angesichts des *„Fehlalarms"* tatsächlich nicht geschützt worden ist (OLG Stuttgart, NJW 1992, 1396).

Nicht ganz eindeutig ist, ob und inwieweit die Ausschlussbestimmung auch dann greift, wenn ein eingetretener Schaden wirtschaftlich schwerer wiegt als der eingetretene Schutzerfolg. Da in diesem Falle durchaus von einem „Sonderopfer" gesprochen werden kann, spricht an dieser Stelle einiges für eine behutsame teleologische Reduktion der Ausschlussnorm.

3. Haftungsumfang/Verjährung

287 Hinsichtlich des Haftungsumfanges gelten dieselben Regelungen wie bei dem Haftungsanspruch aus § 39 Abs. 1 lit. b OBG (oben Rn. 280). Neben den unmittelbaren Vermögensschäden kann danach auch der entgangene Gewinn geltend gemacht werden, soweit er nicht über den Ausfall des gewöhnlichen Verdienstes oder Nutzungsentgeltes hinausgeht.

Beispiel: Nach Exmittierung des in eine Wohnung des W eingewiesenen Obdachlosen O kann W von der Ordnungsbehörde Ersatz in Höhe des entgangenen Mietzinses sowie der Mietnebenkosten, aber auch Erstattung der Reinigungskosten sowie Ersatz der von O in der Wohnung angerichteten Schäden verlangen (BGHZ 131, 163, str.).

Zu beachten bleibt immerhin, dass die Rechtsprechung den Ausgleichsrahmen beim **Aufopferungsanspruch** neuerdings weiter zieht und hierbei auch die Gewährung eines **angemessenen Schmerzensgeldes** für möglich hält (BGH, NJW 2017, 3384 unter Aufgabe der bisherigen Rechtsprechung). Der Streit um die rechtliche Grundlage des Ausgleichs von (durch rechtmäßiges Behördenhandeln hervorgerufenen) immateriellen Schäden bei unbeteiligten Dritten (oben Rn. 285) kann vor diesem Hintergrund durchaus praktische Bedeutung gewinnen.

288 Für die Fallbearbeitung ergibt sich damit folgender Anspruchsaufbau:

Abb. 13a: Der Ausgleichsanspruch nach § 39 Abs. 1 lit. a OBG

Der Ausgleichsanspruch nach § 39 Abs. 1 lit. a OBG ggf. i. V. m. § 67 PolG
1. Maßnahme der Polizei- oder Ordnungsbehörde – „Weiter" Maßnahmenbegriff – Grundsätzlich keine Sanktionierung von Unterlassungen
2. Inanspruchnahme nach § 19 OBG – Rechtmäßigkeit der Inanspruchnahme – Analoge Normanwendung auf die „faktische" (rechtmäßige) Inanspruchnahme Unbeteiligter – Analoge Normanwendung auf die Inanspruchnahme des nicht ursächlich gewordenen „Anscheinsstörers"

3. Schaden – Vorhandensein eines Schadens – Kausalität zwischen Maßnahme und Schaden
4. Kein anderweitiger Ausschlussgrund → Kein anderweitiger Ersatz → Kein Mitverschulden → Kein (tatsächlicher) Schutzerfolg durch die Maßnahme
5. Keine Einrede der Verjährung
6. Anspruchsgegner/Entschädigungspflichtiger: § 42 OBG

Zur Prüfung des Aufopferungsanspruchs empfiehlt sich folgender Anspruchsaufbau:

Abb. 13b: Der „Aufopferungsanspruch“

Der gewohnheitsrechtlich anerkannte Aufopferungsanspruch
1. Verletzung eines nicht vermögenswerten Rechts – (jedenfalls) Leben, körperliche Unversehrtheit und Freiheit – **Beachte:** Ausgleich von Schäden an eigentumsgrundrechtlich geschützten Gütern über den parallelen Anspruch aus „enteignendem Eingriff“
2. Hoheitlicher Eingriff – „Unmittelbare“ Beeinträchtigung durch hoheitliche Maßnahmen – Zurechenbarkeit des Eingriffs – Gemeinwohlveranlassung des Eingriffs – **Beachte:** aufgrund spezialgesetzlicher Ausgleichsregelung für rechtswidrige Maßnahmen (§ 39 Abs. 1 lit. b OBG) nur anwendbar bei rechtmäßigen Maßnahmen
3. Sonderopfer – Überschreiten der Sonderopferschwelle infolge ungleicher Belastung – Kein Sonderopfer bei Konkretisierung des „allgemeinen Lebensrisikos“ – Indiz: Belastung *„außerhalb des Willens des Gesetzgebers“*
4. Mitverschulden
5. Keine Einrede der Verjährung
6. Anspruchsgegner: (nach Kompetenzordnung) „begünstigter“ Hoheitsträger (str.)

III. Der Folgenbeseitigungsanspruch

Eine letzte, höchst prüfungsrelevante Anspruchsgrundlage im polizeilichen Haftungssystem bildet schließlich der als Figur des allgemeinen Verwaltungsrechts entwickelte und anerkannte (ungeschriebene) Folgenbeseitigungsanspruch. Er findet Anwendung, soweit spezialgesetzliche Regelungsgrundlagen fehlen. Der Folgenbeseitigungsanspruch findet seine dogmatische Grundlage letztlich im Rechtsstaatsprinzip und in den Grundrechten (str.). Der Folgenbeseitigungsanspruch zielt auf die Beseitigung der rechtswidrigen Folgen eines (rechtmäßigen oder rechtswidrigen) Hoheitshandelns und damit gleichsam auf einen Ausgleich *„in natura“*. Da es allein auf die **Rechtswidrigkeit der Folgen** einer Maßnahme ankommt, bleibt deren eigene Rechtmäßigkeit oder Rechtswidrigkeit ohne Bedeutung. Zu beachten bleibt allerdings, dass eine Folgenbeseitigung nicht in Betracht kommt, solange der rechtswidrige Zustand durch einen wirksamen Verwaltungsakt „legalisiert“ wird (§ 43 Abs. 2 VwVfG). Insoweit bedarf es also zunächst einer Aufhebung oder Erledigung des betreffenden Verwaltungsakts. **289**

Beispiel: Die Ordnungsbehörde hat den Obdachlosen O mit Ordnungsverfügung in eine leer stehende Wohnung des W eingewiesen, obgleich die Voraussetzungen des ordnungsbehördlichen Notstandes (§ 19 OBG) nicht vorlagen. Ein Folgenbeseitigungsanspruch scheitert, solange die Grundverfügung Verbindlichkeit beansprucht.

Da der Folgenbeseitigungsanspruch allein auf die rechtswidrigen Folgen einer Maßnahme abstellt, müssen diese freilich der Behörde zurechenbar sein; dies gilt namentlich dort, wo das Behördenhandeln selbst rechtmäßig erfolgte.

Beispiel: Die Ordnungsbehörde hat den Obdachlosen O rechtmäßig in eine leer stehende Wohnung des Vermieters V eingewiesen. Nach Ablauf der Einweisungsdauer räumt O die Wohnung nicht. Obwohl die ursprüngliche Einweisung eine rechtmäßige Inanspruchnahme des V als Nichtstörer darstellte, ist der nunmehr bestehende rechtswidrige Zustand der Behörde zuzurechnen und ein Folgenbeseitigungsanspruch zu bejahen.

290 Soweit die Wiederherstellung des rechtmäßigen Zustandes zudem ein staatliches Eingriffshandeln gegen Dritte erforderlich macht, muss die Behörde hierzu gesetzlich berechtigt sein. So genügt der Folgenbeseitigungsanspruch als „ungeschriebene", gewohnheitsrechtlich anerkannte Rechtsfigur nicht den eingriffsrechtlichen Voraussetzungen des „Vorbehalts des Gesetzes". Allerdings wird sich die polizei- und ordnungsbehördliche Beseitigung rechtswidriger Zustände regelmäßig auf die polizei- und ordnungsrechtlichen Eingriffsermächtigungen stützen lassen, die somit „inzident" zu prüfen sind.

Beispiel: Die Exmittierung des O aus der Wohnung des W stellt einen staatlichen Eingriffsakt dar, den die Behörde nur auf der Grundlage einer formalgesetzlichen Ermächtigung durchführen darf. Eine entsprechende Ermächtigung findet sich hier in § 14 Abs. 1 OBG i. V. m. § 62a VwVG (Zwangsräumung).

291 Da sich der Folgenbeseitigungsanspruch auf die Wiederherstellung eines rechtmäßigen Zustandes richtet, findet er seine Grenze dort, wo die Wiederherstellung des früheren Zustandes für die Behörde unmöglich oder unzumutbar ist. Die Verwaltungsgerichte stellen insoweit freilich zu Recht sehr strenge Anforderungen. Neuere Ansätze gehen zudem dahin, den Folgenbeseitigungsanspruch im Falle wirtschaftlicher Unzumutbarkeit in einen Folgenentschädigungsanspruch umschlagen zu lassen. Nur mit teleologischen Erwägungen begründbar bleibt allerdings die vorherrschende Auslegung, derzufolge auch die behördliche Exmittierung eines bereits vor der Zwangsräumung in die *eigene* Wohnung eingewiesenen Mieters (sog. *„Wiedereinweisung"*) einen Akt der „Folgenbeseitigung" darstellen soll (ablehnend aber OLG Köln, NJW 1994, 1012). Für die Durchsetzung des Folgenbeseitigungsanspruchs steht der Verwaltungsrechtsweg offen.

292 Für die Fallbearbeitung ergibt sich folgender Anspruchsaufbau:

Abb. 14: Der Folgenbeseitigungsanspruch (FBA)

Der Folgenbeseitigungsanspruch (FBA)
1. Rechtsgrundlage Grundrechte/Gewohnheits- bzw. Richterrecht
2. Rechtswidrige Folgen hoheitlichen Handelns – Hoheitliches Handeln (auch bei Einschaltung privater Unternehmer) – Fortdauernde und zurechenbare Folgen – Rechtswidrigkeit der Folgen (keine „Legitimation" durch wirksamen VA)

3. Verletzung eines subjektiven Rechts durch die rechtswidrigen Folgen – Abzustellen ist auf die Folgen, nicht auf das ursprüngliche Handeln (str.) – Wiederherstellungsanspruch nur soweit zur Behebung der Rechtsverletzung notwendig
4. Rechtliche Zulässigkeit einer Wiederherstellung des rechtmäßigen Zustandes – FBA kein Eingriffstitel i. S. d. Vorbehalts des Gesetzes – Eingriffsermächtigung aus dem Polizei- und Ordnungsrecht (durchprüfen!)
5. Tatsächliche Möglichkeit und Zumutbarkeit einer Wiederherstellung
6. Kein Mitverschulden (analog § 254 BGB)

IV. Der Regress (§ 42 Abs. 2 OBG)

Das polizei- und ordnungsrechtliche Haftungssystem kennt nicht nur Ansprüche des Bürgers gegen die Verwaltung, sondern auch Haftungsansprüche der Verwaltung gegen den Bürger. So kann die Ordnungsbehörde bzw. die Polizeibehörde gemäß § 42 Abs. 2 OBG (ggf. i. V. m. § 67 PolG) in entsprechender Anwendung der Vorschriften des Bürgerlichen Gesetzbuches über die Geschäftsführung ohne Auftrag (GoA) den **Ersatz ihrer Aufwendungen** *„von den nach §§ 17 und 18 ordnungspflichtigen Personen"* verlangen, wenn sie selbst gem. § 39 Abs. 1 lit. a OBG zu einer Entschädigungszahlung verpflichtet ist. Die gerichtliche Streitentscheidung über Fragen des Regresses obliegt nach § 43 Abs. 2 OBG den Verwaltungsgerichten. Zu beachten ist, dass es sich bei der Regressregelung des § 42 Abs. 2 OBG um eine Eingriffsnorm i. S. d. **Vorbehalts des Gesetzes** handelt, die einer Erweiterung durch Analogieschlüsse oder Rechtsfortbildungen nicht zugänglich ist (oben Rn. 41). Insbesondere kann die Tatbestandsvoraussetzung einer Entschädigungspflicht nach § 39 Abs. 1 lit. a OBG nicht im Wege der Rechtsfortbildung *praeter legem* auf etwaige Fälle der Entschädigung Unbeteiligter erweitert werden (zum Streit zur Anwendbarkeit des § 39 OBG oben Rn. 285). Was im Rahmen der Anwendung des § 39 OBG zu Gunsten des Bürgers möglich ist, verbietet sich bei der Anwendung von Eingriffsnormen zu Lasten des Bürgers! 293

Beispiel: Der jugendliche Ausreißer A hält sich ohne Wissen des urlaubsbedingt abwesenden H in dessen Haus auf. Nachdem A aufgespürt worden ist und die Haustüre nicht freiwillig öffnet, bricht die Polizei die Türe ein. Hauseigentümer H verlangt Entschädigung für die zerschlagene Tür. Nach h. M. handelt es sich um eine Zwangsmaßnahme allein gegen A. H kann als faktisch belasteter „Unbeteiligter" je nach Sichtweise entweder analog § 39 Abs. 1 lit. a OBG oder über die Rechtsfigur des „enteignenden Eingriffs" eine Entschädigung verlangen. Der Regress gegen A scheitert indes, da die Behörde nicht „nach § 39 Abs. 1 lit. a" OBG zur Entschädigung verpflichtet ist (str.).

Ein ähnliches Problem ergibt sich, wenn die in Regress genommene Person zwar die Ursache für eine staatliche Entschädigungspflicht gesetzt hat, aus der *ex ante*-Perspektive aber nicht Störer i. S. d. §§ 17 und/oder 18 OBG gewesen ist. Der in diesen Fällen von der wohl h. M. favorisierte kostenrechtliche Perspektivwechsel hin zu einer ex post-Bestimmung der tatsächlichen Verantwortung für die Entstehung einer (Anscheins-)Gefahr erscheint mit Blick auf den Grundsatz vom Vorbehalt des Gesetzes sehr problematisch.

Beispiel: Mieter M ist für eine Übernachtung außer Haus. Zum Schutz vor Einbrechern hat M eine Zeitschaltuhr aktiviert, an der u. a. das Fernsehgerät angeschlossen ist. Als das Gerät um 24 Uhr automatisch eingeschaltet wird, gellen die Hilferufe des gerade laufenden Horrorfilms durch die Flure des Mietshauses. Nachbar N geht davon aus, dass M in Lebensgefahr schwebe und ruft die Polizei. Die Polizeibeamten brechen in größter Eile die Wohnungstüre des M auf und stehen alsbald vor dem Fernsehgerät. Die Maßnahme selbst ist rechtmäßig. Auch wird man einen Entschädigungsanspruch des Hauseigentümers zu bejahen haben, der allerdings wohl eher auf die Figur des enteignenden Eingriffs als auf eine analoge Anwendung des § 39 Abs. 1 lit. a OGB i. V. m. § 67 PolG zu stützen wäre. Aber auch im Falle einer Anwendung des § 39 Abs. 1 lit. a OBG wäre ein Regressanspruch gegen M schwer begründbar, da M aus der ex ante-Betrachtung nicht etwa Verursacher, sondern Betroffener der Gefahr war (a. A. VG Berlin, NJW 1991, 2854 für eine parallele Regressnorm in § 59 ASOG Berlin).

Hier ist es Sache des Gesetzgebers, die erforderlichen Rechtsgrundlagen für einen möglichen Regress zu schaffen. Vor diesem Hintergrund erweist sich die derzeitige Regelungssystematik der §§ 39 und 42 Abs. 2 OBG als wenig konsistent.

293a Was die Frage möglicher Regressansprüche zwischen unterschiedlichen Verwaltungsträgern angeht, gilt der Grundsatz, dass der Träger einer jeden Behörde die Kosten der von dieser Behörde eingeleiteten und durchgeführten Maßnahme im Verhältnis zu anderen Behörden zu tragen hat (vgl. OVG NRW, NVWBl. 2007, 437 ff.: kein GoA-Anspruch für einen Feuerwehreinsatz).

Der Vollständigkeit halber zu erwähnen sind schließlich Regressmöglichkeiten aufgrund zivilrechtlicher Anspruchsnormen, insbesondere im Rahmen der sog. **Herausforderungsfälle.** So kann die Polizei nach **§ 823 Abs. 1 BGB** sowie **§ 7 StVG** Schäden an Einsatzfahrzeugen auch dann ersetzt verlangen, wenn diese im Rahmen eines Verfolgungseinsatzes von den Beamten selbst herbeigeführt wurden, um eine flüchtige Person zu stellen (Abdrängen des Fluchtfahrzeugs). Voraussetzung bleibt allerdings, dass der Schaden auf der gesteigerten Gefahrenlage beruht und die Risiken der Verfolgung nicht außer Verhältnis zu deren Zweck standen (BGH, NJW 2012, 1951). Ferner ist auf die Regelung des **§ 40 Abs. 3 OBG** hinzuweisen, der Entschädigungsleistungen nach § 39 Abs. 1 lit. a OBG von der Abtretung etwaiger zivilrechtlicher Ansprüche abhängig macht, die dem Entschädigten gegen Dritte zustehen. In strafrechtlicher Hinsicht ist ergänzend anzumerken, dass die Flucht vor der Polizei mit einem PKW den Straftatbestand eines verbotenen Kraftfahrzeugrennens (§ 315d Abs. 1 Nr. 3 StGB) erfüllen kann (OLG Stuttgart, JURA 2019, 1220 – *Nestler*).

V. Anhang

294 **Literatur:** *Eibenstein,* Zur Entschädigung von durch Schließungsanordnungen betroffenen Gewerbetreibenden, NVwZ 2020, 930 ff.; *Ellerbrok,* Die Grenzen der Zurechnung im Rahmen des Folgenbeseitigungsanspruchs, JA 2016, 125 ff.; *Giesberts/Gayger/Weyand,* COVID-19 – Hoheitliche Befugnisse, Rechte Betroffener und staatliche Hilfen, NVwZ 2020, 417 ff.; *Hestermeyer,* Staatshaftung für den G 20-Gipfel?, DÖV 2018, 260 ff.; *Spitzlei/Hautkappe,* Die Entscheidung für polizeiliches Einschreiten, DÖV 2018, 134 ff.; *Struß/Fabi,* Entschädigungsansprüche für unternehmensbezogene Eingriffe nach dem IfSG, DÖV 2020, S. 665 ff.

Klausurbearbeitung: *Dietlein/Hellermann,* „Bellender Hund“, in: Klausurenbuch Öffentliches Recht in NRW, 3. Aufl. 2021, Fall 19; *Sachs/Blasche,* Das Bild des Feindes, NWVBl. 2005, 78 ff.; *Schröder,* Staatshaftung im Straßenverkehr, JA 2018, 678 ff.; *Shirvani/Hirzebruch,* Ärger im Clubheim, JA 2016, 194 ff.; *Siekmann,* Bilder einer Ausstellung, NWVBl. 2001, 115 ff.; *Volkmann,* Die verzögerte Räumung, JuS 2001, 888 ff.; *Wernsmann,* Ein aufwendiger Polizeieinsatz, JuS 2003, 582 ff.

Kontrollfragen:

1. Welche Anspruchsgrundlagen sind bei einem Schadensersatzanspruch wegen rechtswidriger Handlungen der Polizei- und Ordnungsbehörden zu prüfen?

2. Kann das Unterlassen eines Einschreitens die Verletzung einer drittschützenden Amtspflicht darstellen?
3. Welche Anspruchsgrundlagen sind bei einer Entschädigung wegen rechtmäßiger Beeinträchtigungen zu erörtern?
4. Wie können Unbeteiligte bzw. „schuldlose" Anscheinsstörer im Schadensfalle entschädigt werden?
5. Welcher Anspruch dient der Beseitigung der rechtswidrigen Folgen eines (rechtmäßigen oder rechtswidrigen) Hoheitshandelns?
6. Kennt das polizei- und ordnungsrechtliche Haftungssystem auch Haftungsansprüche der Verwaltung gegen den Bürger?

N. Versammlungsrechtliche Bezüge des Polizeirechts

Zu den Aufgaben, die der Polizei – hier speziell den Kreispolizeibehörden – *„durch andere Rechtsvorschriften"* übertragen sind (§ 1 Abs. 4 PolG/§ 10 POG), zählt die Wahrnehmung der Aufgaben nach dem Versammlungsgesetz (vgl. die *Verordnung über die Zuständigkeiten nach dem Versammlungsgesetz* vom 2.2.1987, GVBl. NRW S. 62). Das Versammlungsgesetz wurde auf der Grundlage des früheren Art. 74 Abs. 1 Nr. 3 GG als Bundesgesetz erlassen. Von der seit der Änderung des Art. 74 GG nunmehr dem Land zustehenden Gesetzgebungskompetenz hat NRW, anders als der Freistaat Bayern, Niedersachsen, Sachsen, Sachsen-Anhalt und Schleswig-Holstein, bislang keinen Gebrauch gemacht, so dass die bundesrechtlichen Regeln fortgelten (Art. 125a Abs. 1 S. 1 GG). Das Versammlungsgesetz ist gedacht als *„ein in sich geschlossenes und abschließendes Regelwerk, mit dem sichergestellt wird, dass die zur Wahrung der öffentlichen Sicherheit oder Ordnung bei der Durchführung der Versammlung oder des Aufzuges notwendigen Maßnahmen getroffen werden können"* (BVerwG, NJW 1989, 2411). Aus dem abschließenden Charakter des Versammlungsrechts als „spezialisiertem Gefahrenabwehrrecht" folgt, dass **Eingriffe in eine laufende Versammlung** allein auf der Grundlage des Versammlungsgesetzes, nicht dagegen auf der Grundlage des allgemeinen Polizeirechts zulässig sind (zuletzt BVerfG [K], NVwZ 2005, 80f.). Man spricht insoweit zumeist von der sog. **Polizeifestigkeit des Versammlungsrechts,** womit im Kern nichts Anderes zum Ausdruck gebracht wird als der Vorrang des speziellen (Versammlungs-)Gesetzes vor dem allgemeinen (Polizei-)Gesetz („lex specialis-Grundsatz"). 295

Beachte: Keinen derartigen Vorrang kann das Versammlungsgesetz dagegen gegenüber dem **Bundes-Infektionsschutzgesetz** (IfSG) in Anspruch nehmen, das in § 28 Abs. 1 S. 4 explizit auch Art. 8 GG als einschränkbares Grundrecht nennt und unter Beachtung des Verhältnismäßigkeitsgrundsatzes insoweit auch Grundlage für versammlungsbeschränkende Maßnahmen (Beschränkung der Teilnehmerzahl, Maskenpflicht, Abstandsgebote) während der **Corona-Pandemie** sein kann. Derartige Beschränkungen können gem. § 32 S. 1 IfSG auch durch Verordnung der Landesregierung bzw. – bei Weiterdelegation der Verordnungsermächtigung (oben Rn. 37) – durch Verordnung des zuständigen Landesministeriums formuliert werden. Dass § 28 Abs. 1 S. 2 IfSG Versammlungen nicht explizit nennt, ist als Redaktionsversehen anzusehen, das über eine weite Auslegung des Begriffs der Ansammlung behoben werden kann. Mit Inkrafttreten des neuen § 28a Abs. 1 Nr. 10, Abs. 2 Nr. 1 IfSG ist dies nunmehr geklärt. Ebenso stellt die neue Regelung klar, dass zu den denkbaren Maßnahmen auch ein zeitlich limitiertes Totalverbot für Versammlungen gehören kann (zur Grundrechtskonformität offenlassend BVerfG, NVwZ 2020, 711). Die Durchsetzung infektionsschutzrechtlicher und damit nicht versammlungsrechtsspezifischer Regelungsvorgaben dürfte auf der Grundlage des allgemeinen Polizeirechts möglich sein (so allg. auch *Worms/Gusy,* BeckOK POR NRW, § 8 PolG Rn. 37).

Privilegierende Wirkung entfaltet das Versammlungsgesetz ferner insoweit, als etwaige in anderen Gesetzen formulierte Vorgaben oder Erlaubnisvorbehalte suspendiert werden, soweit deren Anwendung zu einer Beschränkung der Versammlungsfreiheit führten. So kommt insbesondere die Einordnung einer öffentlichen Versammlung als (erlaubnispflichtige) Sondernutzung von vornherein nicht in Betracht (OVG NRW, BeckRS 2018, 27455). Suspendiert wird der straßenverkehrsrechtliche Erlaubnisvorbehalt für den Betrieb von Lautsprechern im Straßenraum (§ 46 Abs. 1 Nr. 9 i. V. m. § 33 Abs. 1 StVO), soweit dieser Betrieb für die Durchführung der Versammlung notwendig ist. Je nach Lage des Einzelfalls kann sogar eine städtische Satzung mit einem „Campingverbot" aufgrund der privilegierenden Wirkung des Versammlungsgesetzes zurückgedrängt werden (BayVGH, NVwZ-RR 2016, 498). Der spezielle Schutz öffentlicher Versammlungen findet seine Rechtfertigung in der grundlegenden Bedeutung der Versammlungsfreiheit für ein freiheitlich-demokratisches Gemeinwesen, weshalb entsprechende Freiheitsausübungen mit dem **Versammlungsgesetz** einem **privilegierenden Sonderrecht** unterstellt werden. Besonders deutlich wird dieser hohe Rang in der grundrechtlichen Sicherung der Versammlungsfreiheit durch Art. 8 GG, wobei freilich das Versammlungsgesetz nicht im Sinne eines bloßen „Ausführungsgesetzes" zu Art. 8 GG missverstanden werden darf.

So betrifft etwa das VersG nicht jedwede Versammlung, sondern allein *öffentliche* Versammlungen und Aufzüge. Ferner wird die Versammlungsfreiheit in § 1 VersG *jedermann* gewährt, während das Versammlungsgrundrecht des Art. 8 Abs. 1 GG ein sog. „*Deutschen*-Grundrecht" ist, Ausländer sich also grundsätzlich nur auf Art. 2 Abs. 1 GG berufen können. Schließlich ist die *„Friedlichkeit"* der Versammlung gem. Art. 8 Abs. 1 GG tatbestandliche Voraussetzung für die Anwendbarkeit des Versammlungsgrundrechtes, nicht aber für die Anwendung des Versammlungsgesetzes, das gerade auch die Frage des Vorgehens gegen unfriedliche (z. B. gewalttätige) öffentliche Versammlungen regelt.

Immerhin aber erfordert die Auslegung und Anwendung des Versammlungsgesetzes einen steten „Durchblick" auf die grundrechtliche Ebene, was nicht selten zu verfassungsorientierten Fortentwicklungen („Kooperationspflicht der Behörden", BVerfGE 69, 315, 356), aber auch zu verfassungskonformen Auslegungen der einfachrechtlichen Normen des Versammlungsgesetzes nötigt (unten Rn. 299ff.).

I. Begriff der „öffentlichen Versammlung"

296 Über das Verständnis und die Auslegung des einfachgesetzlichen Versammlungsbegriffes konnte bislang Konsens nicht erzielt werden. Gestritten wird zwischen einem „engen", „erweiterten" und „weiten" Begriffsverständnis. Die vorherrschende „enge" Auslegung des Versammlungsbegriffes sieht eine Versammlung nur dort für gegeben an, wo es um **kollektive Meinungskundgaben** geht, die Gegenstände oder Themen der **öffentlichen Meinungsbildung** sind. Dabei kommen auch *„nonverbale"* Ausdrucksformen wie Mahnwachen oder Sitzstreiks in Betracht. Selbst Konzertveranstaltungen können in Anbetracht der „Typenfreiheit" des Versammlungsrechts öffentliche Versammlungen darstellen, wenn es in der Gesamtschau nicht vorrangig um Musikkonsum und Unterhaltung, sondern z. B. um die Rekrutierung neuer bzw. die „ideologische Festigung" vorhandener Anhänger bestimmter gesellschaftlicher oder politischer Gruppierungen geht (VGH BW, VBlBW 2010, 468: Skinheadkonzert). Als „mobile" Form der kollektiven Meinungskundgabe (z. B. „Ostermärsche") bilden auch die in § 1 Abs. 1 VersG erwähnten öffentlichen Aufzüge einen Unterfall der öffentlichen Versammlung. Umgekehrt stellen bloße *Ansammlungen* von Personen, z. B. „Gaffer" an einem Unfallort, keine Versammlungen dar. Dasselbe gilt für Veranstaltungen zur Durchsetzung persönlicher Interessen oder privater Rechte (BVerfGE 104, 92ff.; BayVGH, NVwZ-RR 2016, 498). Mangels intendierter Teilhabe an der öffentlichen Meinungsbildung bleiben auch bloße *„Events"*, also etwa Massenpartys oder Volksfeste, außerhalb des privilegierenden Sonderrechts des Versammlungsgesetzes. Nach Auffassung der Rechtsprechung sind hierbei selbst „beiläufige" kollektive Meinungskundgaben unbeachtlich, solange das Schwergewicht der Veranstaltung auf dem Aspekt der „Massenbelustigung" liegt. Die Vereinbarkeit dieser Gesetzesauslegung mit dem Grundrecht der Versammlungsfreiheit ist vom Bundesverfassungsgericht explizit bestätigt worden:

Beispiel: Mit ihrer *„Fuckparade"* wenden sich die Veranstalter des Events gegen die kommerzialisierte *„Love Parade"*. Gleichwohl liegt das Schwergewicht der Veranstaltung auf dem Gebiet der Unterhaltung. Eine öffentliche Versammlung i. S. d. Versammlungsgesetzes liegt nicht vor (BVerfG, NJW 2001, 2459, 2460, str.). Großzügiger zeigte sich das BVerfG bei der Einordnung eines sog. *„Bierdosen-Flashmob für die Freiheit"*. Da mit dem möglichst zügigen Austrinken von Bierdosen auf den zunehmenden Verlust des staatlichen Gewaltmonopols infolge des Einsatzes privater Sicherheitskräfte hingewiesen werden solle, liege hier eine öffentliche Versammlung vor (BVerfG, NJW 2015, 2485).

Weiteres Wesenselement der öffentlichen Versammlung ist deren **vorübergehende** 297
Natur, wobei freilich auch mehrtätige Veranstaltungen umfasst sein können (BayVGH, NVwZ-RR 2016, 498ff.: Hungerstreik). Schwierige Abgrenzungsprobleme können sich dann ergeben, wenn es um die Frage einer Erstreckung des Versammlungsbegriffes auch auf die **infrastrukturelle Ausstattung** geht, also etwa auf ein Camp mit Übernachtungsmöglichkeiten. Entscheidend dürfte hierbei sein, ob die Inanspruchnahme des Versammlungsrechts ohne die betreffende Infrastruktur unmöglich ist oder nicht. Ist die Infrastruktur zwingende Notwendigkeit für die Durchführung der Versammlung, ist ein entsprechender Schutz unter dem Aspekt der „Vorwirkung" der Versammlungsfreiheit auch dann zu bejahen, wenn die betreffende Einrichtung nicht selbst der Meinungskundgabe dient. Entsprechendes hat das BVerwG etwa für das „Camp Reddelich" angenommen, das angereisten „Gipfelgegnern" beim G8-Gipfel in Heiligendamm im Jahre 2007 als Unterkunft diente (BVerwG, NJW 2018, 716). Nach Auffassung des OVG NRW erstreckt sich der Schutz der Versammlungsfreiheit auch dort auf eingebrachte Infrastrukturen, wo es den Versammlungsteilnehmern um die protesthafte Darstellung ihrer eigenen konkreten Lebenssituation geht.

Beispiel: Die Großfamilie G lebt ohne festen Wohnsitz in Wohnwagen. Wegen des Verstoßes gegen örtliche Campingverbote wurde die G wiederholt gezwungen, ihr Zeltdorf abzubauen. Daraufhin campiert die G demonstrativ in der Landeshauptstadt D nahe des Landtages, wobei sie die Bürger einlädt, sich ein Bild von dem eigenen Lebensstil zu machen. Die auf das Ordnungsrecht gegründete Räumungsverfügung des Oberbürgermeisters der Stadt D wegen Verstoßes gegen eine städtische Campingverordnung ist rechtswidrig, da es sich um eine privilegierte öffentliche Versammlung handelt (OVG NRW, NVwZ-RR 1992, 360, krit. *Hermes/Schenkelberg*, Die Polizei 2013, 75).

Die Freiheit der Versammlung umfasst auch das Recht, den Versammlungsort frei zu wählen. Hierbei eröffnet das Grundrecht die Nutzung sämtlicher öffentlicher Kommunikationsräume, soweit diese dem Staat und seinen Untergliederungen zuzuordnen sind. Grundrechtlich geschützt sind damit etwa auch Versammlungen in den frei zugänglichen (Einkaufs-)Bereichen eines staatlich getragenen bzw. staatlich beherrschten

Flughafens, selbst wenn der Träger als sog. „gemischt-wirtschaftliches" Unternehmen privatrechtlich organisiert ist (BVerfG, NJW 2011, 1201 ff.). Dies gilt selbst dann, wenn eine straßen- und wegerechtliche Widmung der betroffenen Flächen nicht vorliegt (BGH, JA 2016, 75 – *Muckel*). Allerdings verschafft das Versammlungsgrundrecht kein Recht zum Zutritt zu beliebigen Orten. Vom Grundrecht der Versammlungsfreiheit nicht mehr gedeckt ist insbesondere die Inanspruchnahme von Eigentumsflächen Privater sowie die Nutzung öffentlicher Räume, die ihrer Konzeption nach der Allgemeinheit nur zu ganz bestimmten Zwecken zur Verfügung stehen und entsprechend ausgestaltet sind (zur Autobahn als Versammlungsort Hess. VGH, NJW 2009, 312). Eine Ausnahme hiervon will das BVerfG neuerdings für solche Flächen bzw. Plätze Privater machen, die von diesen für den öffentlichen Kommunikationsverkehr freigegeben wurden. Die Wahrnehmung der privaten Eigentümerrechte (bzw. Ausschlussrechte nach §§ 823, 1004 BGB) sollen hier durch die „mittelbare Drittwirkung" des Versammlungsgrundrechts überlagert und i. d. R. ausgeschlossen werden (BVerfG, NJW 2015, 2485; zu Recht krit. *Smets*, NVwZ 2016, 35).

II. Eingriffsmöglichkeiten des Versammlungsgesetzes

298 Das Versammlungsgesetz differenziert – ebenso wie das Grundrecht des Art. 8 GG – zwischen öffentlichen Versammlungen in geschlossenen Räumen (§§ 5 ff.) und solchen „unter freiem Himmel" (§§ 14 ff.), wobei letztere Variante Versammlungen in öffentlichen Kommunikationsräumen (s. Rn. 297) meint, gleichviel ob diese Kommunikationsräume überdacht sind oder nicht. Von praktischer Relevanz sind dabei vor allem die Regelungen zu Versammlungen unter freiem Himmel, die im Folgenden übersichtsweise dargestellt werden sollen.

1. Anmeldepflicht

299 Eine erste versammlungsspezifische Intervention bildet die in § 14 Abs. 1 VersG vorgesehene **Anmeldepflicht** des Veranstalters für öffentliche Versammlungen und Aufzüge unter freiem Himmel. Die Anmeldung hat nach dem Gesetz „spätestens 48 Stunden vor der Bekanntgabe" und „unter Angabe des Gegenstandes der Versammlung oder des Aufzuges" zu erfolgen. Die Anmeldepflicht enthält **keinen Genehmigungsvorbehalt.** Einer behördlichen *„Anmeldebestätigung"* bedarf es also nicht; eine gleichwohl erfolgte Bestätigung bleibt regelmäßig ohne Regelungswirkung und ist daher kein Verwaltungsakt. Das Anmeldeerfordernis steht in deutlichem Kontrast zu dem in Art. 8 Abs. 1 GG verbürgten Recht aller Deutschen, *„sich ohne Anmeldung"* zu versammeln. Mit Blick auf diese höherrangige Freiheitsgewährleistung wird teilweise von der Verfassungswidrigkeit des Anmeldeerfordernisses ausgegangen. Die h. M. sieht in der Regelung des § 14 VersG freilich eine über Art. 8 Abs. 2 GG gerechtfertigte Beschränkung der Versammlungsfreiheit, die indes einer partiellen *verfassungskonformen Auslegung* bedarf. So entfällt die Anmeldepflicht für sog. **„Spontanversammlungen"**, die ungeplant und ohne zeitlichen Vorlauf aus einem aktuellen Anlass heraus stattfinden. Zum einen fehlt es hier i. d. R. ohnehin an einem „Veranstalter", der über § 14 Abs. 1 VersG in die Pflicht genommen wird. Zum anderen könnte bei Einhaltung des Anmeldeerfordernisses der Zweck der Versammlung nicht erreicht werden (BVerfGE 69, 315, 350 f.). Zumindest auf die 48-Stunden-Frist verzichtet die Rechtsprechung schließlich bei sog. **„Eilversammlungen"**, die aufgrund des aktuellen Themenbezuges so kurzfristig anberaumt werden, dass die Wahrung der Frist nicht möglich oder zumutbar ist. Diese Versammlungen sind anzumelden, sobald die Möglichkeit hierzu besteht (BVerfGE 85,

69, 74f.). Schließlich ist § 15 Abs. 3 VersG korrigierend dahin auszulegen, dass die Missachtung der Anmeldepflicht grundsätzlich nicht hinreicht, um eine Versammlung oder einen Aufzug aufzulösen (str.). Ob der Gesetzesbegriff der „Anmeldung" glücklich gewählt ist, darf bezweifelt werden. Das Versammlungsgesetz des Freistaats Bayern spricht mit guten Gründen von einer bloßen **Anzeige** der Versammlung (Art. 13 BayVersG).

2. Versammlungsverbot und Auflagen

Nach § 15 Abs. 1 VersG kann die Polizei eine (geplante) Versammlung oder einen (geplanten) Aufzug verbieten oder von bestimmten Auflagen abhängig machen, *„wenn nach den zur Zeit des Erlasses der Verfügung erkennbaren Umständen die öffentliche Sicherheit oder Ordnung (...) unmittelbar gefährdet ist"*. Maßgeblich ist hierbei eine nach allgemeinen polizeirechtlichen Kriterien durchzuführende **Gefahrenprognose,** die ihrerseits auf einer tragfähigen Tatsachengrundlage beruhen muss. Dabei werden die Eingriffsvoraussetzungen durch das Kriterium der *„Unmittelbarkeit"* der Gefahr stärker eingeengt als im allgemeinen Polizeirecht (oben Rn. 70). Das Risiko eines Schadenseintritts muss besonders erhöht sein. Hierbei können Erfahrungen aus vorangegangenen Ereignissen als „Indizien" herangezogen werden, allerdings müssen auch mögliche „Gegenindizien" berücksichtigt werden. Dass ein Schadensverlauf lediglich „nicht ausgeschlossen" werden kann, reicht für die Annahme einer Gefahr grundsätzlich nicht aus (BVerfG[K], NJW 2001, 2078, 2079; OVG NRW, JA 2016, 77 – *Muckel*). Obgleich vom Gesetzeswortlaut ausdrücklich abgedeckt, rechtfertigen Gefahren für die **öffentliche Ordnung** *„im Allgemeinen"* ein Versammlungsverbot in der Regel nicht (BVerfGE 69, 315, 353). Die Behörde ist insoweit grundsätzlich auf die Erteilung von Auflagen verwiesen. Eine andere Bewertung ergibt sich immerhin mit Blick auf Fälle des Abs. 2 (unten Rn. 301). Eine unmittelbare Gefahr für die öffentliche Sicherheit droht insbesondere dort, wo mit höchster Wahrscheinlichkeit von gewalttätigen Auseinandersetzungen bzw. der Begehung von Straftaten auszugehen ist (zur Problematik gewalttätiger Gegendemonstrationen unten Rn. 302). 300

Beispiel: Die AG Hanf, eine studentische Gruppe, lädt zu einem *„Cannabis-Weekend"* bzw. *„Smoke-In"* ein, mit dem für eine Änderung der Drogenpolitik demonstriert werden soll. Da Verstöße gegen das Betäubungsmittelgesetz zu erwarten sind, kann die öffentliche Versammlung nach § 15 Abs. 1 VersG verboten werden.

Als Schutzgut der öffentlichen Sicherheit gilt nach wohl h. M. auch die Aufrechterhaltung funktionierender Beziehungen zu auswärtigen Staaten, so dass Demonstrationen, die die Durchführung eines Staatsbesuchs beeinträchtigen, mit Auflagen belegt oder im Extremfall auch verboten werden können (sehr weitgehend OVG MV, NordÖR 2006, 451; offenlassend BVerfG, NJW 2007, 2167, 2169). Umgekehrt ist darauf zu achten, dass bestimmte außerhalb des Versammlungsrechts reglementierte Handlungsweisen – etwa der Einsatz von Megaphonen zur Binnen- sowie zur Außenkommunikation bei größeren Versammlungen – unmittelbar durch das Grundrecht der Versammlungsfreiheit legitimiert werden, so dass die außerversammlungsrechtlichen Restriktionen (z. B. der Erlaubnisvorbehalt für Lautsprecher nach § 33 Abs. 1 S. 1 Nr. 1, § 46 Abs. 1 S. 1 Nr. 9 StVO) suspendiert sind und deren Nichtbeachtung keine Verletzung der öffentlichen Sicherheit begründet (zuletzt BayVGH, NVwZ-RR 2016, 498: Einbringung von Pavillons und Betten).

Heftig umstritten ist, ob und inwieweit die Kundgabe **nationalsozialistischen Gedankengutes** für sich genommen als unmittelbare Gefahr für die öffentliche Sicher- 301 heit oder Ordnung angesehen werden kann oder nicht. Während das OVG NRW die Verharmlosung der nationalsozialistischen Diktatur und die Verherrlichung ihrer Symbolfiguren lange Zeit als Verletzung der öffentlichen Ordnung einstufte (vgl. OVG NRW, NJW 2001, 2111), hat sich das BVerfG einer derartigen Sichtweise mit Blick auf die umfassende Geltung des Grundrechts der Meinungsfreiheit von Anfang an entgegen gestellt. Explizit führt das BVerfG aus, dass das Grundgesetz zwar auf der Erwartung einer Werteloyalität seiner Bürger aufbaut, diese aber nicht erzwingt. Die Bürger sind daher auch frei, grundlegende Wertungen infrage zu stellen, solange sie dadurch nicht die Rechtsgüter Dritter gefährden (s. BVerfG, NJW 2001, 2069; 2004, 2814). Auswirkungen auf das Versammlungsrecht zeitigte dieser Streit insoweit, als es gefestigter Rechtsprechung entspricht, dass Äußerungen, die von Verfassungs wegen nicht unterbunden werden dürfen, auch nicht Anlass für ein Verbot von Versammlungen sein können. Der Gesetzgeber hat den Konflikt durch eine Erweiterung des Volksverhetzungstatbestandes in Absatz 4 des § 130 StGB sowie durch die Einfügung eines neuen § 15 Abs. 2 VersG zu entschärfen versucht. Nach § 15 Abs. 2 VersG können Versammlungen verboten oder von Auflagen abhängig gemacht werden, wenn sie an besonderen, gesetzlich auszuweisenden Gedenkstätten für die Opfer des Nationalsozialismus stattfinden und nach den konkreten Umständen eine Beeinträchtigung der Würde der Opfer zu befürchten ist (hierzu *Guckelberger,* NVwZ 2016, 194). Absatz 2 versteht sich dem Wortlaut nach („insbesondere") als Unterfall des Absatzes 1, wobei es hierbei um eine besondere Ausformung des Schutzes speziell der öffentlichen Ordnung geht. Eine Modifikation in der Rechtsfolgenanordnung ergibt sich für Absatz 2 immerhin insoweit, als die Bestimmung nach h. M. auch das **Verbot einer Versammlung** legitimiert, also die für Absatz 1 geltende Regelfolge einer Sanktionierung von Ordnungsverstößen vorrangig durch Auflagen (oben Rn. 300) dispensiert. Ob und inwieweit die Regelung des § 15 Abs. 2 VersG über die bisherige Rechtsprechung des BVerfG hinausgeht, ist nicht ganz eindeutig. So war das Verbot rechtsextremistischer Veranstaltungen schon bislang zulässig, wenn und soweit hierbei nicht an die *Inhalte,* sondern an die *Art und Weise der Durchführung* einer Versammlung angeknüpft wird. In diesem Sinne rechtfertigte namentlich die demonstrative Einschüchterung von Personen, die Identifikation mit Riten und Symbolen der nationalsozialistischen Gewaltherrschaft oder die zeitliche Anknüpfung an besondere Daten schon bislang die Annahme einer Gefahr für die öffentliche Ordnung (BVerfG, NJW 2004, 2814). Einen neuen inhaltlichen Ansatzpunkt für ein Verbot von Versammlungen, die auf nationalsozialistische Propaganda ausgerichtet ist, bietet daneben § 130 Abs. 4 StGB, demzufolge sich strafbar macht, *„wer öffentlich oder in einer Versammlung den öffentlichen Frieden in einer die Würde der Opfer verletzenden Weise dadurch stört, dass er die nationalsozialistische Gewalt- und Willkürherrschaft billigt, verherrlicht oder rechtfertigt".* Zwar handelt es sich insoweit um eine spezifisch „meinungsbezogene" Beschränkung, die damit außerhalb des auf „allgemeine Gesetze" beschränkten Begrenzungsvorbehalts des Art. 5 Abs. 2 GG steht. In seiner Entscheidung vom 4.11.2009 hat das BVerfG diese weitergehende Beschränkung der Meinungsfreiheit indes gebilligt und auf einen ungeschriebenen Begrenzungsvorbehalt gestützt, der dem Grundgesetz immanent sei (NJW 2010, 47 – hierzu § 1 Rn. 38). Eine ähnliche Zielrichtung weist § 130 Abs. 3 StGB auf, demzufolge sich strafbar macht, *„wer eine unter der Herrschaft des Nationalsozialismus begangene Handlung der in § 6 Abs. 1 des Völkerstrafgesetzbuches bezeichneten Art in einer Weise, die geeignet ist, den öffentlichen Frieden zu stören, öffentlich oder in einer Versammlung billigt, leugnet oder verharmlost".* Auch diese besondere Meinungsbeschränkung wird durch den ungeschriebenen Beschränkungsvorbehalt zu Art. 5 Abs. 1 GG gedeckt, wobei speziell die Leugnung des Holocaust allerdings von vornherein aus dem Schutzbereich der Meinungsfreiheit herausfällt (kein Schutz unwahrer Tatsachenbehauptungen). In neuerer Zeit hat das BVerfG weitere Feinjustierungen der Strafnorm des § 130 Abs. 3 StGB vorgenommen und hierbei – anders als in den Fällen der Leugnung und der Billigung, in denen die Störung des öffentlichen Friedens „indiziert" ist – für den Fall der Verharmlosung der genannten Verbrechen eine gesonderte Feststellung der Störung des öffentlichen Friedens eingefordert.

Versammlungsverbote zur Durchsetzung des § 130 StGB ergehen versammlungsrechtlich auf der Grundlage des § 15 Abs. 1 VersG, nicht auf der Grundlage des auf Ordnungsverstöße bezogenen Absatzes 2.

Beispiel: Am Todestag des in den Nürnberger Prozessen als NS-Kriegsverbrecher verurteilten „Stellvertreters des Führers" *Rudolf Heß* soll in dessen Begräbnisort eine Veranstaltung unter freiem Himmel mit dem Thema „Gedenken an *Rudolf Heß*" stattfinden. Die zu erwartende Glorifizierung der Person *Heß* ist in der Gesamtabwägung als Billigung des nationalsozialistischen Regimes und damit als Gutheißen der nationalsozialistischen Gewaltherrschaft zu bewerten und rechtfertigt ein Verbot der Versammlung nach § 15 Abs. 1 VersG (BVerwG, NJW 2009, 98).

Neben § 130 Abs. 4 StGB bleibt im hiesigen Kontext auch die Strafnorm in Absatz 1 derselben Vorschrift zu beachten, wonach sich u. a. strafbar macht, wer in einer Weise, die geeignet ist, den öffentlichen Frieden zu stören, zum Hass gegen Teile der Bevölkerung aufstachelt oder die Menschenwürde anderer dadurch angreift, dass er Teile der Bevölkerung beschimpft, böswillig verächtlich macht oder verleumdet (sog. Volksverhetzung).

Beispiel: Die zuständige Versammlungsbehörde verbietet eine Versammlung der P-Partei mit dem Motto *„Stoppt den Synagogenbau – 4 Millionen fürs Volk!"*. Das OVG NRW hat das Verbot bestätigt. So grenze das Motto die in Deutschland lebenden Menschen jüdischen Glaubens in böswilliger und verachtlich machender Weise als nicht zum „Volk" gehörend aus der staatlichen Gemeinschaft aus und verletze dadurch in eklatanter Weise den sozialen Wert- und Achtungsanspruch der deutschen Juden und störe damit zugleich das friedliche Miteinander von Juden und Nicht-Juden in Deutschland i. S. d. § 130 Abs. 1 StGB (s. BeckRS 2004, 21977; vgl. in diesem Kontext zuletzt VG Meiningen, das eine Übertragbarkeit dieser Bewertung auf eine Demonstration mit dem Motto *„Überfremdung stoppen – keine Moschee in E.!"* verneint, vgl. ThürVBl. 2013, 92). Problematisch aus neuerer Zeit aber OVG NRW, NVwZ-RR 2020, 204, wonach das Rufen der Parole *„Nie, nie, nie wieder Israel"* rechtlich zulässig sei und daher nicht über eine versammlungsrechtliche Auflage untersagt werden dürfe. Nicht als Störung der öffentlichen Sicherheit oder Ordnung hat das VG Münster schließlich das Abspielen des historisch belasteten „Badenweiler Marsches" bei einer öffentlichen Versammlung bewertet (BeckRS 2014, 58794).

Zu beachten bleibt, dass allein die verfassungswidrige Grundausrichtung einer (noch) nicht verbotenen Partei angesichts des sog. **„Parteienprivilegs"** des Art. 21 Abs. 2 und 4 GG ein Verbot der von einer entsprechenden Partei veranstalteten Versammlung nicht zu rechtfertigen vermag. Auch die in Art. 21 Abs. 3 und 4 GG neu vorgesehene Möglichkeit des Ausschlusses verfassungsfeindlicher Parteien von der staatlichen Parteienfinanzierung rechtfertigt hierüber hinausgehende Sanktionierungen nicht.

Primärer Adressat einer Verfügung nach § 15 VersG ist der Veranstalter; möglich sind 302
aber auch Verfügungen an einzelne oder alle Versammlungsteilnehmer. Entsprechend allgemeinen polizeirechtlichen Grundsätzen setzt eine Verbotsverfügung schließlich grundsätzlich die (Handlungs-)Verantwortlichkeit des Veranstalters bzw. der Versammlungsteilnehmer für den Gefahreneintritt voraus. Eine Verbotsverfügung wegen zu erwartender

Ausschreitungen durch gewalttätige **„Gegendemonstranten"** ist also lediglich unter den engen Voraussetzungen des **polizeilichen Notstandes** (entsprechend § 6 PolG) möglich, wenn und soweit die Gefahr nicht durch Auflagen, das Verbot oder die Auflösung der Gegenversammlung abgewendet werden kann (NdsOVG, NVwZ-RR 2005, 820: Castor-Transporte). Zwar ist die Polizei grundsätzlich verpflichtet, die friedlichen Versammlungsteilnehmer als sog. „Nichtstörer" durch eigene Kräfte vor Störungen zu schützen. Diese Pflicht steht freilich unter dem Vorbehalt der Verfügbarkeit entsprechender Einsatzkräfte (BVerfG, NJW 2001, 1411, 1412). Die Auflösung der friedlichen Versammlung wird in diesem Fall freilich regelmäßig mit dem Verbot der gewaltbereiten Gegendemonstration zu verbinden sein (VGH BW, NVwZ 1987, 237). Lässt sich die Gewaltbereitschaft im Falle des Aufeinandertreffens von Versammlung und Gegenversammlung nicht eindeutig zuordnen, wird in der Regel allerdings allein gegen die zuletzt angesetzte (Gegen-)Versammlung vorzugehen sein. Zu beachten bleibt immerhin, dass nach Auffassung des OVG NRW die friedliche Blockade einer nicht verbotenen (rechtsextremistischen) Versammlung eine legitime Form grundrechtlicher Freiheitsausübung sein kann und erst im Falle der durch § 21 VersG sanktionierten groben Störung („unüberwindliche, dauerhafte Blockade, die nicht zu umgehen ist") die Grenzen des Zulässigen überschreiten soll (DVBl. 2012, 1514, 1517). Folgerichtig sah das Gericht erst recht keinen Ansatz, um gegen ein „öffentliches Blockadetraining" vorzugehen, zumal dieses seinerseits als „vorgezogene Demonstration" bürgerschaftlichen Engagements zu verstehen sei und insoweit den Schutz der Versammlungsfreiheit genieße. Diese Auslegung erscheint nicht ganz unproblematisch. Denn jedenfalls Handlungen mit dem Ziel, Dritten die Ausübung des Grundrechts auf Versammlungsfreiheit physisch unmöglich zu machen, unterfallen richtigerweise nicht dem Schutz der Versammlungsfreiheit (vgl. BVerfG, NJW 1991, 2694, 2695).

Schwierige Detailprobleme ergeben sich schließlich, wenn gewalttätige Ausschreitungen aus dem Schutz der Versammlung heraus begangen werden und sich die Einzeltäter sodann wieder in die Versammlung zurückziehen (sog. „*Genua*-Taktik"). So begründen Exzesse Einzelner noch nicht den Vorwurf der Unfriedlichkeit der Versammlung. Hier sind behördliche Maßnahmen primär gegen den Störer selbst zu richten (§ 18 Abs. 3, § 19 Abs. 4 VersG). Vielmehr setzt die Unfriedlichkeit einer Versammlung voraus, dass die Unfriedlichkeiten von dem Veranstalter und seinem „Anhang" beabsichtigt oder zumindest gebilligt werden. Kann den Gefahren von Einzelexzessen ausnahmsweise nur durch ein Verbot der Versammlung insgesamt wirksam begegnet werden, liegt daher auch hierin die Inanspruchnahme von Nichtstörern (hierzu etwa OVG Nds., NVwZ-RR 2005, 820: Castor-Transporte). Man spricht insoweit von einem **„unechten polizeilichen Notstand"**. Das Totalverbot einer Versammlung ist unverhältnismäßig und damit unzulässig, wenn den drohenden Gefahren durch **„Auflagen"** effektiv entgegengewirkt werden kann. Zu denken ist etwa an das Verbot, bestimmte gewaltbereite Personen als „Ordner" einzusetzen, oder an die Auflage, einen als gefährlich eingestuften Aufzug (von Hooligans) in der Form einer „ortsfesten" Versammlung durchzuführen (so OVG NRW, JA 2016, 77 – *Muckel*). Bei dem Begriff der Auflagen i. S. d. § 15 Abs. 1 und 2 VersG geht es – entgegen dem missverständlichen Wortlaut – nicht um Nebenbestimmungen i. S. d. § 36 Abs. 2 Nr. 4 VwVfG, sondern um selbständige versammlungsrechtliche Verfügungen. Ebenso wie im klassischen Polizeirecht handelt es sich auch bei den versammlungsrechtlichen Eingriffsermächtigungen um Ermessensnormen, die sich somit an der gefahrenpräventiven Ausrichtung des Gesetzes zu orientieren haben. Soweit daher versammlungsbehördliche Maßnahmen mit dem Ziel einer effektiveren Strafverfolgung begründet würden, läge hierin ein Ermessensfehler i. S. d. § 40 VwVfG.

3. Auflösung und „Minusmaßnahmen“

Soweit bei einer laufenden Versammlung die Voraussetzungen eines Verbotes nach Absatz 1 oder 2 eintreten oder etwaigen Auflagen zuwidergehandelt wird, kann die Versammlung gem. § 15 Abs. 3 VersG aufgelöst werden. Eine verbotene Veranstaltung ist zwingend aufzulösen (§ 15 Abs. 4 VersG). Die Auflösung ist die Beendigung einer laufenden Versammlung mit dem Ziel, die verbleibende Personen*ansammlung* zu zerstreuen. Mit Blick auf Art. 8 GG wird eine Auflösung regelmäßig nur zum Schutz wichtiger Gemeinschaftsgüter und unter strengen Anforderungen an die Gefahrenprognose in Betracht kommen. Nach Auflösung einer Versammlung findet das Versammlungsgesetz keine Anwendung mehr; Maßnahmen gegen die verbleibende *Ansammlung* (z. B. Platzverweisungen) gründen sich folglich auf das Polizeigesetz (unten Rn. 308). Die Auflösungsverfügung als Allgemeinverfügung muss, schon wegen der Strafbarkeit ihrer Nichtbeachtung (§ 26 VersG), eindeutig und unmissverständlich formuliert werden und für den Betroffenen erkennbar zum Ausdruck bringen, dass die Versammlung aufgelöst ist. 303

Beispiel: Vor dem Informationsstand einer extremen Partei hat sich eine kleine Gruppe von Demonstranten formiert. Die Polizei fordert die Demonstranten auf, den Platz zu verlassen. Da die Personen nicht reagieren, werden sie von der Polizei in Gewahrsam genommen. Die Maßnahme ist rechtswidrig: Es war keine Auflösung der öffentlichen Versammlung ausgesprochen worden. Eine Ingewahrsamnahme der Teilnehmer war – zumal auf der Grundlage des PolG – unzulässig (BVerfG [K], NVwZ 2005, 80 f.).

Ohne dass dies im Gesetz erwähnt wird, sind nach h. M. unter den tatbestandlichen Voraussetzungen des § 15 Abs. 3 VersG *a maiore ad minus* („Erst-Recht-Schluss“) auch weniger eingriffsintensive Maßnahmen als die Auflösung einer Versammlung zulässig und geboten, wenn und soweit bereits durch sie die eingetretene Gefahrenlage abgewehrt werden kann. Als solche **„Minusmaßnahmen“** kommen auch die (polizeilichen) Standardmaßnahmen in Betracht, die in diesem Kontext freilich auf § 15 Abs. 3 VersG zu stützen sind. Im Rahmen der „integrierten“ Anwendung der polizeilichen Standardmaßnahmen wird zugleich die (kumulative) Beachtung der dortigen Tatbestandsvoraussetzungen zu verlangen sein. Derartige Minusmaßnahmen werden dabei gemeinhin auch gegen Einzelteilnehmer einer Versammlung für zulässig erachtet. 304

Beispiel: Während einer laufenden Versammlung heben Versammlungsteilnehmer ein Plakat in die Höhe, auf dem der US-Präsident schwer beleidigt wird. Die hierdurch verursachte Gefahrensituation (Verstoß gegen § 185 StGB) kann bereits durch eine Sicherstellung des Plakates behoben werden, die im Wege des Erst-Recht-Schlusses auf § 15 Abs. 3 VersG i. V. m. § 43 PolG gegründet werden kann.

Die **Einkesselung** einer Versammlung ist als Ingewahrsamnahme der Versammlungsteilnehmer zu deuten (oben Rn. 172) und daher bei einer nicht aufgelösten Versammlung von vornherein unzulässig (OVG NRW, DVBl. 2001, 839 – hierzu auch unten Rn. 308). Für den Ausschluss *einzelner* Teilnehmer von der Versammlung bzw. dem Aufzug stellen § 18 Abs. 3 sowie § 19 Abs. 4 VersG Spezialermächtigungen zur Verfügung, so dass hier ein Rückgriff auf § 15 Abs. 3 VersG oder eine Platzverweisung als „Minusmaßnahme“ ausscheidet. Mit dem Ausschluss eines Teilnehmers aus der Versammlung endet für ihn die versammlungsrechtliche Privilegierung. Weitere Maßnahmen gegen die betreffende Person sind also auf der Grundlage des *allgemeinen Polizeirechts* durchzu- 305 führen (z.B. Ingewahrsamnahme nach § 35 PolG, unmittelbarer Zwang nach den §§ 50ff. PolG, einschränkend EGMR, NVwZ 2012, 1089). Spezialgesetzliche Eingriffsermächtigungen formuliert das VersG schließlich im Hinblick auf die Anfertigung von **Bild- und Tonaufnahmen** durch die Polizei, die regelmäßig einen Eingriff in Art. 8 GG enthalten werden und insoweit nur auf der Grundlage und nach Maßgabe der speziellen Eingriffsermächtigungen aus § 12a Abs. 1 S. 1 i.V.m. § 19a VersG zulässig sind (zuletzt OVG NRW, NVwZ-RR 2020, 785). Auch soweit die Polizei zur Vorbereitung solcher Aufnahmen Kameras auf Fahrzeugen einsatzbereit in Position bringt, kann dies bereits einen (faktischen) Eingriff in die Versammlungsfreiheit enthalten. Derartige Vorbereitungshandlungen können sich auf die Eingriffsrechtfertigung für die Anfertigung von Bild- und Tonaufnahmen stützen, müssen aber nach den Umständen des Einzelfalles verhältnismäßig, insbesondere zumutbar sein (NdsOVG, NVwZ-RR 2016, 98: Ausfahren eines Mastes auf dem Polizeiwagen). Neben den an die strengen Vorgaben des § 12a VersG geknüpften Befugnissen besteht kein Raum für **filmische Dokumentationen** zum Zwecke der Öffentlichkeitsarbeit **in den sozialen Medien.** Entsprechende Filmaufnahmen der Polizei enthalten vielmehr wegen ihrer potentiellen Einschüchterungswirkung einen ungerechtfertigten (faktischen) Eingriff in die Versammlungsfreiheit (vgl. OVG NRW, BeckRS 2019, 24960). Nach denselben Vorgaben richtet sich auch die Zulässigkeit des Einsatzes von **Aufklärungsdrohnen** zur Beobachtung von Großdemonstrationen.

4. Möglichkeiten und Grenzen eines Rückgriffs auf das Polizeigesetz oder andere Sondergesetze

306 Innerhalb seines Anwendungsbereiches sperrt das Versammlungsgesetz nach h.M. den Rückgriff auf das Polizeigesetz. Man spricht insofern von der **Polizeifestigkeit des Versammlungsrechts** (oben Rn. 295). Hiermit wird die Anwendung polizeilicher Normen im Kontext von Versammlungen allerdings nicht generell ausgeschlossen, sondern nur insoweit, als das Versammlungsgesetz eigene Regelungen trifft (BVerwG, BayVBl. 2019, 747f.). Namentlich im Vorfeld einer Versammlung, aber auch nach erfolgter Auflösung einer Versammlung, bleibt ein solcher Rückgriff auf das Polizeigesetz denkbar, was im Einzelnen zu mitunter schwierigen Abgrenzungsproblemen führt. Diese Probleme wurden in Nordrhein-Westfalen lange Zeit zusätzlich dadurch verschärft, dass § 7 PolG das Versammlungsgrundrecht aus Art. 8 GG nicht als beschränktes Grundrecht zitierte, was allerdings zwischenzeitlich erfolgt ist. Für zulässig erachtet wird der Rückgriff auf das Polizeigesetz bzw. spezielle Gefahrenabwehrgesetze ferner, soweit es um die Abwehr „nicht-versammlungsspezifischer Gefahren“ geht. Ein Anwendungsfall könnte insoweit etwa die Anordnung und ggf. Durchsetzung infektionsschutzrechtlicher Vorgaben für Versammlungen sein (vgl. zu einem Anordnungsrecht der zuständigen Ordnungsbehörden § 13 Abs. 3 S. 2 **CoronaSchVO NRW** vom 1.7.2020, hierzu oben Rn. 37, 295).

Dagegen wird man bei genuinen „Vorfeldmaßnahmen“ genauer zu differenzieren haben.

307 a) Kontrolliert die Polizei die Wege zum Versammlungsort, um Straftaten zu verhindern (z.B. durch die Sicherstellung von Waffen und Helme), ohne aber den Zugang zu der Versammlung reglementieren oder gar verhindern zu wollen, wird man einen versammlungsspezifischen Bezug ebenfalls verneinen können. Es handelt sich daher um grundsätzlich zulässige **„Vorfeldmaßnahmen“**, deren Rechtmäßigkeit sich **nach dem Polizeigesetz** und nicht nach dem Versammlungsgesetz bestimmt. Dies gilt jedenfalls dort, wo das Versammlungsgesetz nicht ausnahmsweise eigene Einzelregelungen trifft (z. B. § 12a Abs. 1, § 17a Abs. 4 VersG). Schwierigere Fragen stellen sich, wenn durch polizeiliche Maßnahmen der Zugang zu der Versammlung selbst beschränkt oder gar versperrt werden soll. Derartige Maßnahmen scheiterten als zielgerichtete Eingriffe in die Versammlungsfreiheit bislang an der fehlenden Zitierung des Art. 8 GG in § 7 PolG. Nachdem diese Zitierung nunmehr erfolgt ist, wird man versammlungsbeschränkende Maßnahmen auf der Grundlage des Polizeigesetzes nicht mehr generell für unzulässig ansehen können. Vielmehr bleibt der Rückgriff auf das Polizeigesetz möglich, soweit das Versammlungsgesetz keine eigenen spezialgesetzlichen Regelung trifft (BVerwG, NVwZ 2007, 1439: Rechtmäßigkeit einer polizeilichen Meldeauflage zur Verhinderung einer Versammlungsteilnahme zur Abwehr der konkreten Gefahr strafbarer Handlungen).

Heftig umstritten ist, ob und inwieweit sog. **„Gefährderansprachen"** im Vorfeld von Versammlungen auf der Grundlage des Polizeigesetzes erfolgen können (hierzu auch Rn. 41). Unproblematisch dürften solche Gefährderansprachen sein, die den Adressaten allein von der Begehung von Straftaten abhalten, ihm aber die Teilnahme an einer Versammlung nicht streitig machen wollen. Soweit solche Gefährderansprachen nur informieren, nicht aber befehlen, fehlt es bereits an einem Eingriff, so dass es keiner Ermächtigungsgrundlage bedarf. Problematisch sind demgegenüber Gefährderansprachen, die den Gefährder nach dem maßgeblichen „Empfängerhorizont" zielgerichtet von der Teilnahme an einer Versammlung abhalten sollen. Ob derartige Maßnahmen als „Minus-Maßnahmen" auf § 15 Abs. 1 VersG i. V. m. der polizeilichen Generalklausel gestützt werden können (hierzu LSA, NVwZ-RR 2012, 720), erscheint angesichts der anders gearteten Ausrichtung des § 15 VersG sehr fraglich. Immerhin könnte die Sperrwirkung des Versammlungsrechts dadurch entfallen, dass das VersG keine eigenen Vorfeldregelungen trifft (so *Trurnit,* NVwZ 2012, 1079 ff.).

Hinsichtlich des dann theoretisch denkbaren Rückgriffs auf die polizeiliche Generalklausel stellte sich für Nordrhein-Westfalen in der Vergangenheit das bereits oben erwähnte Problem, dass das Polizeigesetz das Grundrecht aus Art. 8 GG nicht als eingeschränktes Grundrecht nannte und damit jedenfalls für zielgerichtet auf Unterlassen einer Versammlungsteilnahme gerichtete Gefährderansprachen den Anforderungen des Zitiergebots aus Art. 19 Abs. 1 S. 2 GG nicht genügte. Dieses Problem ist durch die Aufnahme des Art. 8 GG in § 7 PolG zwischenzeitlich gelöst, so dass eine generelle Anwendungssperre für das Polizeigesetz nicht (mehr) besteht. Problematisch bleibt allerdings weiterhin, dass die Anwendung der Generalklausel das Vorliegen einer „konkreten Gefahr" voraussetzt, was bei Vorfeldmaßnahmen häufig nicht der Fall sein wird. Die Zulässigkeit solcher Gefährderansprachen bleibt nach alledem nach der derzeitigen Gesetzeslage in NRW höchst fraglich. Eine stimmige Lösung ließe sich durch die Schaffung einer eigenständigen Ermächtigungsgrundlage erzielen. Hierzu ist dann aber der Gesetzgeber gefordert.

b) Der privilegierende Schutz des Versammlungsgesetzes entfällt schließlich, sobald **308** eine öffentliche Versammlung nach Maßgabe des § 15 Abs. 3 VersG aufgelöst wurde. Die mit der Auflösung einer Versammlung regelmäßig verbundene Aufforderung an die Teilnehmer, sich zu entfernen, stellt nach h. M. keinen eigenständigen Verwaltungsakt dar, sondern lediglich einen Hinweis auf die Rechtslage (§ 18 Abs. 1 i. V. m. § 13 Abs. 2 VersG). Sie ist daher ebenso wenig einer Vollstreckung zugänglich wie die Auflösungsverfügung selbst. Leisten die Teilnehmer der aufgelösten Versammlung dieser Aufforderung keine Folge, kann gegen sie nach Maßgabe des Polizeigesetzes vorgegangen werden (Platzverweisung, Ingewahrsamnahme oder unmittelbarer Zwang zur Durchsetzung der Platzverweisung). Eine **Einkesselung** der verbleibenden Ansammlung ist nicht geeignet, das Auseinanderströmen der betroffenen Personen zu erreichen, und daher in der Regel rechtswidrig (str.). Zu beachten bleibt, dass die Anwendung des Polizeigesetzes blockiert wird, wenn sich die nach der Auflösung verbleibende Personenansammlung erneut zu einer sog. **„Folgeversammlung"** formiert, die mit der aufgelösten Versammlung **nicht identisch** ist. Gegen eine solche Folgeversammlung, die ihrem Wesen nach eine „Spontanversammlung" darstellt, wäre ein Eingreifen wiederum nur nach Maßgabe des Versammlungsgesetzes zulässig. Handelt es sich bei der Folgeversammlung dagegen nur um die (verkappte) Fortsetzung der bereits aufgelösten Versammlung, gilt die Auflösungsverfügung auch ihr gegenüber. Gegen die Teilnehmer der vermeintlichen Folgeversammlung kann dann mit den Mitteln des Polizeigesetzes vorgegangen werden.

Beispiel: Um gegen die Abholzung des F-Forstes zu demonstrieren, haben sich zahlreiche Umweltaktivisten in dem betreffenden Forstgebiet versammelt. Wegen massiver Ausschreitungen hat die Polizei die Versammlung aufgelöst und zahlreiche Teilnehmer in Gewahrsam genommen. Nach ca. 4 Stunden formiert sich in 500 Meter Entfernung zum ursprünglichen Versammlungsort erneut eine Gruppe von Aktivisten, die lautstark gegen den aus ihrer Sicht überharten Einsatz der Polizeikräfte demonstriert. Eine Identität der Versammlungen ist nach Zeit, Ort und Inhalt nicht festzustellen. Die Auflösungsverfügung gilt nicht gegen die Folgeversammlung, die damit unter den Schutz des Versammlungsgesetzes fällt. Das Polizeigesetz ist nicht anwendbar.

309 c) Nicht unter den Anwendungsbereich des Versammlungsgesetzes fallen Personen, die als **zufällig Anwesende,** womöglich aber auch als gezielt anwesende Beobachter des Geschehens (z. B. Journalisten, hierzu § 6 Abs. 2 VersG) am Versammlungsort anwesend sind. Allerdings können sich auch zufällig anwesende Personen anlässlich des Geschehens am Versammlungsort spontan zu einer öffentlichen („Gegen-")Versammlung formieren und genießen dann den Schutz des Versammlungsgesetzes.

310 d) Umstritten ist schließlich, ob der privilegierende Schutz des Versammlungsgesetzes auch durch eine **rechtswidrige Auflösungsverfügung** beendet und die Anwendbarkeit des Polizeigesetzes eröffnet wird. Dem allgemeinen verwaltungsrechtlichen Grundsatz, demzufolge auch rechtswidrige Verwaltungsakte bis zu ihrer Aufhebung oder Erledigung Wirksamkeit entfalten (vgl. § 43 Abs. 2 VwVfG), entspricht es, die Frage grundsätzlich zu bejahen. Soweit also die Teilnehmer einer rechtswidrig aufgelösten Versammlung ihrer Entfernungspflicht nicht Folge leisten, sind Maßnahmen gegen sie auf der Grundlage des Polizeigesetzes möglich (vgl. BVerfG, DVBl. 1993, 150; a. A. Bad.-Württ. VGH, VBlBW 1986, 299). Allenfalls könnte erwogen werden, die Durchsetzung einer rechtswidrigen Versammlungsauflösung dann als unverhältnismäßig und somit ermessensfehlerhaft einzustufen, wenn die Rechtswidrigkeit offenkundig und unbestritten ist. Dogmatisch überzeugender dürfte freilich sein, diese Frage über die Prüfung einer etwaigen Nichtigkeit der Auflösungsverfügung wegen offenkundiger Rechtswidrigkeit zu beantworten (§ 44 Abs. 1 VwVfG). Immerhin aber wird man für straf- und ordnungsrechtliche Sanktionen die Rechtmäßigkeit der Auflösungsverfügung verlangen müssen.

5. Möglichkeiten und Grenzen eines Rückgriffs auf das Zivilrecht

310a Mit der Erstreckung des Grundrechts der Versammlungsfreiheit auch auf Versammlungen in öffentlichen Kommunikationsräumen, die der (beherrschenden) Trägerschaft öffentlicher Unternehmen – einschließlich solcher in Privatrechtsform – unterliegen (oben Rn. 297), rückt auch das Zivilrecht als potentiell grundrechtsbeschränkendes Recht in das Blickfeld. So ist nach der neuesten Rechtsprechung des BVerfG namentlich das zivilrechtliche Hausrecht (§ 903 S. 1, § 1004 BGB) durchaus geeignet, Eingriffe in die Versammlungsfreiheit zu rechtfertigen, die sich freilich ihrerseits an den Vorgaben des Verhältnismäßigkeitsgrundsatzes messen lassen müssen (BVerfG, NJW 2011, 1201).

Beispiel: Die zu 80% staatlich getragene Flughafen-AG sieht in der „Flughafen-Benutzungsordnung" ein Verbot von Trillerpfeifen, Trommeln und Megafonen bei Versammlungen auf dem Flughafengelände vor. Die Anordnung dient der Funktionsfähigkeit des Flughafenbetriebes (Vernehmbarkeit von Durchsagen an die Reisenden) und kann somit auf die zivilrechtlichen Regelungen des Hausrechts gestützt werden. Unzulässig wäre dagegen ein pauschales Verbot jedweder Versammlungen im Flughafenbereich (BVerfG, aaO).

Zu beachten bleibt, dass eine Missachtung von zivilrechtlichen Benutzungsordnungen nicht ohne Weiteres zu Eingriffsmaßnahmen der Versammlungsbehörde berechtigt; unter Umständen können zivilrechtliche Übertretungen allerdings ein Indiz für das Vorliegen einer Gefahr i. S. d. Versammlungsgesetzes sein.

6. Versammlungen in geschlossenen Räumen

Soweit Versammlungen in geschlossenen Räumen abgehalten werden, bleibt zu beachten, dass Art. 8 Abs. 1 GG insoweit keinen allgemeinen Begrenzungsvorbehalt formuliert, gesetzlich vorgesehene Eingriffe also nur zum Schutz kollidierender Verfassungsgüter zulässig sein können. Einige der in den §§ 5 ff. VersG positivierten Eingriffsbefugnisse sind vor diesem Hintergrund im Wege einer verfassungskonformen Auslegung zu reduzieren (vgl. BayVGH, BayVBl. 2009, 16: kein allgemeines Zutrittsrecht für Polizeibeamte nach § 12 VersG; hierzu *Riedel,* JURA 2010, 114). Umgekehrt bleiben Meinungsäußerungen, die durch eine nach Art. 5 Abs. 2 GG zulässige Norm mit Strafe bedroht sind, auch in einer derartigen Versammlung verboten und können insoweit auch dort bekämpft werden (BVerfGE 90, 241, 350: Auschwitzlüge). Nicht abschließend geklärt ist die Anwendbarkeit des Versammlungsgesetzes auf nichtöffentliche Versammlungen in geschlossenen Räumen. Wegen der grundsätzlichen Beschränkung des VersG auf öffentliche Versammlungen dürfte eine solche Anwendbarkeit ausgeschlossen sein (vgl. zum Analogieverbot oben Rn. 41). Die Konsequenz, dass nichtöffentliche Versammlungen in geschlossenen Räumen damit dem allgemeinen Sicherheitsrecht unterfallen und womöglich weiterreichenden Eingriffen zugänglich sind als dortige öffentliche Versammlungen, steht augenscheinlich in einem gewissen Kontrast zu der Normsystematik des Art. 8 GG, der Versammlungen in geschlossenen Räumen einem höheren Schutz unterstellt als öffentliche Versammlungen unter freiem Himmel. Hier wird man im Wege einer strikt grundrechtsorientierten Normauslegung und -anwendung für einen restriktiven Umgang mit polizeilichen Eingriffsbefugnissen sorgen müssen (sehr str.). **310b**

III. Anspruch auf Einschreiten gegen eine Versammlung?

Ebenso wie bei der polizeilichen und ordnungsbehördlichen Generalklausel (oben Rn. 148 ff.) stellt sich schließlich auch in Bezug auf die Eingriffsermächtigungen des § 15 Abs. 1 und 3 VersG die Frage nach einem möglichen Anspruch bzw. einem subjektiv-öffentlichen Recht auf polizeiliches Einschreiten gegen eine öffentliche Versammlung. Und ebenso wie bei der polizeilichen Generalklausel geht die Rechtsprechung **310c** auch für die Eingriffsermächtigung des § 15 VersG von einer (partiell) drittschützenden Wirkung aus, wenn und soweit von einer Versammlung eine unmittelbare Gefährdung für geschützte Individualrechtsgüter ausgeht.

Beispiel: Tierschützer blockieren die Zufahrt zu einem privaten Schlacht- und Zerlegebetrieb (Schutz des eingerichteten und ausgeübten Gewerbebetriebs gem. Art. 14 Abs. 1 GG); Abtreibungsgegner belagern die Privatwohnung des Arztes A, in dessen Praxis Schwangerschaftsabbrüche vorgenommen werden (Recht auf Schutz der Persönlichkeit gem. Art. 2 Abs. 1 i. V. m. Art. 1 Abs. 1 GG, s. OVG NRW, BeckRS 2018, 27455).

Freilich ist auch hier darauf zu achten, dass der Anspruch entsprechend dem objektiven Normgehalt trotz des Vorliegens einer unmittelbaren Gefährdung zunächst allein auf die Herbeiführung einer **ermessensfehlerfreien Entscheidung** über die mögliche Anordnung eines Verbots, einer Auflage oder einer Auflösung der Versammlung gerichtet ist. Ein **Anspruch auf Anordnung eines Verbots**, einer Auflage oder einer Auflösung ergibt sich auch hier erst im Falle einer Ermessensreduzierung auf Null, wenn also jede andere Entscheidung als die, einzuschreiten, ermessensfehlerhaft wäre. Dies wird namentlich bei zu befürchtenden schwerwiegenden Beeinträchtigungen grundrechtlicher Schutzgüter, etwa bei einer drohenden Verletzung der Menschenwürde aus Art. 1 Abs. 1 GG, anzunehmen sein.

Beispiel: Ein lokales Aktionsbündnis organisiert eine Dauermahnwache vor der Privatwohnung des ehemaligen Strafgefangenen S, um diesen durch fortdauernden Lärm und das Skandieren von Vertreibungsparolen zum Umzug in einen anderen Ort zu drängen. Das grundsätzliche Ermessen der Versammlungsbehörde wird hier mit Blick auf die Schutzpflicht des Staates aus Art. 1 Abs. 1 S. 2 GG auf Null reduziert sein (Fall nach OVG Sachsen-Anh., NJW 2012, 2535).

Verwaltungsprozessual ist der Anspruch auf Einschreiten, der „hilfsweise" regelmäßig den Anspruch auf fehlerfreie Ermessensentscheidung mitenthalten wird, in der Hauptsache im Wege einer Verpflichtungsklage geltend zu machen. In der Praxis wird in diesen Fällen allerdings primär das einstweilige Rechtsschutzverfahren (einstweilige Anordnung nach § 123 VwGO) zum Zuge kommen (s. § 5 Rn. 49 ff.; Fallbeispiel bei *Siemen,* JuS 2005, 251 ff.).

IV. Anhang

311 **Literatur:** *v. Alemann/Scheffczyk,* Aktuelle Fragen der Gestaltungsfreiheit von Versammlungen, JA 2013, 407; *Attendorn/Schnell,* Die Untersagung von Parolen zum Schutz der öffentlichen Ordnung bei rechtsextremistischen Aufzügen, NVwZ 2020, 1224 ff.; *Bünningmann,* Polizeifestigkeit im Versammlungsrecht, JuS 2016, 695 ff.; *v. Coelln,* Die eingeschränkte Polizeifestigkeit nichtöffentlicher Versammlungen, NVwZ 2001, 1234 ff.; *Friedrich,* Versammlungsinfrastrukturen: An den Grenzen des Versammlungsrechts, DÖV 2019, 55 ff.; *Froese,* Das Zusammenspiel von Versammlungsfreiheit und Versammlungsgesetz, JA 2015, 679 ff.; *Gröpl,* Grundstrukturen des Versammlungsrechts, JURA 2002, 18 ff.; *Gröpl/Leinenbach,* Examensschwerpunkte des Versammlungsrechts, JA 2018, 8 ff.; *Guckelberger,* Gedenkstätten iSd § 15 II 1 Nr. 1 VersG, NVwZ 2016, 194 ff.; *Hermanns,* Grundfragen des Rechts der Versammlungsfreiheit, JA 2001, 79; *Hermes/Schenkelberg,* Unterliegt ein Protestcamp der Versammlungsfreiheit des Art. 8 Grundgesetz?, Die Polizei 2013, 75 ff.; *Lembke,* Grundfälle zu Art. 8 GG, JuS 2005, 984 ff. und 1081 ff.; *Lepsius,* Einschränkung der Meinungsfreiheit durch Sonderrecht, JURA 2010, 527 ff.; *Martini/Thiessen/Ganter,* Zwischen Vermummungsverbot und Maskenverbot: Die Versammlungsfreiheit in Zeiten der Corona-Pandemie, NJOZ 2020, 929 ff.; *Peters/Janz,* Der Schutz ausländischer Staatsoberhäupter vor kritischen Versammlungen, NVWBl. 2018, 272 ff.; *Rühl,* „Öffentliche Ordnung" als sonderrechtlicher Verbotstatbestand gegen Neonazis im Versammlungsrecht?, NVwZ 2003, 531 ff.; *Schaefer,* Wie viel Freiheit für die Gegner der Freiheit?, DÖV 2010, 379; *Schoch,* Die Neu-

regelung des Versammlungsrechts durch § 15 II VersG, JURA 2006, 27 ff.; *Smets,* Staatsgleiche Grundrechtsbindung Privater aus Funktionsnachfolge?, Zur Aufhebung eines Hausverbots für eine Versammlung auf privatem Grund, NVwZ 2016, 35 ff.; *Stohrer,* Die Bekämpfung rechtsextremistischer Versammlungen durch den neuen § 15 II VersG, JuS 2006, 14; *Trurnit,* Polizeiliche Maßnahmen bei Versammlungen, JURA 2019, 1252 ff.; *ders.,* Grundfälle zum Versammlungsrecht, JURA 2014, 486 ff.; *Volkmann,* Die Geistesfreiheit und der Ungeist – Der Wunsiedel-Beschluss des BVerfG, NJW 2010, 417 ff.; *Waldhoff,* Polizeifestigkeit des Versammlungsrechts, JuS 2020, 191 f.

Klausurbearbeitung: *Brade/Czellnik,* Alkoholverbot beim Rechtsrockfestival, JuS 2020, 768 ff.; *Breder/Przygoda,* Meinungsfreiheit im Eilrechtsschutz – Freie Rede über fragwürdige Helden?, JuS 2010, 1004; *Buchholtz,* Streit um missglückte „Hagida"-Demo, JuS 2018, 889 ff.; *Dietlein/Hellermann,* „Anti-Atom-Demo", in: Klausurenbuch Öffentliches Recht in NRW, 3. Aufl. 2021, Fall 20; *Enders/Jäckel,* Protest auf dem Friedhof", JA 2017, 42 ff.; *Hobusch,* Der „Tornado"-Überflug, JA 2018, 838 ff.; *Gött/Ruschemeier,* Casus belli, JA 2015, 286 ff.; *Kahl,* Versammlungsrecht, JuS 2004, 894 ff.; *Lassahn,* Unerwünschte Gesellschaft, JuS 2016, 730 ff.; *Manger-Nestler/Böttner,* Open Access?, JuS 2015, 725 ff.; *Marxsen/Lehners,* Camp in Gipfelnähe, JuS 2018, 701 ff.; *Oehmke,* Die Demo, NWVBl. 2005, Beilage zu Heft 6, 29 ff.; *Prenz,* Rechtsradikale Demonstration, JuS 2016, 802 ff.; *Pünder/Klafki,* Demonstration mit Hindernissen, JA 2016, 300 ff.; *Riedel,* Die Polizei in der Versammlung, JURA 2010, 114 ff.; *Schmitz,* Versammlungsfreiheit und Gegendemonstration, JuS 2017, 753 ff.; *Spilker/Wenzel,* Pro-Asyl Demonstration mit Hindernissen, JuS 2016, 337 ff.; *Steinhorst,* Die aggressiven Versammlungsteilnehmer, JuS 2005, 813 ff.; *Thomas,* Verlegung einer politischen Versammlung am Holocaust-Gedenktag, JURA 2015, 528 ff.; *Trapp/Stinner,* Der kamerascheue Demonstrant, JA 2015, 599 ff.

Kontrollfragen:

1. Was besagt die sog. „Polizeifestigkeit" des Versammlungsrechts?
2. In welchem Fall erfährt die Regelung des § 14 Abs. 1 VersG eine verfassungskonforme Auslegung?
3. Kann die Kundgabe nationalsozialistischen Gedankengutes als Gefahr für die öffentliche Sicherheit oder Ordnung angesehen werden?

O. Antworten zu den Kontrollfragen

I. Abschnitt A. 312

1. Das staatliche Gewaltmonopol kommt vor allem in der Rechtsweggarantie (Art. 19 Abs. 4 GG) sowie der hiermit verbundenen Etablierung konkreter Rechtswege (Art. 95 GG) zum Ausdruck, ergibt sich aber auch aus dem Wesen der Gesetze (Gesetzesgehorsamspflicht). Die grundsätzliche Friedenspflicht des Bürgers kommt zumal in der Ausnahmebestimmung des Widerstandrechts (Art. 20 Abs. 4 GG) und der Ausklammerung unfriedlicher Versammlungen aus dem Schutzbereich des Grundrechts der Versammlungsfreiheit (Art. 8 GG) zum Ausdruck.
2. Richtigerweise nicht. Denn die privaten Gewaltbefugnisse sind (nur) eine Ausnahme von der bürgerlichen Friedenspflicht und gelten in Situationen, in denen der Staat die Sicherheit seiner Bürger nicht selbst garantieren kann. Aus diesen systematischen Gründen kann sich der Staat nicht selbst auf Notwehrrechte berufen.
3. Das allgemeine Sicherheitsrecht wird im Katalog der Gesetzgebungskompetenzen nicht erwähnt. Folgerichtig liegt die Gesetzgebungskompetenz nach der Grundregel des Art. 70 Abs. 1 GG bei den Ländern.
4. Nein. Zwar ist das „allgemeine" Sicherheitsrecht der Landesgesetzgebung überantwortet. Gleichwohl verbleiben spezielle Bundeskompetenzen etwa für den Bereich des Grenzschutzes (Art. 73 Abs. 1 Nr. 5 GG), der Terrorbekämpfung (Art. 73 Abs. 1 Nr. 9a GG), der kriminalpolizeilichen Zusammenarbeit (BKA), des Verfassungsschutzes und Nachrichtendienstes (Art. 73 Abs. 1 Nr. 10 GG), aber etwa auch für den Bereich des Waffen- und Sprengstoffrechts (Art. 73 Abs. 1 Nr. 12 GG).

II. Abschnitt B. 313

1. In Nordrhein-Westfalen besteht eine Trennung zwischen der Ordnungsverwaltung und der Polizeiverwaltung, die auf dem von den Alliierten in der Nachkriegszeit anvisierten Ziel der

„Dezentralisierung" und „Entpolizeilichung" des Gefahrenabwehrrechts beruht; der Einsatz der Polizeibeamten soll auf Eil- und Notfälle beschränkt bleiben.

2. Gem. § 1 OBG sind die Ordnungsbehörden grundsätzlich allein für die allgemeine Gefahrenabwehr zuständig. Gleiches gilt für die Polizei gem. § 1 Abs. 1 S. 1 PolG i.V.m. § 11 Abs. 1 Nr. 1 POG. Eine Tätigkeit der Polizei kommt nur in Betracht, soweit ein Handeln der anderen Behörden – insbesondere der allgemeinen Ordnungsbehörde – nicht oder nicht rechtzeitig möglich erscheint, vgl. § 1 Abs. 1 S. 1, 3 PolG. Wichtige Ausnahme immerhin: § 1 Abs. 1 S. 2 PolG!
3. Nur in eng umgrenzten Fällen: Nach § 3 Abs. 1 OBG sind ordnungsbehördliche Aufgaben Pflichtaufgaben zur Erfüllung nach Weisung. Nach Art. 78 Abs. 4 S. 2 LV NRW kann sich das Land hier ein Weisungs- und Aufsichtsrecht „nach näherer gesetzlicher Vorschrift vorbehalten". Eine solche Regelung findet sich in § 9 OBG. Soweit es dabei um Weisungen jenseits der bloßen Rechtsaufsicht geht, kommen diese grundsätzlich nur als „allgemeine Weisungen" in Betracht. Nur ausnahmsweise sind „besondere Weisungen" zulässig, wenn das Verhalten der Ordnungsbehörde zur Erledigung der ordnungsbehördlichen Aufgabe „nicht geeignet" erscheint oder „überörtliche Interessen gefährden kann".
4. „Doppelfunktionale" Maßnahmen sind solche, bei der ein und dieselbe Maßnahme der Polizei sowohl präventive als auch repressive (strafprozessuale) Facetten aufweist.
5. Gem. § 1 Abs. 2 PolG ist nur der Polizei die Aufgabe zugewiesen, die privaten Rechte der Bürger zu sichern. Dies sind Rechtspositionen, die nicht zugleich durch öffentlich-rechtliche oder strafrechtliche Normen geschützt sind, somit ausschließlich privater Natur sind (Bsp.: vertragliche Ansprüche, nicht aber Leben, Gesundheit, Freiheit oder Eigentum!).
6. Ja. Nach § 8 POG dürfen nordrhein-westfälische Beamten über die Landesgrenzen hinaus tätig werden, soweit das dortige Landesrecht dies vorsieht. Dies ist im geschilderten Fall (Geiselnahme) in Rheinland-Pfalz der Fall (§ 101 Abs. 1 S. 1 Nr. 3 POG Rh.-Pf.: *„zur Abwehr einer gegenwärtigen erheblichen Gefahr"*).

314 III. Abschnitt C.

1. Die strikte Geltung des Vorbehalts des Gesetzes führt dazu, dass alle belastenden Maßnahmen der Polizei- und Ordnungsbehörden einer parlamentsgesetzlichen Grundlage bedürfen und fehlende oder unzureichende gesetzliche Eingriffsermächtigungen weder durch Analogieschlüsse noch durch Rechtsfortbildungen „ergänzt" werden können.
2. In der Regel ergehen zunächst „Grundverfügungen" (§ 8 Abs. 1 PolG, § 14 Abs. 1 OBG), mit denen dem Störer bestimmte Verhaltens-, Duldungs- oder Unterlassungspflichten auferlegt werden. Missachtet der Betroffene die Verfügung, werden (Vollstreckungs-)Maßnahmen durchgeführt. Einige Standardmaßnahmen tragen die Vollstreckung allerdings „in sich" (z.B. Durchsuchung), so dass hier eine Stufung entfällt.
3. Unter Befugnisnormen versteht man Eingriffsermächtigungen, durch die die Verwaltung entsprechend dem Vorbehalt des Gesetzes zu belastenden Maßnahmen berechtigt wird. Aufgabennormen umschreiben allein die den Behörden übertragenen Aufgaben, berechtigten aber nicht zu Eingriffen in die Rechte Dritter.
4. Polizeiliche Eingriffsermächtigungen knüpfen bestimmte Handlungsbefugnisse der Polizei (Rechtsfolgeanordnung) an das Vorliegen bestimmter tatbestandlicher Voraussetzungen („Wenn-Dann-Satz").

315 IV. Abschnitt D.

1. Schutzgüter der öffentlichen Sicherheit sind die Individualrechtsgüter, die Unversehrtheit der objektiven Rechtsordnung sowie der Bestand des Staates samt seiner Einrichtungen und Veranstaltungen.
2. Das Schutzgut der öffentlichen Ordnung umfasst die Gesamtheit der ungeschriebenen Regeln, deren Befolgung nach den jeweils herrschenden Anschauungen als unerlässliche Voraussetzung für ein geordnetes menschliches Zusammenleben angesehen wird (Sozialnormen).
3. Eine „Gefahr" ergibt sich bei einem Lebenssachverhalt, der aus der maßgeblichen ex ante-Betrachtung heraus bei ungehindertem Ablauf in absehbarer Zeit mit hinreichender Wahrscheinlichkeit zu einem Schaden an den polizei- oder ordnungsrechtlichen Schutzgütern führt.

4. Die Prognoseentscheidung erfolgt auf Grund einer ex ante-Betrachtung zum Zeitpunkt des Einschreitens. Maßgeblich ist die Sichtweise eines fähigen, sachkundigen und besonnenen Beamten.
5. Unter einer Anscheinsgefahr versteht man eine Sachlage, die bei der maßgeblichen ex ante-Betrachtung den Schluss einer Gefahr zulässt, sich aber im Nachhinein als in tatsächlicher Hinsicht ungefährlich herausstellt. Die Anscheinsgefahr ist Gefahr i. S. d. gesetzlichen Eingriffsermächtigungen.
6. Eine Scheingefahr liegt vor, wenn der jeweils handelnde Beamte ex ante in vorwerfbar irriger Weise eine tatsächlich nicht vorhandene Gefahrenlage annimmt.
7. Bei einem Gefahrenverdacht fehlt es an einer abschließenden Bewertbarkeit der möglichen Gefahrenlage. Der Gefahrenverdacht ist dann als Gefahr i. S. d. Eingriffsermächtigungen zu bewerten, wenn ein weiteres Zuwarten und Abklären des Sachverhaltes mit Blick auf das etwa drohende Schadensausmaß nicht möglich ist.
8. Bei den Begriffen der öffentlichen Sicherheit und Ordnung handelt es sich, ebenso wie bei dem Gefahrenbegriff, um sog. unbestimmte Rechtsbegriffe. Diese bedürfen einer wertenden Auslegung, unterliegen aber – von dem hier nicht vorliegenden Fall unbestimmter Rechtsbegriffe mit behördlichem Beurteilungsspielraum abgesehen – einer vollständigen Kontrolle durch die Gerichte. Da diese Rechtsprechung den Rechtsbegriffen heute klare Konturen gegeben hat, ist von einer hinreichenden Bestimmtheit der Generalklausel auszugehen.

V. Abschnitt E. 316

1. Das Gesetz differenziert zwischen dem sog. „Handlungsstörer", dem sog. „Zustandsstörer" und dem sog. „Nichtstörer" (vgl. §§ 4–6 PolG; §§ 17–19 OBG).
2. Nach der „Theorie der unmittelbaren Verursachung" ist derjenige handlungsverantwortlich, der durch sein Verhalten die konkrete Gefahr unmittelbar herbeigeführt und damit in eigener Person die Gefahrenschwelle überschritten hat. Die Formel bedarf im Einzelfall allerdings wertender Differenzierungen.
3. Die Zustandsverantwortlichkeit knüpft an die Eigentümerstellung bzw. an das Innehaben der tatsächlichen Gewalt an. Deshalb endet sie auch grundsätzlich mit dem Verlust der Eigentümerstellung (Ausnahme: sog. „Dereliktion") bzw. der tatsächlichen Gewalt über die Sache oder das Tier. Nicht abschließend geklärt ist, ob und inwieweit die Zustandsverantwortlichkeit dort zu begrenzen ist, wo der Eigentümer selbst in eine Art „Opferrolle" gerät.
4. Das Konstrukt des Zweckveranlassers wurde etabliert, um Maßnahmen gegen diejenigen Personen ergreifen zu können, die mit ihrem Handeln zwar selbst die Gefahrenschwelle noch nicht unmittelbar überschreiten, aber eine Ursache dafür setzen, dass diese Schwelle später durch Dritte überschritten wird. Die Problematik der Rechtsfigur liegt darin, dass sie bei unreflektierter Anwendung zu der verfehlten Schlussfolgerung verleiten könnte, auch rechtlich geschützte Verhaltensweisen als Gefahrenverursachung einzustufen.
5. Nein. Zu beachten ist, dass gem. § 323c StGB jedermann in Unglücksfällen zur Hilfeleistung verpflichtet ist. Eine etwaige Untätigkeit am Unfallort anwesender Personen stellt mithin eine selbständige Gefahr für die öffentliche Sicherheit dar (Unversehrtheit der objektiven Rechtsordnung), so dass der Untätige als Handlungsstörer anzusehen ist.
6. Eine Kompensation erfolgt nach h. M. auf der sekundären Ebene des Kostenrechts, indem der „schuldlose" Anscheinsstörer wie ein Nichtstörer entschädigt wird (§ 39 Abs. 1 lit. a OBG analog ggf. i. V. m. § 67 PolG) bzw. einen Ausgleich über den allgemeinen Aufopferungsanspruch erhält. Nach a. A. ist eine Inanspruchnahme des „schuldlosen" Anscheinsstörers ohnehin nur nach den Regeln der Nichtstörerinanspruchnahme zulässig.

VI. Abschnitt F. 317

1. Es wird unterschieden zwischen dem sog. „Entschließungsermessen" (ob überhaupt eingeschritten werden soll), dem sog. „Störerauswahlermessen" (gegen wen eingeschritten werden soll) und dem sog. „Handlungsermessen" (mit welchem Mittel eingeschritten werden soll).
2. Der Ausnahmefall einer „Ermessensreduzierung auf Null" liegt vor, wenn jede andere Entscheidung, als diejenige einzuschreiten, rechtswidrig wäre. Namentlich wird dies dort der Fall sein, wo grundrechtlichen Schutzgütern irreparable Schäden drohen.

3. Das Polizei- und Ordnungsrecht kennt keine derartigen Grundsätze. Sie stehen weder mit dem Wortlaut noch mit Sinn und Zweck der polizeilichen Befugnisnormen in Einklang, deren primäres Ziel die effektive Gefahrenabwehr ist.
4. Bei den Ermessensfehlern ist zwischen dem Ermessensnichtgebrauch (schlichte Nichtausübung des Ermessens), dem Ermessensfehlgebrauch (Ermessensausübung unter Zugrundelegung gesetzesfremder Zwecke) und der Ermessensüberschreitung (Überschreitung des Ermessensrahmens) zu unterscheiden (§ 40 VwVfG).
5. Die Ausübung des sog. „Handlungsermessens" hat sich primär am sog. „Verhältnismäßigkeitsgrundsatz" (§ 2 PolG bzw. § 15 OBG) zu orientieren. Die konkrete Maßnahme der Behörde muss *geeignet, erforderlich* und *zumutbar* sein. Verletzt die Behörde den Grundsatz der Verhältnismäßigkeit, überschreitet sie den ihr eröffneten Handlungsrahmen. Es liegt eine Ermessensüberschreitung vor.

318 VII. Abschnitt G.

1. Nach Ermittlung der einschlägigen Ermächtigungsgrundlage (maßgeblich ist hierbei die Rechtsfolgenseite der Eingriffsnorm) erfolgt die Prüfung der formellen und materiellen Rechtmäßigkeit der Maßnahme.
2. Die jeweilige Generalklausel ist nur einschlägig, wenn keine Befugnisnorm in speziellen Gefahrenabwehrgesetzen ersichtlich ist und wenn auch keine speziellen Eingriffsermächtigungen (Standardermächtigungen, Vollstreckungsermächtigungen) im Polizei- bzw. Ordnungsbehördengesetz ersichtlich sind. Die etwaige Spezialität der Standardmaßnahmen ist am Maßstab der jeweiligen Rechtsfolgeanordnung zu ermitteln.

319 VIII. Abschnitt H.

Da die aus einem Rechtssatz abzuleitenden Ansprüche nicht weiter gehen können als die objektiven Bindungen der Norm, beschränkt sich der Anspruch des Einzelnen grundsätzlich allein auf eine ermessensfehlerfreie Entscheidung über ein mögliches Eingreifen. Ein Anspruch auf Einschreiten besteht immerhin dort, wo das (Entschließungs-)Ermessen der Behörde im Einzelfall „auf Null" reduziert ist.

320 IX. Abschnitt I.

1. Standardmaßnahmen sind Eingriffe, die von den Polizei- und Ordnungsbehörden auf der Grundlage von speziellen Befugnisnormen („Standardermächtigungen") vorgenommen werden. Sie lassen sich in solche zum Zwecke der Gefahren*aufklärung* (z. B. Durchsuchung) und solche der Gefahren*beseitigung* (z. B. Platzverweisung, Aufenthaltsverbot) unterteilen.
2. Die Platzverweisung eröffnet die Befugnis, eine Person des Ortes zu verweisen (Entfernungsgebot) und die Befugnis, einer Person das Betreten eines Ortes zu verbieten (Betretungsverbot). Beides wird regelmäßig miteinander kombiniert. Es handelt sich immer nur um kurzfristig geltende Ge- oder Verbote (im Stundenbereich angesiedelt). Längerfristige Aufenthaltsverbote fallen primär unter § 34 Abs. 2 PolG. Sie können auch infolge einer Aufenthaltsvorgabe nach § 34b PolG ergehen.
3. Die Vorschrift des § 34a PolG gibt der Polizei die Befugnis, eine Person, von der eine Gefahr für eine in einer bestimmten Wohnung wohnende „gefährdete Person" ausgeht, „aus der Wohnung … sowie aus deren unmittelbaren Umgebung (zu) verweisen und ihr die Rückkehr in diesen Bereich (zu) untersagen".
4. Eine Ingewahrsamnahme ist das Festhalten einer Person an einem eng umgrenzten Ort gegen oder ohne ihren Willen. Eine solche liegt weder bei einer freiwilligen Unterstellung des Bürgers unter polizeilichen Schutz (sog. „unechter Gewahrsam") noch bei der Verbringung einer Person an einen fremden Ort (sog. „Verbringungsgewahrsam") oder dem kurzfristigen Anhalten einer Person vor.
5. Es ist zu differenzieren zwischen dem sog. „Schutzgewahrsam" (§ 35 Abs. 1 Nr. 1 PolG), dem sog. „Präventiv- oder Unterbindungsgewahrsam" (§ 35 Abs. 1 Nr. 2 PolG), dem sog. „Durchsetzungsgewahrsam" (§ 35 Abs. 1 Nr. 3 und 4 PolG) und der Ingewahrsamnahme zum Schutz privater Rechte (§ 35 Abs. 1 Nr. 5 PolG). Die Ingewahrsamnahme kann auch zur Durchsetzung von Maßnahmen nach § 34b und § 34c PolG erfolgen (§ 35 Abs. 1 Nr. 6 PolG).

6. Unter dem *Betreten* ist das Eindringen in die betreffenden Räume sowie das dortige Verweilen (einschließlich des „einfachen" Nach- und Umschauens) zu verstehen, unter einer *Durchsuchung* das ziel- und zweckgerichtete Suchen staatlicher Organe nach Personen oder Sachen, die der Inhaber der Wohnung nicht zu offenbaren bereit ist.
7. Richtigerweise nicht: Die Sicherstellung trägt bereits wesensmäßig den zwangsweisen Entzug der Sachherrschaft in sich, so dass sie einer gesonderten Vollstreckung entgegen der wohl h. M. nicht zugänglich ist.

X. Abschnitt J. 321

1. Der Gesetzgeber hatte eine bestimmte Art der Befragung vor Augen, die besser unter dem Stichwort der „Vernehmung" bekannt ist. Deren Eingriffsqualität ergibt sich daraus, dass der Befragte die Befragung zu dulden und zu diesem Zwecke „anzuhalten" hat, § 9 Abs. 2 S. 2 PolG. Der imperative Charakter wird auch an seiner Auskunftspflicht gem. § 9 Abs. 3 PolG deutlich.
2. Eine Vorladung nach § 10 Abs. 1 PolG ist die Aufforderung an eine Person, zur Klärung oder Erörterung von Tatsachen bei einer Behörde oder an einem sonstigen Ort zu erscheinen.
3. Nein, eine Rasterfahndung kann allein durch die Polizei durchgeführt werden (vgl. § 24 OBG).
4. Die Quellen-TKÜ dient der Überwachung der laufenden Kommunikation und dem Zweck, eine mögliche End-zu-End-Verschlüsselung der Kommunikation durch den Zugriff an den Endgeräten („an der Quelle") zu umgehen. Durch das Aufspielen einer Überwachungssoftware wird das Mitlesen etwa elektronischer Kommunikation an der Quelle ermöglicht. Nach Auffassung des BVerfG wird durch entsprechende Maßnahmen allein Art. 10 GG eingeschränkt.

XI. Abschnitt K. 322

1. Eine ordnungsbehördliche Verordnung ist eine abstrakt-generelle Norm, die für eine unbestimmte Vielzahl von Fällen sowie eine unbestimmte Vielzahl von Personen gilt. Ihre verfassungsrechtliche Zulässigkeit ergibt sich aus Art. 70 LV.
2. Mit einer ordnungsbehördlichen Verordnung können Maßnahmen der Gefahrenabwehr von einer Einzelfallbetrachtung losgelöst durchgeführt und durch sog. „unselbständige Verfügungen" durchgesetzt werden.
3. Der abstrakten Gefahr liegt im Gegensatz zu der konkreten Gefahr ein „hypothetischer" bzw. „gedachter Sachverhalt" zugrunde, bei dessen Eintritt mit hinreichender Wahrscheinlichkeit in absehbarer Zeit mit einem Schaden an den ordnungsbehördlichen Schutzgütern zu rechnen ist. Es liegt allein eine Änderung des Bezugspunktes der Gefahrenprognose und nicht eine Variation des Wahrscheinlichkeitsgrades des Schadenseintritts vor.

XII. Abschnitt L. 323

1. Es existiert ein abschließender Katalog von Zwangsmitteln: Das Zwangsgeld (mit Ersatzzwanghaft), die Ersatzvornahme und der unmittelbare Zwang.
2. Die Einordnung ist höchst streitig und sehr häufig das Thema von Klausuren! Teilweise wird eine Sicherstellung oder gar unmittelbarer Zwang angenommen. Richtigerweise handelt es sich um eine Ersatzvornahme (ggf. im sofortigen Vollzug).
3. Sowohl die Androhung als auch die Festsetzung stellen eigenständige belastende Verwaltungsakte dar, die ihre Ermächtigungsgrundlage in den einschlägigen Normen des Vollstreckungsrechts finden.
4. Der sofortige Vollzug erlaubt eine Zwangsmittelanwendung ohne vorausgehenden Verwaltungsakt. Zudem muss der Zwangsmitteleinsatz weder angedroht (§ 63 Abs. 1 S. 5 VwVG bzw. § 56 Abs. 1 S. 3 PolG) noch festgesetzt (§ 64 S. 2 VwVG) werden.
5. Ja! Amtshandlungen nach § 77 Abs. 1 S. 1 VwVG (i. V. m. §§ 8, 15, 20 VO VwVG) sind ausschließlich rechtmäßige Amtshandlungen. Die Rechtmäßigkeit der zugrundeliegenden Vollstreckungsmaßnahme ist daher materielle Voraussetzung für die kostenrechtliche Inanspruchnahme des Bürgers (vgl. auch § 24 Abs. 1 VO VwVG).

6. Das BVerwG verlangt für Abschleppmaßnahmen bei mobilen Halteverbotschildern eine Vorlaufzeit von mindestens drei vollen Tagen. Nach dieser Rechtsprechung wird diese Frage im Rahmen des Kostenermessens bzw. bei der Angemessenheit der Kostenbelastung relevant. Dies darf allerdings nicht darüber hinwegtäuschen, dass auch auf der Vollzugsebene die Frage der Vorlaufzeit relevant werden kann, namentlich bei planbaren Regelungsmaßnahmen.

324 XIII. Abschnitt M.

1. Zu prüfen sind in der Regel zum einen der allgemeine und verschuldensabhängige Amtshaftungsanspruch gem. § 839 BGB i. V. m. Art. 34 GG, zum anderen der gefahrenabwehrrechtliche und verschuldensunabhängige Schadensersatzanspruch aus § 39 Abs. 1 lit. b. OBG.
2. Ja, soweit das Entschließungsermessen wegen einer dem Individuum drohenden Gefahr auf Null reduziert war. Im Rahmen des Schadensersatzanspruchs nach § 39 Abs. 1 lit. b. OBG können dagegen bloße Unterlassungen nicht als schadensersatzpflichtige „Maßnahme" qualifiziert werden.
3. Einschlägig ist § 39 Abs. 1 lit. a OBG. In ihm gehen sowohl der sog. „Aufopferungsanspruch" für immaterielle Schäden als auch der Anspruch aus „enteignendem Eingriff" für Schäden am Privateigentum inhaltlich auf, so dass eine selbständige Prüfung dieser ungeschriebenen Anspruchsgrundlagen entfällt.
4. Die Entschädigung des Unbeteiligten wird unterschiedlich begründet. Neben einer analogen Anwendung des § 39 Abs. 1 lit. a OBG NRW wird eine Anwendung des allgemeinen Aufopferungsanspruchs für vorzugswürdig erachtet. Für diese Lösung spricht, dass es wegen des gewohnheitsrechtlich anerkannten Aufopferungsanspruchs keine genuine Regelungslücke gibt. Der „schuldlose" Anscheinsstörer ist nach h. M. analog § 39 Abs. 1 lit. a OBG NRW zu entschädigen. Auch hier erscheint aber die Anwendung des allgemeinen Aufopferungsanspruchs mit gleicher Begründung denkbar.
5. Der aus dem Rechtsstaatsprinzip und den Grundrechten herzuleitende (ungeschriebene) Folgenbeseitigungsanspruch (FBA).
6. Die Vorschrift des § 42 Abs. 2 OBG eröffnet der Ordnungsbehörde bzw. der Polizei (vgl. § 67 PolG) die Möglichkeit eines Aufwendungsersatzanspruches gegen die „nach §§ 17 und 18 ordnungspflichtigen Personen". Eine entsprechende Anwendung der Eingriffsnorm des § 42 Abs. 2 OBG auf die Fälle der Inanspruchnahme Unbeteiligter bzw. nicht ursächlich gewordener „Anscheinsstörer" ist nicht möglich.

325 XIV. Abschnitt N.

1. Der Grundsatz der „Polizeifestigkeit" des Versammlungsrechts beschreibt die Spezialität des Versammlungsgesetzes vor dem hierdurch derogierten „allgemeinen" Polizeigesetz. *Versammlungsspezifische* Eingriffe sind allein auf der Grundlage des Versammlungsgesetzes zulässig. Das Polizeigesetz bleibt allerdings einschlägig für sog. „Vorfeldmaßnahmen" sowie Maßnahmen nach Auflösung einer Versammlung oder Ausschluss einer Person aus der Versammlung.
2. Von der Anmeldepflicht ausgenommen bleiben sog. *„Spontanversammlungen"*. Die Fristenbindung entfällt bei sog. *„Eilversammlungen"*.
3. Hierüber besteht Streit. Durch eine Erweiterung des Volksverhetzungstatbestandes des § 130 StGB sowie durch die Einfügung eines neuen § 15 Abs. 2 VersG, demzufolge Versammlungen verboten oder von Auflagen abhängig gemacht werden können, wenn sie an besonderen Gedenkstätten für die Opfer des Nationalsozialismus stattfinden und nach den konkreten Umständen mit einer Beeinträchtigung der Würde der Opfer zu rechnen ist, hat der Gesetzgeber versucht, den Konflikt zu entschärfen.

§ 4. Öffentliches Baurecht

Allg. Literaturhinweise: Allgemeine, länderübergreifende **Lehr- und Handbücher zum öffentlichen Baurecht:** *Battis,* Öffentliches Baurecht und Raumordnungsrecht, 7. Aufl. 2017; *Brohm,* Öffentliches Baurecht, 4. Aufl. 2010; *Erbguth,* Öffentliches Baurecht, 6. Aufl. 2014; *Erbguth/Mann/Schubert,* Besonderes Verwaltungsrecht, 13. Aufl. 2019, S. 343 ff.; *Finkelnburg/Ortloff/Kment,* Öffentliches Baurecht, Bd. I, 7. Aufl. 2017; Finkelnburg/Ortloff/Otto, Öffentliches Baurecht, Bd. II, 7. Aufl. 2018; *Hoppe/Bönker/Grotefels,* Öffentliches Baurecht, 4. Aufl. 2010; *Hoppenberg/de Witt* (Hrsg.), Handbuch des öffentlichen Baurechts, Loseblatt (Stand: Februar 2020); *Kaiser,* Bauordnungsrecht, in: Ehlers/Fehling/Pünder (Hrsg.), Besonderes Verwaltungsrecht, Bd. II, 3. Aufl. 2013, S. 208 ff.; *Kersten,* Baurecht, in: Schoch (Hrsg.), Besonderes Verwaltungsrecht, 2018, S. 427 ff.; *Koch/Hendler,* Baurecht, Raumordnungs- und Landesplanungsrecht, 6. Aufl. 2015; *Krüper/Herbolsheimer,* Baurecht, 2020; *Muckel/Ogorek,* Öffentliches Baurecht, 4. Auflage, 2020; *Oldiges/Brinktrine,* Baurecht, in: Steiner/Brinktrine (Hrsg.), Besonderes Verwaltungsrecht, 9. Aufl. 2018, S. 361 ff.; *Peine,* Öffentliches Baurecht, 4. Aufl. 2003; *Stollmann/Beaucamp,* Öffentliches Baurecht, 12. Aufl. 2020; *Stüer,* Handbuch des Bau- und Fachplanungsrechts, 5. Aufl. 2015; *Terwiesche,* Der Bauverwaltungsprozess, 2012; *Wickel,* Bauplanung, in: Ehlers/Fehling/Pünder (Hrsg.), Besonderes Verwaltungsrecht, Bd. II, 3. Auflage 2013, S. 86 ff. Speziell auf das **Baurecht in NRW bezogene Darstellungen:** *Dürr/Schulte Beerbühl,* Baurecht für Nordrhein-Westfalen, 5. Aufl. 2018; *Schroeder,* Baurecht Nordrhein-Westfalen, 4. Aufl. 2019. **Kommentare:** *Battis/Krautzberger/Löhr,* Baugesetzbuch, 14. Aufl. 2019; *Grigoleit/Otto,* Baunutzungsverordnung, Kommentar, 7. Aufl. 2018; *Boeddinghaus/Hahn/Schulte,* Bauordnung für das Land Nordrhein-Westfalen, Loseblatt (Stand: Juni 2020); *Brügelmann* u. a., Baugesetzbuch, Kommentar, Loseblatt (Stand: Januar 2020); *Ernst/Zinkahn/Bielenberg/Krautzberger,* Baugesetzbuch, Kommentar, Loseblatt (Stand: 1. Februar 2020); *Fickert/Fieseler,* Baunutzungsverordnung, 13. Aufl. 2018; *Gädtke/Johlen/Wenzel,* Landesbauordnung Nordrhein-Westfalen, 13. Aufl. 2019; *Jäde/Dirnberger,* Baugesetzbuch, Baunutzungsverordnung, 9. Aufl. 2018; *König/Roeser/Stock,* BauNVO, 4. Aufl. 2019; *Schlichter/Stich/Driehaus/Paetow,* Berliner Kommentar zum Baugesetzbuch, Loseblatt (Stand: April 2020); *Schrödter,* Baugesetzbuch, 9. Aufl. 2018; *Schönenbroicher/Kamp,* Bauordnung Nordrhein-Westfalen (BauO NRW), 2012; *Spannowsky/Hornmann/Kämper,* Baunutzungsverordnung, 2018. **Fallsammlungen:** *Ibler,* Öffentliches Baurecht, 2006; *Muckel/Stemmler,* Fälle zum Bau- und Raumordnungsrecht, 8. Aufl. 2019; *Seidel/Reimer/Möstl,* Besonderes Verwaltungsrecht. Baurecht, Polizei- und Sicherheitsrecht, 3. Aufl. 2009; *Steiner,* Baurecht mit den Bezügen zum Raumordnungs- und Landesplanungsrecht, 5. Aufl. 2010. **Zeitschriften** (neben den allgemeinen verwaltungsrechtlichen Zeitschriften, insb. auch NVwZ-RR zum Nachweis von Rspr.): Baurecht: Zeitschrift für das gesamte öffentliche und zivile Baurecht (BauR); Bundesbaublatt: Fachzeitschrift für Wohnungswirtschaft und Bauverwaltung; Neue Zeitschrift für Baurecht und Vergaberecht (NZBau); Umwelt- und Planungsrecht, Zeitschrift für Wissenschaft und Praxis (UPR); Zeitschrift für deutsches und internationales Bau- und Vergaberecht (ZfBR).

A. Einführung

I. Das öffentliche Baurecht in NRW in Ausbildung und Prüfung

1 Im rechtswissenschaftlichen Studium und im juristischen Vorbereitungsdienst zählt das Baurecht – neben dem Polizei- und Ordnungsrecht und dem Kommunalrecht – zum traditionellen Bestand an Lehr- und Prüfungsgegenständen aus dem Besonderen Verwaltungsrecht. In der sog. ersten Prüfung gehört heute das „Baurecht im Überblick" zu den **Pflichtfächern** im öffentlichen Recht (§ 11 Abs. 2 Nr. 13 lit. c JAG), ebenso in der zweiten juristischen Staatsprüfung (§ 52 Abs. 1 S. 1 Nr. 1 JAG). Darüber hinaus ist das öffentliche Baurecht auch Bestandteil einzelner Schwerpunktbereiche, die die einzelnen Fakultäten nach DRiG und JAG gebildet haben, und damit u. U. auch Gegenstand der universitären Schwerpunktbereichsprüfung.

II. Grundlagen: Das Rechtsgebiet des öffentlichen Baurechts in NRW

1. Funktion des öffentlichen Baurechts

2 Das Baurecht hat – grundsätzlich und allgemein gesprochen – die Aufgabe, **die bauliche (und die sonstige, damit zusammenhängende) Nutzung des Bodens** zu regeln.

3 Es unterfällt in **das öffentliche und das private Baurecht.** Das private Baurecht behandelt die zivilrechtlichen Rechtsbeziehungen insbesondere hinsichtlich des Baugeschehens und der Nutzung des Eigentums an Grund und Boden und hat seine Grundlagen vor allem im BGB, etwa in den §§ 903ff. BGB, und in dem – gemäß Art. 124 EGBGB daneben geltenden – landesrechtlichen NachbG (*Hoppe,* in: Hoppe/Bönker/Grotefels, Öffentliches Baurecht, § 1 Rn. 1). Es geht aus von der bürgerlich-rechtlichen Baufreiheit, die dem Eigentümer zunächst das Recht gibt, sein Grundstück nach Belieben zu bebauen, enthält zugleich aber auch Beschränkungen im Verhältnis zu anderen Privatrechtssubjekten (vgl. z. B. §§ 907, 909 BGB).

4 Die privatrechtliche Regelung der Nutzung von Grund und Boden allein erlaubt es jedoch nicht, das **öffentliche Interesse an einer geordneten Bodennutzung** hinreichend zur Geltung zu bringen. In einem dicht besiedelten, hoch industrialisierten Gemeinwesen wie der Bundesrepublik berührt die bauliche Nutzung des Bodens durch einzelne Bauherrn vielfältige öffentliche Interessen; diese ergeben sich beispielsweise schon aus der Begrenztheit der zur Verfügung stehenden (privaten) Baufläche, der Abwehr von Gefahren, die von baulichen Anlagen für Nachbarn oder die Allgemeinheit ausgehen können, dem städtebaulichen Bedarf an öffentlichen Flächen (Verkehrsflächen, Grünflächen, Erholungsflächen usw.) oder dem Flächenbedarf für besondere öffentliche Zwecke (Ausweisung von Wasser- und Landschaftsschutzgebieten usw.). Den nötigen Ausgleich mit diesen öffentlichen Interessen, der privatrechtlich nicht zu erreichen ist, bezweckt das öffentliche Baurecht.

5 Das öffentliche Baurecht geht davon aus, dass der Einzelne das Recht hat, sein Grundstück zu bebauen, wenn er die gesetzlichen Voraussetzungen erfüllt (vgl. § 74 Abs. 1 BauO). Ob hinter dieser einfachrechtlichen Annahme eine durch Art. 14 GG verfassungsrechtlich verbürgte **Baufreiheit** steht, ist intensiv und streitig diskutiert worden, doch sollte dieser Streit in seiner Bedeutung nicht überschätzt werden (*Erbguth/Mann/Schubert,* BesVerwR, Rn. 816). Art. 14 GG garantiert grundrechtlich das Eigentum, jedoch auf Grund der in Art. 14 Abs. 1 S. 2 GG niedergelegten Inhalts- und Schrankenbestimmung durch den Gesetzgeber nur nach Maßgabe der – zulässigen – einfachgesetzlichen Ausgestaltung. Danach hat der Gesetzgeber zunächst abstrakt und generell den Inhalt des Eigentums zu bestimmen. Welche Befugnisse dann einem einzelnen Eigentümer in einem bestimmten Zeitpunkt konkret zustehen, ergibt sich aus der Gesamtheit der zu diesem Zeitpunkt geltenden, seine Eigentümerstellung regelnden gesetzlichen Vorschriften (BVerfGE 58, 300, 336). Das Recht, das eigene Grundstück baulich zu nutzen, ist daher eigentumsgrundrechtlich (nur) in dem durch das einfache Recht – zulässigerweise – gesetzten Rahmen garantiert. Auch vor dem Verlust oder der Einschränkung dieser einmal rechtlich begründeten Position durch eine spätere Änderung der baurechtlichen Vorgaben schützt das Eigentumsgrundrecht den einzelnen Grundrechtsinhaber zunächst; eine solche spätere, einschränkende Rechtsänderung stellt jedoch nach der überzeugenden Rspr. des BVerfG (NVwZ 1999, 979, 979f.) keine Enteignung dar, sondern eine erneute, geänderte Inhalts- und Schranken-

bestimmung, die im Hinblick auf bestehende individuelle Baurechtspositionen insbesondere am Verhältnismäßigkeitsgrundsatz zu messen ist, dem Gesetz- oder Satzungsgeber aber nicht grundsätzlich verwehrt ist. Dies ist der Grund dafür, dass einerseits aus Art. 14 GG heute nicht mehr ohne weiteres und unmittelbar ein Bestandsschutz für einmal begründete Baurechte abgeleitet wird (vgl. Rn. 180 f.), andererseits das BauGB in gewissen Grenzen an die für den Grundeigentümer nachteilige Veränderung der baulichen Nutzbarkeit des Grundstücks durch Bebauungsplanänderung Entschädigungspflichten knüpft (§§ 39 ff. BauGB), wobei diese Entschädigungsregelungen teils verfassungsgebotene Ausgleichsleistungen, teils aber auch Billigkeitsentschädigung gewähren.

2. Historische Entwicklung des öffentlichen Baurechts

Vereinzelte modern anmutende Bauvorschriften fanden sich schon vor bzw. in dem **19. Jahrhundert.** So enthielt das Preußische Allgemeine Landrecht von 1794 in seinem § 65 Abs. 1 S. 8 bereits den Grundsatz der Baufreiheit, verbot aber auch in § 66 Abs. 1 S. 8 das Bauen zum Schaden oder zur Unsicherheit des gemeinen Wesens oder zur Verunstaltung der Städte und öffentlichen Plätze. Der durch Bevölkerungswachstum, Verstädterung und Industrialisierung begründete, wachsende Planungsbedarf führte in der zweiten Hälfte des 19. Jahrhunderts zu ersten, ansatzweise zwischen Baupolizei und Bauplanungsrecht unterscheidenden gesetzlichen Regelungen, namentlich zu dem badischen Ortsstraßengesetz von 1868 und dem preußischen Fluchtliniengesetz von 1875. Von zentraler Bedeutung für die Durchsetzung eines liberal-rechtsstaatlichen Baurechts war das Kreuzberg-Urteil des PrOVG von 1882, in dem das Gericht zu überprüfen hatte, ob der Berliner Polizeipräsident im Wege der Polizeiverfügung Bauverbote und -beschränkungen anordnen durfte, um die Ansicht des Denkmals auf dem Berliner Kreuzberg zu schützen; das PrOVG entschied, die Baupolizei sei nur ermächtigt, Gefahren abzuwehren, nicht aber Wohlfahrtspflege zu betreiben (PrOVGE 9, 353, 376 f.). Danach war die Baupolizei auf Gefahrenabwehr beschränkt und für Wohlfahrtspflege eine spezialgesetzliche Ermächtigungsgrundlage erforderlich. 6

Die gesetzliche Ausgestaltung eines öffentlichen Baurechts erfolgte dann im Wesentlichen im **20. Jahrhundert.** Zunächst entstanden auf Länderebene erste Bauordnungen noch vorwiegend baupolizeilichen Charakters. Die erste reichseinheitliche Regelung erfolgte 1936 in der Bauregelungsverordnung und der Baugestaltungsverordnung, die das liberale Prinzip materieller Baufreiheit überwanden und Baufreiheit nur nach Maßgabe der Planung gewährten. Nach dem 2. Weltkrieg ergingen zunächst die sog. Trümmergesetze, in Nordrhein-Westfalen das Enttrümmerungsgesetz von 1948 und das Aufbaugesetz von 1952, bevor es an die Schaffung eines neuen Baurechts in der Bundesrepublik ging. 7

3. Gesetzgebungszuständigkeiten nach dem GG

Nach der **grundgesetzlichen Verteilung der Gesetzgebungskompetenzen** hat der Bund Gesetzgebungsbefugnisse nur, soweit das Grundgesetz sie ihm verleiht; i. Ü. bleibt es bei der grundsätzlichen Gesetzgebungszuständigkeit der Länder (Art. 70 Abs. 1 GG). Für das öffentliche Baurecht war die Gesetzgebungszuständigkeit zunächst unsicher und streitig; heute ist gesichert, dass sie teils beim Bund, teils bei den Ländern liegt. 8

Für den Bereich des öffentlichen Baurechts ist die konkurrierende Bundesgesetzgebungskompetenz gemäß Art. 74 Abs. 1 Nr. 18 GG einschlägig, die ungeachtet der Änderungen durch die Föderalismusreform 2006 nach wie vor insbesondere auch das **„Bodenrecht“** erfasst. Die Abgrenzung dieses Kompetenztitels ist im Jahr 1954 durch das sog. Baurechtsgutachten des BVerfG (BVerfGE 3, 407, 423 ff.) geklärt worden. Da- 9 nach steht fest, dass weder durch diesen noch durch einen sonstigen Titel eine Bundeskompetenz für die Gesamtmaterie des Baurechts begründet wird. „Bodenrecht" meint vielmehr nur sog. bodenbezogene Regelungen, d. h. solche Vorschriften, die Grund und Boden unmittelbar zum Gegenstand rechtlicher Ordnung haben, also die rechtlichen Beziehungen des Menschen zu Grund und Boden regeln (BVerfGE 3, 407, 424). Hiervon ausgehend, gestützt auf Art. 74 Abs. 1 Nr. 18 GG („Bodenrecht") hat das BVerfG dem Bund die konkurrierende Gesetzgebungszuständigkeit zugesprochen für:

– das Recht der städtebaulichen Planung, das dazu dient, die rechtliche Qualität des Bodens und seine Nutzbarkeit festzulegen,
– die Baulandumlegung und die Zusammenlegung von Grundstücken,
– die Erschließung, wovon seit einer Grundgesetzänderung 1994 die Erschließungsbeiträge ausgenommen sind, deren bundesrechtliche Regelung freilich nach Art. 125a Abs. 1 GG fortgilt, sowie
– die auf diese Gebiete bezogene Bodenbewertung.

Seit der Föderalismusreform 2006 ist Art. 72 Abs. 2 GG auf den Kompetenztitel des Art. 74 Abs. 1 Nr. 18 GG nicht mehr anwendbar.

10 Für die verbleibenden Sachbereiche des öffentlichen Baurechts, namentlich das **Bauordnungsrecht** i. S. v. Baupolizeirecht (BVerfGE 3, 407, 430ff.) sind hingegen die Landesgesetzgeber zuständig. In materieller Hinsicht obliegt ihnen die Zuständigkeit für die – von den bodenbezogenen Regelungen des Bauplanungsrechts zu unterscheidenden – objektbezogenen Regeln, d. h. die ordnungsrechtlichen Anforderungen an die konkrete bauliche Anlage, wobei diese Anforderungen herkömmlich v. a. gefahrenabwehrrechtlicher und gestalterischer, zuletzt verstärkt auch sozialpolitisch und ökologisch motivierter Art sind. Außerdem haben die Landesgesetzgeber in formeller Hinsicht die bauaufsichtliche Behördenorganisation und das bauaufsichtliche Verfahren zu regeln.

11 Die kompetenzrechtlich begründete Unterscheidung von Bauplanungs- und Bauordnungsrecht schließt gewisse **Verknüpfungen und Überlappungen** zwischen beiden Gebieten nicht aus. In formeller Hinsicht stellt v. a. der Umstand eine solche Verknüpfung her, dass die bauplanungsrechtliche Beurteilung einzelner Vorhaben – sofern sie nicht genehmigungsfrei gestellt sind – im bauaufsichtlichen Verfahren erfolgt. In materieller Hinsicht gibt es eine Reihe von Gegenständen, die sowohl von einem städtebaulichen wie auch von einem ordnungsrechtlichen Ansatz her einer Regelung zugänglich sind, so dass es einander eng berührende bauplanungs- und bauordnungsrechtliche Vorschriften gibt; Beispiele hierfür sind die städtebaulichen Regelungen über offene oder geschlossene Bauweise und seitliche Baugrenzen einerseits und die bauordnungsrechtlichen, der Belichtung und Belüftung sowie der Brandbekämpfung dienenden Abstandsregelungen andererseits (vgl. Rn. 73f., 249ff.) oder die sowohl in den bauplanungsrechtlichen Vorschriften (vgl. Rn. 193ff.) wie auch bauordnungsrechtlich geforderte (§ 4 Abs. 1 BauO) wegemäßige Erschließung.

4. Rechtsgrundlagen

12 Auf der Grundlage dieser grundgesetzlichen Gesetzgebungskompetenzverteilung unterfällt das öffentliche Baurecht in **die zwei großen Teilgebiete des Bauplanungsrechts und des Bauordnungsrechts.**

a) Bauplanungsrecht

13 Der Bundesgesetzgeber hat von seiner Gesetzgebungskompetenz erstmals 1960 mit dem Bundesbaugesetz (BBauG) Gebrauch gemacht. Es wurde 1971 ergänzt durch das

Städtebauförderungsgesetz (StBauFöG), das ihm das sog. Besondere Städtebaurecht zur Seite stellte; dessen Kernanliegen waren die Sanierung überalterter Baugebiete, die Entwicklung in Randgebieten von Verdichtungsräumen und der Bau neuer Orte. Mit dem neuen **Baugesetzbuch** (BauGB) wurden 1987 das allgemeine und das besondere Städtebaurecht in einem Gesetz zusammengeführt. Zur Bewältigung der besonderen städtebaulichen Probleme nach der Wiedervereinigung ergingen 1990 das Wohnbauerleichterungsgesetz und als dessen Art. 2 das BauGB-MaßnahmeG, zunächst befristet auf 5 Jahre, durch das Investitionserleichterungs- und Wohnbaulandgesetz bis Ende 1997 verlängert; es führte insbesondere Sonderregelungen zur erleichterten Aufstellung von Bebauungsplänen und zur erleichterten Zulassung von Wohngebäuden ein. Zum 1.1.1998 trat eine Neufassung des BauGB in Kraft, die nunmehr eine Zusammenfassung und vollständige Wiedergabe des Bauplanungsrechts darstellte. Seit dem 1.10. 2017 gilt das BauGB in der Fassung der Bekanntmachung vom 3.11.2017 (BGBl. I S. 3634).

Eine bedeutendere Novellierung, die v. a. der Umsetzung der EG-Richtlinie zur Umweltprüfung von Plänen und Programmen (sog. Plan-UP-Richtlinie) diente, hat das BauGB im Jahre 2004 durch das Europarechtsanpassungsgesetz Bau (EAG Bau) erfahren.

Die am 30.7.2011 in Kraft getretene sog. Klimaschutznovelle hat die gemeindlichen Aufgaben im Bereich der Bauleitplanung um die Bekämpfung des Klimawandels und die Anpassung an den Klimawandel erweitern wollen (vgl. BT-Drs. 17/6076, S. 1). Ob dies mit Art. 84 Abs. 1 S. 7 GG vereinbar ist (vgl. auch Rn. 27), ist umstritten (krit. *Kment,* DVBl. 2012, 1125, 1126; a. A. *Battis/ Krautzberger/Mitschang/Reidt,* NVwZ 2011, 897, 899).

§ 246 Abs. 8 bis 13 BauGB, eingefügt 2014/2015, sieht für sämtliche Gebietsarten, also für Bebauungsplangebiete (vgl. Rn. 143, 145), nicht beplante Innenbereiche (vgl. Rn. 154) und Außenbereiche (vgl. Rn. 184) erhebliche Erleichterungen bei der Zulassung von Flüchtlingsunterkünften vor. Lassen sich auch unter Anwendung dieser Erleichterungen dringend benötigte Unterkünfte anderweitig nicht oder nicht rechtzeitig bereitstellen, räumt der besonders weitreichende § 246 Abs. 14 BauGB im Wege einer subsidiären Generalklausel die Möglichkeit ein, von bauplanungsrechtlichen Vorgaben im erforderlichen Umfang abzuweichen (vgl. Rn. 123). Die Sonderregelungen sind bis zum 31.12.2019 befristet, wobei die Befristung sich auf den Zeitraum, bis zu dessen Ende im bauaufsichtlichen Zulassungsverfahren von den Vorschriften Gebrauch gemacht werden kann, nicht etwa auf die – somit ggf. unbefristete – Geltungsdauer einer danach erteilten Genehmigung bezieht (§ 246 Abs. 17 BauGB).

Angesichts bestehender Wohnraumknappheit standen bei den jüngsten Änderungen des BauGB im Jahr 2017 u. a. die Wohnbedürfnisse (vgl. Rn. 41, 154, 227) im Vordergrund. Weitere Änderungen, die den Zugriff der Gemeinden auf Flächen für den Wohnungsbau und die Schaffung von Wohnraum im Innen- und Außenbereich erleichtern sollen, sieht der aktuell vorliegende Referentenentwurf eines Baulandmodernisierungsgesetzes vor.

Von Beginn an enthielten BBauG bzw. BauGB eine an die Zustimmung des Bundesrats gebundene Ermächtigung an das zuständige Ministerium zum Erlass bestimmter **Rechtsverordnungen** (heute: § 9a BauGB). Der wichtigste Gegenstand dieser Verordnungsermächtigung sind Vorschriften über mögliche Darstellungen und Festsetzungen in den gemeindlichen Bauleitplänen und über die in den Baugebieten zulässigen baulichen und sonstigen Anlagen; von dieser Ermächtigung ist in der BauNVO Gebrauch gemacht worden, und zwar erstmals mit der BauNVO 1962 und dann in den Novellen 1968, 1977 und 1990, jetzt geltend in der Fassung der Bekanntmachung vom 21.11.2017 (BGBl. I S. 3786). Weiter stützt sich auf § 9a Nr. 4 BauGB die Planzeichenverordnung (PlanZV), die Vorgaben für die Ausarbeitung bzw. Gestaltung der Bauleitpläne und die Darstellung ihres Planinhalts macht. Hinzu tritt noch die auf § 199 Abs. 1 BauGB beruhende, hier nicht näher interessierende Wertermittlungsverordnung (WertV). 14

b) Bauordnungsrecht

15 Nachdem das Baupolizeirecht in der frühen Bundesrepublik zunächst sehr zersplittert war, entstand 1959 eine erste von Bund und Ländern gemeinsam erarbeitete Musterbauordnung, der später, zuletzt 2002 (dazu *Jäde,* NVwZ 2003, 668), weitere nachfolgten. Sie war Vorbild neuer Landesbauordnungen in den einzelnen Ländern. Auf dieser Grundlage hat das Land Nordrhein-Westfalen am 25.6.1962 seine **Landesbauordnung (BauO)** erlassen, die danach mehrere Novellierungen erfahren hat. Die – ihrerseits mehrfach geänderte – Neubekanntmachung des Jahres 2000 hatte bereits durch eine Ende 2016 beschlossene Neufassung ersetzt werden sollen, die jedoch zunächst durch ein gesetzlich angeordnetes Moratorium angehalten und dann aufgehoben worden ist. An deren Stelle ist nun die durch das Baurechtsmodernisierungsgesetz vom 21.7.2018 (GV. NRW. S. 421) beschlossene Neufassung der BauO getreten, die im Wesentlichen seit dem 1.1.2019 in Kraft ist (vgl. näher Art. 2 Baurechtsmodernisierungsgesetz).

Die neue BauO bringt im Detail vielfältige Neuerungen (vgl. *Vietmeier,* NWVBl. 2018, 489). Ausbildungs- und prüfungsrelevant sind insbesondere die Neuregelungen zur Stellplatzpflicht (Rn. 246f.), zu den Abstandsflächen (Rn. 248ff.), zur Geltungsdauer von Baugenehmigung (Rn. 276) und Vorbescheid (Rn. 279) sowie zu den bauaufsichtlichen Maßnahmen (Rn. 281ff.). Zudem hat sich die Paragraphenzählung nicht unerheblich verändert.

<table>
<tr><th colspan="5">Baurecht</th></tr>
<tr><td colspan="4">Öffentliches Baurecht</td><td rowspan="3">Privates Baurecht</td></tr>
<tr><td colspan="2">Bauplanungsrecht/
Städtebaurecht</td><td colspan="2">Bauordnungsrecht</td></tr>
<tr><td>Allgemeines Städtebaurecht</td><td>Besonderes Städtebaurecht</td><td>Materielles Bauordnungsrecht</td><td>Formelles Bauordnungsrecht</td></tr>
<tr><td colspan="2">BauGB (BauNVO, PlanzV)</td><td colspan="2">BauO</td><td>BGB, NachbG</td></tr>
</table>

5. Anhang

16 **Literatur:** *Breuer,* Zur Entstehungsgeschichte eines modernen Städtebaurechts in Deutschland, Verw 19 (1986), 305; *Broß,* Berührungsbereiche zwischen öffentlich-rechtlichem Baurecht und Zivilrecht, VerwArch 89 (1998), 489; *Konrad,* Ausgewählte Grundprobleme des Baurechts, JA 2000, 608; *Callies,* Öffentliches und privates Nachbarrecht als wechselseitige Auffangordnungen, Verw 34 (2001), 169; *Dähne,* Die so genannte Baufreiheit, JURA 2003, 455; *Beaucamp,* Öffentliches Baurecht in der Nussschale, JA 2005, 471; *Dürr,* Die Klausur im Baurecht, JuS 2007, 328/431/521; *Battis/Krautzberger/Mitschang/Reidt/Stüer,* Gesetz zur Förderung des Klimaschutzes bei der Entwicklung in den Städten und Gemeinden in Kraft getreten, NVwZ 2011, 897; *Krautzberger/Stüer,* BauGB-Novelle 2013. Gesetz zur Stärkung der Innenentwicklung in den Städten und Gemeinden und weiteren Fortentwicklung des Städtebaurechts, DVBl. 2013, 805; *dies.,* Flüchtlingsunterbringung: Die BauGB-Novellen 2014 und 2015, DVBl 2015, 1545; *dies.,* Städtebaurechtsnovelle 2017, DVBl. 2018, 7; *Brenner,* Die Flüchtlingskrise und das Bauplanungsrecht, JURA 2018, 43; *Vietmeier,* Die Landesbauordnung NRW 2018, NWVBl. 2018, 489.

Kontrollfragen:

1. Welche Funktion hat das Baurecht generell?
2. Worin unterscheiden sich öffentliches und privates Baurecht ihrer prinzipiellen Funktion nach?
3. Worauf stützt sich und wie weit reicht die Gesetzgebungskompetenz des Bundes auf dem Gebiet des öffentlichen Baurechts?

4. In welche beiden großen Bereiche kann man das öffentliche Baurecht einteilen und durch welche Gesetze werden diese jeweils v. a. geregelt?
5. Ergibt sich unmittelbar aus Art. 14 GG ein Anspruch auf Erteilung einer Baugenehmigung?

III. Konzeption und Gang der Darstellung

Wie der Blick auf die Verteilung der Gesetzgebungskompetenzen und die Rechtsgrundlagen gezeigt hat, ist das öffentliche Baurecht – anders als die weiteren unmittelbar examensrelevanten Gebiete des Besonderen Verwaltungsrechts, das Kommunal- sowie das Polizei- und Ordnungsrecht – partiell bundesrechtlich geregelt; kennzeichnend ist, dass es sich in die beiden großen Teilbereiche des Bauplanungsrechts und des Bauordnungsrechts aufteilt. Das Bauplanungsrecht ist bundesrechtlich geregelt, weist allerdings bereits deutliche Querbezüge in das Landesrecht hinein auf: Die Bauleitplanung, die gemeindliche Angelegenheit ist, ist eng verwoben mit dem Kommunalrecht; die bauplanungsrechtliche Beurteilung einzelner Vorhaben erfolgt in dem landesrechtlich, durch die BauO geregelten bauaufsichtlichen Verfahren. Der zweite Teilbereich des Bauordnungsrechts ist originär und insgesamt landesrechtlich geregelt. So ist auch das öffentliche Baurecht insgesamt deutlich landesrechtlich beeinflusst. Die vorliegende Darstellung sucht – dem Rahmen eines Lehrbuchs zum öffentlichen Recht in Nordrhein-Westfalen entsprechend – einen **landesrechtlichen Blickwinkel** einzunehmen: Schon in der Darstellung des ersten großen Teilgebiets, des bundesrechtlich geregelten Bauplanungsrechts, gilt deshalb besonderes Augenmerk den Querbezügen zum Landesrecht, namentlich zum Bauordnungsrecht und zum Kommunalrecht; mit Blick auf das zweite große Teilgebiet, das landesrechtlich geregelte Bauordnungsrecht, bietet sich die Möglichkeit einer ganz auf das nordrhein-westfälische Landesrecht konzentrierten Darstellung. 17

Weiterhin bedarf es einer **gegenständlichen Beschränkung auf (Teil-)Gegenstände des öffentlichen Baurechts von hervorgehobener Relevanz für Studium und Examen.** Für die beiden großen Teilgebiete bedeutet das: Das – auch als Städtebaurecht oder Stadtplanungsrecht bezeichnete – **Bauplanungsrecht** unterfällt nach seiner geschichtlichen Entwicklung und heutigen Systematik in einen allgemeinen und einen besonderen Teil. Die vorliegende Darstellung konzentriert sich auf das Allgemeine Städtebaurecht, das seinen zentralen Regelungsgegenstand in der Bauleitplanung, die nach § 1 Abs. 1 BauGB die bauliche und sonstige Nutzung der Grundstücke in der Gemeinde vorzubereiten und zu leiten hat, und einen zweiten wichtigen Regelungsgegenstand in der bauplanungsrechtlichen Zulässigkeit einzelner Vorhaben hat; hinzu treten materielle Regelungen über die Sicherung der Bauleitplanung sowie über die Bodenordnung, die städtebauliche Enteignung und die Erschließung, die im Folgenden allenfalls knapp erörtert werden. Das im Zweiten Kapitel, in §§ 136 bis 191 BauGB, geregelte Besondere Städtebaurecht enthält spezielle Vorschriften zur Bewältigung besonderer städtebaulicher Problemlagen, so z. B. in den Sanierungsvorschriften der §§ 136ff. BauGB für Gebiete, die städtebauliche Missstände aufweisen, oder in §§ 172ff. BauGB für Gebiete, die in ihrer städtebaulichen Eigenart oder der Zusammensetzung ihrer Wohnbevölkerung erhalten oder aber städtebaulich umstrukturiert werden sollen; diese – teils besonders intensiv eingreifenden, teils aber auch fördernden – speziellen Regelungen können im Folgenden nur punktuell angesprochen werden (vgl. D. II. 3. zu den städtebaulichen Geboten). Das **Bauordnungsrecht** lässt sich in das formelle und das materielle Bauordnungsrecht unterteilen. Materiellrechtlich enthält es eine Vielzahl von praktisch höchst bedeutsamen Voraussetzungen, die allerdings nur teilweise von besonderer juristischer Problematik und von besonderer Relevanz im 18

Rahmen von Ausbildung und Prüfung sind; auf diese Fragen muss sich das Augenmerk richten und beschränken. Ausführlich zu behandeln sind die formellen Aspekte der Organisation der Bauaufsicht und der bauaufsichtlichen Eingriffsinstrumentarien.

19 Auf eine – die Systematik des Rechtsgebiets strikt nachzeichnende – Gliederung nach den beiden großen Teilgebieten verzichtend, wendet sich die Darstellung im Folgenden zunächst den **bauplanungsrechtlichen Themenkomplexen** der Bauleitplanung (B.), der bauplanungsrechtlichen Zulässigkeit einzelner Vorhaben (C.) sowie der Sicherung und Verwirklichung der Bauleitplanung (D.) zu. Anschließend behandelt sie **das materielle und das formelle Bauordnungsrecht** (E. und F.). Den Abschluss bilden **Probleme des Rechtsschutzes von Bauherrn und Nachbarn** (G.) mit sowohl bauplanungs- wie auch bauordnungsrechtlichen Bezügen.

B. Bauleitplanung

I. Grundlagen

1. Aufgabe und Eigenart der Bauleitplanung

20 Das BauGB überlässt die bauliche Nutzung der Grundstücke nicht dem Belieben der einzelnen Eigentümer. Vielmehr soll sie auf der Grundlage einer staatlichen Planung, die die verschiedenen privaten und öffentlichen Interessen in Ausgleich bringt, erfolgen. Für das BauGB gilt also der **Grundsatz der Planmäßigkeit der Bebauung** (BVerwG, NVwZ 2004, 220), der in § 1 Abs. 1 BauGB prominent zum Ausdruck kommt. Die Aufgabe, die bauliche und sonstige Nutzung der Grundstücke vorzubereiten und zu leiten, wird dort der Bauleitplanung übertragen. Das bedeutet zwar nicht, dass alle Grundstücke rechtsverbindlich überplant sein müssen; wo rechtsverbindliche Bauleitpläne fehlen, springt das Gesetz durch §§ 34, 35 BauGB planersetzend bzw. ersatzplanerisch ein (vgl. Rn. 147, 163). Der Bauleitplanung wird jedoch ein Primat zugeschrieben, der sie zum Kernstück des Bauplanungsrechts macht.

21 Die Bauleitplanung ist, wie schon § 1 Abs. 1 BauGB („Grundstücke in der Gemeinde") verdeutlicht, räumlich auf die gemeindliche Ebene bezogen. Gegenständlich dient sie nicht, wie das die Aufgabe der sog. Fachplanungen (vgl. Rn. 26) ist, der planerischen Bewältigung einzelner, sektoraler Aufgaben- bzw. Problemfelder; vielmehr ist sie Gesamtplanung, die die Nutzung des Gemeindegebiets umfassend, unter Koordination aller auftretenden, eventuell kollidierenden Belange planerisch vorbereitet und leitet (*Hoppe,* in: Hoppe/Bönker/Grotefels, Öffentliches Baurecht, § 1 Rn. 4 f.). Zusammenfassend kann die Bauleitplanung danach als die **raumbezogene Gesamtplanung auf gemeindlicher Ebene** charakterisiert werden.

22 Die Bauleitplanung ist dabei auf die **Verwirklichung städtebaulicher Vorstellungen** verpflichtet. Dies folgt schon aus der zugrundeliegenden Gesetzgebungskompetenz des Art. 74 Abs. 1 Nr. 18 GG (vgl. Rn. 9) und kommt im Gesetz bereits in § 1 Abs. 1 BauGB (*Dürr/Schulte Beerbühl,* Baurecht NRW, Rn. 7) und weiter in § 1 Abs. 3 BauGB zum Ausdruck (vgl. Rn. 54), wird in § 1 Abs. 5 BauGB inhaltlich konkretisiert und auch in § 9 Abs. 1 BauGB klargestellt. „Städtebau" wird dabei definiert als die hoheitliche, die Regelung der unmittelbaren rechtlichen Beziehungen des Menschen zum Grund und Boden einschließende Gestaltung des lokalen Raums unter überfachlichen und örtlichen Gesichtspunkten (*Koch/Hendler,* Baurecht, Raumordnungs- und Landesplanungsrecht, § 1 Rn. 10). Auch wenn – wie in dem im Laufe der Zeit mehrfach ergänzten § 1 Abs. 5, 6 BauGB deutlich wird – die Bauleitplanung vielfältige Bezüge

auch zu anderen als originär städtebaulichen Belangen aufweist, ist es den Gemeinden danach doch verwehrt, das Instrument der Bauleitplanung für andere als städtebauliche Zwecke einzusetzen (*Battis,* in: Battis/Krautzberger/Löhr, BauGB, § 1 Rn. 45). Der Bauleitplan steht deshalb nicht zur Verfolgung bestimmter sektoraler (öffentlicher) Anliegen, etwa wettbewerbs-, friedens- oder außenpolitischer Ziele zur Verfügung und v. a. auch nicht zur Verfolgung allein privater Interessen, etwa einzelner Grundeigentümer (*Battis,* in: Battis/Krautzberger/Löhr, BauGB, § 1 Rn. 26).

In der ihr aufgegebenen Verwirklichung städtebaulicher Vorstellungen teilt die Bau- **23**
leitplanung die **besondere Eigenart auch anderer (raumbezogener) staatlicher Planung.** Planung wird allgemein definiert als „vorausschauendes Setzen von Zielen und gedankliches Vorwegnehmen der zu ihrer Verwirklichung erforderlichen Verhaltensweisen" (*Wolff/Bachof/Stober/Kluth,* Verwaltungsrecht I, 13. Aufl. 2017, § 56 Rn. 2). Daraus erhellt, dass die planende Verwaltung – innerhalb von Rahmensetzungen und Zielvorgaben – ihre Ziele und die zu deren Erreichung vorzunehmenden Schritte selbst festlegt. Auch die Bauleitplanung stellt eine solche (partiell) autonome Planung dar; zwar ist sie gesetzlichen Vorgaben, allgemein umrissen in § 1 Abs. 5 BauGB, unterworfen, doch bleibt ein Bereich planender Gestaltungsfreiheit. Diese Gestaltungsfreiheit wird benötigt, um im konkreten Planungsfall die vielfältigen, im Einzelfall zu beachtenden – teils konfligierenden, teils einander auch verstärkenden – öffentlichen und privaten Interessen berücksichtigen und zum Ausgleich bringen zu können. Der Gesetzgeber kann diese komplexe Ausgleichsfunktion nicht durch klassische gesetzliche Konditionalprogramme, die im „Wenn"-„dann"-Schema Tatbestand und Rechtsfolge festlegen, determinieren, sondern nur einen gewissen Rahmen und i. Ü. ein Finalprogramm vorgeben (vgl. *Brohm,* Öffentliches Baurecht, § 11 Rn. 2f.). Der verbleibende planerische Beurteilungs- und Entscheidungsspielraum der Verwaltung ist der Grund dafür, dass einerseits Bauleitpläne nur einer begrenzten materiellen Rechtskontrolle zugänglich sind (vgl. insbes. Rn. 76ff. zur Abwägung und zu Abwägungsfehlern), andererseits das Verfahren der Planaufstellung, in dem die verschiedenen öffentlichen und privaten Interessen eingebracht werden können, rechtlich eine hervorgehobene Rolle spielt (vgl. Rn. 39ff.).

2. Die Bauleitplanung im System raumbezogener Planung

Die staatliche Raumplanung soll insgesamt eine **geordnete, den verschiedenen** **24**
öffentlichen und privaten Interessen Rechnung tragende Nutzung von Grund und Boden sicherstellen. Diesem Ziel dient ein System verschiedener raumbezogener staatlicher Planungen, in das die Bauleitplanung sich als räumliche Gesamtplanung auf Ortsebene einfügt. Sie steht insofern nicht nur – horizontal – neben der Bauleitplanung anderer, benachbarter Gemeinden, mit der sie verfahrensmäßig und inhaltlich abgestimmt sein muss (vgl. Rn. 44, 46, 64); darüber hinaus bedarf sie in diesem System insbesondere der Abgrenzung von und der Koordination mit der überörtlichen räumlichen Gesamtplanung und den sog. Fachplanungen (vgl. hierzu näher Rn. 65ff.).

Die Funktion der **überörtlichen räumlichen Gesamtplanung** liegt in der überge- **25**
ordneten, zusammenfassenden Planung der Gesamtheit der räumlich bedingten Lebens- und Arbeitsbedingungen (vgl. *Hoppe,* in: Hoppe/Bönker/Grotefels, Öffentliches Baurecht, § 1 Rn. 12). Sie unterscheidet sich von der Bauleitplanung durch den überörtlichen Charakter und die mangelnde Regelung der unmittelbaren Beziehung von Mensch und Bodennutzung (*Koch/Hendler,* Baurecht, Raumordnungs- und Landesplanungsrecht, § 1 Rn. 11). Ihre Rechtsgrundlage bildet zunächst das Raumordnungsgesetz (ROG) des Bundes, das ursprünglich auf Grundlage der früheren Rahmenkompetenz

des Art. 75 Abs. 1 Nr. 4 GG a. F. erlassen worden ist und heute seine kompetentielle Regelung in Art. 74 Abs. 1 Nr. 31, 72 Abs. 3 S. 1 Nr. 4, 125b Abs. 1 GG findet; § 2 Abs. 2 ROG gibt bestimmte Grundsätze der Raumordnung vor. Auf Landesebene tritt hinzu das Landesplanungsgesetz (LPlG) als Grundlage der Landes- und Regionalplanung; als wichtigstes Planungsinstrument sieht es den Landesentwicklungsplan vor, der die räumlichen Ziele und Grundsätze der Landesentwicklung festlegt (vgl. § 17 LPlG).

Die Vorgaben der überörtlichen räumlichen Gesamtplanung müssen mit der Garantie gemeindlicher Selbstverwaltung (Art. 28 Abs. 2 GG, Art. 78 Verf) vereinbar sein. Eine landesplanerische Vorgabe, wonach ein Hersteller-Direktverkaufszentrum mit mehr als 5.000 qm Verkaufsfläche nur in Gemeinden mit mehr als 100.000 Einwohnern ausgewiesen werden darf, soll eine unverhältnismäßige und willkürliche, deshalb verfassungswidrige Einschränkung gemeindlicher Selbstverwaltung darstellen (VerfGH NRW, NWVBl. 2009, 474, 476 ff.).

26 Die Funktion der **Fachplanung** ist es hingegen, jeweils einzelne sektorale (raumbedeutsame) Aufgaben- bzw. Problemfelder planerisch zu bewältigen. Das Fachplanungsrecht findet sich in Spezialgesetzen, die etwa die Planung von Bundesfernstraßen, Schienenwegen oder Energieversorgungsanlagen und -leitungen, aber auch von Wasser- oder Naturschutzgebieten regeln. Dabei stehen der Fachplanung als Instrumente insbesondere Planfeststellungsbeschlüsse (vgl. §§ 72 ff. VwVfG sowie z. B. § 17 FStrG; § 35 Abs. 2 KrWG) und Plangenehmigungen (vgl. allgemein § 74 Abs. 6 VwVfG sowie z. B. § 17b Abs. 1 FStrG; § 35 Abs. 3 KrWG) sowie Schutzbereichsausweisungen (z. B. § 51 WHG; §§ 7 ff. LG) zur Verfügung, außerdem sonstige förmliche Fachpläne und schließlich bloß informelle, intern bedeutsame Planungsinstrumente (*Brohm,* Öffentliches Baurecht, § 2 Rn. 2 ff.; zum Verhältnis von Fach- und Bauleitplanung vgl. Rn. 67 ff.).

3. Bauleitplanung als gemeindliche Aufgabe

27 Die Bauleitplanung ist eine **gemeindliche Aufgabe,** so dass über die bauliche Nutzung ortsnah und unter Mitwirkung der Betroffenen entschieden wird (*Brohm,* Öffentliches Baurecht, § 2 Rn. 1). §§ 1 Abs. 3, 2 Abs. 1 S. 1 BauGB spiegeln das wider. Umstritten ist, ob die bundesgesetzliche Zuweisung von Aufgaben der Bauleitplanung an Gemeinden nunmehr an Art. 84 Abs. 1 S. 7, 85 Abs. 1 S. 2 GG, die bundesgesetzliche Aufgabenübertragungen auf Gemeinden ausdrücklich für unzulässig erklären, zu messen ist (dagegen *Battis/Krautzberger/Löhr,* NVwZ 2007, 121, 122), mit der Begründung, die Aufgaben oblägen den Gemeinden bereits wegen Art. 28 Abs. 2 GG und nicht erst kraft des BauGB und seiner Änderungen; a. A. *Pieroth,* in: Jarass/Pieroth, GG, 15. Aufl. 2018, Art. 84 Rn. 14).

28 Verfassungsrechtlich ist die gemeindliche Aufgabe der Bauleitplanung durch die **Garantie kommunaler Selbstverwaltung** gemäß Art. 28 Abs. 2 GG, 78 Verf (vgl. allgemein § 1 Rn. 172 ff.; § 2 Rn. 22 ff.) begründet und geschützt. Sie gewährleistet der einzelnen Gemeinde das Recht, die Angelegenheiten ihrer jeweiligen örtlichen Gemeinschaft eigenverantwortlich zu regeln. Zu diesem örtlichen Wirkungskreis gehört auch die räumliche Gesamtplanung auf Ortsebene; in der überkommenen, auf einzelne gemeindliche Hoheitsrechte rekurrierenden Sprechweise geht es um die sog. gemeindliche Planungshoheit (BVerfGE 56, 298, 312; 76, 107, 118; BVerwGE 90, 96, 100). Ausgehend von der früheren, durch den Rastede-Beschluss des BVerfGE 79, 127, 146 allerdings überholten Annahme, den sog. Kernbereich gemeindlicher Selbstverwaltung gegenständlich bestimmen zu können, ist diskutiert worden, ob die Bauleitplanung zu diesem unentziehbaren Kernbereich gehört; das BVerfG hat dies offen gelassen (BVerfGE 56, 298, 312 ff.; 76, 107, 118 f.). Gesetzliche Beschränkungen der gemeindlichen Planungshoheit sind richtigerweise nicht ausgeschlossen, sondern im Rahmen des

in Art. 28 Abs. 2 S. 1 GG vorgesehenen Vorbehalts gesetzlicher Regelungen möglich; sie sind jedoch rechtfertigungsbedürftig und nach der Rspr. des BVerfG nur zulässig mit Rücksicht auf überwiegende Gemeininteressen (BVerfGE 79, 127, 153). Mit Blick auf die gemeindliche Bauleitplanung können sie sich insbesondere aus Erfordernissen staatlicher Gesamt- oder Fachplanungen ergeben (vgl. etwa BVerfGE 76, 107, 119ff.; BVerwG, NVwZ 2003, 1263, 1264, die auf überörtliche Interessen abstellen).

Aus Art. 28 Abs. 2 GG, 78 Verf folgt für die einzelne Gemeinde ein subjektiv-öffentliches Recht. Dieses ist die Grundlage dafür, dass ihr bei fremden Planungen Beteiligungsrechte (vgl. z.B. § 4 BauGB; § 9 ROG) zustehen (BVerwGE 95, 123, 129ff.: Ziele der Raumordnung, die unter Missachtung der gemeindlichen Mitwirkungsrechte festgelegt worden sind, brauchen die Gemeinden nicht gegen sich gelten zu lassen), dass sie Rechtsschutzmöglichkeiten und u. U. auch einen Abwehranspruch hat. Diesen definiert das BVerwG so: „Die Gemeinden können in ihrer Planungshoheit beeinträchtigt werden, wenn das Vorhaben eine hinreichend bestimmte Planung nachhaltig stört, wesentliche Teile des Gemeindegebiets einer durchsetzbaren Planung entzieht, oder wenn kommunale Einrichtungen durch das Vorhaben erheblich beeinträchtigt werden" (BVerwGE 81, 95, 106; 90, 96, 100).

4. Zweistufiges System der Bauleitplanung

Die gemeindliche Bauleitplanung als örtliche räumliche Gesamtplanung vollzieht sich nach § 1 Abs. 2 BauGB in **zwei Stufen.** Bauleitpläne sind danach der Flächennutzungsplan als vorbereitender und der Bebauungsplan als verbindlicher Bauleitplan. 29

Der **Flächennutzungsplan** erfasst grundsätzlich das gesamte Gemeindegebiet (§ 5 Abs. 1 S. 1, 2 BauGB). Auf der Grundlage der Ziele der Raumordnung (vgl. § 1 Abs. 4 BauGB) enthält er eine grobmaschige Planung, indem er etwa i. d. R. nur Bauflächen (vgl. § 1 Abs. 1 BauNVO), überörtliche Verkehrswege und innerörtliche Hauptverkehrszüge usw. darstellt (§ 5 Abs. 2 BauGB). Über eine Darstellung der Art der Bodennutzung in ihren Grundzügen darf der Flächennutzungsplan nicht hinausgehen (BVerwG, NVwZ 2006, 87, 89). Seinen Darstellungen kommt keine unmittelbare Rechtsverbindlichkeit nach außen, sondern nur eine verwaltungsinterne Wirkung zu (vgl. § 7 BauGB), weshalb er nicht als Satzung, sondern überwiegend als hoheitliche Maßnahme eigener Art ohne Rechtsnormqualität gekennzeichnet wird (BVerwG, NVwZ 1991, 262, 263). 30

Durch das EAG Bau 2004 neu eingeführt wurde die Möglichkeit von sachlichen und jedenfalls seit der Klimaschutznovelle 2011 zudem auch räumlichen Teilflächennutzungsplänen, die Darstellungen mit den Rechtswirkungen des § 35 Abs. 3 S. 3 BauGB enthalten, also etwa sog. Konzentrationszonen für bestimmte Anlagen wie z. B. Windenergieanlagen ausweisen (§ 5 Abs. 2b BauGB). Derartigen Darstellungen im Flächennutzungsplan wird wegen der ihnen zukommenden Ausschlusswirkung i. S. v. § 35 Abs. 3 S. 3 BauGB mit Recht Rechtsnormqualität zugesprochen (OVG Rh.-Pf., NVwZ 2006, 1442, 1442f.; vgl. auch BVerwG, NVwZ 2002, 869; NVwZ 2004, 614; VGH BW, NVwZ-RR 2006, 232, zur Rechtsnormqualität von verbindlichen Zielen der Raumordnung und Landesplanung im Raumordnungsplan bzw. entsprechender Festlegungen im Regionalplan; *Hoppe,* DVBl. 2003, 1345; *Jeromin,* NVwZ 2006, 1374). Folgerichtig nimmt das BVerwG nunmehr die gerichtliche Überprüfbarkeit derartiger Darstellungen des Flächennutzungsplans im Wege der sog. prinzipalen Normenkontrolle gemäß § 47 Abs. 1 Nr. 1 VwGO analog an (vgl. Rn. 109).

Regelmäßig auf der Grundlage des Flächennutzungsplans (zum sog. Entwicklungsgebot vgl. Rn. 60ff.) erlässt die Gemeinde **Bebauungspläne.** Sie ergehen als Satzung (§ 10 Abs. 1 BauGB) und enthalten für einzelne Teile des Gemeindegebiets (vgl. § 9 Abs. 7 BauGB) die rechtsverbindlichen Festsetzungen für die städtebauliche Ordnung (§ 8 Abs. 1 S. 1 BauGB). 31

Zweistufigkeit der Bauleitplanung	
Erste Stufe: Flächennutzungsplan (§§ 1 Abs. 2, 5 BauGB)	*Zweite Stufe: Bebauungsplan (§§ 1 Abs. 2, 8, 9, 10 BauGB)*
vorbereitender Bauleitplan	verbindlicher Bauleitplan
gesamtes Gemeindegebiet	Teile des Gemeindegebiets
Darstellung in Grundzügen	rechtsverbindliche Festsetzungen
hoheitliche Maßnahme eigener Art	Satzung
Rechtswirkungen nur für Gemeinde und gegenüber anderen Planungsträgern	Außenwirkung/Verbindlichkeit gegenüber Bürger

5. Rechtliche Eigenart, Inhalt und Gestalt insbesondere von Bebauungsplänen

32 Wie soeben gesehen ist – im Gegensatz zum Flächennutzungsplan – der Bebauungsplan seiner Rechtsnatur nach eine **Satzung** (§ 10 Abs. 1 BauGB). Durch ihre Festsetzungen macht sie rechtsverbindlich städtebauliche Vorgaben für die bauliche und sonstige Nutzung des von ihr räumlich erfassten Teils des Gemeindegebiets.

33 Der Bebauungsplan kann allein textliche Festsetzungen im Satzungstext enthalten, besteht in der Regel jedoch aus **textlichen Festsetzungen** und einer beigefügten **Planzeichnung.** Er muss seinen räumlichen Geltungsbereich festsetzen (§ 9 Abs. 7 BauGB), was regelmäßig durch zeichnerische Darstellung auf einer Karte geschieht, aber auch durch textliche Umschreibung erfolgen kann. Seine Festsetzungen kann der Bebauungsplan in verschiedener Weise zum Ausdruck bringen; als mögliche Festsetzungsmittel werden genannt Zeichnung, Farbe, Schrift und Text (*Mitschang/Reidt,* in: Battis/Krautzberger/Löhr, BauGB, § 9 Rn. 5).

Beispiel (für einen Bebauungsplan, der nur aus textlichen Festsetzungen besteht): Die Gemeinde ändert durch Bebauungsplan einen bestehenden Bebauungsplan, der für ein bestimmtes Gebiet ein Kerngebiet (§ 7 BauNVO) festsetzt, um dort die bis dahin gemäß § 7 Abs. 2 Nr. 2 BauNVO zulässigen (sog. kerngebietstypischen) Vergnügungsstätten durch eine auf § 1 Abs. 5 BauNVO gestützte Festsetzung auszuschließen.

34 Für die zu verwendenden Planzeichen macht die auf § 9a Nr. 4 BauGB gestützte **PlanZV** mit ihrer Anlage nähere Vorgaben.

35 Insbesondere die Festsetzungen über Art und Maß der baulichen Nutzung sowie die Bauweise und die überbaubaren bzw. nicht überbaubaren Grundstücksflächen erfolgen unter Heranziehung der auf § 9a Nr. 1 bis 3 BauGB gestützten **BauNVO.** Die Festsetzung der zulässigen Art der baulichen Nutzung geschieht danach – vorbehaltlich der besonderen, durch § 1 Abs. 4 bis 10 BauNVO eröffneten Regelungsmöglichkeiten (vgl. Rn. 71) – durch die Ausweisung eines der in § 1 Abs. 2 BauNVO genannten, in § 2ff. BauNVO näher geregelten Baugebiete (§ 1 Abs. 3 S. 1 BauNVO); das hat nach § 1 Abs. 3 S. 2 BauNVO zur Folge, dass die Bestimmungen der §§ 2 bis 14 BauNVO Bestandteil des Bebauungsplans werden. Die Ausweisung eines dieser Baugebiete im Bebauungsplan fungiert damit als – statische – Verweisung auf die entsprechende Regelung der BauNVO. Es ist deshalb grundsätzlich, vorbehaltlich besonderer, ausnahmsweiser Übergangsbestimmungen des Gesetz- bzw. Verordnungsgebers (vgl. § 245a Abs. 1, 2 BauGB, § 25b Abs. 2 BauNVO), jeweils die Fassung der BauNVO heranzuziehen, die bei Inkrafttreten des Bebauungsplans galt (BVerwG, BauR 1987, 166).

Andere als bauplanungsrechtliche, auf Landesrecht beruhende Festsetzungen können auf der Grundlage der Ermächtigung des **§ 9 Abs. 4 BauGB** Eingang in den Bebauungsplan finden. NRW hat von dieser Ermächtigung in § 89 Abs. 2 BauO Gebrauch gemacht. Danach können örtliche Bauvorschriften nach § 89 BauO, die etwa besondere Anforderungen baugestalterischer oder denkmalschützender Art aufstellen können, auch durch einen Bebauungsplan (und ggf. auch eine sonstige städtebauliche Satzung nach BauGB) erlassen werden. **36**

§§ 9 Abs. 4 BauGB, 89 Abs. 2 BauO lassen materiell den landesrechtlichen Charakter der örtlichen Bauvorschriften unberührt (vgl. zur früheren Rechtslage OVG NRW, ZfBR 2000, 56), bewirken aber eine verfahrensmäßige Integration landesrechtlicher Regelungen in den Bebauungsplan. § 89 Abs. 2 S. 2 BauO ordnet jetzt ausdrücklich die entsprechende Anwendung von Vorschriften des BauGB, insbesondere der Verfahrensvorschriften, der besonderen Fehlerfolgenregelungen (vgl. OVG NRW, ZfBR 2001, 55) und der Ausnahme- und Befreiungsvorschrift des § 31 BauGB an.

Die Sollvorschriften des **§ 9 Abs. 6, 6a BauGB** sehen schließlich die nachrichtliche Übernahme bestimmter anderweitig getroffener Festsetzungen in den Bebauungsplan vor, um so die vollständige Wiedergabe der für seinen räumlichen Geltungsbereich maßgeblichen Nutzungsregelungen zu ermöglichen. § 9 Abs. 6 BauGB betrifft insbesondere die Übernahme von Planfeststellungsbeschlüssen und Schutzgebietsausweisungen, die ihre Rechtsgrundlage in Fachplanungsgesetzen haben, und erlaubt seit der Klimaschutznovelle 2011 auch die Übernahme von gemeindlichen Regelungen zum Anschluss- und Benutzungszwang auf Grundlage des Kommunalrechts und insbesondere auch bislang des § 16 EEWärmeG, jetzt des § 109 GEG. § 9 Abs. 6a BauGB regelt besonders die nachrichtliche Übernahme bzw. den Vermerk von Überschwemmungsgebieten und überschwemmungsgefährdeten Gebieten im Bebauungsplan. **37**

6. Anhang

Literatur: *Giegerich,* Die Planungshoheit der Gemeinde, JA 1988, 367; *Oebbecke,* Die verfassungsrechtlich gewährleistete Planungshoheit der Gemeinde, in: FS für Werner Hoppe zum 70. Geburtstag, 2000, S. 239; *Emde,* Die Rechtswirkungen von Raumordnungsplänen, JA 2010, 87; *Waechter,* Raumordnungsziele als höherrangiges Recht, DÖV 2010, 493; *Böhm,* Recht der Bauleitplanung, JA 2013, 81; *Voßkuhle/Kaiser,* Der Bebauungsplan, JuS 2014, 1074. **38**

Kontrollfragen:

1. Welches sind die beiden Stufen der Bauleitplanung und was ist ihre jeweilige Rechtsnatur?
2. Inwieweit ist die Bauleitplanung als gemeindliche Aufgabe verfassungsrechtlich geschützt?
3. Was kennzeichnet die Bauleitplanung in Abgrenzung zu anderen raumbedeutsamen staatlichen Planungen?

II. Das Verfahren der Bauleitplanung

Wie gesehen (Rn. 23) kennzeichnet es staatliche Planung, dass sie – weil sie inhaltlich nur begrenzt durch das Recht determiniert sein kann – ein stark verfahrensgesteuerter Prozess ist. Daraus erklärt sich die **intensive rechtliche Ausgestaltung des Verfahrens** zur Aufstellung von Bauleitplänen und die Bedeutung der hieran gestellten formellen Anforderungen, die im Folgenden – mit besonderem Augenmerk auf den Bebauungsplan als den rechtsverbindlichen Bauleitplan – näher dargestellt werden. **39**

1. Zuständigkeit

Wie aus § 2 Abs. 1 S. 1 BauGB, Art. 28 Abs. 2 S. 1 GG, Art. 78 Verf folgt (vgl. Rn. 27 f.), liegt die **Verbandskompetenz** für die Aufstellung von Bauleitplänen bei **40** der jeweiligen Gemeinde. Die **Organkompetenz,** also die Zuständigkeitsverteilung innerhalb der Gemeinde auf deren einzelne Organe, folgt aus der GO sowie evtl. ergänzend der Hauptsatzung. Danach sind dem Gemeinderat insbesondere vorbehalten abschließende Beschlüsse im Flächennutzungsplanverfahren sowie der Beschluss von Satzungen nach dem BauGB (vgl. § 41 Abs. 1 S. 2 lit. g GO).

I. Ü. sieht § 4b BauGB ausdrücklich vor, dass die Gemeinde die Vorbereitung und Durchführung bestimmter Verfahrensschritte einem privaten Dritten, typischerweise einem an der Beschleunigung des Verfahrens interessierten Bauträger (vgl. dazu krit. *Dürr/Schulte Beerbühl,* Baurecht NRW, Rn. 57), übertragen kann.

2. Verfahren der Planaufstellung, insbesondere der Aufstellung von Bebauungsplänen

41 Bebauungspläne kommen nach dem in **§§ 2 ff. BauGB** geregelten Verfahren zustande. Die Ausgestaltung dieses Verfahrens hat durch die 2004 im EAG Bau erfolgte Novellierung des BauGB beträchtliche Änderungen und Ergänzungen erfahren.

Anstelle des regulären Aufstellungsverfahrens kommt bei Bebauungsplänen, die eine die Grundzüge der Planung nicht berührende Bebauungsplanänderung oder eine nicht wesentlich bedeutsame bzw. nur Festsetzungen nach § 9 Abs. 2a, 2b BauGB (vgl. Rn. 71a) enthaltende Überplanung des bisher unbeplanten Innenbereichs (vgl. Rn. 148 ff.) vornehmen, das sog. vereinfachte Verfahren in Betracht (§ 13 BauGB). Seit dem 1.1.2007 erlaubt darüber hinaus § 13a BauGB für sog. Bebauungspläne der Innenentwicklung – unter näher konkretisierten materiellen und verfahrensmäßigen Vorgaben – die Aufstellung in einem beschleunigten Verfahren, auf das die Vorschriften des vereinfachten Verfahrens nach § 13 Abs. 2, 3 S. 1 BauGB entsprechende Anwendung finden. Nunmehr eröffnet § 13b BauGB das beschleunigte Verfahren tatbestandlich eingeschränkt und befristet auch für Außenbereichsflächen, auf denen Wohnnutzung zugelassen werden soll.

42 Das Verfahren beginnt mit einem ortsüblich bekanntzumachenden sog. **Aufstellungsbeschluss** (§ 2 Abs. 1 S. 2 BauGB). Er hat die Funktion, die förmliche Eröffnung des Planungsverfahrens zu dokumentieren.

43 Eine zentrale Neuerung des EAG Bau ist, dass anschließend mit Rücksicht auf die in §§ 1 Abs. 6 Nr. 7, 1a BauGB genannten Umweltbelange eine **Umweltprüfung** vorzunehmen ist, in der die voraussichtlichen erheblichen Umweltauswirkungen ermittelt und in einem Umweltbericht beschrieben und bewertet werden (§ 2 Abs. 4 S. 1 BauGB). Es handelt sich freilich nur um eine verfahrensrechtliche Neuerung, die an dem Gewicht der Umweltbelange in der nach wie vor vorzunehmenden Abwägungsentscheidung nichts ändert (*Battis/Krautzberger/Löhr,* NJW 2004, 2553, 2554) und deshalb den Gemeinderat auch nicht hindert, sich über die ermittelten und bewerteten Umweltbelange in einer – abwägungsfehlerfreien – Entscheidung hinwegzusetzen.

Die Umweltprüfung und die daran anknüpfenden Regelungen entfallen, wenn die Ergänzung oder Änderung bzw. Aufstellung eines Bebauungsplans im sog. vereinfachten Verfahren oder im beschleunigten Verfahren durchgeführt wird (§§ 13 Abs. 3, 13a Abs. 2 Nr. 1 BauGB).

44 Sobald ein diskussionsfähiges planerisches Konzept vorliegt, findet regelmäßig die sog. **frühzeitige Beteiligung der Öffentlichkeit,** zu der nunmehr ausdrücklich auch Kinder und Jugendliche gezählt werden, statt (§ 3 Abs. 1 BauGB). Sie soll die Gemeindeeinwohner über die Planungsabsichten informieren und ihnen – noch vor einer De-facto-Festlegung des Gemeinderats auf eine bestimmte Planung – Gelegenheit zur Äußerung und Erörterung geben; sie findet regelmäßig in Form einer Bürgeranhörung statt. Nach dem BauGB 2004 findet auch, u. U. zeitgleich (§ 4a Abs. 2 BauGB), eine ge-

sonderte **frühzeitige Behördenbeteiligung** statt (§ 4 Abs. 1 BauGB); sie soll die möglicherweise in ihrem Aufgabenbereich berührten Behörden und sonstigen Träger öffentlicher Belange informieren und ihnen Gelegenheit zur Äußerung geben, um v. a. den Umfang und Detaillierungsgrad der Umweltprüfung festlegen zu können.

Von der frühzeitigen Öffentlichkeits- und Behördenbeteiligung kann im vereinfachten und im beschleunigten Verfahren abgesehen werden (§§ 13 Abs. 2 Nr. 1, 13a Abs. 2 Nr. 1 BauGB).

Die Planentwurfsphase mündet in die Fertigung eines **Entwurfs des Bauleitplans** 45
durch die Gemeindeverwaltung selbst oder auch ein privates Planungsbüro. Diesem Entwurf ist bereits eine Begründung beizufügen, die die Grundlage für den vorgeschriebenen Erläuterungsbericht zum Flächennutzungsplan (§ 5 Abs. 5 BauGB) bzw. die Begründung zum Bebauungsplan (§ 9 Abs. 8 BauGB) darstellt. Ein gesonderter Teil dieser Planentwurfsbegründung ist der auf der Grundlage der Umweltprüfung nach § 2 Abs. 4 BauGB zu fertigende Umweltbericht (§ 2a S. 2 Nr. 2 BauGB).

Der Umweltbericht dient auch als Grundlage für das neu eingeführte „Monitoring"-Verfahren (§ 4c BauGB), wonach die Gemeinden die spätere Durchführung der Bauleitpläne im Hinblick auf erhebliche Umwelteinwirkungen zu überwachen haben.

Es folgt – nunmehr auf der Grundlage der ausgearbeiteten Planentwürfe mit Be- 46
gründung – die Phase der **förmlichen Behördenbeteiligung** (§ 4 Abs. 2 BauGB) und der **förmlichen Öffentlichkeitsbeteiligung** (§ 3 Abs. 2 BauGB), die wiederum parallel erfolgen können (§ 4a Abs. 2 BauGB). § 4a Abs. 3 bis 6 BauGB trifft hierfür detaillierte ergänzende Regelungen. Neu ist die Verpflichtung zur Internetveröffentlichung nach § 4a Abs. 4 S. 1 BauGB. Bei der förmlichen Behördenbeteiligung sind die Behörden und Träger öffentlicher Belange innerhalb einer Frist von regelmäßig einem Monat (§ 4 Abs. 2 S. 2 BauGB; vgl. auch § 4a Abs. 3 S. 3 BauGB) zu einer Stellungnahme mit Blick auf ihren Aufgabenbereich aufgefordert. Die förmliche Öffentlichkeitsbeteiligung, in deren Zentrum die öffentliche Auslegung des Planentwurfs steht, beginnt mit der mindestens eine Woche zuvor erfolgenden ortsüblichen Bekanntmachung von Ort und Dauer der Auslegung (§ 3 Abs. 2 S. 2 BauGB); diese Bekanntmachung muss die sog. Anstoßfunktion erbringen und deshalb insbesondere den Geltungsbereich des künftigen Plans hinreichend deutlich, zumindest durch eine schlagwortartige geographische Bezeichnung (BVerwG, NVwZ 2001, 203), erkennen lassen. Die Auslegung muss in ihren Modalitäten so erfolgen, dass alle abschreckenden Maßnahmen unterlassen werden; es reicht nicht die bloße Verwahrung und Herausgabe auf Verlangen, wohl aber die Auslegung zu Zeiten des normalen Publikumsverkehrs (BVerwG, NJW 1981, 594; VGH BW, VBlBW 1999, 178; VBlBW 2001, 58). Sie dauert regelmäßig einen Monat; da es sich um keine Ereignisfrist handelt, richtet sich die Berechnung nach §§ 187 Abs. 2, 188 Abs. 2 2. Alt BGB (GmS-OGB, BVerwGE 40, 363, 364 ff.; a. A. *Kopp/Ramsauer,* VwVfG, 19. Aufl. 2018, § 31 Rn. 16). Durch die Öffentlichkeitsbeteiligung erhält jedermann, ohne Rücksicht auf ein individuelles Interesse, Gelegenheit zur Stellungnahme. Fristgerechte Stellungnahmen sind gemäß § 3 Abs. 2 S. 4 BauGB vom Gemeinderat zu prüfen (BVerwG, NVwZ 2000, 676). Verfristete Stellungnahmen im Rahmen sowohl der Öffentlichkeits- wie der Behördenbeteiligung können beachtet werden, nach Maßgabe der – in ihrem Anwendungsbereich freilich nach wie vor sehr beschränkten – Präklusionsregelung des § 4a Abs. 6 BauGB u. U. aber auch unberücksichtigt bleiben.

Wird nach der förmlichen Behörden- und Öffentlichkeitsbeteiligung der Planentwurf geändert, erfolgt ein erneutes Auslegungs- und Beteiligungsverfahren, das aber gegenständlich und zeitlich beschränkt durchgeführt werden kann (§ 4a Abs. 3 BauGB).

Zu Verfahrensmöglichkeiten im vereinfachten sowie im beschleunigten Verfahren vgl. §§ 13 Abs. 2 Nr. 2 und 3, 13a Abs. 2 Nr. 1 BauGB.

47 Das gemeindliche Verfahren endet mit dem **Beschluss des Gemeinderats,** der beim Flächennutzungsplan ein einfacher Gemeinderatsbeschluss, beim Bebauungsplan ein Satzungsbeschluss ist (§ 10 Abs. 1 BauGB). Das Beschlussverfahren richtet sich, da das BauGB das Verfahren nur bzgl. baurechtlicher Aspekte regelt, nach der GO, insbesondere §§ 47 ff. GO (vgl. näher § 2 Rn. 221 ff.).

48 Der Flächennutzungsplan ist immer genehmigungsbedürftig (§ 6 Abs. 1 BauGB). Bei der **Genehmigung** wird eine bloße Rechtsaufsicht ausgeübt, die aber auch nach §§ 214, 215 BauGB unbeachtliche Fehler (s. dazu Rn. 96 ff.) rügen kann (vgl. §§ 6 Abs. 2, 216 BauGB). Bei Versäumnis der gesetzlichen Frist gilt die Genehmigung als erteilt (§ 6 Abs. 4 S. 4 BauGB). Ob auch diese fingierte – wie die erteilte – Genehmigung wieder aufgehoben werden kann, ist streitig, aber wohl zu bejahen, aus Gründen der Rechtssicherheit aber nur bis zur Bekanntmachung (BVerwG, NJW 1987, 1344). Der Bebauungsplan ist nur ausnahmsweise genehmigungspflichtig (§ 10 Abs. 2 BauGB). Den sog. entwickelten, auch den im Parallelverfahren entwickelten Bebauungsplan (vgl. Rn. 61 f.) hat der Gesetzgeber genehmigungsfrei gestellt, weil dieser Bebauungsplan aus dem – seinerseits genehmigten – Flächennutzungsplan entwickelt worden und insoweit also eine Rechtskontrolle schon erfolgt ist. Der vorzeitige oder selbständige Bebauungsplan (vgl. Rn. 62) hingegen bedarf der Genehmigung, um sicherzustellen, dass eine rechtsverbindliche Bauleitplanung nicht ohne jede staatliche Rechtskontrolle in Kraft treten kann. Auch die früher vorgesehene grundsätzliche Anzeigepflicht für Bebauungspläne ist entfallen; von der Ermächtigung des § 246 Abs. 1a S. 1 BauGB, die Anzeigepflicht beizubehalten, hat der Gesetzgeber in NRW keinen Gebrauch gemacht.

Die Genehmigung des Flächennutzungsplans bzw. ihre Verweigerung ist ein Verwaltungsakt, der die Gemeinde in ihrem Selbstverwaltungsrecht/ihrer Planungshoheit betrifft; die Gemeinde kann daher zulässigerweise Verpflichtungsklage auf Erteilung der Genehmigung erheben.

49 Ggf. im Anschluss an die aufsichtsbehördliche Kontrolle wird das Verfahren durch **Ausfertigung und ortsübliche Bekanntmachung** abgeschlossen. Die Ausfertigung (vgl. allgemein § 2 Rn. 234), die die Einhaltung der Verfahrensvorschriften und die Authentizität des Planes dokumentieren und sicherstellen soll, erweist sich in der Praxis gerade bei Bebauungsplänen als fehleranfällig, weil diese häufig aus mehreren – textlichen und zeichnerischen – Bestandteilen bestehen (vgl. Rn. 33). Es folgt zur Unterrichtung der Bevölkerung die Bekanntmachung in Gestalt einer sog. Ersatzverkündung, bei der nicht der – regelmäßig sehr umfangreiche, auch farbige zeichnerische Bestandteile aufweisende – Bauleitplan selbst, sondern die Erteilung der Genehmigung des Flächennutzungsplans (§ 6 Abs. 5 S. 1 BauGB) bzw. Bebauungsplans oder der Beschluss über den Bebauungsplan (§ 10 Abs. 3 S. 1 BauGB) von der Gemeinde ortsüblich bekannt zu machen sind; gemäß § 10 Abs. 3 S. 5 BauGB tritt diese Regelung für den Bebauungsplan an die Stelle von § 7 Abs. 4 S. 1 GO. Für die Durchführung der ortsüblichen Bekanntmachung gilt die allgemeine landesrechtliche Regelung (vgl. § 2 Rn. 304). Mit der Bekanntmachung treten der Flächennutzungsplan bzw. der Bebauungsplan in Kraft (§§ 6 Abs. 5 S. 2, 10 Abs. 3 S. 4 BauGB).

Anknüpfend an die obligatorische Internetveröffentlichungspflicht im Rahmen des Beteiligungsverfahrens (Rn. 46) sehen §§ 6a, 10a BauGB nunmehr vor, dass der Flächennutzungsplan bzw. der Bebauungsplan mit der Begründung und einer zusammenfassenden Erklärung ergänzend auch in das Internet eingestellt und über ein zentrales Internetportal des Landes zugänglich gemacht werden soll (zur Internetnutzung vgl. *Wahlhäuser,* NWVBl. 2017, 405).

3. Änderung, Aufhebung, Außerkrafttreten

a) Anwendung des Aufstellungsverfahrens

Nach § 1 Abs. 8 BauGB gelten die Vorschriften des BauGB über die Aufstellung von Bauleitplänen gleichermaßen auch für deren **Änderung, Ergänzung und Aufhebung.** Bei der Bebauungsplanänderung kommt dabei u. U. die Anwendung des vereinfachten Verfahrens (§ 13 BauGB) in Betracht. 50

b) Außerkrafttreten durch Gewohnheitsrecht

Außer im förmlichen Bebauungsplanverfahren soll ein Bebauungsplan auch durch **Gewohnheitsrecht** geändert oder aufgehoben (BVerwGE 26, 282) sowie durch sog. **Funktionslosigkeit** unwirksam werden können. Danach soll eine Festsetzung bzw. ein Bebauungsplan insgesamt obsolet, d. h. unwirksam werden, wenn die fraglichen Festsetzungen wegen einer völlig andersartigen Entwicklung gegenstandslos geworden sind und ihre Verwirklichung in evidenter Weise auf unabsehbare Zeit ausgeschlossen ist, so dass das Vertrauen auf ihren Fortbestand nicht mehr schutzwürdig ist (BVerwGE 54, 5; 108, 71; OVG NRW, DVBl. 2015, 849, 851). Mit dieser Annahme erscheint jedoch große Zurückhaltung geboten. 51

Beispiele: Auch Festsetzungen eines Bebauungsplans aus den 1920er Jahren über vordere sowie hintere Baulinien, denen nur zu einem Teil entsprochen wurde, bleiben dennoch wirksam, solange eine Gesamtbetrachtung ergibt, dass die jeweilige Festsetzung die Fähigkeit nicht verloren hat, die städtebauliche Entwicklung noch in einer bestimmten Richtung zu steuern (BVerwG, BauR 2004, 1128, 1128 f.). Ein Bebauungsplan, der großflächig Verkehrsflächen für eine Stadtautobahn festsetzt, kann funktionslos und obsolet werden, wenn die Verwirklichung dieses Vorhabens innerhalb eines Zeitraums von 10 Jahren ausgeschlossen erscheint (OVG NRW, BauR 2010, 1543, 1544).

4. Anhang

Literatur: *Kaltenborn,* Die Änderung von Bebauungsplanentwürfen nach der öffentlichen Auslegung, BauR 1999, 342; *Ley,* Die Berechnung der Fristen bei der öffentlichen Auslegung nach § 3 Abs. 2 Satz 1 und 2 BauGB, BauR 2000, 653; *Rabe,* Fehler in der Bauleitplanung, ZfBR 2001, 229; *Bier,* Gültigkeit von Bebauungsplänen im Hinblick auf die Frage eines „Außer-Kraft-Tretens wegen Funktionslosigkeit", UPR 2004, 335; *Krautzberger,* Die Umweltprüfung im Bauleitplanverfahren nach dem EAG Bau 2004, UPR 2004, 401; *Erbguth,* Die Rechtmäßigkeit von Bauleitplänen: Neuregelungen durch das EAG Bau, JURA 2006, 9; *Schmidt-Eichstädt,* Erste Fragen und Antworten zur praktischen Anwendung des beschleunigten Verfahrens nach § 13a BauGB 2006/07, BauR 2007, 1148; *Dusch,* Bekanntmachung der Auslegung von Bebauungsplanentwürfen, NVwZ 2012, 1580. 52

Klausurfall: *Pernice-Warnke,* Zubrot, JuS 2016, 50.

Kontrollfragen:

1. Aus welchen Verfahrensschritten besteht das Planaufstellungsverfahren?
2. Was sind die (wesentlichen) Besonderheiten des sog. vereinfachten Verfahrens?
3. Welcher Bauleitplan bedarf keiner Genehmigung und was ist der Grund hierfür?

III. Materiellrechtliche Anforderungen an Bauleitpläne, insbesondere Bebauungspläne

1. Erforderlichkeit

Die elementarste Anforderung an die Bauleitplanung – wie an jede staatliche Planung – formuliert § 1 Abs. 3 S. 1 BauGB mit dem **Erforderlichkeitsgrundsatz.** 53

54 Objektivrechtlich folgt daraus einerseits das **Verbot der Aufstellung städtebaulich nicht erforderlicher Bauleitpläne** (BVerwG, DVBl. 1996, 264, 265; BVerwGE 116, 144, 146f.). Unzulässig ist also etwa ein Bebauungsplan, dessen Verwirklichung im Zeitpunkt des Inkrafttretens dauerhafte Hindernisse tatsächlicher oder rechtlicher Art entgegenstehen (OVG Rh.-Pf., NVwZ-RR 2008, 514, 515), oder auch eine ausschließlich privaten Interessen dienende reine „Gefälligkeitsplanung" (OVG Rh.-Pf., NVwZ 1986, 937). Allerdings reicht Angemessenheit der Bauleitplanung nach der planerischen Konzeption der Gemeinde und ist Unabdingbarkeit nicht gefordert. Auch geht es nur um die generelle Erforderlichkeit der Planung, nicht um Einzelheiten der konkreten planerischen Lösung, für die erst das Abwägungsgebot (vgl. Rn. 76ff.) maßgeblich ist (vgl. BVerwG, NWVBl. 2013, 405; OVG NRW, NWVBl. 2014, 383, 384). Andererseits ergibt sich aus § 1 Abs. 3 S. 1 BauGB, dass die Gemeinde kein freies Ermessen hat, sondern einer **Pflicht zur Aufstellung städtebaulich erforderlicher Bebauungspläne** unterliegt. Auch wenn die Erforderlichkeit als gerichtlich voll nachprüfbarer unbestimmter Rechtsbegriff gilt, folgt daraus eine echte, aufsichtsbehördlich oder gerichtlich durchsetzbare Rechtspflicht zu bestimmter Planung allerdings nur in sehr engen Grenzen. Mit Rücksicht auf die Planungshoheit der Gemeinde (Art. 28 Abs. 2 S. 1 GG) ist die Erforderlichkeit nicht nach objektiven Gegebenheiten zu beurteilen, sondern nach Maßgabe der städtebaulichen Konzeption der Gemeinde, sofern sie eine solche aufweist (BVerwGE 40, 258, 263).

Beispiele: Eine Bauleitplanung, die nur darauf abzielt, einer Entschädigungsforderung zu entgehen, ist nicht erforderlich (VGH BW, NVwZ-RR 2002, 630, 631). Die Kommunalaufsicht kann eine Gemeinde unter Berufung auf § 1 Abs. 3 S. 1 BauGB zur Aufstellung eines Bebauungsplans für einen – in einem unbeplanten Bereich entstandenen – Gewerbepark verpflichten, wenn ein qualifizierter städtebaulicher Handlungsbedarf besteht, der wegen der berührten nachbargemeindlichen Belange auch aus dem sog. interkommunalen Abstimmungsgebot (vgl. Rn. 64) folgen kann (BVerwGE 119, 25). Auch die ersatzlose Aufhebung eines Bebauungsplans unterliegt dem Erforderlichkeitsgrundsatz (BVerwG, BauR 2015, 65, 67f.).

55 In keinem Falle begründet die Erforderlichkeit einer städtebaulichen Planung ein **subjektiv-öffentliches Recht eines Einzelnen** auf deren Vornahme. Ein solches Recht wird nicht durch Gesetz begründet und kann auch nicht durch Vertrag, auch nicht durch Vertrag mit anderen Gebietskörperschaften (BVerwG, NVwZ 2006, 458, 459), begründet werden (§ 1 Abs. 3 S. 2 BauGB).

I. Ü. gibt es nach dem BauGB auch keinen Plangewährleistungsanspruch, d. h. keinen Anspruch auf Aufrechterhaltung eines einmal in Kraft gesetzten Bebauungsplans. Eine Veränderung der bauplanungsrechtlichen Situation kann allerdings Entschädigungsansprüche nach §§ 39ff. BauGB begründen, wenn die bauliche Nutzung eines Grundstücks eingeschränkt oder aufgehoben wird (vgl. dazu ausführlich *Schieferdecker,* in: Hoppe/Bönker/Grotefels, Öffentliches Baurecht, § 9).

2. Planungsleitsätze

56 Wie auch sonst bei staatlichen Planungen ist im nächsten Schritt zu fragen, ob die – nicht bloß im Rahmen der planerischen Abwägung (vgl. Rn. 76ff.) zu berücksichtigenden und u. U. auch zu überwindenden, sondern – **strikt zu beachtenden Planungsleitsätze** (vgl. BVerwGE 71, 163, 164f.) gewahrt sind. Die bauplanungsrechtlich einschlägigen Planungsleitsätze sind nicht ausdrücklich normiert, werden aber insbe-

sondere aus dem Grundsatz der Planmäßigkeit abgeleitet und gelten als in § 1 BauGB rechtlich abgesichert.

a) Gebot äußerer Planeinheit

Das Gebot äußerer Planeinheit schreibt vor, dass für ein bestimmtes Gebiet auf einer 57
Planungsstufe **nur ein Plan** bestehen darf (BVerwGE 50, 114, 117ff.). Das setzt rechtliche Einheit voraus, hindert aber nicht den Erlass von Änderungsplänen zu bestehenden Bebauungsplänen.

b) Gebot konkreter Planung

Auch wenn der Bebauungsplan kein Verwaltungsakt, sondern Satzung ist, enthält er 58
doch keine abstrakt-generellen Regelungen, sondern konkrete Einzelanweisungen für bestimmte Grundstücke; der Plan trifft seine Regelung konkret-individuell und damit sozusagen im Angesicht der konkreten Sachlage (BVerwGE 50, 114, 119f.). Damit hängt sachlich zusammen das **Gebot hinreichender Bestimmtheit,** so dass Betroffene Beschränkungen bzw. Belastungen ihres Grundstücks kennen können.

Diese – ihn von anderen Satzungen unterscheidende – Eigenart des Bebauungsplans schlägt sich insbesondere auch nieder in seiner abweichenden Behandlung im Rahmen von Amtshaftungsansprüchen. Anders als bei sonstigen Rechtsnormen soll der Satzungsgeber bzgl. Bebauungsplanfestsetzungen nicht nur Amtspflichten gegenüber der Allgemeinheit, sondern auch drittbezogene Amtspflichten haben, soweit bei der planerischen Abwägung in qualifizierter und zugleich individualisierter Weise auf schutzwürdige Interessen der Betroffenen als Mitglieder eines abgrenzbaren Kreises Dritter Rücksicht zu nehmen ist. Die Ausweisung von Wohnbaugebieten auf Flächen, die wegen der Gefährdung von Leben und Gesundheit unbewohnbar sind, soll deshalb gegenüber dem Grundeigentümer (und seinen Rechtsnachfolgern sowie Nutzungsberechtigten) bestehende Amtspflichten verletzen und Amtshaftungsansprüche auslösen können (vgl. zur Überplanung von sog. Altlasten grundlegend BGHZ 106, 323; dazu *Ossenbühl/Cornils,* Staatshaftungsrecht, 6. Aufl. 2013, S. 68ff.).

c) Gebot positiver Planung

Wegen Verstoßes gegen das Gebot positiver Planung unzulässig ist eine reine **Nega-** 59
tivplanung oder Verhinderungsplanung, deren Zielsetzung allein die Verhinderung eines bestimmten Vorhabens ist, der aber keine – bzw. nur eine vorgeschobene – positive Planungsvorstellung zugrunde liegt. Nicht untersagt sind hingegen einzelne von einer positiven Planungsabsicht getragene negative Festsetzungen.

Beispiel: Der Gemeinderat will ein auf einem bislang unbeplanten und ungenutzten Freigelände projektiertes Eros-Center verhindern und stellt deshalb eilig einen Bebauungsplan auf, der ohne zureichende planerische Konzeption, „ins Blaue hinein", dort etwa ein Sondergebiet für Erholungszwecke (§ 10 BauNVO) ausweist; es handelt sich um eine unzulässige Negativplanung. Gegenbeispiel: Ein Bebauungsplan weist für ein bestimmtes Gemeindegebiet ein Gewerbegebiet aus, weil – laut Begründung – v. a. Handwerks- und kleinere Gewerbebetrieb dorthin an- bzw. umgesiedelt werden sollen. Als dort ein großes Drive-In-Lokal errichtet werden soll, das als Gewerbebetrieb zulässig wäre (vgl. § 8 Abs. 2 Nr. 1 BauNVO), schließt die Gemeinde durch Bebauungsplanänderung die Zulässigkeit von Gaststätten gemäß § 1 Abs. 9 BauNVO aus. Das verstößt jedenfalls nicht gegen das Gebot positiver Planung und kann durch hinreichende städtebauliche Gründe gerechtfertigt sein.

3. Entwicklungsgebot

Eine **Folgerung aus der Zweistufigkeit der Bauleitplanung** (vgl. Rn. 29ff.) ist 60
das sog. Entwicklungsgebot. Es begründet im Verhältnis von Flächennutzungsplan und Bebauungsplan eine besondere gesetzliche Bindung der Bebauungsplanung.

61 Nach § 8 Abs. 2 S. 1 BauGB sind Bebauungspläne grundsätzlich aus dem Flächennutzungsplan der Gemeinde zu entwickeln (Regelfall des sog. **entwickelten Bebauungsplans**). „Entwickeln" heißt dabei, dass Grundentscheidungen des Flächennutzungsplans zu beachten sind, die in ihm angelegte Planungskonzeption jedoch fortgeschrieben werden darf und auch etwa unbedeutende Grenzverschiebungen zulässig sind.

Beispiel: Der Flächennutzungsplan sieht Grünland vor; in der Folge ist ein Bebauungsplan unzulässig, der ein Wohn- oder Gewerbegebiet ausweist (BVerwGE 48, 70, 75 f.).

62 Noch keine substantielle **Ausnahme von dem Entwicklungsgebot** stellt die in § 8 Abs. 3 S. 1 BauGB ausdrücklich eröffnete Möglichkeit des sog. Parallelverfahrens dar; für dieses ist die zeitliche und inhaltliche Übereinstimmung der Verfahren zur Aufstellung (bzw. Änderung) von Flächennutzungsplan und Bebauungsplan kennzeichnend (BVerwG, NVwZ 1985, 485). Eine erste echte Ausnahme vom Entwicklungsgebot ist jedoch der sog. selbständige Bebauungsplan gemäß § 8 Abs. 2 S. 2 BauGB; er ist nur in Ausnahmefällen zulässig, etwa bei Gebieten mit abgeschlossener oder geringer Siedlungstätigkeit oder wenn nur wenige Bebauungspläne im Gemeindegebiet erforderlich sind. Die zweite Ausnahme bildet der sog. vorzeitige Bebauungsplan (§ 8 Abs. 4 S. 1 BauGB); er ist nur zulässig, sofern dringende Gründe bestehen, etwa um erhebliche Nachteile für die Entwicklung der Gemeinde zu verhindern oder um die Verwirklichung eines im dringenden öffentlichen Interesse liegenden Vorhabens zu ermöglichen (OVG NRW, BRS 25 Nr. 6).

Eine besondere Abweichungsmöglichkeit für im beschleunigten Verfahren aufgestellte Bebauungspläne der Innenentwicklung sieht § 13a Abs. 2 Nr. 2 BauGB vor.

4. Bindung an andere Planungen

63 Soll das Ziel staatlicher Raumplanung (vgl. Rn. 24 ff.), eine insgesamt geordnete, den verschiedenen öffentlichen und privaten Interessen Rechnung tragende Nutzung von Grund und Boden sicherzustellen, erreicht werden, bedarf die Bauleitplanung der einzelnen Gemeinde sowohl horizontal, im Verhältnis zur nachbargemeindlichen Bauleitplanung, wie auch vertikal, im Verhältnis zur überörtlichen Planung in Gestalt von Raumordnung und Landesplanung sowie Fachplanung, der **inhaltlichen Abstimmung.** Hierfür gibt es teils klare und strikt bindende, der späteren Abwägung vorgehende gesetzliche Vorgaben, teils aber auch komplexere – und mitunter auch unzureichende – gesetzliche Regelungen, die eine Abstimmung durch verfahrensmäßige Verknüpfungen und durch weniger strikte inhaltliche Bindungen anstreben.

a) Horizontale Abstimmung mit nachbargemeindlicher Bauleitplanung

64 Nachdem eine formelle Abstimmungspflicht im Verhältnis benachbarter Gemeinden zueinander bereits durch § 4 Abs. 1, 2 BauGB (vgl. Rn. 44, 46) begründet wird, statuiert § 2 Abs. 2 BauGB im Unterschied hierzu eine materielle Pflicht zur Abstimmung nachbargemeindlicher Bauleitpläne, das sog. **Gebot interkommunaler Rücksichtnahme** (BVerwGE 40, 323, 328 ff.; 84, 209, 215 ff.). Nachbargemeinden sind dabei nicht nur unmittelbar aneinandergrenzende, sondern alle von den Planungsauswirkungen betroffene Gemeinden. Es handelt sich um eine Bindung, die der Abwägung nach § 1 Abs. 7 BauGB vorausliegt, in der Sache aber entsprechend eine planerische Rücksichtnahme auf die berechtigten Interessen der Nachbargemeinde fordert. Die Abstim-

mung ist geboten, wenn nachbargemeindliche Belange in mehr als geringfügiger Weise nachteilig betroffen werden (BVerwG, NVwZ 2004, 220, 223; OVG Lüneburg, NVwZ-RR 2017, 276, 277). Der durch das EAG Bau 2004 eingefügte § 2 Abs. 2 S. 2 BauGB gibt der Nachbargemeinde nun auch das Recht zur Berufung auf die ihr durch Ziele der Raumordnung zugewiesenen Funktionen, womit diese raumordnerische Zuweisung subjektivrechtlich bewehrt wird, sowie das Recht zur Geltendmachung von Auswirkungen auf ihre zentralen Versorgungsbereiche (krit. dazu *Hoppe,* NVwZ 2004, 282).

Beispiel: Ein Änderungsbebauungsplan, der die Erweiterung des Einkaufszentrums CentrO in Oberhausen um 30.000 qm Geschossfläche ermöglicht, ist am Gebot interkommunaler Rücksichtnahme zu messen. Dieses schützt allerdings nicht den in den Nachbargemeinden vorhandenen Einzelhandel vor Konkurrenz, so dass rein wettbewerbliche oder wirtschaftliche Auswirkungen einen Verstoß nicht begründen; vielmehr liegt ein Verstoß erst bei einem Umschlag von rein wirtschaftlichen in städtebauliche Auswirkungen vor, weil § 2 Abs. 2 BauGB die Nachbargemeinde als Trägerin eigener Planungshoheit vor Auswirkungen auf die städtebauliche Ordnung und Entwicklung, etwa vor Schädigung der verbrauchernahen Versorgung oder der Zentrenstruktur schützt. Solche städtebaulichen Auswirkungen sind jedenfalls nicht anzunehmen, wenn nach einem methodisch einwandfreien Einzelhandelsgutachten Kaufkraftabflüsse von unter 5 % in den Nachbargemeinden zu erwarten sind (vgl. OVG NRW, NVwZ 2005, 1201, 1203 ff.).

b) Vertikale Abstimmung mit überörtlichen Planungsträgern

aa) Raumordnung und Landesplanung

Eine Bindung der planenden Gemeinde an die überörtliche räumliche Gesamtpla- 65
nung, also die Raumordnung und Landesplanung, besteht zunächst, soweit diese **Ziele der Raumordnung** vorgibt. Solche Ziele der Raumordnung sind verbindliche räumlich-sachliche Festlegungen, die in Raumordnungsplänen abschließend vorgenommen werden (vgl. die Definition in § 3 Nr. 2 ROG); namentlich der Landesentwicklungsplan und die Gebietsentwicklungspläne legen solche Ziele der Raumordnung für die Gesamtentwicklung des Landes bzw. auf regionaler Ebene fest. Sind Ziele der Raumordnung hinreichend konkret gefasst (BVerwGE 6, 342, 346), ist die gemeindliche Bauleitplanung schon nach § 4 Abs. 1 ROG, weiter auch nach § 1 Abs. 4 BauGB strikt, im Rahmen der Abwägung nicht überwindbar (BVerwGE 90, 329, 332 ff.), daran gebunden. Die Anpassungspflicht des § 1 Abs. 4 BauGB verlangt von der Gemeinde darüber hinaus auch eine Anpassung ihrer Bauleitpläne an nachfolgend aufgestellte Ziele der Raumordnung (vgl. BVerwG, NVwZ 2020, 326). § 35 Abs. 1, 2 LPlG ermächtigt die Landesregierung ausdrücklich, eine Anpassung, u. U. auch erstmalige Aufstellung von Bauleitplänen zu verlangen.

Beispiel: Wenn der Landesentwicklungsplan einen bestimmten Kraftwerksstandort als Ziel der Raumordnung festlegt und ein Bebauungsplan ein großes Kohlekraftwerk ca. 5 km südlich davon in der Nähe von Wohnbebauung festsetzt, ist der Bebauungsplan nicht i. S. v. § 1 Abs. 4 BauGB angepasst (OVG NRW, BauR 2010, 572).

Von solchen Zielen sind die **Grundsätze der Raumordnung** zu unterscheiden. 66
Dies sind räumlich-strukturelle Planungsdirektiven (vgl. § 3 Nr. 3, 2 Abs. 2 ROG), die in der späteren Abwägung zu berücksichtigen sind.

bb) Verhältnis zur Fachplanung

67 Besonders komplex – und unbefriedigend – ist die Regelung der inhaltlichen Koordination der Bauleitplanung mit den verschiedenen **raumbedeutsamen Fachplanungen,** also z.B. Planfeststellungen für Bundesfernstraßen oder wasser- oder naturschutzrechtlichen Schutzgebietsausweisungen. Insoweit gibt es keine einzelne, eindeutige Vorrang- oder Bindungsregelung, sondern eher ein Normengeflecht zur Vermeidung möglicher Kollisionen, das hier nur kursorisch dargestellt werden kann.

68 Hierdurch wird eine gewisse, freilich **begrenzte Bindung des Fachplanungsträgers an die gemeindliche Bauleitplanung** bewirkt. Dies geschieht primär über § 7 BauGB (s. auch § 38 S. 2, 3 BauGB), der ihn an die Darstellungen des Flächennutzungsplans bindet, wenn er im Aufstellungsverfahren beteiligt worden ist und soweit von ihm kein – bei Veränderung der Sachlage u.U. auch nachträglicher (vgl. BVerwG, NVwZ 2001, 1035, 1038) – Widerspruch erfolgt ist. Zweck der Regelung ist es, die von verschiedenen Seiten beabsichtigten Bodennutzungen zu harmonisieren, wobei in der Sache bereits der Fachplanung ein allenfalls mäßig modifizierter Vorrang eingeräumt wird (vgl. *Mitschang,* in: Battis/Krautzberger/Löhr, BauGB, § 7 Rn. 2). An einer weiteren speziellen Regelung, die eine Bindung an bestehende gemeindliche Bebauungspläne vorsähe, fehlt es; insoweit gilt (nur), dass Fachplanungsträger im Rahmen ihrer fachplanerischen Abwägung auch auf die berührten gemeindlichen Belange, daher auch auf bestehende gemeindliche Bebauungspläne Rücksicht zu nehmen haben (vgl. BVerwGE 70, 242, 244; DVBl. 1995, 238, 242).

69 Der tendenzielle **Vorrang von Fachplanungen** wird weiter verstärkt durch § 38 BauGB, der hinsichtlich der Beurteilung von Einzelvorhaben bestimmten, sog. privilegierten Fachplanungen Vorrang vor der Bauleitplanung einräumt, indem er diese Vorhaben von der Anwendbarkeit der §§ 29 bis 37 BauGB ausnimmt (vgl. näher Rn. 124f.). Es handelt sich primär um eine Regelung zur Zulässigkeit von Einzelvorhaben; insoweit wird eine eventuell bestehende, in der Sache entgegenstehende Bauleitplanung der Gemeinde bedeutungslos gestellt und die Berücksichtigung städtebaulicher Belange ganz in die fachplanerische Entscheidung verlagert (§ 38 S. 1 Hs. 2 BauGB). § 38 BauGB hat aber auch Rückwirkungen auf die gemeindliche Bauleitplanung selbst, weil diese auf gegebene Planfeststellungsbeschlüsse Rücksicht nehmen muss. Die Rspr. geht mit Blick auf die Konkurrenz von gemeindlichen und fachplanerischen Planvorstellungen davon aus, dass grundsätzlich diejenige Planung, die – hinreichend konkret und verfestigt – zeitlichen Vorsprung hat, Vorrang genießt; der sog. Prioritätsgrundsatz gilt als wichtiges Abwägungskriterium bei der Entscheidung zwischen zwei konkurrierenden Planungen (vgl. BVerwGE 100, 388, 394). Ein vorliegender Planfeststellungsbeschluss lässt danach regelmäßig nur noch eine inhaltlich damit vereinbare gemeindliche Bauleitplanung für dieselbe Fläche zu (BVerwG, NVwZ 1989, 655, 656). Eine weitergehende, sachlich neue gemeindliche Überplanung einer solchen Fläche kommt allenfalls wieder in Betracht, wenn die fachplanerische Nutzung dauerhaft aufgegeben wurde und die Fläche aus der besonderen Zweckbindung zu entlassen ist (OVG NRW, NVwZ-RR 2003, 633, 634).

Beispiel: Ein Bebauungsplan, der neben einer autobahnähnlichen Schnellstraße – teilweise abweichend von dem für diese aufgestellten Planfeststellungsbeschluss – Busbereitstellungsplätze und öffentliche Parkflächen ausweist, entbehrt auf Dauer oder jedenfalls auf unabsehbare Zeit der Vollzugsfähigkeit und ist deshalb unwirksam (OVG NRW, NVwZ-RR 2003, 633, 633ff.).

5. Numerus clausus der möglichen bauplanungsrechtlichen Festsetzungen

Die planerische Gestaltungsfreiheit der bauleitplanenden Gemeinde wird schließlich **70**
auch noch dadurch gesetzlich eingeschränkt, dass sie kein Festsetzungserfindungsrecht hat, sondern an den **Katalog der möglichen (nicht etwa: notwendigen!) städtebaulichen Festsetzungen** in einem Bebauungsplan gemäß § 9 Abs. 1 bis 3 BauGB gebunden ist.

Die im Flächennutzungsplan zulässigen Darstellungen sind in § 5 BauGB geregelt. Die BauGB-Novelle 2013 hat § 5 Abs. 2 Nr. 2 lit. d BauGB eingefügt, wonach nunmehr auch die Ausstattung des Gemeindegebiets mit zentralen Versorgungsbereichen dargestellt werden kann; die bislang in informellen Konzepten erfolgende Einzelhandels- und Zentrenplanung der Gemeinden erhält damit ein rechtlich stärker steuerndes Instrument. Rechtlich von besonderer Qualität sind Darstellungen im Flächennutzungsplan nach §§ 5 Abs. 2b, 35 Abs. 3 S. 3 BauGB (vgl. Rn. 30, 109).

Danach kann die Gemeinde die **Art der zulässigen baulichen Nutzung** im Be- **71**
bauungsplangebiet festsetzen, indem sie eines der in der BauNVO definierten Baugebiete ausweist (§ 9 Abs. 1 Nr. 1 BauGB i. V. m. §§ 1 ff. BauNVO). Die möglichen Baugebiete, z. B. reines oder allgemeines Wohngebiet, Misch-, Gewerbe- oder Industriegebiet, sind in § 1 Abs. 2 BauNVO aufgezählt und in §§ 2–11 BauNVO jeweils näher hinsichtlich der dort zulässigen bzw. ausnahmsweise zulässigen baulichen und sonstigen Anlagen umschrieben; zuletzt ist 2017 das sog. urbane Gebiet (§ 6a BauNVO) neu eingefügt worden, das ein räumliches Nebeneinander von Wohnen und gewerblichen, sozialen, kulturellen und weiteren Nutzungen ermöglichen soll (vgl. *Schink,* NVwZ 2017, 1641). Indem der Bebauungsplan für seinen räumlichen Geltungsbereich oder einen Teil davon ein solches Baugebiet ausweist, werden die entsprechenden Regelungen der BauNVO in der aktuell geltenden Fassung (vgl. Rn. 35) Bestandteil dieses Bebauungsplans (§ 1 Abs. 3 S. 2 BauNVO). Darüber hinaus eröffnet § 1 Abs. 4 bis 10 BauNVO der Gemeinde noch weitergehende, ausdifferenzierte Festsetzungsmöglichkeiten, die allerdings den Gebietscharakter wahren müssen (BVerwG, NVwZ 1999, 1338, 1338; NVwZ 2017, 1761, 1762). Danach kann der Bebauungsplan z. B.

- bestimmte im jeweiligen Baugebiet nach §§ 2 ff. BauNVO zulässige Nutzungen ausschließen oder nur ausnahmsweise zulassen (§ 1 Abs. 5 BauNVO),
- noch differenzierter, aus besonderen städtebaulichen Gründen, einzelne Unterarten der dort genannten Nutzungen abweichend für allgemein zulässig, unzulässig oder ausnahmsweise zulässig erklären (§ 1 Abs. 9 BauNVO),
- eine sog. vertikale Gliederung vornehmen, d. h. die Zulässigkeit von Nutzungen differenziert nach Geschossen, Ebenen oder sonstigen Teilen baulicher Anlagen regeln, soweit aus besonderen städtebaulichen Gründen gerechtfertigt (§§ 9 Abs. 3 BauGB, 1 Abs. 7 BauNVO),
- einen erweiterten Bestandsschutz für vorhandene bauliche oder sonstige Nutzungen festsetzen, die ansonsten auf Grund der Festsetzung eines Baugebiets unzulässig würden (§ 1 Abs. 10 BauNVO).

Für besondere Wohngebiete, urbane Gebiete und Kerngebiete eröffnen §§ 4a Abs. 4, 6a Abs. 4, 7 Abs. 4 BauNVO spezielle Differenzierungsmöglichkeiten. Besonders offen für die Konkretisierung im Bebauungsplan ist schließlich das sonstige Sondergebiet nach § 11 BauNVO; hervorgehobene Bedeutung haben hier Sondergebiete für Einkaufszentren und großflächige (Einzel-)Handelsbetriebe, für die § 11 Abs. 3 BauNVO besondere Regelungen trifft. Weitere Möglichkeiten der Feinsteuerung bestehen bzgl. der Stellplätze und Garagen (§ 12 Abs. 4 bis 6 BauNVO) und der Nebenanlagen (§ 14 Abs. 1 S. 3 BauNVO).

Beispiel: Ein Bebauungsplan setzt ein Kerngebiet fest und schließt zugleich gemäß § 1 Abs. 5 BauNVO Vergnügungsstätten i. S. v. § 7 Abs. 2 Nr. 2 BauNVO oder auch gemäß § 1 Abs. 9 BauNVO nur Spielhallen als eine Unterart von Vergnügungsstätten i. S. v. § 7 Abs. 2 Nr. 2 BauNVO aus (BVerwGE 77, 308, 315; OVG NRW, BauR 1997, 436, 437) oder ordnet an, dass im Erdgeschoss nur Ladengeschäfte, im zweiten Geschoss nur sonstige Gewerberäume zulässig sind (§ 1 Abs. 7 BauNVO).

71a Spezielle Festsetzungsmöglichkeiten hinsichtlich der **Art baulicher Nutzung in im Zusammenhang bebauten Ortsteilen** i. S. v. § 34 BauGB (vgl. Rn. 149 ff.) eröffnen § 9 Abs. 2a, 2b, 2c BauGB. Auf Grund des zum 1.1.2007 eingefügten § 9 IIa BauGB kann zur Erhaltung oder Entwicklung zentraler Versorgungsbereiche in einem Bebauungsplan – auch räumlich differenziert – festgesetzt werden, dass nur bestimmte Arten der nach § 34 Abs. 1, 2 BauGB zulässigen baulichen Nutzungen (vgl. dazu Rn. 155 ff.) zulässig oder nicht zulässig sind bzw. nur ausnahmsweise zugelassen werden können. Dies erlaubt eine auf den Ausweis von Baugebieten nach § 9 Abs. 1 Nr. 1 BauGB i. V. m. §§ 1 ff. BauNVO verzichtende, differenzierte Festsetzung der Zulässigkeit von Nutzungen, insbesondere von Einzelhandelsbetrieben. Einem anderen besonderen Steuerungsbedürfnis dient der 2013 hinzugekommene § 9 Abs. 2b BauGB, der besondere Festsetzungen zur Zulässigkeit von Vergnügungsstätten erlaubt. Der 2017 eingefügte § 9 Abs. 2c BauGB erlaubt Festsetzungen zum Störfallschutz.

72 Auf welche Weise der Bebauungsplan das **Maß der baulichen Nutzung** festsetzen kann, regelt § 9 Abs. 1 Nr. 1 BauGB i. V. m. §§ 16 ff. BauNVO. § 16 Abs. 2 BauNVO gibt eine Übersicht über die in §§ 18 ff. BauNVO näher geregelten Festsetzungsmöglichkeiten: Grundflächenzahl (§ 19 Abs. 1 BauNVO) oder Größe der Grundfläche (§ 19 Abs. 2 BauNVO), Geschossflächenzahl (§ 20 Abs. 2 BauNVO) oder Größe der Geschossfläche (§ 20 Abs. 3, 4 BauNVO), Baumassenzahl oder Baumasse (§ 21 BauNVO), Zahl der Vollgeschosse (§ 20 Abs. 1 BauNVO i. V. m. § 2 Abs. 5 BauO) und Höhe der baulichen Anlagen (§ 18 BauNVO). § 17 BauNVO enthält bestimmte, auf das jeweilige Baugebiet bezogene Obergrenzen.

73 Die **überbaubaren Grundstücksflächen** können durch Baulinien, Baugrenzen oder Bebauungstiefen festgesetzt werden (§§ 9 Abs. 1 Nr. 2 BauGB, 23 BauNVO). Baulinien sind Linien, auf die gebaut werden muss (§ 23 Abs. 2 S. 1 BauNVO) und die daher verbindliche „Baufenster" festlegen können. Baugrenzen dürfen grundsätzlich nicht überschritten werden (§ 23 Abs. 3 BauNVO).

Dabei besteht die Möglichkeit, die Tiefe der Abstandsflächen abweichend von den bauordnungsrechtlichen Vorgaben (vgl. Rn. 249 ff.) zu bestimmen (§ 9 Abs. 1 Nr. 2a BauGB).

74 Als **Bauweise** können nach §§ 9 Abs. 1 Nr. 2 BauGB, 22 BauNVO insbesondere die offene Bauweise, die Einzelhäuser, Doppelhäuser oder Hausgruppen zulässt, oder die geschlossene, einen seitlichen Grenzabstand grundsätzlich ausschließende Bauweise vorgegeben werden.

75 Die Vielzahl weiterer möglicher Festsetzungen dient u. a. der Ausweisung von Flächen für **Infrastruktur- und sonstige öffentliche Einrichtungen.** So können nach § 9 Abs. 1 Nr. 11 BauGB Verkehrsflächen festgesetzt werden, was auch die Möglichkeit einer isolierten Straßenplanung durch Bebauungsplan eröffnet (vgl. §§ 17b Abs. 2 FStrG, 38 Abs. 4 StrWG). § 9 Abs. 1 Nr. 15 BauGB erlaubt die Ausweisung von Grünflächen, § 9 Abs. 1 Nr. 22 BauGB die von Gemeinschaftseinrichtungen (Kinderspielplätze etc.) und § 9 Abs. 1 Nr. 24 BauGB auf verschiedene Weise die von baulichen oder technischen Vorkehrungen zum Schutz vor schädlichen Umwelteinwirkungen, z. B. von Lärmschutzwällen.

6. Abwägungsgebot (§ 1 Abs. 7 BauGB)

Die in der Bauleitplanung vorzunehmende gemeindliche Gesamtplanung zur Verwirklichung städtebaulicher Vorstellungen unterliegt – wie gesehen – nur begrenzt strikt zu beachtenden Vorgaben und Beschränkungen (insbesondere: Erforderlichkeitsgrundsatz, Planungsleitsätze, Bindung an Ziele der Raumordnung, kein Festsetzungserfindungsrecht, Selbstbindung durch Flächennutzungsplan). Danach verbleibt für die einzelne Gemeinde – wie das für staatliche (raumbedeutsame) Planung allgemein kennzeichnend ist (vgl. Rn. 23) – ein beträchtlicher Spielraum stadtplanerischer Gestaltung, innerhalb dessen sie unter **Abwägung der verschiedenen öffentlichen und privaten Belange** Festsetzungen über die bauliche und sonstige Nutzung treffen kann. Auch diese verbleibende planerische Gestaltungsfreiheit kann jedoch – schon wegen ihrer Bedeutsamkeit für betroffene (insbesondere private) Belange – nicht rechtlich völlig unbegrenzt sein. Rechtsstaatliche Planung muss vielmehr dem Gebot gerechter Abwägung genügen (grundlegend: BVerwGE 34, 301, 305, 309). Die rechtliche Erfassung und Disziplinierung des planerischen Gestaltungsspielraums durch dieses Abwägungsgebot ist eines der Zentralprobleme des Rechts der Bauleitplanung. Das BauGB trägt dem Rechnung, indem es in § 1 Abs. 7 BauGB bei der Aufstellung der Bauleitpläne eine gerechte Abwägung der öffentlichen und privaten Belange unter- und gegeneinander gebietet. Ergänzend enthält § 1 Abs. 6 BauGB einen umfangreichen Katalog solcher insbesondere zu berücksichtigender Belange und fordert die neue „Verfahrensgrundnorm" des § 2 Abs. 3 BauGB, dass die abwägungsrelevanten Belange, das Abwägungsmaterial, ermittelt und bewertet werden. Welche Folgerungen daraus für die rechtlichen, aufsichtsbehördlich und insbesondere gerichtlich durchsetzbaren Grenzen der Abwägung zu ziehen sind, hat die Rspr. des BVerwG (grundlegend: BVerwGE 34, 301; 45, 309) in heute wohl allgemein akzeptierter Weise entwickelt (zur Frage, ob diese bisherige Abwägungsdogmatik mit Blick auf den neuen § 2 Abs. 3 BauGB partiell überholt ist, vgl. Rn. 85). **76**

Dabei soll die **Auslegung der unbestimmten Rechtsbegriffe des § 1 Abs. 5, 6** **77**
BauGB, die der Abwägungsentscheidung vorgelagert sind und diese steuern sollen, gerichtlich voll überprüfbar sein (BVerwGE 34, 301, 308). Die Gemeinde hat also keinen Beurteilungsspielraum etwa in der Frage, was zu den Bedürfnissen der Baukultur, der Wirtschaft oder des Verkehrs gehört.

Die Abwägung der jeweils einschlägigen Belange hingegen ist mit planerischem **78**
Freiraum verbunden und deshalb einer Begrenzung durch rechtliche Vorgaben nach dem „Wenn"-„dann"-Schema gesetzlicher Konditionalprogramme nicht zugänglich. Vielmehr kann das **Gebot gerechter Abwägung** nur als ein – von einer Bewertung des Planungsziels und der dadurch positiv oder negativ betroffenen öffentlichen und privaten Belange abhängiges – Finalprogramm verstanden werden, aus dem Anforderungen sowohl an den Vorgang wie an das Ergebnis der Abwägung abgeleitet werden. Diese Anforderungen hat das BVerwG grundlegend und bis heute maßgeblich in einem Urteil vom 12.12.1969 formuliert.

BVerwGE 34, 301, 309: „Das Gebot gerechter Abwägung ist verletzt, wenn eine (sachgerechte) Abwägung überhaupt nicht stattfindet. Es ist verletzt, wenn in die Abwägung an Belangen nicht eingestellt wird, was nach Lage der Dinge in sie eingestellt werden muß. Es ist ferner verletzt, wenn die Bedeutung der betroffenen privaten Belange verkannt oder wenn der Ausgleich zwischen den von der Planung berührten öffentlichen Belangen in einer Weise vorgenommen wird, die zur objektiven Gewichtigkeit einzelner Belange außer Verhältnis steht. Innerhalb des so gezogenen Rahmens wird das Abwägungsgebot jedoch nicht verletzt, wenn sich die zur Planung berufene Gemeinde in der Kollision zwischen verschiedenen Belangen für die Bevorzugung des einen und damit notwendig für die Zurückstellung eines anderen entscheidet."

a) Abwägungsfehlerlehre

79 Dieser Entscheidung lässt sich eine **Unterscheidung verschiedener, gerichtlich überprüfbarer Abwägungsfehler** entnehmen, die seither in der Verwaltungsrechtsprechung zugrunde gelegt wird. Das Schrifttum hat daraus eine Abwägungsfehlerlehre entwickelt, die mit den Begriffen Abwägungsausfall, Abwägungsdefizit, Abwägungsfehleinschätzung und Abwägungsdisproportionalität arbeitet.

Abwägungsfehler			
Abwägungs-ausfall	*Abwägungs-defizit*	*Abwägungs-fehleinschätzung*	*Abwägungs-disproportionalität*
Sachgerechte Abwägung hat nicht stattgefunden.	Es sind nicht alle erheblichen Belange in die Abwägung eingestellt worden.	Die Bedeutung einzelner Belange wurde verkannt.	Der Ausgleich zwischen einzelnen Belangen wurde in einer zur objektiven Gewichtigkeit außer Verhältnis stehenden Weise vorgenommen.

80 Ein **Abwägungsausfall** liegt danach vor, wenn eine Abwägung überhaupt nicht stattgefunden hat. Das kann v. a. der Fall sein, wenn eine Gemeinde sich rechtsirrtümlich (vgl. Rn. 55) vertraglich zum Erlass eines Bauleitplans verpflichtet glaubt.

81 Von einem **Abwägungsdefizit** spricht man, wenn ein nach Lage der Dinge einzustellender öffentlicher oder privater Belang nicht in die Abwägung eingestellt worden ist.

82 Ist ein einzelner Belang zwar gesehen, aber in seiner Bedeutung verkannt und deshalb nur defizitär in die Abwägung eingebracht worden, so ist der Fall der **Abwägungsfehleinschätzung** gegeben.

Beispiele: Überplant die Gemeinde ein bestehendes Industriegebiet dergestalt, dass vorhandene Industriegebiete in Zukunft nicht mehr zulässig wären, so hat sie in besonderer Weise die Belange der bereits bestehenden eingerichteten und ausgeübten Gewerbebetriebe zu berücksichtigen (OVG NRW, NWVBl. 2000, 187). Verlässt sich die Gemeinde bei ihrer Planung auf bestimmte Gutachten zur Ermittlung der zu erwartenden Immissionsbelastung und lässt andere Gutachten außer Betracht, so fußt ihre Planung auf einer mangelhaften Prognosegrundlage; dies wirkt sich auf die Abwägungsentscheidung aus, die damit ebenfalls fehlerhaft ist (vgl. OVG NRW, NWVBl. 2001, 185).

83 Es liegt in der Natur einer Planungsentscheidung, dass sie sich in der Kollision zwischen verschiedenen Belangen für die Bevorzugung des einen und damit notwendig für die Zurückstellung des anderen entscheiden muss. Jedoch soll der Fehler der **Abwägungsdisproportionalität** vorliegen, wenn der Ausgleich zwischen den von der Planung berührten öffentlichen und privaten Belangen in einer Weise vorgenommen wird, die zur objektiven Gewichtigkeit einzelner Belange außer Verhältnis steht. Dabei gilt nach dem BauGB der Grundsatz, dass ein Vorrang weder für öffentliche noch für private Belange besteht; die Gemeinde muss im Einzelfall entscheiden. Allerdings gibt es einzelne sog. Optimierungsgebote, d. h. gesetzliche Vorrangregelungen, die die Gemeinde zur möglichst weitgehenden Berücksichtigung einzelner Belange verpflichten, ohne jedoch – anders als bei Planungsleitsätzen – im Einzelfall eine Zurückstellung in der Abwägung auszuschließen. Ein wichtiges Beispiel hierfür bildet das Trennungsprinzip des § 50 BImSchG, das eine räumliche Trennung von ausschließlich oder überwie-

gend dem Wohnen dienenden Gebieten und emittierenden Anlagen verlangt (BVerwGE 71, 163, 165; vgl. auch OVG NRW, NWVBl. 2007, 20). Die frühere Annahme, die sog. Bodenschutzklausel stelle ein Optimierungsgebot dar, dürfte nach der Neufassung von § 1a Abs. 1 BauGB überholt sein; es handelt sich um einen bloßen, ggf. überwindbaren Abwägungsbelang (*Bönker,* in: Hoppe/Bönker/Grotefels, Öffentliches Baurecht, § 5 Rn. 114). Auch die früher intensiv diskutierte Frage, ob die naturschutzrechtlichen Regelungen über Eingriffe in Natur und Landschaft einen strikten Planungsleitsatz, ein Optimierungsgebot oder einen bloßen Abwägungsgesichtspunkt begründen, ist überholt, da sich der Ersatz und Ausgleich der von Bebauungsplänen vorgesehenen Eingriffe in Natur und Landschaft nun nach dem BauGB richtet (vgl. § 18 Abs. 1 BNatSchG) und dort § 1a Abs. 3 BauGB klarstellt, dass insoweit lediglich ein in die Abwägung einzustellender und dort auch überwindbarer Belang begründet wird (vgl. *Battis,* in: Battis/Krautzberger/Löhr, BauGB, § 1a Rn. 22); allerdings bleibt zu beachten, dass § 1a Abs. 3 BauGB weitergehende Festsetzungs- und Regelungsmöglichkeiten (Ausgleich an anderer Stelle, städtebaulicher Vertrag) erlaubt, was u. U. die Durchsetzungsstärke des Belangs in der Abwägung steigert (vgl. auch § 135a BauGB).

Beispiel: Wenn neben einem großen Wohngebiet ein Industriegebiet zur Unterbringung einer Flachglas-Fabrik vorgesehen wird, um neue Arbeitsplätze zu schaffen, kann das auf einer Fehlgewichtung des gebotenen Schutzes des Wohngebiets im Verhältnis zu den für die Industrieansiedlung sprechenden Belangen beruhen (vgl. BVerwGE 45, 309, 325 ff.; vgl. auch zum Trennungsgrundsatz Rn. 92).

Insbesondere mit Rücksicht auf die Folgen eines Verstoßes (vgl. Rn. 96 ff.) muss da- 84
nach unterschieden werden, ob ein solcher Abwägungsfehler den **Abwägungsvorgang,** also den Prozess der Gewinnung des Abwägungsmaterials einschließlich der Ermittlung und isolierten Bewertung der Einzelbelange (vgl. OVG NRW, NWVBl. 2000, 187, 188), oder das **Abwägungsergebnis** betrifft. Allgemein wird angenommen, dass der Abwägungsausfall allein den Abwägungsvorgang betreffe (BVerwGE 45, 309, 315), während die anderen Abwägungsfehler sowohl beim Abwägungsvorgang wie auch beim Abwägungsergebnis auftreten könnten; allerdings erscheint schon mit Blick auf die Abwägungsfehleinschätzung, jedenfalls aber und insbesondere mit Blick auf die Abwägungsdisproportionalität nahe liegend, dass sie sich allein auf das Abwägungsergebnis beziehen.

Diese herkömmliche, auf Abwägungsvorgang und -ergebnis abstellende Abwägungs- 85
fehlerlehre ist durch das EAG Bau 2004, namentlich durch die neuen **§§ 2 Abs. 3, 214 Abs. 1 S. 1 Nr. 1, Abs. 3 S. 2 BauGB** in Frage gestellt worden. Die Gesetzesänderung war von der gesetzgeberischen Vorstellung getragen, gemeinschaftsrechtlichen Vorgaben entsprechend die verfahrensrechtlichen Anforderungen stärken und dabei bislang als materiellrechtlich verstandene, dem Abwägungsvorgang zugerechnete Standards in Verfahrensanforderungen umgestalten zu wollen; dies kommt darin zum Ausdruck, dass der als Verfahrensvorschrift gefasste § 2 Abs. 3 BauGB über die Ermittlung hinaus auch die Bewertung des Abwägungsmaterials verlangt. Gemäß der weiteren Intention, der Beachtung dieser Verfahrensvorschriften zumindest eine gewisse indizielle Bedeutung für die Wahrung der materiellen Anforderungen beizumessen, war im Gesetzgebungsverfahren zunächst die Streichung der bisherigen Erheblichkeit bestimmter Mängel im Abwägungsvorgang vorgesehen; nunmehr aber anerkennt § 214 Abs. 3 S. 2 Hs. 2 BauGB – über die in § 214 Abs. 1 S. 1 Nr. 1, Abs. 3 S. 2 Hs. 1 BauGB geregelten Verstöße gegen § 2 Abs. 3 BauGB hinaus – nach wie vor auch Mängel des Abwägungsvorgangs, die unter bestimmten Voraussetzungen erheblich sind (vgl. dazu Rn. 99 ff.). Ob und inwieweit angesichts dieser – nicht konsistent wirkenden – Neuregelungen

bislang dem Abwägungsvorgang zugerechnete Fehler bei der Ermittlung und Bewertung von relevanten Belangen nunmehr als Verfahrensfehler i. S. v. § 2 Abs. 3 BauGB anzusehen sind oder aber an der überkommenen Abwägungsfehlerlehre festgehalten werden kann, wird nicht einheitlich beurteilt (vgl. einerseits *Lege,* DÖV 2015, 361, 369, andererseits *Hoppe,* NVwZ 2004, 903, 904 f.; *Kersten,* JURA 2013, 478, 486 f., 490); die Rspr. (vgl. BVerwGE 131, 100, 106 ff.; 145, 231, 232; OVG NRW, DVBl. 2014, 869, 872) scheint früher zum Abwägungsvorgang entwickelte Anforderungen jetzt der Verfahrensvorschrift des § 2 Abs. 3 BauGB zurechnen zu wollen, ist allerdings in der Unterscheidung von Verfahrensfehlern nach § 2 Abs. 3 BauGB und materiellrechtlichen Fehlern im Abwägungsvorgang – wohl auch wegen der inhaltlich übereinstimmenden Fehlerfolgenregelung (vgl. Rn. 98, 101) – nicht sehr klar.

b) Inhaltliche Anforderungen des Gebots gerechter Abwägung

86 Im Einzelfall bleibt die Frage, wann etwa ein Belang zu Unrecht unbeachtet geblieben, die Bedeutung eines Belangs verkannt oder ein zur objektiven Gewichtung einzelner Belange außer Verhältnis stehender Ausgleich vorgenommen worden ist. Es stellt sich die Aufgabe der inhaltlichen **Konkretisierung der Anforderungen an die planende Gemeinde** mit Blick auf die entscheidende Einzelfallabwägung.

aa) Die Zusammenstellung des Abwägungsmaterials

87 Die erste Voraussetzung einer gerechten Abwägung, alle im Einzelfall abwägungsrelevanten öffentlichen und privaten Belange als Abwägungsmaterial einzustellen, erfordert zunächst eine – umfassender gerichtlicher Kontrolle zugängliche (vgl. Rn. 77) – **abstrakt-begriffliche Definition der einschlägigen Belange.** Einzustellen sind grundsätzlich alle städtebaulichen, nicht sonstige Belange (vgl. bereits Rn. 22). Hinsichtlich der öffentlichen Belange gibt § 1 Abs. 6 BauGB insoweit eine nicht abschließende, aber doch umfangreiche, im Laufe der Jahre etwa noch um die Erhaltung und Entwicklung zentraler Versorgungsbereiche (§ 1 Abs. 6 Nr. 4 BauGB), den Flächenverbrauch (§ 1 Abs. 6 Nr. 7 lit. a BauGB), den Störfallschutz (§ 1 Abs. 6 Nr. 7 lit. j BauGB), den Hochwasserschutz (§ 1 Abs. 6 Nr. 12 BauGB) sowie die Belange von Flüchtlingen und Asylbewerbern (§ 1 Abs. 6 Nr. 13 BauGB) ergänzte Liste vor. Als private Belange sind nicht nur private Rechte, sondern auch nicht zu subjektiven Rechten erstarkte private Interessen wie etwa der Schutz vor Verkehrslärm und sonstigen Immissionen zu berücksichtigen.

88 Darüber hinaus bedarf es der Entscheidung darüber, welche Umstände im konkreten Einzelfall „nach Lage der Dinge" (BVerwGE 34, 301, 309) unter diesen Begriff der öffentlichen und privaten Belange zu subsumieren und einzustellen sind. Nach der Rspr. sind dies **alle mehr als nur geringfügig betroffenen, schutzwürdigen Belange, deren Betroffenheit der Gemeinde bekannt ist oder zumindest hätte bekannt sein müssen** (BVerwG, NVwZ-RR 1994, 490). Nicht eingestellt werden müssen danach (private) Belange, die

- geringwertig bzw. geringfügig betroffen sind,
- für die planende Gemeinde nicht erkennbar und ihr nicht vorgetragen worden sind,
- rechtlich nicht schutzwürdig sind.

Beispiele: Ein Abwägungsdefizit liegt vor, wenn ein allgemeines Wohngebiet unmittelbar neben einer vorhandenen Großsportanlage vorgesehen wird, ohne die Konfliktsituation zu bedenken (OVG NRW, NVwZ 1983, 618). Eine berechtigte Nichtbeachtung eines – nicht schutzwürdigen – Belangs liegt in der Nichtberücksichtigung bloßer Wettbewerbsvorteile eines Einzelhandelsgeschäfts (BVerwG, NVwZ 1994, 683).

bb) Abwägungsgrundsätze

Zur Konkretisierung der Anforderungen des Gebots gerechter Abwägung tragen weiter von Rspr. und Lit. entwickelte sog. **Abwägungsgrundsätze** bei, über deren Systematik und Unterscheidung freilich keine völlige Übereinstimmung besteht. 89

So fordert das **Gebot der Abwägungsbereitschaft,** dass die Gemeinde für alle in Betracht kommenden Planungsvarianten offen sein muss. Sie verstößt hiergegen, wenn sie eine in Betracht kommende Planungsalternative nicht in die Abwägungsentscheidung einbezieht oder von Beginn an auf eine bestimmte Planung festgelegt ist. Das Problem solcher Vorfestlegungen stellt sich insbesondere, wenn eine Gemeinde eine Bauleitplanung von vornherein in Abstimmung etwa mit einem bestimmten privaten Investor vornimmt. Zwar ist es nach § 1 Abs. 3 S. 2 BauGB unzulässig, vertraglich einen Anspruch auf den Erlass eines Bauleitplans zu begründen (Rn. 55). Aber auch unterhalb dieser Schwelle können, was in der Praxis der Bauleitplanung auch vielfach unverzichtbar und unvermeidlich ist, durch tatsächliche Maßnahmen, Zusagen oder Verträge Vorabbindungen für eine künftige Bauleitplanung begründet werden. Insoweit geht das BVerwG (E 45, 309) davon aus, dass zwar im Einzelfall der Abwägungsvorgang sachwidrig verkürzt werden kann, ein Verstoß gegen das Abwägungsgebot aber nicht zwangsläufig vorliegt; vielmehr soll das durch Vorentscheidung drohende Abwägungsdefizit ausgeglichen werden können, wenn: 90

- die Vorwegnahme der Entscheidung sachlich gerechtfertigt ist,
- die planungsrechtliche Zuständigkeitsordnung gewahrt ist, d.h. insbesondere die Mitwirkung des Rates nicht verkürzt ist, und
- die vorweggenommene Entscheidung auch inhaltlich nicht zu beanstanden ist.

Verstößt allerdings ein Verwaltungsvertrag gegen diese Anforderungen, ist er unwirksam (§§ 59 Abs. 1 VwVfG i.V.m. 134 BGB); das gilt auch für eine Zusage solchen rechtswidrigen Inhalts (BVerwGE 26, 31; 49, 359).

Beispiele: Übernimmt die planende Gemeinde lediglich den von einem Vorhabenträger ausgearbeiteten Plan, ohne etwaige Alternativen zu prüfen, so könnte in der möglichen faktischen Bindung der Gemeinde zwar ein Abwägungsfehler liegen; die bloße Übernahme der Planung unter Vernachlässigung von Alternativen als solche genügt jedoch noch nicht für die Bejahung einer faktischen Bindung der Gemeinde und damit eines Abwägungsfehlers (vgl. BVerwG, DVBl. 1987, 1273). Macht eine Gemeinde die Änderung eines Bebauungsplans in einem verwaltungsrechtlichen Vertrag davon abhängig, dass der bauwillige Eigentümer an Stelle eines nicht mehr festsetzbaren Erschließungsbeitrages an sie einen Geldbetrag für einen gemeinnützigen Zweck leistet, so verletzt sie damit das sog. Koppelungsverbot; der Vertrag ist daher nichtig gemäß § 59 Abs. 2 Nr. 4 VwVfG (BVerwGE 111, 162).

Das **Gebot der Problem- oder Konfliktbewältigung** verlangt von der Gemeinde, bei der Abwägung nach § 1 Abs. 7 BauGB alle bereits vorgefundenen sowie die durch die vorgesehene Bodennutzung neu aufgeworfenen städtebaulichen Spannungslagen zu berücksichtigen und planerisch zu bewältigen (OVG NRW, NWVBl. 2004, 309). Die Gemeinde soll danach grundsätzlich das bauplanungsrechtliche Konfliktlösungspotential ausschöpfen und einen Konflikttransfer vermeiden (*Hoppe,* in: Hoppe/Bönker/Grotefels, Öffentliches Baurecht, § 7 Rn. 141 ff.). Sie darf allerdings „planerische Zurückhaltung" in den Fällen üben, in denen ein dem Bebauungsplanverfahren nachfolgendes Verwaltungsverfahren generell geeignet ist, verbleibende Konflikte zu lösen; dann kann die Verlagerung eines lösungsbedürftigen Problems in dieses Verfahren 91 zulässig sein. Dies gilt etwa, wenn Belange von Nachbarn im Baugenehmigungsverfahren über § 15 BauNVO (vgl. Rn. 139) oder in einem Genehmigungsverfahren nach BImSchG berücksichtigt werden können oder der Konflikt zwischen Wohnbebauung und Straßenplanung im Planfeststellungsverfahren bewältigt werden kann.

Beispiel: Ein Bebauungsplan, der ein großes Kohlekraftwerk in der Nähe von Wohnbebauung festsetzt, verletzt das Gebot der planerischen Konfliktbewältigung, wenn er große Teile des Plangebiets hinsichtlich ihrer Umweltauswirkungen überhaupt nicht betrachtet und die Lösung der aufgeworfenen Probleme nahezu vollständig in ein nachfolgendes immissionsschutzrechtliches Genehmigungsverfahren verlagert (OVG NRW, BauR 2010, 572).

92 Das mit Blick auf den Nachbarschutz (vgl. Rn. 315 ff.) entwickelte, in seinem objektiv-rechtlichen Gehalt aber auch bei der Aufstellung der Bebauungspläne zu beachtende **Gebot der Rücksichtnahme** (auf schutzwürdige Individualinteressen) geht davon aus, dass jedes Bauvorhaben auf seine Umgebung Rücksicht nehmen und unzumutbare Auswirkungen auf andere Grundstücke vermeiden muss. Eine zentrale Folgerung aus dem Gebot der Rücksichtnahme ist der Grundsatz der Trennung unverträglicher Nutzungen, der in dem Optimierungsgebot des § 50 BImSchG seine spezialgesetzliche Positivierung gefunden hat (vgl. dazu bereits Rn. 83). Gerade dieses Gebot der Rücksichtnahme – wie aber auch das der Konfliktbewältigung – erfährt eine Modifikation in sog. Gemengelagen, d. h. überwiegend bebauten Bereichen mit vorhandenen oder zu erwartenden Immissionskonflikten zwischen emittierenden und schutzbedürftigen Nutzungen, also typischerweise zwischen vorhandenen gewerblichen und Wohnnutzungen; auf Grund der vorgegebenen Situation führt das Gebot der Rücksichtnahme hier zu gesteigerten Duldungspflichten und Belastungen des Situationsbelasteten und entsprechenden Begünstigungen anderer (*Hoppe,* in: Hoppe/Bönker/Grotefels, Öffentliches Baurecht, § 7 Rn. 156 ff.).

Beispiele: Das Gebot der Rücksichtnahme kann etwa die Gliederung eines geplanten Gewerbegebiets in der Weise verlangen, dass in der Nachbarschaft eines angrenzenden Wohngebiets nur emissionsarme Betriebe angesiedelt werden dürfen (OVG NRW, BRS 58 Nr. 30). Ferner kann das Gebot der Rücksichtnahme erfordern, dass in der Nähe bestehender immissionsintensiver landwirtschaftlicher Nutzflächen keine Wohngebiete angesiedelt oder Maßnahmen zur Reduzierung der Immissionsbelästigungen getroffen werden (vgl. OVG NRW, DVBl. 2002, 717, 718).

93 Das **Gebot der gerechten Lastenverteilung** schließlich verlangt, dass die durch einen Bebauungsplan auferlegten Lasten in vergleichbaren Fällen innerhalb des Plangebiets nicht ohne sachlichen Grund ungleich verteilt werden (OVG NRW, DVBl. 2015, 853, 857). Danach soll bei der Inanspruchnahme von Flächen für öffentliche Einrichtungen oder Verkehrsflächen ein Zugriff auf private Grundstücke nur zulässig sein, wenn keine gleich gut geeigneten Grundstücke der öffentlichen Hand zur Verfügung stehen (BVerfG, NVwZ 2003, 727, 728; BVerwG, NVwZ 2002, 1506, 1507; OVG NRW, Urt. v. 3.9.2003 – 7a D 73/01). Wenn Privatgrundstücke benötigt werden, ist keine strikt gleichmäßige Lastenverteilung gefordert, wohl aber ein dem Einzelfall gerecht werdender Interessenausgleich unter Berücksichtigung des Verhältnismäßigkeitsgrundsatzes und des Gleichbehandlungsgebots, der sachlich gerechtfertigten Differenzierungen zugänglich ist (OVG NRW, NWVBl. 2003, 273, 276).

7. Anhang

Literatur: *Resch,* Recht der Bauleitplanung – ausgewählte Probleme, JA 1995, 421; *Runkel,* Das Gebot der Entwicklung der Bebauungspläne aus dem Flächennutzungsplan, ZfBR 1999, 298; *Erbguth,* Factory-Outlet-Center: Landesplanungs- und städtebaurechtliche Fragen, verfassungs- wie verwaltungsrechtliche Aspekte, NVwZ 2000, 969; *Mitschang,* Der Planungsgrundsatz der Nachhaltigkeit, DÖV 2000, 14; *Decker,* Besondere Teilaspekte der Abwägungsentscheidung nach § 1 VI BauGB bei Bebauungsplänen – Gebot der Konfliktbewältigung und Trennungsgrundsatz, JA 2002, 697; *Schmidt-Eichstaedt,* Planfeststellung, Bauleitplanung und städtebauliche Entwicklungsmaßnahmen, NVwZ 2003, 129; *Moench,* Die Planungspflicht der Gemeinde, DVBl. 2005, 676; *Kirste,* Das Zusammenwirken von Raum- und Bauleitplanungsrecht, dargestellt am Beispiel der Zulässigkeit von Windenergieanlagen, DVBl. 2005, 993; *Erbguth,* Die Rechtmäßigkeit von Bauleitplänen: Neuregelungen durch das EAG Bau, JURA 2006, 9; *Boeddinghaus,* Neues zur Art und zum Maß der baulichen Nutzung, BauR 2013, 1601; *Berkemann,* Das „Abwägungsmodell" des BVerwG (BVerwGE 34, 301 [1969]) – Entstehungsgeschichte und Legendenbildungen, DVBl. 2013, 1280; *Kersten,* Die Abwägung im Bauplanungsrecht, JURA 2013, 478; *Lege,* Abkehr von der „sog. Abwägungsfehlerlehre?", DÖV 2015, 361; *Kümper,* Raumordnung und Bauleitplanung – Überörtliche und örtliche Gesamtplanung als Planungshierarchie und aus Sicht der Vorhabenzulassung, DVBl. 2018, 70; *Spannowsky,* Allgemeine Feinsteuerungsmöglichkeiten nach § 1 Abs. 4 bis 10 BauNVO und deren Verhältnis zu speziellen gesetzlichen Festsetzungsmöglichkeiten zur Art der baulichen Nutzung, ZfBR 2018, 447. **94**

Klausurfälle: *Jahn,* Die besorgte Nachbargemeinde, JuS 2000, 590; *Kahl,* Zwei Gemeinden und ein Industriegebiet, JA 2005, 280; *Ingerowski,* Verdichtung der gemeindlichen Planungshoheit zu einer strikten Planungspflicht, JURA 2009, 303; *Richter/Sokol,* Moschee im Gewerbegebiet, JA 2011, 521; *Schmidt,* Zu viele Pläne verderben den Brei, JA 2012, 838; *Klement/Ritter,* Der unmoralische Bebauungsplan, JA 2015, 403; *Hyckel,* Geplante Flut im Wohngebiet, JURA 2016, 424.

Kontrollfragen:

1. Was folgt aus dem Erforderlichkeitsgrundsatz i. S. d. § 1 Abs. 3 S. 1 BauGB?
2. Worauf kann sich eine Gemeinde berufen, wenn sie sich gegen einen Bebauungsplan einer Nachbargemeinde zur Errichtung eines großen Einkaufsparks wendet?
3. Wie kann eine Gemeinde im Bebauungsplan die Art der zulässigen Nutzung festsetzen?
4. Welche Fehler bei der Abwägungsentscheidung der Gemeinde sind denkbar und was bedeuten sie?
5. Unter welchen Voraussetzungen darf die Gemeinde sich auf Grund einer Kooperation mit einem privaten Investor von Beginn an auf eine bestimmte Planung festlegen?
6. Was sind sog. Gemengelagen und inwiefern sind Abwägungsgrundsätze hier in besonderer Weise anzuwenden?

IV. Rechtsfehler in der Bauleitplanung und Fehlerfolgen

Ein Verstoß gegen formelle und materielle Rechtmäßigkeitsanforderungen müsste für den Bebauungsplan als Satzung, d. h. als Rechtsnorm, ebenso aber auch für den Flächennutzungsplan grundsätzlich Nichtigkeit zur Folge haben; eine Bestandskraftregelung, die auch für den Fall der Rechtsfehlerhaftigkeit die Rechtswirksamkeit bewahrt, besteht allgemein nur für Verwaltungsakte (vgl. §§ 43 ff. VwVfG). Für Satzungen nach dem BauGB sowie für Flächennutzungspläne gibt es jedoch **besondere Fehlerfolgenregelungen.** **95**

1. Bauplanungsrechtliche Fehler und Fehlerfolgenregelung

Bebauungspläne und sonstige Satzungen ebenso wie Flächennutzungspläne sind bei Verstößen gegen das BauGB rechtsfehlerhaft; solche Fehler sind ggf. auch im Genehmigungsverfahren durch die Aufsichtsbehörde zu rügen (§ 216 BauGB). Für die gerichtliche Kontrolle von Flächennutzungsplänen und Satzungen nach dem BauGB, also insbesondere Bebauungspläne oder auch z. B. Veränderungssperren (§ 16 Abs. 1 BauGB) **96** oder Erhaltungssatzungen (§ 172 BauGB), aber enthalten **§§ 214 ff. BauGB** besondere Regelungen zur Planerhaltung, d. h. zur Erhaltung der Rechtswirksamkeit trotz Rechtsverstößen. Hinter diesen Regelungen steht das Anliegen, die Planungshoheit der Gemeinden und die Rechtssicherheit zu schützen; dem stehen entgegen die Aspekte der Gesetzesbindung (Art. 20 Abs. 3 GG) und der Gewährung effektiven individuellen Rechtsschutzes (Art. 19 Abs. 4 GG) sowie das Grundrecht aus Art. 14 GG, die punktuell eine einengende Auslegung erfordern. Insgesamt gesehen ergibt sich aus den §§ 214 ff. BauGB eine differenzierte, gestufte Fehlerfolgenregelung, die Rechtsfolgen von Unbeachtlichkeit über Behebbarkeit und Rügepflichtigkeit von Fehlern bis zur Nichtigkeit vorsieht.

Eine – hier nicht näher zu betrachtende – besondere Fehlerfolgenregelung für Bebauungspläne nach § 13a BauGB, ggf. auch i. V. m. § 13b BauGB, (vgl. Rn. 41) enthält § 214 Abs. 2a BauGB (zur Europarechtswidrigkeit des mit der BauGB-Novelle 2013 aufgehobenen § 214 Abs. 2a Nr. 1 BauGB a. F., vgl. EuGH, NVwZ-RR 2013, 503, 504 f.; zu verbleibenden europarechtlichen Bedenken vgl. *Krautzberger/Stüer,* DVBl. 2013, 805, 814).

a) Unbeachtlichkeit von Fehlern (§ 214 Abs. 1–3 BauGB)

aa) Verfahrens- und Formfehler

97 Die in § 214 Abs. 1 BauGB angeordnete Unbeachtlichkeit von Fehlern erfasst ausdrücklich nur Verfahrens- und Formvorschriften des BauGB. Die Beachtlichkeit von Verstößen gegen **Verfahrens- und Formvorschriften anderer Gesetze,** insbesondere der GO, bleibt daher durch § 214 Abs. 1 BauGB unberührt (vgl. dazu Rn. 104 ff.).

98 **Form- und Verfahrensfehler nach dem BauGB** sind nach § 214 Abs. 1 BauGB nur dann beachtlich, wenn dies ausdrücklich angeordnet ist. Unbeachtlich bleiben danach z. B. Verstöße gegen § 2 Abs. 1 BauGB (Aufstellungsbeschluss) oder gegen §§ 3 Abs. 1, 4 Abs. 1 BauGB (frühzeitige Öffentlichkeits- und Behördenbeteiligung). Die – abschließende – Aufzählung beachtlicher Fehler in § 214 Abs. 1 S. 1 Nr. 1 bis 4 BauGB erfasst etwa Verstöße gegen § 2 Abs. 3 BauGB wegen in wesentlichen Punkten nicht zutreffender Ermittlung und Bewertung von relevanten Belangen, wenn der Mangel offensichtlich und auf das Ergebnis des Verfahrens von Einfluss gewesen ist (vgl. Rn. 101), gegen §§ 3 Abs. 2, 4 Abs. 2 BauGB (förmliche Öffentlichkeits- und Behördenbeteiligung), gegen § 2a BauGB (Begründung zum Bauleitplanentwurf) oder – was nach § 214 Abs. 1 S. 1 Nr. 4 BauGB ausnahmslos beachtlich ist – das Fehlen eines Beschlusses der Gemeinde über den Flächennutzungsplan oder die Satzung bzw. einer erforderlichen Genehmigung.

Beispiel: Nach § 214 Abs. 1 S. 1 Nr. 2 Hs. 2 BauGB ist es unbeachtlich, wenn die Gemeinde anstelle des an sich gebotenen Beteiligungsverfahrens nach § 3 Abs. 2 BauGB das vereinfachte Verfahren nach § 13 BauGB (vgl. Rn. 41), also das falsche Beteiligungsverfahren gewählt hat; nur die völlige Unterlassung einer notwendigen Beteiligung soll erheblich sein (BVerwG, BauR 2009, 957, 959).

bb) Materielle Fehler

99 Es stellt eine Besonderheit der bauplanungsrechtlichen Fehlerfolgenregelung dar, dass sie nicht nur formelle, sondern auch materielle Fehler erfasst. Während Verstöße gegen materielle Vorschriften des BauGB ansonsten beachtlich sind, erklärt § 214 Abs. 2, 3 BauGB bestimmte **Verstöße gegen das Entwicklungsgebot und das Abwägungsgebot** für unerheblich. Probleme wirft insbesondere die – deshalb näher zu betrachtende – Regelung zu den Abwägungsfehlern auf. Während § 214 Abs. 3 S. 1

BauGB insoweit lediglich den maßgeblichen Zeitpunkt festlegt (vgl. BVerwG, BauR 1997, 590, 593) und damit einer Berücksichtigung nachträglicher rechtlicher oder tatsächlicher Veränderungen entgegensteht, ist für die Unbeachtlichkeit von Abwägungsfehlern § 214 Abs. 1 S. 1 Nr. 1, Abs. 3 S. 2 BauGB maßgeblich.

Eine Konsequenz aus der Neuregelung des § 2 Abs. 3 BauGB ist, dass **§ 214 Abs. 1 S. 1 Nr. 1, Abs. 3 S. 2 Hs. 1 BauGB** Mängel bei der Ermittlung und Bewertung planungsrelevanter Belange unter gewissen Voraussetzungen als beachtlichen Verfahrensmangel ansieht, der dann nicht als Abwägungsmangel geltend gemacht werden kann. § 214 Abs. 3 S. 2 Hs. 2 BauGB geht jedoch davon aus, dass nicht sämtliche Fehler im Vorgang der Ermittlung und Bewertung des Abwägungsmaterials Verfahrensfehler i. S. v. § 2 Abs. 3 BauGB sind, dass vielmehr auch (materiellrechtliche) Fehler im Abwägungsvorgang vorliegen können (zum Verhältnis von § 2 Abs. 3 BauGB und der überkommenen Abwägungsfehlerlehre vgl. bereits Rn. 85). 100

Insoweit bleibt für Mängel im Abwägungsvorgang, namentlich für Fälle des Abwägungsausfalls und des Abwägungsdefizits, maßgeblich die Regelung des **§ 214 Abs. 3 S. 2 Hs. 2 BauGB,** wonach solche Mängel – ebenso wie Verstöße gegen § 2 Abs. 3 BauGB nach § 214 Abs. 1 S. 1 Nr. 1 BauGB – nur erheblich sind, wenn sie offensichtlich und auf das Abwägungsergebnis von Einfluss gewesen sind. Diese Regelung begründet eine Schwächung des Abwägungsgebots (§ 1 Abs. 7 BauGB) insofern, als zwar ein fehlerhaftes Abwägungsergebnis immer zur Nichtigkeit führen, unter dieser Maßgabe ein Fehler im Abwägungsvorgang aber u. U. für die gerichtliche Kontrolle bedeutungslos bleiben soll; das Abwägungsgebot stellt aber gerade auch Anforderungen an den Abwägungsvorgang, um ein gerechtes Abwägungsergebnis herbeizuführen. Mit Rücksicht auf Art. 20 Abs. 3 GG und Art. 19 Abs. 4 GG hat deshalb das BVerwG (E 64, 33, 36 ff.) mit Recht eine verfassungskonforme einschränkende Auslegung dieser Regelung entwickelt; danach sind 101

- offensichtliche Mängel nicht nur sofort erkennbare, sondern auch darüber hinaus objektiv eindeutig nachweisbare Mängel, die sich z. B. aus Akten, Protokollen des Gemeinderats oder sonstigen Unterlagen ergeben; nicht offensichtlich sind die Motive, fehlende oder irrige Vorstellungen Abstimmungsbeteiligter, so dass eine Beweiserhebung hierüber ausgeschlossen sein soll;
- Mängel schon dann von Einfluss auf das Abwägungsergebnis gewesen, wenn nach den Umständen des jeweiligen Falles die konkrete Möglichkeit besteht, dass ohne den Mangel anders geplant worden wäre, was voraussetzt, dass eine andere Planung ernsthaft in Betracht kam.

b) Behebbarkeit von Fehlern

Nach § 214 Abs. 1 bis 3 BauGB beachtliche Fehler kann die Gemeinde gemäß **§ 214 Abs. 4 BauGB** im sog. ergänzenden Verfahren beheben. Diese Möglichkeit erstreckt sich auf Verfahrens- und Form-, Festsetzungs- und Abwägungsfehler, setzt aber voraus, dass der zu behebende Fehler nicht von solcher Art und Schwere ist, dass er die Planung als Ganzes in Frage stellt oder die Grundzüge der Planung berührt (BVerwG, BauR 1999, 359, 360; BVerwGE 110, 193, 201 f.). Die Fehlerbehebung kommt grundsätzlich auch dann in Betracht, wenn sich die Sach- und Rechtslage inzwischen, nach dem gemäß § 214 Abs. 3 S. 1 BauGB maßgeblichen Zeitpunkt der ursprünglichen Beschlussfassung, geändert hat (BVerwG, BauR 2008, 1417, 1417 f.). Sie geschieht durch Nachholung des fehlerhaften Elements. Bis zur Behebung ist der Flächennutzungs- oder Bebauungsplan schwebend unwirksam, kann aber rückwirkend in Kraft gesetzt werden. Außerhalb des Anwendungsbereichs von § 214 Abs. 4 BauGB ist eine rückwirkende Inkraftsetzung zur Fehlerbehebung unzulässig (BVerwG, NVwZ 2006, 329, 330 f.). 102

c) Rügepflichtigkeit/Unbeachtlichwerden von Fehlern

103 Nach § 214 Abs. 1 bis 3 BauGB beachtliche, nicht nach § 214 Abs. 4 BauGB behobene Fehler können schließlich nach Maßgabe von **§ 215 BauGB** unbeachtlich werden. Ist der Hinweis nach § 215 Abs. 2 BauGB erfolgt, besteht eine seit dem EAG Bau einheitliche, seit dem 1.1.2007 von 2 Jahren auf nunmehr ein Jahr verkürzte Rügefrist. Nur wenn innerhalb dieser Frist eine Rüge erfolgt ist, der dann inter-omnes-Wirkung zukommt (BVerwG, DVBl. 1982, 1095, 1096), bleiben Verfahrens- und Formfehler, Verstöße gegen das Entwicklungsgebot sowie Mängel im Abwägungsvorgang (vgl. § 215 Abs. 1 Nr. 1 bis 3 BauGB) beachtlich; solange sind sie auch von Amts wegen zu überprüfen, falls jemand klagt, ohne genau diesen Fehler zu rügen (VGH BW, VBlBW 2002, 304). Fehler im Abwägungsergebnis unterliegen keiner Rügefrist.

2. Exkurs: Kommunalrechtliche Fehler und Fehlerfolgenregelung

104 Das den Regelungen der GO unterfallende Beschlussverfahren führt im Zusammenhang mit der Bauleitplanung insbesondere bzgl. der **Mitwirkungsverbote** gemäß §§ 31, 43 Abs. 2 GO zu spezifischen Problemen. Im Kern geht es v. a. darum, wann eine Entscheidung über einen Bauleitplan einem Ratsmitglied oder einer anderen in § 31 Abs. 1 GO genannten Person einen unmittelbaren Vorteil oder Nachteil bringen kann.

105 Schon der **Flächennutzungsplan** als vorbereitender Bauleitplan ist wegen seiner starken vorprägenden Wirkung grundsätzlich geeignet, unmittelbare Vor- oder Nachteile für von ihm erfasste Grundstücke herbeizuführen. Bei der erstmaligen Aufstellung eines Flächennutzungsplans wird allerdings ein Mitwirkungsverbot nicht schon darauf gestützt werden können, dass ein Ratsmitglied Grundeigentum im Plangebiet hat; da das gesamte Gemeindegebiet erfasst ist, wären sonst häufig die meisten Ratsmitglieder ausgeschlossen. Anders soll u. U. bei Änderungen für einen abgegrenzten Teil des Gemeindegebiets zu urteilen sein (OVG NRW, NJW 1979, 2632, 2633).

106 Hinsichtlich einzelner **Bebauungspläne** sind Gemeinderäte ausgeschlossen, die im Plangebiet oder auch angrenzend Grundeigentum haben. Das Mitwirkungsverbot erstreckt sich auf das gesamte Verfahren und erfasst damit auch vorbereitende Beschlüsse wie den Aufstellungsbeschluss oder vorbereitende Beschlüsse in Ausschüssen. Verstöße gegen diese landesrechtliche Verfahrensvorschrift sollen jedoch die Nichtigkeit des Bebauungsplans nur zwingend auslösen, soweit es um die Mitwirkung an bundesrechtlich zwingenden Verfahrensschritten, d. h. insbesondere am Satzungsbeschluss geht; allerdings soll eine unzulässige Mitwirkung befangener Ratsmitglieder in einem früheren Verfahrensschritt im Einzelfall einen Fehler im Abwägungsvorgang begründen und so auch den Satzungsbeschluss fehlerhaft machen können (BVerwGE 79, 200, 203 ff.).

107 Verstöße gegen kommunalrechtliche Vorschriften unterfallen zwar nicht der besonderen Fehlerfolgenregelung der §§ 214 ff. BauGB, wohl aber – auch in Bezug auf Flächennutzungspläne und Satzungen nach dem BauGB – den **kommunalrechtlichen Fehlerfolgenregelungen.** In Betracht kommen § 7 Abs. 6 GO, wonach für Verfahrens- und Formfehler i. d. R. eine Jahresfrist zur Geltendmachung besteht, sowie für Verletzungen des Mitwirkungsverbots die speziellen Regelungen der §§ 31 Abs. 6, 54 Abs. 4 GO (vgl. § 2 Rn. 170 f., 238).

3. Anhang

108 **Literatur:** *Pfab,* Die Bedeutung kommunalrechtlicher Verfahrensanforderungen für das Bauleitplanverfahren, JURA 1999, 625; *Gaentzsch,* Aktuelle Fragen zur Planerhaltung bei Bauleitplänen und Planfeststellungen in der Rechtsprechung des Bundesverwaltungsgerichts, UPR 2001, 201; *Erbguth,*

Rechtsschutzfragen und Fragen der § 214 und § 215 BauGB im neuen Städtebaurecht, DVBl. 2004, 802; *Quaas/Kukk,* Neustrukturierung der Planerhaltungsbestimmungen in §§ 214ff. BauGB, BauR 2004, 1541; *Stelkens,* Planerhaltung bei Abwägungsmängeln nach dem EAG Bau, UPR 2005, 81; *Hoppe,* Die Abwägung im EAG Bau nach Maßgabe des § 1 VII BauGB 2004, NVwZ 2004, 903; *Schiller,* Fehler im Bebauungsplanaufstellungsverfahren, NWVBl. 2020, 89.

Klausurfälle: *Stollmann,* Ärger mit Bebauungsplan Nr. 13, VR 1999, 287; *Bamberger,* Das Minarett im Dorfgebiet, JA 1999, 213.

Kontrollfragen:

1. Welche Rechtsfehler in der Bauleitplanung sind unbeachtlich?
2. Dürfen Ratsmitglieder am abschließenden Beschluss über einen Flächennutzungsplan bzw. einen Bebauungsplan, in dessen Plangebiet ihnen Grundeigentum gehört, mitwirken?

V. Rechtsschutz gegen Bauleitpläne

1. Flächennutzungsplan

Der Flächennutzungsplan unterliegt grundsätzlich nicht der **verwaltungsgerichtlichen Normenkontrolle (§ 47 VwGO)**. Er ist nicht Satzung (Rn. 30) und unterfällt daher jedenfalls unmittelbar nicht § 47 Abs. 1 Nr. 1 VwGO. Seine Darstellungen enthalten grundsätzlich auch keine Rechtsvorschriften i. S. v. § 47 Abs. 1 Nr. 2 VwGO (BVerwG, NVwZ 1991, 262), so dass auch die landesgesetzliche Eröffnung der prinzipalen Normenkontrolle insoweit ausgeschlossen ist. Abweichend von diesem Grundsatz unterliegen jedoch Darstellungen im Flächennutzungsplan mit Ausschlusswirkung i. S. v. § 35 Abs. 3 S. 3 BauGB, denen wegen dieser Rechtswirkungen Rechtsnormqualität zuerkannt wird (Rn. 30), nach der jüngeren, überzeugenden Rechtsprechung des BVerwG (BVerwG, NVwZ 2007, 1081; NVwZ 2013, 1011; vgl. auch OVG Rh.-Pf., BauR 2008, 1101, 1101 f.) der Normenkontrolle. Hierdurch soll eine planwidrige Regelungslücke geschlossen werden, die unter Rechtsschutzgesichtspunkten dadurch entstanden ist, dass im Anwendungsbereich des § 35 Abs. 3 S. 3 BauGB bereits die Darstellungen des Flächennutzungsplans – wie die Festsetzungen eines Bebauungsplans – Inhalt und Schranken des Eigentums i. S. v. Art. 14 Abs. 1 S. 2 GG verbindlich bestimmen. Das BVerwG stützt die Eröffnung der Normenkontrolle nicht auf § 47 Abs. 1 Nr. 2 VwGO (so noch OVG Rh.Pf., NVwZ 2006, 1442), sondern auf eine entsprechende Anwendung von § 47 Abs. 1 Nr. 1 VwGO; damit ist die Normenkontrolle bundesweit eröffnet und nicht davon abhängig, dass die Länder von der Option des § 47 Abs. 1 Nr. 2 VwGO Gebrauch gemacht haben (zur Rechtslage in NRW vgl. § 5 Rn. 9, 14a). Gegenstand der Normenkontrolle sind ausschließlich die Rechtswirkungen des § 35 Abs. 3 S. 3 BauGB, nicht hingegen die Darstellung der Konzentrationsfläche selbst (BVerwG, NVwZ 2019, 491: OVG NRW, BauR 2019, 1410, 1411). 109

I. Ü. kommt mit Blick auf den Flächennutzungsplan als verwaltungsgerichtliche Klageart nach Antragsgegenstand und Klagebegehren allein eine **vorbeugende Unterlassungs- oder Feststellungsklage** in Betracht, die sich gegen eine weitere verbindliche Bauleitplanung auf der Grundlage des Flächennutzungsplans wendet. Vorbeugender Rechtsschutz erfordert jedoch ein besonderes Rechtsschutzinteresse, das nur gegeben ist, wenn ein wirksamer nachträglicher Rechtsschutz nicht möglich oder das Abwarten nachträglichen Rechtsschutzes nicht zumutbar ist. Dieses besondere Rechtsschutzinteresse wird dem einzelnen Bürger abgesprochen, so dass er auf Grund des Flächennutzungsplans nicht klagen kann (BVerwGE 54, 211, 214 f.). Hingegen soll die vorbeugende Klage einer Nachbargemeinde zulässig sein können, wenn ihr schwere Nachteile drohen; dahinter steht, dass nach Aufstellung des Bebauungsplans durch Erteilung von 110

Baugenehmigungen die planungsrechtliche Situation sich verfestigen und dann die Nachbargemeinde in ihrer eigenen Bauleitplanung kraft § 2 Abs. 2 BauGB gebunden sein kann (BVerwGE 40, 323, 329 f.).

2. Bebauungsplan

a) Normenkontrolle

111 Gegen den als Satzung beschlossenen Bebauungsplan ist hingegen gemäß **§ 47 Abs. 1 Nr. 1 VwGO,** der für Satzungen nach dem BauGB und Rechtsverordnungen nach § 246 Abs. 2 BauGB diesen Rechtsbehelf bundesrechtlich zulässt, die verwaltungsgerichtliche Normenkontrolle eröffnet. Der Umstand, dass NRW von der Ermächtigung des § 47 Abs. 1 Nr. 2 VwGO erst mit Wirkung ab dem 1.1.2019 gemacht hat (vgl. näher § 5 Rn. 14a), ist hier also unschädlich.

112 Den Antrag können zunächst Behörden stellen, sofern sie – so die anerkannte ungeschriebene Einschränkung – bei der Wahrnehmung ihrer Aufgaben die fragliche Satzung zu beachten haben (vgl. BVerwG, ZfBR 1989, 272, 272 f.; OVG NRW, NWVBl. 2009, 435, 436). Die ausdrücklich geforderte **Antragsbefugnis** natürlicher oder juristischer Personen setzte früher lediglich einen möglichen Nachteil voraus. Hierfür sollte es genügen, dass der Antragsteller in seinen abwägungserheblichen Belangen durch die Norm negativ berührt wurde oder werden würde (BVerwGE 59, 87, 94 f.). In der seit 1997 geltenden Fassung verlangt § 47 Abs. 2 S. 1 VwGO nun – in Anlehnung an § 42 Abs. 2 VwGO – die Geltendmachung einer möglichen Verletzung in subjektiv-öffentlichen Rechten. Die damit intendierte Verschärfung gegenüber der früheren Rechtslage ist freilich kaum eingetreten. Die Rspr. erkennt mit Recht ein aus § 1 Abs. 7 BauGB folgendes subjektiv-öffentliches Recht auf fehlerfreie Abwägung eines eigenen privaten, in der konkreten Planungssituation städtebaulich relevanten Belangs an, so dass die hinreichend substantiierte Darlegung der Möglichkeit der fehlerhaften Abwägung eines solchen eigenen privaten Belangs für die Begründung der Antragsbefugnis hinreicht (BVerwGE 107, 215, 220 ff.; OVG NRW, NVwZ 2005, 1201, 1202). Danach ist dem betroffenen Grundeigentümer insbesondere mit Blick auf das eigene Grundstück unmittelbar betreffende Festsetzungen (vgl. OVG NRW, NWVBl. 1998, 236) die Antragsbefugnis zuzuerkennen. Darüber hinaus können auch Mieter und Pächter antragsbefugt sein, da in der Abwägung auch ihre – nicht geringfügigen und schützwürdigen – Belange Berücksichtigung verlangen können, z. B. bei einer – mehr als geringfügigen bzw. unwesentlich sich auswirkenden – Veränderung der Verkehrslärmbelastung (BVerwG, BauR 2000, 848, 849 f.; vgl. auch VGH BW, VBlBW 1998, 307, 307).

Beispiel: Der Betreiber eines außerhalb des Plangebiets, aber innerhalb derselben Gemeinde gelegenen Wohnheims für geistig behinderte Menschen stellt einen Normenkontrollantrag gegen einen Bebauungsplan, der durch Ausweisung eines allgemeinen Wohngebiets die Errichtung einer Einrichtung zur Unterbringung und Betreuung von psychisch kranken Menschen ermöglichen soll; er macht geltend, seine Arbeit mit geistig Behinderten sei insbesondere deshalb beeinträchtigt, weil mit sexuellen Übergriffen seitens der psychisch Kranken zu rechnen sei. Die erforderliche Antragsbefugnis besteht, wenn der Antragsteller sich auf einen abwägungserheblichen privaten Belang berufen kann. Zu berücksichtigen sind insoweit nur solche Belange, die in der konkreten Planungssituation einen städtebaulich relevanten Bezug haben. Fehlverhalten von Bewohnern hat nur dann städtebauliche Relevanz, wenn es auf Grund belastbarer Anhaltspunkte dem Bauvorhaben zugerechnet werden kann und nicht bloß individuelles, damit ggf. polizei- und ordnungsrechtlich relevantes Fehlverhalten ist. Mit der gegebenen Begründung ist der Normenkontrollantrag mangels Antragsbefugnis unzulässig (BVerwG, BauR 2012, 621, 622).

1997 ist zunächst eine Antragsfrist von 2 Jahren eingeführt worden, der später die Frist des § 215 BauGB angepasst worden ist; seit dem 1.1.2007 besteht nun wie bei § 215 BauGB (vgl. Rn. 103) auch für den Normenkontrollantrag eine **Frist von einem Jahr** nach Bekanntmachung (§ 47 Abs. 2 S. 1 VwGO). Diese Fristbestimmung betrifft nur die Normenkontrolle selbst; die Möglichkeit inzidenter Kontrolle (vgl. Rn. 116, 301) bleibt unberührt. 113

Die zum 1.1.2007 eingeführte **Präklusionsregelung** des § 47 Abs. 2a VwGO a. F. ist 2017 wieder entfallen. Danach sollte ein (u. a.) gegen einen Bebauungsplan gerichteter Normenkontrollantrag – wenn die ortsübliche Bekanntmachung nach § 3 Abs. 2 S. 2 BauGB ordnungsgemäß erfolgt ist (vgl. BVerwG, NVwZ 2015, 301, 302) und auf diese Rechtsfolge hingewiesen worden ist (vgl. dazu BVerwG, NVwZ 2011, 309) – unzulässig sein, wenn der Antragsteller nur Einwendungen geltend macht, die er im Rahmen der Öffentlichkeitsbeteiligung nach §§ 3 Abs. 2, 13 Abs. 2 Nr. 2, 13a Abs. 2 Nr. 1 BauGB hätte geltend machen können, aber nicht oder nur verspätet geltend gemacht hat (krit. zur Sinnhaftigkeit und Wirksamkeit der Regelung *Ziekow,* BauR 2007, 1169, 1174 ff.). Nunmehr können Betroffene wieder Normenkontrollklagen gegen Bebauungspläne unabhängig davon anstrengen, ob im Aufstellungsverfahren Einwendungen erhoben worden sind. 113a

Hinsichtlich der **Entscheidungsfolgen** ordnet § 47 Abs. 5 S. 2 VwGO an, dass die Feststellung der Nichtigkeit allgemeinverbindlich und von der Gemeinde öffentlich bekanntzumachen ist. Teilaufhebungen sind möglich, sofern der Bebauungsplan teilbar ist. Erteilte Baugenehmigungen werden von der Entscheidung nicht berührt (§§ 47 Abs. 5 S. 3, 183 VwGO); jedoch ist ihre Rücknahme gemäß § 48 VwVfG möglich. 114

§ 47 Abs. 6 VwGO eröffnet die Möglichkeit **vorläufigen Rechtsschutzes** durch einstweilige Anordnung (zu den Voraussetzungen, insbes. zum erforderlichen schweren Nachteil vgl. OVG NRW, BauR 2007, 1714). 115

b) Verwaltungsgerichtliche Inzidentkontrolle

I. Ü. bleibt unberührt die **Möglichkeit der inzidenten Kontrolle** eines Bebauungsplans im Rahmen verwaltungsgerichtlicher Klagen, die sich gegen Einzelmaßnahmen auf der Grundlage dieses Bebauungsplans richten. Hauptbeispiel dürfte die Klage auf Erteilung der Baugenehmigung sein, die sich gegen deren Versagung unter Verweis auf entgegenstehende Bebauungsplanfestsetzungen wendet. 116

c) Verfassungsbeschwerde

Schließlich kommt auch eine **Verfassungsbeschwerde** zum BVerfG (Art. 93 Abs. 1 Nr. 4a GG i. V. m. §§ 13 Nr. 8a, 90 ff. BVerfGG) bzw. zum VerfGH NRW (Art. 75 Nr. 5a LV i. V. m. §§ 53 ff. VerfGHG; vgl. näher § 1 Rn. 252) in Betracht, sofern ein Bebauungsplan unmittelbar den rechtlichen Status eines Grundstücks berührt (BVerfG, DVBl. 1989, 352, 353). Dies setzt aber die vorherige Erschöpfung des Rechtswegs, d. h. insbesondere die vorherige erfolglose Normenkontrolle nach § 47 VwGO voraus (§ 90 Abs. 2 BVerfGG; § 54 VerfGHG). 117

3. Anhang

Literatur: *Löhning,* Rechtsschutz gegen Bauleitpläne nach § 47 VwGO nF, JuS 1998, 315; *Rude/Stüer,* Planungsrechtliche Zulässigkeit von Vorhaben – Rechtsschutz, DVBl. 1999, 299; *Uechtritz,* Die Gemeinde als Nachbar – Abwehransprüche und Rechtsschutz von Nachbargemeinden gegen Einkaufszentren, Factory-Outlets und Großkinos, BauR 1999, 572; *Kintz,* Die Normenkontrolle nach § 47 VwGO, JuS 2000, 1099; *Konrad,* Gemeindliche Abwehrrechte gegenüber Planungen, JA 2001, 975; *Kraft,* Gerichtliche Abwägungskontrolle von Bauleitplänen nach dem EAG Bau, UPR 2004, 331; *Leopold,* Unmittelbarer Rechtsschutz gegen Flächennutzungspläne im Rahmen des § 35 III 3 BauGB, 118

VR 2004, 325; *Jeromin,* Rechtsschutz gegen Flächennutzungspläne, NVwZ 2006, 1374; *Schenke,* Rechtsschutz gegen Flächennutzungspläne, NVwZ 2007, 134; *Decker,* Zulässigkeitsprobleme bei der Normenkontrolle gegen Bebauungspläne, JA 2010, 653.

Übungsfälle: *Wrase,* Niederschlagswasser, VR 2004, 237; *Rossen-Stadtfeld/Ulleweit,* Ein zweifelhaftes Dorfgebiet, JURA 2004, 635; *Kleider,* Europarechtliche Vorgaben für den Rechtsschutz im Bauplanungsrecht, JuS 2011, 815; *Hyckel,* Der gemeindliche Kampf gegen Windkraftanlagen, JuS 2015, 162; *Dietlein/Hellermann,* „Bebauungsplan für einen Hypermarkt", in: Klausurenbuch Öffentliches Recht NRW, 3. Aufl. 2021, Fall 22.

Kontrollfragen:

1. Wie kann sich eine Gemeinde dagegen wehren, dass eine Nachbargemeinde gerade dabei ist, einen Flächennutzungsplan aufzustellen, von dessen Umsetzung schwere Nachteile auszugehen drohen?
2. Welche drei Möglichkeiten der gerichtlichen Überprüfung eines Bebauungsplans bestehen?

C. Bauplanungsrechtliche Zulässigkeit von Einzelvorhaben

119 Ein städtebaulicher Perspektivenwechsel – von der Makroperspektive der planenden Gemeinde zur **Mikroperspektive des einzelnen Eigentümers bzw. Bauherrn** – wird vorgenommen, wenn nunmehr der bauplanungsrechtlichen Zulässigkeit einzelner Vorhaben nachgegangen wird. Für ihn ist entscheidend, ob sein konkretes bauliches Vorhaben bauplanungsrechtlich zulässig ist, worüber ggf. im Rahmen des Verfahrens über die Erteilung einer Baugenehmigung gemäß § 74 Abs. 1 BauO zu entscheiden ist.

Anspruch auf Genehmigung eines genehmigungsbedürftigen Vorhabens (§ 74 Abs. 1 BauO): Vereinbarkeit mit öffentlich-rechtlichen Vorschriften		
Bauplanungsrecht (§§ 29ff. BauGB)	Bauordnungsrecht	sonstige öffentl.-rechtl. Vorschriften

I. Überblick

120 Die Regelungen über die bauplanungsrechtliche Zulässigkeit von einzelnen Vorhaben finden sich in den **§§ 29 bis 38 BauGB.**

121 Innerhalb dieser Bestimmungen sind zunächst systematisch zwei Fragen zu unterscheiden. Die erste Frage ist die nach der **Anwendbarkeit dieser Bestimmungen** mit ihren städtebaulichen Anforderungen auf bestimmte Vorhaben; diese Frage wird allgemein in § 29 Abs. 1 BauGB sowie ergänzend, in einer speziellen Hinsicht, in § 38 BauGB beantwortet (dazu II.). Auf die zweite Frage nach den **bauplanungsrechtlichen Anforderungen,** denen einzelne Vorhaben ggf. genügen müssen, geben dann in der Sache die §§ 30 bis 37 BauGB Auskunft.

122 Die spezifischen **bauplanungsrechtlichen Anforderungen an die bauliche oder sonstige Nutzung eines Grundstücks** hängen zunächst ab von der planungsrechtlichen Situation, in der dieses Grundstück sich aktuell befindet. Insofern unterteilt das BauGB das Gemeindegebiet in drei verschiedene Bereiche. Das Grundstück kann sich im räumlichen Geltungsbereich eines sog. qualifizierten oder eines vorhabenbezogenen Bebauungsplans befinden; die bauplanungsrechtlichen Anforderungen ergeben sich dann aus § 30 Abs. 1, 2 BauGB (dazu III.). Es kann sich im nicht qualifiziert beplanten Bereich, aber innerhalb eines im Zusammenhang bebauten Ortsteils, in dem sog. Innenbereich befinden; maßgeblich ist dann § 34 BauGB (dazu IV.). Schließlich kann es sich im sog. Außenbereich befinden und dann nach § 35 BauGB zu beurteilen sein (dazu V.). In jeder dieser drei Konstellationen kann ein Grundstück sich zugleich in einem Gebiet befinden, für das die Aufstellung eines (neuen) Bebauungsplans beschlossen ist, so dass zukünftig andere bauleitplanerische Vorgaben zu erwarten sind; in diesem Fall tritt zu der Beurteilung gemäß der aktuellen bauplanungsrechtlichen Situation ergänzend hinzu die Möglichkeit der Beurteilung eines Vorhabens nach Maßgabe dieses zukünftigen Bebauungsplans gemäß § 33 BauGB (dazu VI.).

Beurteilung der bauplanungsrechtlichen Zulässigkeit eines Vorhabens

Anwendbarkeit der §§ 30 bis 37 BauGB?

- Privilegierte Planfeststellung (§ 38 BauGB)?
- Vorhaben i. S. v. § 29 Abs. 1 BauGB?

Zulässigkeit nach §§ 30–37 BauGB?

- Zulässigkeit nach §§ 30, 34, 35 BauGB?
  - Maßgebliche Bestimmung/Gebiet i. S. v. §§ 30, 34 oder 35 BauGB?
  - Vereinbarkeit mit der maßgeblichen Bestimmung der §§ 30, 34 oder 35 BauGB?
- Evtl. (bei Unzulässigkeit nach §§ 30, 34, 35 BauGB und laufendem Bebauungsplanaufstellungsverfahren): Zulässigkeit nach § 33 BauGB?

Im Kern unabhängig von den spezifischen, von der jeweiligen Situation abhängigen 123 bauplanungsrechtlichen Anforderungen gilt für Vorhaben, die den §§ 30 bis 37 BauGB unterfallen, generell, dass die **Erschließung** gesichert sein muss (dazu VII. 1.). Ebenfalls übergreifend, für alle Situationen mit Ausnahme des Falls der Beurteilung eines Vorhabens allein nach § 30 Abs. 1, 2 BauGB, gilt schließlich das **Erfordernis des gemeindlichen Einvernehmens** (dazu VII. 2.).

Nur erwähnt, nicht näher dargestellt werden soll die besondere Regelung des § 37 BauGB. Sie ist der Sache nach eine – auch vom Erfordernis gemeindlichen Einvernehmens dispensierende – Befreiungsregelung (OVG NRW, BauR 2004, 463) für Bauvorhaben von Bund und Land, wenn deren besondere öffentliche Zweckbestimmung eine Abweichung von den §§ 30, 34, 35 BauGB erfordert.

Beispiel: Gemäß § 37 Abs. 2 BauGB können bei der Errichtung weiterer baulicher Anlagen auf einem bestehenden Truppenübungsplatz, auch bei Vorhaben von NATO-Verbündeten, Nachbarrechte eingeschränkt werden (OVG NRW, NVwZ-RR 1990, 174, 175 f.).

Eine ganz exzeptionelle, bis zum 31.12.2019 befristete Regelung enthielt § 246 Abs. 14 BauGB (vgl. Rn. 13). Er statuierte eine nur subsidiär, nachrangig zu §§ 30, 34 und 35 BauGB und den dazu ergangenen Sonderregelungen in § 246 Abs. 8 bis 13 BauGB (vgl. Rn. 143, 145, 154, 184) anwendbare Generalklausel. Diese war dann jedoch außerordentlich weitreichend. Danach konnte nämlich bei Aufnahmeeinrichtungen, Gemeinschaftsunterkünften oder sonstigen Unterkünften für Flüchtlinge oder Asylbegehrende von den Vorschriften des BauGB oder darauf gestützten Vorschriften in erforderlichem Umfang abgewichen werden, soweit auch bei Anwendung von § 246 Abs. 8 bis 13 BauGB dringend benötigte Unterkunftsmöglichkeiten im Gebiet der Gemeinde, in der sie entstehen sollten, nicht oder nicht rechtzeitig bereitgestellt werden konnten.

II. Anwendungsbereich der §§ 30 ff. BauGB

1. Ausgrenzung sog. privilegierter Fachplanungen (§ 38 BauGB)

Nach § 38 S. 1 Hs. 1 BauGB sind die **§§ 29 bis 37 BauGB nicht anzuwenden** 124 auf die ausdrücklich genannten Genehmigungsverfahren nach dem BImSchG für öffentlich zugängliche Abfallbeseitigungsanlagen sowie auf Planfeststellungsverfahren oder sonstige Verfahren mit der Wirkung einer Planfeststellung, namentlich also Plangenehmigungen, für Vorhaben von überörtlicher Bedeutung. Hiernach unterfallen nicht der Beurteilung nach §§ 29ff. BauGB etwa Planfeststellungen für Bundesfernstraßen nach § 17 FStrG, für Eisenbahnbetriebsanlagen nach § 18 AEG oder für Straßenbahnbetriebsanlagen nach § 28 PBefG, soweit den Vorhaben überörtliche Bedeutung zukommt; hierfür sollen überörtliche Bezüge des fraglichen Vorhabens genügen (BVerwG, UPR 2001, 33, 34; NVwZ 2001, 90, 91; NVwZ 2004, 1240, 1241).

Beispiel: Die Errichtung eines „FC Bayern München-Ladens" in der Schalterhalle des Münchener Hauptbahnhofs soll wegen der in der Zulassung des Ladenlokals liegenden Änderung einer Betriebsanlage der Bahn dem Planfeststellungs- bzw. Plangenehmigungsverfahren gemäß § 18 AEG unterliegen, jedoch nur örtliche Bedeutung besitzen, weshalb §§ 30ff., u.a. auch § 36 BauGB anwendbar sein sollen (BayVGH, BayVBl. 1999, 147, 147f.).

125 Die Bestimmung zielt auf einen **Vorrang dieser sog. privilegierten Fachplanungen** vor dem Baurecht (vgl. bereits Rn. 67ff.). Städtebauliche Interessen der Gemeinde sollen im Rahmen des Verfahrens nach Fachplanungsrecht zur Geltung kommen; zum einen wird die Unanwendbarkeit der §§ 29 bis 37 BauGB von der Beteiligung der Gemeinde an dem einschlägigen Verfahren abhängig gemacht, und zum anderen wird ausdrücklich die Berücksichtigung städtebaulicher Belange im Fachplanungsverfahren angeordnet (§ 38 S. 1 Hs. 2 BauGB).

2. Vorhaben i. S. v. § 29 Abs. 1 BauGB

126 I. Ü. richtet sich die planungsrechtliche Zulässigkeit von Einzelvorhaben nach §§ 30 bis 35 BauGB, sofern die **Voraussetzungen des § 29 Abs. 1 BauGB** gegeben sind. Dieser erfasst neben Aufschüttungen, Abgrabungen und Lagerstätten insbesondere Vorhaben, die die Errichtung, Änderung oder Nutzungsänderung von baulichen Anlagen zum Inhalt haben.

Auch wenn die Voraussetzungen des § 29 Abs. 1 BauGB nicht erfüllt und §§ 30 bis 35 BauGB damit nicht anwendbar sind, können gleichwohl die Festsetzungen eines Bebauungsplans für die Zulässigkeit eines Vorhabens maßgeblich sein (vgl. OVG NRW, ZfBR 1997, 46, 47f.); der Bebauungsplan fällt ggf. als Satzung unter die „sonstigen öffentlich-rechtlichen" Vorschriften i. S. v. § 74 Abs. 1 BauO oder kann eine Verfügung nach §§ 81, 82 BauO rechtfertigen.

a) Begriff der baulichen Anlage

127 Das BauGB enthält **keine Legaldefinition der baulichen Anlage.** Die in § 2 Abs. 1 BauO enthaltene bauordnungsrechtliche Legaldefinition ist, wenngleich im Ergebnis weitgehende, aber eben nicht völlige Übereinstimmung besteht, nicht übertragbar (BVerwGE 39, 154; 44, 59); dem steht entgegen, dass der Begriff des § 29 Abs. 1 BauGB ein bundesrechtlicher, durch die Gesetzgebungskompetenz des Bundes und den ihr korrespondierenden bodenrechtlichen Regelungszweck bestimmter Begriff ist. Hiervon ausgehend sind für den Begriff der baulichen Anlage i. S. v. § 29 BauGB zwei Merkmale entscheidend: das Merkmal des Bauens und das der bodenrechtlichen Relevanz.

128 Um ein weites, geringe Anforderungen stellendes Begriffselement handelt es sich zunächst beim **„Bauen"**. Es wird definiert als das Schaffen einer künstlichen Anlage, die auf Dauer mit dem Erdboden verbunden ist; hierfür soll die Verbindung kraft eige-

ner Schwere ausreichend sein (vgl. VGH BW, VBlBW 1993, 431, 433). An einer Anlage fehlt es, wenn keinerlei bauliches Element vorhanden ist. Ob eine Anlage auf Dauer angelegt ist, soll maßgeblich von der durch den Eigentümer beigemessenen Funktion abhängen.

Beispiele: Die Nutzung eines Grundstücks als Einstellplatz ohne jede Befestigung, Einfriedung etc. ist mangels baulichen Elements keine Anlage (BVerwG, BauR 1996, 362). Ein auf einem Weiher schwimmendes, im Teichboden verankertes Wohnboot kann hingegen Anlage sein (BVerwGE 44, 59, 63). Verkaufsständen, die als Ersatz für eine ortsfeste Anlage dienen, kommt die nötige Dauerhaftigkeit zu, selbst wenn sie täglich neu aufgestellt werden (NdsOVG, BauR 1993, 454). Bei einem auf der Straße abgestellten, aber nur für Urlaubszwecke bestimmten Wohnwagen fehlt die Dauerhaftigkeit der Anlage (*Reidt,* in: Battis/Krautzberger/Löhr, BauGB, § 29 Rn. 10).

Die maßgebliche Einengung nimmt, dem Regelungszusammenhang entsprechend, 129
das weitere **Begriffselement der (möglichen) bodenrechtlichen Relevanz** vor. Es soll gegeben sein, wenn Belange des § 1 Abs. 6 BauGB in einer Weise berührt werden (können), die geeignet ist, ein Bedürfnis nach einer die Zulässigkeit eines derartigen (nicht unbedingt des konkreten) Vorhabens regelnden verbindlichen Bauleitplanung hervorzurufen (BVerwGE 44, 59, 62).

Beispiele: Ob Werbeanlagen, die aus Baustoffen hergestellt und unmittelbar mit dem Erdboden verbunden oder auch auf/an anderen baulichen Anlagen angebracht sind, bauliche Anlagen sind, hängt entscheidend davon ab, ob sie im Hinblick auf ihre Größe auf die Umgebung einwirken und dadurch planungsrechtliche Relevanz haben; dies ist z. B. für einen Aluminium-Schaukasten von 1,40 m × 1,95 m an einer Wohnhausfront im allgemeinen Wohngebiet bejaht worden (BVerwGE 91, 234, 237 ff.). Auch eine Antennenanlage auf dem Gebäudedach ist bodenrechtlich relevant (OVG NRW, NVwZ-RR 2003, 637, 638). Einer Hütte mit einem Rauminhalt von 10 m³ auf einem nicht einsehbaren Grundstück im Außenbereich fehlt es hingegen an bodenrechtlicher Relevanz (OVG Rh.-Pf., NVwZ-RR 2001, 289, 290).

b) Errichtung, Änderung, Nutzungsänderung

Den §§ 30 ff. BauGB unterfällt die **Errichtung, Änderung und Nutzungsänderung** solcher baulicher Anlagen. Problematisch ist insofern letztere, denn es liegt auf 130
der Hand, dass nicht jede Nutzungsänderung etwa der Räume in einem Wohngebäude eine eigenständige Prüfung an §§ 30 ff. BauGB auslösen kann. Leitender Gesichtspunkt ist auch hier wieder die bodenrechtliche Relevanz. Eine relevante Nutzungsänderung liegt nur dann vor, wenn die Funktion der Anlage in einer Weise geändert wird, die zu einer anderen planungsrechtlichen Beurteilung führt, so dass die Genehmigungsfrage sich neu stellt (vgl. BVerwGE 47, 185, 188).

Beispiele: Bodenrechtlich relevante Nutzungsänderungen sind etwa die Umwandlung einer Schank- und Speisewirtschaft in eine Diskothek, selbst wenn keine bauliche Veränderung vorgenommen wird (OVG NRW, NVwZ 1983, 685), die Umnutzung eines Bauernhofs zu einem Wochenendhaus (BVerwGE 47, 185) oder die Nutzung eines Wochenendhauses als dauerhafter Lebensmittelpunkt der Bewohner und damit als Wohngebäude (OVG NRW, BauR 2007, 1009, 1010 f.); anders hingegen etwa die Umwandlung eines Schreibwaren- in einen Elektrowarenverkaufsladen.

c) Irrelevanz der Genehmigungsbedürftigkeit

131 Die frühere Abhängigkeit des bauplanungsrechtlichen Vorhabensbegriffs von der bauordnungsrechtlichen Genehmigungsbedürftigkeit des Vorhabens besteht seit dem 1.1.1998 nicht mehr. Nach § 29 Abs. 1 BauGB unterfallen nunmehr **auch genehmigungsfrei gestellte Vorhaben** den §§ 30ff. BauGB. Der Bundesgesetzgeber hat damit darauf reagiert, dass die Landesgesetzgeber einen weitreichenden Abbau des bauordnungsrechtlichen Genehmigungserfordernisses vorgenommen haben (vgl. Rn. 265), der auch bodenrechtlich relevante Vorhaben genehmigungsfrei gestellt hat (zu den Grenzen dieser Befugnis nach früherer Rechtslage vgl. BVerwGE 72, 300, 323ff.). Damit ist die früher gegebene Verknüpfung von Bauordnungs- und Bauplanungsrecht über den Vorhabensbegriff aufgegeben. Diese Verknüpfung wird heute allein noch durch die Verfahrensvorschrift des § 36 BauGB geleistet.

3. Anhang

132 **Literatur:** *Dolderer,* Die Zulässigkeit von Bauvorhaben, JURA 2004, 752; *Scheidler,* Der Einstieg in die bauplanungsrechtliche Prüfung – eine Betrachtung des § 29 BauGB, ZfBR 2016, 116.

Kontrollfragen:

1. Welche drei planungsrechtlichen Situationen eines Grundstücks sind bei der Beurteilung der Zulässigkeit von Vorhaben – die Anwendbarkeit von §§ 29ff. BauGB unterstellt – denkbar?
2. Auf welche – ansonsten dem Anwendungsbereich dieser Normen unterfallenden – Vorhaben sind §§ 29ff. BauGB nicht anzuwenden?
3. Was ist eine „bauliche Anlage" i.S.v. § 29 Abs. 1 BauGB? Darf die Legaldefinition des § 2 Abs. 1 BauO herangezogen werden?

III. Vorhaben im beplanten Innenbereich (§ 30 Abs. 1, 2 BauGB)

133 § 30 BauGB repräsentiert, indem er das **Bauen nach Maßgabe eines Bebauungsplans** vorsieht, den Idealfall des Planmäßigkeitsprinzips (vgl. Rn. 20).

1. Anwendungsbereich

134 Für die Anwendbarkeit der Bestimmung stellt § 30 Abs. 1 BauGB darauf ab, dass das Vorhaben im räumlichen **Geltungsbereich eines sog. qualifizierten Bebauungsplans** liegt. In diesem Sinne qualifiziert ist ein Bebauungsplan, der – u.U. auch gemeinsam mit sonstigen baurechtlichen Vorschriften – bestimmte Mindestfestsetzungen enthält (zur Vornahme dieser Festsetzungen und den einzelnen Festsetzungsmöglichkeiten vgl. Rn. 35, 70ff.), nämlich mindestens Festsetzungen über

- die Art der baulichen Nutzung (§ 9 Abs. 1 Nr. 1 BauGB i.V.m. §§ 2ff. BauNVO),
- das Maß der baulichen Nutzung (§ 9 Abs. 1 Nr. 1 BauGB i.V.m. §§ 16ff. BauNVO),
- die überbaubaren Grundstücksflächen (§ 9 Abs. 1 Nr. 2 i.V.m. § 22 BauNVO) und
- die örtlichen Verkehrsflächen (§ 9 Abs. 1 Nr. 11 BauGB).

135 Unabhängig davon, ob er diese Mindestfestsetzungen gemäß § 30 Abs. 1 BauGB aufweist, erfasst § 30 Abs. 2 BauGB außerdem den sog. **vorhabenbezogenen Bebauungsplan** i.S.v. § 12 BauGB (vgl. auch Rn. 230f.). Der Gesetzgeber geht davon aus, dass ein solcher Bebauungsplan seiner Funktion entsprechend das Vorhaben detailliert beschreiben wird, so dass ein ergänzender Rückgriff auf §§ 34, 35 BauGB nicht erforderlich und auch nicht zulässig ist.

§ 30 Abs. 3 BauGB stellt klar, dass Vorhaben im Geltungsbereich eines sog. einfachen Bebauungsplans, der die Mindestfestsetzungen gemäß § 30 Abs. 1 BauGB nicht aufweist, nach § 34 oder § 35 BauGB zu beurteilen sind, dabei allerdings auch die Festsetzungen des einfachen Bebauungsplans verbindlich und vorrangig zu beachten sind (BVerwGE 19, 164, 167).

2. Zulässigkeitsvoraussetzungen

Für die Zulässigkeit eines Vorhabens nach § 30 Abs. 1, 2 BauGB sind – neben dem Erfordernis der gesicherten Erschließung (s. dazu Rn. 193ff.) – die **planerischen Festsetzungen** im Bebauungsplan maßgeblich. **136**

a) Vereinbarkeit mit den Festsetzungen des Bebauungsplans

Grundsätzlich ist die Zulässigkeit von Vorhaben im Anwendungsbereich von § 30 Abs. 1, 2 BauGB davon abhängig, dass **kein Widerspruch zu den Festsetzungen des Bebauungsplans** besteht. Im Rahmen des § 30 Abs. 1 BauGB sind das die genannten Mindest-, u. U. aber auch weitere Festsetzungen, die der Bebauungsplan nach Maßgabe von §§ 9 Abs. 1 bis 3, 9a BauGB i. V. m. den Vorschriften der BauNVO enthält. Für die inhaltliche Konkretisierung der Festsetzungen ist grundsätzlich die zum Zeitpunkt des Inkrafttretens des Bebauungsplans geltende Fassung der BauNVO zugrunde zu legen (vgl. Rn. 35). **137**

aa) Art der baulichen Nutzung (§§ 1 bis 15 BauNVO)

Die **generelle, typisierende Normierung der zulässigen Art der baulichen Nutzung** ergibt sich zunächst aus der Festsetzung bestimmter Baugebiete i. S. v. §§ 2ff. BauNVO sowie ggf. der Inanspruchnahme der weiteren, durch die BauNVO zur Verfügung gestellten, differenzierenden Festsetzungsmöglichkeiten (vgl. Rn. 71). Hiervon ausgehend lässt sich dem Bebauungsplan i. V. m. den ihm inkorporierten Bestimmungen der BauNVO entnehmen, ob das fragliche Vorhaben zu den der Art nach zulässigen baulichen Nutzungen zählt. Weist also z. B. der Bebauungsplan ein allgemeines Wohngebiet i. S. v. § 4 BauNVO aus, so ist anhand von § 4 Abs. 2 BauNVO zu prüfen, ob das Vorhaben zulässig ist, bei einem Gewerbegebiet anhand von § 8 Abs. 2 BauNVO usw. (zu den ausnahmsweise zulässigen Vorhaben gemäß §§ 4 Abs. 3, 8 Abs. 3 BauNVO usw. vgl. Rn. 142f.). Darüber hinaus enthält die BauNVO besondere Regelungen über die Zulässigkeit bestimmter (Neben-)Anlagen in den einzelnen Baugebieten. So regelt § 12 BauNVO differenziert die Zulässigkeit von Stellplätzen und Garagen in den verschiedenen Baugebieten. § 13 BauNVO erlaubt in Kleinsiedlungs-, reinen und allgemeinen Wohngebieten Räume, in den Baugebieten nach §§ 4a bis 9 BauNVO auch Gebäude für Freiberufler, also z. B. für Rechtsanwälte, Ärzte oder Architekten, und ähnlich Tätige, z. B. Handels- und Versicherungsvertreter oder Makler, jedoch nicht für handwerklich oder kaufmännisch Tätige (BVerwG, NVwZ 1984, 236, 237). Der 2017 eingefügte § 13a BauNVO stellt in einer besonderen Definition klar, inwieweit Ferienwohnungen zu den in den einzelnen Baugebieten zulässigen Nutzungen zählen. § 14 BauNVO schließlich lässt unter gewissen Voraussetzungen über die Vorgaben der §§ 2 bis 13 BauNVO hinaus Nebenanlagen zu. **138**

Die BauGB-Novelle 2013 hat einige beachtenswerte Änderungen der BauNVO bewirkt. Nach § 3 Abs. 2 Nr. 2 BauNVO sind nunmehr in reinen Wohngebieten den Bedürfnissen der Bewohner des Gebiets dienende Anlagen zur Kinderbetreuung allgemein zulässig (vgl. auch Rn. 139 zu §§ 15 BauNVO, 22 Abs. 1a BImSchG). § 14 Abs. 3 BauNVO lässt Solaranlagen und Kraft-Wärme-Kopplungsanlagen als untergeordnete Nebenanlagen auch dann zu, wenn die erzeugte Energie vollständig oder überwiegend in das öffentliche Netz eingespeist wird. Beide Änderungen erfassen nach Maßgabe von § 245a Abs. 1, 2 BauGB auch Bebauungspläne, die auf der Grundlage der BauNVO a. F. erlassen worden sind.

Beispiele:

– Ein Gasthof mit Feinschmeckerlokal ist in einem allgemeinen Wohngebiet nicht allgemein zulässig, da er keine der Versorgung des Gebiets dienende Schank- und Speisewirtschaft darstellt (§ 4 Abs. 2 Nr. 2 BauNVO); es kann eine Ausnahme nach § 4 Abs. 3 BauNVO in Betracht kommen.
– Die Nutzungsänderung eines Wohngebäudes im reinen Wohngebiet in die Nutzung für „betreutes Wohnen" ist durch § 3 Abs. 4 BauNVO gedeckt. Danach gehören zu den zulässigen Wohngebäuden auch solche, die ganz oder teilweise der Betreuung und Pflege ihrer Bewohner dienen, solange den Bewohnern nach dem Nutzungskonzept ein Mindestmaß an häuslicher, selbstbestimmter Lebens- und Haushaltsführung möglich ist (OVG NRW, NVwZ-RR 2017, 404, 406).
– Ein zunehmendes Problem sind als Ferienwohnungen genutzte Wohnungen in reinen oder allgemeinen Wohngebieten. Es besteht weitgehend Einigkeit, dass es sich insoweit wegen des Fehlens des Elements der Dauerhaftigkeit nicht um nach § 3 Abs. 2 Nr. 1, 4 Abs. 2 Nr. 1 BauNVO zulässige Wohngebäude handelt (BVerwGE 147, 138, 141 ff.). § 13a BauNVO stellt jetzt klar, dass Ferienwohnungen in der Regel zu den – ausnahmsweise zulässigen – nicht störenden Gewerbebetrieben i. S. v. § 4 Abs. 3 Nr. 2 BauNVO und außerdem unter bestimmten, näheren Voraussetzungen zu den – ebenfalls ausnahmsweise zulässigen – (kleinen) Beherbergungsbetrieben i. S. v. § 3 Abs. 3 Nr. 1, 4 Abs. 3 Nr. 1 BauNVO gehören (vgl. *Otto,* ZfBR 2018, 221).
– Die Zulässigkeit einer Großdiskothek in einem stark gewerblich geprägten Teil eines Mischgebiets ist an § 6 Abs. 2 Nr. 8 BauNVO zu messen, jedoch zu verneinen, da es sich um eine sog. kerngebietstypische Vergnügungsstätte i. S. v. §§ 4a Abs. 3 Nr. 2, 7 Abs. 2 Nr. 2 BauNVO handelt; es bleibt die Ausnahmemöglichkeit nach § 6 Abs. 3 BauNVO.
– Differenziert wird die – teilweise umstrittene – bauplanungsrechtliche Beurteilung der Ausübung der Prostitution vorzunehmen sein. Im Mischgebiet ist sie nach § 6 Abs. 1 BauNVO als gewerbliche Betätigung zulässig, soweit sie das Wohnen nicht wesentlich stört. Eine solche wesentliche Störung wird für die sog. Wohnungsprostitution, die Ausübung des Gewerbes in der Wohnung der Prostituierten, nicht typischerweise angenommen; Prostitution in sog. Terminwohnungen, d. h. ständig einem wechselnden Personenkreis überlassenen Räumen, und Bordelle sind hingegen im Mischgebiet unzulässig (BayVGH, BauR 2008, 1851, 1852). Im Gewerbegebiet sind Bordelle und bordellartige Betriebe als „Gewerbebetriebe aller Art" (§ 8 Abs. 2 Nr. 1 BauNVO) und nicht als „Vergnügungsstätten" anzusehen (BVerwG, NVwZ 2016, 151, 152).
– Die Prüfung der Zulässigkeit eines großen Warenhauses von 1.800 m² Geschossfläche in einem Gewerbegebiet geht zunächst von § 8 Abs. 2 Nr. 1 BauNVO aus, wonach „Gewerbebetriebe aller Art", also auch Einzelhandelsbetriebe zulässig sind. Nach § 11 Abs. 3 S. 1 BauNVO sind jedoch sog. großflächige Einzelhandelsbetriebe unter dort näher definierten Voraussetzungen außer in Kerngebieten i. S. v. § 7 BauNVO nur in für sie festgesetzten Sondergebieten i. S. v. § 11 BauNVO zulässig. Das Warenhaus ist ein großflächiger Einzelhandelsbetrieb, da es die nach der jüngeren Rechtsprechung (BVerwG, NVwZ 2006, 452) hierfür maßgebliche Verkaufsfläche von 800 m² überschreitet. Da die bei einer Geschossfläche von 1.200 m² ansetzende Regelvermutung des § 11 Abs. 3 S. 3 BauNVO greift, ist das Warenhaus unzulässig.
– Ein Ärztehaus ist im allgemeinen Wohngebiet nach § 4 Abs. 2 BauNVO unzulässig; insbesondere handelt es sich nicht um eine Anlage für gesundheitliche Zwecke i. S. v. § 4 Abs. 2 Nr. 3 BauNVO (BVerwGE 102, 351, 353 ff.; a. A. *Dürr,* VBlBW 1997, 217, 217 f.). Es ist auch nicht nach § 13 BauNVO zulässig, da danach im allgemeinen Wohngebiet nur „Räume" für freiberufliche Betätigungen zugelassen sind, was nach der Rspr. voraussetzt, dass weniger als die Hälfte des Gebäudes freiberuflich genutzt wird (BVerwGE 68, 324, 329; NVwZ 2001, 1284, 1285). Es bleibt die Möglichkeit einer Ausnahmegenehmigung als nicht störender Gewerbebetrieb nach § 4 Abs. 3 Nr. 2 BauNVO.
– Die Annahme einer freiberuflichen Tätigkeit i. S. v. § 13 BauNVO setzt nicht zwingend voraus, dass diese Tätigkeit auf der Grundlage einer besonders qualifizierten Ausbildung betrieben wird, verlangt aber doch einen gewissen Standard an individueller, namentlich geistiger oder schöpferischer Qualifikation der Arbeit; der Betrieb eines Pudelsalons, ei-

nes Bräunungsstudios oder einer Einrichtung zur medizinischen Fußpflege sowie die Ausübung der Wohnungsprostitution genügen diesem Anspruch nicht (OVG NRW, NVwZ-RR 2012, 132, 135).
- Als Nebenanlagen können etwa ein privater Tennisplatz bei einer großen Villa (BVerwG, NJW 1986, 393, 393 f.) oder ein Wertstoffcontainer (BVerwG, NVwZ 1999, 298; BauR 2011, 629) gemäß § 14 BauNVO zulässig sein. Nicht nach § 14 Abs. 1 S. 2 BauNVO, wohl aber nach § 14 Abs. 1 S. 1 BauNVO kann auch ein Pferdestall zur hobbymäßigen Pferdehaltung in einem Dorfgebiet zulässig sein (OVG NRW, BauR 2013, 63, 65). Hingegen soll Mobilfunk-Sende- und Empfangsanlagen, jedenfalls soweit sie nicht der Versorgung des Gebiets dienen, der nötige Bezug zu Baugrundstück und -gebiet fehlen (BVerwG, BauR 2000, 703, 703 f.).

Die typisierende Betrachtungsweise der §§ 2–14 BauNVO kann in atypischen Fall- **139**
konstellationen eines einschränkenden Korrektivs bedürfen. Als solches fungiert der – eine gesetzliche Ausformung des Rücksichtnahmegebots darstellende – **§ 15 BauNVO** (zur weiteren Frage der nachbarschützenden Wirkung vgl. Rn. 315 ff., 319). Danach kann ein der Art der Nutzung nach grundsätzlich zulässiges Vorhaben im Einzelfall unzulässig sein, wenn ein Widerspruch zu der Eigenart des Baugebiets besteht oder im Verhältnis zur Umgebung unzumutbare Störungen auftreten, wobei bei der Beurteilung allein Gesichtspunkte mit städtebaulicher Erheblichkeit zu berücksichtigen sind (BVerwG, BauR 2007, 1002, 1003). Auch im Rahmen von § 15 BauNVO ist die Privilegierung von Kinderlärm durch den 2011 neu eingefügten § 22 Abs. 1a BImSchG zu berücksichtigen; danach sind von Kindertageseinrichtungen, Kinderspielplätzen und ähnlichen Einrichtungen ausgehende Geräuscheinwirkungen im Regelfall, ohne dass es bei der Beurteilung auf Immissionsgrenz- und -richtwerte ankommt, keine schädliche Umwelteinwirkung. Die mögliche Reichweite des § 15 BauNVO ist jedoch auf Feinkorrekturen beschränkt; es ist nicht das Einzelvorhaben nach § 15 BauNVO unzulässig, sondern der Bebauungsplan abwägungsfehlerhaft, wenn dessen planerische Konzeption Konflikte zwischen benachbarten Nutzungen nicht dem Gebot der Rücksichtnahme entsprechend bewältigt und auch nicht für eine Konfliktlösung im Rahmen des § 15 BauNVO offen ist.

Beispiele:
- Die Errichtung eines Schweinemaststalls für 100 Schweine in 20 Metern Entfernung zu einer Bäckerei in einem Dorfgebiet verletzt das in § 15 BauNVO verankerte Rücksichtnahmegebot nicht, wenn die Baugenehmigung nur unter Immissionsschutzauflagen (Türen und Fenster geschlossen, Unterdrucklüftung mit hohem Kamin, Dimensionierung des Gebäudes macht Entmistung nur alle 4 Monate erforderlich, etc.) erteilt wird (OVG NRW, BauR 2003, 1850).
- Ob Garagen und Stellplätze im Sinne des § 12 BauNVO im rückwärtigen Gartenbereich hinter Wohnhäusern nach § 15 Abs. 1 S. 2 BauNVO unzumutbar sind, richtet sich nach den Umständen des Einzelfalls. Eine allgemeine Aussage hierüber lässt sich nicht treffen. Weder die TA Lärm noch die VDI-Richtlinie 2058 sind rechtlich bindend; beide dürfen nicht schematisch, sondern nur unter Verwertung der Umstände des Einzelfalls angewendet werden. Sie geben aber – wenngleich sie für Anlagen, die einer immissionsschutzrechtlichen Genehmigung bedürfen, bestimmt sind – brauchbare Anhaltspunkte (BVerwG, NVwZ 2003, 1516, 1517).
- Ein Biergarten, der bis auf wenige Meter an den Ruhebereich eines Wohngrundstücks im allgemeinen Wohngebiet heranrückt, kann unzumutbare Lärmbelästigungen verursachen (OVG NRW, BauR 2019, 1892).,
- Die Stadt will in einem allgemeinen Wohngebiet in Nachbarschaft zu Wohngebäuden einen Kinderspielplatz errichten. Dieser wird wegen der Eigenart der dort vorgesehenen

Spielgeräte und der Lagebedingungen Geräuschimmissionen verursachen, die nach der Sportanlagenlärmschutzverordnung (18. BImSchV) und nach der Freizeitlärm-Richtlinie des Länderausschusses Immissionsschutz als unzulässig anzusehen wären; diese Regelwerke sind zwar nicht unmittelbar auf Kindertageseinrichtungen und Kinderspielplätze anwendbar, von der Rechtsprechung bislang jedoch als grundsätzliche Orientierung auch insoweit herangezogen worden. Der Kinderspielplatz ist im allgemeinen Wohngebiet als Anlage für soziale Zwecke nach § 4 Abs. 2 Nr. 3 BauNVO (und im reinen Wohngebiet als den Bedürfnissen der Bewohner des Gebiets dienende Anlage zur Kinderbetreuung nach § 3 Abs. 2 Nr. 2 BauNVO) grundsätzlich zulässig. Der Kinderspielplatz ist auch im Einzelfall nach § 15 BauNVO als bauplanungsrechtlich zulässig anzusehen, da wegen § 22 Abs. 1a BImSchG die Heranziehung von Immissionsgrenz- und -richtwerten unzulässig ist und die Geräuscheinwirkungen im Regelfall nicht als schädliche Umwelteinwirkung anzusehen sind.

– Zu den bei der Beurteilung nach § 15 Abs. 1 S. 2 BauNVO zu berücksichtigenden städtebaulich erheblichen Auswirkungen können auch die möglichen Gefahren zählen, die der Nachbarschaft einer diplomatischen Einrichtung durch terroristische Anschläge drohen (BVerwG, BauR 2007, 1002, 1003 f.).

bb) Sonstige Festsetzungen

140 Weiterhin muss das Bauvorhaben auch den weiteren Festsetzungen des Bebauungsplans insbesondere zum **Maß der baulichen Nutzung** und zu den **überbaubaren Grundstücksflächen,** ggf. zur **Bauweise** usw. entsprechen (zu den Festsetzungsmöglichkeiten vgl. Rn. 72 ff.).

Die der sog. Energiewende geschuldete Sonderregelung des § 248 BauGB erlaubt insoweit bei Maßnahmen an bestehenden Gebäuden zum Zwecke der Energieeinsparung sowie für Anlagen zur Nutzung solarer Strahlungsenergie in, an und auf Dach- und Außenwandflächen geringfügige Abweichungen.

b) Ausnahmen und Befreiungen (§ 31 BauGB)

141 Wenn ein Vorhaben den Festsetzungen des Bebauungsplans nicht entspricht, kann es im Einzelfall doch **nach § 30 i. V. m. § 31 BauGB zulässig** sein. § 31 BauGB dient der Einzelfallgerechtigkeit und der Wahrung des rechtsstaatlichen Übermaßverbots.

aa) Ausnahmen (§ 31 Abs. 1 BauGB)

142 Nach § 31 Abs. 1 BauGB können **Ausnahmen, die nach Art und Umfang im Bebauungsplan ausdrücklich vorgesehen sind,** zugelassen werden. Hinsichtlich der Art der baulichen Nutzung können sich Ausnahmemöglichkeiten danach je nach ausgewiesenem Baugebiet aus §§ 2 bis 9 (jeweils Abs. 3) BauNVO ergeben; der dritte Absatz der einzelnen Vorschriften gibt jeweils an, welche Nutzungen im fraglichen Baugebiet ausnahmsweise zugelassen werden können. Allerdings kann die Gemeinde nach Maßgabe von § 1 Abs. 5 bis 10 BauNVO im Bebauungsplan u. U. auch abweichend, einschränkend oder erweiternd, Ausnahmemöglichkeiten festlegen, z. B. die dort geregelten Ausnahmen nicht Bestandteil des Bebauungsplans bzw. allgemein zulässig werden lassen (§ 1 Abs. 6 BauNVO) oder bestimmte nach §§ 2 ff. BauNVO allgemein zulässige Nutzungen nur ausnahmsweise zulassen (§ 1 Abs. 5 BauNVO). Auch hinsichtlich sonstiger Festsetzungen kommen Ausnahmen nach dem Bebauungsplan bzw. der BauNVO in Betracht (vgl. z. B. § 23 Abs. 2 S. 3, Abs. 3 S. 3, Abs. 4 S. 1 BauNVO).

143 Die Gewährung von Ausnahmen unterliegt jedoch **rechtlichen Grenzen.** Sie ist unzulässig, wenn das Vorhaben im Einzelfall mit § 15 Abs. 1 BauNVO (Rn. 139) als Ausprägung des Rücksichtnahmegebots unvereinbar ist (BVerwG, BauR 2007, 1002,

1003). Darüber hinaus muss das Regel-Ausnahme-Verhältnis gewahrt bleiben. Ausnahmeentscheidungen dürfen nicht zu einer faktischen Änderung des Bebauungsplans führen; vielmehr soll die Ausnahme noch eine Verwirklichung der im Bebauungsplan niedergelegten Planungsvorstellungen der Gemeinde darstellen (BVerwGE 108, 190, 193f.). Nach Maßgabe dieser Planungsvorstellungen ist auch das Ermessen auszuüben, in dem die Ausnahmeerteilung steht (NdsOVG, BauR 1983, 150, 151); es kann sich freilich u. U. auch auf Null reduzieren.

Beispiele: Für die Errichtung einer Kirche mit einer im Untergeschoss gelegenen Krypta in einem Industriegebiet, für das die Ausnahmen nach § 9 Abs. 3 BauNVO im Bebauungsplan zugelassen sind, kann eine Ausnahme wegen fehlender Gebietsverträglichkeit mit Rücksicht auf die besondere Störempfindlichkeit verweigert werden; es kann jedoch eine Befreiung nach § 31 Abs. 2 BauGB (vgl. Rn. 144f.) in Betracht kommen (BVerwG, NVwZ 2011, 748), wobei dem grundrechtlichen Schutz der Religionsfreiheit (Art. 4 Abs. 1, 2 GG) Rechnung zu tragen ist (vgl. BVerfG, NVwZ 2016, 1804, 1805ff.). Auch die Gewährung einer Ausnahme für ein Krematorium als kulturelle Anlage in einem Gewerbegebiet nach § 8 Abs. 3 Nr. 2 BauNVO scheidet wegen Gebietsunverträglichkeit aus (BVerwG, NVwZ 2012, 825, 826ff.).

Befristet bis zum 31.12.2019 ordnete § 246 Abs. 11 BauGB (vgl. Rn. 13) an, dass Aufnahmeeinrichtungen, Gemeinschaftsunterkünfte oder sonstige Unterkünfte für Flüchtlinge oder Asylbegehrende nach § 31 Abs. 1 BauGB in der Regel zugelassen werden sollen, soweit in den Baugebieten nach den §§ 2 bis 7 BauNVO Anlagen für soziale Zwecke als Ausnahme zugelassen werden können.

bb) Befreiungen (§ 31 Abs. 2 BauGB)

Die Befreiung hingegen zeichnet aus, dass sie eine Abweichung von den im Bebauungsplan niedergelegten Planungsvorstellungen der Gemeinde ermöglicht. Um solche Abweichungen – mit Rücksicht auf die Wahrung der gemeindlichen Planungshoheit und die Rechtsbindung der Verwaltung – zu begrenzen, ist früher angenommen worden, dass eine Befreiung nur in atypischen Sonderfällen in Betracht komme. Nachdem die seit dem 1.1.1998 geltende Fassung des § 31 Abs. 2 BauGB die Befreiung nicht mehr auf den „Einzelfall" beschränkt, wird diese Annahme überwiegend nicht mehr aufrechterhalten (vgl. BVerwG, NVwZ 1999, 1110; VGH BW, NVwZ 2004, 357, 359; a. A. *Dürr/Schulte Beerbühl,* Baurecht NRW, Rn. 109). Vielmehr wird heute postuliert, dass eine Befreiung ihre **entscheidende Grenze in den Grundzügen der Planung** findet (BVerwG, NVwZ 1999, 1110; NVwZ 2000, 679, 680). Eine Folgerung daraus ist, dass eine Befreiung unzulässig ist, soweit bestimmte Bebauungsplanfestsetzungen gerade im Angesicht der fraglichen Fallgestaltung gemacht wurden; § 31 Abs. 2 BauGB soll vielmehr Fallgestaltungen erfassen, für die sich die planende Gemeinde keine, jedenfalls keine genauen und abschließenden Vorstellungen gemacht hat (OVG NRW, BauR 2004, 1125, 1126). 144

Im Einzelnen sind die **tatbestandlichen Voraussetzungen einer Befreiung** nach § 31 Abs. 2 BauGB, dass 145

- Grundzüge der Planung nicht berührt sind,
- einer der Gründe des § 31 Abs. 2 Nr. 1–3 BauGB vorliegt und
- die Abweichung auch unter Würdigung nachbarlicher Interessen mit den öffentlichen Belangen vereinbar ist.

I. S. v. § 31 Abs. 2 Nr. 1 BauGB erfordern Gründe des Wohls der Allgemeinheit die Befreiung nicht nur, wenn die Befreiung unabweisbar notwendig, sondern auch, wenn sie vernünftigerweise geboten ist. Am weitreichendsten ist der Befreiungstatbestand der städtebaulichen Vertretbarkeit gemäß § 31 Abs. 2 Nr. 2 BauGB, denn städtebaulich vertretbar ist, was nach § 1 Abs. 6, 7 BauGB planbar ist, d. h. in einem Bebauungsplan auch alternativ zur gegebenen Planung hätte geplant werden können. Die offenbar nicht beabsichtigte Härte i. S. v. § 31 Abs. 2 Nr. 3 BauGB stellt nicht auf persönliche Verhältnisse des jeweiligen Bauherrn, sondern nur auf objektive, grundstücksbezogene Umstände ab und verlangt insofern einen nachhaltigen Eingriff bzw. ein erhebliches Opfer (vgl. BVerwG, BRS 29 Nr. 165); dies kann etwa gegeben sein, wenn ein Grundstück wegen seiner besonderen topographischen Lage nicht oder nur schwer bebaut werden kann, ohne dass dies plangewollt wäre. Die Beurteilung, dass die Abweichung unter Würdigung nachbarlicher Interessen mit den öffentlichen Belangen vereinbar ist, erfordert eine die Gesamtsituation des Baugebiets würdigende Betrachtung. Unvereinbarkeit soll bestehen, wenn eine Befreiung so tiefgreifende städtebauliche Konflikte hervorrufen würde, dass sie eine neue Planung erfordern würden; solange das Vorhaben sich noch i. S. v. § 34 Abs. 1 S. 1 BauGB in die nähere Umgebung einfügt (vgl. Rn. 155 ff.), soll regelmäßig auch die Vereinbarkeit noch gegeben sein. Unter diesen Voraussetzungen kann eine Befreiung auch zulässig sein, wenn sie den Nachbarn stärker beeinträchtigt. Sind diese tatbestandlichen Voraussetzungen gegeben, soll ein Ermessensspielraum eröffnet sein; praktisch werden jedoch, sofern die Tatbestandsvoraussetzungen vorliegen, selten eine Ablehnung rechtfertigende Ermessenserwägungen in Betracht kommen.

Befristet bis zum 31.12.2019 eröffnete § 246 Abs. 10, 12 BauGB (vgl. Rn. 13) erweiterte Befreiungsmöglichkeiten zum Zweck der Unterbringung von Flüchtlingen und Asylbegehrenden (vgl. *Scheidler,* NVwZ 2015, 1406).

3. Anhang

146 **Literatur:** *Schmidt-Eichstaedt,* Die Befreiung nach § 31 II BauGB und andere Abweichungen, NVwZ 1998, 571; *Rathjen,* Zur Zulässigkeit von Mobilfunksendeanlagen, ZfBR 2001, 304; *Stollmann,* Bauplanungsrechtliche Zulässigkeit nach den §§ 30 Abs. 1, 31, 33 BauGB, VR 2002, 361; *Hebeler,* Bauplanungsrechtliche Ausnahmen und Befreiungen gem. § 31 BauGB, JA 2015, 401; *Uechtritz,* Das baurechtliche Rücksichtnahmegebot: Konkretisierung von Reichweite und Inhalt durch Fallgruppenbildung, DVBl. 2016, 90.

Klausurfälle: *Ingerowski,* Baurecht als Mittel zur Bekämpfung terroristischer Gefahren?, JuS 2009, 548; *ders.,* Einzelhandel: Auf die Größe kommt es an, JA 2009, 523; *Kares/Meurs,* Bienenhaltung im Wohngebiet, JuS 2009, 58; *Sademach,* Die Berufsbildungsstätte im allgemeinen Wohngebiet, JA 2013, 518; *Kaiser/Städele,* Die ungeliebte Asylbewerberunterkunft, JURA 2017, 95; *Stark,* Das Kreiswehrersatzamt als Unterkunft für Flüchtlinge und Asylbegehrende, JURA 2017, 845; *Schulte/Wittrahm,* Zwei Moscheen sind eine zuviel!, JA 2018, 605; *Hebeler/Huhle,* Wohnungsprostitution, JA 2018, 687.

Kontrollfragen:

1. Was unterscheidet den sog. qualifizierten vom einfachen Bebauungsplan?
2. Im Erdgeschoss eines bisher für Wohnzwecke genutzten Hauses im räumlichen Geltungsbereich eines qualifizierten Bebauungsplans, der ein allgemeines Wohngebiet ausweist, soll zukünftig eine Bäckerei untergebracht werden. Bauplanungsrechtlich zulässig?
3. Unter welchen Voraussetzungen kann eine Ausnahme i. S. v. § 31 Abs. 1 BauGB gewährt werden?

IV. Vorhaben im nicht (qualifiziert) beplanten Innenbereich (§ 34 BauGB)

147 Solange ein i. S. v. § 30 Abs. 1, 2 BauGB qualifizierter Bebauungsplan nicht aufgestellt ist, fungiert § 34 BauGB für den sog. Innenbereich als **gesetzlicher Planersatz** (BVerwG, BauR 1981, 351; ZfBR 1993, 191, 193). Die Bestimmung begründet zwar

wegen der unscharfen normativen Maßstäbe noch keinen gesetzlichen „Ersatzplan", aber doch eine Art Auffangplanung, indem sie im Wesentlichen an die faktischen örtlichen Gegebenheiten anknüpft und davon ausgehend eine gewisse Fortentwicklung zulässt.

1. Anwendungsbereich

a) Kein qualifizierter Bebauungsplan i. S. v. § 30 Abs. 1, 2 BauGB

Vom Anwendungsbereich des § 30 Abs. 1, 2 BauGB grenzt sich der des § 34 BauGB dadurch ab, dass für das fragliche Gebiet **kein qualifizierter (oder vorhabenbezogener) Bebauungsplan** besteht. Der Anwendungsbereich des § 34 BauGB erfasst danach Gebiete, für die entweder kein wirksamer Bebauungsplan oder aber nur ein sog. einfacher, d. h. die Mindestfestsetzungen nach § 30 Abs. 1 BauGB nicht aufweisender Bebauungsplan besteht (vgl. § 30 Abs. 3 BauGB). **148**

b) Im Zusammenhang bebauter Ortsteil

Dieser nicht qualifiziert beplante Bereich bedarf weiter der **Abgrenzung von dem sog. Außenbereich** (§ 35 BauGB). Diese Abgrenzung – die ihre besondere Bedeutung daraus gewinnt, dass der Innenbereich anders als der Außenbereich (vgl. Rn. 163) nach § 34 BauGB grundsätzlich der Bebauung offen steht (BVerwG, ZfBR 1980, 294, 295) – ist sehr von Gegebenheiten des Einzelfalls abhängig und entsprechend mit Unsicherheiten belastet. Ihr entscheidendes Kriterium ist das Tatbestandsmerkmal des „im Zusammenhang bebauten Ortsteils", dem das fragliche Grundstück zugehören muss. **149**

aa) Auslegung des gesetzlichen Tatbestandsmerkmals

Die Auslegung des Tatbestandsmerkmals des im Zusammenhang bebauten Ortsteils geht – entsprechend der § 34 BauGB allgemein zugeschriebenen Funktion als Planersatz – aus von der gebotenen Eignung der vorhandenen Bebauung als planersetzender Ordnungs- und Regelungsfaktor. Hieraus erklärt sich die Forderung nach einer gegebenen **Bebauung, die nach der Zahl der vorhandenen Bauten ein gewisses Gewicht hat und Ausdruck einer organischen Siedlungsstruktur ist** (BVerwGE 27, 137, 137 f.; 31, 22, 26 f.). Welche Mindestanzahl an Gebäuden dafür erforderlich ist, soll von der Situation abhängig sein. Diese vorhandene Bebauung darf nicht völlig regel- und systemlos sein, vielmehr muss eine funktionsbedingte, organische Siedlungsstruktur vorhanden sein, die den Eindruck der Geschlossenheit und Zusammengehörigkeit erweckt und deshalb mehr als eine bloße Splittersiedlung i. S. v. § 35 Abs. 3 Nr. 7 BauGB darstellt. **150**

Beispiel: Ein im Zusammenhang bebauter Ortsteil liegt mangels der erforderlichen organischen Siedlungsstruktur nicht vor, wenn nach der Aufgabe der militärischen Nutzung eines Geländes die vorhandenen Gebäude ihre prägende Kraft für die künftige bauliche Nutzung verloren haben (BVerwG, NVwZ 2017, 412, 413).

Ein solcher Bebauungszusammenhang ist auch gegeben, wenn **Baulücken,** d. h. einzelne unbebaute oder wegen ihrer besonderen Zweckbestimmung oder Beschaffenheit der Bebauung entzogene Grundstücke, vorhanden sind, sofern sie nach der Verkehrsauffassung den Eindruck der Geschlossenheit und Zusammengehörigkeit nicht stören (BVerwGE 41, 227, 233; 75, 34, 37; OVG NRW, BauR 2019, 1290). Ist die Baulücke so groß, dass die vorhandene Bebauung keinen prägenden Einfluss mehr auf deren Bebauung ausüben kann, zählen diese Grundstücke nicht mehr zum Innenbereich; ist eine **151** solche große Baulücke ringsum von Innenbereichsgrundstücken umgeben, liegt ein sog. Außenbereich im Innenbereich vor.

152 Die äußere **Begrenzung des Innenbereichs** liegt grundsätzlich unmittelbar hinter dem letzten Haus des im Zusammenhang bebauten Ortsteils; sie ist unabhängig vom Verlauf der Grundstücksgrenzen. Eine hinter dem letzten Haus liegende unbebaute Fläche wird jedoch noch dem Innenbereich zugerechnet, wenn sie bei natürlicher Betrachtungsweise noch als dessen Bestandteil erscheint, weil sie durch natürliche Hindernisse, z.B. eine Böschung, einen Flusslauf oder auch Weg, von der freien Landschaft abgegrenzt ist (BVerwG, BRS 50 Nr. 72; BauR 2000, 1310, 1311). In jedem Falle endet der Innenbereich an der Gemeindegrenze.

bb) Innenbereichssatzungen (§ 34 Abs. 4 BauGB)

153 Zur Ausräumung eventueller Unsicherheiten oder städtebaulicher Unzulänglichkeiten hat der Gesetzgeber den Gemeinden die Möglichkeit der **Abgrenzung und Erweiterung des Innenbereichs durch Satzung** gegeben (§ 34 Abs. 4 BauGB). Im Einzelnen sind drei verschiedene, nach § 34 Abs. 4 S. 2 BauGB u. U. aber zu verbindende Typen mit unterschiedlicher Funktion und unterschiedlichen Voraussetzungen zu unterscheiden:

- die Klarstellungssatzung (§ 34 Abs. 4 S. 1 Nr. 1 BauGB), die deklaratorisch die Grenzen des Innenbereichs festlegt (vgl. OVG Sachsen-Anh., NVwZ-RR 2001, 426, 427);
- die Entwicklungssatzung (§ 34 Abs. 4 S. 1 Nr. 2 BauGB), deren Funktion es ist, vorhandene Bebauungsansätze, die noch keinen im Zusammenhang bebauten Ortsteil, sondern Splittersiedlungen im Außenbereich darstellen, weiter zu entwickeln;
- die Ergänzungssatzung (§ 34 Abs. 4 S. 1 Nr. 3 BauGB), die es erlaubt, einzelne, auch unbebaute Flächen in den Innenbereich einzubeziehen.

Mit Rücksicht auf ihre deutlich konstitutive Funktion unterliegen Satzungen nach § 34 Abs. 4 S. 1 Nr. 2 und 3 BauGB besonderen formellen und materiellen Voraussetzungen, die sich im Einzelnen in § 34 Abs. 5, 6 S. 1 BauGB finden. In solchen Satzungen können auch einzelne Festsetzungen getroffen werden (§ 34 Abs. 5 S. 2 BauGB).

2. Zulässigkeitsvoraussetzungen

154 Die materielle **bauplanungsrechtliche Zulässigkeit eines Innenbereichsvorhabens** erfordert, dass es

- ggf. den vorrangig zu beachtenden Vorgaben eines einfachen Bebauungsplans (vgl. § 30 Abs. 3 BauGB) oder ggf. auch einzelnen Festsetzungen einer Innenbereichssatzung nach § 34 Abs. 4 S. 1 Nr. 2 und 3 BauGB entspricht,
- sich in die Eigenart der näheren Umgebung einfügt (§ 34 Abs. 1 S. 1, Abs. 2 BauGB),
- keine schädlichen Auswirkungen auf zentrale Versorgungsgebiete hat (§ 34 Abs. 3 BauGB),
- die Anforderungen an gesunde Wohn- und Arbeitsverhältnisse wahrt und das Ortsbild nicht beeinträchtigt (§ 34 Abs. 1 S. 2 BauGB) sowie dass
- seine Erschließung gesichert ist (§ 34 Abs. 1 S. 1 BauGB; vgl. Rn. 193ff.).

Die Möglichkeiten der Bauleitplanung für Innenbereiche sind durch die Festsetzungsmöglichkeiten des § 9 Abs. 2a S. 1, Abs. 2b BauGB, für die § 13 Abs. 1 BauGB zudem das vereinfachte Verfahren eröffnet (vgl. Rn. 41ff.), sowie des § 9 Abs. 2c BauGB erweitert worden (vgl. Rn. 71a). § 9 Abs. 2a BauGB erlaubt der Gemeinde, im Hinblick auf die Erhaltung oder Entwicklung zentraler Versorgungsbereiche in einem (einfachen) Bebauungsplan auch planerisch das Anliegen umzusetzen, das bereits in § 34 Abs. 3 BauGB verankert, nach dieser Regelung freilich jeweils im Einzelfall zu prüfen ist (vgl. Rn. 160).

In § 34 Abs. 3a BauGB hatte der Gesetzgeber zunächst eine – Abweichungen vom Erfordernis des Einfügens zulassende – Sonderregelung für die Erweiterung, Änderung, Nutzungsänderung oder Erneuerung bestehender Gewerbe- oder Handwerksbetriebe (mit Ausnahme von Einzelhandelsbetrieben mit bestimmten beeinträchtigenden bzw. schädlichen Auswirkungen), die sich nicht i. S. v. § 34 Abs. 1 S. 1 BauGB einfügen, geschaffen. Diese Sonderregelung ist danach ausgebaut worden und erfasst seit 2017 auch die Erweiterung, Änderung oder Erneuerung eines zulässigerweise errichteten, Wohnzwecken dienenden Gebäudes sowie die Nutzungsänderung einer zulässigerweise errichteten baulichen Anlage zu Wohnzwecken, einschließlich einer erforderlichen Änderung oder Erneuerung.

§ 246 Abs. 8 BauGB (vgl. Rn. 13) erstreckte § 34 Abs. 3a S. 1 BauGB, befristet bis zum 31.12.2019, auch auf die Nutzungsänderung, Erweiterung, Änderung oder Erneuerung zulässigerweise errichteter baulicher Anlagen zu Zwecken der Unterbringung von Flüchtlingen oder Asylbegehrenden.

Die Sonderregelung des § 248 BauGB für Maßnahmen an bestehenden Gebäuden zum Zwecke der Energieeinsparung sowie für Anlagen zur Nutzung solarer Strahlungsenergie in, an und auf Dach- und Außenwandflächen (vgl. Rn. 140) findet im nicht beplanten Innenbereich entsprechende Anwendung.

a) Einfügen in die Eigenart der näheren Umgebung

Der Begriff der **näheren Umgebung** meint nicht nur die unmittelbare Nachbarschaft, sondern den Einwirkungsbereich des jeweiligen Vorhabens, d. h. den Bereich der Umgebung, auf den sich das Vorhaben auswirken kann und der andererseits selbst das Baugrundstück prägt (BVerwGE 55, 369, 380). Die nähere Umgebung ist damit relativ, nämlich bezogen auf das jeweilige Vorhaben, etwa bei emmissionsträchtigen Gewerbebetrieben oder Hochhäusern anders als bei Einfamilienhäusern zu bestimmen. Maßgeblich für die Beurteilung des Vorhabens ist die **Eigenart** dieser näheren Umgebung; sie wird bestimmt, indem zunächst die tatsächlich vorhandene Bebauung erfasst, diese sodann, indem nicht prägend wirkende, u. U. auch ganz singulär, als „Fremdkörper" erscheinende Bauten ausgeschieden werden, auf das Wesentliche zurückgeführt (vgl. BVerwGE 84, 322, 325 ff.) und schließlich u. U. ergänzt wird um früher vorhandene bauliche Nutzungen, sofern mit deren Wiedererrichtung bzw. -aufnahme nach der Verkehrsauffassung noch zu rechnen ist (BVerwG, NVwZ 1982, 312; BVerwGE 75, 34, 38; BVerwG, ZfBR 2008, 52). In diese Eigenart der näheren Umgebung muss das Vorhaben sich **einfügen,** und zwar – nur – nach Art und Maß der baulichen Nutzung, Bauweise und zur Überbauung vorgesehener Grundstücksfläche. Dieses Einfügen ist u. U. in zwei Schritten zu untersuchen. 155

aa) § 34 Abs. 2 BauGB

Vorrangig zu prüfen ist **die bzgl. der Art der baulichen Nutzung auf §§ 2 ff. BauNVO verweisende Sonderregelung des § 34 Abs. 2 BauGB.** Danach richtet sich für den Fall, dass die vorhandene Bebauung in der näheren Umgebung einem Baugebiet der BauNVO entspricht, die Zulässigkeit des fraglichen Vorhabens allein danach, ob das Vorhaben in dem betreffenden Baugebiet zulässig wäre; dies ist unter Heranziehung der §§ 2 ff. BauNVO so zu prüfen wie auch im Anwendungsbereich des § 30 Abs. 1 BauGB, und zwar auch unter (entsprechender) Heranziehung der Ausnahme- und Befreiungsmöglichkeiten gemäß § 31 BauGB (§ 34 Abs. 2 Hs. 2 BauGB). Der Gesetzgeber geht davon aus, dass sich das Vorhaben unter dieser Voraussetzung hinsichtlich der Art der baulichen Nutzung in die Umgebung einfügt. Das Merkmal des „Einfügens" muss und darf insoweit nicht mehr gesondert gemäß § 34 Abs. 1 S. 1 BauGB geprüft werden, wohl aber hinsichtlich der übrigen Merkmale. 156

Gemäß § 245c Abs. 3 BauGB im Rahmen von § 34 Abs. 2 BauGB nicht anwendbar ist die neue Regelung des Baugebiets „Urbanes Gebiet" (§ 6a BauNVO).

bb) § 34 Abs. 1 S. 1 BauGB

157 Die nach § 34 Abs. 1 S. 1 BauGB vorzunehmende Prüfung, ob ein Innenbereichsvorhaben sich nach Art und Maß der baulichen Nutzung, der Bauweise und der zur Überbauung vorgesehenen Grundstücksfläche in die nähere Umgebung einfügt, bezieht sich maßgeblich auf **den durch die vorhandene Bebauung gebildeten Rahmen.** Als Grundsatz gilt, dass das Vorhaben sich einfügt, wenn es sich in diesem Rahmen hält, ihn also in den genannten Merkmalen weder über- noch unterschreitet (BVerwGE 55, 369, 385f.). Hiervon sind jedoch Ausnahmen in beide Richtungen möglich. Einerseits ist ausnahmsweise ein Überschreiten des vorgegebenen Rahmens unschädlich, wenn die „städtebauliche Harmonie" nicht beeinträchtigt wird, wenn z.B. in einer 2- bis 4-geschossigen näheren Umgebung ein 5-geschossiges Gebäude in einer Bodensenke errichtet werden soll. Andererseits kann aber auch ein Vorhaben, das in jeder einschlägigen Hinsicht den aus seiner Umgebung hervorgehenden Rahmen einhält, sich gleichwohl in seine Umgebung dann nicht einfügen, wenn das Vorhaben es an der gebotenen Rücksichtnahme auf die sonstige Bebauung fehlen lässt; dies wird angenommen, wenn das Vorhaben selbst sich nur formell im Rahmen der vorhandenen Bebauung hält, aber trotzdem belastend, störend oder verschlechternd auf die vorhandene Bebauung einwirkt (sog. „Unruhestifter"), aber auch bei „negativer Vorbildwirkung", wenn ein für sich allein noch akzeptables Vorhaben andere gleichartige Vorhaben nachzuziehen und die Situation zum „Umkippen" zu bringen droht (BVerwGE 44, 302, 305f.). Insofern wird die Prüfung des „Einfügens" dirigiert durch das Gebot der Rücksichtnahme, das das BVerwG in diesem Merkmal gesetzlich verankert sieht (BVerwG, NVwZ 1999, 523, 525; mit Blick auf den daraus folgenden Nachbarschutz vgl. Rn. 322). Erforderlich ist also eine Berücksichtigung der schutzwürdigen Interessen der jeweiligen anderen Nutzungen in der Nachbarschaft, allerdings nicht einseitig, sondern u.U. auch i.S. wechselseitiger Zugeständnisse verschiedener Nutzungen. Dies kommt insbesondere in Gemengelagen zum Tragen, also in Innenbereichen mit Immissionskonflikten zwischen emittierenden und schutzbedürftigen Nutzungen; die insoweit gegebene „Vorbelastung" der Grundstücke kann dazu führen, dass etwa der Inhaber eines Wohnhauses stärkere Immissionen von Gewerbebetrieben hinnehmen muss als in Wohngebieten, andererseits auch dazu, dass sich ein Gewerbetreibender weitergehende Einschränkungen gefallen lassen muss als in Gewerbegebieten.

b) Gesunde Wohn- und Arbeitsverhältnisse/Ortsbild

158 Neben dem Einfügen in die nähere Umgebung ist nach § 34 Abs. 1 S. 2 BauGB eigenständig zu untersuchen, ob die **Anforderungen an gesunde Wohn- und Arbeitsverhältnisse** gewahrt werden. Für einzelne einschlägige Gesichtspunkte liefert § 136 Abs. 3 Nr. 1 BauGB Anhaltspunkte. Da aber der Innenbereich grundsätzlich der Bebauung zugänglich sein soll, ist dieses Erfordernis nur als eine äußerste Grenze der Zulässigkeit einer Bebauung zu verstehen (BVerwG, ZfBR 1991, 126, 128).

Beispiel: Eine geplante Wohnnutzung ist danach unzulässig, wenn von einem benachbarten Industriebetrieb oder einer „Altlast", also kontaminiertem Boden, Gesundheitsgefahren ausgehen.

159 Weiter darf das **Ortsbild nicht beeinträchtigt** werden. Maßgeblich ist allein eine städtebauliche, d.h. auf den durch Bauleitplanung möglichen Schutz des Ortsbildes abstellende Betrachtung (BVerwG, NVwZ 2000, 1169, 1170). Insofern kann hier – über

den vorhandenen Bestand hinaus – auch das städtebaulich erstrebens- und wünschenswerte Ortsbild den Bezugspunkt bilden (OVG NRW, BRS 52 Nr. 66). Eine gewisse Einheitlichkeit oder Gleichartigkeit der Bebauung reicht jedoch nicht; § 34 Abs. 1 S. 2 BauGB setzt eine aus dem Üblichen herausragende Prägung, eine gewisse Wertigkeit des Ortsbilds voraus (BVerwG, NVwZ 2000, 1169, 1170).

Beispiel: Eine islamische Glaubensgemeinschaft will auf einem unbeplanten Grundstück im Bereich der Ortseinfahrt eines dörflichen Ortsteils von 1.000 Einwohnern, in der Umgebung von Wohnhäusern, landwirtschaftlich mitgenutzten Grundstücken, Räumlichkeiten der Freiwilligen Feuerwehr etc., eine als Kuppelbau mit Minarett geplante, die benachbarten Wohnhäuser ein wenig überragende Moschee errichten. In die nähere Umgebung fügt das Vorhaben sich nach Art und Maß der baulichen Nutzung, der Bauweise und der zu überbauenden Grundstücksfläche ein (§ 34 Abs. 1 S. 1 BauGB): Als Anlage für kirchliche und soziale Zwecke (vgl. §§ 4 Abs. 2 Nr. 3, 6 Abs. 2 Nr. 5 BauNVO) passt es der Art der Nutzung nach in die als allgemeines Wohn- oder Mischgebiet zu kennzeichnende Umgebung; dass es mit Kuppel und Minarett den durch die benachbarte Wohnbebauung vorgegebenen Rahmen hinsichtlich der Gebäudehöhe geringfügig überschreitet, ist – wie der Vergleich mit christlichen Kirchbauten belegt – als Ausdruck der spezifischen Nutzung des Gebäudes hinzunehmen. Der Einwand, die Moschee störe aufgrund ihrer Fremdartigkeit das Ortsbild des kleinen Orts(teils) (§ 34 Abs. 1 S. 2 BauGB), verfängt nicht, da nur ein Ortsbild von besonderem Charakter, mit aus dem Üblichen herausragender prägender Wirkung danach geschützt wird (VG Frankfurt, NVwZ-RR 2002, 175; vgl. weiter VG München, BauR 2007, 1188; OVG Berlin-Brandenburg, BauR 2008, 647; VGH BW, BauR 2009, 470; OVG Lüneburg, BauR 2010, 433).

c) Auswirkungen auf zentrale Versorgungsbereiche

Durch das EAG Bau 2004 eingeführt worden ist § 34 Abs. 3 BauGB, der auf die **Unzulässigkeit von großflächigen Einzelhandelsbetrieben (und ähnlichen Nutzungen) wegen schädlicher Einwirkungen auf zentrale Versorgungsbereiche** abzielt. Die Besonderheit ist, dass über das nach § 34 Abs. 1 S. 1 BauGB maßgebliche Einfügen in die nähere Umgebung hinaus hier auch großräumigere Auswirkungen, sog. Fernwirkungen etwa auf das mehrere Kilometer entfernte Stadtzentrum mit seinem der Versorgung dienenden Einzelhandel Relevanz gewinnen (krit. hierzu *Hoppe,* NVwZ 2004, 282; vgl. auch Rn. 71a, 154 zu § 9 Abs. 2a S. 1 BauGB). Danach zu schützende zentrale Versorgungsbereiche sind auf Grund tatsächlicher Verhältnisse oder auch planerischer Festlegungen räumlich abgrenzbare Bereiche einer Gemeinde, denen auf Grund vorhandener Einzelhandelsnutzungen eine Versorgungsfunktion über den unmittelbaren Nahbereich hinaus zukommt (BVerwG, BauR 2008, 315, 316); das kann auch Nah- und Grundversorgungszentren einschließen (BVerwG, NVwZ 2010, 590, 591; OVG NRW, BauR 2008, 2025). Für die Beurteilung großflächiger Einzelhandelsbetriebe nach § 34 Abs. 3 BauGB ist die Vermutungsregel des § 11 Abs. 3 S. 3, 4 BauNVO weder unmittelbar noch mittelbar heranzuziehen; vielmehr soll eine alle Umstände des Einzelfalls in den Blick nehmende Prognose hinsichtlich zu erwartender schädlicher Auswirkungen anzustellen sein (BVerwG, NVwZ 2009, 779, 780; OVG NRW, BauR 2009, 220, 221). Auch nicht großflächige Einzelhandelsbetriebe können u. U. schädliche Auswirkungen auf einen zentralen Versorgungsbereich auslösen (BVerwG, NVwZ 2010, 590, 592; OVG NRW, BauR 2009, 1701). Die Bestimmung soll allein städtebaulich nachhaltige Auswirkungen auf zentrale Versorgungsbereiche vermeiden und ist nicht etwa auch den Interessen konkurrierender Betriebe oder Eigentümer zu dienen bestimmt (OVG NRW, BauR 2007, 1550). 160

Beispiele: Auf einem Grundstück in einem unbeplanten, weitgehend bebauten, durch Industrie-, Gewerbe-, aber auch großflächige Einzelhandelsbetriebe genutzten Gelände am Rande einer nordrhein-westfälischen Stadt von 150.000 Einwohnern soll ein großflächiges Möbelgeschäft mit einem breiten (Rand-)Sortiment an Bett- und Haushaltswäsche, Geschirr etc. errichtet werden. Im beplanten Innenbereich wäre ein solches Vorhaben nur im Kern- oder im einschlägigen Sondergebiet zulässig (§ 11 Abs. 3 S. 1 BauNVO). Bei der hier einschlägigen Beurteilung nach § 34 BauGB ist zunächst nach § 34 Abs. 1 S. 1, Abs. 2 BauGB mit Blick auf die Eigenart der näheren Umgebung maßgeblich, ob es sich nach der Art der Nutzung einfügt, woran es fehlen würde, hätte die nähere Umgebung die Eigenart etwa eines Gewerbe- oder Industriegebiets; dieser Annahme stehen aber die in der näheren Umgebung vorhandenen großflächigen Einzelhandelsbetriebe entgegen. Die schädigenden Fernwirkungen, die ein solcher großflächiger Einzelhandelsbetrieb etwa für das Stadtzentrum mit seiner städtebaulichen Versorgungsfunktion haben kann, sind für § 34 Abs. 1 S. 1 Abs. 2 BauGB irrelevant und können daher hier nur nach § 34 Abs. 3 BauGB zur Geltung kommen.

E beantragt für sein Grundstück, das am Rande eines Nahversorgungszentrums liegt, einen Bauvorbescheid zur Erweiterung seines Lebensmittelmarktes. Der Antrag wird mit der Begründung abgelehnt, nach dem vom Rat der Stadt als informellem Entwicklungskonzept beschlossenen Nahversorgungs- und Zentrenkonzept sei das Grundstück nicht mehr als Teil des Nahversorgungszentrums vorgesehen. Die Ablehnung ist rechtswidrig, weil die Abgrenzung eines Versorgungsbereichs nicht durch ein städtebauliches Entwicklungskonzept bindend vorgegeben werden kann, sondern sich nach den tatsächlich vorhandenen Gegebenheiten richtet (BVerwG, NVwZ 2009, 781, 782; OVG NRW, BauR 2009, 216, 219f.).

3. Anhang

161 **Literatur:** *Schink,* Möglichkeiten und Grenzen der Schaffung von Bauland durch Innen- und Außenbereichssatzungen nach § 34 Abs. 4, 5 und § 35 Abs. 6 BauGB, DVBl. 1999, 367; *Decker,* Die Begriffe des Ortsteils und des Bebauungszusammenhangs in § 34 I BauGB, JA 2000, 60; *Reidt,* Die Genehmigung von großflächigen Einzelhandelsvorhaben – die rechtliche Bedeutung des neuen § 34 Abs. 3 BauGB, UPR 2005, 241; *Gatawis,* Die Neuregelung des § 34 III Baugesetzbuch (BauGB), NVwZ 2006, 272; *Scheidler,* Der Schutz zentraler Versorgungsbereiche vor großflächigen Einzelhandelsbetrieben, NWVBl. 2010, 336; *Schoen,* Zulässigkeit von Einzelhandelsvorhaben im Anwendungsbereich des § 34 BauGB, BauR 2010, 2034; *Gatz,* Zur langen Geschichte des § 34 BBauG/BauGB, DVBl 2013, 1304; *Krüper/Herbolsheimer,* § 34 BauGB verstehen und anwenden, JURA 2017, 286 und 532; *Scheidler,* Der im Zusammenhang bebaute Ortsteil im Sinne von § 34 BauGB, ZfBR 2017, 750; *Rubel,* § 34 Abs. 1 BauGB: Grundlagen und Grenzen der Innenbereichsentwicklung, DVBl. 2018, 403.

Klausurfälle: *Cremer,* Kein Nebenverdienst für den Nachbarn, JURA 2001, 330; *Stollmann,* Ein umtriebiger Erbe, VR 2002, 135; *Kosczynski-Wagner/Lange,* Neubau eines Wohnhauses, VR 2002, 199; *Reinhard,* Goliath gegen David – Einzelhandelssteuerung im Bauplanungsrecht, JURA 2014, 242; *Broemel/Heinze,* Bauplanungsrechtliche Zulässigkeit einer prostitutiven Einrichtung im allgemeinen Wohngebiet, JA 2014, 933.

Kontrollfragen:

1. Wie wird der „im Zusammenhang bebaute Ortsteil" i. S. v. § 34 Abs. 1 S. 1 BauGB dem Grunde nach definiert?
2. Wie wird das „Sich-Einfügen in die Eigenart der näheren Umgebung" i. S. v. § 34 Abs. 1 S. 1 BauGB im Ausgangspunkt und dem Grundsatz nach beurteilt?
3. Wann ist § 34 Abs. 2 BauGB anwendbar und was folgt daraus ggf. für die Prüfung eines Vorhabens?

V. Vorhaben im Außenbereich (§ 35 BauGB)

162 Nachdem die – auch in der Falllösung vorrangig zu prüfenden – §§ 30, 34 BauGB untersucht worden sind, wirft die Bestimmung des Anwendungsbereichs des § 35

BauGB, die Definition des sog. Außenbereichs, keine Probleme mehr auf. Er definiert sich negativ: Im Außenbereich i. S. v. § 35 BauGB befinden sich alle Grundstücke, die **nicht im räumlichen Geltungsbereich eines wirksamen qualifizierten bzw. vorhabenbezogenen Bebauungsplans** i. S. v. § 30 Abs. 1, 2 BauGB und **nicht in einem im Zusammenhang bebauten Ortsteil** i. S. v. § 34 Abs. 1 BauGB liegen (BVerwGE 41, 227, 232 f.).

Für diese im Außenbereich befindlichen Grundstücke hält § 35 BauGB einen **gesetzlichen „Ersatzplan“** bereit. Anders als § 34 BauGB (vgl. Rn. 147) enthält § 35 BauGB nämlich eine generelle gesetzgeberische Planung mit deutlichen normativen Vorgaben. Sie ist im Kern gekennzeichnet durch die Entscheidung, den Außenbereich grundsätzlich von Besiedlung frei zu halten (BVerwG, BRS 36 Nr. 55), und darauf aufbauend die Zuweisung bestimmter sog. privilegierter Vorhaben zum Außenbereich einerseits (§ 35 Abs. 1 BauGB) und das grundsätzliche Bauverbot für sonstige Vorhaben andererseits (§ 35 Abs. 2 BauGB). 163

Im Überblick betrachtet erfordert die **materielle bauplanungsrechtliche Zulässigkeit eines Außenbereichsvorhabens,** dass es ggf. den vorrangig zu beachtenden Vorgaben eines einfachen Bebauungsplans entspricht (vgl. § 30 Abs. 3 BauGB; vgl. BVerwGE 89, 69, 76), vor allem aber den – im Folgenden näher darzulegenden – ersatzplanerischen Vorgaben des § 35 BauGB genügt, wobei auch seine (ausreichende) Erschließung gesichert sein muss (§ 35 Abs. 1, 2 BauGB; vgl. dazu Rn. 193 ff.). 164

1. Zulässigkeit von Außenbereichsvorhaben gemäß § 35 Abs. 1, 2 BauGB

Den Grundtatbestand des § 35 BauGB kennzeichnet die **Unterscheidung von sog. privilegierten und sonstigen Vorhaben.** Erstere sind dem Außenbereich vom Gesetzgeber planähnlich zugewiesen und sollen dort generell zulässig sein, solange öffentliche Belange nicht entgegenstehen, d. h. bei einer Abwägung auch unter Berücksichtigung des besonderen Gewichts der Privilegierung nicht überwiegen. Die anderen gelten als im Außenbereich grundsätzlich unerwünscht und sollen nur zugelassen werden können, sofern sie öffentliche Belange erst gar nicht beeinträchtigen. 165

Die gutachtliche Prüfung der Zulässigkeit eines Außenbereichsvorhabens muss mit § 35 Abs. 1 BauGB ansetzen, der den weitaus großzügigeren Zulässigkeitsmaßstab bereithält.

a) Privilegierte Vorhaben (§ 35 Abs. 1 BauGB)

aa) Die einzelnen Privilegierungstatbestände

Die Zulässigkeit nach § 35 Abs. 1 BauGB setzt zunächst die **Zugehörigkeit des Vorhabens zu einem der Privilegierungstatbestände des § 35 Abs. 1 Nr. 1 bis 8 BauGB** voraus. Mit Rücksicht auf die Intention des Gesetzgebers, das Bauen im Außenbereich grundsätzlich zu unterbinden und nur als Ausnahme vorzusehen, bedarf es dabei grundsätzlich einer restriktiven Auslegung. 166

Privilegiert sind danach zunächst **einem land- bzw. forstwirtschaftlichen oder Gartenbaubetrieb dienende Vorhaben** (§ 35 Abs. 1 Nr. 1, 2 BauGB). Der Begriff der Landwirtschaft wird in § 201 BauGB weiter als im normalen Sprachgebrauch, unter Einbeziehung etwa auch von berufsmäßiger Imkerei und Binnenfischerei, definiert. Dass die dort ebenfalls erfasste gartenbauliche Erzeugung in § 35 Abs. 1 Nr. 2 BauGB besonders privilegiert ist, soll für sie die Einschränkung des § 35 Abs. 1 Nr. 1 BauGB entfallen lassen, dass die baulichen Anlagen nur einen untergeordneten Teil der Betriebsfläche einnehmen dürfen. Der Betrieb muss ernsthaft und auf Dauer angelegt sein und dazu bestimmt sein, seinem Betreiber einen nicht ganz unerheblichen Beitrag zum 167

Lebensunterhalt zu leisten; das erfordert nicht die hauptberufliche Führung des Betriebs, es reicht auch ein Nebenverdienstbetrieb (OVG NRW, NVwZ-RR 2000, 347, 347; BVerwG, NVwZ 2013, 155, 156f.). Dass das Vorhaben einem solchen Betrieb „dienen" muss, verlangt, dass es ihm – auch äußerlich erkennbar – objektiv nach Verwendungszweck, Größe, Gestaltung, Ausstattung und sonstiger Beschaffenheit zu- und untergeordnet ist (BVerwGE 41, 138, 140). An diesen letzten Merkmalen, der Ernst- und Dauerhaftigkeit des Betriebs und dem „Dienen" des Vorhabens, wird das Hauptproblem dieses Privilegierungstatbestandes diskutiert, nämlich der Ausschluss bloßer Schein- bzw. Freizeitnutzungen.

Beispiele: Ein Vorhaben im Zusammenhang mit dem Selbstverkauf landwirtschaftlicher Produkte ist privilegiert (OVG NRW, BauR 2000, 245). Vorhaben, die einem landwirtschaftlichen Betrieb auf gepachtetem Land dienen, sind nur dann privilegiert, wenn hinreichende Indizien für die Dauerhaftigkeit des Betriebs vorliegen (BVerwGE 41, 138; BauR 1989, 182; OVG NRW, VwRspr. 22, 243; OVG Rh.-Pf., BauR 2008, 794, 795). Nicht privilegiert ist die Pferdezucht eines Rechtsanwalts, sofern bloße Liebhaberei (OVG NRW, BRS 27 Nr. 67).

168 Weiter sind **der öffentlichen Versorgung und Abwasserwirtschaft sowie einem ortsgebundenen gewerblichen Betrieb dienende Vorhaben** privilegiert (§ 35 Abs. 1 Nr. 3 BauGB). Ortsgebunden sind solche Betriebe nicht schon, wenn sie an der fraglichen Stelle, etwa aus Rentabilitätsgründen, besonders gut zu betreiben oder zweckmäßig unterzubringen sind, sondern nur, wenn sie ihrem Gegenstand und Wesen nach nur hier und so betrieben werden können (BVerwG, NJW 1975, 550); erfasst sind danach z. B. Bergwerksanlagen, Steinbrüche, Kies- und Sandgruben. Das BVerwG erstreckt dieses Erfordernis der Ortsgebundenheit in restriktiver Auslegung auf alle Vorhaben, auch auf die der öffentlichen Versorgung und Abwasserwirtschaft; auch sie müssen auf einen Standort im Außenbereich aus insbesondere geografischen oder geologischen Gründen angewiesen sein (BVerwGE 96, 95, 98).

Beispiel: Eine Mobilfunksendeanlage soll die Privilegierung nach § 35 Abs. 1 Nr. 3 BauGB nicht nur bei – regelmäßig nicht gegebener – strikter Ortsgebundenheit, sondern schon dann in Anspruch nehmen können, wenn nach einer Standortanalyse des Vorhabenträgers eine Raum- bzw. Gebietsgebundenheit besteht und ein Ausweichen auf einen Innenbereichsstandort aus rechtlichen oder tatsächlichen Gründen nicht zumutbar ist (BVerwG, NVwZ 2013, 1288, 1290).

169 Eine generalklauselartige Privilegierung von **nur im Außenbereich auszuführenden Vorhaben** begründet § 35 Abs. 1 Nr. 4 BauGB. Die Verweisung auf den Außenbereich kann ihren Grund haben in besonderen Anforderungen an die Umgebung, so z. B. bei Aussichtstürmen, in nachteiligen Wirkungen auf die Umgebung, so z. B. bei stark emittierenden Vorhaben wie Tierkörperbeseitigungsanstalten, oder in der besonderen Zweckbestimmung, so z. B. bei öffentlichen Wander- und Berghütten. Die hierin begründete besondere Beziehung eines Vorhabens zum Außenbereich macht es „privilegierungsfähig", sofern es – nicht generell oder schlechterdings, sondern mit Rücksicht auf die konkrete örtliche Situation, nach Lage der Dinge (BVerwGE 48, 109, 111) – nur hier und so im Außenbereich untergebracht werden kann. Aus dem „soll" im Wortlaut von § 35 Abs. 1 Nr. 4 BauGB wird jedoch abgeleitet, dass es darüber hinaus der „Privilegierungswürdigkeit", einer wertenden Zuweisung zum Außenbereich bedarf; das Vorhaben muss in einer Weise billigenswert sein, die es auch unter Berücksich-

tigung der städtebaulichen Funktion des Außenbereichs rechtfertigt, es dort bevorzugt zuzulassen (BVerwG, NVwZ 1984, 169, 170). Die BauGB-Novelle 2013 hat ausdrücklich die Privilegierung solcher Tierhaltungsanlagen nach § 35 Abs. 1 Nr. 4 BauGB ausgeschlossen, die einer Pflicht zur Durchführung einer standortbezogenen oder allgemeinen Vorprüfung oder einer Umweltverträglichkeitsprüfung nach dem UVPG unterliegen; solche größeren Tierhaltungsanlagen werden damit einer Ausweisung in Bebauungsplänen bedürfen.

Beispiele: Es genügt nicht wirtschaftliche Zweckmäßigkeit, sondern nur technische Notwendigkeit (BVerwG, BauR 1976, 344, 346). Nicht privilegiert sind Wochenendhäuser, da hier auch auf Errichtung im Außenbereich verzichtet werden kann (BVerwGE 18, 247, 252), oder etwa eine nur Mitgliedern offen stehende FKK-Anlage (BVerwG, DÖV 1979, 213), da nur privaten Zwecken dienend und nicht privilegierungswürdig. Der Bau einer Kapelle im Außenbereich ist nicht allein deshalb privilegiert, weil sie aus religiösen oder weltanschaulichen Gründen gerade für den Errichtungsort gefordert wird (OVG Rh.-Pf., BauR 2007, 72; teils krit. dazu *Hohmann,* BauR 2007, 858). Eine Skihütte mit Gastronomie ist nur insoweit privilegierungswürdig, wie es um die gastronomische Grundversorgung der Skifahrer geht (BayVGH, NVwZ 2013, 311).

Die später nacheinander eingefügten Tatbestände des § 35 Abs. 1 Nr. 5, 6, 7 und 8 BauGB haben – teils bloß deklaratorisch, teils erweiternd – auch **Wind- und Wasserenergie-, Biogas-, Kernenergie- und Solaranlagen** privilegiert. Damit sind namentlich auch Windenergieanlagen, auch sog. Windparks, denen die Privilegierung nach § 35 Abs. 1 Nr. 4 BauGB mangels Ortsgebundenheit versagt worden war (BVerwG, DVBl. 1994, 1141, 1142 f.), dem Außenbereich zugewiesen; von der Länderöffnungsklausel des § 249 Abs. 3 BauGB hat NRW keinen Gebrauch gemacht. Die Neuerrichtung von Kernenergieanlagen zur gewerblichen Stromerzeugung ist im Zuge des sog. Atomausstiegs 2011 ausgenommen worden. Zugleich ist die Privilegierung von Solaranlagen in, an und auf Dach- und Außenflächen von zulässigerweise genutzten Gebäuden, wenn die Anlage dem Gebäude baulich untergeordnet ist, eingefügt worden. 170

bb) Kein Entgegenstehen öffentlicher Belange

Möglicherweise entgegenstehende **öffentliche Belange** können sich, ohne dass die Aufzählung abschließend wäre, aus dem – auch auf § 35 Abs. 1 BauGB anwendbaren – § 35 Abs. 3 BauGB ergeben. Hervorzuheben ist zunächst § 35 Abs. 3 S. 1 Nr. 1 und 2, S. 2 und 3 BauGB, wonach andere Planungen, insbesondere der Flächennutzungsplan, soweit er hinreichend konkrete, standortbezogene gegenteilige Festlegungen aufweist (so einschränkend BVerwG, NVwZ 1984, 367; NVwZ 1998, 960), und insbesondere auch der Ausweis besonderer (anderer) Standorte für Anlagen der fraglichen Art als öffentliche Belange in Betracht kommen (zu derartigen Darstellungen im Flächennutzungsplan vgl. Rn. 30). Weiter ist – als gesetzliche Ausformung des Gebots der Rücksichtnahme (vgl., auch mit Blick auf den Nachbarschutz, Rn. 315 ff.) – § 35 Abs. 3 S. 1 Nr. 3 BauGB bedeutsam, wonach schädliche Umwelteinwirkungen i. S. d. § 3 Abs. 1 BImSchG als öffentlicher Belang entgegenstehen können; als solche schädliche Umwelteinwirkungen sind alle Immissionen, die nach Art, Ausmaß oder Dauer geeignet sind, Gefahren, erhebliche Nachteile oder erhebliche Belästigungen für die Allgemeinheit oder die Nachbarschaft hervorzurufen, für die Betroffenen grundsätzlich nicht zumutbar (vgl. BVerwGE 52, 122, 127). Als ein nicht in § 35 Abs. 3 BauGB genannter Belang ist das sog. Planungserfordernis anerkannt, das in absoluten Ausnahmefällen be- 171 steht, wenn ein Vorhaben insbesondere auf Grund seiner Auswirkungen auf die vorhandene Umgebung nicht mehr nach dem in § 35 BauGB enthaltenen Konditionalprogramm beurteilt werden kann, sondern bauleitplanerischer Steuerung bedarf (vgl. BVerwG, BauR 2012, 1883, 1885 f., zu einem großen Kohlekraftwerk).

Beispiele: Kein entgegenstehender Belang ist die Darstellung aller für eine landwirtschaftliche Nutzung zur Verfügung stehenden Außenbereichsflächen als Fläche für die Landwirtschaft, da es an einer qualifizierten Standortzuweisung fehlt (OVG NRW, UPR 1985, 297, 298). Der Errichtung von Windenergieanlagen kann der Ausweis von Konzentrationszonen im Flächennutzungsplan entgegenstehen (BVerwG, BauR 2003, 828, 831 ff.; OVG NRW, BRS 64 Nr. 101). Je nach den Umständen des Einzelfalls kann einer Windkraftanlage das als öffentlicher Belang zu beachtende Rücksichtnahmegebot auch wegen der optisch bedrängenden Wirkung auf bewohnte Nachbargrundstücke entgegenstehen (OVG NRW, NWVBl. 2007, 59; BauR 2011, 252, 253 f.); dabei ist zu berücksichtigen, dass eine Wohnnutzung im Außenbereich mit der Errichtung dort privilegierter Windkraftanlagen rechnen muss und daher weniger schutzwürdig ist als im Innenbereich oder in einem ausgewiesenen Wohngebiet (BayVGH, DVBl 2015, 314, 316).

172 Ein Entgegenstehen öffentlicher Belange liegt noch nicht vor, wenn sie nachteilig betroffen sind; maßgeblich ist vielmehr eine **Abwägung zwischen dem Vorhaben und den betroffenen öffentlichen Belangen, bei der der vom Gesetzgeber vorgenommenen Privilegierung besonderes Gewicht beizumessen ist** (BVerwGE 28, 148, 151; 48, 109, 114). Nur im Einzelfall höherwertige öffentliche Belange sollen einem privilegierten Vorhaben entgegenstehen können. Grundsätzlich aber werden privilegierte Vorhaben als im Außenbereich zulässig angesehen.

cc) Schonungsgebot und Rückbauverpflichtung

173 Weitere besondere Zulässigkeitsvoraussetzungen, die u. a. auch für näher bestimmte nach § 35 Abs. 1 BauGB zulässige Vorhaben gelten, errichten **das sog. Schonungsgebot (§ 35 Abs. 5 S. 1 BauGB) sowie die sog. Rückbauverpflichtung (§ 35 Abs. 5 S. 2, 3 BauGB)**, die mit dem EAG Bau 2004 eingeführt worden sind (vgl. BVerwG, NVwZ 2013, 805, 806 ff., zur Zulässigkeit weitergehender landesrechtlich begründeter Sicherungen der Rückbauverpflichtung).

b) Sonstige (nicht privilegierte) Vorhaben (§ 35 Abs. 2 BauGB)

aa) Beurteilung nach § 35 Abs. 2, 3, 5 S. 1 BauGB

174 Entsprechend dem Grundsatz, dass nach dem BauGB das Bauen im Außenbereich grundsätzlich unerwünscht ist, sind im Gegensatz zu den privilegierten Vorhaben die sonstigen Vorhaben **im Außenbereich grundsätzlich unzulässig.** Im Kern beruht dies darauf, dass ihnen regelmäßig kein Durchsetzungsvermögen gegenüber tangierten öffentlichen Belangen zugesprochen wird.

175 Nach § 35 Abs. 2 BauGB können sie nur im Einzelfall zugelassen werden, wenn nach der auch hier vorzunehmenden Abwägung zwischen dem Vorhaben und öffentlichen Belangen **keine Beeinträchtigung öffentlicher Belange** festzustellen ist. Dabei ist es nicht angängig, iS. einer planerischen, wertenden Abwägung nachteilige Einwirkungen des Vorhabens auf einzelne öffentliche Belange um zu erwartender sonstiger Vorteile willen hinzunehmen. Vielmehr ist ausschlaggebend, ob nach den Umständen des Einzelfalls eine Beeinträchtigung eines öffentlichen Belangs vorliegt (*Mitschang/Reidt,* in: Battis/Krautzberger/Löhr, BauGB, § 35 Rn. 63). In Betracht kommende öffentliche Belange sind in § 35 Abs. 3 S. 1, 2 BauGB beispielhaft aufgeführt. Danach

können etwa entgegenstehende Darstellungen eines Flächennutzungsplans, solange die örtlichen Gegebenheiten ihre Verwirklichung nicht von vornherein ausschließen (BVerwGE 48, 81, 84f.), weitergehend als bei privilegierten Vorhaben (vgl. Rn. 171f.) ein Vorhaben verhindern (§ 35 Abs. 3 S. 1 Nr. 1 BauGB). Der – das Gebot der Rücksichtnahme gesetzlich verankernde – § 35 Abs. 3 S. 1 Nr. 3 BauGB unterbindet Vorhaben, die schädliche Umwelteinwirkungen hervorrufen oder ihnen ausgesetzt sind, um im Außenbereich einerseits Immissionsbelastungen durch nicht privilegierte Anlagen, andererseits aber auch immissionsschutzrechtliche Abwehransprüche gegen privilegierte Anlagen zu vermeiden. Über § 35 Abs. 3 BauGB hinaus erkennt die Rechtsprechung etwa auch das Erfordernis vorheriger Bauleitplanung als öffentlichen Belang an.

Beispiel: Die Errichtung eines Fabrikverkauf-Centers („Factory-Outlet-Center") mit 61 Einzelbetrieben in einer Entfernung von 9 Fahrminuten von der benachbarten Gemeinde begründet einen qualifizierten Abstimmungsbedarf nach § 2 Abs. 2 BauGB und eine Konfliktlage von so hoher Intensität, dass § 35 BauGB zur Konfliktbewältigung nicht ausreicht, sondern ein Planungserfordernis besteht, denn nur die Bauleitplanung ist offen für eine alle betroffenen Belange einbeziehende Abwägung. Damit steht dem Vorhaben der ungeschriebene öffentliche Belang des Planungserfordernisses im Sinne des § 35 Abs. 2 BauGB entgegen (BVerwG, NVwZ 2003, 86). Eine im Außenbereich liegende Gaststätte mit Innen- und Außengastronomie kann gegen das vom Tatbestandsmerkmal der öffentlichen Belange umfasste Gebot der Rücksichtnahme verstoßen, wenn ihr Freiluftbereich bis auf wenige Meter an den Ruhebereich der Wohngrundstücke eines angrenzenden faktischen reinen Wohngebiets heranreicht; die insoweit vorzunehmende Zumutbarkeitsprüfung kann nicht nur auf die TA-Lärm abstellen, die auf Freiluftgaststätten nicht anwendbar ist und die besondere Lästigkeit der von der Außengastronomie ausgehenden Immissionen nicht hinreichend erfasst (BVerwG, BauR 2010, 2070; OVG NRW, BauR 2010, 585).

Außerdem unterliegen auch Vorhaben nach § 35 Abs. 2 BauGB dem **Schonungsgebot** des § 35 Abs. 5 S. 1 BauGB. 176

Sind die tatbestandlichen Voraussetzungen im Einzelfall – ausnahmsweise – gegeben, 177 besteht das dem Wortlaut von § 35 Abs. 2 BauGB nach anzunehmende Ermessen i. E. nicht mehr. Nach der Rspr. besteht vielmehr ein **Rechtsanspruch auf Zulassung.** Begründet wird dies mit dem Hinweis auf die in Art. 14 GG gewährte Baufreiheit (vgl. Rn. 5), die es nicht zulassen soll, die Baumöglichkeit noch von einem Verwaltungsermessen abhängig zu machen (vgl. BVerwGE 18, 247, 250f.).

bb) Außenbereichssatzung (§ 35 Abs. 6 BauGB)

Eine abweichende, **großzügigere Beurteilung von nicht privilegierten Vorhaben,** 178 die Wohnzwecken oder u. U. auch kleineren Handwerks- und Gewerbebetrieben dienen, kann durch eine sog. Außenbereichssatzung der Gemeinde gemäß § 35 Abs. 6 BauGB begründet werden. Sie wirkt – anders als die ihr korrespondierenden sog. Innenbereichssatzungen nach § 34 Abs. 4 BauGB (Rn. 153) – nicht auf Gebietsabgrenzung bzw. -charakter ein, sondern lässt den Außenbereichscharakter unberührt, erleichtert aber die Bebauung, indem sie das Entgegenhalten bestimmter öffentlicher Belange i. S. v. § 35 Abs. 3 BauGB ausschließt.

2. Sonderregelungen für bestehende Anlagen

Ein besonderes Problem tritt auf, wenn **eine bereits bestehende bauliche Anlage** 179 **ersetzt, umgebaut oder in ihrer Nutzung geändert werden muss,** weil sie sonst funktionslos würde. Dies gilt keineswegs nur, aber besonders im Außenbereich, weil

Bau-, Änderungs- oder Nutzungsänderungsvorhaben dort – anders als nach §§ 30, 34 BauGB – einer restriktiven Regelung unterfallen und nach § 35 Abs. 1, 2 BauGB häufig ausgeschlossen sein werden. Gerade mit Blick auf Anlagen im Außenbereich stellt sich deshalb die Frage nach besonderen Regelungen, die dem Bedürfnis nach Anpassung bestehender Anlagen Rechnung tragen, indem sie das aus § 35 Abs. 2 BauGB folgende grundsätzliche Bauverbot überwinden.

a) Aktiver Bestandsschutz kraft Art. 14 GG

180 Die frühere Rspr. ging von einem **unmittelbar aus Art. 14 GG ableitbaren Bestandsschutz** aus. Dieser sollte nicht nur als passiver Bestandsschutz Abrissverfügungen und Nutzungsuntersagungen unterbinden (vgl. Rn. 291, 293), sondern auch einen – hier interessierenden – sog. aktiven Bestandsschutz vermitteln. Danach sollte der Schutz des Art. 14 GG für eine funktionsfähige bauliche Anlage ausnahmsweise auch – unter Überwindung einfachgesetzlicher Hindernisse – die Zulässigkeit einer Erweiterung oder einer Wiedererrichtung begründen können, wenn sonst die dazugehörigen Anlagen in ihrer Gesamtheit funktionslos würden (vgl. etwa BVerwGE 72, 362, 363; vgl. *Muckel/Ogorek,* Öffentliches Baurecht, § 7 Rn. 197 ff.).

181 Von dieser früheren Rspr. hat sich das BVerwG inzwischen ausdrücklich distanziert (BVerwGE 106, 228, 234; vgl. auch BVerfG, NVwZ-RR 1996, 483). Danach gibt es keinen unmittelbaren Anspruch auf Zulassung von Änderungs- oder Erweiterungsvorhaben aus Art. 14 GG. Dies wird zutreffend damit begründet, dass nach Art. 14 Abs. 1 S. 2 GG **Inhalt und Schranken des Eigentums, damit auch Ansprüche auf aktiven Bestandsschutz durch den Gesetzgeber festgelegt** werden. Mit Recht werden die vom Gesetzgeber getroffenen einschlägigen Regelungen als mit den verfassungsrechtlichen Anforderungen des Art. 14 GG vereinbar, sogar darüber hinausgehend beurteilt (vgl. *Bönker,* in: Hoppe/Bönker/Grotefels, Öffentliches Baurecht, § 8 Rn. 253). Einen auf eigentumsrechtlichen Bestandsschutz gestützten Anspruch auf Zulassung eines Vorhabens jenseits dieser gesetzlichen Regelungen gibt es deshalb nicht.

b) Begünstigte/teilprivilegierte Vorhaben (§ 35 Abs. 4 BauGB)

182 Mit Rücksicht auf den verfassungsgebotenen Bestandsschutz sieht das BauGB eine **einfachrechtliche Begünstigung bestimmter Neuerrichtungs-, Änderungs-, Nutzungsänderungs- und Erweiterungsvorhaben** vor. Diese bleiben nicht privilegierte Vorhaben i. S. v. § 35 Abs. 2 BauGB, denen jedoch nach § 35 Abs. 4 BauGB eine Begünstigung oder Teilprivilegierung zukommt. Diese gesetzlichen Begünstigungstatbestände sind im Laufe der Zeit erheblich ausgeweitet worden, insbesondere um den aus dem Strukturwandel in der Landwirtschaft folgenden Bedürfnissen nach Nutzungsänderungen Rechnung zu tragen.

183 § 35 Abs. 4 BauGB nimmt diese Begünstigung oder Teilprivilegierung in der Weise vor, dass den Vorhaben **bestimmte öffentliche Belange nicht entgegengehalten werden können,** nämlich der Widerspruch zu Darstellungen eines Flächennutzungs- oder Landschaftsplans, eine Beeinträchtigung der natürlichen Eigenart der Landschaft sowie die Entstehung, Verfestigung oder Erweiterung einer Splittersiedlung; diese Belange sind ohne Rücksicht auf ihr Gewicht schlechthin unbeachtlich (BVerwG, NVwZ 2013, 884, 884 f.). Auch wenn die sonstigen öffentliche Belange davon unberührt bleiben und nicht beeinträchtigt sein dürfen (BVerwG, NVwZ-RR 1994, 372, 372 f.), sind damit zentrale Zulassungshindernisse ausgeräumt.

183a Unter im Einzelnen näher geregelten Voraussetzungen sind in dieser Weise folgende **Vorhaben** begünstigt:

- nach § 35 Abs. 4 S. 1 Nr. 1 BauGB die Nutzungsänderung eines Gebäudes, das einem land- oder forstwirtschaftlichen Betrieb gedient hat (§ 35 Abs. 1 Nr. 1 BauGB), um auf diese Weise Landwirten angesichts des Strukturwandels den Übergang zu neuen, nicht privilegierten Nutzungen zu ermöglichen; gemäß § 245b Abs. 2 BauGB, § 1 BauGB-AG ist dabei in NRW die Sieben-Jahres-Frist nach § 35 Abs. 4 S. 1 Nr. 1 lit. c BauGB nicht anzuwenden; § 35 Abs. 4 S. 2 BauGB begünstigt nunmehr in begründeten Ausnahmefällen auch die Neuerrichtung eines künftig anders zu nutzenden Gebäudes nach § 35 Abs. 4 Nr. 1 BauGB;
- nach § 35 Abs. 4 S. 1 Nr. 2 BauGB die Errichtung von Ersatzwohngebäuden für ursprünglich materiell und formell rechtmäßig errichtete und vom Eigentümer länger bewohnte Gebäude;
- nach § 35 Abs. 4 S. 1 Nr. 3 BauGB der alsbaldige Wiederaufbau eines Gebäudes nach einer Naturkatastrophe, nicht aber etwa bei Verfall aufgrund mangelhafter Pflege (BVerwGE 62, 32, 35);
- nach § 35 Abs. 4 S. 1 Nr. 4 BauGB die (Nutzungs-)Änderung von erhaltenswerten, das Bild der Kulturlandschaft prägenden Gebäuden;
- nach § 35 Abs. 4 S. 1 Nr. 5 BauGB die Erweiterung von Wohngebäuden zur Befriedigung von eigenen Wohnbedürfnissen des Eigentümers und seiner Familie; vorausgesetzt ist ein zulässigerweise errichtetes Wohngebäude, doch muss dessen ursprüngliche Errichtung nicht notwendig schon an bundesrechtlichen Zulässigkeitsvoraussetzungen zu messen gewesen sein (BVerwG, NVwZ 2016, 1477, 1478f.; a. A. noch BVerwGE 107, 264, 269);
- nach § 35 Abs. 4 S. 1 Nr. 6 BauGB schließlich die Erweiterung von zulässigerweise errichteten Gewerbebetrieben (zur erforderlichen Wahrung eines funktionalen und räumlichen Zusammenhangs mit dem vorhandenen Betrieb vgl. BVerwG, NVwZ 2013, 884, 885f.); die Erweiterung muss dabei im Verhältnis sowohl zum vorhandenen Gebäude wie auch zum Betrieb angemessen sein, was bei einem Umfang von etwa 25 bis 30% noch angenommen wird; diese Angemessenheitsgrenze kann auch durch mehrfache Erweiterungen nicht unterlaufen werden (*Mitschang/Reidt,* in: Battis/Krautzberger/Löhr, BauGB § 35 Rn. 163).

Für derart teilprivilegierte Vorhaben ergeben sich **ergänzende Anforderungen und Sicherungsvorkehrungen aus § 35 Abs. 5 S. 1, 3, 4 BauGB.** Zunächst unterliegen auch diese Vorhaben dem sog. Schonungsgebot (§ 35 Abs. 5 S. 1 BauGB). Außerdem gibt § 35 Abs. 5 S. 3 BauGB der Baugenehmigungsbehörde auf, durch Baulast (§ 85 BauO; vgl. Rn. 261) bzw. auf andere Weise sicherzustellen, dass die gemäß § 35 Abs. 4 S. 1 Nr. 1 lit. g BauGB übernommene Verpflichtung zur Unterlassung von Neubebauung als Ersatz für die aufgegebene Nutzung eingehalten wird. § 35 Abs. 5 S. 4 BauGB verlangt sicherzustellen, dass die gemäß § 35 Abs. 4 S. 1 BauGB zugelassenen Anlagen nur in der vorgesehenen Art genutzt werden. Als geeignete Sicherungsmittel kommen etwa Nebenbestimmungen zur Baugenehmigung, vertragliche Vereinbarungen oder auch Grunddienstbarkeiten in Betracht (*Mitschang/Reidt,* in: Battis/Krautzberger/Löhr, BauGB § 35 Rn. 185). Auf diese Weise soll der Missbrauch bestimmter Begünstigungstatbestände verhindert werden. **184**

Befristet bis zum 31.12.2019 ordnete § 246 Abs. 9, 13 BauGB (vgl. Rn. 13) unter näher geregelten Voraussetzungen die entsprechende Geltung der Rechtsfolge des § 35 Abs. 4 S. 1 BauGB für bestimmte Vorhaben zur Unterbringung von Flüchtlingen und Asylbegehrenden an.

3. Anhang

Literatur: *Guldi,* Die angemessene Erweiterung eines Gewerbebetriebes im Außenbereich, NVwZ 1996, 849; *Diehr/Geßner,* Die Abwehrrechte landwirtschaftlicher Betriebe gegen heranrückende **185**

Wohnbebauung, NVwZ 2001, 985; *Hendrischke,* Landwirtschaft im Bauplanungsrecht, UPR 2002, 133; *Zimmermann,* Rechtliche Probleme bei der Errichtung seegestützter Windenergieanlagen, DÖV 2003, 133; *Stollmann,* Bauplanungsrechtliche Zulässigkeit von Vorhaben nach § 35 BauGB, JuS 2003, 855; *Schlacke,* § 35 III 3 BauGB: Bauplanungsrechtliche Zulässigkeit von Windenergieanlagen im Außenbereich, JA 2004, 202; *Stüer/Stüer,* Planerische Steuerung von privilegierten Vorhaben im Außenbereich. Werden Flächennutzungspläne und Raumordnungspläne zu Rechtssätzen?, NUR 2004, 341; *Gatz,* Rechtsfragen der Windenergienutzung, DVBl. 2009, 737; *Scheidler,* Windräder in Deutschland – zur Diskussion in Rechtsprechung und Literatur, NWVBl. 2009, 409; *Weidemann/Krappel,* Der passive Bestandsschutz im Baurecht – offene verfassungsrechtliche Fragen, NVwZ 2009, 1207; *Schmehl,* Rechtsfragen von Windenergieanlagen, JURA 2010, 832; *Sydow,* Neues zur planungsrechtlichen Steuerung von Windenergiestandorten, NVwZ 2010, 1534; *Decker,* Der Privilegierungstatbestand des § 35 I BauGB – Aktuelle Gesetzesänderungen und neue, examensrelevante Rechtsprechung, JA 2014, 481; *ders.,* Darstellungen im Flächennutzungsplan als öffentlicher Belang bei privilegierten und sonstigen Vorhaben nach § 35 I, II BauGB, JA 2015, 1; *Edenharter,* Bauen im Außenbereich nach § 35 BauGB, Jura 2017, 1049; *Scheidler,* Die bauplanungsrechtliche Hürde der öffentlichen Belange für das Bauen im Außenbereich, BauR 2019, 190; *Rosin,* Planen und Bauen im Außenbereich: Zulässigkeit – und Steuerung – von Vorhaben im Außenbereich – Zur Systematik des § 35 BauGB: Unterscheidung privilegierter, sonstiger und teilprivilegierter Vorhaben, Voraussetzungen eines Privilegierungstatbestandes, DVBl 2019, 951.

Klausurfälle: *Rieger,* Suchttherapie durch Landwirtschaft, JuS 1998, 1148; *Erbguth/Schlacke,* Windenergieanlagen im Außenbereich, JuS 2004, 985; *Beaucamp,* Schwierigkeiten in der Vergrößerung eines Wohngebäudes, JuS 2005, 636; *Droege,* Geflügelmast und Naherholung, JuS 2007, 250; *Braun,* Hundegebell im Außenbereich, JURA 2009, 793; *Gerbig,* Bauplanungsrecht – Geflügelmast im Außenbereich, JuS 2009, 836; *Schoberth,* Baurecht – Die zerstörte Schwarzwaldhütte, JuS 2010, 239; *Preuß,* Genehmigung einer Biogasanlage, JA 2013, 42; *Ziebarth,* Außenbereichsprivilegierung von Solaranlagen, VR 2013, 61; *Zimmermann,* Inside out, outside in? – Eine »Außenbereichsinsel« im Innenbereich, JURA 2013, 833; *Haurand,* Wohnen im grünen Walde, DVP 2014, 338; *Janson/Schultes,* Der Funkmast im Außenbereich, JuS 2016, 618; *Wilhelm,* Asylothek, JuS 2016, 1108; *Hilliger,* Eine Villa im Außenbereich, JA 2019, 124; *Hellermann/Daszenies,* „Was passiert im Außenbereich der Gemeinde G?“, ad legendum 3/2020, 239; *Dietlein/Hellermann,* „Strukturwandel auf dem Land“, in: Klausurenbuch Öffentliches Recht NRW, 3. Aufl. 2021, Fall 24.

Kontrollfragen:

1. Wann liegt ein Grundstück im Außenbereich i. S. d. § 35 BauGB?
2. Wie soll der Außenbereich nach der gesetzgeberischen Konzeption (baulich) genutzt werden?
3. Wann stehen öffentliche Belange einem Vorhaben i. S. d. § 35 Abs. 1 BauGB nicht entgegen?
4. Schweinezüchter S beabsichtigt die Errichtung eines Zuchtbetriebes für ca. 500 Schweine im Außenbereich der Gemeinde G. Ist es für die bauplanungsrechtliche Zulässigkeit seines Vorhabens von Bedeutung, ob S das Futter für seinen Betrieb selbst erzeugt oder ausschließlich zukauft?

VI. Zulässigkeit von Vorhaben während der Planaufstellung (§ 33 BauGB)

1. Anwendungsbereich

186 Seiner aktuellen bauplanungsrechtlichen Situation nach befindet sich ein Grundstück entweder im räumlichen Geltungsbereich eines qualifizierten oder vorhabenbezogenen Bebauungsplans, im unbeplanten Innen- oder im Außenbereich; entsprechend richtet sich die Zulässigkeit von Vorhaben nach §§ 30, 34 oder 35 BauGB. Zugleich kann das Grundstück aber auch im **räumlichen Geltungsbereich eines zukünftigen, derzeit im Aufstellungsverfahren befindlichen Bebauungsplans** liegen. In diesem Falle kann die künftig zu erwartende Überplanung nach dem BauGB in zweifacher Weise auf die bauplanungsrechtliche Beurteilung von Vorhaben auf dem Grundstück einwirken. Einerseits können nach §§ 30, 34, 35 BauGB derzeit zulässige Vorhaben mit Blick auf die künftige Bauleitplanung, mit der sie dann nicht mehr vereinbar sind, „gesperrt" sein; dies ist ggf. die Aufgabe der Instrumente der Sicherung der Bauleitplanung (vgl. Rn. 212ff.). Andererseits können aber auch nach §§ 30, 34, 35 BauGB derzeit an sich unzulässige Vorhaben im Vorgriff auf den künftigen, das Vorhaben dann zulassenden Bebauungsplan zugelassen werden; dies – und nur dies – ist die Funktion des § 33 BauGB. § 33 BauGB steht deshalb nicht etwa als weiterer Planbereich und Genehmigungs- (und Versagungs-)tatbestand neben §§ 30, 34, 35 BauGB; insbesondere begründet er nie die Unzulässigkeit eines Vorhabens. Vielmehr hat er allein die **Funktion eines zusätzlichen, ggf. positiv wirkenden Zulässigkeitstatbestandes,** der verhindern soll, dass der Bürger mit seinen Bauabsichten unter der Dauer des Verfahrens zur Aufstellung des Bebauungsplans leidet (vgl. BVerwG, NVwZ 1986, 647, 648).

In der Fallbearbeitung sind deshalb zunächst die §§ 30, 34, 35 BauGB zu untersuchen. Ist das fragliche Vorhaben nach diesen Bestimmungen unzulässig, ist evtl. als weiterer Zulässigkeitstatbestand § 33 BauGB in Betracht zu ziehen.

Zulässigkeit von Vorhaben nach Maßgabe der bauplanungsrechtlichen Situation des Grundstücks

Planbereiche bzw. Genehmigungstatbestände	Geltungsbereich eines qualifizierten bzw. vorhabenbezogenen Bebauungsplans (§ 30 Abs. 1, 2 BauGB)	Innenbereich (§ 34 BauGB)	Außenbereich (§ 35 BauGB)
+ (evtl.)			
Zusätzlicher Zulässigkeitstatbestand	Geltungsbereich eines künftigen Bebauungsplans (§ 33 BauGB)		

2. Zulässigkeitsvoraussetzungen

Dieser zusätzliche Zulässigkeitstatbestand des § 33 BauGB macht das Bauen im Vorgriff auf den künftigen Bebauungsplan zunächst davon abhängig, dass ein **Aufstellungsbeschluss** gemäß § 2 Abs. 1 S. 2 BauGB für das Gebiet vorliegt (§ 33 Abs. 1 BauGB). 187

Weiter muss die sog. **formelle Planreife** gegeben sein. Dies erfordert nach § 33 Abs. 1 Nr. 1 BauGB grundsätzlich die erfolgte Durchführung der förmlichen Öffentlichkeits- und Behördenbeteiligung. Ausnahmen hiervon sind nach dem neugefassten § 33 Abs. 2, 3 BauGB in den Fällen der §§ 4a Abs. 3 S. 1, 13, 13a BauGB möglich, doch wandelt sich die sonst gebundene Entscheidung dann in eine Ermessensentscheidung. 188

Darüber hinaus muss auch die sog. **materielle Planreife** gegeben sein, d.h. es müssen die Planungsarbeiten einen Stand erreicht haben, der die Annahme rechtfertigt, dass künftige Festsetzungen des Bebauungsplans dem Vorhaben nicht entgegenstehen werden (§ 33 Abs. 1 Nr. 2 BauGB). Insoweit ist ein strenger Maßstab anzulegen; es muss die sichere Prognose gerechtfertigt sein, dass der vorliegende Planentwurf mit seinem konkret vorgesehenen Inhalt in Kraft treten wird (OVG NRW, NVwZ-RR 2001, 568, Ls. 1; 568f.). 189

Der Antragsteller muss ein **schriftliches Anerkenntnis der künftigen Festsetzungen** für sich und seine Rechtsnachfolger abgeben (§ 33 Abs. 1 Nr. 3 BauGB). Das Anerkenntnis wird mit der Bekanntmachung des Bebauungsplans wirkungslos, so dass es einer späteren Berufung auf die Unwirksamkeit von Festsetzungen des bekanntgemachten Bebauungsplans nicht entgegensteht (BVerwG, NVwZ 2019, 727, 728). 190

Schließlich muss auch hier die **Erschließung** gesichert sein (§ 33 Abs. 1 Nr. 4 BauGB; vgl. Rn. 193ff.). 191

3. Anhang

192 **Literatur:** *Steiner,* Bauen nach künftigem Bebauungsplan (§ 33 BauGB), DVBl. 1991, 739; *Bartholomäi,* Die vorzeitige Zulässigkeit nach § 33 BauGB, BauR 2001, 725; *Scheidler,* Bauplanungsrechtliche Zulässigkeit von Vorhaben während der Planaufstellung, BauR 2006, 310.

Klausurfall: *Rappenglix,* Lieber kein Gebäude als ein schlechtes Gebäude, JuS 2018, 685.

Kontrollfragen:

1. Kann § 33 BauGB die Unzulässigkeit eines Vorhabens begründen?
2. Ist bereits auf Grund eines Aufstellungsbeschlusses, wenn nach den Planungsabsichten der Gemeinde der künftige Bebauungsplan das fragliche Vorhaben zulassen soll, ein Anspruch auf Zulassung des Vorhabens nach § 33 BauGB begründet?

VII. Weitere, übergreifende Zulässigkeitsvoraussetzungen

1. Erschließung

193 Die Sicherung der (ausreichenden) Erschließung ist – wie gesehen – im Kern übereinstimmend **Voraussetzung für die Zulässigkeit eines Vorhabens nach allen einschlägigen Vorschriften** (§§ 30, 33, 34, 35 BauGB). Entsprechend der begrenzten Bundesgesetzgebungskompetenz werden damit die bodenrechtlich erforderlichen Maßnahmen zur Baureifmachung der Grundflächen vorausgesetzt, und zwar hier im engeren Sinne einer auf das einzelne Grundstück bezogenen Erschließung, die die Nutzung des Vorhabens ohne nachteilige Folgen für die Benutzer und die Allgemeinheit sichern soll (vgl. *Brohm,* Öffentliches Baurecht, § 26 Rn. 3f., der davon einen weiterreichenden, gebietsbezogenen Erschließungsbegriff in den – die Beitragsfähigkeit solcher Maßnahmen regelnden – §§ 123ff. BauGB unterscheidet).

Vom bauplanungsrechtlichen Erschließungserfordernis zu unterscheidende und dieses nicht konkretisierende (vgl. BVerwG, NVwZ 1989, 353), gefahrenabwehrrechtlich begründete Erschließungserfordernisse ergeben sich i. Ü. auch aus dem materiellen Bauordnungsrecht (vgl. § 4 Abs. 1 BauO).

194 In der Sache verlangt die grundstücksbezogene Erschließung mindestens den **Anschluss des Grundstücks an das öffentliche Straßennetz, die Energie- und Wasserversorgung sowie die Abwasserbeseitigung.** Wegemäßig ist das Grundstück erschlossen, wenn öffentliche Fahrzeuge (Feuerwehr, Polizei, Post etc.) das Gebäude erreichen können (BVerwG, BauR 2000, 1173) und der zu erwartende Verkehr nicht zu einer Überlastung der Straße führt (vgl. BVerwGE 64, 186, 195; 68, 352, 358f.). Geringere Anforderungen werden u. U. für privilegierte Vorhaben im Außenbereich gestellt, wo eine Erschließung im üblichen Sinn, etwa mit Anschluss an die Kanalisation, oft unmöglich ist (vgl. BVerwGE 74, 19, 25f.); entsprechend verlangt § 35 Abs. 1 BauGB hier nur eine „ausreichende" Erschließung.

Beispiel: Die zu einem geplanten Fachmarkt im unbeplanten Innenbereich führende Straße muss den durch den Markt ausgelösten Zu- und Abfahrtsverkehr „im Regelfall" bewältigen können. Überlastungen der Straße dürfen also nur im Ausnahmefall und nicht regelmäßig zur Hauptverkehrszeit zu befürchten sein (vgl. BVerwG, NVwZ 1997, 389).

195 Der maßgebliche Zeitpunkt für das Vorhandensein und die Nutzbarkeit der Erschließungsanlagen ist die Fertigstellung des Bauvorhabens (vgl. § 123 Abs. 2 BauGB). Im Zeitpunkt der Beurteilung bzw. Zulassung des Vorhabens ist allein **die gesicherte**

Erschließung gefordert, die voraussetzt, dass nach objektiven Kriterien (Ausweisung der Mittel im Haushalt der Gemeinde, Bereitstellung der erforderlichen Flächen, Stand und Fortgang der Erschließungsarbeiten) nach aller Erfahrung damit gerechnet werden kann, dass die Erschließungsanlagen spätestens bis zur Fertigstellung des anzuschließenden Vorhabens benutzbar sein werden (BVerwG, DVBl. 1977, 41, 43; DVBl. 1986, 685).

Ein **Anspruch auf Herstellung der erforderlichen Erschließungsanlagen,** auf 196
Grund dessen dann auch die gesicherte Erschließung anzunehmen wäre, besteht grundsätzlich nicht, wie § 123 Abs. 3 BauGB ausdrücklich bestimmt. Nach der Rspr. kann sich die im Ermessen stehende Erschließungsaufgabe der Gemeinde jedoch in bestimmten Fällen zu einer Erschließungspflicht verdichten (vgl. BVerwG, NVwZ 1993, 1102, 1102f.; BVerwGE 64, 186, 189; 88, 166, 169; 92, 8, 12). § 124 BauGB ordnet jetzt ausdrücklich an, dass die Gemeinde die Erschließung selbst durchzuführen hat, wenn sie einen qualifizierten Bebauungsplan erlassen hat und das zumutbare Angebot eines Dritten, die dort vorgesehene Erschließung vorzunehmen, ablehnt.

2. Gemeindliches Einvernehmen (§ 36 BauGB)

a) Funktion und Anwendungsbereich

Nach § 36 Abs. 1 S. 1 BauGB wird über die bauaufsichtliche **Genehmigung von** 197
Vorhaben nach §§ 31, 33, 34, 35 BauGB durch die Bauaufsichtsbehörde im Einvernehmen mit der Gemeinde entschieden. Des Einvernehmens bedarf es also immer, wenn das Vorhaben nicht abschließend nach § 30 Abs. 1, 2 BauGB, also entsprechend den Vorgaben eines qualifizierten bzw. vorhabenbezogenen Bebauungsplans genehmigt wird.

Zweck dieser Regelung ist die **Sicherung der gemeindlichen Planungshoheit.** 198
Hintergrund dafür ist der Umstand, dass die Gemeinde zwar Trägerin der Bauleitplanung ist, die Zulassung von Einzelvorhaben aber der staatlichen Bauaufsicht obliegt, deren Aufgaben die – insoweit staatlichem Weisungsrecht unterworfene – Gemeinde oder auch eine andere Behörde wahrnimmt (vgl. Rn. 256ff.). Im Anwendungsbereich des § 30 Abs. 1, 2 BauGB ist der Planungshoheit dadurch Rechnung getragen, dass die Gemeinde bereits abschließend planerische Vorgaben für das Einzelvorhaben gemacht hat und außerdem im Genehmigungsverfahren als Bauaufsichtsbehörde oder gemäß § 71 Abs. 1 S. 4 BauO beteiligt ist. Für die anderen Fälle sieht § 36 BauGB eine mitentscheidende Beteiligung der Gemeinde am bauaufsichtlichen Genehmigungsverfahren vor. Dies soll die Gemeinde zunächst vor einer Missachtung von Vorgaben eines Bebauungsplans bzw. von die gemeindliche Planungshoheit schützenden Gesetzesvorschriften schützen und ihr im Rahmen von Ermessenstatbeständen eine begrenzte Geltendmachung planerischer Vorstellungen erlauben; darüber hinaus soll sie die Möglichkeit erhalten, durch Maßnahmen zur Sicherung der Bauleitplanung (Rn. 212ff.) und die Durchführung eines Bauleitplanverfahrens die bauplanungsrechtlichen Voraussetzungen der Zulässigkeit eines Vorhabens auch noch zu verändern (BVerwG, NVwZ 1986, 556).

§ 36 Abs. 1 S. 3 BauGB verpflichtet außerdem die Länder sicherzustellen, dass bei Vorhaben nach § 30 Abs. 1 BauGB die Gemeinden rechtzeitig Gelegenheit zu Maßnahmen der Sicherung der Bauleitplanung erhalten. Diese Regelung trägt der weitreichenden Freistellung solcher Vorhaben vom Baugenehmigungsverfahren Rechnung (vgl. Rn. 265). In NRW ist das Anliegen insbesondere in § 63 Abs. 3 BauO umgesetzt.

Das Einvernehmenserfordernis gilt im Rahmen des **bauaufsichtlichen Verfahrens** 199
(§ 36 Abs. 1 S. 1 BauGB), was das Baugenehmigungsverfahren, aber auch die Teilbauge-

nehmigung und den Bauvorbescheid einschließt, soweit darin über die Zulässigkeit nach §§ 31, 33 bis 35 BauGB entschieden wird (VGH BW, BauR 1999, 381, 382). Weiterhin gilt es gleichermaßen, wenn **in einem anderen Verfahren außer im Rahmen der Bergaufsicht** über die Zulässigkeit von Vorhaben im Sinne von § 29 Abs. 1 BauGB entschieden wird (§ 36 Abs. 1 S. 2 BauGB); das zielt v. a. auf immissionsschutzrechtliche Genehmigungsverfahren nach §§ 4ff. BImSchG, wo es ungeachtet der Konzentrationswirkung des § 13 BImSchG des gemeindlichen Einvernehmens bedarf (HessVGH, NVwZ-RR 1995, 60, 60f.), und auf Planfeststellungsverfahren für Vorhaben von nur örtlicher Bedeutung (BayVGH, BayVBl. 1999, 147, 147f.).

200 Umstritten ist, ob auch **Fälle sog. Identität von Bauaufsichtsbehörde und Gemeinde** erfasst sind. Das BVerwG (E 28, 268, 271f.; 45, 207, 212ff.; DVBl. 2005, 192) sieht das Einvernehmenserfordernis allein auf den Fall zugeschnitten, dass es sich bei der Baugenehmigungsbehörde nicht um die Gemeinde bzw. eine Behörde der Gemeinde handelt, weil es andernfalls seinem Zweck nach eines Einvernehmens nicht bedürfe; die mit der Baugenehmigungsbehörde identische Gemeinde soll deshalb die Versagung der Baugenehmigung nicht auf fehlendes gemeindliches Einvernehmen stützen und sich ggf. auch gegenüber der Widerspruchsbehörde darauf nicht berufen können (so jetzt BVerwG, DVBl. 2005, 192, 193). Dagegen spricht, dass die Tätigkeit als Bauaufsichtsbehörde gemäß §§ 57 Abs. 1, 58 Abs. 1 BauO, 9, 12 OBG eine Pflichtaufgabe zur Erfüllung nach Weisung ist (Rn. 258), während die Entscheidung über das Einvernehmen eine weisungsfreie Selbstverwaltungsaufgabe darstellt. Lässt man das Einvernehmenserfordernis entfallen, wird zum einen die kommunalverfassungsrechtlich geregelte, u. U. beim Gemeinderat liegende Zuständigkeit hierfür (vgl. *Brohm,* Öffentliches Baurecht, § 18 Rn. 13) ausgeschaltet; zum anderen könnte nach einer Versagung der Baugenehmigung im Widerspruchsverfahren, sofern vorgesehen, die Widerspruchsbehörde die Baugenehmigung erteilen, wenn sie anders als die gemeindliche Baugenehmigungsbehörde das Vorhaben für zulässig hält, woran sie bei geltendem Einvernehmenserfordernis gehindert ist (vgl. Rn. 205). Aus diesen Gründen erscheint es überzeugender, auch in Fällen der Identität von Gemeinde und Baugenehmigungsbehörde vom Einvernehmenserfordernis auszugehen (ausführlicher *Hellermann,* JURA 2002, 589, 590). Das Problem hat freilich mit dem Fortfall des Vorverfahrens in NRW an praktischer Bedeutung eingebüßt (vgl. Rn. 205, 300b).

b) Die gemeindliche Entscheidung über das Einvernehmen

201 Die rechtlichen **Vorgaben für die gemeindliche Entscheidung über das Einvernehmen** sehen in verfahrensrechtlicher Hinsicht eine Frist von 2 Monaten vor; nach Ablauf dieser Frist, hinsichtlich derer weder Verlängerung noch Wiedereinsetzung in den vorigen Stand in Betracht kommen (BayVGH, NVwZ-RR 2001, 364, 365), wird die Erteilung des Einvernehmens fingiert (§ 36 Abs. 2 S. 2 BauGB). In materieller Hinsicht stellt § 36 Abs. 2 S. 1 BauGB klar, dass eine Versagung des Einvernehmens nur aus Gründen der bauplanungsrechtlichen Rechtswidrigkeit gemäß §§ 31, 33, 34, 35 BauGB zulässig ist; soweit diese Bestimmungen Ermessen einräumen, kann die Gemeinde dies eigenständig ausüben (BayVGH, NVwZ 1996, 919, 919f.).

202 Das erteilte Einvernehmen, mit dem die Gemeinde dem beantragten Vorhaben zustimmt, ist nach h. M. nicht Verwaltungsakt, sondern bloß **verwaltungsinterner Mitwirkungsakt** (BVerwGE 22, 342, 344f.; 28, 145, 146ff.). Die Baugenehmigung wird damit im Anwendungsbereich des § 36 BauGB zu einem sog. mehrstufigen Verwaltungsakt, der die vorherige verwaltungsinterne Erteilung des Einvernehmens voraussetzt.

203 Was die **Rechtswirkungen für das (Bau-)Genehmigungsverfahren** angeht, so ist die Genehmigungsbehörde nach Erteilung des gemeindlichen Einvernehmens frei, das

Vorhaben ihrerseits zu genehmigen, nach ganz h. M. jedoch durch die positive Entscheidung der Gemeinde nicht gebunden; ebenso wie sie von der Einholung des Einvernehmens von vornherein absehen kann, wenn sie die Genehmigung ohnehin ablehnen will, kann sie auch nach dessen Einholung die Baugenehmigung ablehnen (BVerwG, NVwZ-RR 1992, 529, 529 f.). Versagt hingegen die Gemeinde ihr Einvernehmen zu einem beantragten Vorhaben, ist hierdurch die Baugenehmigungsbehörde – zunächst, vorbehaltlich der Möglichkeit der Ersetzung (vgl. Rn. 207) – gebunden; sie darf die beantragte Baugenehmigung nicht erteilen, selbst wenn die Versagung des Einvernehmens offenkundig rechtswidrig ist (BVerwGE 22, 342, 345; BVerwG, NVwZ 1986, 556, 557).

Eine ohne das erforderliche gemeindliche Einvernehmen erteilte Baugenehmigung kann von der Gemeinde unter Berufung auf ihre Planungshoheit mit verwaltungsgerichtlicher Klage angegriffen werden und ist allein wegen dieses fehlenden Einvernehmens aufzuheben, unabhängig davon, ob das Einvernehmen rechtmäßig oder auch rechtswidrig verweigert worden ist oder die Gemeinde im konkreten Einzelfall in ihrer Planungshoheit, etwa in konkreten Planungsvorstellungen beeinträchtigt ist (vgl. BVerwG, BauR 2008, 1844; OVG NRW, NWVBl. 2008, 228). Umgekehrt hat die Gemeinde keinen gerichtlich durchsetzbaren Anspruch auf Aufhebung einer Baugenehmigung mehr, wenn sie ihr Einvernehmen erteilt hat oder die Einvernehmensfiktion eingetreten ist; das gilt jedenfalls für solche Umstände, die bereits im Zeitpunkt der ausdrücklichen oder fiktiven Einvernehmenserteilung vorlagen und eine Einvernehmensverweigerung gerechtfertigt hätten (OVG NRW, NWVBl. 2008, 228, 229 f.).

c) Folgen eines (rechtswidrig) verweigerten gemeindlichen Einvernehmens

aa) Rechtsschutz des Bürgers

Nach Versagung des erforderlichen Einvernehmens kommt **eine Klage des Bauherrn gegen die Gemeinde auf Erteilung des Einvernehmens** nicht in Betracht. Eine Verpflichtungsklage scheidet schon auf Grund der Qualifikation des Einvernehmens als bloß interner Mitwirkungsakt (Rn. 202) aus, ebenso nach ganz h. M. auch eine Leistungsklage wegen des Fehlens jeglicher Außenwirkung der Einvernehmensentscheidung. 204

Der Bauherr kann vielmehr, auch soweit die Versagung der Baugenehmigung allein auf der Verweigerung des Einvernehmens beruht, nur **Verpflichtungsklage auf Erteilung der Baugenehmigung** gegen die Baugenehmigungsbehörde erheben. Soweit ein Vorverfahren stattfindet, ist auch die Widerspruchsbehörde noch durch das fehlende Einvernehmen an der Genehmigungserteilung gehindert (nach BVerwG, DVBl. 2005, 192, 193 soll das allerdings nicht gelten, wenn Gemeinde und Genehmigungsbehörde identisch sind; vgl. Rn. 200); in NRW ist allerdings das Vorverfahren insoweit nunmehr entfallen (vgl. Rn. 300b). Das vom Bauherrn erstrittene Verpflichtungsurteil überwindet das fehlende Einvernehmen kraft der Erstreckung der Rechtskraft dieses Urteils auf die notwendig beigeladene Gemeinde gemäß §§ 121 i. V. m. 63 Nr. 3, 65 VwGO (vgl. BVerwG, NVwZ-RR 2003, 719). 205

bb) Kommunalaufsichtliches Einschreiten

Daneben besteht die Möglichkeit, einer rechtswidrigen Versagung des gemeindlichen Einvernehmens mit den **Mitteln der Kommunalaufsicht nach §§ 119 ff. GO** (vgl. § 2 Rn. 115 ff.) zu begegnen (BVerwGE 22, 342, 347; BVerwG, NVwZ 1986, 556, 557). Es handelt sich freilich um ein weithin als wenig praktikabel und zu zeitaufwendig beurteiltes Verfahren. 206

Ein subjektives Recht des Bauherrn auf kommunalaufsichtliches Einschreiten besteht nicht. Umgekehrt kann die Gemeinde, wenn das von ihr verweigerte Einvernehmen durch kommunalaufsichtliche Ersatzvornahme ersetzt wurde, diese Maßnahme der Kommunalaufsicht anfechten, da sie ihr gegenüber einen Verwaltungsakt darstellt.

cc) Ersetzung gemäß § 36 Abs. 2 S. 3 BauGB

207 Weil der verwaltungsgerichtliche Rechtsschutz und die Kommunalaufsicht nur unzureichend einer unberechtigten Einvernehmensversagung zu begegnen vermögen, sieht seit dem 1.1.1998 § 36 Abs. 2 S. 3 BauGB die Möglichkeit der **Ersetzung eines rechtswidrig versagten Einvernehmens der Gemeinde durch die nach Landesrecht zuständige Behörde** vor. In NRW ist nach § 2 Abs. 3 BauGB DVO die jeweils zuständige Bauaufsichtsbehörde – oder ggf. eine sonst zuständige Genehmigungsbehörde (vgl. OVG NRW, BauR 2009, 1565, 1566, für den Fall einer Genehmigung nach § 13 BImSchG) – auch für die Ersetzung des rechtswidrig versagten gemeindlichen Einvernehmens zuständig. § 73 Abs. 1 S. 1 BauO verpflichtet die zuständige Behörde nunmehr ausdrücklich zur Ersetzung des rechtswidrig versagten Einvernehmens. Die Frage, ob bereits § 36 Abs. 2 S. 3 BauGB eine gebundene Entscheidung der Ersetzungsbehörde vorsieht, wie vorherrschend unter Verweis auf den intendierten Schutz der Rechte des Bauinteressenten angenommen worden ist (BGH, NVwZ 2011, 249, 250; OVG Rh.-Pf., NVwZ-RR 2000, 85, 86; *Dippel,* NVwZ 1999, 921, 924), oder ob aus entstehungsgeschichtlichen Gründen und mit Rücksicht auf die Planungshoheit der Gemeinde eine Ermessensentscheidung anzunehmen ist (VG Frankfurt, NVwZ-RR 2001, 371, 373; *Lasotta,* BayVBl. 1998, 609, 615), hat damit ihre Bedeutung verloren.

208 Die **Rechtmäßigkeit der Ersetzungsentscheidung,** die der Gemeinde gegenüber eine als Verwaltungsakt zu qualifizierende Regelung trifft (BayVGH, NVwZ-RR 2001, 364, 365), verlangt in formeller Hinsicht, die Gemeinde anzuhören und ihr Gelegenheit zu erneuter Entscheidung zu geben (vgl. § 73 Abs. 4 BauO). In materieller Hinsicht ist die Rechtswidrigkeit der Versagung des Einvernehmens gefordert. Die Ersetzung einer Einvernehmensversagung, die allein ermessensfehlerhaft ist, ohne dass eine Ermessensreduzierung auf Null vorliegt, wird mit Rücksicht auf den der Gemeinde als Selbstverwaltungskörperschaft zustehenden Ermessensspielraum (vgl. Rn. 201) nicht zulässig sein.

209 Mit Blick auf den **Rechtsschutz der Gemeinde** könnte davon ausgegangen werden, dass die Ersetzungsentscheidung als Verwaltungsakt eigenständig verwaltungsgerichtlich anzugreifen sei, doch würde diese Annahme zu einer problematischen Doppelspurigkeit des prozessualen Vorgehens führen, da die Gemeinde ggf. auch eine daraufhin ergangene Baugenehmigung angreifen müsste, um deren Bestandskraft zu verhindern. Die – wenig klar formulierte – Bestimmung des § 73 Abs. 3 BauO ist nunmehr so zu verstehen, dass eine gesonderte Klage gegen die Ersetzungsentscheidung ausgeschlossen und die Gemeinde auf das Vorgehen gegen die Baugenehmigung verwiesen ist (*Vietmeier,* NWVBl. 2017, 177, 183). Auf ihre Klage gegen die Baugenehmigung hin sind die bauplanungsrechtlichen Voraussetzungen, die – wie sich aus § 36 Abs. 1 BauGB ergibt – auch dem Schutz der Gemeinde dienen, in vollem Umfang nachzuprüfen (vgl. BVerwG, NVwZ 2011, 61, 64, *Vietmeier,* NWVBl. 2017, 177, 183).

Die Rspr. hat früher angenommen, dass die rechts- (bzw. amtspflicht-)widrige Versagung des Einvernehmens für den Bauherrn Amtshaftungsansprüche bzw. Entschädigungsansprüche wegen enteignungsgleichen Eingriffs gegen die Gemeinde, insbes. bzgl. des dadurch verursachten Verzögerungsschadens, begründet (vgl. BGHZ 65, 182, 188 f.; 99, 262, 273). Die Ersetzungsmöglichkeit nach § 36 Abs. 2 S. 3 BauGB hat fraglich gemacht, ob neben oder gar anstelle der Gemeinde die Ersetzungsbehörde bzw. die hinter ihr stehende Körperschaft wegen der versäumten Ersetzung ersatzpflichtig wird (vgl. dazu *Hellermann,* JURA 2002, 589, 594 f.). Der BGH hat nunmehr entschieden, dass der Gemeinde bei der Verweigerung des gemeindlichen Einvernehmens keine den Bauwilligen schützenden Amtspflichten obliegen, wenn die Baugenehmigungsbehörde das rechtswidrig verweigerte Einvernehmen ersetzen kann, so dass die Gemeinde nicht amtshaftungspflichtig ist; auch im Hinblick auf das Institut des enteignungsgleichen Eingriffs liege der

Eingriffstatbestand allein im außengerichteten Handeln der Baugenehmigungsbehörde, nämlich in der Ablehnung des Bauantrags und der unterlassenen Ersetzung des Einvernehmens, so dass diese alleinverantwortlich sei (BGH, NVwZ 2011, 249, 250f.; NVwZ 2013, 167, 168).

3. Anhang

Literatur: *Gloria,* Der Anspruch auf Erschließung, NVwZ 1991, 720; *Sarnighausen,* Zur Erschließung und Zugänglichkeit von Baugrundstücken im Baurecht des Bundes und der Länder, NVwZ 1993, 424; *Konrad,* Das gemeindliche Einvernehmen nach § 36 BauGB – Klausurtypische Probleme, JA 2001, 588; *Hellermann,* Das gemeindliche Einvernehmen (§ 36 BauGB), JURA 2002, 589; *Krüper,* Das Einvernehmen der Gemeinde nach § 36 BauGB – materiell-, verfahrens- und prozessrechtliche Aspekte, ZJS 2010, 132; *Beutling/Pauli,* Klagerecht der Gemeinde bei Ersetzung ihres Einvernehmens nach § 36 BauGB, BauR 2010, 418; *Jeromin,* Gemeindliches Einvernehmen – Planungshoheit, Ersetzung und Haftungsfolgen, BauR 2011, 456; *Dippel,* Das gemeindliche Einvernehmen gem. § 36 BauGB in der jüngeren Rechtsprechung – alle Fragen schon geklärt?, NVwZ 2011, 769; *Schoch,* Schutz der gemeindlichen Planungshoheit durch das Einvernehmen nach § 36 BauGB, NVwZ 2012, 777; *Michl,* Das Einvernehmen der Gemeinde nach § 36 BauGB, JURA 2016, 722; *Kröninger,* Das gemeindliche Einvernehmen nach § 36 BauGB und die Verhinderung von Windkraftanlagen, NVwZ 2017, 826; *Scheidler,* Rechtsfragen um das gemeindliche Einvernehmen nach § 36 BauGB, ZfBR 2019, 643. **210**

Klausurfälle: *Konrad,* Grün und der Öko-Strom, JA 2002, 788; *Klinger,* Ärger um das atomare Zwischenlager, JuS 2003, 1191; *Sikora,* Ärger mit dem Einvernehmen, JA 2005, 40; *Rabe,* Die Außenbereichssatzung Eichhof, DVP 2008, 286; *Meyer,* Maßloses Wohnen im Außenbereich, JA 2009, 378; *Heinig/König,* Windrad oder Denkmalschutz?, JuS 2009, 1011; *Koehl,* Beschwerde gegen die Sperrung eines Feldwegs, JuS 2010, 155; *Rietzler/Weinbuch,* Die Ersetzung des gemeindlichen Einvernehmens, JURA 2013, 53; *Hebeler/Erzinger,* Der findige Investor, JA 2013, 765; *Kollmann,* Kein Honigschlecken, JA 2016, 753.

Kontrollfragen:

1. Was bedeutet „Erschließung" i. S. v. §§ 30ff. BauGB?
2. Welche Möglichkeiten, die Erteilung der beantragten Baugenehmigung zu erwirken, hat a) der antragstellende Bürger und haben b) staatliche Behörden, wenn die Gemeinde ihr erforderliches Einvernehmen nach § 36 BauGB zu Unrecht verweigert?

D. Sicherung und Verwirklichung der Bauleitplanung/ Kooperation mit Privaten

Zwischen die gemeindliche Bauleitplanung einerseits und die Vorgaben für die bauplanungsrechtliche Zulässigkeit einzelner Vorhaben andererseits schieben sich einzelne **städtebauliche Instrumente der Sicherung und der Verwirklichung der Bauleitplanung sowie der Kooperation mit Privaten** zu diesem Zweck. Ihre Funktion soll es sein, einmal eine in der Entstehung befindliche oder auch eine bestehende Bauleitplanung gegenüber Störung durch tatsächliche Veränderungen im Plangebiet zu sichern, andermal dazu beizutragen, dass eine Bauleitplanung – die ja zunächst nur damit unvereinbare Vorhaben untersagt und damit vereinbare Vorhaben als sog. Angebotsplanung zulässt, aber nicht etwa aus sich heraus tatsächlich verwirklicht – in einzelnen Vorhaben auch realisiert wird. **211**

I. Sicherung der Bauleitplanung

1. Veränderungssperre und Zurückstellung

Zurückstellung (§ 15 BauGB) und Veränderungssperre (§§ 14, 16ff. BauGB) verfolgen den **Zweck, einen zukünftigen Bebauungsplan dadurch zu schützen, dass** **212**

Vorhaben verhindert werden, die zwar nach der aktuellen bauplanungsrechtlichen Lage zulässig sind, den zukünftigen Festsetzungen aber widersprechen. Beide Sicherungsinstrumente schützen also mit Rücksicht auf die hierfür benötigte Zeit den Planungsprozess. Dabei setzen sie nicht voraus, dass zum Zeitpunkt des Genehmigungsantrags für ein solches Vorhaben bereits ein Bebauungsplanverfahren in Gang ist. Vielmehr ist es in der Praxis durchaus häufig so, dass die Gemeinde sich erst, nachdem sie als Baugenehmigungsbehörde, bei der Einholung ihres Einvernehmens oder auf der Grundlage von § 36 Abs. 1 S. 3 BauGB von einem einzelnen beabsichtigten oder beantragten Vorhaben Kenntnis erlangt hat, zu einer diesem entgegenstehenden Umplanung und deren Sicherung veranlasst sieht.

Zurückstellung und Veränderungssperre sind insofern sozusagen das Gegenstück zu § 33 BauGB, der mit Blick auf einen künftigen Bebauungsplan für diesem entsprechende Vorhaben einen zusätzlichen Zulässigkeitstatbestand bietet (vgl. Rn. 186).

a) Veränderungssperre (§§ 14, 16 ff. BauGB)

213 Die Veränderungssperre ergeht als **Satzung** (§ 16 Abs. 1 BauGB). Ihrem Inhalt nach kann sie für einen bestimmten künftigen Planbereich – oder auch einen Teilbereich davon (BVerwG, NJW 1977, 400, 401) – festlegen, dass Vorhaben i. S. v. § 29 BauGB nicht durchgeführt, bauliche Anlagen nicht beseitigt und erhebliche bzw. wesentlich wertsteigernde Veränderungen nicht vorgenommen werden dürfen (§ 14 Abs. 1 Nr. 1 und 2 BauGB). Die Gemeinde kann das Verbot auch auf bestimmte Vorhaben beschränken, wenn sie dies zur Sicherung ihrer Planungsziele für ausreichend erachtet (VGH BW, NVwZ 2016, 398, 401).

Auf die Veränderungssperre als eine Satzung nach dem BauGB sind §§ 214 ff. BauGB, soweit einschlägig, anwendbar. Außerdem ist sie gemäß § 47 Abs. 1 Nr. 1 VwGO mit der Normenkontrolle angreifbar (vgl. z. B. ThürOVG, NVwZ-RR 2002, 415).

214 Die materiellen **Voraussetzungen** für den Erlass einer Veränderungssperre ergeben sich aus § 14 Abs. 1 BauGB. Es bedarf danach:
- eines wirksamen Bebauungsplanaufstellungsbeschlusses i. S. v. § 2 Abs. 1 S. 2 BauGB, der freilich in der gleichen Ratssitzung wie der Satzungsbeschluss über die Veränderungssperre gefasst werden kann (BVerwG, ZfBR 1989, 171, 171 f.), sowie
- der Erforderlichkeit der Veränderungssperre zur Sicherung der Planung. Daran fehlt es, wenn der Inhalt der Planung noch in keiner Weise abzusehen ist; nach dem Stand der Planung muss ein Mindestmaß an zukünftigem Planungsinhalt absehbar sein, das geeignet ist, die Entscheidung über die Vereinbarkeit eines fraglichen Vorhabens mit der beabsichtigten Planung zu steuern (BVerwG, NVwZ 2010, 42, 43).

Beispiele: Eine – durch die beabsichtigte Errichtung einer Windenergieanlage veranlasste – Veränderungssperre, die der Gemeinde erst die Zeit für die Entwicklung eines Planungskonzepts geben soll, ist mangels beachtlichen Sicherungsbedürfnisses unwirksam (BVerwG, NVwZ 2004, 858, 860 f.). Unzulässig ist auch eine Veränderungssperre zur Sicherung eines künftigen Bebauungsplans, wenn dieser große Teile des Gemeindegebiets, ca. 560 ha, umfassen soll, bislang aber nicht einmal grob die für die künftigen Nutzungen vorgesehenen Bereiche gekennzeichnet sind und es in Wahrheit nur um die Freihaltung von Windenergieanlagen geht (BVerwG, NVwZ 2004, 984, 985 f.). Unwirksam ist eine Veränderungssperre für eine Bauleitplanung, die auf die Festsetzung eines Einheimischenmodells für junge Leute und Studenten gerichtet ist, weil ein solches Planungsziel wegen fehlender Festsetzungsmöglichkeit im Bebauungsplan nicht erreicht und deshalb auch nicht gesichert werden kann (BayVGH, NVwZ-RR 2018, 219, 220 f.).

Ihren **Wirkungen** nach zielt die Veränderungssperre auf die Verhinderung von Vorhaben, die der beabsichtigten zukünftigen Bauleitplanung zuwiderlaufen. Dabei ist zu differenzieren: **215**

- Grundsätzlich bewirkt die Veränderungssperre – in ihrem satzungsmäßig beschlossenen räumlichen und gegenständlichen Umfang – ein generelles, materiellrechtliches Verbot von Vorhaben und Maßnahmen nach § 14 Abs. 1 Nr. 1 und 2 BauGB.
- Nach der Bestandsschutzregelung des § 14 Abs. 3 BauGB bleiben bestimmte Vorhaben, insbesondere vor Inkrafttreten der Veränderungssperre bereits genehmigte, auch durch Bauvorbescheid bauplanungsrechtlich bereits bestätigte Vorhaben (vgl. BVerwGE 69, 1, 3 ff.) zulässig.
- § 14 Abs. 2 BauGB eröffnet schließlich die Möglichkeit der Zulassung von Ausnahmen durch die Baugenehmigungsbehörde im Einvernehmen (vgl. Rn. 197 ff.) mit der Gemeinde, wenn überwiegende öffentliche Belange nicht entgegenstehen. Das ist regelmäßig der Fall, wenn das Vorhaben die künftige Bauleitplanung nicht beeinträchtigt, insbesondere wenn es mit Blick auf den künftigen Bebauungsplan nach § 33 BauGB genehmigungsfähig ist (*Mitschang,* in: Battis/Krautzberger/Löhr, BauGB, § 14 Rn. 19).

Beispiel: Die Stadt S hat am Stadtrand durch formell und materiell rechtmäßigen, qualifizierten Bebauungsplan ein Mischgebiet ausgewiesen, um dort – unter Erhaltung der gewachsenen dörflichen Strukturen – zur Bekämpfung der Arbeitslosigkeit gewerbliche Betriebe anzusiedeln. Als die Fast-Food-Kette K den Bauantrag für eine große Drive-in-Filiale in diesem Mischgebiet stellt, regt sich erheblicher Widerstand. Das Bauordnungsamt lehnt nach vier Monaten den Bauantrag als bauplanungsrechtswidrig ab. Vier Wochen später beschließt der Gemeinderat den Aufstellungsbeschluss für eine Änderung des bestehenden Bebauungsplanes, durch die im Interesse der gewollten Ansiedlung von Handwerks- und ähnlichen Gewerbebetrieben Schank- und Speisewirtschaften ausdrücklich ausgeschlossen werden sollen, und noch in derselben Sitzung eine Veränderungssperre zur Sicherung des künftigen Bebauungsplanes. Wie ist der Bauantrag danach bauplanungsrechtlich zu beurteilen? Das Vorhaben ist nach dem geltenden Bebauungsplan zulässig (vgl. § 6 Abs. 2 Nr. 3 BauNVO). Es steht ihm jedoch die formell und materiell rechtmäßige Veränderungssperre entgegen; insbesondere liegt der erforderliche Bebauungsplanaufstellungsbeschluss vor und ist die Veränderungssperre zur Sicherung des Inhaltes des künftigen Plans geboten (§ 14 Abs. 1 S. 1 BauGB), da die hinreichend konkrete planerische Vorstellung eines Ausschlusses von Schank- und Speisewirtschaften gemäß § 1 Abs. 5 BauNVO besteht. § 14 Abs. 3 BauGB greift nicht ein, da das Vorhaben nicht genehmigt wurde; auf die Fälle einer verzögerten Behandlung bzw. unberechtigten Ablehnung eines Bauantrags ist die Regelung nicht anwendbar (vgl. VGH BW, BauR 2000, 1159, 1161). In dieser Konstellation bleibt die Möglichkeit einer Ausnahme nach § 14 Abs. 2 BauGB, auf die unter Ermessensreduktion auf Null ein Anspruch bestehen soll, wenn das Vorhaben nicht den Planungsabsichten der Gemeinde zuwiderläuft (BVerwG, NJW 1968, 2350, 2350 f.; NVwZ 1990, 58; ZfBR 1993, 33, 34). Ist das – wie wohl hier – der Fall, bleiben nur Ersatz- bzw. Entschädigungsansprüche aus Amtshaftung und § 39 OBG wegen der rechtswidrigen Behandlung des Bauantrags.

Für die **Geltungsdauer** der Veränderungssperre sieht § 17 Abs. 1 S. 1 BauGB eine Höchstdauer von zwei Jahren vor, auf die der Zeitraum einer evtl. vorangegangenen Zurückstellung i. S. v. § 15 Abs. 1 BauGB (§ 17 Abs. 1 S. 2 BauGB), ggf. auch einer sog. faktischen Zurückstellung durch verzögerliche Behandlung oder rechtswidrige Ablehnung von Baugesuchen (BVerwG, NJW 1971, 445, 445 f.) anzurechnen ist; daraus können sich individuell unterschiedliche Laufzeiten einer Veränderungssperre ergeben. Die Veränderungssperre kann durch Satzung erstmalig um ein Jahr (§ 17 Abs. 1 S. 3 BauGB), bei besonderen Umständen um ein weiteres Jahr (§ 17 Abs. 2 BauGB) verlän- **216** gert werden. Auch der Neuerlass einer außer Kraft getretenen Veränderungssperre ist zulässig (§ 17 Abs. 3 BauGB), setzt ab dem dritten Jahr aber wiederum wegen § 17 Abs. 2 BauGB besondere Umstände voraus. Bei Fortfall ihrer Voraussetzungen ist die Veränderungssperre außer Kraft zu setzen (§ 17 Abs. 4 BauGB). Sie endet jedenfalls mit Inkrafttreten des Bebauungsplans (§ 17 Abs. 5 BauGB).

Mit Rücksicht auf die Beschränkung der baulichen Nutzbarkeit des Grundeigentums gewährt § 18 BauGB einen Entschädigungsanspruch gegen die Gemeinde, wenn die Veränderungssperre einschl. einer evtl. vorangegangenen Zurückstellung den Zeitraum von vier Jahren überschreitet. Darüber hinaus gewährt der BGH einen Anspruch wegen enteignungsgleichen Eingriffs, wenn die Veränderungssperre bereits vor dieser Frist rechtswidrig wird, etwa wegen nicht unerheblicher Verzögerung der Planung aus sachwidrigen Gründen, soweit der Betroffene die Schäden nicht durch zumutbare Inanspruchnahme von Primärrechtsschutz hätte abwenden können (vgl. BGH, NVwZ 1992, 1119, 1121; DVBl. 2001, 1619, 1621 f.).

b) Zurückstellung (§ 15 BauGB)

217 Im Gegensatz zur Veränderungssperre handelt es sich bei der Zurückstellung um eine Einzelmaßnahme, einen **Verwaltungsakt mit verfahrensrechtlicher Wirkung.** Sie gilt einem einzelnen Vorhaben i. S. v. § 29 Abs. 1 BauGB. Sie ist auf Antrag der Gemeinde zu erlassen, wenn eine Veränderungssperre zulässig wäre, aber nicht beschlossen ist und die Gefahr einer Störung der Planung durch das Vorhaben besteht (§ 15 Abs. 1 S. 1 BauGB). Dem Inhalt und der Wirkung nach macht die Zurückstellung das Bauvorhaben nicht materiell rechtswidrig. Vielmehr entfaltet die Zurückstellung, wenn ein Baugenehmigungsverfahren für das fragliche Vorhaben läuft, nur die formelle Wirkung, vorläufig eine Entscheidung über den Antrag zu hindern. Für den Fall, dass kein Baugenehmigungsverfahren durchzuführen ist, sieht § 15 Abs. 1 S. 2, 3 BauGB eine – der Zurückstellung gleichgestellte – vorläufige Untersagung vor. Die Zurückstellung ist auf eine Höchstdauer von 12 Monaten begrenzt.

Das EAG Bau hat ergänzend die Möglichkeit eingeführt, auf Antrag der Gemeinde nach § 35 Abs. 1 Nr. 2 bis 6 BauGB zu beurteilende Vorhaben zurückzustellen, wenn die Gemeinde einen Flächennutzungsplan aufstellen, ändern oder ergänzen will, um die Rechtswirkungen des § 35 Abs. 3 BauGB zu erreichen (§ 15 Abs. 3 BauGB). Nach § 15 Abs. 3 S. 4 BauGB kann die Zurückstellung nunmehr bei Vorliegen besonderer Umstände bis zu 2 Jahre betragen (vgl. OVG NRW, NVwZ-RR 2015, 323).

2. Grundstücksteilung (§ 19 BauGB)

218 Die Regelung über die Grundstücksteilung verfolgt den **Zweck, eine dem Bebauungsplan widersprechende Parzellierung von Grundstücken zu verhindern.** Die früheren Regelungen über das Erfordernis einer Teilungsgenehmigung, die bereits 1998 grundlegend geändert worden waren, sind mit dem EAG Bau 2004 entfallen. Geblieben ist die materiellrechtliche Vorschrift, dass die Grundstücksteilung, d. h. regelmäßig die dem Grundbuchamt gegenüber abgegebene Erklärung des Eigentümers, dass ein Grundstücksteil selbständig eingetragen werden soll (vgl. § 19 Abs. 1 BauGB), keine den Bebauungsplanfestsetzungen widersprechenden Verhältnisse hervorrufen darf (§ 19 Abs. 2 BauGB).

Unklar bleiben die Rechtsfolgen eines Verstoßes gegen § 19 Abs. 2 BauGB. Zwar kennt auch das Bauordnungsrecht die Erforderlichkeit einer Teilungsgenehmigung (§ 7 BauO); die Regelung erfasst jedoch nicht Versagungsgründe nach dem BauGB. Die Annahme, die Bauaufsichtsbehörde könne ggf. die Rückgängigmachung der Grundstücksteilung anordnen (OVG Berlin, BRS 65 Nr. 204), ist nach der Fassung der maßgeblichen Ermächtigungsgrundlage des § 58 Abs. 2 BauO (vgl. dazu Rn. 283 ff.) in NRW schwerlich überzeugend (*Dürr/Schulte Beerbühl*, Baurecht NRW, Rn. 173a).

§ 22 BauGB sieht die Möglichkeit besonderer Genehmigungserfordernisse zum Schutz von Gebieten mit Fremdenverkehrsfunktion vor.

3. Vorkaufsrecht (§§ 24 ff. BauGB)

Die Regelungen über das Vorkaufsrecht (§ 24 ff. BauGB) sind im Zweiten Teil des BauGB, der der Sicherung der Bauleitplanung gilt, verortet, stehen aber schon zwischen Sicherungs- und Verwirklichungsfunktion. Sie dienen dem **Zweck der Verhinderung einer nicht plangerechten Nutzung durch mögliche Erwerber und zugleich auch schon der Vorbereitung einer plangerechten Nutzung.** Ein Vorkaufsrecht der Gemeinde kann als allgemeines Vorkaufsrecht von Gesetzes wegen bestehen (§ 24 BauGB) und weiter als besonderes Vorkaufsrecht durch Satzung begründet werden (§ 25 BauGB). Nach Maßgabe des § 27a BauGB kann es von der Gemeinde auch zugunsten Dritter ausgeübt werden. Seine Ausübung ist begrenzt zunächst dadurch, dass das Wohl der Allgemeinheit dies rechtfertigen muss (§§ 24 Abs. 3 S. 1, 25 Abs. 2 S. 1 BauGB; vgl. dazu BVerwG, NVwZ 2010, 593, 594); außerdem bestehen Ausschließungsgründe (§ 26 BauGB) und Abwendungsgründe (§ 27 BauGB), insbesondere wenn der Erwerber eine plangerechte Nutzung gewährleisten kann. Die Ausübung des Vorkaufsrechts (vgl. § 28 BauGB) erfolgt durch privatrechtsgestaltenden Verwaltungsakt, gegen den die Anfechtungsklage statthaft ist. Mit der Ausübung kommt ein Kaufvertrag mit der Gemeinde zustande; es gelten die Regelungen des BGB entsprechend (§ 28 Abs. 2 S. 2 BauGB). 219

4. Anhang

Literatur: *Hauth,* Die Konkretisierung der Planung und deren Nachweis als Voraussetzung für den Erlaß einer Veränderungssperre, BauR 1989, 271; *Hager/Kirchberg,* Veränderungssperre, Zurückstellung von Baugesuchen und faktische Bausperren, NVwZ 2002, 400; *dies.,* Haftungsfragen bei Veränderungssperre, Zurückstellung von Baugesuchen und faktischer Bausperre, NVwZ 2002, 538, *Schüling,* Die selbstständige andere Veränderungssperre als Mittel einer dauerhaften Planungssicherung?, NVwZ 2003, 149; *Rieger,* Rechtsschutz gegen die Zurückstellung von Baugesuchen, BauR 2003, 1512; *Witt,* Die Teilung von Grundstücken nach § 19 BauGB in der Fassung des EAG-Bau, NordÖR 2005, 286; *Güster,* Die Veränderungssperre (§ 14 BauGB) in der (bayerischen) Baurechtsklausur – En Kurzbeitrag zum Basiswissen mit klausurtaktischen Hinweisen, JA 2017, 928. 220

Klausurfälle: *Schmid,* Der Lebensmittelmarkt in der Altstadt, JuS 1994, 865; *Steck,* Ein Baugesuch, NWVBl. 1994, 157; *Bauer/von Cube/Heinig,* Eine unbeliebte Spielhalle, JuS 2006, 152, *Fuber,* Silberberg, JuS 2019, 1084.

Kontrollfragen:

1. Unter welcher Voraussetzung ist ein noch nicht realisiertes Vorhaben von der Verbotswirkung einer Veränderungssperre aus Bestandsschutzgründen verschont?
2. Was ist die Wirkung und Rechtsfolge einer Zurückstellung i. S. v. § 15 BauGB?

II. Verwirklichung der Bauleitplanung (einschließlich Kooperation mit Privaten)

Weiter enthält das BauGB eine Reihe von **Instrumenten der Vorbereitung und Erleichterung, teils auch der zwangsweisen Durchsetzung** der Planverwirklichung. Der Sache nach zählen hierzu insbesondere auch die Regelungen über eine Kooperation mit Privaten. 221

1. Erschließung (§§ 123 ff. BauGB)

222 Die Erschließung, die grundstücksbezogen bauplanungsrechtliche Voraussetzung der baulichen Nutzung eines Grundstücks ist (vgl. Rn. 193 ff.), wird in §§ 123 ff. BauGB übergreifend als gebietsbezogene Erschließung behandelt. In diesem Sinne ist sie zu verstehen als die für **die Baureifmachung eines Gebiets erforderliche erstmalige Herstellung der örtlichen öffentlichen Straßen, Wege, Plätze und Grünanlagen, der Versorgungsanlagen für Elektrizität, Gas, Wärme und Wasser sowie der Anlagen zur Abwasserableitung;** nicht erfasst sind Anlagen überörtlichen Charakters sowie sog. Erschließungsfolgeeinrichtungen wie Schulen, Krankenhäuser, Sportplätze etc. (*Finkelnburg/Ortloff/Kment,* Öffentliches Baurecht I, § 29 Rn. 3). Die sog. Erschließungslast liegt grundsätzlich als Selbstverwaltungsaufgabe bei der jeweiligen Gemeinde (§ 123 Abs. 1 BauGB); sie kann die Erschließung freilich nach § 11 Abs. 1 S. 2 Nr. 1 BauGB durch öffentlich-rechtlichen Vertrag auf einen Dritten übertragen (vgl. Rn. 228). Über das Ob und Wie der Erschließung eines Gebiets entscheidet die Gemeinde nach pflichtgemäßem, insbesondere durch §§ 123 Abs. 2, 125 BauGB gebundenem Ermessen. Dieses Ermessen kann sich durch eigenes Verhalten der Gemeinde so reduzieren, dass – obgleich ein Rechtsanspruch auf Erschließung grundsätzlich nicht besteht (§ 123 Abs. 3 BauGB) – die Erschließungslast sich zur Erschließungspflicht verdichtet (vgl. Rn. 196). Zur Finanzierung des Erschließungsaufwands werden nach Maßgabe der §§ 127 ff. BauGB (zur Gesetzgebungskompetenz vgl. Rn. 9) die Grundstückseigentümer durch Erschließungsbeitrag herangezogen.

2. Umlegung (§§ 45 ff. BauGB)

223 Die Umlegung ist ein **öffentlich-rechtliches Grundstückstauschverfahren** mit dem Ziel, Grundstücke so neu zu ordnen, dass nach Lage, Form und Größe für die bauliche und sonstige Nutzung zweckmäßig gestaltete Grundstücke entstehen (§ 45 S. 1 BauGB). Eine solche Umlegung kommt nach § 45 S. 2 BauGB nur in Bereichen nach §§ 30, 34 BauGB in Betracht. Sie wird von der Gemeinde in eigener Verantwortung durchgeführt (§ 46 Abs. 1 BauGB). Vollzogen wird sie – sehr verkürzt dargestellt – in der Weise, dass alle Grundstücke im Umlegungsgebiet zunächst die Umlegungsmasse bzw. nach Abzug bestimmter Flächen die Verteilungsmasse bilden (§ 55 BauGB). Aus dieser Verteilungsmasse erhalten die betroffenen Grundeigentümer nach Maßgabe des Umlegungszwecks, im Einzelnen festgelegt in einem Umlegungsplan, nach Möglichkeit Grundstücke in gleicher oder gleichwertiger Lage wie die von ihnen eingeworfenen Grundstücke (§ 59 Abs. 1 BauGB), ansonsten u. U. einen Geldausgleich (§ 59 Abs. 2 BauGB). Nach dem sog. Surrogationsprinzip setzt sich das Eigentum an den alten ungebrochen an den neuen Grundstücken fort (§ 63 Abs. 1 S. 1 BauGB). Das so geregelte Grundstückstauschverfahren ist, obgleich es durch zielgerichteten hoheitlichen Rechtsakt auf Eigentumsobjekte in ihrem Bestand zugreift, Inhalts- und Schrankenbestimmung i. S. v. Art. 14 Abs. 1 S. 2 GG und keine Enteignung i. S. v. Art. 14 Abs. 3 GG (BVerfGE 104, 1, 9 f.; vgl. auch bereits BGHZ 100, 148, 151).

3. Städtebauliche Gebote (§§ 175 ff. BauGB)

224 Die städtebaulichen Gebote sind – in erster Linie – **Instrumente der Planverwirklichung mittels hoheitlichen Zwangs.** Zentrale allgemeine Rechtmäßigkeitsvoraussetzungen finden sich in § 175 Abs. 1 BauGB, der eine vorherige Erörterung und Beratung mit dem Ziel der freiwilligen Durchführung der Maßnahme vorschreibt, sowie in § 175 Abs. 2 BauGB, der materiellrechtlich die städtebauliche Erforderlichkeit

der alsbaldigen Durchführung, beim Baugebot unter Berücksichtigung eines dringenden Wohnbedarfs, verlangt; das setzt städtebauliche Gründe voraus, die in ihrem Gewicht über die für die Aufstellung des Bebauungsplans maßgeblichen Gründe hinausgehen (BVerwG, NVwZ 1990, 60, 60f.). Im Einzelnen kennt das BauGB vier verschiedene städtebauliche Gebote:

- Durch das Baugebot kann der Eigentümer eines Grundstücks im Geltungsbereich eines Bebauungsplans zur Bebauung seines unbebauten Grundstücks oder zur Anpassung vorhandener Gebäude oder baulicher Anlagen (§ 176 Abs. 1 BauGB), der Eigentümer eines nicht oder geringfügig bebauten Innenbereichsgrundstücks zu dessen baulicher Nutzung (§ 176 Abs. 2 BauGB), u. U. verbunden mit einem Bauantragsgebot (§ 176 Abs. 7 BauGB), verpflichtet werden. Praktisch wichtige Einschränkungen folgen aus der Unzulässigkeit des Baugebots bei objektiver wirtschaftlicher Unzumutbarkeit (§ 176 Abs. 3 BauGB) und dem Übernahmeanspruch des Eigentümers gegen die Gemeinde im Falle subjektiver Unzumutbarkeit (§ 176 Abs. 4 BauGB).
- Das Modernisierungs- und Instandsetzungsgebot (§ 177 BauGB) zielt auf die Beseitigung von Missständen und die Behebung von Mängeln baulicher Anlagen (*Bönker*, in: Hoppe/Bönker/Grotefels, Öffentliches Baurecht, § 14 Rn. 164); hier geht es also weniger um Planverwirklichung als um Durchsetzung gesetzlicher Anforderungen.
- Mit dem Pflanzgebot (§ 178 BauGB) kann die bebauungsplangemäße Bepflanzung eines Grundstücks verlangt werden.
- Das Rückbau- und Entsiegelungsgebot (§ 179 BauGB) schließlich kann verpflichten zu dulden, dass bauliche Anlagen, die – nicht behebbar – Bebauungsplanfestsetzungen widersprechen oder Missstände oder Mängel aufweisen, beseitigt sowie dauerhaft nicht mehr genutzte Flächen wieder nutzbar gemacht werden.

4. Städtebauliche Enteignung (§§ 85 ff. BauGB)

Die städtebauliche Enteignung stellt ein **Instrument der Entziehung konkreter (Grund-)Eigentumspositionen zu städtebaulichen Zwecken,** insbesondere auch zur Planverwirklichung zur Verfügung. Nach den gesetzlich fixierten Enteignungszwecken kann insbesondere auch eine sog. planakzessorische Enteignung vorgenommen werden, um eine bebauungsplangemäße Nutzung eines Grundstücks vorzubereiten oder herbeizuführen (§ 85 Abs. 1 Nr. 1 BauGB). Weiter ist die Enteignung insbesondere nur zum Wohl der Allgemeinheit und unter Beachtung des Verhältnismäßigkeitsgrundsatzes zulässig (vgl. § 87 Abs. 1 BauGB). Der Junktimklausel des Art. 14 Abs. 3 S. 2 GG entsprechend regeln §§ 93 ff. BauGB die Entschädigung. 225

Die städtebauliche Enteignung entspricht auch dem engeren, stets eine Eigentumsübertragung verlangenden Verständnis von Enteignung, das das BVerfG (E 143, 246, 332 ff.) überzeugend hergeleitet hat.

Verwaltungsakte im Rahmen der städtebaulichen Enteignung sind gemäß § 217 Abs. 1 BauGB nur durch Antrag auf gerichtliche Entscheidung durch die bei den Landgerichten gebildeten Kammern für Baulandsachen anfechtbar.

Beispiel: Eine Gemeinde erlässt einen – im Normenkontrollverfahren rechtskräftig bestätigten – Bebauungsplan, der ein Sondergebiet „Waldorf-Schule" ausweist, und verpflichtet sich gegenüber dem Waldorf-Schulträgerverein e. V. vertraglich zur Bestellung eines Erbbaurechts an den Grundstücken zwecks Errichtung eines Schulgebäudes; bzgl. des letzten fehlenden, trotz Verhandlungen freiwillig nicht an die Gemeinde veräußerten Grundstücks beantragt diese die Enteignung. Diese ist durch § 85 Abs. 1 Nr. 1 BauGB gedeckt und genügt auch dem Wohl der Allgemeinheit (§ 87 Abs. 1 BauGB) im Rahmen des Normzwecks des zugrunde liegenden Enteignungsgesetzes, da die Schulversorgung, auch durch private Ersatzschulen, zumindest auch eine städtebauliche Aufgabe ist und die Erfüllung dieses Gemeinwohlzwecks auch durch den privaten Träger, insbesondere auch durch gesetzliche Regelung und staatliche Aufsicht, gesichert ist (BGHZ 105, 94; zu den Grenzen städtebaulicher Enteignung zugunsten Dritter vgl. auch BVerfGE 74, 264).

5. Zusammenarbeit mit Privaten

226 Einer allgemeinen, auch in anderen Verwaltungsbereichen beobachtbaren Tendenz zur sog. funktionalen Privatisierung, bei der Private als Verwaltungshelfer in die Wahrnehmung einer im Außenverhältnis nach wie vor staatlichen Aufgabe einbezogen werden, entsprechend spielt auch die **Einbeziehung Privater in die Erfüllung der städtebaulichen Aufgaben der Gemeinden** eine zunehmende Rolle. Im Kern geht es darum, das Eigeninteresse Privater an der Vornahme und anschließenden Umsetzung gemeindlicher Bauleitplanungen nutzbar zu machen, um sie zur Einbringung ihres Know-hows, ihres Arbeitseinsatzes und Kapitals und damit zur Entlastung der Gemeinde zu bewegen. Hierin gründet zugleich das zentrale Problem solcher Kooperation: Weder darf die Gemeinde ihr gesetzlich zwingend auferlegte Aufgaben und Leistungen von privaten Gegenleistungen abhängig machen, noch darf sie, indem sie Hoheitsrechte ausverkauft, also nach privaten Interessen ausübt, ihre Abwägungsfreiheit verlieren. Zugleich ist eine solche Kooperation jedoch eine Chance zur schnelleren, erfolgreicheren Durchführung und Realisierung städtebaulicher Planungen.

Kurz hingewiesen sei auf eine durch das BauGB-Änderungsgesetz vom 21.12.2006 in das Besondere Städtebaurecht eingeführte Regelung zur Einbeziehung Privater. Nach § 171f BauGB können nach Maßgabe des Landesrechts Gebiete festgelegt werden, in denen in privater Verantwortung standortbezogene Maßnahmen zur Stärkung oder Entwicklung von Innenstadtbereichen, Stadtteilzentren, Wohnquartieren, Gewerbezentren oder sonstigen für die städtebauliche Entwicklung bedeutsamen Bereichen durchgeführt werden. Die Regelung steht in sachlichem Zusammenhang mit dem städtebaulichen Anliegen der Erhaltung und Entwicklung zentraler Versorgungsbereiche (vgl. § 1 Abs. 6 Nr. 4 BauGB). Sie ist angeregt durch bereits bestehende landesgesetzliche Regelungen zu Business Improvement Districts (BID's) etc. (zu deren Fortgeltung vgl. § 246 Abs. 3 BauGB).

a) Städtebauliche Verträge (§ 11 BauGB)

227 Der **Abschluss von städtebaulichen Verträgen zwischen Gemeinde und Privaten** war bereits vor der gesetzlichen Regelung zunächst in der Vorgängervorschrift des § 6 BauGB-MaßnahmeG, jetzt in § 11 BauGB als grundsätzlich zulässig anerkannt (vgl. bereits BVerwGE 23, 213, 216). Die gesetzliche Regelung erkennt diese Befugnis deklaratorisch an (§ 11 Abs. 1 S. 1 BauGB) und enthält, ohne andere städtebauliche Verträge auszuschließen (§ 11 Abs. 4 BauGB), Regelungen für bestimmte Typen solcher Vereinbarungen, die schon zuvor anerkannte Rechtsgrundsätze fixieren.

228 In § 11 Abs. 1 S. 2 BauGB werden **bestimmte mögliche Vertragstypen** besonders hervorgehoben und geregelt:

– § 11 Abs. 1 S. 2 Nr. 1 BauGB regelt – unter besonderer Betonung der fortbestehenden Verantwortung der Gemeinde für das Planaufstellungsverfahren – Vereinbarungen über die private Vorbereitung und Durchführung städtebaulicher Maßnahmen wie die „freiwillige Umlegung" oder die Ausarbeitung des Planentwurfs; in der Sache geht es hier v. a. um die Schaffung neuer Baugebiete in Kooperation mit privaten Bauträgern. Seit der Baurechtsnovelle 2013 fallen auch Erschließungsverträge (vgl. Rn. 222), die bis dahin in § 124 BauGB a. F. speziell geregelt waren, hierunter.

- Unter die in § 11 Abs. 1 S. 2 Nr. 2 BauGB genannten Verträge zur Förderung und Sicherung der mit der Bauleitplanung verfolgten Ziele fallen v. a. die sog. Einheimischen-Modelle, die sicherstellen sollen, dass die künftigen Baugrundstücke durch Einheimische bebaut werden (vgl. BVerwGE 92, 56, 57 ff.; BayVGH, NJW 1999, 208); die 2017 geänderte Fassung nennt insoweit einkommensschwächere und weniger begüterte Personen der örtlichen Bevölkerung als Zielgruppe und trägt damit unionsrechtlichen Bedenken gegen eine Bevorzugung Einheimischer gegenüber Unionsbürgern (vgl. EuGH, DVBl. 2013, 1041) Rechnung.
- § 11 Abs. 1 S. 2 Nr. 3 BauGB gilt v. a. den sog. Folgekostenverträgen in Bezug auf Infrastrukturaufwendungen, v. a. jenseits der erschließungsbeitragsfähigen Aufwendungen, unter Einschluss auch der verwaltungsinternen Personal- und Sachkosten (BVerwG, DVBl. 2006, 455, 457), als Folge der geplanten städtebaulichen Maßnahme.
- § 11 Abs. 1 S. 2 Nr. 4 BauGB nennt schon seit 2004 klimabezogene Verträge, deren Gegenstand die Nutzung von Netzen und Anlagen der Kraft-Wärme-Kopplung sowie von Solaranlagen für die Wärme-, Kälte- und Elektrizitätsversorgung ist; seit der Klimaschutznovelle 2011 werden darüber hinaus sämtliche Anlagen und Einrichtungen für die Erzeugung und Nutzung erneuerbarer Energien, Anlagen und Einrichtungen der Fern- und Nahwärmeversorgung und Kraft-Wärme-Kopplung erfasst.
- § 11 Abs. 1 S. 2 Nr. 5 BauGB, ebenfalls 2011 eingefügt, schließlich stellt klar, dass in städtebaulichen Verträgen auch Vereinbarungen über die energetische Qualität von Gebäuden getroffen werden können.

§ 11 Abs. 1 S. 3 BauGB regelt nunmehr ausdrücklich, dass städtebauliche Verträge **228a** auch mit **Eigen- und Beteiligungsgesellschaften der Gemeinde** geschlossen werden können. Der Gesetzgeber hat damit die Beurteilung der früheren Rechtslage korrigiert, wonach von der Gemeinde beherrschte Gesellschaften nicht als Dritte galten, auf die namentlich die Erschließung durch Vertrag übertragen werden könnte (BVerwG, NVwZ 2011, 690, 692 ff.).

§ 11 Abs. 2 BauGB betont noch einmal generelle materiellrechtliche Grenzen, näm- **229** lich die erforderliche **Angemessenheit der vereinbarten Leistungen und das Koppelungsverbot,** das eine vertragliche Vereinbarung über eine gesetzlich ohnehin gegenleistungsfrei zustehende Leistung untersagt. § 11 Abs. 1 S. 3 BauGB stellt klar, dass unbeschadet des Angemessenheitsgebots eine Eigenbeteiligung der Gemeinde nicht erforderlich ist, wenn der Vertragspartner Kosten oder sonstige Aufwendungen trägt oder übernimmt.

b) Vorhabenbezogener Bebauungsplan (§ 12 BauGB)

Der heutige § 12 BauGB geht auf Regelungen für das Gebiet der neuen Bundeslän- **230** der und § 7 BauGB-MaßnahmeG über den Vorhaben- und Erschließungsplan zurück. Nach § 12 BauGB gibt es nicht mehr eine spezielle Satzung neben dem Bebauungsplan, sondern eine **besondere Form des Bebauungsplans, die nicht mehr nur Angebotsplanung, sondern auf kurzfristige Realisierung eines bestimmten Vorhabens angelegt ist** (*Bönker,* in: Hoppe/Bönker/Grotefels, Öffentliches Baurecht, § 13 Rn. 138). Dies geschieht durch die Einschaltung eines privaten Investors/Bauträgers, der bereit und in der Lage ist, die Aufschließung des Baugebiets einschließlich der Erschließungsmaßnahmen auf eigene Kosten durchzuführen.

Das Konzept des § 12 BauGB besteht aus den drei Elementen des **Vorhaben- und** **231** **Erschließungsplans des Investors, des Durchführungsvertrags zwischen Ge-**

meinde und Investor sowie der gemeindlichen Satzung über den vorhabenbezogenen Bebauungsplan. Der Vorhaben- und Erschließungsplan ist zwischen Investor und Gemeinde abzustimmen (§ 12 Abs. 1 S. 1 BauGB) und bildet die Grundlage für die Inangriffnahme des Bebauungsplanverfahrens. In dem Durchführungsvertrag, einem städtebaulichen Vertrag i. S. v. § 11 BauGB, verpflichtet sich der Aufgabenträger ganz oder teilweise zur Durchführung des Vorhabens und seiner Erschließung sowie zur Tragung der Planungs- und Erschließungskosten (§ 12 Abs. 1 S. 1 BauGB). Erst auf dieser Grundlage darf der Beschluss über den vorhabenbezogenen Bebauungsplan erfolgen. Für diesen gelten grundsätzlich dieselben Regelungen wie für den regulären Bebauungsplan. In verfahrensrechtlicher Hinsicht ergibt sich eine Abweichung insofern, als § 12 Abs. 2 S. 1 BauGB einen zu bescheidenden Antrag auf Einleitung des Bebauungsplanverfahrens kennt. In materieller Hinsicht ist eine Besonderheit des vorhabenbezogenen Bebauungsplans, dass der Vorhaben- und Erschließungsplan zu seinem Bestandteil wird (§ 12 Abs. 3 S. 1 BauGB) und weiter keine Bindung an die Festsetzungsmöglichkeiten nach § 9 BauGB, BauNVO besteht (§ 12 Abs. 3 S. 2 BauGB), also Festsetzungserfindungsfreiheit herrscht; hierin kommt zum Ausdruck, dass dieser Plan auf ein ganz konkretes Vorhaben bezogen ist. Vorhaben- und Erschließungsplan, Durchführungsvertrag und vorhabenbezogener Bebauungsplan müssen dabei aufeinander abgestimmt sein und dürfen sich nicht widersprechen (OVG NRW, NWVBl. 2006, 376, 378). Der später eingefügte § 12 Abs. 3a BauGB erlaubt nunmehr eine stärkere Vorhabensteuerung durch den Durchführungsvertrag; für den Bereich des Vorhaben- und Erschließungsplans ist danach im vorhabenbezogenen Bebauungsplan auch eine allgemeine Festsetzung der baulichen und sonstigen Nutzung insbesondere durch Ausweis eines Baugebiets nach BauNVO möglich, wenn die Zulässigkeit unter entsprechender Anwendung von § 9 Abs. 2 BauGB zugleich auf solche Nutzungen beschränkt wird, zu deren Durchführung sich der Vorhabenträger im Durchführungsvertrag verpflichtet. Dass der vorhabenbezogene Bebauungsplan darüber hinaus auch auf einen ganz bestimmten Vorhabenträger bezogen ist, zeigt die Regelung über den Wechsel des Vorhabenträgers (§ 12 Abs. 5 BauGB).

Beispiel: Ein vorhabenbezogener Bebauungsplan beschränkt sich darauf, ein kleines Mischgebiet und drei kleine allgemeine Wohngebiete mit einigen konkretisierenden Festsetzungen auszuweisen, so dass er noch unterschiedliche bauliche Nutzungen zulässt; das in Rede stehende konkrete Projekt des Vorhabenträgers wird im Bebauungsplan nur in einer Vorbemerkung zur Planbegründung kurz erwähnt, i. Ü. nicht geregelt und nur im Durchführungsvertrag detailliert beschrieben. Ein solcher vorhabenbezogener Bebauungsplan ist von der früheren Rechtsprechung als nicht hinreichend bestimmt angesehen worden (BVerwGE 119, 45, 51 ff.). Nach Maßgabe von § 12 Abs. 3a BauGB wäre ein solcher vorhabenbezogener Bebauungsplan nunmehr zulässig.

Im Hinblick auf die Beurteilung von Einzelvorhaben bzw. des Vorhabens ist der vorhabenbezogene Bebauungsplan gemäß § 30 Abs. 2 BauGB dem qualifizierten Bebauungsplan gleichgestellt mit der Besonderheit, dass das Vorhaben dem Bebauungsplan, nicht nur dessen Festsetzungen, nicht widersprechen darf.

6. Anhang

232 **Literatur:** *Schlichter,* Überlegungen zum Baugebot – Vergangenes, Gegenwärtiges, Zukünftiges –, in: FS für Felix Weyreuther, 1993, S. 349; *Menke,* Der vorhabenbezogene Bebauungsplan, NVwZ 1998, 577; *Turiaux,* Der vorhabenbezogene Bebauungsplan gemäß § 12 BauGB, NJW 1999, 391; *Erbguth/Witte,* Biete Planung, suche Grundstück – Möglichkeiten und Grenzen städtebaulicher Verträge, DVBl. 1999, 435; *Brohm,* Städtebauliche Verträge zwischen Privat- und Öffentlichem Recht, JZ 2000,

321; *Christ,* Die Umlegung als Instrument des privatnützigen Ausgleichs der Eigentümerinteressen, DVBl. 2002, 1517; *Birk,* Städtebauliche Verträge, 5. Aufl. 2013; *Mitschang,* Die Kompensation von Eingriffen in Natur und Landschaft durch städtebauliche Verträge, BauR 2003, 183; *ders.,* Eingriffsbewältigung durch städtebaulichen Vertrag, BauR 2003, 337; *Stock,* Städtebauliche Grundstücksordnung, ZfBR 2004, 536; *Kuschnerus,* Der vorhabenbezogene Bebauungsplan im Lichte der jüngeren Rechtsprechung, BauR 2004, 946; *Lege,* Stadtumbau und städtebauliche Gebote, NVwZ 2005, 880; *Oerder,* Praktische Probleme beim vorhabenbezogenen Bebauungsplan gemäß § 12 BauGB, BauR 2009, 744; *Weitz,* Vorhabenbezogener Bebauungsplan und Durchführungsvertrag nach § 12 IIIa BauGB – Offene Fragen, NVwZ 2016, 114; *Drechsler,* Städtebauliche Verträge (§ 11 BauGB), JURA 2017, 413.

Klausurfälle: *Wallrabenstein/Breder,* Wohnungsbau und die Folgen, JuS 2011, 353; *Valta,* Vollstreckte Fensterläden sind teuer!, JA 2011, 680; *Lautsch,* Erlass eines Baugebots, JuS 2020, 433.

Kontrollfragen:

1. Erfasst die Erschließung i. S. v. §§ 123 ff. BauGB auch die Schaffung von Kindergärten, Schulen oder Sportplätzen in einem neuen Baugebiet?
2. Begründet die Umlegung gemäß §§ 45 ff. BauGB eine Enteignung?
3. Ist der vorhabenbezogene Bebauungsplan in seinen Festsetzungsmöglichkeiten ebenso geregelt wie sonstige Bebauungspläne?

E. Materielles Bauordnungsrecht

Der Verteilung der Gesetzgebungskompetenzen entsprechend (vgl. Rn. 8 ff.) treten **233** zu den bodenbezogenen Regelungen des Bauplanungsrechts des Bundes, die dem Einfügen des Bauvorhabens in die Umgebung gelten, sog. **objektbezogene Anforderungen des – materiellen – Bauordnungsrechts** des Landes hinzu. Dies sind Regelungen des besonderen Polizei- oder Gefahrenabwehrrechts. Sie regeln ordnungsrechtliche Anforderungen zur Abwehr von Gefahren, aber auch zur Verhütung von Verunstaltungen sowie zur Sicherung sozialer und auch ökologischer Standards für ein gesundes Wohnen und Arbeiten (*Hoppe,* in: Hoppe/Bönker/Grotefels, Öffentliches Baurecht, § 1 Rn. 9).

I. Allgemeine Vorschriften

1. Anwendungsbereich der BauO

Den **Anwendungsbereich sowohl der materiell- wie auch der formellrechtlichen Bestimmungen der BauO** bestimmt § 1 BauO. Nach § 1 Abs. 1 BauO gelten **234** die Vorschriften dieses Gesetzes für bauliche Anlagen und Bauprodukte (vgl. die Definition in § 2 Abs. 11 BauO sowie weiter §§ 18 ff. BauO) sowie für Grundstücke und andere Anlagen und Einrichtungen, soweit einschlägige Anforderungen gestellt werden (vgl. z. B. §§ 7, 8 Abs. 1 BauO bzgl. Grundstücken, § 10 BauO bzgl. Werbeanlagen). Bestimmte Anlagen und Einrichtungen wie z. B. Anlagen des öffentlichen Verkehrs sind nach § 1 Abs. 2 BauO ausdrücklich vom Anwendungsbereich ausgenommen, weil für sie spezielle Regelungen vorhanden sind; die mangelnde Einschlägigkeit solcher speziellen Regelungen kann u. U. die Anwendbarkeit der BauO indizieren (vgl. OVG NRW, BauR 1997, 1000, 1002).

Von zentraler Bedeutung für die Anwendung der BauO ist der **Begriff der baulichen Anlage.** Nach der Legaldefinition des § 2 Abs. 1 S. 1 BauO sind bauliche Anla- **235** gen mit dem Erdboden verbundene, aus Bauprodukten hergestellte Anlagen, wobei nach § 2 Abs. 1 S. 2 BauO die geforderte Erdverbundenheit auch gegeben ist, wenn die Anlage durch eigene Schwere auf der Erde ruht, auf ortsfesten Bahnen begrenzt beweglich ist oder zur überwiegend ortsfesten Verwendung bestimmt ist. § 2 Abs. 1 S. 3 Nr. 1 bis 7 BauO nennt weiter eine Reihe von fingierten baulichen Anlagen. Der Begriff geht damit über typische Hochbauten wie etwa Wohn- oder Parkhäuser deutlich hinaus.

Beispiele: Bauliche Anlagen i. S. v. § 2 Abs. 1 BauO sind etwa auch mit Bauprodukten angelegte Plätze, etwa ein Tennisplatz (BayVGH, BRS 32 Nr. 121), großflächige Werbeträger, auch wenn sie nur mittelbar, durch Anbringen an einer Hauswand, mit dem Erdboden verbunden sind (OVG Hbg., NVwZ-RR 2002, 562, 563), ebenso Parabolantennen (HessVGH, BRS 60 Nr. 102), Container (OVG NRW, BRS 60 Nr. 138) und Wohn- bzw. Verkaufswagen, wenn zur ortsfesten Verwendung bestimmt (OVG Berlin, BRS 30 Nr. 181). Auch – im Rahmen von Protestcamps – errichtete Baumhäuser sind als bauliche Anlagen angesehen worden (VG Köln, B. v. 13.9.2018, 23 L 2060/18 – juris, Rn. 11 ff.).

Der Begriff der baulichen Anlage i. S. v. § 2 Abs. 1 BauO ist zwar weithin deckungsgleich, aber keineswegs völlig identisch mit dem bauplanungsrechtlichen Begriff der baulichen Anlage i. S. v. § 29 Abs. 1 BauGB. Mit Rücksicht auf den – der begrenzten Gesetzgebungskompetenz entsprechenden – Gesetzeszweck ist für die bauliche Anlage i. S. v. § 29 Abs. 1 BauGB die bodenrechtliche Relevanz erforderlich (vgl. Rn. 127 ff.).

§ 2 Abs. 2 bis 12 BauO enthält weiter eine Reihe von Begriffsdefinitionen, die für die Anwendung einzelner Bestimmungen der BauO zugrunde zu legen sind (Gebäude, Geschosse, Vollgeschosse, Aufenthaltsräume, Stellplätze usw.). Neu ist die Unterscheidung verschiedener Gebäudeklassen (§ 2 Abs. 3 BauO) anstelle der früheren Unterscheidung von Gebäuden geringerer oder mittlerer Höhe und Hochhäusern.

2. Allgemeine Anforderungen an Anlagen (§ 3 BauO)

236 Sozusagen als Basisnorm des materiellen Bauordnungsrechts fungiert § 3 BauO, der **allgemeine sachliche Anforderungen** an bauliche Anlagen und sonstige Anlagen und Einrichtungen stellt. Diese Anforderungen, in denen der Gefahrenabwehr-, aber auch der ökologische Schutzzweck der BauO zum Ausdruck kommt, sind in einer Vielzahl von weiteren Einzelvorschriften der BauO konkretisiert und ergänzt, die vorrangig anzuwenden sind. Im Verhältnis zu diesen Spezialregelungen ist § 3 BauO eine subsidiäre Auffangregelung.

237 § 3 Abs. 1 S. 1 BauO stellt insoweit eine der allgemeinen polizeilichen Generalklausel vergleichbare **bauordnungsrechtliche Generalklausel** auf, die freilich keine Ermächtigungsgrundlage, sondern nur eine Regelung materiellrechtlicher Mindeststandards enthält. Danach sind v. a. bauliche Anlagen so anzuordnen, zu errichten, zu ändern und instand zu halten, darüber hinaus auch in ihrer Benutzung zu ändern und abzubrechen (§ 3 Abs. 3 BauO), dass die öffentliche Sicherheit und Ordnung nicht gefährdet wird. Die Auslegung dieser Bestimmung erfolgt – entsprechend ihrem gefahrenabwehrrechtlichen Charakter – unter ergänzender Heranziehung allgemeiner polizei- und ordnungsrechtlicher Grundsätze. Dies gilt insbesondere für den Begriff der öffentlichen Sicherheit und Ordnung (vgl. § 3 Rn. 50 ff., 55 ff.) sowie den Gefahrenbegriff (vgl. § 3 Rn. 59 ff.). Erforderlich ist grundsätzlich eine konkrete Gefahr im polizeirechtlichen Sinne (*Grotefels,* in: Hoppe/Bönker/Grotefels, Öffentliches Baurecht, § 15 Rn. 12), die vorliegt, wenn im konkreten Einzelfall bei ungehindertem Geschehensablauf in überschaubarer Zukunft hinreichend wahrscheinlich mit dem Schadenseintritt zu rechnen ist (vgl. OVG NRW, BRS 57 Nr. 245).

Nach § 50 BauO können bzgl. sog. Sonderbauten, z.B. Hochhäusern, im Einzelfall zur Verwirklichung der allgemeinen Anforderungen nach § 3 Abs. 1 BauO besondere Anforderungen gestellt, aber auch Erleichterungen gestattet werden.

Beispiel: Die – bauplanungsrechtlich zulässige – Nutzung einer Sporthalle für eine Paintballanlage könnte gegen § 3 Abs. 1 BauO verstoßen, wenn der Spielbetrieb die öffentliche Ordnung deshalb verletzte, weil er mit dem Gebot zur Wahrung der Menschenwürde (Art. 1 Abs. 1 GG) unvereinbar wäre. Das ist jedoch nicht generell anzunehmen, sondern – jedenfalls – dann nicht der Fall, wenn Jugendlichen und bloßen Zuschauern der Zugang und die Einsichtnahme verwehrt wird und das Paintballspiel nach vorhandenen Regelwerken ausgeübt wird (vgl. VG Minden, NVwZ-RR 2008, 378, 379f.; BayVGH, ZfBR 2013, 271, 272ff.).

Diese Anforderungen inhaltlich konkretisierend, verlangt § 3 Abs. 2 S. 1 BauO grundsätzlich, vorbehaltlich des § 3 Abs. 2 S. 2 BauO, die Beachtung der **allgemein anerkannten Regeln der Technik.** Als solche Regeln gelten nach § 3 Abs. 2 S. 3 BauO auch – und primär – die von der obersten Bauaufsichtsbehörde öffentlich bekannt gemachten sog. Technischen Baubestimmungen, aber auch andere Regelwerke für den Entwurf und die Ausführung baulicher Anlagen, wie sie von fachlich kompetenten privaten Instituten und Verbänden entwickelt werden (ausführlich zur Problematik *Brohm,* Öffentliches Baurecht, § 5 Rn. 9ff.). **238**

3. Abweichungen (§ 69 BauO)

Nach § 69 BauO sind allgemein **Abweichungen von den bauordnungsrechtlichen Anforderungen** zulässig. Voraussetzung ist, dass sie unter Berücksichtigung des Zwecks der jeweiligen Anforderung und unter Würdigung der nachbarlichen Interessen mit den öffentlichen Belangen vereinbar sind (§ 69 Abs. 1 S. 1 BauO). Die Abweichung von einer technischen Anforderung, wie sie aus der BauO oder auch den von ihr inkorporierten Technischen Baubestimmungen oder sonstigen technischen Regelwerken (vgl. Rn. 238) folgt, setzt den Nachweis voraus, dass deren Zweck auf andere Weise entsprochen wird (§ 69 Abs. 1 S. 3 BauO); das bedeutet eine Öffnung auch für neuartige technische Lösungen. Während die Gewährung ansonsten im Ermessen steht, sind Abweichungen unter den genannten Voraussetzungen zuzulassen, wenn sie der Einsparung von Wasser oder Energie oder der Schaffung oder Erneuerung von Wohnraum dienen (§ 69 Abs. 1 S. 2 BauO). **239**

In verfahrensrechtlicher Hinsicht neu ist, dass nicht nur für Anlagen, die keiner Baugenehmigung bedürfen (so § 73 Abs. 2 BauO a.F.), sondern uneingeschränkt Abweichungen und auch bauplanungsrechtliche Ausnahmen und Befreiungen schriftlich, mit Begründung zu beantragen sind (§ 69 Abs. 2 BauO). Ebenfalls neu ist, dass über Abweichungen sowie Ausnahmen und Befreiungen bei nicht genehmigungsbedürftigen Bauvorhaben die Gemeinde entscheidet, ansonsten – bei Abweichungen von örtlichen Bauvorschriften (vgl. Rn. 246) im Einvernehmen mit der Gemeinde – die Bauaufsichtsbehörde. Vor der Gewährung von Abweichungen und Befreiungen sind die Angrenzer nach Maßgabe des § 72 Abs. 1, 2 BauO zu benachrichtigen.

4. Anhang

Kontrollfragen: **240**

1. Was ist eine bauliche Anlage i. S. d. BauO?
2. Wie ist das Verhältnis des Bauordnungsrechts zum allgemeinen Polizei- und Ordnungsrecht zu charakterisieren?

II. Ausgewählte, einzelne bauordnungsrechtliche Anforderungen

241 Jenseits dieser allgemeinen Bestimmungen enthält das Bauordnungsrecht eine **Vielzahl einzelner materieller Anforderungen** an die Beschaffenheit der Baugrundstücke, die Gestaltung baulicher Anlagen, die Bauprodukte, die Einrichtung der Baustellen usw. Diese Einzelregelungen erfordern häufig zwar beträchtlichen technischen Sachverstand, ohne aber besondere rechtliche Probleme aufzuwerfen. Im Folgenden sollen nur einige ausgewählte, aus juristischer Perspektive bedeutsame Einzelregelungen betrachtet werden.

1. Verunstaltungsverbot (§ 9 BauO)

242 Eine generelle Anforderung an die Baugestaltung ergibt sich aus dem Verunstaltungsverbot des § 9 BauO. Es gilt zwar – auf Grund seines bauordnungsrechtlichen Schutzzwecks, einer nach Baugebieten und Anlagen typisierenden Betrachtungsweise und der vorhandenen umfangreichen Kasuistik – als hinreichend bestimmt (BVerfG, NVwZ 1985, 819, 819f.). Anerkanntermaßen ist jedoch verfassungsrechtlich jedenfalls eine **enge Auslegung des Verunstaltungsbegriffs** geboten. § 9 BauO erlaubt der Bauaufsichtsbehörde insbesondere nicht, eigene ästhetische Vorstellungen dem Bauherrn aufzuzwingen. Es ist vielmehr auf den für ästhetische Eindrücke offenen Betrachter, den sog. gebildeten Durchschnittsmenschen abzustellen. Verunstaltung soll erst vorliegen, wenn dieser in seinem ästhetischen Empfinden nicht bloß beeinträchtigt ist, weil er den Eindruck als unschön empfindet, sondern wenn er in seinem ästhetischen Empfinden verletzt ist und die Anlage als hässlich empfindet. In dieser Beurteilung steht der Behörde auch kein Beurteilungsspielraum zu; vielmehr unterliegt sie umfassender gerichtlicher Kontrolle (vgl. BVerwGE 2, 172, 175f.; OVG NRW, NVwZ 1993, 89, 90).

243 I. Ü. kennt das Verbot seinem Tatbestand nach zwei Konstellationen. Zum einen darf das fragliche **Objekt selbst nicht verunstaltet** wirken (§ 9 Abs. 1 BauO). Zum anderen darf von ihm **keine verunstaltende Wirkung auf seine Umgebung,** auf das Straßen-, Orts- und Landschaftsbild ausgehen (§ 9 Abs. 2 BauO).

Beispiele: Eine unauffällige Hütte im Außenbereich wirkt u. U. schon deshalb nicht verunstaltet, weil sie für den Durchschnittsbetrachter überhaupt sichtbar sein muss, um ihn in seinem ästhetischen Empfinden verletzen zu können. Der Austausch von Sprossenfenstern gegen Einscheiben-Fenster in einer bzgl. der Fassadengliederung anspruchsvollen Umgebung kann verunstaltend wirken (BayVGH, BRS 35 Nr. 135).

2. Werbeanlagen (§ 10 BauO)

244 Zu den bauordnungsrechtlich konfliktträchtigen Anlagen zählen **Werbeanlagen (und Warenautomaten)**. Die einschlägige Regelung des § 10 BauO erfasst solche Anlagen auch unabhängig davon, ob es sich um bauliche Anlagen i. S. v. § 2 Abs. 1 S. 1 BauO handelt, als andere Anlagen i. S. v. § 1 Abs. 1 S. 2 BauO. Auf welche Anlagen § 10 BauO anwendbar ist, ergibt sich zunächst aus der Legaldefinition der Werbeanlagen in § 10 Abs. 1 BauO. § 10 Abs. 6 BauO nimmt dann bestimmte Anlagen, u. a. Litfaßsäulen und Wahlwerbung in Wahlkampfzeiten, von der Anwendbarkeit der Bestimmung ausdrücklich aus. Schließlich erstreckt § 10 Abs. 5 BauO die Anwendbarkeit von § 10

Abs. 1 bis 3 BauO auch auf Warenautomaten. Dabei sind die einschränkenden Vorschriften des § 10 BauO auch dann anwendbar, wenn eine an sich etwa nach § 62 Abs. 1 S. 1 Nr. 12 BauO genehmigungsfreie Anlage zu Werbezwecken aufgestellt wird (vgl. OVG NRW, NWVBl. 2007, 57).

Beispiele: Die Bemalung eines Gasthauses in der Düsseldorfer Altstadt mit blauen Rauten auf weißem Grund als Hinweis auf das bayerische gastronomische Angebot ist Werbeanlage (OVG NRW, NWVBl. 1999, 22). Nicht nur solche PKW-Anhänger, die speziell zu Werbezwecken in den Verkehr gebracht werden, sondern auch solche, die zwar bestimmungsgemäß am Straßenverkehr teilnehmen, dann aber so geparkt werden, dass sie die Funktion einer ortsfesten Werbeanlage erfüllen, können ortsfeste Werbeanlagen sein (OVG NRW, BauR 2004, 67). Fahnenmasten, die nach § 62 Abs. 1 Nr. 5 BauO an sich genehmigungsfrei errichtet werden können, unterfallen als Werbeanlagen den Regelungen des § 10 BauO, wenn sie zusammen mit den angebrachten Fahnen Teile von Werbeanlagen sind (OVG NRW, NWVBl. 2007, 57).

Danach erfasste Werbeanlagen und Warenautomaten unterliegen mehrfachen **Beschränkungen.** Insbesondere dürfen sie nach § 10 Abs. 2 BauO nicht verunstaltend wirken (vgl. Rn. 242f.) oder Sicherheit und Ordnung des Verkehrs gefährden; außerdem ist eine störende Häufung unzulässig. Weitergehende Verbote gelten nach § 10 Abs. 3, 4 BauO für Werbeanlagen, nach § 10 Abs. 5 BauO partiell auch für Warenautomaten, in bestimmten Gebieten. 245

Beispiel: Mega-Light Werbeanlagen können – ebenso wie Prismenwende- und Diaprojektionsanlagen – zu einer visuellen Ablenkung von Kraftfahrzeugführern führen, die durch Erzeugung eines Überraschungseffekts und die Weckung von Neugier (auf das nächste Bild) hervorgerufen und verstärkt wird, und sie können bei Dunkelheit beampelte Kreuzungen dominieren und die Lichtzeichen überlagern. In jedem Einzelfall ist auf Grundlage der örtlichen Verhältnisse und unter Berücksichtigung des konkreten Vorhabens zu beurteilen, ob eine konkrete Straßenverkehrsgefährdung nach § 10 Abs. 2 S. 1 Alt. 2 BauO NW vorliegt (OVG NRW, NVwZ-RR 2002, 821; NWVBl. 2014, 105).

Weitergehende bauordnungsrechtliche Anforderungen können nach § 89 Abs. 1 Nr. 1, 2 BauO durch örtliche Bauvorschriften (vgl. Rn. 246) begründet werden. Auch außerhalb des Bauordnungsrechts finden sich einschränkende Regelungen; z. B. begründet § 9 Abs. 6 FStrG ein Anbauverbot entlang Bundesautobahnen und Bundesfernstraßen, und § 33 Abs. 1 StVO enthält einschlägige Verbote mit Blick auf Störungen des Verkehrs.

3. Örtliche Bauvorschriften (§ 89 BauO)

Eine **Ermächtigung der Gemeinden zur weitergehenden positiven Gestaltungspflege,** die auch eine gewisse planerische Gestaltungsfreiheit einschließt (OVG NRW, NVwZ-RR 2001, 14, 16), ergibt sich aus § 89 BauO. Nach Maßgabe dieser gesetzlichen Ermächtigung können die Gemeinden durch als Satzung erlassene örtliche Bauvorschriften, sog. Gestaltungssatzungen, nähere Vorgaben zur Baugestaltung machen. Gemäß §§ 9 Abs. 4 BauGB, 89 Abs. 2 BauO können örtliche Bauvorschriften auch durch einen Bebauungsplan (und ggf. auch eine sonstige städtebauliche Satzung nach BauGB) erlassen werden. 246

Über Abweichungen (vgl. Rn. 239) von örtlichen Bauvorschriften entscheidet bei nicht genehmigungsbedürftigen Bauvorhaben die Gemeinde, im Übrigen die Bauaufsichtsbehörde im Einvernehmen mit der Gemeinde (§ 69 Abs. 3 BauO).

4. Stellplatzpflicht (§ 48 BauO)

247 Nach § 48 Abs. 1 BauO besteht bei der Errichtung, Änderung und Nutzungsänderung von Anlagen, bei denen ein Zu- und Abgangsverkehr zu erwarten ist, die **Verpflichtung zur Herstellung sog. notwendiger Stellplätze und Garagen,** es sei denn, es würde dadurch die Schaffung oder Erneuerung von Wohnraum erheblich erschwert oder verhindert. Regelungen zur Zahl der notwendigen Stellplätze, außerdem Vorgaben in Bezug auf Stellplätze für Menschen mit Behinderungen trifft eine Rechtsverordnung; abweichend und vorrangig kann die Zahl der notwendigen Stellplätze auch durch Bebauungsplan oder örtliche Bauvorschrift (§ 89 Abs. 1 Nr. 4 BauO) festgelegt werden (§ 48 Abs. 2 BauO). Der – nicht nachbarschützende – Zweck dieser bauordnungsrechtlichen Verpflichtung ist es, die öffentlichen Verkehrsflächen für den fließenden Verkehr frei zu halten und den ruhenden Verkehr auf Privatgrundstücke zu verweisen (vgl. OVG NRW, BRS 56 Nr. 159; NVwZ-RR 1999, 365, 366). Die Konkretisierung dieser Stellplatzpflicht erfolgt i. d. R. durch Nebenbestimmung zur Baugenehmigung.

Für die Anlage von Garagen trifft § 6 Abs. 8 S. 1 Nr. 1 BauO eine besondere Abstandsregelung. Weiter sind die bauplanungsrechtlichen Vorgaben gemäß §§ 12, 15 BauNVO (vgl. Rn. 138 f.) und in technischer Hinsicht die Vorgaben der SBauVO einschlägig.

Die Verpflichtung zur Herstellung von Stellplätzen und Garagen ist eine grundsätzlich zulässige Inhalts- und Schrankenbestimmung des Eigentums (BVerfG, BauR 2009, 1119).

248 Im Vergleich zur Vorgängerregelung in § 51 BauO a. F. fällt die jetzt geltende Neufassung in den gesetzlichen Vorgaben zur Stellplatzpflicht deutlich knapper aus; stattdessen sieht sie in deutlich erweitertem Umfang die Möglichkeit der **Regelung durch gemeindliche Satzung** vor (§ 48 Abs. 3 BauO). Insbesondere können die Gemeinden durch Satzung den Umfang der Herstellungspflicht näher regeln, bestimmte Konstruktionen von Garagen oder Stellplätzen verbindlich machen, die Vorbereitung der Stromleitung für die Ladung von Elektrofahrzeugen verlangen und schließlich auch die Ablösung der durch Zahlung eines in der Satzung festzulegenden Geldbetrags an die Gemeinde vorsehen. Eine solche Stellplatzablösung kann ggf. durch eine Nebenbestimmung zur Baugenehmigung geregelt werden, erfolgt häufig aber durch einen öffentlich-rechtlichen Vertrag.

Der Ablösebetrag ist ggf. nach Maßgabe von § 48 Abs. 4 BauO zweckgebunden zu verwenden. Auf die Beachtung dieser Verpflichtung zur zweckgebundenen Verwendung hat der einzelne Bauherr jedoch kein subjektiv-öffentliches Recht (BayVGH, BauR 2004, 1051).

Die jetzt geltende Neufassung geht in der Reduktion gesetzlicher Vorgaben nicht so weit, wie die 2016 beschlossene, nicht in Kraft getretene Neufassung der Landesbauordnung (vgl. Rn. 15). Diese hatte die Stellplatzpflicht, abgesehen von Vorgaben zu Stellplätzen für Menschen mit Behinderungen, ganz der Regelung durch gemeindliche Satzung überantworten wollen.

5. Abstandsflächenregelung (§ 6 BauO)

249 Eine praktisch sehr bedeutsame und sehr detaillierte – hier nur in Grundzügen zu besprechende – Regelung ist die Abstandsflächenregelung des § 6 BauO. Ihr Regelungsgehalt besteht im Kern in der **Bestimmung der von der Bebauung freizuhaltenden Flächen vor Außenwänden** von Gebäuden. Die Regelung dient sowohl dem Schutz des fraglichen Gebäudes selbst wie auch dem benachbarter Gebäude, indem sie ausreichende Versorgung mit Luft und Tageslicht, Brandschutz und auch nötige Bewegungsfreiheit sowie einen ausreichenden, erdrückende oder beengende Wirkungen von Gebäuden ausschließenden Sozialabstand (OVG NRW, BauR 2004, 314, 314f.) sichert; sie verfolgt damit sowohl gefahrenabwehrende wie auch soziale Anliegen.

Beispiele: Von einem 36 Meter hohen Mobilfunkmast gehen regelmäßig Wirkungen wie von einem Gebäude aus, so dass die Abstandsflächenregelung gemäß § 6 Abs. 1 S. 1 Nr. 1 (ex-Abs. 10 S. 1 Nr. 1) BauO entsprechend anzuwenden ist (OVG NRW, BauR 2012, 1370, 1371). Ein Biergarten ist hingegen auch dann nicht nach § 6 Abs. 1 S. 1 Nr. 2 BauO abstandsflächenrelevant, wenn er mit Einrichtungsgegenständen wie Tischen, Stühlen und Sonnenschirmen ausgestattet wird, die 1 m hoch oder höher sind (OVG NRW, NVwZ-RR 2011, 970, 971).

Die **Berechnung der zu wahrenden Abstandsfläche** erfolgt, wie § 6 Abs. 4 **250** BauO näher regelt, grundsätzlich nach der Höhe der Außenwand. In Abhängigkeit hiervon bestimmt dann § 6 Abs. 5 BauO die Tiefe der Abstandsfläche unterschiedlich je nach Baugebiet und Nutzungszweck der benachbarten Fläche. Die generelle, etwa für benachbarte Baugrundstücke in Wohngebieten geltende Tiefe der Abstandsfläche beträgt nunmehr statt wie bislang 0,8 nur noch 0,4 der ermittelten Höhe der Außenwand; für andere, intensiverer baulicher Nutzung zugängliche Baugebiete gelten geringere Abstände. Durchweg ist vorgesehen, dass der Abstand grundsätzlich mindestens 3 Meter betragen muss.

Das sog. **Schmalseitenprivileg** (§ 6 Abs. 4 BauO a. F.), das eine verringerte Tiefe **251** der Abstandsfläche vor Außenwände mit einer Länge von maximal 16 Metern zugelassen hatte, ist mit der BauO 2019 entfallen. Es ist mit der Reduktion der generell geltenden Tiefe der Abstandsfläche von nur noch 0,4 der Höhe der Außenwand entbehrlich geworden.

Die gebotenen Abstandsflächen müssen **regelmäßig auf dem eigenen Grund-** **252** **stück** liegen (§ 6 Abs. 2 S. 1 BauO). Jedoch ist die teilweise Einbeziehung von öffentlichen Verkehrs-, Grün- oder Wasserflächen zulässig (§ 6 Abs. 2 S. 2 BauO). Außerdem kann eine Abstandsfläche auch – öffentlich-rechtlich, namentlich durch Baulast (vgl. Rn. 261) gesichert – auf Nachbargrundstücke übernommen werden (§ 6 Abs. 2 S. 3 BauO).

Die bauordnungsrechtliche Abstandsregelung ist schließlich gemäß § 6 Abs. 1 S. 2 **253** BauO offen für **Modifikationen der gebotenen Abstandsfläche** auf Grund bauplanungsrechtlicher Vorgaben (vgl. OVG NRW, BauR 2009, 771). Wenn danach an die Grenze gebaut werden muss, namentlich weil im Bebauungsplan eine geschlossene Bauweise festgesetzt ist, oder wenn an die Grenze gebaut werden darf und die Grenzbebauung auch des Nachbargrundstücks gesichert ist, ist ein Grenzabstand nicht erforderlich (§ 6 Abs. 1 S. 3 Nr. 1 und 2 BauO). In letzterem Fall ist die früher erforderliche sog. öffentlich-rechtliche Anbausicherung durch Baulast nicht mehr zwingend vorgeschrieben; ist bereits ein Gebäude ohne Grenzabstand vorhanden, soll dies als Sicherung gelten (OVG NRW, BRS 57 Nr. 137; BauR 2001, 77; BRS 69 Nr. 130). I. Ü. erlaubt § 9 Abs. 1 Nr. 2a BauGB jetzt die Festsetzung eines von § 6 Abs. 5 BauO abweichenden Maßes der Tiefe der Abstandsflächen im Bebauungsplan (vgl. Rn. 73). Entsprechend räumt § 6 Abs. 5 S. 6 BauO Regelungen in städtebaulichen Satzungen – und i. Ü. auch in örtlichen Bauvorschriften – Vorrang ein.

Die frühere Sonderregelung für Abweichungen (vgl. dazu allgemein Rn. 239) von § 6 BauO (vgl. § 73 Abs. 1 S. 2 BauO a. F.) ist – wohl mit Rücksicht auf die Reduktion der generell geltenden Tiefe der Abstandsfläche auf 0,4 der Höhe der Außenwand – entfallen.

6. Anhang

254 **Literatur:** *Sarnighausen,* Garagen und Stellplätze im Baunachbarrecht, NVwZ 1996, 7; *Boeddinghaus,* Abstandsflächen bei Hochhäusern und anderen typischen Hausformen, BauR 2000, 1286; *Dietlein,* Zur baurechtlichen Problematik sog. Himmelsstrahler, BauR 2000, 1682; *Boeddinghaus,* Sozialabstand, BauR 2004, 763; *Waechter,* Abstandsklage, nachbarliches Gemeinschaftsverhältnis und planungsrechtliche Schicksalsgemeinschaft, BauR 2009, 1237; *Hönes,* Örtliche Bauvorschriften zur Gestaltung baulicher Anlagen, BauR 2020, 1397.

Klausurfälle: *Lange,* Werbeanlage für ein Kieswerk, VR 1994, 317; *Dolderer,* Standortprobleme eines Mittelständlers – Wohnruhe oder Arbeitsplätze?, JuS 2000, 279; *Sydow,* Der Himmelsstrahler, JURA 2002, 196; *Lange/Kosczynski-Wagner,* Neubau eines Wohnhauses, VR 2002, 199; *Jahndorf/Suttmann,* „Sturm auf die Werbefahne", NWVBl. 2004, 240; *Dietlein/Hellermann,* „Power-Paintball-Halle", in: Klausurenbuch Öffentliches Recht in NRW, 3. Aufl. 2021, Fall 26.

Kontrollfragen:

1. Landwirt M betreibt nebenberuflich einen Bioladen und beabsichtigt nun, einen alten Heuwagen zu Reklamezwecken mit einer ca. 40 m^2 großen, bedruckten Plastikplane zu bespannen, die für seinen Bioladen wirbt. M möchte den so gestalteten Heuwagen dauerhaft auf einer seiner Weiden an der Bundesstraße 68 außerhalb der im Zusammenhang bebauten Ortsteile der Stadt Bielefeld abstellen. Was ist dabei zu beachten?
2. Welchen Zwecken dienen die Abstandsflächenregelungen der BauO?

F. Formelles Bauordnungsrecht

255 Das formelle Bauordnungsrecht (zur Unterscheidung von formellem und materiellem Bauordnungsrecht vgl. Rn. 10) regelt die **Organisation der Bauaufsicht und das bauaufsichtliche Verfahren.** Da dieses Verfahren über den Vollzug des materiellen Bauordnungsrechts hinaus insbesondere auch die Prüfung der bauplanungsrechtlichen Anforderungen an Vorhaben einschließt, verklammert das formelle Bauordnungsrecht – am deutlichsten im Baugenehmigungsverfahren – verfahrensmäßig das Bauordnungs- und das Bauplanungsrecht.

I. Organisation der Bauaufsicht

1. Bauaufsichtsbehörden (§ 57 BauO)

256 Die **Oberste Bauaufsichtsbehörde** ist nach § 57 Abs. 1 S. 1 Nr. 1 BauO das für die Bauaufsicht zuständige Ministerium. Dies ist in NRW nach dem derzeitigen Ressortzuschnitt das Ministerium für Heimat, Kommunales, Bau und Gleichstellung.

257 Die **Oberen Bauaufsichtsbehörden** bestimmt § 57 Abs. 1 S. 1 Nr. 2 BauO. Für die kreisfreien Städte und die Kreise sowie in den Fällen des § 79 BauO, d. h. bei Vorhaben von öffentlichen Bauherrn, sind dies die Bezirksregierungen. I. Ü. sind die Landräte als untere staatliche Verwaltungsbehörde Obere Bauaufsichtsbehörde.

258 Die **Unteren Bauaufsichtsbehörden** schließlich sind nach § 57 Abs. 1 S. 1 Nr. 3 lit. a und b BauO die kreisfreien Städte, die Großen kreisangehörigen Städte und die Mittleren kreisangehörigen Städte i. S. v. § 4 GO (s. § 2 Rn. 78), für die übrigen kreisangehörigen Gemeinden die Kreise. Insbesondere mit Blick auf diese der kommunalen Ebene zugehörigen Unteren Bauaufsichtsbehörden ist bedeutsam, dass sie nach § 57 Abs. 1, 58 Abs. 1 S. 1 BauO als Ordnungsbehörden bzw. in Wahrnehmung von Aufgaben der Gefahrenabwehr tätig werden. Sie sind also insoweit Sonderordnungsbehörden i. S. v. § 12 Abs. 1 OBG und unterliegen dem Weisungsrecht gemäß § 9 OBG. Die Tä-

tigkeit als Untere Bauaufsichtsbehörde fällt damit in den Bereich der Pflichtaufgaben zur Erfüllung nach Weisung i. S. v. § 3 Abs. 2 S. 1 GO (vgl. § 2 Rn. 96 f.).

2. Zuständigkeitsverteilung

Hinsichtlich der **sachlichen Zuständigkeit** ergibt sich aus § 57 Abs. 1 S. 2, 3 BauO, dass grundsätzlich, vorbehaltlich abweichender spezieller Regelungen, die Untere Bauaufsichtsbehörde für den Vollzug der BauO zuständig ist. Solche abweichenden Zuständigkeitsregelungen enthalten z. B. §§ 66 Abs. 1 S. 1, 79 Abs. 1 S. 2, Abs. 2 BauO. 259

Für die **örtliche Zuständigkeit** gibt es in der BauO keine Sonderregelung. Über § 12 Abs. 2 OBG kommt als spezielle Regelung § 4 Abs. 1 OBG zur Anwendung. Allerdings wird in der Praxis, insbesondere wohl für das Baugenehmigungsverfahren, mitunter auch auf die allgemeine Regelung des § 3 Abs. 1 Nr. 1 VwVfG rekurriert (so OVG NRW, NWVBl. 1990, 194), wonach die Belegenheit des fraglichen Grundstücks maßgeblich ist. 260

II. Bauordnungsrechtliche Instrumentarien

1. Baulast (§ 85 BauO)

Die Baulast ist ein bauordnungsrechtliches Instrument zur **dinglichen, öffentlich-rechtlichen Sicherung grundstücksbezogener, nicht schon gesetzlich begründeter Verpflichtungen** des Grundstückseigentümers. Sie wird herbeigeführt durch eine öffentlich-rechtliche Willenserklärung des Grundstückseigentümers gegenüber der Bauaufsichtsbehörde; mit der Eintragung in das von der Bauaufsichtsbehörde geführte Baulastenverzeichnis wird sie wirksam (vgl. § 85 Abs. 1, 2 BauO). Sie bindet auch den Rechtsnachfolger (§ 85 Abs. 1 S. 3 BauO) und geht nur durch Verzicht der Bauaufsichtsbehörde unter (§ 85 Abs. 3 BauO); der Eigentümer des belasteten Grundstücks hat grundsätzlich einen Anspruch auf die Verzichtserklärung, wenn das öffentliche Interesse an der Baulast entfallen ist (OVG NRW, NVwZ-RR 2018, 422, 424). Die so begründeten Verpflichtungen können mit den bauaufsichtlichen Eingriffsbefugnissen durchgesetzt werden. In der Sache können Baulasten im öffentlichen Interesse zu sichernde grundstücksbezogene Verpflichtungen zum Gegenstand haben (vgl. BVerwG, NVwZ 1995, 377, 377 f.). Hauptanwendungsfeld ist die Ermöglichung der Abweichung von bauordnungsrechtlichen Anforderungen, regelmäßig im Zusammenwirken von Nachbarn; insofern ist die Baulast rechtlich strikt zu unterscheiden von evtl. zugrunde liegenden privatrechtlichen Vereinbarungen zwischen diesen. 261

Beispiele: Die bauordnungsrechtlich geforderte wegemäßige Erschließung eines Grundstücks kann bei einem nicht unmittelbar an einer befahrbaren öffentlichen Verkehrsfläche liegenden Grundstück durch öffentlich-rechtlich, d. h. durch Baulast gesicherte Zufahrt (über ein anderes Grundstück) zu einer öffentlichen Verkehrsfläche herbeigeführt werden (§ 4 Abs. 1 BauO). Eine durch die gesetzlich vorgeschriebene Abstandsfläche untersagte Grenzbebauung eines Grundstücks kann ermöglicht werden, indem ein Grundstücksnachbar die Abstandsfläche durch Baulast auf sein Grundstück übernimmt (§ 6 Abs. 2 S. 3 BauO). Die Grenzbebauung des Nachbargrundstücks kann, muss aber nicht mehr durch Baulast gesichert werden (§ 6 Abs. 1 S. 2 lit. b BauO).

2. Instrumente präventiver Rechtmäßigkeitskontrolle

262 Der Eigentümer hat ein – grundrechtlich abgesichertes – Recht auf bauliche Nutzung seines Grundstücks, wenn er die materiellrechtlichen Voraussetzungen des geltenden Baurechts erfüllt (zur sog. Baufreiheit vgl. Rn. 5). Das öffentliche Baurecht unterwirft freilich die Ausübung dieser Freiheit in breitem Umfang einem **Verbot mit Erlaubnisvorbehalt,** um auf diese Weise durch präventive Rechtskontrolle vorab die Vereinbarkeit des Vorhabens mit dem öffentlichen Baurecht überprüfen zu lassen. Für den betroffenen Eigentümer ist das ambivalent: Einerseits wird ihm verfahrensrechtlich eine zeit-, arbeitskraft- und geldraubende Belastung auferlegt; andererseits erhält er mit der Genehmigung eine bestandskräftige Entscheidung über die Zulässigkeit seines Vorhabens, die Rechts- und Planungssicherheit schafft und dem Bauherrn das Risiko des Bauens partiell abnimmt.

Im Folgenden werden die Baugenehmigung und – als deren Varianten – Bauvorbescheid und Teilbaugenehmigung näher dargestellt. Daneben kennt die BauO noch weitere Genehmigungen, insbesondere die Typengenehmigung, eine von der Obersten Bauaufsichtsbehörde erteilte allgemeine Genehmigung für in derselben Ausführung mehrfach zu errichtende bauliche Anlagen, insbesondere Fertighäuser, die die Baugenehmigung partiell vorwegnimmt, aber nicht entbehrlich macht (§ 66 Abs. 1 bis 4 BauO), die neu eingeführte sog. referentielle Baugenehmigung für gleiche Gebäude im Geltungsbereich desselben Bebauungsplans (§ 66 Abs. 5, 6 BauO) sowie die Genehmigung sog. Fliegender Bauten, z. B. Zirkuszelte oder Karussells (§ 78 BauO).

a) Baugenehmigung

263 Das **zentrale baurechtliche Instrument präventiver Rechtmäßigkeitskontrolle** ist die Baugenehmigung. Sie ist die bauaufsichtsbehördliche Erklärung, dass dem beabsichtigten Vorhaben das im Zeitpunkt der Entscheidung geltende öffentliche Recht nicht entgegensteht (BVerwG, DVBl. 1964, 184; BVerwG, BRS 18 Nr. 49).

aa) Genehmigungsbedürftigkeit

264 Eine Baugenehmigung ist nur erforderlich und rechtmäßig, und ein Anspruch auf Baugenehmigung besteht nur, wenn das fragliche Vorhaben genehmigungsbedürftig ist. Insoweit gilt nach § 60 Abs. 1 BauO vorbehaltlich der §§ 61 bis 63, 78 und 79 BauO der **Grundsatz der Genehmigungspflichtigkeit.** Diese erfasst Anlagen, d. h. bauliche Anlagen und andere Anlagen und Einrichtungen i. S. v. § 1 Abs. 1 S. 2 BauO (§ 2 Abs. 1 S. 4 BauO); insofern gewinnen v. a. die mit Blick auf den Anwendungsbereich der BauO erörterten Bestimmungen der §§ 1 Abs. 1, 2 S. 1 BauO (Rn. 234 f.) zentrale Bedeutung für das formelle Bauordnungsrecht, namentlich das Baugenehmigungsverfahren. Genehmigungspflichtig sind die Errichtung, die Änderung und der Abbruch sowie grundsätzlich auch die – bloße, ohne bauliche Veränderung auskommende – Nutzungsänderung; denn Gegenstand der Baugenehmigung ist die bauliche Anlage in ihrer durch die Nutzung bestimmten Funktion als Einheit, so dass eine Änderung der festgelegten bzw. vorausgesetzten Nutzung immer eine – grundsätzlich erneut genehmigungsbedürftige – Funktionsänderung darstellt (BVerwGE 47, 185, 188).

265 Liegt ein Vorhaben i. S. v. § 60 Abs. 1 BauO vor, ist anschließend dessen ausnahmsweise **Genehmigungsfreiheit gemäß §§ 61 bis 63 BauO** zu untersuchen.

- Nach § 61 BauO haben bestimmte, u. a. immissionsschutzrechtliche Genehmigungen sowie Planfeststellungsbeschlüsse Vorrang; sie schließen die Baugenehmigung ein, so dass diese als eigenständige Genehmigung entfällt. Planfeststellungsbeschlüsse und z. B. immissionsschutzrechtliche Anlagengenehmigungen sind mit sog. Konzentrationswirkung ausgestattet, schließen daher alle nach anderen Rechtsvorschriften erforderlichen Genehmigungen und deshalb auch die Baugenehmigung ein (vgl. § 75 Abs. 1 S. 1 Hs. 2 VwVfG; § 13 BImSchG). Baurechtliche Normen sind dann in diesem Planfeststellungs- bzw. Genehmigungsverfahren als sonstiges öffentliches Recht mit zu prüfen (vgl. § 6 Abs. 1 Nr. 2 BImSchG).

– Die grundsätzlichste, weitestgehende Form der Genehmigungsfreiheit regelt § 62 BauO. In § 62 Abs. 1 BauO findet sich ein umfangreicher Katalog von Vorhaben, deren Errichtung oder Änderung genehmigungsfrei ist; § 62 Abs. 2 BauO stellt Nutzungsänderungen genehmigungsfrei; § 62 Abs. 3 BauO lässt die Beseitigung bestimmter Anlagen, insbesondere von Anlagen nach § 62 Abs. 1 BauO sowie von freistehenden Gebäuden der Gebäudeklassen 1 bis 3 (vgl. § 2 Abs. 3 S. 1 Nr. 1 bis 3 BauO), genehmigungsfrei zu.
– Die bei ihrer erstmaligen Einführung sehr umstrittene, baurechtlich bedeutsamste Ausnahme stellt das Freistellungsverfahren des § 63 BauO dar. Es erfasst u. a. die Errichtung oder (Nutzungs-)Änderung von Wohngebäuden der Gebäudeklassen 1 bis 3 (vgl. § 2 Abs. 3 S. 1 Nr. 1 bis 3 BauO) einschließlich Nebengebäuden und -anlagen (§ 62 Abs. 1 S. 1 BauO) sowie diesen dienende Garagen und Stellplätze (vgl. § 62 Abs. 5 BauO). Materielle Voraussetzung ist, dass ein solches Vorhaben sich im räumlichen Geltungsbereich eines qualifizierten oder vorhabenbezogenen Bebauungsplans befindet, dass es dessen Voraussetzungen ohne Erfordernis einer Ausnahme oder Befreiung nach § 31 BauGB entspricht, dass die Erschließung gesichert ist und dass auch keine Abweichung nach § 69 BauO erforderlich ist (§ 63 Abs. 2 S. 1 Nr. 1 bis 4 BauO). Das Verfahren beginnt damit, dass die Bauherrschaft die erforderlichen Unterlagen bei der Gemeinde einreicht (§ 62 Abs. 3 S. 1 BauO). Wenn die Gemeinde nicht innerhalb eines Monats nach Vorlage der Unterlagen die Durchführung eines Baugenehmigungsverfahrens verlangt oder eine Zurückstellung (vgl. Rn. 217) beantragt (vgl. § 63 Abs. 2 S. 1 Nr. 5, Abs. 3 S. 4, Abs. 6 BauO), bei entsprechender Mitteilung der Gemeinde auch früher, kann mit der Ausführung des Vorhabens begonnen werden (§ 63 Abs. 3 S. 4, 5 BauO), nachdem zuvor die Angrenzer informiert worden sind (§ 63 Abs. 4 S. 3 BauO). Unter diesen Voraussetzungen und auf diesem Wege ist also die Möglichkeit zur Errichtung auch von Wohngebäuden ohne präventive Rechtskontrolle im Baugenehmigungsverfahren eröffnet, was zugleich die Bedeutung der repressiven Kontrolle, u. U. auch auf Nachbarklagen hin, insoweit erhöht (vgl. Rn. 282ff., 333). Besondere Probleme treten dabei auf, wenn nach Durchführung des Vorhabens die Nichtigkeit des zugrunde liegenden Bebauungsplans festgestellt wird; dem will die Regelung des § 63 Abs. 7 BauO begegnen. Ob er diese – um der Erleichterung und Beschleunigung des Bauens willen eröffnete – Möglichkeit ergreift und dafür den Nachteil in Kauf nimmt, den durch die Baugenehmigung vermittelten Bestandsschutz zu verlieren, hat der Bauherr insofern in der Hand, als er von sich aus die Durchführung eines Baugenehmigungsverfahrens beantragen kann (vgl. § 63 Abs. 2 S. 2 BauO).

Beispiel: Die Anbringung einer Fotovoltaikanlage auf dem Dach einer im Außenbereich gelegenen Reithalle ist nach § 62 Abs. 1 S. 1 Nr. 3 lit. a BauO grundsätzlich genehmigungsfrei zulässig. Die auf dem Dach angebrachte Solarenergieanlage bildet freilich mit diesem Gebäude baukonstruktiv und funktional eine untrennbare Einheit. Die Errichtung der Solarenergieanlage ist deshalb nach früherer Rechtslage als genehmigungsbedürftig angesehen worden, wenn sie zugleich zu einer Nutzungsänderung des Gebäudes führte, indem die gewonnene Energie überwiegend in das öffentliche Netz eingespeist wurde, und damit zu der bisherigen landwirtschaftlichen Nutzung des Gebäudes eine – möglicherweise anderen oder weitergehenden bauplanungsrechtlichen Anforderungen unterworfene – gewerbliche

Nutzung des Dachs hinzutrat (OVG NRW, NWVBl. 2011, 58). Hiervon abweichend stellt nunmehr § 62 Abs. 1 S. 1 Nr. 3 lit. a auch die mit solchen Solaranlagen verbundene Nutzungsänderung des Gebäudes baugenehmigungsfrei. Hinsichtlich der bauplanungsrechtlichen Zulässigkeit ist § 35 Abs. 1 Nr. 8 BauGB zu beachten (vgl. Rn. 170).

Die weiteren, in § 60 Abs. 1 BauO genannten Ausnahmen von der Baugenehmigungspflicht gelten sog. Fliegenden Bauten (§ 78 BauO) sowie den Vorhaben öffentlicher Bauherrn, die statt einer Baugenehmigung u. U. einer Zustimmung bedürfen (§ 79 BauO).

bb) Verfahrensrechtliche Voraussetzungen bzw. Anforderungen

266 Formelle **Voraussetzung des Anspruchs auf Erteilung einer Baugenehmigung** – bzw. der Rechtmäßigkeit einer erteilten Baugenehmigung – ist die Stellung eines schriftlichen und unterschriebenen, mit allen erforderlichen Bauvorlagen versehenen Bauantrags bei der zuständigen Bauaufsichtsbehörde (vgl. i. E. § 70 BauO). Die Bauvorlagen müssen von einem die nötige Sachkunde und Erfahrung aufweisenden (vgl. §§ 67, 54 Abs. 1 BauO), bauvorlageberechtigten Entwurfsverfasser stammen und unterzeichnet sein (§ 70 Abs. 3 S. 1, 2 BauO). Nach dem Gesetz sind alle für die Beurteilung des Bauvorhabens erforderlichen Unterlagen, für große Sonderbauten i. S. v. § 50 Abs. 2 BauO ausdrücklich auch ein Brandschutzkonzept, einzureichen (§ 70 Abs. 2 S. 1, 3 BauO); i. Ü. ergeben sich Art und Umfang der einzureichenden Bauvorlagen v. a. aus den Anforderungen der BauPrüfVO, ergänzend u. U. auch der SBauVO. Ist der Bauantrag unvollständig oder weist er sonstige erhebliche Mängel auf, fordert die Bauaufsichtsbehörde den Bauherrn zur Behebung der Mängel innerhalb einer angemessenen Frist auf; werden die Mängel innerhalb der Frist nicht behoben, gilt der Antrag als zurückgenommen (§ 71 Abs. 1 S. 2, 3 BauO; vgl. die abweichende Regelung in § 72 Abs. 1 S. 2 BauO a. F.). Fehlt der Bauantrag, darf eine Baugenehmigung nicht erteilt werden; sie wäre rechtswidrig (zum Umgang mit bloß formell rechtswidrigen, d. h. materiell rechtmäßigen, jedoch ohne erforderliche Baugenehmigung errichteten baulichen Anlagen vgl. Rn. 291 ff.).

267 Mit dem Bauantrag wird das **Baugenehmigungsverfahren** eingeleitet, das mit einer innerhalb von nunmehr zwei Wochen vorzunehmenden Vorprüfung von Bauantrag und Bauvorlagen beginnt (§ 71 Abs. 1 S. 1 BauO). Unmittelbar nach deren Abschluss sind Bauantrag und Bauvorlagen der Gemeinde – zum Zwecke der Entscheidung über ihr Einvernehmen i. S. v. § 36 BauGB (vgl. Rn. 197 ff.) oder auch über eine Bebauungsplanaufstellung und Maßnahmen zur Sicherung der Bauleitplanung (vgl. Rn. 212 ff.) – zuzuleiten (§ 71 Abs. 1 S. 4 BauO). Weiterhin sind – nach Möglichkeit gleichzeitig, u. U. auch unter Einberufung einer sog. Antragskonferenz – evtl. landesrechtlich erforderliche Entscheidungen oder Stellungnahmen anderer Stellen öffentlicher Verwaltung einzuholen; nach einer Frist von – vorbehaltlich besonderer Regelungen – ein bzw. zwei Monaten gelten sie als erteilt bzw. darf die Bauaufsichtsbehörde ohne diese entscheiden (§ 71 Abs. 2, 3 BauO). Eine Angrenzerbenachrichtigung sieht die Soll-Vorschrift des § 72 BauO nur vor, wenn eine Abweichung von bauordnungsrechtlichen Anforderungen oder eine bauplanungsrechtliche Befreiung zugelassen werden soll und die Berührung öffentlich-rechtlich geschützter nachbarlicher Belange zu erwarten ist.

Das – seinem sachlichen Anliegen nach mit § 63 BauO verwandte – sog. einfache (früher: vereinfachte) Baugenehmigungsverfahren (§ 64 BauO) begründet keine Genehmigungsfreistellung, sondern eine Modifikation des Baugenehmigungsverfahrens. Es kommt für die Errichtung und Änderung von Anlagen, die nicht große Sonderbauten i. S. v. § 50 Abs. 2 BauO sind, außerdem für Nutzungsänderungen, solange keine großen Sonderbauten entstehen, zur Anwendung (§ 64

Abs. 1 S. 1, 3 BauO). Nach § 64 Abs. 1 S. 1, 2 BauO kommt im einfachen Baugenehmigungsverfahren nur ein eingeschränktes Prüfprogramm zur Anwendung, wodurch auch die Baugenehmigung in ihrer Reichweite materiellrechtlich beschränkt ist (vgl. OVG Rh.-Pf., NVwZ-RR 1992, 289, 290; BayVGH, BayVBl. 2000, 377, 377; OVG NRW, NVwZ-RR 2002, 564, 565). Dem korrespondieren verfahrensmäßige Erleichterungen für den Bauherrn im Hinblick auf vorzulegende Bauunterlagen und Nachweise.

Nach § 74 Abs. 2 S. 1, 2 BauO bedarf die Baugenehmigung in formeller Hinsicht **268**
der **Schriftform** und nunmehr insoweit auch der **Begründung,** wie ohne Zustimmung des Nachbarn Abweichungen oder Befreiungen von nachbarschützenden Vorschriften zugelassen werden. Mit ihr ist eine Ausfertigung der mit Genehmigungsvermerk versehenen Bauvorlagen zuzustellen (§ 74 Abs. 2 S. 3 BauO).

cc) Materielle Rechtmäßigkeits- bzw. Anspruchsvoraussetzungen

Nach § 74 Abs. 1 BauO ist die Baugenehmigung zu erteilen, wenn **dem Vorhaben** **269**
öffentlich-rechtliche Vorschriften nicht entgegenstehen. Die Vereinbarkeit mit den einschlägigen öffentlich-rechtlichen Vorschriften ist danach Voraussetzung der materiellen Rechtmäßigkeit einer erteilten Baugenehmigung, und zugleich begründet die Übereinstimmung mit den öffentlich-rechtlichen Vorschriften einen – gebundenen, nicht im Ermessen stehenden – Anspruch auf Erteilung der begehrten Baugenehmigung.

Erkennt die Bauaufsichtsbehörde im einfachen Baugenehmigungsverfahren die Unvereinbarkeit des Vorhabens mit gesetzlichen, z. B. bauordnungsrechtlichen Anforderungen, die außerhalb des eingeschränkten Prüfprogramms (§ 64 Abs. 1 S. 1, 2 BauO) liegen, so ist sie nicht befugt, dieses Prüfprogramm zu erweitern und den Bauantrag aus materiellrechtlichen Gründen abzulehnen. Wenn ohne ins Einzelne gehende Prüfung jedoch erkennbar ist, dass das Vorhaben deswegen offensichtlich nicht verwirklicht werden darf, kommt eine Ablehnung aus verfahrensrechtlichen Gründen wegen mangelnden Sachbescheidungsinteresses in Betracht (OVG Rh.-Pf., BauR 2009, 799, 800 f.).

Nach § 74 Abs. 4 BauO wird die Baugenehmigung **ohne Rücksicht auf privat-** **270**
rechtliche Hinderungsgründe erteilt. Die Bauaufsichtsbehörde muss also privatrechtliche Rechtsverhältnisse nicht beachten. Allerdings kann sie bei offensichtlichen privatrechtlichen Hindernissen für das beantragte Vorhaben den Bauantrag aus verfahrensrechtlichen Gründen wegen fehlenden Sachbescheidungsinteresses ablehnen (BVerwGE 42, 115, 116 f.; 50, 282, 285 f.).

Die Bestimmung des **Umfangs der von der Bauaufsichtsbehörde zu prüfen-** **271**
den öffentlich-rechtlichen Vorschriften ist Sache des jeweiligen Landesrechts (BVerwGE 99, 351, 353). § 75 Abs. 1 S. 1 BauO ist danach grundsätzlich umfassend in dem Sinne zu interpretieren, dass sämtliche öffentlich-rechtliche Zulässigkeitsvoraussetzungen des Bauvorhabens zu prüfen sind (OVG NRW, DÖV 2004, 302, 303). Unstreitig und klar ist, dass die Übereinstimmung mit den bauplanungsrechtlichen und den bauordnungsrechtlichen Anforderungen, ggf. im einfachen Baugenehmigungsverfahren begrenzt durch das Prüfprogramm nach § 64 Abs. 1 S. 1 Nr. 1 bis 4 BauO, zu prüfen ist. Ein Bauvorhaben kann aber einer Vielzahl weiterer einschlägiger öffentlich-rechtlicher Regelungen unterliegen, z. B. nach Denkmalschutz-, Naturschutz-, Gaststätten- oder Immissionsschutzrecht, die grundsätzlich ebenfalls von der Bauaufsichtsbehörde zu prüfen sind (vgl. § 64 Abs. 1 S. 1 Nr. 5 BauO). Problematisch ist dies jedoch, soweit diese anderen öffentlich-rechtlichen Gesetze eigenständige Genehmigungsverfahren vorsehen; das Verhältnis der Baugenehmigung zu solchen anderen Genehmigungen ist für verschiedene Landesbauordnungen unterschiedlich und auch für die BauO des Landes NRW nicht einheitlich bestimmt worden. Der Annahme, dass auch insoweit eine um-

fassende Prüfung der Genehmigungsvoraussetzungen und Ersetzung solcher Genehmigungen durch die Baugenehmigung erfolge (sog. „Konzentrationsmodell"), steht § 74 Abs. 3 S. 2 BauO entgegen, wonach die Baugenehmigung anderweitig begründete Genehmigungspflichten etc. unberührt lässt. Klärungsbedürftig bleibt, ob die Baugenehmigung ohne Rücksicht auf diese sonstigen Genehmigungserfordernisse zu erteilen ist (sog. „Separationsmodell") oder aber als „Schlusspunkt" der für ein genehmigungspflichtiges Vorhaben durchzuführenden öffentlich-rechtlichen Zulässigkeitsprüfung erst erteilt werden darf, wenn die sonstigen Genehmigungen vorliegen (sog. „Schlusspunkttheorie"). Dem früheren, v.a. mit dem Hinweis auf § 74 Abs. 3 S. 2 BauO begründeten Votum des 7. Senats des OVG NRW für das Separationsmodell (OVG NRW, NVwZ-RR 2002, 564, 567) hat später der 10. Senat des Gerichts (OVG NRW, DÖV 2004, 302, 303f.; NWVBl. 2010, 230, 233) widersprochen: § 74 Abs. 3 S. 2 BauO betreffe nur die erteilte Baugenehmigung; hingegen umschreibe § 71 Abs. 1 S. 1 Nr. 2 BauO verfahrens- und materiellrechtlich das Prüfprogramm im Baugenehmigungsverfahren und schließe das Separationsmodell aus. In der Folge soll das sog. „Koordinationsmodell" i.S. eines „Sternverfahrens" gelten, wonach die Baugenehmigung als „Schlusspunkt" der für ein genehmigungspflichtiges Vorhaben durchzuführenden öffentlich-rechtlichen Zulässigkeitsprüfung zu erteilen ist. Andere Genehmigungserfordernisse stehen als sonstige öffentlich-rechtliche Vorschriften entgegen; erst nach Genehmigungserteilung durch die zuständige Behörde soll die Baugenehmigung erteilt werden dürfen und damit das Vorhaben umfassend legalisieren.

Für einen wichtigen Anwendungsfall, die Erforderlichkeit einer Genehmigung der Gemeinde für Vorhaben in einem förmlich festgelegten Sanierungsgebiet (vgl. § 136ff. BauGB), ist das Problem durch das EAG Bau 2004 dadurch entschärft worden, dass die Genehmigung gemäß § 145 Abs. 1 S. 2 BauGB nunmehr durch die Bauaufsichtsbehörde im Einvernehmen mit der Gemeinde erteilt wird, wenn ein baurechtliches Genehmigungsverfahren durchzuführen ist.

Beispiel: Die Baugenehmigung für die Errichtung eines im Außenbereich und zugleich im Landschaftsschutzgebiet liegenden Vorhabens ist gemäß § 74 Abs. 1 BauO zu verweigern, auch wenn weder bauplanungsrechtliche (§ 35 BauGB) noch bauordnungsrechtliche Vorschriften entgegenstehen, solange eine erforderliche landschaftsschutzrechtliche Genehmigung von der zuständigen Behörde nicht erteilt ist (OVG NRW, DÖV 2004, 302).

272 Im Rahmen der Baugenehmigung können **Befreiungen und Abweichungen** zugelassen werden. Befreiungen nach § 31 Abs. 2 BauGB können u.U. über entgegenstehende bauplanungsrechtliche Vorschriften hinweghelfen (vgl. Rn. 144f.), Abweichungen nach § 69 Abs. 1 BauO über bauordnungsrechtliche Anforderungen (vgl. Rn. 239).

Die Zulassung einer Befreiung sowie einer Abweichung von örtlichen Bauvorschriften durch die Bauaufsichtsbehörde erfordert das Einvernehmen der Gemeinde (vgl. Rn. 197ff., Rn. 246).

273 Die **Zulässigkeit von Nebenbestimmungen** richtet sich nach der allgemeinen Vorschrift des § 36 Abs. 1 VwVfG; die Baugenehmigung, auf die ein gebundener Anspruch besteht, darf danach nur mit Nebenbestimmungen versehen werden, soweit sie durch Rechtsvorschrift zugelassen sind oder dazu dienen, einen sonst gegebenen Versagungsgrund zu beseitigen. Als Nebenbestimmungen kommen insbesondere die Bedingung (§ 36 Abs. 2 Nr. 2 VwVfG) oder die Auflage (§ 36 Abs. 2 Nr. 4 VwVfG) in Betracht. Während die Bedingung die Wirksamkeit der Baugenehmigung von einem

bestimmten – zukünftigen, in seinem Eintritt ungewissen – Ereignis abhängig macht, ohne eine eigene – evtl. durchsetzbare – Sachregelung zu treffen, begründet die Auflage eine sachlich auf den Hauptverwaltungsakt der Baugenehmigung bezogene und rechtlich von ihm abhängige, aber doch eigene, zusätzliche Verpflichtung zu einem Tun, Dulden oder Unterlassen; die Auflage gilt deshalb überwiegend als Verwaltungsakt, der eigenständig durchsetzbar ist (vgl. *Maurer/Waldhoff,* Allgemeines Verwaltungsrecht, 19. Aufl. 2017, § 12 Rn. 10ff.). Die – gerade mit Blick auf die Baugenehmigung besonders relevante – frühere Qualifikation von Nebenbestimmungen, die nicht – wie die normale Auflage – eine zusätzliche Leistungspflicht begründen, sondern die eigentliche Genehmigung qualitativ verändern, als sog. modifizierende Auflagen darf inzwischen als aufgegeben betrachtet werden; derartige Regelungen werden nicht mehr als Nebenbestimmung, sondern als inhaltliche Modifikation des Verwaltungsakts, also der Baugenehmigung, gegenüber dem Antrag angesehen, anders gewendet: als Gewährung einer vom Bauantrag abweichenden Baugenehmigung (vgl. *Maurer/Waldhoff,* Allgemeines Verwaltungsrecht, 19. Aufl. 2017, § 12 Rn. 16).

Hintergrund dieser früheren Diskussion ist das Rechtsschutzproblem (vgl. Rn. 304f.). Die Rechtsfigur der modifizierenden Auflage wollte die – in Bezug auf Auflagen anerkannte – isolierte Anfecht- und Aufhebbarkeit für bestimmte Regelungen, die sich als Auflage präsentierten, in der Sache aber den Inhalt des Hauptverwaltungsakts qualitativ veränderten, vermeiden. Indem die früher als Baugenehmigung mit modifizierender Auflage gekennzeichneten Regelungen jetzt als partielle Ablehnung der beantragten Baugenehmigung bei gleichzeitiger Erteilung einer so nicht beantragten Baugenehmigung angesehen werden, ist klargestellt, dass Rechtsschutz insoweit nur durch Verpflichtungsklage auf Erteilung einer Baugenehmigung entsprechend dem ursprünglichen Bauantrag erlangt werden kann.

Beispiele: Eine (aufschiebende) Bedingung liegt in der Nebenbestimmung zu einer Baugenehmigung, zunächst noch Einstellplätze für Kraftfahrzeuge zu schaffen (BVerwGE 29, 261, 265). Bei der einer Baugenehmigung nach § 35 Abs. 4 S. 1 Nr. 2 BauGB beigefügten Nebenbestimmung, durch die dem Bauherrn aufgegeben wird, den bisher bestehenden Bau, an dessen Stelle der Ersatzbau treten soll, abzubrechen, handelt es sich um eine selbständige Auflage (OVG NRW, NVwZ-RR 2004, 478, 479). Die baurechtliche Genehmigung eines Transportbetonwerks u. a. mit der „besonderen Auflage", einen bestimmten Lärmpegel nicht zu überschreiten, ist früher als „modifizierende Auflage" gekennzeichnet worden (BVerwG, DÖV 1974, 380), ebenso die Baugenehmigung für die Errichtung eines Gebäudes mit einem Satteldach statt eines Flachdachs (VGH BW, BRS 28 Nr. 113).

Anspruch auf Erteilung einer Baugenehmigung

Anspruchsgrundlage: § 74 Abs. 1 BauO

Genehmigungsbedürftigkeit (§ 60 Abs. 1 BauO)

- Errichtung, Änderung, Nutzungsänderung und Beseitigung von Anlagen i. S. v. § 1 Abs. 1 S. 1 und 2 BauO
- Keine Ausnahme von der Baugenehmigungspflicht (§§ 61 bis 63, 78 und 79 BauO)

Vorliegen der Genehmigungsvoraussetzungen

- Formelle Voraussetzungen: Ordnungsgemäßer Bauantrag bei der zuständigen Behörde
- Materielle Voraussetzungen: kein Entgegenstehen öff.-rechtl. Vorschriften
  - Bauplanungsrecht
  - Bauordnungsrecht
  - Sonstige öff.-rechtl. Vorschriften

dd) Rechtswirkungen und Rechtsbeständigkeit

274 Die Baugenehmigung ist ein **Verwaltungsakt mit feststellender und (rechts-) gestaltender bzw. verfügender Wirkung.** Sie enthält zum einen die verbindliche, bestandskraftfähige Feststellung der Übereinstimmung des beantragten Vorhabens mit den einschlägigen öffentlich-rechtlichen Vorschriften. Zum anderen entfaltet sie gestaltende Wirkung, indem sie das gesetzlich begründete präventive Verbot des Bauens (vgl. Rn. 262) aufhebt und das Bauen gestattet (vgl. § 74 Abs. 7 BauO). Weiter vermittelt sie auch über ihre Ausnutzung hinaus in ihrer Feststellungsfunktion dem ihr entsprechend errichteten Bauwerk und seiner bestimmungsgemäßen Nutzung Bestandsschutz, auch wenn nachträglich materielle Baurechtswidrigkeit eintritt oder sich herausstellt (*Brohm,* Öffentliches Baurecht, § 28 Rn. 26; vgl. näher Rn. 291 ff.).

Die Bestandskraft der Baugenehmigung wird allerdings dadurch relativiert, dass gemäß § 58 Abs. 6 BauO auch nach ihrer Erteilung sog. nachträgliche Anforderungen gestellt werden können, um dabei nicht voraussehbare Gefahren oder unzumutbare Belästigungen von der Allgemeinheit oder den Nutzern abzuwenden.

Die in einer Baugenehmigung enthaltene umfassende Feststellung der Vereinbarkeit des Bauvorhabens einschließlich der ihm zugedachten Nutzung mit den für die bauaufsichtliche Prüfung einschlägigen öffentlich-rechtlichen Vorschriften kann für nachfolgende Genehmigungsverfahren Bindungswirkung entfalten. Welche Behörde die insoweit maßgebliche Entscheidung zu treffen hat, soll danach entschieden werden, zu welchem in die originäre Zuständigkeit der beteiligten Behörden fallenden Regelungsgegenstand der stärkere Bezug besteht (BVerwGE 74, 315, 324). Hinsichtlich der typischerweise mit der bestimmungsgemäßen Nutzung einer Gaststätte in einer konkreten baulichen Umgebung verbundenen Immissionen besteht der stärkere Bezug zur Zuständigkeit der Bauaufsichtsbehörde; die Feststellung der Vereinbarkeit mit § 15 Abs. 1 S. 2 BauNVO in der Baugenehmigung entfaltet deshalb Bindungswirkung für die gaststättenrechtliche Beurteilung nach § 4 Abs. 1 Nr. 3 GastG (BVerwGE 80, 259, 262). Die Baugenehmigung muss deshalb bereits alle für den Nachbarschutz notwendigen Regelungen enthalten und kann diese nicht der nachfolgenden Gaststättenerlaubnis überlassen (BVerwG, BauR 2011, 1642, 1643).

275 Die Baugenehmigung, über die ohne Rücksicht auf privatrechtliche Hinderungsgründe entschieden wird (Rn. 270), bewirkt allerdings auch **keine Veränderung privatrechtlicher Positionen** (vgl. § 74 Abs. 4 BauO). Privatrechtlich begründete Bauhindernisse bleiben also ggf. bestehen.

276 Als nicht personen-, sondern grundstücksbezogene, dingliche Genehmigung hat die Baugenehmigung **Rechtswirkung auch für und gegen den Rechtsnachfolger** (§ 58 Abs. 3 BauO).

277 Die Baugenehmigung kann nicht beliebig „auf Vorrat" gehalten werden, sondern hat eine **begrenzte Geltungsdauer.** Nach § 75 Abs. 1 BauO erlischt sie, wenn nicht innerhalb von drei Jahren nach ihrer Erteilung mit der Bauausführung begonnen wird oder wenn diese um ein Jahr unterbrochen worden ist. Insbesondere die privilegierenden Wirkungen des § 14 Abs. 3 BauGB (vgl. Rn. 215) werden dadurch zeitlich begrenzt. Der Ablauf der Frist ist gehemmt, wenn der Bauherr durch höhere Gewalt am Baubeginn gehindert ist oder wenn ihm die Ausnutzung der Baugenehmigung wegen eines erfolgten oder drohenden hoheitlichen Eingriffs, z. B. auch auf Grund eines eingelegten Nachbarrechtsbehelfs, nicht möglich oder zumutbar ist (OVG NRW, NWVBl. 2014, 63). Auch besteht auf Antrag der Anspruch auf eine – auch rückwirkende – Verlängerung, wenn das Vorhaben weiterhin den Voraussetzungen des § 74 Abs. 1 BauO genügt; der Verlängerungsantrag muss jedoch nunmehr vor Fristablauf eingegangen sein (§ 75 Abs. 2 S. 2 BauO). Ein Verwaltungsakt, der das Erlöschen der Baugenehmigung feststellt, kann auf eine konkludente Erlassbefugnis nach § 75 Abs. 1 BauO oder jeden-

falls auf § 58 Abs. 2 S. 2 BauO gestützt werden (offengelassen in OVG NRW, BauR 2012, 927, 927).

Beispiel: Die gesamte Baugenehmigung erlischt gemäß § 75 Abs. 1 BauO durch Zeitablauf, wenn der Bauherr zwar die Ausführung des bauaufsichtsbehördlich genehmigten Vorhabens begonnen hat, dieses jedoch in einem wesentlichen Teil anders errichtet als genehmigt, z. B. die Eindeckung des Dachs in einer falschen, d. h. einer anderen als der bauaufsichtlich festgesetzten Farbe vornimmt (vgl. OVG NRW, NVwZ-RR 2001, 14, 15, dort allerdings im Ergebnis offen gelassen).

Die Baugenehmigung, auch die rechtswidrige, nicht nichtige Baugenehmigung entfaltet ihre Rechtswirkungen, solange sie nicht ihre **Wirksamkeit** gemäß § 43 Abs. 2 VwVfG verliert. Die Rücknahme einer rechtswidrigen Baugenehmigung erfolgt nach der allgemeinen Regelung des § 48 VwVfG. Sie unterliegt danach einer Frist von einem Jahr seit Kenntnis der zugrundeliegenden Tatsachen und der Rechtswidrigkeit der Baugenehmigung (§ 48 Abs. 4 S. 1 VwVfG). Die Entscheidung über die Rücknahme erfolgt nach pflichtgemäßem Ermessen unter Abwägung der widerstreitenden Interessen. Wegen des durch die Rücknahme entstehenden Vermögensschadens ist der Bauherr gemäß § 48 Abs. 3 VwVfG zu entschädigen. Eine Erledigung auf andere Weise (§ 43 Abs. 2 VwVfG) durch Unterbrechung oder Aufgabe der genehmigten Nutzung kommt nur ausnahmsweise in Betracht, wenn darin ein dauernder Verzichtswille unmissverständlich und unzweifelhaft zum Ausdruck kommt (OVG NRW, NWVBl. 2014, 104; VGH BW, NVwZ 2014, 1597, 1598). 278

Daneben kommen in Fällen der rechtswidrigen, später zurückgenommenen Erteilung einer Baugenehmigung auch Amtshaftungsansprüche des Bauherrn in Betracht (vgl. ausführlich *Schieferdecker,* in: Hoppe/Bönker/Grotefels, Öffentliches Baurecht, § 19 Rn. 25 ff.).

b) Bauvorbescheid und Teilbaugenehmigung

Im Interesse einer rationellen, u. U. beschleunigten Durchführung der präventiven Rechtskontrolle bietet die BauO **Möglichkeiten einer abgeschichteten Prüfung** der Zulässigkeit von baugenehmigungspflichtigen Vorhaben. Die Instrumente des Bauvorbescheids und der Teilbaugenehmigung bieten dem Bauherrn die Möglichkeit, statt sogleich das umfassende Baugenehmigungsverfahren zu durchlaufen vorab einzelne – auf unterschiedliche Weise abgeschichtete – Fragen eines Bauvorhabens zu klären. 279

Mit dem Antrag auf einen **Bauvorbescheid** (§ 77 BauO) kann der Bauherr eine vorgezogene Entscheidung über Teilaspekte der Zulässigkeit seines Vorhabens herbeiführen. Eine solche Bauvoranfrage kann sich auf jede von der Bauaufsichtsbehörde zu beurteilende Frage richten (vgl. OVG NRW, NWVBl. 2002, 234; BauR 2002, 932, 932 f.). Ein besonders wichtiger Unterfall ist der Antrag auf eine sog. Bebauungsgenehmigung, d. h. einen Bauvorbescheid, der die bauplanungsrechtliche Zulässigkeit des Vorhabens klärt; so kann der Bauherr relativ schnell und kostengünstig, ohne umfassende Bauvorlagen (vgl. § 77 Abs. 2 BauO) die grundsätzliche Bebaubarkeit seines Grundstücks klären. § 77 Abs. 1 S. 1 BauO stellt nunmehr schon im Wortlaut klar, dass ggf. ein Anspruch des Bauherrn auf den Bauvorbescheid besteht; anderes soll allerdings gelten, wenn von vornherein feststeht, dass das Vorhaben aus anderen als den nach der Bauvoranfrage zu klärenden rechtlichen Gründen nicht realisierbar ist (BVerwGE 61, 128, 130 f.). Der Bauvorbescheid enthält dann eine vorgezogene Entscheidung über die aufgeworfene Teilfrage der späteren Baugenehmigung mit – im Gegensatz zu dieser (vgl. Rn. 274) – allerdings nur feststellender, nicht rechtsgestaltender Wirkung, so dass 280 mit der Ausführung noch nicht begonnen werden kann. Der Bauvorbescheid entfaltet jedoch Bindungswirkung, so dass bei der späteren Entscheidung über die Baugenehmigung nicht erneut oder anders entschieden werden darf. Dies gilt auch bei späterer Änderung der Rechtslage, z. B. bei einer Änderung des Bebauungsplans oder dem Erlass einer Veränderungssperre (vgl. Rn. 215). Die Geltungsdauer des Bauvorbescheids beträgt statt bislang zwei Jahre (§ 71 Abs. 1 S. 2 BauO a. F.) nunmehr zunächst drei Jahre und kann auf Antrag verlängert werden (§ 77 Abs. 2 S. 1, 2 BauO). Zuvor kann der Vorbescheid nur durch Rücknahme oder Widerruf (§§ 48 f. VwVfG) beseitigt werden.

Anstelle eines Bauvorbescheids kommt auch eine Zusicherung (§ 38 VwVfG) in Betracht (zur Unterscheidung vgl. OVG NRW, BRS 47 Nr. 137). Die Zusicherung nimmt freilich noch nicht bindend einen Teil der späteren Baugenehmigung vorweg, sondern sagt nur deren Erteilung zu und entfaltet insbesondere keine Bindungswirkung bei nachträglicher Änderung der Sach- oder Rechtslage (§ 38 Abs. 3 VwVfG).

Beispiel: Es wird zunächst noch keine Baugenehmigung (zu dieser Konstellation vgl. Rn. 271), sondern eine Bebauungsgenehmigung für die Errichtung eines im Außenbereich und zugleich im Landschaftsschutzgebiet liegenden Vorhabens beantragt. Materiellrechtlich ist der Bauvorbescheid – anders als die Baugenehmigung – wegen des gemäß § 77 Abs. 1 S. 1 BauO auf die bauplanungsrechtliche Zulässigkeit begrenzten Prüfprogramms nicht „Schlusspunkt", sondern nur Zwischenschritt der bauaufsichtlichen Prüfung und deshalb im Falle bauplanungsrechtlicher Zulässigkeit des Vorhabens zu erteilen; der Antrag kann jedoch wegen mangelnden Sachbescheidungsinteresses zurückgewiesen werden, wenn nach Vorprüfung durch die Bauaufsichtsbehörde offensichtlich ist, dass eine für das Vorhaben erforderliche anderweitige Genehmigung etc. nicht erteilt werden kann (OVG NRW, DÖV 2004, 302, 305).

281 Die **Teilbaugenehmigung** (§ 76 BauO) unterscheidet sich von dem Bauvorbescheid dadurch, dass sie eine teilweise Baugenehmigung für bestimmte Teile oder Abschnitte eines Vorhabens mit feststellender und gestaltender Wirkung darstellt, so dass sie den Baubeginn ermöglicht (§ 76 Abs. 1 S. 1 BauO). Ihre Erteilung setzt voraus, dass der Bauantrag bereits gestellt ist und eine gesicherte Prognose über die grundsätzliche Zulässigkeit des Gesamtvorhabens möglich ist (OVG NRW, NVwZ-RR 1997, 401). Mit Rücksicht auf ihre weitreichende Wirkung sieht § 76 Abs. 1 S. 1 BauO eine Ermessensentscheidung vor. Die Teilbaugenehmigung entfaltet Bindungswirkung hinsichtlich der abschließend genehmigten Bauteile oder -abschnitte und begründet darüber hinaus ein Vertrauen auf die Erteilung der endgültigen Baugenehmigung (OVG NRW, BRS 35 Nr. 150). Allerdings erlaubt § 76 Abs. 2 BauO u. U. die Stellung nachträglicher zusätzlicher Anforderungen; außerdem kann die Teilbaugenehmigung durch Rücknahme oder Widerruf (§§ 48, 49 VwVfG) aufgehoben werden.

3. Eingriffsrechte der Baurechtsbehörden

282 Zu den Instrumenten präventiver Rechtskontrolle treten hinzu Mittel der **repressiven Rechtmäßigkeitskontrolle,** die der Bauaufsichtsbehörde ein Einschreiten wegen Baurechtswidrigkeit ermöglichen. Grundlage hierfür ist die der Bauaufsichtsbehörde obliegende Bauüberwachung. Sie ist in § 83 BauO als laufende Bauüberwachung während der Errichtung genehmigter Vorhaben und in § 84 BauO in Gestalt der Bauzustandsbesichtigung besonders ausgestaltet. Allgemein formuliert § 58 Abs. 2 S. 1 BauO die behördliche Aufgabe, bei Errichtung, Änderung, Abbruch, Nutzung, Nutzungsänderung und Instandhaltung von Anlagen i. S. v. § 1 Abs. 1 S. 1 und 2 BauO über die Wahrung öffentlich-rechtlicher Vorgaben zu wachen; § 58 Abs. 7 BauO begründet zu diesem Zweck ein Recht zum Betreten von Grundstücken und baulichen Anlagen einschließlich Wohnungen. Näher interessieren die bei festgestellten Verstößen gegen öffentlich-rechtliche Vorschriften in Betracht kommenden bauaufsichtlichen Eingriffsmaßnahmen.

a) Die Ermächtigungsgrundlage des § 58 Abs. 2 S. 2 BauO

Die **zentrale, allgemeine Regelung bauaufsichtlicher Ordnungsverfügungen** 283 findet sich in § 58 Abs. 2 S. 2 BauO. Es handelt sich um eine Bestimmung (sonder-) ordnungsrechtlichen Charakters, für deren Auslegung und Anwendung deshalb ergänzend auf die Grundsätze des allgemeinen Polizei- und Ordnungsrechts (vgl. § 3, insbes. Rn. 49 ff., 75 ff.) zurückzugreifen ist, z. B. hinsichtlich des Gefahrbegriffs (vgl. OVG NRW, NWVBl. 2002, 388, 389 f.) oder des Störerbegriffs und der Störerauswahl.

Mit Rücksicht darauf, dass nicht ausdrücklich eine Befugnis begründet wird und die 284 Eingriffsvoraussetzungen nicht näher geregelt sind, ist mitunter die Rechtsnatur dieser Bestimmung als **Ermächtigungsgrundlage** bezweifelt worden, weshalb insoweit auf die ordnungsbehördliche Generalklausel des § 14 OBG zurückzugreifen sein soll. Überwiegend und überzeugend gilt jedoch § 58 Abs. 2 S. 2 BauO selbst als gesetzliche Ermächtigungsgrundlage, so dass die ordnungsbehördliche Generalklausel insoweit als subsidiär zurückzutreten hat (vgl. OVG NRW, NVwZ-RR 1998, 159).

Tatbestandlich setzt die Bestimmung einen im Rahmen des § 58 Abs. 2 S. 1 BauO 285 beachtlichen **Verstoß gegen öffentlich-rechtliche Vorschriften** – oder darauf gestützte Anordnungen – voraus, also einen baurechtswidrigen Zustand. Wichtig ist dabei die **Unterscheidung von formeller und materieller Baurechtswidrigkeit.** Als formell baurechtswidrig oder illegal gilt ein Vorhaben, für das die baurechtlich erforderliche förmliche Genehmigung nicht vorliegt; dies kann der Fall sein, weil die Genehmigung von Anfang an fehlt, nachträglich unwirksam geworden, insbesondere zurückgenommen oder widerrufen worden ist (vgl. § 43 Abs. 2 VwVfG) oder auch weil das Vorhaben von einer erteilten Genehmigung wesentlich abweicht (OVG NRW, BRS 32 Nr. 88). Materiell illegal ist ein Vorhaben, das materiellrechtlichen Vorgaben nicht entspricht. Von dieser Unterscheidung ausgehend werden die Anforderungen an die Baurechtswidrigkeit mit Blick auf verschiedene Maßnahmen im Lichte des Verhältnismäßigkeitsgrundsatzes unterschiedlich gefasst (vgl. Rn. 291 ff.).

Ggf. hat die Bauaufsichtsbehörde die nach pflichtgemäßem Ermessen erforderlichen 286 Maßnahmen zu treffen. Mit Blick auf die Rechtsfolgen eröffnet § 58 Abs. 2 S. 2 BauO also Ermessen, und zwar grundsätzlich **Entschließungs- und Auswahlermessen,** das i. S. v. § 40 VwVfG pflichtgemäß auszuüben ist.

Als nach pflichtgemäßem Ermessen zur Herstellung baurechtsgemäßer Zustände zu 287 ergreifende, **erforderliche Maßnahmen** kommen Verfügungen unterschiedlichen Inhalts in Betracht. Für die wichtigsten Verfügungstypen, die Stilllegungsverfügung, die Nutzungsuntersagung und die Abrissverfügung, bestehen nunmehr allerdings spezielle Ermächtigungsgrundlagen, die den Rückgriff auf § 58 Abs. 2 S. 2 BauO erübrigen (s. näher Rn. 291 ff.). In Betracht kommt jedoch etwa in Fällen, in denen eine bauliche Anlage anfänglich legal errichtet worden ist, durch mangelnde Instandhaltung aber in ihrem Zustand rechtswidrig geworden ist, eine Verpflichtung zu Maßnahmen der Bauunterhaltung (VGH BW, VBlBW 1988, 111, 111 f.). Ausgeschlossen ist hingegen in Fällen formell baurechtswidrig durchgeführter Bauvorhaben eine Verpflichtung zur Stellung eines Bauantrags, um auf diese Weise formell rechtmäßige Zustände herzustellen, weil weder § 58 Abs. 2 S. 2 BauO noch eine sonstige Vorschrift der BauO hierzu ermächtigen, die Antragstellung vielmehr nach allgemeinen verwaltungsrechtlichen Grundsätzen in das Belieben des Bauherrn gestellt ist. Die Behörde kann also nur mit anderen Mitteln, insbesondere Baueinstellung oder Nutzungsuntersagung vorgehen, und der Bauherr hat es in der Hand, diese durch Stellung des Bauantrags abzuwenden. Die Bauaufsichtsbehörde kann allerdings Bauvorlagen anfordern, die erforderlich sind, um zu prüfen, ob eine Gefährdungslage vorliegt, die ein Einschreiten wegen materieller Baurechtswidrigkeit erfordern könnte (OVG NRW, NWVBl. 2003, 223, 224; vgl. auch HessVGH, BauR 1983, 241). Bei mehreren Verantwortlichen schließlich kann eine – an einen von ihnen adressierte – Verfügung auch von Duldungsverfügungen gegen die anderen begleitet werden.

288 Adressat der Ordnungsverfügung ist **der für den baurechtswidrigen Zustand Verantwortliche,** d. h. der Störer; dies kann sowohl der Handlungsstörer (§ 17 OBG) wie auch der Zustandsstörer (§ 18 OBG) sein (vgl. § 3 Rn. 75 ff.). Regelmäßig wird der Bauherr, u. U. bei fehlender Identität auch der Eigentümer als Verantwortlicher heranzuziehen sein. Auch der Verwalter einer Wohnungseigentümergesellschaft kann mit Rücksicht auf die ihm insoweit zustehenden Handlungsbefugnisse als Störer in Anspruch genommen werden, wenn die Gefahr von einem im Gemeinschaftseigentum stehenden Gebäudeteil ausgeht (OVG NRW, NVwZ-RR 2011, 351, 352). Bei mehreren Verantwortlichen folgt die Störerauswahl grundsätzlich den allgemeinen ordnungsrechtlichen Grundsätzen (vgl. § 3 Rn. 124 ff.).

289 Bauaufsichtliche Ordnungsverfügungen haben grundsätzlich **Geltung auch gegen den Rechtsnachfolger,** weil es sich ihrem Gehalt nach um sach-, nicht personenbezogene Verwaltungsakte handelt (BVerwG, BRS 24 Nr. 193; BRS 25 Nr. 205; OVG NRW, NVwZ 1987, 427); § 58 Abs. 3 BauO statuiert das jetzt ausdrücklich. Die gegen den früheren Eigentümer gerichtete Verfügung ist also auch für dessen Einzel- oder Gesamtrechtsnachfolger rechtsverbindlich und auch ihm gegenüber tauglicher Grundverwaltungsakt für allfällige Maßnahmen der Verwaltungsvollstreckung.

b) Ermächtigungsgrundlagen für baupolizeiliche „Standardmaßnahmen"

290 Die Stilllegungsverfügung, die Nutzungsuntersagung sowie die Abrissverfügung, die man als die „baupolizeilichen Standardmaßnahmen" bezeichnen kann, wurden in früheren Fassungen der BauO – während sie in anderen Landesbauordnungen zumeist gesonderte Regelungen gefunden hatten – auf die dem heutigen § 58 Abs. 2 S. 2 BauO entsprechende bauordnungsrechtliche Generalklausel (vgl. § 61 Abs. 1 S. 2 BauO a. F.) gestützt. Auch in NRW gibt es nunmehr, seit dem 1.1.2019 **spezielle Ermächtigungsgrundlagen,** die den Bauaufsichtsbehörden die Befugnis zum Verbot der Verwendung unrechtmäßig gekennzeichneter Bauprodukte (§ 80 BauO), vor allem aber zu Stilllegungsverfügungen (§ 81 Abs. 1 BauO), Nutzungsuntersagungen (§ 82 S. 2 BauO) und Abrissverfügungen (§ 82 S. 1 BauO) geben. An den – unterschiedlichen – Voraussetzungen für diese Maßnahmen hat sich dadurch jedoch nichts geändert (*Vietmeier,* NWVBl. 2018, 489, 501).

aa) Stilllegungsverfügung

291 Die nunmehr in § 81 Abs. 1 BauO geregelte Stilllegungsverfügung bewirkt eine frühzeitige **Untersagung der (weiteren) Ausführung eines (auch nur formell) illegalen Vorhabens** während der Bauausführung. Dieses Instrument hat mit der weitreichenden Freistellung von Vorhaben von der Baugenehmigungspflicht an Bedeutung gewonnen. Bei genehmigungspflichtigen Vorhaben reicht tatbestandlich und grundsätzlich auch im Rahmen des Ermessens bereits die formelle Illegalität; die Baueinstellung wegen fehlender Baugenehmigung ist grundsätzlich nicht unverhältnismäßig, da sie jederzeit aufgehoben werden kann. Die Stilllegungsverfügung ist allerdings unverhältnismäßig und ermessensfehlerhaft, wenn der Bauantrag gestellt ist, das Vorhaben aus Sicht

der Baugenehmigungsbehörde genehmigungsfähig ist und der Erteilung der Baugenehmigung auch sonst nichts im Wege steht (OVG NRW, NVwZ-RR 2002, 564).

bb) Nutzungsuntersagung

Die in § 82 S. 2 BauO geregelte Nutzungsuntersagung unterbindet eine baurechts- 292
widrige Nutzung einer Anlage. Nach überwiegender Auffassung reicht auch für diese Anordnung tatbestandlich bereits die formelle **Illegalität der Nutzung** (NdsOVG, NVwZ-RR 2002, 822, 823; HessVGH, NVwZ-RR 2002, 823, 824; wohl auch OVG NRW, NWVBl. 2007, 23, 24; a. A. VGH BW, NVwZ 1997, 601, 602), die darauf beruhen kann, dass bereits die Errichtung ungenehmigt erfolgte oder aber eine von der erteilten Genehmigung nicht mehr gedeckte Nutzungsänderung (vgl. Rn. 264) vorgenommen worden ist. Auch diese Anordnung kann nämlich jederzeit wieder rückgängig gemacht werden. Allerdings ist mit Recht auch hier die Anordnung als ermessensfehlerhaft angesehen worden, wenn der erforderliche Bauantrag gestellt ist, das Vorhaben aus Sicht der Baugenehmigungsbehörde genehmigungsfähig ist und der Erteilung der Baugenehmigung auch sonst nichts im Wege steht (OVG NRW, NWVBl. 2003, 223, 224).

Der richtige Adressat der **Nutzungsuntersagung bei vermieteten Gebäuden** ist 293
regelmäßig nicht der Eigentümer, sondern der jeweilige Mieter, da er als Handlungsstörer für die rechtswidrige Nutzung verantwortlich ist (OVG NRW, NWVBl. 1993, 232, 233; NdsOVG, NVwZ 2019, 334, 335; vgl. allerdings auch OVG Rh.Pf., BauR 2010, 2099, 2100). Allerdings kommt auch ein Vermietungsverbot in Betracht (OVG NRW, BRS 59 Nr. 220; BauR 2003, 677, 678).

cc) Abrissverfügung

Die Abriss- oder Beseitigungsverfügung (§ 82 S. 1 BauO), die die Beseitigung eines 294
bereits errichteten Vorhabens aufgibt und damit besonders gravierende, irreversible Belastungen auferlegt, wirft in verschärfter Form die Frage nach der Auslegung der **tatbestandlichen Voraussetzung der Baurechtswidrigkeit** auf. Unter dem Einfluss des Verhältnismäßigkeitsprinzips haben die Gerichte hier eine einengende Interpretation verfolgt, die sich in § 82 S. 1 BauO darin wiederfindet, dass die Abrissverfügung nur zulässig ist, wenn nicht auf andere Weise rechtmäßige Zustände hergestellt werden können. Danach sind verschiedene Konstellationen zu unterscheiden:

- In der **Situation formeller Illegalität, aber materieller Legalität** führt zwar das Fehlen der Genehmigung bei bestehender Genehmigungspflicht zur Baurechtswidrigkeit; das Verhältnismäßigkeitsprinzip steht jedoch regelmäßig der Abrissverfügung entgegen, weil sogleich die Wiedererrichtung genehmigt werden müsste. Es kommen deshalb nur die milderen Mittel der Stilllegung und der Nutzungsuntersagung in Betracht, und i. Ü. können durch nachträgliche Genehmigung baurechtsgemäße Zustände hergestellt werden. Streitig ist, ob dies auch gilt, wenn die Baugenehmigung bestandskräftig abgelehnt worden ist; dies wird zu Recht mit der Begründung angenommen, dass die bestandskräftige Ablehnung nicht verbindlich die materielle Baurechtswidrigkeit feststellt (BVerwGE 48, 271, 274 ff.). Ausnahmsweise soll allein wegen formeller Illegalität die Entfernung eines Baukörpers angeordnet werden können, wenn diese den Bauherrn nicht wesentlich härter trifft als ein Nutzungsverbot oder das Nutzungsverbot einer Beseitigung praktisch gleichkommt; in jedem Fall muss dann aber die Beseitigung ohne erheblichen Substanzverlust oder andere hohe Kosten möglich sein (OVG NRW, NWVBl. 2006, 136).
- In der **Situation formeller Legalität, aber materieller Illegalität** enthält die Baugenehmigung die rechtsverbindliche Feststellung, dass das Vorhaben mit den öf-

fentlich-rechtlichen Vorschriften übereinstimmt. Insofern besteht Vertrauensschutz, und eine Abrissverfügung ist nur möglich, sofern die Baugenehmigung zuvor – bestandskräftig oder sofort vollziehbar – zurückgenommen wird (OVG NRW, NVwZ 1988, 942, 943f.).

– Nur in der **Situation formeller und materieller Illegalität,** d.h. im Fall der sog. doppelten Baurechtswidrigkeit, werden unter dem Gesichtspunkt des Bestandsschutzes und des Verhältnismäßigkeitsprinzips keine Bedenken erhoben; nur in diesem Falle soll also eine Abrissverfügung tatbestandlich zulässig sein (BVerwG, BRS 39 Nr. 170; *Brohm,* Öffentliches Baurecht, § 29 Rn. 8; a. A. *Mampel,* BauR 1996, 13). Dies konkretisierend gilt eine Abrissverfügung auch dann als unverhältnismäßig, wenn das Vorhaben nur irgendwann einmal baurechtmäßig war, da dann Anspruch auf Genehmigung bestanden hätte (BVerwG, BRS 33 Nr. 90). Dies kommt treffend in der Formulierung zum Ausdruck, eine Abrissverfügung sei zulässig, wenn das Vorhaben seit seiner Errichtung im Widerspruch zu materiellem Baurecht steht und nicht durch eine Baugenehmigung gedeckt ist (VGH BW, NVwZ-RR 1997, 464, 465).

295 Im Rahmen des danach verbleibenden, pflichtgemäß auszuübenden Ermessens sind alle in Betracht kommenden öffentlichen und privaten Belange einzustellen und gegeneinander abzuwägen. Dabei soll eine **Abrissverfügung in Bezug auf materiell rechtswidrige Schwarzbauten regelmäßig zulässig** sein, und zwar auch in Bezug auf größere, finanziell aufwändige Schwarzbauten (BVerwG, NVwZ-RR 1997, 273, 273f.); denn der Bauherr, der seine Anlage ohne erforderliche Baugenehmigung errichtet, handelt grundsätzlich auf eigenes Risiko (*Brohm,* Öffentliches Baurecht, § 29 Rn. 12).

296 Einschränkungen des Ermessensspielraums können sich zunächst aus dem **Verhältnismäßigkeitsprinzip** ergeben. Die Abrissverfügung ist danach etwa unzulässig, wenn ein milderes Mittel zur Wiederherstellung baurechtmäßiger Zustände in Betracht kommt, z.B. die Gewährung einer Ausnahme oder Befreiung, die bloße Nutzungsuntersagung oder ein Teilabbruch. Ebenso kann sie unzulässig sein bei zu erwartender Legalisierung des Zustands durch eine anstehende Bebauungsplanänderung (zurückhaltend allerdings bei bloßer Aussicht auf Legalisierung BVerwG, BRS 44 Nr. 193; OVG NRW, BRS 47 Nr. 193). Unverhältnismäßig kann die Abrissverfügung auch sein, wenn ein Vorhaben einerseits nur geringfügig gegen materielles öffentliches Recht verstößt, andererseits aber durch den Abriss großer wirtschaftlicher Schaden entstünde (NdsOVG, BRS 40 Nr. 226).

297 Weitere Einschränkungen können aus dem **Gleichheitssatz** (Art. 3 Abs. 1 GG) folgen. Dem mit einer Abrissverfügung überzogenen Eigentümer einer formell und materiell rechtswidrigen baulichen Anlage, der geltend macht, dass die Behörde in gleich gearteten Fällen den Abriss nicht verlangt hat, kann nicht ohne weiteres entgegengehalten werden, dass es „keine Gleichheit im Unrecht" gebe. Zwar muss die Behörde nicht gegen alle einschlägigen Vorhaben gleichzeitig vorgehen; sie darf nach objektiven Kriterien differenzieren. Wenn sich jedoch für die ungleiche Behandlung von gleich gelagerten Fällen, die in räumlicher Nähe zueinander liegen, keinerlei rechtfertigender Grund findet, verstößt die Abrissverfügung gegen Art. 3 Abs. 1 GG (BVerwG, BRS 58 Nr. 209; VGH BW, NVwZ-RR 1997, 465, 466).

Beispiel: Der Eigentümer E eines mit einem kleinen Reihenhaus bebauten Grundstücks beschließt, dem Beispiel seiner Nachbarn zu folgen und das Haus durch einen eingeschossigen Anbau zu vergrößern, und zwar ohne die erforderliche Baugenehmigung einzuholen und in Widerspruch zu einschlägigen Festsetzungen eines einfachen Bebauungsplans über die überbaubare Grundstücksfläche. Längere Zeit nach Fertigstellung des Anbaus erfährt die Bauaufsichtsbehörde davon. Bei seiner Anhörung beklagt sich der E darüber, dass gegen seine Nachbarn mit ihren ebenfalls formell und materiell baurechtswidrigen Anbauten nicht vorgegangen werde. Die Bauaufsichtsbehörde hält den E wegen der formellen und materiellen Illegalität seines Anbaus insoweit für nicht schutzwürdig und unterlässt es, das betreffende Gebiet auf weitere gleichartige Anbauten hin zu untersuchen und insoweit den Erlass von Ordnungsverfügungen zu erwägen. E wird durch schriftliche Ordnungsverfügung aufgegeben, seinen Anbau wieder zu beseitigen. Die Prüfung der materiellen Rechtmäßigkeit dieser Ordnungsverfügung führt zunächst zu der Frage, ob das Tatbestandsmerkmal des Widerspruchs zu öffentlich-rechtlichen Vorschriften erfüllt ist, was voraussetzt, dass das Vorhaben seit seiner Errichtung im Widerspruch zu materiellem Baurecht steht und nicht durch eine Baugenehmigung gedeckt ist; dies ist hier der Fall. Die Ermessensausübung erweist sich jedoch als fehlerhaft, weil wegen der Ungleichbehandlung des E im Verhältnis zu seinen Nachbarn gegen Art. 3 Abs. 1 GG verstoßend, da sich für die ungleiche Behandlung der gleich gelagerten, räumlich nah beieinander liegenden Fälle keinerlei rechtfertigender Grund findet. Es ist jedoch mit Art. 3 Abs. 1 GG vereinbar, wenn die Behörde gegen gleichartige Schwarzbauten in einem Gebiet nur vorgeht, soweit diese ab einem bestimmten, nach sachlichen Kriterien bestimmten Zeitpunkt errichtet worden sind (BVerwG, BauR 2014, 1923).

Umstritten ist, ob die behördliche Eingriffsbefugnis durch **Verwirkung bzw. Duldung** verloren gehen kann. Für die Annahme von Verwirkung könnten jedenfalls bloßer Zeitablauf und bloße Untätigkeit nicht reichen, vielmehr wären darüber hinaus die Schaffung einer Vertrauensgrundlage durch die Behörde (vgl. OVG NRW, NWVBl. 1991, 193, 193 f.) und die Schaffung eines Vertrauenstatbestandes durch den Eigentümer, insbesondere durch Investitionen in das Vorhaben zu fordern (vgl. VGH BW, BRS 32 Nr. 186; BRS 39 Nr. 61). Der Annahme von Verwirkung wird aber grundsätzlich entgegengehalten, dass es sich bei der behördlichen Eingriffsbefugnis nicht um ein verwirkbares subjektives Recht, sondern um eine im öffentlichen Interesse wahrzunehmende Kompetenz handele (vgl. BayVGH, BRS 22 Nr. 210; NdsOVG, BRS 64 Nr. 198). Richtigerweise verliert die Bauaufsichtsbehörde daher auch durch langjährige Duldung eines bekannten, formell und materiell rechtswidrigen Zustandes grundsätzlich nicht die Eingriffsbefugnis. Die Rspr. unterscheidet zwischen faktischer (passiver) und aktiver Duldung. Die faktische Duldung, d. h. die Hinnahme eines illegalen Zustands über einen längeren Zeitraum. vermag grundsätzlich keinen Vertrauenstatbestand zu begründen, der illegale Zustand werde auch künftig hingenommen werden, so dass ein späteres bauaufsichtliches Einschreiten zulässig bleibt. Nur unter engen Voraussetzungen, bei einer sog. aktiven Duldung, wenn Erklärungen der Behörde mit hinreichender Deutlichkeit zu entnehmen ist, dass, in welchem Umfang und ggf. über welchen Zeitraum sie den illegalen Zustand dulden will, soll sich ein Vertrauenstatbestand ergeben können, der einem späteren bauaufsichtlichen Einschreiten entgegenstehen kann (OVG NRW, NVwZ-RR 2016, 851, 853; NWVBl. 2016, 448, 449; vgl. *Sommer,* JA 2017, 567). 298

Richtiger Adressat der Abrissverfügung ist grundsätzlich der **Eigentümer.** Bei Miteigentum muss die Abrissverfügung nicht gegen alle Miteigentümer gerichtet werden; sie ist allerdings nur vollstreckbar, wenn gegen die anderen zumindest eine Duldungsverfügung ergeht (vgl. NdsOVG, NJW 2011, 2228, 2228 f., zur Entbehrlichkeit einer Duldungsverfügung, wenn die Miteigentümer Rechtsnachfolger eines Voreigentümers geworden sind, demgegenüber die Abrissverfügung ergangen war). Vermietung steht dem Abriss nicht entgegen, weil die Abrissverfügung ein Kündigungsgrund ist; auch hier ist ggf. eine Duldungsverfügung gegen den Mieter in Betracht zu ziehen. 299

299a Nach der Rspr. des BVerwG kommt einer bestandskräftigen Abrissverfügung keine **Feststellungswirkung** hinsichtlich der materiellen Rechtswidrigkeit der Anlage zu (BVerwGE 48, 271, 273; a. A. BayVGH, BayVBl 2016, 383). Auf einen später gestellten Bauantrag hin hat die Bauaufsichtsbehörde danach erneut in der Sache die materielle Rechtmäßigkeit zu überprüfen.

4. Anhang

300 **Literatur:** *Mampel,* Formelle und materielle Illegalität? – Zu den Voraussetzungen von Abbruchverfügungen, BauR 1996, 13; *ders.,* Bauordnungsverfügungen, BauR 2000, 996; *Uechtritz,* Grenzen des baurechtlichen Bestandsschutzes bei Nutzungsunterbrechungen, DVBl. 1997, 347; *Konrad,* Baueinstellung, Beseitigungsanordnung und Nutzungsuntersagung, JA 1998, 691; *Guckelberger,* Rechtsnachfolgeprobleme im Baurecht, VerwArch 90 (1999), 499; *Neuhausen,* Zur Änderung des § 67 BauO NW, BauR 2000, 326; *Wenzel,* Voraussetzungen für die Eintragung von Baulasten, BauR 2002, 569; *Serong,* Anspruch auf Bewilligung einer Baulast?, BauR 2004, 433; *Dolderer,* Die Zulässigkeit von Bauvorhaben, JURA 2004, 752; *Schoch,* Eingriffsbefugnisse der Bauaufsichtsbehörden, JURA 2005, 178; *Frenz,* Der Baugenehmigungsanspruch, JuS 2009, 902; *Mehde/Hansen,* Das subjektive Recht auf Bauordnungsverfügungen im Zeitalter der Baufreistellung – Eine Bilanz, NVwZ 2010, 14; *Weber,* Bauvorbescheid und vorläufiger Rechtsschutz, DVBl. 2010, 958; *Böhm,* Bauordnungsrecht, JA 2013, 481; *Lindner,* Formelle und materielle Illegalität bei bauordnungsrechtlichen Eingriffen, JuS 2014, 118; *Anders,* Der Umfang der Rechtmäßigkeitsprüfung im Baugenehmigungsverfahren, JuS 2015, 604; *Lindner/Struzina,* Die Baugenehmigung, JuS 2016, 226; *Spitzlei,* Baurechtliche Instrmentarien gegen die Zweckentfremdung vom Wohnraum, JURA 2020, 333.

Klausurfälle: *Lange,* Das lose Treppengeländer, VR 1998, 314; *Pünder,* Der rechtswidrige Bauvorbescheid und seine Folgen, JuS 2000, 682; *Sydow,* Der Himmelsstrahler, JURA 2002, 196; *Kube,* Der untersagte Fahrschulbetrieb, VBlBW 2003, 246; *Beljin,* Lärm aus der Gaststätte, JURA 2004, 56; *Kötter/Schüler,* Die Mobilfunkantenne, JURA 2004, 772; *Koch,* Ein Requisitenverleih auf dem Lande, JuS 2007, 1128; *Lange,* Die Schwimmhalle im Wohngebiet, DVP 2008, 418; *Muckel/Ogorek,* Ärger im Paradies, JA 2011, 281: *Proppe,* Die mobile Werbeanlage, JA 2011, 860; *Ingold,* Massenansammlungen im Wohngebiet, JuS 2014, 40; *Lehner,* Die brandgefährliche Kommode, JuS 2017, 148; *Arndt/Motzkus,* Getrübte Kleingartenfreuden, JURA 2017, 201; *Janssen/Rademacher,* „Das Haus am See", JURA 2020, 621; *Dietlein/Hellermann,* Klausurenbuch Öffentliches Recht in NRW, „Der ungeduldige Erwerber", „Gemeindezentrum mit angeschlossener Pension", „60ies Lifestyle", 3. Aufl. 2021, Fälle 21, 23 und 25.

Kontrollfragen:

1. Wie hat die Bauaufsichtsbehörde im Verfahren zur Erteilung einer Baugenehmigung im Hinblick auf öffentlich-rechtliche Vorschriften anderer Gesetze, die eigene Genehmigungserfordernisse aufstellen, zu verfahren?
2. Wie unterscheiden sich Baugenehmigung und Bauvorbescheid sowie Bauvorbescheid und Teilbaugenehmigung?
3. Ein Bauherr hat auf seinem Grundstück zwar im Einklang mit materiellem Baurecht, jedoch ohne die erforderliche Baugenehmigung einen größeren Anbau errichtet und betreibt darin ein kleines Einzelhandelsgeschäft. Kann die Bauaufsichtsbehörde die Beseitigung des Anbaus verlangen?
4. Gegen den Eigentümer eines baurechtswidrig errichteten Wochenendhauses ist eine bestandskräftig gewordene Abrissverfügung ergangen. Nachdem der Eigentümer gestorben ist, will die Bauaufsichtsbehörde den Abriss nunmehr gegen den Erben durchsetzen. Wie kann sie vorgehen?

G. Rechtsschutz in bauaufsichtlichen Streitigkeiten

300a Der verwaltungsgerichtliche Rechtsschutz in Streitigkeiten von Bauherrn oder Nachbarn mit Bauaufsichts- bzw. Baugenehmigungsbehörden folgt grundsätzlich den allgemeinen **Vorgaben der VwGO sowie des JustG** (zu verwaltungsprozessualen

Problemen in der Fallbearbeitung vgl. allgemein § 5). Nach deren Maßgabe besteht Rechtsschutz sowohl in Hauptsacheverfahren wie auch in Verfahren des einstweiligen Rechtsschutzes.

Eine – in ihrer Sinnhaftigkeit sehr umstrittene – Besonderheit stellt die seit einigen **300b**
Jahren eingeführte **Entbehrlichkeit des Vorverfahrens für Entscheidungen der Bauaufsichts- und Baugenehmigungsbehörden** dar. § 68 Abs. 1 S. 2 VwGO lässt entsprechende landesgesetzliche Ausnahmen vom Vorverfahrenserfordernis zu. Nachdem in NRW eine solche Regelung zunächst versuchsweise nur für die Modellregion Ostwestfalen-Lippe getroffen und dann zunächst befristet auf das ganze Land NRW erstreckt worden ist, ordnet nunmehr § 110 Abs. 1 S. 1 und 2, Abs. 3 S. 2 Nr. 7 JustG die Entbehrlichkeit des Vorverfahrens für Verwaltungsakte und Ablehnungsbescheide namentlich auch der Bauaufsichts- und Baugenehmigungsbehörden an.

I. Rechtsschutz des Bauherrn

Im Streit um bauaufsichtliche Einzelmaßnahmen kommt für den **Grundeigentümer bzw. Bauherrn** einerseits ein auf Erteilung einer bauaufsichtlichen Genehmigung, andererseits ein gegen repressive Maßnahmen gerichtetes Vorgehen in Bezug auf ein konkretes Bauvorhaben bzw. eine bestimmte bauliche Anlage oder Einrichtung in Betracht. **301**

Dabei kann sowohl die auf Baugenehmigung wie auch die gegen Eingriffsmaßnahmen gerichtete verwaltungsgerichtliche Klage auch zur mittelbaren oder Inzidentkontrolle eines Bebauungsplans führen (vgl. bereits Rn. 116). Wenn im Streit um eine Baugenehmigung das Vorhaben mit den Festsetzungen eines einschlägigen Bebauungsplans unvereinbar erscheint, stellt sich die Frage der Rechtmäßigkeit dieser Bebauungsplanfestsetzung und der Beachtlichkeit möglicher Fehler. Entsprechend kann auch die Anfechtung einer bauaufsichtlichen Eingriffsmaßnahme, z. B. Abrissverfügung, die mit dem Widerspruch zu Festsetzungen eines Bebauungsplans begründet ist, zur inzidenten Überprüfung der Fehlerhaftigkeit dieses Bebauungsplans führen. I. Ü. kann der Eigentümer sich auch unmittelbar, mit einem Normenkontrollantrag gemäß § 47 VwGO, gegen Bebauungspläne wenden (vgl. bereits Rn. 111 ff.).

1. Vorgehen mit dem Ziel einer antragsgemäßen Baugenehmigung

a) Verpflichtungsklage auf Erteilung einer Baugenehmigung

Ist ein Bauantrag – ganz oder teilweise – abgelehnt worden, kann der antragstellende **302**
Bauherr dagegen, da die begehrte Baugenehmigung ein Verwaltungsakt i. S. v. § 35 VwVfG ist, mit der **Verpflichtungsklage** (§ 42 Abs. 1 VwGO) vorgehen. Maßgebender Zeitpunkt für die Beurteilung der Sach- und Rechtslage ist die letzte mündliche Verhandlung. Die rechtswidrige Ablehnung der beantragten Baugenehmigung verletzt den Bauherrn zugleich in einem subjektiven Recht, nämlich in seinem Anspruch aus § 74 Abs. 1 BauO, i. Ü. auch in seiner grundrechtlichen Baufreiheit. Da § 74 Abs. 1 BauO eine gebundene Entscheidung vorsieht, ergeht im Erfolgsfalle grundsätzlich ein Verpflichtungsurteil, bei fehlender Spruchreife, wenn etwa eine erforderliche Ausnahme i. S. v. § 31 Abs. 1 BauGB ermessensfehlerhaft verweigert worden ist, ohne dass eine Ermessensreduzierung auf Null vorläge, ein Bescheidungsurteil (§ 113 Abs. 5 S. 2 VwGO).

Gerade auch bei dem auf Erteilung einer Baugenehmigung gerichteten Rechts- **303**
schutz kann die Umstellung auf einen **Fortsetzungsfeststellungsantrag nach Erledigung** des ursprünglichen Verpflichtungsbegehrens bedeutsam werden. Ein solcher Antrag kommt gemäß § 113 Abs. 1 S. 4 VwGO analog in Betracht, wenn sich das Ver-

pflichtungsbegehren durch eine zwischenzeitliche Änderung der Sach- oder Rechtslage erledigt hat, etwa durch eine den Anspruch auf Baugenehmigung nunmehr ausschließende Änderung der Rechtslage; der Fortsetzungsfeststellungsantrag ist i. Ü., in einer doppelten Analogie zu § 113 Abs. 1 S. 4 VwGO, auch zulässig, wenn eine solche Erledigung noch vor Klageerhebung eintritt. Das berechtigte Interesse an der Feststellung, dass die Ablehnung der Baugenehmigung rechtswidrig gewesen ist, wird sich in Bausachen häufig darauf stützen wollen, durch die verwaltungsgerichtliche Klärung einen Amtshaftungsprozess vorbereiten zu wollen; die jüngere Rechtsprechung lässt diesen Grund jedoch aus prozessökonomischen Erwägungen heraus nur noch hinreichen, wenn das Verwaltungsgericht sich im Zeitpunkt der Erledigung bereits mit der Sache befasst hat, nicht jedoch, wenn die Klage erst nach Erledigung eingereicht wird (BVerwGE 81, 226, 227).

Beispiel: Ein Grundeigentümer stellt Mitte 2006 einen Bauantrag für die Errichtung eines Hotels mit Gaststätte auf seinem unbebauten Grundstück. Der Bauantrag wird, obgleich ihm keine öffentlich-rechtlichen, insbesondere auch keine bauplanungsrechtlichen Regelungen entgegenstehen, Ende 2006 abgelehnt. Kurz nachdem Widerspruch erhoben worden ist, erlässt die Stadt im Februar 2007 einen Aufstellungsbeschluss für eine Bebauungsplanänderung und eine Veränderungssperre. Bald darauf tritt die Bebauungsplanänderung, die das Vorhaben ausschließt, in Kraft. Der – hier statthafte – Widerspruch wird zurückgewiesen. Das auf Erteilung der Baugenehmigung gerichtete Begehren kann der Eigentümer nicht mehr weiterverfolgen, da es auf Grund der zwischenzeitlichen Rechtsänderung unbegründet geworden ist. Die in Erwägung zu ziehende Erhebung einer Fortsetzungsfeststellungsklage (§ 113 Abs. 1 S. 4 VwGO in doppelt analoger Anwendung) wird im Hinblick auf das erforderliche Fortsetzungsfeststellungsinteresse jedenfalls nicht gestützt durch das Anliegen, durch die verwaltungsgerichtliche Klärung der Rechtswidrigkeit der Verweigerung der Baugenehmigung einen Amtshaftungsprozess vorbereiten zu wollen, in dem Planungskosten und andere fehlgeschlagene Investitionen in das Projekt eingefordert werden sollen.

b) Vorgehen gegen Nebenbestimmungen

304 Besondere Rechtsschutzprobleme entstehen, wenn der begehrten Baugenehmigung **belastende Nebenbestimmungen,** insbesondere Bedingungen (§ 36 Abs. 2 Nr. 2 VwVfG) oder Auflagen (§ 36 Abs. 2 Nr. 4 VwVfG) beigefügt werden (vgl. Rn. 273). Nach früher vorherrschender Auffassung war Rechtsschutz gegen Bedingungen durch eine Verpflichtungsklage auf Erteilung einer unbeschränkten Baugenehmigung, Rechtsschutz gegen Auflagen, die als selbständig durchsetzbare Verwaltungsakte gelten, hingegen durch eine gegen diese gerichtete Anfechtungsklage zu erlangen (BVerwGE 29, 261, 265; 36, 145, 154; 41, 78, 81). Die Beurteilung des Rechtsschutzes gegen Nebenbestimmungen ist im weiteren Verlauf jedoch unsicher geworden und unterschiedlich beurteilt worden (vgl. *Maurer/Waldhoff,* Allgemeines Verwaltungsrecht, 19. Aufl. 2017, § 12 Rn. 24 ff.). Nach der jüngeren Rechtsprechung des BVerwG soll gegen belastende Nebenbestimmungen eines Verwaltungsakts, also auch der Baugenehmigung, generell die Anfechtungsklage gegeben sein und die Frage der isolierten Aufhebbarkeit grundsätzlich erst im Rahmen der Begründetheit der Klage zu prüfen sein (BVerwGE 112, 221, 224); die Qualifikation als Bedingung oder Auflage ist danach insoweit irrelevant geworden.

305 Mit der **Aufgabe der Figur der sog. modifizierenden Auflage** für bestimmte Regelungen, die sich als Auflage präsentieren, in der Sache aber den Inhalt des Hauptverwaltungsakts qualitativ verändern, und ihrem Verständnis als partielle Ablehnung der beantragten Baugenehmigung bei gleichzeitiger Erteilung einer so nicht beantragten

Baugenehmigung (vgl. Rn. 273) ist klargestellt, dass Rechtsschutz insoweit nur durch Verpflichtungsklage auf Erteilung einer Baugenehmigung entsprechend dem ursprünglichen Bauantrag erlangt werden kann.

2. Vorgehen gegen Eingriffsmaßnahmen

Gegen Maßnahmen der repressiven Bauaufsicht, namentlich gegen Ordnungsverfü- 306
gungen gemäß §§ 58 Abs. 2 S. 2, 81, 82 BauO kann der Eigentümer, da es sich um Verwaltungsakte i. S. v. § 35 VwVfG handelt, mit der **Anfechtungsklage** vorgehen. Für die Beurteilung der Rechtmäßigkeit der Verfügung soll grundsätzlich der Zeitpunkt der letzten Verwaltungsentscheidung maßgeblich sein (BVerwG, NVwZ 1993, 476, 477; ausführlich und krit. dazu *Schenke,* Verwaltungsprozessrecht, 15. Aufl. 2017, Rn. 782 ff.). Eine Ausnahme soll aber gelten, wenn sich die Sach- oder Rechtslage nachträglich zugunsten des Klägers geändert hat; in diesem Fall soll auf den Zeitpunkt der letzten mündlichen Verhandlung des Gerichts abzustellen sein (BVerwG, NJW 1986, 1186, 1187). Klagt ein Miteigentümer gegen die an ihn gerichtete Duldungsverfügung (vgl. Rn. 287), ist die Rechtmäßigkeit der an einen anderen Miteigentümer gerichteten Ordnungsverfügung, auch wenn sie diesem gegenüber bereits bestandskräftig geworden ist, auf ihre Rechtmäßigkeit zu prüfen (OVG NRW, NWVBl. 2014, 343).

3. Anhang

Klausurfälle: *Baumeister/Sennekamp,* Immobilienanlage mit Hindernissen – Rechtsschutzfragen 307
beim Bauen mit und ohne Genehmigung, JURA 1999, 259; *Braun/Kettner,* Vom Winde verweht, Isolierte Anfechtung von Nebenbestimmungen im öffentlichen Baurecht, VR 2005, 25.

Kontrollfragen:

1. Kommt es für die Zulässigkeit des verwaltungsgerichtlichen Vorgehens eines Bauherrn gegen eine belastende Nebenbestimmung der ihm erteilten Baugenehmigung darauf an, ob es sich dabei um eine Bedingung oder um eine Auflage handelt?
2. Unter Missachtung der Baugenehmigung hat Bauherr B ein Gebäude unter Verstoß gegen die bauordnungsrechtliche Abstandsflächenregelung errichtet. Es ergeht eine Abrissverfügung, gegen die B Anfechtungsklage erhebt. Im Prozess trägt B vor, sein Nachbar habe inzwischen die fragliche Abstandsfläche durch Baulast gesichert auf sein Grundstück übernommen. Ausgang der Klage?

II. Verwaltungsgerichtlicher Nachbarschutz

Dem Nachbarn, der sich gegen ein ihn störendes Bauvorhaben wenden will, stehen 308
– neben dem hier primär interessierenden öffentlichen Nachbarrecht und verwaltungsgerichtlichen Nachbarschutz – auch **das private Nachbarrecht und der zivilgerichtliche Rechtsschutz** zur Seite. Die – durch das öffentliche Recht nicht verdrängten – Rechtsgrundlagen hierfür bieten vor allem §§ 906 ff., 1004 und § 823 BGB sowie das NachbG (Rn. 3). Dies begründet eine komplizierte Gemengelage von privat- und öffentlich-rechtlichen Regelungen zur Bewältigung nachbarschaftlicher Konflikte um störende Immissionen (dazu ausführlich *Brohm,* Öffentliches Baurecht, § 31). In der Rechtsprechung haben sich immerhin gewisse Ansätze zur Koordinierung herausgebildet, indem die Maßstäbe für die Annahme einer – regelmäßig abzuwehrenden – wesentlichen Beeinträchtigung i. S. v. § 906 Abs. 1 S. 1 BGB an den öffentlich-rechtlichen Maßstäben der Erheblichkeitsschwelle des § 3 Abs. 1 BImSchG orientiert worden sind (vgl. BGHZ 111, 63, 65; BVerwGE 79, 254, 258); § 906 Abs. 1 S. 2, 3 BGB hat das inzwischen mit dem Verweis auf Grenz- und Richtwerte in – öffentlich-

rechtlichen – Gesetzen und Rechtsverordnungen sowie allgemeinen Verwaltungsvorschriften nach § 48 BImSchG aufgenommen. Auch die Frage der Ortsüblichkeit wesentlicher Beeinträchtigungen, die u. U. gemäß § 906 Abs. 2 BGB zur Duldungspflicht führt, wird richtigerweise nicht allein nach den tatsächlichen Verhältnissen (so BGH, BauR 1983, 181, 182), sondern unter Berücksichtigung öffentlich-rechtlicher, insbesondere bauplanungsrechtlicher Vorgaben etwa in Gestalt von Bebauungsplanfestsetzungen beurteilt werden müssen (so zu Recht *Brohm,* Öffentliches Baurecht, § 31 Rn. 7).

I. Ü. können auch im zivilrechtlichen Nachbarstreit nachbarschützende öffentlich-rechtliche Normen (vgl. Rn. 314 ff.) als Schutzgesetze i. S. v. § 823 Abs. 2 BGB bzw. im Rahmen von § 1004 BGB herangezogen werden (BGHZ 66, 354, 356 f.).

309 Die Grundlage für die **Anerkennung eines öffentlich-rechtlichen, verwaltungsgerichtlich durchsetzbaren Nachbarschutzes** im Baurecht liegt in gesetzlichen Regelungen über die Zulässigkeit bestimmter Anlagen etc., denen rechtliche Bedeutung nicht nur für das Verhältnis von Behörde und Bauherr bzw. Eigentümer, sondern auch eine drittschützende Wirkung zugunsten des Nachbarn zugesprochen wird. Grundlegend für die Bestimmung dieser dritt- oder nachbarschützenden Wirkung ist die sog. Schutznormtheorie; danach begründet eine Norm ein subjektives Recht des Nachbarn, soweit sie zumindest auch den Interessen dieses Nachbarn zu dienen bestimmt ist (vgl. BVerwGE 22, 129, 130). Daraus folgt die Möglichkeit verwaltungsgerichtlichen Rechtsschutzes des Nachbarn: Die Baugenehmigung kann ein Verwaltungsakt mit Doppelwirkung sein, der den Bauherrn begünstigt, den Nachbarn in seinen durch drittschützende Normen begründeten Rechten jedoch belastet, so dass für diesen die Nachbarklage in Gestalt einer Anfechtungsklage eröffnet ist; in anderen Fällen kommt eine Nachbarklage in Gestalt einer Verpflichtungsklage in Betracht, die auf bauaufsichtliches Einschreiten gegen eine Nachbarrechte verletzende bauliche Anlage oder Nutzung gerichtet ist. Der Rechtsstreit wird hier also – anders als im privaten Nachbarrechtsstreit – nicht zwischen den Privaten, sondern zwischen dem Nachbarn und der Bauaufsichtsbehörde ausgetragen, während der Bauherr als Dritter betroffen ist. Derartige Nachbarklagen betreffen danach der Sache nach dreipolige Rechtsbeziehungen und werfen damit, weil die VwGO ursprünglich und eigentlich auf zweipolige Verhältnisse ausgerichtet ist, spezifische Probleme auf.

1. Begriff des Nachbarn

310 Nachbar i. S. d. baurechtlichen Nachbarschutzes ist nicht nur der **Angrenzer,** d. h. der Eigentümer angrenzender Grundstücke (vgl. § 72 Abs. 1 S. 1 BauO). Die Angrenzereigenschaft, die einen formellen Begriff des Nachbarn beinhaltet, ist u. U. für die Beteiligung im Baugenehmigungsverfahren von Bedeutung (Rn. 267), begrenzt jedoch nicht die materiellrechtlichen Abwehrrechte.

311 Mit Blick auf den baurechtlichen Nachbarschutz, in einem materiellen Sinn gilt als Nachbar **jeder, der von der Errichtung oder Nutzung der baulichen Anlage in seinem subjektiv-rechtlich geschützten Interesse betroffen wird** (vgl. BVerwGE 28, 131, 134). Die Bestimmung des Kreises der Nachbarn eines Bauvorhabens ist danach von rechtlichen und tatsächlichen Faktoren abhängig. Einerseits ist aus den einschlägigen Normen zu ermitteln, welchem Kreis von Dritten sie jeweils subjektiv-öffentliche Rechte verleihen wollen. Andererseits kann die Betroffenheit als Nachbar auch in tatsächlicher Hinsicht von dem konkreten baulichen Vorhaben, von seinem tatsächlichen Auswirkungsbereich abhängen.

Ob im Baurecht **nur der dinglich Berechtigte oder auch der obligatorisch** 312
Berechtigte abwehrberechtigter Nachbar sein kann, ist nicht abschließend geklärt. Ausgehend davon, dass das öffentliche Baurecht grundstücksbezogen ist, sollen grundsätzlich nur dinglich am Nachbargrundstück Berechtigte baurechtlichen Nachbarschutz genießen, weil sie das Grundstück sozusagen repräsentieren (vgl. BVerwG, NVwZ 1998, 956; OVG NRW, NWVBl. 2014, 103). Obligatorisch Berechtigte sollen hingegen grundstücksbezogene baurechtliche Positionen nicht geltend machen können, sondern sich ggf. an den Eigentümer als ihren Vermieter halten. Soweit die Kritik hieran (*Brohm,* Öffentliches Baurecht, § 30 Rn. 9) sich darauf stützt, dass das BVerfG auch die Rechtsposition des Mieters dem grundrechtlichen Eigentumsschutz unterstellt hat (BVerfGE 89, 1, 8), überzeugt dies kaum, denn dadurch kann das Mietrecht doch nur als obligatorische Position, also im Verhältnis von Vermieter und Mieter, grundrechtlich geschützt, nicht aber um die Befugnis zur Geltendmachung grundstücksbezogener Positionen gegenüber Dritten – u. U. sogar gegen den Willen des Grundeigentümers – erweitert werden. Soweit der baurechtliche Nachbarschutz sich nicht auf grundstücksbezogene, sondern auf andere, z. B. Leben und Gesundheit vor Immissionen schützende Normen stützt, sollen allerdings auch nicht dinglich Berechtigte sich darauf berufen können, ebenso u. U. auch auf Art. 2 Abs. 2 S. 1 GG, wenn einfachrechtliche Schutzvorschriften fehlen und eine schwere und unerträgliche Beeinträchtigung vorliegt (*Brohm,* Öffentliches Baurecht, § 30 Rn. 9).

Dass im Normenkontrollverfahren gegen einen Bebauungsplan auch dem Mieter oder Pächter eines Grundstücks die Antragsbefugnis, also ein (möglicherweise verletztes) subjektives Recht zugesprochen wird, hat seinen Grund darin, dass § 1 Abs. 6 BauGB ein subjektives Recht auf fehlerfreie Abwägung eigener, relevanter Belange entnommen wird und diese Belange nicht notwendig grundstücksbezogen sein müssen (vgl. Rn. 112).

2. Nachbarschützende baurechtliche Normen

Der Erfolg von baurechtlichen Nachbarklagen hängt von der (möglichen) **Verlet-** 313
zung subjektiver Rechte des Nachbarn ab; bereits die Zulässigkeit der Klage setzt die Klagebefugnis (§ 42 Abs. 2 VwGO), ihre Begründetheit eine subjektive Rechtsverletzung (§ 113 Abs. 1 S. 1, Abs. 5 S. 1 VwGO) voraus. Für ihren Erfolg ist daher – wie auch in den Überlegungen zum Nachbarbegriff schon deutlich geworden ist – von zentraler Bedeutung, ob und inwieweit eine verletzte Norm dritt- bzw. nachbarschützend ist.

Für den Aufbau der Prüfung der Begründetheit einer baurechtlichen Nachbarklage folgt daraus, dass entweder – in einem am Wortlaut von § 113 Abs. 1 S. 1, Abs. 5 S. 1 VwGO orientierten Aufbau – erst die objektive Rechtmäßigkeit und dann die subjektive Rechtsverletzung geprüft werden kann oder aber die Prüfung auch unmittelbar auf drittschützende Normen beschränkt werden kann, also auf die Prüfung, ob die Baugenehmigung gegen drittschützende Normen verstößt bzw. ob ein auf eine drittschützende Norm gestützter Anspruch auf bauaufsichtliches Einschreiten besteht.

Maßgeblich ist nach der **Schutznormtheorie,** ob eine Norm nicht nur im Interes- 314
se der Allgemeinheit erlassen wurde, sondern auch dazu dient, den Nachbarn zu schützen. Es genügt also nicht eine bloß reflexhafte Begünstigung eines Dritten; entscheidend ist vielmehr die Schutzintention des Normgebers. Sie ist durch Auslegung, insbesondere nach Wortlaut sowie Sinn und Zweck der Norm zu ermitteln; in letzterer Hinsicht ist entscheidend, ob eine Regelung gemeinwohlorientierte, etwa allgemein städtebauliche Zwecke oder aber nachbarschützende, dem Ausgleich zwischen Bauherrn und Nachbarn dienende Zwecke verfolgt. Die Rechtsprechung hat dabei früher

verlangt, dass der Kreis der durch eine Norm geschützten Personen hinreichend bestimmt und abgrenzbar sein müsse (BVerwGE 27, 29, 32f.). Weil diese Beurteilung sich z.B. bei Immissionen als schwierig und unbefriedigend erwiesen hat (krit. etwa *Wahl,* JuS 1984, 577, 585f.), wird heute jedoch nur noch verlangt, dass sich aus individualisierenden Tatbestandsmerkmalen der Norm ein Personenkreis entnehmen lässt, der sich von der Allgemeinheit unterscheidet (BVerwG, BauR 1987, 70, 71f.).

a) Gebot der Rücksichtnahme

315 Vorab ist auf einen **allgemeinen Ansatz- und Bezugspunkt für die Herleitung von baurechtlichem Nachbarschutz** in Gestalt des sog. Gebots der Rücksichtnahme einzugehen. Seine Bedeutung erklärt sich insbesondere aus der historischen Entwicklung der Rechtsprechung zum baurechtlichen Nachbarschutz, die anfangs in der Zuerkennung nachbarschützender Wirkung insbesondere bauplanungsrechtlicher Normen sehr restriktiv war, was partiell einer rechtswidrigen Baugenehmigungspraxis Vorschub leistete. Dieser Entwicklung hat das BVerwG zunächst unter Rückgriff auf Grundrechte (vgl. Rn. 327), dann vor allem unter Rückgriff auf das Gebot der Rücksichtnahme (insbes. BVerwGE 52, 122, 125ff.) entgegensteuern wollen (vgl. hierzu *Koch/Hendler,* Baurecht, Raumordnungs- und Landesplanungsrecht, § 27 Rn. 15ff.).

316 Dieses Gebot war zunächst als ein nicht gesetzlich verankerter, sondern selbständiger, das Baurecht allgemein umfassender **objektivrechtlicher Grundsatz** entwickelt worden (grundlegend *Weyreuther,* BauR 1975, 1, 4ff.). Als solcher soll es verlangen, dass die verschiedenen Gebietsarten und Nutzungen bauplanungsrechtlich in einer Weise einander zugeordnet werden, die auf die jeweils andere Grundstücksnutzung Rücksicht nimmt und so zu nebeneinander verträglichen Nutzungen kommt (BVerwGE 29, 286, 288f.; 45, 309, 327). Inzwischen ist allerdings die Vorstellung von einem solchen selbständigen, allgemeinen Gebot der Rücksichtnahme aufgegeben worden; vielmehr soll es sich nur in einzelnen Tatbestandsmerkmalen bestimmter einfachrechtlicher Regelungen finden und zu deren Auslegung heranzuziehen sein (vgl. BVerwG, NVwZ 1987, 409, 410).

317 Als Auslegungstopos gewinnt das Rücksichtnahmegebot seine praktische Bedeutung gerade darin, einzelnen – zunächst und aus sich heraus bloß objektiv-rechtlich zu verstehenden – bauplanungsrechtlichen Regelungen **nachbarschützenden Charakter zuzuerkennen** (*Brohm,* Öffentliches Baurecht, § 18 Rn. 29). Diese Funktion übernimmt das Gebot der Rücksichtnahme nach der einschlägigen Rspr. freilich nicht in dem – dem objektivrechtlichen Verständnis zugrundegelegten – weiten, einem allgemeinen Umgebungsschutz dienenden Umfang. Nachbarschutz vermittelt es vielmehr nur in sachlich eingeschränktem Umfang und ausnahmsweise, **soweit in qualifizierter und zugleich individualisierter Weise auf schutzwürdige Interessen eines erkennbar abgegrenzten Kreises Dritter Rücksicht zu nehmen ist** (BVerwGE 67, 334, 338f.). Die Funktion des Gebots der Rücksichtnahme beschränkt sich demnach heute praktisch darauf, mit dieser eingeschränkten Reichweite in einzelnen bauplanungsrechtlichen Rechtssätzen nachbarschützende Gehalte festzumachen.

b) Einzelne bauplanungsrechtliche Regelungen und Festsetzungen

318 Bauplanungsrechtlich begründeter Nachbarschutz kann zunächst begehrt werden gegen Vorhaben im Geltungsbereich eines Bebauungsplans. Nachbarschützende Norm ist insoweit nicht § 30 BauGB selbst, sondern ggf. die einzelne **Festsetzung des anwendbaren Bebauungsplans,** auf deren Verletzung der Nachbar sich dann berufen kann. Bei entsprechend weit reichendem Drittschutz der Norm kann das auch ein Nachbar sein, dessen Grundstück selbst nicht im räumlichen Geltungsbereich des Be-

bauungsplans liegt (sog. „plangebietsüberschreitender Nachbarschutz"). Bestehen und Reichweite des Nachbarschutzes ist deshalb mit Blick auf einzelne Festsetzungen zu untersuchen:

- Eine Sonderrolle nimmt insoweit die **Festsetzung der Art der baulichen Nutzung** ein, die **schon kraft Bundesrechts regelmäßig nachbarschützend** sein soll. Begründet wird dies damit, dass diese Festsetzung dem Interessenausgleich zwischen Bauherrn und Nachbarn bzw. dem Ausgleich der wechselseitig garantierten Nutzungsbeschränkungen und -berechtigungen zwischen den Grundstücken im Planbereich dient, die dadurch in ein Austauschverhältnis gebracht bzw. zu einer bodenrechtlichen Schicksalsgemeinschaft zusammengefasst werden, wo Vorteile des einen und Nachteile des anderen einander korrespondieren (BVerwGE 94, 151, 155 ff.). Den in einem Bebauungsplangebiet zusammengeschlossenen Eigentümern wird daher insoweit ein sog. Gebietserhaltungsanspruch zuerkannt (OVG NRW, NWVBl. 2006, 460). Dies gilt freilich nur, soweit der Eigentümer selbst die einschlägigen bauplanungsrechtlichen Vorgaben einhält; er kann nicht von anderen die Einhaltung gegebener Nutzungsbeschränkungen verlangen, die er selbst nicht beachtet (OVG NRW, BauR 2010, 436, 437 f.).
- I. Ü. ist der Drittschutz abhängig von der durch Auslegung zu ermittelnden **Funktion, die die satzunggebende Gemeinde der einzelnen Festsetzung beigemessen hat,** und deshalb abschließend nur für den einzelnen Bebauungsplan zu ermitteln. Nachbarschützende Wirkung ist etwa bejaht worden für Festsetzungen zum Schutz vor schädlichen Umwelteinwirkungen (§ 9 Abs. 1 Nr. 24 BauGB), die zum Schutz eines bestimmten Wohngebiets bestimmt sind, weil sie als Ausdruck des Rücksichtnahmegebots verstanden werden (BVerwG, NJW 1989, 467, 468). Bei Festsetzungen über die Bauweise und die überbaubare Grundstücksfläche (§ 9 Abs. 1 Nr. 2 BauGB; vgl. Rn. 73 f.) ist ausschlaggebend, ob sie nur aus städtebaulichen Gründen oder zum Schutz der Nachbarn erfolgt sind, was z. B. bei der Festsetzung einer offenen Bauweise (OVG Schleswig, NVwZ-RR 2007, 158: Nachbarschutz nur für den unmittelbar angrenzenden Grundstückseigentümer) oder von Baugrenzen und -linien der Fall sein kann (vgl. *Bönker,* in: Hoppe/Bönker/Grotefels, Öffentliches Baurecht, § 18 Rn. 48 ff.); die auf § 22 Abs. 2 S. 1 BauNVO gestützte sog. Doppelhausfestsetzung in der offenen Bauweise ist nachbarschützend (BVerwG, NVwZ 2000, 1055). Festsetzungen über das Maß der baulichen Nutzung (§ 9 Abs. 1 Nr. 1 BauGB; vgl. Rn. 72) sollen nur ausnahmsweise nachbarschützend sein, wenn sie gerade eine umgebungsverträgliche Bebauung sicherstellen sollen (OVG NRW, BRS 32 Nr. 156), regelmäßig aber nicht, weil sie die Grundstücksnutzung und damit auch den Schutz der Umgebung vor unerwünschter baulicher Ausnutzung nur unvollkommen regeln können (*Bönker,* in: Hoppe/Bönker/Grotefels, Öffentliches Baurecht, § 18 Rn. 47). In einer umstrittenen Entscheidung hat das BVerwG allerdings zuletzt Festsetzungen über das Maß der baulichen Nutzung auch dann nach ihrem objektiven Gehalt nachbarschützende Wirkung zugesprochen, wenn diese nach der Konzeption des Plangebers in einem wechselseitigen, die Planbetroffenen zu einer rechtlichen Schicksalsgemeinschaft verbindenden Austauschverhältnis stehen, auch wenn der Plangeber die nachbarschützende Wirkung zum Zeitpunkt der Planaufstellung nicht in seinen Willen aufgenommen hatte (BVerwG, NVwZ 2018, 1808, 1809 f.; vgl. dazu *Schröer/Kümmel,* NVwZ 2018, 1775; *Faßbender,* NJW 2019, 2132).

Bei einem nach § 30 BauGB i. V. m. den einschlägigen Festsetzungen eines Bebauungsplans zulässigen Vorhaben kann dessen im Einzelfall zu überprüfende Unvereinbarkeit mit **§ 15 Abs. 1 BauNVO** (vgl. Rn. 139) nachbarschützende Wirkung haben. **319**

Dies gründet darauf, dass § 15 Abs. 1 BauNVO als Ausprägung des Gebots der Rücksichtnahme auf die Nachbarschaft angesehen wird (BVerwGE 67, 334, 338).

320 Wenn ein Vorhaben über **§ 31 BauGB** zugelassen wird, kommt im Falle der Erteilung einer Ausnahme (§ 31 Abs. 1 BauGB) Nachbarschutz in Betracht, soweit von einer nachbarschützenden Festsetzung abgewichen wird. Eine Befreiung (§ 31 Abs. 2 BauGB) ist für den Nachbarn angreifbar, soweit von nachbarschützenden Festsetzungen befreit wird (BVerwG, BRS 46 Nr. 173), aber auch darüber hinaus, soweit die gebotene Würdigung nachbarlicher Interessen nicht erfolgt ist.

321 Bei Genehmigung im Vorgriff auf einen Bebauungsplan (vgl. Rn. 186 ff.) ist **§ 33 BauGB** selbst nicht nachbarschützend. Wohl aber kann der Nachbar den Verstoß gegen eine nachbarschützende Festsetzung des zugrundegelegten künftigen Bebauungsplans geltend machen (OVG NRW, NWVBl. 1991, 267).

322 Bei nach **§ 34 BauGB** genehmigten Vorhaben wird Nachbarschutz bejaht, soweit in dem Tatbestandsmerkmal des „Einfügens" (§ 34 Abs. 1 BauGB) das Gebot der Rücksichtnahme verankert ist (BVerwGE 55, 369, 385; NJW 1986, 393, 393). Dabei soll der Nachbarschutz im unbeplanten Innenbereich nicht weiter gehen als im beplanten Bereich (HessVGH, NVwZ-RR 2009, 99, 100). Im Rahmen von § 34 Abs. 2 BauGB besteht Nachbarschutz, soweit die heranzuziehenden Regelungen in einem beplanten Baugebiet nachbarschützend wären (BVerwG, DVBl. 1994, 284, 286); der über § 34 Abs. 2 BauGB vermittelte Nachbarschutz beinhaltet damit über das Gebot der Rücksichtnahme hinausgehend wie im beplanten Gebiet einen Gebietserhaltungsanspruch (OVG NRW, BauR 2003, 1011, 1013). § 34 Abs. 3 BauGB hat, da die Norm nicht auch den Interessen konkurrierender Betriebe oder Eigentümer zu dienen bestimmt ist (vgl. Rn. 160), keinen nachbarschützenden Charakter (OVG NRW, BauR 2007, 1550).

323 Bei der Anwendung des **§ 35 BauGB** kommt Nachbarschutz insbesondere den Eigentümern sog. privilegierter Vorhaben zu, weil insoweit § 35 Abs. 1 BauGB einen gesetzlichen Ersatzplan darstellt, der gerade diese Vorhaben in den Außenbereich verweisen und damit auch gegenüber Beeinträchtigungen durch benachbarte sonstige Vorhaben schützen will. I. Ü. wird Nachbarschutz nur zurückhaltender anerkannt, nämlich insoweit, wie das über das Tatbestandsmerkmal der öffentlichen Belange einfließende Gebot der Rücksichtnahme Drittschutz gewährt.

324 Den Anforderungen an die **Erschließung** von Bauvorhaben schließlich wird nachbarschützende Wirkung grundsätzlich abgesprochen, weil sie allein im Interesse der Allgemeinheit bestehen (BVerwGE 50, 282, 285; OVG NRW, BauR 1983, 445, 446).

c) Materielles Bauordnungsrecht

325 Welchen der zahlreichen Vorschriften des materiellen Bauordnungsrechts nachbarschützende Wirkung zukommt, ist jeweils im Wege der **Auslegung insbesondere nach Wortlaut und Zweck** zu ermitteln. Nachbarschützende Wirkung wird zunächst der bauordnungsrechtlichen Generalklausel des § 3 Abs. 1 S. 1 BauO (vgl. Rn. 236 ff.) zugesprochen (OVG NRW, NVwZ 1983, 356, 357). Wegen der erheblichen Bedeutung für den Nachbarn sind weiter etwa die Regelungen über die gegenüber Nachbargrundstücken einzuhaltenden Abstandsflächen (§ 6 BauO; vgl. Rn. 249 ff.) als drittschützend anerkannt (OVG NRW, NWVBl. 1994, 418, 420). Das gilt ebenso für Bestimmungen über den Brandschutz oder den Immissionsschutz, soweit sie dem Schutz der Nachbarschaft vor Brandgefahren oder Gesundheitsgefahren und -nachteilen dienen sollen (*Bönker,* in: Hoppe/Bönker/Grotefels, Öffentliches Baurecht, § 18 Rn. 66 f.). Nicht nachbarschützend ist hingegen die bauordnungsrechtliche Verpflichtung zur Errichtung der notwendigen Stellplätze gemäß § 48 BauO, die allein dem öffentlichen

Interesse an der Entlastung öffentlicher Verkehrsflächen vom ruhenden Verkehr dient (VGH BW, BauR 2009, 470, 472).

d) Verfahrensrechte

Verwaltungsverfahrensrechtliche Vorschriften sollen subjektive Rechte nur begrün- 326
den, soweit sie nicht allein der im allgemeinen Interesse liegenden Ordnung des Verfahrensablaufs, insbesondere der umfassenden Information der Behörde dienen, sondern dem betroffenen Bürger **in spezifischer Weise und unabhängig vom materiellen Recht eine eigene, selbständig durchsetzbare verfahrensrechtliche Rechtsposition** gewähren sollen (OVG NRW, NWVBl. 1993, 179, 179). Ein solcher – vom materiellen Recht unabhängiger – subjektivrechtlicher Schutz durch Verfahrensvorschriften wird im Baurecht nur in wenigen Fällen angenommen. Ein Abwehranspruch des Nachbarn wird noch nicht dadurch begründet, dass der der Baugenehmigung zugrunde liegende Bebauungsplan unwirksam ist; bei der Drittanfechtung einer Baugenehmigung kommt es auf die Wirksamkeit eines Bebauungsplans grundsätzlich allein dann an, wenn sich aus dessen Festsetzungen Abwehransprüche ergeben können (OVG NRW, NWVBl. 2014, 184, 185). Ob Nachbarrechte schon allein deshalb verletzt sind, weil ein Großvorhaben ohne die gemäß § 1 Abs. 3 BauGB erforderliche Bauleitplanung durchgeführt worden ist, ist streitig: Während das BVerwG (NVwZ 1983, 92, 92) dies unter Hinweis auf § 2 Abs. 6 BBauG a. F. bzw. den heutigen § 1 Abs. 3 S. 2 BauGB verneint hat, hat das OVG NRW (BauR 1982, 554, 555) dies zutreffend bejaht, denn es wird kein Anspruch auf Bauleitplanung, sondern allein ein Abwehranspruch gegen die Durchführung eines Vorhabens ohne zugrunde liegendes, Nachbarinteressen schützendes Verfahren der Bauleitplanung gewährt. Die Errichtung einer baulichen Anlage ohne erforderliche Baugenehmigung (BayVGH, NVwZ 1989, 269, 270), auch die Durchführung des Baugenehmigungsverfahrens ohne vorgeschriebene Angrenzerbeteiligung (BVerwGE 62, 243, 246) verletzt hingegen nicht ohne weiteres, d. h. ohne Beeinträchtigung materieller Rechtspositionen Nachbarrechte.

Auch aus § 2 Abs. 4 BauGB, der im Bebauungsplanverfahren zu einer Umweltprüfung verpflichtet, folgt kein drittschützendes Verfahrensrecht, insbesondere kein Recht auf Aufstellung eines Bebauungsplans, das einer Baugenehmigung entgegengehalten werden könnte (VGH Kassel, NVwZ-RR 2018, 639, 640). Hingegen haben Individualkläger nach § 4 Abs. 1 S. 1, Abs. 3 UmwRG abweichend von der früheren Rechtslage ein subjektives Recht auf Durchführung einer erforderlichen Umweltverträglichkeitsprüfung im Rahmen der Zulassung von Vorhaben nach § 1 Abs. 1 S. 1 Nr. 1–2b UmwRG, das sie im Hauptsacheverfahren gegen eine Baugenehmigung, aber auch schon im Verfahren nach § 80 Abs. 5 VwGO durchsetzen können (OVG Magdeburg, NVwZ 2009, 340, 342).

e) Grundrechte

Ungenügendem einfachrechtlichen Nachbarrechtsschutz hat das BVerwG schließlich 327
schon recht früh unter **Rückgriff auf die Grundrechte des Nachbarn,** namentlich Art. 2 Abs. 2 S. 1, 14 GG abzuhelfen versucht. Danach sollte namentlich Art. 14 GG verletzt sein, wenn die Baugenehmigung bzw. ihre Ausnutzung die vorgegebene Grundstücksituation nachhaltig verändern und dadurch den Nachbarn schwer und unerträglich, d. h. die Grenze der Sozialbindung überschreitend treffen (vgl. BVerwGE 32, 173, 179; 36, 248, 249; 44, 244, 247 f.; 54, 211, 222). Dieser Ansatz ist jedoch von Beginn an praktisch kaum bedeutsam geworden und durch das Gebot der Rücksichtnahme bzw. die darauf gestützte Anerkennung des Drittschutzes baurechtlicher Normen überholt worden. Inzwischen hat das BVerwG zutreffend erkannt, dass neben den einfachrechtlich begründeten Nachbarrechten, die Inhalt und Schranken des Eigentums i. S. v. Art. 14 Abs. 1 S. 2 GG bestimmen, kein Raum mehr für Nachbarschutz

unmittelbar aus Art. 14 GG ist (BVerwGE 89, 69, 78; 101, 364, 373; zustimmend *Koch/Hendler,* Baurecht, Raumordnungs- und Landesplanungsrecht, § 27 Rn. 43f.; *Bönker,* in: Hoppe/Bönker/Grotefels, Öffentliches Baurecht, § 18 Rn. 70).

Beispiel: Der Eigentümer E eines mit einem Einfamilienhaus und zwei Stellplätzen bebauten Grundstücks hat die Baugenehmigung für einen Um- und Anbau in dem ursprünglich als Keller genehmigten Untergeschoss seines Hauses und die künftige Nutzung als DVD/Video-Filmverleih mit ca. 8.000 Filmkassetten erhalten; zusätzliche Stellplätze sind im Bauantrag nicht vorgesehen und werden in der Baugenehmigung nicht gefordert. Im räumlichen Geltungsbereich desselben qualifizierten Bebauungsplans der Stadt S, der hinsichtlich der Art der Nutzung die Festsetzung „allgemeines Wohngebiet" enthält und weiter die in § 4 Abs. 3 BauNVO vorgesehenen Ausnahmen ausschließt, ca. 200 Meter von E's Haus entfernt, am Ende einer ruhigen Sackgasse liegt das Wohnhaus von Nachbar N. N erhebt Anfechtungsklage gegen die Baugenehmigung, weil es an den erforderlichen Stellplätzen fehle und der erhebliche Zu- und Abfahrtsverkehr die Wohnruhe in dem allgemeinen Wohngebiet beeinträchtige. Die Begründetheit seiner – zulässigen – Klage setzt einen Verstoß der Baugenehmigung gegen nachbarschützende Normen voraus. Zwar verstößt die Baugenehmigung – zum einen – gegen § 48 Abs. 1 S. 1 BauO, weil die Verpflichtung zur Herstellung erforderlicher Stellplätze wegen der wesentlichen Nutzungsänderung fehlt; dieser Bestimmung kommt jedoch keine nachbarschützende Wirkung zu, da sie allein dem öffentlichen Interesse dient, den fließenden Verkehr nicht durch den ruhenden Verkehr zu beeinträchtigen und den öffentlichen Verkehrsraum zu entlasten (OVG NRW, NVwZ-RR 1995, 561). In Betracht kommt – zum anderen – ein Verstoß gegen die gemäß § 29 BauGB anwendbare Bestimmung des § 30 Abs. 1 BauGB i. V. m. der Festsetzung der Art der Nutzung „Allgemeines Wohngebiet" (§ 4 BauNVO) im Bebauungsplan. Die Nutzungsänderung ist danach unzulässig, weil es sich um keinen der Versorgung des Gebietes dienenden Laden handelt (§ 4 Abs. 2 Nr. 2 BauNVO) und Ausnahmen nach § 4 Abs. 3 BauNVO ausgeschlossen sind. Dieser Festsetzung kommt schon kraft Gesetzes („Austauschverhältnis", „bau- und bodenrechtliche Schicksalsgemeinschaft") auch nachbarschützende Wirkung zu, so dass die Anfechtungsklage aus diesem Grund begründet ist.

3. Vorgehen gegen eine Baugenehmigung

a) Nachbarklage

328 Will der Nachbar gegen eine Baugenehmigung vorgehen, stehen ihm in der Hauptsache grundsätzlich der Widerspruch, der in NRW freilich wegen der Entbehrlichkeit des Vorverfahrens nach § 110 Abs. 1, 3 S. 1 und 2 Nr. 7 JustG entfällt (vgl. Rn. 300b), und die **Anfechtungsklage** (§ 42 Abs. 1 VwGO) als Rechtsbehelfe zur Verfügung. Sie entsprechen seinem auf Aufhebung eines Verwaltungsakts gerichteten Begehren.

329 Ein besonderes verfahrensrechtliches bzw. prozessuales Problem kann im Hinblick auf die zu beachtende Widerspruchsfrist, soweit noch Widerspruch zu erheben gewesen ist, bzw. die **Klagefrist** entstehen, wenn dem Nachbarn – wie häufig – die Baugenehmigung nicht bekannt gemacht worden ist. Ohne amtliche Bekanntgabe wird die einmonatige Widerspruchsfrist des § 70 Abs. 1 S. 1 VwGO bzw. die Klagefrist des § 74 Abs. 1 S. 2 VwGO nicht in Gang gesetzt. Nach der Rspr. des BVerwG (E 44, 294, 299ff.; 78, 85, 89) muss sich der Nachbar im Rahmen des nachbarschaftlichen Gemeinschaftsverhältnisses jedoch ab dem Zeitpunkt, da er von der erteilten Baugenehmigung sichere Kenntnis erlangt hat oder erlangen musste, nach Treu und Glauben so behandeln lassen, als sei ihm die Genehmigung – allerdings ohne ordnungsgemäße Rechtsbehelfsbelehrung – amtlich bekannt gemacht worden; danach soll ihm die Berufung auf die fehlende Bekanntgabe regelmäßig nach einem Jahr ab sicherer Kenntnis verwehrt sein (vgl. §§ 70 Abs. 2, 58 Abs. 2 VwGO).

Das grundsätzliche **Erfordernis eines Vorverfahrens** (§ 68 Abs. 1 S. 1 VwGO) entfällt nach heutiger Rechtslage entsprechend den Vorgaben des § 110 Abs. 1 S. 1, Abs. 3 S. 1 und 2 Nr. 7 JustG (vgl. Rn. 300b). Unabhängig davon hat es schon nach bisheriger Rechtslage entfallen können, wenn der Abhilfe- oder Widerspruchsbescheid erstmalig eine Beschwer für den Nachbarn enthalten hat (§ 68 Abs. 1 S. 2 Nr. 2 VwGO), weil dem Bauherrn erst auf seinen Widerspruch hin die Baugenehmigung erteilt worden ist. In diesem Fall hat der Nachbar nicht Widerspruch, sondern unmittelbar Anfechtungsklage zu erheben. Deren Gegenstand ist dann der Abhilfe- oder Widerspruchsbescheid (§ 79 Abs. 1 Nr. 2 VwGO). 330

Im Anfechtungsprozess stellt sich die **Frage des maßgeblichen Zeitpunkts für die Beurteilung der Sach- und Rechtslage.** Grundsätzlich ist im Anfechtungsprozess der Zeitpunkt der letzten Verwaltungsentscheidung, d. h. des Erlasses des angefochtenen Verwaltungsaktes – bzw. der Entscheidung im Widerspruchsverfahren, soweit ein solches stattfindet – maßgeblich. Bei baurechtlichen Nachbarklagen soll in jedem Falle auf den Zeitpunkt der Erteilung der Baugenehmigung abzustellen sein; spätere, für den Bauherrn nachteilige Veränderungen der Sach- und Rechtslage dürfen nicht mehr berücksichtigt werden (BVerwG, NVwZ 1993, 1184, 1185; OVG NRW, NWVBl. 2008, 228, 229, dort auch zur Anfechtungsklage einer Gemeinde). Umgekehrt sind dem Bauherrn günstige Veränderungen bis zur letzten mündlichen Verhandlung des Gerichts zu berücksichtigen (BVerwG, NVwZ 1998, 1179, 1179; OVG NRW, NWVBl. 2002, 306, 307). 331

b) Vorläufiger Rechtsschutz

Nach **§ 212a Abs. 1 BauGB** haben Rechtsmittel Dritter gegen die Zulassung eines Vorhabens, also insbesondere (Nachbarwidersprüche und) Nachbarklagen gegen die Baugenehmigung keine aufschiebende Wirkung. Die effektive Durchsetzung nachbarlicher Interessen wird deshalb häufig neben dem Hauptsacheverfahren ein Vorgehen im vorläufigen Rechtsschutz verlangen. Neben dem an die Behörde gerichteten Antrag auf Aussetzung der Vollziehung gemäß §§ 80a Abs. 1 Nr. 2, 80 Abs. 4 VwGO kommt insbesondere der verwaltungsgerichtliche Rechtsbehelf eines **Antrags auf Aussetzung der Vollziehung (§ 80a Abs. 3 S. 1, Abs. 1 Nr. 2 VwGO) bzw. auf Anordnung der aufschiebenden Wirkung (§ 80a Abs. 3 S. 2, 80 Abs. 5 VwGO)** in Betracht (zum Streit um die richtige Antragsart bzw. Rechtsgrundlage vgl. *Schenke,* Verwaltungsprozessrecht, 15. Aufl. 2017, Rn. 989). Nach vorherrschender Auffassung ist ein solcher Antrag auch schon vor Erhebung des Hauptsacherechtsbehelfs zulässig (vgl. *Schenke,* Verwaltungsprozessrecht, 15. Aufl. 2017, Rn. 992; jedenfalls für den Regelfall möglicherweise a. A. OVG NRW, NVwZ-RR 1996, 184). Umstritten ist, ob der Antrag zwingend einen vorherigen, erfolglosen Antrag an die Behörde auf Aussetzung der Vollziehung voraussetzt (so NdsOVG, DVBl. 1993, 123; OVG Rh.-Pf., NVwZ 1994, 1015, die § 80a Abs. 3 S. 2 VwGO als eine Rechtsfolgenverweisung auf § 80 Abs. 6 VwGO verstehen) oder aber eine unmittelbare Antragstellung an das Verwaltungsgericht zulässig ist (so VGH BW, DVBl. 1994, 1018; HessVGH, NVwZ 1993, 491, 492); letztere Auffassung, die die Anwendung des § 80 Abs. 6 VwGO auf Kosten- und Abgabenangelegenheiten beschränkt, erscheint entstehungsgeschichtlich, aber auch nach Sinn und Zweck vorzugswürdig. Die Begründetheit des Antrags hängt davon ab, ob das Suspensivinteresse des Nachbarn das Vollzugsinteresse des Bauherrn überwiegt. Diese Interessenabwägung richtet sich in erster Linie nach den Erfolgsaussichten des Rechtsbehelfs in der Hauptsache (vgl. § 80 Abs. 4 S. 3 VwGO). Bestehen ernstliche Zweifel an der Rechtmäßigkeit der Baugenehmigung, überwiegt regelmäßig das Suspensivinteresse (vgl. OVG NRW, NWVBl. 1994, 332, 332). 332

Der Widerspruch eines Nachbarn gegen eine Baugenehmigung soll entgegen § 212a Abs. 1 BauGB dann aufschiebende Wirkung haben, wenn die Behörde zu Unrecht das Baugenehmigungsverfahren gewählt hat, also anstelle der Baugenehmigung z. B. eine immissionsschutzrechtliche Genehmigung hätte erteilt werden müssen (OVG Lüneburg, NVwZ-RR 2011, 139, 140 f.).

4. Vorgehen mit dem Ziel bauaufsichtlichen Einschreitens

333 Mit dem Begehren, die Bauaufsichtsbehörde zu verpflichten, mit repressiven Mitteln gegen ein rechtswidriges Vorhaben vorzugehen, muss der Nachbar nach erfolglosem Antrag – und ggf. Widerspruchsverfahren, das jedoch in NRW entfallen ist (vgl. Rn. 300b) – in der Hauptsache **Verpflichtungsklage** (§ 42 Abs. 1 VwGO) erheben. Die erforderliche Klagebefugnis (§ 42 Abs. 2 VwGO), d. h. ein möglicher Anspruch auf Einschreiten gemäß §§ 58 Abs. 2 S. 2, 81, 82 BauO ist im Falle einer möglichen Verletzung nachbarschützender Normen gegeben. Daran fehlt es, wenn eine vorangegangene Nachbarklage gegen die Baugenehmigung rechtskräftig abgewiesen worden ist, und zwar selbst dann, wenn die Baugenehmigung später auf die Klage eines anderen Nachbarn hin aufgehoben worden ist (OVG NRW, BauR 2012, 468). Wenn die Begründetheitsprüfung ergibt, dass die Verweigerung bauaufsichtlichen Einschreitens gegen eine nachbarschützende Norm verstößt, ist die Klage erfolgreich. Da §§ 58 Abs. 2 S. 2, 81, 82 BauO Ermessen vorsehen, ergeht jedoch lediglich ein Bescheidungsurteil (§ 113 Abs. 5 S. 2 VwGO), es sei denn, die Sache ist wegen Ermessensreduktion auf Null spruchreif, so dass ein Verpflichtungsurteil ergehen kann (§ 113 Abs. 5 S. 1 VwGO).

333a Im Dreiecksverhältnis von Bauaufsichtsbehörde, Bauherr und Nachbar wirft insbesondere die Frage nach einer solchen **Ermessensreduktion nach erfolgreicher Nachbarklage gegen die Baugenehmigung** besondere Probleme auf. Die frühere Annahme, der Nachbar habe dann unter dem Gesichtspunkt der Folgenbeseitigung einen unbedingten Anspruch darauf, dass der Abbruch des gleichwohl errichteten Bauvorhabens angeordnet werde, findet heute zumindest ganz überwiegend keine Gefolgschaft mehr. Grundsätzlich wird jedoch angenommen, dass eine Ermessensreduktion zu Gunsten des Nachbarn vorliegt, wenn durch die Verletzung nachbarschützender Normen eine gegenwärtige, erheblich ins Gewicht fallende Beeinträchtigung besteht (OVG Berlin, UPR 2003, 154, 154 f.; VGH BW, BauR 2003, 1716, 1717 f.). Eine Ermessensreduktion soll insbesondere dann nicht eintreten, wenn eine Befreiung oder eine Abweichung von der nachbarschützenden Vorschrift in Betracht kommt, übergeordnete, sich aus der Sache selbst ergebende öffentliche Interessen einem Einschreiten entgegenstehen oder sich die Abweichung von der nachbarschützenden Vorschrift im Bagatellbereich hält; außerdem ist der Anspruch auf bauaufsichtliches Einschreiten eingeschränkt, soweit der Einschreitenspflicht der Behörde ihrerseits rechtliche Schranken entgegenstehen (OVG Rh.-Pf., NVwZ-RR 2012, 749, 751).

333b Das Vorgehen von Nachbarn mit dem Ziel, dass die Bauaufsichtsbehörde mit repressiven Mitteln gegen ein rechtswidriges Vorhaben vorgeht, hat mit der weitreichenden bauordnungsrechtlichen **Freistellung von Vorhaben von der Baugenehmigungspflicht** (vgl. Rn. 265) noch an Bedeutung gewonnen. Hinsichtlich solcher Vorhaben ist eine schärfere, zur Ermessensreduktion neigende Beurteilung bejaht worden, weil der mangelnde Schutz der Nachbarrechte durch die präventive Rechtskontrolle kompensiert werden müsse (VGH BW, NVwZ-RR 1995, 490, 491). Richtigerweise wird der Nachbar eines solchen Vorhabens freilich nicht besser zu stellen sein als der eines – auch formell rechtswidrigen – Schwarzbaus, sondern hinsichtlich der Ermessensreduktion derselbe Maßstab anzulegen sein (vgl. NdsOVG, DVBl. 2014, 655, 656 f.).

5. Anhang

Literatur: *Pecher,* Die Rechtsprechung zum Drittschutz im öffentlichen Baurecht, JuS 1996, 887; *Kraft,* Entwicklungslinien im baurechtlichen Nachbarschutz, VerwArch 89 (1998), 264; *Mampel,* Zum Anspruch Dritter auf bauaufsichtliches Einschreiten, DVBl. 1999, 1403; *ders.,* Drittschutz durch das bauplanungsrechtliche Gebot der Rücksichtnahme, DVBl. 2000, 1830; *Muckel,* Der Nachbarschutz im öffentlichen Baurecht – Grundlagen und aktuelle Entwicklungen, JuS 2000, 132; *Dürr,* Die Entwicklung des öffentlichen Baunachbarrechts, DÖV 2001, 625; *Schoch,* Nachbarschutz im öffentlichen Baurecht, JURA 2004, 317; *Otto,* Ausdehnung des Nachbarrechtsschutzes durch Berufung auf Gemeinschaftsrecht, ZfBR 2005, 21; *Voßkuhle/Kaufhold,* Das baurechtliche Rücksichtnahmegebot, JuS 2010, 497; *Wolf,* Drittschutz im Bauplanungsrecht, NVwZ 2013, 247; *Sperlich,* Ein Meilenstein des Verwaltungsrechts: 40 Jahre „Schweinemästerfall" – zur nachbarschützenden Wirkung des Rücksichtnahmegebots, JA 2017, 38; *Voßkuhle/Kaufhold,* Nachbarschutz im öffentlichen Baurecht, JuS 2018, 764; *Baars,* Nachbarschutz im Baugenehmigungsverfahren, BauR 2019, 901; *Ramsauer,* Nachbarschutz im Baurecht, JuS 2020, 385. 334

Klausurfälle: *Förster/Sander,* Nachbarprobleme im Außenbereich, JuS 1999, 892; *Dolderer,* Standortprobleme eines Mittelständlers. Wohnruhe oder Arbeitsplätze?, JuS 2000, 279; *von Hübbenet,* Ein neidischer Nachbar, JURA 2004, 207; *Kötter/Schüler,* Die Mobilfunkantenne, JURA 2004, 772; *Zilkens,* Schwierige Nachbarschaft, JA 2006, 127; *ders.,* Forensiknähe, JuS 2006, 338; *Möller,* Hotel Alpenglühn, JuS 2011, 340; *Heckel,* Bootsschuppen am Bodenseeufer, JuS 2011, 904; *Hecker,* Der Tannenbaumverkauf, JA 2012, 521; *Hartmann/Sendt,* Tante Emmas Laden, JuS 2012, 917; *Sademach,* Die Berufsbildungsstätte im allgemeinen Wohngebiet, JA 2013, 518; *Kühling/Bäuml,* Aufregung in der »Grünen Oase« – Anfechtung einer Baugenehmigung, JURA 2013, 728; *Kintz,* Die BVB-Fahne in Nachbars Garten, JuS 2014, 256; *Goldhammer/Hofmann,* Theater im Hinterland, JuS 2014, 434; *Enders,* Die Krypta im Industriegebiet, JuS 2015, 1022; *Jochum,* Gartencenter in der Nachbarschaft, JuS 2016, 157; *Markard,* Pferdestaub im Reinluftbereich, JuS 2018, 372; *Huller,* Lärmerzeugende Metallwerkstatt, JuS 2019, 693; *Herbein,* Wohin mit der Gemeinschaftsunterkunft, JURA 2020, 512.

Kontrollfragen:

1. Unter welchen Voraussetzungen vermittelt eine Norm ein subjektives Recht eines Nachbarn, der sich gerichtlich gegen ein Bauvorhaben wenden will?
2. Das Grundstück des E liegt im unbeplanten Innenbereich. Die nähere Umgebung seines Grundstücks weist nach der vorhandenen Bebauung das Gepräge eines allgemeinen Wohngebiets auf. E möchte auf seinem Grundstück ein Ärztehaus errichten. Nachbar N möchte wissen, ob er gegen eine hierfür erteilte Baugenehmigung ggf. verwaltungsgerichtlich vorgehen könnte. Erfolgsaussichten?

H. Antworten auf die Kontrollfragen

Zu A. II.: 335

1. Das Baurecht hat grundsätzlich die Aufgabe, die bauliche und die damit zusammenhängende sonstige Nutzung des Bodens gesetzlich zu regeln.
2. Das private Baurecht, das sich v. a. im BGB sowie im NachbarG findet, regelt die bürgerlichrechtlichen Rechtsbeziehungen, die insbesondere im Zusammenhang mit dem Baugeschehen und der Nutzung des Eigentums an Grund und Boden entstehen können; ausgehend von der zivilrechtlichen Baufreiheit des Grundstückseigentümers beschränkt es diese mit dem Ziel eines Interessenausgleichs im Verhältnis zu anderen Privatrechtssubjekten. Das öffentliche Baurecht regelt demgegenüber das öffentliche Interesse an einer geordneten Bodennutzung und schafft den erforderlichen Ausgleich einer baulichen Nutzung mit den gesetzlich geschützten öffentlichen Interessen.
3. Im Bereich des öffentlichen Baurechts hat der Bund eine konkurrierende Gesetzgebungskompetenz gemäß Art. 74 Abs. 1 Nr. 18 GG. Diese Bundeskompetenz erfasst nicht umfassend das öffentliche Baurecht, sondern lediglich das „Bodenrecht", d. h. solche Regelungen, die unmittelbar die rechtlichen Beziehungen des Menschen zu Grund und Boden regeln wie insbesondere das Bauplanungsrecht. Für die übrigen Regelungsbereiche des öffentlichen Bau-

rechts, wie v. a. für das materielle Bauordnungsrecht und die Bauaufsicht, bleibt es bei der Gesetzgebungskompetenz der Länder.
4. Zum öffentlichen Baurecht gehören die beiden Regelungsbereiche des Bauplanungsrechts sowie des Bauordnungsrechts. Das Bauplanungsrecht ist insbesondere in dem Baugesetzbuch (BauGB) sowie der Baunutzungsverordnung (BauNVO), das Bauordnungsrecht v. a. in der Landesbauordnung (BauO) geregelt.
5. Aus Art. 14 Abs. 1 GG ist der Grundsatz der Baufreiheit herzuleiten, der seine Schranken jedoch nach Art. 14 Abs. 1 S. 2 GG in den die Eigentümerstellung regelnden gesetzlichen Bestimmungen findet. Dazu zählen insbesondere die Vorschriften des öffentlichen Baurechts, so dass die bauliche Nutzung eines Grundstücks auch im Hinblick auf die Eigentumsfreiheit aus Art. 14 Abs. 1 GG nur im Rahmen der – verfassungsgemäßen – baurechtlichen Vorschriften möglich ist. Art. 14 GG rechtfertigt somit keine baurechtswidrige Errichtung eines Gebäudes.

Zu B. I.:

1. Die erste Stufe ist der Flächennutzungsplan, der überwiegend als hoheitliche Maßnahme eigener Art ohne Rechtsnormqualität eingestuft wird; Darstellungen im Flächennutzungsplan mit Ausschlusswirkung i. S. v. § 35 Abs. 3 S. 3 BauGB wird inzwischen Rechtsnormqualität zuerkannt. Der (verbindliche) Bebauungsplan, die zweite Stufe, ergeht als Satzung (§ 10 Abs. 1 BauGB).
2. Die Bauleitplanung als Ausdruck gemeindlicher Planungshoheit ist durch die Garantie gemeindlicher Selbstverwaltung (Art. 28 Abs. 2 GG, Art. 78 Verf) geschützt. Ob sie zum sog. Kernbereich des Selbstverwaltungsrechts gehört, ist in der früheren Rspr. des BVerfG nicht abschließend beantwortet worden. Jedenfalls sind Einschränkungen durch staatliche Akte rechtfertigungsbedürftig, aber auf gesetzlicher Grundlage möglich, insbesondere wenn sie überwiegenden überörtlichen Interessen dienen.
3. Die Bauleitplanung wird als raumbezogene Gesamtplanung auf gemeindlicher Ebene charakterisiert. Im Unterschied zu den sog. Fachplanungen ist sie somit umfassend und nicht sektoral begrenzt. Im Unterschied zu den überörtlichen Planungen ist sie auf das Gebiet der jeweils betroffenen Gemeinde beschränkt.

Zu B. II.:

1. Das Verfahren beginnt mit dem Eröffnungsbeschluss, der Umweltprüfung und der frühzeitigen Öffentlichkeits- und Behördenbeteiligung. Nach Erstellung eines Planentwurfs folgt sodann die Phase der förmlichen Öffentlichkeits- und Behördenbeteiligung, an die sich schließlich der Beschluss des Planes durch den Gemeinderat und ggf. die Genehmigung durch die Aufsichtsbehörde anschließt. Den Abschluss bilden Ausfertigung und Bekanntmachung.
2. Im vereinfachten Verfahren kann von der frühzeitigen Öffentlichkeits- und Behördenbeteiligung abgesehen werden, und die Umweltprüfung entfällt. Zudem kann das Verfahren der förmlichen Öffentlichkeits- und Behördenbeteiligung abweichend gestaltet werden.
3. Genehmigungsfrei ist der sog. entwickelte Bebauungsplan (vgl. § 10 Abs. 2 BauGB). Eine Genehmigung ist hier entbehrlich, da der Flächennutzungsplan, der die Planungsgrundlage für den entwickelten Bebauungsplan bildet, genehmigungspflichtig ist, so dass es auch bei dem entwickelten Bebauungsplan nicht zu einer vollkommen genehmigungsfreien Planung durch eine Gemeinde kommt.

Zu B. III.:

1. Aus dem Erforderlichkeitsgrundsatz (§ 1 Abs. 3 S. 1 BauGB) folgt zunächst das Verbot der Aufstellung städtebaulich nicht erforderlicher Bauleitpläne, was nicht verlangt, dass die Aufstellung des jeweiligen Bauleitplans unabdingbar sein muss, wohl aber, dass die Bauleitplanung insgesamt angemessen sein muss. Weiter folgt aus dem Erforderlichkeitsgrundsatz für die Gemeinde die Pflicht zur Aufstellung städtebaulich erforderlicher Bebauungspläne nach Maßgabe der städtebaulichen Konzeption der jeweiligen Gemeinde.
2. Eine von den Auswirkungen der Bauleitplanung einer Nachbargemeinde betroffene Gemeinde kann sich auf das Gebot der interkommunalen Rücksichtnahme (§ 2 Abs. 2 S. 2 BauGB) berufen, das eine materielle Pflicht zur Abstimmung nachbargemeindlicher Bauleitpläne aufstellt.

3. Nach §§ 9 Abs. 1 Nr. 1, 9a Nr. 1 lit. a BauGB, § 1 Abs. 3 S. 1 und 2 BauNVO können im Bebauungsplan die in § 1 Abs. 2 BauNVO genannten Baugebietsarten festgesetzt werden, wodurch die entsprechenden Vorschriften der §§ 2 bis 14 BauNVO Bestandteil des Bebauungsplans werden. Im Rahmen des § 1 Abs. 4 bis 10 BauNVO haben die Gemeinden noch darüber hinausgehende Festsetzungsmöglichkeiten, die jedoch dem grundsätzlich festgesetzten Gebietscharakter entsprechen müssen.
4. Es werden folgende Abwägungsfehler unterschieden: (1) Abwägungsausfall, d. h. eine sachgerechte Abwägung hat überhaupt nicht stattgefunden; (2) Abwägungsdefizit, d. h. nicht alle abwägungserheblichen Belange sind in die Abwägung eingestellt worden; (3) Abwägungsfehleinschätzung, d. h. bei der Abwägung wurde die Bedeutung eines oder mehrerer Einzelbelange verkannt; (4) Abwägungsdisproportionalität, d. h. der Ausgleich zwischen einzelnen Belangen wurde in einer Weise vorgenommen, die zur objektiven Gewichtigkeit der Belange außer Verhältnis steht.
5. Ausnahmsweise darf eine Gemeinde sich von vornherein in Abstimmung mit einem privaten Vorhabenträger auf eine bestimmte Planung festlegen, wenn (1) die Vorwegnahme der Entscheidung sachlich gerechtfertigt ist, (2) die Zuständigkeitsordnung im Planungsverfahren (Mitwirkung des Rates) gewahrt bleibt und (3) die vorweggenommene Entscheidung sich auch inhaltlich nicht beanstanden lässt.
6. Sog. Gemengelagen sind überwiegend bebaute Bereiche mit vorhandenen oder zu erwartenden Immissionskonflikten zwischen emittierenden und schutzbedürftigen Nutzungen, also typischerweise zwischen vorhandenen gewerblichen und Wohnnutzungen. Auf Grund dieser vorgegebenen Situation erfahren v. a. das Gebot der Rücksichtnahme und auch das Gebot der Konfliktbewältigung eine Modifikation i. S. v. gesteigerten Duldungspflichten und Belastungen des Situationsbelasteten und entsprechenden Begünstigungen anderer.

Zu B. IV.:

1. Unbeachtliche Fehler sind einerseits Form- und Verfahrensfehler nach dem BauGB, soweit sie nicht im Katalog des § 214 Abs. 1 BauGB genannt sind, und andererseits bestimmte Verstöße gegen das Entwicklungsgebot und das Abwägungsgebot gemäß § 214 Abs. 2, 3 BauGB. Außerdem sind gemäß § 31 Abs. 6 GO auch Verstöße gegen das kommunalrechtliche Mitwirkungsverbot, die keinen Einfluss auf das Abstimmungsergebnis haben, unbeachtlich.
2. Bei der erstmaligen Aufstellung eines Flächennutzungsplans besteht grundsätzlich kein Mitwirkungsverbot für die Ratsmitglieder, so dass sie am Beschluss mitwirken dürfen. Bei Bebauungsplänen sind die betroffenen Ratsmitglieder dagegen beim Satzungsbeschluss von der Mitwirkung auszuschließen.

Zu B. V.:

1. Da der Flächennutzungsplan weder eine Satzung noch ein Verwaltungsakt ist, kommt als Rechtsschutzmöglichkeit allein eine allgemeine Leistungsklage in Form der vorbeugenden Unterlassungsklage, gerichtet gegen eine weitere verbindliche Bauleitplanung auf der Grundlage des Flächennutzungsplans, in Betracht. Das hierfür erforderliche besondere Rechtsschutzinteresse liegt jedoch nur dann vor, wenn ein wirksamer nachträglicher Rechtsschutz der Nachbargemeinde nicht möglich ist oder ihr nicht zumutbar ist.
2. Der Bebauungsplan ist eine Satzung, gegen die nach § 47 Abs. 1 Nr. 1 VwGO eine Normenkontrolle statthaft ist, wenn sich der Antragsteller nach § 47 Abs. 2 VwGO auf die Möglichkeit der Verletzung subjektiv-öffentlicher Rechte berufen kann. Zudem kann ein Bebauungsplan im Rahmen aller anderen verwaltungsgerichtlichen Klagen inzident gerichtlich auf seine Rechtmäßigkeit hin überprüft werden, sofern die darin angegriffenen Maßnahmen zumindest u. a. auf dem Bebauungsplan beruhen. Außerdem kommt eine gerichtliche Überprüfung noch im Rahmen einer Verfassungsbeschwerde in Betracht, wenn der Bebauungsplan unmittelbar den rechtlichen Status eines Grundstücks berührt.

Zu C. II.:

1. Das Grundstück kann sich im räumlichen Geltungsbereich eines qualifizierten (oder auch eines vorhabenbezogenen) Bebauungsplans befinden, so dass § 30 BauGB einschlägig ist, es

kann sich im nicht qualifiziert beplanten Innenbereich i. S. v. § 34 BauGB oder ansonsten im sog. Außenbereich (§ 35 BauGB) befinden.

2. Nach § 38 S. 1 Hs. 1 BauGB sind die §§ 29 ff. BauGB auf die dort genannten, sog. „privilegierten Fachplanungen" nicht anwendbar. Hierbei handelt es sich um Planfeststellungsverfahren sowie Verfahren mit den Rechtswirkungen der Planfeststellung für Vorhaben von überörtlicher Bedeutung, außerdem um Verfahren für die Errichtung und den Betrieb öffentlich zugänglicher Abfallbeseitigungsanlagen nach dem BImSchG.
3. Die landesrechtliche Definition des § 2 Abs. 1 BauO darf auf den bundesrechtlichen Begriff der „baulichen Anlage" in § 29 Abs. 1 BauGB aus Gründen der Gesetzgebungskompetenz nicht übertragen werden, wenngleich zwischen den Begriffen weitgehende, aber nicht vollständige Übereinstimmung besteht. Bei der Definition einer „baulichen Anlage" i. S. v. § 29 Abs. 1 BauGB sind zwei Merkmale entscheidend, nämlich das „Bauen" und die bodenrechtliche Relevanz der Anlage. „Bauen" ist das Schaffen einer künstlichen Anlage, die auf Dauer mit dem Erdboden verbunden ist, u. U. auch nur durch eigene Schwere. Bodenrechtliche Relevanz ist anzunehmen, wenn Belange des § 1 Abs. 6 BauGB in einer Weise berührt werden (können), die geeignet ist, ein Bedürfnis nach einer die Zulässigkeit eines derartigen Vorhabens regelnden verbindlichen Bauleitplanung hervorzurufen.

Zu C. III.:

1. Ein sog. qualifizierter Bebauungsplan liegt vor, wenn die in § 30 Abs. 1 BauGB genannten Mindestfestsetzungen (Art und Maß der baulichen Nutzung, überbaubare Grundstücksflächen und örtliche Verkehrsflächen) enthalten sind. Ansonsten liegt bloß ein sog. einfacher Bebauungsplan vor (vgl. § 30 Abs. 3 BauGB).
2. Die bauplanungsrechtliche Zulässigkeit hängt nach § 30 Abs. 1 BauGB i. V. m. dem Bebauungsplan bzw. § 4 Abs. 2 Nr. 2 BauNVO davon ab, ob es sich um einen der Versorgung des Gebiets dienenden Laden handelt; hiervon dürfte auszugehen sein. Ansonsten käme eine ausnahmsweise Zulassung nach § 4 Abs. 3 Nr. 2 BauNVO in Betracht.
3. Die Gewährung einer Ausnahme setzt zunächst voraus, dass die Ausnahme im Bebauungsplan zugelassen ist. Außerdem muss bei der Ermessensentscheidung über die Ausnahme die Planungskonzeption der Gemeinde bzw. das Regel-Ausnahme-Verhältnis gewahrt bleiben.

Zu C. IV.:

1. Ein im Zusammenhang bebauter Ortsteil i. S. v. § 34 Abs. 1 S. 1 BauGB setzt eine gegebene Bebauung voraus, die nach der Zahl der vorhandenen Bauten ein gewisses Gewicht hat und Ausdruck einer organischen Siedlungsstruktur ist; es muss eine funktionsbedingte, organische Siedlungsstruktur vorhanden sein, die den Eindruck der Geschlossenheit und Zusammengehörigkeit erweckt.
2. Die nach § 34 Abs. 1 S. 1 BauGB vorzunehmende Prüfung, ob ein Innenbereichsvorhaben sich in die nähere Umgebung einfügt, bezieht sich maßgeblich auf den durch die vorhandene Bebauung gebildeten Rahmen. Als Grundsatz gilt, dass das Vorhaben sich einfügt, wenn es sich in diesem Rahmen hält, ihn also weder über- noch unterschreitet. Hiervon sind jedoch Ausnahmen in beide Richtungen möglich.
3. Die Sonderregelung des § 34 Abs. 2 BauGB ist anwendbar, wenn die vorhandene Bebauung in der näheren Umgebung nach der Art der Nutzung einem Baugebiet der BauNVO entspricht. In diesem Fall ist § 34 Abs. 2 BauGB als spezielle Regelung im Verhältnis zu § 34 Abs. 1 S. 1 BauGB vorrangig zu prüfen. Die Zulässigkeit des Innenbereichsvorhabens bzgl. der Art der Nutzung richtet sich allein danach, ob das Vorhaben in dem betreffenden Baugebiet zulässig wäre; dies ist allein unter Heranziehung der §§ 2 ff. BauNVO so zu prüfen wie auch im Anwendungsbereich des § 30 Abs. 1 BauGB, und zwar auch unter (entsprechender) Heranziehung der Ausnahme- und Befreiungsmöglichkeiten gemäß § 31 BauGB (§ 34 Abs. 2 Hs. 2 BauGB).

Zu C. V.:

1. Ein Grundstück befindet sich dann im Außenbereich i. S. d. § 35 BauGB, wenn es weder im Geltungsbereich eines wirksamen Bebauungsplanes i. S. d. § 30 Abs. 1, 2 BauGB noch in ei-

nem im Zusammenhang bebauten Ortsteil i. S. d. § 34 BauGB liegt (Negativdefinition des Außenbereichs).
2. Der Außenbereich soll nach der im Gesamtgefüge des § 35 BauGB zum Ausdruck kommenden gesetzgeberischen Konzeption grundsätzlich nicht bebaut werden, um eine weitere Zersiedelung der Landschaft zu verhindern. Eine Ausnahme zu diesem in § 35 Abs. 2 BauGB geregelten grundsätzlichen Bauverbot besteht lediglich für die in § 35 Abs. 1 BauGB erfassten sog. privilegierten Vorhaben, sofern öffentliche Belange nicht entgegenstehen.
3. Öffentliche Belange stehen einem privilegierten Vorhaben nach § 35 Abs. 1 BauGB nicht bereits dann entgegen, wenn sie durch das Vorhaben nachteilig betroffen sind. Es ist vielmehr im Einzelfall eine Abwägung zwischen dem Vorhaben und den betroffenen öffentlichen Belangen vorzunehmen, wobei aufgrund der grundsätzlichen Privilegierung der Vorhaben i. S. d. § 35 Abs. 1 BauGB durch den Gesetzgeber diese nur in Ausnahmefällen hinter den betroffenen öffentlichen Belangen zurücktreten.
4. Bei dem Vorhaben des Schweinezüchters S könnte es sich um einen landwirtschaftlichen Betrieb und somit um ein privilegiertes Vorhaben i. S. d. § 35 Abs. 1 Nr. 1 BauGB handeln. Grundsätzlich stellt Viehzucht nach § 201 BauGB nur in der Form der Wiesen- und Weidewirtschaft einen nach § 35 Abs. 1 Nr. 1 BauGB privilegierten landwirtschaftlichen Betrieb dar. Dabei ist auch die Viehhaltung in Ställen zulässig, solange der überwiegende Anteil des Futters selbst erzeugt wird (§ 201 BauGB). Demgegenüber stellt die hier vorliegende fabrikartige Massentierhaltung unabhängig von der Art der Futtermittelerzeugung per se schon keine Landwirtschaft i. S. d. § 201 BauGB dar und ist daher auch nicht nach § 35 Abs. 1 Nr. 1 BauGB privilegiert. Allerdings kann das geplante Vorhaben wegen der von ihm u. U. ausgehenden Geruchsimmissionen nach § 35 Abs. 1 Nr. 4 BauGB privilegiert sein.

Zu C. VI.:

1. § 33 BauGB kann niemals die Unzulässigkeit eines ansonsten zulässigen Vorhabens bewirken. Die Vorschrift hat lediglich die Funktion eines zusätzlichen Zulässigkeitstatbestandes mit positiver Wirkung im räumlichen Geltungsbereich eines in der Aufstellung befindlichen künftigen Bebauungsplans.
2. Der Aufstellungsbeschluss ist notwendige, jedoch nicht hinreichende Voraussetzung für die Zulässigkeit des Vorhabens nach § 33 BauGB. Weiter erforderlich sind sog. formelle und materielle Planreife, schriftliches Anerkenntnis der künftigen Festsetzungen durch den Antragsteller und gesicherte Erschließung.

Zu C. VII.:

1. Erschließung i. S. v. §§ 30 ff. BauGB verlangt (mindestens) den Anschluss des Grundstücks an das öffentliche Straßennetz, an die Energie- und Wasserversorgung sowie an die Abwasserbeseitigung.
2. Der Bürger kann sich lediglich mit Klage auf Erteilung der Baugenehmigung gegen die Versagung des gemeindlichen Einvernehmens wehren; eine separate Klage gegen die Gemeinde auf Erteilung des Einvernehmens kommt nicht in Betracht, da dem Einvernehmen nach h. M. jede Außenwirkung fehlt. I. Ü. wäre auch eine Klage auf kommunalaufsichtliches Einschreiten unzulässig. Die Baugenehmigungsbehörde darf ohne gemeindliches Einvernehmen bzw. dessen Ersetzung gemäß § 36 Abs. 2 S. 3 BauGB die Baugenehmigung nicht erteilen. Die Bauaufsichtsbehörde ist jedoch nach § 2 Abs. 3 S. 1 BauGB DVO dafür zuständig und nach § 73 Abs. 1 S. 1 BauO dazu verpflichtet, ein rechtswidrig verweigertes gemeindliches Einvernehmen zu ersetzen, und dann auch zur Erteilung der Baugenehmigung befugt. Praktisch bedeutungslos ist danach, dass i. Ü. auch die Kommunalaufsichtsbehörde mit den Mitteln der Kommunalaufsicht nach §§ 119 ff. GO vorgehen könnte.

Zu D. I.:

1. Noch nicht realisierte Vorhaben, die der Sache nach von der Verbotswirkung einer Veränderungssperre erfasst werden, bleiben nach der Bestandsschutzregelung des § 14 Abs. 3 BauGB zulässig, wenn sie vor Inkrafttreten der Veränderungssperre bereits genehmigt bzw. durch Bauvorbescheid bereits bestätigt worden sind.

2. Die Zurückstellung ist ein Verwaltungsakt mit verfahrensrechtlicher Wirkung. Sie macht das Bauvorhaben nicht materiell rechtswidrig. Vielmehr entfaltet sie, wenn ein Baugenehmigungsverfahren für das fragliche Vorhaben läuft, nur die formelle Wirkung, vorläufig eine Entscheidung über den Antrag zu hindern. Ist kein Baugenehmigungsverfahren durchzuführen, sieht § 15 Abs. 1 S. 2, 3 BauGB eine vorläufige Untersagung vor.

Zu D. II.:

1. Die Erschließung i. S. v. §§ 123 ff. BauGB meint die für die Baureifmachung eines Gebiets erforderliche erstmalige Herstellung der örtlichen öffentlichen Straßen, Wege, Plätze und Grünanlagen, der Versorgungsanlagen für Elektrizität, Gas, Wärme und Wasser sowie der Anlagen zur Abwasserableitung, erfasst jedoch nicht sog. Erschließungsfolgeeinrichtungen wie Kindergärten, Schulen oder Sportplätze in einem neuen Baugebiet.
2. Die Umlegung gemäß §§ 45 ff. BauGB stellt, obgleich sie durch zielgerichteten hoheitlichen Rechtsakt auf Eigentumsobjekte in ihrem Bestand zugreift, eine Inhalts- und Schrankenbestimmung i. S. v. Art. 14 Abs. 1 S. 2 GG und keine Enteignung i. S. v. Art. 14 Abs. 3 GG dar, weil sie primär nicht dem Gemeinwohl, sondern den privaten Interessen der Eigentümer dient (vgl. BVerfGE 104, 1, 9 f.).
3. Anders als sonstige Bebauungspläne ist der vorhabenbezogene Bebauungsplan nicht an die Festsetzungsmöglichkeiten nach § 9 BauGB, BauNVO gebunden (§ 12 Abs. 3 S. 2 BauGB), so dass hier Festsetzungserfindungsfreiheit herrscht; hierin kommt zum Ausdruck, dass dieser Plan auf ein ganz konkretes Vorhaben bezogen ist.

Zu E. I.:

1. Nach der Legaldefinition des § 2 Abs. 1 S. 1 BauO sind bauliche Anlagen mit dem Erdboden verbundene, aus Bauprodukten hergestellte Anlagen; nach § 2 Abs. 1 S. 2 BauO ist die geforderte Erdverbundenheit auch gegeben, wenn die Anlage durch eigene Schwere auf der Erde ruht, auf ortsfesten Bahnen begrenzt beweglich ist oder zur überwiegend ortsfesten Verwendung bestimmt ist. I. Ü. nennt § 2 Abs. 1 S. 3 Nr. 1 bis 7 BauO weiter eine Reihe von fingierten baulichen Anlagen.
2. Das materielle Bauordnungsrecht, das ordnungsrechtliche Anforderungen zur Abwehr von Gefahren regelt, ist als besonderes Gefahrenabwehr-, also Polizei- und Ordnungsrecht zu charakterisieren. Seine Regelungen sind daher im Verhältnis zum OBG vorrangig anwendbar, wobei die Auslegung dieser Bestimmungen unter ergänzender Heranziehung allgemeiner polizei- und ordnungsrechtlicher Grundsätze erfolgt. I. Ü. bleiben die Vorschriften des allgemeinen Polizei- und Ordnungsrechts subsidiär anwendbar.

Zu E. II.:

1. Der dauerhaft zu Werbezwecken aufgestellte Heuanhänger ruht durch eigene Schwere auf dem Boden und stellt daher nach § 2 Abs. 1 S. 1 und 2 BauO eine bauliche Anlage dar, die nicht nach § 62 Abs. 1 S. 1 Nr. 12 BauO genehmigungsfrei ist, so dass M für ein dauerhaftes Abstellen des Anhängers jedenfalls eine Baugenehmigung benötigen würde. Da es sich bei dem Anhänger jedoch um eine Werbeanlage i. S. d. § 10 BauO handelt, muss M beachten, dass eine solche Anlage nach § 10 Abs. 3 S. 1 BauO außerhalb von im Zusammenhang bebauten Ortsteilen grundsätzlich unzulässig ist, sofern nicht eine Ausnahme nach § 10 Abs. 3 S. 2 Nr. 1–5 BauO vorliegt (hier u. U. Nr. 1). Zudem müsste M im Hinblick auf den geplanten Standort der Anlage (entlang einer Bundesstraße) prüfen, ob er auf seiner Weide die Regelungen des § 9 FStrG (hier insbesondere das Verbot des § 9 Abs. 6 FStrG) überhaupt einhalten kann.
2. Die Abstandsflächenregelungen des § 6 BauO dienen der Belichtung, der Belüftung, dem Brandschutz sowie dem Sozialabstand eines Gebäudes und dessen Nachbargebäuden.

Zu F. II.:

1. Grundsätzlich bestimmt sich der Umfang des behördlichen Prüfprogramms im Rahmen des baurechtlichen Genehmigungsverfahrens, auch in Bezug auf Genehmigungserfordernisse nach

anderen Gesetzen (z. B. DSchG, GastG etc.), nach dem Landesrecht. Dem sog. „Konzentrationsmodell", wonach die Baugenehmigungsbehörde das Vorhaben umfassend nach allen öffentlich-rechtlichen Vorschriften prüft und die Baugenehmigung alle notwendigen öffentlich-rechtlichen Genehmigungen ersetzt, steht § 74 Abs. 3 S. 2 BauO entgegen. Die frühere Annahme des sog. „Separationsmodells", wonach die Baugenehmigung ohne Rücksicht auf andere Genehmigungserfordernisse ergeht, hat das OVG NRW insbesondere unter Hinweis auf § 71 Abs. 1 S. 1 Nr. 2 BauO aufgegeben. Darauf gestützt legt es das sog. „Koordinationsmodell" bzw. die sog. „Schlusspunkttheorie" zugrunde; danach darf die Baugenehmigung erst erteilt werden, wenn alle übrigen notwendigen Genehmigungen ebenfalls vorliegen.

2. Die Baugenehmigung ist die bauaufsichtsbehördliche Erklärung, dass dem beabsichtigten Vorhaben im Zeitpunkt der Erteilung öffentlich-rechtliche Vorschriften nicht entgegenstehen; sie hat daher in Bezug auf das Vorhaben umfassenden Charakter und über die feststellende hinaus auch gestaltende, insbesondere das Bauen gestattende Wirkung. Mit dem in § 77 BauO geregelten Bauvorbescheid ist es möglich, eine Entscheidung nur über Teilaspekte eines Vorhabens einzuholen; ein Bauvorbescheid erwächst in Bestandskraft, so dass der Bauherr grundsätzlich eine gesicherte Rechtsposition erlangt und die bereits durch den Bauvorbescheid entschiedenen Aspekte bei Erteilung der Baugenehmigung nicht erneut zu prüfen sind. Die in § 76 BauO normierte Teilbaugenehmigung bezieht sich im Gegensatz zum Bauvorbescheid auf gewisse, meist räumlich getrennte Teile oder Abschnitte eines Vorhabens; in Bezug auf diese Abschnitte hat die Teilbaugenehmigung wie die Baugenehmigung einen umfassenden und abschließenden, auch gestaltenden Charakter.
3. In Betracht kommt der Erlass einer Abriss- oder Beseitigungsverfügung nach § 82 S. 1 BauO. Diese setzt jedoch formelle und materielle Illegalität voraus; allein das Fehlen der erforderlichen Baugenehmigung reicht also nicht hin.
4. Die Bauaufsichtsbehörde muss keine neue Abrissverfügung erlassen, da die gegen den verstorbenen Eigentümer bestandskräftig ergangene Verfügung Geltung auch gegen den Erben als (Gesamt-)Rechtsnachfolger hat. Auf diese Verfügung als Grundverwaltungsakt gestützt kann die Behörde also mit Mitteln der Verwaltungsvollstreckung gegen den Erben vorgehen.

Zu G. I.:

1. Nach der neueren Rechtsprechung des BVerwG kommt für die Anfechtung belastender Nebenbestimmungen von Verwaltungsakten allein die Anfechtungsklage in Betracht, wobei es für die Zulässigkeit dieser Klagen nicht mehr von Belang ist, ob die Nebenbestimmung als Bedingung oder als Auflage zu qualifizieren ist. Die Frage, ob die Nebenbestimmung durch die Anfechtungsklage im Einzelfall isoliert aufhebbar ist, betrifft erst die Begründetheit der Klage.
2. Die zulässige Anfechtungsklage ist, da bei einer nachträglichen Änderung der Sach- oder Rechtslage zugunsten des Klägers auf den Zeitpunkt der letzten mündlichen Verhandlung des Gerichts abzustellen ist, als begründet zu beurteilen; auf Grund der nachträglichen Übernahme der Baulast durch den Nachbarn ist die materielle Baurechtswidrigkeit entfallen (vgl. § 6 Abs. 2 S. 3 BauO). Für die beklagte Behörde kommt ein sofortiges Anerkenntnis in Betracht.

Zu G. II.:

1. Nach der Schutznormtheorie vermittelt eine Norm dem Nachbarn dann ein subjektives Recht, wenn die Norm zumindest auch den Interessen gerade dieses Nachbarn zu dienen bestimmt ist und dieser nicht bloß reflexhaft von der Norm begünstigt wird.
2. Die Erfolgsaussichten einer Klage des N hängen davon ab, ob die Baugenehmigung für das Vorhaben des E gegen eine nachbarschützende Norm verstoßen würde. In Betracht kommt ein Verstoß gegen § 34 BauGB, genauer gegen § 34 Abs. 2 BauGB, der bzgl. der Art der Nutzung anwendbar ist, weil ein faktisches allgemeines Wohngebiet vorliegt. Nach den anwendbaren Vorgaben der BauNVO ist das Ärztehaus weder als Anlage für gesundheitliche Zwecke (§ 4 Abs. 2 Nr. 3 BauNVO) noch gemäß § 13 BauNVO zulässig. Dieser Verstoß gegen die Vorgaben zur zulässigen Art der Nutzung führt, da der über § 34 Abs. 2 BauGB vermittelte Nachbarschutz – wie im beplanten Gebiet – den sog. Gebietserhaltungsanspruch beinhaltet, zum Erfolg der Nachbarklage.

§ 5. Verwaltungsprozessuale Probleme in der Fallbearbeitung

1 Die Bearbeitung verwaltungsrechtlicher Fragestellungen ist im Studium wie im Examen – nicht anders als in der beruflichen Praxis – regelmäßig eingebunden in die Frage nach den Erfolgsaussichten eines verwaltungsgerichtlichen Rechtsbehelfs. Die verwaltungsprozessualen Aspekte der Fallbearbeitung sollten daher von Anfang an mit in den Blick genommen werden. Vorrangig geht es hierbei um das sog. Hauptsacheverfahren (die „Klage"), nicht selten aber auch um Verfahren des einstweiligen Rechtsschutzes („Aussetzungsverfahren" nach § 80 Abs. 5 VwGO sowie einstweiliges Anordnungsverfahren nach § 123 VwGO). Das Juristenausbildungsgesetz NRW (§ 11 Abs. 2 Nr. 14 JAG) verlangt insoweit „Überblickskenntnisse" (zum Begriff § 11 Abs. 4 JAG) über die **Zulässigkeit des Verwaltungsrechtswegs** (Rn. 3 ff.), die **Klagearten** (Rn. 9 ff.), das (in NRW mittlerweile weitgehend abgeschaffte) **Widerspruchsverfahren** (Rn. 16 ff.), den **vorläufigen Rechtsschutz** (Rn. 38 ff.) sowie über den **gerichtlichen Prüfungsumfang** und die **gerichtlichen Entscheidungen** (Rn. 32 ff., 46 ff., 60). Im Folgenden wird es darum gehen, die betreffenden **Verfahrensarten** und die hierauf bezogenen **landesspezifischen Besonderheiten** überblicksartig darzustellen.

Generell gilt, dass im Verwaltungsprozessrecht zwischen der **Zulässigkeit** und der **Begründetheit** eines Rechtsbehelfs zu differenzieren ist. Während sich die „Zulässigkeitsprüfung" mit der Frage befasst, ob der Richter überhaupt in der Sache entscheiden wird, widmet sich die Begründetheitsprüfung der Frage, wie der Richter in der Sache zu entscheiden hat. Gelangt die Zulässigkeitsprüfung zu dem Ergebnis, dass das Gericht nicht zur Sache entscheiden darf, sind die materiellen Fragen der Begründetheit regelmäßig im Rahmen eines sog. „Hilfsgutachtens" zu prüfen.

A. Das Hauptsacheverfahren

2 „Normalfall" der verwaltungsrechtlichen Klausur ist die verwaltungsgerichtliche Klage. Dieses sog. Hauptsacheverfahren weist in der Praxis freilich den Nachteil einer häufig recht langen Verfahrensdauer auf. Aus diesem Grunde kommt neben dem Hauptsacheverfahren den Verfahren des einstweiligen Rechtsschutzes (s. unter B und C) große Bedeutung zu. Insbesondere das „Aussetzungsverfahren" nach § 80 Abs. 5 VwGO wird auch in Prüfungsklausuren gelegentlich zur verfahrensrechtlichen Einbindung eines Falles genutzt.

Für das **„Hauptsacheverfahren"** ergibt sich folgendes Prüfungsschema:

Abb. 1: Das Hauptsacheverfahren

Erfolgsaussichten einer Klage	
A. Zulässigkeit der Klage	
1. Eröffnung des Verwaltungsrechtswegs	6. Klagegegner
2. Statthafte Klageart	7. Beteiligtenfähigkeit
3. Klagebefugnis	8. Prozessfähigkeit
4. Vorverfahren (entfällt in NRW in der Regel)	9. Zuständiges Gericht
5. Klagefristen	10. Rechtsschutzbedürfnis
B. Begründetheit der Klage	

Erläuterungen

I. Zulässigkeit einer verwaltungsgerichtlichen Klage

1. Verwaltungsrechtsweg

Die Eröffnung des Verwaltungsrechtswegs stellt regelmäßig den ersten Prüfungspunkt innerhalb der Zulässigkeit dar. Besondere **landesrechtliche Eigenheiten** bestehen insoweit **nicht.** 3

Der Verwaltungsrechtsweg wird eröffnet:
- entweder über eine „aufdrängende Sonderzuweisung"
- oder über die Generalklausel des § 40 Abs. 1 S. 1 VwGO.

a) Aufdrängende Sonderzuweisung

Zunächst ist zu prüfen, ob der Rechtsstreit aufgrund einer Spezialvorschrift den Verwaltungsgerichten zugewiesen ist (lex-specialis-Grundsatz). Die klausurrelevanteste aufdrängende Sonderzuweisung enthält § 126 Abs. 1 BBG (für Bundesbeamte) bzw. § 54 Abs. 1 BeamtStG (für Landesbeamte), wonach für alle Klagen der Beamten bzw. ihrer Dienstherren aus dem Beamtenverhältnis der Verwaltungsrechtsweg eröffnet ist. 4

Weitere spezialgesetzliche Zuweisungen ergeben sich aus § 32 WPflG, § 82 Abs. 1, 2 SoldG, § 71 DRiG, § 54 BaFöG.

b) Generalklausel

Sofern keine aufdrängende Sonderzuweisung besteht, kann der Verwaltungsrechtsweg gem. § 40 Abs. 1 S. 1 VwGO eröffnet sein. Hierzu bedürfen folgende Voraussetzungen der Prüfung: 5
- Streitigkeit öffentlich-rechtlicher Art,
- nichtverfassungsrechtlicher Charakter der Streitigkeit,
- Fehlen einer abdrängenden Sonderzuweisung.

aa) Öffentlich-rechtliche Streitigkeit

Eine Streitigkeit ist öffentlich-rechtlich, wenn die dem angegriffenen oder begehrten Handeln zugrundeliegende, sog. streitentscheidende Norm öffentlich-rechtlicher Natur ist. Davon ist nach der modifizierten Subjektstheorie („Sonderrechtslehre") auszugehen, wenn die Vorschrift ausschließlich einen Hoheitsträger (in dieser Funktion) berechtigt oder verpflichtet. Eine darüber hinausgehende Diskussion der (heute obsoleten) *„Interessentheorie"* und *„Subordinationstheorie"* wird in aller Regel nicht angezeigt sein. 6

Wenn sich die streitentscheidende Norm nicht zweifelsfrei ermitteln lässt, erfolgt die Zuordnung der Streitigkeit zum öffentlichen oder privaten Recht anhand folgender „Hilfskriterien":
- Hat eine Behörde (einschlägig für das Handeln nordrhein-westfälischer Behörden insoweit § 1 Abs. 2 VwVfG NRW) in hoheitlicher Form gehandelt (insbes. im Rahmen der Eingriffsverwaltung durch Verwaltungsakt), ist die Streitigkeit stets als öffentlich-rechtlich einzustufen.
- Erfolgt das Behördenhandeln in mehreren Stufen (z. B. Subventionsvergabe, Vergabe einer Stadthalle), kann eine Abgrenzung nach der sog. Zwei-Stufen-Theorie erforderlich sein. Danach richtet sich die Frage nach dem „Ob" der Vergabe (1. Stufe) stets nach öffentlichem Recht; das „Wie" der Vergabe (2. Stufe) kann dagegen öffentlich-rechtlich oder zivilrechtlich ausgestaltet sein.
- Ist für bestimmte Handlungen sowohl eine öffentlich-rechtliche als auch eine rein privatrechtliche Einordnung denkbar (z. B. Äußerungen eines Bürgermeisters), so ist

eine öffentlich-rechtliche Zuordnung geboten, wenn das Handeln im Zusammenhang mit der Erfüllung öffentlicher Aufgaben steht (Klausurenbeispiel bei *Dietlein/Heyers,* NWVBl. 2000, 77 ff.).
- Sofern hinreichende Anhaltspunkte fehlen und sich ein öffentliches Rechtsverhältnis auch nicht aus Indizien ergibt, besteht schließlich eine Vermutung für eine öffentlich-rechtliche Rechtsbeziehung. Im Zweifel ist damit von einer öffentlich-rechtlichen Streitigkeit auszugehen.

bb) Streitigkeit nichtverfassungsrechtlicher Art

7 Darüber hinaus muss die Streitigkeit nichtverfassungsrechtlicher Art sein. Das Merkmal „verfassungsrechtlich" ist hier iS. einer „doppelten Verfassungsunmittelbarkeit" zu verstehen, so dass eine verfassungsrechtliche Streitigkeit lediglich dann vorliegt, wenn Verfassungsorgane (einschließlich ihrer Organteile) oder am Verfassungsleben unmittelbar Beteiligte (z. B. Parteien hinsichtlich Art. 21 GG) um die Anwendung und Auslegung von Verfassungsrecht streiten.

Zu beachten ist allerdings, dass es sich bei der Theorie von der „doppelten Verfassungsunmittelbarkeit" um eine eher grobrastige („Faust"-)Formel handelt, die in schwierigeren Fällen ggf. nachjustiert werden muss!

cc) Keine abdrängende (Sonder-)Zuweisung zu einem anderen Gericht

8 Schließlich darf die Streitigkeit keinem anderen Gericht ausdrücklich zugewiesen sein (§ 40 Abs. 1 S. 1, 2 VwGO). Abdrängende Sonderzuweisungen zu den ordentlichen Gerichten enthalten etwa:
- § 23 EGGVG (Repressive Maßnahmen der Justizbehörden, z. B. der Polizei als Strafverfolgungsbehörde nach der StPO; bei präventivem Handeln zur Gefahrenabwehr nach dem PolG ist dagegen der Verwaltungsrechtsweg eröffnet),
- § 43 Abs. 1 OBG (Entschädigungsansprüche nach den §§ 39 bis 42 OBG),
- § 71 Abs. 2 Nr. 2 GVG/Art. 34 S. 3 GG (Amtshaftungsansprüche),
- § 49 Abs. 6 S. 3 VwVfG (Entschädigung für Widerruf eines Verwaltungsakts).

Bedeutsam ist dabei § 17 Abs. 2 S. 1 GVG, wonach das jeweilige Gericht den Rechtsstreit grundsätzlich unter allen in Betracht kommenden rechtlichen Gesichtspunkten entscheidet, also auch Anspruchsgrundlagen zu prüfen hat, die außerhalb der konkreten Zuweisung stehen. Allerdings vermag sich § 17 Abs. 2 GVG nicht gegen die verfassungsrechtlichen Spezialzuweisungen aus Art. 14 Abs. 3 und Art. 34 GG durchzusetzen (vgl. § 17 Abs. 2 S. 2 GVG).

Weitere abdrängende Sonderzuweisungen zu „besonderen" Verwaltungsgerichten ergeben sich namentlich aus § 33 Abs. 1 FGO (Finanzgerichte) sowie § 51 Abs. 1 SGG (Sozialgerichte).

Beachte: Die Nichteröffnung des Verwaltungsrechtswegs führt nicht zur Abweisung der Klage als unzulässig, vielmehr ist die Klage nach § 17a Abs. 2 S. 1 GVG an das zuständige Gericht des zulässigen Rechtswegs zu verweisen.

2. Statthafte Klageart

9 Zentraler Gegenstand der Zulässigkeitsprüfung ist die Frage nach der statthaften Klageart.

Die statthafte Klageart wird zweckmäßigerweise an zweiter Stelle geprüft, weil sie die weitere (Zulässigkeits-)Prüfung beeinflusst (insbes. Klagebefugnis, Vorverfahren,

Frist, Klagegegner). Die statthafte Klageart richtet sich nach dem Klagebegehren. Hierbei kommt es nicht auf die mehr oder minder präzise Antragsformulierung an, sondern auf das eigentliche Rechtsschutzbegehren des Klägers (vgl. § 88 VwGO). Dieses Ziel ist gegebenenfalls durch Auslegung zu ermitteln. Im Einzelnen stellt sich das System der verwaltungsgerichtlichen Klagearten wie folgt dar:

a) Anfechtungsklage

Begehrt der Kläger die Aufhebung eines Verwaltungsakts, ist die Anfechtungsklage **10**
statthaft (§ 42 Abs. 1 Alt. 1 VwGO). Nach h. M. ist die Anfechtungsklage auch gegen nichtige Verwaltungsakte statthaft (sehr str.). Der normative Maßstab zur Klärung der Frage, ob der Angriffsgegenstand Verwaltungsaktqualität aufweist oder nicht, ergibt sich aus § 35 VwVfG. Im Falle des Gesetzesvollzugs durch **nordrhein-westfälische Behörden** (einschl. der Gemeinden und Gemeindeverbände) ist stets das VwVfG NRW, nicht das VwVfG des Bundes anwendbar (str.).

b) Verpflichtungsklage

Begehrt der Kläger die Verurteilung der Behörde zum **Erlass eines Verwaltungs-** **11**
akts, ist die Verpflichtungsklage statthaft (§ 42 Abs. 1 Alt. 2 VwGO). Begrifflich lässt sich hier zwischen der Versagungsgegenklage (Klage auf Vornahme eines beantragten, von der Verwaltung abgelehnten Verwaltungsakts) und der Untätigkeitsklage (Klage auf Vornahme eines Verwaltungsakts, wenn die Behörde nach Beantragung untätig bleibt, d. h. kein Ablehnungsbescheid ergeht) unterscheiden.

c) Fortsetzungsfeststellungsklage

Hat sich ein angefochtener Verwaltungsakt nach Klageerhebung erledigt, kann im **12**
Wege der Fortsetzungsfeststellungsklage nachträglich die Feststellung der Rechtswidrigkeit des Verwaltungsaktes begehrt werden (§ 113 Abs. 1 S. 4 VwGO).

Beachte: Mit der Annahme einer „Erledigung" (s. § 43 Abs. 2 VwVfG NRW) sollte sehr behutsam umgegangen werden. Nicht jeder Vollzug eines Verwaltungsaktes führt automatisch zu dessen Erledigung. Insbesondere dort, wo nach der Durchsetzung eines Verwaltungsaktes im Wege der Verwaltungsvollstreckung noch kostenrechtliche Folgen im Raum stehen, verneint die Rechtsprechung eine Erledigung (s. etwa VGH BW, DVBl. 2008, 471).

Die Erledigung muss nach Klageerhebung, aber vor dem Urteilsausspruch eingetreten sein (vgl. § 113 Abs. 1 S. 1 i. V. m. § 113 Abs. 1 S. 4 VwGO). Das ursprüngliche Klagebegehren – die Aufhebung des Verwaltungsaktes – ist mit dessen Erledigung gegenstandslos geworden.

Über den gesetzlichen Regelfall hinaus ist die Fortsetzungsfeststellungsklage analog auf drei vergleichbare Konstellationen anzuwenden, wobei sich spezielle Anforderungen an das Rechtsschutzbedürfnis (unten Rn. 30) sowie z. T. an die besonderen Sachentscheidungsvoraussetzungen des Vorverfahrens (unten Rn. 19) und der Klagefrist (unten Rn. 24) ergeben:

- Zur Zeit der Erledigung war die Anfechtungsklage noch nicht erhoben (z. B. Versammlungsauflösung, s. § 3 Rn. 303). Wie im Ausgangsfall richtet sich das Klagebegehren auf die Feststellung, dass der Verwaltungsakt rechtswidrig gewesen ist (str., tendenziell für die Statthaftigkeit einer „normalen" Feststellungsklage BVerwG, NVwZ 2000, 63, 64).
- Das im Rahmen einer Verpflichtungsklage ursprüngliche Klagebegehren auf Erlass eines Verwaltungsaktes hat sich nach Klageerhebung, aber vor dem Urteilsausspruch

erledigt. Das Klageziel der Fortsetzungsfeststellungsklage besteht nunmehr in der Feststellung, dass die Ablehnung oder Unterlassung des beantragten Verwaltungsaktes rechtswidrig gewesen ist.
- Zur Zeit der Erledigung war die Verpflichtungsklage nicht erhoben. Das Klageziel der Fortsetzungsfeststellungsklage ist insoweit identisch zur vorigen Fallgruppe (§ 113 Abs. 1 S. 4 VwGO; ggf. „doppelt" analog).

d) Allgemeine Leistungsklage

13 Die allgemeine Leistungsklage (in der VwGO nicht explizit geregelt, aber vorausgesetzt u. a. in § 43 Abs. 2 S. 1, § 111 S. 1 VwGO) kann:
- auf die Vornahme einer Handlung gerichtet sein, die nicht im Erlass eines Verwaltungsaktes besteht und den Erlass eines solchen auch nicht voraussetzt (setzt das begehrte Verwaltungshandeln [z. B. eine Geldleistung] den Erlass eines Verwaltungsaktes voraus [Bewilligungsbescheid], muss zunächst Verpflichtungsklage erhoben werden);
- auf das Unterlassen einer anfänglichen oder wiederholten (drohenden) Beeinträchtigung durch die Verwaltung gerichtet sein;
- als Annexantrag mit einer Anfechtungsklage verbunden werden, wenn der Kläger neben der Aufhebung eines Verwaltungsakts die Erbringung einer Leistung begehrt, § 113 Abs. 4 VwGO (Bsp.: Rückzahlung eines aufgrund Leistungsbescheides entrichteten Geldbetrages).

e) Feststellungsklage

14 Das Klagebegehren der Feststellungsklage ist auf die Feststellung des **Bestehens** (positive Feststellungsklage) oder des **Nichtbestehens eines Rechtsverhältnisses** (negative Feststellungsklage) oder der Nichtigkeit eines Verwaltungsakts (Nichtigkeitsfeststellungsklage) gerichtet (§ 43 Abs. 1 VwGO). Unter **Rechtsverhältnis** i. S. d. § 43 Abs. 1 VwGO sind die rechtlichen Beziehungen zwischen verschiedenen Rechtssubjekten anzusehen, die sich aus der Anwendung einer Norm auf einen konkreten Sachverhalt ergeben. Auch die Rechte und Pflichten aus einem vergangenen Rechtsverhältnis können Gegenstand der Feststellungsklage sein, soweit sich aus diesem noch fortdauernde Wirkungen ergeben oder ansonsten ein qualifiziertes Rechtsschutzinteresse fortbesteht. Von feststellungsfähigen Rechtsverhältnissen abzugrenzen sind „abstrakte Rechtsfragen", die keinen zulässigen Gegenstand der Feststellungsklage darstellen. Als besondere Voraussetzung der Feststellungsklage statuiert § 43 Abs. 2 S. 1 VwGO den **Grundsatz der Subsidiarität** gegenüber der „Gestaltungs- oder Leistungsklage". Der Subsidiaritätsgrundsatz dient zunächst dem Ziel, einer Umgehung der besonderen Sachentscheidungsvoraussetzungen sog. „VA-Klagen" (insbesondere Fristenerfordernis!) entgegenzuwirken; zugleich verfolgt der Subsidiaritätsgrundsatz prozessökonomische Ziele, indem verhindert werden soll, dass als Folge einer Missachtung feststellender Entscheidungen durch die unterlegene Partei weitere Leistungsklagen zur tatsächlichen Durchsetzung des klägerischen Begehrens erforderlich werden.

Beachte: Die dargestellten Ziele des Subsidiaritätsgrundsatzes gebieten im Umkehrschluss eine **teleologische Reduktion** des § 43 Abs. 2 S. 1 VwGO für diejenigen Fälle, in denen weder eine Umgehung der besonderen Sachentscheidungsvoraussetzungen von VA-Klagen noch eine Missachtung gerichtlicher Feststellungsurteile zu befürchten ist. Die h. M. sieht eine solche Sonderkonstellation etwa im Falle von Kommunalverfassungsstreitigkeiten als gegeben an (hierzu oben § 2 Rn. 205 ff.). Hier wird also anstelle einer möglichen allgemeinen Leistungsklage regelmäßig auch eine Feststellungsklage zulässig sein.

Soweit die h. M. gegen nichtige Verwaltungsakte die Anfechtungsklage für statthaft erachtet (oben Rn. 10), führt diese Auslegung nicht zur Subsidiarität der Nichtigkeitsfeststellungsklage.

3. Klagebefugnis

Anfechtungs- und Verpflichtungsklagen sind gemäß § 42 Abs. 2 VwGO – soweit gesetzlich nichts Anderes bestimmt ist – nur zulässig, wenn der Kläger geltend macht, durch den Verwaltungsakt oder seine Ablehnung oder Unterlassung in seinen Rechten verletzt zu sein (Klagebefugnis). Dafür ist nach h. M. die „Möglichkeit" der Verletzung eines subjektiven Rechts des Klägers erforderlich und ausreichend **(„Möglichkeitstheorie")**. Die Möglichkeit entfällt nur dort, wo eine Rechtsverletzung offensichtlich und nach jeder nur erdenklichen Betrachtungsweise ausscheidet. Unzulässig ist damit insbesondere die sog. **Popularklage** (lat.: *populus* – das Volk), aber auch die Geltendmachung von fremden Rechten in eigenem Namen (**Prozessstandschaft**). § 42 Abs. 2 VwGO ist nach st. Rspr. als Ausdruck des Prinzips der Verletztenklage auch auf die übrigen Klagearten (analog) anzuwenden. **15**

Daraus ergibt sich für die einzelnen Klagearten:

- Bei der **Anfechtungsklage** muss die Möglichkeit bestehen, dass der Kläger durch den Verwaltungsakt in eigenen Rechten verletzt ist. Dies ist im Falle der Klage gegen einen belastenden Verwaltungsakt in der Regel unproblematisch zu bejahen (sog. Adressatentheorie). Ist der Kläger nicht Adressat des ihn belastenden Verwaltungsakts (etwa bei der Nachbarklage), kann die für die Klagebefugnis erforderliche Möglichkeit der Verletzung eigener Rechte nur dadurch dargetan werden, dass er geltend macht, der Verwaltungsakt verstoße gegen eine Rechtsnorm, die nicht nur den Interessen der Allgemeinheit, sondern zumindest auch seinen Interessen zu dienen bestimmt ist (sog. Schutznormtheorie).
- Auch bei der **Verpflichtungsklage** gilt nach h. M. die Möglichkeitstheorie. Allerdings sollte die Anwendung des § 42 Abs. 2 VwGO ungeachtet seines Wortlauts sogleich auf die der Verpflichtungsklage zugrundeliegende Situation einer Anspruchsprüfung abstellen. Denn durch die Unterlassung eines Verwaltungsakts ist der Kläger dann in seinen Rechten verletzt, wenn er einen Anspruch auf Erlass des Verwaltungsaktes hat. Der Kläger muss danach also geltend machen und geltend machen können, möglicherweise einen Anspruch auf Erlass des begehrten Verwaltungsakts zu haben. Auch die Begründetheitsprüfung sollte übrigens von Anfang an konsequent auf dem Konzept einer Anspruchsprüfung aufbauen. Als „Anspruchsgrundlagen" kommen hier nicht nur explizit als Anspruchsnormen konzipierte Regelungen in Betracht. Vielmehr können auch sonstige Normen des objektiven Rechts solche Ansprüche vermitteln, wenn sie „zumindest auch" dem Interesse des Einzelnen zu dienen bestimmt sind (sog. Schutznormlehre; zur polizeilichen Generalklausel als Anspruchsnorm oben § 3 Rn. 45 ff.).
- Bei der **Fortsetzungsfeststellungsklage** muss der Kläger geltend machen, durch den (erledigten) Verwaltungsakt in seinen subjektiven Rechten verletzt (worden) zu sein, § 42 Abs. 2 VwGO analog. Im Rahmen der Verpflichtungskonstellation der Fortsetzungsfeststellungsklage nach erledigter Ablehnung oder Unterlassung des Verwaltungsakts muss der Kläger möglicherweise einen Anspruch auf Erlass des begehrten Verwaltungsaktes gehabt haben.
- Für die Klagebefugnis bei der **allgemeinen Leistungsklage** muss die Möglichkeit eines Anspruchs auf Vornahme bzw. Unterlassen der Verwaltungsmaßnahme bestehen, § 42 Abs. 2 VwGO analog. Auch hier sollte die Prüfung von Anfang an dem Modell der Anspruchsprüfung folgen.

– Für die **Feststellungsklage** bedeutet die analoge Anwendung des § 42 Abs. 2 VwGO, dass es dem Kläger um die Verwirklichung seiner Rechte geht, sei es, dass er an dem streitigen Rechtsverhältnis selbst beteiligt ist (dies wird in der Regel der Fall sein), oder dass von dem Rechtsverhältnis eigene Rechte des Klägers abhängen (BVerwGE 99, 64 ff.; str.).

Zu beachten sind ferner bestimmte bereichsspezifische Besonderheiten: Im **Kommunalverfassungsstreitverfahren** etwa spricht man nicht von „subjektiven Rechten" eines Organs oder Organteils, die möglicherweise verletzt sein könnten, sondern von **„wehrfähigen Innenrechten"**. Diese Diktion trägt dem Umstand Rechnung, dass es im verwaltungsrechtlichen Organstreit um die Verteidigung von Organkompetenzen geht, die von genuinen „subjektiv-öffentlichen Rechten" getrennt zu halten sind. Im Ergebnis können hier gleichwohl die Auslegungskriterien der sog. „Schutznormlehre" zu Anwendung gebracht werden.

4. Vorverfahren

16 Für die Zulässigkeit einer Anfechtungs- oder Verpflichtungsklage in Form der Versagungsgegenklage ist gemäß § 68 Abs. 1 S. 1, Abs. 2 VwGO grundsätzlich die vorherige ordnungsgemäße Durchführung eines Vorverfahrens (Widerspruchsverfahren) erforderlich. Der Widerspruch ist entweder bei der Behörde einzulegen, die den Ausgangs-VA erlassen hat, oder bei der Behörde, die den Widerspruchsbescheid zu erlassen hat (§ 70 Abs. 1 VwGO).

17 a) Hält die (Erlass-)Behörde den Widerspruch für begründet, so hilft sie ihm ab, § 72 VwGO (sog. Abhilfebescheid). Anderenfalls ergeht ein Widerspruchsbescheid. Diesen erlässt grundsätzlich die nächsthöhere Behörde (§ 73 Abs. 1 S. 2 Nr. 1 VwGO). Eine Ausnahme hiervon gilt grundsätzlich für den Bereich der kommunalen Selbstverwaltungsangelegenheiten (Nr. 3). Hier ist die Selbstverwaltungskörperschaft in der Regel zugleich Widerspruchsbehörde. Einen weiteren, praktisch bedeutsamen Ausnahmefall normiert – vermittelt über die Öffnungsklausel des § 73 Abs. 1 S. 3 VwGO – die landesrechtliche Vorschrift des § 111 S. 1 JustG. Danach ist abweichend von der Grundkonzeption des § 73 Abs. 1 S. 1 VwGO für die **in NRW verbliebenen Fälle,** in denen ein Vorverfahren durchzuführen ist, die Behörde, die den Verwaltungsakt erlassen oder dessen Vornahme abgelehnt hat, auch für die Entscheidung über den Widerspruch zuständig.

18 b) **Landesrechtliche Besonderheiten** ergeben sich mit Blick auf § 68 Abs. 1 S. 2 Hs. 1 VwGO, der dem (Landes-)Gesetzgeber die Möglichkeit eröffnet, auf das Vorverfahren als Zulässigkeitsvoraussetzung zu verzichten. Von dieser Ermächtigung hatte Nordrhein-Westfalen in der Vergangenheit bereits in Bezug auf gemeindliche Klagen gegen Maßnahmen der allgemeinen Kommunalaufsicht Gebrauch gemacht (§ 126 GO). Mit dem Inkrafttreten des **Bürokratieabbaugesetzes II** am 1.10.2007 wurde der ehemalige § 6 AG VwGO dahingehend geändert, dass gem. Abs. 1 das **Vorverfahren** in Nordrhein-Westfalen grundsätzlich, wenngleich zunächst nur zeitlich befristet, entfallen sollte. Die folgenden Absätze sahen sodann Ausnahmen von diesem Grundsatz vor. Insbesondere entfiel das Vorverfahren gem. Abs. 3 bei Drittwidersprüchen im Regelfall nicht. Die Regelung wurde mit Wirkung zum 1.1.2011 inhaltsgleich in das neu geschaffene **Justizgesetz NRW** (dort § 110) übernommen und mit Gesetz vom 9.12.2014 nunmehr endgültig „entfristet". Allerdings wurde im Rahmen der letzten Anpassungen der Katalog der Ausnahmetatbestände des § 110 Abs. 2 S. 1 JustG deutlich erweitert (hierzu *Wienbracke,* NWVBl. 2015, 248).

c) Unabhängig hiervon ist ein Vorverfahren bei der Fortsetzungsfeststellungsklage nach h. M. in jedem Fall obsolet, wenn die Erledigung des Verwaltungsakts vor Ablauf der Widerspruchsfrist oder während eines noch nicht abgeschlossenen Widerspruchsverfahrens eintritt (hierzu BVerwG NVwZ 2000, 63, 64; str.): Die mit dem Widerspruch begehrte Aufhebung des Verwaltungsakts kann nach dessen Erledigung nicht mehr erfolgen. Auch kann die Verwaltung nicht verbindlich die Rechtswidrigkeit eines Verwaltungsaktes feststellen. **19**

d) Bei der allgemeinen Leistungs- und der Feststellungsklage ist ein Vorverfahren grundsätzlich nicht vorgesehen. Unabhängig von der jeweiligen Rechtsschutzform bleibt ein Vorverfahren erforderlich, soweit dieses spezialgesetzlich vorgeschrieben ist (z. B. § 126 Abs. 2 BBG). **20**

e) **Weitere landesrechtliche Besonderheiten** ergeben sich schließlich mit Blick auf die Wirkungen eines etwa erforderlichen Widerspruchs. Nach den Vorgaben der VwGO entfalten Anfechtungsklage und Widerspruch grundsätzlich aufschiebende Wirkung (§ 80 Abs. 1 S. 1 VwGO). Die ganz h. M. interpretiert diese aufschiebende Wirkung als Vollziehungshemmung des angefochtenen Verwaltungsakts. Der Suspensiveffekt entfällt gem. **§ 112 JustG** für Rechtsbehelfe gegen Maßnahmen in der **Verwaltungsvollstreckung.** Diese landesrechtliche Beschränkung ist auf § 80 Abs. 2 S. 1 Nr. 3 VwGO zurückzuführen *(„Die aufschiebende Wirkung entfällt in für Landesrecht durch Landesgesetz vorgeschriebenen Fällen")* und ergibt sich nicht aus der vordergründig einschlägigen Vorschrift des § 80 Abs. 2 S. 2 VwGO, da hiervon allein die Verwaltungsvollstreckung nach Bundesrecht betroffen ist. **21**

Beachte: Keine Maßnahmen der Verwaltungsvollstreckung stellen Leistungsbescheide zur kostenrechtlichen Abwicklung von Vollstreckungsmaßnahmen dar. Hiergegen erhobene Anfechtungsklagen lösen damit grundsätzlich den Suspensiveffekt aus. Insbesondere fallen derlei Abgaben nicht unter den Abgabenbegriff des § 80 Abs. 2 S. 1 Nr. 1 VwGO (vgl. hierzu im polizei- und ordnungsbehördlichen Kontext oben § 3 Rn. 259 ff.).

5. Klagefrist

a) Die **Anfechtungsklage** muss innerhalb eines Monats nach Zustellung des Widerspruchsbescheids erhoben werden (§ 74 Abs. 1 S. 1 VwGO). Zu beachten ist, dass die Klagefrist einen Monat und nicht vier Wochen beträgt. Die Berechnung erfolgt gemäß § 57 Abs. 2 VwGO, § 222 Abs. 1 ZPO, §§ 187 ff. BGB. **22**

Besondere Regelungen gelten, sofern eine förmliche Zustellung erforderlich ist, der Bürger geschäftsunfähig bzw. beschränkt geschäftsfähig oder anwaltlich vertreten ist (§§ 3–5 LZG). Eine Heilung von Zustellungsmängeln kann nach § 8 LZG eintreten.

Ist ein Vorverfahren nach § 68 Abs. 1 S. 2 VwGO oder anderen Bestimmungen (s. oben Rn. 18) entbehrlich, läuft die Klagefrist vom Zeitpunkt der Bekanntgabe des Verwaltungsakts (§ 74 Abs. 1 S. 2 VwGO). Die Bekanntgabe eines schriftlichen Verwaltungsakts kann auch durch normalen Brief erfolgen. Der Verwaltungsakt gilt dann als am dritten Tag nach der Aufgabe des Briefes bekannt gemacht, es sei denn, er ist (tatsächlich) später zugegangen (§ 41 Abs. 2 VwVfG NRW). Fehlt es an einer ordnungsgemäßen Rechtsbehelfsbelehrung (zu den Anforderungen an eine ordnungsgemäße Rechtsbehelfsbelehrung vgl. § 58 Abs. 1 VwGO), beträgt die Klagefrist abweichend von § 74 Abs. 1 VwGO gem. § 58 Abs. 2 VwGO ein Jahr. Sofern eine Bekanntgabe an den

Kläger gar nicht erfolgt ist (z. B. keine Bekanntgabe von Baugenehmigungen gegenüber Nachbarn!), beginnt gar keine Klagefrist zu laufen; insofern kann das Klagerecht allenfalls der prozessualen Verwirkung unterfallen, die freilich ein treuwidriges Verhalten des Klägers voraussetzt (s. hierzu im Kontext der sog. Nachbarklage § 4 Rn. 329). Einen gewissen Anhaltspunkt für den Zeitraum, nach dessen Ablauf die Verwirkung anzunehmen ist, gibt die Jahresfrist des § 58 Abs. 2 VwGO. Im Einzelfall, vor allem bei Verwaltungsakten mit Doppelwirkung, kann die Jahresfrist allerdings unterschritten werden. Ist bei fristgebundenen Rechtsbehelfen das Klagerecht verwirkt, wird der zugrundeliegende Verwaltungsakt bestandskräftig; die Klage ist mithin unzulässig.

Beachte: Die nach Abschaffung des Widerspruchsverfahrens in NRW (oben Rn. 18) vielfach praktizierte Verbindung der Rechtsbehelfsbelehrung mit der Empfehlung, vor einer Klageerhebung Kontakt mit der Behörde aufzunehmen, um etwaige Unstimmigkeiten zu beseitigen, stellt die Ordnungsgemäßheit der Belehrung nicht in Frage; hierzu *Johlen*, NWVBl. 2013, 91, 92 mwN.).

23 b) Für die **Verpflichtungsklage** verweist, sofern es sich um eine Versagungsgegenklage handelt, § 74 Abs. 2 VwGO wiederum auf Abs. 1 mit der Folge entsprechender Anwendung. Die Untätigkeitsklage hingegen kann grundsätzlich nicht vor Ablauf von drei Monaten seit dem Antrag auf Vornahme des Verwaltungsaktes erhoben werden (§ 75 S. 2 VwGO).

24 c) Bei der **Fortsetzungsfeststellungsklage** ist erneut zu unterscheiden: Ist der erledigte Verwaltungsakt vor Eintritt der Erledigung in Bestandskraft erwachsen, ist die Klage unzulässig. Bei Erledigung vor Eintritt der Bestandskraft unterliegt die Klage dagegen keiner Fristbindung: Es besteht kein Grund für eine zeitliche Beschränkung der Klage, da der erledigte Verwaltungsakt nicht mehr in Bestandskraft erwachsen kann (vgl. BVerwG, NVwZ 2000, 63). Diese Erwägungen sind auch auf die Fortsetzungsfeststellungsklage in der Verpflichtungssituation zu übertragen.

25 d) Die **allgemeine Leistungsklage** und die **Feststellungsklage** sind nicht fristgebunden.

6. Klagegegner

26 **Landesrechtliche Besonderheiten** ergeben sich seit dem 1.1.2011 nicht mehr. Während zuvor noch gemäß § 78 Abs. 1 Nr. 2 VwGO i. V. m. § 5 Abs. 2 S. 1 AG VwGO die Behörde, die den angefochtenen Verwaltungsakt erlassen bzw. den beantragten Verwaltungsakt unterlassen hat, richtiger Klagegegner bei der Anfechtungs- und der Verpflichtungsklage war, wurde diese Ausnahme vom Rechtsträgerprinzip nicht in das **Justizgesetz** übernommen. Alle Klagen sind damit nunmehr regelmäßig **gegen den Rechtsträger** zu richten. Mit dieser Gesetzesänderung entfällt nicht zuletzt die früher häufig diskutierte Frage nach der Auslegung des § 44 VwGO im Falle einer Verbindung von Anfechtungs- und Leistungsklage.

Beachte: Eine – allerdings länderübergreifende – Ausnahme gilt immerhin für das verwaltungsrechtliche Organstreitverfahren, namentlich in der Ausprägung des sog. Kommunalverfassungsstreitverfahrens. Klagegegner derartiger Organstreitverfahren im Innenbereich einer juristischen Person des öffentlichen Rechts ist das jeweilige „Kontrastorgan", sodass hier von einem „Funktionsträgerprinzip" gesprochen werden kann.

7. Beteiligtenfähigkeit

Kläger und Beklagter sowie etwaige weitere Beteiligte (vgl. § 63 VwGO) müssen beteiligtenfähig i. S. d. § 61 VwGO sein. Unproblematisch ist dies bei natürlichen und juristischen Personen (des privaten und des öffentlichen Rechts), § 61 Nr. 1 VwGO. 27

Nach § 61 Nr. 2 VwGO sind Vereinigungen, soweit ihnen ein Recht zustehen kann, ebenfalls beteiligtenfähig. § 61 Nr. 2 VwGO meint dabei Vereinigungen von juristischen oder natürlichen Personen i. S. d. Nr. 1. Im verwaltungsrechtlichen Organstreit (insbesondere Kommunalverfassungsstreit) wird § 61 Nr. 2 VwGO nach h. M. analog auf Organe und Organteile der betreffenden Hoheitsträger (Gemeinden) angewendet, soweit ihnen wehrfähige Innenrechtspositionen zustehen.

Von der **Ermächtigung in § 61 Nr. 3 VwGO,** nach der auch Behörden fähig sind, am Verfahren beteiligt zu sein, macht der **Landesgesetzgeber** nunmehr **keinen Gebrauch.**

8. Prozessfähigkeit

Prozessfähigkeit ist die Fähigkeit, selbst oder durch Bevollmächtigte (vgl. § 67 VwGO) Verfahrenshandlungen vorzunehmen. Dies sind gemäß § 62 Abs. 1 VwGO die nach bürgerlichem Recht Geschäftsfähigen (Nr. 1) sowie die beschränkt Geschäftsfähigen, soweit sie durch Vorschriften des bürgerlichen oder öffentlichen Rechts für den Gegenstand des Verfahrens als geschäftsfähig anerkannt sind (Nr. 2), vgl. §§ 112, 113 BGB. Für Vereinigungen handeln nach § 62 Abs. 3 VwGO ihre gesetzlichen Vertreter, Vorstände oder besonders Beauftragte. 28

Die gerichtliche **Vertretung des Landes** ist in der Landesverfassung nicht ausdrücklich geregelt. Hinsichtlich der Vertretung in Rechtsstreitigkeiten wird aus dem Ressortprinzip (Art. 55 Abs. 2 LV) gefolgert, dass die gerichtliche Vertretungsbefugnis grundsätzlich bei den zuständigen Ministern, also im Falle der Polizei (§ 1 POG: „Angelegenheit des Landes") etwa beim Innenminister liegt. Allerdings hat das Land im sog. **„Vertretungserlass"** vom 28.2.2018 (MBl. NRW 2018, S. 128) **umfangreiche Spezialregelungen** getroffen. Nach Nr. 4 dieses Erlasses fungieren etwa die jeweiligen Polizeibehörden in ihrem Zuständigkeitsbereich (z. B. der Polizeipräsident in den kreisfreien Städten) als Vertreter des Innenministers bzw. des Landes. Sind Gemeinden Beteiligte eines verwaltungsgerichtlichen Verfahrens, werden diese prozessual durch den Bürgermeister als gesetzlichem Vertreter der Gemeinde (§ 63 Abs. 1 S. 1 GO) vertreten.

9. Zuständiges Gericht

Die Zuständigkeit des angerufenen Gerichts sollte in der Klausur nur bei bestehenden Zweifeln ausführlicher geprüft werden. 29

Da die (örtliche) Zuständigkeit in seltenen (kaum klausurrelevanten) Fällen von der Klageart abhängt (vgl. § 52 Nr. 2 und 3 VwGO), erscheint es zweckmäßig, die Zuständigkeit nach Feststellung der statthaften Klageart zu prüfen. Sachlich ist grundsätzlich das Verwaltungsgericht zuständig (vgl. § 45, zu den Ausnahmen §§ 47, 48 und 50 VwGO). Die örtliche Zuständigkeit (Gerichtsstand) ist in § 52 VwGO geregelt. Wichtig sind die besonderen Gerichtsstände der Belegenheit der Sache (Nr. 1) und des (dienstlichen) Wohnsitzes des Beamten (Nr. 4) sowie der allgemeine Gerichtsstand des (Wohn-)Sitzes des Beklagten (Nr. 5). Die Standorte der **nordrhein-westfälischen Verwaltungsgerichte** sind aufgeführt in § 17 JustG.

10. Rechtsschutzinteresse

Voraussetzung für die Zulässigkeit einer Klage ist schließlich, dass der Kläger ein berechtigtes Interesse an einer Sachentscheidung des Gerichts hat (Rechtsschutzinteresse 30 bzw. Rechtsschutzbedürfnis). Die Frage des Rechtsschutzinteresses bedarf in der Regel lediglich bei den Feststellungsklagen (einschließlich der Fortsetzungsfeststellungsklage) einer gesonderten Prüfung:

- Das für die (allgemeine) Feststellungsklage von § 43 Abs. 1 VwGO vorausgesetzte berechtigte Interesse ist jedes als schutzwürdig anzuerkennende **Interesse rechtlicher, wirtschaftlicher oder auch ideeller Art.** Ein qualifiziertes Rechtsschutzinteresse muss vorliegen, wenn es um die Feststellung eines vergangenen Rechtsverhältnisses geht; dieses kann sich neben Wiederholungsgefahr z. B. daraus ergeben, dass sich ein Rechtsverhältnis typischerweise kurzfristig erledigt und Rechtsschutz insoweit ansonsten kaum erreichbar wäre.
- Für die Fortsetzungsfeststellungsklage verlangt § 113 Abs. 1 S. 4 VwGO ein berechtigtes Interesse an der Feststellung, dass der Verwaltungsakt (bzw. dessen Ablehnung oder Unterlassung) rechtswidrig gewesen ist. Ein solches Interesse ist für drei Fallgruppen anerkannt: **Wiederholungsgefahr, Rehabilitationsinteresse** sowie **Vorbereitung eines Amtshaftungs- oder Entschädigungsprozesses.** Zur Vorbereitung eines Amtshaftungs- oder Entschädigungsprozesses besteht ein Rechtsschutzbedürfnis für die Fortsetzungsfeststellungsklage allerdings nur dann, wenn sich die Maßnahme erst nach Klageerhebung erledigt hat und der angestrebte Prozess nicht offenbar aussichtslos ist. Lediglich in Ausnahmefällen (z. B. besondere Schwere der Beeinträchtigung) kann sich ein besonderes Rechtsschutzbedürfnis allein aus dem Verweis auf den grundrechtsverletzenden Charakter der Maßnahme ergeben. Dagegen kann eine typischerweise kurzfristige Erledigung der angegriffenen Maßnahme schon mit Blick auf die Rechtsschutzgarantie des Art. 19 Abs. 4 GG das erforderliche Rechtsschutzinteresse begründen.
- Bei allen anderen Klagearten ist das **Rechtsschutzbedürfnis indiziert;** es fehlt lediglich dann, wenn der Kläger sein Ziel auf einem anderen Weg umfassender, einfacher, schneller oder kostengünstiger erreichen kann.
- Zu beachten bleibt bei **Kommunalverfassungsstreitigkeiten** ferner die aus dem **Grundsatz der Organtreue** abzuleitende Obliegenheit, rechtliche Bedenken gegen umstrittene Entscheidungen rechtzeitig geltend zu machen. Kommt der Kläger dieser Obliegenheit nicht nach, so ist die spätere Geltendmachung der Rechtsverletzung treuwidrig und führt zur Unzulässigkeit der Klage (OVG NRW, BeckRS 2013, 51162). Dieses Zulässigkeitserfordernis kann auch als eigenständiger Prüfungspunkt behandelt werden („Beachtung der Organtreue").

11. Exkurs: Objektive Klagehäufung

31 Der Kläger kann mehrere Klagen in einem einheitlichen Verfahren verfolgen. Eine solche Klagehäufung ist gemäß § 44 VwGO zulässig, wenn sich sämtliche Begehren gegen denselben Beklagten richten, miteinander in Zusammenhang stehen und dasselbe Gericht zuständig ist.

II. Begründetheit einer verwaltungsgerichtlichen Klage

32 Das Gelingen verwaltungsrechtlicher Klausuren hängt erfahrungsgemäß insbesondere von einem korrekten Einstieg in die Begründetheitsprüfung ab.

1. Anfechtungsklage

33 Die Anfechtungsklage ist begründet, soweit der **Verwaltungsakt rechtswidrig und der Kläger dadurch in seinen Rechten verletzt ist** (§ 113 Abs. 1 S. 1 VwGO).

Beide Erfordernisse bedürfen einer gesonderten Prüfung, da sich aus der Rechtswidrigkeit eines Verwaltungsakts nicht notwendig zugleich eine Rechtsverletzung des Klägers ergibt (beispielhaft BVerwG, NVwZ 1984, 401). Der „drittbetroffene" Kläger kann nur Verstöße gegen solche Normen rügen, die zumindest auch seinem Schutz zu dienen bestimmt sind (oben Rn. 15). Bei einem rechtwidrig belastenden Verwaltungsakt wird die Verletzung eigener Rechte eines zur Klage befugten Klägers die Regel sein.

Abb. 2: Begründetheit der Anfechtungsklage, § 42 Abs. 1 Alt. 1 VwGO

I. Prüfung der Rechtswidrigkeit eines Verwaltungsakts
1. Vorliegen einer (wirksamen) Ermächtigungsgrundlage
2. Formelle Rechtmäßigkeit
   a) Zuständigkeit
   b) Verfahren
   c) Form und Bekanntgabe
   d) Begründung
   e) Im Einzelfall auch „VA-Befugnis" (z. B. beim feststellenden VA)
3. Materielle Rechtmäßigkeit
   a) Tatbestandliche Voraussetzungen der Ermächtigungsgrundlage
   b) Rechtsfolgenseite: bei Ermessensnormen Prüfung etwaiger Ermessensfehler (einschließlich der Verhältnismäßigkeit, oben § 3 Rn. 138)
   c) Bestimmtheit

II. Verletzung eigener Rechte des Klägers

2. Verpflichtungsklage

Die Klage ist begründet, soweit die Ablehnung (Versagungsgegenklage) bzw. Unter- 34
lassung (Untätigkeitsklage) des Verwaltungsakts rechtswidrig und der Kläger dadurch in seinen Rechten verletzt ist. Dies ist der Fall, wenn der Kläger einen **Anspruch auf den Erlass des Verwaltungsakts** hat (s. Rn. 15). Wenn der Kläger einen Anspruch auf Erlass des begehrten Verwaltungsakts hat, spricht das Verwaltungsgericht bei Spruchreife die Verpflichtung der Verwaltungsbehörde aus, die beantragte Amtshandlung vorzunehmen (§ 113 Abs. 5 S. 1 VwGO).

Beschränkt sich der durch die Norm gewährte Anspruch auf eine fehlerfreie Ermessensentscheidung, ist neben den tatbestandlichen Voraussetzungen der Norm zu prüfen, ob eine bereits erfolgte behördliche Ermessensentscheidung (§ 40 VwVfG) den gesetzlichen Anforderungen des § 114 VwGO genügt. Ist dies der Fall, ist der Anspruch des Klägers auf ermessensfehlerfreie Bescheidung seines Antrages durch Erfüllung erloschen; die Klage ist unbegründet. Anderenfalls ergeht ein Bescheidungsurteil (§ 113 Abs. 5 S. 2 VwGO). Ausnahmsweise hat der Kläger auch bei Ermessensnormen einen Anspruch auf ein konkretes Verwaltungshandeln (mit der Folge, dass ein Vornahmeurteil ergeht), wenn eine sog. Ermessensreduzierung auf Null vorliegt, die Vornahme der begehrten Handlung also die einzige ermessensfehlerfreie Entscheidung ist.

Abb. 3: Aufbauschema Begründetheit der Verpflichtungsklage, § 42 Abs. 1 Alt. 2 VwGO

I. Anspruch auf Erlass eines Verwaltungsakts
1. Anspruchsgrundlage (Schutznormlehre)
2. Formelle Voraussetzungen
   a) Grundsätzlich keine, da kein VA vorliegt
   b) Aber: vorheriger Antrag bei der Behörde
3. Materielle Voraussetzungen
   a) Vorliegen der tatbestandlichen Voraussetzungen der Anspruchsgrundlage

b) Rechtsfolgenseite
  – Gebundene Entscheidung: Anspruch besteht
  – Ermessensentscheidung:
    – Bei Ermessensreduzierung auf Null: Anspruch besteht
    – Anderenfalls: Anspruch auf ermessensfehlerfreie Entscheidung (Anspruch besteht, bis er erfüllt wird. Also prüfen, ob ermessensfehlerfreie Entscheidung vorliegt!)

3. Fortsetzungsfeststellungsklage

35 Die Fortsetzungsfeststellungsklage in ihrer (Regel-)Form als „kupierte" Anfechtungsklage ist begründet, soweit der Verwaltungsakt rechtswidrig gewesen und der Kläger dadurch in seinen Rechten verletzt worden ist (§ 113 Abs. 1 S. 1 VwGO analog). Die sich anschließende Prüfung entspricht jener der Anfechtungsklage. Im Falle der Fortsetzungsfeststellungsklage in der Verpflichtungskonstellation ist zu prüfen, ob der Kläger einen Anspruch auf den seinerzeit begehrten Verwaltungsakt gehabt hätte. Die sich anschließende Prüfung folgt dann den Grundsätzen der Verpflichtungsklage.

4. Allgemeine Leistungsklage

36 Die allgemeine Leistungsklage ist begründet, soweit der Kläger einen **Anspruch auf Vornahme der Handlung bzw. auf ein Dulden oder Unterlassen** hat. Der Anspruch kann sich aus Gesetz, Verwaltungsakt oder öffentlich-rechtlichem Vertrag ergeben. Wichtige allgemeine (ungeschriebene) Anspruchsgrundlagen sind der öffentlich-rechtliche Erstattungsanspruch, der (Vollzugs-)Folgenbeseitigungsanspruch sowie der öffentlich-rechtliche Unterlassungsanspruch. Der Aufbau der Begründetheitsprüfung entspricht dem der (spezielleren) Verpflichtungsklage, die dogmatisch eine Sonderform der Leistungsklage ist.

5. Feststellungsklage

37 Die Feststellungsklage ist begründet, soweit das **Rechtsverhältnis,** welches der Kläger als bestehend oder nichtbestehend festzustellen begehrt, tatsächlich **besteht bzw. nicht besteht** (Feststellungsklage nach § 43 Abs. 1 Alt. 1 VwGO).

Die Nichtigkeitsfeststellungsklage (§ 43 Abs. 1 Alt. 2 VwGO) ist begründet, wenn der Verwaltungsakt gemäß § 44 VwVfG nichtig ist.

37a III. Anhang

1. Literaturhinweise

Brönnecke/Bühler, Die Fortsetzungsfeststellungsklage, JURA 2017, 34 ff.; *Decker,* Die Fortsetzungsfeststellungsklage in der Situation der Verpflichtungsklage, JA 2016, 241 ff.; *Ehlers,* Die verwaltungsgerichtliche Anfechtungsklage, JURA 2004, 30 ff. u. 176 ff.; *ders.,* Die verwaltungsgerichtliche Verpflichtungsklage, JURA 2004, 310 ff.; *ders.,* Die verwaltungsgerichtliche Normenkontrolle, JURA 2005, 171 ff.; *Engels,* Die Feststellungsklage, NVwZ 2018, 1001 ff.; *Geis/Schmidt,* Grundfälle zur allgemeinen Leistungsklage, JuS 2013, 28 ff.; *Ingold,* Die Fortsetzungsfeststellungsklage in der Fallbearbeitung, JA 2009, 711 ff.; *Köhl,* Die aufschiebende Wirkung von Widerspruch und Anfechtungsklage, JA 2016, 610 ff.; *Schaks/Friedrich,* Verwaltungsaktbezogener Rechtsschutz, JuS 2018, 860 ff. u. 954 ff.; *Schenk,* Neue Rechtsprechung zum Verwaltungsprozessrecht, NVwZ 2018, 858 ff.; *Schübel-Pfister,* Aktuelles Verwaltungsprozessrecht, JuS 2018, 1056; *Wedel/Klenke/Hollands,* Erweiterung des Rechtsschutzes in NRW, NVwZ 2019, 125 ff.

2. Kontrollfragen

1. Nennen Sie die Anwendungsfälle der Fortsetzungsfeststellungsklage nach § 113 Abs. 1 S. 4 VwGO.
2. Erläutern Sie den Unterschied zwischen der „Adressatentheorie" und der sog. „Möglichkeitstheorie".

3. Was sind feststellungsfähige Rechtsverhältnisse i. S. d. § 43 Abs. 1 VwGO und wovon sind diese abzugrenzen?
4. Welche Fallgruppen des „berechtigten Interesses" kennen Sie im Hinblick auf die Fortsetzungsfeststellungsklage?
5. Aus welchem Grund sind die Rechtswidrigkeit des Verwaltungsakts und eine hierdurch bedingte Rechtsverletzung des Klägers nach § 113 Abs. 1 S. 1 VwGO im Rahmen der Begründetheit der Anfechtungsklage eigenständig zu prüfen?

B. Das Aussetzungsverfahren (sog. „80 V-er Verfahren")

Das Aussetzungsverfahren ist dem einstweiligen Rechtsschutz zuzuordnen. Es ist kein Klage-, sondern ein Antragsverfahren. Dementsprechend ist zwischen der Zulässigkeit und der Begründetheit des „Antrags", nicht der „Klage", zu unterscheiden. Der Sache nach geht es im Aussetzungsverfahren regelmäßig darum, die aufschiebende Wirkung (Suspensiveffekt) eines (in Nordrhein-Westfalen allerdings nur noch vereinzelt möglichen, s. Rn. 18) Widerspruchs oder einer Klage wiederherzustellen bzw. erstmals herzustellen. Relevant wird diese Rechtsschutzform daher dort, wo der Suspensiveffekt von Gesetzes wegen (§ 80 Abs. 2 S. 1 Nr. 1–3 VwGO) oder kraft behördlicher Vollzugsanordnung nach § 80 Abs. 2 S. 1 Nr. 4 VwGO entfällt. 38

Beispiel: R möchte gegen die Festsetzung eines Zwangsgeldes durch die Ordnungsbehörde vorgehen. Da einer Klage keine aufschiebende Wirkung zukommt (§ 112 JustG i. V. m. § 80 Abs. 2 S. 1 Nr. 3 VwGO), wird er parallel zu der Klage im Wege des Aussetzungsverfahrens nach § 80 Abs. 5 VwGO die Anordnung der aufschiebenden Wirkung der Klage beantragen. Entsprechendes gilt, sofern der Nachbar Rechtsschutz gegen die dem Bauherrn erteilte und nach § 212a Abs. 1 BauGB sofort vollziehbare Baugenehmigung sucht (oben § 4 Rn. 332).

Ausnahmsweise kann über das Aussetzungsverfahren auch die gerichtliche Anordnung der sofortigen Vollziehbarkeit eines von einem „Drittbetroffenen" angefochtenen Verwaltungsakts begehrt werden (§ 80a Abs. 3 VwGO).

Für das **„Aussetzungsverfahren"** ergibt sich folgendes Prüfungsschema:

Abb. 4: Das Aussetzungsverfahren

Erfolgsaussichten eines Antrags auf Aussetzung der sofortigen Vollziehbarkeit gem. § 80 Abs. 5 VwGO	
A. Zulässigkeit des Antrags	
1. Eröffnung des Verwaltungsrechtswegs	5. Beteiligten- und Prozessfähigkeit
2. Statthafte Antragsart	6. Zuständiges Gericht
3. Antragsbefugnis	7. Rechtsschutzbedürfnis
4. Antragsgegner	8. Antragsfrist
B. Begründetheit des Antrags 1. Formelle Prüfung: Insbes.: Beachtung des Begründungserfordernisses aus § 80 Abs. 3 VwGO (nur bei Antrag auf Wiederherstellung der aufschiebenden Wirkung!) 2. Materielle Prüfung: Dem Antrag ist stattzugeben, wenn das private Aussetzungsinteresse überwiegt. Dies ist dann der Fall, wenn – der zugrundeliegende VA offensichtlich rechtswidrig ist oder – bei rechtmäßigem VA kein besonderes Vollzugsinteresse vorliegt	

Erläuterungen

I. Zulässigkeit des Antrags

1. Verwaltungsrechtsweg

39 Für den einstweiligen Rechtsschutz nach § 80 Abs. 5 VwGO ist der Verwaltungsrechtsweg eröffnet, wenn dies auch im Hauptsacheverfahren gem. § 40 Abs. 1 S. 1 VwGO (bzw. bei einer Spezialzuweisung) der Fall ist.

2. Statthafte Antragsart

40 Der Antrag nach § 80 Abs. 5 VwGO ist statthaft, wenn der Antragsteller die Wiederherstellung oder (erstmalige) Anordnung der aufschiebenden Wirkung von Widerspruch oder Anfechtungsklage gegen einen belastenden Verwaltungsakt begehrt. Die Abgrenzung zum Verfahren der einstweiligen Anordnung erfolgt über § 123 Abs. 5 VwGO (unten Rn. 51). Im Sinne einer „Faustformel" kann die Statthaftigkeit der Antragsart dann bejaht werden, wenn im Hauptsacheverfahren die Anfechtungsklage gem. § 42 Abs. 1 Alt. 1 VwGO einschlägig wäre und der Suspensiveffekt von Widerspruch und Klage (§ 80 Abs. 1 VwGO) entfällt oder leerläuft.

Im Einzelnen sind folgende Anwendungsfälle zu unterscheiden:

- Antrag auf Anordnung der aufschiebenden Wirkung des Widerspruchs oder der Anfechtungsklage in den Fällen des § 80 Abs. 2 S. 1 Nr. 1–3 VwGO
- Antrag auf Wiederherstellung der aufschiebenden Wirkung des Widerspruchs oder der Anfechtungsklage im Fall des § 80 Abs. 2 S. 1 Nr. 4 VwGO
- Antrag auf Feststellung der aufschiebenden Wirkung gem. § 80 Abs. 5 S. 1 VwGO analog im Falle eines drohenden „faktischen Vollzugs" durch die Behörde (statthaft auch dann, wenn der Bescheidungsadressat die auferlegte Handlung unter dem Druck der drohenden Vollstreckung erfüllt hat, s. BayVGH, BayVBl. 2020, 608).
- Annexantrag nach § 80 Abs. 5 S. 3 VwGO, sofern der Antragsteller die Rückgängigmachung der unmittelbaren Folgen eines bereits vollzogenen Verwaltungsaktes im Verfahren nach § 80 Abs. 5 VwGO begehrt.

> **Beachte:** Nordrhein-Westfalen hat von der Ermächtigung des § 80 Abs. 2 S. 1 Nr. 3 VwGO durch § 112 JustG Gebrauch gemacht. Danach kommt auch Rechtsbehelfen gegen landesrechtliche Maßnahmen der Vollstreckungsbehörden und der Vollzugsbehörden in der Verwaltungsvollstreckung keine aufschiebende Wirkung zu.

3. Antragsbefugnis

41 Auch der einstweilige Rechtsschutz gem. § 80 Abs. 5 VwGO erfordert die Möglichkeit, dass der Antragsteller durch den Verwaltungsakt in seinen eigenen Rechten verletzt ist, § 42 Abs. 2 VwGO analog.

4. Antragsgegner

42 Der Antragsgegner bestimmt sich nach § 78 Abs. 1 Nr. 1 VwGO analog: der Rechtsträger, dessen Behörde den angegriffenen Verwaltungsakt erlassen hat.

5. Beteiligten- und Prozessfähigkeit

43 Die Beteiligten- und Prozessfähigkeit bestimmt sich – ebenso wie im Hauptsacheverfahren – nach §§ 61, 62 VwGO.

6. Rechtsschutzbedürfnis

Das Rechtsschutzbedürfnis für den Antrag nach § 80 Abs. 5 VwGO setzt nach h. M. voraus, dass der Rechtsbehelf **nicht offensichtlich** (z. B. wegen eindeutiger Versäumung der Klagefrist) **unzulässig** ist. Ist der Verwaltungsakt also bestandskräftig geworden, ist für einen Eilrechtsschutz nach § 80 Abs. 5 VwGO kein Raum mehr (OVG NRW, NWVBl. 2020, 340). Ein Rechtsschutzbedürfnis entfällt ebenso, wenn sich der Verwaltungsakt zwischenzeitlich erledigt hat (§ 43 Abs. 2 VwVfG). Die Frage der Begründetheit des Hauptsacherechtsbehelfs spielt dagegen für die Zulässigkeit des Aussetzungsantrags richtigerweise keine Rolle. 44

Ein **behördliches „Vorverfahren“** auf Aussetzung der Vollziehung gem. § 80 Abs. 4 VwGO ist gem. § 80 Abs. 6 S. 1 VwGO (beachte aber wiederum die Ausnahmen gem. § 80 Abs. 6 S. 2 VwGO) allein in den Fällen des § 80 Abs. 2 S. 1 Nr. 1 VwGO erforderlich (Abgabenbescheide). In allen übrigen Fällen kann somit unmittelbar ein Antrag zum Verwaltungsgericht gestellt werden. Soweit zur Anerkennung eines Rechtsschutzbedürfnisses darüber hinaus teilweise gefordert wird, dass der Antragsteller (soweit nicht ausnahmsweise ein Widerspruch möglich ist) jedenfalls Anfechtungsklage erhoben hat, da die Anordnung oder Wiederherstellung der aufschiebenden Wirkung eines noch nicht erhobenen Rechtsbehelfs unmöglich sei (wird teilweise als eigenständiger Prüfungspunkt „Hauptsacherechtsbehelf“ erörtert), überzeugt dies nicht (s. hierzu auch § 80 Abs. 5 S. 2 VwGO). Immerhin aber wird der Aussetzungsantrag mit Verfristung des Hauptsacherechtsbehelfs unzulässig (s. o.).

7. Antragsfrist

Der Antrag ist grundsätzlich nicht fristgebunden. Ausnahmen bestehen u. a. in den Vorschriften §§ 17e Abs. 2 S. 2 FStrG, 29 Abs. 6 S. 3 PBefG, 18e Abs. 2 S. 2 AEG, 14e Abs. 2 S. 2 WaStrG. 45

II. Begründetheit des Antrags

Entsprechend dem weiten Anwendungsfeld des Aussetzungsverfahrens ist auch hinsichtlich der Begründetheitsprüfung zwischen den verschiedenen möglichen Begehren zu differenzieren:

1. Antrag auf Anordnung oder Wiederherstellung der aufschiebenden Wirkung gem. § 80 Abs. 5 S. 1 VwGO

Der Antrag hat in der Sache Erfolg, wenn das private Aussetzungsinteresse des Antragstellers das öffentliche Vollzugsinteresse überwiegt. Im Rahmen der hiernach erforderlichen Interessenabwägung trifft das Gericht eine eigene Abwägungsentscheidung. Regelmäßig wird sich das Gericht hierbei an den Erfolgsaussichten des Rechtsbehelfs in der Hauptsache orientieren. So besteht an der Vollziehung eines ersichtlich rechtswidrigen Verwaltungsaktes prinzipiell kein öffentliches Interesse, so dass hier das private Aussetzungsinteresse stets überwiegt. Umgekehrt ergibt sich aus der Rechtmäßigkeit des zugrundeliegenden Verwaltungsaktes regelmäßig noch kein besonderes Vollzugsinteresse. Dieses muss vielmehr gesondert begründet werden (BVerfG, NVwZ 1996, 58, 59). 46

In verwaltungsrechtlichen Prüfungsarbeiten steht die Rechtmäßigkeit des zu vollziehenden Verwaltungsakts regelmäßig im Zentrum der Begründetheitsprüfung. Die Prüfung des Aussetzungsantrages nach § 80 Abs. 5 VwGO deckt sich insoweit weitgehend mit dem Prüfungsaufbau der Anfechtungsklage.

Soweit sich der Aussetzungsantrag gegen eine behördliche Vollzugsanordnung nach § 80 Abs. 2 S. 1 Nr. 4 VwGO richtet, ist im Rahmen der Begründetheit ferner zu prüfen, ob die Anordnung in formell ordnungsgemäßer Weise, also insbesondere von der zuständigen Behörde und unter Wahrung des Begründungserfordernisses nach § 80 Abs. 3 VwGO, erfolgt ist. Dabei handelt es sich nach Auffassung der Rechtsprechung um *„ein formales, den Mindestinhalt der Begründung betreffendes Erfordernis, an das keine überspannten Anforderungen gestellt werden dürfen"* (OVG NRW, BeckRS 2018, 3173). Insbesondere kommt es nicht darauf an, ob die Begründung inhaltlich tragfähig ist. Umgekehrt gilt allerdings auch, dass das Begründungserfordernis nicht erfüllt würde durch *„lediglich formelhafte, abstrakte und letztlich inhaltsleere Wendungen ohne jeden Bezug zu dem konkreten Fall"* (OVG NRW, aaO). Erst recht nicht ausreichend wäre ein allgemeiner Verweis auf ein „besonderes öffentliches Interesse". Die behördliche Vollzugsanordnung setzt dagegen nach h. M. keine vorherige Anhörung nach § 28 Abs. 1 VwVfG voraus.

Beachte: Unklarheiten bestehen hinsichtlich des Entscheidungsinhalts, wenn und soweit das Verwaltungsgericht im Rahmen eines Aussetzungsverfahrens eine fehlende bzw. unzureichende Begründung feststellt. Hier wird z. T. davon ausgegangen, dass das Gericht allein zur Aufhebung der formell rechtswidrigen Vollzugsanordnung berechtigt sei, nicht aber dazu, die aufschiebende Wirkung der Klage wiederherzustellen. Diese Auffassung überzeugt nicht, zumal § 80 Abs. 5 S. 1 VwGO einen diesbezüglichen Entscheidungsausspruch nicht kennt. Nicht stichhaltig erscheint auch die zugrundeliegende Annahme, dass die Behörde im Falle einer Wiederherstellung der aufschiebenden Wirkung daran gehindert sei, den erfolgten Fehler durch eine nachfolgende ordnungsgemäße Vollzugsanordnung zu beheben (wie hier *Gersdorf*, BeckOK VwGO, § 80 Rn. 180 mwN.).

2. Antrag auf Feststellung der aufschiebenden Wirkung gem. § 80 Abs. 5 S. 1 VwGO analog (bei drohendem „faktischen Vollzug")

47 Der Antrag ist begründet, wenn dem Rechtsbehelf (Widerspruch oder Anfechtungsklage) entgegen der Auffassung der Behörde aufschiebende Wirkung zukommt.

III. Annexantrag auf (vorläufige) Vollzugsfolgenbeseitigung, § 80 Abs. 5 S. 3 VwGO

48 In der Begründetheit ist die Prüfung der Voraussetzungen eines Vollzugsfolgenbeseitigungsanspruchs (vgl. oben § 3 Rn. 289 ff.) vorzunehmen. Ein solcher Anspruch ergibt sich nicht aus § 80 Abs. 5 S. 3 VwGO, die Norm regelt vielmehr nur dessen prozessuale Durchsetzung.

48a IV. Anhang

1. Literaturhinweise

Budroweit/Wuttke, Der vorläufige Rechtsschutz bei Verwaltungsakten mit Drittwirkung (§§ 80, 80a VwGO), JuS 2006, 876 ff.; *Erbguth,* Einstweiliger Rechtsschutz gegen Verwaltungsakte, JA 2008, 357 ff.; *Hummel,* Der vorläufige Rechtsschutz im Verwaltungsprozess, JuS 2011, 317 ff., 413 ff., 502 ff.; *Knappe/Thelen,* „Rocker ohne Knarre und Kutte", JURA 2018, 829 ff.; *Loos,* Vorläufiger Rechtsschutz im Verwaltungsrecht: Das Verfahren nach § 80 V VwGO, JA 2001, 871 ff.

2. Kontrollfragen

1. Wie grenzt man die Verfahren der § 80 Abs. 5 und § 123 VwGO voneinander ab?
2. Welche Voraussetzungen kennt das Rechtsschutzbedürfnis für den Antrag nach § 80 Abs. 5 VwGO?
3. Wann wird ein Antrag nach § 80 Abs. 5 S. 1 VwGO in der Sache Erfolg haben?

C. Die einstweilige Anordnung nach § 123 VwGO

In allen nicht durch § 80 Abs. 5 sowie § 80a VwGO erfassten Fällen ist einstweiliger Rechtsschutz über das Verfahren der einstweiligen Anordnung zu gewähren, das sich – vom Sonderfall des § 47 Abs. 6 VwGO abgesehen - nach § 123 VwGO richtet. 49

Für das **einstweilige Anordnungsverfahren** ergibt sich folgendes Prüfungsschema:

Abb. 5: Die einstweilige Anordnung gem. § 123 VwGO

Erfolgsaussichten eines Antrags auf einstweilige Anordnung nach § 123 VwGO	
A. Zulässigkeit des Antrags	
1. Eröffnung des Verwaltungsrechtswegs 2. Statthafte Antragsart (Sicherungs- oder Regelungsanordnung) 3. Antragsbefugnis	4. Antragsgegner 5. Beteiligten- und Prozessfähigkeit 6. Zuständiges Gericht 7. Rechtsschutzbedürfnis
B. Begründetheit des Antrags	
1. Darlegung und Glaubhaftmachung des Anordnungsanspruchs	2. Glaubhaftmachung des Anordnungsgrundes 3. Keine Vorwegnahme der Hauptsache

Erläuterungen

I. Zulässigkeit des Antrags

1. Verwaltungsrechtsweg

Bei einem Antrag auf Erlass einer einstweiligen Anordnung nach § 123 VwGO ist der Verwaltungsrechtsweg eröffnet, wenn dies auch im Hauptsacheverfahren gem. § 40 Abs. 1 S. 1 VwGO (bzw. einer Spezialzuweisung) der Fall ist. 50

2. Statthaftigkeit des Antrags

Das einstweilige Anordnungsverfahren ist gegenüber dem Aussetzungsverfahren subsidiär (§ 123 Abs. 5 VwGO). Ein Antrag nach § 123 VwGO kommt daher nur in Betracht, wenn vorläufiger Rechtsschutz nicht nach den §§ 80, 80a VwGO gewährt werden kann. Da das Aussetzungsverfahren dort einschlägig ist, wo in der Hauptsache die Anfechtungsklage gem. § 42 Abs. 1 Alt. 1 VwGO zu erheben ist, greift das Verfahren nach § 123 VwGO regelmäßig dort, wo es im Hauptsacheverfahren um eine Verpflichtungs-, allgemeine Leistungs- oder Feststellungsklage geht. Im Rahmen der Prüfung der Statthaftigkeit ist ferner danach zu differenzieren, ob der Antragsteller den Erlass einer Sicherungsanordnung (§ 123 Abs. 1 S. 1 VwGO) oder einer Regelungsanordnung (§ 123 Abs. 1 S. 2 VwGO) begehrt. Für die Unterscheidung kann folgende Grundregel herangezogen werden: 51

- Die Sicherungsanordnung soll Veränderungen der vorhandenen Rechtsposition (status quo) verhindern. In der Begründetheit des Antrags ist die materielle Prüfung des Sicherungsanspruchs vorzunehmen. Es kommen alle subjektiv-öffentlichen Rechte in Betracht.
- Die Regelungsanordnung soll den Rechtskreis des Antragstellers erweitern. In der Begründetheit ist eine materielle Prüfung des Regelungsanspruchs vorzunehmen.

Beispiel: Zur Sicherung des Anspruchs auf ermessensfehlerfreie Beförderungsentscheidung ist die Sicherungsanordnung einschlägig; die vorläufige Zulassung zum Studium erfolgt dagegen über die Regelungsanordnung. Im Detail ist die Abgrenzung freilich höchst anfechtbar, so dass die Rechtsprechung in der Regel auf eine Differenzierung verzichtet.

3. Antragsbefugnis

52 Für den Antrag auf Erlass einer einstweiligen Anordnung ist in analoger Anwendung des § 42 Abs. 2 VwGO eine Antragsbefugnis erforderlich. Der Antragsteller muss die Möglichkeit des Bestehens eines Anordnungsanspruchs und eines Anordnungsgrundes geltend machen.

4. Antragsgegner

53 Der Antragsgegner bestimmt sich nach dem Klagegegner in der Hauptsache. Damit kommt für alle Konstellationen des Antrags nach § 123 VwGO das Rechtsträgerprinzip zum Tragen, welches seit dem 1.1.2011 auch für die Verpflichtungsklage gilt.

5. Beteiligten- und Prozessfähigkeit

54 Die Beteiligten- und Prozessfähigkeit bestimmt sich – ebenso wie im Hauptsacheverfahren – nach §§ 61, 62 VwGO.

6. Zuständiges Gericht

55 Grundsätzlich zuständig ist das Gericht des ersten Rechtszuges als Gericht der Hauptsache, §§ 123 Abs. 2 S. 1, 123 Abs. 2 S. 2 Hs. 1, 45, 52 VwGO, § 17 JustG.

7. Rechtsschutzbedürfnis

56 Das allgemeine Rechtsschutzbedürfnis für den Erlass einer einstweiligen Anordnung setzt grundsätzlich voraus, dass sich der Antragsteller zunächst erfolglos an die Behörde gewandt hat. Ferner darf das Hauptsacheverfahren nicht offensichtlich unzulässig sein. Ein Rechtsschutzbedürfnis fehlt auch, wenn sich die Hauptsache erledigt hat, da die einstweilige Anordnung nur der vorläufigen Sicherung oder Regelung und nicht der Klärung der materiellen Rechtslage dient. Will der Antragsteller den Erlass eines künftigen Verwaltungsaktes verhindern („vorbeugende Unterlassungsklage" als Hauptsacheverfahren), so muss die Verweisung auf nachträglichen Rechtsschutz (Anfechtungsklage) unzumutbar sein.

Beispiel: Dienstherr D möchte unter Missachtung des beamtenrechtlichen Leistungsprinzips den ihm politisch nahe stehenden P befördern. Konkurrent K wird hier die Beförderung unterbinden müssen, da Beförderungsentscheidungen grundsätzlich nicht rückgängig gemacht werden können (zu möglichen Durchbrechungen des Grundsatzes der „Ämterstabilität" s. aber BVerwG, JA 2011, 479 – *Muckel*).

II. Begründetheit des Antrags

57 Im Rahmen der Begründetheit des Antrags auf Erlass einer einstweiligen Anordnung ist zwischen der Glaubhaftmachung des Anordnungsanspruchs und der des Anordnungsgrundes zu unterscheiden.

1. Darlegung und Glaubhaftmachung des Anordnungsanspruchs

58 Der jeweilige Anordnungsanspruch ist mit dem im Hauptsacheverfahren geltend zu machenden materiell-rechtlichen Anspruch identisch. Anders als im Klageverfahren genügt im Anordnungsverfahren allerdings seine bloße Glaubhaftmachung (§ 123 Abs. 3 VwGO i. V. m. §§ 920 Abs. 2, 294 ZPO). Dies bedeutet indes nur, dass sich die Beteiligten in tatsächlicher Hinsicht aller Beweismittel einschließlich der eidesstattlichen Versicherung bedienen können, wohingegen eine Beweisaufnahme, die nicht sofort stattfinden kann, unstatthaft ist. Die Prüfung der Rechtsfragen erfährt keine Erleichterung!

Beachte: Da in der verwaltungsrechtlichen Klausur regelmäßig unstreitige Sachverhalte zu prüfen sind, entspricht die Prüfung an dieser Stelle insoweit der Begründetheitsprüfung im Hauptsacheverfahren.

2. Glaubhaftmachung des Anordnungsgrundes

59 Bei der Glaubhaftmachung des Anordnungsgrundes ist zwischen der Sicherungs- und der Regelungsanordnung zu unterscheiden:

- Bei der Sicherungsanordnung muss die Gefahr bestehen, dass die Verwirklichung des Rechts durch eine drohende Veränderung des bestehenden Zustandes vereitelt oder wesentlich erschwert werden könnte. Es ist eine umfassende Güter- und Interessenabwägung vorzunehmen. Dabei ist u. a. zu berücksichtigen, ob dem Antragsteller ein Abwarten bis zur Entscheidung in der Hauptsache zugemutet werden kann oder ob die drohenden Schäden irreparabel sind.
- Bei der Regelungsanordnung muss die vorläufige Regelung der Abwehr wesentlicher Nachteile dienen, die dem Antragsteller durch die Streitigkeit des Rechtsverhältnisses erwachsen können. Auch hier ist eine umfassende Güter- und Interessenabwägung vorzunehmen. Ein weiteres Zuwarten muss für den Antragsteller mit wesentlichen Nachteilen verbunden sein, die über das übliche Maß einer zeitlichen Verzögerung der Befriedigung von Ansprüchen wesentlich hinausreichen.

3. Gerichtliche Entscheidung

60 Nach h. M. bezieht sich das Ermessen des Gerichts im Rahmen der gerichtlichen Entscheidung nicht auf den Erlass der einstweiligen Anordnung „an sich", sondern nur noch auf deren Inhalt (§ 123 Abs. 3 VwGO i. V. m. § 938 ZPO).

Dabei sind verschiedene Punkte zu beachten:

- Eine vollständige oder teilweise Vorwegnahme der Hauptsache ist grundsätzlich unzulässig und mit Blick auf Art. 19 Abs. 4 GG allenfalls dort denkbar, wo dem Antragsteller anderenfalls unzumutbare Nachteile drohen oder das Recht des Antragstellers ansonsten vereitelt werden würde.
- Durch eine einstweilige Anordnung darf grundsätzlich nicht mehr gewährt werden, als der Antragsteller durch eine Klage in der Hauptsache erreichen könnte. Nach

h. M. ist in Ausnahmefällen aber auch eine vorläufige Verpflichtung der Behörde möglich, obwohl in der Hauptsache nur ein Bescheidungsurteil in Betracht kommen würde.

61

III. Anhang

1. Literaturhinweise

Knappe/Thelen, „Rocker ohne Knarre und Kutte", JURA 2018, 829 ff.; *Hummel,* Der vorläufige Rechtsschutz im Verwaltungsprozess, JuS 2011, 317 ff., 413 ff., 502 ff.; *Loos,* Vorläufiger Rechtsschutz im Verwaltungsrecht: Das Verfahren nach § 123 VwGO, JA 2001, 871.

2. Kontrollfragen

1. Erläutern Sie die Unterschiede zwischen Regelungs- und Sicherungsanordnung.
2. Was setzt das allgemeine Rechtsschutzbedürfnis für den Erlass einer einstweiligen Anordnung voraus?

D. Die Normenkontrolle nach § 47 VwGO

62 Das Normenkontrollverfahren nach § 47 VwGO stellt eine Kombination von individuellem Rechtsschutzverfahren und objektivem Beanstandungsverfahren dar. Es räumt dem Oberverwaltungsgericht die Möglichkeit ein, die Unwirksamkeit einer sublegalen *(„im Rang unter dem Landesgesetz stehenden")* Rechtsnorm – mit inter omnes Wirkung – verbindlich festzustellen. Ebenso wie die Klage ist auch das Antragsverfahren nach § 47 VwGO ein **kontradiktorisches Verfahren**, das gegen die Körperschaft, Anstalt oder Stiftung zu richten ist, welche die Rechtsvorschrift erlassen hat (§ 47 Abs. 2 S. 2 VwGO). Vielfach wird dann heute auch von einer „Normenkontrollklage" gesprochen. Dennoch hebt die VwGO die Normenkontrolle nach § 47 VwGO zumindest sprachlich als Antragsverfahren von der genuinen Klage ab. In **Nordrhein-Westfalen** führte die Normenkontrolle nach § 47 VwGO lange Zeit eher ein Schattendasein, da der Landesgesetzgeber von der Möglichkeit des § 47 Abs. 1 Nr. 2 VwGO, die Rechtsschutzform eines „allgemeinen" Normenkontrollverfahrens zum OVG einzuführen, keinen Gebrauch gemacht hatte. Seit dem 1.1.2019 hat sich diese Gesetzeslage geändert. Über **§ 109a JustG** wird die untergesetzliche Normenkontrolle durch das OVG NRW nunmehr umfassend eröffnet (GVBl. NRW 2018, S. 770). Bedeutung hat die Neuregelung namentlich für den Bereich nicht gesondert vollzugsbedürftiger sublegaler Normen (Verbotsnormen), bei denen – außer in den Fällen des Abs. 1 Nr. 1 – bislang nur der umständliche (Um-)Weg einer „inzidenten" Normenkontrolle im Wege der Feststellungsklage möglich war.

Beispiel: Friseurmeister F will sich gegen die ihm durch die **CoronaSchVO** des Landes NRW auferlegte Verpflichtung zur Erhebung, Aufbewahrung und Weitergabe von Kundendaten im Bereich des Friseurhandwerks zu Wehr setzen. Neben einer Feststellungsklage mit inzidenter Prüfung der Wirksamkeit der Verordnung steht ihm die verwaltungsgerichtliche Normenkontrolle nach § 47 Abs. 1 Nr. 2 VwGO mit der **einstweiligen Rechtsschutzmöglichkeit nach Abs. 6** der Norm zur Verfügung (vgl. hierzu im Rahmen des einstweiligen Rechtsschutzverfahrens nach § 47 Abs. 6 VwGO OVG NRW, BeckRS 2020, 13705).

Zwar wird eine inzidente verwaltungsgerichtliche Prüfung sublegaler Normen im Rahmen des Einzelrechtsschutzes insbesondere gegen Verwaltungsakte weiterhin nötig und zu erwarten sein. Hier kann es ggf. sogar zu einem Nebeneinander von Einzelrechtsschutz und prinzipaler Normenkontrolle kommen (vgl. hierzu schon die amtl. Begründung, BT-Drs. 3/55 Anl. 1, S. 33, zu § 46). Gerade für die unter Rechtsschutzaspekten relevanten nicht gesondert vollzugsbedürftigen sublegalen Normen dürfte hingegen eine Verlagerung rechtlicher Auseinandersetzungen unmittelbar hin zum Oberverwaltungsgericht zu erwarten sein.

Abb. 6: Die Normenkontrolle nach § 47 VwGO

Erfolgsaussichten eines Antrags auf Normenkontrolle nach § 47 VwGO	
A. Zulässigkeit des Antrags	
1. Eröffnung des Verwaltungsrechtswegs	5. Antragsgegner
2. Statthafter Antragsgegenstand	6. Beteiligtenfähigkeit
3. Antragsbefugnis	7. Zuständiges Gericht
4. Antragsfrist	8. Rechtsschutzbedürfnis
B. Begründetheit des Antrags	

Erläuterungen

I. Zulässigkeit des Antrags

Die Zulässigkeitsvoraussetzungen des Normenkontrollverfahrens nach § 47 VwGO **63**
können, auch wenn es formal um ein Antragsverfahren geht, weitgehend in Anlehnung an die Zulässigkeitsvoraussetzungen der verwaltungsgerichtlichen Klage entwickelt und geprüft werden.

1. Verwaltungsrechtsweg

Die instanzielle Zuständigkeitszuweisung an das OVG stellt keine „aufdrängende Sonderzuweisung" dar. So wird die Entscheidungszuständigkeit des OVG durch das Tatbestandsmerkmal **„im Rahmen seiner Gerichtsbarkeit"** eingeschränkt (§ 47 Abs. 1 VwGO), womit klargestellt werden soll, dass die Normenkontrolle nur auf Gebieten stattfindet, die der Verwaltungsgerichtsbarkeit zugewiesen sind. Insoweit ist etwa für die Prüfung von Bußgeldregelungen in ordnungsbehördlichen Verordnungen (s. § 31 Abs. 1 OBG) der Rechtsweg zu den Verwaltungsgerichten nicht eröffnet.

2. Statthafter Antragsgegenstand

Statthafter Antragsgegenstand der verwaltungsgerichtlichen Normenkontrolle sind nach § 47 Abs. 1 Nr. 1 VwGO stets **Satzungen,** die **nach den Vorschriften des BauGB** erlassen worden sind, sowie **Rechtsverordnungen** auf Grund des § 246 Abs. 2 BauGB. Zusätzlich ermöglicht § 47 Abs. 1 Nr. 2 VwGO – vorbehaltlich landesrechtlicher Bestimmung – die Normenkontrolle gegen **andere im Rang unter dem Landesgesetz stehende Rechtsvorschriften** (sog. sublegale Normen). Mit § 109a JustG liegt eine entsprechende Öffnungsregelung vor. Allerdings findet die neue Bestimmung keine Anwendung auf Rechtsvorschriften, die vor dem 1.1.2019 bekannt gemacht worden sind (§ 133 Abs. 3 S. 2 JustG).

3. Antragsbefugnis

Die Prüfung der **Antragsbefugnis** folgt dem Prinzip der „Verletztenklage" (vgl. § 47 Abs. 2 S. 1 VwGO). Demnach muss der Antragsteller möglicherweise in seinen Rechten verletzt sein oder in absehbarer Zeit verletzt werden. Als Antragsteller kommen dabei sowohl natürliche als auch juristische Personen in Betracht, einschließlich juristischer Personen des öffentlichen Rechts (z.B. Gemeinden). Antragsbefugt sind gem. § 47 Abs. 2 S. 1 Alt. 2 VwGO darüber hinaus Behörden, die mit der Ausführung der Norm befasst sind.

4. Antragsfrist

Der Normenkontrollantrag nach § 47 VwGO muss gem. Absatz 2 Satz 1 dieser Bestimmung innerhalb eines Jahres nach Bekanntmachung der Rechtsvorschrift gestellt werden.

5. Antragsgegner

Nach § 47 Abs. 2 S. 2 VwGO ist der Antrag gegen die Körperschaft, Anstalt oder Stiftung zu richten, welche die Rechtsvorschrift erlassen hat (§ 47 Abs. 2 S. 2 VwGO). Auch für die verwaltungsgerichtliche Normenkontrolle gilt damit das Rechtsträgerprinzip.

6. Beteiligtenfähigkeit

Die Beteiligtenfähigkeit von Antragsteller und Antragsgegner bestimmt sich nach § 61 VwGO; zusätzlich sind – losgelöst von den Vorgaben des § 61 Nr. 3 VwGO - auch Behörden beteiligtenfähig, die mit der Ausführung der Norm befasst sind (§ 47 Abs. 2 S. 1 Alt. 2 VwGO).

7. Zuständiges Gericht

Zuständiges Gericht ist das Oberverwaltungsgericht für das Land Nordrhein-Westfalen.

8. Rechtsschutzbedürfnis

Ein Rechtsschutzinteresse muss bestehen, wird bei Vorliegen einer Antragsbefugnis aber regelmäßig zu bejahen sein.

II. Begründetheit des Antrags

64 Das Normenkontrollverfahren nach § 47 VwGO ist begründet, wenn und soweit die angegriffene **Norm gegen höherrangiges formelles oder materielles Recht verstößt.** Liegt ein Verstoß vor, so ist die Norm grundsätzlich nichtig. Gemäß § 47 Abs. 5 S. 2 VwGO stellt das OVG in diesem Falle die Unwirksamkeit der Rechtsnorm *(„inter omnes")* fest. Im Gegensatz zu § 113 Abs. 1 S. 1 VwGO bedarf es zur Begründetheit aber keiner festzustellenden subjektiven Rechtsverletzung des Antragstellers, da das Normenkontrollverfahren – ungeachtet der schärferen Zulässigkeitsprüfung (Klagebefugnis!) – insoweit ein objektives Rechtsbeanstandungsverfahren darstellt.

III. Anhang 65

1. Literaturhinweise

Frey, Aktuelle Fragestellungen bei der Normenkontrolle gegen Windkraft-Flächennutzungspläne, NVwZ 2013, 1184 ff.; *Heß/Kanalan,* Klausur: „Abstand, bitte!", JA 2019, 676 ff.; *Kintz,* Die Normenkontrolle nach § 47 VwGO, JuS 2000, 1099 ff.; *Wedel/Klenke/Hollands,* Erweiterung des Rechtsschutzes in Nordrhein-Westfalen, NVwZ 2019, 125 ff.

2. Kontrollfragen

1. Handelt es sich bei dem Normenkontrollverfahren um eine Klage?
2. Schließt es § 47 VwGO aus, anstelle einer Normenkontrolle zum OVG NRW eine Feststellungsklage mit dem Ziel einer inzidenten Prüfung sublegaler Normen zum Verwaltungsgericht zu erheben?

E. Antworten auf die Kontrollfragen

Zu A. III 66

1. Hat sich ein angefochtener Verwaltungsakt nach Klageerhebung erledigt, kann – vorbehaltlich eines besonderen Feststellungsinteresses – im Wege der Fortsetzungsfeststellungsklage nachträglich die Feststellung der Rechtswidrigkeit des Verwaltungsaktes begehrt werden (§ 113 Abs. 1 S. 4 VwGO). Über den gesetzlichen Regelfall hinaus ist die Fortsetzungsfeststellungsklage analog auf die drei folgenden, vergleichbaren Konstellationen anzuwenden:
   a) zur Zeit der Erledigung war die Anfechtungsklage noch nicht erhoben,
   b) das im Rahmen einer Verpflichtungsklage ursprüngliche Klagebegehren auf Erlass eines Verwaltungsaktes hat sich nach Klageerhebung, aber vor dem Urteilsausspruch erledigt,
   c) zur Zeit der Erledigung war die Verpflichtungsklage noch nicht erhoben.
2. Die Möglichkeitstheorie betrifft die Frage der Klagebefugnis nach § 42 Abs. 2 VwGO und verlangt hierzu, dass eine Rechtsverletzung zumindest „möglich" ist, also nicht von vornherein nach jeder nur erdenklichen Betrachtungsweise ausscheidet. Die Adressatentheorie legt die Möglichkeitstheorie dahingehend aus, dass für die Adressaten eines belastenden Verwaltungsaktes die Möglichkeit der (Grund-)Rechtsverletzung regelmäßig besteht.
3. Unter einem feststellungsfähigen Rechtsverhältnis i. S. d. § 43 Abs. 1 VwGO sind rechtliche Beziehungen zwischen verschiedenen Rechtssubjekten zu verstehen, die sich aus der Anwendung einer Norm auf einen konkreten Sachverhalt ergeben. Hiervon abzugrenzen sind die Klärung von „abstrakten Rechtsfragen" und Tatsachenfeststellungen, die keinen zulässigen Gegenstand der Feststellungsklage darstellen.
4. Ein berechtigtes Interesse ist für drei Fallgruppen anerkannt: Wiederholungsgefahr, Rehabilitationsinteresse sowie Vorbereitung eines Amtshaftungs- oder Entschädigungsprozesses. Zur Vorbereitung eines Amtshaftungs- oder Entschädigungsprozesses besteht ein Rechtsschutzbedürfnis für die Fortsetzungsfeststellungsklage aber nur, wenn sich die Maßnahme erst nach Klageerhebung erledigt hat und der angestrebte Prozess nicht offenbar aussichtslos ist.
5. Die eigenständige Prüfung beider Aspekte ergibt sich aus dem verwaltungsprozessualen Grundprinzip der „Verletztenklage" sowie aus dem Umstand, dass die objektive Rechtswidrigkeit eines Verwaltungsakts, insbesondere bei Drittanfechtungsklagen, nicht zwingend eine Rechtsverletzung des Klägers impliziert. Im „Normalfall" der Klage gegen einen belastenden Verwaltungsakt wird es allerdings nicht zu einem Auseinanderlaufen beider Prüfungskomplexe kommen. Vielmehr erfasst der allgemeine Abwehranspruch des belasteten Adressaten hier regelmäßig die Beachtung sämtlicher formeller und materieller Rechtmäßigkeitsanforderungen. Insofern wäre eine Rechtsverletzung bei einem belastenden Verwaltungsakt auch dann anzunehmen, wenn die Rechtswidrigkeit des Verwaltungsakts auf einer unzureichenden Beachtung der Rechte Dritter basiert (str.).

67 Zu B. IV

1. Das einstweilige Anordnungsverfahren ist gegenüber dem sog. Aussetzungsverfahren nach § 80 Abs. 5 VwGO subsidiär (vgl. § 123 Abs. 5 VwGO). Ein Antrag nach § 123 VwGO kommt daher nur dann in Betracht, wenn vorläufiger Rechtsschutz nicht nach den §§ 80 Abs. 5, 80a VwGO gewährt werden kann. Als „Faustformel" kann die Statthaftigkeit der Antragsart nach § 80 Abs. 5 VwGO bejaht werden, wenn im Hauptsacheverfahren die Anfechtungsklage gem. § 42 Abs. 1 Alt. 1 VwGO einschlägig wäre und der Suspensiveffekt von Widerspruch und Klage (§ 80 Abs. 1 VwGO) entfällt oder leerläuft. Übersieht oder ignoriert die Behörde einen durch Erhebung der Anfechtungsklage bereits ausgelösten Suspensiveffekt (drohender „faktischer Vollzug"), ist einstweiliger Rechtsschutz in entsprechender Anwendung des § 80 Abs. 5 VwGO zu gewähren.
2. Das Rechtsschutzbedürfnis für den Antrag nach § 80 Abs. 5 VwGO setzt voraus, dass der Rechtsbehelf nicht offensichtlich (z. B. wegen eindeutiger Versäumung der Klagefrist) unzulässig ist. Ein behördliches „Vorverfahren" auf Aussetzung der Vollziehung gem. § 80 Abs. 4 VwGO ist gem. § 80 Abs. 6 S. 1 VwGO (beachte aber wiederum die Ausnahmen gem. § 80 Abs. 6 S. 2 VwGO) nur in den Fällen des § 80 Abs. 2 S. 1 Nr. 1 VwGO erforderlich (Abgabenbescheide).
3. Der Antrag gem. § 80 Abs. 5 S. 1 VwGO wird in der Sache Erfolg haben, wenn das private Aussetzungsinteresse des Antragstellers das öffentliche Vollzugsinteresse überwiegt. Das Gericht hat hier eine eigene Abwägungsentscheidung zu treffen, wobei es sich – soweit möglich – an den Erfolgsaussichten des Hauptsacheverfahrens orientieren wird. So besteht an der Vollziehung eines offenkundig rechtswidrigen Verwaltungsakts generell gar kein öffentliches Interesse, weshalb hier stets das private Aussetzungsinteresse überwiegen wird. Umgekehrt aber ergibt sich aus der offenkundigen Rechtmäßigkeit des zugrundeliegenden Verwaltungsakts für sich genommen noch kein Überwiegen des öffentlichen Vollzugsinteresses, da die Rechtmäßigkeit des Behördenhandelns als rechtsstaatliche „Selbstverständlichkeit" einzustufen ist. Das Überwiegen des öffentlichen Vollzugsinteresses muss hier insoweit durch ein besonders zu begründendes Interesse belegt werden, etwa durch die Notwendigkeit sofortigen Handelns zur Vermeidung von Gefahren (sofortiger Entzug einer Waffenerlaubnis wegen Unzuverlässigkeit). Lässt sich der Ausgang des Hauptsacheverfahrens nicht abschätzen, werden die jeweiligen Interessen im Detail zu ermitteln und abzuwägen sowie insbesondere der Schaffung vollendeter Tatsachen entgegen zu wirken sein. Hatte die Behörde die sofortige Vollziehbarkeit angeordnet, wird der Antrag zudem Erfolg haben, wenn es an einer (ordnungsgemäßen) Begründung fehlt.

68 Zu C. III

1. Die Sicherungsanordnung soll zur Sicherung eines Rechts des Antragstellers Veränderungen der bestehenden Rechtslage (status quo) verhindern. Die Regelungsanordnung kann auch Veränderungen des bestehenden Rechtszustandes anordnen, um Nachteile für den Antragsteller zu verhindern, ggf. kann sogar der Rechtskreis des Antragstellers erweitert werden. Eine trennscharfe Abgrenzung beider Handlungsoptionen ist kaum möglich und wird in der Rechtsprechung nur selten vorgenommen.
2. Das allgemeine Rechtsschutzbedürfnis setzt für den Erlass einer einstweiligen Anordnung grundsätzlich voraus, dass der Antragsteller sich zunächst erfolglos an die Behörde gewandt hat. Ferner darf das Hauptsacheverfahren nicht offensichtlich unzulässig sein. Das Rechtsschutzbedürfnis fehlt auch dann, wenn sich die Hauptsache erledigt hat, da die einstweilige Anordnung nur der vorläufigen Sicherung oder Regelung und gerade nicht der Klärung der materiellen Rechtslage dient. Will der Antragsteller den Erlass eines künftigen Verwaltungsakts verhindern, muss die Verweisung auf nachträglichen Rechtsschutz unzumutbar sein.

Zu D. III

1. Die Normenkontrolle nach § 47 VwGO enthält eine Mischform zwischen objektivem Normenkontrollverfahren und individuellem Rechtsschutzverfahren. Die Zulässigkeit des Antrags setzt die Möglichkeit einer Rechtsverletzung voraus. In der Begründetheit bedarf es indes keiner Feststellung der individuellen Rechtsverletzung.
2. Die Normenkontrolle schließt ein alternatives Vorgehen gegen sublegale Normen im Wege der Feststellungsklage nicht aus. Im Rahmen einer derartigen Feststellungsklage wird die Gültigkeit der Norm allerdings nur inzident geprüft, eine objektive Verwerfung der Norm erfolgt nicht.

Sachverzeichnis

Die fett gedruckten Zahlen markieren den jeweiligen Abschnitt des Bandes (**1** = Verfassungsrecht, **2** = Kommunalrecht, **3** = Polizei- und Ordnungsrecht, **4** = Öffentliches Baurecht, **5** = Verwaltungsprozessrecht).
Die mager gesetzten Zahlen verweisen auf die jeweilige Randnummer im Text.